KB061022

사회복지실천 기법과 지침

나남
nanam

나남신서 2038

개정3판
사회복지실천 기법과 지침

1998년 9월 5일 초판 발행
2001년 9월 5일 초판 4쇄
2005년 11월 5일 개정판 발행
2007년 9월 20일 개정판 2쇄
2010년 9월 5일 개정 2판 발행
2010년 9월 5일 개정 2판 1쇄
2020년 3월 5일 개정 3판 발행
2020년 3월 5일 개정 3판 1쇄

지은이   B. 셰퍼 · C. 호레이시
옮긴이   남기철 · 정선욱
발행자   趙相浩
발행처   (주) 나남
주소   10881 경기도 파주시 회동길 193
전화   (031) 955-4601 (代)
FAX   (031) 955-4555
등록   제 1-71호(1979. 5. 12)
홈페이지   www.nanam.net
전자우편   post@nanam.net

ISBN   978-89-300-4038-9
ISBN   978-89-300-8001-9 (세트)

책값은 뒤표지에 있습니다.

개정3판

사회복지실천 기법과 지침

B. 셰퍼 · C. 호레이시 지음 | 남기철 · 정선욱 옮김

나남
nanam

Techniques and Guidelines for Social Work Practice, 10th ed.

by

Bradford W. Sheafor and Charles R. Horejsi

Authorized translation from the English language edition, entitled TECHNIQUES AND GUIDELINES FOR SOCIAL WORK PRACTICE, 10th edition, ISBN: 9780205965106 by SHEAFOR, BRADFORD W.; HOREJSI, CHARLES R., published by Pearson Education, Inc, publishing as Pearson, Copyright ⓒ 2015

KOREAN language edition published by Nanam Publishing House, Copyright ⓒ 2020

이 책은 브래드퍼드 셰퍼(Bradford W. Sheafor)와 찰스 호레이시(Charles R. Horejsi)가 저술한 《사회복지실천 기법과 지침》(*Techniques and Guidelines for Social Work Practice*)의 제10판(Pearson Education, 2015)을 번역한 것이다. 옮긴이들이 4판과 6판, 그리고 8판을 번역한 이후로 몇 해가 지났고 그간 이 책도 몇 번의 개정판이 추가됐다. 또 우리나라의 사회복지실천 현장도 여러 가지로 변화했다.

처음에 옮긴이들이 이 책을 번역하기로 결심한 이유는 이 책이 "사회복지란 무엇인가", "사회복지사는 무슨 일을 어떻게 해야 하는가" 등과 같이 단순하면서도 간단하게 해결되지 않는 질문에 해답이 될 수 있는 많은 지침을 제시했기 때문이다. 기존 사회복지 관련 저서들은 단편적인 기술만을 담고 있거나 지나치게 추상적인 일부 이론의 내용만을 다루고 있어, 사회복지사가 사회복지현장에서 실천을 위해 활용하기에는 충분치 못한 경우가 많아 안타까움을 느끼고 있었다. 그런데 이 책에서는 사회복지사와 사회복지실천의 본질적인 문제에서부터 직접적으로 활용해야 할 기술과 기법까지의 내용을 쉬우면서도 명료하게 다루고 있어 무척 인상적이었다.

우리는 이 책이 사회복지학 전공자, 직업으로 사회복지실천을 선택하려는 사람, 그리고 현장에 뛰어든 신참 사회복지사에게 특히 유용하다는 점을 강조하고 싶다. 사회복지학을 공부하는 대학생에게는 매우 좋은 내용을 전하는 책이다. 그뿐만 아니라, 경험 있는 사회복지사에게도 자신의 실천을 점검하고 사회복지의 독특성을 재인식하는 계기를 줄 수 있는 책이다. 옮긴이 자신도 이 책을 번역하는 과정에서 새로운 통찰을 많이 얻었다.

우리나라에서 사회복지실천이 전문직으로서의 정체성을 확립하는 일은 쉽지 않았다. 이로 인해, 사회복지를 직업으로 선택한 사람의 활동도 순탄하지만은 않았다. 사회복지사가 현실에서 만나는 클라이언트(client)의 문제와 욕구는 간단하지 않으며, 해야 할 일은 많은데 시간은 넉넉하지 않다. 조직 내에서 사회복지사로서 구체적으로 무슨 일을 어떻게 해야 하는가에 대한 이해가 부족함을 발견하기도 하고, 스스로 곤혹스러워하기도 한다.

'복잡하게 얽힌 문제를 지닌 클라이언트를 만났을 때 나는 무슨 일을 해야 하는가', '현실적인 예산의 압박, 조직의 욕구를 우선시해야 하는 상황에서 사회복지사로서 나는 어떻게 행동해야 하는가' 등의 의문에 대한 해답의 실마리를 이 책에서 찾을 수 있다. 물론, 유능한 슈퍼바이저(supervisor)를 통해 구체적인 행동지침과 기법을 훈련받을 수도 있다. 하지만 개인적인 경험을 넘어 보편적인 원칙을 찾고, 구체적으로 설명 가능한 지침을 제공한다는 것이 이 책의 강점이다.

이번 10판을 번역할 때까지 과거 4판과 6판, 그리고 8판을 번역해 소개한 바 있다. 처음에는 전체 4부로 구성되었던 것이 5부 구성으로 바뀌었고, 내용 또한 많이 수정됐다. 하지만 이 책이 가진 유용성은 전혀 퇴색하지 않고 오히려 더 알기 쉽고 적절한 내용으로 향상되었다는 것이 옮긴이의 생각이다. 이 책은 사회복지학과의 학생과 대학원생, 여러 실천 현장에서 일하는 사회복지사가 반드시 읽어야 할 필독서다. 많은 사회복지사가 이 책의 내용을 통해 자신의 사회복지실천의 수준을 한 단계 더 향상할 수 있다고 생각한다.

이 책은 분량이 적지 않은 데다가 개정될 때마다 내용의 변화가 커서 이번 개역(改譯)에도 많은 시간이 소요됐다. 1장부터 9장까지는 남기철 교수가 담당했고, 10장부터 16장까지는 정선욱 교수가 담당해 개역 작업을 진행했다. 단순한 개역 작업이라고 하기에는 책의 내용과 구성이 많이 달라졌고, 우리나라의 복지현실과 맞지 않는 내용도 있어 어려움이 많았다. 이 때문에 처음 흔쾌히 동의하고 시작했던 개역 작업은 생각보다 오래 걸렸다. 이 과정에서 갖은 번거로움을 감내하고 개정판을 출간해준 나남출판에 감사드린다. 서울대의 김혜란 교수님께서는 이 책의 첫 번역을 전체적으로 총괄하셨고 개역 과정에도 많은 관심과 지지를 보내 주셨다. 김혜란 교수님께 특별한 감사를 드린다. 시간적 여건으로 이번 개역 작업에 함께하지는 못했지만 앞선 4, 6, 8판의 번역을 맡아 주셨던 변귀연,

양숙미, 조성희, 최승희 교수님께도 깊은 감사를 드린다.

번역 과정에서 의외로 많은 시간이 소요돼 직장 동료와 가족에게 미안함을 더했다. 채영이, 지은이, 현이, 시현이에게 각별히 미안하고 고마운 마음과 앞으로 훌륭한 사회인으로 성장해 달라는 가족으로서의 바람을 함께 전한다.

"사회복지의 길을 걷고 있는 많은 사회복지사의 발전과 성장을 기대합니다."

2020년 3월

옮긴이 남기철 · 정선욱

  많은 사람이 사회복지사의 결정과 행동으로부터 직·간접적인 영향을 받는다. 법원, 클리닉, 병원, 학교, 기업체, 개업실천(*private practice*), 수많은 공공 혹은 민간의 사회기관에서 활동하면서 사회복지사는 클라이언트에게 직접적으로 광범위하고 다양한 서비스를 제공한다. 이와 동시에 커뮤니티와 사회의 변화를 위한 활동도 한다. 개인, 가족, 지역주민의 삶의 질을 향상시킴으로써 궁극적으로 사회 전반에 영향을 미칠 뿐만 아니라 모든 사회 구성원의 건강, 행복, 안전, 생산성을 고양한다.

  이 책은 클라이언트가 문제 해결이나 기능수행을 잘하도록 돕는 과정에 사회복지사가 실제 무엇을 하는지를 다룬다. 많은 책이 사회복지사가 활용하는 일반 원칙과 이론을 다루지만, 이 책은 더욱 구체적인 차원에 초점을 둔다. 이 책은 사회복지사가 일상적인 실천에서 활용하는 154가지의 기법과 지침을 설명한다.

  많은 사회복지사가 광범위하고 다양한 실천 이론과 개념적 준거틀을 문헌과 사회복지교육 프로그램에서 배우고 있다.● 지식기반이 본질적이라 할지라도, 실천이란 어떻게 클라이언트를 도울지 생각하는 것 이상이다. 실제 사회복지실천은 사회복지사가 수행하는 일련의 활동과 행동이다. 클라이언트는 이론으로부터 영향을 직접 받지 않는다. 그 대신 클라이언트는 사회복지사가 실제적으로 하는 것, 즉 사회복지사의 구체적인 활동으로부터 영향을 받는다. 이론적 준거틀에 대한 관심을 대신해 실천 기법에 대한 관심을 높이려는 것이 이 책의 의도는 아니

● 이러한 기본적 준거틀에 대한 많은 부분을 제6장 '사회복지를 위한 실천 준거틀'에서 개괄적으로 다룬다.

다. 그보다는 특정 기법과 지침을 통해 사회복지사에게 필요한 지식과 기술의 융합을 완전하게 하려는 것이다.

1. 기획과 구조

이 책의 구성을 통해 독자는 그 내용을 이해하기 더 쉬울 것이다. 이 책은 다섯 가지 주요한 부분으로 구성돼 있다.

'사회복지와 사회복지사'를 다루는 제1부에서는 사회복지사가 알아야 하는 배경지식과 특성을 검토한다.

- 사회복지의 영역과 변화 과정을 이끄는 사회복지사의 능력에 대한 분명한 인식(제1장)
- 사회복지사가 개인적 생활과 전문적 역할을 병행하면서 직면하는 도전에 대한 이해(제2장)
- 실천의 중심에 있는 대인관계를 맺고 유지하는 데 필요한 타고난 재능(예술로서의 사회복지)과 학문으로서의 사회복지(전문직의 지식과 윤리 원칙)를 적용하는 헌신성(제3장)

'사회복지실천의 토대 형성'을 다루는 제2부에서는 사회복지사가 효과적인 원조의 핵심 특징을 이해해야 한다는 그 필요성을 강조한다. 개인에서부터 커뮤니티에 이르는 다양한 클라이언트를 돕기 위해 사회복지사는 다음의 능력과 자질을 갖추어야 한다.

- 인간서비스 전달에서 사회복지사가 수행하는 다양한 역할 및 이 역할과 관련한 구체적 기능수행에 대한 이해(제4장)
- 전문직의 근본적 실천원칙에 대한 깊은 이해와 이 원칙에 따라 실천하려는 태도(제5장)
- 실천에 유용한 것으로 입증된 다양한 관점, 이론, 모델에 대한 기본지식(제6장)
- 클라이언트가 자신의 생활을 개선하도록 건전한 의사 결정을 하게끔 돕는 데 활용 가능한 최선의 지식, 가치, 기술을 선택하는 비판적 사고력(제7장)

8장부터 16장에서는 매우 많은 기법과 지침을 소개한다. 그 각각은 '10.4 의뢰하기'와 같이 **번호**와 **명칭**을 가지고 있다. 이 예에서 '10.4'는 제 10장에서 4번째 기법이나 지침이라는 뜻이다. 책의 다른 부분에서도 관련된 정보를 독자에게 제공하기 위해 이러한 번호체계를 사용했다.

각 기법이나 지침마다 몇 개의 구절로 설명하고 적용 방법을 묘사했다. 그 다음에는 **참고문헌**을 제시했다.● 이것은 논의되는 주제와 관련하여 더 깊이 있는 정보를 얻는 데 특별히 유용한 몇 권의 책이나 논문의 목록이다.

이 책의 제 3부인 '모든 사회복지실천에 공통적인 기법'에서는 개인, 가족, 집단, 조직, 커뮤니티 등 어떤 클라이언트 형태든 간에, 그리고 기관 유형에 관계없이 사회복지사의 수행을 증진할 수 있는 공통 기법을 다룬다. 사회복지사가 갖추어야 하는 기본적 기술은 다음과 같다.
- 효과적인 의사소통과 기본적인 원조 활동에 관여하기 위한 대인능력(제 8장)
- 윤리적 문제를 제기하고, 서비스 전달의 세부사항을 조직화하고, 자신의 업무량을 효과적으로 관리하는 능력(제 9장)

제 4부 '계획된 변화 과정의 각 단계별 기법과 지침'에서는 계획된 변화 과정의 다섯 국면을 장별로 나눠 직접적 혹은 간접적 기법과 지침을 제시한다. 이 변화 과정의 단계는 학자에 따라 다르지만, 이 책에서는 다음과 같이 제시한다.
- 접수와 관여(제 10장)
- 자료 수집과 사정(제 11장)
- 계획과 계약(제 12장)
- 개입과 점검(제 13장)
- 평가와 종결(제 14장)

계획된 변화 과정의 각 국면에서 달성해야 할 것을 각 장의 도입 부분에서 먼저 서술한다. 그리고 이 일반적 개념을 더욱 구체적이고 명확하게 직접적 실천의 적용(Section A), 그리고 간접적 실천의 적용(Section B)으로 나눠 설명한다. 사

───────────

● [역주] 이 번역서에서는 전체 균형과 편의에 따라 각 장의 끝에 일괄적으로 참고문헌을 제시했다.

회복지사가 변화 단계를 확인하고 활동이 직접적 개입인지 간접적 개입인지를 결정하고 나면, 가장 적용할 만한 기법과 지침을 쉽게 찾아볼 수 있을 것이다.

제5부 '사회복지실천의 특별한 기법과 지침'은 변화 과정 다섯 국면에 모두 걸쳐 있어 4부의 분류체계 중 어느 한 부분에만 국한되지 않는 항목을 다룬다. 이러한 이슈를 반영해 취약한 클라이언트에게 서비스를 제공하는 것과 관련된 항목(제15장)과 사회복지사로서 자신의 지위를 유지하고 전문적 수행능력을 증진하는 것과 관련된 항목(제16장)으로 구성했다.

2. 용어의 정의

사회복지실천을 다룬 글을 쓸 때 언어 사용의 어려움을 자주 느낀다. 전문용어의 혼란을 피하기 위해서는 소수의 책이나 논문만을 읽어야 한다. 불행히도 자주 쓰이는 개념마저도 개념 규정이 정확하게 합의돼 있지 않기도 하다. 이러한 현상은 복잡하고 역동적인 인간과 사회의 상호작용에 초점을 두는 전문직에서는 흔히 있는 일일 것이다. 이 책도 전문용어에 관해 오랫동안 계속돼온 문제를 극복하지는 못했다. 그러나 다음의 몇 가지 용어의 의미를 더욱 분명하게 할 수 있다면, 이 책에서 이야기하고자 하는 바를 더 쉽게 이해할 수 있을 것이다.

기법(*technique*)은 제한적인 것으로, 사회복지사가 실천 상황에서 수행하는 목적 지향적 행동을 가리킨다. 이것은 실천가가 세심하게 취하는 계획된 활동이다. '첫 번째 전화 접촉'과 같은 단순한 기법은 몇 분 안에 적용할 수 있는 반면, '클라이언트의 사회적 기능수행 사정'과 같이 더욱 복잡한 기법은 몇 시간 혹은 그 이상이 걸린다.

이와 비교해 **지침**(*guideline*)은 사회복지사의 행동과 결정에 영향을 미치기 위한 일련의 지향점을 의미한다. 지침은 해야 할 것과 하지 말아야 할 것에 대한 목록이다. 아동이나 정신질환자와 같은 특정 유형의 클라이언트와 활동할 때, 또는 기록이나 보고서 쓰기와 같은 업무 처리 과업을 수행할 때 사용할 수 있다.

사회복지(*social work*)는 취약계층의 삶의 질을 증진하기 위해 그들이 직면한 도전을 더욱 효과적으로 다루도록 돕거나, 개인적·사회적 문제를 야기하고 심화하는 사회적·경제적 조건을 변화시키도록 돕는 특별한 전문직을 지칭한다.

이 책의 제1부에서 사회복지에 대한 저자의 인식을 자세히 소개하고 있다.

실천(*practice*)은 '사회복지실천'(*social work practice*)이라는 용어에서처럼 사회복지사가 실제로 하는 것을 말할 때 사용한다. 즉, 사회복지사가 행하는 활동이나 수행을 의미한다. 또한 이 '실천'이라는 단어는 사회복지사가 늘 자신이 하는 일에서 배우고, 늘 새로운 통찰에 열려 있고, 지금까지 해왔던 것에 안주하지 않는다는 의미를 함축한다. 따라서 사회복지사는 지속적으로 실천하고, 평가하고, 자신의 일을 개선한다는 관점을 가진다.

이 책의 제목에 있는 단어에 추가해 '클라이언트'라는 단어가 다양하게 사용되고 있다는 점에 유의해야 한다. 보통은 서비스의 소비자를 일컫는다. 하지만 이 책에서는 더 넓은 의미로 쓴다. 사회복지사의 **클라이언트**는 개인, 가족이나 더 넓은 가구원, 혹은 소집단, 위원회, 조직, 근린이웃, 커뮤니티 혹은 더 큰 사회체계일 수 있다. 이 책에서 클라이언트는 그 의미를 확장해 클라이언트집단이나 클라이언트체계를 언급하는 데 쓰이기도 한다. 클라이언트에 대해 전통적이고 협의적인 개념을 의도하지 않고 있음에 유의해야 한다.

마지막으로, **개입**(*intervention*)이라는 개념이 사회복지 신참에게는 혼란스러울 수 있다. 사회복지의 실천은 모두 변화와 관련된다. 여기서 변화란 클라이언트에게 영향을 미치는 환경 변화뿐만 아니라 클라이언트의 사고나 인식, 행동에서의 변화 또한 의미한다. '개입'은 특정 도전 혹은 문제에 대한 클라이언트의 탐색과 효과적 대처에 사회복지사가 직접 들어가 지도한다는 의미이다.

3. 이번 판에서 새로운 것

《사회복지실천 기법과 지침》은 일반주의자의 관점에서 사회복지실천에 필요한 기본적 기법에 관한 최신 정보를 학생에게 제공하기 위해 주의 깊게 개정돼 왔다. 각 장과 항목은 새로운 내용을 추가하고 낡은 내용을 삭제해 가면서 개정돼 왔고, 가능한 한 분명하게 서술하고 설명하고자 했다. 이번 10판은 다음과 같은 부분에서 새롭다.

- 사회복지사가 일반적으로 사용하는 개입 접근에 대한 간략한 설명(제6장 참조)이 변증법적 행동 치료와 다양한 외상 관련 접근을 포함하며 확장됐다.
- 직접적 실천 개입에 관련된 몇 가지 새로운 항목, 즉 역할과 책임의 명확화,

사회적 기능수행에서 일하는 의미, 클라이언트의 돌봄 수준과 욕구 사정, 학대와 방임에 대한 위임 보고, 가족 생활주기의 이해, 증거기반 정보, 돌봄 제공자에 대한 지지의 제공 등이 추가됐다.

- 또한, 커뮤니티 자산의 사정과 참여적 활동계획 등 두 가지 새로운 간접적 실천 항목이 추가됐다.
- 개별화되고 표준화된 척도를 이용한 측정 항목을 보완해 제14장에 클라이언트 변화 측정 항목으로 빈도 측정을 추가했다.
- 제15장에는 성격장애를 가진 클라이언트와 관련된 항목과 입양을 경험하는 클라이언트 및 가족에 대한 항목이 추가됐다.
- 저자가 중요하다고 생각한 새로운 내용을 넣기 위해 책의 분량 때문에 어떤 항목은 삭제해야 했다. 삭제된 부분에는 현재의 실천과 관련한 것도 있다. 이에 대해서는 책의 주변 부분에 기록을 남기기도 했다.

4. 교육자를 위한 보충

강의에서 이 책을 사용하여 교육하는 사람을 위해, '교육자를 위한 매뉴얼 및 문제은행'(Instructor's Manual and Test Bank)을 만들었다. 이 매뉴얼은 미국 피어슨 에듀케이션(Pearson Education, One Lake Street, Upper Saddle River, NJ, 07458)에 연락해 구할 수 있다.

5. 일러두기

사회복지실천은 다양한 문제와 관심사를 가진 다양한 클라이언트와 함께 수행하는 여러 가지의 활동을 포함한다. 더구나 사회복지실천은 매우 다양한 조직적 맥락과 사회환경 속에서 이뤄진다. 이에 사회복지실천은 너무나 많은 지식과 기술과 관련된다. 이 책은 서로 다른 유형의 클라이언트나 상황에 대해 서로 다른 현장에서 이뤄지는 사회복지사의 실천에 대한 기법과 지침을 다룬다는 점에서는 다소 모호하고 혼란스럽다. 두 명의 저자가 가지고 있는 전문성만으로는 부족하다. 결과적으로 이 책을 준비하면서 사회복지현장과 교육계에서 65명 이상의 동료와 학생으로부터 처음 원고에 대해 검토와 비평을 받았다. 이 책의 품질을 높여준 이들에게 감사를 보낸다. 하지만 최종적인 이 책의 내용에 대한 책임은 전적으로 저자에게 있다.

특히, 다음의 분들이 이 책의 10판을 검토하고 이 책을 위해 소중한 제언을 해주었다는 점을 밝혀 둔다. 스티븐 F. 오스틴주립대학(Stephen F. Austin State University)의 캐슬린 벨린저(Kathleen Belanger), 플로리다주립대학(Florida State University)의 로절린 데커호프(Rosalyn Deckerhoff), 오로라대학(Aurora University)의 킴벌리 델리스(Kimberly Delles), 조지아대학(University of Georgia)의 레티 록하트(Lettie Lockhart), 그리고 피츠버그주립대학(University of Pitts-burgh)의 퍼트리샤 머기(Patricia Magee)이다.

브래드퍼드 셰퍼 · 찰스 호레이시

개정3판

사회복지실천 기법과 지침

차례

제1부

사회복지와 사회복지사

복잡하고 변화하는 사회에서 사회복지는 필수불가결한 전문직이다. 그러나 사회복지직은 다양성이란 특징이 있는 전문직이라 가끔 오해받기도 한다. 사회복지사는 다양한 유형의 실천 현장에서 다양한 사람과 함께 광범위한 활동을 한다. 어떤 사회복지사는 개인, 가족과 주로 활동하고, 다른 사회복지사는 소집단·조직·커뮤니티와 함께 활동한다. 어떤 사회복지사는 아동을, 다른 사회복지사는 노인을 주로 만난다. 어떤 사회복지사는 상담자와 심리치료사의 역할을 하며, 다른 사회복지사는 슈퍼바이저·행정가·프로그램 계획가·기금 모금가의 역할을 한다. 일부는 가정폭력에 초점을 두며, 일부 사회복지사는 빈민에게 주택이나 의료보호를 전달하는 방식에 초점을 둔다. 이런 다양성 때문에 사회복지는 도전적이고 생기가 있다. 하지만 이러한 클라이언트와 활동, 양 측면에서의 다양성 때문에 사회복지가 무엇이냐는 간단한 질문에 대답하기 또한 무척 어렵기도 하다.

사회복지사가 관여하는 모든 활동을 간단하면서도 포괄할 수 있도록 **사회복지**를 정의하려 하였으나, 이는 역사적으로 볼 때 쉬운 일이 아니다. 매우 포괄적인 수준에서 정의하자면, **사회복지직**은 사회적 환경 내에서 사람의 기능을 원조하고 필요하다면 더욱 긍정적인 사회적 기능수행이 가능하도록 환경을 변화하는 전문직이라고 정의할 수 있다. 이 책에서는 '환경 속 개인의 기능수행 증진'이라는 주제를 탐색하고 설명한다. 사회복지에 대한 저자의 관점은 **사회복지사**에 대한 다음의 세 가지 정의에 의해 분명해진다.

1. 사회복지사는 지식, 윤리, 유능함과 같은 전문적인 준비와 아울러, 사회로부터 승인받은 인간서비스를 제공하는 데 필요한 기술을 준비해야 한다.
2. 사회복지사는 특히 아동·노인·빈민·여성·장애인·소수민족 등과 같은 취약인구와 함께 클라이언트 자신, 그들의 주변 사람, 관련된 사회제도에 필요한 변화를 일으키려는 노력을 기울여야

한다.

3. 사회복지사는 개인과 집단으로 하여금 자신의 사회적 욕구를 충족하고, 어려움을 예방하거나 제고하고, 자신의 능력과 강점을 최대한 활용하고, 만족스러운 삶을 살고, 사회에 기여하도록 도와야 한다.

사회복지사는 책임 있는 전문가가 되기 위해 전문직으로서의 전문성이 수용되는 영역을 이해하여 그 범위 안에서 기능해야 한다. 역사적으로 사회복지는 예술(전문가의 개인적 특성)과 과학(효과적 전문가가 되기 위해 필요한 기술과 지식기반)의 양 측면으로 묘사돼 왔다. 이 책의 제1부는 사회복지실천의 가장 근본적인 요소인 사람과 전문직의 조화를 설명한다. 사회복지사는 취약인구를 돕기 위해, 또한 복잡한 사회문제를 예방하고 해결하기 위해, 이 책의 뒷부분에서 설명하는 가장 효과적인 기법과 지침을 사용하기 전에 우선 제1부의 요소를 명확하게 이해해야만 한다.

제1장

사회복지 전문직의 영역

학습목표

- 여러 전문직 중 사회복지의 독특한 위치를 설명한다.
- 사람의 사회적 기능수행을 증진하고 해로운 사회적 조건을 변화하는 것이 사회복지사의 이중적 책임이라는 점을 분명히 확인한다.
- 사회복지실천의 '환경 속 개인'이라는 관점에 따라, 사회복지사는 개인부터 이에 영향을 미치는 커뮤니티 혹은 사회 전체 수준의 이슈나 문제를 다뤄야 한다는 점을 인식한다.
- 클라이언트, 사회복지사, 기관, 사회정책과 프로그램을 계획된 변화 과정에 아울러야 한다는 점을 확인한다.

사람들은 타인을 도우려고 할 때 중대한 책임감을 느낀다. 클라이언트는 전문직이 제공할 수 있는 가장 효과적인 서비스를 받고자 하므로, 각 전문직의 원조자가 책임 있는 사람이라면 자신의 전문직 영역(해당 전문직이 전문성을 가지고 있는 영역) 내에서 실천해야 한다. 이와 달리, 원조자의 활동이 전문직의 경계를 넘어선다면 클라이언트에게 해를 입힐 수도 있다. 이러한 경계는 각 전문직이 제공할 준비가 잘돼 있는 서비스를 구분하기 때문이다. 이 경계는 또한 전문적 사회복지교육과 훈련 내용을 결정한다.

이 책은 전문직으로서의 사회복지와 함께 사회복지사가 어떻게 다양한 이슈를 제기하는 사람을 원조하는지에 관심을 둔다. 따라서 사회복지의 전문적 영역을 이해하는 것은 클라이언트가 이슈를 제기하도록 돕는 데 전제조건이 된다.

사회복지(*social work*)는 전문직으로서는 낯선 명칭이다. 내용보다 이미지를 강조하는 시대라면 근사한 이미지가 결여된 명칭일 것이다. 사실 work라는 용어는 부담스럽고 지루하게 들린다. 많은 사회복지사가 이러한 명칭이 처음에 어떻게 시작됐는지를 이해하지 않은 채, 변화되기만을 바라는 명칭이기도 하다.

제프리 브래킷(Jeffrey Brackett, 1860~1949)은 사회복지라는 명칭에 영향을 주었다. 브래킷은 30년 가까이 미국 매사추세츠(Massachusetts) 자선협회 이사로 활동했으며, 이후 시몬스(Simmons) 사회복지대학의 첫 학장이 되었다. 1900년대 초, 브래킷은 social이라는 용어가 발전하는 전문직 명칭의 한 부분이 된다고 주장했다. 이 용어가 가족·친구·문화·인종집단·학교·직장·이웃·커뮤니티 등을 포함해 많은 다른 요소와 같이 생활을 형성하는 중요한 힘과 사람들의 상호작용에 초점을 두고 묘사할 수 있기 때문이다. work라는 용어는 전문적인 실천과 자선적 활동(가끔은 틀리기도 하고 잘못 이끌기도 하는 부유한 자원봉사자에 의한 활동)을 구별하기 위해 첨가됐다. 요컨대 브래킷은 전문직의 활동을 충분한 준비 없이 사람의 문제에 대한 호기심에서 이뤄지는 자원봉사자의 활동과 구별하여, 책임과 훈련을 강조하는 전문직의 명칭으로서 work를 포함시켜야 한다고 믿었다.

사회복지는 사회문제를 제기하는 데 훈련된 방법으로 원조 기법을 적용하는 전문직을 가리키는 명칭이 됐다. 초창기 원조서비스 제공자가 이 명칭을 받아들였다고 브래킷이 믿는 가운데, 사회복지의 영역은 점차 확대됐다. 사회복지의 방법들은 사회과학과 행동과학으로부터 도출된 지식에 기반을 두고 재형성됐다. 그러나 이 명칭은 오늘날에도 계속해서 사회복지 전문직의 초점을 나타낸다.

1. 사회복지의 영역

사회복지사가 목적, 초점, 범위, 재가(裁可, sanction)와 같은 사회복지 **영역**을 주의 깊게 검토하는 것은 중요하다. 이는 학생에게 특히 중요하다. 왜냐하면 교육 프로그램은 사회복지학문을 교과 단위 혹은 과정으로 나눠 전체적인 이해보다는 부분에 친숙해지도록 만들기 때문이다. 하지만 사회복지실천과 관련해서는 전문직의 미션 전체에 주의를 기울일 필요가 있다.

사회복지 영역에 대한 이해가 필요한 또 하나의 이유는 **전문직의 표류**(예컨대, 다른 전문직 혹은 학문과 관련된 활동을 선호함으로써 전통적인 사회복지직의 목적과 기능을 소홀히 하는 것)를 막을 수 있기 때문이다. 이러한 현상은 사회복지사가 사회정책과 사회정의 이슈를 간과하는 의학·심리학 등 다른 분야에서 사용하는 모델과 이론을 너무 밀접하게 연결하는 임상현장에서 특히 자주 일어난다. 이러한 관점을 가진 사회복지사는 스스로 치료사나 보호관찰자로서의 정체성을 우선시하고 사회복지사를 차선으로 보거나, 심지어 사회복지사로서의 정체성을 전혀 갖지 않는다. 전문직의 표류는 사회복지사로 훈련받았으나 사회복지 전문직의 관점을 도입하기보다는 특정 조직의 기존 절차를 더 중시하는 행정가와 관리자에게서도 나타난다. 전문직의 표류가 일어나면 사회복지사가 원조 과정에 도입하는 수행·관점·능력의 독특성이 상실되어 결국 클라이언트, 고용기관, 커뮤니티 모두에게 해를 끼친다.

여러 원조 전문직을 특징짓는 경계에 관해 합

의되고 정확한 일반적 이해는 존재하지 않는다. 사회복지, 임상심리, 학교상담, 결혼, 가족치료와 같이 다양한 분야는 그중 한 분야가 어디서 시작됐고 서로 어디서 중복되는지에 관해 서로의 합의나 협력 없이 각자의 영역을 주장해 왔다. 이러한 문제는 전문직 실천을 허가하고 있는 나라별로 전문직의 정의와 경계를 자체적으로 정하기 때문에 더 복잡해지기도 한다. 따라서 사회복지 영역을 배우고자 하는 경우, 이런 전문직 사이의 경계가 가끔 불분명하다고 인식하는 것이 중요하다.

1) 사회복지의 목적

사회복지 전문직(social work profession)에 대한 이해는 사회적 존재로서의 인간에 대한 심층적 인식에서 시작된다. 사람은 사회적 동물이다. 사람은 다른 사람을 필요로 한다. 각 개인의 성장과 발전에는 다른 사람이 제공하는 지도, 양육, 보호가 필요하다. 육체적 및 심리적 생존을 포함해 자신에 대한 개념은 다른 사람의 판단 및 활동과 연관된다. 사회복지사가 사람들의 상호작용과 관계의 질 및 효과를 향상하는 것, 즉 클라이언트의 사회적 기능수행을 증진하며 동시에 이에 영향을 미치는 사회조건을 개선하는 것의 밑바탕에는 사람들 사이의 상호연계와 상호의존 그리고 사회적 관계의 힘이 있다.

(1) 사회적 기능수행의 향상

사회적 기능수행은 사회복지의 독특한 초점을 이해하고 다른 원조 전문직으로부터 사회복지를 구별하는 데 핵심적인 개념이다. **사회적 기능수행**(social functioning)이란 기본욕구를 충족하고 주요한 사회적 역할을 수행하는 데 필요한 과제와 활동을 달성하는 능력이다. 매슬로(Abraham Maslow)는 《인간 욕구의 위계》에서 가장 기본적인 욕구는 안전과 위험으로부터의 보호뿐만 아니라 식생활, 주거, 의료보호라고 제시했다. 그렇게까지 치명적이지는 않지만 그 다음으로 중요한 욕구 수준은 자신이 사회적 관계망에 속해 있다고 느끼는 것, 타인에게 어느 정도 수용과 인정을 받는 것, 자신의 잠재력을 실현할 기회를 가지는 것(자기실현)으로 진전된다. 사회복지 전문직의 다양성 중 한 측면은 이와 관련된다. 즉, 인간의 기본적 욕구의 모든 수준에 관련해 클라이언트의 사회적 기능수행 증진을 돕기 위한 준비가 되어 있어야 한다.

이러한 다양성의 다른 예는 클라이언트가 수행하고 있는 여러 사회적 역할을 동시에 제기해야 하는 인간상황의 다양성과 관련된다. 예컨대 클라이언트에게는 가족 구성원·부모·배우자·학생·환자·근로자·이웃·시민 등과 같은 사회적 역할이 있다. 이 사회적 역할은 사람의 성(gender)·인종·문화·종교·능력·직업 등에 따라 모호하거나 혹은 분명하게 기대된다. 더 나아가, 역할은 시간에 따라 바뀌기도 하고, 혼란이나 긴장을 야기하기도 하고, 가족이나 학교 혹은 직장에서 갈등을 가져오기도 한다. 클라이언트가 복합적인 사회적 역할을 수행할 때 사회복지사는 각 영역의 능력이 잘 어울리도록 광범위한 활동을 수행해야 하는데, 사회적 기능수행 증진이라는 개념은 이를 포함한다. 또한 가끔 이 개념은 클라이언트의 사회적·경제적 환경의 요구, 기대, 자원, 기회 간의 갈등과 충돌을 해결하는 것을 뜻하기도 한다.

사회복지 전문직이 모든 사람의 사회적 기능과 관계된다 할지라도, 전통적으로는 사회적으로 부정의, 차별, 억압을 경험한 사회의 가장 취약한 구성원의 욕구를 우선순위로 둔다. 취약한 구성원은 전형적으로 어린 아동, 허약한 노인, 빈곤층, 중증 신체적·정신적 장애인, 동성애자, 소수민족, 소수인종 등이 포함된다.

사람들의 사회적 기능을 향상하기 위해 사회복지사는 우선적으로 사회보호, 사회치료, 사회적 향상으로 분류되는 활동에 관여한다. **사회보호**(social care)는 기본적인 생활(예: 식생활, 주거, 위험으로부터의 보호 등)과 아울러 심리·사회적 욕구(소속, 수용, 자기실현 등)를 충족하기 어려운 사람에게 제공하는 활동과 노력이다. 사회보호는 필요한 자원을 제공하며 가까운 미래에 변화할 수 없거나 완화될 수 없는 어려운 상황에서 클라이언트가 가능한 한 편안하도록 돕는 데 초점을 둔다. 사회보호의 사례로는 요양시설의 다소 제한된 생활방식에 노인이 적응하도록 돕거나, 심각하고 지속적인 정신질환을 경험하는 성인을 돕는 것, 사망에 이를 질환이나 생명이 위험한 상황에 직면한 사람을 돕는 것 등이 있다.

사회치료(social treatment)는 개인이나 가족의 역기능적이며 문제를 유발하거나 스트레스가 발생하는 사고유형, 감정, 행동을 수정하거나 고치도록 계획된 활동을 포함한다. 사회치료의 초점은 1차적으로 교육, 상담, 다양한 치료를 통해 개인이나 가족의 변화를 촉진하는 것이다. 어떤 사례에서는 사회복지사가 사회보호와 사회치료를 동일한 가족에게 제공할 수도 있다(예: 위탁보호 아동과의 활동, 호스피스).

개입의 세 번째 유형은 이미 잘 기능하는 사람의 능력과 수행을 향상, 확장, 더 개발하는 것을 추구한다. **사회적 향상서비스**(social enhancement services)는 '문제'가 아닌 특수한 기능 수행 영역에서 클라이언트의 성장과 개발을 강조한다. 향상을 지향하는 서비스의 사례로는 청소년 여가 프로그램, 건강한 아이 상담소(well-baby clinics), 결혼생활 질 향상 세션(marriage enrichment sessions), 직업 훈련 프로그램(job training programs) 등이 있다.

(2) 사회조건의 향상

사회복지실천의 두 번째 강조 영역은 지지적이고 능력을 강화하는 환경을 창출하는 것에 있다. 이 목적을 뒷받침하는 것은 사회정의의 중요성에 대한 강한 신념으로, 이는 사회복지실천의 가장 본질적 가치 중 하나이다. **사회정의**(social justice)는 정부, 기업, 권력집단과 같은 사회제도가 모든 사람의 기본인권, 존엄성, 가치를 인식하고 지지하는 방식에서 공정하면서 또 도덕적으로 진실한가를 말한다. 밀접하게 관련된 원리는 경제정의이다. 이는 때때로 '분배정의'라고도 불린다. 경제정의는 경제적 자원, 기회, 부담(조세, 은행 대출, 기업계약 분담 등)의 할당과 분배에서의 기본적 공정함이다. 사회복지사는 모든 사람이 가치 있고 공정한 처우를 받도록 하며, 모든 사람을 사회적으로, 그리고 경제적으로 보장하고 그 수준을 향상할 합리적 기회를 제공하는 다양한 법률, 공공정책, 여타 사회적·경제적 체제를 선호한다.

진정으로 공정하고 정의로운 것이 무엇인지에 대한 상이한 인식, 그리고 인간 욕구와 문제를 다룰 때 사회가 책임을 져야 하는지 혹은 어떻게 책임을 져야 하는지에 대한 상이한 신념 때문에 정치적 논쟁이 자주 발생한다. 대부분 사회복지사는 모든 사람이 기본적 욕구를 충족할 인권을 가지고 있다는 것을 사회·경제정책이 인식해야 한다고 주장한다. 즉, 인간은 개인적 성취에 의해서가 아니라 인간이라는 본질적 가치 자체만으로 기본적 욕구를 충족할 권리가 있다. **기본적 인간 욕구**에는 다음과 같은 것이 있다.

- 사람의 생존을 위해 필요한 식생활, 주거, 기본적 의료보호 그리고 필수적인 사회서비스를 받을 권리
- 학대나 착취, 억압으로부터 보호받을 권리
- 기본자원을 확보하고 존엄성을 유지하며 살기에 충분한 임금을 받을 권리
- 개인이 선택한 사람과 결혼하고 가족을 만들고 가족과 더불어 살 권리
- 기본적 교육에 대한 권리
- 재산 소유의 권리
- 직장에서 피할 수 있는 위험과 재해로부터 보호받을 권리
- 선택한 종교를 가질 권리 혹은 갖지 않을 권리
- 사생활의 권리
- 원하는 사람과 어울릴 권리

- 커뮤니티와 정부에 대해 정확한 정보를 얻을 권리
- 정부의 결정에 참여하고 영향을 미칠 수 있는 권리

권리에는 책임감이 수반된다는 것을 사회복지사는 감안해야 한다. 모든 권리에는 반드시 책임이 수반된다. 예를 들면 다음과 같다.

- 사람에게 기본적 생존권이 있다면 식생활, 주거, 필수적 의료보호가 있어야 한다는 책임도 있다.
- 방임이나 착취, 억압으로부터 보호받을 권리가 있다면 보호가 필요할 때 이를 제공할 행동이나 사회적 프로그램을 만들 책임도 있다.
- 일하고 수입을 벌 권리가 있다면 고용의 기회와 생활임금을 확보할 책임도 있다.

사람들이 자신의 개인 권리에는 관심을 두면서도 타인이나 전체 사회에 대한 책임은 가지지 않을 때, 부정의의 상황이 발생한다. 종종, 사회복지사는 학대받거나 무시당하는 사람의 권리를 옹호하는 사람이 된다. 또 많은 경우, 사회복지사는 취약집단이나 억압받는 사람을 위해 목소리를 낸다.

사회복지사는 다른 전문직보다 더 자주, 사람들이 살아가고 기능하는 환경의 변화를 추구한다. 개인이나 가족과 일할 때 이러한 변화는 종종 **환경수정**(*environmental modification*)으로 불린다. 한 예로, 학교 사회복지사는 교통사고로 심하게 화상을 입은 학생의 퇴원을 위해 같은 학

급 학생들을 준비시키는 노력을 할 수 있다. 다른 예로, 새로운 사람을 만나는 것을 두려워하는 위탁아동에게 조용하고 보호적인 분위기를 제공할 수 있도록 위탁모에게 특별훈련과 지도를 제공할 수 있다.

조직 및 커뮤니티와 활동할 때 사회복지사는 더 넓은 환경을 수정하려고 시도한다. 커뮤니티 의사 결정자, 기업, 정치적 지도자, 정부기관이 커뮤니티의 욕구와 문제에 더 지지적이고 더 잘 반응하게끔 영향을 미치려고 노력한다. 이러한 개입은 사회·경제정의를 이루고, 사람들에게 기회를 확대하며, 사람들이 살아가는 일상환경을 향상할 수 있도록, 사회복지사가 법, 사회정책, 사회제도, 사회체계의 개발·향상을 위해 사회조사, 사회계획, 정치적 활동을 수행하는 것을 포함한다. 구체적인 예로는 안전하고 편안한 주택의 이용 가능성을 확대하는 것, 장애인을 고용하도록 사업주에게 동기를 부여하는 것, 차별을 더욱 예방할 수 있도록 법을 개정하는 것, 이웃과 커뮤니티조직이 직면한 쟁점을 정치적으로 적극적으로 다룰 수 있도록 이들의 능력을 강화하는 것 등이 있다.

문제가 커지고 악화되는 것을 예방할 수 있는 경우도 있다. **예방**은 인간의 문제가 형성되는 원인이 되거나 영향을 미치는 것으로 알려진 사회·경제·심리·다른 조건을 제거하려는 활동이다. 효과적인 예방을 위해 사회복지사는 사회문제의 진전에 영향을 미치는 구체적 요인과 상황을 규명해야 하고 사회문제의 영향을 줄이거나 없애는 활동을 선택해야 한다(항목 12. 13 참조). 공공보건 모델을 통해 예방의 세 가지 수준을 확인할 수 있다.

- 수준 1: **1차 예방**. 문제가 진전되지 않도록 하기 위해 취하는 활동.
- 수준 2: **2차 예방**. 초기에 문제를 탐색하고 상대적으로 변화하기 쉬운 시기에 문제를 다루기 위해 취하는 활동.
- 수준 3: **3차 예방**. 이미 심각한 문제가 더욱 악화되거나, 추가적인 피해가 발생하거나, 다른 것에 파급되는 것을 막는 것에 역점을 두어 취하는 활동.

2) 사회복지의 초점

사회복지는 개인과 가족이 어떻게 기능하는가와 관련한 유일한 전문직도 아니고, 사회적 조건과 사회문제에 관심을 두는 유일한 전문직도 아니다. 그러나 사회복지는 사람과 사람의 환경 모두에 **동시적인 초점**(simultaneous focus)을 두므로 다양한 원조 전문직 중에서도 독특하다. 이 가운데 가장 중요한 축을 **환경 속 개인**(person-in-environment)이라 개념화한다.

사회복지사는 각 개인을 생물학적·지적·정서적·사회적·가족적·영적·경제적·공동체적 등 다양한 차원을 가진 **전체로서의 인간**(whole person)으로 보려고 한다. 이 전체로서의 인간에 대한 관심은 사회복지 전문직의 관심 폭을 넓히는 데 기여했다. 예를 들어 사회복지는 음식, 주택, 건강보호 등 기본적인 신체적 욕구를 충족시키려는 개인의 능력, 생활의 요구에 대처하기 위해 필요한 지식과 기술의 수준, 자신의 삶에서 무엇이 중요한지에 대한 가치, 개인의 목적과 열망 등에 관심을 둔다. **성격**(*personality*)이 아니라 **사람**(*person*)이라는 용어를 활용하는 환경 속 개인이라는 구조에 주목하는 것도 중요하다. 성격은 전체 사람의 한 구성요소에 불과하다. 성격에만 초점을 두는 것은 사회복지의 영역과는 모순되며 심리학의 영역을 지향하는 것이다.

사람은 언제나 특정한 환경 속에서 살아간다. 여기서 **환경**이라는 용어는 다수의 물리적·사회적 구조, 힘, 인간과 다른 생활유형에 영향을 미치는 과정 등과 같은 주변상황을 가리킨다. 사회복지사는 사람들의 일상적인 사회적 기능 수행에 가장 직접적이고 가장 자주 영향을 미치는 주는 체계, 구조, 조건(그 사람의 인접환경)에 특별한 관심을 가진다. **인접환경**(*immediate environment*)은 가족·친구·이웃·직장을 활용하는 서비스와 프로그램 등을 포함한다.

클라이언트가 그들의 인접환경을 개선하도록 원조하는 것이 사회복지사의 주요한 관심사다. 이에 더해 사회복지사는 클라이언트의 **멀리 떨어진 환경**(*distant environment*)에도 관심을 가진다. 멀리 떨어진 환경은 사람이 건강하게 성장하고 발전하기 위해 필요한 것과 관련된다. 예를 들면 깨끗한 공기, 마실 수 있는 물, 주거환경, 식량을 생산할 수 있는 좋은 토양과 같은 것이다. 생물학적 안녕은 긍정적인 사회적 기능수행의 전제조건이므로 사회복지사는 질병과 오염의 예방과 같은 문제에 대해서도 관심을 가져야 한다.

사회적 관계는 사회복지 전문직의 중요한 관심이므로, 사회복지사는 잠재적으로 도움이 되기도 하고 위험한 영향력이 되기도 하는 사회적 환경의 힘을 이해해야만 한다. 인간은 사회적 동물이며 다른 사람에게 인정받기를 간절히 원한다. 주변환경에 있는 다른 사람이 하는 일을 우리도 달성하려는 것은 긍정적이건 부정적이건 변화를 위한 강력한 힘이 된다. 한 사람의 환경이 더 지지적이고 돌보아 주는 형태가 된다면, 그 사람의 태도와 행동이 더 긍정적으로 변하리라는 점을 사회복지사는 이해하고 있어야 한다.

3) 사회복지의 범위

전문직의 **범위**(*scope*)란 그 임무에 적절한 활동과 개입의 영역을 뜻한다. 사회복지의 범위를 설명하는 한 가지 방법은 클라이언트체계의 크기를 기준으로 개입을 구별하는 것이다. **미시적 수준**의 사회복지실천은 부부, 부모와 자녀, 가까운 친구, 가족 구성원 사이의 교환과 같이 개인과 개인의 가장 친밀한 상호작용에 초점을 둔다. **대인관계 원조**(*interpersonal helping*), **직접적 실천**(*direct practice*), **임상실천**(*clinical practice*)이라는 용어가 **미시적 수준의 실천**(*micro level practice*)과 서로 대체되며 사용되기도 한다.

다른 극단에 있는 **거시적 수준의 실천**은 조직, 커뮤니티, 전체 사회와 함께 활동하며 이들을 변화시키려는 노력과 관련된다. 거시적 수준의 실천은 대인관계도 다루지만 주로 조직을 대표하는 사람 혹은 기관위원회, 기관 간 특별위원회와 같은 집단의 구성원 사이에서 이뤄지는 상호작용에 초점을 둔다. 거시적 수준의 실천에 참여하는 사회복지사는 종종 행정, 자금 모금, 발의된 법률에 대한 증언, 정책 분석, 계층 옹호, 사회적 자원 개발과 같은 활동을 한다.

중도적 수준의 실천은 미시적인 것과 거시적인 것 사이에 위치해 있다. 이 수준의 실천은 가족생활에 관련된 관계보다는 덜 친숙한 대인관계지만, 조직적·제도적 대표자 사이에서 이뤄지는 것보다는 더 개인적인 대인관계에 초점을 둔다. 중도적 실천의 예로는 자조(自助) 집단 혹은 치료집단에서의 사람, 학교나 직장에서의 동료, 이웃과 같은 관계에서의 변화를 위한 노력이 있다.

일부 실천 접근은 한 가지 이상의 개입 수준을 제기한다. 예를 들어, 일반주의자 관점에서는 사회복지사가 미시적·중도적·거시적 수준에서 실천할 수 있어야 한다고 요구한다(제 6장 참조).

4) 사회복지를 위한 재가

재가(*sanction*) 라는 개념은 어떤 과제와 활동 — 어떤 사람의 삶에 중요한 영향을 미치는 것으로, 만약 잘못하면 해가 될 수도 있는 것 — 을 수행하는 데 필요한 권위, 승인, 허가를 의미한다. 사회복지실천의 재가에는 세 가지 원천이 있다. 이 중 첫 번째 원천은 주나 연방 수준에서 사회복지실천을 명시적으로나 암시적으로 인지하고 승인한 법규이다. 이것은 각 주에서의 개별 사회복지실천가에 대한 면허나 법제적 규정에서 가장 명시적으로 두드러진다. 재가는 사회

프로그램을 만들거나 사회복지활동을 위한 기금을 할당하는 규정처럼 다양하게 암시적이기도 하다.

재가의 두 번째 원천은 비영리·영리기관 모두를 포함하는 민간 인간서비스 조직으로, 이들은 사회복지사를 모집하고 고용하거나 개업사회복지사 또는 다른 기관의 사회복지사로부터 서비스를 구입함으로써 사회복지를 보증한다. 또한 커뮤니티는 간접적으로 재가를 해주고 특정 서비스를 제공하는 사회복지사에게 비용을 지불한다.

마지막으로, 실천을 위한 공공의 재가를 적확하게 검증하는 방법은 사회복지사가 제공하는 서비스를 찾아 이용하는 클라이언트의 자발성에 있다. 따라서 사회복지사는 클라이언트의 신뢰를 얻기 위해 효과적인 서비스를 제공하며 책임 있고 윤리적인 방식으로 실천하고 있음을 일상적으로 입증해야 한다.

개별적인 사회복지실천가와 전문직 양자 모두는 이러한 승인을 얻기 위해 사회복지실천가가 유능하고 〈전미사회복지사협회(National Association of Social Workers, 이하 NASW) 윤리강령〉을 준수한다는 것을, 전문가 조직과 면허 발급기관을 통해 보여 주어야 할 의무가 있다(항목 9.5 참조).

2. 사회복지실천에 대한 개관

정말 많은 요소가 사회복지사가 하는 일의 모습을 만든다. 〈그림 1-1〉은 사회복지 실천에

영향을 미치는 핵심 요소를 나타낸다. 그리고 이 책의 16개 장이 전체 사회복지를 반영하기 위해 어떻게 내용을 구성했는지를 보여 준다. 그림 가운데 중첩된 타원 부분은 클라이언트(혹은 클라이언트체계)와 사회복지사가 클라이언트의 기능수행이나 이미지에 원하는 변화를 가져오기 위해 함께 활동하는 노력을 나타낸다. 계획된 변화 과정은 클라이언트의 사회적 기능수행을 증진하기 위해 클라이언트와 사회복지사가 활동을 시작하기 위한 결정을 내리는 단계에서 출발하여, 사정(assessment)과 활동단계를 거쳐 성공 여부를 평가하는 단계와 원조활동을 종결하는 결정의 단계에 이르기까지 몇 단계의 활동으로 이뤄진다. 사회복지사가 이러한 과정을 주도할지라도 변화가 필요한지의 여부나 사회복지사가 제공하는 원조자원을 활용할 것인지의 여부는 클라이언트가 최종적으로 결정한다.

〈그림 1-1〉의 **클라이언트** 부분은 클라이언트의 문제나 관심사가 개인적 요소와 환경적 요소가 조합된 결과임을 보여 준다. 각 클라이언트는 다뤄질 상황에 영향을 미칠 수 있는 독특한 **개인적 특성**을 가진다. 예를 들면 성, 연령, 민족, 생활경험, 신념, 강점, 한계점, 욕구 등이다. 이러한 개인적 특성은 원조 과정에서 중요한 자원이 될 수도 있다.

클라이언트는 고립돼 있지 않다. 클라이언트의 **인접환경**에는 친구, 가족, 학교 직원, 고용주, 자연적 원조자, 이웃이나 커뮤니티 집단, 심지어 다른 원조 전문직이 있다. 그러나 이는 일부분에 불과하다. 어떤 경우에는 이러한 환경적 영향력이 클라이언트 문제의 기여 요소가 되어 변화의 표적이 되기도 하고, 다른 경우에는 사회적 지지나 자원의 잠재력이 되기도 한다.

〈그림 1-1〉에서 **사회복지사** 부분은 사회복지사가 독특한 개인적 특성과 전문적 배경을 가지고 변화 과정에 개입함을 보여 준다. 클라이언트는 이를 사회복지사의 실제적 수행(사회복지사의 활동과 기술·기법의 적용)을 통해 경험한다. 사회복지사의 활동은 특정한 전문적 역할, 자신이 실천을 인도하기 위해 선택한 개념적 준거틀에 따른 함수이다. 사회복지사의 **개인적 특성**은 여러 요소를 가진다. 예를 들어 사회복지사의 개인적 가치뿐만 아니라 인간 고통의 원인에 대한 독특한 관점은 변화 과정에 불가피하게 영향을 미친다. 이런 관점은 사회복지사의 가족과 커뮤니티에서의 생활 경험, 사회·경제적 배경, 성, 연령, 성적 지향성 등에 의해 형성된다. 이 모든 특성은 사회복지사와 클라이언트의 관계에 어느 정도 영향을 미친다.

동시에 실천가는 사회복지의 **전문적 배경**을 형성하는 데 특별한 기여를 한다. 다시 말해 사회복지사는 클라이언트의 친구, 가족, 클라이언트와 함께 활동한 적이 있거나 과거에 도와 주었던 다른 분야의 전문가 등과 차별성을 보여줄 수 있다. 전문적 배경이란 무엇인가? 가장 우선적으로 사회복지사는 사회복지의 영역에서 공통적인 신념체계, 가치, 윤리적 원리, 사회적 기능수행에 대한 초점을 공유한다. 교육과 경험을 통해 사회복지사는 자신의 원조기술의 '예술가'적 부분을 발전시킨다. 여기에는 실천 지혜와 자신의 개인적 특성, 특별한 재능, 클라이언트를 돕는 독특한 스타일을 사용하는 자연적 능

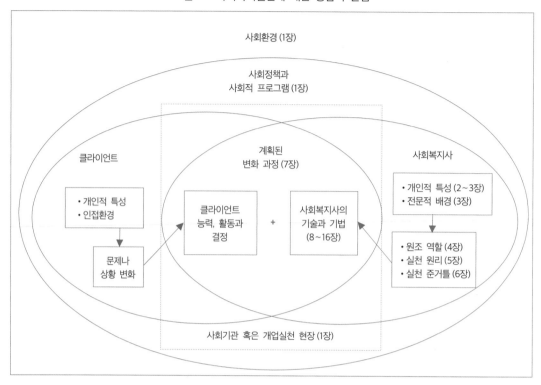

그림 1-1 사회복지실천에 대한 통합적 관점

력 등이 해당한다. 이에 더해 사회복지사는 사회복지에 '과학'을 결합한다. 여기에는 환경과 기능수행에서 변화를 가져오도록 돕는 방법에 대한 지식뿐만이 아니라 인간과 사회적 상호작용에 대한 지식이 모두 포함된다.

사회복지사는 책임감을 수행하면서 다양한 **원조 역할**을 수행한다. 사회복지사는 클라이언트를 적절한 자원에 연계하는 것부터 각 사례의 상황 사정, 서비스의 직접적 제공, 사회행동의 계획과 수행 등에 이르는 다양한 역할과 기능을 수행할 준비가 되어 있어야 한다.

사회복지 전문직은 여러 상이한 접근을 활용해 필요하고 효과적인 서비스를 제공해온 오랜 역사를 가지고 있다. 모든 실천 상황에 다 부합하는 사회복지실천 접근이나 전략이 확립되지는 않았으나, 몇 가지 유효성이 입증된 지침을 발전시켜 왔다. 이 일부는 사회복지사가 실천할 때 지켜야 하는 가장 보편적인 지향점을 제시하는 **실천 원리**로 자리매김되어 있다.

사회복지사의 전문적 배경에서 또 하나 중요한 요소는 실천 결정과 변화 과정을 인도하는 다양한 실천 준거틀(예: 실천 관점, 이론, 모델)에 대한 지식이다. 사회복지사는 클라이언트의 상황에 가장 적절하고 효과적인 접근을 선택하기 위해 몇 가지 준거틀에 익숙해야 한다.

끝으로, 변화 과정에 가장 확실하고 가시적인 기여를 하는 것은 사회복지사의 **기술**과 **기법**의 숙련도이다. 사회복지사는 클라이언트의 문제나 관심의 특성, 실천 현장에서의 기대, 이를 활용하는 사회복지사 자신의 능숙함 등에 따라 기술이나 기법을 선택한다.

〈그림 1-1〉로 다시 되돌아가 보면 사회복지 실천은 보통 특정한 **사회환경**, 즉 사회기관의 맥락에서 이뤄진다. 클라이언트에게는 기관은 **멀리 떨어진 환경**이다. 전형적으로 기관은 지방, 주, 정부의 사회정책에 의해 설립되며, 기관의 프로그램은 그 사회의 가치와 신념을 반영한다. 사회복지에 대한 사회 구성원의 헌신은 미국 내 지역, 주, 커뮤니티에 따라 다양하다. 모든 사람의 안녕을 증진하는 건전한 **사회정책**의 수립은 적절하고, 건강하고, 생산적인 사회의 필수적 조건이다. 그러나 미국 내의 모든 사회복지사는 미국의 사회정책에 아직 개선의 여지가 많음을 알고 있다.

사회는 합법적인 의사 결정을 통해 특정 사람을 도울 수 있는 **사회적 프로그램**을 창출한다. 이러한 프로그램에는 세 가지 기본적 유형이 있다.

- **사회적 급부**는 결핍 상태의 사람에게 돈, 음식, 옷, 주거 등과 같은 유형의 재화를 주는 것이다.
- **개인적 서비스**는 문제를 해결하거나 예방하기 위해 제공되는 상담·치료·학습 경험 등 무형의 서비스와 관련된다.
- **사회행동** 프로그램은 사람의 욕구와 요구에 더욱 적극적인 반응을 보이도록 사회환경의 측면을 변화시키는 것과 관련된다.

사회적 프로그램의 기반이 되는 특정 철학은

프로그램이 어떻게 작동하는지, 효과적인지, 클라이언트와 사회복지사 모두에게 어떻게 영향을 미치는지 등에 중요한 영향을 미친다. 사회복지, 안전망 혹은 사회적 효용에 대한 두 가지 지배적인 철학은 인간서비스를 어떻게 제공해야 하는지와 관련해 상당한 논란의 중심에 있다.

역사적으로 미국에서는 건강보호의 결여, 노숙, 기아, 요보호 아동 등과 같은 문제를 민간의 기부나 개별적 자선(비영리기관이나 교회)의 도움을 받아 해결해야 한다는 철학이 지배적이다. 이 철학은 만약 공공의 세금으로 운영되는 사회적 프로그램이 있다면, 이는 경제적으로 극히 곤궁하고 엄격한 수급자격 기준을 충족하는, '실제적으로 욕구'를 가진 사람에게만 최소 수준으로 제공되는 **안전망**이어야 한다고 본다. 바꾸어 말하면, 이러한 공공 프로그램은 이미 심각한 상황에 있는 사람을 위한 최후의 피난처가 되어야 한다는 것이다. 민간 재원으로는 사회의 가장 취약한 사람의 소득, 건강 등의 욕구를 충족할 수 없고, 따라서 정부가 지원하는 기관이 심각한 사회적 문제를 겪는 사람을 돕도록 서비스를 제공해야 한다는 현실이 점점 더 인식되고 있다.

사회복지의 두 번째 철학이라 할 수 있는 **사회적 효용성** 관점은 공공의 세금에 기반을 둔 프로그램이 사회의 최일선 기능(공공교육, 도서관, 고속도로, 법적 체계 등과 유사하게)을 하는 프로그램이어야 한다는 철학이다. 바꾸어 말하면, 사회복지는 근본적으로 국가의 책임이고 모든 시민이 자산 조사(*means test*)나 실제로 긴급한 위기에 있음을 증명할 필요 없이 공공 프로그램을 이용할 수 있어야 한다는 것이다. 특정한 서비스에 대해 이용요금이 부과된다면 그 요금의 수준은 매우 낮아야 한다. 이러한 프로그램은 예방이나 조기 개입을 강조한다.

사회복지의 혜택과 서비스, 프로그램은 전형적으로 이러한 목적을 위해 만들어진 **사회기관**이나 **조직**을 통해 제공된다. 따라서 대개의 경우 사회복지는 기관에 기반을 둔 전문직이며, 대다수 사회복지사는 기관에 고용된 사람이다. 사회기관은 공공 인간서비스 부서, 정신건강센터, 학교, 병원, 근린센터, 다수의 다양한 조직적 구조 등을 포괄한다. 이는 세금의 지원을 받으며 공무원에 의해 운영되는 **공공기관**일 수도 있고, 자원봉사자 이사회가 통제하며 서비스 요금이나 민간 기부금으로 운영되는 **민간 비영리기관**일 수도 있고, 기업의 지휘 아래 서비스를 제공하는 **민간 영리기관**일 수도 있다. 구조에 관계없이 기관의 기본적 기능은 사회적 프로그램을 관리하고 원조 과정의 품질을 점검하는 것이다.

이러한 기능을 수행하기 위해 기관은 자금 · 직원 · 다른 자원을 확보해야 하고, 어떤 사람이 이 서비스를 받을 자격이 있는지를 결정해야 한다. 또한, 표적으로 삼은 사회적 욕구를 효율적이고 효과적인 방식으로 충족할 수 있는 행정 구조를 유지해야 한다. 사회기관에서 가장 중요한 요소는 사람이다. 접수자, 관리인, 행정가, 서비스 제공자 모두는 성공적인 프로그램을 전달하기 위해 함께 활동해야 한다. 종종 다른 분야의 원조 전문가가 같은 기관에 고용된다. 이러한 다분야 간 프로그램에서 각 전문가는 자신의

전문직 영역에 적합한 특별한 능력뿐만 아니라 원조에 대한 자기 자신의 관점을 가져야 한다.

사회복지사가 **개업실천**(*private practice*)을 통해 서비스를 제공하는 것이 점점 늘고 있다. 이 개업실천가는, 전형적으로 의료와 법률 분야가 그러하듯, 자신의 클라이언트에게 서비스를 제공할 직접 계약을 하며 독립적으로 실천 활동을 수행한다. 이 실천이 규모가 매우 커서 여러 명의 사회복지사가 고용되고 다른 전문 분야의 전문가를 포함하는 것이 아니라면, 보통 개업실천은 사회기관보다는 작은 규모이다.

3. 결론

사회복지는 그 사회 사람들의 삶의 질을 향상하기 위한 원조를 제공하도록 사회로부터 재가된 몇 가지 인간서비스 전문직 중 하나이다. 이러한 다른 원조 전문직으로는 임상심리학, 약물과 알코올 상담, 결혼과 가족 상담, 학교심리학, 의학, 재활상담, 간호직 등을 들 수 있다. 이러한 전문직 가운데 사회복지의 독특성은 사회적 기능에 초점을 둔다는 것, 그리고 사람들이 환경 ― 인접환경뿐만 아니라 멀리 떨어진 환경 모두 ― 과 보다 효과적으로 상호작용하도록 돕는다는 것에 있다. 사회복지사는 사람들이 사회적 기능수행의 문제를 다루도록 원조하고, 사회문제가 표면화되는 것을 예방하며, 이미 존재하는 사회문제가 악화되는 것을 방지하는 역할을 수행한다.

다양한 인간서비스 전문직 사이에 각 영역의

범위에 관한 갈등과 경쟁이 일어난다. 이러한 갈등이나 권력 다툼은 업무, 월급, 지위, 통제를 위한 경쟁 혹은 어떤 전문직이 특정 과제를 수행하는 데 자격요건을 가장 잘 갖추고 있는지에 대한 의견 불일치에 집중되곤 한다. 이 같은 문제가 서비스 전달에 미치는 갈등적 영향을 최소화하기 위해 각 분야 전문가가 서비스 제공에서 **전문직 간 협력**(*inter professional collaborate*)에 참여하는 것이 중요하다. 그러나 각 분야는 다른 전문직의 전문지식 영역에서 실천 활동을 하는 것은 피해야 한다.

사회복지사는 사회적 기능상의 문제를 해결하는 것을 도우며, 문제가 발생하거나 악화되는 것을 예방하기 위해 사회적 변화 노력을 이끌어 가는 데 가장 잘 준비된 전문직이라고 오랫동안 주장해 왔다. 사회복지사는 자기 영역의 중심적 특징에 대한 초점을 유지하는 것이 중요하다.

참고문헌

Maslow, A. H. (1970). *Motivation and Personality*. NY: Harper and Row.

National Association of Social Workers (1999). *Code of Ethics*. Washington, DC: NASW. https://www. socialworkers. org/About/Ethics/Code-of-Ethics.

Sheafor, B. W., Morales, A. T., & Scott, M. E. (2012). *Social Work*: *A Profession of Many Faces* (12th ed.). MA: Allyn & Bacon.

제 2 장

직업과 사람의 조화

학습목표

• 사회복지사의 일로 개인적인 보상을 받기도 하지만 때로는 힘들고 좌절을 겪기도 함을 인식한다.

• 사회복지실천은 사회복지사의 개인적 생활에도 영향을 미침을 인식한다.

• 전문적으로 좋은 평판을 얻기 위해 신참 사회복지사가 준비해야 할 과제를 명확히 인식한다.

• 사회복지사는 커뮤니티에 살고 있는 주민의 삶의 질을 증진거나, 커뮤니티의 위협적 조건이나 기관의 기능수행에 관해 문제를 제기할 준비가 되어 있어야 함을 인식한다.

• 개인적 문제를 겪거나 스트레스를 받을 때, 도움을 찾고 사회복지실천에 적응하는 노력을 보여 준다.

• 사회복지실천에서 너무 심각하게 어려워하지 않고 유머감각을 가지고 일을 즐겨야 함을 인식한다.

사회복지사의 업무와 사생활은 지속적으로 상호작용을 한다. 대다수 사회복지사는 단순히 직장에 오가거나 직장에서만 일하는 것이 아니며, 집으로 돌아올 때도 업무에 대한 생각과 감정이 심리·정서적으로 유지된다. 개인적 생활과 전문적 관심을 분리하려고 노력하지만, 일의 특성상 이는 매우 어렵다.

사회복지 전문직은 클라이언트를 신체적·정신적·정서적·심리적·사회적·영적·지적 등 다양한 차원의 **전인적 사람**으로 바라본다. 물론 사회복지사에 대해서도 직업적·전문적 요구에 전체적인 전인적 인간으로 반응하는 사람으로 본다. 따라서 사회복지사의 신념, 가치, 신체적·정서적 안녕 상태, 그리고 삶의 다른 모든 측면이 사회복지실천 경험에 영향을 주거나 받는다.

사회복지사는 클라이언트가 늘 특정한 상황적·환경적 맥락에서 기능한다는 관점을 가지고 있다. 사회복지사 또한 다양한 전문적·조직적 맥락 속에서 기능한다. 또한 일에 관련된 것을 제외하고도 많은 역할, 책임, 관심을 갖는다. 예를 들어 사회복지사는 가족 구성원, 배우자가 되기도 하고 어떤 경우에는 부모나 친구, 사회관계망의 일원이 되기도 한다. 또한 이웃이나 특정 커뮤니티의 주민이 되기도 한다. 그뿐만 아니라 사회복지사는 특정 인종집단의 구성원, 종교 교파나 신앙조직의 회원, 특정 이해집단이나 정당의 구성원, 여가활동집단의 구성원일 수도 있다. 이처럼 다양한 역할과 관계가 존재하기 때문에 모든 사회복지사는 불가피하게 개인적인 이해관계와 전문적인 의무 사이에서 갈등에 직면한다.

이 책은 사회복지사가 직업적으로 일하는 동안 발생하는 활동에 1차적으로 초점을 두지만, 이 장에서는 실제 실천 활동이 사회복지사의 사생활과 어떻게 관련되는지를 검토한다. 사회복지사가 개인적 욕구, 책임과 실천의 요구, 책임 사이에서 건강한 균형을 추구할 수 있도록 돕고자 한다.

1. 직업으로서 사회복지 선택하기

우리의 생활은 우리가 하는 선택에 의해 이뤄진다. 사회복지를 직업으로 선택하는 것은 자신과 가족에게 특별한 의미를 주므로, 사회복지직에 매력을 느끼는 사람이라면 이 일이 직업으로 일생을 바칠 만한 일인지를 면밀하게 검토해야 한다. 사람과 직업은 서로 잘 어울려야 한다. 둘 사이의 부조화는 건강과 편안함을 해치거나 스트레스를 가져올 수 있다. 원조 전문직에 잘못

왔다고 느끼는 사람은 원조 과정에 헌신과 필요한 활력을 불어넣을 수 없다. 그 결과 클라이언트에게도 질 낮은 서비스가 제공된다.

1) 인생 동반자로서의 사회복지

사회복지를 직업으로 고려하는 사람은 다음의 질문에 만족스럽고 편안하게 대답해야 한다.

• 사회복지사가 되는 것이 나에게 의미 있고 가치 있는 삶의 방식일까?
• 사회복지실천이 나의 독특한 재능, 능력, 기술을 발휘하는 데 적절한가?
• 개인적인 신념, 가치, 윤리적 기준, 목표가 사회복지 전문직과 잘 어울리는가?
• 사회복지라는 직업이 나의 가족에게 어떤 영향을 미치는가?
• 사회복지사가 되는 것이 내 육체적·정신적 건강과 전반적인 삶의 질에 어떠한 영향을 미치는가?

모든 사람은 자신에게 무엇이 진짜 중요한지를 분명히 할 필요가 있다. 사회복지사로서 얻는 일과 보상은 자신의 우선순위와 일치해야 한다.

2) 사회복지사의 수입

버는 돈 때문에 사회복지직을 선택하는 것은 아니지만, 생계를 유지할 수 없다면 사회복지사는 사회복지실천에 자신의 시간과 일생을 바칠

수 없다. 사회복지직은 수입이 많은 직업이 아니다. 다른 직업과 비교할 때 사회복지사는 경력과 기술의 수준이 높아진다고 해도 수입이 급속히 그리고 지속적으로 많아지지는 않는다. 대다수 사회복지사는 풍족하지 않은 수입을 얻으며, 높은 경제적 지위에 도달할 기회도 제한되어 있다. 그러나 사회복지사는 가치 있는 일을 한다는 것, 그리고 클라이언트의 생활에 변화를 가져온다는 만족감으로 경제적 보상에 대한 불만족을 상쇄한다.

대다수 초기 수준의 업무는 클라이언트에게 직접 서비스를 제공하는 것이다. 직접적 서비스를 몇 년간 제공한 이후, 많은 사회복지사가 자신의 수입을 향상시키는 방법으로 슈퍼비전 (*supervision*)과 행정 업무를 신청한다. 이는 예산·정책의 개발, 공공관계·직원의 선발·훈련 등과 같은 과제를 관리하는 것에 매력을 느끼는 사람에게는 좋은 변화의 기회일 수 있다. 그러나 클라이언트와의 직접 접촉에서 업무 만족을 느끼는 사람이라면 이러한 변화가 현명하지 못한 결정이 될 것이다.

사회복지에 종사하는 사람은 일하는 동안 5∼10회 정도 직장을 바꾸려고 한다. 직장을 바꾸는 일은 때때로 기관의 인원 감축 때문에 발생하지만, 더욱 흔한 것은 개인적 선택에 따른 이직이다. 사회복지사가 직장을 바꾸는 이유는 다음과 같다.

- 더 많은 월급, 더 좋은 혜택, 직업 안정성에 대한 바람
- 새로운 실천 영역을 배우거나 다른 문제를 겪는 클라이언트와 일하고 싶다는 바람
- 실천 결정과 실천 방법에서 더 많은 재량권과 통제권을 갖고 싶다는 바람
- 실천에 대한 새로운 아이디어와 혁신이 더 잘 받아들여지는 환경에서 일하고 싶은 바람
- 더욱 편안하고 스트레스가 적은 업무환경에 대한 바람
- 더 나은 슈퍼비전과 부가적인 교육훈련을 받을 기회
- 슈퍼바이저 혹은 기관 행정가와의 갈등에서 벗어나려는 바람
- 결혼, 이혼, 자녀 출산, 질병 등과 같은 개인 혹은 가족생활에서의 변화에 따라 일을 조정하려는 욕구

사회복지를 시작할 준비를 하는 사람은 개인적이고 직업적인 목표를 분명히 하고, 이런 목적에 도달하기 위한 계획을 세워야 한다. 직업 목표와 관련된 예로는 특정 클라이언트집단과의 활동에 숙련된 기술을 가지는 것, 혁신적인 프로그램을 계획하는 기회를 가지는 것, 특정 유형의 기관에서 행정가가 되는 것, 특정 주제에 대한 연구조사를 실시하는 것 등을 들 수 있다. 급속한 변화를 겪는다면 이러한 계획을 세우는 것도 어렵지만, 대개 이보다는 이를 실행하는 것이 더 어렵다. 그러나 직업 계획은 어떤 경험과 훈련을 추구해야 할지를 결정하는 데 그 근거를 준다.

3) 학교에서 직업으로의 전환

사회복지는 보상을 받기도 하지만 도전도 많다. 많은 사회복지사가 학생에서 기관의 유급직원으로 그 역할을 바꾸었을 때 큰 도전 의식을 느낀다. 예를 들어, 매우 실력이 좋은 최근 졸업생 중 한 사람은 새로운 일을 설명하면서 다음과 같이 말했다. "나는 클라이언트가 그렇게 고통을 받는지 몰랐고, 내 일이 그렇게 힘든지도 몰랐다. 또한 내가 소속된 기관이 매우 복잡하다는 것도 알지 못했다."

처음으로 사회복지업무를 시작한 사람은 필요한 일을 할 수 있는 시간이 넉넉지 않다는 것을 곧 깨닫는다. 너무나 많은 기관에서 정치적 압력, 행정 편의, 제한된 예산, 소송에 대한 두려움, 많은 업무량 등에 대처하는 데 일상적으로 노력을 기울이며, 이에 기본적인 사회복지가치와 원칙은 제 기능을 다하지 못한다는 현실을 알게 된다. 동료 사회복지사가 열정을 상실하고 지치고 사기를 잃어 효과적으로 일을 수행하지 못하는 모습도 자주 볼 것이다. 일터의 환경이 스트레스를 많이 주는 상황에서, 자신의 전문적인 이상과 기준을 유지하는 것은 힘든 일이다.

모든 신참 사회복지사는 클라이언트 개인이나 소속 조직, 커뮤니티의 변화가 느리다는 것에 좌절하기도 한다. 그들은 변화되어야 할 것을 확인하고 발견하는 일이 실제적으로 변화를 달성하는 것보다 쉽다는 것을 알게 된다. 사회복지교육 프로그램이 변화 과정과 변화를 용이하게 하는 기법을 가르치기는 한다. 그러나 좋은 이상을 현실로 실현하는 데 개인적으로 많은 인내가 필요하다는 것을 가르치지는 않는다.

사회복지교육 프로그램에서 높은 성적을 달성한 일부 신참 사회복지사는 기관에 중심을 둔 실천을 할 때 특별한 도전에 직면하기도 한다. 이들은 학교의 A 학점에 익숙하므로 업무에서도 A 수준의 활동을 기대한다. 그러나 이들에게는 완벽한 활동을 할 만한 시간이 없고, C 학점 수준이나 평균적인 수준의 실천을 할 정도의 시간만이 있다는 사실을 알게 된다.

일부 기관은 채용된 사회복지사에게 좋은 업무환경을 제공한다. 그러나 절대 다수의 환경은 시끄럽고, 붐비고, 심지어 위험하기까지 하다. 이런 환경의 불만 때문에 많은 숙련된 사회복지사가 더욱 쾌적한 업무환경을 위해, 그리고 자신이 할 일과 방법에 더 많은 자율성을 가지기 위해 개업실천을 시작한다. 기관 중심의 실천에 대한 좌절에서 비롯된 반응으로 개업실천으로의 이동이 발생한다 할지라도, 이는 빈민과 억압받는 사람에 대한 전문직의 전통적인 헌신으로부터 사회복지사를 멀어지게 하는 결과를 낳았다. 사회복지사가 경력을 쌓으면서 적절한 수입이나 좋은 근무환경에 대한 바람을 빈곤 문제, 사회정의에 대한 헌신과 함께 조화하기 위해서는 특별한 노력을 기울여야만 한다.

많은 신참 사회복지사는 정치(*politics*)가 실천 현장에서의 결정과 기능에 중요한 역할을 한다는 사실을 알게 된다. 기업, 사회기관, 종교단체, 전문가조직 등 모든 집단과 조직에서 사람들은 자신이 바람직하다고 생각하는 방향으로 조직을 움직이기 위해 힘과 권위를 활용한다. 따라서 모든 조직은 본질적으로 어느 정도는 정치적이다. 하지만 사회복지사는 근무지의 정치에 너무 몰두되어 기관의 진짜 목적이나 봉사해야 할 사람을 망각하지 않도록 주의해야 한다.

2. 사회복지사로서의 자기 연마

신참 사회복지사는 업무에서 신뢰성과 기술을 발휘하기도 어렵고, 만족스럽고 효과적인 실천을 위해 모든 것을 갖추었다고 가정하기도 어렵다. 사회복지사는 자신이 유능하고 믿을 만한 전문가라는 사실을 클라이언트, 기관의 동료, 커뮤니티 내 다른 기관에 먼저 입증해야 한다.

1) 평판 얻기

모든 사회복지사는 자신이 소속된 기관, 커뮤니티의 서비스 관계망, 자신이 서비스를 제공한 클라이언트 사이에서 평판을 얻고자 한다. 평판은 사회복지사가 클라이언트와의 일이나 전문적 의사소통, 기관 간의 협력 등을 수행할 때 중요한 영향을 미친다. 심지어 승진이나 다른 기관으로의 이직에도 영향을 미친다. 사회복지사는 자신의 말이나 결정, 행동, 대인관계가 자신의 평판에 어떻게 영향을 주는지를 정기적으로 검토해야 한다.

사회복지사는 클라이언트가 사회복지사, 의사, 교사, 다른 전문가에 관해 자유롭게 무엇을 얘기하는지 알기 위해 소수의 지지집단 모임에 앉아 있거나 기관 대기실에서 한 시간 정도 있어 볼 필요가 있다. 클라이언트는 사회복지사와 기관으로부터 자신이 어떠한 대우를 받았는지, 누가 좋은 사람이고 누구를 피해야 할지에 대해 친구나 이웃, 다른 클라이언트에게 말할 것이다. 클라이언트는 사회복지사가 얼마나 경청하는 태도를 취하는지, 필요할 때 만날 수 있는지, 공정한 결정을 내리는지에 대해 민감하다.

기관 내에서 각 사회복지사는 고용된 사람으로서 평판을 다져야 한다. 시간이 지나면서 기관의 다른 고용인들은 그 사회복지사가 유능한지, 신뢰할 만한 사람인지, 좋은 팀 구성원인지에 관해 여론을 형성한다. 이러한 평판은 다른 고용인이 그 사회복지사에게 지지, 원조, 협력을 기꺼이 제공할지에 영향을 준다.

또한 평판은 개업실천이나 유료 서비스에서 성공 여부를 결정하는 요소이다. 만약 클라이언트가 선택할 수 있다면 좋은 평판을 받는 전문가를 선택할 것이고 평판이 나쁜 기관과 전문가는 피하려고 할 것이다. 그뿐만 아니라 클라이언트를 사회복지사에게 의뢰하는 지위에 있는 커뮤니티 내 전문가도 유능하고 윤리적이라는 평판을 받은 사회복지사를 선택하려 할 것이다.

좋은 평판을 얻는 데는 시간이 오래 걸린다. 그러나 잃는 것은 순간이다. 이런 이유 때문에 많은 문화에서는 비방하는 것, 사람의 평판을 손상하는 험담을 퍼뜨리는 것을 가장 심각한 부도덕한 행위로 간주한다.

2) 기관정책과의 갈등

모든 사회복지사는 개인적인 신념, 가치, 기준, 기대를 가지고 기관에 온다. 가끔은 기관의 정책과 행정적 결정이 사회복지사의 견해와 일치하지 않는다. 이는 불가피한 일이다. 이 같은 상황에서 어떻게 반응하고 무엇을 할 것인가에 대한 사회복지사의 결정은 그 이슈나 갈등에 대해 깊이 생각한 후에 이뤄져야 한다. 이러한 검토 과정에서 다음의 질문에 대한 대답을 찾아보도록 한다.

- 기관의 정책이나 결정에 의해 나의 신념, 가치, 기준의 어떤 부분이 위협받거나 침해되는가? 나의 우려나 갈등은 원칙의 문제인가, 아니면 나 자신의 편견이나 스타일에서 비롯되는가?
- 기관의 행정은 왜 이런 입장을 취하는가? 이 입장에 대한 찬성이나 반대의 논란점은 무엇인가? 이런 입장을 야기하는 정치적·경제적 힘이나 환경은 무엇인가?
- 이러한 입장이나 정책은 기관의 클라이언트에게 어떤 영향을 미치는가? 가장 취약하고 가장 서비스를 필요로 하는 사람에게 어떤 영향을 미치는가?
- 이러한 입장이나 정책은 커뮤니티에 어떤 영향을 미치는가? 개인, 가족, 커뮤니티의 기능을 향상하고 강화하는가? 공익을 증진하는 것, 취약한 계층의 사회적·경제적 기회를 확대하고 원조를 제공하는 것이 커뮤니티의 의무임을 받아들이고 있는가?
- 이러한 입장이나 정책은 자기 결정의 기본권과 아울러 모든 사람의 존엄성을 받아들이고 있는가? 정신적으로 건강한 모두가 자신의 행동에 책임을 져야 하고, 법과 규칙을 침해한

결과를 수용해야 한다는 것을 인정하는가?

만약 사회복지사가 이것이 심각한 문제이고 클라이언트에게 부당하고 해로운 것이라 결론 내린다면, 유능하고 경험이 많아 신뢰할 만한 동료에게 어떻게 이 상황을 바꿀 수 있을지 도움을 받아야 한다. 문제가 되는 상황을 바꿀 수 없다면, 그 기관에서의 자신의 미래에 대해 재검토해야 한다. 극단적 상황에서 받아들일 만한 대안이 없다면 다른 직장으로 옮기는 것을 진지하게 생각해 봐야 할 수도 있다.

클라이언트를 존중하지 않고, 전문성에 가치를 두지도 않으며, 윤리적 행동도 강조하지 않는 곳에 고용되어 있는 것은 사회복지사에게 가장 고통스러운 일 중 하나다. 이런 상황은 기관의 행정이 필요한 서비스를 제공하는 것보다 정치나 비용 절감 혹은 이윤에 관심을 더 많이 두는 경우에 발생할 수 있다.

만약 기관으로부터 전문적 혹은 개인적 도덕 기준을 어기는 행동을 요구받는다면, 사회복지사는 이에 우려를 표명하고 관리자에게 서면을 보내야 한다. 그리고 문제가 되는 행위에 참여하지 않겠다고 공식적으로 요청해야 한다.

모든 조직은 자체의 가치, 기대, 집단 규범을 발전시킨다. 일단 형성된 조직 문화는 이를 받아들이는 직원은 보상하고, 그렇지 않은 직원은 배척하면서 영속화되는 경향이 있다. 그리고 이는 직원에게 계속 영향을 미친다. 좋지 않은 조직적 문화를 가진 기관에 고용된 사회복지사는 이 문화를 바꾸거나 아니면 다른 직장을 찾아봐야만 한다.

문제가 복잡할수록 무엇이 옳은지를 아는 것이 결코 쉽지 않으며, 옳은 것을 행사하는 일 역시 어렵다.

3) 사회정의를 증진하기

사회복지에 매력을 느끼는 대부분의 사람은 이상적인 성향이 강하다. 그들은 더 나은 세계를 희망한다. 제1장에서 언급했듯 사회복지 전문직과 사회복지사는 더욱 공정하고 인간적인 사회를 만들고자 한다. 사회복지사는 사회정의를 추구한다. 이는 그 사회의 모든 사람이 같은 권리와 보호를 나누는 상태를 의미한다.

사회정의를 고려할 경우, 모든 사람은 본질적으로 가치 있다는 중요한 신념에 기초해야 한다. 더욱이 모든 사람은 양도 불가능한 고유한 권리를 가진다. 이러한 사람 개인의 가치는 획득하거나 입증해야 하는 것이 아니며 인종·국적·성(gender)·수입·사회적 지위·건강·교육·정치적 성향·직업·다른 외적 특성이나 생활환경에 의한 특권도 아니다. 오로지 인간이기 때문에 모든 사람은 공정한 대우와 존경, 학대와 착취로부터의 보호, 가족, 기본적 교육, 의미 있는 활동, 필수적인 건강보호와 사회서비스에 접근할 권리를 가진다.

경제적·정치적·역사적·사회적인 여러 힘이 복합적으로 작동하면서 불의와 비인간적인 조건이 만들어진다. 부정의는 커뮤니티의 지배적인 신념체계, 사회경제 구조, 착취와 억압 그리고 차별의 상황에 깊이 뿌리박혀 있다. 그래서 부정의의 존재와 영향에 대해 대다수 사람은 물론, 직접적으로 피해를 입은 사람조차도 제대로 인식하지 못할 수 있다. 사회복지사는 자신이나 기관이 의도치 않게 사회정의에 부정적인 영향을 미칠 가능성은 없는지 늘 개방적으로 검토해야 한다.

우리는 보통 부정의에 대해 개인적으로 책임이 없다고 느낀다. 부정의에 관심을 둘 때, 이것이 사회의 잘못에서 비롯되며 우리의 통제를 넘는다는 결론을 내리곤 할 것이다. 상황을 변화할 힘이 우리에게는 너무 작다는 결론에 도달하면서 무력감을 느낄 수도 있다. 사회부정의는 커뮤니티 또는 사회 전체의 문제지만, 부정의에 대항할 책임은 개인에게 있다.

사회정의를 달성하는 것은 복잡한 일이다. 선의와 연민을 가진 사람 간에도 진정으로 공정한 것이 무엇이며, 더욱더 공정하고 인간적인 사회를 위해 어떤 활동을 할 것인지에 대해 관점 차이가 있다. 사회복지사는 견해의 차이를 인식하고 동의하지 않는 사람도 존중하는 방식으로 사회·경제적 정의를 추구해야 한다.

부정의를 변화시키기 위해서는 사람들이 정치적으로 관여하고, 적극적으로 주장하고, 현실적인 해결책을 제시해야 한다. 그러나 현재 상황이 바뀌면 금전, 권력, 지위를 상실할 것을 우려하는 강력한 기득권 개인·조직·이해집단에 도전하는 일이므로, 사회 개혁을 추구하는 사람이 대가를 치르기도 한다는 사실도 알아야 한다. 정의를 위해 일하는 사람은 조롱거리가 되거나, 직장을 잃거나, 극단적인 경우 신체적 공격을 당하기도 한다.

4) 정치적 참여

사회정의를 증진하려는 노력은 정치적 과정에 참여할 것을 요구한다. 정치는 권력을 얻고 훈련하고 유지하는 기술이다. 일부 사회복지사는 정치에 매력을 느끼지만 일부 사람은 혐오감을 느낀다. 물론 자신이 정치적 활동에 얼마나 참여할 것인지는 흥미, 가능한 시간, 개인적인 기질과 같은 요인을 반영해 선택하게 된다. 박식하고 양심 있는 투표자가 되는 것이 필수적인 첫 단계이지만, 자신의 전문적 직업 '정신'에 충실하기를 바라는 사회복지사에게는 더 많은 것이 요구된다. 사회복지사의 정치 과정 참여는 다음 활동 중 하나 또는 그 이상을 포함할 것이다.

- 현존·제안된 공공정책이나 프로그램이 사람, 특히 사회의 가장 취약한 사람에게 어떻게 영향을 미치는지의 평가
- 공정하고 효과적인 사회정책 개발에의 참여
- 현존·제안된 법률 및 공공정책의 사회적 중요성과 파급효과에 대한 대중교육
- 공공정책에 관한 논쟁에의 참여 및 필요한 변화 옹호
- 사회적·경제적 정의를 증진하는 사람의 선거운동

사회복지사가 정치적 과정에 참여하면, 복잡한 쟁점에 대해 결정을 내려야 한다. 논쟁의 양쪽에는 모두 타당한 측면이 있기 때문에 어려운 일이다. 대다수 사회복지사는 보수와 진보의 연속선상에서 자유주의적 혹은 진보주의적 경향이 강하다. 그러나 사회복지사가 보수주의와 진보주의 중 하나를 선택해야 한다고 가정하는 것은 잘못이다. 모든 사회복지사는 보수주의적이면서 동시에 진보주의적이다. 지적·정신적으로 깨어 있는 사람이라면 원천에 관계없이 진실에 개방적이고 변화를 열망하며, 사람의 생활과 공공선을 향상하는 정부의 조치를 수용한다는 의미에서 자유주의적이다. 마찬가지로, 사려 깊고 책임 있는 사람은 그동안 사람들에게 유익했던 접근, 사회질서, 가치를 고수하려 한다는 의미에서 보수주의적이다. 최신의 아이디어가 반드시 최선은 아니다. 또 드물지 않게 정부의 개입은 부정적인 측면도 있다. 따라서 사회복지사는 논쟁에서 자유주의적 입장을 가지기도 하고 보수적인 입장을 가지기도 한다. 이슈에 대한 사회복지사의 입장은 정치적 이데올로기나 정당에 따라서가 아니라, 제안의 장점이나 지혜에 따라 움직여야 한다.

국가, 주 혹은 도시의 정치적 건강 수준은 정의와 공공선을 달성하기 위한 방법과 이슈에 관해 토론하는 교양 있는 시민에게 달려 있다. 이러한 토론에는 토론에 참여한 모든 사람 간의 상호신뢰와 호의뿐 아니라 다양성에 대한 존중, 공통된 용어의 사용, 인간·사회·정부에 대한 핵심적 신뢰의 합의가 필요하다. 자신의 관점을 주장하는 사람은 반대의 사람도 좋은 신념을 가지고 있다고 믿고, 이를 존중해 그들의 의견을 이해하고자 해야 한다. 상호대화 대신 혼자 말하고, 정중함 대신 강압을 사용하고, 논리 대신 슬로건만 앞세우는 사람은 합의와 건설적인 타

협을 불가능하게 만든다.

정치적 참여는 사람을 지치게 하고 좌절을 가져올 수도 있다. 어떤 사회복지사는 좌절에 직면했을 때 낙담한다. 정의와 필요한 변화를 만들고 지속적으로 활동하기 위해 사회복지사는 인내, 끈기, 관용과 같은 개인적 자질을 개발해야 한다. 움츠리거나 혹은 공격적이지 않게 자신의 입장을 말할 필요도 있다. 너무 협소한 당파주의자가 되지 않으면서도 자신의 핵심 가치와 원칙을 고수해야 한다. 조종하거나 조종당하지 않아야 한다. 사람들과 분열하기보다는 단합하는 데 초점을 둬야 한다.

사회복지사는 사회정책과 프로그램이 사람들의 삶에 미치는 영향을 직접 관찰할 수 있는 위치에 있다. 그러나 이러한 관찰은 입법에 관심을 두는 정치인이나 정책을 개발하고 프로그램을 기획하는 행정가에게는 거의 활용되지 않는다. 사회복지사는 입법, 정책 및 행정적 결정의 실제 영향을 기록하고 전달할 의무와 기회를 함께 갖는다. 또한 어떻게 하면 정책과 프로그램이 더욱 인간적이면서 효과적이고, 또 효율적일 수 있는지에 대한 의견을 제안할 수도 있다. 연설과 저술에 재능을 가진 사회복지사는 의사 결정자와 시민에 대한 교육에서 중요한 기여를 할 수 있다.

3. 사생활과 직업생활 사이의 상호작용

사회복지사는 커다란 장애를 극복한 사람도 만나고 가족과 커뮤니티에 매우 관심이 있는 사람도 만난다. 이런 사람들을 만나는 것은 영감과 활기를 받는 경험이 될 수 있다. 한편, 사회복지는 종종 스트레스가 강하고 많은 시간과 에너지를 필요로 하는 상황에 맞닥뜨리기도 한다. 이것 또한 사회복지사와 사회복지사의 가족에게 영향을 미친다.

1) 클라이언트에 의해 변화되기

모든 유형의 기관에서 사회복지사는 용기, 지혜, 연민, 관대함이 남다른 클라이언트를 만난다. 많은 클라이언트가 큰 고난과 도전을 이겨낸다. 사회복지사는 이런 사람들을 만나 그들로부터 배울 수 있는 기회를 얻는다. 어떤 점에서 전문적 관계는 선물을 교환하는 일이며, 사회복지사와 클라이언트는 서로 주고받으며 변화하는 관계에 있다.

클라이언트가 생활에 대해 어떻게 생각하고 느끼는지를 이해하지 않고서는 클라이언트를 제대로 알 수 없다. 클라이언트의 관점, 신념, 가치가 사회복지사와는 상당히 다른 경우가 많다. 이런 차이는 사회복지사 자신의 생활경험과 가치를 다시 생각해 보는 계기가 된다.

사회복지사는 자신에 대한 클라이언트의 비판을 통해 스스로를 재시험할 계기를 얻을 수 있다. 클라이언트는 사회복지사가 보호해 주지 않는다고 고발하거나 그들의 결정이 공정하지 못하고 독단적이라 주장할 수도 있다. 사회복지사는 클라이언트가 정확할 수 있다는 가능성을 열어 두어야 한다. 또한 만약 그렇다면 사회복지사는 클라이언트를 화나게 한 태도와 행동을 수정하기 위해 노력해야 한다.

사회복지사에게 커다란 비통함을 주거나, 특히 가슴 아픈 고민을 일으키는 클라이언트도 있다. 사회복지사가 갖춘 기술이나 이용 가능한 자원이 클라이언트의 행동이나 사회적 기능이 변화하도록 격려하거나 돕는 데 충분하지 않은 경우도 흔하다. 이러한 경우 사회복지사는 클라이언트가 가족관계를 해치거나, 자신의 건강을 해치거나, 법적 문제를 일으키는 것을 무력하게 지켜볼 수밖에 없다. 이와 같은 무기력한 경험은 사회복지사에게 현실적으로 클라이언트의 생활에 작은 영향밖에 줄 수 없다는 것을 가르쳐 준다.

2) 도움이 필요한 클라이언트에 대한 개인적 반응

사회복지사가 제공하는 서비스를 받는 클라이언트 중 대부분은 가난한 사람이다. 이들은 음식이나 집, 건강 돌봄과 같은 기본적인 요소에조차 지불할 능력이 없기 때문에 비참함을 느낀다. 이들과 비교한다면 어느 정도의 수입이 있는 사회복지사는 꽤 안락한 생활을 하는 편이다. 이런 상황에서 사회복지사는 개인적 책임감과 관련해 매우 어려운 문제에 직면한다. 사회복지사가 전문가로서 그리고 기관의 대표자로서 할 수 있는 모든 일을 했을 때 순수하게 개인적 책임감으로 남는 것은 무엇인가? 사회복지사는 클라이언트의 위급상황에 대처하기 위해 사적인 돈을 써야 하는가?

일부는 기본적 욕구의 충족은 커뮤니티와 정

부의 책임이니 그렇지 않다고 금방 대답할 것이다. 어쩌다 사회복지사가 그렇게 행동한다면 비합리적일 것이다. 반면, 어떤 전문가는 사회복지체계가 인간의 기본적 욕구를 충족할 수 없을 때라면 사회복지사가 특정한 사례에 반응해야 하는 도덕적·윤리적 책임감을 가져야 한다고 답할 것이다. 사회복지사는 전문적 지식 때문에 일반인의 의무 이상의 독특한 의무를 가진다고 주장할 수도 있다.

이 복합적인 질문에 궁극적으로 대답하자면, 어떤 활동이 클라이언트에게 도움이 되며 동시에 사회복지사에게 합리적인지에 관한 양심과 판단의 문제라 할 것이다. 이 같은 상황에 대응하기 위해 사회복지사는 다음의 질문을 고려해야 한다.

- 기관이 제공하는 것 이상으로 특별하고 본질적인 대응이 필요한 상황이 있다면 이는 언제인가? 특별히 취약하고 즉각적인 위험에 처한 사람의 상황은 언제인가?
- 일상생활 자체가 아주 절망적이고 긴급한 상황의 사례를 만난 사회복지사가 개인적으로 재정 지원을 한다면 이는 현실적인가? 만약 개인적으로 대응하는 것이 합리적이지 않다면, 사회복지사가 정치적이거나 커뮤니티의 행동과 같은 일을 하는 것이 필요한가?
- 사회복지사가 클라이언트의 긴급한 위기를 해결하기 위해 식품 구입, 숙박지 제공, 교통비 지불 등과 같은 개인적인 도움을 주기로 했다면, 이를 어떤 방법으로 할 것인가? 클라이언트가 수치심이나 사회복지사에게 의무감을

느끼지 않도록 하기 위해 기증자의 신분을 비밀로 해야 하는가? 클라이언트에게 직접 현금을 주었을 때 생길 수 있는 개인적, 윤리적, 법적 함정은 무엇인가?

• 기관은 사회복지사의 개인적 원조 여부, 방법, 시기에 대한 정책을 갖추어야 하는가? 기관의 예산과 별도로 기관의 사회복지사가 긴급모금도 만들고 기부하는 것이 적절한가?

3) 사회복지사의 가족

직업과 관련한 문제는 개인의 삶과 가족관계에 영향을 미치지 않을 수 없다. 또한 개인적·가족적인 책임감이 직업적 활동에 영향을 미치지 않기도 힘들다. 그러나 사회복지사는 건강한 상태를 잘 유지하고 일과 관련된 영향으로부터 가족을 잘 보호할 수 있도록 노력해야만 한다.

심각한 어려움을 겪으며 역기능적인 클라이언트에게 직접 서비스를 제공하는 사회복지사라면, 극단적이며 타락하고 잔인한 행동과 상황을 자주 관찰하게 된다. 이러한 일탈행동과 상황에 오랫동안 노출된 사회복지사의 경험 때문에 정상적이고 사회적으로 수용될 수 있는 행동 등의 범위나 신념이 왜곡될 수 있다. 예를 들어 교정시설에서 위협, 폭력, 속임수를 매일 접하면 민감성은 무뎌지고 학대와 비인간적인 대우에도 잘 참게 된다. 수용 가능한 행동에 대한 왜곡된 관점이 가족이나 친구관계에 영향을 미친다면 관계에 악영향을 미치게 된다.

다른 사람처럼 사회복지사도 개인적·가족적 문제를 경험한다. 개인적인 관심사와 연결된 걱

정이 사회복지실천의 스트레스를 더 증폭한다면 사회복지사는 이에 압도당할 것이다. 이때 사회복지사에게는 동료의 지지가 필요하며, 지금 일어나는 일을 더욱 객관적으로 볼 수 있는 사람의 지도를 받을 자세를 준비해야 한다.

4. 사회복지사를 위한 자기 돌봄 프로그램

클라이언트에 대한 원조를 최대화하기 위해 사회복지사는 전문적 관계에서 적절한 경계를 유지할 수 있어야 한다. 의미 있는 관계와 우정에 대한 사회복지사의 개인적인 욕구는 클라이언트와의 전문적 관계 안에서 충족되어서는 안된다. 사회복지사가 효과적인 실천을 하기 위해서는 지적으로 면밀하고 신체적·정서적·정신적으로 건강해야 한다.

1) 우정과 공동체

좋은 친구는 지지와 격려를 제공해 준다. 좋은 친구는 우리가 스스로의 생각을 검토하고 현실을 검증하며 관점을 유지하는 것을 도와준다. 좋은 친구는 부적절한 행동에 대해 건설적인 비판을 제공하기도 한다.

사람들은 자신과 나이, 관심, 사회·경제적 지위가 비슷한 사람을 친구로 사귀는 경향이 있다. 이 때문에 많은 우정이 직장에서 이뤄진다. 이는 자연스러운 상황이지만 좋지 않을 수도 있다. 예를 들어 다른 관점을 접할 기회를 놓치기

도 한다. 만약 사회복지사의 친구가 대부분 다른 사회복지사라면 자신의 일상적인 관심사와 좌절을 이해할 수 있는 사람은 사회복지사밖에 없다고 믿게 된다. 어떤 경우에는 교우관계의 폭이 좁아 '외부와 대립하는'(us against them) 사고방식을 형성하기도 한다. 사회복지사는 삶과 커뮤니티, 사회 전체에 대해 다양한 관점을 가지기 위해 전문직 외부에 있는 사람과도 교제해야 한다.

불행히도 공동체에 속해 있다는 소속감은 점점 더 우리 사회에서 사라지고 있다. 진정한 소속감과 공동체 의식은 개인이 각 구성원과 공통의 목적을 위해 가지고 있는 시간, 에너지, 금전을 서로 나누면서 천천히 자라난다. 오래된 협력, 개인적 희생, 신뢰, 상호존중, 충성심은 공동체를 형성하는 요소가 되며 이를 이루기 위한 지름길은 없다.

사회복지사들은 보통 NASW와 같은 전문가 조직에 대한 참여를 통해 공동체 정신과 소속감을 발견한다. 전문가 집단은 이를 통해 전문성을 향상할 수 있으므로 중요하다. 하지만 사회복지사가 전문직 집단이나 조직에만 국한해 참여해서는 안 된다. 사회복지사는 이웃이나 커뮤니티의 행사, 프로젝트, 활동에도 참여해야만 한다.

2) 자기 가치와 자아상

사회복지직은 사회 전반적으로 존경받는 직업은 아니다. 이것은 대중이 사회복지직의 목적이나 활동을 쉽게 알기가 어렵기 때문이기도 하다. 또한 사회복지사는 대부분의 사람이 무시하거나 부정하고 싶어 하는 문제나 상황에 관심을 둔다. 사회복지사나 소속 기관이 제공하는 서비스를 받는 사람 중 대다수는 빈자, 아동을 학대하는 부모, 정신질환자, 약물중독자, 노숙인 등과 같이 평가 절하되거나 혐오받는 사람이기 때문에 사회복지사 또한 평가 절하되기도 한다.

사회복지사는 인간의 충족되지 않은 욕구, 불공평, 현재 프로그램의 불충분함에 관심을 두고 문제를 계속 제기해 왔다. 그 때문에 이런 사안을 상기하기를 원하지 않는 사람이나 정치인이 사회복지사나 소속 기관을 종종 비판의 대상으로 삼는 일이 놀랍지 않게 발생한다. 사회복지사는 개인이나 일개 기관 및 전문직의 통제력 수준을 넘어서는 체계적·사회적 문제에 관해서도 자주 비난받아 왔다. 이러한 비난이 비합리적이거나 잘못됐다는 것을 알더라도, 사회복지사에게 이런 비난은 여전히 고통스럽고 좌절을 준다. 사회복지사도 다른 모든 사람과 같이 이해받으며 가치를 인정받고 존경받기를 원한다.

평가 절하되거나 제대로 인정받지 못하는 상황에 대응하기 위해 사회복지사는 자신에 대한 가치와 존엄성, 사명감(mission)에 대해 확고한 소신을 가져야 한다. 자신에 대한 존중감은 사회복지 전문직이 제공하는 서비스의 가치, 그리고 자신이 하는 일이 중요하다는 것에 대한 확고한 믿음에 의해 생겨난다. 만약 사회복지사가 자신의 직업에 대한 가치나 중요성을 의심한다면 스스로 사기를 낮추는 결과를 낳기 쉽다. 누구도 사회복지사가 된 것을 유감스럽게 생각할 필요는 없다. 왜냐하면 사회복지의 사명과 가치에는 인류에 대한 가장 고귀한 정신이 반영돼 있기 때문이다.

3) 신체적 · 정서적 안녕

개인의 신체적 · 정서적인 능력과 그의 직업이 필요로 하는 수준은 서로 잘 맞아야 한다. 따라서 특정한 실천 현장이나 유형을 선택할 때 사회복지사는 자신의 기질이나 신체적 한계, 장애, 건강문제를 고려해야 한다. 또한 자신이 일하는 동안 일어나는 정상적인 발달상의 변화를 감안해야 한다. 사람들은 나이를 먹을수록 에너지 수준이 줄어들고 시력과 청력이 점점 나빠지는 것을 경험한다. 이러한 정상적인 변화조차 특정 사회복지과제를 수행하는 데 영향을 미칠 수 있다. 예를 들어 가족·집단치료에서는 잘 듣는 능력이 특히 중요하다. 또한 나이는 특정 연령기에 있는 클라이언트와의 관계 형성을 쉽게 만들 수도, 어렵게 할 수도 있다.

사회복지는 많은 부분에서 앉아서 일하는 직업이다. 신체적으로 덜 움직이기 때문에 사회복지사는 심장질환과 다른 건강문제를 일으킬 위험이 크다. 이러한 위험을 극복하기 위해 사회복지사는 규칙적으로 운동하는 것이 중요하다.

클라이언트에 대한 사회복지사의 연민이나 감정 이입의 표현은 변화 과정 동안 클라이언트를 격려하거나 지지하는 데 필요하다. 하지만 클라이언트와 '함께 있고 느끼려는' 노력은 때때로 사회복지사를 소진시키거나 고통스러운 경험일 수 있다. 사회복지사는 클라이언트에게 감정 이입을 하는 것과 전문적 관계에 걸맞은 정서적 거리, 객관성, 개인적인 경계를 유지하는 것 사이에서 적절하게 균형을 맞춰야만 한다.

사회복지사는 아이를 학대한 아버지나 자살로 가족 구성원을 잃은 가족과 같이 비통한 상황에 놓인 클라이언트와 활동하는 동안 경험하거나 직면하는 강렬한 감정(슬픔, 분노, 공포와 같은)에 적절하게 대응하고 반응을 보여야 한다. 빈번하게 그리고 오랫동안 다른 사람의 고통에 노출된 경우 사회복지사는 자신의 감정에 대한 감각을 잃거나 무뎌질 수 있으며 '연민피로'(compassion fatigue)가 올 수도 있다(항목 16. 4 참조).

많은 클라이언트가 완전히 희망이 없다고 느끼는 자신의 문제에 압도당한다. 이들은 학습된 무기력, 즉 자신이 무슨 일을 하든지 간에 고통이 계속될 것이라는 생각과 무력감에 젖는 상태에 빠져든다. 매일매일 이러한 클라이언트를 만나는 사회복지사는 똑같은 무력감에 빠질 위험이 있다. 사회복지사에게 자신 개인의 가족문제를 만족스럽게 해결하지 못했거나 고통스러운 생활경험과 관련된 정서적 부담이 있다면 이와 유사한 문제를 가진 클라이언트를 만났을 때 전문적인 관계를 왜곡하거나 잘못 다루기 쉽다. 극단적인 경우, 이러한 문제에 취약한 사회복지사는 정서적 균형을 유지하지 못해 더 이상 전문가로서 기능하지 못할 수도 있다. 사회복지사는 자신의 감정적인 취약점을 알아야 하며, 필요하다면 다른 전문가의 도움을 받아야 한다(항목 16. 3 참조). 만약 이것이 불가능하거나 잘할 수 없다면, 자신의 정서적인 안녕을 위협하는 사례를 다루지 않도록 업무를 할당해야 할 것이다.

4) 평생 학습

모든 전문직에는 지적으로 정체될 위험성이 있다. 학습은 일생에 걸쳐 지속되어야(life-long learning) 한다. 사람들은 독서, 전문가의 강연 참석, 가족·친구·동료와의 진지한 토론과 같은 여러 방법으로 새로운 아이디어를 접한다. 공부하고 생각하도록 압력받는 상황을 스스로 만드는 것도 종종 도움이 된다. 전문적 모임에서 발표하는 것, 수업에서 가르치는 것, 논문을 쓰는 것 등의 방법이다(항목 16.10 참조). 사회복지사는 새로운 업무를 배우려고 하거나 자신의 지식과 기술을 개발하려고 하기 때문에 이상적으로 모든 신참 사회복지사는 자신을 격려해 주고 지향점을 제시해 주는 멘토(mentor)를 찾아야 한다(항목 16.9 참조).

학습, 특히 성인기의 학습에는 편안하고 익숙한 아이디어를 버리기 위한 특별한 노력이 필요하다. 배우기 위해서는 자신이 이미 '알고' 있는 것에 대한 불확실성을 인식하고 종종 혼란스럽기까지 한 새로운 사고에 열려 있어야 한다. 학습은 자신의 기술과 이해에 대한 의문과 불만족에서 시작되며, 혼자서 혹은 다른 이와 함께 답을 찾는 과정을 통해 계속된다.

사회복지실천은 중요하고 도전적인 의문사항을 많이 제기하는 업무이다. 사회복지사는 매일 사회정의, 인간의 권리와 책임감, 윤리적 행동, 개인·가족·조직적 문제의 원인, 개인·사회적 변화의 본질에 대해 의문을 제기하는 상황에 처한다. 그러나 사회복지실천은 지식과 발견의 기쁨이 주목적인 순수과학도 아니고 이론적 학

문 분야도 아니다. 이론적 문제를 풀고 지식 자체를 추구하는 사람은 대체적으로 사회복지실천가의 역할에 만족하지 않는다. 사회복지사는 매우 심각하지만 일상적인 사람들의 문제와 딜레마, 위기에 대해 실용적인 해결책을 모아 풀어가는 데 대부분의 시간을 쓴다.

5) 종교와 영성

사회복지에서 한 사람이 추구하는 동기는 무엇인가? 당연히 이에 대한 대답은 무수히 많지만 많은 사회복지사는 이것이 영적이거나 종교적인 믿음, 가치와 관련이 있다고 여길 것이다.

종교와 영성(spirituality)은 우리가 설명할 수 없고 이해할 수 없는 어떤 신비한 궁극적 실체 속에 살고 있다는 신성한 믿음을 포함한다. 다음과 같은 거대한 의문과 관련되기도 한다. 인생의 궁극적인 목적과 의미는 무엇인가? 나는 어떻게 살아야 하는가? 옳고 그른 것을 어떻게 결정할 것인가? 왜 이 세상에 죄악과 고통이 존재하는가? 선함과 사랑은 왜 있는가? 사후세계는 있는가? 신은 있는가? 신이란 무엇인가?

이런 질문은 과학적 방법으로 대답이 가능하지 않다. 이러한 질문은 종교적 신념, 영성, 선택과 관련된다. 세계의 주요한 종교는 수천 년 동안 아주 많은 사람에게 의미 있고 도움이 되는 대답을 제공해 왔다. 그러나 궁극적으로 자신의 영적 경로는 각자 스스로 결정해야만 한다.

종교와 영성은 서로 얽혀 있지만 다소 임의적으로라도 구별하는 것이 유용하다. 종교란 특정한 방식으로 영성을 충족하고 영적 생활의 개념

적 틀을 제공하는 일련의 신념, 전통, 스토리, 실천을 둘러싼 조직화된 생활방식이다. 종교는 다양한 형태의 리더십과 제도적 구조를 통해 한 세대에서 다음 세대로 전승된다. 종교의 전형적인 구성요소에는 신자 공동체에 의한 기도와 예배, 인생주기나 영적 여행의 다양한 전환점에 관한 의식, 도덕규범, 특정한 성전과 성지 등이 있다.

공적이고 제도적 성격을 갖는 종교에 비해, 영성은 더욱 내적 자아와 영혼의 측면 — 우리가 진정으로 누구이며, 우리는 우리의 진정한 자신을 어디서 만나는지, 무엇이 옳고 그른지와 무엇이 궁극적으로 가치 있는지를 판단하는 것 — 을 다룬다. 한 개인의 영성은 삶의 의미를 부여하고 해석하는, 자신만의 독특한 방식이다. 영성은 우리가 사람을 어떻게 대우하고, 돈으로 무엇을 하며, 성공과 실패에 어떻게 대응하는지와 같은 일상적 결정이나 행동을 통해 다른 사람에게 드러난다. 심오하게 영적인 사람은 타인에게 연민을 느끼며, 진실하고, 자기 인식이 있고, 친절하고, 방어적이지 않으며, 가식적이지 않고, 유쾌하고, 관대하고, 용서하고, 다른 사람을 수용하고, 모든 존재의 상호연관성을 인식한다.

영적 성장은 일생 동안의 여정이다. 영적 지도자와 안내자는 삶의 경험을 성찰하고, 자기 이해를 획득하며, 다른 사람을 위해 봉사하고, 자기 훈련을 하고, 다른 사람에게 인내와 연민을 가지는 것을 강조한다. 또한 영적 성장에는 흔히 통제와 권력, 지위, 소유에 대한 욕망과 변화에 대한 두려움이 장애가 된다는 것도 지적한다.

영성은 평생에 걸쳐 — 좋은 시기와 힘든 시기 모두 해당하지만, 특히 시련과 죽음을 맞이할 때 — 의미와 방향, 희망을 제공한다는 점에서 영속성이 있어야 한다. 건강하고 지속적인 영성을 개발하기 위해서는 지도, 격려 그리고 도전을 제공하는 공동체의 지속적인 지지가 필요하다. 또한 일부 사람이 '신성한 기술'이라고 부르듯 자신의 영적 이상과 가치를 계속 의식하도록 돕는 기도, 명상, 은둔, 의식, 학습, 금식 등도 필요할 수 있다. 사람은 영적으로 성장하면서 자신에게 위대한 사랑과 관대함의 능력이 있다는 것을 깨닫는다. 또한 이기심, 옹졸한 마음, 자기기만과 같은 자신의 어두운 측면에 대해서도 점점 이해하게 된다.

사회복지사는 매일 불의, 부정직함, 편견, 폭력에 의해 상처받은 사람을 만난다. 또한 매일 음식과 주거, 보건 등 충족되지 않은 욕구를 가진 사람을 만나기도 한다. 사회복지사는 이런 가혹한 현실을 어떻게 이해해야 할까? 사회복지사는 좌절감에 물들지 않고 긍정적인 태도를 유지하기 위해, 모든 사람에게 내재적인 가치와 존엄이 있으며 누구에게나 바람직한 변화의 가능성이 있다고 믿는 희망적인 영성을 발전시켜야 한다. 다른 사람에게 해를 끼치는 사람이라도 그렇게 긍정적으로 여겨야 한다. 사회복지사는 인간의 기본적인 선함을 찬미할 수 있는 영성을 필요로 한다(영성과 종교에 대한 더 많은 정보를 다루는 항목 15. 18 참조).

6) 예술적 표현

사회복지사의 자기 관리와 보호의 또 다른 측면은 예술적 표현이다. 효과적인 사회복지사는 창조적인 사람이기도 하다는 증거가 자주 발견된다. 음악·미술·연극·창조적인 글쓰기·바느질·사진·무용·목공예 등과 같은 다양한 예술적 표현양식에 재능이 있는 사회복지사를 만나는 일은 드물지 않다. 사회복지사는 예술적 재능을 개발하고 공유할 필요가 있다. 이러한 창조적 활동은 사회복지실천 업무의 스트레스로부터 기분을 전환하고 삶의 질을 향상할 수 있도록 도와준다.

5. 사회복지직에서 재미와 유머 찾기

사람에게는 놀이와 재미있는 것이 필요하다. 성인은 근무환경에서도 농담, 짓궂은 장난, 익살맞은 행동과 같은 다양한 유머를 통해 이러한 욕구를 충족한다. 사회복지라는 심각한 업무를 하면서도 유머·즐거움을 찾고자 하는 욕구를 어떻게 조화할까? 사회복지실천은 많은 측면에서 그다지 유쾌하지 않으며 정신적으로도 부담되는 활동이다. 클라이언트는 자주 절망적이고 비극적인 상황에 처한다. 사람의 고통이 웃을 일은 아니겠으나, 유머는 실천에서 경험하는 좌절과 절망의 균형을 잡아줄 수 있다.

유머라는 적극적인 감각이 없다면 사회복지실천은 견딜 수 없는 것이 되며 사회복지사는 매우 지루할 것이다. 사회복지사는 자신의 일을

진지하게 받아들여야 하지만 만일 자신과 직무, 맞닥뜨린 상황에서 정말로 재미있는 것을 발견했다면 동시에 그것을 인정하고 즐길 수 있어야 한다. 사회복지사는 이러한 태도를 형성하기 위해 생활에서의 모순에 웃을 수 있어야 한다. 사회적 동조에 대한 요구와 우리가 살고 있는 많은 제약을 일시적으로 피할 수 있어야 한다.

클라이언트와 유머를 나누는 데는 위험요소가 항상 따르지만 적절하게, 그리고 조심스럽게 사용한다면 원조관계에 도움이 된다. 클라이언트를 비웃는 것은 잘못된 일이지만, 클라이언트가 자신의 경험에서 우스운 측면을 이야기할 때 그들과 함께 웃는 것은 적절하며 도움이 될 수도 있다. 클라이언트와의 관계에서 사회복지사에게 유머를 찾는 일을 가르치는 사람은 종종 클라이언트이다. 힘든 생활을 하는 많은 사람은 유머를 자신의 고통스러운 상황에 대한 어느 정도의 해독제로 인정한다. 유머는 승인되고 지지받아야 할 중요한 대처 기제이다.

6. 결론

사회복지를 직업으로 선택할 때, 우리는 직업적인 책임감과 고유한 개인으로서의 특성을 조화해야 하는 도전에 직면한다. 사회복지사도 다른 사람처럼 신체적·정서적·지적·정신적·사회적·영적으로 다양한 측면을 갖는다. 이러한 모든 측면은 사회복지실천과 작업환경에 영향을 주기도 하고 영향을 받기도 한다. 사회복지사의 가족도 이 직업의 수입 수준

에 영향을 받으며, 사회복지실천에서 일상적인 스트레스와 일상의 요구를 다루는 방식에 영향을 받는다.

사회복지사는 자신의 개인적인 생활이나 가족생활을 직업적 책임감과 분리하려는 시도를 하기도 하지만 이는 본질적으로 무척 어려운 일이다. 사회복지사 각자는 사생활과 직업적인 생활 사이에 건강한 균형을 유지할 수 있어야 한다.

참고문헌

Austin, M. (2013). *Social Justice and Social Work: Rediscovering a Core Value of the Profession*. CA: Sage.

Cox, K. & Steiner, S. (2014). *Self-Care in Social Work: A Guide for Practitioners, Supervisors, and Administrators*. Washington, DC: NASW Press.

LeCroy, C. (2011). *The Call of Social Work: Life Stories* (2nd ed.). CA: Sage.

Meisinger, S. (2009). *Stories of Pain: A Social Worker's Experiences and Insights from the Field*. DC: NASW Press.

Payne, M. (2006). *What Is Professional Social Work?* (2nd ed.). IL: Lyceum.

Reichert, E. (2011). *Social Work and Human Rights: A Foundation for Policy and Practice* (2nd ed.). NY: Columbia University Press.

Rosenberg, J. (2009). *Working in Social Work: The Real World Guide to Practice Settings*. NY: Routledge.

Whitaker, T. (2009). *The Results are in: What Social Workers Say about Social Work*. DC: NASW Press. For updated materials from NASW Workforce Center, see http://workforce.socialworkers.org.

제3장

개인의 예술과 전문직의 과학을 조화하기

학습목표

- 사회복지사의 인성과 가치(혹은 예술적 기술)에 사회정의를 실현하고 타인을 돌보는 것에 관한 의미를 포함해야 함을 인식한다.
- 인간과 사회행동, 사회복지실천 개입의 기법, 그리고 사회정책의 개발과 관련된, 사회복지라는 과학과 지식을 최대한 활용해야 성공적인 원조가 이뤄질 수 있음을 이해한다.

이전 장에서는 직업적 사회복지사가 되는 책임과 역할이 개인적 요소와 결합되는 내용을 다루었다. 이번 장에서는 또 다른 결합으로서 예술(*art*)적 측면과 과학적 측면, 즉 사회복지사의 독특한 창조적 재능과 사회복지 전문직의 지식적 구성요소를 결합하는 것을 다룬다.

전문가 교육 과정에서 이러한 예술적 특성을 가르칠 수는 없다. 물론, 사회복지를 배우는 사람에게서 예술적 특성과 같은 개인적 강점을 확인하고, 그 강점에 초점을 두는 능력을 개발하고, 이를 클라이언트와의 원조관계에 활용하도록 도울 수는 있다. 또한 전문가 교육은 사회복지를 배우는 사람이 효과적인 실천을 위해 필요

한 지식(혹은 과학)을 이해하도록 도울 수 있다. 이렇게 개인의 예술적 측면과 전문직의 과학적 측면을 융합·조화하려는 노력이 사회복지교육 프로그램에서도 시도되지만, 그러한 융합과 조화는 생애 전반에 걸친 활동이다. 사회복지지식은 계속적으로 확대되며 사회복지사도 생애의 경험을 통해 지속적으로 변화하기 때문이다.

1. 예술가로서 사회복지사

사회복지사의 예술이란 자신의 직관, 창조성, 자연적 태도, 그리고 다른 사람을 돕는 기술을

적용하는 것을 말한다. 필요한 변화를 이끌어내기 위해 다른 사람과 관계를 맺고 신뢰를 구축하는 데 특정한 사람만이 남다르고 특별한 능력을 가지고 있는 것은 아니다. 사회복지실천에 투신한 사람은 대개 건강한 수준의 이런 자연적 능력이 있으며 다른 사람을 돕는 데 만족감을 느끼기 마련이다.

사회복지사 각자가 가지고 있어야 하는 이 예술적 능력에는 여러 요소가 있다. 물론 사회복지사마다 이 요소들을 가지고 있는 정도는 다양하다. 현재와 미래의 사회복지사는 효과적인 사회복지실천에 필요한 다음의 예술적 요소를 고려하는 것이 도움이 된다.

1) 연민과 용기

사회복지실천의 필수조건은 사회복지사의 **연민**(*compassion*)이다. 연민이란 단어는 다른 사람과 함께 괴로워하는 것을 의미하는 동시에, 비탄에 빠졌거나 괴로움을 겪는 사람의 고통을 해결하기 위해 이에 함께하거나 몰입하려는 의지를 말한다. 대부분의 사람이 스스로를 동정심이 있는 사람으로 여기지만, 높은 수준의 연민은 보통 사람이 다 가지고 있지는 않다. 사실 다른 사람의 고통에 관여하지 않기를 원하는 것은 자연스러운 일이다. 연민이 결여된 사회복지사는 자신과 클라이언트의 관심사 사이에 거리를 둘 가능성이 있다.

또한 사회복지에게는 개인적인 **용기**(*courage*)가 필요하다. 이런 용기는 단순히 대담무쌍한 감각을 말하는 것이 아니다. 그보다는 인간의 기본적인 고통과 혼란, 그리고 부정적이고 파괴적인 행동에 일상적으로 직면할 수 있는 능력을 의미한다. 매일매일, 그리고 사례마다 제각각이지만 사회복지사는 질병, 장애, 폭력, 방임, 성학대, 약물 중독, 범죄적 착취, 빈곤, 이상행동과 혼란스러운 가족생활, 사랑하는 사람과의 이별, 외로움, 유기, 그리고 여러 가지 다른 유형으로 고통받는 사람에게 건설적으로 반응할 수 있어야 한다. 더욱이 사회복지사는 직접적으로 혹은 간접적으로 다른 사람에게 고통을 주는 사람에게도 건설적으로 반응하고 존중할 수 있어야 한다. 사회복지사는 때때로 혐오스러운 인간의 문제를 다루면서도 자신의 정서적 반응으로 인해 흔들리지 않을 수 있어야 한다. 시간의 흐름에 따라 사람은 이런 인내와 용기를 개발할 수 있다. 그러나 이는 책이나 교실에서 배울 수 있는 것은 아니다.

2) 전문적 관계

어려운 경험이라고 할 수 있는 변화를 감수하기 전에 신뢰를 형성해야 한다. 그래서 협상의 가장 기본적 도구인 **전문적 관계**를 활용하여 변화의 가능성에 개방적일 수 있도록 돕고, 힘들더라도 변화 과정에 적극적으로 참여하도록 도와야 한다. 긍정적인 관계는 개인, 가족 혹은 클라이언트집단을 효과적으로 원조하기 위한 전제조건이 될 뿐만 아니라 조직과 커뮤니티를 구성하는 사람들과의 활동관계에서도 중요하다.

램버트(Lambert, 1992)의 연구는 다음과 같은 네 가지의 요소가 성공적인 원조에 기여한다는 결론을 도출했다.

- 클라이언트 요소: 클라이언트의 치료 참여 특성, 사회복지사의 수행에 대한 만족, 클라이언트의 개인적인 강점과 자원 등
- 관계 요소: 클라이언트와 원조자 사이의 신뢰와 연계 등
- 기대 요소: 원조 과정에 대한 클라이언트의 긍정적인 기대 등
- 모델·기술적 요소: 사회복지사에 의해 활용되는 구체적인 실천 접근 등

램버트는 연구에서 이 네 가지 요소에 관해 클라이언트 요소는 40%, 관계 요소는 30%, 기대 요소는 15%, 모델·기술적 요소는 15%의 성공적인 결과를 설명한다고 보고했다. 이 연구에서는 사회복지사가 가장 직접적으로 영향을 미치는 두 가지 변수(관계와 개입 접근) 중 관계가 가장 유의하다고 보았다. 하지만 개입 접근(제 6장 참조) 역시 성공적인 결과를 만들어내는 원조 과정의 추가적 기여 요소가 될 수 있음을 인식해야 한다.

항목 8. 1에서 자세히 다루지만, 성공적인 원조관계에는 몇 가지 본질적인 요소가 있다. 첫째, 클라이언트의 생각·믿음·삶의 기대를 그들의 관점에서 이해해야만 한다. 이러한 **감정 이입**(*empathy*)을 달성하기 위해 사회복지사는 일단 자신의 가치, 태도, 그리고 판단은 제쳐 놓고, 가능한 한 다른 사람의 관점을 받아들일 수 있어야 한다. 예컨대, 학대받는 아내의 공포와 분노, 그럼에도 학대하는 남자를 향한 그녀의

사랑과 관심을 이해하기 위해, 학대부모의 분노와 죄책감에 민감해지기 위해, 집단 내에서 자신을 향한 동료의 위험한 비난에 10대가 느끼는 어려움을 이해하기 위해, 심지어 과중한 업무로 좌절을 느끼는 직원의 한탄을 이해하기 위해서도 감정 이입이 필요하다.

온화함(*warmth*)은 다른 사람을 존중·수용하며 의사소통하고, 다른 사람의 안녕에 관심을 두는 특성을 말한다. 그러나 온화함은 단지 "나는 관심이 있다"라고 말하는 것 이상이다. 물론 그렇게 말하는 것도 때로는 중요하다. 온화함은 안심시키는 웃음부터 구체적이고 확실한 원조를 제공하는 것에 이르기까지 다양한 형태의 의사소통 방법을 통해 전달된다. 온화함은 사람마다 다양하게 표현할 수 있는 예술적 특성이다. 온화함을 나타내는 모든 표현은 본질적으로는 수용과 비심판적 태도이다.

온화함과 감정 이입을 연결한 특성이 **진실성**(*genuineness*)이다. 진부하게 들릴지 모르지만, 사회복지사는 '실제' 사람처럼 행동해야 하고, 진심으로 사람을 돌보며, 그들의 안녕에 관심을 두어야 한다. 사회복지사는 말할 때 정확한 용어를 사용해야 하고 적절하게 행동해야 한다. 무엇보다도 사회복지사가 거짓된 태도를 보인다면, 클라이언트는 관계에 가치를 두지 않을 것이다.

3) 창의성

창의적 사고(*creative thinking*)는 다양한 사실과 정보를 통합해 독창적인 아이디어를 형성하

는 것이다. 창의적 사고는 신뢰성 있는 원조관계와 아울러 효과적인 원조에 핵심적이다. 각 클라이언트의 상황은 독특하고 항상 변화하기 때문에 창의성은 사회복지에서 중요하다. 인간 문제에 대한 이른바 교과서적 해답은 이런 독특성을 반영하지 못할 수 있다.

창의적 사고의 중요한 한 가지 측면은 **상상력**(*imagination*)이다. 상상력을 지닌 사회복지사는 한 문제를 풀기 위한 다양한 접근 방법을 발견할 수 있다. 반면, 상상력이 없는 사람은 단지 한두 가지의 선택을 하거나 아무 선택도 하지 못한다. 예를 들어 사회복지사는 기관의 정책을 해석하고 실행하는 데 상상력을 발휘할 수 있다. 정책은 전형적인 클라이언트에게 서비스를 제공하기 위해 만들어지지만 클라이언트는 무한히 다양하다. 비록 사회복지사는 윤리적으로 (혹은 법적으로) 기관정책을 무시하거나 위반할 수 없지만, 다양한 클라이언트의 욕구를 충족하기 위해 정책을 적용하는 데 창의적인 방법을 모색할 수 있다. '기관 지침서'를 단순히 자구(字句) 그대로 해석해 이에 구속을 받는다면, 사회복지사는 다양한 클라이언트를 위한 체계를 만들 수 없다.

융통성(*flexibility*)도 창의성의 한 차원이다. 다른 사람이 변화하도록 돕기 위해서는 이전의 계획과 결정을 지속적으로 수정하고 적용하는 일이 필요하다. 예를 들면, 위탁보호 배치를 하는 사회복지사는 친부모, 위탁부모, 아동, 법원, 기관, 심지어 커뮤니티 주민의 다양한 관점에 자신의 생각을 적용하는 융통성이 있어야 한다. 사회복지사가 영향을 미칠 수 있는 관련자

들과 같은 견해를 가지고 너무 경직된 입장을 취하면 문제와 갈등을 해결하는 능력이 제한된다. 어떤 경우에는 클라이언트를 지지할 필요가 있고, 다른 때는 도전할 필요도 있다. 또 어떤 경우 사회복지사는 강경한 어조로 말하거나 지시해야 하며 법적 권위나 전문가의 권위를 행사해야 하는 경우도 있다. 효과적인 사회복지사는 한 가지 전술에서 다른 전술로 바꿀 수 있고, 그러한 전술의 수정이 언제 필요하고 적절할지를 정확하게 결정할 수 있어야 한다.

게다가 창의적인 사회복지사는 **인내심**(*persistence*)이 있어야 한다. 인내심은 어려움과 좌절에도 불구하고 행동을 지속할 수 있는 능력을 말한다. 클라이언트와 일하면서 창의적인 생각을 적용하려 할 때 첫 번째의 시도가 늘 잘 작동하지는 않기 때문에, 이때 새로운 접근을 계속 시도할 수 있어야 한다. 그래야만 성공적인 결과도 만들 수 있다.

4) 희망과 에너지

변화가 불안을 초래하거나 고통스럽게 보일 때라도 클라이언트가 변화를 위한 활동에 동기와 의지를 가질 수 있도록 해야 한다. 이를 위해 사회복지사는 클라이언트와 상호협력으로 문제 상황이 개선될 수 있다는 전망을 전달하는 의사소통 능력이 있어야 한다. 클라이언트의 동기를 증진하기 위해 사회복지사가 전달해야 하는 두 가지 특성은 희망과 에너지이다.

희망(*hopefulness*)은 사람의 기본적인 선함, 긍정적인 방식으로 변화하는 능력, 그리고 공동

선을 위해 다른 사람과 협조적으로 활동하는 의지에 대한 확고한 믿음이며 이를 전달해야 한다. 클라이언트는 자신의 문제에 역점을 두고 다른 해결 방법을 시도했거나 전문가의 도움을 받지 못해 전형적으로 실패했을 수 있다. 결과적으로 그들은 흔히 회의적인 태도를 보이거나 절망감을 느끼며 전문적 서비스에 접근한다. 실천 현장의 사회복지사 역시 심각하고 처리하기 힘든 많은 상황에 부딪치면서 실망감 때문에 상처 입기 쉽다. 사회복지사의 희망은 이번의 원조 노력이 차이를 가져올 수 있다는 진실한 마음을 갖고 각각의 실천 상황에 접근할 수 있도록 만들 수 있다.

희망은 그 자체만으로는 충분하지 않다. 변화로의 움직임을 지원하는 에너지가 주입돼야 한다. **에너지**(*energy*)는 어떤 일이 진행되도록 하고, 결과를 얻고, 실수와 실패로부터 회복하도록 움직이게 하는 능력이다. 클라이언트가 활동하도록 만들고 주저하지 않도록 하기 위해서는 사회복지사의 에너지가 필요하다. 사회복지사가 변화 과정을 위해 자신의 시간과 노력을 쓰겠다는 의지를 표명하면, 클라이언트도 이 활동에 노력하도록 고무시킬 수 있다. 그러나 사회복지사는 지나친 낙관주의와 같은 잘못된 분위기를 조성하는 실수를 하지 않도록 신중해야 한다.

5) 판단

원조 과정의 복잡성과 개별 클라이언트 상황의 독특성 때문에 사회복지사는 어려운 판단을 내려야만 한다. **판단**(*judgements*)은 다양하고 때로는 상충된 정보를 구별하고, 어떤 요인이 서로 관계되는지 확인하고, 대안 중에서 선택하고, 어떻게 진행할지를 결정하는 능력이다. 판단은 클라이언트의 상황을 사정·개입 계획을 만들고, 개입에 활용될 기술과 절차를 결정하고, 서비스 종료 시점을 결정하는 것과 같이 전문적 활동에서 매우 핵심적인 역할을 한다. 궁극적으로 전문적 판단은 사회복지사의 명확하고 예리한 사고력에 달려 있다.

두말할 필요 없이, 우리 가운데 어떤 사람은 판단과 결정을 해야 할 때 다른 사람보다 나을 수 있다. 또 어떤 사람은 주의 깊고 논리적인 사고보다는 감정에 치우쳐 좋지 않은 판단을 한다. 사회복지사가 개입을 진행하기 전에 클라이언트의 상황을 철저히 분석하고 건설적인 판단을 내리기 위해서는 훈련이 필요하다. 과거에 비슷한 이슈를 가진 클라이언트와 일하면서 생긴 삶의 경험과 지혜는 사회복지사로서의 판단에 도움을 줄 수 있다.

책임 있는 사회복지사라면 클라이언트에게 부정적인 영향을 미칠 수 있는 편견으로부터 벗어날 수 있어야 한다. 하지만 동시에 사회복지사는 누구나 어느 정도는 편견과 선입견을 가지고 있다는 점도 인식해야 한다. 이처럼 개인적 편견에 영향을 받을 수 있고, 인간적 오류에 따른 실수를 범할 수도 있다는 점을 인식하면서도, 결정을 내려야만 하는 것이 전문직의 책임이자 부담이다.

6) 개인적 가치

사회복지에 입문하는 이유는 다양하지만, 거의 대부분의 동기는 항상 타인을 향한 관심과 더 좋은 세상을 만들기 위한 바람 때문이다. 그러나 사람이 변화를 위한 도구가 될 때, 그 사람의 마음속에는 사람들을 위한 바람직하고 좋은 생활을 구성하는 것에 관한 어떤 개념이 있다는 것을 기억하는 것이 중요하다. 다시 말해 다른 사람처럼 모든 사회복지사는 개인적인 가치를 갖는다. **가치**는 사람의 결정과 행동에 영향을 미치는 지속적인 선호이며, 이는 개인의 깊은 신념과 헌신에 기초를 둔다. 가치는 어떻게 해야 하는지, 그리고 무엇이 옳고 가치 있는 것인지에 관한 우리의 기본적인 신념이다.

옳은 것이 무엇인가에 관해 견해 차이가 있을 때 딜레마가 발생한다. '올바른' 결과나 가장 적합한 행동 과정에 대한 사회복지사의 견해가 클라이언트와 다를 수 있고, 이 둘의 견해 역시 커뮤니티에서 사회복지사나 다른 사람을 고용한 기관의 견해와 다를 수 있다. 예를 들어 다음과 같은 질문이 있겠다. 주간보호에 아동을 맡기면서 직업을 가질 필요가 있다면 편모에게 직업을 찾도록 격려하는 것이 옳은가? 낙태 클리닉에 여성을 의뢰하는 것이 옳은가? 시간제 근무로 소득을 올렸으나 이를 보고하지 않음으로써 기관의 규칙을 위반한 클라이언트에게 재정적 원조를 중단하는 것이 옳은가? 노숙인을 그들의 의지와는 상관없이 강제로 보호소에 수용하는 것이 옳은가? 누가 옳다고 생각하는 것이 옳은가? 누구의 가치를 따르는가?

한 개인의 가치와 양심이 다른 모든 사람이 따라야 할 절대적 지침이 될 수 없는 상황에서, 사회복지사나 기관이 바람직하거나 올바르다고 보는 것을 클라이언트로 하여금 따르도록 기대하는 것이 적절한가? 논리적으로는 "아니다". 그러나 많은 클라이언트는 기관이나 사회복지사의 기대대로 따라야 한다는 압력을 느낀다. 만일 사회복지사가 클라이언트의 자기 결정을 극대화하는 원리를 따른다면, 클라이언트가 내린 결정을 허용하고 그들이 가장 바람직하다고 믿는 성과를 향해 움직이도록 허용해야 한다. 그리고 법전에 성문화된 가치와 보편적으로 인식하는 도덕적 원리에서 벗어나, 사회복지사는 클라이언트의 자기 결정의 편에 서서 자신의 개인적인 신념과 가치를 지지해야 한다.

이는 사회적으로 무책임하고, 자기 파괴적이고, 다른 사람에게 해를 끼치는 클라이언트의 행동이나 결정에 관해 사회복지사가 항상 중립적 태도를 견지해야 한다는 의미는 아니다. 만일 사회복지사가 클라이언트의 관심사와 직접적으로 관련되는 도덕적·윤리적인 이슈를 논의하지 않거나 회피한다면 클라이언트에게 거의 도움이 되지 않을 것이다. 법, 도덕적인 기본 원리, 그리고 시민의 규칙은 중요하다. 이러한 것들은 클라이언트 사회적 기능수행의 중요한 측면이다. 그러나 그러한 이슈에 관한 논의는 클라이언트의 관점을 존중하는 방식으로 수행돼야 한다.

가치 갈등이 발생할 때 사회복지사가 자신의 개인적 가치가 클라이언트에게 부적절한 압력으로 작동하는 상황은 무엇인지, 그리고 그 이유는 무엇인지를 고려하는 것이 중요하다. 사회복지사의 개인적 생활에서 정기적으로 가치 관련 이슈, 그리고 가족이나 친구, 동료와의 도덕적 딜레마를 논의하는 것이 유용한 방법이 될 수 있다. 여기서 자신의 사고방식을 수정하는 대안적 관점을 얻을 수 있다.

사회복지사의 개인적인 가치는 사회복지 전문직의 가치와 양립 가능해야 한다. 만일 이 두 가지의 가치체계가 갈등적이면 다음 둘 중의 한 가지가 발생할 가능성이 있다. ① 전문적 사회복지사로서 전문직의 가치를 따라 임무를 완수하지만, 그 속에 마음이 없기 때문에 클라이언트와 동료 모두에게 진실성이 결여되거나, ② 사회복지사가 지침이 되는 전문직의 가치와 원리를 거부하고 전적으로 개인적 가치와 신념에 기초해 클라이언트에게 반응하는 경우이다. 이 양자의 경우 모두 클라이언트와 사회복지사를 고용한 기관은 사회복지 관점의 혜택을 상실하게 된다.

전문적 사회복지를 특징짓는 가치는 무엇인가? 〈NASW 윤리강령〉(NASW, 1999)은 전문직을 이끌어 나가는 다음과 같은 여섯 가지 핵심적 가치에 기초를 둔다.

- **서비스**: 사회복지실천의 우선적인 목적은 사회적 기능수행상의 문제를 다루는 클라이언트를 돕는 데 있다. 클라이언트를 돕는 의무는 사회복지사의 자기 관심보다 우선시된다.
- **사회정의**: 사회복지사는 부당한 사회적 조건을 변화하기 위한 노력에 참여한다. 특별히 취약한 사람, 즉 빈곤, 차별 혹은 다른 형태의 부정의를 경험하는 사람에 관심을 둔다. 그렇게 함으로써 사회복지사는 그러한 억압의 결과에 대해 대중의 이해를 촉진하도록 헌신하고, 인간의 다양성에서 비롯되는 풍요로움의 가치를 인정하도록 격려하게 된다.
- **개인(그리고 사회)의 존엄성과 가치**: 사회복지사는 각 클라이언트를 가치 있는 사람으로 고려하고, 이에 따라 심지어는 클라이언트의 행동이 자신이나 타인에게 해로울 때조차도 클라이언트를 존중해 처우한다. 동시에 사회복지사는 사회적 조건을 향상시키고 클라이언트에게 부정적인 영향을 미치는 더 넓은 사회의 문제를 해결하는 동안 다른 사람들을 존중해 처우한다.
- **인간관계의 중요성**: 사회복지사는 관계가 개인, 가족, 집단, 조직 혹은 커뮤니티에 봉사하는 성공적인 원조 과정뿐만 아니라 인간의 발달에도 중심적 역할을 한다는 것을 이해한다. 더욱이 클라이언트는 원조 과정에서 사회복지사가 진정한 파트너가 되지 않으면 의미 있는 관계를 통해 지지받는다고 느끼지 않는다. 또 변화를 달성하기 위한 방법에 관해 결정을 내릴 수 있는 통제권이 유지되지 않으면 변화를 위험하게 여겨 주저하게 된다.
- **통합성**: 원조관계는 클라이언트가 사회복지사를 믿을 만하며 자신의 사생활에 대한 권리를 존중한다고 생각하지 않으면 유지될 수 없다. 더욱이 사회복지사는 클라이언트에게 인간서비스기관이 클라이언트와 클라이언트의 정보를 적절하고 전문적인 방법으로 다루는 제휴기관이라는 확신을 줘야 한다.

- **능력**: 사회복지사는 가능한 한 원조 과정에서 최선의 지식과 기술을 활용하도록 노력한다. 실천 상황에 관련되는 최선의 지식과 기술을 찾기 위해(증거기반 실천), 그리고 전문직의 지식기반에 기여하기 위해 사회복지사는 전문성의 영역 내에서 실천해야 할 의무가 있다.

이러한 가치가 사회복지실천 영역에만 독특한 것은 아니지만, 이러한 여러 가치를 혼합하면 사회복지는 다른 전문직과 구별된다.

7) 전문가 스타일

사회복지사는 독특한 개인이고, 이에 따라 실천에서도 독특한 스타일을 가진다. 스타일은 기술적인 의미만을 뜻하지 않는다. **전문가 스타일**은 자신의 성격 표현, 의사소통하고 타인과 관계를 맺는 방법, 에너지의 정도, 창의성, 유머감각과 지혜, 판단, 클라이언트의 관심사나 다른 사회적 이슈에 헌신하고 열정을 쏟는 태도를 일하면서 어떻게 나타내는가를 의미한다. 개인적인 그리고 전문적인 독특성은 의복, 헤어스타일, 자세, 언어, 그리고 그들이 누구이고 자신과 타인에 관해 어떻게 생각하는지를 전달하는 무수히 많은 선택과 행동을 통해 표현된다. 개인의 스타일이 클라이언트에게 어떻게 보이느냐에 따라 원조 과정이 시작되고 촉진되거나 혹은 중단될 수도 있다. 클라이언트는 어떤 스타일에는 끌리지만 다른 스타일의 사회복지사에게는 매우 불편함을 느낄 수도 있다.

개인의 전문가 스타일은 상황, 서비스를 제공받는 클라이언트, 그리고 기관에 적합해야 한다. 예를 들어 사회복지사의 편한 일상복 차림은 아동이나 가족과 일할 때는 적절하지만, 일과 관련해 법정에서 증언할 때라면 더욱 공적인 옷차림을 해야 한다.

사회복지사의 실천 스타일은 자신의 개성과 실천에서 요구되는 행동 사이에서 균형을 맞추어낼 때 완성된다. 이는 전문직의 일원이 되는 과정에서 따라야 하는 본질적인 압력이기도 하다. 자신의 개성이 전문직, 기관, 그리고 클라이언트의 기대와 균형을 이뤄야 한다는 점은 모든 사회복지사에게 중요하다. 사회복지사는 다음과 같은 질문을 해야 한다. 즉, 클라이언트에게 서비스를 제공하고 기관의 기대를 충족하기 위해 나의 개성과 개인적 선호도를 어느 정도 타협해야 하는가? 그 답은 다음과 같다. 클라이언트가 적절히 서비스를 받고 소외되거나 해를 받지 않는 한 사회복지사의 개인적 스타일은 상당한 정도 허용될 수 있다. 사실상 전문직은 각 전문가의 다양한 스타일에 의해 풍부해진다.

2. 과학자로서 사회복지사

사회복지사는 클라이언트와 상호작용을 하고 서비스를 제공할 때 가슴과 머리를 모두 활용해야 한다. 사회복지사는 기본적으로 예술적 능력을 갖추고, 이에 클라이언트에게 활용할 수 있는 지식과 가장 효과적인 원조 방법을 더하며 전문적 능력을 쌓아 간다.

지식의 한 형태인 **실천 지혜**(*practice wisdom*)는 사회복지사의 관찰과 그 이해를 동료와 비공식적으로 공유해 오며 여러 세대의 집합적 경험을 통해 도출된 것이다.

실천 지혜는 매우 가치 있지만, 과학적 지식이 사용 가능한 경우라면 전문가는 과학적 지식을 선호한다. 과학적 지식은 과학적 방법에 의해 얻은 지식을 말한다. 과학적 방법은 서구사회에서 지식을 구축하는 데 가장 잘 수용되는 접근이다. 우리는 종종 과학을 특정한 유형의 정보라고 생각하는데, 사실 과학이란 문제에 대해 생각하는 방법, 질문하는 방법, 그리고 답을 찾아가는 특정한 방법이다.

가장 엄격하게 적용한다면 **과학적 방법**은 다음과 같은 사항을 포함한다. 즉, ① 연구 상황의 문제를 주의 깊게 규정하고 명확화하며, ② 사용되는 모든 개념과 용어를 정확히 규정하고, ③ 검증할 가설을 설정하며, ④ 적절한 표본 절차를 따르고 자료 수집을 위한 계획을 세우며, ⑤ 비교를 위해 통제집단과 실험집단을 사용하고, ⑥ 타당하고 신뢰성 있는 측정도구를 사용하며, ⑦ 마지막으로, 연구 결과를 보고해 전문가 동료가 검토할 수 있도록 한다. 이 절차를 거치면 연구를 반복할 수 있고 결과물을 입증하거나 부인할 수 있다. 과학적 방법의 사용이 지식의 유일한 원천은 아니다. 그러나 편견과 주관성에 의해 초래되는 판단의 오류를 최소화하는 데 도움이 된다.

여러 이유로 사회복지실천에서 과학적 방법을 적용하기는 어렵다. 예를 들어 사회복지사가 관심을 두는 많은 문제는 쉽게 계량화할 수 없고, 클라이언트의 비밀을 보장해야 하므로 필요한 자료 수집에도 제한이 있으며, 클라이언트의 상황을 엄격하게 비교하거나 검증하기가 거의 어렵기도 하다. 또한 윤리적인 이유로 사회복지사와 기관은 취약하거나 위험에 처한 클라이언트(예컨대 학대 피해여성이나 방임된 아동)를 비(非) 치료집단 혹은 통제집단에 배정할 수 없다. 단일 사례연구 설계가 두 가지 혹은 그 이상 개입의 상대적인 효과성을 연구하기 위해 활용(항목 14.7 참조)되기도 한다. 그러나 개입의 효과성을 아무런 개입도 하지 않는 것과 직접 비교하는 연구는 거의 불가능하다.

실용적이고 윤리적인 이유 때문에 사회복지는 완전히 과학적인 학문이 될 수 없고, 그렇게 되어서도 안 된다. 실천 지혜, 가치, 그리고 신념은 사회복지사의 실천을 형성하는 데 필수적인 요소이다. 그럼에도 사회복지사는 자신의 사고가 과학적이도록 노력해야 한다. 그리고 자신의 실천이 최선의 과학적 지식에 기초하도록 노력해야 한다(증거기반 실천). 사회복지는 예컨대 물리학, 식물학이나 화학과 같은 정도의 과학은 아니다. 그러나 사회복지는 다음과 같은 방법을 활용할 때 과학적이라고 말할 수 있다.

- 사회복지실천과 다른 분야로부터 자료를 수집하고 조직화하고 분석한다.
- 새로운 기법을 만들고, 새로운 실천 지침을 형성하고, 새로운 프로그램과 정책을 개발하기 위해 관찰, 경험, 그리고 공식적 연구를 활용한다.
- 사회복지개입을 안내하는 제안과 개념적 준

거틀을 세우기 위해 기초가 되는 자료를 활용한다.

- 개입 방법, 개입이 사회적 기능수행에 미치는 영향을 객관적으로 검토한다.
- 사회복지실천의 성과를 증진하기 위해 사회복지사의 실천과 아이디어, 연구를 비판적으로 평가하고 발견된 것을 의사소통한다.

사회복지는 어느 정도 과학적이지만 순수과학이라기보다는 **응용과학**으로 봐야 한다. 다른 많은 전문가처럼 사회복지사는 과학자라기보다는 기술자이다. 예를 들어 기술자로서 의사는 생물학자의 발견을 추출해 활용하고, 엔지니어는 물리학에서 유추된 지식을 응용한다. 사회복지사도 사회학과 행동과학에서 지식을 도출하고 응용하는 기술자이다. 과학자의 우선적인 목적은 이해하는 것이다. 이와 달리 기술자의 우선적인 목적은 변화를 촉진하기 위해 지식을 활용하는 것이다.

사회복지사는 함께 활동하는 클라이언트체계(개인, 가족, 집단, 조직, 혹은 커뮤니티)를 이해해야 한다. 또한 사회복지사는 사람들의 사회적 환경에 관심을 둬야 하기 때문에 커뮤니티나 기관, 그리고 인간서비스 전달체계에서의 사회적 조건에 관해 지식을 갖춰야 한다. 마지막으로 사회복지사는 사회복지 전문직, 그 법적이고 사회적인 맥락, 실천에서 사용되는 다양한 접근과 개입에 관해 지식을 가질 필요가 있다.

1) 사회적 현상에 관한 지식

사회복지사는 사람과 사회적 프로그램을 전달하는 체계 사이의 상호작용, 특히 사람들 사이의 상호작용에 관심을 둔다. 그러므로 이미 제1장에서 설명했듯 사회복지는 특별히 폭넓은 지식기반을 가져야 한다.

실천을 준비하기 위해 사회복지사는 우선 자신의 실천 현장에 전형적으로 등장하는 클라이언트 상황 유형이나 다양한 체계의 상호 관련성을 이해해야 한다. 그런 뒤 사회복지사는 자신이 서비스를 제공하려는 개인을 이해해야 하는데, 이때 정상적 혹은 비정상적 인간 발달에 대한 기본지식을 필요로 한다. 사회복지사는 가족과 그 외 가구원의 기능수행에 관해서도 이해해야 한다. 가족은 오랫동안 사회복지사에게 중요한 개입 지점이었기 때문이다. 비전통적인 가족구조가 증가함에 따라 대안적인 생활과 친밀성의 유형에 관한 이해는 특히 중요해졌다. 더욱이 사회복지실천의 상당 부분은 지지집단, 치료집단, 그리고 (조직이나 커뮤니티에서 작동하는) 위원회와 같은 소집단에서 이뤄진다. 그러므로 사회복지사는 소집단의 행동과 과정을 이해할 필요가 있다.

대부분의 사회복지실천은 사회기관, 학교, 병원, 혹은 교정시설과 같은 공식조직의 보호 아래 이뤄진다. 사회복지사는 클라이언트와 커뮤니티의 다른 구성원이 이런 조직을 어떻게 보는지, 그리고 이런 조직의 행동으로 사람들이 어떤 영향을 받는지를 이해해야 한다. 조직 내에서 효과적으로 활동하기 위해 사회복지사는 조직 개발, 다양한 위계구조, 자금의 메커니즘, 효과적이고 효율적인 작동 방법, 그리고 성공적인 의사소통 방식을 이해해야 한다. 사회복지사는 그들이 활동하는 사람과 조직에 관해 구체적인 지식을 갖출 필요가 있다.

사회복지사는 인종적 정체성, 문화 간의 상호작용, 그리고 취약한 인구집단에 대한 억압과 차별의 영향을 깊이 이해해야 한다. 사람들은 그들이 사는 이웃과 커뮤니티의 영향을 받으므로 사회복지사는 예컨대 의사 결정, 집단 간 갈등의 해소, 그리고 커뮤니티 변화 촉진에 관한 이론에 익숙해야 한다.

2) 사회적 조건과 사회문제에 관한 지식

사회복지사는 사회기관의 주의를 끄는 공통적 문제뿐만 아니라 어떻게 인간의 문제(예: 가족폭력, 청소년 범죄, 무단 학교 결석, 빈곤, 약물 중독 등)가 중복되고 겹치는지를 이해해야 한다.

사회문제를 다루는 배경으로서 사회복지사는 이 지구상 삶의 전반적인 특성에 기여하는 '큰 그림'(big-picture)의 요인에 익숙해야 한다. 이런 요인의 일부로는 공기와 물, 충분하고 안전한 음식과 에너지 공급의 욕구가 있다. 그리고 개인의 자유와 사회정의를 지지하는 안정적인 정치 및 경제적 조건, 인간의 복지를 향상하는 새로운 기술, 전염성 질환의 통제, 그리고 인종적인 증오와 전쟁이 없는 세계의 욕구도 있다. 간단히 말해, 박식한 사회복지사라면 국가와 세계에 전체적으로 영향을 끼칠 수 있는 변화와 발전에 관해 알고 있어야 한다.

사회복지사가 제공하는 사회적 프로그램과 서비스는 특히 국가적 수준과 지역적 수준에서 이뤄지는 결정에 영향을 받는다. 예를 들어 미국에서 실천할 때라면, 사회복지사는 미국 사회와 정부, 정치, 경제체제의 신념, 가치, 그리고 조직을 이해해야 한다. 클라이언트의 욕구를 충족할 자원은 정치적 결정에 따라 늘어나기도 하고 줄어들기도 한다. 그리고 사회복지사는 이런 결정이 이뤄질 때 클라이언트의 욕구를 옹호할 준비가 돼 있어야 한다.

어떤 사회적 조건과 문제는 국가적·국제적 차원의 문제이고, 어떤 문제는 특성상 지역적·지방정부적 차원의 문제이다. 예를 들어 가뭄이나 농작물의 저가(低價)는 도시나 해안지역의 사람보다는 중서부나 로키산맥과 같은 농경지대에 사는 사람에게 직접 영향을 미친다. 또한 사회문제에 대한 대응노력은 지방정부에 따라 다양할 수 있다. 취약한 인구집단에 대한 돌봄의 책임성도 지방정부마다 다양할 수 있다.

마지막으로 어떤 사회적 조건은 커뮤니티에 영향을 미치지만 넓은 지역 전체나 전국적으로 영향을 미치지는 않는다. 시카고의 범죄율이나 로스앤젤레스 갱 집단의 활동은 그 도시에서는 아주 극적인 영향을 미치지만, 몇십 마일 떨어진 소지역에서는 그런 문제가 상대적으로 적다. 예를 들어 촌락 지역은 연료가격 상승에 따른 몬태나의 목재산업의 침체나 혹은 앨라배마에서 마을의 작은 제조업 공장이 문을 닫는 것과 같은 이유만으로도 사회적·경제적 문제를 경험하기도 한다.

사회적 조건이 사람에게 해롭거나 혹은 커뮤니티나 사회에 위협이 된다고 인식되면 그런 위협적인 문제를 다루기 위해 사회정책이 형성되고 사회적 프로그램이 만들어진다. 이러한 행동은 대개 정치적 권력과 의사 결정 주체가 해당 문제를 어떻게 인식하고 이해하는가에 따라 결정된다. 본질적으로 **사회정책**은 보통 법이나 정부의 규정이 표현하는 원리의 종합이며, 정책과 프로그램은 보통 특정한 혜택과 기회를 할당하거나 아니면 반대로 좋지 않은 행동을 규제하는 지침이다. 사회복지사는 자신이 일하는 프로그램에 가장 강한 영향을 미치는 정책에 익숙해야만 한다. 그리고 프로그램을 받는 클라이언트에게 정책이 어떻게 영향을 미치는지, 필요하다면 정책은 어떻게 바뀔 수 있는지를 이해해야만 한다.

사회적 프로그램은 세 가지 주요 요소, 즉 조직구조, 혜택이나 서비스, 그리고 서비스 제공자로 구성된다. 사회적 프로그램은 특정 형태의 조직을 통해 전달된다. 그리고 이 조직은 누가 수혜 자격이 있는지, 어떻게 프로그램을 설계할지, 누가 서비스를 제공할지, 어떤 자원이 필요할지를 결정한다. 따라서 사회복지사는 서비스 전달의 재정적, 행정적, 그리고 조직적 측면에 관한 지식이 있어야 한다.

사회적 프로그램에 의해 제공되는 **혜택**과 **서비스**는 사회적 급부, 사회적 서비스, 그리고 사회행동의 형태를 취할 수 있다(제1장 참조). 사회복지사는 자신의 기관에서 제공하는 프로그램을 이해해야 하고, 클라이언트가 의뢰될 수 있는 기관에서 제공하는 서비스에도 익숙해야

한다.

마지막으로, 사회적 프로그램은 서비스와 혜택의 소비자인 클라이언트와 직접적으로 접촉하는 사람, 즉 **서비스 제공자**가 필요하다. 제공자는 자원봉사자가 될 수도 있지만 대개의 경우는 유급 전문직원이다. 사회복지는 서비스와 혜택을 전달하는 전문직 중 하나이다. 교사, 심리학자, 의사, 간호사, 작업치료사, 그리고 다른 전문직도 각기 다양한 유형의 인간서비스를 제공하고 있다. 각각은 자신의 초점을 갖지만 중첩되는 영역도 있다. 팀워크와 전문가 간 협조의 역동성과 아울러 각 전문직의 능력을 이해하는 것은 사회복지사의 지식 개발에 중요한 부분이다.

3) 사회복지 전문직에 관한 지식

사회복지사는 전문직 지위에 따르는 책임과 혜택만이 아니라 사회 속에서 자신의 전문직이 수행하는 기능에 대해서도 이해해야 한다. 사회가 전문직에게 그들의 영역 내에서 특정 서비스를 제공하도록 권위를 부여한다는 것은 전문직이 그 전문가 구성원의 자질, 예를 들면 구성원의 교육과 경험에 관한 전제조건을 결정할 독점권을 준다는 의미이다. 즉, 전문직은 그 독점의 남용으로부터 대중을 보호하기 위해 전문가 구성원을 점검하고 보증할 책임을 져야만 한다.

사회복지사는 그들의 지식기반을 확인하고, 전문가 조직을 만들어 내고, 그들의 영역을 확보하고, 윤리적 의무를 명확히 하고, 자격 있는 사회복지사를 확인할 기준을 만들어 내고, 더욱

가치 있는 전문직이 되기 위해 여러 조치를 취하는 등 상당한 노력을 해왔다. 전문적 사회복지사로서의 인정 조건은 시간이 지나며 변화해 왔다. 오늘날은 사회복지교육협의회에 의해 인정된 사회복지교육 프로그램에서 석사학위를 받거나 학사학위를 마치는 것에서 출발한다. 더 심화된 혹은 전문화된 자격 수준을 받기 위해서는 수련을 받거나 지식에 대한 추가시험을 통해 사회복지사협회(미국의 경우 NASW)로부터 추가로 특별한 자격을 받을 수도 있다. 미국의 주정부는 사회복지실천 활동에 대해 어떤 형태로든 자격이나 인증 방식을 가지고 있다.

전문가 승인을 받는 것과 사회복지사가 전문가의 윤리적 지침을 준수하는 것은 밀접하게 연계된다. 전문직이 공공의 신뢰를 유지하기 위해서는 사회복지사가 능력과 함께 윤리적인 측면을 모두 갖춰야 한다. 따라서 사회복지사가 실천의 지침이 되는 윤리적 원칙을 철저히 이해하는 것은 필수적이다. **윤리**는 전문직에서 도덕적으로 옳은 것, 그리고 전문가 행동에서 올바른 과정이란 무엇인가와 관련된다. 사회복지사협회(미국의 경우 NASW)의 윤리강령(NASW, 1999)보다 사회복지사의 실천에 더 중요한 기록은 없다. (미국에서) 사회복지사는 NASW에 가입할 때 전문직의 윤리강령을 지키며 실천할 것을 서약한다. 누군가 비윤리적 활동의 시비에 휘말린다면 NASW는 판단의 기준으로 이 윤리강령을 사용한다.

4) 사회복지실천에 관한 지식

사회복지와 같은 전문직의 실천에서 이론을 분리하거나 행동에서 개념을 떼어 놓는 것은 불가능하다. 사실상 **전문적 실천**은 구체적인 유형의 변화를 이끌어 내기 위해 지식을 활용하고 이론을 적용하는 과정이다. 이론이 없는 실천은 반복적이고 단조로운 반면, 현실적인 실천이 없는 이론은 단지 흥미 위주로 이뤄지거나 보통 (현실과) 아무 상관이 없는 것이 되기 쉽다.

사회복지사는 사회복지 문헌에서 논의되는 많은 이론, 모델, 관점을 참조해 자신의 실천을 안내할 개념적 준거틀을 구성한다. **개념적 준거틀**은 일련의 개념, 신념, 가치, 명제, 가정, 가설, 그리고 원리로 구성된다. 이 준거틀은 사람들이 어떻게 기능을 수행하는지, 사람들이 어떻게 변화하는지를 이해할 수 있도록 돕는 개요라 할 수 있다. 명확한 개념적 준거틀을 가지기 위해 다음과 같은 점을 고려해야 한다.

- 준거틀은 복잡하고 다소 정서적인 인간의 문제와 상황을 분석하기 위한 구조를 제공한다.
- 준거틀은 정보, 신념, 그리고 가정을 의미 있는 전체 속에 조직화한다.
- 준거틀은 행동과 의사 결정을 위한 근거를 제공한다.
- 준거틀은 사람들과 활동하는 데 체계적이고, 질서정연하며, 예측 가능한 접근을 촉진한다.
- 준거틀은 전문가 간 의사소통을 촉진한다.

사회복지사는 다양한 이론, 모델, 그리고 관

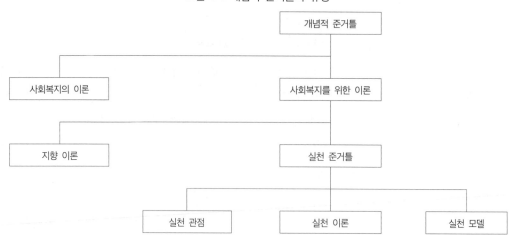

그림 3-1 개념적 준거틀의 유형

```
                    개념적 준거틀
          ┌──────────────┴──────────────┐
     사회복지의 이론              사회복지를 위한 이론
                          ┌──────────┴──────────┐
                      지향 이론                실천 준거틀
                              ┌───────────────┼───────────────┐
                          실천 관점          실천 이론          실천 모델
```

점을 묶어 자신의 **준거틀**을 만든다. 이런 용어들은 모두 이론이라는 단일용어로 불리기도 한다. 그러나 이런 개념적 준거틀(〈그림 3-1〉 참조)을 기술할 때는 용어를 구분하는 것이 유용하다. 사회복지의 이론과 사회복지를 위한 이론이 있음을 고려해야 한다. **사회복지의 이론**은 전문직에 초점을 두고 그 목적, 영역, 그리고 사회 내에서의 특성을 설명한다. 전문직이 관심을 갖는 것은 무엇인지, 그 기능을 수행하는 이유는 무엇인지를 다룬다. 대조적으로, **사회복지를 위한 이론**은 클라이언트와 원조활동에 초점을 둔다. 이러한 이론은 인간의 행동과 사회환경, 그리고 여기에 어떻게 변화가 일어나는지, 클라이언트에게 혜택이 돌아가기 위해 사회복지사가 어떻게 변화를 촉진할 수 있는지를 다룬다.

어떤 이론은 사회복지사에게 인간의 조건 요소에 대한 배경적 이해를 제공해 주기도 한다. 이런 **지향 이론**은 행동과 함께 특정한 문제가 진전되는 이유와 방법을 묘사하고 설명한다. 이러한 지식은 보통 생물학, 심리학, 사회학, 경제학, 문화인류학 등 다른 학문에서 빌려 온다. 지향 이론에는 빈곤, 가족폭력, 정신질환, 10대 임신, 범죄 그리고 인종차별 등 구체적인 문제 유형과 관련된 이론뿐만 아니라 인간 발달, 성격, 가족체계, 사회화, 조직 기능, 그리고 정치적 권력과 관련된 다양한 이론도 포함된다. 지향 이론만으로는 어떻게 변화를 초래할 것인지에 관한 지침을 거의 얻을 수 없다. 그런 지침을 얻기 위해서는 사회복지사가 자신만의 실천 준거틀을 구성해야 한다. 실천 준거틀은 서비스를 받는 클라이언트의 욕구와 사회복지사의 능력을 가장 잘 나타낸다.

실천 준거틀을 구성하는 전형적인 세 가지 요소는 실천 관점, 실천 이론, 그리고 실천 모델이다. 사회복지사는 특정한 실천 상황에서 사용하는 실천 준거틀을 위해 이 요소들의 한 가지 혹은 그 이상을 선택할 수 있다.

실천 관점은 실천에 관해 생각하고 바라보는

특정한 방식이다. 사회적 기능수행을 바라보는 개념적 렌즈로서, 실천 상황 속에서 중요하게 고려해야 할 사항이 무엇인지를 안내하는 매우 광범위한 지침을 제공한다. 실천 관점은 카메라 렌즈처럼 특정 현상을 확대하거나 초점을 두는 데 도움이 된다. 예를 들어 생태체계적 관점은 사람과 환경의 관계를 사정하는 데 공통적으로 사용된다. 일반주의자 관점은 다중적 실천 역할을 수행하는 것과 다양한 수준의 개입을 고려하는 것의 중요성을 강조한다. 페미니스트 혹은 인종에 민감한 실천 관점을 지닌 사회복지사는 사회의 특정 집단이 직면하는 특별한 도전을 염두에 둔다.

실천 준거틀의 두 번째 요소는 실천 이론이다. **실천 이론**은 어떤 행동이나 상황에 대한 설명과 함께 그런 행동이나 상황이 어떻게 변화될 수 있는지에 관한 지침을 제공한다. 실천 이론은 특정 유형의 변화를 초래하기 위해 개입을 위한 안내지도의 역할을 한다. 대부분의 실천 이론은 하나 혹은 그 이상의 지향 이론에 뿌리를 둔다. 예를 들면 심리사회적 치료는 주로 심리역동 이론과 자아심리학에 기반을 둔다. 마찬가지로, 행동 치료는 학습 이론에 기반을 둔 것이다.

여기서 실천 이론과 (실천 준거틀의 세 번째 요소인) 실천 모델 사이에 차이가 난다. **실천 모델**은 어떤 개입활동을 안내하는 데 사용되는 개념과 원리의 종합이다. 그러나 실천 이론과는 대조적으로, 실천 모델은 행동에 관한 특정 설명에 얽매이지 않는다. 예를 들면 위기 개입은 실천 이론이라기보다는 실천 모델로 본다. 왜냐하면 이 모델은 위기 상황에 관해 어떤 한 가지 설

명에 얽매이지 않기 때문이다. 같은 이유로 과제 중심 실천은 모델이란 용어로 쓰인다. 대부분 모델은 행동에 관한 특정 이론으로부터 전개되었다기보다는 경험이나 실험에서 개발됐다.

모델이란 용어는 다른 전문 분야에서 정형화된 접근을 사회복지의 다른 맥락에서 사용할 때도 사용한다. 그래서 다소 혼란스러운 용어이기도 하다. 예를 들면 어떤 사람이 의료적 모델에 기반을 두어 변화에 접근하는 것을 언급할 때, 그는 과학적인 의학에서 사용되는 접근에 따른 활동을 언급할 것이다. 즉, 전문가와 권위적 인물로 실천가를 강조하는 것, 주의 깊은 자료 수집과 자료(연구)의 범주화, 문제(진단)를 적절히 분류하는 체계의 사용, 그리고 진단에 따른 개입(치료) 등을 들 수 있다. 이와 유사하게 사회복지사는 사회행동과 클라이언트 옹호를 위한 접근을 묘사하는 방식으로 법률적 모델을 언급하기도 한다. 여기에는 반대 양측의 당사자 사이에 나타나는 경쟁과 갈등이 포함된다. 모델이라는 용어는 또 한편으로 성공적인 프로그램의 주요 원리를 한 기관에서 다른 기관으로 옮기면서 전파되는 실천에서의 혁신을 묘사하기 위해 사용되기도 한다. 자조 모델(*self-help model*), 풀뿌리 모델(*grass-roots model*), 12단계 모델(*12-step model*), 사례관리 모델(*casemanagement model*) 등과 같은 용어를 접하는 방식이다.

사회복지사는 서로 다른 실천 준거틀을 적용하더라도 동일한 기법과 지침을 많이 사용한다. **기법**은 특정 성과를 달성하기 위해 밟는 일련의 특정한 단계이다. 사회복지사의 준거틀이 특정한 기법을 선택하도록 이끌 수도 있지만,

대부분은 특정 이론에 대해 독립적이다. **지침**은 기법보다는 일반적이다. 지침은 실천 활동에서 "이것을 하라"와 같은 규범사항과 "이것은 피하라"와 같은 금지사항을 전형적으로 혼합한 것이다.

3. 결론

실천을 효과적으로 수행하기 위해 사회복지사는 예술과 과학을 혼합해 사용한다. 사회복지사의 실천 상황에는 과정과 성과에 영향을 미치지만 보이지는 않는 예술적 요인, 즉 관계 형성 방법, 창의적 사고, 연민 및 용기, 희망과 에너지, 건전한 판단력, 그리고 적합한 가치에의 헌신 등 예술적 요소가 있다. 동시에 사회복지사는 자신의 예술적 능력을 전문적 지식과 과학적 기반에 혼합해야 한다. 예술이 없는 지식기반은 거의 가치가 없다. 그러나 지식이 없다면 예술은 효과성에 한계가 있다.

사회복지사는 자신의 예술과 전문직의 과학을 실천 준거틀에 혼합한다. 제6장에서는 실천 준거틀에 공통적으로 포함되는 24가지 이상의 실천 관점, 이론, 그리고 모델에 관해 기술한다. 준거틀에 대해 포괄적으로 기술한 것도 아니고 사회복지사가 활용 가능한 모든 목록을 제시하지도 않았다. 다만 실천 준거틀의 요소가 어떻게 다르게 나타나는지 제시하고, 실천에 대한 개인의 이론적 지향을 구성하는 데 필요한 정보를 제공하기 위해 고안된 것이다. 실천 준거틀은 사회복지사가 수행할 역할에 좌우되고, 이 역할을 어떻게 수행해야 하는지의 원칙에 따라 결정된다. 제4장과 제5장의 정보는 사회복지사의 실천 준거틀이 개발되는 맥락을 분명하게 보여줄 것이다.

참고문헌

Lambert, M. J. (1992). "Implications of outcome research for psychotherapy integration". In Norcross, J. C. & Goldstein, M. R. (Eds.), *Handbook of Psychotherapy Integration*. NY: Basic Books.
National Association of Social Workers (1999). *Code of Ethics*. Washington, DC: NASW.

제 2 부

사회복지실천의 토대를 형성하기

사회복지사가 실천에 관여하기 위해 개인적으로 또 전문적으로 준비를 하고 나면, 적어도 네 가지 추가적인 토대가 그 실천상의 특성을 형성할 것이다.

그 첫 번째 토대는 사회복지사가 수행하는 옹호자, 상담자·임상가, 서비스 중개자, 행정가, 사회변화 대행자 등의 다양한 역할과 관련이 있다. 비록 다른 원조 전문직이나 분야가 이런 역할의 일부를 수행한다 할지라도, 사회복지사가 수행하는 역할의 폭과 다양성은 다른 분야와 분명하게 차별성이 나타난다. 이는 사회복지가 사람들이 환경에서 더 효과적으로 기능하도록 원조하는 노력의 광범위한 다양성을 반영하고 있다. 이 다양한 역할은 제 4장에 서술돼 있다.

두 번째 토대는 사회복지사의 실천 활동 접근을 안내하기 위해 시간을 거쳐 진화해온 수많은 원리이다. 이 원리들은 클라이언트에게 적절하고 효과적인 서비스를 제공하기 위한 '핵심'(bottom line)을 제공한다. 많은 사회복지사는 이 원리에 관해 의사소통하기 위해 다음과 같은 진부한 문구들을 사용하곤 한다. "클라이언트가 있는 곳에서 시작하라", "클라이언트가 자기 자신을 스스로 돕도록 원조하라", "클라이언트가 아닌 과정을 안내하라" 등이다. 이런 문구를 너무 일상적으로 사용하는 것은 이러한 원리의 지혜를 너무 쉽게 차단한다. 이 사회복지실천의 기본적 원리는 제 5장에 서술돼 있다.

세 번째로, 클라이언트가 도움을 요청한 사안을 해결할 계획을 세우도록 도우면서, 사회복지사는 변화 과정을 위한 포괄적인 전략을 주는 다양한 개념적 준거틀을 도출한다. 우리가 관점(perspectives), 이론(theories), 그리고 모델(models)이라고 부르는 수백 가지의 개념적 준거틀이 있다. 각 사회복지사는 클라이언트의 관심사와 사회복지사가 속한 기관의 기대에 잘 부합하는 개념적 준거틀을 잘 선택하고 결합해야 한다. 제 6장에서 사회복지실천에 자주 사용되는 개념적 준거틀을 간략히 소개한다.

네 번째 토대는 성공적인 실천에 필수적인 세 가지 요소로 구성돼 있다. 첫째, 사회복지사의 비판적 사고력, 둘째, 실천 결정과 행동에 정보를 줄 수 있는 활용 가능한 최선의 증거 선택, 셋째, 변화 과정의 국면 동안 클라이언트를 안내할 기술 등이다. 이 요소들은 제 7장에서 논의한다.

　사회복지실천을 위한 이 토대 요소들을 검토하고 나면, 이 책의 나머지 부분에서 제시될 실천 기법과 지침을 이해하고 선택할 기초가 마련될 것이다.

제 4 장

사회복지사의 역할과 기능

학습목표

• 사회복지사가 수행할 것으로 기대되는 다섯 가지 직접적 실천역할과 관련된 기능을 설명한다.

• 사회복지사가 수행할 것으로 기대되는 다섯 가지 간접적 실천역할과 관련된 기능을 설명한다.

• 전문적 사회복지사의 역할에서 사회복지사에게 기대되는 기능을 설명한다.

교사나 농부, 엔지니어 등 모든 직업은 나름 대로 일련의 활동을 수행할 것이 기대된다. 예를 들면 내과 의사로서 기능을 수행할 때 그는 환자의 상태를 진단하기 위해 검사하고, 치료 방법을 처방하고, 결과를 점검한다. 이와 유사하게 사회복지사는 클라이언트의 상황을 면밀하게 분석하고, 가장 효과적인 개입을 적용하고, 이러한 노력의 영향을 사정할 것으로 기대된다. 자신의 일을 어떻게 수행하는지는 사회복지사마다 개성이 있겠으나 공통적인 사회복지사의 역할기대가 있으며, 이를 위한 준비를 갖춰야 한다.

각 직업은 구체적인 역할 내에서 수행하는 활동을 통해 잘 묘사될 수 있는 몇 가지 직업적 기능이 있다. 이 장에서는 사회복지사에게 기대되는 11가지 역할과 거의 40가지에 달하는 특정적인 기능을 기술한다. 매일 대부분의 사회복지사는 여러 실천 역할을 수행한다. 물론 매우 전문화된 실천을 하는 사회복지사라면 이 역할과 기능의 수가 제한될 것이다. 반면 일반적 실천가로서의 사회복지사는 자신의 실천을 수행하는 데 보다 넓은 범위의 활동에 참여할 것이다.

1. 전문직 역할의 규정

많은 전문직은 사회적 규범과 역사적 전통, 활동을 재가하는 법령과 행정적 규정, 그리고 기관의 정책과 절차에 의해 해당 전문가의 직업 기능과 역할이 규정된다. 또한 어떤 실천적 역할이든지 여러 특징적인 기능을 수행하도록 요구된다. 이와 비슷하게 하나의 특정한 직무 기능이 한 가지 이상의 역할을 수행하는 데 활용되기도 한다. 예를 들면, 클라이언트의 상황을 사정하는 데 인간서비스의 중개자, 상담자 혹은 임상가, 그리고 사례관리자의 역할을 수행할 수 있다. 그러나 다음에서는 각 기능을 한 번씩 서술할 것이다.

1) 중개인으로서 사회복지사

원조 전문직 중 사회복지는 사람들이 변화에 적응하고, 더욱 만족스러운 상황을 협상해 만들고, 사회적 환경에서 상호작용하도록 돕는 것을 특히 강조한다. 전문가의 위치에 있는 사회복지사는 대개 클라이언트와 커뮤니티의 자원 연결을 촉진한다. 즉, 서비스가 필요한 사람과 그 서비스를 제공할 수 있는 사람을 맺어 주는 것이다. **중개자 역할**을 수행하기 위해 사회복지사는 클라이언트의 욕구를 확인하고, 다양한 자원을 활용할 동기와 능력을 사정하며, 이러한 자원을 확보하도록 돕는다.

인간서비스의 중개자로서, 사회복지사는 다양한 서비스와 활용 가능한 프로그램에 관한 지식이 있어야 하고, 각 프로그램의 강점과 약점에 관해 사정을 해야 하며, 또 그런 자원에 접근하는 절차를 이해해야 한다. 이런 자원은 사회적 급부(돈, 음식, 의복, 그리고 주택 등)와 개인적 서비스(상담, 치료, 집단 상호작용 경험, 그리

고 재활서비스 등)를 포함한다.

• **클라이언트 상황 사정**: 중개의 첫 단계는 클라이언트의 욕구와 능력을 철저하게 이해하고 정확하게 사정하는 것이다. 효과적인 중개를 위해 클라이언트의 취약성, 문화, 언어적 능력, 정서적 안정성, 지능, 그리고 변화하려는 의지와 같은 요인을 능숙하게 사정하는 기술이 있어야 한다.

• **자원 사정**: 사회복지사는 클라이언트의 욕구를 충족하기 위해 커뮤니티의 다른 기관뿐만 아니라 자신의 기관 내에서 활용 가능한 다양한 자원을 사정해야 한다. 사회복지사는 제공되는 서비스, 서비스의 품질, 수혜 자격 조건, 그리고 클라이언트에 대한 서비스의 비용 부담에 관해 익숙해야 한다. 게다가 사회복지사는 클라이언트가 자원에 접근하도록 돕는 가장 좋은 방법을 알아야 한다.

• **의뢰**: 클라이언트를 자원에 연결하는 과정에는 클라이언트의 동기와 능력, 그리고 클라이언트에게 제공할 만한 서비스와 자원의 가능성에 관해 판단을 내리는 것이 필요하다. 이런 판단에 따라 사회복지사는 의뢰 과정에 적극적이어야 한다. 예를 들어 사회복지사가 단지 자원에 대한 정보만 클라이언트에게 제공하거나 약속을 잡아줄 때가 있다. 하지만 클라이언트가 자원에 연결되도록 물리적으로 함께해 주는 것이 필요할 때도 있다. 적절한 의뢰는 사회복지사가 클라이언트와 자원을 연결한 이후, 클라이언트의 욕구가 충족되었는지를 점검하는 사후조치 활동까지도 수반

한다. 만일 이 연결이 제대로 이뤄지지 않았다면 다른 활동이 보장돼야 한다.

- **서비스체계 연결**: 중개를 하려면 서비스 전달체계의 다양한 부분 간에 지속적인 상호작용이 일어나도록 사회복지사가 촉진하는 것이 필요하다. 기관, 프로그램, 그리고 전문가 간의 연결과 협력을 강화하기 위해 사회복지사는 의사소통 통로를 만드는 자원연결망에 참여하고, 자원을 공유하도록 협상하며, 기관 상호 간의 계획과 정보 교환, 조정 활동에 참여한다.

- **정보 제공**: 중개를 하려면 클라이언트나 커뮤니티의 집단, 입법가 혹은 커뮤니티의 다른 의사 결정자에게 정보를 전달해야 한다. 효과적 서비스 전달체계에 관한 지식의 보고(寶庫)로서 사회복지사는 이러한 지식을 공유하도록 다른 사람을 돕는다. 클라이언트의 욕구와 활용 가능한 서비스 사이의 차이를 일반 대중이 인식한다면 모자란 부분을 확충할 방법을 찾을 수 있다.

2) 옹호자로서 사회복지사

옹호는 사회복지 임무의 기본이 되며 이는 윤리강령(NASW, 1999)에 명확하게 구체화돼 있다. 윤리강령의 3조 7항 부분에는 사회복지사가 클라이언트의 욕구를 충족하는 데 필요한 자원을 위해 옹호활동을 할 것과 모든 클라이언트를 위해 자원 할당 절차가 개방적이고 공정하도록 보증할 것을 요구하고 있다. 더 나아가 6조 4항 부분은 사회복지사가 사회정의를 위해 옹호활동을 할 것으로 기대하고 있다.

옹호는 사회조건을 개선하거나 사회개발에 따른 사회문제를 예방하려는 목적에 따라 개인, 집단 혹은 커뮤니티 편에서 지지하는 활동을 포함한다. 사회복지사는 옹호 방법과 클라이언트 자기 결정 및 변화 과정 참여를 최대화하는 원칙 사이에서 균형을 이뤄야 한다(제5장 참조). 가능한 한, 사회복지사는 클라이언트 스스로가 자기 자신의 옹호자가 될 수 있도록 도와야 한다.

옹호는 기관 내부나 커뮤티니서비스체계에서 사회복지사가 수행해야 할 필수적인 기능이다. 하지만 이 필요한 기능이 항상 순탄하지만은 않다. 사회복지사는 주의 깊게 싸움을 선택해야 하고, 옹호활동에 대한 부정적이거나 심지어 적대적인 반응에 준비해야 한다.

- **클라이언트나 사례 옹호**: 이런 유형의 옹호는 공통적으로 클라이언트 개인이 서비스나 자원을 받을 자격이 있음을 밝히고, 사실상 제공받도록 보증함을 목적으로 한다. 그 첫 번째 단계는 정보를 수집하고 클라이언트가 원하는 서비스를 받을 자격이 있는지 여부를 결정하는 것이다. 만일 자격이 있다면 협상과 중재를 하고, 필요하다면 서비스를 확보하기 위해 더욱 마찰적이고 대결적인 전술을 활용한다. 클라이언트는 활용 가능한 호소 절차를 사용하도록 도움을 받아야 하며, 경우에 따라 기관이나 서비스 제공자를 대상으로 법적 행동을 시작하도록 도움을 받아야 한다.

- **계층 옹호**: 사회복지사는 종종 클라이언트집단이나 공통의 관심사를 가진 인구집단을 위

해 옹호활동을 해야 한다. 전형적으로 계층 옹호는 특정 범주의 사람들이 그들의 시민권을 실현하거나 서비스나 수혜를 받는 데 제한을 가하는 장애나 장벽을 제거하기 위한 활동을 하는 행위이다. 일반적으로 기관규정, 사회정책 혹은 법을 변화시키는 데 목적을 둔 노력이 필요하다. 그 결과 계층 옹호는 정치적·입법적 분야에서의 활동을 필요로 하며 같은 이슈에 관심을 둔 다른 조직과 연합을 구축한다.

3) 교사로서 사회복지사

사회복지실천의 많은 부분은 클라이언트나 클라이언트집단이 일상생활에서 발생한 어려움을 처리하거나 위기를 예견하고 예방하도록 가르치는 것을 포함한다. 이러한 지식은 클라이언트의 역량을 강화한다. 사회복지실천에서 발휘되는 이 가르치는 역할은 클라이언트에게 부정적 영향을 주는 조건에 적응하는 방법을 가르치는 것도 포함한다. 또한 삶에서의 문제를 잘 이해하고 의사를 결정하도록 클라이언트에게 이해할 수 있는 정보, 조언, 가능한 대안과 그 결과에 대해 알려 주는 것을 포함한다.

사회복지실천의 근본적인 목적은 클라이언트가 역기능적인 행동을 변화시키고 효과적인 사회적 상호작용 방법을 배우도록 돕는 데 있다. 이를 위해, 사회의 다양한 규칙이나 법 그리고 규범을 지키고, 사회기술을 개발하고, 부모나 직장인 같은 역할상의 효과적인 기능을 학습하고, 자신의 행동에 대한 통찰력을 가질 수 있도

록 클라이언트를 가르치는 것이 필요할 수 있다. 가르치는 일은 대면면접 동안 비공식적으로 일어나기도 하며, 발표회나 워크숍과 같이 더욱 구조화된 교육적 활동을 통해서도 이뤄진다.

가르치는 역할은 거시적 수준에서도 적용된다. 사회복지사는 필요한 인간서비스의 활용 가능성과 특성에 관해, 그리고 클라이언트의 욕구를 충족하기 위한 사회정책과 프로그램의 적절성에 관해 대중을 교육하는 활동에 참여할 준비도 갖춰야 한다.

- **사회생활과 일상생활 기술을 가르치기**: 클라이언트에게 갈등 해결 방법, 시간과 금전 관리, 대중교통 이용, 새로운 거주환경에의 적응, 개인적 보호와 위생 유지, 효과적인 의사소통을 위한 기술을 가르치는 것은 사회복지사가 자주 수행하는 활동의 예이다.
- **행동 변화를 촉진하기**: 사회복지사는 클라이언트가 더욱 효과적인 대인 간 상호작용을 하도록 가르치기 위해 역할 모델링, 가치 명확화, 행동 수정과 같은 교육적 접근을 사용하기도 한다. 더 큰 사회체계를 다룰 때 사회복지사는 부각되는 사회적 이슈에 관해 이사회를 교육하거나 실패하는 변화 전략을 재설계하는 방법을 클라이언트 옹호집단에게 가르치기도 한다.
- **1차 예방**: 역사적으로 사회복지 전문직은 심각한 인간의 문제와 상황을 해결하고 수정하는 데 관심을 두어 왔다. 그렇지만 전문직은 문제를 예방하는 것에도 또한 관심을 두어 왔다. 이와 같은 예방 노력은 사회복지사에게

교사의 역할 혹은 대중적인 교육자로서의 역할을 부여했다. 예를 들어 예비부부 상담, 양육기술 교육, 가족계획에 관한 정보 제공, 그리고 사회문제나 이슈를 해결하기 위해 대중에게 정보를 제공하는 것과 같은 활동이 포함된다.

4) 상담자 혹은 임상가로서 사회복지사

가장 눈에 띄고 흔하게 수행되는 사회복지사의 역할은 **상담자**나 **임상가**로서의 역할이다. 상담자나 임상가 역할은 증거기반의 사정과 함께 개인, 가족, 소집단이 자신의 삶에서 사회적 정서적 이슈를 다루도록 원조하는 개입을 아우른다.

이 역할을 수행하기 위해 사회복지사에게는 인간행동에 관한 지식과 사회환경이 개인에게 어떻게 영향을 미치는지에 대한 이해, 클라이언트의 욕구와 기능을 사정하는 능력, 그리고 이런 스트레스를 클라이언트가 다루도록 도울 수 있는 개입 내용에 관한 판단, 개입 기법을 적용하는 기술, 그리고 변화 과정을 통해 클라이언트를 지도하는 능력이 필요하다.

- **심리 · 사회적 사정과 진단**: 클라이언트의 상황을 철저히 이해하고 변화를 위한 그들의 동기, 능력, 그리고 기회를 사정해야 한다. 클라이언트와 그들의 사회적 기능수행에 영향을 미치는 다른 사람이나 사회환경의 요소 모두를 정확히 이해하는 방법으로 정보를 조직화할 수 있도록 개념적 준거틀을 잘 선택해야

한다. 사회복지사는 다양한 정신질환과 사회문제를 분류하고 범주화하는 데 사용되는 용어를 정확히 숙지해야 한다. 적절한 용어에 대한 기본적 지식이 있어야 전문 영역 간 의사소통, 프로그램 기획, 제 3영역이나 보험 지급자 측으로부터 비용을 받는 일 등이 원활하게 이뤄진다.

- **지속적이고 안정적인 보호**: 상담자 · 임상가 역할이 항상 클라이언트나 사회적 상황을 변화시키는 노력을 수행하는 것은 아니다. 때때로는 확대된 기반에서 지지나 보호를 제공한다. 예를 들면 중증장애나 말기환자 혹은 그들의 가족을 상담하는 사회복지사는 그들의 선택을 지원하고 어려움을 좀더 편안하게 다루도록 돕기도 한다. 불가항력적인 상황이나 조건을 바꿀 수는 없다.

- **사회치료**: 이 기능은 클라이언트가 다른 사회집단과 자신 사이의 관계를 이해하도록 돕고, 클라이언트의 사회적 관계를 조정하기 위한 노력을 지지하며, 문제 해결이나 대인적 변화 노력에 클라이언트를 참여시키고, 개인과 개인, 개인과 사회제도 사이의 갈등이나 차이점을 중재하도록 돕는 활동 등을 포함한다. 사회치료는 삶에서 힘든 상황을 겪을 때 개인, 가족, 그리고 소집단이 사회적 기능을 더 잘 발휘할 수 있도록 돕는 것이다. 사회치료에서는 어떤 때는 클라이언트가 자신의 인식이나 태도, 행동을 바꾸도록 돕기도 한다. 혹은 반대로 클라이언트의 환경 속에서 문제 유발 요인을 찾아 바꾸도록 돕는 데 초점을 두기도 한다. 어떤 때는 두 가지 모두가 필요하다.

5) 사례관리자로서 사회복지사

사례관리자의 역할은 여러 기관에서 제공하는 서비스를 이용해야만 하는 클라이언트를 위해 아주 중요하다. **사례관리자**로서 사회복지사의 직무는 전형적으로 필요한 원조의 유형을 확인하는 것으로 시작하여, 그 서비스를 보증할 방법을 탐색하고, 클라이언트가 잠재적인 원조자와 접촉을 시도할 수 있도록 옹호하며 진행된다. 경우에 따라 클라이언트에게 직접 서비스를 제공하기도 한다. 마지막으로, 사회복지사는 지속성의 기반에서 서비스 계획의 성공을 점검하고, 발생할 수 있는 문제를 해결하도록 돕는다. 효과적인 사례관리를 위해 사회복지사는 목표 지향적이고 적극적인 태도를 취해야 하며, 주장이 강해야 한다.

- **클라이언트 확인과 오리엔테이션**: 서비스 성과, 삶의 질 혹은 보호 비용, 그리고 서비스의 측면에서 변화 과정의 지도와 점검을 통해 긍정적으로 영향을 받을 수 있는 사람을 직접적으로 확인하고 선택한다.
- **클라이언트 사정**: 클라이언트의 욕구, 삶의 상황, 그리고 자원에 관한 정보를 수집하고 사정하는 것을 말한다. 또한 필요한 서비스를 받지 못하고 의뢰된 잠재적 클라이언트를 적극적으로 발굴하는 것이 포함되기도 한다.
- **서비스 · 치료 계획**: 클라이언트 그리고 관련된 다른 사람과 협조해 사회복지사는 클라이언트의 욕구를 충족하기 위해 접근할 수 있는 커뮤니티의 다양한 서비스를 확인한다. 이 활동에서는 클라이언트와 그 가족, 그리고 관련된 전문가나 프로그램에 관여해 클라이언트의 조건을 개선할 계획을 만드는 것이 필요하다. 때때로 이 활동에서는 통합적 개입 계획을 설계할 집단토론이나 의사 결정 과정을 만들거나 지도하는 일도 이뤄진다.
- **연결과 서비스 조정**: 중개인 역할처럼 사례관리자는 클라이언트를 적합한 자원과 연결해야 한다. 그러나 중개인의 역할과는 달리, 사례관리자로서 사회복지사는 개인이나 가족에게 서비스를 전달하는 능동적인 참여자가 된다. 사례관리자는 기관 간 의사소통의 채널과 초점을 맞춤으로써 클라이언트의 자원 활용을 조정하는 데 강조점을 둔다.
- **클라이언트 지지**: 다양한 자원에 의해 서비스가 제공되는 동안 사례관리자는 클라이언트와 그 가족이 바람직한 서비스를 받는 데 부딪치는 불가피한 문제를 다루도록 돕는다. 이런 활동에는 대인관계 갈등을 해결하는 것, 상담하는 것, 정보를 제공하는 것, 정서적 지지를 제공하는 것이 포함된다. 필요하다면 클라이언트의 편에서 그들이 수혜 자격이 있는 서비스를 받도록 옹호하는 것이 포함된다.
- **사후 조치와 서비스 전달 점검**: 사례관리자는 클라이언트와 서비스 제공자 모두와 정기적이고 빈번하게 사후 조치를 위한 접촉을 함으로써 클라이언트가 필요한 서비스를 실제적으로 잘 받고 적절히 활용하는지를 확인한다. 만일 그렇지 않다면 그 상황이나 서비스 계획을 수정하기 위한 조치를 취한다. 클라이언트의 진전도, 서비스 전달, 그리고 계획

이 충실히 이뤄지는지에 관한 기록을 위해 문서를 완성하는 것도 사회복지사의 전형적인 역할이다.

6) 업무량 관리자로서 사회복지사

사회복지사는 클라이언트에게 필요한 서비스를 제공하는 동시에 고용된 사회기관의 목적을 효과적·효율적으로 달성하기 위해 **업무량 관리**를 수행해야 한다. 즉, 클라이언트와 기관 모두에 대한 의무의 균형을 이뤄야 한다. 사회복지사는 자원이 희소한 환경 내에서 제공되는 서비스를 최대화할 책임이 있다.

- **업무 계획**: 사회복지사는 그들의 업무량을 사정하고, 중요성과 긴급성에 따라 우선순위를 정하며, 가능한 가장 효과적이고 효율적인 방법으로 업무를 완수할 계획을 세워야 한다. 대개 업무가 과중한 상황이지만 그럼에도 반드시 업무 계획이 이뤄져야만 한다.
- **시간 관리**: 사회복지사가 모든 클라이언트에게 적절하게 주의를 기울이려면 시간 사용의 우선순위가 정해져야 하고 작업시간을 주의 깊게 할당해야 한다. 시간 관리를 위해 사회복지사는 기관의 컴퓨터체계와 여타의 시간을 절약해 주는 업무용 장비 활용 방법을 배울 필요가 있다.
- **품질보증 점검**: 사회복지사는 자신이 제공한 서비스의 효과성을 정기적으로 평가하고, 동료가 제공한 서비스를 사정하는 데 참여한다. 이런 활동에는 기관의 기록을 검토하고, 직무

수행 평가를 하고, 동료와 함께 업무수행 검토회의를 개최하는 것 등이 포함된다.
- **정보 처리 과정**: 사회복지사는 욕구와 서비스 급여 정당성의 기록, 다양한 보고서의 작성, 사례 기록, 그리고 다양한 경비 지출사항 구체화 등을 위해 자료를 수집해야 한다. 더 나아가 기관규정과 절차에 관한 정보는 모든 사람이 이해해야 한다. 이를 위해 사회복지사는 정관 해석을 준비하고, 직원회의에 참석하고, 의사소통을 촉진할 다른 활동에 참여하는 데 숙련돼야 한다.

7) 슈퍼바이저·직원 개발자로서 사회복지사

사회복지사는 흔히 중간관리자의 위치에서 일한다. 그 위치에서 사회복지사는 다른 직원의 업무수행을 유지하고 향상시키기 위해 일정 부분 헌신할 수 있어야 한다. 사회복지사는 흔히 비서, 접수자, 자원봉사자와 함께 일하지만 대부분 **슈퍼바이저** 역할은 전문적 원조자의 효과성을 극대화하는 데 초점을 둔다.

직원 개발에는 교사 역할에서 활용되는 많은 기술이 필요하다. 그러나 이 경우 지식은 클라이언트나 일반 대중보다는 동료에게 전달된다. 직원 개발은 훈련 욕구에 관한 정확한 사정에 기반을 두고 업무 코칭(*job coaching*), 자문, 그리고 훈련회의나 워크숍을 실행하거나 참여하는 것과 같은 개별화된 교육의 형태로 이뤄진다.

- **직원 오리엔테이션과 훈련**: 기관에 관한 오리엔테이션과 구체적인 업무 할당에 관한 훈련

은 모든 신입 직원과 자원봉사자에게 필요하다. 이런 기능을 수행하기 위해 직무 기대를 구체화하고, 조직정책과 절차에 관해 사회복지사에게 오리엔테이션을 제공하며, 기관에서 활용되는 실천 기술과 기법을 가르치는 것과 같은 과제가 수행돼야 한다.

- **인사 관리**: 인사 관리 활동은 신입 직원 선발부터 퇴직까지를 포함한다. 이런 중간관리 활동에는 예컨대 직원의 할당 업무량을 점검하고 나타날 수 있는 분쟁이나 불만을 해결하는 일이 포함될 수 있다.

- **슈퍼비전**: 이 기능은 직원이 제공하는 서비스의 질을 향상하고 기관의 규칙과 규정을 따르는지 확인하기 위해 직원의 활동을 감독하고 지시하는 것을 포함한다. 여기에는 업무를 부여하고 점검하며 업무수행 표준을 개발하고 클라이언트의 욕구를 좀더 잘 해결하기 위해 직원 변화를 협상하는 것 등의 과제가 포함된다.

- **자문**: 기관의 행정적 위계의 한 부분으로 이뤄지는 슈퍼비전과 비교해 본다면, 자문은 동료 수준에서 한 명의 전문가가 다른 전문가에게 제공하는 것이다. 슈퍼비전과는 대조적으로, 자문을 받는 사람은 자문을 제공하는 사람이 제시한 충고를 활용할지 말지 자유롭게 결정한다. 전형적으로 자문은 특별히 도전적인 실천 상황을 어떻게 다루는 게 최선인가에 초점을 둔다.

8) 행정가로서 사회복지사

행정가 역할에서 사회복지사는 기관정책을 수행하고 그 프로그램을 관리하기 위한 책임을 질 것으로 여겨진다. 이 역할을 수행할 때 사회복지사는 기관의 최고경영자(CEO)나 주요 행정 책임자가 되기도 한다. 혹은 중간관리자의 지위에서 한 기관의 사회복지사 혹은 한 프로그램 영역(예: 아동복지 부서)에서 행정적 책임을 지기도 한다. 행정가가 수행할 것으로 기대되는 과제로는 프로그램 계획, 채택된 프로그램 실행, 그리고 프로그램 평가 과정에의 리더십 발휘 등이 있다. 동시에, 사회복지사 행정가는 소량의 사례 업무를 지속적으로 수행하거나 기관의 일차적인 업무에 참여하기도 한다. 이는 기관 운영에서 일상적으로 발생하는 문제를 일차적으로 파악하기 위함이다.

행정가로서의 역할에서 사회복지사는 정책, 프로그램, 그리고 다른 사람에 의해 만들어진 법을 실행할 책임이 있다. 기관의 이사회나 선출된 행정가는 전형적으로 기관의 목적을 규정하고, 행정적 지침을 만들며, 기관을 운영하는 데 필요한 자금을 할당한다. 보통 민간기관의 이사회는 조직을 운영하게끔 행정책임자를 고용한다. 공공기관이라면 선출될 것이다. 조직 내 행정적인 지위에 있는 사회복지사는 다음과 같은 기능을 모두 혹은 일부 수행한다.

- **관리**: 행정가에게 요구되는 관리 기능은 프로그램, 서비스 단위 혹은 전체 조직에 대한 운영상의 감독을 하는 데 있다. 기관 이사회의

업무를 촉진하고, 직원을 모집하고 선발하며, 직원의 활동을 지시하고 조정하고, 우선순위를 정하고, 조직구조를 분석하며, 조직 내에서 전문적 기준을 증진하고, 직원 갈등을 조정하며, 재정적 자원을 할당하는 것 등이 관리 기능에 포함된다. 또한 관리에는 예산 처리, 자원의 사용 기록, 건물과 장비의 획득 및 유지가 포함된다.

- **내부적 그리고 외부적 조정**: 행정가의 주요 과제는 기관 내의 업무를 조정하는 것이다. 기관의 프로그램을 효율적·효과적으로 수행하기 위한 계획을 개발하는 것이 포함되는데, 여기서는 새로운 프로그램이 기관의 기능에 통합되도록 흔히 몇 개 부서 단위나 프로그램, 일하는 직원 사이의 협상이 필요할 수 있다. 행정가의 두 번째 주요 과제는 외부상황에 대처하면서 기관의 일차적 대표가 되는 것이다. 이런 외부적 과제는 외적 압력으로부터 직원을 보호하기 위한 완충제 역할을 하고, 소비자와의 논란을 처리하며, 기관의 프로그램 지원에 필요한 자금을 얻기 위해 커뮤니티에 프로그램을 설명하는 일 등이 포함된다. 그래서 행정가는 기관의 공적 관계에서, 클라이언트 및 다른 사회기관이나 대중과의 의사소통에서 주요한 핵심 인물이 된다.
- **정책과 프로그램 개발**: 효과적인 행정가는 미리 준비하는 사람이다. 기존에 존재하는 프로그램을 유지하기 위해서도 상당한 시간과 에너지가 투여돼야 하지만, 행정가는 정기적으로 새롭고 차별화된 서비스의 필요성을 사정해야 한다. 그러기 위해서는 욕구 사정을 수

행하고, 사회적 경향에 관한 지식이 있어야 하며, 조직을 운영하기 위한 대안적인 정책 목적을 모색하고, 새로운 프로그램과 정책의 목표를 서비스로 구현하는 것이 필요하다.

9) 사회변화 대행자로서 사회복지사

사회복지에서 개인과 환경 모두에 집중하는 이중적 초점에 따라 사회복지사는 이웃, 커뮤니티, 혹은 보다 큰 사회체계에 필요한 변화를 촉진하고자 한다. 사회복지사의 실천 역할 중 사회변화 대행자로서의 역할은 사회복지를 다른 많은 원조 전문직과 차별화한다.

클라이언트와 직접적으로 활동할 때, 사회복지사는 사람들의 스트레스 완화에 기여하거나 인간서비스에 대한 욕구를 인식하기에 좋은 위치에 있다. **사회변화 역할**을 수행할 때, 사회복지사는 사회문제를 유발하는 조건을 바꾸거나 자원을 창출하기 위한 조치를 만들 책임이 있다. 사회변화는 쉽게 빨리 일어나지 않고, 변화를 달성할 정치적 결정권은 여간해서는 사회복지사에게 부여되지 않는다. 그보다는 오히려 그 문제를 제기할 힘을 가진 영향력 있는 집단이나 의사 결정 주체가 행동하도록 사회복지사가 자극하는 것이 필요하다.

- **사회 프로그램이나 정책 분석**: 사회변화를 위해 우선 필요한 것은 문제의 특성을 이해하는 것이다. 경향을 분석하고, 자료를 수집·종합하고, 의사 결정자가 이해할 수 있는 방식으로 결과를 보고해야 한다. 이런 기초적 배

경 작업이 없다면 그 노력이 거의 성공을 거두지 못한다. 그런 분석이 포함되는 과제에는 분석을 위한 기준을 확인하는 것, 클라이언트와 사회문제에 관한 정책의 영향을 확인하는 것, 이슈에 영향을 미치는 커뮤니티 가치와 신념을 분석하는 것 등이 포함된다.

- **커뮤니티의 관심 고취**: 문제에 관한 이해를 사회변화 노력으로 전환하기 위해서는 관심 있는 개인, 집단, 그리고 조직을 동원해 활기를 불어넣어야 한다. 이런 활동에는 클라이언트, 인간서비스조직, 그리고 다른 시민집단이 그 문제를 제기하고 말하도록 격려하는 것이 포함된다. 행동을 동원하는 것에는 이해당사자를 모으고, 상황을 분석하며, 이슈에 관해 그들이 더 잘 이해하도록 돕고, 그들이 달성할 수 있는 목적을 확인하며, 변화 전략을 선택하도록 원조하며, 바람직한 변화를 야기할 수 있는 의사 결정자를 확인하고, 변화를 위해 필요한 활동을 계획하고 실행하는 것 등이 포함된다.
- **사회적 자원 개발**: 사회변화 대행자는 또한 필요한 프로그램과 서비스를 개발하기 위한 활동을 한다. 자원 개발에는 원래는 없던 곳에 새로운 프로그램과 서비스를 만들고, 현존하는 자원은 확대 혹은 향상시키며, 불필요한 서비스의 중복을 피하도록 활용 가능한 자원을 계획하고 할당하며, 단위 부서, 기관, 혹은 여러 기관들에서 제공하는 서비스의 효과와 효율성을 높이는 것을 포함한다. 여기에는 로비와 입법위원회에서 전문가가 증언하는 것, 혹은 의사 결정자와 비공식적인 의사소통을 하는 것들이 포함되기도 한다.

10) 조사자 · 평가자로서 사회복지사

사회에 잘 기여하고 싶다면 전문직은 해야 할 일을 하는 것만으로는 부족하다. 오늘날과 같이 빠르게 변화하는 사회에서 사회복지사는 정기적으로 **조사**를 수행해 실천을 안내하는 지식과 가치 그리고 기술을 **평가**하고, 관련 분야에서 개발된 새로운 지식을 활용하고, 구체적으로 사회복지실천을 지원하는 지식을 만들어 가는 일선에서 역할을 해야 한다. 이를 위해 사회복지사는 조사자와 평가자로서의 역할을 수행해야만 한다.

- **조사의 소비**: 새로운 지식은 현존하는 지식 위에 쌓인다. 따라서 사회복지사는 지식을 선도하는 실천에 참여하거나 전문직의 지식기반에 새로운 정보를 추가하기 이전에, 기존에 활용 가능한 지식을 '소비'하는 기술에 숙달해야 한다. 어떤 지식은 사회복지나 관련 분야에서 도출된 인간행동의 이론이나 사회적 환경의 기능수행에 대한 이론이다. 하지만 사회복지사에게 과학적 조사를 통해 경험적으로 검증된 지식이 점점 더 요구되고 있다. 사회복지사는 기존의 지식, 이론적인 것이나 경험적인 것 모두 다 이점을 평가할 능력을 가져야 한다. 또한 많은 활용 가능한 이론을 비판적으로 검토하고 사회복지사의 실천에 가장 적절한 이론을 정확하게 선택하기 위해 충분한 배경지식을 갖춰야만 한다. 또한 좋은 조사

설계나 양적 및 질적 조사 자료를 적절한 적용할 수 있도록 일반적 지식도 필요하다.

- **실천 평가**: 사회복지사는 점점 더 자신의 실천을 평가하는 데 관여하도록 기대된다. 자신의 실천이 개인이나 가족 혹은 소집단과 같은 클라이언트에 대한 직접적 실천이건 아니면 자신이 전달한 프로그램에 대한 것이건, 사회복지사의 노력이 성공했는지 실패했는지 확인해야 한다. 직접적 실천에 대한 평가라면 사례별로 클라이언트의 변화를 측정하는 것이 필요하다. 여기에는 자료를 조직화하는 적절한 형식(예: 목적 달성 척도, 단일 사례 설계)을 선택하는 능력만이 아니라 경험적으로 변화를 측정하는 개별화되고 표준화된 도구를 선정하고 활용하는 기술까지를 필요로 한다. 프로그램 평가에서도 사회복지사가 수행하는 기능이 있다. 사회복지사는 서비스의 적절성을 기록하고 이를 개선하는 활동을 제안하는 데 도움을 주는 자료를 수집하고, 기관의 프로그램을 점검·평가해야 한다.

- **조사 생산**: 사회복지 개입의 효과성과 관련된 조사와 같이 사회복지사가 활용하는 조사를 만들어 내는 데는 다른 분야에 의존하는 것으로는 불충분하다. 사회복지실천을 증진하는 조사를 직접 수행할 수 있는 사회복지사를 만들어 내는 것이 필수적이다. 이런 조사는 실천가가 클라이언트와의 인터뷰 기록을 질적으로 분석하는 것부터 주요 정부기관으로부터 자금 지원을 받아 복합적인 자료 수집과 분석 기법을 사용하는 복잡한 계량적 연구까지 다양하다.

11) 전문가로서 사회복지사

기본적으로 **전문가**는 사려 깊고, 목적 지향적이고, 유능하고, 책임성이 있으며, 윤리적인 행동을 하는 사람이다. 고도로 전문적인 기준을 반영하는 방법으로 실천하는 것이 사회복지사의 의무이다. 사회복지사는 꾸준히 자신의 지식과 기술을 개발하고 실천의 품질을 검토하고 증진하기 위한 노력을 해야 하며, 매우 높은 수준의 윤리적인 자세로 업무를 수행해야 한다.

전문가의 지위로 인해 혜택을 받기 때문에 사회복지사는 전문직의 향상과 강화를 위한 활동에 능동적으로 참여해야 한다. 지역, 지방, 그리고 전국적 수준에서 전문가협회에 능동적으로 참여하는 것도 전문가 역할의 중요한 요소이다.

- **자기 사정**: 전문가가 의사 결정을 할 때 자율성을 행사할 수 있는 것은 지속적인 자기 사정의 책임이 있기 때문이다. 사적 개업실천을 포함해 모든 인간서비스 조직 유형에서 일하는 사회복지사와 모든 사회복지 역할을 수행하는 사람은 지속적인 자기 사정과 그 사정에 기반을 둔 전문성 개발 노력에 참여해야 한다.

- **개인적·전문적 개발**: 자기 사정의 결과는 자신의 능력을 개발하고 확인된 업무수행상의 문제를 제기한다. 사회복지사는 정기적으로 전문직의 논문과 과학적 저널을 읽고, 동료에게 그들의 실천에 관한 비평을 구하고, 주기적으로 워크숍, 세미나, 실천 기술과 지식을

증진하는 다른 프로그램에 참여해야 한다.

- **사회복지 전문직의 향상**: 사회복지사는 전문직의 성장과 발전, 그리고 그 지식기반의 확장에 기여해야 한다. 예를 들어 NASW의 회원 자격을 유지하고, 전문적 실천의 질을 강화하고 입법적 주도성을 지지하는 NASW의 노력에 시간과 에너지를 투자하는 것은 사회복지사의 의무이다. 게다가 사회복지사는 그들의 실천이나 연구로부터 획득한 지식을 회의 때 발표하거나 전문가 문헌에 게재함으로써 동료와 공유해야 한다.

2. 결론

사회복지사에 의해 수행되는 실천 역할의 범위는 넓고 다양하다. 효과적인 사회복지사는 대부분 이런 역할과 관련 있는 기본적인 직무상의 기능을 수행하는 데 능숙해야 한다. 전문주의적 사회복지사는 더욱 적은 역할에서 더욱 깊이 있는 능력을 개발하지만, 일반적 사회복지사는 모든 영역에서 지속적으로 자신의 능력을 확대하도록 노력해야 한다.

참고문헌

Davis, J. M. & Smith, M. E. (1992). *Working in Multi-Professional Contexts: A Practical Guide for Professionals in Children's Services*. CA: Sage.

National Association of Social Workers(1999). *Code of Ethics*. Washington, DC: NASW.

제 5 장

사회복지사를 위한 원리 안내하기

학습목표

- 사회복지와 사회복지 클라이언트에 대해 사회복지사 자신의 지향에 초점을 둔 7가지 기본 원리를 설명한다.
- 사회복지사가 클라이언트와 어떻게 상호작용하고 자신의 전문적 책임성을 어떻게 전달할 것인지에 대해 지침이 되는 실천 원리에 익숙해진다.

모든 전문직에는 실천상의 결정과 행동을 안내하는 많은 기본 원리가 있다. **원리**는 실험 기간 동안 진행된 성공적 실천을 관찰해 만들어진 지침이다. 이는 전문가에게 실천 활동을 안내하기 위한 가장 근본적인 방향타이다. 전문적인 기본 원리를 지키면 클라이언트에게 서비스를 제공하는 데 크게 잘못될 일은 없을 것이다.

사회복지의 실천 원리는 전문직의 철학, 가치, 윤리적 규정, 그리고 축적된 실천 지혜에 기반을 둔다. 대부분은 실험적인 증명에 근거를 둔 것도 아니고 단순한 기록으로 축적된 것도 아니다. 사회복지의 실천 원리는 대개 문서화돼 있지 않고, 전형적으로는 경험 있는 사회복지사가 전문직에 입문하는 신참 사회복지사에게 비공식적으로 전수한다. 그런 원리는 흔히 "클라이언트가 있는 곳에서 출발하라", 혹은 "클라이언트를 있는 그대로 받아들여라"와 같은 진부한 문구로 표현되곤 한다. 많은 원리가 경험 있는 사회복지사에게는 아주 명확하고 자명해 보여서 교육 프로그램이나 슈퍼비전에서는 의식적으로 교육이 이뤄지지 않는 경우도 있다. 그러나 이 원리들은 효과적인 사회복지 실천의 핵심이며, 완전히 이해해야만 한다.

이 장은 사회복지 실천을 안내하는 25가지 근본적인 원리를 제시한다. 첫 7가지의 원리는 사회복지사에 초점을 둔다. 나머지 원리는 클라이언트 — 개인, 가족, 소집단, 조직, 이웃, 커뮤니티 혹은 더 큰 사회구조까지도 — 와 함께 상호작용하는 사회복지사에게 관심을 둔다.

1. 전문가로서 사회복지사에게 초점을 두는 원리

1) 사회복지사는 사회복지를 실천해야 한다

이 근본 원리는 아주 명확하고 진부한 것처럼 보인다. 우리는 교사는 가르치고, 의사는 의술을 실천하며, 사회복지사는 사회복지 전문직의 경계 내에서 실천할 것을 기대한다. 그러나 한 전문직이 다른 전문직의 영역에까지 활동을 확대하는 일은 드물지 않다. 이 원리는 사회복지사가 재가받은 것과 준비된 것만을 실행하도록 권고한다.

사회복지는 사회적 기능에 초점을 두고, 사회복지의 영역(제 1장 참조)인 개인과 환경 사이의 상호작용을 향상하기 위해 원조를 제공하도록 기대된다. 교육을 통해 사회복지사는 소명을 완수할 지식·가치·기술을 준비하는데, 이는 원조 전문직 중 사회복지만의 독특한 기여이다.

지식이나 기술 영역에서의 중복 때문에 어떤 전문직이 클라이언트에게 무슨 서비스를 제공해야 할지가 불분명할 때도 있다. 이런 불명확성은 한 분야의 실천가가 다른 분야의 전문성 영역 속에서 길을 잃을 때 증폭된다. 비록 사회복지사 개인이 전문직 영역을 뛰어넘는 특별한 재능이 있더라도, 사회복지사가 전문직의 중심 영

역과 활동 범위에서 이탈한다면 인간의 문제 그리고 변화 활동과 관련된 결정적으로 중요한 관점을 놓칠 우려가 있다.

2) 사회복지사는 의식적인 자기 활용에 참여해야 한다

사회복지사의 주요한 실천 도구는 자기(self)이다. 즉, 변화를 촉진하기 위한 방법으로서 사회복지사는 타인과 의사소통하고 상호작용하는 자신의 능력을 활용한다. 숙련된 사회복지사는 타인과 관계를 맺고 클라이언트와 긍정적인 원조관계를 형성할 때, 자신의 독특한 스타일을 목적의식적으로 활용한다.

전문적 관계에서 사회복지사는 언어적 혹은 비언어적, 직접적 혹은 간접적으로 자신의 가치, 생활 스타일, 태도, 편견과 선입견을 드러낸다. 사회복지사는 전문적 관계에 영향을 미칠 수도 있는 자신의 신념, 인식, 그리고 행동을 의식적으로 인식해야 한다. 이런 개인적 특성은 확실히 클라이언트를 돕는 능력에 영향을 미칠 것이다. '예술'의 한 부분으로(제 3장 참조) 사회복지사는 원조 과정에서 사람들의 삶의 질을 향상시키기 위해 열심히 활동한다. 다른 사람을 돕기 위한 이런 개인적인 헌신으로 클라이언트에게 에너지와 희망을 불어넣을 수 있다.

사회복지사는 자신의 독특한 개성에 편안해야 하고, 자신의 삶에서 경험하는 문제가 무엇이든 그 문제에 대해 마음의 평정 상태를 유지해야 한다. 대부분의 사람에게 자기 인식과 자기 수용은 생애 전반에 걸친 여정이다. 이때, 위험

을 감수하려는 의지가 필요하며 걱정을 끼치는 사람을 면밀하게 살펴볼 수 있어야 한다(항목 16. 3 참조). 사회복지사는 자신의 특별한 강점을 발견하고 형성하며, 결점이 미치는 영향을 최소화하고, 자신의 실천 스타일에 긍정적으로 반응하는 클라이언트 유형과 상황을 확인하고, 자신의 전문적 자아가 어떻게 기능하는지에 관해 정기적이고 객관적이며 비방어적으로 검토하는 패턴을 개발해야 한다.

3) 사회복지사는 전문적 객관성을 유지해야 한다

대부분의 클라이언트가 전문적 원조자를 만나러 왔을 때는 그들의 어려운 상황을 스스로 해결하려는 노력을 시도한 이후이다. 이미 혼자 해결하려 했거나 가족, 친구, 혹은 다른 자연스러운 원조자에게 도움을 구했을 것이다. 흔히 이런 노력 가운데 꽤 높은 수준에서 정서적으로 곤란을 겪고 갈등을 유발하는 충고를 받아 왔을 것이다. 이런 상황은 개인에게 좌절을 더하며 상황에 관한 명확한 이해와 대처 능력을 저해시킨다.

전문가는 어느 정도 개인적인 거리와 중립성을 갖고 개입함으로써 원조 과정에 새로운 차원을 가져온다. 무관심하거나 돌보지 않는 것처럼 보이지 않으면서 동시에 중립성을 유지하는 것은 미묘한 균형을 필요로 하는 행동이다. 너무 많이 관여하거나 클라이언트의 관심사를 지나치게 확인하는 사회복지사는 객관성을 잃을 수 있다. 반대의 극단적인 경우로 정서적으로 거리

를 두는 사회복지사는 클라이언트에게 활기를 불어넣는 데 실패하거나, 더 나쁘게는 클라이언트가 변화를 이루는 데 필요한 에너지를 투입하지 않게끔 만들 우려도 있다. 사회복지사는 통제된 정서적 관여를 통해 이런 균형을 가장 잘 유지할 수 있다.

더욱이 전문가의 객관성은 사회복지사 자신의 안녕을 위해서도 중요하다. 어느 정도 정서적 거리를 두는 것이 필요하다. 사회복지사가 클라이언트와 사회의 어려움을 잠시 떠나, 자기 생활의 직업적 측면과 개인적 측면을 분리하도록 허용해야 한다. 전문적 객관성을 유지하는 것이 사회복지사의 소진을 가장 잘 막는 방법이다.

4) 사회복지사는 인간의 다양성을 존중해야 한다

사회복지실천은 삶의 모든 분야에서 사람을 위하고, 사람과 함께 하는 활동을 포함한다. 즉, 인종과 민족적 배경, 문화와 종교의 다양성, 신체적 그리고 지적 능력의 범위, 사회문화적 성과 아울러 다양한 성적 지향성과 연령도 포함하는 모든 분야를 다룬다. 이러한 다양성은 삶의 경험에 대해 풍부함을 가져온다. 인간이라는 전체 내에서의 다양한 차이를 잘 이해하지 못하면 서비스 전달이나 원조 과정에 지장을 초래한다. 사회복지사는 어떤 관점에서는 비정상적인 행동으로 보이는 것이 다른 가치체계와 생활방식에서는 극히 정상이고 적절한 것으로 보일 수 있다는 것을 이해해야 한다.

다양성을 존중하기 위해 많은 인구집단이 서로 다른 경험을 가지고 사회에 참여하고 있다는 사실을 민감하게 인식해야 한다. 게다가 특정 집단이나 계층에 속한 사람은 그 집단 내에서도 다른 사람과 상당히 다른 경험을 갖는다. 따라서 사회복지사는 어떤 집단 내의 편차에 민감해야 한다. 특정 인구집단의 외적 특성에만 너무 주의를 기울여 그 집단 내 개인의 개별적 문화적 정체성, 신념 혹은 가치에 대해서도 다 똑같을 것이라는 선입견을 가져서는 곤란하다. 다양성을 존중하는 실천가라면 과도한 일반화와 고정관념에 기초해 결정을 내리는 것을 경계해야 한다.

5) 사회복지사는 사람 우선의 사고방식을 가져야 한다

말이 차이를 만든다. 말은 우리의 태도와 의견을 형성할 수 있다. 심각한 질병이나 장애가 있는 사람을 대할 때 조현병, 장애, 지적장애, 뇌손상 등의 용어를 생각하는 경우가 많다. 이런 용어는 한 개인의 독특성, 인간성, 개성에 대한 우리의 관심을 차단할 수 있으며, 그 사람을 주로 질병이나 장애로 규정하게 한다. 좀더 정확하고 사려 깊은 말이나 표현이 가능하다. 예를 들어 "그녀는 조현병을 경험하고 있어요", "그는 뇌손상의 영향으로 후유증을 겪고 있지요", "우리의 프로그램은 정신질환을 겪는 사람을 위한 것입니다"와 같은 방식이다. 이런 표현은 어떤 상황을 경험하는 사람(*a person with*), 어떤 특징을 가진 사람(*people who have*)이라는

식으로 이야기하면서 초점을 개인에게 두고 질병이나 장애를 다른 부수적 특징으로 본다. 사람에게 초점을 두는 표현은 경우에 따라 어색하기도 하지만, 사회복지사는 발언이나 전문적 기록에서 이러한 표현을 사용하여 사람에 대한 초점을 유지해야 한다.

6) 사회복지사는 사회적 불의에 도전해야 한다

한 사회의 진정한 도덕성은 빈민, 취약계층, 이민자, 혹은 사회의 주류 구성원과는 다르게 배제된 사람을 어떻게 처우하는지를 통해 확인될 수 있다. 인간문제는 차별, 억압 혹은 사람의 기회를 제한하거나 그들에게 어려움을 초래하는, 미묘한 사회적 요인에 의해 만들어짐을 인식하는 것이 사회복지의 핵심이다. 고용주가 장애인을 고용하지 않거나 노동 현장에서 남성과 비교해 여성에게 상대적으로 낮은 임금을 지급하는 것은 잘 알려진 사회적 불의이다. 만일 사회적 불의로 문제가 제기되지 않는다면 이런 부정의한 일은 그 영향을 받는 사람들과 전체 사회에 계속 부담이 될 것이다. 사회적 불의를 제거하는 일은 모든 사람의 삶의 질을 향상시키며 사회문제를 예방한다.

사회적 불의에 도전하는 것은 장기적인 목표이다. 오랜 시간에 걸쳐 만들어진 사회문제가 단기간의 노력을 통해 극적으로 해결될 것이라 낙관적으로 기대해서는 안 된다. 심지어 사회정의를 위한 옹호는 때때로 기득권의 부와 특권, 권력을 위협한다는 이유로 불온한 것으로 받아들여지기도 한다. 그러나 사회복지사와 다른 관

심 있는 시민이 사회적 불의를 효과적으로 확인하고, 기록하고, 분석하고, 전략을 수립하고, 사회변화를 위한 노력을 수행하지 않는다면 사회적 불의는 분명히 지속될 것이다.

7) 사회복지사는 전문적 능력을 향상하기 위해 노력해야 한다

사회복지는 현대의 학문이다. 사회복지는 역동적 환경에서 지속적으로 변화하는 사람들의 지금-여기(*here-and-now*)에 초점을 둔다. 사람이 그들의 환경에서 더욱 효과적으로 상호작용하도록 돕기 위해 사회복지사는 다른 사람이 살아가는 방식과 세상의 흐름에 맞추어야 한다. 삶에 대해 관점이 편협하고 지식이 없다면 다양한 범주의 클라이언트와 활동하는 데 감정을 이입하지 못하고 창의적일 수 없다. 사회복지사는 개인적으로나 전문적으로 성장과 발전을 지속적으로 추구해야 한다.

다른 활동과 경험은 배제하고 사회복지에만 빠져 있다면, 인간의 기능수행에 영향을 미치는 더욱 광범위한 이슈에 대한 지식과 인식이 제한되어 원조자로서 자신의 능력도 제한될 것이다. 인간상황의 무한한 다양성을 이해하기 위해 다양한 지향에서 발생하는 삶을 이해해야 한다. 역사, 과학, 예술, 여행 그리고 다양한 사람과의 상호작용은 사회복지사의 지속적 발전에 필수적 요소이다.

사회복지사는 최신의 전문가 정보에 대해 알아야 한다. 사회복지와 관련된 지식의 급속한 변화에 따라 사회복지사는 자신의 지식기반을 꾸준히 업데이트해야만 한다. 새로운 개념, 이론, 그리고 개입 기법은 정기적으로 문헌에 게재되거나 워크숍 혹은 회의에서 발표된다. 유능한 사회복지사로 계속 성장하기 위해서는 그런 활동에 정기적으로 참여해야 한다.

2. 실천 활동을 안내하는 원리

사회복지사 자신에게 관련된 원리 외에도, 사회복지사가 클라이언트 개인이나 집단과 상호작용하는 것과 관련된 다른 많은 원리가 있다.

8) 사회복지사는 해를 끼치지 말아야 한다

사회복지실천은 바람직한 변화를 촉진시키려는 것이다. 그러나 아무리 좋은 의도와 바람직한 목표를 가지고 있어도 변화를 초래하려는 노력에는 항상 위험 요소가 있다. 변화의 촉진은 아주 인간적인 과정이므로, 책임 있는 전문가라도 실수를 저지를 가능성이 있음을 가정해야 한다. 사회복지사는 그런 가능성을 예측하고, 개입에서 잘못될 수 있는 부분을 다룰 보완(*back-up*) 계획을 가져야 한다. 사회복지사는 적어도 해를 최소화하도록 노력해야 한다.

사회복지사가 수행하는 전문적 행동과 프로그램은 클라이언트의 책임성 있는 행동을 위축하거나 저해하는 방식으로 이뤄져서는 안 되고, 더욱이 적절한 사회적 기능수행을 방해하는 장벽이 되어서도 안 된다. 부적절한 조건이나 불공평한 사회정책을 변화시키는 노력에 참여하는 사회복지사는 변화로 인해 또 다른 불공평한 영향이 발생하지 않도록 해야 한다.

9) 사회복지사는 증거기반 실천에 참여해야 한다

전문직에 관한 사회적 신뢰는 전문가가 가장 최신의 지식과 가장 효과적인 도구, 기법을 가지고 일할 것이라는 기대에 핵심을 둔다. 그러나 클라이언트의 조건에 가장 적절한 근거를 의식적으로 사용하고, 실천에서 성공적인 개입을 하는 데는 상당히 많은 훈련이 요구된다. 과중한 사례 업무와 바쁜 스케줄에 대한 부담 때문에 비슷한 조건을 경험한 사람에 관해 이미 알려진 지식이나 이런 상황에 관련된 여러 개입 접근의 효과성에 관한 연구 등을 주의 깊게 고려하지 않은 채, 클라이언트 상황에 대해 하나의 행동 유형으로 반응하는 경향이 있다.

사회복지사가 사회복지실천의 많은 차원과 관련된 지식을 모두 따라갈 수는 없다. 그러나 사회복지사는 자신의 실천 활동과 직접 관련 있는 가장 최근의 증거에 익숙해야 하며 필요한 지식을 사회복지문헌, 광범위한 웹상의 자료, 전문가 컨퍼런스의 발표자료, 그리고 다른 동료로부터 얻을 수 있어야 한다. 잘못된 정보에 기초해 실천 사정과 개입 결정이 이뤄질 때 가장 위험에 빠지는 사람은 결국 클라이언트이다. 사회복지사는 사회복지의 이론적 지식과 '최선의 실천'(*best practice*)을 실천 활동에 적용하기 전에 관련된 지식과 조사를 비판적으로 검토하는 데 참여할 준비를 해야 한다(항목 11. 22 참조).

10) 사회복지사는 가치가 안내하는 윤리적인 실천을 해야 한다

사회복지사는 사회복지실천과 관련된 가치와 윤리적 이슈를 확인하고 제기하는 데 의식적인 노력을 기울이는 것이 중요하다. 가치 선택과 가치 갈등은 많은 실천 상황에서 중심적인 이슈이다. 사회복지사는 인간행동에서 개인의 가치가 가장 강력한 힘이 된다는 것을 인식해야 한다. 그리고 클라이언트가 자신의 삶에서 가치와 관련된 이슈를 명확히 이해하도록 돕는 것이 변화를 만들어 가는 데 결정적인 단계가 될 수 있다는 것을 인식해야 한다. 그러나 많은 클라이언트가 자기 자신이나 상황을 변화시키려 할 때, 환경 내의 다른 사람의 가치에 자신의 가치가 일치하도록 스스로 적용하기 위한 어떤 조치를 취한다. 아니면 다른 사람이 클라이언트의 가치에 일치하도록 다른 사람의 적응을 돕는 조치를 취할 것이다. 클라이언트와 직접적으로 활동할 때 사회복지사는 불가피하게 발생하는 가치 이슈에 민감해야 한다.

조직과 커뮤니티도 누가 서비스를 받아야 하는지, 누가 그 서비스에 대한 이용료를 내야 하는지, 그리고 서비스가 어떻게 제공돼야 하는지에 관한 가치에 의해 운영된다. 사회복지사가 고용된 기관에 대해 혹은 커뮤니티의 사회적 상황에 대해 혹은 시·지방·주·연방정부 수준에서 만들어진 프로그램에 대해 실천 활동을 할 때, 사회복지사는 그 상황에 영향을 미치는 가치를 이해해야 한다. 사회문제는 흔히 가치 차이로 인한 결과이며, 가치 이슈를 제기하는 일은 그 문제를 해결할 때 중요한 단계가 된다.

사회복지사는 또한 자신의 가치와 신념에도 민감해야 한다. 클라이언트에게 부적절하게 자신의 가치나 신념을 유도하지 않도록, 사회복지사는 자신의 선호와 관점을 중단하거나 제쳐 놓을 줄도 알아야 한다. 그러나 사회복지실천이 가치로부터 자유롭지는 않다. 사회복지사는 클라이언트 개인의 이익보다 다른 사람의 건강과 안전을 보호하거나 더 큰 사회적 이익을 위해 행동해야 할 때도 있다. 그런 실천상의 결정에는 윤리적으로 면밀한 고려가 있어야 한다. 〈NASW 윤리강령〉(NASW, 1999)에서는 실천에서의 윤리적 선택을 위한 지침을 제공한다.

11) 사회복지사는 관련된 클라이언트체계 전체에 주의를 기울여야 한다

대부분의 전문직은 인간의 단일한 차원에 초점을 둔다. 내과 의사는 주로 신체적 편안함에 관심이 있고, 교사는 지적 발달에 초점을 두며, 심리치료사는 정서적이고 인지적인 과정에 관심이 있다. 그러나 사회복지사는 전체로서의 인간, 즉 생물학적, 심리적, 사회적, 그리고 영적인 측면 모두에 관심을 두기 때문에 전문직 중에서도 아주 독특하다. 그 때문에 사회복지사는 클라이언트 내부적으로는 신체적인 그리고 심리적인 체계, 외부적으로는 클라이언트 기능수행과 관련된 사회적 체계에 모두 주의를 기울여야 한다.

전체로서의 인간에 관심을 두기 위해 클라이언트의 과거, 현재, 그리고 미래에 주의를 기울이는 것이 필요하다. 클라이언트의 문제와 동시에 강점에도 주의를 기울여야 한다. 클라이언트의 당장의 문제를 넘어 가능한 다른 이슈, 예를 들어 음식이나 주거의 부족에서부터 삶의 의미와 목적의 부재에 이르기까지 모두에 주의를 기울여야 한다. 사회복지사는 증상의 원인만이 아니라 클라이언트의 증상 자체에 주의를 기울여야 한다. 환경 속 개인이라는 구성개념을 유지하기 위해 사회복지사는 클라이언트의 안녕에 관심을 기울여야 하며 또한 클라이언트의 행동과 사회복지사의 개입에 영향을 받을 다른 많은 사람에게도 관심을 두어야 한다. 마지막으로, 사회복지사는 클라이언트와 다른 사람 모두를 위해 변화 과정의 장·단기 함의에 관심을 가져야 한다.

12) 사회복지사는 사회에서 가장 취약한 사람에게 서비스를 제공해야 한다

사회복지 전문직은 처음부터 사회적 기능수행에 어려움을 경험하는 사람에 관심을 두어 왔다. 여기에는 가난하거나, 정신적 혹은 신체적으로 장애가 있거나, 소수인종이거나, 문화 등의 이유로 가치 절하를 당하거나, 주류 사회로부터 차별·배척을 당하는 사람이 포함된다. 물론 취약집단의 사람 모두가 실제로 문제를 경험하고 사회복지사의 도움을 요청하는 것은 아니다. 그러나 취약집단으로서 이러한 사람은 위험에 처해 있고 사회적 프로그램을 제공하는 사회복지사와 자주 만나게 된다.

종종 잘못 고안된 사회정책과 법은 가치 절하

된 집단을 불공평하게 처우하고 그들은 사회적으로 그리고 경제적으로 불리한 위치에 놓인다. 사회복지사는 심지어 이 집단을 위한(이 집단과 함께하는) 옹호가 정치적으로 인기가 없는 경우에조차 불리한 조건을 수정하려는 노력을 해왔다. 만일 이런 노력이 성공하면 이러한 옹호는 사회의 지배적인 구성원으로 하여금 사회에 존재하는 사회적·경제적 불의에 직면하고 사회질서에 변화가 필요하다고 인식하게 만들 것이다. 사실 권력과 특권을 가진 사람은 대개 현상유지로부터 혜택을 받으므로 변화에 저항한다. 그래서 그들은 사회복지사가 옹호 활동에 노력하는 것을 좋아하지 않는다. 사회복지사가 되기 위해서는 가치 절하된 집단에게 서비스를 제공하고 사회변화에 필요한 옹호 활동을 할 때 등장하는 비판을 기꺼이 감수해야 한다.

13) 사회복지사는 클라이언트를 존엄하게 처우해야 한다

철학적으로 사회복지사는 모든 사람이나 집단이 그 행동이나 외모, 환경에 관계없이 존엄하게 처우받고, 존중받고, 이해받을 만한 자격이 있다는 명제를 받아들여야 한다. 사회복지사가 클라이언트를 다른 모든 사람이 그렇듯 적합한 특성과 그렇지 못한 특성을 모두 가진, 있는 그대로의 모습으로 볼 때 수용이 나타난다. 이는 클라이언트가 때로는 현명한 결정을 내리지만 또 다른 때는 자기 자신과 타인에게 해를 가져오는 불합리한 선택을 한다는 것을 인식하는 태도이다. 그럼에도 사회복지사는 클라이언트

를 가치 있는 사람으로 처우하고 원조 과정에서 그의 존엄성을 유지해야 한다.

수용과 존중의 의사소통을 하기 위해 사회복지사는 클라이언트에 관해 도덕적 판단을 내리는 것을 피해야 한다. 사회복지사의 비심판적 태도는 클라이언트가 평가받는다는 저항을 극복하고 원조관계에 방어적이기보다는 긍정적으로 참여하도록 도와줄 수 있다. 모든 클라이언트를 존중과 수용적으로 대할 필요가 있다는 것이 클라이언트의 모든 행동을 승인해야 한다는 의미는 아니다. 예를 들어 비합법적이고 해를 끼치거나 사회적으로 파괴적인 행동을 한 것을 승인하지 않고서도 클라이언트를 수용하고 존엄하게 처우할 수 있다. 이 원리에서 중요하게 기억해야 할 핵심은 사회복지의 목적이 사람을 변화시키는 데 목적이 있고, 사람에 대한 수용과 존중이 변화를 이루기 위한 전제조건이라는 것이다. 비난과 심판은 변화에 장벽이 된다.

14) 사회복지사는 클라이언트를 개별화해야 한다

클라이언트를 개별화한다는 것은 클라이언트의 특성과 상황, 관심, 역사, 가능성의 독특성을 인식하고 이에 민감해지는 것을 의미한다. 사회복지사는 이러한 독특성에 자신의 접근을 적용해야 하고 특별한 개입이나 변화 노력에 참여하는 각 클라이언트 개인의 능력, 한계, 준비상태에 맞춰야 한다. 어떤 클라이언트에게는 좋은 결과를 가져온 활동이 다른 클라이언트에게는 전혀 그렇지 않을 수도 있다.

개별화의 개념과 관련해 더욱 흔한 교훈으로 "클라이언트가 있는 곳에서 출발하라"라는 문구가 있다. 다시 말해 사회복지사는 클라이언트의 현재 생각, 감정 그리고 지각을 확인하고 조율할 수 있어야 한다. 사회복지사는 전문적 관계, 개입, 그리고 클라이언트와의 접촉을 시작할 때 우선 그를 가장 압박하고 있는 가장 관련 있는 관심사나 이슈, 상황에 초점을 두어야 한다. 물론 클라이언트의 최우선순위나 최대의 관심사는 매일매일 혹은 주마다 변화한다. 숙련된 사회복지사라면 그러한 변화에 주의를 기울일 것이고, 자신의 접근도 그에 따라 다르게 적용할 것이다. 현재의 관심사가 제기되면 언제나 개입의 우선적 목적에 맞춰 이 과정을 다시 시작해야 한다.

15) 사회복지사는 클라이언트를 자신의 삶에 대한 전문가로 고려해야 한다

클라이언트 자신보다 클라이언트에 대해 더 잘 아는 사람이 누구일까? 사회복지사나 다른 원조 전문가는 너무 쉽게 인간의 기능수행에 관한 이론적 지식에 골몰하고, 클라이언트가 자신의 삶의 실제 상황에 대해 배우도록 자문하는 것은 잊어버린다. 사회복지사는 클라이언트에 관해 많은 부분을 알지 못할 것이다. 그리고 사실 사회복지사가 이를 모두 아는 것이 사회복지사의 업무가 아니기도 하다. 가능한 한 클라이언트를 자신의 삶에 대해 우선적인 전문가로 보아야 한다. 아무리 뛰어난 사회복지사의 감정 이입이라고 해도 클라이언트의 관점을 형성하는

수많은 요소를 충분히 인식하지는 못한다. 지각이 심하게 왜곡돼 있지 않다면, 궁극적으로는 자신의 상황에 대한 클라이언트의 판단은 전문적 사정의 시작점이 돼야 한다.

클라이언트의 상황을 사정하는 데 사회복지사의 역할은 무엇인가? 사회복지사의 전문성은 클라이언트가 자신의 삶에 영향을 미치는 요인을 규명하도록 도움을 주고, 이 요인의 의미를 대안적으로 해석해 주고, 여러 가지 다중적인 요인이 상호 관련된 방식을 설명해 주고, 클라이언트가 어떤 요소를 수정할지 결정하도록 돕고, 원하는 변화를 만들어갈 지식과 기법에 이러한 정보를 연결하도록 클라이언트를 돕는 것이다. 클라이언트가 자신의 삶에서 스스로가 전문가라는 인식을 갖고 이를 현실화하려 할 때, 사회복지사는 이를 격려해야 한다.

16) 사회복지사는 클라이언트에게 비전을 제시해야 한다

원조 전문직의 주요 특성은 비전, 즉 문제 상황에 관한 새로운 아이디어, 새로운 관점, 그리고 더욱 효과적인 변화전략을 도입해 전달하는 것이다. 만일 개인이나 집단이 아주 어려운 변화 과정에 시간과 노력을 들인다면, 그 성과가 노력한 만큼 가치 있을 것이라는 확신이 있어야 한다. 사회복지사는 변화가 가능하며 그 상황을 다룰 새롭고 더 좋은 방법이 있다는 희망을 심어 주고 고양해 주어야 한다. 변화를 위해 클라이언트에게 잠재력, 장애를 극복할 수 있는 힘, 그리고 클라이언트에게 자원이 될 수 있는 다른 사

람과 동맹관계를 수립할 수 있는 능력이 있음에 대해 사회복지사가 진실한 신념과 믿음을 나타낸다면, 클라이언트는 더욱 희망을 가질 것이고 변화에 더 개방적일 것이다.

새로운 관점, 격려, 그리고 지지와 변화 기법을 제공하는 동안 사회복지사도 한계와 가능성에 관해 현실적이고 정직해야 한다. 변화 과정을 위해 잘못된 희망으로 부추기거나 비현실적인 성과를 기대해서는 클라이언트에게 도움이 되지 못한다. 에너지와 비전을 고취하는 것은 클라이언트나 클라이언트집단이 달성 가능한 성과에 관해 실제적인 진전을 이루도록 한다.

17) 사회복지사는 클라이언트의 강점에 기초해야 한다

흔히 사회복지사와 다른 인간서비스 전문가는 클라이언트의 문제에 선입견을 갖고 클라이언트나 클라이언트집단의 구체적인 한계점이나 부족한 점을 확인하는 데 상당한 노력을 기울인다. 본질적으로 클라이언트와 그들의 상황에 관한 부정적인 사고방식이 강화되는데, 여기에는 많은 인간서비스기관에서 통계적 목적으로 진단적 분류 명칭을 요구하는 것, 사회복지서비스에 대해 돈을 지불하는 보험회사가 부정적 인식을 가지고 있는 것 등이 이유가 된다.

사회복지사가 변화를 초래하도록 돕는 데 가장 중요한 것은 클라이언트의 능력과 잠재력이다. 사회적 기능수행에서의 변화는 대개 클라이언트의 통제 아래 있기 때문에 클라이언트가 자신의 강점을 인식하고 활용하도록 돕는 것은 중

요하다. 클라이언트의 강점에 기초하는 것은 원조관계를 우울한 분위기에서 낙천적인 분위기로 바꾸는 데 도움이 된다.

18) 사회복지사는 클라이언트의 참여를 최대화해야 한다

"클라이언트가 스스로를 돕도록 원조하라"라는 원리는 개인, 집단, 커뮤니티 혹은 다른 클라이언트체계에 의미 있고 지속적인 변화가 발생하려면 변화를 필요로 하는 사람이 변화 과정에 능동적으로 참여해야 한다는 신념에 기초한다. 사회복지사는 문제를 확인하고, 행동 계획을 세우고, 그 계획을 실행하는 데 관련된 모든 사람이 참여할 수 있도록 그 과정을 안내할 책임이 있다.

클라이언트 참여를 최대화하기 위해 사회복지사는 "클라이언트에게 혹은 클라이언트를 위해서가 아니라 클라이언트와 함께 행동해야" 한다. 예를 들어 클라이언트가 자신의 상황에 관한 진단을 이해하지 못하거나 받아들이지 못한다면, 사회복지사가 클라이언트 상황에 관해 미묘한 진단을 하는 것은 별로 좋지 않다. 의미 있는 변화는 변화해야 하는 사람이 그 필요성을 이해하고 이를 만들어갈 의지가 있을 때만 발생할 것이다.

클라이언트를 위해 단독으로 일을 처리하는 변호사나 환자의 참여 없이 환자에게 화학적 약을 주사하는 내과 의사와는 대조적으로, 사회복지사는 매우 다른 자세를 가정해야 한다. 사회복지사는 자신을 주로 협력자, 촉진자, 그리고

촉매자로 보아야 한다. 비록 사회복지사가 클라이언트를 위해 행동해야 하는 상황이지만, 사회복지사는 항상 클라이언트의 참여를 최대화해야 한다.

19) 사회복지사는 클라이언트의 자기 결정을 최대화해야 한다

"클라이언트가 아닌 원조 과정을 안내하라"는 교훈은 또 하나의 중요한 원리를 내포한다. 이 원리는 어떤 결정으로 인한 결과에 궁극적인 영향을 받는 사람에게 그 결정을 내릴 자유가 있다는 것을 내포한다. 사회복지사는 클라이언트가 대안과 다양한 선택의 함의를 탐색하도록 도와야 하지만 최종선택을 강요해서는 안 된다.

자기 결정 원리의 적용은 보장받아야 한다. 클라이언트가 자기 자신 및 다른 사람과의 관계에서 결정을 내릴 수 있고 법적으로도 능력이 있음을 가정해야 한다. 때때로 이는 타당한 가정이 아니다. 어떤 클라이언트는 행동의 결과를 이해하지 못하거나 건전한 판단을 내릴 정신적 능력이 결핍돼 있기 때문에 그들이 선택한 결정이 자신이나 타인에게 명백히 해로울 수 있다. 때로 사회복지사는 이런 클라이언트를 위해 의사 결정 역할을 해야 한다(예: 아동, 정신질환자 등). 이럴 때는 그들이 특별한 행동을 하도록 설득하거나, 사회복지사의 권위나 힘을 사용해 지시를 내리거나, 법원에서 정신적 무능력을 선포하도록 조치할 수 있다. 가장 극단적인 경우 비극을 막기 위해 경찰의 도움을 구하는 것도 포함된다.

사회복지사는 클라이언트를 대신한 결정에의 책임에 대해서는 소극적으로 가정해야 한다. 상황을 주의 깊게 관찰하고 주변 사람에게 자문을 구한 후, 항상 그 책임을 가능한 한 클라이언트에게 돌려야 한다. 마지막 분석에서 사회복지사는 클라이언트가 자신의 운명을 결정할 능력을 극대화하도록 시도해야 한다.

20) 사회복지사는 클라이언트가 자기 주도적인 문제 해결 기술을 학습하도록 도와야 한다

대부분의 사회복지사는 사람들이 스스로를 도울 수 있도록 원조해야 한다는 생각에 익숙하다. 이것은 "현재뿐 아니라 미래에도 스스로를 돕도록 원조하라"와 같은 문장으로 확대돼야 한다.

사회복지사의 도움으로 클라이언트가 사회적 기능수행에서 변화를 이루어도 클라이언트가 변화를 유지하기 위한 준비를 오랫동안 지속하지 않는다면 도로 나빠지는 경우가 많다. 이상적인 사회복지 개입은 클라이언트가 미래의 어려움에 성공적으로 대처하고 또 다른 문제에 직면할 때 자기 주도적인 문제 해결을 할 수 있도록 돕는 것이다.

희망적이게도 클라이언트가 사회복지사와의 상호작용에서 학습한 내용은 일상생활, 즉 현재와 미래의 생활에서 나타나는 또 다른 관심사에도 적용될 수 있다. "클라이언트를 위해 그들 스스로가 할 수 있는 일을 대신해 주지 말라"와 같은 원리는 클라이언트가 독립적이고 자기 의존적으로 살아가는 데 필요한 기술을 학습하도록 원조하라는 의미이다.

클라이언트가 인접환경에서 자원을 확인하고 활용하는 방법을 가르쳐줌으로써 미래에 대해 준비시킬 수 있다. 그런 자원에는 가족 구성원, 친구, 자조집단, 서비스 클럽, 그리고 종교적 모임 등이 포함된다.

21) 사회복지사는 클라이언트의 역량 강화를 극대화해야 한다

사회복지사는 사회에서 가장 취약한 사람을 위해 서비스를 제공하기 때문에 일반적으로 다양한 형태의 차별과 억압을 당하는 사람과 활동한다. 사회복지사는 그들의 사회적 기능을 향상하기 위해 특별히 자신의 삶에 대해 통제력이 증가하도록 도우며 기여할 수 있다. 여기서 설명된 원리는 클라이언트가 자신의 삶의 여러 차원에서 더욱 통제력을 발휘하는 것(예: 참여 극대화, 자기 결정 극대화, 혹은 문제 해결기술 개발의 원조)이 효과가 있음을 의미한다. 이 역량 강화는 모든 사회복지사의 실천 활동을 안내하는 원리가 된다.

개인적 그리고 집단적으로 사람들을 원조하여 그들이 삶의 상황을 변화시키는 데 필요한 힘과 삶에 대한 통제력을 갖도록 하려는 목적은 사회복지 설립 이래로 사회복지의 한 철학이 되어 왔다. **역량 강화**라는 용어는 사람들이 삶의 상황에 대해 통제력을 갖고, 필요한 정보와 자원을 획득하고, 의사 결정에 필요한 기술을 개발하고, 더 높은 수준의 자립을 달성하기 위해 필요한 조치로서 그리고 사회·정치적 환경을 수정

하도록 돕기 위한 노력을 반영하는 것으로서 사용된다. 다른 사람의 역량을 강화하기 위해 사회복지사는 전문적 관계 내에서 격려하기, 가르치기, 촉진하기, 연합과 공유된 의사 결정 활동에 참여하기를 특히 강조한다.

22) 사회복지사는 클라이언트의 비밀 보장을 준수해야 한다

사회복지사에게 도움을 구하는 개인과 가족은 자신의 사적 측면에 대해 자주 논의한다. 클라이언트는 노출되면 당황스럽거나 위험할 수 있는 비밀을 논의하기도 한다. 커뮤니티 사회복지사 역시 보호되어야 하는 개인·기관·조직에 관한 정보를 접할 때가 있다. 그러므로 모든 사회복지사는 사적이고 민감한 정보를 비밀 보장의 태도 속에서 다룰 수 있어야 한다.

비밀 보장에는 두 가지 기본적인 형태, 즉 절대적이고 상대적인 경우가 있다. **절대적 비밀 보장**은 클라이언트가 사회복지사에게 제시한 정보를 어디에도 유출할 수 없는 상황을 말한다. 사회복지실천에서 이 정도의 비밀 보장은 드물다. 클라이언트가 특별한 보호를 받는 의사소통(*privileged communication*)의 법적 권리를 요구할 수 있는, 일부 전문가 면허법의 보호 아래서만 가능하다. 대부분의 사회복지실천은 상대적 비밀 보장을 의미한다. **상대적 비밀 보장**은 사회복지사가 전문직의 **윤리강령** 내에 규정된 대로 책임 있게 정보를 다루고, 법률에 따르며, 클라이언트 정보를 다루는 것과 관련된 기관정책을 따를 것을 약속하는 것을 의미한다.

비밀 보장의 정도는 의사소통되는 정보의 유형, 기관의 특성, 기관을 관장하는 정부의 법과 규정, 그리고 아동이나 노인에 대한 학대 보고와 같은 강제적인 법 규칙에 따라 달라진다. 교정 프로그램(예: 교도소, 보호관찰, 가석방) 아래라면 클라이언트는 거의 비밀 보장을 기대할 수 없다. 반면, 병원에서 사회서비스를 받는 클라이언트는 높은 수준의 보호를 받을 수 있다. 그러나 이 경우조차 병원 외부의 사람, 즉 보험회사 직원, 의료당국 직원, 고용보험 직원, 병원인가팀, 그리고 품질 통제의 목적으로 환자 기록을 검토하는 사람이나 수급자격을 검토하는 당국의 사람이 클라이언트의 기록을 열람하기도 한다. 사회복지사는 원조 과정 초기에 보장할 수 있는 비밀 보장의 한계에 대해 클라이언트에게 조언하는 것이 좋다.

사회복지사는 기관 파일에 있는 정보에 신중해야 한다. 사무직원이 문서화하거나, 주위에서 얼핏 듣거나, 파일을 정리하거나, 컴퓨터 망에 접근하는 등의 과정에서 만나는 모든 자료에 대해 비밀 보장의 특성을 존중하도록 준비해야 한다. 그리고 정보에 대한 비밀을 보장하기 위해 사회복지사는 주의 깊게 면접 장소를 계획하고 전문가 자문이나 사례회의 동안 논의될 정보를 신중하게 선택해야 한다. 또한 가족과 친구에게 자신의 직업생활 경험을 이야기할 때도 비밀 보장 측면에서 개인적인 생활과 직업생활을 명확히 구분해야 한다.

23) 사회복지사는 정상화의 철학을 고수해야 한다

많은 클라이언트는 심각한 정신적·신체적 장애를 갖고 있으며 차별과 사회적 고립을 자주 경험한다. **정상화**의 철학은 '다르게 보이는' 사람을 커뮤니티생활에 통합하고, 이른바 정상적이라 부르는 사람과 최대한 유사한 삶을 살도록 보장하는 강력한 원동력이다.

정상화(*normalization*)는 특히 장애를 경험하는 사람이 그들의 환경 내에서 '비장애인에게 전형적이고 문화적으로 보통인 방식'으로 생활할 수 있도록 돕는 것이다. 이러한 접근은 사회적인 낙인(*stigma*)을 최소화하고, 어떤 방식으로든 대부분의 사람과는 다른 사람에 대한 사회적 수용을 증가시키는 결과를 가져온다. 예를 들면 지적장애를 가진 사람은 가능한 한 전형적이거나 전통적인 가정에서 생활해야 하며, 일반적인 학교에 출석하고, 유용하고 가치를 평가받을 수 있는 일을 해야 한다. 그들의 취미(*recreation*), 종교적 참여, 의복, 교통수단, 일상활동 등이 가능한 한 극히 평범해야 하고 주류의 방식에 해당해야 한다.

24) 사회복지사는 지속적으로 변화 과정의 진전을 평가해야 한다

사회복지실천은 전형적인 과학과는 거리가 멀다. 사회복지 실천은 지속적으로 변화하는 사람과 상황을 다루는 활동이다. 그러므로 원조 활동의 목표는 클라이언트의 욕구와 상관성이 있는지 상세히 서술되고 정규적으로 검토돼야 한다. 개입 전략 과정을 수립하고 성취할 바람직한 목적을 설정하는 것으로는 충분치 않다. 그보다는 변화하는 과정을 지속적으로 점검하고 평가하는 것이 필요하다. 그러기 위해서는 사회복지사와 클라이언트 혹은 클라이언트집단이 정기적으로 변화의 지표가 되는 자료를 기록하고 수집해야 하며, 이 자료를 검토하고 주의깊게 분석해야 한다. 만일 바람직한 변화가 일어나지 않으면 사회복지사는 다른 접근을 시도하거나 개입 계획을 재설계할 의무가 있다.

25) 사회복지사는 클라이언트, 기관, 커뮤니티, 그리고 사회복지 전문직에 책임을 져야 한다

사회복지사가 다양한 부분에 응답해야 한다는 점은 실천을 복잡하게 하는 한 가지 요인이 된다. 어떤 학문은 실무자가 단지 클라이언트에게만 책임을 지도록 하지만, 개인과 환경의 공유 영역에서 활동하는 사회복지사는 다중적인 책임을 져야 한다.

사회복지사는 클라이언트에게 항상 최상의 서비스를 제공해야 하며 직접 서비스를 제공하는 개인, 가족, 그리고 집단에 책임을 져야 한다. 게다가 대부분의 사회복지사는 사회기관이나 민간기관에 고용돼 있기 때문에 가능한 효과적으로 그리고 효율적으로 그들의 업무를 수행함으로써 그들을 고용한 조직에 책임을 져야 한다. 더욱이 사회복지사는 우선적으로 실천하도록 승인해준 커뮤니티에도 책임을 져야 한다.

〈NASW 윤리강령〉(1999)에 명확히 서술된 것처럼 사회복지 전문직은 클라이언트, 동료, 고용주, 전문직 그리고 사회에 책임을 질 것으로 기대된다. 실천 상황에서 사회복지사 개인이 모든 대상에게 충분히, 그리고 똑같이 책임을 질 수 없을 때도 있다. 그런 상황에서는 클라이언트에 대한 책임이 최우선돼야 하지만 사회복지사는 각각에 대해 최대한 책임을 지려고 시도해야 한다.

3. 결론

신참 사회복지사의 입장에서 보면 정보는 범람하지만 사회복지실천을 안내할 지식과 가치는 파편적일 때가 있다. 이런 정보의 일부는 공식적으로 전문가 교육 과정에서 배우지만, 이 장에서 설명된 원리와 같은 정보는 전형적으로 모호하고 비공식적인 태도로 전달된다.

실천 원리는 모든 실천 활동의 기저에 있는 가치와 지식의 혼합을 반영한다. 다른 모든 것이 실패해도 이런 원리 속에서 활동한다면 사회복지사가 크게 잘못할 가능성은 적다. 이 원리들은 사회복지실천에서 실패에 대한 안전장치로서 검토됐다. 이를 마음에 굳게 새기면서, 사회복지사는 클라이언트를 변화 과정에 참여시키고 클라이언트의 문제, 욕구, 관심사를 제기하기에 적절한 기법을 확인하고 선택할 준비를 한다.

참고문헌

Colby, I. C., Dulmus, C. N., & Sowers, K. M. (eds.) (2013). *Social Work and Social Policy*: *Advancing the Principles of Economic and Social Justice*. NJ: Wiley & Sons.

National Association of Social Workers (1999). *Code of Ethics*. Washington, DC: NASW.

Payne, M. (2011). *Humanistic Social Work*: *Core Principles in Practice*. IL: Lyceum.

제 6 장

사회복지를 위한 실천적 준거틀

학습목표

• 사회복지실천에서 사용되는 준거틀을 선택할 때, 고려해야 하는 원리를 확인하고 설명한다.

• 사회복지실천에서 자주 사용되는 5개 실천 관점의 핵심적 모습을 확인하고 설명한다.

• 사회복지설천에서 사용되는 몇몇 실천 이론의 핵심적 모습을 설명한다.

좋은 이론만큼 실제로 유용한 것은 없다고들 말한다. 하지만 사회복지 교과서와 전문 학술지, 학술대회, 워크숍에서 소개되는 수많은 개념 준거틀과 이론적 개입을 이해하고 분류하는 데 과도하게 시달린 일부 사회복지사라면 이 말에 의문을 제기할 수도 있다.

제 3장 후반의 '사회복지실천의 지식'에서는 주제별로 **실천 준거틀**을 소개했고, 실천 준거틀의 세 가지 형태—관점, 이론, 모델—를 설명했다. 필요하다면 그 부분을 먼저 참고하기 바란다. 기본적으로 **실천 준거틀**은 어떻게 인간의

행동과 사회체계가 변화할 수 있는지에 대한 일련의 신념과 가정이다. 어떤 준거틀은 주로 개인의 변화에 초점을 두는 반면, 가족, 소집단, 조직체 혹은 커뮤니티의 기능수행을 수정하는 데 초점을 두는 것도 있다. 이 장에서는 실천 준거틀을 선택하는 기준을 제시하고, 사회복지실천에서 보편적으로 사용되는 준거틀을 간략히 설명한다. 각 특정 준거틀의 설명 다음에는 이와 관련한 몇몇의 읽을 자료를 제시했다. 이 장의 마지막 부분에 있는 참고문헌에는 좀더 포괄적 성격의 참고문헌 목록을 제시했다. ●

● 〔역주〕 한국어판에는 독자의 가독성과 이해를 위해 관련된 몇몇의 읽을 자료와 좀더 포괄적 성격의 자료를 합쳐, 이 장의 마지막 부분 참고문헌에 모두 제시했다.

1. 실천 준거틀의 요건

사회복지 실천의 준거틀은 다음의 기준에 적합해야 한다.

- 전문직의 목적, 가치, 윤리와 일치해야 한다.
- 개념, 원칙, 용어가 명확하게 설명되고 정의되어야 한다.
- 변화 과정에 지침과 방향을 제시해야 한다.
- 경험적 기반에 의존해야 한다(사실과 관찰에 기초함).
- 사회복지사가 복잡한 상황을 분석하고 이해하는 데 도움이 돼야 한다.

사회복지사는 다양한 실천 상황에서 다양한 문제와 관심사를 가진 클라이언트를 만나기 때문에, 다른 모든 준거틀과 비교해 우월한 단 하나의 사회복지실천 준거틀을 선택한다는 것은 불가능하다. 하지만 사회복지사에게 다음의 사항을 실천하게 만드는 준거틀이라면 클라이언트를 위해 성공적인 실천 결과를 가져올 가능성이 높다.

- 상호신뢰, 클라이언트에 대한 존중, 감정 이입, 보살핌, 연민을 기초로 사회복지사-클라이언트 간의 협력적인 관계를 형성한다.
- 환경적 · 상황적 맥락에서 클라이언트의 문제와 관심사를 사정하고 제기한다(예: 가족의 맥락에서 아동의 문제를 바라보고, 커뮤니티의 맥락에서 가족의 문제를 본다).
- 클라이언트가 그들의 목적을 위해 활용하고 자 하는 개입 목표와 방법에 대해 의사를 결정할 수 있도록 허용하고 격려한다.
- 클라이언트의 강점을 인식하며 클라이언트의 한계, 일탈, 정신병리에만 초점을 맞추지 않는다.
- 관련된 서비스 제공을 통해 클라이언트에게 적극적인 현장 개입(*reach out*)을 한다.
- 클라이언트의 가치, 문화, 종교에 일치하는 접근을 활용하고 서비스를 제공한다.
- 클라이언트에게 소요되는 비용(시간과 돈)으로 합리적인 이익 혹은 결과를 성취할 수 있는 서비스를 제공한다.
- 개입의 유용성을 제시하고 클라이언트의 동기를 지속하기 위해, 작은 것이라도 초기에 성과를 얻게 한다.
- 클라이언트가 사회적 지지망, 자조집단을 활용하도록 격려한다.
- 클라이언트가 지식과 기술을 습득하도록 촉진해 미래에 전문가의 원조와 공식적 자원에 대한 필요가 감소되도록 한다.

2. 실천 준거틀 선택을 위한 지침

준거틀을 선택할 때 사회복지사는 다음의 문제를 심사숙고해야 한다. 클라이언트의 유형, 문제의 종류, 실천 장소, 상황과 관련해 특정한 개념적 준거틀이 적절하고 유용한가? 문제의 본질, 사회복지사의 관심 주제, 클라이언트의 특성, 원조 과정의 단계, 실천 장소나 조직적인 배경에 따라 준거틀의 활용이 달라진다. 예를 들면 자발적인 클라이언트에 유용한 준거틀이 법원 명령에 의해 참여하는 비자발적인 클라이언트에게는 그렇지 않을 수 있다. 10대에게는 효과가 있지만 노인에게는 적합하지 않을 수도 있고, 특정한 민족에게 효과적인 준거틀이 다른 민족에게는 비효과적일 수 있다.

하나의 특정한 실천 준거틀을 선택하는 것은 사회복지사의 시야와 선택의 폭을 넓히거나 좁힐 수 있다. 따라서 사회복지사의 선택을 위해서는 비판적 사고가 있어야만 한다. 특정한 준거의 구성 요소인 개념, 신념, 가정은 변화하는 시대 흐름과 새로운 연구 결과에 따라 지속적으로 재검증과 검토가 이뤄져야 한다. 특히, 학생이나 신참 사회복지사라면 하나의 실천 준거틀에 과도하게 집착하는 것이 전문적 성장을 막고 궁극적으로는 클라이언트에게도 좋지 않다는 점에 유의해야 한다. 덧붙여서 주의할 점이 있다면 인간서비스에서 이론이라는 용어가 모호하게 쓰인다는 것이다. 예를 들어, 경험적 증거가 전혀 없거나 너무 모호해서 검증할 수 없는 사고를 '이론'이라고 부르는 경우도 있다. 혹은 '이론'이라고 불리는 생각이 어떤 사람의 개인적 스타일에 대한 설명에 지나지 않는 경우도 있다.

특정한 클라이언트나 클라이언트집단에게 서비스를 제공할 때 사회복지사는 몇 가지 준거틀을 동시에 혹은 순차적으로 적용한다. 원조 과정이 진행됨에 따라 하나의 틀에서 다른 틀로 이동한다(제 7장 참조). 예를 들면, 생태체계 관점은 초기 단계(문제 정의 및 사정)에서 가장 유용하다. 그러나 계획, 개입, 평가 단계에서는 별로 유용하지 않다. 한편, 행동 수정과 같은 준거틀은 행동 변화의 개입에 관한 구체적인 방법을 제공하지만, 특정한 행동을 바꾸는 것이 개입의 초점이 된다는 전제가 있어야 한다. 다음은 사회복지사가 실천 준거틀을 선택할 때 고려해야 하는 질문이다.

• 준거틀에서 초점을 두는 클라이언트체계는 무엇인가? 개인인가? 부부인가? 가족 단위인가? 또래 집단인가? 조직인가? 커뮤니티인가?
• 어떤 종류의 클라이언트 변화를 기대하는가? 태도의 변화인가? 행동의 변화인가? 지식이나 기술의 획득인가? 새로운 자원에 대한 접근인가?
• 준거틀은 변화가 어떻게, 왜 일어나는지를 설명하는가?
• 준거틀을 적용할 때 사회복지사의 역할은 무엇인가? 조언자인가? 교사인가? 상담자인가? 서비스의 중개자인가? 사례관리자인가? 행정가인가? 계획가인가? 연구자인가? 옹호자인가?
• 전문가와 클라이언트의 관계에 대해 선호되는 암시적 혹은 명백한 가정이 있다면 무엇인가? 몇몇 가능성을 고려한다. 전문가는 클라이언트에게 무엇이 필요한지, 혹은 무엇이 이뤄져야 하는지 알지만, 클라이언트는 전문가의 지시를 따를 수 있다. 혹은 전문가는 클라이언트가 필요로 하는 서비스를 통제하고 배분하지만, 클라이언트는 협력적이고 우호적으로 서비스를 활용할 수 있다. 또는 전문가는 클라이언트가 자신에게 도움이 되는 개입

이나 서비스가 어떤 것인지 아는 경우도 있다고 전제하고 클라이언트의 제안과 지침을 활용할 수 있다.

- 핵심 의사소통 방법은 무엇인가? 준거틀이 언어적 의사소통에 의존하는가? 쓰기 혹은 읽기인가? 예술이나 게임을 통한 표현인가? 공식적이거나 사무적인 의사소통인가? 자연스럽고 비계획적인 상호교환인가?

- 준거틀의 활용이 부적절하거나 해로운 경우뿐만 아니라 적절하고 효과적인 경우를 구체적으로 명시하는가? 사회복지 자료에서 특정 개입 접근이 특정 클라이언트, 상황에 효과적이라는 증거가 있는가? (제7장 참조)

- 준거틀이 클라이언트의 문화적 혹은 민족적 차이 그리고 종교적 가치와 신념의 중요성을 인식하는가? 다양한 배경의 클라이언트에게 적용될 수 있는가?

- 준거틀이 특정한 실천 배경을 전제하는가? 기관에 기초한 실천인가? 개업실천인가? 클라이언트의 집에서 볼 것인가?

- 클라이언트가 비협조적이거나 비자발적이거나 법원의 지시로 오게 된 경우에도 준거틀이 적용 가능한가?

- 일반적으로 많이 활용되는 다른 준거틀과의 차이점과 유사점에 대해 설명하는가?

- 준거틀이 사회복지사가 숙지해야 하는 일련의 특별한 원조 기법과 기술을 사용하는가? 아니면 다른 준거틀에도 활용되는 것과 같은 기법인가?

- 특정한 클라이언트나 상황 등을 명백하게 혹은 암시적으로 배제하는가? 예를 들면 서비스 이용료를 지불하지 못하는 사람에게는? 정규적 업무 시간에 사무실 면접에 참여할 수 없는 경우에는? 글을 읽지 못하는 사람에 대하여는 어떠한가? 신체적·정신적인 장애를 가진 사람에게는? 음식, 주거, 건강 돌봄, 보호 등의 일차적인 문제를 안고 있는 사람에게는?

- 준거틀은 클라이언트가 가족이나 사회망 내에 계속 생활하는 것을 강조하는가, 아니면 가족, 친구, 또래 집단의 영향으로부터 클라이언트를 격리하는 것을 강조하는가?

사회복지사가 실천 준거틀을 선택하는 것은 완벽하게 객관적인 과정이 절대 아니다. 사회복지사는 선택 과정에서 주관적인 요소, 즉 특정한 접근이 자신의 실천 스타일에 최적이라는 느낌, 혹은 이 접근이 다른 접근보다 훨씬 효과적이라는 느낌을 받는다. 그러나 주관적인 요소만으로는 결코 충분하지 않다. 앞서 언급한 질문을 검토함으로써 실천 준거틀을 더욱 합리적으로 선택할 수 있다.

3. 실천 준거틀의 선택

일반적으로 사회복지사는 클라이언트에게 제공되는 서비스 유형의 지침과 방향을 위해 몇 가지 실천 준거틀을 이용한다. 사회복지사의 관점, 이론, 모델의 목록이나 세트가 실천 준거틀로 일컬어진다. 사회복지사가 자신에게 적절한 준거틀을 개발하는 초기 단계에서는 오직 몇 개의 제한된 준거틀만 적용한다. 그러나 고용된 기관의 요구, 자신의 관심, 능력에 따라 적용하는 준거틀의 수는 점차 늘어난다.

개별적으로 혹은 다른 준거틀과의 혼합을 통해 일반적으로 활용되는 준거틀을 다음에서 간략히 설명한다. 각각에 관한 간결한 설명은 다른 준거틀과 차별화되는 주요 개념과 가정을 강조한다. 먼저 다섯 가지의 관점, 즉 일반주의자, 생태체계, 강점, 민족감수성(ethnic-sensitive), 페미니스트 관점을 설명한다. 뒤이어 몇 가지 실천 이론과 모델을 골라서 제시했다. 개인에 초점을 둔 실천 이론과 모델로 시작해 점차 가족, 소집단, 조직, 그리고 끝으로 커뮤니티를 대상으로 활용되는 모델로 진행한다. 독자는 항상 최상의 접근법은 없다는 것을 상기해야 한다. 대부분의 사회복지사는 몇 개의 이론적 준거틀로부터 기법과 아이디어를 추출해 사용한다.

1) 실천 관점의 선택

제3장에서 설명한 대로 실천 관점은 사회복지사가 실천 상황에서 특정한 요소나 고려 사항에 초점을 맞추는 렌즈 같은 것이다. 다음으로 소개하는 한 가지 혹은 그 이상의 관점은 사회복지사 준거틀의 구성 요소가 될 것이다.

(1) 일반주의자 관점

사회복지 전문직은 본래 일반주의자(generalist) 활동으로 설명되어 왔다. 일반주의자는 여러 분야에서의 지식과 다양한 기술을 가진 사람을 의미한다. 일반주의적 실천과 일반주의 사회복지사라는 용어는 여러 관점과 이론, 모델에서 도출된 광범위한 지식과 기술, 능력을 가지고 있으며 별 어려움 없이 하나의 실천 영역에서 다른 실천 영역으로 이동해 활동할 수 있는 실천가를 일컫는다. 일반 사회복지사 실천의 반대 개념은 전문주의적 실천이다. 이는 제기된 문제, 개입의 사용 방법이나 수준의 유형이 특정하게 정해진 것을 뜻한다.

일반주의적 관점은 사회복지사가 모든 클라이언트나 상황에 대해 다양한 기법을 사용하고, 하나의 개입 수준보다는 미시적인 것에서 거시적인 것에 이르는 여러 개입 수준을 고려하는 개방성을 가지고 접근하도록 한다. 클라이언트의 문제와 관심사가 확인되고 사정될 때, 필요하고 효과적인 개입 유형을 결정할 때, 즉 원조 과정의 초기에 특히 이러한 지향이 관련된다.

일반주의적 사회복지사는 클라이언트의 다양한 체계에 개입하고 활동하기 위해 준비한다. 예컨대 개인, 전체 가족, 치료 혹은 지지집단과 같이 형성된 집단, 위원회 혹은 과업 집단, 기관이나 기관망과 같은 공식적 조직, 입법자 그리고 커뮤니티 의사 결정에 영향을 미치는 정책 결정자 등이다. 덧붙여서 일반 사회복지사는 다양한 사회복지사의 역할을 수행할 준비를 한다. 예를 들면 옹호자, 사례관리자, 상담자, 치료자, 집단 촉진자, 서비스 중재자, 기금 조성가, 프로그램 기획자, 정책 분석가, 연구자로서의 역할이다. 일반주의적 사회복지사는 클라이언트가 전문가나 기관이 선호하는 방법에 맞추기보다는 클라이언트의 독특한 상황과 관심, 커뮤니티의 특성에 자신의 접근 방법을 맞추고 만들어가기를 원한다. 일반주의적 사회복지사 관점을 명확하게 특성화하는 네 가지 요인이 있다.

- **인간의 문제, 생활환경과 사회적 조건의 상호 관련성을 강조하는 다차원적 지향:** 이 관점은 사람과 사람들이 기능하는 환경 및 다양한 사회체계 사이의 상호의존성과 상호작용에 대한 이해가 핵심이다. 클라이언트의 관심사와 상황이 규정되는 다양하고 복합적인 방식의 고려가 면밀히 이뤄지기 전에 일차적인 개입 수준(미시, 중시, 거시)이 먼저 선택되어서는 곤란하다.

- **많은 상이한 실천 준거틀로부터 아이디어를 도출하고, 클라이언트에게 적절하고 도움이 되는 모든 가능한 활동을 고려한 사정과 개입 접근:** 일반주의자 관점은 사회복지사가 절충적일 것을 요구한다. 즉, 많은 자원으로부터 아이디어와 기법을 도출하는 것이다. 다양한 상황에서 관련된 실천 활동을 추진할 수 있어야 한다. 그러나 일반주의자가 모든 이론과 모델의 적용에 전문가가 되어야 함을 뜻하지는 않는다. 그보다는, 클라이언트에게 책임감 있게 서비스를 제공할 수 있을 때와 더욱 전문적인 개입을 위해 다른 곳으로 의뢰해야 할 때를 파악할 수 있을 정도의 충분한 지식을 갖추어야 한다는 의미이다.

- **클라이언트의 문제, 목적, 상황, 변화 표적이 되는 체계의 크기에 따라 결정되는 개입 전략의 선택과 사회복지사의 역할:** 일반 사회복지 관점은 사회복지사가 독특한 클라이언트의 상황에 자신의 활동을 맞추도록 요구한다. 때로

는 클라이언트에게 직접 개입하거나 클라이언트의 환경의 주요 인물에게 개입한다. 또 다른 경우, 클라이언트와 서비스에 영향을 미치는 기관과 커뮤니티 요소를 변화시키는 데 개입하기도 한다.

- **다양한 배경, 지역, 문제 간에 이전 가능한 지식, 가치, 기술기반:** 전문주의적 준거틀은 실천 혹은 클라이언트의 유형, 문제, 사회복지사의 관심을 암시적으로 혹은 명백하게 규정 혹은 제한한다. 하지만 일반주의자 관점은 어떤 인간서비스조직이나 지리적 배경에도 적용 가능하고, 다양한 클라이언트와 제기된 문제에 적용될 수 있다. 이러한 이전 가능성(*transfer-ability*)은 사회복지사에게는 업무 유동성의 장점이 있지만, 전문적으로 분화된 기관에서 요구하는 더욱 깊이 있는 지식 및 기술과는 교환(*trade-off*) 관계에 있다.

이 관점의 유연성은 사회복지사의 업무 규정이 다양한 역할수행을 요구할 때 특히 유용하다(제4장 참조). 그러나 어떤 기관은 기관의 사명, 정책, 직무기술(*job description*)에서 사회복지사 활동의 범위를 제한한다(예: 개인 변화의 강조, 집단에 대한 서비스, 커뮤니티 개발 등 어느 한두 가지로 국한). 이러한 현장에서는 일반주의자 관점의 유용성이 덜 하다.

(2) 생태체계 관점

생태체계 관점은 일반체계 이론과 생태학으로부터 개념을 빌려와, 변화하는 환경 속에서 적응하고 기능하는 사람의 방식을 설명하기 위

한 은유로써 그 개념을 활용한 것이다. 이는 인간과 사회환경 간 상호작용을 묘사하는 개념적 도구를 제공한다. 또한 이는 계획된 변화 과정이 클라이언트 환경의 다양한 압력과 요인에 의해 촉진되거나 제한된다는 것을 사회복지사에게 일깨워 준다. 이 관점은 특히 사정과 계획 단계에서 유용하다.

체계(system)는 상호 관련되고 연결된 부분과 과정으로 구성된 기능의 총체이다. 체계의 본질은 내적 조직이다. 체계는 위계와 다층적 구조를 가지고 있다. 체계는 매우 많은 **하위체계**(subsystem)로 구성된다. 또한 동시에 체계는 **상위체계**(suprasystem)의 부분이기도 하다. **초점체계**(focal system)의 개념은 사회복지개입에 의해 대상으로 제기된 체계(가족, 기관의 프로그램 등)를 말한다. 예를 들어 특정한 가족을 사회복지사가 돕고 있다면, 사회복지사는 그 가족(초점체계)이 개인(하위체계)들로 구성돼 있고 또 동시에 그 가족이 이웃이나 커뮤니티와 같은 더 큰 체계(상위체계)의 구성 부분이기도 하다는 것을 인식한다. 전형적인 가족이라면 배우자체계, 부모자녀체계, 형제자매체계 등과 같은 여러 개의 하위체계가 확인될 것이다. 사회기관과 같은 조직 내에서는 사회복지사, 클라이언트, 행정가, 지원 인력, 프로그램 등과 같은 다층적인 부분과 하위체계가 확인될 수 있다. 그 기관의 상위체계는 특정한 커뮤니티, 지방정부, 연방기관 등이 될 것이다.

모든 체계는 **경계**를 가지고 있다. 인간 신체의 외피(外皮)는 모든 개인의 신체적 경계이다. 가족이나 조직, 커뮤니티와 같은 사회체계의 경계는 잘 보이지 않으면서 더 상징적이다. 경계는 각 체계의 구성원을 규정하거나 정체성을 부여한다. 예를 들어 가족과 일할 때 어느 개인(부모, 자녀, 조부모, 주요한 타인 등)을 가족체계로 기능하는 구성원으로 결정할지는 쉽지 않을 수 있다.

체계의 모든 부분은 서로 연결돼 있기 때문에 한 부분에서의 변화는 전체로서의 체계의 기능만이 아니라 다른 모든 부분에 영향을 미친다. 한 부분이나 하위체계에서의 역기능성은 체계의 다른 부분에도 문제를 가져온다. 따라서 사회복지사는 사정 과정에서 클라이언트에 대한 어느 한 개입이 가족이나 사회적 관계망에 있는 다른 사람에게 어떤 영향을 미칠지 예상해야만 한다. 누군가가 부부문제로 도움을 요청한다면 사회복지사는 한 사람의 변화가 다른 쪽에게 영향을 미칠 것이므로 보통 남편과 부인 모두와 일하기를 원한다.

체계는 계속해서 변화하고 적응하고 성장하고 발전하지만, 근본적인 변화에는 저항하며 역동적 균형이나 동일성, 안정 상태를 유지하는 방식으로 기능하려 한다. 체계가 활발하게 유지되고 양분을 취하고 지지되지 못하면 통합성이 깨지는 경향이 있다. 이러한 체계의 소진과 분리 경향성을 **엔트로피**(entropy)라 개념화한다.

생태체계 관점은 또한 개념과 원리를 생물과학·생태학에서 빌려 왔다. 어떤 개념을 자연과학에서 빌려 왔을 때, 이를 사회복지에 적용하는 데는 추가적인 노력이 필요하다는 것을 이해해야 한다. 예를 들어, 생태학 연구에서의 주요한 단위는 생태체계(ecosystem)인데, 이는 많은 식물과 동물 종(種)의 상호작용, 물리적 · 화학적 환경에서 이들의 교환으로 구성된다. 생태학은 종의 개체가 아니라 한 종 자체의 기능과 적응에 주로 관심을 둔다. 이와 달리, 사회복지는 한 개인에게 높은 가치를 두고 환경 요인은 주로 개인에게 영향을 미치는 요인으로 고려하는 것이 보통이다.

활동 영역(*niche*)이라는 생태학 개념은 특정 종에게 필요한 조건이나 환경(온도, 토양의 화학 성분, 식량의 공급 등)의 조합을 의미한다. 사회복지실천에서는 '활동 영역'의 은유를 사용해 클라이언트가 다른 곳보다 특정한 상황에서 더 잘 기능하는 것을 인지할 수 있다. 많은 사회복지 개입에서는 클라이언트가 자신의 특정한 능력을 최대로 발휘할 수 있는, 사회적으로 잘 맞는 영역을 찾도록 돕는 것을 모색한다.

생태체계에서 각 종은 항상 변화하는 환경에 지속적으로 적응한다. 만약 환경의 변화가 너무 빨리 일어나거나 각 종이 이에 적응하지 못하면 더욱 잘 적응하는 다른 종에 의해 제압당한다. 이러한 적응의 한 형태가 **전문화**(*specialization*)이다. 전문화는 보통 경쟁을 감소시키므로 생존을 위해 전문화된 종은 이점을 갖는다. 그러나 고도로 전문화된 종은 환경이 빠르게 변화할 때 취약하다. 일반적으로 전문화는 안정된 환경에서 종의 생존력을 향상시키지만, 급변하는 환경에서는 생존력이 감소한다. 이러한 아이디어는 예를 들어 직업 훈련 프로그램을 전문가가 기획할 때 적용될 수 있다. 고도로 전문화된 직업 훈련을 제공하는 것이 좋은지, 아니면 넓고 일반적인 형태의 교육을 제공하는 것이 좋은지의 판단과 같다. 전문화된 기술을 갖추는 것은 안정적인 구직시장에서는 더 경쟁력이 있지만, 취업 시장이 유동적이고 새로운 기술이 곧 시대에 뒤떨어질 상황에서는 더 취약하다.

한 종에게 필요한 자원(음식, 물, 공간 등)은 보통 제한적이기 때문에 종은 다른 종과 경쟁해야만 한다. 이러한 **경쟁**(*competition*)에서 더 적응적이고 유연한 종은 이점을 가진다. 더구나 특정한 종에게 필요한 자원이 부족하면 그 종의 개체도 서로 경쟁해야만 한다. 이러한 상황에서는 가장 강한 개체가 살아남는다. 우리의 경제적 체계에서 경쟁, 취업시장, 학교 등은 사람들이 더 열심히 일하게 하고, 일에 초점을 두고, 자신의 내적 능력을 알아내도록 동기화할 수 있다는 점에서는 긍정적이다. 하지만 불공정한 경쟁은 파괴적이고 학대나 착취, 억압을 유발한다. 질병, 장애, 고령, 미성숙, 지적 능력의 부족 등과 같은 요인은 개인의 경쟁 능력을 제한한다. 사회에서 모든 개인이 가치 있고 존엄성 있게 처우받기 위해서는(사회복지의 목적과 핵심 가치) 경쟁의 부작용을 제어할 수 있도록 다양한 형태의 협조와 상호주의가 필요하다.

수용 능력(*carrying capacity*)은 특정한 생태체계 안에서 살 수 있는 특정한 종(種) 개체의 최대한의 수를 말한다. 만일 수용 능력이 초과되면 질병과 기근이 그 개체 수를 감소시킬 것이다. 급속한 인구 증가나 감소는 생태체계의 건강에 필요한, 미묘한 균형을 파괴시킬 수 있다. 사회복지 전문직의 가치와 윤리에 비춰 우리는 인구수를 통제하려는 힘과 압력을 지지하기는 어렵다. 그러나 사회복지사나 공공보건 인력이 대규모의 난민 이주나 경제침체 지역에서의 과밀한 슬럼지역의 존재가 어떤 영향을 미칠지를 예상할 때, 수용 능력과 관련된 생태학적 아이디어를 참고할 수 있다.

이 밖에도 체계 이론과 생태학의 많은 개념이 생태체계 관점을 구성하지만, 여기서 언급된 것들은 이 관점이 인간행동과 계획된 변화에 대한 우리의 생각에 어떻게 적용될 수 있는지 보여 주는 사례이다. 사회복지의 근본적인 관심은 '전체로서의 인간'의 안녕에 대한 것이고, 그 초점은 '자신의 환경과 상호작용하는 사람'에 있다 (제1장 참조). 생태체계의 렌즈를 통해 보면, 사회복지의 목적은 인간의 적응 능력을 향상하는 것, 효과적인 기능수행을 방해하는 환경적 장애물을 제거하는 것, 일상의 경쟁 수단이 보장되지 않는 사람을 위해 기초적 욕구를 충족할 자원의 활용성을 확대하는 것이라 할 수 있다.

(3) 강점 관점

강점 관점은 사회복지사가 클라이언트 강점을 확인하고 육성하기를 지향하는 것이다. **클라이언트 강점**은 효과적인 사회적 기능수행과 만족스러운 생활의 원인이 되는 어떤 속성, 능력, 경험으로 정의할 수 있다. 강점은 특별한 능력이나 기술, 배우려는 열망, 개인의 통합성, 불굴의 용기와 같이 다양한 형태를 취한다(항목 11.6 참조). 이 관점은 심지어 어느 클라이언트의 행동이 심각하게 역기능적이라고 해도 모든 클라이언트가 강점을 가지고 있다고 전제한다. 강점은 아무리 혹독한 상황이더라도 모든 환경 안에 존재한다. 예를 들어 모든 이웃과 커뮤니티에는 그들의 시간과 자원으로 다른 사람을 도우려는 개인이나 집단이 존재한다. 사회복지사는 이러한 자원을 확인하고 동원할 수 있도록 창의적인 노력을 기울여야 한다.

강점 관점은 많은 인간서비스 프로그램이 문제와 병리적 측면을 지나치게 강조하는 것에 대해 균형을 잡아주는 중요한 역할을 한다. 원조 전문가가 사용하는 많은 모델과 이론이 클라이언트의 생활에서 잘못된 것에 주로 초점을 둔다. 이러한 약점 지향의 접근은 클라이언트의 행동과 상황에서 긍정적이고 기능적인 측면을 간과하곤 한다.

클라이언트가 스스로 강점을 찾고 육성하도록 사회복지사가 원조할 때, 이는 클라이언트의 동기화를 증진하고, 희망과 자기 확신을 높이고, 변화에 대한 저항을 낮추는 효과가 있다. 충격적인 삶의 경험이나 질병, 혹은 장애가 사람의 기능수행에 제약을 가져오는 것이 사실이지만 이러한 상황도 개인의 강점과 기회의 원천이 될 수 있다. 삶의 어려움을 극복하는 사람의 능력이 어디가 한계인지는 아무도 알지 못한다.

강점 관점에서는 제기된 관심사에 어떤 방식의 개입이 가장 도움이 되는지를 클라이언트가 알고 있다고 전제한다. 따라서 전문가의 원조관계는 의식적으로 공동 작업이며, 실천가의 역할은 주로 클라이언트에 대한 자문이다. 클라이언트는 자신의 상황에 관한 전문가이다. 사회복지사는 언제나 어떻게 진행하는 것이 최선이겠는지에 대해 클라이언트의 의견과 아이디어를 묻고 활용한다. 강점 관점은 모든 클라이언트와 활동할 때, 모든 원조 과정의 단계에서 관련성을 가진다. 이는 이 장의 뒷부분에서 서술할 해결 중심적 모델(solution-focused model)과 많은 부분을 공유한다.

(4) 민족감수성 관점

사람은 자신의 배경과 삶의 경험을 통해 성장하기 때문에 클라이언트의 민족, 문화, 종교, 사회·경제적 계급과 같은 요소는 클라이언트의 사고, 행동, 가치에 강한 영향을 미친다. 이러한 사회·문화적 요소는 무엇을 문제라고 규정할지, 전문가나 인간서비스기관에게 도움을 요청할지, 서비스 제공자가 어떻게 처우해 주기를 기대하는지, 어떤 서비스가 적절하고 도움이 될 것이라 생각하는지에도 영향을 미친다. 민족감수성 관점은 사회복지사가 어떤 영향이 중요한지를 파악하여 주의를 기울이도록 돕는다. 이 개념적 렌즈는 클라이언트가 특정한 소수민족이거나 소수집단의 구성원일 때, 클라이언트가 차별이나 억압과 관련된 문제를 겪거나 이에 관심이 있을 때 특히 중요하다. 이는 원조 과정의 모든 단계에 적용가능하다.

사회복지사는 **문화적으로 유능한**(culturally competent) 실천가가 되는 것이 중요하다. 클라이언트의 신념, 가치, 전통, 기대에 부합하는 방법으로 클라이언트와 활동할 수 있는 능력을 가져야 한다. 이 능력을 개발하기 위해 사회복지사는 우선 자신의 신념, 가치, 기대 등이 자신의 문화, 인종, 종교, 사회적 계급에 의해 어떻게 형성돼 왔는지를 인식해야 한다. 사회복지사는 다양한 배경을 가진 사람과 의사소통하는 데 능숙해야 한다(문화적 다양성에 대한 더 많은 정보에 대해서는 항목 8.8, 15.18과 16.3 참조).

(5) 페미니스트 관점

페미니스트 관점은 성, 젠더, 성역할과 관련된 사회적 믿음과 태도가 클라이언트의 관점, 문제, 상황의 설명, 전문가·기관이 클라이언트에게 반응하는 방법에 어떻게 영향을 미치는지를 실천가가 더 잘 인식하도록 하는 데 목적을 둔다. 이 관점은 남성 중심의 제도가 여성에게 해를 끼치는 방식으로 대부분의 법, 정책, 프로그램을 설계해 왔다고 인식할 때 특히 중요하다.

성별(sex)과 **성**(gender)이라는 용어는 종종 혼용되어 사용되지만, 둘은 어느 정도 다른 의미를 지니고 있다. 성(sex)의 개념은 해부학에 기초해 남성인지 여성인지, X염색체와 Y염색체의 집합체와 같은 사람의 유형을 나타낸다. 이와 대조적으로 성(gender)은 사람들이 이 생물학적 차이를 흔히 '여성다움'과 '남성다움'과 같은 생각으로 옮겨 놓은 의미와 관련된다. 예를 들어, 많은 사회에서 여성다움은 동정심, 협동, 충실함, 직관, 보살핌, 나눔, 개방성, 사람 관계에 대한 관심과 같은 특성과 연관돼 있다. 반면에 남성다움은 합리성, 경쟁, 권한, 리더십, 용기, 단호함, 불굴의 용기, 명예, 사물과 목표에 대한 관심과 같은 특징과 연관돼 있다. 두말할 필요도 없이 성별 간의 인지된 많은 차이는 생물학적 차이라기보다는 역사적인 영향력과 문화적, 사회적 역동에 따른 것이다.

페미니스트 관점은 여성에 대한 억압과 착취를 유발하는 신념체계와 사회적 구조에 도전한다. 성차별주의와 가부장제가 이에 해당하는 두 사례이다. **성차별주의**(sexism)는 사람의 특정 성별(보통 여성)이 열등하고 다른 성별에 종속된다고 전제하며, 이에 따라 역할과 책임에 대한 불공정한 서열과 사회·경제적 불평등으로 귀결된다고 본다. **가부장제**(patriarchy)는 남성이 가족, 정치적, 경제적 구조를 통제하는 사회조직의 위계적 체계를 말한다. 성차별주의에서와 마찬가지로 가부장제는 남성은 본질적으로 여성보다 더 우월하고, 원래 남성이 지도력과 의사 결정에 더 적합하게 타고났다는 신념에 기초한다.

페미니스트 관점에 기초한 실천에서 중심적인 것은 원조 과정이 임상적이거나 직접적 실천에 제한이 되어서는 안 된다는 점이다. 또한 정치적 활동과 옹호도 강조해야만 한다. 따라서 클라이언트의 관심사와 문제를 사정할 때 사회·정치적 맥락에서 남성-여성의 관계, 결혼, 가족, 고용에서 성 관련의 권력 차이에 특별한 주의를 기울여 사정해야 한다. 역량 강화와 클라이언트 강점의 육성(항목 11.6과 13.18 참조)이 강조된다. 이것은 성차별주의, 성역할 고정관념, 차별, 여성에 대한 태도를 형성한 역사적 배경, 여성 스스로가 자신을 바라보는 방식에 대해 클라이언트에게 가르치는 것과 같은 교육적 요소를 강조한다. 원조관계는 평등하며, 전문가는 클라이언트에게 전문가나 권위 있는 인물이 아닌 동료 혹은 동반자의 역할을 맡는다. 전문가는 주제와 관련해 개인적인 경험을 적극적으로 공유한다. 클라이언트는 원조관계에서 적극적인 참여자가 될 것으로 기대한다. 여성의 사회적 지지망과 지지집단을 창출하고 활용하는 데 강조를 둔다.

페미니스트 관점은 여성과의 실천에서 매우 중요하지만, 또한 클라이언트의 문제나 관심사가 성차별주의나 성역할 고정관념과 관련된 때라면 언제나 중요하다. 역량 강화, 사회정의, 정치적 행동 등을 강조하는 특성은 사회복지실천의 모든 현장과 모든 클라이언트에게 활용될 수 있다. 이 관점은 원조 과정 전체에 적용 가능하지만, 특히 문제 규정과 사정 단계에서 중요한 의미를 가진다.

2) 실천 이론과 모델의 선택

실천 관점은 홀로 존재하지 않는다. 다양한 실천 이론, 모델과 관련되어 활용된다. 예를 들면 일반 사회복지사 관점의 사회복지사는 행동주의 기법과 소집단 이론, 조직 변화 이론 등을 상황에 따라 활용할 수 있다. 더욱 전문화된 실천가는 더 적은 수의 이론 혹은 모델을 이용하지만, 더욱 심층적인 지식과 기술을 통해 적용한다. 이 장의 나머지 부분에서는 사회복지사가 보통 사용하는 실천 이론과 모델에 대해 간략히 살펴본다.

(1) 행동주의 이론

사회복지사가 사용하는 모든 실천 준거틀 중 행동주의 이론이 가장 경험적이며 방법론에 중심을 둔다. 이는 학습 과정에 대한 실험 연구에 기초한다. 이 이론은 가장 인간적인 행동이나 심지어 정서적 반응의 일부분도 학습 원리에 의해 가장 잘 설명된다고 전제한다. 행동주의 이론의 핵심 원리는 사람은 강화된(보상을 받은)

행동은 반복하고, 보상을 받지 않거나 처벌을 받은 행동은 철회한다는 것이다. 바꿔 말해, 사람이 행동하는 방식은 특정 행동이 환경 속에서 끌어낸 결과에 따라 결정된다는 것이다. 기능적(건강한) 행동과 역기능적(정신병리적) 행동은 이런 방법으로 학습된다.

행동주의적 접근은 종종 행동 수정으로 개념화되기도 한다. 이는 새로운 기술을 가르치거나 역기능적 행동을 없애기 위해 사용될 수 있다. 이 적용은 우선 변화시킬 특정 행동(표적행동)을 구체화하고, 어떤 조건에서 표적행동이 나타나고 얼마나 자주 나타나는지에 대한 기초 자료를 수집한다. 지속적인 자료의 수집은 실천가가 개입을 효과적으로 하고 있는지 여부를 나타낸다.

클라이언트나 실천가가 표적행동을 강화(보상)할 것인지의 여부와 그 방법을 통제할 수 있어야 한다. 이 접근은 시설에서의 치료나 교정과 같이 클라이언트의 행동이 밀접하게 관찰 가능하고, 클라이언트가 받을 강화물에 대한 통제가 가능한 곳에서 흔히 사용된다. 어떤 경우에는 클라이언트는 스스로의 강화를 통해 자신의 행동을 수정하는 방법을 교육받기도 한다.

이 접근은 개인, 커플, 가족, 조직의 기능수행을 개선하기 위해 사용될 수 있다. 전문가가 강화를 제공하거나 철회할 수 있는 권한을 가지고 있다면 비자발적 클라이언트나 위임받은 클라이언트에게도 적용 가능하다. 하지만 클라이언트의 문제나 관심사가 가치 갈등, 의사 결정, 왜곡된 사고와 같은 것일 때는 보통 적절한 접근이 되기 어렵다.

(2) 인지-행동주의 이론

이 준거틀은 학습 이론으로부터 선별된 개념과 인지 과정의 연구에서 도출된 개념(사람이 자신의 경험과 사고, 정서, 행동의 상호작용을 어떻게 해석하고 의미를 부여하는지)을 통합한다. 많은 사람은 세상 일이 이러이러해야 한다는 식의 비합리적이고 경직된 사고를 가지고 있고, 자신의 이러한 생각으로 유발된 정서나 느낌 때문에 고통받는다. 사람은 생각과 믿음에 휘둘리며 살아간다. 우리는 실제의 경험보다는 이에 대해 생각하고 해석한 만큼 반응한다. 대체적으로 우리가 생활에 대해 만족하는 정도는 생활에서 발생한 일이 우리가 발생할 것이라 기대했던 바와 얼마나 일치하느냐의 함수이다. 사람의 기대나 사고의 패턴('도식'이라고 개념화함)은 대개 아동기에 형성된다. 기본적으로 **도식**(schema)은 자기 자신, 타인, 그리고 사람이 생활에서 기대할 수 있는 것들에 대한 지속적 확신이다.

인지-행동적 원리에 기초한 개입은 클라이언트에게 자신의 인지(사고)와 도식의 내용과 영향을 인식하고, 자신의 믿음에 대한 타당성을 평가하고, 더 객관적으로 사건과 상황을 바라보도록 가르친다. 클라이언트가 상황을 해석하고 이해하는 방식을 변화시키면, 다르게 생각하고, 다르게 느끼고, 다르게 행동하기 시작한다. 이 준거틀에는 합리적 정서 치료(rational emotive therapy)와 인지 치료와 같은 하위 영역이 있다. 인지-행동주의 구조에 인지 측면과 행동 측면 중 어느 것을 더 강조하느냐 하는 것은 실천가와 이론가마다 차이가 있다. 또한 인식, 기억, 정보 처리 과정, 판단, 의사 결정 같은 근본적인 인지 과정을 수정하기 위해 어느 정도로 활동해야 하는지에 대해서도 사람마다 차이가 있다.

일반적으로 사람들은 자신의 신념, 가치, 도덕적 기준에 부응하는 방법으로 행동하고자 한다. 사람이 무엇이 옳고 적절한지에 대한 자신의 믿음과 실제 자신이 행동하는 방식 사이에서 불일치를 인식하면, 그 사람은 내적 불편함이나 후회, 죄책감과 같은 **인지적 거리**(cognitive distance)를 경험하게 된다. 그러면 이 사람은 자신의 행동을 자신의 신념이나 기준과 더 일치하게 하려고 노력할 것이다. 그러나 때때로 사람들은 행동에 맞도록 믿음을 적용시키려 할 때도 있다. 극단적인 경우, 누군가를 죽여야 하는 상황에 처한 군인이 원래는 사람을 죽이는 것이 옳지 않다는 믿음을 가지고 있었다면 불편함과 모순을 느낄 것이다. 이런 내적 갈등과 모순을 해결하기 위해 그 군인은 믿음 자체를 살인을 합리화하는 것으로 수정하려 할 수도 있다. "내가 적을 죽이지 않으면, 적이 나를 죽일 것이다", "적은 나와 같은 사람이 아니다", "적은 너무 끔찍한 삶을 살고 있어서 죽는 것이 더 편안할 것이다"와 같은 식이다. 이 사례에서는 행동(살인)이 살인에 대한 믿음에 변화를 유발한 것이다.

인지-행동적 접근은 우울증, 낮은 자존감, 다양한 자기 파괴적 패턴의 문제에 유용하다. 클라이언트는 지적 능력을 가지고 있어야 하며, 자신의 사고와 행동 패턴을 점검하고 분석할 시간에 투자할 수 있어야 한다(더 많은 정보에 대해서는 항목 8.6, 13.6, 13.10 참조).

(3) 변증법적 행동 치료

변증법적 행동 치료(DBT)는 인지-행동 치료가 좀더 정교해진 것이다. 변증법적(dialectical)이라는 말은 클라이언트와 치료자 관계의 긴장, 수용과 변화를 추진하는 것 사이의 긴장, 돌봄과 도전 사이의 긴장을 의미한다. 한편으로 클라이언트의 사고와 느낌 그리고 상황이 있는 그대로 감정 이입과 이해, 비심판적 태도를 통해 정당화된다. 반면, 동시에 치료자는 클라이언트가 스스로의 가정을 재검토하고 새로운 행동을 시도하게끔 도전한다. 클라이언트는 변화할 수 있고 변화가 필요한 것을 변화시키는 방법에 대해 배우면서도, 동시에 바꿀 수 없는 고통스러운 사고와 정서, 상황에 대해서는 이를 가지고 살아가면서 수용하는 방법을 배운다.

개인이나 소집단 세션을 이용할 때, 치료자는 클라이언트가 네 종류의 기술을 학습하도록 돕는다. 첫째, **마음챙김 기술**(mindfulness skills)은 클라이언트가 지금 여기에 초점을 두고 머무르도록 돕는 것이다. 과거를 후회하거나 미래를 걱정하는 데 에너지를 낭비하지 않도록 한다. 많은 마음챙김 기술은 동양의 종교, 특히 불교의 일반적인 영적 실천으로부터 차용된 기술이다. 둘째, **정서규제 기술**(emotion regulation skills)은 클라이언트가 정서적 반응을 확인하고, 관리하고, 통제하는 방법을 배우도록 돕는 것이다. 셋째, **대인효과성 기술**(interpersonal effectiveness skills)은 클라이언트가 자신의 생각과 느낌을 더 잘 의사소통하고, 더 적극적으로 반응하고, 더 긍정적이고 의미 있는 관계를 만들도록 돕는 것이다. 넷째, **디스트레스 인내 기**

술(*distress tolerance skills*)은 클라이언트가 원하지 않지만 바꿀 수 없는 경험이나 상황을 견디고 다룰 수 있도록 돕는 것이다. 이는 자신의 정서를 침묵시키는 방법, 정확하게 관찰하는 방법, 상황을 증폭시키고 대안을 확인하고 고통과 좌절에도 불구하고 자아 존중감을 유지하는 방법을 가르치는 것을 포함한다.

이상적으로, 변증법적 행동 치료는 4개의 구성요소를 가지고 있다. (매주) 클라이언트와 치료자 사이의 일대일 면담, 면담 사이의 시간에 클라이언트와 치료자의 전화통화 의논, 다른 DBT 클라이언트와 함께하는 매주 소집단에의 참여, 치료자와 자문팀 간 주별 면담(치료자의 동기 유지, 자가 스트레스 치료·관리 및 팀 지도 지원) 등이다.

변증법적 행동 치료는 다양한 정신장애의 치료에서 점점 더 많이 활용되고 있다. 변증법적 행동 치료는 경계성 인격 장애를 가진 클라이언트와의 치료에서 이들이 DBT 프로그램에 최소 1년간 참여할 때(항목 15.13 참조) 상당히 좋은 결과를 나타내는 치료 형태이다. 이 치료의 구조와 실천 기술의 학습에 대한 강조 때문에 중도 탈락률은 다른 치료 형태보다 상당히 낮은 편이다.

(4) 교환 이론

교환 이론(*exchange theory*)의 원리는 행동심리학과 경제학 분야에서 추론되었다. 이 이론은 자기 이해관계(*self-interest*)가 인간 동기의 핵심요소라는 관찰 결과를 근거로 한다. 자기 이해관계는 흔히 개인, 가족, 집단, 조직의 행동과 결정을 설명하고 예측하게 한다. 대부분 사람들은 자신이 원하는 것을 다른 사람이 원하는 것보다 우선시하고, 자신에게 이익이 된다고 느끼는 쪽으로 행동할 것이다. 더구나 사람들은 자신이 가치를 두는 쪽을 지키려고 한다. 즉, 사람들은 이익은 극대화하고 비용은 극소화하려고 한다.

클라이언트의 가치는 그들이 무엇을 이익·유리함·보상이라고 정의하는지, 혹은 무엇을 비용이 들고 불리하고 처벌이라고 생각하는지를 예측할 수 있는 요인이 된다. 다양한 개인과 집단은 무엇이 바람직하고 중요한지에 관해 서로 다른 생각을 지닌다. 예를 들어 어떤 사람은 돈, 직업, 권력, 지위에 초점을 맞추는 반면, 다른 사람들은 개인적 자유, 명예, 사회적 인정, 우정, 소속감, '일을 잘 해냈다'는 느낌이 최고의 가치를 지닌다고 믿을 수 있다. 또 다른 누군가에게는 도덕적 규약을 지키는 것, 종교적 관습을 수행하는 것, 전통을 고수하는 것이 그 무엇보다 중요한 일일 수 있다. 이와 유사하게 비용(대가)도 정의가 다를 수 있다. 비용의 예로는 금전이나 시간의 손실, 지위나 명예의 손실, 불명예, 굴욕, 혹은 잘못한 일을 다른 누군가가 아는 것 등이 있다. 클라이언트가 비용과 이익을 어떻게 규정하는지를 이해하는 것은 클라이언트의 동기를 파악하고, 특정 상황에서 어떻게 행동할지를 예상하고, 효과적인 개입과 성과 목적을 형성하는 데 핵심이 된다.

미시적 수준의 사회복지실천 맥락에서 교환 이론은 클라이언트가 특정 서비스(가령, 상담)를 이용하는 것은 이를 통해 비용보다 큰 이익을 본다(가령, 기분이 좋아지거나 부정적인 결과를 피한다)고 믿을 때뿐이라는 점을 시사한다. 이 경우 비용은 이용료, 시간, 사생활의 상실, 스트레스 등일 것이다. 교환 이론은 집단 상호 간, 조직 상호 간의 행동을 예측하는 데도 도움을 준다. 일반적인 규칙에 따르면 사람들은 이익을 얻고 비용을 지불하지 않으려는 욕망에 따라 타인과 협력해 공동으로 일할지, 아니면 경쟁과 갈등을 일으킬지를 결정할 것이다. 예를 들어 사회기관 A는 사회기관 B와 협력을 해야 원하는 것을 얻을 수 있는 경우라면 사회기관 B와 협력할 것이다. 하지만 사회기관 A가 조직 C와는 협력보다는 경쟁을 통해 더 많은 것을 얻을 수 있다고 판단한다면 조직 C와는 경쟁할 것이다. 사회기관이 함께 협력할 것으로 예측되는 경우 그렇게 했을 때 분명한 이익이 있어야 한다. 협력하는 데 따른 보상이 없다면 기관들은 기금, 언론의 보도 범위, 지위, 직원 등과 같은 한정된 자원을 두고 경쟁할 것이다. 교환 이론의 기본 원리는 다음과 같다.

- 클라이언트가 다양한 대안 중 선택해야 할 때는 최대의 이익을 보장하고 비용을 최소화할 행동을 선택하고 시작할 것이다.
- 클라이언트가 모든 가능한 대안이 같은 수준의 보상이나 이익을 낼 것이란 결론을 내리면, 일반적으로 인지된 비용(불리함) 및 위험이 가장 적은 대안을 선택할 것이다.
- 클라이언트가 모든 가능한 대안이 대체로 비슷한 수준의 즉각적 결과를 낸다고 믿을 경우, 일반적으로 더 장기간의 이익을 내는 행위를 선택할 것이다.
- 클라이언트가 가능한 대안이 대체로 비슷한 수준의 장기적인 결과를 낸다고 가정할 경우, 즉각적 이익을 내는 행위의 과정을 선택할 것이다.
- 클라이언트가 지닌 가치가 서구화된 산업사회에 의해 형성된 경우, 클라이언트는 일반적으로 최대의 경제적 이득이나 최소한의 경제적 비용이 발생하는 행위의 과정을 선택할 것이다.

교환 이론과 밀접히 연관된 개념적 틀로는 **합리적 선택 이론**(rational choice theory)이 있다. 이 이론은 주로 경제학의 원리에 기반을 둔다. 이 이론은 사람들이 합리적·논리적이며. 선택권이 주어졌을 때 이익을 극대화하고 비용을 최소화할 행동이나 대안을 선택할 것이라 가정한다. 따라서 보상과 벌칙체계를 잘 설계하면 사람들이 원하는 사회적 목표와 선택을 향하도록 안내할 수 있다. 이는 보건과 사회복지 분야에서 많은 공공정책의 근거가 되어 왔다. 그러나 이 접근이나 경제적 모델은 사람이 언제나 합리적이지 않으며 정서, 잘못된 이해, 동료의 압력, 전통, 습관, 그 밖의 많은 심리적이고 사회적인 요인에 기초해 의사를 결정한다는 점을 간과한다는 약점이 있다.

(5) 정신역동 이론
이 직접적인 실천 준거틀은 깊은 개인적인 생각이나 감정 그리고 내적 갈등에 주로 초점을 둔다. 이 접근은 두려움, 증오, 분노, 죄의식, 성적 욕망 등의 강렬한 감정과 느낌, 그리고 이것들이 유발하는 심리적 혼란의 힘에 주목한다. 정신역동 이론은 우리의 선택과 행동은 대부분 우리가 깨달을 수 없는 무의식적인 힘에 의해 결정된다고 전제한다.

마음의 작동은 자아(*ego*), 원초아(*id*), 초자아(*superego*) 사이의 상호작용으로 개념화된다. **자아**는 현실 지향적이고 문제 해결적이다. 자아는 인성의 의사 결정 구조로서, 우리의 원초적 충동(**원초아**)과 가족과 사회로부터 흡수된 가치·규범·도덕적 기준(**초자아**) 사이의 갈등을 중재한다. 대개 무의식적 **방어기제**(억압, 투사, 합리화 등)는 이 내적 갈등과 관련된 불안을 줄이기 위해 작동한다(항목 11. 8 참조). **자아 지지 치료**(*ego supportive treatment*)의 개념은 클라이언트가 자아의 힘과 의사 결정, 문제 해결, 필요한 행동을 취하는 능력을 유지하고 향상시키도록 하는 개입을 일컫는다.

유아기에서부터 시작하는 개인의 정신역동적 발달은 인생 단계마다의 과정이라고 본다. 특정 단계에서의 발달적 과제를 완수하는 것은 다음 단계의 발달을 위한 초석이 된다. 아동기의 부정적 경험은 발달을 교란하고 다양한 정신역동적 문제를 초래할 수 있다. **대상관계**(*object relations*)는 현재의 사고와 느낌, 행동 패턴이 아동기 때 부모상과의 경험을 무의식적 수준에서 어떻게 반영하는지를 묘사하는 개념이다.

변화는 클라이언트의 갈등과 느낌의 카타르시스적 표현, 과거 경험이 어떻게 현재의 고통을 유발하는지에 대한 통찰(이해), 내적 혼란에 대한 직면과 그 작업을 통해 나타난다. 변화 과정에는 깊은 전문적 관계가 필요한데, 클라이언트는 이 전문적 관계 안에서 개인적 생각과 감정을 안전하게 털어놓을 수 있다고 느껴야 한다. 클라이언트는 종종 부모나 자신에게 심리적 트라우마를 가져다준 사람과 같은 중요한 타자(*significant others*)에게 향했어야 할 행동이나 느낌을 실천가에게 쏟는다. 이를 **전이**(*transference*)라 한다. 어떤 경우 클라이언트는 자기 이해를 완수하기 위해 이 전이를 검토하도록 요구받기도 한다.

사회복지사는 기관을 기반으로 둔 현실적 실천과 클라이언트를 상황 속에서 조망하는 사회복지 전문직의 접근 방식에 정신역동에 기초한 다양한 치료 방법을 적용해 왔다.

이 접근은 최근 인지-행동주의 이론과 가족치료로부터 도출된 개념을 통합하고 있다. 하지만 일반적으로 정신역동 개념에 기반을 둔 실천은 사회적·상황적·환경적인 요인보다는 클라이언트의 심리에 더 초점을 둔다. 클라이언트에게는 매우 많은 치료 과정에 적극적으로 참여하면서 동기화를 높이고 많이 이야기할 것이 요구된다. 만일 지적 능력이 제한되거나, 약물 의존적이거나, 사회적·경제적 조건과 관련된 문제(빈곤, 부적절한 주택 문제 등)에 압도돼 있는 클라이언트라면 이 접근이 거의 유용하지 않다.

(6) 인간 중심 이론

인간 중심 접근은 상담심리학으로부터 발전되었다. 인간적이고 실존적인 철학적 전통에 기반을 둔 이 접근은 긍정적이고 낙관적인 관점이 기초가 된다. 인간은 근본적으로 선하며, 옳은 일을 하기를 원하고 자신의 잠재력을 개발하기를 원한다고 본다. 이 접근에서는 실천가가 클라이언트에게 정당성을 부여하고 수용하고 비심판적인 관계를 만들 때 변화가 나타난다고 본다. 이러한 관계에서 클라이언트는 방어가 작아지고 자신의 태도와 행동을 점검하고 자기 자신을 더욱 현실적이고 긍정적으로 인식하게 된다.

대부분 원조 과정과 전문적 관계는 비지시적(*nondirective*)이다. 이는 실천가가 클라이언트가 선택한 이슈를 논의 대상으로 받아들이고 토론을 특정한 방향으로 몰고 가지 않는다는 의미이다. 원조자는 조언과 낙인, 진단을 피한다. 전문가는 수용, 감정 이입, 온화함, 진실성을 전달하는 것에 초점을 두고 적극적 경청(*active listening*)의 기법을 사용한다(항목 8.1과 8.4 참조). 클라이언트는 이러한 안전하고 지지적인 전문적 관계 속에서 자신의 개인적 성장이나 자아실현을 위한 내적 잠재력을 막는 부정적 생각과 느낌으로부터 자유로워질 수 있다.

인간 중심 접근은 클라이언트가 자발적이고, 동기가 높고, 자기 점검에 관심이 있을 것을 전제한다. 개인적 상담이나 개인적 성장, 잠재력 향상을 위한 집단 등에서 가장 많이 사용된다. 조종적인 클라이언트, 중독이 있는 클라이언트, 심하게 역기능적인 클라이언트, 성적인 문제를 겪거나 경제적 상황에 부담을 느끼는 클라이언트의 경우에는 적용하기가 적절하지 않다.

(7) 상호작용 모델

이름에서 드러나듯 이 접근은 주로 클라이언트가 다른 사람이나 다양한 사회체계와 상호작용하는 것에 주로 초점을 둔다. 이는 다른 전문직 영역에서 가져왔다기보다는 사회복지 내부에서 발달된 몇몇 실천 준거틀 중 하나이다. 이 모델은 다양한 사회기관의 전형적 사회복지 클라이언트와의 실천 경험을 통해 발전했다. 이 모델은 개인, 가족, 소집단 그리고 조직에 적용 가능하다.

이 상호작용 모델 접근은 클라이언트의 '지금-여기' 경험과 실재에 주된 초점을 둔다. 사회적 상호작용에 논쟁과 갈등, 양가감정이 있기도 하지만 사람들은 자연적으로 연결성을 추구한다고 인식한다. 사회복지사는 개인, 집단, 체계 사이의 매개자로 기능하는, 활동적인 '제3의 힘'이 되고 갈등을 해결하고 효과적인 변화를 만들어 가는 것을 추구한다. 이 모델은 많은 사회복지 클라이언트가 빈곤, 부적절한 주거, 건강보호의 취약성과 같은 구체적인 문제와 싸우고 있다고 전제한다. 또한 많은 클라이언트가 전문적 관계에 들어오는 것을 주저하고 이에 저항한다고 전제한다.

상호작용 모델은 다음의 네 가지 주요한 요소로 구성된다. 클라이언트, 클라이언트와 상호작용하는 사회체계와 개인, 클라이언트에게 문제가 되는 상호작용, 시간 등이다. 항목 8.4에서 설명하듯, 이 모델은 원조 과정에 네 국면이 있다고 본다. 예비 혹은 준비 단계, 원조계약 단계, 중간 혹은 작동 단계, 종결 혹은 이동 단계 등이다. 이 모델은 사회복지사에게 각 단계에서 적용 가능한 기술을 제시한다.

(8) 구조적 모델

직접적 실천에 대한 구조적 접근은 사회복지사가 제기하는 대부분의 클라이언트 문제가 개인 병리적 측면이나 결핍보다는 부적합한 사회적 협의나 불충분한 자원으로 인해 야기된다는 신념에 기초한다. 문제를 가진 클라이언트가 반드시 그 원인은 아니라는 의미이다.

이 모델에서는 사회복지 전문직의 환경 속 개인에 대한 초점을 유지해야 한다. 하지만 양 영역에 동일한 관심을 기울이는 것은 본질적으로 어렵다. 구조적 접근은 실천가에게 먼저 클라이언트의 환경을 변화시키는 것을 고려하도록 한다. 상담이나 치료의 다른 접근법이 대개 개인의 행동과 태도가 변화되도록 원조하는 것에 초점을 두는 것에 반해, 구조적 모델은 개인의 욕구가 더 잘 충족되도록 클라이언트의 환경을 조절하는 것에 초점을 둔다. 사회구조의 조정을 통한 사회적 조건의 개선은 모든 사회복지 실천가의 책임이다. 커뮤니티 조직화, 정책 개발 등은 사회계획의 영역에서 활동하는 실천가만의 배타적 관심사는 아니다.

사회복지사는 협의, 중개, 매개, 옹호 등 네 가지의 역할을 한다. 클라이언트의 욕구에 따라, 사회복지사는 한 역할에서 다른 역할로 이동한다고 가정한다. 이 모델은 몇 가지 근본적인 원리에 기초한다. 클라이언트에 대해 책임을 진다. 클라이언트와 유사한 관심, 문제를 가진 사람을 확인하며 관여시킨다. 클라이언트의 환경에 존재하는 지원을 최대화한다. '최소한의 경쟁'에 기초해 진행한다(예: 매개자의 역할을 하기 전에 중개자의 역할을 하고, 옹호자가 되기 전에 매개자의 역할을 먼저 수행한다). 자신의 상황에 영향을 미치는 사회적 힘을 클라이언트가 이해하도록 돕는다. 그리고 클라이언트가 자신의 생활을 조정하는 데 도움이 되는 행동이나 기술을 가르친다.

(9) 위기 개입 모델

위기 개입 모델은 급격한 심리적 위기를 경험하는 개인을 원조하는 데 사용된다. **위기**(crisis)는 심리적 불균형에 처한 시간제한적 기간을 의미하는데, 보통 개인적 상실이나 위기 사건에 의해 유발된다. 위기 기간 동안 개인의 통상적인 대처 방법은 효과적이지 못한 것으로 나타난다. 전형적으로 이 기간 동안 혼란, 불안, 분열이 몇 주간 계속되며 그러고 나서야 조금씩 자신의 대처 능력을 회복해 간다. 만약 그 개인이 효과적인 기능수행 패턴을 재확립하지 못하면 더욱 심각하고 장기간의 문제가 나타날 위험에 처한다. 기본적으로 위기 개입은 '정서적인 응급 원조'를 제공해 교란을 가져온 사건의 영향을 완충하고 보통 수준의 기능수행을 회복하도록 돕는 것이다(항목 13. 14 참조).

이 접근법을 활용할 때 전문가는 상당히 지시적인 조언과 지시를 자주 한다. 이 모델의 핵심 요소는 다음과 같다. 클라이언트로의 신속한 접근, 위기 기간 동안 클라이언트와의 잦은 접촉(예컨대 4주 동안 5~8회의 상담 면접), 위기감을 가져온 사건의 성격과 클라이언트가 느끼는 주관적인 의미에 초점화된 관심, 클라이언트의 의사 결정, 행동, 삶에 대한 통제력의 회복 원조, 클라이언트의 사회지지망 안에서 도움을 줄 수 있는 지지적 인물의 동원 등이다.

(10) 과제 중심 모델

많은 클라이언트는 상황을 변화시키기 위해 무언가를 해야 할 필요가 있음을 안다. 하지만 필요한 행동을 취하지 못하는 경우가 많다. 과제 중심적 접근은 클라이언트(개인, 부부, 가족, 집단)가 바로 그 중요한 과제와 활동을 수행하도록 돕기 위한 설계이다. 이 모델은 다양한 종류의 문제와 도전을 안고 있는 클라이언트와의 전형적 사회복지실천을 통해 발전됐다. 이 접근은 특히 자원의 부족 때문에 유발된 문제를 다루려는 클라이언트에게 유용하다. 비자발적인 클라이언트에게도 꽤 효과적이다.

특정한 활동 혹은 변화를 위해 진행해 가는 단계를 **과제**(*task*)라 한다. 수행할 과제는 여러 형태가 될 수 있다. 의사 결정, 필요한 자원의 확보, 기술의 습득, 다른 사람과의 의사소통 등이다. 크고 복잡한 과제라면 몇 개의 작은 과제로 세분하여 더욱 용이하게 다룰 수 있게 한다. 그래서 클라이언트가 성공을 경험하고, 동기를 계속 유지하도록 한다. 한 주에 2~3개 정도로 과제 수를 제한하기 위해 우선순위를 결정한다. 과제 달성을 위해 명백하고 구체적인 활동 계획과 구체적인 시간 계획을 세워 클라이언트가 해야 할 일에 초점을 두도록 원조한다. 이 모델은 경험적이며, 과제 완수의 점검과 측정을 강조한다.

이 모델은 활동과 과제의 완수를 강조하지만 그렇다고 해서 클라이언트의 느낌과 내적 갈등을 간과하지는 않는다. 하지만 실제적으로 이 접근법은 사람들이 그들의 생각과 감정을 이야기하는 것보다는 행동하도록 하는 것이 변화의 가능성을 더 높인다는 신념에 기초한다(항목 12.1, 12.2 참조).

(11) 심리교육 모델

정신적 질환과 같은 특정 문제나 조건에 직면했을 때 클라이언트와 그 가족은 정보를 필요로 한다. 즉, 이들은 자신의 삶에 무슨 일이 일어났는지, 그 일과 관련해 무엇을 할 수 있는지 이해할 필요가 있다. 심리교육 모델은 그들이 경험하는 문제와 어떤 개입이 가능한지에 관해 교육해 개인과 가족의 기능수행을 증진하려고 설계된 것이다. 사람들은 정확한 정보를 지닐 때 이에 근거한 판단을 내리며, 노력을 초점화하고, 서비스를 잘 이용하게 된다. 이 모델은 정신건강 현장에서 비롯되었지만 지금은 광범위한 실천 현장에서 사용되고 있다.

이 모델은 독자적인 개입으로 사용되기보다는 다른 치료를 보충하거나 보완하는 데 더 많이 활용된다. 예를 들어 최근에 조현병 진단을 받은 존이란 사람을 생각해 보자. 존과 그의 가족은 이 질환과 병인, 진행 상황, 예후 및 선택 가능한 치료 방법에 대한 정보를 필요로 한다. 그래야 치료를 보장받으면서 병과 관련된 고통스러운 증상에 더 잘 대처할 수 있다.

다양한 문제와 상황이 심리교육 세션의 대상이 될 수 있다. 가령, 조울증, 물질 남용, 이혼 경험, 10대의 양육, 사랑하는 사람의 사망에 대한 대처, 주의력 결핍장애가 있는 아동의 관리 등이 그러하다. 심리교육을 통해 불안과 걱정을 줄이고, 발생할 수 있는 오해를 바로잡고, 문제 해결 기술과 대처 전략을 가르칠 수 있다. 심리교육을 활용하는 사회복지사는 교육의 목적을 분명히 해야 한다. 클라이언트가 무엇을 기대하고 무엇을 배울 필요가 있는지, 클라이언트가 핵심개념을 가장 잘 파악하고 활용하려면 내용을 어떻게 제시해야 할지 등이 이에 해당한다(항목 13.33 참조).

(12) 중독 모델

이 실천 준거틀에서는 클라이언트가 중독을 이겨 내는 통제력을 얻게끔 지원하려 한다. 이 모델은 중독이 진행되면서 개인의 삶을 점차 파괴하는 영향을 미친다고 전제한다. 또한 이 모델은 대부분의 사람에게 문제가 있고, 치료 프로그램에의 참여를 거부할 것이라고 가정한다. 중독이라고 하면 보통 알코올이나 마약류를 생각한다. 하지만 섭식장애, 도박, 성적 집착과 같이 중독 형태의 다른 문제도 있다.

중독의 초기 단계에서 개인은 어떤 심리적 욕구를 충족하는 수단 혹은 스트레스를 주는 문제에 대처하는 방법으로 물질이나 어떤 활동을 이용한다. 이런 물질이나 활동이 인간의 기분을 더 좋게 만들면 점점 더 강화되거나 이 보상을 찾게 되고, 결과적으로 반복해 사용하게 된다. 시간이 지남에 따라 약물이나 활동은 개인의 더욱더 많은 관심과 자원을 소모시키고, 삶의 다른 관계나 활동을 대체하게 된다. 중독이 통제할 수 있는 수준을 넘어서면 부인(denial)이나 합리화(rationalization)가 나타나며 약물과 활동에 접근하는 행동의 체계가 개발된다.

성공적인 치료 과정을 위해, 중독을 겪는 클라이언트는 부인 현상을 버리고, 자신에게 문제가 있음을 인식해야 한다. 또한 유사한 문제를 가진 사람들이 성공적으로 회복해 왔다는 희망이 필요하다. 클라이언트는 중독이 진행된 방법과 시간이 지나면서 악화되는 이유를 이해하고, 변화를 위해 필요한 사회적 지지와 해결책을 얻어 궁극적으로 중독과 싸워야만 한다. 중독적인 약물이나 활동 없이도 기능할 수 있게 된 이후에도 지속적으로 자신의 생각, 행동, 생활방식을 점검해 중독에 다시 빠지지 않도록 유의해야 한다. 중독에서 벗어나도록 통제력을 원조하는 데에는 보통 일대일 상담이나 12단계 프로그램과 같은 집단 경험이 필요하다(화학적 의존성에 관한 추가 정보는 항목 15.11 참조).

(13) 자조 모델

단주 모임, 배우자 없는 부모 모임, 과식자(過食者) 모임은 대부분의 커뮤니티에 있는 대표적인 자조집단이다. 이러한 집단은 5가지 기본 가정과 신념에 기초한다.

- 사람들은 자신의 이야기를 하고 다른 사람이 들어주기를 바라는 욕구가 있다. 비슷한 문제나 경험을 가진 사람의 제안을 잘 받아들인다.
- 사람들은 다른 사람을 돕는 것처럼 다른 사람에게서 도움을 받기도 한다. 우리 모두는 다른 사람으로부터 배우고, 또 다른 사람을 가르칠 수 있다.
- 사람들은 환영하는 분위기이자 비공식적, 비

경쟁적인 분위기의 소집단에서 더욱 편안함과 호감을 느낀다.

- 사람들은 일상생활의 문제에 대처하는 방법에 대한 실용적인 지침, 단순한 규칙, 원칙을 원한다.
- 타인을 돕고 돌보는 것은 인간의 자연스러운 활동이며 사거나 팔 수 있는 상품이 아니다.

자조집단이 효과적이려면 참여자는 다른 사람의 이야기를 경청하고 자신의 이야기를 솔직하게 털어놓을 능력과 의사가 있어야 한다. 자조집단은 자발적인 참여자로 구성되었을 때 가장 효과적이다. 하지만 몇몇 자조집단은 비자발적이거나 심지어 법원 명령에 의한 참여자가 포함되기도 한다. 자조집단은 보통 집단 내부의 자생적인 지도자에 의존한다. 어떤 집단에서는 구성원이 지도자 역할을 번갈아 가며 수행하기도 한다. 또 어떤 집단에서는 모임을 활성화하는 방법에 관해 특별한 훈련을 받은 전문가나 구성원이 지도자가 되기도 한다.

자조집단은 커뮤니티의 이웃으로 구성되어 집수리와 유지 · 보수, 아동 양육, 교통이나 음식 · 도구의 공유, 재정적 부조, 작은 규모의 대출 등 서로 돕는 활동을 진행하기도 한다.

(14) 해결 중심 모델

경제적 이유를 포함한 다양한 요인으로 인해 사회복지사와 기관은 제한된 클라이언트와의 모임 횟수 안에서 많은 것을 이루도록 압력을 받는다. 보험회사가 치료 횟수에 제한을 부과하기도 한다. 이로 인해 간결한 상담과 새로운 치료

형태가 나타났다. 해결 중심 모델은 인기 있는 단기 개입 형태 중 하나이다. 이 모델은 다음의 몇 개 가정과 원칙에 기반을 둔다.

- 진정한 변화와 문제 해결은 비교적 짧은 기간에도 나타날 수 있다. 작은 긍정적 변화는 그 파급효과 덕분에 시간의 흐름에 따라 클라이언트 기능수행의 다른 부분에도 긍정적인 영향을 미친다.
- 문제를 해결하기 위해 문제의 원인을 이해할 필요는 없다. 상황을 바라보는 다양한 관점이 존재하며 문제를 해결하는 적절한 방법도 다양하다.
- 클라이언트는 자신의 삶에서 진정한 전문가이다. 문제 해결을 위해 무엇을 하고 하지 말아야 하는지를 가장 잘 아는 위치에 있다.
- 클라이언트는 이해 능력이 있으며 디스트레스로부터 안전하다고 생각되는 변화라면 이에 저항하지 않는다.
- 클라이언트는 문제 해결을 위해 확인하고 동원할 수 있는 강점과 자원을 가지고 있다.

개인, 부부, 가족에게 활용되는 이 접근법은 클라이언트 문제의 원인을 확인하고 분석하는 것을 추구하지 않는다. 사회복지사는 이보다는 문제의 영향을 줄이기 위해 클라이언트가 이미 해온 것 중 부분적으로라도 효과적이었던 행동을 확인하게끔 돕는다. 다양한 질문 기법을 통해 클라이언트가 이미 자신의 문제 상황을 다루어 왔던 것, 해결하는 좋은 방법에 대한 아이디어를 이미 가지고 있다는 것을 인식하도록 돕는

다. 클라이언트는 아무리 사소한 것이라도 이미 긍정적 변화를 만들고 있는 이러한 해결책을 확장하도록 도움을 받는다. 이 접근은 문제에 대한 정의와 변화의 방법에 대해 클라이언트의 아이디어를 수용하는 것이므로, 사회복지사가 클라이언트의 문제를 확인하고 진단하는 다른 접근 방법보다는 본질적으로 문화적 민감성이 더욱 필요하다. 이 접근은 법원의 명령을 받거나 비자발적인 약물 중독 클라이언트와의 활동에서도 꽤 효과적일 수 있다.

(15) 이야기치료 모델

이야기치료 모델은 개인이나 가족과의 작업에 적용된다. 이 모델은 개인이 자신의 삶과 자신이 존재하는 방식의 이유를 설명하기 위해 개인적 이야기를 구성하고 있다는 관찰에 기초한다. 즉, 사람들은 자신이 경험한 것에 의미를 부여하고 어떤 의미에서는 자신의 '실재'(reality)를 창출해 간다. 더 나아가 사람들은 그것이 사실이건 아니건 자신의 이야기에 반응하며, 이야기에 의해 스스로를 만들기도 한다. 이때 이야기는 사람들이 스스로를 가치 있게 여기고 존중하는지, 희망에 넘치는지 혹은 의기소침한지, 스스로 적절하다고 느끼는지 아닌지, 자신과 타인에게 무엇을 기대하는지를 결정할 수도 있다.

사람이 구성한 이야기는 사회적·공동체적 가치와 신념에 영향을 받는다. 혹은 영화나 잡지, 대중문화에서 도출한 주제나 플롯을 통합한다. 안타깝게도 많은 사람이 결혼, 양육, 아이, 업무 등에 대한 기대나 평가를 텔레비전에 나오는 이미지나 이야기로부터 도출하곤 한다.

치료자는 클라이언트가 자신의 이야기를 소리 내어 말하면서 검토하고, 자신이 구성한 이야기가 어떻게 불행, 오해, 실망을 야기할 수 있는지 이해하도록 돕는다. 클라이언트가 기존에 구성했던 이야기의 가정과 해석을 해체하고 더욱 긍정적이고 덜 부정적이며 고통을 덜 주는 대안적 이야기를 구성하도록 도움을 주기도 한다.

클라이언트의 이야기를 잘 듣고 정중하게 문제 제기하는 것에 더해, 이야기치료에서 **문제의 외연화**(externalizing the problem)는 핵심적인 기법이 된다. 이 기법은 개인과 문제를 분리하는, 더욱 정확하게는 개인과 그 문제에 대한 클라이언트의 이야기를 분리하는 것이다. 이때 변화의 표적은 사람이 아니라 부정적인 이야기에 맞춰진다. 문제가 되는 이야기를 '적대적'이거나 '강압적'이라고 표현할 수 있으며, 이는 클라이언트와 치료자가 함께 싸워 나가야 할 부분이 된다.

(16) 외상 관련 모델

전쟁이나 끔찍한 자연재해, 강간이나 폭력과 같이 외상을 일으키는 사건을 경험한 이후, 부정적 영향을 예방하거나 줄이기 위해 외상 관련 모델(trauma-related)의 몇 가지 접근이 사용된다. 그 예로 세 가지 유형의 개입이 있다. 심각한 사건 스트레스 보고, 노출치료, 눈 동작 탈감각과 재처리 등이다.

심각한 사건 스트레스 보고(critical indent stress debriefing: CISD)는 극도로 혼란스럽고 외상을 주는 사건에 노출된 사람의 외상 후 스트레스(post-traumatic stress)가 커지는 것을 예방하기 위해 고안된 개입이다. CISD는 경찰이나 소방관 등 응급상황에 먼저 접하는 사람에게 사용되곤 한다. CISD는 전형적으로 한 번의 세션으로 이뤄지며, 이 기법을 훈련받은 사람이 지도하는 집단토론 방식이다. 이 토론에 참여하는 참여자는 집단의 반응을 통해 혼자가 아니라는 것을 이해하고, 자신의 생각과 느낌을 지지적이고 신뢰할 수 있는 환경에서 공유한다. 이상적으로 이 세션은 사건 발생 후 24시간에서 72시간 내에 계획되어야 한다.

CISD 세션은 다음의 국면으로 이뤄진다. 첫째, **도입 단계**(*introduction phase*)에서는 세션의 목적과 기본규칙을 개괄한다. 둘째, **사실 단계**(*fact phase*)에서는 참여자들이 사건이 발생했을 때 어디에 있었고 무엇을 보고 듣고 냄새를 맡았는지 등을 이야기한다. 셋째, **느낌 단계**(*feeling phase*)에서는 사건 당시의 느낌과 정서를 공유한다. 넷째, **증상 단계**(*symptom phase*)를 통해 구토, 멈출 수 없는 떨림, 우울 등 신체적 증상을 공유한다. 다섯째, **교육 단계**(*teaching phase*)에서 지도자는 극단적이고 비정상적인 상황에 대응하는 대안적 방법에 관한 정보를 준다. 필요하다면 참여자에게 스스로 돌보거나 전문적 원조를 받는 방법을 조언한다. 마지막으로, **재진입 단계**(*reentry phase*)를 통해 참여자가 후속 세션이 필요한지를 검토한다.

노출치료(*exposure therapy*)는 외상 후 스트레스장애, 공포증, 다른 불안장애의 증상을 다루기 위해 활용되는 탈감각화의 한 유형이다. 외상사건을 경험한 사람은 외상을 떠올리게 만드는 상황을 피하려고 한다. 예를 들어 심각한 자동차 사고를 겪은 사람은 자동차를 탄다는 예상으로 심각한 두려움을 경험하기도 한다. 성폭행을 경험한 여성은 남자 가까이에 있는 것 자체를 피하거나 범죄현장을 피하려고 할 수 있다. 이러한 회피 행동이 심각하거나 지속적이면 정상적인 기능수행에 문제를 초래할 수도 있다. 노출치료는 두려움이나 회피의 원천에 직면하도록 원조해 두려움이나 불안을 줄일 수 있다. 두려움을 주는 상황, 생각, 기억과 직면하는 것을 촉진하도록 몇 가지 방법이 사용될 수 있다. 예를 들어 성폭행을 경험한 여성이 사건이 발생했던 직장에 가는 것을 회피한다면, 치료자는 두려워하는 장소에 점진적으로 더 가까이 갈 수 있도록 클라이언트와 함께 가거나 지지를 제공할 수 있다. 대안적으로 클라이언트가 외상의 경험을 반복적으로 상상하고, 시각화하고, 세부적으로 설명하도록 격려할 수도 있다. 이것은 클라이언트가 개인적 두려움과 불안을 극복하도록 도움을 주는 효과가 있을 수도 있다.

눈 동작 탈감각과 재처리(*eye movement desensitization and reprocessing*: EMDR)로 알려진 치료법은 외상사건이 경험의 강도가 통상적인 심리적 신경학적 대처기제를 압도할 때 디스트레스를 유발하는 영향이 나타난다고 전제한다. 뇌가 혼란을 주는 생각이나 이미지, 정서를 적절하게 처리하지 못하면 즉각적인 회상, 악몽의 반복, 특정 기억이 침투하는 현상, 부적절한 정서와 같은 증상을 일으킨다. 이 치료 유형에서는 경험의 재처리를 통해 외상사건을 경험한 사람이 혼란을 야기하는 증상을 제거하거나 경감시키도록 돕는다.

일반적이지는 않은 이 접근은 여러 국면으로 구성된다. 치료의 핵심적 단계로서, 클라이언트가 외상경험을 회상하도록 하고 이와 관련된 생각과 느낌을 묘사하도록 한다. 이후 치료 후반 부분에서는 옆으로 이동하는 눈 움직임, 손 동작, 귀의 색깔 등에 유의하면서 경험을 이야기하도록 한다. 심리적 건강을 위해 건강한 수면에서의 빠른 눈 움직임(*rapid eye movement*)을 모방하는 눈 동작을 제안한다. 어떤 사람은 이 EMDR을 통해 아주 극적인 증상의 완화를 겪기도 한다. EMDR을 효과적으로 사용하려면 치료자가 특별한 훈련을 받는 것이 필요하다.

(17) 가족치료

개입의 목적이 가족 구성원 간 상호작용을 조절하고 가족체계의 기능수행을 증진하는 것일 때 가족치료 접근을 사용하는 것이 적절하다. 가족치료는 가족 구성원 모두 혹은 대부분의 구성원이 참여할 수 있거나, 가족 구성원이 적어도 가족을 강화하는 것에 최소한의 관심을 가지고 있을 때 적용할 수 있다. 참여자 일부가 가족 내의 권위를 가진 구성원에 의해 참여를 강요받았을지라도, 최소한 몇몇 구성원은 자발적으로 참여한 것이어야 한다.

이와 관련한 수많은 이론과 모델이 있지만 공통적인 요소가 있다. 예를 들어 가족체계가 관심의 단위라는 것, 가족 전체 혹은 대부분의 가족이 변화 과정에 참여한다는 것, 초점은 대개 관계의 개선이라는 것, 관심이 현재의 행동, 즉 '지금-여기'에 있다는 것, 실천가가 특히 가족 구성원 간 미묘한 의사소통에 민감하다는 것,

적극적인 활동 기법(가족 조각, 역할극, 과제 등)이 사용된다는 것 등이다. 다양한 접근 간의 차이는 어떤 개념과 절차 등을 특별히 더 강조하느냐에 있다. 가족치료의 실천가는 대개 절충적이며, 여러 원천에서 아이디어와 기법을 추출한다. 접근법이 서로 어떻게 다른지를 알아보기 위해 많이 활용되는 접근의 특징적 가정을 살펴보면 다음과 같다.

의사소통 접근(*communication approach*)은 가족의 문제와 갈등이 그릇된 의사소통에 기인한다고 가정한다. 변화는 가족 구성원이 서로 진심으로 경청하고 개방적이고 솔직하게 자신을 표현할 때 일어난다. 실천가는 명확한 의사소통 방법을 보여 주고, 효과적인 의사소통 기술을 가르치고, 시험적으로 연습하도록 지도한다.

명칭에서도 알 수 있듯 **구조적 접근**(*structural approach*)은 가족의 구조와 내적 조직화를 주로 강조한다. 배우자, 부모, 형제 등 하위체계의 상호작용과 소외에 특별한 관심을 둔다. 하위체계 간 불건전한 동맹과 분절, 그리고 경계나 규정 혹은 역할이 지나치게 경직되거나 반대로 지나치게 유연한 것을 가족 역기능의 주요 원인이라 본다. 변화는 가족 구성원의 역할과 책임이 명확해지고, 모든 구성원이 이를 수용할 때 일어난다.

가족체계 접근(*family systems approach*)은 집단의 부분이 되고자 하면서도 동시에 가족체계와는 독립적인 개인이 되고자 할 때 생기는 가족 구성원의 갈등에 초점을 맞춘다. 문제는 구성원이 자신을 지나치게 억누르면서 가족에 지나치게 관여할 때, 혹은 극단적으로 가족과의 관계

를 거부할 때 발생한다. 이 접근은 또한 이전 세대에서부터 반복되는 가족 경향의 유형, 즉 세대 간 역기능의 전달을 인식한다. 그리고 가족 생활주기의 다양한 단계에서 나타나는 문제에 특별히 민감하다.

전략적 가족치료(*strategic family therapy*)는 가족 구성원이 어떻게 생각하고 행동해야 하는가에 대한 진술되지 않은 신념과 같이 가족 규칙과 가족 내에서의 권력 배분과 사용에 특별한 관심을 가진다. 전략적이라는 용어는 치료자가 바람직하다고 여기는 행동으로 가족을 이끄는 개입을 전략적으로 선택한다는 점에서 적극적이고 직접적이라는 특성을 의미한다.

사회학습 접근(*social learning approach*)은 행동 치료와 행동 수정으로부터 개념과 기법을 발전시킨 것이다. 가족의 갈등과 문제는 구성원이 의사소통, 갈등 해결 기술과 같은 기본적인 기술을 배우지 않았거나, 적절하고 기능적인 행동이 가족체계 안에서 강화되지 않은 데서 발생한다고 가정한다. 그러므로 실천가는 그러한 기술을 가르치는 데 중점을 둔다. **기능적 가족치료**는 사회학습 접근과 유사하지만, 가족 기능수행의 좀더 넓은 사회적·지역적 맥락을 감안한다는 점에서 차이가 있다. 가족의 문제는 독립 대 의존, 자유 대 통제, 친밀감 대 거리감 등의 갈등 구조에 대처하는 가족 구성원의 노력이 실패했다는 것을 반영하는데, 이것이 어떤 양상인지에 대해 초점을 두기도 한다.

가족과의 활동에서 **이야기체 접근**(*narrative approach*)은 가족 구성원이 스스로의 삶, 상황, 문제를 설명하고 해석하는 개인과 가족의 이야기와 일화에 주로 초점을 맞춘다(이 장에 있는 '이야기치료 모델' 참조).

일반적인 심리치료와 마찬가지로 대부분의 가족치료 접근은 중산층 및 상류층의 가족과의 활동을 통해서 발전해 왔다. 그러므로 경제적으로 빈곤하거나 억압받는 소수집단의 가족에 적용할 때 효과적이지 않을 수도 있다. 사회복지사는 기관기반의 실천에 적용될 수 있는 접근법, 그리고 전문직에서 강조하는 사회적 기능수행과 환경 속 개인 관점에 부합하는 접근법을 선택하도록 도전을 받는다. 이 선택을 돕기 위해 킬패트릭과 홀랜드(Kilpatrick & Holland, 2013)는 가족 욕구와 기능수행의 네 가지 수준에 대해 다양한 가족치료와 가족 개입을 연결한 실용적인 **통합 모델**(*integrative model*)을 제시했다. 예를 들어, 기본적 욕구의 충족을 위해 노력하는 상황의 가족에게 추천되는 접근법은 의사소통이나 친밀성의 문제를 가진 가족과의 활동에서 추천되는 접근법과는 다르다는 것이다(가족과의 활동에 대한 더 많은 정보는 항목 11.4, 11.19, 11.20, 12.7 참조).

(18) 소집단 이론

집단과의 활동은 사회복지 현장에서 다양한 목적을 위해 나타난다. 예를 들어, 교육과 훈련, 치료, 상호지지, 사회행동, 레크리에이션과 같은 목적을 위해 소집단이 만들어지고 설계된다. 사회복지의 집단 활동에는 다양한 모델이 있다. 다양한 접근 모델은 집단의 목적(기관기획집단 대 치료집단), 전문가의 역할 가정(집단 지도자, 치료자, 교사, 매개자, 촉진자 등), 전문가의 초점, 예컨대 집단 내 개인의 행동에 주로 관심의 초점을 두는지, 아니면 전체로서의 집단 혹은 사회적 체계로서의 집단이 수행하는 사회적 기능에 초점을 두는지 등과 관련해 차이가 있다. 사회복지사는 다양한 관련 이론을 통해 집단지도자, 구조, 규범, 집단 응집력, 집단 갈등의 정도, 집단의 발달 단계, 의사소통 이슈 등 소집단에 대한 배경지식을 얻을 수 있다.

과제 지향 집단(*task-centered groups*)은 구체적인 활동이나 목표를 달성하기 위한 목적으로 형성된다. 위원회나 기관 이사회 등이 그 예이다. 이런 과제 지향 집단은 구조화되고 공식적이라는 특징을 지닌다. 집단의 지도력이나 관리직원은 구성원의 선출로 선발된다. 전형적으로는 성문화된 안건, **로버트 토의 절차**(Robert's Rules of Order) 등을 통해 토론과 의사 결정 과정을 운영한다.

집단이 **교육**과 **훈련**의 목적으로 활용될 때, 사회복지사는 지도자와 교사의 역할을 수행한다. 부모 교육, 직업기술 교육과 같은 모임의 주제나 모임의 횟수에 따라 구성원의 상호작용과 집단 소속감의 향상 등에 강조점을 두기도 하고, 그렇지 않기도 한다.

발달적 접근(*developmental approach*)은 일반적인 성장 및 발달의 증진과 일상적인 생활기술 학습을 위해 사용된다. YMCA와 YWCA 프로그램, 여름캠프, 방과 후 프로그램, 노년시민 모임 등이 바로 이러한 형태이다. 이 발달적 집단에서 사회복지사는 전형적으로 지도자, 기획가, 집단 활동의 조정자로서 역할하고, 프로그램을 기획하는 중책을 맡는다(항목 13. 22 참조).

집단치료 접근(*group treatment approach*)에서는 집단을 치료적인 환경이자 집단 내 개인의 행동과 태도를 변화시키는 도구라고 본다. 초점은 대부분 집단 외부의 문제에 맞춰진다. 집단 내한 구성원의 행동은 대개 가족, 학교나 직장과 같은 다른 환경에서의 자신의 행동이나 기능수행을 반영하고 모방한다. 집단에서 사회복지사는 치료자, 전문가, 집단지도자 역할을 수행한다. 성폭력 가해자나 알코올과 약물에 중독된 사람들의 모임과 같은 일부 집단에서는 도전과 직면이 많이 사용되고, 구성원은 할당된 과제와 설정된 규칙을 엄격하게 지켜야 한다.

상호작용 모델(*interactional model*)에서 사회복지사는 집단의 구성원 간, 집단과 더 큰 환경(집단의 형성을 승인한 기관과 같은 환경. 이 장의 상호작용 모델 참조) 간의 매개자 역할을 한다. 사회복지사는 개인 구성원의 기능수행과 집단 전체로서의 기능수행 모두에 관심을 가진다. 이 접근은 클라이언트의 자기 결정에 높은 가치를 부여한다.

(19) 조직적 변화 모델

조직은 변화하는 사회적, 정치적, 경제적 상황과 환경에 맞춰 계속 적응해야 한다. 조직적 발달과 변화에 대한 다양한 모델을 통해 직원과 클라이언트의 욕구와 관심을 다루는 기관의 능력을 증대하고 인간서비스기관의 기능을 조절할 수 있다. 변화를 위한 노력은 필요한 변화를 점진적으로 계획(전략적 기획에 대한 정보는 항목 12. 10 참조)하고 주도면밀하게 분석하는 과정의 결과이다. 혹은 기관 기능의 특정한 문제점이

고쳐져야 한다고 인식한 직원이나 클라이언트의 관심사항에서 비롯되기도 한다. 어떤 경우든 변화 노력에는 기관의 최고행정가, 즉 민간기관의 이사회, 공공기관의 선출된 운영자나 입법위원이 참여한다.

조직이 독특한 개성과 수행해야 하는 과제 및 역할을 가진 수많은 개인으로 구성되어 있고, 또 공식적·비공식적 구조, 절차, 규범을 가지고 있으며, 기존의 권력과 권위체계를 설정하고 있다는 점을 생각해 보면, 조직 변화가 복잡하다는 점은 분명히 드러난다. 게다가 조직은 직원이나 설비, 자금 등 활용 가능한 자원의 범위 내에서 활동해야 할 뿐만 아니라 그 목적과 기능이 규정이나 정관을 따르거나(민간기관), 혹은 특정 법령을 따라야 하는(공공기관) 법적 총체이다.

기관에 고용된 모든 사회복지사는 그 지위에 관계없이 기관이 잘 기능하고 있는지에 관심을 기울여야 한다. 사회기관은 자원을 효율적으로 활용해야 하지만 또한 클라이언트의 욕구를 충족하기에 적절하고 충분한 서비스를 제공해야 한다. 한 사람이 일선 사회복지사에서 슈퍼바이저나 중견 경영자 혹은 기관 행정가로 승진하면, 조직 유지와 변화에 관여하는 활동이 점차 증가한다. 이러한 조직적 활동에는 상급 수준의 행정가에게 직원의 관심과 클라이언트의 욕구에 대한 정보를 제공하는 것, 기관정책과 절차에 구체적인 변화를 제안하는 것, 자문을 통해 새로운 투입을 조절하는 것, 조직 수행의 특정한 측면을 조사·연구하는 위원회에 참여하는 것, 프로그램의 평가를 수행하는 것 등이 포함

된다.

계획된 조직적 변화에 대한 접근 방법은 조직의 역사와 문화 등 조직의 특성에 기초해 선택된다. 대개 세 가지 모델로 조직을 설명할 수 있다. **합리적 모델**(rational model)은 의사 결정자가 조직의 목적에 동의하고 그 목적에 헌신한다는 것을 가정한다. 그러므로 조직을 목적을 달성하기 위해 필요한 활동을 구조화하는 도구로 본다. 이러한 관점에서 볼 때 제안된 변화(재구조화, 인사 배치, 새로운 기술의 적용, 자원의 재할당 등)는 만일 그것이 목적을 성취하는 데 조직의 능력을 향상시킬 것이 분명하다면 수용될 것이다. 합리적 모델에 따른 변화는 자체적인 조사, 자문가의 조언 수집, 클라이언트나 소비자의 불만과 제안 검토(항목 14. 10 참조), 새로운 기술에 대한 현직 훈련 등으로부터 발생한 결과라 할 수 있다.

자연적-체계 모델(natural-system model)은 더욱 광범위하고 복잡한 환경 안에서 조직이 기능하고 생존하기 위해, 수많은 개인과 역할, 하위체계, 공식적·비공식적 과정으로 구성된 하나의 체계로 본다. 이 모델에서는 업무 스트레스, 불분명한 업무 분담, 의무와 책임의 불일치와 같은 요인이 조직의 인사 구조를 쉽게 와해할 수 있다고 인식한다. 이 모델에서는 조직이 목적 성취와 유지 기능을 조화시키는 것이 필요하다고 본다. 변화 노력은 목적과 목표를 분명히 하고, 의사소통을 향상하고, 사람들의 사회적·정서적 욕구를 인식하고, 사기를 진작하는 것 등을 강조한다.

권력-정치 모델(power-politics model)은 조직

을 다양한 개인, 부서, 다른 단위가 권력과 자원 그리고 개인적 이익을 위해 경쟁하는 정치적 영역으로 본다. 결과적으로 조직의 공식적, 혹은 선언된 목적의 성취를 위해 다른 안건은 뒤로 젖혀둘 것이다. 조직의 변화를 위해서는 조직에 영향력을 행사하는 지위에 있는 사람에게 접근할 수 있어야 하고, 특정한 변화가 자신의 이익과 밀접한 관련성을 가진다는 것을 조직 내의 사람에게 설득할 수 있어야 한다. 대중매체 발표, 시민집단의 조사, 합법적 감독, 소송과 같은 외부적 압력이 조직을 변화시키는 데 필요할 수 있다.

기관의 특성을 가장 잘 반영하는 조직적 모델에 의거해, 사회복지사는 인간서비스 조직에서 변화를 일으키기 위해 다음과 같은 전략을 하나 혹은 그 이상 적용할 수 있다. **정책 접근**(*policy approach*)은 조직과 운영을 이끌어줄 새로운 정책을 개발하고 적용함으로써 변화를 성취한다. 변화를 위해 지역, 주, 국가적 수준의 자원을 할당할 수 있는 권위 있는 집단과 개인에게 직접적으로 노력을 기울이는 작업을 행한다. 이 접근은 정책 입안자에게 구체적인 조건과 문제, 욕구와 현안에 관한 자료와 새로운 통찰을 제공하며 특정한 정책 변화를 위한 옹호 역할을 한다 (항목 13. 28 참조).

프로그램 접근(*program approach*)은 기존의 정책을 더 잘 수행하기 위해 새롭거나 부수적인 프로그램을 계획하거나 제안하는 것으로 조직의 변화를 도모한다(항목 14. 9 참조). 주로 행정적이고 관리적인 활동을 하는 지위의 사람(특정 프로그램을 수정할 수 있는 지위에 있는 사람이나

조직 과업의 수행에 사용되는 절차와 기술을 변경할 수 있는 권위를 가진 사람)을 겨냥해 변화 노력이 이루어진다.

프로젝트 접근(*project approach*)은 일선 직원과 클라이언트 혹은 조직서비스의 소비자 사이의 공유 영역에서 변화를 도입한다. 작은 규모의 프로젝트를 통해 기관 클라이언트와 활동하는 새로운 방법을 시험하거나 제시한다. 정책과 프로그램은 변함이 없더라도, 직원 교육과 클라이언트 욕구 민감성 향상을 통해 직원의 기술과 수행 능력이 향상되기도 한다.

클라이언트 중심 관리 접근(*client-centered management approach*)은 조직적 절차와 클라이언트 성과 간 관계에 초점을 두는 접근이다. 권력이 있는 의사 결정자, 자금단체, 기관 사이의 의사소통, 인사 문제 등에 대한 지나친 강조는 행정가의 관심을 핵심적인 목적, 즉 클라이언트의 욕구에 진정으로 반응하는 수준 높은 서비스를 제공하는 것으로부터 벗어나게 한다. 이 접근에서는 기관의 의사 결정과 기획에 클라이언트를 투입시키고자 한다(항목 14. 10 참조).

팀워크 모델(*teamwork model*)은 사회복지사가 기관 프로그램을 수행하기 위해 상호작용하는 방법에 주로 관심을 가진다. 이 접근은 다음의 두 가지 전제에 기초한다. 첫째, 전형적인 관료조직에서는 행정가가 지나치게 통제적이다. 즉, 바꾸어 말해 최선의 서비스를 제공하는 방법에 대한 사회복지사 간의 혁신과 합의가 감소한다. 둘째, 지식과 기술이 폭발적으로 증가하면 거의 모든 직업에서 전문화가 점차 요구된다. 그러나 전문화와 함께 더욱 나은 조정이 필

요하다. 인간서비스 제공자는 특히 실천 활동을 조정할 수 있어야 한다. 때때로 한 클라이언트에게 몇 개의 서로 다른 전문직 분야와 기관이 동시에 서비스를 제공하는 경우가 발생하기 때문이다. 불행히도 부서별로 분절된 조직 구조가 일반적이고, 소통과 의사 결정도 통합적 서비스 전달 필요성보다는 전문직, 역할, 직무 명칭에 의해 조직화되어 있다. 이는 오히려 조정을 방해한다.

팀워크 접근은 특히 몇몇의 원조 전문직이 능력과 전문화된 지식을 보유하고 동시에 그들의 실천 활동을 조정하는 방법으로서 유용하다(항목 13. 25 참조). 다학제 간 팀이 작동하려면 프로그램을 계획하고 수행하며, 임무를 수행하는 데 필요한 인력과 자원에 관해 의사를 결정할 수 있는 권한이 주어져야 한다. 이 과정에서 팀은 정책, 프로그램 변화만이 아니라 혁신을 위한 강력한 힘이 된다.

(20) 커뮤니티 변화 모델

사회복지사는 커뮤니티의 기능수행을 증진하고, 구성원의 관심사를 해결할 수 있는 커뮤니티의 능력을 향상하기 위한 노력에 자주 관여한다. 이렇듯 커뮤니티의 변화가 고려될 때마다 커뮤니티(community)라는 단어가 몇 가지 방법으로 정의될 수 있음을 인식하는 것이 중요하다. 예를 들어 커뮤니티는 근린, 시내, 도시와 같이 사람들이 살고 있는 지리적 지역으로 정의될 수 있다. 혹은 환경보호를 위해 일하거나 특별한 종교적 지향을 공유하는 사람들과 같이 공통의 이해관계, 초점, 관심사를 나누는 사람들이라고 정의할 수도 있다. 커뮤니티 변화를 위해 특정한 접근을 선택할 때는 변화 표적문제나 관심의 사정, 광범위하게는 정치적인 요소에 기초해야 한다. 사회복지사가 권력과 책임을 가지고 있거나 특정한 커뮤니티 변화를 위해 일하는 다른 사람들의 지지를 받는다면, 그 노력은 성과를 거둘 수 있다. 그러나 최상의 환경에서조차도 커뮤니티 변화는 더디고 힘겹다.

사회복지는 커뮤니티실천의 세 가지 모델을 수용한다. 각각은 커뮤니티, 변화 과정, 전문가의 역할을 어떻게 규정하느냐에 따라 서로 다른 가정에 기반을 둔다.

참여적 관여 모델(*participatory engagement model*)에서는 커뮤니티가 지역에 소속감을 공유하는 사람으로 구성돼 있고, 그래서 커뮤니티의 문제를 다루는 방법에 대해 합의에 도달할 수 있다고 가정한다. 광범위한 시민 참여, 사고의 공유, 민주적인 의사 결정, 협력적인 문제 해결, 그리고 자조를 강조한다. 문제 해결 과정에서 사람들은 커뮤니티의 다른 관심과 맞서 대항할 수 있는 실천적인 기술과 지도력의 기술을 배운다. 대부분의 커뮤니티 수준 사회복지실천을 수행할 때는 전문가가 조력, 촉진, 조정, 교육의 기능을 수행한다.

사회계획(*social planning*)으로 알려진 모델은 구체적인 사회문제(범죄, 부적절한 주거, 건강보호의 결핍 등)와 그러한 문제에 대한 인간서비스 전달체계의 대응을 개선하는 것에 초점을 맞춘다. 커뮤니티의 주요 문제를 해결하기 위해서는 복잡한 법적, 경제적, 정치적 요소를 고려해야 함을 인식하면서 자료 기반의 접근을 취한다. 평범한 시민의 참여가 물론 바람직하지만, 문제를 해결하고 변화하기 위한 주요 열쇠는 힘, 권력, 영향력을 가진 유력가와 정부 직원, 조직을 참여시키는 것에 달려 있다. 이 접근에서는 또한 직접적 커뮤니티의 외부도시나 국가 정부기관과 같은 조직이나 사람도 포함시킬 필요가 있다는 것도 인정한다. 이 접근을 활용하는 사회복지사는 사실의 수집, 자료 분석, 정책 분석, 기술적 정보의 공유, 프로그램 기획 등에 특히 주의를 기울인다.

세 번째 모델인 **사회행동**(*social action*)은 보통 사회적 부정의를 바로잡고, 소외된 집단(빈곤계층이나 차별로 고통받는 사람 등)을 위해 필요한 변화를 성취하기 위한 노력과 관련된다. 이 모델에서는 커뮤니티를 힘과 제한된 자원을 위해 경쟁하는 다양한 집단과 특정한 이해로 구성되었다고 본다. 그러므로 인간서비스 프로그램에서 변화를 가져오기 위해서는 권력을 가진 사람의 의사 결정에서 변화가 생기거나 혹은 새로운 의사 결정자가 권한을 가지도록 해야 한다(항목 11.25와 13.37 참조). 힘을 가진 사람은 쉽게 통제력을 포기하지 않으므로, 변화에는 힘을 가진 사람과 대결하는 것이 필요하다. 이 모델 안에서 전문가의 기능은 조직, 옹호, 협상 등이다.

4. 결론

개념 준거틀의 연구에서 제시한 바와 같이 사회복지사가 활용하는 개입 접근은 유사하지만 그 강조점이 다르다. 어떤 접근은 변화가 왜, 어떻게 일어나는지에 대한 기본적인 가정이 다르고(변화의 본질에 대한 부가적 생각에 대해서는 제7장 참조), 어떤 접근은 원조하고자 하는 클라이언트의 특성이 다르다. 사회복지사는 오랫동안 지속되는 활동 과정에서 클라이언트의 욕구를 가장 잘 충족하면서 자신의 실천스타일과 가장 잘 맞는 관점, 이론과 모델을 주의 깊게 선택하는 것이 중요하다. 독자는 하나의 접근 방법이 다른 방법보다 우월하지 않다는 것을 알아야 하고, 사회복지사가 여러 접근 방법에 대해 기본적으로 이해할 필요가 있다는 것을 기억해야 한다. 한 사회복지사의 실천 준거틀은 다양한 관점을 가지며, 실천 이론과 모델의 목록은 점점 늘어난다. 모든 준거틀은 사람들을 변화시키는 데 관심을 둔다. 따라서 사회복지사는 생각하고, 느끼고, 행동하는 생물학적 존재이자 타인과의 상호작용을 통해 생존, 성장, 발달하는 총체적 인간에 대한 관점을 가져야 한다.

참고문헌

Allingham, M. (2006). *Rational Choice Theory*. NY: Routledge.

Andreae, D. (2011). "General systems theory". In Turner, F. J. (ed.), *Social Work Treatment: Interlocking Theoretical Approaches* (5th ed.). NY: Oxford.

Appleby, G., Colon, E., & Hamilton, J. (2011). *Diversity, Oppression, and Social Function: Person-in-*

Environment Assessment and Intervention (3rd ed.). NJ: Pearson.

Appelrouth, S. & Edles, L. D. (2011). *Sociological Theory in the Contemporary Era: Text and Readings* (2nd ed.). CA: Pine Forge.

Beck, J. (2011). *Cognitive Behavioral Therapy: Basics and Beyond* (2nd ed.). NY: Guilford.

Beckett, C. (2006). *Essential Theory for Social Work Practice*. CA: Sage.

Becvar, D. & Becvar, R. (2013). *Family Therapy: A Systemic Integration* (8th ed.). NJ: Pearson.

Borden, W. (2009). *Contemporary Psychodynamic Theory and Practice*. IL: Lyceum.

_____(2010). *Reshaping Theory in Contemporary Social Work: Toward a Critical Pluralism in Clinical Practice*. NY: Columbia University Press.

Bower, M. (2005). *Psychoanalytic Theory for Social Work Practice: Thinking under Fire*. NY: Routledge.

Brandell, J. (2004). *Psychodynamic Social Work*. NY: Columbia University Press.

Bricker-Jenkins, M. & Netting, F. E. (2008). "Feminist issues and practices in social work". In Roberts, A. (ed.), *Social Workers' Desk Reference* (2nd ed.). NY: Oxford University Press.

Bronson, D. (2008). "A behavioral approach to social work treatment". In Roberts, A. (ed.), *Social Workers' Desk Reference* (2nd ed.). NY: Oxford University Press.

Brown, N. (2010). *Psychoeducational Groups: Process and Practice* (3rd ed.). NY: Brunner-Routledge.

Capuzzi, D. & Stauffer, M. (2012). *Foundations of Addictions Counseling* (2nd ed.). NJ: Pearson.

Coady, N. & Lehmann, P. (2008). *Theoretical Perspectives for Direct Social Work Practice: A Generalist-Eclectic Approach* (2nd ed.). NY: Springer.

Collins, D., Jordan, C., & Coleman, H. (2013). *An Introduction to Family Social Work* (4th ed.). KY: Cengage.

Corcoran, J. (2006). *Cognitive Behavioral Methods for Social Workers: A Workbook*. MA: Allyn and Bacon.

Delgado, M. & Humm-Delgado, D. (2013). *Asset Assessments and Community Social Work Practice*. NY: Oxford University Press.

Diller, J. (2011). *Cultural Diversity: A Primer for the Human Services: A Primer for the Human Services* (4th ed.). KY: Cengage.

Dimeff, L. & Koerner, K. (ed.) (2007). *Dialectical Behavioral Therapy in Clinical Practice: Applications across Disorders and Settings*. NY: Guilford.

Epstein, L. & Brown, L. (2002). *Brief Treatment and a New Look at the Task-Centered Approach* (4th ed.). MA: Allyn and Bacon.

Fenell, D. (2012). *Counseling Families: An Introduction to Marriage, Couple, and Family Therapy* (4th ed.). CO: Love.

Fetting, M. (2011). *Perspectives on Addiction: An Integrative Treatment Model with Clinical Case Studies*. CA: Sage.

Fortune, A. (2008). "Task centered practice". In Roberts, A. (ed.), *Social Workers' Desk Reference* (2nd ed.). NY: Oxford University Press.

Fortune, A. & Reid, W. "Task centered social work". In Turner, F. J. (ed.), *Social Work Treatment: Interlocking Theoretical Approaches* (5th ed.). NY: Oxford University Press.

Freeman, E. (2011). *Narrative Approaches in Social Work Practice: A Life Span, Culturally Centered, Strengths Perspective*. IL: Charles C. Thomas.

Garvin, C., Galinsky, M., & Gutierrez, L. (2004). *Handbook of Social Work with Groups*. NY: Guilford.

Gitterman, A. & Germain, C. (2008). *The Life Model of Social Work Practice: Advances in Theory and Practice* (3rd ed.). NY: Columbia University Press.

Gitterman, A. & Salmon, R. (eds.) (2009). *Encyclopedia of Social Work with Groups*. NY: Routledge.

Gitterman, A. & Schulman, L. (2005). *Mutual Aid Groups, Vulnerable and Resilient Populations, and the Life Cycle* (3rd ed.). NY: Columbia University Press.

Goldstein, E. (2001). *Object Relations Theory and Self Psychology in Social Work Practice*. NY: Free Press.

Greene, G. & Yee, M. Y. (2011). *Solution-Oriented Social Work Practice: An Integrative Approach to Working with Client Strengths*. NY: Oxford University Press.

Greif, G. & Ephross, P. (eds.) (2011). *Group Work with Populations at Risk* (3rd ed.). NY: Oxford University Press.

Hardcastle, D. A., Powers, P. R., & Wenocur, S. (2011). *Community Practice: Theories and Skills for Social Workers* (3rd ed.). NY: Oxford University Press.

Holosko, M., Skinner, J., & Robertson, R. (2012). "Person centered theory". In Thyer, B., Dulmus, C., & Sowers, K. (eds.), *Human Behavior and the Social Environment: Theories for Social Work Practice*. NJ: Wiley.

James, R. & Gilliland, B. (2013). *Crisis Intervention Strategies* (7th ed.). KY: Cengage.

Johnson, L. & Yanca, S. (2010). *Social Work Practice: A Generalist Approach* (10th ed.). NJ: Pearson.

Jones-Smith, E. (2013). *Strengths-Based Therapy: Connecting Theory, Practice and Skills*. CA: Sage.

Kanel, K. (2012). *A Guide to Crisis Intervention* (3rd ed.). KY: Cengage.

Kelly, P. (2011). "Narrative therapy and social work treatment". In Turner, F. J. (ed.), *Social Work Treatment: Interlocking Theoretical Approaches* (5th ed.). NY: Oxford University Press.

Kilpatrick, A. & Holland, T. (2009). *Working with Families: An Integrative Model by Level of Need* (5th ed.). NJ: Pearson.

Kirst-Ashman, K. & Hull, G. (2012). *Understanding Generalist Practice* (6th ed.). KY: Cengage.

Koerner, K. (2012). *Doing Dialectical Behavioral Therapy: A Practical Guide*. NY: Guilford.

Kurtz, L. (1997). *Self-Help and Support Groups: A Handbook for Practitioners*. CA: Sage.

Lefley, H. (2009). *Family Psychoeducation for Serious Mental Illness*. NY: Norton.

Lewis, J. A., Packard, T. R., & Lewis, M. D. (2012). *Management of Human Service Programs* (5th ed.). CA: Brooks-Cole.

Macgowan, M. (2008). *A Guide to Evidence-Based Group Work*. NY: Oxford University Press.

Marra, T. (2005). *Dialectical Behavioral Therapy in Private Practice: A Practical and Comprehensive Guide*. CA: New Harbinger.

Martin, G. & Pear, J. (2011). *Behavior Modification: What It Is and How to Do It* (9th ed.). NJ: Pearson.

Mattaini, M. & Huffman-Gottschling, K. (2012). "Ecosystems theory". In Thyer, B., Dulmus, C., & Sowers, K., *Human Behavior and the Social Environment: Theories for Social Work Practice*. NJ: Wiley.

Miley, K., O'Melia, M., & DuBois, B. (2013). *Generalist Social Work Practice: An Empowering Approach* (7th ed.). NJ: Pearson.

Minkler, M. (ed.) (2012). *Community Organizing and Community Building for Health and Welfare* (3rd ed.). NJ: Rutgers University Press.

Mizrahi, T. & Davis, L. E. (eds.) (2008). *Encyclopedia of Social Work* (20th ed.). in four volumes. NY: Oxford University Press.

Mullaly, R. (2006). *The New Structural Social Work* (3rd ed.). NY: Oxford University Press.

Murray, J. (ed.) (2012). *Exposure Therapy: New Developments.* NY: Nova Science Publications.

Nelson, T. (ed.) (2010). *Doing Something Different: Solution-Focused Brief Therapy Practice.* NY: Bruner-Routledge.

Netting, F. E., Kettner, P., & McMurty, S. (2007). *Social Work Macro Practice* (4th ed.). NJ: Pearson.

Nichols, M. (2014). *The Essentials of Family Therapy* (6th ed.). NJ: Pearson.

Norcross, J., Campbell, L. F., Grohol, J. M., Santrock, J. W., Selagea, F., & Sommeret, R. (2013). *Self Help That Works: Resources to Improve Emotional Health and Strengthen Relationships* (4th ed.). NY: Oxford University Press.

O'Connell, B. (2012). *Solution-Focused Therapy* (3rd ed.). CA: Sage.

O'Connor, M. K. & Netting, F. E. (2009). *Organization Practice: A Guide to Understanding Human Services* (2nd ed.). NJ: Wiley & Sons.

O'Donohue, W. & Fisher, J. (eds.) (2012). *Core Principles of Cognitive Behavior Therapy: Core Principles for Practice.* NJ: Wiley.

Oko, J. (2011). *Understanding and Using Theory in Social Work.* CA: Sage.

Parnell, L. (2007). *A Therapist Guide to EMDR: Tools and Techniques for Successful Treatment.* NY: Norton.

Patti, R. J. (ed.) (2009). *The Handbook of Human Services Management.* CA: Sage.

Payne, M. (2014). *Modern Social Work Theory* (4th ed.). IL: Lyceum.

Rapp, C. & Goscha, R. (2012). *The Strengths Model: A Recovery-Oriented Approach to Mental Health Services* (3rd ed.). NY: Oxford University Press.

Reid, W. (2000). *The Task Planner: An Intervention Resource for Human Service Professionals.* NY: Columbia University Press.

Robbins, S., Chatterjee, P., & Canda, E. (2012). *Contemporary Human Behavior Theory: A Critical Perspective for Social Work* (3rd ed.). MA: Allyn & Bacon.

Roberts, A. (ed.) (2005). *Crisis Intervention Handbook: Assessment, Treatment and Research* (3rd ed.). NY: Oxford University Press.

Ronen, T. & Freeman, A. (eds.) (2006). *Cognitive Behavior Therapy in Clinical Social Work Practice.* NY: Springer.

Rowe, W. & Stinson, A. (2008). "Client-centered theory and therapy". In Roberts, A. (ed.), *Social Workers' Desk Reference* (2nd ed.). NY: Oxford University Press.

Saleebey, D. (2013). *The Strengths Perspective in Social Work Practice* (6th ed.). NJ: Pearson.

Shapiro, F. (2012). *Getting Past Your Past: Take Control of Your Life with Self-help Techniques from EMDR*

Therapy. NY: Rodale.

Shulman, L. (1991). *Interactional Social Work Practice: Toward an Empirical Theory*. IL: F. E. Peacock.

_____(2010). *Interactional Supervision* (3rd ed.). Washington, DC: NASW.

_____(2012). *The Skills of Helping Individuals, Families, Groups, and Communities* (7th ed.). KY: Cengage.

Sisneros, J., Stakeman, C., Joyner, M., & Schmitz, C. (2008). *Critical Multicultural Social Work*. IL: Lyceum.

Sundel, M. & Sundel, S. (2005). *Behavior Change in the Human Services: An Introduction to Principles and Applications* (5th ed.). CA: Sage.

Toseland, R. & Rivas, R. (2012). *An Introduction to Group Work Practice* (7th ed.). NJ: Pearson.

Tudor, K. (2008). *Brief Person-Centered Therapies*. CA: Sage.

Valentich, M. (2011). "Feminist theory and social work practice". In Turner, F. J. (ed.), *Social Work Treatment: Interlocking Theoretical Approaches* (5th ed.). NY: Oxford University Press.

Van Dijk, S. (2012). *DBT Made Simple: A Step-by-Step Guide to Dialectical Behavior Therapy*. CA: New Harbinger.

Van Wormer, K. & Davis, D. R. (2013). *Addiction Treatment: A Strengths Perspective* (3rd ed.). KY: Cengage.

Weil, M. (ed.) (2013). *The Handbook of Community Practice* (2nd ed.). CA: Sage.

Walker, S. (2012). *Effective Social Work with Children, Young People and Families: Putting Systems Theory into Practice*. CA: Sage.

Walsh, J. (2009). *Psychoeducation in Mental Health*. IL: Lyceum.

_____(2010). *Theories of Direct Social Work Practice* (2nd ed.). KY: Cengage.

Webber, J. & Mascari, J. B. (2010). *Terrorism, Trauma, and Tragedies: A Counselor's Guide to Preparing and Responding*. VA: American Counseling Association.

White, M. (2007). *Maps of Narrative Practice*. NY: Norton.

White, V. (2006). *The State of Feminist Social Work*. NY: Routledge.

Wood, G. G. & Tully, C. T. (2006). *The Structural Approach to Direct Practice in Social Work: A Social Constructionist Perspective* (3rd ed.). NY: Columbia University Press.

제 7 장

변화 과정에서 증거 이용하기

학습목표

- 클라이언트와 관여하고, 클라이언트 상황을 사정하고, 개입 접근을 선택하고, 실천 활동을 평가할 때, 우선적으로 증거에 기반을 둔 지식을 활용해야 함을 인식한다.
- 실천 상황과 관련해 고려되어야 할 정보의 상관성과 타당성을 점검해야 함을 인식한다.
- 각각의 실천 상황은 독특하며 사회복지사는 상황의 맥락에 맞춰 변화 과정을 적용해야 한다는 것을 인식한다.
- 변화 과정을 성공적으로 종결하기 위해 관련된 행위자 집단과 논의한다.
- 모든 변화 국면(접수, 관여, 자료 수집, 사정, 기획, 계약, 개입, 점검, 종결, 평가)에서 가장 성공적인 성과를 낳을 수 있도록 주의 깊게 진전해 가야 함을 인식한다.

'사회복지사는 클라이언트가 아닌 과정을 안내해야 한다'는 권고사항은 효과적인 전문적 실천의 기초가 되지만, 이는 변화 과정을 안내할 때의 복잡성을 지나치게 단순하게 말하고 있다. 일단 클라이언트의 상황을 충분히 파악하고 필요한 변화를 확인하도록 도와준 다음, 클라이언트가 변화를 일으키도록 관여해 최종적으로 변화 성과의 성공 정도를 평가해야 한다. 이러한 과제를 수행하기 위해 사회복지사는 최선의 지식과 개입 전략을 선택하고, 실행 상황에 지식을 적용하는 것을 비판적으로 생각해 보고, 어려움이 많은 변화 과정을 통과하도록 클라이언트를 안내한다.

클라이언트는 자신 내부, 혹은 상황 때문에 영향을 받는 다른 사람, 심지어는 사회복지사와도 강한 정서적 반응이 발생하는 경우가 많으며, 이러한 점이 사회복지사가 클라이언트를 도와야 하는 이슈이기도 하다. 강력하고 비합리적인 정서는 문제가 되는 상황을 정확히 이해하고 이를 다룰 최선의 계획을 수립하는 데 방해가 되기 쉽다. 따라서 사회복지사는 이 과정에 합리적 관점을 관철시키는 것이 중요하다. 클라이언트의 문제나 관심사를 제기하는 데 최선의 실천이 되도록 판단하고, 연구조사에 의해 지지될 수 있는 접근과 절차, 개입을 확인해 사용하는 노력이 핵심적이다.

1. 증거기반 실천 수행

사회복지를 비롯해 타인을 원조하는 전문가에게 점차 증거기반 실천이 강조되고 있다. 이 용어는 실천가가 실천과 관련된 판단과 결정을 내릴 때, 가장 확실하게 문서화된 정보를 이용해야 함을 제안한다. 실천에 대한 이러한 지향은 실천의 과학적 기초를 강화하며 〈NASW 윤리강령〉(1999)에도 부합한다. 윤리강령은 사회복지사가 사회복지윤리 내에서 활동하며 경험과학적 지식을 잘 알고 있어야 함을 요구한다. 이러한 접근법은 사회복지사가 자신의 실천을 비판적으로 검토하고 평가하며, 최신의 전문문헌 자료와 새로운 연구에 담긴 의미를 개방적으로 받아들일 것을 요구한다.

과거 많은 사회복지사는 자신의 훌륭한 의도, 열정, 상식, 사회복지가 지닌 핵심가치에 충실한 것만으로도 바람직한 변화를 일으키기에 충분하다고 가정했다. 우리는 이제 그 이상의 뭔가가 더 필요하다는 점을 인식한다. 클라이언트는 사회복지사가 클라이언트의 관심사를 면밀하게 분석하여 효과적인 것으로 평가되고 확인된 개입을 자신에게 적용할 것이라 기대하며, 또한 이런 처우를 받아야 한다.

사회복지사가 맡는 방대한 사례량과 업무 시간에 해야 할 일을 감안할 때, 전문저널, 교재, 실천을 안내할 정보를 위해 인터넷을 탐색할 시간이 없다는 변명이나 자기합리화를 하기는 쉽다. 하지만 이런 변명으로는 단지 시간의 압박으로부터 짧은 휴식만 가능할 뿐이다. 결국은 클라이언트의 상황에 가장 효과적인 평가나 개입이 적용되지 않기 때문에 추가적 시간이 더 들어가는 경우가 많다. 따라서 클라이언트의 걱정거리나 문제는 계속해서 사회복지사의 시간을 소비하게 된다(항목 11. 22에 실천에 가장 도움이 되는, 적용할 만한 정보와 증거에 접근하는 지침이 제시돼 있다).

클라이언트의 상황은 저마다 독특하고 매우 복잡하므로 모든 사회복지실천이 단지 연구 결과나 전문문헌만을 토대로 해야 하는 것은 아니다. 사실 여러 결정 사항과 행위는 주로 직업적 가치, 윤리, 법적 규칙, 기관의 정책, 법원 명령을 토대로 해야 한다. 또한 실천에 기반을 둔 결정을 할 때는 언제나 클라이언트의 개인적 선호, 특별한 상황과 같은 요소를 고려해야 한다. 하지만 실천을 할 때 사회복지사는 활용 가능한 최선의 증거에 기반을 둬야 한다.

증거기반 실천이 사회복지 문헌에서 인기 있는 문구가 되면서, 증거를 탐색하고 이를 적용해야 하는 각 과정의 다양한 국면을 충분히 이해하지 않은 채 증거기반이라는 용어가 사용되기도 한다.

증거기반의 사정 과정에서 사회복지사는 자신의 실천 상황을 더욱 폭넓게 이해하는 데 도움이 될 이론과 연구 자료를 찾아 활용한다. 이때 두 가지 부류의 자료를 이용하는데, 하나는 클라이언트의 특정한 조건 혹은 문제에 초점을 맞춘 자료이며, 다른 하나는 클라이언트집단 혹은 서비스를 받는 인구에 초점을 맞춘 자료이다.

사회복지교육에서는 '인간환경과 사회환경'이란 과목을 통해 개인, 가족, 집단, 커뮤니티의 기능과 발달에 관한 지식을 얻을 수 있다. 이런 정보는 광범위하지만, 일반적으로 클라이언트의 특정 조건이나 문제와 관련한 개입을 적절히 안내하거나 정보를 제공할 정도로 깊이 있지는 않다. 따라서 사회복지사는 가령 다운증후군 진단을 받은 아이나, 치매가 있는 노인이나, 부부가 성적 기능장애를 겪은 가족을 만난다면 이를 더 잘 이해하기 위해 더욱 구체적인 정보에 관한 문헌을 찾아보아야 한다.

또한, 증거에 기반을 둔 사정을 통해 서비스를 제공하는 클라이언트집단이나 인구에 관해 더 배우게 된다. 예를 들어, 사회복지사의 클라이언트가 청소년이라면 사회복지사는 인간 발달 단계 중 청소년에 관해 무엇을 더 알아야 할까? 취약하거나 억압받는 집단의 일원인 클라이언트를 도울 때, 사회복지사는 편견이나 차별이 이들이나 가족의 일상생활에 어떤 영향을 미치는지 더 잘 이해하고 싶을 것이다. 또한 사회복지사는 특정 클라이언트의 삶에 큰 부분을 차지하는 종교에 관한 정보가 필요할 수도 있다.

다행히, 다양한 인간문제 — 질병, 장애, 사회적 문제, 다양한 인구집단 — 에 관한 많은 정보를 이제 온라인에서 이용할 수 있다. 또한 여러 검색엔진을 통해 관련 웹사이트로 쉽게 접속할 수도 있다. 또한 추가적으로 사회복지저널이나 교재, 혹은 특정 조건이나 사회적 문제, 이슈에 초점을 맞추는 조직에서 발간하는 자료도 있다.

증거기반 실천을 할 경우, 클라이언트가 필요한 변화를 만들어 가도록 돕는 여러 접근과 관련해 사용할 수 있는 가장 신뢰할 만할 정보, 즉 증거기반의 개입이 포함된다. 하지만 어느 접근법이 가장 적절한지 어떻게 판단할 수 있을까? 이 질문에 답하기 위해 여러 전문가는 '최선의 실천' 연구에 착수하기 시작했는데, 이는 다양한 접근법을 특정한 클라이언트 상황이나 클라이언트집단에 적용했을 때 그 성공 비율이 어떤지를 면밀히 분석하는 연구였다. 이러한 정보가 실천의 성공을 보증하지는 못한다. 하지만 사회복지사가 고려해야 하는 접근에 어떤 것들이 있는지는 명확하게 알려 준다. 궁극적으로 중요한 것은 사회복지사의 판단이다.

증거기반 평가는 사회복지사가 개입의 영향을 평가하고 서면화할 의무에 대한 것이다. 예를 들어 사회복지사가 특정한 클라이언트 조건에서 특정 개입이 적절하면서 효과적이라는 증거를 제시하지 않으면, 요양보호를 관리하는 정부기관은 서비스를 위한 비용 지불을 거부할 수 있다. 사회복지사는 특정 개입의 적용을 통해 예측한 변화와 그 결과를 점점 더 명확히 기술하고, 제14장에서 제시하는 것과 같은 경험적 변화의 측정을 수행할 것으로 기대된다.

2. 실천 결정에 관한 비판적 사고

사회복지사의 비판적 사고에 관한 기술 역시 성공적 실천 결과에 필수적이다. **비판적 사고**는 클라이언트, 클라이언트의 조건, 개입의 대안, 클라이언트 변화 증거에 대해 정보의 정확성과 적용 가능성을 사회복지사가 판단하는 데 사용된다. 사회복지사가 특정한 클라이언트나 상황을 만났을 때, 여기에 보통의 접근 방법을 적용하면 되겠다고 예상하는 것만으로는 불충분하다. 이보다는 사회복지사가 이용 가능한 정보를 면밀하게 검토하고 각 클라이언트에게 맞는 최선의 선택을 내릴 수 있도록 시간을 들여 훈련해야 한다. 비판적 사고의 기술은 다음과 같다.

- 핵심용어와 개념을 명확히 정의하고 일관된 방식으로 이용하기
- 정보 출처의 신뢰성을 판별하기
- 적절한 정보와 부적절한 정보를 구별하기
- 확증된 주장·진술과 확증되지 않은 주장·진술을 구별하기
- 진술이나 주장의 정확도를 점검하기
- 통계의 적절한 사용과 부적절한 사용을 인식하기
- 정서, 감정, 사고, 논리를 분리하기
- 편향적이고 막연하며 부적절하고 오해를 살 만한 주장을 식별하기
- 주장이나 추론 과정의 논리적 오류나 모순을 인식하기
- 주장이나 결론의 전반적인 강점에 관해 결론에 도달하기

사회복지 분야에서 비판적 사고가 특별히 중요한 이유는 모든 사람이 새로운 경험을 이해하기 위해 추론하는 여러 생각이나 신념의 체계를 개발하기 때문이다. 이러한 준거들이나 개념적 지도가 인간의 사고와 이성에 필수적인 반면, 오류나 편견, 왜곡의 원인이 될 수도 있다. 하지만 비판적 사고를 하는 사람은 모든 생각(가령, 개념이나 이론, 정의)이 만들어지거나 재형성된 것임을 인식한다. 이런 것들은 본래 특정 시점에서 우리의 이해와 판단을 설명하고 기술하도록 구성된 발명품이다. 비판적 사고를 하기 위해서는, 이러한 만들어진 개념이 주제에 관해 '진실'을 나타낼 수 없으며, 틀림없이 불완전하고, 우리가 새로운 경험을 하거나 더 많은 정보를 얻은 후라면 변하기 쉽다는 점을 인정해야 한다.

또한, 비판적 사고는 사실과 가설, 견해와 가치를 구별하는 능력을 요한다. **사실**은 경험적 방법에 의해 독립적으로 확인 가능한 사건이나 상태에 관한 표현이다. 사실이 어느 정도 확실한지는 얼마나 쉽게 확증할 수 있는가에 따라 좌우된다. **가설**이란 주장을 위해 가정하거나 당연한 것으로 받아들여지지만, 사실이 아니거나 부정확할 수 있는 생각이다. **견해**는 다른 신뢰할 만한 해석도 가능하다는 점을 인정하는 상황에서 특정 관점이나 해석을 제시한 것이다. 비판적 사고에 기반을 둔 견해는 몇 가지 사실적 증거를 지니며, 광범위한 경험에 뿌리를 두고 주의 깊은 판단으로부터 유추된다. **가치**는 무엇이 진정 가치가 있고 옳고 그른 것인지, 즉 일이 이뤄져야 하는 방식과 관련한 강력한 믿음이다.

명확히 사고하려고 노력하는 과정에 정보, 지식, 지혜를 구별하는 것이 유용할 수 있다. **정보**라는 용어는 개념, 사실, 견해의 다소 임의적인 집합을 일컫는다. **지식**은 특정 주제와 관련된 적절하고 믿을 만한 정보의 규칙적이며 조리 있는 체계를 말한다. **지혜**란 진정으로 지속될 만한 특징을 지닌 지식과 관찰의 통합이다. 일반적으로 지혜는 광범위한 지식, 주의 깊은 조사, 지속적인 실천 경험에 기초해 추론한 핵심적 사상과 원리이다. 지혜는 지식을 갖추는 것과 동시에 그 지식의 한계를 아는 것을 포함한다. 이러한 구별을 통해 우리는 정보는 많이 보유했지만 실질적 지식이 부족한 경우를 이해할 수 있다. 또한 한 주제에 대해 지식은 풍부해도 지혜가 없을 수 있다는 점도 이해할 수 있다.

비판적 사고를 하는 사람은 자신이 스스로를 속일 수 있다는 점을 자각한다. 우리는 우리가 믿고 싶은 것과 편리한 것, 즉 우리가 믿기 편한 것을 믿는 경우가 너무 많다. 우리는 우리의 예상에 맞지 않는 사실과 생각은 무시하는 경향이 있다. 우리는 반박할 만한 증거가 있다는 사실에 직면할 때조차 우리가 이미 믿고 있는 바를 강하게 고수하는 경우도 많다. 자기기만의 또 다른 측면으로, 우리는 스스로 선호하는 아이디어나 생각, 개인적 의제를 지지해 주는 것을 발견할 때까지 지식을 찾으려는 경향이 있다. 더 나아가 우리의 관점을 반박하는 증거보다 뒷받침할 만한 증거만을 더욱 열심히 찾는 경향이 있다.

무비판적 사고가 발생하는 중요한 요인은 우리가 옳으며 타인도 우리가 옳다고 믿게 하려는 욕망이다. 이런 이유로 우리는 믿는 바에 대해 질문을 받을 때 방어적 태도를 취하는 경우가 많다. 자존감이 약할수록 새로운 사상으로부터 더 많이 위협을 느끼기도 하고, 타인이 제시한 사상을 더욱 무비판적으로 수용하기도 한다. 특히, 믿고 싶은 것에 대한 타인의 생각은 더욱 무비판적으로 받아들인다.

주장에 관해 비판적 사고를 하려면 다음 사항을 고려해야 한다.

목적 (*purpose*)

- 누가 이런 주장을 하는가? 이러한 개인이나 출처는 어느 정도로 신뢰할 가치가 있는가?
- 주장이나 단언을 하는 사람은 왜 내가 믿기를 바라는가?
- 어떤 동기나 상황에서 잘못된 주장을 하는가?
- 이러한 주장이나 단언을 내가 수용할 때 그들은 뭔가를 얻는가?
- 내가 이러한 주장이나 논조에 끌리는 이유는 내가 믿기를 원하거나 몇몇 정서적 욕구를 충족해 주기 때문인가?

증거 (*evidence*)

- 주장을 나타내기 위해 사용한 용어가 명확히 정의되고 설명되는가?
- 주장이나 단언이 사실에 근거하는가? 혹은 견해에 근거하는가, 가치에 근거하는가?
- 주장이나 단언이 고려 중인 문제의 복잡성을 인식하고 있는가? 아니면 주제를 과잉 단순화하거나 피상적으로 이해한 상태에서 나타났는가?

- 주장을 뒷받침하기 위해 이용한 사실이나 모습이 정확하고 완벽한가? 적절한 사실이 생략되거나 왜곡되지 않았는가?

해석 (*interpretation*)
- 사실이나 모습이 다른 방식으로 해석되거나 다른 의미를 지닐 수 있는가?
- 핵심질문에 대한 초점을 흐리거나 혼란을 일으키기 위해 주장에 관계없거나 과장된 사실이 첨가되었는가?
- 주장이나 단언이 독립적 확증, 객관적 관찰, 과학적 연구에 따르는 방식으로 진술되고 틀이 갖춰졌는가? 연구는 편견으로부터 가능한 자유로운가? 연구는 반복돼 왔는가?

'최선의 실천'을 위한 문헌 탐구와 비판적 사고가 특히 중요한 경우는, 특수한 상황에서 비전통적인 개입(리버싱, 아로마 요법, 수정 요법과 같은)이 요청되거나 제안될 때이다. 사회복지사는 일단 이것이 타당한 접근법인지 결정하고, 해당 클라이언트와 사회복지사에게 그 접근법의 효과성과 위험성에 관해 정보에 기반을 두고 판단해야 한다. 사회복지사는 개입이나 치료법이 클라이언트의 문제와 상황에 가장 효과적이며 적절하다는 점을 입증하지 못할 경우, 부적절한 치료로 인해 고소를 당할 위험성이 커진다 (항목 16.6 참조).

사용 가능한 최선의 증거에 따라 자기 훈련을 하고 그 정보에 대해 비판적으로 사고하는 것이 책임성 있고 윤리적인 실천의 가장 근본이 된다. 비판적 사고는 단독적으로 나타나지 않는다. 비판적 사고는 동료나 슈퍼바이저와 함께 활용 가능한 정보에 대해 논의하면서 강화된다.

3. 계획된 변화 과정의 지침

변화는 불가피하다. 인간과 인간에 의해 창조된 모든 사회체계는 항상 변화하는 환경에 적응하고 순응하면서 바뀌어 간다. 개인과 가족이 경험하는 많은 변화는 생물학적 성장이나 노화와 같은 자연적인 결과에 따라 일어나거나, 직업 선택, 특정한 학교 출석, 배우자나 파트너 선택, 출산, 이혼과 같은 개인의 선택에 따라 발생한다. 또한 사람들은 질병, 사고, 상해, 자연재해나 세계경제 추세 혹은 전쟁과 같은 사건으로 인한 변화를 겪기도 한다. 이러한 사건이나 경험은 사람들이 생각하고 느끼고 행동하는 방식을 변화시키며 그들이 가진 선택권이나 기회를 제한하거나 확대할 수 있다.

비록 개인, 가족, 집단, 조직이 경험하는 많은 변화가 계획되지 않거나 의도하지 않거나 환영받지 못하더라도, 어떤 변화는 개인이나 집단의 노력을 통해 계획적으로 선택되고 달성될 수도 있다. 이를 계획된 변화라 부른다. 사회복지 실천에서는 클라이언트가 계획된 변화를 가져오도록 돕는 전문가의 노력을 **개입**이라고 칭한다. 개입은 클라이언트의 사회적 기능이나 안녕을 향상하기 위해 사회복지사가 일시적으로 클라이언트의 삶, 생각과 결정에 들어가 몇몇 구체적 상황이나 행동 패턴, 특별한 조건을 바꾸도록 고안됐다.

개입이나 **계획된 변화**를 정확히 표현한다면 **과정**, 즉 구체적 목표를 향한 계획된 일련의 행동이라 할 수 있다. 그러나 과정이라는 용어를 한 번 시작된 변화가 저절로 진행되어 예측 가능한 길을 따라 목표에 도달하는 것을 의미한다고 해석해서는 안 된다. 실은 그 정반대이다. 변화는 복합적인 성격을 가지기 때문에 이를 위한 노력은 쉽게 저지될 수 있고 목표를 위한 행동 또한 쉽게 실패할 수 있다.

계획된 변화 노력은 어떤 의미에서는 과학실험과 비슷하다. 사회복지사는 지식과 실질적 가정에 근거해 구체적인 단계를 밟고, 만약 변화가 일어났다면 그것이 어떤지를 관찰한다. 그러나 개입의 결과는 일반적으로 긍정적일 수도 부정적일 수도 있다.

계획됐고 자발적이라 할지라도, 변화는 사회복지사와 클라이언트에게 시간과 노력을 많이 요구하는 어려운 일이다. 결과적으로 어느 정도의 정서적 부담과 **주저함**(reluctance)이 나타날 수 있다. 변화를 촉진하는 사회복지사는 이런 주저함과 갈등에 준비되어 있어야 하며, 클라이언트의 공포, 좌절, 분노의 표현에도 익숙해야 한다.

변화에 대한 **저항**(resistance)은 모든 인간과 사회체계의 특성이다. 체계는 원래 현상을 유지하려는 경향이 있기 때문에 변화에 저항하거나 거부한다. 특히, 변화가 급격하거나 익숙한 패턴을 흔들 때 저항하거나 거부한다. 사회복지사는 이런 저항을 사전에 예측하고 그에 대비할 수 있어야 하며, 이는 클라이언트가 변화하고자 하는 강한 욕구를 보였을 때도 예외가 아니다.

저항과 밀접하게 관련된 것으로 양가감정이 있다. **양가감정**(ambivalence)이란 특정한 변화를 원하는 것과 동시에 원하지 않는 상황을 말한다. 예를 들어 학대받는 배우자는 자신을 학대하는 배우자 곁을 떠나기를 원하지만, 이와 동시에 결혼했기 때문에 지니고 있던 경제적 안정을 잃는 위험을 원하지 않기도 한다. 이런 클라이언트는 오히려 변화와는 정반대 방향으로 이끌어질 수 있고, 상황을 변화시키려는 결정을 내릴 수 없거나 동기화가 이뤄지지 않기도 한다.

사회복지활동에서 또 하나 중요한 것은 변화에 따르는 **위험**과 **보상**에 대한 클라이언트의 인식이다. 만약 잠재적인 보상이 위험보다 훨씬 크다면, 대부분의 클라이언트는 변화를 시도할 것이다. 이와 달리, 변화가 높은 위험을 수반하면서도 보상이 적거나 불확실하다면 대부분의 클라이언트는 변화 과정에 참여하기를 꺼려할 것이다.

전문가든 아니든 누구나 다른 사람을 변화하도록 만들 수는 없다. 최종적으로 원하는 변화를 만들고 창출하는 것은 클라이언트 자신이다. 그러나 중요한 변화가 단독적으로 달성되는 경우는 거의 없다. 변화는 대부분 다른 사람의 도움, 원조, 지지를 필요로 하기 마련이다.

변화의 성공 여부는 사람의 변화하려는 동기, 변화를 위한 능력, 변화하려는 기회에 크게 좌우된다. **동기**는 특정 행동을 취하려는 준비 상태이며, 개선하려는 희망과 불편함을 피하려는 욕망 사이의 균형을 나타낸다. 클라이언트가 변화가 진정으로 가능하다고 믿는다면(희망의 유인), 그리고 현재 상황을 충분히 불편해하고 불만족스러워한다면(불편함의 축출), 클라이언트는 바람직한 변화를 지향해 행동할 것이다. 한 클라이언트의 동기화 수준은 시간에 따라 혹은 상황에 따라 매우 다양하게 달라질 수 있다. 그러므로 클라이언트의 동기에 대해 의미 있는 사정을 하려면, 그의 개인적 상태나 성격보다는 어떤 구체적인 목표나 활동에 더 초점을 두어야 한다.

변화를 위한 사람의 **능력**(*capacity*)은 클라이언트나 클라이언트 환경의 다른 사람을 변화 과정으로 유도하는 재능과 자원을 나타낸다. 여기에는 시간, 에너지, 지식, 자기 훈련, 낙관성, 자기 확신, 의사소통 기술, 문제 해결 기술, 돈, 정치적 권력 등이 포함된다. 변화 유형이 바뀌면 다른 능력을 필요로 한다. 예를 들어 치료집단에 참여해 과업을 성공적으로 수행하는 데 필요한 능력은 10대 자녀와 효과적으로 의사소통을 하는 데 필요한 능력이지만, 만성질병에 적응하는 데 필요한 능력과는 크게 다르다.

또한 변화를 위해서는 **기회**(*opportunity*)가 있어야 한다. 기회란 긍정적 변화를 유도하고 지지하는 클라이언트의 즉각적인 환경 내에 있는 다양한 조건 상태를 말한다. 예를 들면 직업을 구하고 어려움에서 벗어나기를 원하는, 보호관찰을 받는 청년의 상황을 고려해 보자. 그의 사회적 환경은 가족, 또래집단, 이웃, 법률기관 등이 해당된다. 또한 그의 일상생활은 커뮤니티의 태도, 가능한 직업과 경제적 조건, 다른 사회적 압력 등에 영향을 받는다. 이 모든 영향력이 청년이 직업을 구하고 어려움에서 벗어날 수 있는지에 결정적이다.

사회복지사는 변화 과정의 촉진자로서 클라이언트의 동기, 능력, 기회에 더해 자신의 전문적 자원과 지식을 추가한다. 사회복지사의 역할은 동기를 증대하고 능력을 확대하며, 변화의 기회를 창출하기 위해 계획된 행동을 취하고, 지식과 기술을 적용하는 것이라고 개념화할 수 있다.

4. 계획된 변화의 맥락

사회복지사의 클라이언트가 개인, 가족, 집단, 조직, 커뮤니티 등 무엇이든지 간에 클라이언트의 관심사나 문제는 언제나 폭넓은 영역에 걸쳐 존재한다. 많은 사회적, 경제적, 문화적, 법적, 그리고 정치적 요소가 클라이언트의 기능 수행에 영향을 미치기 마련이다. 그러나 이 요인의 대부분은 클라이언트나 사회복지사의 통제 밖에 있다. 현실적으로 클라이언트와 사회복지사는 전체적인 상황 중 실제로 변화시킬 수 있는 것에만 초점을 둘 필요가 있다.

계획된 변화의 과정에 대해 좀더 설명해 보자. **클라이언트의 상황**이라는 용어는 계획된 변화 노력의 초점인 클라이언트의 총체적 존재감, 그의 경험, 그가 처한 상황 등을 묘사하는 데 쓰이곤 했다. 이 중, **관찰된 상황**(객관적인 상황)은 클라이언트의 환경에 있는 사람들이 관찰한 클라이언트의 상황이다. 이는 일반적으로 이해할 만한 용어와 카테고리, 분류를 사용해 전문가가 표현한 것일 수도 있다. 반대로, **지각된 상황**(주관적인 상황)은 클라이언트가 느끼고 주관적으로 해석한 상황이다. 지각된 상황은 클라이언트의 희망, 두려움, 욕구와 염원, 그리고 보통 클라이언트의 삶과 경험을 반영한다. 클라이언트가 지각한 상황은 사회복지사나 클라이언트의 환경에 있는 다른 사람이 보는 클라이언트의 상황과 매우 다를 수 있다.

클라이언트의 지각된 상황이 변화 과정에 중요한 이유는 사회복지 격언인 "클라이언트가 있는 곳에서부터 시작하라"에서 드러난다. 변화는 사회복지사가 클라이언트의 관심사와 상황을 클라이언트의 주관적 관점에서 이해하는 것으로부터 시작된다. 이러한 주관적인 요소─클라이언트의 심오하고 독특한 개인적 생각과 감정─는 주어진 개입에 대한 클라이언트의 반응을 예측하기 어렵게 한다.

계획된 변화에 대한 맥락적이고 상황적인 국면을 깨닫는다면 사회복지실천을 위한 몇 가지 근본적 지침이 부각된다.

(1) 사회복지사는 클라이언트가 정의하고 인식하고 경험한 문제나 관심사에 일차적인 관심을 두어야 한다.

(2) 사회복지사는 클라이언트에게 아주 즉각적이고 직접적으로 영향을 미치는 클라이언트 환경과 상황의 측면에 일차적으로 초점을 두어야 한다.

(3) 클라이언트 그리고(또는) 사회복지사는 일정 정도 통제하거나 영향을 미칠 수 있는 상황의 측면을 관심사로 제기해야 한다.

(4) 사회복지사는 클라이언트에게 영향을 미치는 여러 힘을 알아야 한다. 그러나 이러한 힘의 실제적인 영향이 적어도 부분적으로는 클라이언트의 주관적 해석에 의존한다는 것을 이해해야 한다.

(5) 클라이언트 관심의 특성, 클라이언트의 상황에 대한 해석, 그리고 클라이언트가 하기 원하는 것, 클라이언트가 성과로서 현실적으로 기대하는 것에 기초해 사회복지사는 하나 혹은 그 이상의 수준(개인, 가족, 조직, 커뮤니티 등)에 개입할 준비가 되어 있어야 한다.

(6) 사회복지사는 다양한 기법, 접근 방법, 서비스를 활용할 수 있도록 준비해야 하고, 이 중 어떤 것을 행하건 간에 클라이언트의 현실 인식이나 판단에 비춰 납득할 수 있어야 한다. 클라이언트의 강점처럼 생활에서 이미 작동되던 긍정적 힘에 기초해 접근의 선택이 이뤄져야 하고, 동시에 변화를 방해하는 장벽을 제거하거나 극복하는 것에 접근 선택의 초점을 두어야 한다.

5. 계획된 변화의 행위자를 밝히기

변화를 이끌어 내기 위한 사회복지사의 노력은 보통 수많은 개인, 집단, 조직을 포함해 이뤄진다. 다양한 이해관계자와 효과적으로 일하기 위해 사회복지사는 각 개입의 목적과 목표를 명확하게 알고 변화 과정에 참여하는 수많은 행동인자 각각이 무엇을 기대하는지를 정확하게 알아야 한다. 핀커스와 미나한(Pincus & Minahan, 1973)이 제안한 개념을 인용해 다양한 행위자를 구별하는 다음의 전문용어를 제시한다.

- **변화매개체계:** 사회복지사와 기관
- **클라이언트체계:** 사회복지사나 기관에게 서비스를 요청했고, 사회복지사의 활동으로 이득을 얻을 것으로 기대되는 개인, 집단 혹은 조직
- **표적체계:** 클라이언트체계가 이득을 보고 문제를 극복하기 위해 변화의 표적이 되는 개인, 집단 혹은 조직
- **행동체계:** 표적체계에 영향을 미치고 클라이언트체계가 원하는 성과 목표를 얻도록 돕기 위해, 변화매개체계(사회복지사 등)가 함께 일해야 하는 모든 사람과 집단, 조직

실천은 전형적으로 클라이언트체계와 변화매개체계가 함께 모여 특정한 클라이언트의 관심사를 해결하기 위한 계약을 맺는 것으로 시작한다. 그들은 변화를 필요로 하는 사람, 집단 또는 조직을 확인한 뒤 변화를 촉진하도록 참여시켜 원조한다. 예를 들어 미혼모(클라이언트체계)는 인간서비스기관에 찾아와 기관 사회복지사(변화매개체계)에게 상담을 받을 수 있다. 여기서 반 아이들에게 놀림을 받아 의기소침해지고 외톨이가 된 열 살짜리 아들을 어떻게 도와주어야 할지를 논의한다. 만약 어머니와 아동 둘 다 변화해야 한다면, 그 둘이 표적체계가 된다. 만약 사회복지사가 아동의 담임교사, 교장, 그리고 학교심리사를 지원 과정에 개입시킨다면 이들은 행동체계의 일부가 된다. 만약 개입이 학교의 다른 아동의 태도 변화를 유도하려 한다면 그들도 표적체계의 일부가 된다.

6. 계획된 변화 과정의 단계

개입이나 계획된 변화는 보통 몇 개의 연속된 단계를 거친다. 각 단계는 바로 그 전의 단계와 이어진다. 각 단계는 사회복지사가 특정한 행동, 정보, 결정이나 성과에 관해 맞추는 초점에 따라 고유성을 갖는다. 만약 사회복지사가 변화 과정을 지도한다면, 각 단계에서 달성해야 할 목표를 상세히 알아야 한다.

변화 과정에 대한 설명은 전문직의 발달 과정에서 사회복지 문헌의 중요한 부분이었다. 메리 리치먼드(Mary Richmond)는 고전적 저서인 《사회진단》(Social Diagnosis, 1917)에서 사람을 원조하는 과정에 필요한 몇 가지 단계를 설명했다. 40년 뒤 헬렌 펄먼(Helen Perlman, 1957)은 저서에서 주요 3단계로 이뤄진 문제 해결 과정으로 원조 과정을 설명함으로써 동일한 주제를 강조했다. 이를 살펴보면 첫째, 문제의 사실을 확인하고 명확히 하는 **조사**에서 시작하며, 둘째, 사실을 분석하고 결론을 내리는 **진단**을 하고, 셋째, 문제를 해결하기 위해 조처를 취하고 선택을 하는 **치료**의 3단계이다. 이후 여러 저자가 이러한 단계를 더욱 구체적인 단위로 세분해 자세히 설명했으며, 다양한 규모의 클라이언트체계와 다양한 원조 방법을 사용해 접근하는 것을 적용해 보여 주었다. **계획된 변화 과정의 요**

그림 7-1 계획된 변화 과정의 단계

접수와 관여	자료 수집과 사정	계획과 계약	개입과 점검	최종 평가와 종결
• 관계를 시작한다. • 클라이언트의 관심이나 문제를 확인하고 정의한다. • 서비스의 자격 요건을 결정한다.	• 정보를 수집하고 문제나 상황을 '조사'한다. • 변할 수 있는 것, 변해야 하는 것, 변화될 수 있는 방법을 결정한다.	• 목표를 설정한다. • 가능한 전략을 평가한다. • 개입 계획에 동의한다. • 누가 무엇을 하고 언제까지 할 것인지 결정한다.	• 계획을 수행한다. • 진행사항을 점검한다. • 만약 원하는 결과를 달성하지 못하면 계획을 수정한다.	• 전반적인 진전을 평가한다. • 관계를 종결한다. • 어떻게 서비스와 프로그램을 개선할지 기관에 피드백한다.

시작 → ... → 종결

소는 전형적으로 다음을 포함한다.

• 클라이언트의 관심사, 어려운 상황, 문제를 확인하고 정의하며 묘사한다.
• 클라이언트의 관심사나 상황, 맥락을 더 잘 이해하기 위해 필요한 자료를 수집한다.
• 관심사나 상황을 사정 및 분석하고, 변화가 필요한 것, 변할 수 있는 것이 어떻게 변할 수 있는지를 결정한다.
• 계획된 변화 과정을 통해 달성될 목적과 목표를 확인하고 합의한다.
• 목적과 목표를 달성하기 위해 관련된 현실적인 계획을 세운다.
• 계획에 기초해 행동한다(개입의 수행).
• 개입 과정을 점검하고, 원하는 결과를 달성했는지 확인한다. 만약 달성하지 못했다면 계획을 수정하고 다시 시도한다.
• 목적과 목표를 달성했다면 개입을 종결하고, 앞으로의 실천 활동에 정보를 줄 수 있도록 변화 과정을 평가한다.

이 단계들의 논리적인 진행은 변화 과정을 단선적이며 단계적인 활동으로 보이게 한다. 그러나 실제 변화가 순서에 따라 이렇게 단선적으로 진행되는 경우는 드물다. 이보다는 나선형의 형태로, 이전 단계로 계속적으로 되돌아가거나 다양한 활동과 과제를 반복하기도 한다(〈그림 7-1〉 참조). 각 단계에서 사회복지사는 미래의 단계와 과제, 활동을 예측하고 그 달성을 위해 기반을 다져 둔다.

사회복지사는 각 단계의 과제 성취를 위해 조금씩 다른 기술을 사용하기 때문에 지금 클라이언트가 계획된 변화 과정의 어디에 있는지 아는 것이 중요하다. 한 단계에서 효과적이었던 것이 다른 단계에서는 효과가 없거나 심지어는 역효과를 초래할 수도 있다. 예를 들어 자신이 아동을 훈육하는 방법이 잘못됐거나 해로운 점이 있는지(즉, 자료 수집과 사정) 아직 결론짓지도 않은 채 학대 어머니에게 분노조절 그룹에 참여하라고 제안하는 것(즉, 계획과 계약)은 그릇된 일이다.

7. 결론

인간의 상호작용과 사회적 조건을 변화시키고 사람의 안녕을 증진하기 위한 변화 능력에 대한 신념은 사회복지실천의 핵심이다. 이 긍정적 변화에 대한 잠재력의 믿음은 단순한 희망 이상이다. 계획된 변화 활동이 성공적일 수 있다는 근본적인 믿음이다.

계획된 변화 과정으로 인도할 때 사회복지사는 몇 가지 상당히 중요한 기여를 해야 한다. 사회복지사는 변화에 필요한 모든 과정을 이해하고, 몇 가지의 단계를 통해 클라이언트를 안내해야 하며, 각 단계를 완수하는 데 중요한 결정이나 행동을 확실하게 끝마쳐야 한다. 또한 사회복지사는 클라이언트가 정상적으로 과정을 마치지 못할 것 같은지를 비판적으로 통찰해야 한다. 이는 증거기반 사정(*evidence-base assessment*)을 추구하고 관여하는 것을 포함한다. 즉, 클라이언트의 특성에 관한 문헌에서 찾은 최선의 증거와 실천 상황에서 제기된 이

슈에 관한 증거, 그리고 이 두 가지 요인 사이의 관계에 의지한다는 점에서 그러하다. 덧붙여 사회복지사는 클라이언트의 상황에서 활용될 '최선의 실천'을 연구해야 하고(증거기반 개입), 그 접근의 사용에서 유능해야 하거나 혹은 유능한 다른 사회복지사에게 의뢰할 수 있는 기술이 있어야 한다. 마지막으로, 이러한 과정 동안 클라이언트를 성공적 실천 결과의 가능성을 높이기 위한 의사 결정으로 이끌기 위해 사회복지사는 비판적인 사고를 해야 하고 상황에서의 진전을 점검해야 한다.

〈그림 7-1〉이 보여 주는 계획된 변화 과정의 다섯 가지 단계는 이 책의 구성에서도 중요한 부분을 차지한다. 왜냐하면 다섯 가지 단계는 실천이 진행되며 완수되어야 할 활동을 반영하기 때문이다. 따라서 각 단계에서 가장 도움이 될 만한 기법과 지침을 확인할 수 있게 해준다. 10장에서부터 14장까지는 100여 개 이상의 실천기술과 지침이 제시돼 있다. 각 단계에서 해야 할 일에 대한 서술은 각 장의 도입부에 제시했다. 그리고 다양한 지침과 기술 항목을 클라이언트에게 직접 제공하는 서비스에 활용할 수 있는 것과 사회복지사가 수행하는 간접적인 실천 활동에 도움이 되는 것으로 나눠 서술했다.

참고문헌

Drisko, J. & Grady, M. (2012). *Evidence-Based Practice in Clinical Social Work.* NY: Springer.

Glissen, C. A., Dulmus, C. N., & Sowers, K. M. (eds.) (2012). *Social Work Practice with Groups, Communities, and Organizations: Evidence-Based Assessments and Interventions.* NJ: Wiley.

Holosko, M. J., Dulmus, C. N., & Sowers, K. M. (eds.) (2013). *Social Work Practice with Individuals and Families: Evidence-Informed Assessments and Interventions.* NJ: Wiley.

National Association of Social Workers (1999). *Code of Ethics.* Washington, DC: NASW.

Orme, J. G. & Combs-Orme, T. (2012). *Outcome-Informed Evidence-Based Practice.* NJ: Person.

Perlman, H. (1957). *Social Casework: A Problem-Solving Process.* CA: University of Chicago Press.

Pincus, A. & Minahan, A. (1973). *Social Work Practice: Model and Method.* IL: F. E. Peacock.

Richmond, M. (1917). *Social Diagnosis.* NY: Russell Sage Foundation.

Roberts-DeGennaro, M. & Fogel, S. J. (Eds.) (2011). *Using Evidence to Inform Practice for Community and Organizational Change.* IL: Lyceum.

Rutter, L. & Brown, K. (2012). *Critical Thinking and Professional Judgment for Social Work* (3rd ed.). CA: Sage.

Thyer, B. A., Dulmas, C. N., & Sowers, K. M. (2013). *Developing Evidence-Based Generalist Practice Skills.* NY: Wiley.

제 3 부

모든 사회복지실천에서 공통적인 기술

3부에 있는 두 개의 장은 클라이언트의 유형이나 기관 현장의 종류와 관계없이 모든 사회복지실천에서 기본적으로 필요한 기법과 지침에 초점을 둔다. 이 내용은 4부와 5부에서 논의될 더 전문화된 기법과 지침의 이해와 적용에 대한 기초를 제공한다.

어떤 실천 현장에서든지 사회복지사는 능숙하게 의사소통하고 관계를 발달시킬 수 있어야 한다. 따라서 몇 개의 항목에서는 효과적인 의사소통과 관계 형성에 대한 기술과 도구에 초점을 두었다. 많은 사례를 직접적 서비스에서 도출했지만, 대부분의 기법은 조직이나 커뮤니티와 활동할 때도 적용 가능하다.

신참 사회복지사는 부딪치는 시간적 압력이나 서류 작업에 적절하게 대처할 수 있도록 준비되어 있는 경우가 드물다. 3부의 항목은 클라이언트 기록 유지, 보고서 작성, 시간 관리, 업무량 관리에 관한 정보를 제공한다. 사회복지에서 컴퓨터 활용이 늘어나고 있으므로, 사회복지사는 최소한 정보화 기술의 기초나 온라인 자원에 대한 접근법을 알고 있어야 한다.

사회복지는 스트레스가 심한 직업일 수 있으므로 사회복지사는 스트레스 관리의 원리를 적용할 수 있어야 한다. 직업 경력을 통해 사회복지사는 지속적으로 배우고 전문가로 성장해야 한다. 이러한 과제를 달성할 수 있느냐에 따라 사회복지사가 사회복지 세계에서 성공할 수 있는지 결정될 수도 있다.

제 8 장

기본적 의사소통과 원조기술

학습목표

• 효과적인 원조관계의 품질과 특성을 확인한다.

• 언어적 메시지가 정확히 의사소통되는지 확인한다.

• 대면적 의사소통에서 비언어적 행동의 중요성을 묘사한다.

• 사회복지사가 클라이언트와의 면접에서 사용할 수 있는 몇 가지 원조기술을 목록화하고 묘사한다.

• 인간의 정서가 행동에 미치는 영향력을 인식한다.

• 자기 보호적이고 저항하며 방어적인 클라이언트를 다룰 때, 도움이 될 수 있는 몇 가지 면접 기법을 확인한다.

• 사회복지사가 실천 현장에서 문화적 유능성을 보여주는 예를 묘사한다.

이 장에서는 사회복지 의사소통과 관계 형성에서 '기본'이라 할 수 있는 것을 다룬다. 클라이언트가 개인이나 가족, 소집단이든 혹은 조직이나 커뮤니티이든 관계없이 모든 클라이언트에게 사용되는 일반적 의사소통과 기본적 원조기술에 초점을 둔다.

사회복지사의 상호작용 목적이 무엇인가에 따라 사회복지사가 발달하고자 하는 관계와 클라이언트에게 전달되는 메시지의 유형이 결정된다. 개인이나 가족에게 직접적 서비스(사례관리나 상담 등)를 제공하는 사회복지사는 원조 과정에 긍정적인 영향을 미치는 관계를 발달시키려 한다. 이러한 것에는 수용, 감정 이입, 온화함, 진실성이 있다. 이와는 대조적으로, 이사회나 계획위원회와 상호작용하는 간접적 서비스 영역에서의 사회복지사는 다소 공식적인 관계를 발달시킨다. 의사소통에도 정확성, 간결성 그리고 과제 지향적인 특성이 있다.

기본적으로 **의사소통**이란 한 개인이 다른 사람에게 의도적이건 아니건 정보를 전달하는 과정을 뜻한다. 의사소통은 행동의 한 형태이지만 모든 행동이 다 의사소통은 아니다. 누군가가 다른 사람의 언어적 혹은 비언어적 행동에 담긴 메시지에 의미를 부여할 때 의사소통이 발생한다. 의사소통은 기본적으로 수신자를 중심으로 하는 현상이다. 송신자가 무엇을 말했거나 혹은 전달하려고 의도했는가에 관계없이, 그 말이나 몸짓에 의미를 부여하는 것은 수신자이기 때문이다.

우리는 의사소통에 본질적으로 한계와 복잡성이 있음을 인식해야 한다. 각 개인의 독특한 인성과 삶의 경험은 메시지가 전달되고 수신되는 방법에 영향을 미치며, 이에 따라 다양한 사고구조와 인식에서의 여과 장치를 사람마다 특색 있게 발달시킨다. 그러므로 인간은 다른 사람이 간과한 메시지를 인식할 수도 있고, 누군가에게는 매우 중요한 메시지가 다른 사람에게는 중요하지 않은 것으로 보일 수도 있다.

의사소통은 대부분의 경우 말을 사용한다. 하지만 말은 단지 상징일 뿐이다. 신념체계, 인생 경험, 추상적 사고력, 사용되는 언어에 대한 친숙도 등에 따라 말은 사람마다 다소 다른 의미를 가질 수도 있다. 말은 문자 그대로의 사전적이고 외연적인 측면과 아울러 함축적이고 내포적인 측면도 가진다. 그러므로 단어나 구절 혹은 비언어적 몸짓의 의미는 누가 사용하는지, 사회적·상황적 맥락이 어떤지에 따라 달라질 수 있다.

의사소통은 육체적 감각기능(시력과 청력)과 두뇌의 인지적 활동에 좌우된다. 여기에는 **주의집중**(*attention*: 다른 것들은 무시하면서 특정한 자극에 집중), **지각**(*perception*: 감각기관에 포착된 자극을 해석하기 위해 유형을 인식하고 감각기억을 활용), **기억**(*memory*: 시간의 흐름에 따라 정보를 보관), **언어**(*language*: 구두, 문자화된 언어와 상징을 해석하고 표현하고 기억), **개념화**(*conceptualization*: 정보와 아이디어를 범주화), **추론**(*reasoning*: 정보로부터 결론을 도출), **의사결정**(*decision making*: 예측에 기반을 두고 선택) 등 다양한 요소가 포함된다. 이 인지 과정은 서로 연관되고 중첩돼 있다. 청력 상실처럼 감각이 손상되거나 두뇌가 손상되면 의사소통의 능력은 어느 정도 제한된다.

사람의 의사소통에 영향을 미치는 가장 중요한 요인 중 하나는 **자기개념**(*self-concept*), 즉 다른 사람과의 관계에서 스스로를 어떻게 정의하고 바라보는가 하는 것이다(항목 11. 10 참조). 사람들의 자기 인식은 어떻게 메시지를 이해하고 해석하는지에 영향을 미칠 수 있다. 예를 들어, 열등감이 심한 사람은 방어적일 수 있고 솔직하게 이야기하거나 다른 사람의 말을 주의 깊게 듣는 것이 어렵다. 방어적인 사람은 지시, 교육, 건설적 비판 등을 받아들이기 어렵다.

메시지를 정확하게 주고받는 능력은 감정 상태나 기대 등에 의해서도 왜곡될 수 있다. 흔히 우리는 듣고 싶은 것, 듣기를 예상하던 것을 듣는 경향이 있다. 우리는 정서적 불편함이나 내적 갈등을 피하기 위해 메시지를 무의식적으로 종종 왜곡한다. 또한 특정한 성격장애를 가진 사람은 그 특성상 자기만족적인 유형으로 메시지를 왜곡하는 경향이 있다(항목 15.13 참조).

의사소통이 명확하게 이뤄지지 않는 것은 가족과 조직에서 발생하는 여러 문제의 공통 원인이다. 일반적으로 의사소통의 문제는 다음과 같은 상황에서 발생한다.

- 다른 사람이 스스로 말하게 두지 않고, 우리가 대신 말할 때
- 지시나 위협, 설교, 판단, 비난, 비웃음 등으로 다른 사람의 의사소통을 억누를 때
- 다른 사람이 말하는 것을 해석하면서 그에 대한 편견이 영향을 미치도록 방치할 때
- 진정으로 경청하기 위해 시간과 노력을 기울이지 않을 때
- 다른 사람이 반대하는 것이 싫고 갈등이 나타나는 것도 싫어서 솔직하게 사실을 이야기하지 않을 때
- 우리가 생각하는 것을 남들이 이미 알고 있는 것 같을 때

8.1 효과적인 원조관계의 창출

전문적 관계의 본질은 사회복지사와 클라이언트 간 만남의 이유, 클라이언트의 관심사나 요청 사항, 기관의 프로그램과 절차, 사회복지사가 활용하는 실천 준거틀에 의해 형성된다. 사회복지사와 클라이언트 간의 긍정적인 관계는 변화를 일으키기 위한 필요조건이지만 그 자체만으로 충분조건은 아니다. 구체적 기법의 적용 또한 필요하다. 긍정적인 관계가 없다면 변화는 일어나기 어렵다. 긍정적인 관계가 있어야 다양한 개입 기법이 좀더 의도했던 결과를 나타낼 수 있다.

사회복지사와 클라이언트가 만날 때마다 일정한 유형의 관계가 발전된다. 이러한 관계는 사회복지사의 말이나 행동에 대한 클라이언트의 해석에 따라 긍정적일 수도 부정적일 수도 있다. 사회복지사는 긍정적인 관계가 일어나도록 '만들' 수는 없지만, 대다수의 클라이언트가 도움이 된다고 느낄 만한 유형의 전문가가 되려고 노력한다. 긍정적이고 효과적인 원조관계는 긴장 없이는 만들어질 수 없음에 유의해야 한다. 변화는 어렵고 저항도 발생하므로 변화를 지향하는 관계는 클라이언트와 사회복지사 양자 모두에게 다소 스트레스가 생기고 힘든 일이다.

도움을 주는 치료적 관계는 여러 가지의 특징이 있다. 이러한 관계의 가장 핵심에는 **인간보호**(*human caring*)가 있다. 사회복지사는 진정으로 자신의 클라이언트를 돌보아야 한다. 클라이언트는 사회복지사가 지식이 충분하기를 기대하지만, 사회복지사가 진실로 자신을 돌보아 주고 있음을 확신해야 사회복지사의 지식에 주의를 기울일 것이다. **신뢰**(*trust*)는 늘 관계의 핵심이다. 클라이언트가 사회복지사를 신뢰할 때, 사회복지사의 통합성, 능력, 특성에 대해 믿음과 확신을 가질 것이다. 신뢰는 사회복지사가 믿음직하고 의지할 만하고 유능하다는 것을 클라이언트가 경험했을 때 발달한다.

감정 이입(*empathy*)은 사회복지사가 클라이언트의 생각과 느낌의 내적 경험을 지각하는 능력이다. 감정 이입은 클라이언트의 입장이 되는

것이자 클라이언트의 관점에서 사물을 보는 것이다. 감정 이입은 클라이언트에게 주의를 집중하는 것, 사회복지사가 클라이언트의 느낌과 지각을 이해하고 있음을 보여 주기 위해 적극적 경청의 기법을 적용하는 것 등을 통해 전달된다 (항목 8.4와 8.6 참조).

무조건적 긍정적 고려(unconditional positive regard)란 모든 클라이언트가 본질적으로 가치 있는 존재이며, 외모나 행동, 환경, 혹은 클라이언트가 과거에 무엇을 했고 면접 도중 어떻게 행동하는지에 관계없이 존엄하게 대우받아야 한다는 사회복지사의 관점이다. 무조건적이라는 말은 클라이언트가 그들의 재산 때문이 아니라, 단지 인간이기 때문에 공정하고 사려 깊은 처우를 받아야 한다는 인식을 전달한다는 뜻이다.

무조건적 긍정적 고려는 사회복지사가 클라이언트와의 일에서 **비심판적 태도**(nonjudgmental attitude)를 유지해야만 한다는 충고와 밀접하게 관련된다. 클라이언트가 사회복지사로부터 심판받는다고 느끼면, 전문적 원조관계에 방어적인 태도를 보이거나 스스로를 철회하려 할 것이다. 따라서 클라이언트의 긍정적 변화를 촉진하고 원조 활동에 도움이 되기 위해서는 사회복지사가 전문적 관계 내에서 도덕적 판단을 유보할 수 있어야 한다. 당연히 이는 매우 어려운 일이다. 예를 들어 사회복지사는 아동을 학대하거나 살인 혹은 성범죄를 저지르는 것과 같이 중요한 가치나 도덕적 원칙을 클라이언트가 위배했을 때 심판적으로 되는 경향이 있다. 사회복지사가 클라이언트에 대해 부정적 감정이 든다면,

전문적 관계를 해치지 않기 위해 자기 훈련을 연습해 보아야 한다.

사회복지사가 비심판적이어야 한다는 말은 클라이언트의 태도, 행동, 기능수행에 대해 전문적이고 객관적인 판단을 하지 말라는 의미가 아니다. 또한 사회복지사가 클라이언트의 파괴적이고 부적절한 행동까지도 받아들이고 용납해야 한다는 것도 아니다. 클라이언트의 부적절하고 파괴적인 행동이 현재의 관심사와 관련된다면, 사회복지사는 이 행동에 직면하고 이에 관해 토론해야 한다. 하지만 그 부적절한 행동을 객관적 방법으로 논의해야 하며 클라이언트와의 싸움이나 언쟁으로 연결해서는 안 된다.

개인적 온화함(personal warmth)이라는 관계에서의 특성은 클라이언트가 안전하고 수용되고 있다고 느끼도록 사회복지사가 반응하는 것이다. 온화함이 없다면 사회복지사의 말은 공허하고 성의 없이 들려서 치료적 효과를 가지지 못할 것이다. 온화함은 대개 말로 전달되지 않으며, 미소와 부드러운 목소리, 편안하고 관심 있는 자세, 적절한 눈 맞춤으로 전달된다.

진실성(genuineness)은 자기 자신이 되는 것이자 사실에 충실한 것이며 '마음으로부터 말하는 것'이다. 진실한 사회복지사는 가식적이지 않고 자발적이며, 말과 행동이 일치한다. 속이지도 않는다. 그러나 진실성이 모든 것에 완전하게 정직해야 한다는 의미는 아니다. 사회복지사는 클라이언트의 욕구나 정서적 상태에 민감해야 한다. 사회복지실천에서 신참자는 자신이 클라이언트와의 관계에서 전문적 역할과 진실성을 동시에 견지할 수 없다는 것을 걱정하곤 한

다. 이런 염려는 전문가 인식에 대한 오해에서 비롯된다. 전문가가 된다는 것은 연기를 한다는 것이나 정형화된 전문가의 이상적인 모습을 모방한다는 것이 아니다. 진정한 전문가는 클라이언트를 돌보고 있고, 지식이 있고, 자기 훈련이 되어 있고, 책임성 있고, 윤리적이고, 그리고 무엇보다도 효과적이어야 한다. 이러한 전문성의 요소와 진실성은 전혀 모순된 것이 아니다.

인간보호, 신뢰, 감정 이입, 긍정적 고려, 개인적 온화함, 진실성에 더해 몇 가지 다른 조건이 원조관계에 중요하다. **구체성**(*concreteness*: 사고와 아이디어를 명확하고 구체화시켜 클라이언트와 의사소통하는 능력), **유능함**(*competence*: 전문적 과제와 활동을 수행하는 면에서의 숙달성), **객관성**(*objectivity*: 중립적 태도로 관점의 차이를 이해하는 능력)이 그것이다.

전문적 관계 형성은 보통 구조화를 통해 향상시킬 수 있다. **구조화**(*structuring*)는 다양한 인간 상호 간의 배치(사회복지사와 클라이언트의 연결 등)와 상징(사회복지사의 복장이나 사무실의 환경 등)이 클라이언트에게 더 매력적이고 신뢰감 있게 받아들여지도록 하는 것을 말한다. 구조화의 사용은 클라이언트가 자신이 존경하고 편안하게 느끼는 사람에게 더욱 영향을 잘 받는다는 전제에 기초한다. 클라이언트와 근본적인 신념이나 생활경험이 비슷한 사람이 그런 경우가 되곤 한다. 따라서 사회복지사는 클라이언트와의 유사성을 찾고 이를 언급하는 것이 유용할 수 있다. 예를 들어 사회복지사는 자신과 클라이언트가 비슷한 연령의 자녀를 두고 있다든가, 둘 다 농장에서 자란 공통적 경험이 있음을 언급할 수 있다.

클라이언트와 사회복지사의 유사성이나 차이점이 원조관계에 중요한 영향을 주는지의 여부는 주로 클라이언트의 기대와 인지의 기능에 달려 있다. 사회복지사와 연령, 인종, 성, 문화 혹은 사회경제적 지위에서 차이가 있는 클라이언트는 몇 가지 관심사나 걱정을 가질 수 있다. 예컨대 사회복지사가 나의 상황, 배경, 생활경험을 이해할 수 있을지, 나 같은 사람을 싫어하지 않을지, 나를 돌보아 주고 내 이해관계를 중요하게 챙길지, 내 문제를 해결할 지식·기술·경험을 가지고 있을지 등이다.

전문성(*expertness*) 혹은 적어도 전문적으로 보이는 것은 원조 과정의 초기 국면에 긍정적 영향을 줄 수 있다. 벽에 걸린 자격증이나 졸업증서, 단정하고 편안한 가구가 배치된 사무실, 적절하고 전문성이 나타나는 의상 등이 그러한 요소이다. 사무실과 접견실은 가능한 한 사적 비밀이 보장되는 느낌이면서도 편안해야 한다. 사생활이나 안락함이 보장되지 않은 공간에서 클라이언트가 사회복지사에게 이야기한다면 사회복지사에 대한 존중감도 사라져 버릴 것이다. 사회복지사는 이러한 요소의 중요성에 주목해야 하지만, 다른 모든 사람처럼 클라이언트도 누구의 영향은 받아들이고 누구의 영향을 받아들이지 않는지에 관해 매우 신중히 결정한다는 점을 기억해야만 한다.

원조관계나 치료관계의 효과성을 감안한다면 전이와 역전이 현상에 대해 인식하는 것이 중요하다. **전이**(*transference*)는 클라이언트가 어떤 동기, 의도, 믿음을 사회복지사에게 투사할 때 발생한다. 그런데 이는 사회복지사와의 관계 실제에서는 근거가 없고, 이보다는 클라이언트가 자신의 부모나 권위자와의 관계처럼 과거 경험에 기초한 열망이나 기대를 반영한다. 전이의 내용은 사랑이나 낭만, 분노, 두려움, 공포, 의존 등의 느낌일 수 있다. 문제가 되는 전이가 사회복지사와 클라이언트 사이에서 발생하고 있다는 지표로는 다음과 같은 예가 있다. 즉, 클라이언트가 과도하게 사회복지사에게 의존할 때, 클라이언트가 사회복지사에게 적대적이거나 사회복지사를 거부하거나 그가 조종적이라고 암시를 줄 때, 사회복지사가 연애관계를 원한다고 클라이언트가 받아들일 때, 전문적 관계에서는 본질적인 통상적·사회적 경계를 클라이언트가 받아들이지 못할 때 등이다.

역전이(*counter transference*) 현상은 클라이언트의 행동이나 의도를 사회복지사가 잘못 해석하면서 정서적 욕구, 열망, 개인사가 작동하는 것을 말한다. 예를 들어, 클라이언트에게서 사회복지사가 부모나 전 배우자, 자신의 자녀 등을 연상했을 때 발생할 수 있다. 사회복지사가 슈퍼비전을 활용하고, 관계를 점검하고, 자기 인식을 위한 지속적인 노력을 기울이면 역전이의 문제를 막을 수 있다(항목 16.3과 16.8 참조).

8.2 언어적 의사소통 기술

사회복지사가 자주 사용하는 의사소통 기술은 크게 두 가지 범주로 구분할 수 있다. 첫째, 대인 상호 간 원조를 촉진하기 위한 것, 둘째,

기관 내, 기관 간, 전문분야 간 정보 교환을 촉진하기 위한 것 등이다. 개인, 가족, 치료집단과의 대면적 활동과 같은 직접적인 실천 활동에서 사용되는 의사소통기술은 항목 8.4에서 소개한다. 여기서는 두 번째 범주의 언어적 기술을 소개한다.

의사소통에는 메시지 송신자와 메시지 수신자 모두가 포함된다. 메시지 송신자는 자신의 메시지를 쉽게 수신되고 이해될 수 있는 방법으로 전달할 책임이 있다. 수신자는 전달자가 의도한 대로 정확하게 메시지를 수신하고 메시지를 왜곡하지 않을 책임이 있다. **메시지를 전달**할 때는 다음의 규칙을 따른다.

• 명확하고 단순한 말을 사용한다. 분명하고 너무 빠르지 않게 말한다.
• 몸짓에 주의한다. 몸짓은 메시지 내용과 일치해야 한다. 적절한 눈 맞춤과 몸짓을 사용한다.
• 너무 많은 정보로 수신자를 압도하지 않는다. 길고 복잡한 메시지는 몇 개의 부분으로 나누어 쉽게 이해되도록 한다.
• 수신자가 잘 이해했는지 알 수 있도록 질문이나 코멘트 등 피드백을 요구한다.

듣는 입장에서 **메시지를 수신**할 때는 다음의 규칙을 기억한다.

• 말하는 것을 멈춘다. 말하는 동안에는 들을 수 없다.
• 메시지 전달자가 편안하게 하고 산만한 요인

을 없앤다.

- 말하는 사람을 참을성 있게 대하고 말을 끊지 않는다.
- 더 잘 이해하기 위해서, 혹은 전달자가 자신의 메시지를 명확히 하도록 돕기 위해서라면 질문한다.

메시지를 계획(*planning a message*)하는 기술은 의사소통할 이야기를 예상하고, 다음과 같은 몇 가지 질문의 답을 통해 메시지를 구조화하는 것이다.

- 이 교환에 어느 정도의 시간을 쓸 수 있는가?
- 메시지를 받는 사람의 주의를 언제, 어디서 가장 잘 집중시킬 수 있는가?
- 메시지의 핵심 내용은 무엇인가?
- 메시지의 어느 부분에 오해의 소지가 있고 혼란스러운가?
- 수신자가 잘 이해하고 받아들일 수 있도록 메시지를 어떻게 조직할 것인가?
- 이 메시지를 전달하는 데 필요한 신뢰성과 지위를 가지고 있는가? 혹은 다른 사람이 이 메시지를 전달해야 하는가?

메시지의 중간 부분은 수신자에 의해 왜곡될 가능성이 높다. 그러므로 메시지의 가장 중요한 부분은 전체의 앞과 끝부분에 두어야 한다.

자신 밝히기(*identifying self*) 기술은 대화와 관련해 당신이 누구이고, 당신의 역할이나 책임이 어떤 것인지 간단하게 묘사하는 것이다. 예를 들어 다음과 같다.

지난번에 만났지만 소개부터 다시 할게요. 저는 메리 존스입니다. 저는 상록가족서비스센터의 사회복지사입니다. 당신의 의사가 알아봐 달라고 부탁해서요. …

의사소통의 목적을 설명(*explaining the purpose of the communication*)하는 기술은 전달자가 메시지의 이유를 언급하는 것이다. 이를 통해 수신자는 메시지를 적절한 맥락 안에서 파악할 수 있다. 예를 들어, 아동복지기관의 사회복지사는 지방검사에게 다음처럼 말할 수 있다.

아시다시피 우리 기관에서는 10살짜리 라이언 존슨을 위탁가정에 보냈습니다. 저는 당신이 언제 라이언을 법원에서 증언하게 하려는지 알고 싶습니다. 학교에 결석을 사전 통보하고, 라이언을 법원까지 데리고 올 교통편을 계획하기 위해 우리에게는 이 정보가 필요합니다.

종종 수신자는 혼란스러워하면서 이를 나타내는 비언어적 의사소통을 보이기도 한다. 이러한 수신자의 비언어적 의사소통에 반응하는 것이 중요하다. **비언어적 의사소통을 염두에 두는 기술**(*following up on nonverbal communication*)이 그러한 시도를 의미한다. 예를 들어 다음과 같다.

존, 내가 약속을 정하는 새로운 기관의 절차에 대해 설명할 때 당신이 좀 혼란스러워 보였어요. 궁금한 점이 있으면 지금 편안하게 질문하세요.

수신자가 메시지에 동의하지 않음을 비언어적 의사소통을 통해 나타낼 때도 비슷하게 이를 염두에 두어 반응하는 시도가 필요하다. 예를 들어 다음과 같다.

제가 제안된 정책 변화에 대해 설명했을 때, 몇몇이 고민하는 걸 볼 수밖에 없었네요. 슈퍼바이저로서 저는 이 제안에 대해 당신들이 어떻게 느끼는지 알고 싶어요. 밥, 애나, 그리고 주디, 이 정책 변화 제안에 대해 의견을 말해 주세요.

불평이나 비판의 메시지의 전달은 더 이상의 의사소통을 하는 데 수신자를 방어적으로 만들거나 차단해 버리기 쉽기 때문에 특히 도전적이다. 나 전달법(I-statement) 혹은 I-message로 불리는 기법은 그런 가능성을 최소화하기 위한 구조화와 표현 방법이다. 나 전달법을 이해하기 위해서는 갈등, 대립, 감정을 상하게 할 때 우리가 '너 전달법'(you-statement)을 사용하고 있음을 인식할 필요가 있다. 예를 들어, "너는 좀더 열심히 공부해야 해", "너는 나를 화나게 해", 혹은 "너는 이기적이고 무례해"라는 식이다. 이러한 너 전달법의 메시지는 전달받는 쪽 사람의 기분을 상하게 하고 반격을 유발하곤 한다.

나 전달법은 세 부분으로 구성된다. 첫째, 특정 행동에 대한 간결하지만 분명한 묘사, 둘째, 그 특정 행동으로 인해 경험된 감정의 묘사, 셋째, 그 행동으로 인해 나타난 메시지 전달자에 미친 명백한 영향의 묘사 등이다. 예를 들어 다음과 같다.

당신이 우리의 예정된 약속에 나타나지 않았을 때(문제가 된 행동), 저는 놀라고 당황했습니다(감정). 왜냐하면 전 다른 클라이언트와 함께해야 할 시간이 필요해서, 기다려야만 하는 것이 좋지 않았거든요(명백한 영향).

나 전달법의 구조는 전달자, 즉 다른 사람의 행동에 당황한 사람이 효과적으로 말할 수 있게 한다. "이것이 나의 관심사다, 너의 이런 행동이 나에게 이러한 영향을 미쳤다, 그리고 그 일로 난 이렇게 느끼고 있다." 나 전달법은 암묵적으로 말한다. "나는 당신이 당신 행동에서 어떤 변화가 필요한지를 결정할 것으로 믿는다." 비난하는 말을 하지 않는 것이 중요하다.

메시지 수신을 검토(checking for message reception) 하는 기술은 남들이 당신의 메시지를 정확하게 수신했는지 확인하기 위해 질문하고 탐색하는 것이다. 예를 들어 다음과 같다.

이번 의제에 필요한 조정 사항을 설명하면서 제 말이 다소 혼란스러웠던 것 같아요. 당신이 이해했는지 알고 싶어요. 당신이 들은 것을 제게 다시 말해 주시겠어요?

수신자 측에서는 **자신의 메시지 수신을 확인**(checking one's receipt of a message) 하는 기술을 사용하는 것이 좋다. 이는 자신이 메시지를 정확하게 받았고 이해했다는 것을 입증하기 위해 탐색과 질문을 사용하는 것이다. 예를 들어 다음과 같다.

이야기를 끝내기 전에 당신이 말한 것을 완전히 이해했는지 확인하고 싶어요. 잠깐 시간을 주시면 제가 당신에게서 들은 것을 말해 볼게요. 오해하는 것 같으면 고쳐 주세요.

질문하는 일은 매우 어렵다. 우리는 자주 초점을 흐릴 수 있는 불필요한 말이나 관계없는 주제를 기본 질문에 첨가해, 질문의 논점을 흐린다. 명확한 답변을 얻기 위해서는 질문이 명확해야 한다. 이것을 **초점화된 질문하기**(*asking a focused question*) 기술이라고 한다. 기관 행정가에게 혼란스러운 질문을 하는 다음의 예시를 고려해볼 필요가 있다.

저는 기관의 새 정책, 특히 위탁보호에 관련된 것, 그리고 그 밖에도 많은 정책에 대해 혼란스럽습니다. 이 지침서는 특이하게 구성되어 있어요. 우리는 실제로 무얼 해야 하죠? 그러니까 새로운 사례를 어떻게 다루어야 합니까? 그리고 우리는 법원이 내린 평가를 어떻게 처리해야 하는 거죠?

여기서는 너무 많은 질문이 동시에 제기되고 또한 대부분이 모호해서 행정가가 이러한 의사소통에서는 명확하게 답변할 수 없다. 훨씬 더 초점화된 질문은 다음과 같다.

기관 지침서 86페이지에 있는 정책에 의문이 있습니다. 위탁아동에 대한 심리적 평가를 요청하기 전에 제가 슈퍼바이저의 서면 승인을 받아야 합니까?

질문에 답변(*answering a question*) 하는 기술은 질문에 대해 직접 부합하는 말을 확정적으로 하는 것이다. 이는 단순해 보이지만 사람들은 종종 질문을 제대로 듣지 못하는 경우가 있다. 다음의 사례에서 슈퍼바이저는 이러한 실수를 했지만 곧 적절한 응답을 한다.

사회복지사: 이 보고서를 어디에 보낼지 지시 받고 싶어요. 이걸 지방변호사에게 보낼까요, 아니면 스미스 판사에게 곧장 보낼까요?

슈퍼바이저: 스미스 판사가 세부적인 것까지 매우 꼼꼼하게 살피는 사람이란 걸 기억하세요. 또 그는 보고서가 가능한 간결하길 원할 겁니다.

사회복지사: 예, 알아요. 하지만 내가 알고 싶은 것은 보고서를 어디로 보내느냐 하는 거예요.

슈퍼바이저: 아, 미안합니다. 당신의 질문에 대답하지 못했군요. 스미스 판사에게 곧장 보내세요.

사람들은 단어나 말을 서로 다른 방법으로 사용하기 때문에 의사소통의 문제가 많이 일어난다. **단어의 의미를 확인**(*checking for word meaning*) 하는 기술은 의사소통하는 사람들이 주요한 단어를 같은 의미로 생각하는지 확인하기 위한 질문을 말한다. 다음의 예를 살펴보라.

기획단장: 우리 예산의 20%를 아동학대 예방 프로그램에 투입할 필요가 있다고 생

각해요.

위원: 글쎄요. 당신이 말한 예방의 의미에 따라 동의할 수도 그렇지 않을 수도 있습니다. 당신은 1차적 예방을 생각합니까, 아니면 2차적 예방을 생각합니까? (단어의 의미 확인)

8.3 비언어적 의사소통

조사 결과에 의하면 대면적 교류 동안에 발생하는 의사소통의 약 65%가 비언어적(표정이나 몸동작 등) 행동이라고 한다. 비언어적 행동은 보통 우리가 의식하지 못하는 채 이뤄진다. 그 결과, 미처 의식하지 못한 채 말로 이야기하는 것과 비언어적 행동으로 이야기하는 것이 일치하지 않을 수 있다.

시선 접촉(*eye-contact*)은 강력한 의사소통 수단이다. 눈은 우리의 감정 상태와 아울러 우리의 반응에 관해 많은 것을 알려준다. 북미나 유럽과 같은 서구 문화권 대부분에서 시선 접촉은 개방성의 지표이자 의사소통에 참여하겠다는 뜻의 표시이다. 반면, 시선 접촉을 피하는 것은 의사소통을 끝내겠다는 것으로 받아들여지며, 경우에 따라 진실성이 없어 보인다. 하지만 인디언이나 아시아, 중동과 같은 다른 문화권에서는 직접적인 시선 접촉이 위협이나 무례, 혹은 성적인 공격성으로 받아들여지기도 한다. 어떤 문화권은 미혼의 남성과 여성이 사적으로 대화하는 것이 부적절하다고 인식하기도 한다.

환영의 몸짓(*gesture of greeting*)은 관계 형성에 중요하다. 북미와 유럽에서는 남성과 여성 모두에게 적절한 환영의 몸짓으로 굳게 악수하기를 예상할 수 있다. 그러나 아시아나 중동 사람에게는 힘 있는 악수가 공격성을 의미하기도 한다. 러시아나 중동, 남미에서는 남자끼리 포옹하는 것이 공통된 환영법이다. 일본이나 태국, 인도 등에서는 머리 숙여 인사하는 것이 적절한 몸짓이다. 서열이 낮은 사람이 먼저 인사한다. 그리고 머리를 숙이는 정도가 그 인사를 받는 사람의 지위를 나타내기도 한다.

개인적 공간(*personal space*)은 사람 간 의사소통에서 또 하나의 중요한 비언어적 요소이다. 보통 누군가에게 가까이 있다면 신뢰와 집중의 의미를 전달하지만 지나치게 가까이 가는 것은 위협적으로 받아들여질 수 있다. 북미 사람은 서로 한 팔 정도의 거리를 두는 것을 선호하지만 아시아 문화권에서는 더 많은 거리를 둔다. 중동이나 남미 사람은 이야기하는 동안 거의 발끝을 맞댄다. 사회복지사는 클라이언트의 비언어적 신체언어를 잘 파악해 클라이언트의 개인적 공간을 침해하지 않도록 해야 한다.

몸의 자세(*body positioning*)는 여러 가지의 태도와 의도를 나타낸다. 클라이언트를 90도의 각도로 대하는 것이 좋다. 이는 안전성과 개방성을 나타낸다. 클라이언트를 똑바로 쳐다보는 것은 공격성을 전달할 수도 있다. 살짝 클라이언트 쪽으로 기대어 앉는 것이 관심과 흥미를 나타낼 수 있다. 클라이언트와 사회복지사가 책상을 사이에 두고 마주 앉는 것은 사회복지사가 우월한 위치에 있음을 나타내고, 이는 클라이언트가 더 조심하고 공식적으로만 이야기하게 만드는 원인이 될 수 있다.

미소, 얼굴 찌푸리기, 고개를 끄덕이기, 흔들기, 입을 우물거리기, 인상 쓰기 등의 **얼굴 표정**(facial expression)은 생각과 감정을 전달한다. 얼굴은 우리의 신체 중 가장 표현적인 부분이자 다른 사람에게 가장 생생하게 노출되는 부분이다. 사회복지사가 아무리 비심판적 태도를 취하기 위해 노력할 때라도, 얼굴 표정으로 클라이언트에 대한 거부나 비난을 나타내는 경우도 생길 수 있다.

손길(touch)은 영향력 있는 의사소통 방법이다. 예를 들어, 우리는 다른 사람의 손, 팔이나 어깨를 만지거나 가벼운 포옹을 함으로써 안심시키거나 연민과 공감, 이해와 같은 메시지를 전달한다. 하지만 클라이언트가 낯선 문화적 배경을 가지고 있거나 이성(異性)이라면, 사회복지사는 특별히 주의를 기울여야 한다. 사회복지사의 악의 없는 손길도 육체적이나 성적으로 학대당한 경험이 있는 사람이나 애착과 관심에 강한 집착이 있는 사람에게는 성관계를 노린 접근으로 잘못 해석되거나 오해를 살 수 있다.

팔과 손동작(arm and hand movement)은 흔히 강한 감정을 나타낸다. 다리를 꼬거나 팔을 가슴에 교차하는 것, 몸을 경직시키는 것은 대개 방어와 저항을 나타낸다. 반면, 팔과 손이 몸의 가장자리에 있거나 뻗으면 타인에 대한 개방성을 나타낸다. 주먹을 쥐는 행동은 분노나 불안을 표시한다. 손발을 까딱이거나, 손가락을 톡톡거리거나, 다리를 떠는 등의 안절부절 못하는 동작은 불안과 신경질적인 태도 혹은 따로 무언가에 몰두해 있음을 나타낸다.

목소리 어조(tone of voice)는 감정을 나타낸다. 크고 힘이 있는 어조는 분노, 공격성, 그리고 통제를 나타낸다. 약하고 잘 들리지 않는 어조는 두려움, 복종을 나타낸다. 단조로운 어조는 흥미가 없다는 것을 나타낸다.

옷차림과 외모(dress and appearance)도 비언어적 의사소통의 중요한 형태이다. 의상과 장신구(액세서리나 문신 등), 머리모양의 선택은 내가 어떤 사람인지 혹은 어떤 사람이고 싶은지에 대한 메시지이며 내가 어떤 사회적 집단이나 하위문화권에 속하는지를 밝혀 준다. 사회복지사는 자신의 외모에 세심하게 신경 써야 하며 클라이언트를 산만하게 하거나 클라이언트를 불편하게 만드는 선택은 하지 말아야 한다. 언제든지 너무 유별나거나 성적으로 유혹하는 느낌을 주는 복장은 피하는 것이 좋다.

8.4 원조기술

원조기술이라는 개념은 사회복지사가 이득이 될 것이라고 믿기 때문에 클라이언트에게 전달하는 메시지를 말한다. 어떤 메시지를 전달할 것인가에 대한 순간순간의 결정은 면담의 목적, 그리고 사회복지사가 클라이언트와 그의 상황에 대해 아는 것에 기초해 이뤄져야 한다. 원조기술은 언어적 그리고 비언어적인 요소 모두를 가지고 있다(항목 8.2와 8.3 참조). 더욱이 특정한 기술이나 메시지는 변화 과정의 어느 국면이냐에 따라(예: 접수 면접, 계획과 계약 과정, 개입, 종료 국면 등) 유용성이 달라진다는 점을 기억해야 한다. 또한 어느 메시지의 적절성은 면접의 앞부분인지, 중간인지, 혹은 뒷부분인지에 따라 달라진다. 말할 필요도 없이 모든 의사소통은 눈의 접촉, 몸짓, 다른 동작 등 메시지의 전달을 돕기 위한 언어적 이외의 비언어적 구성요소를 가진다. 이러한 비언어적 의사소통에 관한 정보는 항목 8.3에서 제시했다.

다음으로는 공통적으로 사용되는 원조기술을 간단히 서술할 것이다. 어떤 기술에 대한 용어는 슐만(Shulman, 1981; 2009)을 인용했다. 특정 기술이 사용되는 사례는 일대일의 면접을 토대로 설명했지만 이를 가족이나 치료집단에도 적용할 수 있다. 이 책의 나머지 부분에서 설명할 더 전문화된 많은 기법은 여기서 서술된 기본기술을 정교화하거나 특별히 적용한 것이라 할 수 있다.

1) 준비 갖추기

사회복지사는 클라이언트를 만나기 전부터 클라이언트가 기관을 방문해 개인적 문제, 심지어는 고통스러운 주제를 논의하면서 무엇을 생각하고 느낄지를 그려 보아야 한다. 클라이언트가 어떻게 느낄지를 예측하려는 노력을 통해 사회복지사는 감정 이입을 개발하고 클라이언트의 초기의 감정(분노, 두려움, 혼란 등)이나 반응에 준비할 수 있다. 그러면 사회복지사는 클라이언트가 원조관계를 편안하게 느낄 방법을 찾을 수 있다. 이 과정은 원조 과정에서의 동조국면(tuning-in phase)이라고 개념화된다(항목 10.1, 10.2, 13.1 참조).

2) 출발하기

변화 과정의 접수와 관계 형성 단계 동안, 혹은 클라이언트와의 각 회합에서의 처음 부분에서, 사회복지사는 회합의 목적과 사회복지사의 역할을 명확하게 해야 한다. **목적을 설명**(explaining purpose)하는 원조기술은 회합의 일반적인 목적에 대해 사회복지사가 단순하고 쉬운 말로 이야기하는 것이다. 이것은 기대치를 규정하고 클라이언트의 혼란과 불안을 줄인다. 예를 들면 다음과 같다.

오늘 당신과 만나 기쁩니다. 아시다시피, 당신의 아내가 3주 전에 이 기관에 처음 왔습니다. 결혼 생활에 대해 걱정하더군요. 저는 당신도 결혼에 문제가 있다고 생각하는지 당신의 생각을 듣고 싶습니다.

첫 번째 만남이 클라이언트에 의해 이뤄졌다면 사회복지사는 클라이언트가 면접을 요청한 이유를 설명할 수 있게 격려해야 한다. 클라이언트가 목적을 설명하는 데 어려움을 느끼는 것 같다면 사회복지사는 면접을 요청한 여건에 대해 혹은 클라이언트가 면담에서 희망하는 것에 대해 일반적인 질문을 할 수도 있다.

사회복지사가 첫 번째 면담을 주선한 경우라면, 사회복지사는 그 목적을 분명하고 직접적이고 요점이 잡힌 방식으로 설명하며 시작해야 한다. 목적을 설명하는 다음의 두 사례를 고려해 보아야 한다.

좋은 설명: 당신의 아들인 맥스에 대해 당신과 이야기하고 싶습니다. 맥스는 지난 20일 중 14번이나 학교에 결석했습니다. 저는 염려하고 있고요. 이 문제에 대한 당신의 생각을 알고 싶습니다.

나쁜 설명: 안녕하세요. 저는 당신의 아들 맥스를 압니다. 근처에 살거든요. 그래서 이야기라도 좀 하려고 들렀습니다. 요즈음 어떤가요?

목적의식적으로 클라이언트의 피드백을 격려 (*encouraging the client's feedback on the purpose of the communication*) 하는 기술은 사회복지사의 설명에 클라이언트가 반응하도록 격려하는 언급을 말한다. 이것은 클라이언트에게 질문할 기회 혹은 반대하는 말을 할 기회를 준다. 다음의 두 예를 고려하라.

사회복지사 사례 1: 우리가 만나는 목적에 대해 제가 말한 것을 어떻게 생각합니까? 당신은 좀 다르게 생각합니까?

사회복지사 사례 2: 우리가 지금 만나서 이야기하는 이유에 대해 당신과 제가 서로 다르게 생각할 수도 있습니다. 나는 당신이 다른 것을 기대하는지 어떤지를 알고 싶군요.

사회복지사의 역할과 방법을 묘사하는 기술 (*describing the worker's role and method*) 은 사회복지사가 어떻게 도울 수 있으며 어떤 방법을 사용할 것인지에 대해 초기의 아이디어를 클라이언트에

게 설명하는 언급이다. 예를 들면 다음과 같다.

당신이 이 병원을 떠날 준비가 되었을 때, 집에 가서 당신이 부딪칠 수 있는 문제를 예측하는 것은 중요합니다. 기본적으로 그게 제가 당신이 떠나기 전에 두세 번 만나려는 이유입니다. 당신의 생각을 듣고 싶고 제 생각도 나누고 싶어요. 우리 둘이서, 당신이 나중에 집에서 부딪칠 수 있는 어려움을 최소화할 수 있도록 계획을 세워 나갈 수 있기를 바랍니다.

클라이언트와의 각 세션에는 세 국면이 있다. 첫째, 준비, 둘째, 세션의 중심적 작업, 셋째, 세션 종료로의 유도이다. 각 세션의 시작에서 사회복지사는 **세션의 계약** (*sessional contracting*) 을 위한 기회를 만들어야 한다. 면담 시간을 어떻게 사용할지 사전에 동의가 있었다고 해도 합의에 관해 다시 한 번 확인해 보는 것이 중요하다. 클라이언트의 상황이 변화하여 그의 우선순위가 바뀌었을 수도 있다. **세션 간 자료를 구하는 기술** (*reaching for between-session data*) 은 세션의 계약을 시작할 때 사용될 수 있다. 이런 형태의 점검에는 최근의 소식을 사회복지사에게 일러 주고 논의할 주제를 명확히 하도록 클라이언트에게 요구하는 것도 포함된다. 이는 바로 "클라이언트가 있는 곳에서 출발하라"는 원칙을 지키려는 시도라고 할 수 있다. 예를 들면 다음과 같다.

지난주에 만났을 때, 오늘은 당신이 위탁가정에 보낸 자녀를 방문하는 걸 주저하는 감정에 대해 이야기하기로 했던 것을 기억할 겁니다.

지금도 오늘 우리가 이야기 나눌 시간에 대해 같은 생각입니까? 아니면 이야기를 나누어야 할 더 시급한 문제가 있는지요?

3) 질문하기

사회복지사는 필요한 정보를 얻기 위해 그리고 클라이언트의 생각과 느낌을 표현하도록 돕기 위해 여러 가지의 질문을 사용한다. "당신 아이의 이름은 무엇입니까?"와 같은 질문은 **폐쇄형 질문**(closed-ended question)이다. 이것은 클라이언트가 대답할 수 있는 방법을 제한한다. 반대로, "당신 아이에 대해 이야기해 주십시오"와 같은 질문은 클라이언트가 중요하다고 생각하는 것은 무엇이든 말할 수 있으므로 **개방형 질문**(open-ended question)이 된다. 그렇지만 개방형 질문도 대답의 자유를 허용하는 정도에 따라 매우 다양하다. 다음의 세 가지 질문은 모두 개방형 질문이지만 그 개방성은 차이가 있다. "당신의 직업에 대해 이야기해 주십시오.", "당신의 직업에 대해 어떤 점을 좋아하고 또 어떤 점을 싫어합니까?", "당신의 직업에서 과제와 책임은 어떤 것입니까?"

상담 도중 사회복지사는 대개 개방형 질문을 사용할 것이다. 폐쇄형 질문은 사회복지사가 특정한 구체적 정보를 필요로 하거나 혹은 클라이언트가 너무 당황하고 혼란스러워서 대화의 초점을 위해 특정한 구조가 필요한 경우에 사용한다.

초점을 좁혀가는 기술(narrowing the focus)은 깔때기의 역할과도 같은데, 클라이언트가 그의

관심사나 상황을 더 구체적으로 묘사하도록 돕기 위해 사용하는 일련의 질문을 말한다. 예를 들면 다음과 같다.

클라이언트: 집에서는 일이 엉망진창이에요.

사회복지사: 엉망진창이라는 게 어떤 걸 말하는 거죠? 무슨 일이 일어나는데요?

클라이언트: 아버지가 일 나가셨다가 집에 오셨을 때 우리는 밥을 먹고 있었어요. 아버지는 취해 있었고 급기야는 어머니를 때렸어요.

사회복지사: 그런 일이 일어났을 때 당신은 어떻게 했죠?

클라이언트: 처음에 전 방 밖으로 도망갔어요. 그랬다가 돌아와서 아버지에게 고함을 지르며 멈추라고 했고, 그렇지 않으면 경찰을 부르겠다고 했어요.

사회복지사: 당신이 경찰을 부르겠다고 위협할 때 어떤 생각이 들었고 느낌이 어땠나요?

사회복지사는 단지 호기심이나 침묵을 없애기 위해 질문을 해서는 안 된다. 질문하는 기술에서 하는 다른 일반적인 실수는 폐쇄형 질문을 너무 많이 사용하거나, 질문을 한꺼번에 너무 많이 하거나, 유도하는 질문을 하거나, 혹은 "왜"라는 질문을 너무 많이 하는 것이다. **질문을 쌓는 기술**(stacking questions)은 한꺼번에 여러 가지의 질문을 하는 것이다. 다음의 예와 같다.

자, 당신은 입양에 관심이 있습니다. 얼마나 오랫동안 입양에 대해 생각해 왔습니까? 입양

한 다른 사람을 알고 있나요? 어린 유아를 생각합니까? 좀 나이 든 아이나 아니면 장애아에 대해 많이 생각해 왔습니까?

이렇게 쌓인 질문은 클라이언트를 당황하게 한다. 한 번에 하나씩의 질문을 하는 것이 좋다.

유도하는 질문(*leading question*)은 클라이언트에게 특정한 응답을 하도록 이끄는 질문이다. 예를 들면 다음과 같다. "당신은 그 행동이 잘못이라고 생각하지 않나요?", "당신은 상관에게 당신이 일을 빼먹은 이유를 설명했겠죠?", "당신이 싸우고 싶었다는 건 사실이 아니죠?"

유도하는 질문은 클라이언트가 솔직히 사회복지사에게 아니라고 대답하기보다는 거짓말을 하도록 유도할 수 있다. 유도하는 질문은 클라이언트를 위협하거나 모욕적으로 들릴 수 있다.

또 다른 일반적인 실수는 '왜'라는 질문에 관한 것이다. "마리아가 음식을 쏟았을 때 왜 그렇게 화가 났나요?"라는 식이다. 본질적으로 '왜'라는 질문은 클라이언트가 자신의 행동을 정당화하도록 요청하며 이는 방어적 태도를 만드는 경향이 있다. 더욱이 대부분의 사람은 행동의 이유에 대해 '왜' 그랬는지 잘 모르는 경우가 많고, 따라서 질문을 받으면 사회적으로 허용되는 대답을 하게 된다. 클라이언트의 행동이나 상황에 대해 '왜'라는 질문보다는 '무엇을, 언제, 어디서, 어떻게'에 초점을 두는 질문을 사용하는 것이 좋다.

4) 적극적인 경청

진정한 경청은 매우 어렵다. 모든 사람은 자신이 좋은 경청자라고 생각하지만 사실은 그렇지 않다. 사람은 모두 자연적으로 자기중심적이다. 우리는 관심의 중심에 있고 싶어 한다. 그래서 타인의 말을 경청한다는 것은 어렵다. 경청하기 위해 우리는 잠시 스스로를 주변에 제쳐 두고 타인을 관심의 중심에 두어야 한다.

적극적인 경청에서 사회복지사는 클라이언트의 언어적 그리고 비언어적 행동 모두에 주의를 기울인다. 또 클라이언트가 자신의 메시지가 전달되고 이해되었는지 알 수 있도록 사회복지사는 자신이 들은 것을 반영한다. 적극적인 경청의 기술로 격려자, 명확화, 부연, 반영, 요약, 그리고 침묵의 탐색을 사용할 수 있다.

격려자〔*encourager*, 혹은 촉구(*prompt*)라고도 함〕는 클라이언트가 이야기를 계속 진행하고 그가 말하는 것을 확장해 가도록 사용하는 단어나 짧은 문장, 비언어적인 행동을 말한다. 언어적인 격려로는 "좀더 이야기해 보세요", "계속하세요" 등의 말을 하거나 클라이언트가 방금 했던 말의 핵심적인 단어를 반복해 주는 것 등이 사용된다. 비언어적인 격려로는 고개를 끄덕이거나 계속하라는 손동작 등이 사용되곤 한다.

명확화(*clarification*)의 기법은 클라이언트가 더욱 명시적으로 말하도록 격려하고 클라이언트가 말한 것에 대해 사회복지사가 이해했음을 입증하기 위해 질문하는 것이다. "당신은 … 라고 말하는 건가요?" 하는 식으로 클라이언트의 말을 인용하듯 사용할 수도 있다. 예를 들면 다음과 같다.

클라이언트: 제 인생은 끔찍해요. 저는 일들을 바로잡을 수 있을지도 모르지만 불가능해 보여요.

사회복지사: 제가 잘 알아들었는지 확신이 없네요. 당신은 기대했던 것보다 사정이 너무 느리게 변한다고 말하는 겁니까? 아니면 당신의 상황이 과거보다 더 나빠졌다고 말하는 겁니까?

클라이언트가 말한 것이 혼란스럽다면, 혼란스럽다고 알리고 명확히 하는 것을 추구해야 한다. 예를 들면 다음과 같다.

당신의 이야기가 너무 빠르네요. 내가 따라가기가 좀 어렵고요. 혼란스러워요. 한 번에 하나씩 다시 시작해 보죠. 그리고 내가 놓치는 것이 없도록 천천히 해봅시다.

숙련된 사회복지사라면 클라이언트가 한 말의 어의적 뜻뿐만 아니라 그 말과 관련된 정서에도 초점을 둔다. 이를 위해서 사회복지사는 감정의 반영과 바꿔 말하기를 자주 사용한다. **감정의 반영**(*reflection of feeling*) 기술이 감정이나 메시지의 정서적 요소를 표현하는 것인 데 반해, **바꿔 말하기**(*paraphrasing*) 기술은 클라이언트가 말한 내용의 어의적 뜻을 다시 말하는 것이다. 다음의 예와 같다.

클라이언트: 고용사무소의 그 사람은 정말 바보예요. 그가 사람을 어떻게 다루는지 압니까? 전 거기 갈 때면 갓난애가 된 것처럼 느껴져요.

사회복지사: 당신이 고용사무소에 갔을 때 나쁘게 취급받았다는 이야기로 들리는군요 (바꿔 말하기).

혹은 다음처럼 말할 수도 있다.

사회복지사: 당신이 그 고용사무소에서 화가나고 모멸감을 느꼈다는 것으로 들리는군요(감정의 반영).

요약(*summarization*) 기술은 클라이언트의 몇 가지 메시지 내용과 감정적 요소를 한데 모으는 것이다. 예를 들어 사회복지사는 지난 5분간 논의된 것의 핵심적 요소를 모으기 위해 요약을 사용할 수 있다. 요약의 예는 다음과 같다.

당신의 말에서 전 매우 많은 걸 들었어요. 당신은 일자리 찾기에 필사적이었는데 찾지 못해서 분노와 우울을 느꼈지요. 당신은 고용사무소를 찾아갔지만 수치심과 좌절감이 더 커졌어요. 그러면서 우선 당신이 고등학교를 중퇴해버린 것에 대해 후회를 느낀 거죠. 이게 당신이 말한 것의 정확한 요약입니까?

적극적 경청에서는 클라이언트가 침묵을 지킬 때 주의를 기울이는 것이 필요하다. 때때로는 침묵의 의미를 밝히는 것이 중요하다. 클라이언트의 **침묵을 탐색하는 기술**(*exploring the* *client's silence*) 은 침묵을 사려 깊은 태도로 살피는 것이다. 예를 들면 다음과 같다.

> 클라이언트: ……(생각에 잠겨 침묵).
> 사회복지사: 당신은 무언가를 골똘히 생각하는 것 같군요. 무얼 생각하는지 나에게 말해줄 수 있어요?

신참 사회복지사가 침묵에 대처하면서 행하는 가장 일반적인 잘못은 주제를 바꾸는 것이다. 이는 클라이언트가 조용한 것에 사회복지사가 불편함을 느껴 나타나는 현상이다. 짧은 침묵은 정중한 침묵으로 대응하는 것이 가장 좋다. 만약 침묵이 길어진다면, 사회복지사는 그 침묵을 탐색해야 한다.

5) 감정 이입, 진실성, 온화함의 표현

이 장의 항목 8.1에서는 원조관계에서 감정 이입, 진실성, 개인적 온화함이 가지는 중요성을 서술했다. 많은 기술과 기법이 클라이언트에게 이러한 특성을 보여 주기 위해 사용된다. **이해의 표현**(*displaying understanding*) 기술은 사회복지사가 클라이언트의 생각과 감정을 이해하고 있음을 클라이언트에게 표현하기 위해 사용하는 언어적, 비언어적 의사소통이다. 예를 들면 다음과 같다.

> 클라이언트: 엄마를 요양소에 맡기는 것은 제가 해 본 것 중 가장 어려운 결정이었어요.
> 사회복지사: 어머니를 당황하게 만드는 결정

을 하기는 어려웠을 겁니다. 이 결정으로 당신도 마음이 찢어지듯 힘들었겠죠.

분노와 같은 클라이언트의 부정적 감정에 대해서는 특히 이해를 표현하는 것이 중요하다. 예를 들면 다음과 같다.

> 클라이언트: 전 여기가 싫어요. 전 치료 프로그램에 있을 필요가 없어요. 제가 술 마시는 것에 대해 묻는 옆 사람을 두들겨 패고 싶다니까요.
> 사회복지사: 자, 저도 이 치료 프로그램의 일부이고, 저도 당신의 음주에 대해 물을 것이라는 걸 알죠? 절 때리고 싶겠네요. 전 당신의 위협에 어떻게 대응해야 할지 모르겠어요. 당신이 제게 기대하는 게 뭐죠?

클라이언트의 감정을 말로 하는 기술(*putting the client's feelings into words*) 은 클라이언트가 느끼지만 말로 표현하지 않는 것을 명확하게 해 준다. 예를 들면 다음과 같다.

> 사회복지사: 어머니를 방문한 건 어땠어요?
> 클라이언트: 글쎄요. 이걸 얼마나 더 오래 할 수 있을지 어떨지 모르겠어요.
> 사회복지사: 어머니가 돌아가시는 것을 지켜보는 일은 당신에게 스트레스가 될 겁니다. 당신의 말은 죽음이 빨리 왔으면 하는 것처럼 들리네요. 그렇지만 그런 생각은 당신에게 죄의식을 줄 수도 있어요. 당신이 느끼는 게 이런 거 아닙니까?

이 원조기술은 클라이언트가 느끼지만 소리 내 말하기를 주저하는 것을 표현하도록 하는 지지적인 방법이다. 다른 예를 들어보자.

> 사회복지사: 입양이나 기관의 입양 프로그램에 대해 다른 질문은 없습니까?
> 클라이언트: 아뇨, 당신이 설명을 잘 해줬어요. 하지만 제가 기대했던 것과는 많이 다르군요.
> 사회복지사: 실망하신 것 같군요. 제가 말한 것에 대해 어떤 느낌이 드는지 말해 주실 수 있어요?

감정이 전문적 관계와 개입의 목적에 직접적으로 관련돼 있을 때만 감정을 표현하도록 격려하는 것이 적절하다.

자기 노출(self-disclosure)의 기술은 사회복지사가 자신의 생각과 느낌, 삶의 경험을 밝히는 말을 하는 것이다. 자기 노출을 적절히 사용하면 클라이언트가 민감한 주제에 대해 더 쉽게 이야기하거나, 사회복지사와 클라이언트가 조금 더 관계를 편안하게 느끼도록 하는 효과를 준다. 사회복지사의 자기 노출 두 가지 예를 살펴보자.

제가 전화 받으면서 말했던 방법에 대해 미안해요. 눈치채셨겠지만 우리가 당신 어머니의 죽음에 대해 이야기할 때 전 슬퍼졌어요. 정말 슬펐던 게, 전 아직도 1년 전 제 어머니가 돌아가신 슬픔 때문에 정말 힘들거든요.

전 당신이 당신의 10대 아들에 대해 느끼는 좌절감을 이해할 수 있어요. 저도 제 아들이 그 맘때일 때 비슷한 경험을 했어요. 그 애가 다른 별에서 온 것 같다고 생각했던 때가 있었지요. 그 아이의 이기적인 면과 관심은 날 미치게 만들 뻔했어요. 하지만 변하더라고요. 이제 15년이 지난 지금, 아들은 결혼해서 두 명의 아이를 가지고 있고 좋은 아빠에요. 책임감 있는 직업도 가지고 있어요. 전 언젠가 손자는 "자식을 죽이지 않은 것에 대한 상으로 하느님이 주시는 것"이라는 말을 들은 적이 있어요.

일반적으로 자기 노출은 관계 형성의 초기 단계에서는 피해야 하고 다른 시기에도 적게 사용해야 한다는 것이 규칙이다. 사회복지사에 관해 밝히는 정보는 클라이언트의 관심사와 명확한 관련이 있어야만 한다. 면접의 목적과 관련이 없는 개인적 경험을 사회복지사가 이야기하는 것은 적절하지 못하다.

사회복지사에게 또 다른 복잡한 사안은 **사적인 질문에 대답**(answering personal question)을 어떻게 할 것인지 결정하는 것이다. 클라이언트는 사회복지사에게 다음과 같은 모든 범주에서 사적인 질문을 할 수도 있다. "아이가 있나요?", "이혼한 경험이 있나요?", "종교는 무엇인가요?", "약물을 복용해본 경험이 있나요?", "해고당한 경험이 있나요?" 사회복지사가 이러한 질문에 대답해야 되는지, 어떻게 대답해야 하는지를 결정할 때는 클라이언트가 왜 질문하는지, 대답이 전문적 관계에 어떤 영향을 미칠지에 대해 잘 추론해야 한다. 클라이언트는 사회복지사가 클라이언트의 상황을 이해할 수 있는지 알고 싶어 할 수도 있다. 또한 클라이언트는 사회복지사가 심판적인 사람인지 아닌지 확인해 보고자 할 수도 있다. 가끔, 클라이언트는 호기심 때문에 사적인 질문을 한다. 경우에 따라서는 클라이언트가 사회복지사를 조종하기 위해 질문을 하기도 한다(항목 10. 8 참조).

일반적으로 우리는 가치, 신념, 삶의 경험이 우리와 비슷한 사람을 편안하게 느낀다. 이것은 클라이언트와 사회복지사의 관계에서도 마찬가지이다. 사적인 질문을 받았을 때, 사회복지사의 대답이 상호이해에 토대를 놓을 수 있을 것 같다면 간단하고 솔직하게 대답할 수도 있다. 다른 한편으로 만약 대답이 클라이언트와 사회복지사의 가치, 신념 등의 차이를 분명히 나타낸다면 사회복지사는 클라이언트의 사적인 질문에 대한 답을 피해야 한다. 또한 사회복지사는 클라이언트의 시도가 사회복지사를 조종하려는 것이거나 만남의 목적으로부터 멀어진 논의로 가는 질문이라면 대답을 피해야 한다.

6) 클라이언트 동기화의 유지

사람이 변화하기 위해서는 변화하려는 동기가 있어야 한다. 변화 가능성에 대한 희망을 가져야만 하며 현재의 상황이나 행동에 대해 불만족을 느껴야 한다. 몇 가지 기술이 변화를 위한 클라이언트의 동기화를 증진하고 유지하는 데 사용될 수 있다.

개입활동의 잠재력에 관한 믿음의 표현은 전문적 개입이 클라이언트에게 도움이 될 것이라는 사회복지사의 믿음을 전달하는 언급이다. 이는 클라이언트에게 현실적인 희망을 준다. 예를 들면 다음과 같다.

당신이 말한 문제는 심각한 것입니다. 저는 당신이 왜 압도되어 있는지 이해할 수 있습니다. 하지만 우리가 함께 노력해서 그 문제를 한 번에 하나씩 해결해 나간다면, 당신이 이 문제를 성공적으로 다뤄 나갈 수 있다고 믿습니다. 쉽지는 않겠지만 저는 다음 몇 주간 우리가 진전을 볼 수 있을 것이라 생각합니다.

클라이언트의 강점을 인식(*recognizing client's strengths*) 하는 기술은 어려운 상황에 대처하고 특정한 과제를 해결하는 클라이언트의 능력에 대해 확신을 전달하는 것이다(항목 11. 5와 11. 6 참조). 예를 들면 다음과 같다.

전 당신이 입양가정으로 당신의 아이들을 보러 가는 것이 어렵다는 것을 압니다. 하지만 당신의 방문은 중요합니다. 당신은 아이들에게 솔직하게 말할 수 있는 특별한 능력을 가졌습니다. 그래서 당신이 아이들에게 지금 약물 의존 치료를 받으러 입원해야 하는 이유와 지금 당장은 아이들을 돌볼 수 없다는 것을 잘 설명할 수 있다고 생각합니다.

부정적인 결과를 지적하는 기술(*pointing out negative consequences*) 은 부정적인 결과를 피하기 위해서는 변화가 필요하다는 것을 클라이언트에게 상기하는 언급을 말한다. 예를 들면 다음과 같다.

당신이 이번 성학대자 치료 프로그램을 그만 두고 싶다고 말한다면 전 그 결과에 대해 경고해야겠네요. 만약에 당신이 그 문제를 치료하고 아동에 성적 관심을 가지는 취향을 통제하는 능력을 보여 주지 못한다면, 판사는 보호관찰을 파기할 겁니다. 당신은 감옥으로 가게 될 겁니다.

7) 변화를 향한 진전의 유지

효과적인 원조는 변화를 위해 클라이언트와 어느 정도 밀고 당기는 과정을 거친다. 개인적 문제를 저지하기 위해서는 자신의 가정과 행동을 재검토해야만 한다. 이는 어렵고, 고통스럽고, 당황스러운 일일 수 있다. 진정한 변화에는 종종 새로운 행동의 시험이 따르며 익숙하지 않은 과제에 도전해야 할 필요가 있다. 이 역시 어렵다. 결국 어느 정도의 두려움, 양가감정과 주저함은 변화에서 정상적인 반응임을 인식해야만 한다. 클라이언트의 주저함이나 저항이 없다면, 그 변화 노력은 실제로는 환상에 지나지 않는다.

변화 과정을 추적하고 앞으로 나아가기 위해 사회복지사는 때때로 클라이언트가 자신의 문제를 직면하고 필요한 변화를 달성하기 위해 필요한 과정을 밟도록 요구해야만 한다. **행동을 요구하는 기술**(making a demand for work)은 클라이언트가 스스로 당면한 과제를 수행할 것을 사회복지사가 진실로 기대하고 있음을 전달하는 메시지로 표현된다. 이 기술은 클라이언트에 대한 감정 이입과 짝을 이뤄야만 한다. 감정 이입 없

이 요구만 하는 사회복지사는 클라이언트에게 거부하는 사람으로 인식될 수 있다. 반면, 감정 이입은 하지만 행동을 요구하지 않는 사회복지사는 자꾸 미뤄도 되는, 진실하지 않은, 약한 사람으로 인식될 수 있다.

격려는 용기를 주고 두려움을 극복하도록 돕는 것을 말한다. 따라서 **격려를 제공하는 기술**(providing encouragement)은 어려운 상황을 다루고 장애물을 극복하는 클라이언트의 능력을 확신한다는 점을 표현하는 형태를 띤다. 사회복지사는 솔직하게 클라이언트의 상황을 개별화해야 한다. 예를 들면 다음과 같다.

전 당신의 암이 재발했다는 소식이 정말 좋지 않은 소식이고, 당신이 자녀들에게 사실을 알려 고통을 주는 것을 원치 않는다는 것을 이해합니다. 하지만 그들은 당신이 의사에게 들은 이야기를 알고 싶어 합니다. 이 일은 엄마로서 가장 힘든 일일 겁니다. 당신이 아이들을 위해 강해져야 하는 시간입니다. 아이들에게 사실을 말하기 힘들겠지만, 필요한 일입니다.

재보증(reassurance)의 언급은 클라이언트가 자신의 결정과 행동에 대해 의심하고 확신하지 못하지만, 사실 그 결정과 행동은 현실적이고 합리적일 때 사용하는 기술이다. 이때 사회복지사의 언급은 현실에 기초해야 한다. 진부하고 사려 깊지 못하게 "다 잘 될 겁니다", "마음만 먹으면 무엇이든지 할 수 있어요"와 같이 말하는 것은 적절치 않고 클라이언트에게 모욕적일 수도 있다. 재보증은 클라이언트 사실적 상황에

대한 말을 이용해 겉치레처럼 들리지 않게 지지를 전달할 수 있다.

당신이 지금 힘들고 준비되어 있지 않다고 느껴도 저는 당신이 이 새로운 일을 잘 다룰 수 있다고 생각합니다. 지난 두 달간 세 가지의 직업 관련 책무를 성공적으로 수행했기 때문에 드리는 말씀입니다. 예전의 성공에 비춰 볼 때, 당신은 새로운 직무에 대해 필요한 기술을 분명 가지고 있습니다.

부분화(*partialization*) 기술은 클라이언트가 주의와 에너지를 효과적으로 집중할 수 있게 큰 문제나 활동을 더 작은 몇 개의 구성요소나 단계, 국면으로 나누는 것이다. 예를 들면 다음과 같다.

클라이언트: 무슨 일이 일어난 건지 믿을 수가 없어요. 지미는 머리를 다쳤고 전 그를 병원에 데려갔어요. 그 미친 의사가 아동보호서비스를 부르더니 절 아동학대로 고발했어요. 그러더니 제 맏아들이 집주인과 싸우기 시작했어요. 지금 집주인은 저더러 새 아파트를 알아보래요. 전 변호사를 고용할 능력이 없어요. 차도 시동이 안 걸리고 …. 너무 엉망진창이라 똑바로 생각할 수가 없어요. 갑자기 세상이 내 앞에서 무너진 것 같아요.

사회복지사: 한 번에 하나씩 당신의 관심사를 이야기해 보는 게 나을 것 같네요. 그렇지 않으면 혼란스러워서 좌절하게 될 것 같

아요. 아동학대 보고 문제부터 이야기해 보지요. 다른 문제는 나중에 하도록 합시다. 우선, 지미의 상처와 학대 보고에 관해 더 이야기해 보세요. 지금은 그 문제에 대해서만 이야기합시다. 어때요?

주제를 유지(*staying on track*) 하는 기술은 클라이언트가 특정한 관심사나 목표에 주의를 유지하도록 하는 사회복지사의 언급을 말한다. 이는 특히 클라이언트가 두서없이 말하거나 특정 관심사를 회피하고자 할 때 중요하다. 예를 들면 다음과 같다.

사회복지사: 당신 사장이 당신을 해고하겠다고 위협했다니, 그 문제에 초점을 맞춰 이야기해 봐야 할 것 같군요.

클라이언트: 예, 그래야겠죠. 전 정말 이직할 수 있었으면 해요. 회사가 그런 낡은 정책을 가지고 있으니 …. 전 아무렇게나 그들이 돈을 벌려는 것에 놀랐어요. 그들은 글로벌 시대의 경쟁에 준비도 되어 있지 않아요. 최근에 새로운 경영에 관한 글을 읽었는데 ….

사회복지사: 당신 상관과의 갈등에 관해 이야기하는 게 좋겠어요. 이 문제에 초점을 두어야 할 필요가 있겠네요. 전 당신에게 이 일이 필요하다는 것을 알아요. 그래서 당신과 당신 상관 사이의 문제를 다루는 방법을 생각해볼 필요가 있다고 생각합니다.

의사소통 연결을 만드는 기술(*building a communication link*)은 클라이언트가 의사소통할 필요가 있는 사람과 연결되도록 설정해 주는 사회복지사의 노력을 말한다. 예를 들면 다음과 같다.

당신이 의사에게 관심사에 관해 이야기할 수 없었다고 제게 이야기한 게 이번으로 세 번째입니다. 제가 의사에게 대신 전화해서 당신이 할 말이 있다고 전하는 건 어떻게 생각하세요? 그렇게 하면 내일 병원에서 의사가 당신에게 왔을 때 더 많은 시간을 보낼 거라고 생각하는데요. 어떠세요?

때때로 클라이언트는 겉으로는 합의된 행동을 취하겠다고 하지만 속으로는 그 계획을 진정으로 수행하려고 하지 않는다. 클라이언트가 자신이 부딪칠 어려움을 충분히 인식하지 못한 채 행동을 취하기로 결정하는 경우에 일반적으로 이런 일이 일어난다. **묵인을 검토**(*checking for acquiescence*)하는 기술은 행동이나 결정에 관련된 주저함이나 부동의, 양가감정을 씻어내기 위해 사용된다. 예를 들면 다음과 같다.

난 네가 수학선생님한테 너의 낙제학점에 대해 이야기해야 한다는 것에 당연히 동의해. 필요한 일이고 네가 그렇게 하겠다는 말을 하니 기뻐. 하지만 너는 종종 그 선생님한테서 무서움을 느낀다고 말했던 것도 알아. 선생님에게 말하는 것이 너에게는 힘들고 스트레스가 되는 일인데, 어떻게 하려고 하니?

개인적 문제에 직면하고 변화를 만드는 것은 본질적으로 어려운 일이어서, 변화 과정에 강한 감정(좌절, 분노, 낙심 등)이나 클라이언트와 사회복지사 간 정서적 긴장이 오갈 수 있다. 만약 몇 번의 회합이 지난 후에도 변화가 더딘 것에 대한 좌절이나 정서적 기색을 보이지 않는다면, 클라이언트는 변화 과정에 진정으로 참여한 것이 아니다. **클라이언트가 변화를 회피하는 것에 대한 도전**(*challenging the client's avoidance of change*)은 개인적 변화라는 부담스러운 일에 대한 클라이언트의 저항을 지적하기 위한 기술이다. 결혼문제 상담 세션에서의 다음의 사례가 이러한 도전을 보여 준다.

제가 관심을 두는 일이 있어요. 당신 둘이 몇 주 전 이 기관에 처음 왔을 때 당신들의 결혼과 관련된 도움을 요청했죠. 우리는 세 번 만났습니다. 그렇지만 거의 대부분의 시간 동안 당신 둘은 모두 자신의 직업에 대해서만 이야기했습니다. 당신들은 결혼관계에 대한 진짜 논의를 피하는 것 같습니다. 이에 초점을 두지 않으면 우리는 아무런 성과도 없을 것입니다. 제가 말한 것에 대해 어떻게 생각하세요?

클라이언트는 고통스러운 감정을 받기 싫어 변화를 향한 움직임을 막아 버리는 경우가 있다. **정서적 장벽을 명확화**(*identifying emotional blocks*)하는 기술은 진전해 가는 과정을 이러한 감정이 어떻게 방해하는지 클라이언트가 인식하도록 하는 메시지를 말한다. 예를 들면 다음과 같다.

제가 눈치챈 것을 이야기할 필요가 있겠군요. 우리는 당신이 아이들의 행동을 다루는 방법을 배우고 싶다고 도움을 요청해 만나기 시작했습니다. 그런데 아직까지도 제가 당신 딸 글로리아에 대해 묻기만 하면 당신은 긴장해서 다른 아이들에 대해 이야기를 시작하죠. 당신을 그렇게까지 불편하게 만드는 글로리아와의 관계는 어떤 것일까요?

어떤 경우에는 무책임한 성적 행동이나 낭비벽, 범죄와 같이 중요하지만 당황스러운 주제나 좋지 못한 상황에 대해 이야기하는 데 클라이언트가 어려움을 느껴 변화 과정이 장벽에 부딪치는 경우가 있다. **금기 영역에서 클라이언트를 지지**(*supporting the clients in taboo area*)하는 기술이 필요한데, 이는 정서적으로 당황스럽거나 어렵고 민감한 주제를 논의하도록 클라이언트를 지원하는 의사소통을 말한다. 예를 들면 다음과 같다.

클라이언트: 전 성에 관련된 이야기를 하려면 신경이 많이 거슬려요. 제가 자라온 방식 때문에 그 이야기를 하기가 어렵네요.
사회복지사: 당신만 그런 게 아니고 우리 중 많은 사람이 그런 방식으로 자랐죠. 하지만 당신과 남편은 성관계에 대해 이야기해 볼 필요가 있습니다. 당신의 결혼에서 그 부분은 중요한 문제를 일으키는 것 같습니다. 어렵겠지만 이야기해 보세요.

어떤 클라이언트는 권위자(부모, 고용주, 경찰 등)를 대하는 데 어려움을 느낀다. 이들은 사회복지사도 클라이언트의 생활을 통제하려는 권위자의 하나로 볼 수 있다. **권위 이슈를 제기**(*addressing the authority issue*)하는 기술은 클라이언트가 사회복지사나 원조 과정에 대해 불만이나 관심사를 표현하도록 이끄는 의사소통을 말한다. 다음의 예를 참조하라.

클라이언트: 지금 모든 게 편안하고 많이 좋아진 것 같아요. 또 만나야 할 것 같지는 않네요.
사회복지사: 저도 많이 좋아졌기를 바랍니다. 하지만 우리가 아직 해야 할 일이 있어요. 당신이 마치 제 일을 경찰처럼 당신이 뭔가 잘못한 것을 잡으려는 걸로 생각한다는 느낌을 받습니다. 어때요? 저 때문에 무슨 문제가 생길까 봐 걱정스러운가요?

8) 종결로의 연결

클라이언트가 회합이 종료되기 몇 분 전이 되어서야 중요한 이슈를 제기하는 경우가 자주 있다. 이 '문고리 의사소통'(*doorknob communication*)의 배후에는 특정 주제에 대한 두려움, 관심사가 있지만 논의하고 싶지는 않음을 사회복지사에게 은연중 알리려는 의도 등의 동기가 있을 수 있다. **시간한계를 설정**(*setting time limits*)하고 **10분 전을 알리는 기술**(*giving a 10-minute warning*)은 어려운 문제를 제기하고 우선순위가 높은 주제에 초점을 두도록 클라이언트를 격려하는 방법이다. 두 가지 예를 들어보자.

시작하기 전에, 우리는 오후 4시까지 이야기 할 수 있습니다. 그러니까 우리 시간을 당신에게 가장 중요한 것을 이야기하는 데 사용하길 바랍니다.

이번 세션을 15분 후에 마쳐야 합니다. 논의하기 바라는 주제를 모두 이야기하셨나요? 아니면 혹시 오늘 이야기하려고 했던 다른 일은 없나요?

종료를 예고(looking ahead to the end) 하는 기술은 클라이언트에게 개입의 계획된 종료를 일깨워 주고 남아 있는 회합을 가장 잘 이용할 수 있도록 하는 것이다. 예를 들면 다음과 같다.

우리가 한 달 전에 만나기 시작하면서 모두 여덟 번 만나기로 했습니다. 이제 세 번 남았어요. 남아 있는 해야 할 일을 의논해 보고 세 번의 모임을 가장 우선순위가 있는 관심사에 초점을 맞췄으면 좋겠네요.

클라이언트와 사회복지사의 관계는 일이 종료되거나, 다른 사회복지사에게 클라이언트를 의뢰하거나, 보험 기간이 만료되는 등 여러 이유로 끝날 수 있다. 그 관계가 의미 있었다면 종료가 어려울 수 있다(항목 14.8 참조). 많은 클라이언트가 삶에서 상실을 경험해 왔기 때문에, 관계의 종료는 특히 이전의 상실 경험과 연관되어 고통스러울 수 있다. 사회복지사는 그러한 감정의 가능성을 탐색해야만 한다.

사회복지사는 종료에 관한 감정을 소리 내어 말하는 것으로 이별에 대한 정서적 측면을 클라이언트가 다루도록 원조할 수 있다. 이를 **종료에 대한 감정을 나누는 기술**(sharing feelings about the ending) 이라 한다. 예를 들면 다음과 같다.

전 우리의 관계에 대해 생각해 왔어요. 당신이 9월에 이 병원에 왔을 때부터 우리는 서로를 잘 알아 왔지요. 당신이 결국 집으로 돌아갈 수 있게 돼서 기쁩니다. 하지만 제가 당신과 나눈 이야기와 당신의 긍정적인 태도를 그리워할 것이라는 점을 알아줬으면 좋겠어요.

클라이언트가 종료에 대한 자신의 감정을 표현하도록 격려하는 것도 중요하다. 이 감정은 긍정적인 것일 수도, 부정적일 수도, 혹은 이 둘이 혼합될 수도 있다. 이 **종료감정에 도달**(reaching for ending feelings) 하는 기술은 클라이언트가 감정을 명확히 하도록 돕는 사회복지사의 의사소통을 말한다. 예를 들면 다음과 같다.

저는 당신이 보호관찰을 마치게 되어 기뻐한다는 것을 압니다. 더 이상 절 만날 의무는 없어요. 그런데 저는 당신이 우리의 만남이 끝나는 것에 대해 복잡한 감정을 가지고 있다고 느껴요. 제 생각이 사실인가요?

클라이언트의 관심사항에 대해 클라이언트와 사회복지사가 해온 것을 클라이언트에게 알려주는 것도 종료에서 중요한 요소이다. 이 기술을 **진전을 검토**(reviewing progress) 하는 것이라고 한다. 예를 들면 다음과 같다.

우리는 약 녁 달간 만나 왔어요. 당신이 아동학대로 보고되면서 많은 일이 일어났지요. 마이클, 아들을 다루는 방법에서 당신은 몇 가지 긍정적인 변화가 있었습니다. 지난 4개월을 돌이켜볼 때, 당신의 행동과 태도에서 어떤 구체적인 변화가 있었다고 여기나요?

8.5 클라이언트 동기화의 증진

클라이언트가 중독이나 정신질환, 학대행동과 같은 심각한 개인적 문제를 부정하거나, 필요한 변화를 만들 동기를 느끼지 못한다면 무엇이 이뤄질 수 있을까? 그러한 상황에서는 **동기화 면접**(*motivational interview*)이 효과적일 수 있다. 이 전략은 개인의 동기 수준은 계속 변화한다는 가정에 기초한다. 동기화는 개인적 특성이라기보다는 개인의 지각, 사고, 기분, 상황에 따라 그 강점이 다양하게 변화한다. 동기화는 한 개인 내에서 발생하는 것이다. 따라서 외적인 압력 그 자체만으로는 동기화를 증진할 수 없다. 사실 위협이나 거슬리는 접근만 가지고는 방어적 태도나 저항을 불러일으키기 십상이다.

클라이언트는 목적을 스스로 선택했을 때 치료나 해독 등 계획이나 목적에 대해 더 적극적이다. 따라서 동기화 면접 과정에서 실천가는 클라이언트에게 문제가 있으니 변화해야 한다고 직접 주입하려 시도하지 말아야 한다. 이보다는 클라이언트가 방어를 낮추도록 지지적이고 안전한 분위기를 만들고 현재의 상황을 검토하면서, 바라건대 변화가 필요하다는 결론을 함께 이끌어내는 것이 좋다. 적극적 경청의 기법(항목 8.4 참조)을 통해 클라이언트가 자신의 행동(약물 사용)과 가치·목표(자아 존중감 향상, 건강 증진, 일에서의 성공, 좋은 부모가 되는 것 등) 사이의 불일치를 밝혀 주는 토론에 관여하도록 한다. 점차적으로 클라이언트는 자신의 현재 행동이 원하는 것을 달성하는 데 장벽이 된다는 결론을 내리고 자신의 이익을 위해 변화를 추구할 것이다. 사회복지사는 클라이언트의 강점을 인식시키는 확언(*affirmation*)을 통해 변화가 가능하다는 클라이언트의 확신을 만들고, 클라이언트의 자기 결정권을 존중하는 방식으로 정보를 제공하고 제안한다.

심각한 문제의 존재를 부정하거나 그 문제를 제기하는 것에 저항하는 클라이언트를 만났을 때 다음 지침이 사회복지사에게 유용할 것이다.

변화가 일어나도록 클라이언트의 동기화를 증진하기 위한 사회복지사의 시도는 일상적 사고나 행동의 패턴을 바꾸는 것이 얼마나 어려운지를 이해하는 것에 기반을 두어야 한다. 오랫동안 문제를 가지고 고통스러운 상황에서 살아오면서, 클라이언트는 이를 받아들이고, 자신의 생활을 이에 맞추고, 변화하려는 시도를 중단했을 수 있다. 사람이 문제를 가지고 사는 데 익숙해질 때, 이로부터 벗어날 삶을 생각하는 것도 힘들 수 있다. 문제에 대한 적응은 생활에서의 다른 측면, 예를 들어 친구의 선택, 직장 경력, 주택 비용, 여가활동 시간, 그 밖에 일상생활과 관련된 다른 선택과도 상호 관련된다. 이상하게 보일 수도 있지만 어떤 사람은 여러 가지 일상생활의 익숙한 사고나 행동 패턴을 교란

한다는 것 때문에 오래된 문제를 없애는 것을 두려워하기도 한다.

사람들은 자신의 생활 방식이나 사고방식, 패턴 등을 바꾸는 것에 본질적으로 저항한다. 변화에 대해 사람이 양가감정을 가지는 것은 정상이다. 자신에게 문제가 있으니 변화가 필요하다고 다른 사람이 이야기하는 것은 특히나 불편한 일이다. 저항하는 클라이언트가 변화를 원하지 않는 좋은 이유를 가지고 있음을 반드시 인식해야 한다. 그 이유로는 변화에 대한 순전한 어려움, 변화에 실패한 과거 경험이 주는 변화 가능성에 대한 부정적 인식, 변화로 인한 이득보다 손해가 더 클 수 있다는 걱정, 시간과 주의집중이 필요한 다른 관심사, 문제 규정에 동의하지 않거나 누가 변화해야 하는지에 대한 다른 의견 등이 있다.

클라이언트의 변화가 불필요하다는 추론에 대해 사회복지사는 다르게 생각하더라도, 이해와 감정 이입을 보여야 한다. 논쟁적이거나 오류를 찾거나 비판으로 들릴 수 있는 언급, 예를 들어 "당신은 도대체 어떻게 음주 문제가 진짜 없다고 믿죠?" 혹은 "변화한다면 생활이 더 나아질 것이 보이지 않으세요?"와 같은 식의 말은 피해야 한다. 클라이언트가 방어적으로 되면 그건 아마도 사회복지사가 심판적이거나 대결적으로, 혹은 클라이언트 상황에 대한 감수성이 부족하게 이야기해서 나타난 일일 수 있다.

동기화 면접의 전략은 변화 과정을 숙고 전 단계, 숙고 단계, 준비 단계, 행동 단계, 유지 단계의 5가지로 개념화한다. **숙고 전 단계**(*precontemplation*)는 자신의 문제를 인식하지 못하거나

다른 사람이 말하는 경고나 관심사를 완전히 거부하여 변화의 의사가 없는 때이다. 다음 단계인 **숙고 단계**(*contemplation*)는 문제가 있음을 인식하고, 적어도 무언가를 해야 한다고 생각하는 단계이다. 3단계인 **준비 단계**(*preparation*)는 변화하기로 결정하고, 원하는 변화를 위한 계획 수립의 초기에 있는 때이다. **행동 단계**(*action*)는 원하는 변화를 만들기 위한 단계를 밟는 때이다. 마지막으로, **유지 단계**(*maintenance*)는 자신이 만든 변화를 지속하려고 노력하며, 후퇴하거나 무너지지 않으려고 애쓰는 때이다. 변화를 만들어 가는 과정에 있는 사람은 이 단계들을 매우 여러 차례 반복한다. 변화는 한 단계씩 직선으로 이뤄지지 않는다. 의미 있는 변화는 언제나 조금씩 전진하기도 하고 후퇴하기도 한다. 후퇴하고 비틀거리고 넘어지는 것은 정상적이며 전체적인 변화 과정에서 당연히 예상되는 일이다.

특정한 단계나 수준에 맞는 메시지나 아이디어를 제공하는 것은 매우 중요하다. 사회복지사는 늘 클라이언트가 변화 과정 중 어디에 있는지 지표를 잘 관찰하고 경청해야 한다. 사회복지사가 클라이언트에게 건네는 이야기는 변화를 준비하는 특정 단계에서 맞춰 제공돼야 한다. 사회복지사의 메시지에 클라이언트가 저항한다면 사회복지사가 클라이언트를 앞서갔다는 것을 의미한다.

숙고 전 단계에 있는 클라이언트와 상호작용할 때, 사회복지사는 나중에 싹틀 씨앗을 뿌리는 것을 추구한다. 문제가 없다는 클라이언트의 지각이나 근거 혹은 설명을 이해하려고 노력하

고 탐색하고 감정을 이입하면서 경청해야 한다. 그런 후 클라이언트가 자신의 목적, 가치를 규명하도록 격려하고, 조심스럽고 위협적이지 않은 방법으로 클라이언트의 현재 선택, 행동, 패턴이 클라이언트가 원하는 이상과 목적에 도달하는 데 도움이 될 수 있을지 탐색한다. 예를 들어 클라이언트가 "저는 제 아버지가 제게 했던 것보다는 좋은 아빠가 되고 싶어요"라고 말한다면, 그때서야 사회복지사는 그가 술집에서 보내는 시간이 그가 원하는 더 좋은 아버지가 되는 일에 도움이 되는지 아니면 방해하는지를 탐색하고 논의할 수 있다.

클라이언트가 자신과 사랑하는 사람들에게 도움이 되는 행동과 실제 스스로 하는 행동 사이의 명백한 불일치에 주목하도록 해야 한다. 어떤 클라이언트는 자신의 현실과 싸우고 숙고하는 데, 그리고 마침내 결정하고 문제에 대해 행동을 취하려고 결심하는 데 몇 주, 몇 개월, 혹은 몇 년이 걸리기도 한다.

2단계인 숙고 단계에 있는 클라이언트는 문제를 깨달았더라도 진정 변화를 위해 반드시 행동할 준비가 된 것은 아니라는 점에 유의해야 한다. 많은 사람이 자신의 문제를 정확하게 묘사하고 달라질 것이라 말하지만, 실제로는 아무것도 변화하게 하지 못한다. 행동을 위한 어려운 결정 이전에 변화가 진정으로 가능하며, 필요한 행동을 할 능력이 있다고 클라이언트 스스로 믿어야 한다. 숙고 단계에서 사회복지사의 과업은 문제의 제기에서 위험과 보상의 분석, 장점과 단점의 분석에 클라이언트를 관여시키는 것이다.

클라이언트는 양가감정을 가지며 변화에 대한 두려움과 진짜 변화가 가능한지에 대해 회의적이기 때문에 사회복지사의 메시지는 변화의 결정에 호의적인 태도를 보이며 균형을 맞추어야 한다. 따라서 현재 상태의 단점이나 변화한 상황의 좋은 점에 대한 클라이언트의 생각이 말로 나타났을 때, 사회복지사는 이를 클라이언트가 구체적으로 파고들도록 격려해야 한다. 클라이언트가 자신 없어 하더라도 이렇게 해야 한다. 클라이언트가 어려운 삶의 도전에 직면하거나 변화를 이루었던 과거의 성공 경험에 주의를 기울이도록 해야 한다. 변화 노력 동안에 만날 실제와 스트레스에 관해 정보를 제공해야 한다. 그러면 클라이언트는 무엇이 필요한지 이해할 것이다.

변화 과정의 세 번째 단계인 준비 단계에서 클라이언트는 변화할 준비를 마치고 변화에 대해 적어도 잠정적일지라도 몰입한다. 하지만 아직 변화를 어떻게 만들어야 하는지에 관한 생각과 씨름하는 상태이다. 클라이언트는 어떤 단계가 실제로 효과를 거둘 수 있을지 확신하지 못할 것이다. 클라이언트가 이 계기를 유지하고 현실적이고 효과적일 수 있는 활동이나 단계를 선택하도록 돕는 것이 사회복지사의 과제이다. 클라이언트의 변화 계획은 변화를 유발하는 데 필요하다. 작은 여러 가지의 단계와 활동으로 구성하고, 지속적으로 그 진전을 점검할 방법이 있다면 더 성공적일 수 있다. 어떤 클라이언트는 무엇이 필요한지 더 명확히 보고 나서 변화 노력에 대한 이차적 생각을 시작하곤 한다.

준비 단계 동안 사회복지사는 변화를 달성할

수 있는 다양한 방법과 함께, 발생 가능한 장벽이나 함정을 클라이언트가 예상할 수 있도록 질문하고 논의를 격려한다. 예를 들어 사회복지사는 다음과 같은 질문을 할 수 있다. "언제 시작할 건가요?", "첫 번째 단계는 무엇이죠? 두 번째는요?", "그 특정한 행동이 필요하고 중요한가요?", "변화의 첫 번째 주간은 어떤 모습일까요?", "이 활동 계획을 만들고 수행하기 위해 누가 또 참여해야 할까요? 누가 당신을 격려하고, 누가 당신의 계획을 훼방 놓을까요?", "당신의 계획이 잘 작동한다면 그걸 어떻게 알 수 있죠?", "이번 계획이 잘 작동하지 않는다면 그 다음의 계획은 무엇인가요?"

준비 단계에 뒤이어 클라이언트는 네 번째의 행동 단계로 이동하며, 이 역시 잘 이뤄진다면 그 다음에는 마지막의 유지 단계로 움직인다. 이 행동 단계와 유지 단계에 적절한 많은 기법과 지침은 이 책의 13장에 소개돼 있다.

8.6 정서와 느낌의 이해

사회복지사가 원조하는 많은 클라이언트는 혼란스럽거나 두려워하는 등 자신의 감정에 압도되어 있으며, 적절한 방법으로 감정을 표현할 줄 모른다. 사회복지사는 클라이언트가 이해할 수 있는 방법으로 감정의 본질을 설명할 수 있어야 하고 문제가 있는 감정을 더 잘 통제할 수 있도록 클라이언트를 도와야 한다.

정서(emotion)라는 말과 느낌(feeling)이라는 말이 대개 구별 없이 사용되기도 한다. 그러나 정서는 특정한 육체적·심리적 반응이고 느낌은 그 정서적 반응에 대한 주관적 인식이다. **정서**는 사건이나 경험의 의식적·무의식적 해석에 대한 복잡하고, 육체적이고, 생화학적이고, 심리적인 반응을 말한다. 신경학에서는 이제야 비로소 우리의 정서가 어떻게 발생하는지, 예컨대 두려움이 공포증이 되거나 슬픔이 우울증이 되는 것처럼 정상적인 정서가 어떻게 뒤틀릴 수 있는지를 이해하기 시작했다.

정서라는 단어의 어원은 움직임(to move)에 있다. 우리의 정서는 우리로 하여금 움직이거나 어떤 행동을 취하게 한다. 이는 우리가 살아남도록 하는 본능적이고 원시적인 생존의 지혜와도 같다. 정서는 우리에게 위험을 경고하고 기본적 욕구를 충족하는 행동을 하도록 유인한다. 예를 들어 두려움이라는 정서는 우리가 위험한 상황을 피하도록 해준다. 반면, 분노는 우리에게 해를 입히는 사람을 공격하도록 움직이게 한다. 슬픔이라는 정서는 다른 사람의 보호와 관심을 불러일으킨다. 후회와 죄의식이라는 정서는 잘못된 행동을 교정하고 손상된 관계를 회복하고 우리가 유발한 해악을 고치도록 해준다. 기대라는 정서는 목적 달성을 위한 우리의 노력을 지속하게 한다.

정서는 우리의 마음 상태와 타인에 대한 의도를 전달하는 의사소통의 한 유형이다. 기쁨, 슬픔, 공포, 분노 등 특정 정서에 대한 표정은 문화에 관계없이 전 세계적으로 비슷해 누구라도 이해할 수 있다.

각 정서는 그 강도도 다양하다. 예를 들어 기쁨도 평온한 것에서 환희에 이르기까지 다양하고, 두려움이나 분노도 강도가 약한 것에서 극심한 것까지 여러 가지가 있다. 모든 정서는 어느 정도의 육체적·물리적 변화를 가져오지만, 두려움, 분노, 공황, 공포와 같은 원시적인 정서는 특히 태초의 투쟁·도주의 정서를 수반하며 육체적 반응이 가장 격렬하다. 어떤 정서적 반응은 이성적으로 생각하고 의사 결정할 수 있는 능력을 넘어설 수도 있다. 행동에 영향을 미치는 정서의 힘은 충동적이고 폭발적인 아동과 청소년기의 반응에서 특히 현저하다. 사람은 성숙해지면서 자기통제의 능력도 성장한다.

우리의 정서는 무엇이 일어났는가에 대한 주관적 해석에 따른 반응임을 이해해야 한다. 일반적인 순서는 다음과 같다. 첫째, 사건이나 상황의 발생, 둘째, 그 사건에 대한 인식과 해석, 혹은 생각, 셋째, 해석에 의한 특정 정서 경험, 넷째, 정서로 인한 특정 행동 등이다.

우리의 해석은 옳기도 하고 그르기도 한다. 과거의 '조건화'(학습)에 의해 거의 의식적 분석 없이 습관적(무의식적)인 방법으로 어떤 경험을 해석하기도 한다. 과거의 고통스러웠던 생활의 경험으로 인해 남들이 보기에는 부적절해 보이는 방법으로 사건이나 상황을 해석하고, 여기서 파생되는 정서에 의해 행동할 수도 있다. 남성에게 성폭행을 당했던 여성이 모든 남성을 두려워하고 또 피하는 예와 마찬가지이다. 많은 정서적 반응은 즉각적이어서 의식적 수준에서 생각하는 과정이 없다. 예를 들어 개가 덤벼들 때는 실제적인 사고나 분석이 필요하지 않고 두려움의 정서에 의해 피하게 된다.

우리는 사건이나 상황에 대한 해석뿐만 아니라 우리 자신의 느낌과 행동에 대해서도 정서적으로 반응한다. 예를 들어 우리가 어떤 정서를 경험할 때, 우리는 그 느낌이 옳은지 아닌지를 생각하곤 한다. 그리고 생각은 다른 정서를 유발하기도 한다. 바꿔 말해, 우리는 스스로의 정서적 반응을 판단하고 이 판단이나 생각은 우리 내부의 다른 정서를 일으킨다.

사고와 정서의 상호작용에 의해 우리는 사건과 경험을 생각하고 해석하는 일반적 방법을 어느 정도 바꿔서, 정서와 느낌을 조정하고 통제할 수도 있다. 이 학습 과정에는 몇 가지 단계가 있다.

- 1단계, **우리의 느낌을 알아내기**: 특정한 신체적 감각으로 우리는 정서적 반응이 일어났음을 안다. 그러나 우리 중 많은 사람이 이 감각을 무시한다. 따라서 정서와 관계된 신체적 반응을 인식하는 것을 배우는 데 도움이 필요할 수 있다. 하나의 방법으로는 어느 하루에 걸쳐 주기적으로 멈춰 우리 몸의 반응을 반영하고 질문해 보는 것이다. 예를 들어 "나의 몸 어느 부분이 정서를 경험하는가?", "내 몸의 어느 부분이 긴장이나 낯선 감각을 느끼는가?", "내 몸이 나의 주의를 끌려고 하는가?", "어떤 생각과 해석이 이러한 정서를 불러일으키는가?"와 같은 질문이다.

- 2단계, **우리의 느낌에 이름을 붙이기**: 정서와 느낌에 이름을 붙이는 것은 이를 실제적인 것으로 받아들이고 통제를 시작할 수 있는 기본이 된다. 하지만 느낌처럼 주관적이고 애매한 것에 명칭을 부여하는 일은 꽤 어렵다. 많은

사람이 느낌에 관한 어휘력이 부족하다. 느낌에 관한 단어 목록이 이 명명 과정에 도움이 될 수 있다(항목 13.16 참조).

- 3단계, **느낌을 소유하기**: 느낌과 정서를 통제하기 전에 우리는 그 존재를 알리고, 우리 자신의 것으로 선언할 필요가 있다. 우리의 느낌을 부정하는 버릇이 있다면 이는 어려운 도전이 될 수 있다. 느낌을 소유하는 일은 그 느낌의 이름을 다른 사람에게 소리 내 이야기할 때(예: "난 두렵다", "난 슬픈 느낌이 든다") 더 쉬워진다. 이처럼 말로 감정을 표현하는 것만으로도 문제가 되는 감정을 다루는 데 도움이 된다는 것을 알고서 많은 사람이 놀라곤 한다.

- 4단계, **정서의 이면을 보기**: 정서는 중요하고 무의식적인 해석을 살펴볼 수 있는 창문이다. 예를 들어 두려움과 공포의 느낌이 생길 때 "왜 이 상황이 두렵게 보이는가?", "진짜 두려운 상황인가, 아니면 내가 과거의 고통스러운 경험 때문에 이렇게 해석하는가?", "이 경험을 바라보는 대안적인 방법은 없는가?"라고 스스로 자문해볼 수 있다. 사물을 다른 각도에서 보는 것을 통해 우리는 종종 부정적 정서와 느낌의 영향을 누그러뜨릴 수 있다.

- 5단계, **사고 습관을 검토하기**: 우리가 경험을 생각하고 해석하는 방법은 종종 아동기 때부터 배운 것이다. 따라서 문제가 되는 생각과 느낌을 이해하고 조정하기 위해서는 어렸을 때 배운 것을 재평가하고 검토할 필요가 있다. 우리가 자신에 대해 습관적으로 이야기해 온 것(self-talk)이 지금의 상황에서도 타당한

지 결정해야만 한다.

- 6단계, **행동을 선택하기**: 특정한 상황이나 사건에 대해 우리의 정서적 반응을 변화시킬 수 없을 때라도 어떻게 행동할지를 선택하는 것은 여전히 가능하다. 스스로 다음의 질문을 한다면 더 나은 선택을 할 수 있다. "내가 이렇게 느낄 때, 내가 할 수 있는 선택은 무엇인가?", "화날 때 공격하는 나의 첫 번째 본능적 반응이 이 상황에서 적절한가?", "내가 피해야 할 파괴적인 반응은 무엇인가?", "어떤 반응이 나와 다른 사람에게 상처를 줄 수 있는가?", "나와 남들에게 가장 긍정적인 반응은 어떤 것인가?"

8.7 방어적 의사소통에 대응하기

사회복지사, 특히 비자발적 클라이언트와 일하는 사회복지사는 종종 의사소통에서 방어적이고 자기 보호적인 클라이언트를 만난다. 이러한 클라이언트는 사회복지사와 방어를 유발하는 이슈를 논의하지 않으려고 다양한 방어적 노력을 기울인다. 방어적 노력의 예로는 **거부**(denial: "난 알코올 문제가 없어요"), **타인 비난**(blaming others: "그녀가 날 미치도록 화나게 만들지만 않았다면 난 때리지 않았을 겁니다"), **회피**(avoidance: "깜빡 약속을 잊어버렸어요"), **무력감 호소**(pleading helplessness: "노력해 봐야 소용없어요. 아무것도 바뀌지 않을 겁니다") 등이 있다. 어떤 클라이언트는 조롱하거나 저주를 퍼붓는 등 사회복지사를 **겁주기**(intimidate)도 하고, 물

리적 환경(내려진 차양이나 사나운 개, 끔찍한 냄새)을 탓하기도 한다. 심지어 타인과 거리를 두는 수단으로 복장을 사용하기도 한다.

전문적 관계에서 방어적이고 적대적인 사람은 사회복지사를 만나기 한참 전부터 이러한 태도를 보이곤 한다. 하지만 때로는 사회복지사의 행동이나 스타일이 상황을 더 나쁘게 만들기도 한다. 예를 들어 클라이언트의 방어성을 증가시키는 행동으로는 클라이언트가 오래 기다리게 하는 것, 사회복지사가 권위적이고 심판적인 태도를 보이는 것, 퉁명스럽게 대하는 것, 설명도 없이 전문용어나 기관의 규정을 사용하는 것 등이 있다. 다음의 지침을 따른다면 사회복지사는 클라이언트의 방어성을 줄일 수 있다.

방어적 태도는 실제 혹은 가상의 위험으로부터 자신을 지키려는 시도로 봐야 한다. 사회적 서비스를 제공하는 기관의 맥락 속에서 클라이언트는 많은 위협을 느낀다. 예컨대, 당황하고 좌절하거나, 사생활을 침해받는다거나 자신의 생활에 대한 통제력을 잃었다는 느낌을 받거나, 원하는 서비스나 혜택을 받지 못하기도 한다. 사회복지사는 당황스러운 상황을 이해한다고 말함으로써 클라이언트의 두려움을 줄일 수 있다("저는 재정 보조를 신청해야 한다는 것이 당신을 당황하게 만들 수 있음을 압니다"). 가능한 한 클라이언트가 자신의 생활에서 발생하는 일을 통제하고 선택할 수 있도록 여지를 준다. "우리", "함께", "당신의 결정에 달려 있다"와 같은 말을 적절하게 사용한다. 이러한 말은 선택과 협조를 나타낸다. 모든 사람은 개별성을 상실할 때 방어적 태도를 취하므로 클라이언트에게 낙

인적인 명칭을 붙이거나 함부로 특정 범주에 포함시키지 말아야 한다. "모든 의료보호 대상자는 이 양식을 기입해야만 한다"라는 식으로 말해서는 안 된다.

방어적 태도가 과거에는 목적에 부합하는 행위였다는 점을 이해하고, 방어적 행동에 대한 인내력을 기른다. 클라이언트의 방어적인 자세는 아동기부터의 학대, 방임, 조롱이나 여타의 잘못된 처우에 대한 반응으로 발달한 것일 수 있다. 속거나 착취당하는 식의 경험을 몇 번 당하고 나면, 성인도 어느 정도는 두려움과 의심, 방어성을 가지고 모든 새로운 관계에 접근하게 된다.

클라이언트가 더욱 개방적으로 의사소통하고 더욱 신뢰하는 관계의 방향으로 움직인다면 이를 강화하고 보상하는 방법을 찾아야 한다. 또한 **모방하기**(mirroring)의 기법을 사용할 수 있다. 이는 클라이언트의 긍정적 메시지에 대해 그의 비언어적 행동을 모방하거나 반영하는 방법으로 대응하는 기법이다. 예를 들어 클라이언트가 약간 방어성을 낮추었을 때 클라이언트의 어조, 말투, 자세 등 비언어적 행동을 모방하는 것이다. 반면에 클라이언트의 방어성이 강해지면 그 반대의 개방적인 몸짓과 부드러운 어조로 반응해야 한다. 클라이언트가 두려움이나 분노로 말이 빨라지면 느리고 부드럽게 반응해야 한다. 이는 대개 클라이언트를 조용하게 하는 효과를 준다.

가능한 한 클라이언트가 정보를 받는 주요 방법에 맞춰 단어나 어구를 사용한다. 세 가지 기본적인 방법은 시각적, 청각적, 촉각적인 것이

다. 클라이언트는 자신이 말하는 문장의 술어에서 자주 사용하는 주요 방법을 밝히기 마련이다. "난 당신이 이렇게 생각하는 것이라고 본다"(시각적), "난 당신이 이렇게 말한다고 들린다"(청각적), "그 목표에는 내가 도저히 닿을 수가 없다"(촉각적) 와 같이 표현하는 방식이 다르다. 클라이언트의 정보 수용 방법을 명확히 확인할 수 있다면 그 방법에 맞춰 반응하는 것이 좋다. 예를 들어 "당신은 제가 말하는 것의 그림을 그릴 수 있겠어요?"(시각적), "이 계획이 괜찮게 들립니까?"(청각적), "당신이 제안한 계획을 우리가 잡을 수 있을 거라 생각합니다"(촉각적) 등과 같은 방식이다.

클라이언트의 불안, 두려움, 분노와 같은 감정을 이해하고 그 감정에 이입하기 위해 **저항에 참여**(*joining the resistance*) 하는 기법을 사용한다. 이는 클라이언트의 감정을 사회복지사가 인식하고 스스로 동조하는 것이다. 예를 들어, "그렇게 오래 기다렸으니 화가 날 만합니다. 나라도 그렇겠습니다"와 같은 식이다. 이러한 동조는 클라이언트가 방어적 태도를 취할 필요를 없애 저항을 줄이고 감정을 환기해 준다.

만약 클라이언트가 외설적이거나 모욕적인 말을 쓰면 침묵을 지킨다. "나는 당신이 화가 났다는 것을 압니다. 하지만 서로 존중하고 평화로운 방식으로 대화하는 것이 중요합니다"와 같은 말을 할 수도 있다. 만약 클라이언트가 공격적 언어를 계속 사용한다면 **안개 속에 머물기**(*fogging*) 와 같은 기법의 사용을 고려한다. 이 명칭은 안개 속의 강둑으로 던진 돌은 아무런 효과를 내지 않는다는 인식에서 나왔다. 언어적

공격을 받는 사람이 안개처럼 행동한다면 언어적인 '돌'은 효과가 없으며 공격자는 불편함을 주려는 자신의 시도를 포기하리라 기대할 수 있다. 이 기법을 사용하면 공격받는 사람이 저항하거나 분노나 방어 등을 표현하지 않으면서, 화가 나서 공격하는 사람도 비판과 판단에서 정확할 수 있음을 차분히 알릴 수 있다.

화난 클라이언트: 당신이 하는 건 대화뿐이군요!

사회복지사: 맞아요. 난 대화를 많이 합니다.

화난 클라이언트: 내가 말하는 것에 주의를 기울였다면 그런 멍청한 질문은 하지 않았을 거예요!

사회복지사: 그럴 수도 있지요. 당신이 말하는 것에 더 주의를 기울일 수도 있었을 겁니다.

화난 클라이언트: 당신은 다른 멍청한 정부 공무원이나 주정부의 사회복지사하고 똑같아요! 당신들은 항상 당신의 일과 아무 관계도 없는 일을 쑤셔 대는군요!

사회복지사: 나는 주정부의 고용인입니다. 대부분의 공무원이 자신의 일을 비슷한 방법으로 한다는 것도 일리가 있군요.

아동학대의 경우처럼 방어적인 클라이언트와 관여하는 것이 매우 중요한 상황이라면 이 이슈를 직접 다룰 필요도 있다. 예를 들어 클라이언트가 말하는 것을 거부한다면 "당신은 당신의 아이가 어떻게 상처를 입었는지에 대해 말하려 하지 않는군요. 하지만 저는 이 중요한 사안을

논의할 때까지 여기에 있어야 해요"라고 말할 수 있다. 혹은 클라이언트가 사회복지사의 말에 과도하게 동의만 한다면 "저도 당신이 약속한 일들을 해주기 바랍니다. 하지만 당신이 이 계획대로 실행할 것을 제가 어떻게 알죠?"라고 반응할 수 있다. 만약 클라이언트가 위협적인 방식으로 행동한다면 "전 당신과 논쟁하고 싶지 않아요. 만약 당신이 지금은 너무 화가 나서 말할 수 없다면 오후에 경찰관과 같이 올게요. 지금 이야기하겠어요? 아니면 나중에 이야기하겠어요?"라고 이야기할 수 있다. 클라이언트가 진짜 중요한 이슈를 피하고 지엽적인 이야기만 한다면 사회복지사는 다음처럼 이야기해서 통제할 필요가 있다. "전 당신에게 다른 관심사가 있다는 것을 이해할 수 있어요. 하지만 지금은 어떻게 해서 조이가 상처를 입었는지 이야기해야 합니다."

어떤 경우 클라이언트가 사회복지사에게 죄의식을 주려고 하면서 방어적인 태도를 취할 수 있다. 이때는 "저는 당신이 상처받았다는 것을 압니다. 그리고 사람이 우는 것을 보고 싶지도 않아요. 하지만 당신의 아이가 다쳤어요. 잠시 마음을 가라앉히죠. 그리고 우리는 조이에게 무슨 일이 일어난 건지 이야기해야 합니다"라고 반응할 수 있다(방어적, 비자발적, 잠재적으로 위험한 클라이언트에 대한 더 많은 정보는 항목 10.7, 10.8, 10.9 참조).

8.8 문화적 유능성을 원조에 적용하기

사람들은 매우 복잡하고 다양하다. 사회와 문화, 우리가 구성한 구성체도 그러하다. 사람들은 서로 비슷하기도 하지만 중요한 차이점도 있다. 사회복지실천에 영향을 미치는, 인간의 두드러지는 다양성 측면에는 인종, 성, 민족, 태어난 나라, 피부색, 성적 정체성과 지향, 연령, 결혼 여부, 정치적 신념, 종교, 정신적·신체적 장애 등이 있다. 이러한 인간의 다양성은 어느 하나가 다른 것보다 우월성을 갖지 않으며 아름다움의 다양성과 유사하다.

높은 수준의 문화적 유능성을 갖추는 것은 모든 사회복지사에게 매우 중요하다. 사회복지사는 자신의 문화적 배경뿐만 아니라 클라이언트의 문화, 역사, 생활경험에 대해서도 예민하게 잘 이해해야 한다. 자신의 문화적 관점과 클라이언트의 관점 사이의 유사점과 차이점을 명확히 알아야 한다. 그래야 클라이언트 상황을 이해하여 감정 이입을 잘할 수 있으며, 실천 상황에 자신의 문화적 관점을 부적절하게 투영하는 것을 막을 수 있다.

문화(culture)는 세대 간으로 전승되어 큰 집단이 공유하는 것으로서, 어떻게 행동하고 무엇을 할 것인가에 대한 생각의 총체이다. 이러한 총체는 특정한 신념, 가치, 이상향, 관습, 옳고 그른 것에 대한 기준, 상징과 언어, 행동의 패턴으로 구성된다. 이 모두는 사람들의 공유된 역사와 경험에 기초한다. 문화는 사람들이 생활을 조망하는 렌즈와 같아서, 자기가 속한 집단의 내부 혹은 외부의 사람에 대한 경험에 의미를 부여하고 문제와 갈등을 다루는 방법을 형성한다. 각 문화의 다양성 속에는 사회복지실천의 한 부분으로 통합되고 활용되어야 할 강점도 있다(항목 11.6 참조). 반대로 모든 문화에는 문제될 수 있는 요소도 있으며, 이 또한 인식되고 제기할 이슈가 된다.

모든 사람의 문화는, 심지어 인식하지도 못한 채로, 내면화되고 사고방식과 행동방식에 영향을 미친다. 모든 사람은 어느 정도 **자문화 중심주의적**(*ethnocentric*) 태도가 있다. 이는 자신의 생활방식이 합리적이며 다른 사람을 판단할 적절한 기준이라고 여기는 것이다. 이러한 자문화 중심주의적 경향에 대처하기 위해 사회복지사는 클라이언트가 지내온 다른 문화의 관점을 이해하도록 문화적 유능성을 잘 개발하고 적용해야 한다. 문화적 다양성이 생활경험 — 아동양육 방식, 가족과 성역할구조의 적절성에 대한 인식, 다른 사람의 행동을 판단하는 방법, 생활에서 종교와 영성의 위치, 차별이나 억압의 경험에 대처하는 방식 등 — 에 영향을 미치므로 문화적 감수성은 중요하다.

문화라는 개념을 이해할 때 중요한 것은 문화의 내용과 패턴이 다음 세대로 전승된다는 것이다. 문화라는 용어는 사람들이나 경험을 집단으로 묶어 표현하는 데 사용되기도 하지만(약물 문화, 10대 문화 등), 이 책에서 사용하는 문화라는 개념은 세대를 거쳐 진화한 사고와 행동의 방식으로 사회구조나 제도(가족, 학교, 언어, 법률, 종교, 공공서비스)에 의해 유지되는 것을 뜻한다. 그럼에도 불구하고 문화는 역동적이다. 시간에 따라 변화한다. 어떤 문화적 변동은 점

진적이고 알아채기가 어렵다. 반면 다른 경우에는 빠르고 혼란을 야기하기도 한다. 문화는 전쟁이나 경제공황과 같은 대규모 사회적 사건만이 아니라 경제, 기술, 과학, 정치와 같은 영역의 변화에 의해 조정된다. 전형적으로 젊은 세대는 문화의 변화에 몰입하는 데 반해, 나이가 많은 세대는 생활방식의 변화를 위협적으로 느끼고 이에 저항한다.

문화적 다양성의 한 예로 **민족집단**(*ethnic group*)을 들 수 있다. 이는 공통의 지역적 기원, 언어, 종교, 조상, 외모, 혹은 이러한 특징의 조합을 함께 공유하며 남들과 독특하게 구별되는, 더욱 큰 인구집단의 한 부분인 집합체이다. 사람들이 자신을 특정한 민족집단에 속한다고 생각할 때 이 믿음은 그들의 상호작용에 큰 영향을 미치고, 여기에는 사회복지사와의 상호작용 방식도 포함된다.

문화나 민족성은 사람들의 가치, 신념, 언어, 전통 등에서의 차이점과 관련되는 반면, **인종**은 피부색이나 머릿결, 신체구조, 얼굴 모습과 같이 관찰되는 물리적 특징에 기초해 사람을 구별한 집단이다. **인종차별**(*racism*)은 어떤 집단의 사람이 다른 인종의 사람을 본질적으로 자신들보다 열등하다고 바라볼 때 나타난다. 인종차별은 누군가에게 인종적 사유로 기회, 보호, 자유, 자원 등을 거부할 때 차별과 탄압을 증가시킨다. 미국에서 인종차별의 문제는 상당히 개선되었으나 편견과 차별을 없애기 위해 아직도 해결해야 할 문제가 남아 있다.

인종차별이나 다른 형태의 차별주의(*ism*), 예를 들어 연령차별주의, 성차별주의, 이성애

주의, 학력주의 등이 만연해 있다. 이런 차별주의의 피해자에게는 분노, 좌절, 절망의 정서가 일반적이며 편견과 차별 때문에 교육의 기회, 고용, 소득, 심지어 인간서비스 접근에서까지 제한받는다고 느낀다. 자기 인식이 있는 사람은 스스로 편견의 존재를 감지하고 죄의식과 부끄러움을 느끼기도 한다. 편견이나 차별로 비난받는 사람은 그 비난이 정확하든 아니든 간에 방어적인 경향이 있다. 가치 절하된 집단이 경제적으로 억압당하고 착취당해 왔다는 사실 때문에 사회에서 지배적인 집단에 속한 어떤 사람은 자신이 특권과 특혜를 누리고 있음에 대해 도덕적으로 고통스러워하기도 한다.

솔직하게 자신의 태도와 믿음을 검토해 보면, 사회복지사를 포함해 모든 사람은 자신이 특정한 인구집단에 대해 어느 정도의 편견을 가지고 있음을 발견할 것이다. 우리는 어떤 집단은 덜 가치 있게 판단하고, 어떤 집단은 더 가치 있어 특권을 누리는 선호집단으로 여기는 사회에서 자라 왔는데, 어떻게 문화적으로 편향된 태도가 없을 수 있겠는가?

편견과 차별을 구별하는 것은 중요하다. **편견**(prejudice)은 태도인 반면, **차별**(discrimination)은 특정 집단의 구성원에게 해를 가하는 행동이다. 편견은 어떤 사람이 특정한 인종, 민족집단, 종교, 연령, 성별, 성적 지향성, 신체적 혹은 정신적 상태에 속한다는 이유만으로 가치 절하하거나 부정적으로 인식하는 태도나 신념을 말한다. 편견이 항상 차별적 행동으로 연결되지는 않는다. 차별도 편견과 관계없이 존재할 수 있다. 예를 들면, 어느 회사가 특정 집단에 대한 불공정하고 차별적인 조직정책을 가지고 있는데 직원이 아무 생각 없이 그 정책을 따를 수 있다. 사회복지사는 자신의 내부나 사회제도에 편견은 없는지 인식하기 위해 끊임없이 경계해야 한다. 또한 차별과 싸우기 위한 행동을 준비해야 한다.

사회복지사 임무의 핵심은 권리가 박탈된 집단인 취약한 사람들에게 서비스를 제공하는 것이다. **권리가 박탈된 집단**(disenfranchised group)은 사회에서 제도화된 역사적 억압 방식 때문에 사회의 지배적인 주류집단보다 정치적·경제적 힘이 현저하게 작은 집단을 말한다. 권리가 박탈된 집단의 구성원은 그 집단 내에서도 동등한 지위에 있지 않다. 그 안에서도 소득, 교육, 직업 등과 같은 요소에 따라 필연적으로 서열이 다르게 존재한다.

문화적으로 민감한 사회복지실천의 지침

NASW에서는 인간서비스체계와 아울러 모든 사회복지사에게 **문화적 유능성**(cultural competency)을 갖추도록 요구한다. NASW에서는 이를 다문화의 상황에서 전문가와 기관이 효과적으로 활동할 수 있는 일련의 행동, 태도, 정책이라고 규정하고 있다. NASW의 문화적 유능성의 기준(NASW, 2001)에서는 문화적으로 더욱 유능해지기 위해 필요한 기관이나 전문가 능력의 몇 가지 요소를 확인한다. 여기에는 첫째, 인간의 다양성 존중 및 이에 대한 가치 부여, 둘째, 자신과 기관의 문화적 관점에 대한 성실한 자기 사정, 셋째, 다른 문화의 사람들이 상호작용할 때 작동하는 특별한 역동성의 인식, 넷째,

다양성의 이해와 환영을 반영하는 프로그램과 서비스 개발 등이 있다. 이러한 요소는 인간서비스 조직에 자리 잡아야 하고, 그 기관에 고용된 사람들의 태도와 활동에 반영돼야 한다.

자기 인식(항목 16. 3 참조)은 사회복지사에게 핵심적으로 중요하다. 자신의 문화적 감수성을 검토할 때, 다음의 지침이 유용하다.

(1) 자신의 문화, 민족, 종교, 사회적ㆍ경제적 배경이 스스로의 관점과 의견을 어떻게 만들어왔는지 이해한다.

(2) 클라이언트와 클라이언트의 문제 상황을 항상 사회적 상황과 문화의 맥락에서 바라본다.

(3) 편견이나 선입견에 기초한 부적절한 판단이 나타날 수 있다는 가능성을 항상 인식한다.

(4) 클라이언트에 대한 개입을 개별화한다. 특정 민족이나 인종 혹은 다른 집단이 같은 서비스를 받아야 한다거나, 특정한 기법이나 방법에 같은 방식으로 반응할 것이라고 가정하지 말아야 한다.

거시적 수준에서 기관은 정책이나 정치가 특정 집단에 대해 차별적이거나 편견을 드러내지는 않는지 끊임없이 점검해야 한다. 기관의 이사회나 지배구조에 다양한 집단의 대표를 포함하거나, 커뮤니티 내 다양한 집단의 사람이 기관의 업무수행 점검이나 프로그램 평가에 참여하도록 하는 등 기관은 문화적 차이점을 감안하

여 민감하고 적절한 방법을 활용할 수 있다.

클라이언트와의 상호작용에서 마음에 새겨두어야 할 몇 가지 지침이 있다.

(1) 사람들은 다른 문화에 대한 지식을 얻을 기회가 많지 않음을 인식하고, 클라이언트의 문화적 배경을 배우기 위해 노력해야 한다. 특히, 언어적 차이가 있을 때 그러하다. 사회복지사는 초기 단계에서 클라이언트의 민족이나 문화집단 사람들과 자주 상호작용하거나, 그 집단의 리더에게 자문을 구하거나, 클라이언트의 문화 축제나 종교적 모임에 나가거나, 그 집단에 관련된 신문이나 책자를 읽는 것 등을 통해 도움을 받을 수 있다.

(2) 클라이언트의 문화적 배경으로 그의 가치나 신념, 행동을 예측할 수 있다고 가정해서는 안 된다. 언제나 클라이언트를 개별화해야 한다. 사람을 집단으로 묘사하는 것 — 백인 중산층, 맹인, 흑인, 장애인, 부자, 빈곤층 등 — 은 일반화에 해당하며, 이는 늘 과잉 단순화나 선입견의 위험성이 있다. 어떤 소수집단의 경우에도 그 안에는 다양한 하위집단이 있고 또 개인 간에는 분명히 커다란 편차가 있음을 기억해야 한다.

(3) 모든 사람은 가치와 기대라는 두 믿음을 조화시켜야 한다. 첫 번째, 가치라는 믿음은 특정 개인과 상관없이, 사회의 경제적ㆍ상업적ㆍ정치적ㆍ법적ㆍ교육적 체계에 깃든 지배적 문화의 영향으로 구성된다. 두 번째, 기대라는 믿

음은 개인적인 것으로서, 가족이나 사회적 관계 망 내부에 존재한다. 이 두 가지 믿음이 서로 다를 때 개인은 혼란을 느낀다. 사회 내 자신의 위치, 혹은 자신이나 타인에 대한 기대치를 확신할 수 없게 된다. 이러한 긴장은 지배적이지 않은 집단이나 새로운 이민자집단의 구성원에게서 자주 나타난다.

(4) 클라이언트의 이름, 출생 장소, 고향에 관심을 보인다. 이러한 주제는 초기의 어색함을 없애고 클라이언트의 문화적 배경과 민족적 정체성에 관해 자연스럽게 이야기할 수 있게 한다. 클라이언트와의 초기 관계에서는 클라이언트가 수용되거나 이해받지 못할 것이라는 우려를 표현하게끔 허용하고, 민족이나 문화의 차이가 존재함을 알린다. 다시 말해 전문적 관계와 서비스 전달에서 고려하고 서로 맞출 필요가 있는 중요한 문화적 가치, 신념, 관습 차이를 클라이언트가 명확히 확인하고 표현하도록 격려한다.

(5) 다문화의 실천에서 전문적 원조자와 클라이언트가 원조 활동의 구성 내용을 서로 상당히 다르게 인식한다는 점이 장애 요인이 되기도 한다. 전문적 원조의 특정한 개입 모델이나 접근, 치료법이 어떤 문화권의 클라이언트에게는 낯설거나 심지어는 공격적으로 여겨질 수 있다. 예를 들어 상당 기간 동안 이야기하는 것이 관계를 맺는 적절한 방법이라고 믿는 문화권의 클라이언트에게는 단기의 과제 지향적 접근이 매우 거친 방법으로 보일 수 있다. 또 어떤 클라이언트에게는 감정에의 도달이나 감정을 언어로 표현하는 기술이 침입적인 것으로 보일 수 있다. 아시아계 문화의 사람은 개인 문제를 가족 외부의 사람과 의논하는 것을 수치스럽게 여긴다. 히스패닉 사람은 원조자가 직접 조언하고 원조를 주는 것을 기대하며, 비지시적인 상담이나 적극적 경청의 기법을 사용하는 전문가와의 관계를 혼란스러워 한다. 클라이언트의 신념에 도전하곤 하는 인지 행동적 혹은 합리적·정서적 기법(비합리적인 신념에의 도전 등)은 존중과 예의를 중시하는 문화의 클라이언트에게는 공격적으로 느껴질 수 있다. 더 나아가, 신뢰의 문제 때문에 소수집단이나 억압된 집단에 속하는 클라이언트가 지배적 주류에 속하는 사회복지사와 개인적 문제를 의논하는 것이 매우 어려울 수 있다.

(6) 클라이언트의 강점을 간과하는 것, 클라이언트의 비언어적 의사 전달 내용을 잘못 이해하는 것, 가족 역동성을 오해하는 것 등은 다른 문화권에 대한 원조관계에서 자주 나타나는 실수이다. 종교, 가족의 의무, 성역할에 의해 동기화된 활동도 역시 종종 오해를 받거나 잘못 해석되곤 한다.

(7) 소수집단의 구성원은 차별을 경험해 왔기 때문에 지배집단을 대표하는 기관이나 전문가를 다소 불신하는 경향이 있을 수 있다. 그들은 사회복지사를 견주어 보면서 조심스럽게 탐색적으로 원조관계에 들어온다. 사회복지사의 생활경험이나 가족, 자녀 등에 대해 직접적·간접적으로 물어 보면서 사회복지사의 진실성을 시

험할 수 있다. 사회복지사는 정직하게 답변하며 이 탐색에 응해야 한다. 자신의 집에 초대하는 것은 대개 존중의 표시이므로, 가정방문은 사회복지사가 신뢰를 구축하는 데 도움이 될 수 있다 (항목 10. 6 참조).

(8) 많은 문화와 민족집단에서 확대가족 구조가 일반적임을 인식해야 한다. 이러한 가족에서는 구성원이 다른 구성원을 돕고, 지원하고, 보호해야 하는 강력한 의무감을 느낀다. 가족 구성원의 잘못된 행동은 전체 가족의 수치이며, 반대로 한 구성원의 영광은 가족 모두의 것으로 인식된다. 전형적으로 노인이 높은 존중감을 유지하고 존경을 받으며, 다른 구성원의 행동과 결정에 큰 영향력을 가진다. 또한 이런 가족에는 성에 기초한 의사 결정 구조 및 권위 서열이 있다. 예를 들어 많은 히스패닉계 가족은 남성에게 큰 권위가 있어 아내 혹은 다 자란 성인 자녀도 중요한 결정을 하기 전에 남성(남편, 아버지, 할아버지 등)의 허락을 얻어야 한다는 의무를 느낄 수 있다. 심지어 의료적 치료를 받을 때도 허락을 받기도 한다. 미국 인디언부족 문화에서 일반적으로 나타나는 확대가족의 가족 구성원은 부족 연장자의 조언을 얻을 때까지 결정을 유보하곤 한다. 그러므로 클라이언트에게 면접에 다른 누군가를 데려오고 싶은지 혹은 의사 결정에 누구를 포함하고 싶은지 물어 보는 것이 좋다. 클라이언트는 이러한 존경받는 조언자를 중요한 회합에 자주 데리고 올 것이다.

(9) 사회복지실천을 클라이언트의 종교적 신념과 영성에 적용하는 것 역시 문화적 민감성과 깊은 관련이 있다. 사실, 인간의 민족성, 문화, 종교는 대개 얽혀 있다. 클라이언트의 영성, 종교적 신념, 도덕 방식을 무시하는 전문가는 클라이언트의 상황을 정확히 사정하지 못하고, 클라이언트에게 도움이 될 자원을 간과하게 된다 (항목 15. 18 참조).

(10) 그 사회의 보편적 언어(미국에서는 영어)를 사용하는 것이 어려운 클라이언트에게는 통역사가 필요한지 물어 보아야 한다. 다른 언어를 사용하는 클라이언트를 많이 만나며 일한다면 가능한 그 언어를 많이 배우는 것이 좋다. 몇 마디밖에 못 하더라도 클라이언트의 언어로 이야기하려는 노력을 하는 것이 좋다. 이는 기본적 예의로 보일 수 있으며 클라이언트의 언어와 문화를 존중하는 것으로 여겨진다.

(11) 권리가 박탈된 집단의 구성원은 대개 심리적 문제보다는 빈곤, 실업, 주거의 열악성, 보건서비스 접근성 문제 등과 같이 사회적이고 체계적인 문제 때문에 기관에 방문한다. 그러므로 구체적 서비스의 제공과 중개자, 옹호자로서의 실천가 역할이 특히 중요하다.

요약하면, 사회복지사가 서비스를 제공해야 하는 사람들과 커뮤니티는 매우 광범위하고 다양하므로 문화적으로 완벽하게 유능할 수는 없다. 클라이언트가 민족, 인종, 연령, 성, 장애 조건, 정신건강 상태 등에 따라 특정한 문화집단을 반영한다면 사회복지사는 그 문화에 관한 특별한 지식을 갖추어야 한다. 그러나 이런 인구집단의 특성에 대한 일반적 지식만 강조한다면 부정적 생활경험에 대응하는 클라이언트의 유연성(resilience)과 같은 개인의 독특성과 차별성을 놓치고, 선입견이나 스테레오타입에 빠질 위험성도 있다. 사회복지사의 사정이나 실천 접근에서 클라이언트가 속한 집단의 경향성을 인식하는 것과 개인적 차이를 알아보는 것 사이에 적절하고 미묘한 균형을 찾는 것이 중요하다.

참고문헌

Arkowitz, H., Westra, H., Miller, W., & Rollnick, S. (eds.) (2008). *Motivational Interviewing in the Treatment of Psychological Problems.* NY: Guilford.

Cochran, J. & Cochran, N. (2006). *The Heart of Counseling: A Guide to Developing a Therapeutic Relationships.* CA: Thomson.

Corcoran, J. (2011). *Helping Skills for Social Work Direct Practice.* NY: Oxford University Press.

Cormier, S., Nurius, P., & Osborn, C. (2013). *Interviewing and Change Strategies for Helpers* (7th ed.). KY: Cengage.

Fox, R. (2013). *Elements of the Helping Process* (3rd ed.). NY: Routledge.

Hill, C. (2009). *Helping Skills: Facilitating Exploration, Insight, and Action* (3rd ed.). Washington, DC: American Psychological Association.

Hugman, R. (2013). *Culture, Values, and Ethics in Social Work: Embracing Diversity.* NY: Routledge.

Kavanagh, J. (2000). *Worldwide Gestures: A Traveller's Introduction to Common International Gestures & Symbols.* WA: Waterford.

Keltner, D., Oatley, K., & Jenkins, J. (2014). *Understanding Emotions* (3rd ed.). NY: Wiley.

Knapp, M. & Hall, J. (2010). *Nonverbal Communication in Human Interaction* (7th ed.). KY: Cengage.

Lewis, M., Haviland-Jones, J., & Barrett, L. (eds.) (2008). *Handbook of Emotions* (3rd ed.). NY: Guilford.

Lynch, E. W. & Hanson, M. J. (eds.) (2011). *Developing Cross-Cultural Competence: A Guide for Working with Children and Their Families* (4th ed.). MD: Brookes.

McKay, M., Davis, M., & Fanning, P. (2009). *Messages: The Communication Skills Book* (3rd ed.). CA: Harbinger.

McKenzie, F. (2011). *Understanding and Managing the Therapeutic Relationship.* IL: Lyceum.

Miller, W. & Rollnick, S. (eds.) (2013). *Motivational Interviewing: Helping People Change* (3rd ed.). NY: Guilford.

Moss, B. (2012). *Communication Skills in Health and Social Care* (2nd ed.). CA: Sage.

National Association of Social Workers (2001). *NASW Standards for Cultural Competence in Social Work Practice.* Washington, DC: NASW. http://www.socialworkers.org/practice/standards/NASWCultural Standards.pdf.

_____ (2007). *Indicators for the Achievement of the NASW Standards for Cultural Competence in Social Work Practice*. Washington, DC: NASW. http://www.socialworkers.org/practice/standards/NASWCultural Standards Indicators2006.pdf

_____ (2009). "Cultural competence in the social work profession". In *Social Work Speaks: NASW Policy Statements, 2009~2012*. Washington, DC: NASW.

Plutchik, R. (2003). *Emotions and Life: Perspectives from Psychology, Biology, and Evolution*. Washington, DC: American Psychological Association.

Remland, M. (2009). *Nonverbal Communication in Everyday Life* (3rd ed.). NJ: Pearson.

Riggall, S. (2012). *Using Counseling Skills in Social Work*. CA: Sage.

Rooney, R. (2009). *Strategies for Work with Involuntary Clients* (2nd ed.). NY: Columbia University Press.

Rosengren, D. (2009). *Building Motivational Interviewing Skills: A Practitioner Workbook*. NY: Guilford.

Shulman, L. (1981). *Identifying, Measuring and Teaching Helping Skills*. VA: CSWE.

_____ (2009). *The Skills of Helping: Individuals, Families, Groups, and Communities* (6th ed.). KY: Cengage.

Sidell, N. & Smiley, D. (2008). *Professional Communication Skills in Social Work*. NJ: Pearson.

Sisneros, J., Stakeman, C., Joyner, M., & Schmitz, C. (2008). *Critical Multicultural Social Work*. IL: Lyceum.

제 9 장

기관실천을 위한 기본기술

학습목표

- 전문적 의사소통을 할 때, 명확하고 목적의식적인 글쓰기 능력과 전화 사용법을 보인다.
- 인간서비스기관 내에서 컴퓨터와 현대적 정보화기술을 사용하는 방법을 숙지한다.
- 정확한 클라이언트 기록문서의 목적과 중요성, 특징을 설명한다.
- 사회복지사 윤리강령을 잘 숙지하고 있음을 보인다.
- 시간과 업무량 관리의 기본적 원리를 설명한다.
- 전문적 행동에 대해 비전문적 행동과 예를 들어 비교하고 차이점을 명확하게 안다.

실천 현장이 어떤 곳이든 간에 사회복지사는 필요한 서류 작업을 처리하고 자신의 시간을 관리해야 하는 도전에 직면한다. 그리고 모든 현장에서 사회복지사는 윤리적 질문과 딜레마에 직면한다. 이번 장에서는 사회복지사가 어떻게 윤리적 관심사에 접근할지, 일상생활에 어떻게 시간 관리기술, 효과적인 전화 사용법과 정보통신기술을 통합해 효율성을 증진할 수 있는지에 대한 지침을 제공한다. 또한 보고서·편지 작성, 클라이언트 기록의 유지, 전문가로서의 수행에 대한 지침도 포함한다.

사회복지사는 정확하게 기록을 유지하는 것뿐만이 아니라 면밀하게 대응을 준비하고 서면화된 의사소통을 할 수 있어야 윤리적 기준 준수와 서비스 품질 관리가 이루어진다. 전문적인 기록은 정확하고, 완전하고, 간결하며, 읽기 쉽고, 쉽게 수정 가능해야 한다. 기관의 기록체계는 다음과 같은 목적에 유용한 문서를 만들어 내는 것이 이상적이다. 첫째, 제공된 서비스에 대해 정확한 설명을 제공한다. 둘째, 정책·서비스 전달·직원 배치에 필요한 변화를 확인할 수 있는 자료를 제공한다. 셋째, 회고 및 전망을 위한 자료를 제공한다. 넷째, 직원 훈련을 기획하는 데 유용한 정보를 제공한다. 다섯째, 관련된 법적 및 정책적 요구사항을 충족하는 데 필요한 자료를 제공한다. 여섯째, 외부 감시자(예: 인가부서, 옴부즈맨, 보험회사, 법률가, 품질관리자 등)가 이해할 수 있는 정보를 제공하고 정밀한 검토에 대비한다.

오늘날과 같이 소송이 많은 사회에서 사회복지사는 직업적인 직무 태만이나 잘못 처리한 업무, 비윤리적인 실천 등으로 인한 소송에 말려드는 경우가 이따금 일어난다. 정확하고 완벽한 기록 유지는 그러한 상황에서 자신을 방어하기 위해 결정적으로 중요하다. 적절한 서류가 없다면 사회복지사의 결정과 행동이 적절하고 윤리적이며 책임성이 있다는 증거가 부족할 수 있다.

9.1 보고서 작성과 편지 쓰기

전문적 보고서와 편지는 주의를 기울여 작성해야 한다. 불분명하거나 부정확한 보고서는 잘못된 이해나 비용 측면에서의 실패를 가져올 수 있다. 다음의 여러 지침을 숙지해야 한다.

(1) 작성하기 전에 이 보고서나 편지를 누가 읽을지 주의 깊게 고려해야 한다. 보고서를 읽는 사람이 요구하고 기대하는 정보가 무엇인지를 확인해 결정해야 한다. 또한 보고서를 다른 기관이나 신문, 혹은 클라이언트가 읽을 가능성이 있는지도 고려해야 한다. 독자가 어떻게 해

석할지 또는 쓴 말을 잘못 해석하지는 않을지 등 글을 쓸 때는 이러한 잠재적 독자를 염두에 두어야 한다.

(2) 법원, 의사, 심리학자, 변호사, 학교, 인간서비스기관, 기업, 위원회 등에 제출될 보고서는 공식적이며 매우 조직화되어 있다. 많은 기관은 보고서를 위해 규정한 서식과 틀을 갖추고 있다. 적절한 이름(성)과 제목을 사용하는 데 주의해야 한다. 다소 덜 형식적인 접근은 일반적으로 조직 내부에서 의사소통을 할 때 적절하다. 이런 내부 보고서에서는 사람의 이름이나 약자, 전문 용어가 사용되기도 한다. 다른 사람이 보기에 잘 작성되었다고 할 수 있는 보고서는 보고서 작성을 지도하기 위한 견본으로 사용할 수 있다.

(3) 공식적 보고서의 첫 번째 초안을 작성하기 전에 제시할 내용을 조직화해야 한다. 주요 주제의 개요, 다양한 부차적 주제, 각각의 주요 핵심과 같은 논리적 구조를 체계화해야 한다. 만약 견해를 질서정연하게 제시하고 각 부분별로 다양한 제목을 사용한다면, 보고서를 읽는 사람은 그 추론에 따라 메시지를 훨씬 더 수월하게 이해할 것이다. 공식적 보고서를 작성하는 경우, 마지막 원고를 만들기 전에 두 번째나 세 번째 수정본이 필요할 수 있다. 동료에게 보고서를 검토하고 건설적인 비판을 해달라고 부탁하라. 하지만 자신이 보고서 내용의 최종 책임자라는 점을 분명히 인식해야 한다. 동료의 의견과 제안은 조언일 뿐, 보고서가 어떤 내용이

어야 하는지에 대해 지시하지 않는다.

(4) 공식적 편지는 최소한 다음의 요소를 갖추어야 한다. 편지지에 인쇄한 기관명이나 연락처, 날짜, 안쪽의 주소, 참조선이나 제목선, 인사, 본문, 결론, 인쇄된 서명과 직접 쓴 서명 등이다. 필요한 경우, 동봉물 표시, 사본 송부처 등을 포함한다. 항상 '선생님', '박사님' 등의 적절한 호칭을 사용한다. 성이 아닌 이름은 아동이나 친밀한 관계에 있는 사람을 지칭할 때만 써야 한다. 보편적 규칙에 따르면, 다른 기관이나 전문가, 클라이언트에게 보내는 모든 편지는 윗부분에 기관의 명칭과 주소가 명시된 편지지에 타자로 작성하여 처리해야 한다. 하지만 특별한 경우, 예컨대 클라이언트에게 보내는 사적인 편지는 손으로 쓰는 것도 가능하다.

(5) 수령 대상인이 아닌 다른 사람이 읽을 경우, 편지에 클라이언트의 권리를 침해할 정보가 있다면 주의해야 한다. 또한 봉투에 있는 기관의 이름 때문에 클라이언트가 기관과 관여하고 있음이 드러날 수 있다는 사실을 경계해야 한다.

(6) 모든 편지의 복사본은 기관의 종이파일이나 전자파일로 보관한다(항목 9.3 참조). 특히, 편지가 배달된 기록이 필요하다면 등기나 공증을 활용한다.

(7) 비용 문제나 전달 속도, 기술의 적용 가능성 등의 이유로 다양한 형태의 서면 의사소통 방법이 이메일(항목 9.3 참조)로 점점 대치되고 있다. 여기서 제시한 지침은 이메일에도 적용될 수 있다. 종이로 된 편지, 보고서, 다른 서류와 마찬가지로 전자파일도 클라이언트 정보의 비밀 보장을 지키는 방법으로 보관되어야 한다.

(8) 단어를 주의 깊게 선택하여 독자가 잘 이해할 수 있는 단어만을 사용해야 한다. 너무 말(단어)이 많으면 전달력이 떨어지고 원하는 초점이 헷갈릴 수 있다. 보통 한 문장이 15개 단어에서 20개 단어 이내가 되도록 짤막하게 쓴다. 대개는 직설적인 순서(영어일 경우 주어-동사-목적어)의 문장이 가장 좋은 배열이다. 빨리 읽을 수 있고, 잘못 전달될 염려가 없기 때문이다. 완결된 문장을 사용하며 문법과 철자에 주의한다. 사전이나 컴퓨터 프로그램의 철자 교정 프로그램을 활용한다. 이메일이나 문자 메시지, SNS 등에서 사용되는 축약구나 상징은 전문적 보고서나 메일에서는 적절하지 않다.

(9) 한 문단에 너무 여러 내용을 담는 것을 피한다. 전형적으로는 한 페이지에 여러 문단을 여유를 두고 배치해야 한다. 이상적으로는 각 문단이 한 가지 생각에 초점을 두어야 한다. 첫 문장에는 문단의 주요점을 서술한다. 그러고 나서 필요하면 말을 바꾸어 주요점을 다시 서술한다. 추가 문장을 통해 증거, 예제, 배경 정보 그리고 가장 중요한 의견과 당신의 결론이나 논평에 대한 논리적 뒷받침을 제시한다. 마지막으로, 한 문장으로 핵심을 요약함으로써 문단의 끝을 맺는다. 문단의 첫 문장과 마지막 문장만

읽고도 독자는 말하고자 하는 바의 대부분을 알아차릴 수 있어야 한다.

(10) " … 인 것으로 보인다", " … 할 거라 느껴진다"와 같은 '교묘한 말'을 사용하지 않는다. "나는 이 아동을 부모에게서 분리해 위탁하는 것이 필요하다고 느낀다"라는 말 대신, "나는 아동을 부모로부터 분리해 위탁하는 것이 필요하다고 결론지었다" 혹은 "나는 아동을 부모에게서 분리해 위탁하는 방법을 추천한다"라고 말하는 것이 더 바람직하다. 약하고 얼버무리는 말은 작성자가 확신이 없고 말한 것에 대해 책임지지 않으려 한다는 인상을 준다.

9.2 효과적으로 전화 통화하기

전화는 사회복지실천에서 자주 사용하는 도구다. 그러나 전화 통화는 신체언어 없이 오직 목소리만 사용해 전달하므로 가장 효과적이고 정확한 의사전달 방법은 아니다. 전화는 빠른 응답이 필요할 때, 논의 중에 있는 일이 비교적 쉽게 이해할 수 있는 것일 때, 영구적 기록을 남기는 것이 매우 중요한 일은 아닐 때 사용된다. 전화 연락이 업무 거래의 영구한 기록이 될 수 없음을 명심하는 것이 중요하다. 메시지가 복잡하거나 여러 세부 사항을 포함할 때는 편지나 메모, 이메일이 더 선호된다. 전화 사용법을 향상하기 위한 지침은 다음과 같다.

(1) 전화 통화를 하기 전, 그 목적을 고려하여 통화하는 동안 다루기 원하는 주요한 문제를 적어야 한다. 전화로 통화하는 동안 기록할 준비를 해야 한다. 그러한 기록은 기관파일이나 전화 통화를 기록하는 사례 기록으로 남는다.

(2) 자신의 신원이나 소속 기관을 밝히는 것으로 전화 통화를 시작한다. 클라이언트의 비밀보장을 위해, 지금 통화하는 것이 사적으로 비밀이 보장될 수 있는 상황인지 묻는 것은 매우 중요하다.

(3) 명확하게 말해야 한다. 통화하는 동안 '다른 업무'를 해서는 안 되며, 상대방에게 완전히 주의를 집중해야 한다. 상대방이 길게 이야기하면 이따금씩 간단한 코멘트를 해주어야 한다. 이야기 도중의 "그래요", "이해해요"라는 말은 당신이 주의를 집중하고 있음을 알려 준다. 상대방이 주제에서 벗어나면 그를 끌어들여서 전화의 용건으로 되돌아오게 한다. "안녕히 계세요"라고 이야기하기 전에 당신이 들은 정보와 전달하고자 의도한 정보를 요약하는 것이 적절하다.

(4) 통화가 이뤄지지 않은 사람에게 메시지를 남겨야 한다면, 짧게 메시지(예: 이름, 전화번호, 전화한 이유)를 남긴다. 전화번호는 천천히 또박또박 두 번 반복해 남긴다. 상대방이 응답 전화를 할 시간을 제시한다. 하지만 응답전화를 기다리기보다는 다시 전화를 거는 것이 시간을 절약할 수 있다.

(5) 휴대전화는 매우 편리하지만 사회복지사는 이를 사용할 때 매우 주의해야 한다. 공공장소에서는 자칫하면 클라이언트의 비밀 보장에 문제가 생길 수 있다. 또한 사회복지사가 복잡한 거리를 걷거나 차를 운전하는 동안 클라이언트에게 주의를 집중하기는 어렵다. 클라이언트 면접이나 기관 회의 중에는 휴대전화를 꺼두는 것이 정중한 예의다.

(6) 전화를 다른 자리로 돌려주는 방법 및 음성사서함의 이용 방법, 다자간 전화회의 기능 등 기관의 전화 이용 방법을 숙지한다. 다른 전화선으로 전화를 돌릴 때는 전화를 건 사람에게 이를 알려 준다. 전화를 돌려받는 사람에게는 전화를 건 사람의 지위와 이름, 전화를 돌려주는 이유 등을 말해 준다. 전화를 내려놓는 동안은 "제가 그 문서를 찾는 동안 잠깐만 기다려 주세요"처럼 이유를 설명해 준다.

(7) 많은 기관에서 사용하는 자동응답이나 음성사서함체계가 전화를 건 사람에게는 혼란을 줄 수 있음을 인식한다. 녹음된 목소리를 주의해 들어야 하고, 메뉴에 따라 여러 번 다이얼을 조작해야 하기 때문에 당황하고 화가 날 수 있다. 클라이언트나 전화를 자주 하는 사람에게는 이 체계를 이용하는 방법을 알려 주도록 한다.

9.3 정보기술을 사용하는 방법

컴퓨터의 사용은 사회복지실천, 기관 활동, 행정의 필수적인 부분이 되었다. 적어도 사회복지사는 워드프로세서나 스프레드시트 프로그램의 사용, 클라이언트 자료의 입력, 온라인 정보에의 접근, 인터넷을 통한 의사소통에 익숙해야 한다. 기본적 소프트웨어 패키지를 갖춘 데스크톱이나 노트북 컴퓨터, 어느 정도의 스마트폰, 빠른 인터넷 접속이 구비되면 이런 정도의 활동이 가능하다. 물론 좀더 전문적인 활용을 위해서는 더 복잡한 기술 지원이 필요하기도 하다.

다음의 지원과 정보기술 내용은 대부분의 사회복지실천 현장에서 사용된다.

1) 온라인 자원

사회복지사가 가장 자주 사용하는 정보기술은 **이메일**(*e-mail*)이다. 이메일은 정보 전송, 회의 일정, 자문, 전문가와 클라이언트 모두를 지원하는 데 뛰어난 의사소통수단이다. 고급 수준의 이메일은 클라이언트의 상담과 조언을 하는 데도 사용된다. 이 과정에서 사회복지사는 때때로 스카이프(Skype: 인터넷 화상전화 프로그램)와 같은 시각적 요소를 사용하기도 한다. 전문가가 이메일을 잘 사용하면 메시지는 손쉽게 전달되고 또 보관될 수 있으며, 회의 안내와 일정 수립, 클라이언트와의 접촉, 보고서 전송 및 수신 모두에서 효율성을 높일 수 있다. 인터넷에 기초한 전문가 토론집단에 참여하면 심지어 외진 곳에 사는 사회복지사까지도 실천 지식을 더하고 자극을 제공받을 수 있다. 클라이언트도 마찬가지로 자조집단이나 상호 간 도움이 되는 모임에서 이메일과 온라인 토론집단을 통해 비슷한 사회적 문제를 경험하는 사람들과 연결될 수 있다.

널리 쓰이는 또 다른 온라인 자원(online resource)은 웹페이지를 통해 인터넷의 정보를 전달해 주는 **웹**(web)이다. 많은 정부기관, 인간서비스 조직, 대학과 개인은 거의 비용 부담 없이 웹페이지를 만들고 유지한다. 이러한 웹페이지는 보통 관련 있는 웹페이지와 구축된 링크를 제공하며, 사회복지사가 특정 주제에 대해 다양한 정보원에 접근하기 쉽도록 만들어 놓았다. 많은 논문과 몇몇의 책이 웹상에 존재하며 무료나 얼마 안 되는 비용으로 다운로드할 수 있다. 증거기반 사회복지실천의 강조가 증가하는 현재, 최선의 실천을 위해 특별한 서비스나 클라이언트 상황에 대해 최신의 정보와 증거를 찾는 것은 매우 중요하다(항목 11.22 참조).

웹에 기반을 둔 온라인 옹호는 이러한 기술을 점점 더 많이 사용하고 있다. 지방, 주, 국가, 국제적 문제와 정책에 대해서도 관련된 집단이 사회적·정치적 정보를 신속하게 교환할 수 있으며, 많은 사람이 이러한 이슈에 대해 행동하도록 격려한다.

2) 워드프로세서

사회복지사가 보편적으로 사용하는 또 다른 컴퓨터 기술은 **워드프로세서**(문서작성 프로그램)이다. 필요한 의사소통이나 대응 내용, 사례 요약, 기관의 정보문서, 메모와 일정, 회의 자료, 보고서, 저널 논문, 그리고 그 외의 일상적인 서류 작업은 이제 사무실 비서나 서기가 아닌 전적으로 사회복지사가 문서작성 프로그램을 통해 직접 수행한다. **컴퓨터 출판**(desktop publishing)은 여러 기관에서 신문이나 게시물, 전단, 그리고 정보 홍보 활동의 수단으로 많이 사용된다(항목 13.35 참조). 마지막으로 **프레젠테이션** 소프트웨어는 문자와 그래픽을 사용해 전문 회의에서 쓸 발표(항목 16.10 참조)를 준비하거나, 기관의 서비스에 대해 다른 기관이나 모금기관, 잠재적 클라이언트 등에게 설명하는 데 쓰인다.

3) 스프레드시트

정보를 숫자의 형태로 기록할 때는 스프레드시트 소프트웨어가 매우 유용하다. **스프레드시트**는 제공된 서비스나 클라이언트 기록, 회계 업무나 과업의 기록, 프로그램 평가 수집과 연구 데이터를 보존하는 데 쓰인다. 스프레드시트의 가장 큰 장점은 공식을 사용함에 따라 하나의 값이 변하면 그 값에 따라 계산된 다른 모든 숫자를 함께 바꿀 수 있는 능력이다. 게다가 스프레드시트를 이용하면 칸의 수를 정확하게 더할 수 있고, 기본적인 통계공식에 의한 계산이 가능하며, 전문적으로 보이는 그래프와 차트를 쉽게 만들 수 있다. 특히, 스프레드시트의 활용 방법 중 하나는 특정 값을 바꾸었을 때 다른 값이 어떻게 변화하는지 그 결과를 관찰할 수 있어, "만약 이렇게 되면 어떨까?"라는 질문의 답을 예측할 수 있다는 것이다. 이런 기능은 예를 들면 기부금 탄원서를 작성하면서 필요한 재원을 추정할 때(항목 13.36 참조), 또는 더 효율적인 사무기기를 구입했을 때 얼마만큼의 비용을 아낄 수 있는지 예측할 때, 서비스 비용을 늘리려고 할 때 등의 상황에 유용하다.

4) 데이터베이스 프로그램

전자식 서류철이나 서류보관함과 같이 **데이터베이스** 프로그램은 중요한 정보를 보존하고 열람하는 데 매우 효과적이다. 보통 사회복지사는 특정 클라이언트에 관해 데이터베이스에 클라이언트의 인구학적 특성, 사회력, 접수 정보, 치료 계획, 진전의 기록 등을 입력한다. 이러한 자료는 개별적인 클라이언트의 진전을 추적하거나 다른 클라이언트의 사례까지 포함해 보고서를 작성할 때 유용하다. 데이터베이스 프로그램은 또한 약속을 정하거나 일정표를 짜는 데 쓰이는 등 서류 작업의 감소에 일조한다.

5) 직접적 클라이언트 서비스

사회복지사가 개인이나 가족, 집단을 상대로 서비스를 제공할 때, 전통적으로는 대면적 상호작용에 기초했지만 음성과 화면을 전송하는 장비를 통해 클라이언트와 상담하는 일이 점점 많아지고 있다. 비용이나 시간, 그리고 클라이언트가 사회복지사에게로 이동해야 하는(혹은 사회복지사가 클라이언트에게로 이동해야 하는) 불편함을 최소화하기 위해, 교통이 복잡한 대도시나 외딴 촌락지역 모두에서 이런 기술기반 서비스의 활용이 잦아지고 있다.

이 기술의 지속적인 성장에 따라 가족회의나 돌봄 지지집단 등에서 사회복지사가 관여하는 방식은 필연적으로 변화하고 있다. 하지만 사회복지사는 이른바 기술 격차에 특별히 유의해야 한다. 모든 사람이 기술에 접근할 수 있는 것은 아니다. 가난한 사람 중 많은 사람이 이런 기술 환경에 접근할 수 없고, 사회적 지지나 개입 활동을 위한 기술적 자원을 사용하는 방법도 모른다. 많은 젊은 클라이언트는 접근할 수만 있다면 이런 기술을 사용할 수 있겠지만, 나이 많은 클라이언트는 보통 이런 능력이 없다. 또한 클라이언트 비밀 보장의 보호 문제가 제기될 수 있다.

6) 조사와 관련된 소프트웨어

사회복지사는 자신의 실천 효과성을 사정할 의무가 있다. 개인 클라이언트의 진전 상황을 점검(항목 14.4부터 14.7까지 참조)하는 일은 대부분의 컴퓨터에 판매·탑재된 인기 있는 소프트웨어를 통해 효율적으로 이룰 수 있다. 이와 유사하게 사회복지사는 프로그램 평가(항목 14.9 참조)에서도 다양한 프로그램의 효과성을 사정하기 위해 기관 기록의 데이터를 비교적 쉽게 축적할 수 있다. 또한 사회복지사는 실천 현장에서 발생하는 질문에 대답하거나 가설을 검증하면서 관심 있는 사회복지 전문가의 기초지식을 증진할 수 있을 것이다. 이런 조사를 위한 소프트웨어를 통해 표본 크기와 자료 입력 형태 구성, 얻어진 회수율에 대한 오차한계 계산, 통계적 검증의 제안 및 수행, 질적 자료의 분석, 그래프 형태의 결과 제시 등이 촉진될 수 있다.

7) 원격교육

사회복지실천은 끊임없이 변화하고 있으며 이러한 변화는 모든 수준에서 사회복지사가 새로운 이론과 기술을 배워야 함을 의미한다. 사회복지사가 예컨대 정신건강 분야에서 교정 분야로 이동하는 것과 같이 하나의 실천 구성이나 현장에서 다른 곳으로 옮길 때는 보통 집중적인 학습 기간이 요구된다. 더욱이 미국의 몇몇 주에서 자격증 허가 기준은 워크숍, 강좌, 다른 교육 활동에 주기적으로 참여하는 것을 요구하므로, 이를 통해 사회복지사 자격증을 갱신하는 것이 필요하다. 이러한 교육의 필요성 때문에 온라인 교육 과정이나 학습 프로그램, 온라인 워크숍, 온라인 평생교육 등 다양한 전문기관에서 제공하는 원격교육이 활용되고 있다.

8) 직업 탐색, 대학원 과정, 자격시험

사회복지 분야에서 직업을 찾고 관리하기 위해 사회복지사는 컴퓨터 기술을 사용하는 데 익숙해야 한다. 인간서비스기관은 구인공고를 웹사이트에 내며 접수 과정도 보통 온라인 지원 양식을 활용(항목 16. 1 참조)한다. 유사하게 석사나 박사 과정에서도 지원과 접수 과정에 전산 서식을 활용한다. 구직 활동이나 더 고급의 교육 과정에 지원하기 위해서는 간단한 에세이 작성이나 지원양식 작성을 위해 문서작성 프로그램

을 어느 정도 익숙하게 사용할 수 있어야 한다.

일부 인간서비스기관에서는 연필과 종이를 활용하는 필답시험을 운영하기도 한다. 하지만 대부분의 큰 기관이나 사회복지 국가자격시험 등에서는 이미 전산화된 프로그램을 사용(항목 16. 2 참조)하고 있다. 이러한 시험은 시간에 제한을 두는 경우도 있으므로 사회복지사는 컴퓨터 기술에 익숙해야만 시험의 내용에 더욱 잘 주의를 집중할 수 있다.

사회복지실천에서는 점점 더 정보기술을 많이 사용하고 있다. 따라서 실천가는 정보기술이 실천을 형성해 가도록 하기보다는, 언제나 실천에 맞는 기술을 구축하는 데 참여해야 한다. 또한 사회복지사는 이러한 기술에 내재된 잠재적 장점과 위험을 이해해야 한다. 예를 들어 사람들이 이러한 정보기술에 접근하기 시작하면서 주류사회에서 박탈된 배제집단에 이러한 기술을 통해 사회복지사가 접근할 수 있는 잠재력(장점)이 증가했으며, 반대로 정보를 전송하면서 생기는 클라이언트 비밀 보장 위험성의 윤리적 문제(위험)도 발생했다. 하지만 사회복지사는 전자기술은 단지 실천에 도움이 되는 도구를 제공할 뿐임을 인식해야만 한다. 이러한 기술을 어떻게 적절하고 책임감 있게 사용할 것인지는 사회복지사 자신의 결정에 달려 있다.

9.4 클라이언트 기록 준비

클라이언트의 기록에는 어떤 정보, 얼마나 많은 정보가 포함돼야 하는가? 이러한 정보는 어

떻게 처리되며 조직되는가? 이는 기관의 목표와 제공되는 서비스의 종류, 관련된 법률과 규정, 그리고 기록 접근 대상과 같은 요인에 의해 결정된다.

클라이언트 기록은 클라이언트와 그들의 문제 혹은 상황, 그리고 사회복지 개입을 서술한다. 이는 개입의 근거, 제공된 서비스의 내용, 의사 결정 과정에 클라이언트가 참여한 기록, 주요 기관정책의 준수에 대한 기록 등을 보여 준다. 이러한 기록은 이름이나 주소와 같이 클라이언트를 식별할 수 있는 자료(*identifying data*)를 포함한다. 따라서 매우 개인적인 정보이므로 클라이언트 비밀 보장의 유지는 기록의 유지와 서류화에서 가장 중요한 관심사이다(항목 9.3 참조).

법원에서 소송의 증거로 사용하기 위해 클라이언트 기록에 대한 소환장이 발부되는 경우가 있으며, 이때 사회복지사는 공개된 법정에서 이 기록을 큰 소리로 읽도록 요구받을 수 있기 때문에 사회복지사는 어떤 정보를 기록으로 남기며, 이를 어떻게 명시할지 심사숙고해야 한다(항목 16.7 참조). 근거 없는 판단, 클라이언트에 대한 뜬소문, 제공된 서비스와 관계없는 정보 등은 클라이언트 기록에 있어서는 안 된다.

과정 기록(*process note*) 혹은 **사례 기록**(*case note*)은 직접 서비스기관의 기록에서 흔히 사용되는 방법이다. 클라이언트나 서비스를 제공하기 위해 필요한 사람과 만난 후 사회복지사는 몇 개의 문구로 과정 기록을 작성한다. 사회복지사는 세션 동안 발생한 일의 본질을 간단명료하게 제시하고 다음 세션에서 클라이언트와 무엇을

할지 나타낸다.

쉽게 읽고 검색할 수 있는 과정 기록을 만들기 위해서 기록은 조직화된 구조 안에서 이뤄져야 한다. 예를 들어 DAP(날짜, 사정, 계획), TIPP(주제, 개입, 과정, 계획), PIG(문제, 개입, 목표), 그리고 SOAP나 SOAPIER 형식 등이 있다. SOAPIER의 머리글자는 클라이언트 자료를 조직화하는 접근을 다음과 같이 나타내는 것이다.

- S, **주관적 정보**(*subjective information*): 클라이언트의 상황 해석 및 클라이언트 기분과 느낌에 대한 사회복지사의 인상을 말한다. 이 자료는 대부분 클라이언트의 자기 보고에서 나온다. 따라서 주관적 정보는 독립적이거나 외적 타당도는 없다.
- O, **객관적 정보**(*objective information*): 전문가의 직접적 관찰, 임상적 실험, 검사, 체계적인 자료 수집 등에 의한다. 이러한 자료는 독립적으로 검증될 수 있다.
- A, **사정**(*assessment* 혹은 *analysis*): 주관적, 객관적 정보의 검토를 통해 추론된 전문가의 가설과 잠재적 결론을 말한다. 클라이언트와의 활동에서 전체적인 목적과 현재의 세션을 연결하는 고리이다.
- P, **계획**(*plan*): 전문가나 클라이언트가 클라이언트의 특정한 관심사나 문제를 제기하고 해결하는 방법을 나타낸 것이다.
- I, **개입**(*intervention*): 클라이언트의 관심사나 문제를 제기하고 난 후의 실제 활동이나 단계를 서술한 것이다.

• E, **평가**(*evaluation*) : 개입의 결과, 성과, 효과성을 서술한 자료를 나타낸다.
• R, **수정**(*revision*) : 평가 자료에 따라 개입 계획을 어떻게 수정하고 바꾸어야 하는지 서술한 것이다.

〈표 9-1〉은 클라이언트인 브라운 부인이 직면한 문제에 관련된 SOAPIER 형식의 사례를 보여 주고 있다.

과정 기록이나 사례 기록에 포함된 정보는 매달 혹은 분기별로 **이야기체 요약**(*narrative sum-mary*) 으로 정리될 수 있으며, 클라이언트 서비스 계약이나 치료 계획을 갱신하거나 수정하는 데 사용될 수 있다(항목 12. 5 참조).

많은 기관은 클라이언트가 제기한 관심사의 유형에 기초해 그 정보를 모으거나 처리하기 위해 다양한 서식을 활용한다. 서식으로 만들어진 체크리스트나 주제 목록 등은 사회복지사가 기록할 데이터를 상기시키고 또한 정보 검색을 활성화한다. 이러한 형태로 나타난 주제 목록의 예로, 클라이언트의 현재 관심사와 문제, 클라이언트의 가족과 사회적 지지, 클라이언트의 건

표 9-1 SOAPIER 형식의 사례

S 주관적 정보	제인 브라운은 목적을 달성하지 못해 자녀들을 위탁보호에 보내게 될까 봐 놀라고 걱정하고 있다고 말한다. 그녀는 재정 상황에 관해 "두렵고 당황스럽다"고 한다. 복지 수당으로 자랐기 때문에 "다시는 복지 수혜자가 되지 않겠다"고 한다. 종종 검정고시를 보고 싶은 열망을 표현하고 기술 훈련도 원하는 듯하다.
O 객관적 정보	브라운 부인은 24세로, 드라이클리닝 장비사로 일하며 한 달에 약 1,800달러를 번다. 집세는 침실 하나짜리 아파트를 삼촌으로부터 빌려 한 달에 750달러를 낸다. 3년 전 이혼했고 자녀에 대한 지원은 받지 못하고 있다. 검정고시 프로그램에서 탈락했는데, 수업 일정이 근무 시간과 겹치기 때문이다. 그녀는 두서없이 이야기를 한다. 기관 기록에는 그녀가 어린 시절에 방임되어 4년간 위탁보호시설에 있었다고 기록돼 있다. 그녀의 두 아이는 4세와 7세이다. 7세 아이는 팩스턴(Paxton) 학교에 다닌다. 그녀가 일하는 동안 친구가 아이들을 돌보는데, 친구는 술을 마시기 때문에 신뢰하기 어렵다.
A 사정	브라운 부인은 돈이 부족하다. 아이를 보호하기 위한 다른 방법이 필요하다. 그녀는 가족과 직업에서의 책임에 압도되어 있다. 그녀의 걱정이나 두서없고 안절부절못하는 분위기는 부분적으로 자녀를 위탁보호에 빼앗길 것이라는 두려움 때문이다. 이 걱정은 위탁보호를 받은 그녀의 어린 시절 경험과 관련이 있다. 그녀는 복지 혜택을 받으면 자신이 나쁜 부모로 낙인찍히는 것이라 생각하며, 이 때문에 사회보장의 재정 보조를 받으려는 시도에 소극적이고 저항한다.
P 계획	2세션 스케줄: 직업 훈련 가능성 탐색, 더 높은 급여의 직장 탐색, 믿을 만한 안전한 아이 돌봄 방안 탐색을 브라운 부인이 수행하도록 격려한다. 검정고시를 다시 시작하는 방안을 모색한다. 아이들의 아버지에게 양육비를 지원받지 않는 이유에 관해 정보를 수집한다. 식품보조 프로그램에 지원하도록 격려하고 지원한다. 이러한 어려운 상황에서는 식품비 수혜 등에 지원하는 것이 오히려 좋은 엄마가 되는 것임을 알려 준다.
I 개입: 적극적 경청	브라운 부인의 일정 중복에 대한 문제 해결. 외부 보조를 신청한 상황에서 다른 어머니의 사례를 제공. 검정고시와 직업 훈련 프로그램에 대한 정보 수집 미팅에 브라운 부인과 동반 참여.
E 평가	2세션 후, 브라운 부인은 걱정을 덜었다고 이야기했다. 식품보조나 복지수당을 받더라도 아이들을 잃지 않을 것이라는 느낌이 들었다고 했다. 전 남편은 교도소에 있고 아이들에 대한 지원을 받을 기회가 없었다. 이웃에 사는 좀더 나이 많은 이웃을 통해 일하러 갈 때 자녀를 좀더 책임성 있게 맡기는 상황이 됐다. 아이 봐주는 것의 대가로 그 이웃에게 쇼핑 지원, 주말 집 청소 등을 해주기로 했다.
R 수정	브라운 부인이 스스로 부정적인 생각이나 과도한 걱정을 하는 태도를 조절하도록, 자기 대화를 가르치기 위해 2회의 세션 스케줄을 연장. 가족 예산을 개발하도록 지원. 2월에 시작하는 검정고시 프로그램에 등록하도록 지원. MOMS 지지집단에 대해 정보를 제공하고 참석하도록 격려.

강, 클라이언트의 고용 상태와 직업, 클라이언트의 문화적 배경, 지난번 만남 이후 클라이언트 변화와 활동 등을 들 수 있다.

개입이 효과가 있는지를 결정하기 위해 클라이언트의 진전 상황을 측정하고 살펴볼 수 있는 기록 방식을 발전시키는 것이 기록 유지의 핵심이다. 이러한 모든 측정의 시작점은 개입의 목적과 목표에 관한 명확한 구체성이다(항목 12.1과 12.4 참조). 클라이언트 변화를 기록하는 능력은 클라이언트가 서비스 비용의 지불 방식으로 보험을 활용하고자 할 때 특히 중요하다. 많은 책에서 다양한 클라이언트의 문제에 대해 DSM 범주에 초점을 두어 과정 기록을 수행한 예를 보여 주고 있다(항목 11.15 참조).

9.5 윤리적 결정 내리기

사회복지사는 매일 복잡한 윤리적 이슈와 맞닥뜨린다. 사회복지사의 과제는 클라이언트의 옳고 그름에 대한 인식을 돕는 것이지만, 때때로 사회복지사 자신이 취하고자 하는 행동이 전문직의 윤리강령에 비춰 볼 때 적절한지를 결정하는 것도 과제가 된다. 어떤 경우, 사회복지사는 모든 실천 대안이 하나 혹은 그 이상의 윤리강령을 위배하는 **윤리적 딜레마**에 처하기도 한다. 일반적인 예는 클라이언트가 자녀를 학대했을 때 보고해야 하는 상황이다. 이러한 상황에서는 자녀를 보호하기 위해 행동을 취하는 것이 필요하다. 하지만 이는 클라이언트의 사생활(신뢰성 있는 전문적 관계의 수립 등도 포함)을 지

켜야 하는 의무를 위반하는 것이기도 하다. 사회복지사가 만나는 윤리적 딜레마는 자원 할당을 어떻게 하느냐와 관련된 결정에서 점점 더 많이 나타나고 있다. 어떤 클라이언트는 필요한 서비스를 박탈당할 수도 있고, 완전한 성과를 목전에 둔 상태에서 사회복지사가 서비스를 종결해야 하는 경우도 있다.

윤리적 딜레마를 해결하는 첫 단계는 중요한 몇 가지 질문에 대답을 찾고 문제를 명확히 하는 것이다.

- 주요한 클라이언트(대개는 사회복지사의 서비스를 요청하고 이로부터의 이득이 기대되는 개인, 집단, 조직 등)는 누구인가?
- 기관 활동 혹은 사회복지사 활동의 어떤 측면이 딜레마(법률적 명령, 업무 요구, 기관정책, 제한된 자원의 효율적 사용에 대한 의문, 개입에 의해 발생한 피해 등)를 야기하는가?
- 누가 이 딜레마를 해결할 수 있고 해결해야 하는가? 클라이언트가 결정하는 것이 옳은가? 다른 가족 구성원 혹은 기관 행정가가 해결하는 것이 옳은가? 아니면 이 사람들 모두가 서로 도와야 하는가?
- 각각의 가능한 결정이 클라이언트, 가족, 사회복지사, 기관, 커뮤니티 등에 미치는 단기, 장기 결과는 무엇인가?
- 각각의 가능한 선택 혹은 행동으로 누가 이익을 얻고 손해를 보는가? 공평 혹은 불공평한 권한(아동 대 어른)을 얻거나 잃는 사람은 누구인가? 영향을 받는 사람 중 가장 취약해 특별한 관심이 필요한 사람은 누구인가?

- 누군가에게 해를 끼치는 것을 피할 수 없을 때, 어떤 결정이 장기 결과를 최소화하면서 피해 혹은 피해 형태를 최소화하는가? 피해를 입는 사람 중 해로움으로부터 회복될 수 없는 사람은 누구인가?
- 딜레마를 해결하는 특별한 방법이 다른 클라이언트와 관련된 미래의 의사 결정에 바람직하지 못한 선례를 남길 것인가?

일단 이러한 질문에 대해 답을 찾고 나면 사회복지사는 세 가지 부가적 질문에 답해야 한다.

- 이 상황에 적용되는 윤리적 원칙과 의무는 무엇인가?
- 이 상황에 어떤 윤리적 원칙이 서로 충돌하며 윤리적 딜레마를 가져오는가?
- 이 상황에 어떤 윤리적 의무가 다른 것보다 우선순위를 가지는가?

이러한 질문에 대답하기 위해 사회복지사는 **사회복지사 윤리강령** — 미국의 경우 〈NASW 윤리강령〉(1999) — 에 익숙해야 한다. 이는 윤리적 기준과 원칙을 설명하고 전문적 행동의 일반적 지침을 제공한다.

- **클라이언트**에 대한 윤리적 책임성: 클라이언트에 대한 사회복지사의 우선적 책임성 요소를 제기한다. 클라이언트 자기 결정의 극대화, 사회복지사가 사용하는 개입 접근에서 문화적 유능성과 역량을 보이는 것, 이해관계 충돌의 방지, 클라이언트 사생활의 보호, 성

적 관계나 신체 접촉 혹은 성희롱의 금지, 서비스의 적절한 종결 등이 포함된다.
- **동료**에 대한 윤리적 책임성: 동료에 대한 존중, 전문적 비밀 보장의 유지, 협력과 팀워크, 논쟁 다루기, 의뢰, 비윤리적이거나 무능한 동료에 대한 보고 등을 다룬다.
- **실천현장**에 대한 윤리적 책임성: 슈퍼비전이나 상담, 교육에서의 유능함, 다른 사회복지사 수행에 대한 평가, 책임성 있는 기록과 비용 관리, 적절한 업무환경 조성 등을 다룬다.
- **전문가**로서의 윤리적 책임성: 수행할 능력이 되는 업무 담당하기, 차별 다루기, 전문적 책임을 훼손하는 개인적 행동 금지, 부정직, 속임수와 사기에 연루되지 않기, 좋지 않은 개인적 이슈 처리하기, 시민으로서 행동과 전문직 활동을 명확히 구분하여 밝히기 등을 포함한다.
- **사회복지 전문직**에 대한 윤리적 책임성: 품질관리 방법으로 사회복지사의 실천을 사정하고 제공한 프로그램의 질을 평가하기, 사회복지 전문직 전체의 성장과 발전에 기여하기, 사회복지 수준 향상과 관련된 이슈 등을 다룬다.
- **전체 사회**에 대한 윤리적 책임성: 사회복지사의 사회 전체 일반적 복지 증진에 대한 책임, 사회정의의 실현, 사회정책이나 제도 형성에 대한 논쟁 참여, 긴급한 서비스 제공, 모든 사람의 삶의 질 증진을 위한 사회적·정치적 활동에의 적극적 참여 등을 다룬다.

윤리강령은 모든 사회복지사의 책상에 놓여 있어야 한다. 〈NASW 윤리강령〉은 인터넷 홈

페이지(www. naswdc. org)에서 다운로드할 수 있다. 이는 특정 대안이나 행동이 윤리적으로 책임성 있는지를 결정하거나 실천 상황에서 발생하는 윤리적 이슈를 확인하는 데 사용될 수 있는 중요한 기준이 된다. 캐나다의 윤리강령(www. casw-acts. ca)은 비슷한 윤리적 이슈를 다루기 위해 10가지 영역으로 조직되어 있다. ① 주요한 전문적 의무, ② 통합성과 객관성, ③ 능력, ④ 전문적 관계의 제한, ⑤ 정보의 비밀 보장, ⑥ 외부 이해관계, ⑦ 사적 실천의 제한, ⑧ 직장에 대한 책임, ⑨ 전문직에 대한 책임, ⑩ 사회변화에 대한 책임 등이다.

실천상의 윤리적 이슈를 해결하기 위한 도구로서 윤리강령은 모든 강령이 똑같은 가중치를 갖는다는 한계가 있다. 한 개인의 사례와 그 특별한 환경을 다룰 때, 어떤 기준은 다른 것보다 더 중요한 우선순위를 가질 수 있다. 예를 들어 클라이언트의 자살 시도를 알게 된 사회복지사는 높은 우선순위인 클라이언트의 생명 보호를 위해 비밀 보장의 원리를 일시적으로 제쳐 두어야 할 것이다. 이러한 사례는 하나 이상의 윤리적 이슈가 얽히면 특히 어려워진다.

돌고프와 해링턴, 그리고 로웬버그(Dolgoff, Harrington, & Loewenberg, 2012)는 사회복지사가 윤리적 이슈를 다룰 때 유용한 두 번째 선별도구를 제공한다. 이들은 7가지의 근본적인 원리와 그 우선순위를 제시했다. 그 원리는 다음과 같은 순서로 목록화된다. ① 생명의 보호, ② 그 상황으로부터 영향을 받는 관련 사람의 평등성 고취, ③ 클라이언트의 자율성과 자유의 극대화(자기 결정 포함), ④ '최소 위험'의 원칙

준수, ⑤ 삶의 질 증진, ⑥ 사생활과 비밀의 보장, ⑦ 진실성 있는 실천과 중요한 정보의 완전 공개 등이다. 사회복지사가 윤리적 딜레마를 평가할 때, 비밀 보장(원리 ⑥)보다 클라이언트가 스스로 결정하는 것(원리 ③)에 더 우선순위를 둘 수 있다. 사회복지사는 개인적으로 부가적인 원칙을 확인하거나 우선순위를 다르게 부여할 수도 있다. 하지만 돌고프와 연구진의 순위는 유용한 출발점을 제공한다.

윤리강령과 법적 강령이 동의어가 아님을 이해해야 한다. 사회복지실천에서는 법적 요구와 윤리적 원리 사이에 갈등이 생길 때가 있다. 사실 사회복지사가 윤리적으로 옳은 일을 해도 법적인 위험에 빠질 수 있다. 미국에서 주법정과 연방법정은 서로 다른 방식으로 행동하기도 한다(항목 16. 6 참조).

개인적 도덕성과 전문직 윤리를 구별하는 것도 중요하다. **도덕성**(혹은 개인적 윤리)은 보통 개인적 행동의 기준과 무엇이 옳고 그른지에 대한 개인적 신념을 말한다. 법과 윤리의 갈등 사례로, 사회복지사의 개인적 기준이 윤리강령이나 법규와 충돌할 때가 있다. 이는 매우 곤란한 상황이며 신중한 식견이 필요하다. 믿을 수 있는 동료나 전문가의 자문이 필요할 것이다.

마지막으로, 사회복지사는 실천 결정의 지침으로서만이 아니라 자신이 수행한 행동이 비윤리적이었는지를 결정하는 지침으로서도 윤리강령을 받아들여야 한다. 다양한 법 규정이 사람들의 잘못된 행동을 판단하는 기준의 역할을 하듯, 전문직의 윤리강령은 비윤리적인 사회복지 실천을 했는지에 대한 판단의 지침이 된다.

9.6 업무량과 업무 시간 관리하기

거의 모든 사회복지사가 일은 너무 많지만 시간은 너무 적다는 문제에 부딪힌다. 그러므로 사회복지사는 시간 관리 기술을 사용하고 가능한 한 업무량을 통제해야 한다. 하지만 효율성이라는 명목으로 클라이언트에 대한 서비스를 희생할 수는 없다. 다음의 지침을 고려한다.

(1) 기관의 사명과 자신의 담당 업무를 이해해야 한다. 해야 할 일에 대해 분명하게 파악하지 않으면 그것을 효과적·효율적으로 다루는 방법도 터득하지 못한다. 업무와 책임이 분명하지 않다면 슈퍼바이저나 행정적인 상급자와 이에 대해 토론한다. 어떤 과업과 과제의 우선순위가 가장 높은지 파악한다.

(2) 업무에 대한 계획을 세워라. 한 주를 마무리할 때뿐 아니라 하루를 마무리할 때, 다음 날이나 다음 주에 해야 할 업무나 끝마쳐야 할 업무를 기록한다. 해야 할 일 목록(to-do list)과 함께 하루를 시작한다. 목록에 있는 각 과업을 완수하는 데 걸리는 시간을 추정하고, 필요한 시간을 할당해 계획을 세운다. 마감 일정을 예측해 완수하는 데 충분할 만큼 일찍 과제에 착수한다. 일반적으로, 시간이 많이 걸리는 과제는 짧은 시간에 수행할 수 있는 과제에 앞서 고민하는 것이 좋다. 활동 능력이 가장 왕성할 때 어려운 과제를 수행하는 것(예: 오전에 가장 우선순위의 일을 함) 역시 좋은 방법이다. 일과를 마치기 전, 책상 정리와 끝나지 않은 과업을 살피기 위

한 시간을 남겨 두어야 한다.

(3) 우선순위가 정해져 있는 시스템을 적용한다. ABC 우선순위체계가 그러한 시스템이다. 해야 할 일 목록에 있는 과제 중 가장 중요하고 가장 우선순위가 높은 과제에 A를 써넣는다. 별로 중요치 않은 과제에 C를 쓰고, 중간에 속하는 과제에는 B를 써넣는다. 그다음, A 과제를 중요한 순서에 따라 A-1, A-2, A-3 등으로 구분한다. B 과제도 같은 방법(B-1, B-2 등)으로 구분할 수 있다. 근무를 시작할 때, A-1과제에 착수한다. 그리고 나서 A-2를 수행하고, 그다음 순서로 이동한다. 덜 복잡한 방법으로는 모든 과제를 세 가지로 분류하는 방법이 있다. ① 오늘 반드시 완수해야 하는 과제, ② 오늘 시작해야 하는 과제, 그리고 ③ 며칠간 시간 여유가 있는 과제 등이다. 우선순위가 하루 중 혹은 주중에 변할 수도 있음을 인식한다. 그러므로 계속 과제 목록을 점검하고 수정하는 것이 필요하다.

(4) 시기적절한 방법으로 결정한다. 어떤 사람은 실수하는 것을 너무 두려워한 나머지 의사 결정을 회피한다. 또 어떤 사람은 완벽한 해결책을 찾을 수 없어 의사 결정을 늦춘다. 하지만 실제 사회복지실천 현장에서 완벽한 해결책이란 거의 없다. 사람들은 최고를 추구하지만 완벽의 추구는 오히려 좌절감을 초래할 뿐이다. 실수를 했을 때 거기에서 무엇인가를 배울 수 있다. 실수에 신경 쓰느라 시간을 낭비하지 않도록 한다. '좋은' 실수란 실수를 통해 배우고 이를 반복

하지 않는 것이다. '나쁜' 실수란 또 같은 실수를 반복하는 것이다.

(5) 책상을 정리하고, 작업 장소에 있는 불필요한 것을 치운다. 작업 중인 것만 앞에 두고 나머지는 책상에서 치운다. 이는 진행 중인 과제에 집중하도록 돕는다. 과제를 완수하거나 그 활동을 위해 할당한 시간이 끝날 때까지는 그 한 가지 일에만 집중하도록 노력한다. 과제를 바꿔가며 진행하지 않는다. 각 서류는 한 번에 처리해야 한다. 편지, 보고서, 요청서, 이메일 등을 집어 들었다면 그에 필요한 행동을 취해야 한다. 옆에 제쳐 두거나 책상 위에 서류뭉치를 쌓아 두지 않는다. 기관의 정책과 절차에 관한 지침서를 최신의 판으로 갖춘다. 정보를 둔 곳을 몰라 찾거나 낡은 정보에 따라 일을 잘못 수행하면 많은 시간을 낭비할 수 있다.

(6) 서류철 파일(*tickler file*)**을 만든다.** 서류철 파일은 월별 보고서나 과제를 일정에 따라 완수하고 제출해야 할 마감 날짜를 파악할 수 있도록 도와준다. 서류철 파일에는 달력에 한 표시, 컴퓨터 파일, 컴퓨터 달력, 전자문서 책 등이 있다. 정기적으로 만나는 전문가나 기관의 이름, 주소, 전화번호, 이메일 주소와 같이 자주 사용하는 정보를 빠르게 검색하고 저장할 수 있도록 체계를 개발한다. 이 체계를 회전용 명함꽂이 (Rolodex)나 휴대전화, 컴퓨터, 사무실의 전화 등을 활용해 유지할 수도 있다.

(7) 회의에 사용하는 시간을 최소화한다. 불필요하고 형편없이 계획된 회의는 가치 있는 많은 시간을 낭비할 수 있다. 전화를 통한 협의나 이메일 교환과 같은 대안이 가능하다면, 대면회의 일정을 잡지 말아야 한다. 만약 회의를 꼭 해야 한다면 사전에 모든 참석자에게 회의의 목적과 제기된 안건을 고지하여 적절히 준비할 수 있도록 한다. 회의는 정해진 시간에 시작해 정해진 시간에 끝낸다. 의제를 붙여 놓고 회의 과제에 집중한다. 기여가 필요한 시간 동안만 참석하는 것을 고려한다(회의와 관련된 부가적인 지침은 항목 13. 24와 13. 26 참조).

(8) 스케줄을 구조화한다. 가능한 한 면접이나 부가적인 면담(다른 서비스 제공자와의 면담) 등의 일정을 구조화해 하루 일과를 계획한다. 하지만 예기치 않은 갑작스러운 일이나 일과 관련된 응급상황을 다루기 위한 시간을 염두에 두어야 한다. 가급적 같은 날 인접한 장소에서 모든 회의를 하도록 계획함으로써 이동 시간을 줄인다.

(9) 방해받는 일을 최소한으로 줄인다. 불쑥 찾아오는 클라이언트보다 다른 직원이 잡담하러 오는 것이 더 문제이다. 사무실 문을 닫아 두거나, 막 방문한 사람과는 일어선 채로 대화하는 행동은 불필요한 방해를 통제하는 방법이다. "시간이 있느냐"라는 질문에 "아니요"라고 말하는 것은 중요한 시간 관리 기술이다. 방해받는 것을 피할 수 없다면 최대한의 관심을 기울이고, 필요한 경우 방해받는 시간을 제한하는 말("전 5분밖에 시간이 없어요")을 함으로써 상황을

통제하려는 노력을 기울인다.

(10) 필요한 추가훈련을 받는다. 기술의 부족으로 뒤처지거나 시간이 소요되는 실수가 발생하면, 필요한 추가훈련을 요청한다. 경험이 있는 다른 사회복지사에게 좀더 효율적으로 일하는 방법을 물어 본다. 기관 보고서나 클라이언트 기록을 작성하는 시간을 절약하는 방법에 대해 조언을 듣는다(항목 9.1과 9.4 참조). 이메일, 스마트폰, 컴퓨터, 프린터, 복사기, 팩스 등과 같은 사무실 기계 사용과 의사소통 방식에 능숙해지도록 노력한다.

(11) 업무량을 통제한다. 가능한 한 업무량을 통제하는 것을 연습해야 한다. 만약 사회복지사가 업무량을 조절하지 못하면, 일을 피상적인 수준으로밖에 할 수 없으며 효과는 감소한다. 추가 업무를 요청받으면 다음과 같은 상황을 고려해야 한다.

- 기존의 업무 규정이나 현재의 업무량에 비추어, 제안된 새로운 업무 할당이나 시간 요구가 합리적인지 결정한다. 스스로 다음을 질문해 본다. 이 일의 우선순위가 높은가? 이 일을 내가 책임져야 하는가? 아니면 다른 사람이 책임져야 하는가? 이 추가업무를 떠맡고 나서 곧 후회하거나 화가 날까?
- 요청이 합리적인지 확신할 수 없을 때는 정보를 좀더 얻는다. 여전히 합리적인지 의심스러우면 생각할 시간을 달라고 요청하고 결정할 기한을 정한다. 예컨대 "제가 30분 안에 알려

드릴게요"라고 말한다.
- 거절해야 하면 단호하고 침착하게 "아니요"라고 말한다. 거절에 대해 더 이상 변명하지 않는다. 거절할 만한 합당한 이유가 있다면 사과할 필요가 없다.

앞서의 논의에서는 추가업무 할당을 거절할 때 협상할 여지가 있는 상황을 가정했다. 그러나 현실적으로 많은 실천 현장에서는 그런 가능성이 존재하지 않는다. 기관 슈퍼바이저나 행정가는 사회복지사가 맡은 업무가 이미 과도하다는 것을 알면서도 추가업무를 할당할 권한이 있다.

업무 상황에 따라 비서, 사무보조원, 준전문가와 같은 기관의 다른 사람에게 업무를 맡김으로써 지나친 업무량을 줄일 수도 있다. 하지만 업무를 맡길 때 그들의 능력이나 직무 범위를 넘어서는 과업을 부탁해서는 안 된다.

9.7 전문적 행동의 요소

전문가는 설령 자신이 하고 싶지 않을 때도 해야 할 것을 할 수 있고 하는 사람이라고 이야기하곤 한다. 이 말에는 깊은 통찰이 담겨 있다. 즉, 전문가는 해야 할 것을 알아야 하고, 그 일을 하는 데 신뢰할 만하고, 개인적 편의 때문에 업무 수행이 방해받지 않아야 함을 의미한다.

사회복지사는 자신의 업무 수행을 지속적으로 검토하고 자신의 행동이 전문적인 특성에 부합하는지 확인하는 것이 중요하다. 전문적 행동과 비전문적 행동을 비교하면 〈표 9-2〉와 같다.

표 9-2 전문적 행동과 비전문적 행동의 비교

전문적 행동	비전문적 행동
전문직의 목적, 가치, 윤리에 깊이 헌신한다.	사회복지실천을 단지 직업으로만 여겨 더 좋은 기회가 오면 쉽게 포기한다.
공식적 교육과 훈련 과정을 통해 학습된 지식체계에 기반을 두어 실천한다.	주로 개인적 의견이나 기관의 규칙, 이데올로기에 기반을 두어 실천한다.
사실과 비판적 사고, 과학적 연구에 기초해 의사를 결정한다.	감정과 태도, 습관에 기초해 의사를 결정한다.
전문직 윤리강령 지침에 의해 지도된 실천	개인적 선호와 지향에 의해 지도되는 실천
클라이언트와 개별화되고, 목적의식적이고 목적지향적인 전문적 관계를 발달한다. 사회복지사의 개인적 욕구가 이러한 관계 속에서 충족되기를 기대하지 않는다.	클라이언트와 피상적이거나 친구 관계와 유사한 관계를 발달한다. 목적지향성이 없다. 클라이언트와의 관계 속에서 욕구가 충족되기를 기대한다.
클라이언트의 안녕을 우선적으로 고려한다.	자신의 안녕과 편의를 우선적으로 고려한다.
어떤 압력에 관계없이 전문적 실천의 원칙을 지킨다.	정치적 · 조직적 압력에 따라 결정과 행동이 영향을 받는다.
클라이언트에 대한 서비스를 향상하기 위해 지속적으로 지식과 기술을 개발한다.	직업을 유지하는 데 필요한 최소한의 것만을 배운다.
자신의 실천 수행에 대해 동료의 검토나 비판적 평가를 기대하고 반긴다.	다른 사람이 자신의 실천에 대해 점검하고 관찰하는 것을 피한다.
새로운 지식과 정보를 찾고 전문직 내에서 공유한다.	새로운 지식을 찾는 데 스스로 투자하지 않는다.
제공된 서비스의 질, 기관의 정책과 프로그램, 그리고 서비스를 증진하기 위한 책임을 받아들인다.	다른 사람이 설명하고 부과한 일을 수행하는 것에만 관심을 둔다. 자신에게 기관, 정책, 프로그램 변화의 책임이 없다고 생각한다.
자기 규율(self-discipline), 자기 인식을 훈련하고 감정을 통제할 수 있다.	감정과 개인적 생각을 경솔하게 상처를 주는 방식으로 표출한다.
결정과 행동에 대해 정확하고 완전한 기록을 유지한다.	기록하기를 꺼린다. 기록이 불완전하고 부정확하다.

참고문헌

Brounstein, M., et al. (2010). *Thriving in the Workplace: All-in-One for Dummies*. NJ: Wiley.

Dolgoff, R., Harrington, D., & Loewenberg, F. M. (2012). *Ethical Decisions for Social Work Practice* (9th ed.). KY: Cengage.

Gambrill, E. (2009). *Social Work Ethics*. VT: Ashgate.

Geffner, A. (2010). *Business English: The Writing Skills You Need for Today's Workplace* (5th ed.). NY: Barron's Educational.

Glicken, M. (2008). *A Guide to Writing for Human Services Professionals*. MD: Rowman and Littlefield.

Gregor, C. (2006). *Practical Computer Skills for Social Work*. UK: Learning Matters.

Healy, K. & Mulholland, J. (2012). *Writing Skills for Social Workers* (2nd ed.). CA: Sage.

Hill, A. & Shaw, I. (2011). *Social Work and ICT*. CA: Sage.

Jones, L. & Loftus, P. (2009). *Time Well Spent: Getting Things Done through Effective Time Management*. PA: Kogan Page, 2009.

Jongsma, A. (2003). *Adult Psychotherapy Progress Notes Planner*. NJ: Wiley.

Kagle, J. & Kopels, S. (2008). *Social Work Records* (3rd ed.). IL: Waveland.

Lauffer, A. (1987). *Working in Social Work: Growing and Thriving in Human Services*. CA: Sage.

National Association of Social Workers (1999). *Code of Ethics*. Washington, DC: NASW.

Payne, M. (2006). *What Is Professional Social Work?* (2nd ed.). IL: Lyceum.

Reamer, F. G. (2013). *Social Work Values and Ethics* (4th ed.). NY: Columbia University Press.

Rothman, J. C. (2013). *From the Front Lines: Student Cases in Social Work Ethics* (4th ed.). CA: University of California.

Sheafor, B. W., Morales, A. T., & Scott, M. E. (2012). *Social Work: A Profession of Many Faces* (12th ed.). NJ: Pearson.

Sidell, N. (2011). *Social Work Documentation: A Guide to Strengthening Your Case Recording*. Washington, DC: NASW.

Tarbell, S. (1997). *Office Basics Made Simple*. NY: Learning Express.

Wang, J. (ed.) (2013). *Implementation and Integration of Information Systems in the Service Sector*. PA: Information Science Reference.

Wiger, D. (2009). *Clinical Documentation Sourcebook: The Complete Paperwork Resource for Your Mental Health Practice* (4th ed.). NJ: Wiley, 2009.

Zeller, D. (2009). *Successful Time Management for Dummies*. NJ: Wiley.

Zeigler, K. (2005). *Getting Organized at Work: 24 Lessons to Set Goals, Establish Priorities, and Manage Your Time*. NY: McGraw-Hill.

제 4 부

계획된 변화 과정 단계를 위한 기법과 지침

많은 사회복지 슈퍼바이저는 실습생이나 신참 사회복지사가 다음과 같이 말하는 것을 들었을 것이다. "사람들과 함께 활동하는 데 필요한 기초 이론은 알고 있지만, 오늘 오후 존스 부인과 그녀의 딸을 만나서는 무엇을 해야 하나요?" 신참 사회복지사는 사회복지실천에서 아는 것과 행하는 것 간에 차이가 있다는 것을 분명히 알게 된다. 그래서 이들은 다양한 실천 관점, 이론과 모델이 제공하는 것보다 더 구체적인 지시와 지침이 필요하다고 느낀다.

이 책의 4부는 이러한 욕구를 다룬다. 서문에서 설명했듯, 기법과 지침에 주로 초점을 맞춰 작성했다. 많은 책이 실천을 위한 이론은 잘 제시하지만, 학생이나 신참 사회복지사가 요구하는 구체적인 지침은 거의 제공하지는 못한다는 생각에 이러한 결정을 내렸다.

4부의 5개 장은 제7장에서 서술했던 계획된 변화 과정의 다섯 가지 단계에 해당한다. 각 장은 Section A와 Section B로 구성했다. 직접적 사회복지실천과 관련된 기법과 지침은 Section A에 찾을 수 있고, Section B에는 간접적 실천에서 사용되는 지침과 기법을 담았다. **직접적 실천**은 서비스를 요구하거나 어려움을 경험하는 개인 혹은 가족과 주로 면대면 상호작용을 하는 활동을 지칭한다. 예를 들어, 직접적 사회복지실천 활동에는 개별 및 가족 상담, 사례 사정, 사례관리, 의뢰 활동, 집단치료, 지지집단 운영, 특정 개인에게 필요한 서비스에 대한 옹호 등이 포함된다. 반대로, **간접적 실천**은 다양한 서비스 혹은 원조를 원하는 사람에게 도움을 제공하지만 클라이언트 혹은 서비스 소비자와 직접적이고 잦은 접촉을 수반하지는 않는 사회복지실천 활동을 의미한다. 이러한 실천 활동의 예에는 행정, 직원 슈퍼비전, 프로그램 기획, 프로그램 평가, 자원 동원, 대중교육, 특정 사회문제에 관심 있는 기관과의 협력과 커뮤니티 단체와의 활동, 도움이 필요한 사람들의 집단을 위한 옹호, 사람들의 생활을 향상하는 사회적 · 경제적 정책의 수립 등이 포함된다.

제 10 장

접수와 관여

학습목표

- 새로운 클라이언트와 원조관계를 시작할 때 첫 번째 전화 및 대면 대화 준비에 관한 지침을 잘 알고 있음을 보여 준다.
- 새로운 클라이언트의 현안 문제를 명확히 하고 필요한 경우 추가 서비스를 위해 효과적으로 의뢰하는 기술을 안다.
- 클라이언트의 비밀정보를 보호하는 원리를 설명한다.
- 잠재적으로 위험한 클라이언트와 상호작용할 때 사회복지사가 취해야 하는 안전 예방조치와 가정방문의 장단점을 설명한다.
- 위임되거나 조종적인 클라이언트와의 활동 지침을 기술한다.
- 전문직 관계에 내재된 권력 차이를 인식하면서, 클라이언트 및 사회복지사의 역할과 책임을 명확히 하는 과정을 안다.
- 기관의 내부 기능, 업무와 기관에 대한 오리엔테이션, 그리고 커뮤니티 및 커뮤니티 자원에 관한 지식 개발 등과 관련하여 신입 사회복지사가 고려해야 할 요인을 논의한다.

이 장은 변화 과정의 시작 혹은 출발 단계에서 사용할 지침과 기법을 제시한다. 직접적 실천(Section A)의 제공은 간접적 실천(Section B)과 다소 대조적이고 활동에서 차이가 있으나, 그 취지는 본질적으로 동일하다. 이러한 상호작용의 초기에, 사회복지사는 세 가지 유형의 활동, 즉 준비 활동(*preparatory activity*), 관여 활동(*engagement activity*), 그리고 접수 활동(*intake activity*)을 수행해야 한다. 첫째, 사회복지사는 클라이언트와 관련해 활용할 수 있는 정보는 어떤 것(예: 기관 기록)이든 검토하기, 클라이언트가 편리하고 편안하도록 만남 시간과 장소를 정하기, 첫 만남에 참여할 사람을 결정하기, 그리고 원조 과정에 대한 클라이언트의 참여와 관점에 영향을 미칠 수 있는 다른 요인에 민감해지기 등을 수행하면서 첫 번째 접촉을 **준비**해야 한다.

둘째, 사회복지사는 클라이언트가 자신의 관심사 혹은 요구를 명료하게 표현하고 명백히 설명할 수 있도록 돕고, 친밀감(*rapport*)을 형성함으로써 **관여** 과정을 시작해야 한다. 일반적으로 개인이나 가족이 클라이언트인 경우, 친구 혹은 다른 전문가를 통해 그들의 문제를 해결하지 못한 경우이다. 만약 클라이언트가 기관 혹은 커뮤니티라면, 그 또한 관심사를 성공적으로 다루지 못한 경험이 있을 것이다. 이러한 상황에서 사람들은 어느 정도 회의와 양가감정을 가진 채 사회복지사와 변화 과정에 접근하는 경향이 있다.

셋째, 사회복지사는 자신이 클라이언트의 욕구 혹은 요구를 적절히 다룰 수 있는지 판단해야 한다. 요컨대, **접수** 혹은 심사 결정이 이뤄져야 한다. 대부분의 커뮤니티에서 인간서비스 전달체계는 복잡하여, 서비스를 찾는 사람 중 몇몇은 자신의 문제를 다룰 수 없는 기관 혹은 사회복지사와 활동을 시작할 수도 있다. 또는 간접적 실천 수준에서, 기관 혹은 커뮤니티의 문제를 다루기 위해 설립된 초창기 집단은 변화 과정을 진행할 가장 좋은 구조나 전문가가 아닐 수도 있다. 이에 사회복지사는 만남 혹은 관계를 지속하는 것이 적절한지, 아니면 더 적합한 다른 조직이나 전문가에게 의뢰하는 것이 적절한지를 결정해야 한다.

Section A
직접적 실천을 위한 기법과 지침

첫 번째 접촉은 원조관계를 위한 분위기를 만들므로 사회복지사는 첫 만남을 신중하게 계획해야 한다. 그러나 첫 만남이 위기 상황에서 이뤄진다면 충분한 준비가 불가능할 수도 있다.

준비 활동
첫 만남에 앞서 사회복지사는 클라이언트가 어떻게 느낄지를 고려해야 한다. 많은 클라이언트는 걱정하며 양면적인 태도를 지닐 것이다. 클라이언트는 예를 들어 '존엄하게 다뤄질 것인가?', '이 사람들이 도움을 줄 수 있는가?', '나의 걱정을 이해할 수 있을까?', '사회복지사가 내 말을 잘 들어 줄까?', '내 문제가 적당한 시간 안에 해결될 수 있을까?', '내가 져야 하는 책임은 무엇일까?' 등을 궁금해한다.

보통 클라이언트는 전문적 원조자에 대한 이전의 경험이 있어서 또 다른 전문적 관계를 시작하는 데 회의적일 수 있다. 클라이언트가 비자발적이거나 법원 명령 등에 의해 위임되어 어떻게든 사회복지사를 만나야 하는 경우, 화가 나거나 분개할 수 있다.

가능한 한 사회복지사는 특별한 욕구(예: 휠체어 접근)를 위한 공간, 사생활과 편안함을 제공할 만남 공간을 확보해야 한다. 만남은 대개 사회복지사의 사무실에서 이뤄지지만, 상황에 따라 클라이언트의 집, 병실, 교도소, 공동생활가정 혹은 근린센터에서 진행될 수도 있다. 클라이언트가 평상시 근무 시간 중에 일터를 떠날 수 없다면 저녁 약속이 필요할 수 있다. 클라이언트가 사회복지사가 속해 있는 기관과 예전에 접촉한 적이 있다면, 사회복지사는 관련 기록을 읽어 봐야 한다. 필요한 경우 여러 기관의 접수 면접 서류를 쉽게 구할 수 있어야 한다. 접촉이 특정한 형태의 정보 기술(항목 9.3 참조)을 통해 이뤄질 경우, 사회복지사는 필요한 모든 장비가 이용 가능하고 작동 가능한 상태인지 확인해야 한다.

접촉이 기관 안에서 이뤄진다면 사회복지사는 원조관계에 영향을 미칠 수 있는 기관의 환경적 요인에도 민감해야 한다. 클라이언트가 초기 만남을 위해 기관에 들르거나 전화했을 때 접수원이 친절하고 적절한 도움을 제공하는가? 클라이언트를 위해 편안한 만남 혹은 대기 공간이 마련되어 있는가? 필요한 경우 아동보호가 가능한가? 사회복지사의 사무실 혹은 회의실이 비밀을 보장하고 방해받지 않으며 의사소통에 우호적인 방식으로 갖추어져 있는가?

관여 활동

클라이언트가 원조관계에 스스로 몰입할 수 있도록 돕는 데 유용한 활동은 다음과 같다.

- 위협적이지 않고 편안함을 주는 방식으로 인사하고 클라이언트와 이야기한다.
- 클라이언트와 그의 요구, 문제 혹은 상황에 대한 진실한 관심을 보여준다.
- 클라이언트가 제공한 정보의 비밀 보장과 관련해 사회복지사가 갖는 법적 혹은 윤리적 책임을 설명한다.

- 클라이언트가 자신의 요구 혹은 관심사를 명료하게 표현하고 명백히 설명하도록 돕는다.
- 서비스 제공에 영향을 미치는 관련 자격 요건(*eligibility*)에 대해 설명한다.
- 서비스를 받는 것에 대해 클라이언트가 가질 수 있는 양가감정을 언급한다.

시작 시점에서 사회복지사는 클라이언트가 느끼는 미지에 대한 두려움과 사람들이 본래부터 갖는 변화에 대한 저항(*resistance to change*)에 특히 민감해야 한다. 특히, 융통성이 없는 클라이언트라면 아주 작은 변화도 힘들 수 있다. 무슨 일이 일어날지 혹은 무엇이 기대되는지를 클라이언트가 알 수 없을 때, 클라이언트는 더욱 불안해하며 방어적인 태도를 보이고 자신의 일상 패턴을 완고하게 고집할 수 있다.

접수 활동

접수와 관여 단계에서 사회복지사가 내려야 할 결정은 서비스 지속과 관련된다. 사회복지사는 기관의 자격 요건 기준과 클라이언트의 욕구 혹은 요구가 일치하는지를 재빨리 결정해야 한다. 만약 그렇다면 다음 결정은 사회복지사가 계속 이어지는 서비스를 제공할 것(즉, 과정의 나머지 부분을 이끄는 것)인가 아니면 기관 내의 다른 사회복지사에게 이전할 것인가이다. 이 결정은 기관의 업무 분장과 클라이언트의 특별한 문제를 다룰 수 있는 사회복지사의 능력에 달려 있다. 사회복지사가 클라이언트에게 계속해서 서비스를 제공하기로 결정했다면, 그 이후에 취해야 할 행동은 다음과 같다.

- 클라이언트 욕구 혹은 제시된 문제의 긴급성을 사정하고 현존하는 위급 상황에 유의한다.
- 원조 과정에서 클라이언트와 사회복지사 모두가 질 책임을 설명한다.
- 문제 혹은 상황을 사정하는 데 필요한 정보 (어떤 경우에는 매우 개인적인 정보)를 클라이언트가 제공해야 함을 설명한다.
- 비밀정보의 배포에 대한 클라이언트의 서명을 받는다(필요한 경우).
- 최소한 몇 번 만나는 것이 필요한지, 가능하다면 최대한 몇 번 만날 것인지에 대해 잠정적으로 합의한다.
- 서비스를 받기 위해 지불해야 할 비용 혹은 이후 절차를 설명한다. 보험회사가 서비스를 승인해야 하는 경우에는 승인을 요청한다.
- 이후 만남의 빈도, 장소, 시간을 합의한다.

클라이언트의 요구나 욕구가 기관의 프로그램, 자격 조건과 맞지 않을 땐 적절한 도움을 제공할 기관에 의뢰해야 한다. 사회복지사는 이용 가능한 인간서비스 자원을 알고 있어야 한다(항목 10. 4 참조).

10.1 첫 번째 전화 만남

클라이언트가 처음으로 기관에 접근할 때, 많은 클라이언트는 어떤 일이 벌어질지 잘 모른다. 그런 클라이언트에 대한 대응은 전화로 첫 대화가 이뤄질 때 특히 어렵다. 사회복지사는 클라이언트를 격려하고 안심시키는 데, 클라이언트의 관심사 혹은 요구 조건을 전반적으로 이해하는 데, 그리고 필요하다면 첫 번째 대면 면접을 약속하는 데 전화 시간을 사용해야 한다. 이때 몇 가지 지침을 기억해야 한다.

(1) 통화 중 클라이언트의 비언어적 행동을 읽을 수 없음을 기억해야 한다. 사회복지사의 말에 클라이언트가 어떻게 반응하는지 항상 알 수 있지 않으므로, 의사불통과 오해가 더 많이 발생할 것이다. 메시지를 단순화하고 사실에 기반을 둠으로써 이러한 가능성을 최소화한다. 기관의 서비스와 관련된 세부사항에 관한 설명은 대면 면접을 위해 남겨 둬야 한다.

(2) 자발적인 클라이언트와 얘기한다면, 현재 기관으로 의뢰하는 것이 적절한지 평가하기 위해 클라이언트가 표현하는 관심사와 요구를 간단히 탐색한다. 그러나 전화로 자세한 정보를 얻는 것을 피한다. 자세한 정보 수집은 대면 면접에서 가장 잘 이뤄질 수 있다.

(3) 위임되거나 혹은 비자발적인 클라이언트와 대화하는 경우, 대면 면접을 약속하는 것으로 전화 대화를 한정하는 것이 최상이다. 보통 위임된 클라이언트(예: 법원 명령)는 사회복지사를 만나야 하는 것에 부정적인 감정이 강하다. 이런 감정은 대면 면접에서 다루어지는 것이 더 용이하다(항목 10. 7 참조).

(4) 첫 번째 사무실 방문을 약속할 때는 사무실 위치와 사회복지사의 이름을 아는지 확인한

다. 어떤 클라이언트는 기관까지 오는 대중교통 수단에 대한 안내를 구할 수도 있다. 어떤 경우에는 약속 시간과 장소를 적은 편지를 추후 클라이언트에게 보내야 한다.

(5) 첫 번째 전화는 전화 건 사람에게 가족 내 다른 구성원이 첫 번째 대면 면접에 참여할 수 있는지 물어 보기 좋은 시간이다. 전화했다는 것을 비밀로 해야 한다면, 왜 비밀이 중요한지도 탐색한다. 가정폭력(항목 15.6 참조)의 경우와 같이 이 전화가 전화 건 사람을 위험에 빠트리는 것은 아닌지 알아내야 한다. 또한 의미 있는 타인이 첫 번째 대면 면접에 참여할 수 있는지 물어 본다. 예를 들어 일어난 일을 어떻게 생각하는지, 또 어떤 조치 혹은 서비스가 도움이 될지에 관해 관련된 모든 사람이 의견을 공유한다면, 문제 사정이 더욱 정확하고 개입이 더 효과적일 수 있음을 설명한다. 전화 건 사람이 다른 사람의 참여를 반대한다면 그 의견을 존중하고 전화 건 사람과의 만남을 계획한다. 만약 의미 있는 타인의 참여가 원조 과정에 도움이 될 것 같다면 나중에 다시 의미 있는 타인이 참여하도록 시도할 수 있다.

10.2 첫 번째 대면 면접

처음 클라이언트와 만날 때는 약간의 불안을 느끼기 마련이다. 클라이언트도 틀림없이 유사한 감정을 갖는다. 첫 만남에서 사회복지사와 클라이언트는 서로를 평가하고 첫 인상을 형성

한다. 이러한 첫 인상은 이후 활동에 강력한 영향을 미칠 수 있다. 다음의 몇 가지 지침은 사회복지사가 상호작용에서 좋은 출발을 하는 데 도움을 준다.

(1) 클라이언트와의 첫 번째 대면 만남 전에, 클라이언트가 이 만남을 어떻게 생각하고 느낄지 예상해 본다. 클라이언트가 느낄 수 있는 두려움, 양가감정, 혼란, 분노에 이해심 있게 반응할 준비를 한다. 클라이언트는 비현실적인 기대를 가질 수 있다. 혹은 클라이언트는 사회복지사를 사생활 침해자, 달갑지 않은 이방인, 권위적 인물로 인식할 수 있다. 사회복지사의 역할, 책임, 원조 및 제공서비스에 대한 통상적 접근을 간단하지만 명확하게 묘사할 준비를 해야 한다(항목 10.10 참조).

(2) 두 사람의 만남에서 클라이언트 의자와 사회복지사의 의자는 5피트(약 150㎝) 정도 떨어져 있어야 한다. 가족면접이라면 의자를 원형으로 배치한다. 방이 편안하고 비밀이 보장되는지 확인한다. 정보 기술을 활용한 모임이라면, 클라이언트가 혼란스럽지 않고 면접에 필요한 전자기기를 편히 사용할 수 있어야 한다.

(3) 클라이언트가 만남을 요청한 경우, 약간의 인사말과 잡담으로 대화를 시작한 이후 곧바로 클라이언트를 기관에 오게 한 관심사로 대화의 주제를 옮긴다. 반대로, 사회복지사가 면접을 시작한 것이라면, 왜 클라이언트와 만나서 이야기해야 하는지를 설명하면서 곧장 주제를

시작한다.

(4) 적용될 비밀 보장 규칙을 설명하고, 클라이언트가 말한 내용이 완벽하게 비밀을 보장할 수는 없음을 알린다. 예를 들어 "시작하기 전에, 이 만남에 바탕을 두고 법원에 제출할 보고서를 준비할 것이라는 점을 당신이 이해했으면 합니다. 그래서 당신이 제게 말하는 것은 결국 재판관에게 보낼 보고서가 될 것입니다. 아시겠습니까?"라고 말할 수 있다.

(5) 면접 초반부에 클라이언트에게 가장 우선순위가 높은 주제를 다룰 것이라는 점을 설명한다. 무엇이든 클라이언트가 중요하다고 여기고 말하고 싶어 하는 것부터 시작한다(클라이언트가 처한 곳에서 출발한다). 그러나 많은 클라이언트가 자신의 실제 관심사 혹은 전체 이야기를 할지 말지를 결정하기에 앞서, 먼저 사회복지사의 신뢰성과 능력을 시험한다는 것을 기억한다. 시간제한이 있다면 클라이언트에게 가장 우선순위가 높은 주제에 주목할 것임을 면접 초반에 설명한다.

(6) 클라이언트를 재촉하지 않는다. "나는 생각을 드러내고 말하고 싶은 것을 결정하는 데 필요한 시간을 당신에게 줄 것이다"와 같은 메시지를 전한다. 클라이언트가 제시하는 관심사 혹은 문제의 원인 및 특성에 관해 성급하게 결론을 내리지 않는다. 자신의 가정과 인식을 확인한다. 클라이언트가 말한 것에 반응할 때는 놀라움 혹은 불신을 표현하지 않는다.

(7) 서비스와 관련된 클라이언트의 질문에 대한 답을 모를 때는 변명조로 말하지 말고 확인해서 알려 주겠다고 말한다. 지킬 수 없는 약속을 하지 않도록 주의한다.

(8) 접수 단계에서 어느 정도의 기록은 필수적이며 적절하다. 클라이언트와 관련된 정보를 기록하는 것은 중요한 세부사항을 이해하고 기억하려는 의지의 표현이다. 그러나 기록이 집중을 방해할 수 있다. 만약 클라이언트가 기록에 신경 쓰는 것 같다면 그 기록을 보여 주고 필요한 이유를 설명한다. 만약 클라이언트가 계속 반대한다면 기록을 중단한다. 기관 양식을 작성할 때는 사회복지사의 발언을 눈으로 확인할 수 있게 클라이언트에게 복사본을 준다.

(9) 클라이언트가 다음 만남에 동의한다면 클라이언트는 사회복지사의 이름, 전화번호가 적힌 명함을 받아야 한다. 또한 사회복지사도 클라이언트의 이름, 주소, 전화번호를 알고 있어야 한다.

사회복지사는 **중대한 신체적 혹은 감각 장애를 가진 많은 클라이언트**와도 만날 것이다. 첫 번째 만남의 일반적인 방식과 장소는 이들의 특별한 욕구에 맞춰 변경할 필요가 있다. 몇 가지 지침을 명심해야 한다.

(1) 휠체어를 타거나 병원 침대에 누워 있는 사람을 면접할 때는 클라이언트와 눈높이를 맞춰 앉거나 자리 잡는다. 클라이언트가 당신을

쳐다보기 위해 목 혹은 몸을 긴장해서는 안 된다. 클라이언트 위쪽에 서지 않는다. 이런 자세는 클라이언트를 심리적으로 열등한 위치로 만들기 때문이다.

(2) 클라이언트가 휠체어, 목발, 지팡이, 보행 보조기를 사용해 움직이는 경우, 분명하게 도움이 필요하거나 도움을 요청한 경우가 아니라면 도움을 제공하지 않는다. 통제권을 유지하고 당신의 도움을 거절하고자 하는 클라이언트의 바람을 존중한다. 클라이언트가 과업과 움직임을 수행하는 데 더 많은 시간이 걸리더라도 인내한다. 클라이언트의 의료장비 혹은 인공 보철물에 시선을 맞추는 것을 피한다.

(3) 물리적으로 낯선 환경에서 시각장애인을 만나는 경우 돌아다니는 데 필요한 정보를 제공해야 할 수 있다. 예를 들어 머리 위 장애물, 급커브, 계단 등과 같은 방해물 혹은 위험물에 관해 주의를 주어야 한다. 클라이언트가 안내견을 사용하는 경우 안내견은 보도 혹은 복도의 가운데로 걷도록 훈련받는다는 것을 알아야 한다. 주인의 허락이 없다면 개를 만지거나 말을 걸지 않는다.

(4) 청각장애인은 사람의 목소리를 정확하게 해석하거나 소리를 구분하는 데 어려움이 있다. 예를 들어 비슷한 소리를 쉽게 혼돈하며, 주변이 시끄럽거나 여러 사람이 한꺼번에 말하는 상황에서 특히 어려움을 느낀다. 보청기를 사용하는 사람 또한 소음 환경에서 어려움을 겪는다.

노인, 특히 남성은 흔히 장기간 큰 소음에 노출된 결과로 인한 청력 상실을 겪는다. 이는 고주파 소리를 듣는 능력을 감소시키므로, 이러한 종류의 청력장애를 가진 사람은 여성 목소리보다 남성 목소리를 더 쉽게 알아듣는다.

클라이언트가 듣는 것을 힘들어하면 그 어려움을 최소화하기 위해 할 수 있는 일이 무엇인지 물어본다. 더 조용한 곳으로 자리를 옮기거나 더 큰 소리로 더 천천히 말해야 할 수도 있다. 클라이언트가 대화를 따라오고 있는지 종종 확인하는 것이 필요하기도 하다. 클라이언트가 고개를 끄덕이거나 웃는 것을 이해했다는 표시로 오해하지 않는다. 못 들은 것에 당황한 반응일 수 있기 때문이다.

클라이언트가 독순술(讀脣術)을 사용한다면 클라이언트는 사회복지사의 얼굴을 볼 수 있는 곳에 자리한다. 또한 서류를 보거나 눈길을 돌린 동안에는 말하지 않는다. 유리창 혹은 밝은 빛 앞에 자리하지 않는다. 덥수룩한 수염도 독순술을 방해할 수 있다. 과장하여 발음하지 않는다. 왜냐하면 이것도 독순술을 더 어렵게 만들기 때문이다. 독순술에 숙련된 사람이라도 구두로 말해진 것 3분의 2 이상을 이해하지 못한다는 것을 알아야 한다. 이들도 나머지는 추측해야 한다.

전혀 들을 수 없는 경우라면 보통 서면, 수화 혹은 보조기기(adaptive technology)를 사용해 대화할 준비를 한다. 클라이언트가 수화를 사용한다면 그가 사용하는 체계를 확인하고 통역서비스를 준비한다. 어떤 청각장애인은 교통, 알람과 같은 특정한 소리를 감지하는 훈련을 받은 청도견●을 이용한다.

(5) 대부분의 정부기관, 병원, 그리고 다른 필수서비스에는 저시력, 청력 상실, 언어장애로 인해 의사소통이 어려운 사람이 사용하도록 관련 장비를 갖추고 있다. 이러한 제약이 있는 클라이언트를 만나는 사회복지사는 확성기, 신호표시 기구, 부는 기구, 전기인공후두 기구, 전신점자기(telebraille), 원거리 통신기구(tele-communication device: TDD, 청각장애인의 의사소통 도구), 전신타자기(teletypewriter: TTY), 기타 보조기구 등을 알아야 한다.

10.3 클라이언트의 문제, 관심사 혹은 요구를 명확히 하기

접수와 관여 단계에서 사회복지사가 해야 할 중요한 활동은 사회복지사나 기관을 찾게 만든 클라이언트의 관심사에 대한 **기술**(description)을 확보하는 것이다. 클라이언트가 자신의 문제나 관심사를 제시하고 기술하는 방식은 클라이언트가 자발적으로 도움을 요청했는지에 따라 어느 정도 좌우된다. 법원 명령을 받았거나 비자발적인 클라이언트는 종종 문제의 심각성을 최소화하며, 문제를 애매하고 일반적으로 방식으로 기술하고, 중요한 정보를 알리지 않는다. 자발적으로 도움을 청한 사람은 간혹 자기 요구의 긴급성, 자기 문제의 심각성을 과장한다.

성인 클라이언트가 자신의 문제 혹은 관심사를 명확히 기술하도록 하는 데 사용할 수 있는 몇 가지 유형의 질문 혹은 진술의 예를 살펴보자.

• 여기에 와서 나와 이야기하도록(혹은 이 기관에 가보라고) 누군가가 제안했습니까? 여기에 오는 것이 왜 중요하다고 생각합니까?
• 당신 생활에 불리한 영향을 미치는 문제 혹은 상황의 가장 최근 예를 말해 보세요.
• 문제가 어느 때보다도 가장 심각했을 때를 말해 보세요.
• 오늘 만남에서 원하는 것을 이룬다면 생활에서는 무엇이 구체적으로 달라질 것 같습니까? 당신이 행동하고 느끼는 것에서 무엇이 달라질까요?
• 당신과 가족, 친구는 이 문제의 본질과 원인에 관해 의견이 일치합니까, 그렇지 않습니까?
• 유사한 문제 혹은 관심사를 가졌던 다른 사람을 압니까? 그들은 그 문제에 대해 무엇을 했습니까?
• 이 문제와 관련해 얘기를 나눈 사람은 누구입니까? 그들은 당신에게 뭐라고 말해 주었습니까? 그들은 어떤 제안 혹은 도움을 제공했습니까?
• 최근까지 이 문제에 어떻게 대처해 왔습니까? 더 악화되거나 심각해지지 않도록 무엇을 했습니까?
• 할 수만 있다면 현재 상황을 더 좋게 만들기 위해 지금 바로 해보고 싶은 한 가지 일은 무

● 〔역주〕 청각장애인을 위한 안내견.

엇입니까?

- 배우자, 자녀 혹은 부모와 같이 가까이에 있는 사람에게 이 문제 혹은 관심사를 기술하거나 설명한다면 그들은 뭐라고 할 것 같습니까?

- 누군가가 당신이 경험하는 문제를 비디오로 녹화하고 제가 이 비디오를 본다면, 특히 주목해서 보거나 들어야 할 것은 무엇입니까? 이 비디오에서 눈에 띄게 두드러지는 것은 무엇이겠습니까?

- 1에서 10점까지의 척도(1은 '거의 걱정 없음'을, 10은 '매우 걱정함'을 의미)로 오늘 당신 문제의 심각성을 어떻게 평가하겠습니까? 2주 전에는 어떻게 평가했습니까? 지난 2주 동안 변한 것은 무엇입니까? 당신의 배우자(혹은 자녀, 부모, 보호관찰관 등)는 1에서 10점까지의 척도로 이 문제를 어떻게 평가할까요?

- 일주일 가운데 혹은 하루 중 이 문제로 가장 힘겨운 시기가 있습니까? 문제가 적은 때는 언제입니까?

- 이 문제가 가장 분명히 드러나거나 가장 심해지는 특정 장소 혹은 상황이 있습니까? 반대로 덜 분명하고 심각하지 않은 경우는요?

- 당신이 이 문제를 경험했던 때를 생각해 보세요. 그리고 문제가 발생하거나 악화되기 직전에 대개 무슨 일이 벌어지는지 말해 주세요. 이 문제를 경험한 이후에는 보통 어떤 일이 발생합니까?

- 가장 친한 친구가 비슷한 문제 혹은 요구를 가지고 당신을 찾아와 조언을 구한다면 뭐라고 말하겠습니까?

- 갑자기 이 문제 혹은 관심사가 사라진다면 당신은 달리 무엇을 하겠습니까? 일상은 어떻게 달라지겠습니까? 이 문제에 대처하는 데 시간과 노력을 쏟는 대신 무엇을 하겠습니까?

- 당신의 문제 혹은 관심사에 대해 당신은 어떤 의견을 갖고 있습니까? 그것이 삶의 이 시점에서 드러나거나 발생한 이유는 무엇입니까? 당신은 그것을 어떻게 설명하겠습니까? 문제를 어느 정도 예방할 수 있었을 것이라 생각합니까?

10.4 의뢰하기

클라이언트가 원하고 활용할 수 있는 자원, 서비스, 그리고 기회에 클라이언트를 연결하거나 의뢰하는 것은 중요한 사회복지활동이다. 많은 사람이 의뢰를 상대적으로 단순한 작업이라 생각한다. 그러나 의뢰된 사람들이 새로운 서비스를 받지 못하거나 첫 번째 접촉 이후 탈락하여 의뢰가 자주 실패한다는 연구 결과가 있다. 거의 50%에 달하는 높은 실패율은 의뢰가 실제로 매우 복잡함을 나타낸다. 다음의 지침을 따름으로써 사회복지사는 의뢰 과정에서 성공률을 높일 수 있다.

(1) **의뢰**는 사정에 기초해 주의 깊게 계획된 개입이다. 의뢰는 클라이언트가 특정 문제, 관심사 혹은 요구를 잘 다루도록 돕기 위해 이뤄진다. 그래서 클라이언트의 상황 명료화, 어느 정도의 자료 수집, 사정 등은 성공적인 의뢰를 위한 전제조건이다. '의뢰 이전'(pre-referral) 의

사정을 통해, 클라이언트가 무엇을 원하고 어떤 서비스 혹은 프로그램을 기꺼이 활용하고자 하는지 결정해야 한다. 이것이 잘 이뤄지면 의뢰 과정은 의뢰될 클라이언트에게 임파워링(empowering)과 치료적 경험이 될 수 있다. 의뢰 과업과 결정에 적극적으로 참여시킴으로써 의뢰될 사람에게 문제 해결 및 의사 결정 기술을 가르칠 수 있다.

(2) 의뢰는 사회복지사가 속한 기관에서 클라이언트가 필요로 하고 원하는 서비스를 제공할 수 없을 때 적절하다. 또한 의뢰는 사회복지사가 특정 클라이언트를 다루는 데 필요한 지식과 기술을 갖고 있지 않을 때, 즉 사회복지사의 가치, 태도, 종교적 믿음, 언어 등이 효과적인 원조관계 형성에 장애가 될 때 적절하다. 어려운 클라이언트를 다루는 것에 대한 부담을 피하려는 시도는 결코 타당한 의뢰 사유가 아니다. 특히, 까다로운 클라이언트를 다른 기관 혹은 실천가에게 투기(dumping)하는 것은 비전문적이며 비윤리적이다.

(3) 클라이언트를 다른 기관에 의뢰하기 이전에 기관 내에서 활용할 수 있는 모든 자원을 고려했는지 확인한다. 거의 모든 클라이언트는 익숙하고 이미 연결된 기관에서 서비스를 이용하기를 원한다. 다른 기관과 전문가가 클라이언트에게 제공할 수 있는 것이 무엇인가에 관한 현실을 직시해야 한다. 프로그램이 있다는 것만으로 클라이언트가 그 프로그램을 이용할 수 있음을 의미하는 것은 아님을 인식해야 한다. 클라이언트가 서비스를 이용할 수 있는 경우라도 클라이언트가 준비가 안 되거나 이용하려고 하지 않을 수 있다. 또한 클라이언트의 친구, 친척, 이웃(항목 11.7 참조) 등으로 이뤄진 클라이언트의 사회적 원조망 내에 존재할지도 모르는 원조를 간과해서는 안 된다.

(4) 의뢰를 고려하기 전에 이미 클라이언트와 관련됐던 모든 기관과 전문가에 대해 알아야 한다. 클라이언트의 어떤 욕구와 문제는 의뢰를 통해 관련 기관 및 전문가의 수를 늘리는 것보다는 기관 간 사례 조정이나 사례관리의 개선을 통해 잘 다뤄질 수 있다. 가능하다면 클라이언트를 잇달아 또 다른 프로그램에 의뢰하기 이전에 이미 클라이언트와 함께 활동하는 사람들의 자문을 구해야 한다. 논의에 앞서 보통 클라이언트의 동의를 받는 것이 필요할 것이다. 성공적인 의뢰를 위해 다른 기관 혹은 전문가가 작성한 기록과 클라이언트의 비밀정보가 수반될 수 있다. 이럴 때는 클라이언트가 서명한 정보 공개서(항목 10.5 참조)가 필요하다.

(5) 효과적인 의뢰를 위해 사회복지사는 커뮤니티의 자원을 잘 알아야 한다. 사회복지사는 커뮤니티의 프로그램과 서비스에 대해 배우기 위해, 그리고 인간서비스 관계망 내에 발생하는 변화에 뒤쳐지지 않기 위해 필요한 시간을 투입해야 한다. 대부분의 커뮤니티에는 현존하는 보건 및 사회서비스 프로그램을 알리기 위해 고안된 정보센터나 전산화된 데이터베이스가 있다. 많은 커뮤니티는 문의에 답하고 전화 건

사람을 적절한 사회서비스기관에 의뢰할 수 있는 2-1-1● 콜센터를 운영한다. 이러한 콜센터는 흔히 커뮤니티 공동모금회(local united way)의 후원을 받는다. 그러나 단지 자원의 존재를 아는 것만으로는 효과적인 의뢰에 충분하지 않다. 의뢰하는 사회복지사가 조직 혹은 프로그램의 담당자(contact point)를 안다면 큰 도움이 될 것이다. NASW 및 타 전문가 모임뿐 아니라 다양한 기관 방문을 통해 궁극적으로 클라이언트를 의뢰할 수 있는 여러 기관의 종사자를 만날 수 있다.

(6) 클라이언트가 원조 전문직 및 프로그램에 관해 겪었던 이전의 경험에 따라, 클라이언트가 의뢰를 어떻게 생각하는지가 달라진다. 만약 부정적인 경험을 가진 클라이언트라면 타 기관 혹은 프로그램에 도움을 청하는 것을 꺼릴 수 있다. 이러한 경험에 관한 면밀한 논의를 통해, 효과적인 의뢰를 촉진하기 위해 무엇을 해야 하는지에 관한 단서를 구할 수 있다.

(7) 의뢰의 성공은 클라이언트의 가족이나 사회적 관계망에 있는 사람이 의뢰 계획을 인정하고 지지하는지에 종종 달려 있다. 그래서 가능한 의뢰와 관련된 논의를 할 때는 특정 친구 혹은 가족이 참여하는 것에 대해 어떻게 생각하는지 클라이언트에게 묻는 것이 좋다. 클라이언트가 원하고 적절하다면 클라이언트 가족 및 중요

한 타인은 이러한 결정 과정에 참여해야 한다. 물론 이러한 참여는 결정 과정을 지연할 수 있다. 그러나 결국에는 이 참여가 의뢰의 성공 가능성을 증가시킬 것이다. 아울러, 이는 나중에 그들이 클라이언트가 서비스 혹은 프로그램을 이용하지 못하게 할 가능성을 감소시킨다.

(8) 비용이 드는 서비스가 필요한 경우, 비용 문제, 클라이언트의 지불 능력 등을 살펴야 한다. 서비스 비용을 지불할 방법이 있는지 알기 위해 어떤 클라이언트는 보험회사나 관리의료 조직으로부터 정보를 구할 수 있도록 안내와 도움이 필요하다. 관리의료의 시대인 현재, 사회복지사는 클라이언트의 개인건강보험 혹은 공공의료 프로그램(예: 의료 급여)이 특정한 유형의 서비스 혹은 의료적 절차에 적용되는지, 그리고 특정 전문가 혹은 서비스 공급자가 관리의료회사의 용인과 인정을 받는지 등을 고려해야 한다. 클라이언트가 관리의료회사로부터 예비 승인(preauthorization)을 적절히 받을 수 있도록 돕는 것은 클라이언트를 건강보호 제공자에게 효과적으로 의뢰하는 데 중요한 조치일 수 있다.

(9) 서비스, 급여 등의 수급 조건은 종종 신청자가 법률이 정한 범주에 맞는지, 특정한 자격 기준을 충족하는지 등의 문제와 관련된다. 그래서 의뢰 작업은 시민권, 결혼, 부모자녀 관계, 과거 취업, 수입, 의료 상태 등과 관련된 정보를

● 〔역주〕 미국의 전화번호 211을 의미하며, 지역의 공공 및 민간의 인간서비스 정보를 바탕으로 정보・의뢰서비스를 제공한다.

수집하는 기술을 요한다. 사회복지사는 시민권 증서, 출생신고서, 혼인증명서, 이혼 판결, 사망증명서, 친권합의문, 부족등록번호, 군복무 서류와 같은 문서를 구할 방법을 알아야 한다.

(10) 모든 기관과 개업실천가는 나름의 절차, 자격 기준을 갖는다. 사회복지사와 클라이언트를 위해 그 절차를 포기하지는 않을 것이다. 따라서 공식 결정이 있기 전까지는 클라이언트가 특정 서비스를 받을 자격이 있다고 말하지 않는 것이 좋다. 다른 전문가 혹은 기관의 결정을 추측하지 않아야 한다.

(11) 가능하다면 이용하길 원하는 전문가 혹은 프로그램을 선택할 수 있도록 클라이언트에게 몇 가지 선택권을 주어야 한다. 클라이언트가 어떤 선택을 해야 할지에 관해 조언을 구한다면 정직한 평가를 제공할 의무가 있다. 서비스 제공자를 선택하는 것과 관련해 클라이언트를 도울 때, 특히 서비스가 상담 혹은 심리치료라면 사회복지사는 다음 질문을 스스로에게 던져야 한다. "내 부모 혹은 아이를 이 전문가에게 의뢰할 것인가?" 유능하고 윤리적이라고 알려진 전문가에게만 클라이언트를 의뢰하라. 일반적으로 클라이언트에게 다른 전문가 혹은 기관으로부터 이용할 수 있는 서비스를 설명할 때는 그 서비스의 장점과 한계를 모두 설명할 수 있도록 준비해야 한다. 그러나 클라이언트가 혼란스러워하고 두려워하거나 기능장애가 심하다면 한계에 집중하지 않는 것이 최선이다. 한계에 초점을 맞추다 보면, 중요하고 필

요한 서비스 이용을 막는 추가 장애물이 될 수 있기 때문이다.

(12) 클라이언트는 가능하다면 첫 번째 접촉을 위한 준비를 스스로 해야 한다. 그러나 미성숙하거나 문제에 압도당한 클라이언트라면, 약속을 정하고 새로운 기관 혹은 전문가를 만나는 성공적 의뢰에 걸림돌이 될 수 있는 현실적 문제(예: 교통수단이 없는 것, 전화가 없고 인터넷 접근이 안 되는 것, 문맹, 약속 동안 아동보호 공백이 발생하는 것, 범죄율이 높은 지역으로 이동하는 것의 두려움, 근무 시간 중 시간을 낼 수 없는 것 등)에 각별히 유의해야 한다. 연계할 필요가 있다면 그렇게 한다. 클라이언트가 매우 혼란스러워하거나 두려워한다면 첫 번째 접촉에 동행하거나 가족이나 사회서비스 보조인(aide)이 동행하도록 조치할 수 있다.

(13) 낯선 기관에 가는 일이 어떤 클라이언트에게는 스트레스와 좌절을 안길 수 있다. 클라이언트는 어찌할 바 모르는 접수원, 과밀한 대기실, 복잡한 신청 양식, 혼란스러운 자격 요건, 긴 대기자 명부 등을 겪을 수 있다. 어떤 클라이언트는 관심사에 먼저 귀 기울이지 않고 자격 요건이나 프로그램에 대한 상세한 설명부터 시작하는 직원을 만날 수도 있다. 어떤 클라이언트는 의뢰 과정에서 정서적 지지가 많이 필요하며 어떤 클라이언트는 기관을 찾아 서비스를 신청하는 방법에 대한 자세한 가르침이 필요할 것이다. 어떤 클라이언트에게는 적절한 질문을 던져 새로운 기관을 처음 방문할 때 적극적일 수

있도록 준비시키는 게 필요하다. 예를 들어 의뢰 담당 사회복지사는 첫 번째 접촉(항목 13.4 참조)에 대한 역할극이나 예행연습을 시켜야 할 수도 있다. 이러한 추가적 도움이 없을 경우 클라이언트는 자신에게 필요한 서비스를 얻으려는 노력을 포기할 수도 있다.

(14) 경우에 따라 클라이언트를 다른 기관이나 전문가에게 의뢰하는 일은 그에게 만족스럽고 익숙한 관계를 종결하고 새로운 실천가와 새로운 관계를 맺는 과업에 직면해야 함을 의미한다. 클라이언트가 새로운 서비스의 필요성에 동의할지라도 양가적일 수 있고 그렇게 해야 하는 상황에 분개할 수 있다. 이러한 일은 의뢰를 어렵게 하므로, 그 감정을 탐색하고 다뤄야 한다.

(15) 의뢰된 사람이 새로운 자원(전문가, 기관 혹은 프로그램)에 잘 연결 혹은 연계되도록 필요한 조치를 취한다. 다음의 연결 기법(connecting technique)은 성공적이라고 입증된 것이다.

① 새로운 기관 혹은 전문가의 이름, 연락처, 전화번호를 클라이언트에게 적어 준다. 필요하다면 그곳까지 가는 방법을 상세히 설명해 준다(예: 지도를 그려 주거나 버스 노선을 알려 준다).
② 클라이언트가 새로운 기관 혹은 프로그램의 직원에게 전달할 편지를 쓴다. 이 편지에는 클라이언트의 관심사 혹은 요구를 간략히 기술해야 한다. 이 서신을 작성하는 데 클라이언트가 참여해야 한다.

③ 클라이언트가 있는 자리에서 새로운 실천가에게 전화를 건다. 의뢰 의도를 설명한다. 클라이언트가 자신을 소개하고 새로운 실천가와 잠깐이라도 대화할 기회를 가질 수 있도록 클라이언트에게 전화를 건넨다.

(16) 클라이언트가 새로운 기관 혹은 새로운 전문가와 첫 번째 면접을 거친 이후에도, 사회복지사는 이러한 연결을 확고히 하거나 강화하기 위한 조치를 취한다. 다양한 연결 기법은 클라이언트가 새로운 자원을 계속 이용할 가능성을 증가시킬 것이다. 예를 들어 다음과 같다.

① 클라이언트에게 첫 번째 접촉 이후 당신에게 전화를 걸어 달라고 요청한다. 그리고 첫인상, 계속 이용에 관한 느낌에 대해 이야기한다.
② 새로운 기관에서 첫 만남 이후 상황이 예상했던 대로 이뤄졌는지 알아보기 위해 클라이언트의 동의를 얻어 클라이언트에게 연락을 취한다.
③ 격려를 제공하고 새로운 기관에서 맞닥뜨릴 수 있는 문제를 발견하기 위해, 클라이언트가 새로운 프로그램 혹은 서비스를 이용하는 동안에도 클라이언트와의 몇 차례 연락을 계획한다.

(17) 클라이언트가 전문가 혹은 기관으로부터 원했던 것을 실제로 받았는지, 클라이언트가 나아졌는지, 그리고 의뢰에 대한 당신의 접근이 수정될 필요가 있는지 등을 확인한다.

10.5 클라이언트의 정보를 구하고 보호하며 공개하기

보통 접수와 관여 단계에서 사회복지사는 클라이언트 정보를 수집하고 일정한 형태로 관련 기록을 만들기 시작한다. 일단 정보를 구했다면 이는 클라이언트의 사생활을 보호하는 방식으로 취급되고 저장되어야 한다. 최근 들어, 클라이언트 정보를 만들고 저장하고 교환하는 것에 관한 법과 규칙이 좀더 복잡해지기 시작했다. 새로운 법은 보건, 사회서비스 소비자에게 더 많은 사생활을 보장하며, 서비스 제공자는 자신이 가진 기록에 더 많은 책임을 지도록 한다.

그러나 실천(의료, 학교, 물질 남용 프로그램, 아동보호기관, 교정 프로그램 등)에 따라 연방법과 주법이 어느 정도 다르게 적용된다는 것에 주의해야 한다. 모든 실천에서 사회복지사는 기본적이고 일상적인 절차를 따라야 한다. 예를 들어 다음과 같다.

(1) 모든 클라이언트 정보와 파일은 잠금장치가 있는 파일에 저장해야 한다. 합법적으로 알 필요가 있는 전문가 혹은 기관 직원만 이 자료에 접근할 수 있다.

(2) 클라이언트 정보가 포함된 컴퓨터 스크린, 예약 장부, 그리고 파일은 다른 클라이언트, 대기실에 있는 사람, 관리인 그리고 다른 비전문 직원의 눈에 띄어서는 안 된다. 클라이언트의 컴퓨터 파일에 대한 접근은 이러한 파일을 보는 데 공식적인 허가를 받은 사람만으로 제한

되어야 한다.

(3) 전문가는 클라이언트와 관련된 문제를 비공개로 논의해야 하며, 공공장소에서 얘기해서는 안 된다. 클라이언트와 전화로 대화하거나 클라이언트에 관해 전화로 얘기하는 일은 다른 사람이 엿들을 수 없는 곳에서 이뤄져야 한다.

(4) 클라이언트 파일을 사용할 때는 클라이언트의 이름이나 다른 정보가 드러나지 않도록 표지를 책상 아래쪽으로 향해 놓는다.

(5) 봉투에 쓰인 반송 주소나 편지지의 윗부분에 인쇄된 기관 등의 이름과 주소 등은 특정 유형의 전문가 혹은 조직과 클라이언트를 연결할 수 있으므로, 클라이언트에게 편지(예: 약속 알림)를 보내기 전에 클라이언트의 사생활이 침해될 가능성을 평가해야 한다. 이메일 메시지도 마찬가지이다.

(6) 기본적으로 사회복지기관, 건강보호 제공자 혹은 개업실천가가 갖고 있는 클라이언트 파일 혹은 기록은 클라이언트의 소유물이다. 이는 정보를 공개할지, 또 누구에게 공개할지를 결정할 권리가 클라이언트에게 있다는 것을 의미한다(미성년 아동의 경우 부모와 법적 후견인이 정보 공개를 통제한다). 만약 타 기관 혹은 전문가가 갖고 있는 클라이언트 기록에 포함된 정보가 필요하다면, 사회복지사는 먼저 클라이언트의 서면동의를 받아야 한다. 유사하게, 클라이언트의 서면동의를 받지 않은 채 기관 외부의 타

기관 혹은 전문가에게 클라이언트 정보를 공개해서는 절대 안 된다. 그러나 이러한 기본원칙에는 예외가 있다. 예를 들어 특정 클라이언트의 정보는 법원의 명령에 의해 공개될 수 있다. 대부분의 주에서 보호서비스기관의 조사자(즉, 아동 혹은 노인 학대·방임 조사자)는 클라이언트의 동의 없이도 특정 클라이언트의 기록에 접근할 수 있다.

클라이언트의 서면동의는 **비밀정보 공개에 대한 동의**로 불리며 간단히 **동의서**로 불린다. 보통 기관에는 이러한 목적을 위해 일반적인 법적 서식이 있으며, 클라이언트의 동의가 고지된 동의서여야 한다. 즉, 공개에 서명하기 전에 클라이언트는 다음과 같은 것을 확인해야 한다.

- 누가, 어떤 목적으로, 어떤 정보를 요구하는지 알아야 한다.
- 공개될 자료를 읽어볼 기회 혹은 듣고 이해할 수 있는 말로 설명받을 기회가 있어야 한다.
- 공개되기 전에 기록의 오류를 수정할 기회를 가져야 한다.
- 서명한 동의서를 나중에 취소할 수 있음을 알아야 한다.
- 대부분의 경우, 동의는 클라이언트가 서명한 이후 6개월이 지나면 자동으로 폐기된다.

클라이언트 정보 공개와 관련한 엄격한 규정은 전문가와 기관이 정확한 진단 혹은 사정에 필요한 정보를 공유하는 것을 어렵게 만들며, 효과적인 사례관리나 여러 타 기관에서 클라이언트에게 제공한 서비스에 대한 조정에 또 다른 장애가 될 수 있다. 게다가 클라이언트가 기관 기록에 쉽게 접근할 수 있도록 정한 법률도 기록 내용에 영향을 미친다. 전문가는 클라이언트 혹은 가족이 기록을 읽을 경우 이들이 속상할 수 있는 정보의 기록은 꺼린다. 예를 들어 부모가 아동의 학교 기록 확인을 요청할 가능성이 있음을 안다면, 학교 사회복지사는 학생이 부모에 대해 말한 것을 기록하기 꺼릴 수 있다.

클라이언트에게 제공했던 서비스를 기록할 때(즉, 클라이언트 기록을 작성할 때) 사회복지사는 클라이언트(혹은 아동의 부모나 후견인)에게 기록을 읽을 권리가 있음을 항상 생각해야 한다. 더구나 클라이언트는 이 기록을 복사하거나 기록에 대해 문제를 제기할 수 있으며, 어떤 오류를 바로잡기 위해 기록 변경을 요구할 수도 있다.

(7) 어떤 부분이 기관의 기록 혹은 클라이언트 파일인지 결정하는 일도 생각보다 어렵다. 예를 들어, 개업심리학자가 작성한 보고서는 클라이언트 서류철에 있다는 이유로 기관 기록의 일부가 될 수 있는가? 혹은 사회복지사가 학교로부터 얻은 보고서는 어떤가? 사회복지사는 클라이언트 기록의 공개에 대한 서면 요청에 응하기 전에 이러한 질문과 관련된 기관정책과 절차를 명확히 이해해야 한다.

반대로 법적 지침이 없는 경우 사회복지사는 제3자(예: 의사, 타 기관)가 작성하고 이들로부터 얻은 기록, 보고서를 사회복지사 소속 기관의 기록이 아니라고 가정하는 것이 최상이다. 다시 말해, 기관 기록은 그 기관의 직원이 준비하고 기록한 것이다. 그래서 비록 타 기관 사람이 작성한 것이 클라이언트 서류철에 포함되어 있더라도 그 보고서나 문서를 공개해서는 안 된다.

(8) 일부 전문가 면허법에는 **면책 특권 정보**(*privileged communication*)로 불리는 것이 있다. 이것은 의사-환자, 변호사-의뢰인, 남편-아내 그리고 성직자-통회자(痛悔者) 관계에 적용된다. 어떤 주법은 그 면책 특권을 사회복지사와 클라이언트 관계에까지 확장하기도 한다. 이러한 특권은 클라이언트나 환자에게 속한 것이지 전문가에게 있는 것이 아니다. 즉, 면책 보장을 받는 개인정보가 재판에 소환되거나 소송 절차 중 유출되었다는 것을 클라이언트가 알았을 때, 클라이언트는 자신의 권리를 주장하고 보상을 요청할 수 있다. 클라이언트는 판사에게 특권을 인정하고 유출을 막아 달라는 요청을 할 수 있다. 그러면 판사는 클라이언트의 요청을 기각하고 정보를 공개할 만한 납득할 만한 이유가 있는지 판단해야 한다.

(9) 사회복지사는 〈건강보험정보의 이전 및 그 책임에 관한 법률〉(*Health Insurance Portability and Accountability Act*: HIPPA)과 같은 연방법 내의 클라이언트 정보 관련 조항을 숙지해야 한다. 건강 및 정신건강서비스 제공자 혹은 이들 기관이 건강보험 공급자, 정보센터 혹은 다른 건강 혹은 정신건강보호 제공자와 정보의 전자 교환에 관여하는 경우, 이 법은 건강 및 정신건강서비스 제공자에게 적용된다. 여러 HIPAA 조항 가운데 다음 조항이 특히 사회복지사와 관련된다.

- 전문적 관계 초기에 클라이언트 혹은 환자는 자신의 개인정보 보호에 대해 통보받아야 하고, 서비스 제공자가 자신의 건강정보를 어떻게 사용하고 공개하려는지 알고 있어야 한다.
- 클라이언트 혹은 환자는 자신의 기록을 열람하고 복사하며 보완(수정)할 권리가 있다. 그러나 특정한 상황(예: 공개가 환자 혹은 다른 사람에게 해로움을 야기하거나, 보호되어야 할 다른 정보가 결과적으로 공개된다고 여길 만한 이유가 있는 경우)에서는 환자의 기록 접근을 거부할 수 있다.
- 서비스 제공자는 클라이언트 정보를 보호하기 위해 설계된 기술적·행정적 절차에 대해 준비를 갖출 필요가 있다. 특히, 정보가 컴퓨터 혹은 전자적으로 전환된 상태로 저장된 경우에 그러하다.
- 서비스 제공자가 클라이언트 고용주에게 건강정보를 공개하는 것은 금지된다.
- 일반적으로, 제공자는 클라이언트가 허락한 경우에만 클라이언트 건강정보를 공개할 수 있다. 그러나 전문적 자문의 필요, 클라이언트 혹은 환자를 위한 보호·치료·기타 서비스의 마련, 지불 보장, 감사 및 보호의 질 사정의 수행 등의 목적이라면 꼭 필요할 때 꼭 필요한 것만 알려 주는 방식으로 타인과 클라이언트 정보를 공유할 수 있다.
- 클라이언트가 승인하지 않았다면 정신건강서비스 제공자는 클라이언트의 건강보험회사에

심리치료기록 공개를 거절할 수 있다.

- 건강보험회사와 건강계획은 급여 등록 및 전달 등의 조건을 걸어 정보 공개에 대한 클라이언트의 승인을 얻으려 해서는 안 된다.
- 병원 환자는 자신의 이름과 건강 상태를 이해관계자가 활용할 수 없도록 할 권리가 있다.
- 기록을 폐기할 때는 파쇄해야 한다. 쓰레기 보관함에 통째로 버려서는 안 된다. 전자기록은 영구 삭제한다.

사회복지사가 클라이언트의 정보를 다루는 것과 관련된 법적·윤리적 책임에 자신이 없다면 기관 관리자 혹은 변호자의 자문을 구해야 한다. 또한 NASW가 온라인에서 제공하는 일반적인 법률 정보(www. socialworkers. org/ldf)를 찾아봐야 한다.

10.6 가정에서의 면접

가정에서의 면접 혹은 가정방문이라는 용어는 사회복지사와 클라이언트가 클라이언트 집에서 만나는 것을 뜻한다. 사회복지 초창기에는 가정방문이 사회복지사의 **활동 방식**(*modus operandi*)이었다. 이후, 가정방문은 '전문적'으로 보이지 않으며 당시 유행하던 사무실 중심의 치료모델과 맞지 않는다는 등의 여러 이유에 의해 배제되었다. 물론 아동보호를 다루거나 공공보건기관에 고용된 사회복지사, 아웃리치(*outreach*, 원조) 혹은 가정 기반 서비스 제공에 종사하는 사람, 노쇠한 노인에게 원조를 제공하는 사람은 계속해서 가정방문을 활용해 왔다. 가정에서의 면접은 여러 사례에서 유용하고 필수적이지만 많은 사회복지사에게 불안을 안기기도 한다. 다음의 지침은 사회복지사가 가정에서의 면접을 가치 있는 진단 및 치료 도구로 적절히 사용하도록 돕는다.

(1) 자연스러운 환경에서 클라이언트를 만나는 이유를 이해한다. 어떤 클라이언트는 기관 건물이나 사무실에서 만나는 것이 불편하고 스트레스를 많이 받을 수 있다. 가정방문 혹은 가정에서의 면접은 클라이언트 가족과 이웃 간 맥락의 정확한 모습을 이해하고, 클라이언트 환경에서의 다양한 힘이 어떻게 클라이언트의 사회적 기능을 지지하는지 혹은 약화하는지에 대한 평가를 구할 수 있다는 점에서 특히 가치가 있다. 집은 클라이언트에게 신성한 공간이자 클라이언트의 성격과 생활양식을 볼 수 있는 기회의 창이다. 집은 가족과 친밀하고 사적인 시간을 보내는 공간이다. 어떤 사람에게 집은 따뜻함과 안정감의 근원이며, 다른 사람에게는 분노, 두려움과 외로움의 공간이다. 집의 장식, 가구의 배치, 양육 방식은 사람의 문화 혹은 민족성, 경제적 상황, 활력, 관심사, 창의성 그리고 지적 능력 등을 반영한다. 또한 집은 무기력, 우울, 절망과 해체를 반영할 수도 있다.

(2) 가정에서의 면접을 순수하게 사교적인 방문 혹은 우애방문과 혼동하지 않는다. 이 기법은 다른 것과 마찬가지로 목적 지향적으로 사용되어야 한다. 사회복지사가 가정에서의 면접을

요구할 때는 가정방문이 서비스를 효과적으로 만드는 이유와 방법을 명확히 설명해야 한다.

(3) 가정방문 일정을 수립해야 한다. 미리 알리지 않고 예정에 없던 방문을 하는 것을 피해야 한다. 그러나 클라이언트에게 전화가 없거나 편지를 읽을 수 없을 때, 혹은 이메일에 접근할 수 없을 때는 이러한 일이 불가능할 수 있다. 예정 없이 방문하는 경우 연락하기 위해 노력했음을 바로 설명하고, 방문 약속을 하는 것으로 대화를 시작한다(보통 클라이언트는 바로 사회복지사에게 들어올 것을 권한다).

(4) 집에 들어갈 때, 누군가가 자신의 집을 방문했을 때 기대하는 정도와 마찬가지로 존중과 예절을 보인다. 어디에 앉아야 하는지를 물어본다. 음식 혹은 음료의 대접을 받아들인다. 클라이언트의 정체성, 관심, 문화를 표현하는 가구 배치와 가족사진에 진심 어린 관심을 보인다. 사회복지사는 클라이언트 집에 들어갔을 때 집의 상태가 어떠하든지 놀라움, 충격 혹은 반감 등을 보여서는 안 된다. 집의 상태가 정돈되어 있거나 어수선할 수도 있고, 밝거나 어둑어둑할 수도 있고, 병원 같이 깨끗하거나 불쾌한 냄새로 가득할 수도 있다. 사회복지사는 비위생적인 상태, 개와 고양이, 그리고 최근의 폭력, 성적 활동, 음주 혹은 약물 사용의 징후 등에 맞닥뜨릴 마음의 준비를 해야 한다.

(5) 가정방문 동안 방해받지 않는 상황을 충분히 확보하는 것은 종종 어렵다. 아이들이 들락거리고 이웃이 방문하고 전화가 오고 TV가 큰 소리로 울릴 수도 있다. 이러한 요소가 사회복지사를 정신없게 만들 수 있지만 클라이언트에게는 그렇지 않다. 긍정적인 측면에서 이러한 혼란은 가족의 기능수행과 환경을 정확하게 드러낸다. 아주 큰 혼란에 대해서는 방해받지 않는 상황과 면접의 목적에 주목할 필요가 있다고 말함으로써 이러한 상황을 직접 다룬다. 친구 혹은 이웃이 가정에 있을 때, 그들이 있는 자리에서 개인적 문제를 얘기하는 것이 가능한지 클라이언트에게 물어 봐야 한다. 어떤 클라이언트는 비공식적 원조자와 지지적인 친구를 초대해 면접에 참여하게 하는데, 이러한 선택을 존중해야 한다.

(6) 클라이언트가 우범지역에 산다면 위험이 가장 적은 시기에 가정방문을 약속하는 것이 중요하다. 또한 위험을 최소화하는 가장 좋은 방법이 무언인지 클라이언트에게 제안을 요청한다. 클라이언트나 집에 있는 다른 사람이 위험할 것 같고 부적절한 행동으로 잘못된 추궁을 받는 것이 염려된다면 추가적인 보호를 제공하며 증인 혹은 목격자 역할을 할 동료를 데려가야 한다(일신상의 안전에 관한 정보는 항목 10.9 참조).

10.7 위임된 클라이언트와 관여하기

위임된 클라이언트(혹은 비자발적 클라이언트)는 판사, 보호관찰관, 혹은 아동보호기관과 같은 법적 당국에 의해 상담 혹은 기타 서비스를 받도록 강제로 맡겨진 개인을 뜻한다.

때때로 이들은 분노하고 화를 내고 심지어 호전적이다. 위임된 클라이언트와 함께할 때 다음의 지침을 고려한다.

(1) 의지에 반하는 무언가, 혹은 부당하고 불필요해 보이는 것을 강제로 해야 할 때 기분이 어떤지 생각해 보고 클라이언트의 반응을 예견하면서 만남을 준비한다. 클라이언트가 부정적 감정을 가질 수 있음을 인정하고, 적대감, 분노, 수치감, 두려움, 당혹감, 그리고 수많은 방어적 반응에 직면할 수 있다는 것을 받아들인다. 이러한 감정을 무시하거나 회피하지 말고 인정하며 공감하면서 반응한다. 분노 혹은 위협으로 클라이언트의 적대감에 대응하지 말고 절제한다. 그렇게 하지 않으면 심지어 더 큰 저항이 일어날 것이다. 클라이언트가 관점을 분명히 표현하고 자신의 입장에서 얘기하도록 하기 위해 적극적 경청 기술을 사용한다(항목 8.1, 8.4, 8.6 참조).

(2) 사회복지사의 역할과 책임, 클라이언트에 대한 사회복지사와 기관의 기대를 분명하고 정직하게 설명한다. 또한 적용될 비밀 보장 원칙을 설명한다. 예를 들어, 법원에 제출할 보고서를 작성해야 한다면 클라이언트는 자신이 말한 것이 결국 보고서로 작성되어 공개재판에서 판사와 변호사가 검토할 것임을 알 권리가 있다.

(3) 클라이언트가 협조하지 않을 때 발생할 수 있는 부정적 결과를 알려 준다. 그러나 서비스보다 부정적 결과를 선택할 수도 있으며, 이러한 클라이언트의 선택권도 존중되어야 한다. 협조하지 않겠다고 결정한 클라이언트에게는 결과에 영향을 미칠 수 있는 통제권을 사실상 포기한 것임을 상기시킨다.

(4) 클라이언트를 처음 만날 때, 클라이언트가 특정 서비스를 받도록 강제로 위임된 이유에 관한 사실정보를 밝힌다. 만약 클라이언트가 정보의 정확성을 부인한다면 사회복지사가 갖고 있는 보고서를 재확인한 뒤 필요하다면 의뢰처(예: 보호관찰관)의 해명을 구할 것임을 설명한다. 위임 사유를 둘러싼 논쟁에 소비되는 시간을 최소화하기 위해 어떠한 불일치 혹은 오해라도 해결하기 위해 노력한다.

(5) 클라이언트의 진실성을 시험하려는 의도로 해석될 질문은 하지 않는다. 다음과 같이 설명하여 클라이언트가 거짓말하지 않기를 바란다는 것을 분명히 전한다.

당신이 저와 이야기해야 하는 것이 비참한 일이며 아마 화도 난다는 점을 압니다. 전 그것을 이해할 수 있습니다. 또한 저는 우리 회기 중에서 당신이 여러 차례 거짓말을 할 수도 있다는 점도 이해할 수 있습니다. 다른 어떤 것보다도 저는 당신이 거짓말하지 않기를 바랍니다. 거짓말을 한다면 당신은 죄책감을 느끼거나 제가 그 거짓말을 알아차리면 어쩌나 걱정하게 되겠지요. 이러한 상황은 당신에게 좋지 않고, 시간을 낭비하게 됩니다. 거짓말을 하기보다는 질문에 답하고 싶지 않다고 말해 주길 바랍니다. 동의할 수 있습니까?

(6) 클라이언트에게 부여된 법적 제약과 한계 내에서 클라이언트에게 가능한 많은 선택권을 준다. 클라이언트가 선택할 수 있고 사소한 것에라도 어느 정도의 통제권을 갖게 되면 보통 클라이언트의 저항은 감소할 것이다. 예를 들어 "이후 6주 동안 매주 수요일에 만나야 합니다. 우리는 오후 2시 혹은 4시에 만날 수 있습니다. 어떤 것을 선택하겠습니까?"라고 묻는다.

(7) 클라이언트와 관계를 맺고 초보적 수준의 협력을 확립하기 위한 다른 노력이 실패하면 '거래' 전략의 사용을 고려한다. 이 접근에서 사회복지사는 클라이언트가 특정한 과업을 완수하거나 협조한 대가로 클라이언트의 불편을 줄여주는 일을 하거나 클라이언트가 원하는 것(단, 합법적이고 정당한 것)을 얻도록 돕는 데 동의한다. 이러한 접근의 예는 다음과 같이 말하는 사회복지사에서 찾을 수 있다.

존, 저는 당신이 여기에서의 상담을 원하지 않는다는 것을 압니다. 그러나 당신과 저 모두, 보호관찰관 로버트 씨가 당신의 '분노 문제'에 관해 도움을 받아야 한다고 주장했음도 아닙니다. 보호관찰관이 원하는 일을 하지 않는다면 그가 당신의 삶을 더 어렵게 만들 수도 있습니다. 이렇게 거래하면 어떨까요. 1시간짜리 회기에 다섯 번 와서 제 질문에 대답하고 당신 아내와 자녀와의 관계에 관해 솔직하게 말해 준다면, 그 대가로 보호관찰관에게 편지를 쓰겠

습니다. 다른 사람들이 분노 문제라고 부르는 것을 살펴보기 위해 상담을 활용하는데, 당신이 성실하게 노력하고 있다고 말하겠습니다.

(8) 일부 서비스 제공자는 위임된 클라이언트에게 동기가 부족하다고 불평한다. 그러나 실제로 동기 부여가 되지 않은 클라이언트는 존재하지 않는다. 모든 클라이언트, 모든 사람은 동기가 부여되어 있으며, 원하는 것이나 필요한 것, 좋아하는 것이 있다. 전문가가 클라이언트를 '동기 부여가 되지 않음'으로 꼬리표를 붙이는 행위는 실천가가 클라이언트에게 바라는 것과 클라이언트가 원하는 것이 다르다는 것을 인정하는 행위일 뿐이다. 위임된 클라이언트와 성공적인 관계를 형성하기 위해 클라이언트의 욕구와 바라는 것에 박자를 맞추고, 클라이언트의 희망, 선호와 부분적이라도 일치하는 개입 목표를 세운다. 사회복지사와 클라이언트 둘 다 동의한 것, 그러면서 정당한 목적 혹은 바람직한 행동 방침이 되는 것을 찾기 위해 노력한다. 목적에 동의한다면 클라이언트를 문제 해결에 더욱 쉽게 참여시킬 수 있다. 예를 들어 당신은 다음과 같이 말할 수 있다. "우리 둘 다 당신이 보호관찰에서 벗어나 우리가 매주 만날 필요가 없길 바랍니다. 이러한 목적을 달성하기 위해, 우리가 함께 협력할 수 있는 방법이 무엇이 있다고 생각합니까?"

(9) 어떤 경우에는 클라이언트의 이전 경험, 특히 사회복지사, 상담자 혹은 다른 전문 원조자에 대해 갖는 선입견이나 전문가 혹은 사회서

비스체계에 관한 부정적인 경험을 나누는 것이 도움이 될 수 있다. 또한 클라이언트의 문화적 배경 혹은 차별 경험을 이해한다. 그리고 이러한 경험이 사회제도로부터 소외되고 이용당했다는 클라이언트의 느낌을 어떻게 가중하는지도 이해한다.

10.8 조종적인 클라이언트에 대응하기

대부분의 사람도 아주 가끔씩 자신이 원하는 것을 얻기 위한 방법으로 타인을 조종하려 한다. 그러나 어떤 사람은 인생에 대처하는 주요 방법으로 조종과 사기에 의존한다. 조종을 알아차리지 못하는 사회복지사는 법적·윤리적·도덕적 어려움에 봉착한다. 다음은 조종적인 클라이언트를 다루기 위한 몇 가지 지침이다.

(1) 조종을 잘하는 사람은 당신이 듣고 싶어한다고 생각하는 것을 말한다. 자신을 착하게 보이도록 하고 타인을 비난하기 위해 편향된 관점을 제시하고 거짓말을 할 것이다. 매력과 속임수로 당신을 자기편으로 끌어들이는 데 실패하면, 교묘한 형태의 협박과 위협을 사용할 것이다. 사회복지사가 그들과의 만남에서 의제와 조건을 설정하는 것은 매우 중요하다. 역할과 기대의 개요를 명확히 설명해야 한다. 엄격함과 똑 부러지는 접근을 보여야 한다. 만약 사회복지사가 소심하고 확신이 없고 자신감이 없다면 클라이언트는 그 약점을 성공적으로 활용해 조종하려 들 것이다. 단호함과 전문적 관계에서의

통제는 초기부터 존재해야 한다. 관대함으로 시작하면 통제를 재설정할 여지가 없다. 이런 유형의 클라이언트는 단호함은 존중하지만 약점을 존중하지는 않는다.

(2) 사리에 맞고 공정해야 하며 흔들림이 없어야 한다. 클라이언트가 책임을 질 수 있도록 하고 부정직의 결과로부터 구제하지 않는다. 행동을 변화시키기 전, 습관적인 조종자는 자기 행동의 당연한 결과로 벌을 받는 경험을 할 필요가 있다.

(3) 개인적 책임을 회피하거나 최소화하려는 조종적인 클라이언트의 시도에 동조하거나 이를 간과해서는 안 된다. 많은 경우 책임을 회피하거나 행동의 심각성을 대단찮게 생각하는 방식으로 말할 때가 있다(예: "돈을 훔쳤다. 그러나 겨우 30달러이다" 혹은 "야구공으로 사람을 때렸다. 그러나 세게 치지는 않았다").

(4) 대부분 클라이언트에게 사회복지사의 자기 공개는 어느 정도 클라이언트의 방어와 저항을 줄이는 데 효과적이다. 그러나 조종에 능한 사람과 활동할 때는 개인정보를 나누지 말아야 한다. 이런 클라이언트에게 사회복지사의 자기 공개는 심각하고 원치 않는 결과를 가져올 수 있다. 이들은 원조자의 개인적 약점과 실수를 알아채고 부당하게 이용하며 왜곡할 수 있기 때문이다.

(5) 클라이언트가 사회복지사의 사생활 혹은

직업에 대한 감정에 지나친 관심을 보일 때는 조종을 의심한다. "당신은 나를 진실로 이해해준 유일한 사람이다", "당신만큼 도움을 주는 사람을 만나본 적이 없다", "당신은 내가 만난 사람 중에서 나를 가장 잘 돌봐 주는 사람이다", "할 말이 있는데, 다른 사람에게 말하지 않겠다고 약속해야 한다", "당신이 나를 위해 한 가지만 해준다면, 내 인생이 똑바르게 될 수 있다", "내 인생을 다시 세울 수 있는 대단한 기회가 있다. 그러기 위해 약간의 융자가 필요하다" 등을 말할 때 특히 조심해야 한다.

(6) 이러한 클라이언트의 편의 혹은 혜택을 위해 기관의 규칙을 위반하거나 바꾸지 않는다. 사소한 양보조차도 곧바로 추가적 요구 혹은 협박하는 상황(예: "나를 위해 이 일을 하지 않으면, 레크리에이션 방에서 담배를 피우도록 당신이 허락했고 당신이 프로그램 규칙을 어겼다고 슈퍼바이저한테 말할 것이다")으로 이어질 수 있다.

(7) 당신이 조종당한다는 의심이 들면 즉각 다른 전문가와 상의한다. 당신이 팀의 일원이라면 팀 구성원에게 당신의 고민을 말한다. 때로 클라이언트가 다른 팀 구성원은 매우 다르게 대하는 것을 발견할 것이다. 팀 구성원이 서로 대결하는 상황에 빠지지 않으려면 높은 수준의 의사소통 및 조정이 필요하다.

(8) 조종을 빈번하게 사용하는 사람이 모두 소시오패스(sociopath)는 아니다. 하지만 조종을 심하게 사용하고 파렴치하고 위험한 조종가

는 소시오패스 혹은 사이코패스(psychopath), 반사회성 성격장애로 불린다. 전문가에 따르면 인구의 약 4%가 여기에 해당한다고 한다. 이는 드문 상황이 아니며, 원인은 아직 잘 알려지지 않았다. 반사회성 성격장애는 종종 아동기에 드러난다. 그리고 불행히도 이 장애에 대한 효과적인 치료법은 없다.

소시오패스는 양심이 전혀 없고 타인에 대한 정서적 애착이 결여되어 있다. 그들은 공감, 양심의 가책, 죄의식이 없다. 타인을 돌보지 않고 심지어 가족, 아동, 친한 친구조차 이용하거나 그들에게 상처 주는 것을 주저하지 않는다. 이들에게 진실은 어떤 것이든 순간의 목적에만 기여한다. 이들은 종종 매력적이며 자신만만하다. 이들은 정상적인 사람을 보면서 타인의 동정과 신뢰를 끌어낼 수 있는 정서와 진실성을 모방하거나 흉내 내는 방법을 배워 왔다. 이들에게 모든 상호작용은 권력 게임이며, 우위를 차지하기 위한 시도이다. 때때로 유희이다. 또 다른 공통적인 특징으로 그럴듯하고 피상적인 관계 방식, 자아 중심적이고 과대망상적인 사고, 피상적 감정, 충동성, 흥분과 모험에 대한 강한 욕구, 반사회적 행동 등이 있다.

소시오패스에게 사기, 정직하지 못함, 그리고 조종은 이들 삶의 대부분을 차지하며, 모든 사람도 똑같이 행동할 것이라 기대한다. 소시오패스는 자신도 거짓말에 속고 조종될 것이라 생각하기 때문에 타인을 믿지 못하고 의심한다. 소시오패스는 모든 사람을 믿지 않기 때문에 사회복지사, 다른 전문 원조자를 불신한다. 소시오패스와 같은 사람은 보통 스스로에 꽤 만족하

며, 변할 이유가 없다고 생각한다. 그래서 자발적으로 상담을 찾지 않는다.

일부 사회복지사를 포함해 많은 사람이 양심이나 동정, 공감이 부족한 사람이 있음을 믿지 않으며 상상할 수 없다고 한다. 이러한 믿음 때문에 위험에 빠질 수 있다. 소시오패스를 다룰 때 사회복지사는 조심해야 하며 극도로 신중해야 한다.

(9) 거짓말을 찾아낼 수 있는, 전적으로 믿을 만한 방법은 없다. 거짓말하는 사람이 양심이 없고 사기와 조종에 능한 사람이라면 특히 간파하기 어렵다. 그럼에도 거짓말을 발견하는 데 도움이 되는 몇 가지 관찰, 특별한 기법이 있다.

① 클라이언트가 거짓말할 가능성이 있는 주제를 다루기 전, 몇 분간 우호적인 담소를 나눈다. 민감한 영역에 초점을 맞추기 시작할 때의 클라이언트 목소리, 얼굴 표정, 신체 언어(body language)에서 보이는 명백한 변화를 통해 속임수를 감지한다.

② 대부분의 사람은 거짓말을 할 때 적어도 약간은 불편함을 느낀다. 그 결과, 거짓말할 때 종종 목소리가 높아지고 말을 더욱 더듬는다.

③ 능숙하고 자신감 있고 능숙한 거짓말쟁이라도 얼굴 표정을 완전히 통제할 수는 없다. 그래서 발각될까 두려울 때 순간적으로 당황한 표정을 짓는다.

④ 거짓말을 할 때는 속임수를 쓰지 않을 때보다 설명하는 말과 손동작을 더 적게 사용하는 경향이 있다.

⑤ 능숙한 거짓말쟁이는 평범한 질문에 대한 반응을 준비하고 실행한다. 그러나 이들의 반응은 감정적으로 단조롭다. 일상적이지 않은 질문이나 예상치 못한 질문은 이런 사람의 경계를 늦추고 속임수를 드러낼 수 있다.

⑥ 질문을 받았을 때 진실을 말하는 사람은 한 가지 진실만을 말하기 때문에 대답을 빨리 한다. 대조적으로, 속이려고 하는 사람은 자신이 할 수 있는 다양한 대답에서 찬반양론의 득실을 비교하기 때문에 대답하기 전에 망설일 것이다.

⑦ 거짓말하는 사람은 친밀감 수준을 줄이는 경향이 있다. 그래서 자신이 거짓말하는 상대로부터 눈길을 돌리고 접촉을 피하고 약간 물러설 것이다. 거짓말하는 사람은 또한 친밀감이 적은 단어를 사용한다. 예를 들어 대명사(나, 나를, 나의, 우리)를 피하고, 거리감이 있고 객관적인 단어(그들, 저것, 그것)를 사용할 것이다.

⑧ 진실을 말하는 사람은 질문에 자세하고 구체적으로 대답하는 데 망설이지 않는다. 거짓말하는 사람은 자세하고 구체적으로 대답하다가 앞뒤가 안 맞는 말을 할 수도 있다는 두려움 때문에 대개 개략적으로 대답한다. 그러나 매우 능숙한 거짓말쟁이는 상세한 설명으로 질문자를 압도함으로써 진실성을 뒷받침하고자 한다. 대답의 정확성 여부를 조사할 것이라는 이야기를 들으면 능숙한 거짓말쟁이는 자신이 말한 것으로부터 꽁무니를 빼곤 한다.

⑨ 오른손잡이는 자세한 것이나 이미지를 정

확히 기억하려고 할 때 통상적으로 눈을 위로 올려 왼쪽으로 돌린다. 시각적 이미지를 꾸미거나 가짜 이야기를 조합하려고 할 때는 보통 눈을 올려 오른쪽으로 돌린다. 왼손잡이는 오른쪽과 왼쪽의 움직임이 반대로 나타난다.

10.9 위험한 상황에서 신변 안전을 높이기

때때로 사회복지실천은 사회복지사를 위험에 처하게 한다. 가장 심각한 위험에 노출된 사회복지사는 분노에 차 있고 스트레스 상황에 있는 클라이언트, 그리고 폭력을 행하는 경향이 있는 클라이언트와 직접 활동하는 사람이다. 이런 클라이언트는 아동보호, 교정 프로그램, 비정상적 상태에서 범죄를 저지른 사람을 위한 병원, 중독 치료 프로그램 등에서 많이 마주친다. 약물 거래와 같은 불법 행위를 우연히 목격하거나 맞닥뜨렸을 때 위험에 빠질 수 있다. 또 다른 잠재적인 위험은 건강관리센터에서, 그리고 클라이언트 가정방문(특히, 클라이언트 가정이 불법 약물 제조 및 사용에 연루된 경우) 중에 접하게 되는 생체 위험 물질이다. 상해를 당할 위험을 줄이기 위해 사회복지사는 다음의 지침을 준수해야 한다.

(1) 폭력 행동 이력을 통해 미래의 폭력 발생을 가장 잘 예측할 수 있다. 폭력적일 것 같은 사람은 보통 다음과 같은 특성과 인생 경험에 한 개 이상 해당한다.

- 과거에 폭력을 행사한 적이 있다.
- 알코올 혹은 약물의 영향 아래 있을 때 폭력적인 경향이 있다.
- 폭력과 협박의 대상이었다.
- 공개적으로 굴욕, 모욕을 당했거나 망신을 당했다.
- 폭력적인 또래집단 혹은 폭력배의 일원이다.
- 높은 수준의 스트레스와 갈등을 경험 중이다.
- 10대 혹은 젊은 남자이다.
- 치명적인 뇌손상을 경험했다.

(2) 계획을 다른 사람과 먼저 상의하지 않은 채 위험해 보이는 상황에 들어가지 않는다. 폭력 경력이 있는 사람을 만나야 할 때, 그리고 공공장소가 아니거나 고립된 장소에서 잘 모르는 클라이언트를 만나야 할 때는 상황이 매우 위험해질 수 있음을 고려해야 한다. 위험한 상황으로 가야만 할 때는 경찰의 지원을 요청한다.

(3) 기관의 기록 유지체계는 위험한 클라이언트를 만날 사회복지사가 적절한 주의를 취할 수 있도록 그 클라이언트의 사례 기록을 알리는 방법을 사용해야 한다. 특히, 위험한 실천 현장에는 전문가의 책상 혹은 사무실에 응급 호출 버튼이 설치되어야 한다. 기관은 구조를 요청하는 전화 메시지를 만들어야 하고, 모든 직원이 이를 알아야 한다. 예를 들어, "여보세요, 로라. 짐입니다. 붉은색 자료 책 사본을 내 사무실로 보내 주세요"라는 전화 메시지는 '위험에 빠졌으니 내 사무실로 경찰을 보내 달라'는 내용을 암호화한 것일 수 있다.

(4) 잠재적으로 위험한 클라이언트를 만나는 사무실 혹은 회의실은 사회복지사가 문이나 비상통로로 쉽게 접근할 수 있게 만들어야 한다. 또한 쉽게 잡아채 무기로 사용될 수 있는 물건(예: 봉투 칼, 스테이플러, 문진 등)은 치워야 한다.

(5) 가정방문을 할 때는 항상 방문 일정을 기관에 알리고 약속된 스케줄에 따라 전화로 확인한다. 클라이언트의 집이나 건물로 들어가기 전 몇 초간 주변을 둘러보고 안전에 관해 생각한다. '나 혼자인가?', '도망갈 길은 어디인가?', '싸우는 소리가 들리는가?', '안에 있는 사람이 통제불능 상황에 있는 듯한가?', '내가 들어간 후에 나갈 수 있을까?' 등이다.

(6) 말하는 사람을 볼 수 없고, 그들도 당신을 볼 수 없다면 "들어오라"는 초대에 반응해 출입구로 들어가지 않는다. 다른 사람으로 착각해 위험할 수 있기 때문이다. 화가 난 사람이 있는 방에 들어갈 때는 천천히 움직인다. 상황을 판단할 수 있을 때까지 주변에 머문다. 천천히 나아가고 화가 난 사람과 적어도 양팔 거리만큼 떨어져 있어야 한다. 빠르고 거슬리는 움직임은 폭력적 행동을 촉발할 수 있다.

보통 때와 다르고 두렵고 불길해 보이거나 느껴지는 상황에 어떤 것이든 주의를 기울인다. 우리 모두는 무의식적인 위험 탐지기를 갖고 있다. 직감을 믿어라. 왜 이렇게 느끼는지 그 이유를 정확히 알아낼 수 없을지라도, 두렵다면 위험하다고 간주한다.

(7) 매우 화가 난 사람 대부분은 2~3분 내에 화를 발산(예: 소리 지르기, 악담 퍼붓기, 손가락질하기)하고 점차 조용해진다. 그러나 어떤 사람은 자신의 말과 생각에 더 자극받아 심해진다. 화가 난 사람이 분통을 터트리고 몇 분 후에 잠잠해지지 않으면 상황이 더욱 위험해질 수 있다고 간주한다.

(8) 화가 난 사람을 건드리지 않는다. 위협, 도전 혹은 대들기로 해석될 수 있는 어떤 것도 하지 않는다. 클라이언트가 자리에 앉도록 유도한다. 앉는 것은 감정을 가라앉히는 효과가 있다. 서 있기보다는 앉는다. 앉는 것이 덜 위협적인 자세이기 때문이다. 그러나 속을 많이 채워 넣은 의자 혹은 소파에는 앉지 않는다. 쿠션이 좋은 의자에서는 빨리 일어나는 것이 어렵기 때문이다. 공격을 받을 경우 보호용으로 사용할 수 있는 딱딱하고 이동 가능한 의자를 택한다. 또한 그 집에 사는 사람이 주사를 이용하는 약물 사용자로 의심된다면 약물 주입 이후 버려진 바늘이 쿠션에 남아 있을 수 있으므로, 소파 혹은 쿠션에 앉는 것을 피한다.

(9) 벌렁거리는 콧구멍, 가쁜 호흡, 팽창된 동공, 고동치는 정맥, 이를 가는 행동, 손가락으로 가리키는 행동, 꽉 쥔 주먹, 일관성이 없는 말과 움직임, 상체를 구부리는 행동, 그리고 복싱 선수같이 상하좌우로 몸을 휙휙 움직이는 것과 같이 공격이 임박했음을 나타내는 신호에 주의를 기울인다. 화내거나 제정신이 아닌 사람 쪽으로 등을 돌리지 말고 방에 있는 다른 사람이

당신 뒤를 따라가게 두지 않는다. 상황의 위험성이 고조된다면 뒷걸음쳐 그 장소를 떠난다.

(10) 잠재적으로 폭력적인 사람의 집에 있다면, 보통 침실에는 총이 있고 부엌에는 무기가될 수 있는 물건이 많다는 사실에 주의한다. 자신을 위협하거나 침실이나 부엌으로 재빨리 이동하는 것 같다면 즉시 집을 떠난다.

무기를 갖고 있는 사람을 무장해제 하려고 하지 않는다. 그런 시도는 경찰에게 맡긴다. 클라이언트가 무기를 갖고 있다면 해칠 의도가 없다는 것을 침착하게 설명하고, 천천히 뒷걸음치거나 이러한 상황으로부터 탈출한다.

(11) 사람들은 종종 두려움에 대한 반응으로타인을 공격한다. 상대방의 두려움을 감소시키기 위해 할 수 있는 일을 한다. 침착함을 유지하고 부드럽고 친절한 방식으로 말한다. 논쟁하거나 위협하지 않는다. 상대방의 상황, 좌절, 분노에 대한 공감을 표한다. 클라이언트의 생각을정확히 이해하기 위해 적극적인 경청 기술을 사용한다. 부적절한 말이 클라이언트를 화나게 했다면 바로 사과한다.

(12) 공격성과 폭행은 종종 타인의 통제를 받거나 궁지에 몰렸다는 느낌에서 나온다. 가능한 범위에서 선택을 제공하고 협력과 존중을 담은 말(예: "물론 어떤 것이 최상인지 결정하는 일은 당신에게 달려 있습니다" 혹은 "우리가 얘기한 것을생각해 보고 행동 방침을 정합시다")을 사용함으로써 클라이언트의 통제감을 증가시킨다.

(13) 일을 중요하게 여기고 자신을 소중히 여긴다는 인상을 주기 위해 단정하게 잘 차려입고자신감 있는 태도를 보인다. 화가 난 사람은 약해보이고 두려워하고 불안정한 사람을 더 잘 공격한다. 위험으로부터 내달려 빨리 탈출하는 데 편한 옷, 신발을 고른다. 쉽게 붙잡히거나 아프고제어당할 수 있는 긴 귀걸이는 착용하지 않는다.

(14) 위험한 클라이언트와 함께한다면 전화번호, 집 주소 그리고 개인 이메일 주소를 보호해야 한다. 드문 경우지만 사회복지사의 가족(예: 배우자, 아동)도 클라이언트 분노와 폭력의 대상이 될 수 있다. 사회복지사의 가족은 이런 가능성에 대비해야 한다.

(15) 위험한 지역에서 일한다면 경험 있는 동료, 지역 상인, 경찰로부터 자신을 보호하는 방법에 대해 지도를 받는다. 위험한 클라이언트를만날 것 같다면 비폭력적 자기 방어에 대한 직원훈련을 기관에 요청한다. 클라이언트에게 신체적 상해를 입히지 않고 스스로를 보호해야 한다. 자기 방어 훈련을 받을 때는 폭력적인 사람을 다뤄본 경험이 있는 교관을 선택한다. 가장훌륭한 훈련이라도 실제 상황에 대한 충분한 준비를 제공하지는 않는다. 위험한 상황을 다루는능력을 과대평가하거나 모든 것을 무력화시키는 두려움의 영향을 과소평가하지 않는다.

(16) 병원 혹은 기타 보건의료 현장에서 근무한다면 생물학적 위험에 주의를 기울인다. 질병노출과 가능한 감염으로부터 취약한 환자 및 자

신을 보호하는 방법을 교육받는다. 이런 교육은 붕대, 티슈, 옷 그리고 침대 시트와 같이 체액으로 얼룩진 물품을 다루는 방법도 포함한다. 어떤 경우, 병원에 입원했거나 중환자인 클라이언트를 면접할 때 사회복지사는 보호마스크나 장갑을 착용할 필요도 있다.

(17) 가정방문을 해야 하는 사회복지사는 불법 약물을 만드는 비밀작업실을 우연히 맞닥뜨릴 가능성에 주의해야 한다. 예를 들어 메스암페타민(*methamphetamine*)은 쉽게 구할 수 있는 화학약품과 일상적인 주방기구를 사용해 만들 수 있다. 약물을 만드는 데 사용되는 화학약품은 부식성, 가연성이 있기 때문에 이런 작업실은 매우 위험하다. 말할 것도 없이 약물을 제조하는 사람은 작업실이 경찰에게 알려지는 것을 막기 위해 극단적인 행동을 취할 것이다. 어떤 경우 비밀작업실에는 폭발성의 부비트랩이 설치되어 있다.

10.10 역할과 책임을 명확히 하기

사회복지사는 특정 목적을 갖고 클라이언트의 삶에 일시적으로 개입한다. 가족, 친구와의 장기간 관계와 비교할 때 사회복지사와 클라이언트는 시간제한이 있는 관계를 맺는다. 영역도 제한되며, 클라이언트가 동의한 클라이언트 삶의 측면과 관심사만을 다룬다. 원조 과정의 초기 단계에 클라이언트와 사회복지사가 이러한 특별한 관계의 특징과 각자의 기대를 다루는 것이 중요하다.

사회복지사를 이끄는 원칙 중 하나(제5장 참조)는 '관련된 모든 클라이언트체계 다루기'이다. 하지만 이 원칙은 사회복지사가 클라이언트 삶에서 관심 가는 것이나 사회복지사가 다루고자 하는 어떤 부분이든 선택할 권한이 있음을 뜻하지는 않는다. 윤리적으로 사회복지사는 자신의 역량 내에서 클라이언트가 제시한 관심사에 초점을 맞춰야 한다.

클라이언트와 사회복지사가 함께 정리할 문제는 매우 명확하고 구체적인 것(예: 허약한 노인 돌보기, 가족에게 요구되는 보호 수준 결정하기)에서부터 다소 애매한 관심사(예: 자존감 형성)에 이르기까지 다양하다. 그러나 사회복지사와 클라이언트의 관계는 명확한 목적에 맞춰 정해져야 한다. 전문적 관계는 항상 의도적이며 목적의식이 있어야 한다. 그래서 클라이언트와의 활동 첫 단계 중 하나는 공동 작업을 위한 클라이언트와 사회복지사의 목적을 명확히 하기 위해 논의하는 것이다(항목 10.3 참조). 일단 목적이 명확해지면 사회복지사와 클라이언트 각자의 적절한 역할과 책임이 확인되고 동의돼야 한다.

모든 전문적 원조관계에는 보통 내포되거나 일반적으로 양해되는 기대가 있다. 예를 들어 사회복지사에게는 편안하고 자신감 있게 대화 상황을 만들어 내는 것, 클라이언트의 관심사 혹은 문제에 관련된 정보를 수집하는 것, 그리고 클라이언트 상황을 개선하기 위한 계획을 설계하는 것 등이 기대된다. 클라이언트에게는 동의한 모든 만남에 참석하는 것, 사실정보를 제공하는 것, 제시된 문제를 다루는 데 도움이 되도록 노력하고 과제에 적극적으로 참여하는 것 등이 기대된다. 이러한 일반적 혹은 암묵적인 기대에 덧붙여, 동의된 개입 혹은 서비스 계획에서의 특별한 기대도 있다. 이러한 합의 혹은 계약은 구두 혹은 서면(항목 12. 5 참조)으로 이뤄질 수 있다. 기대에 대한 논의를 마쳤을 때, 클라이언트는 자신이 해야 하는 것이 무엇인지, 사회복지사가 클라이언트의 문제 혹은 관심사를 돕기 위해 할 수 있는 것과 할 수 없는 것이 무엇인지를 명확히 알아야 한다.

제4장에서 제시한 바와 같이 사회복지사는 보통 실천 활동에서 다양한 역할과 기능을 수행할 준비가 되어 있다. 클라이언트는 자신의 역할과 책임, 사회복지사의 역할과 책임을 명확히 하기 위한 논의에 참여해야 한다. 예를 들어 사례관리자로 일하는 사회복지사라면 다음과 같이 말할 수 있다.

클라이언트와 함께 활동할 때, 제 주요한 역할은 사례관리자로서의 역할입니다. 필요한 서비스를 받거나 조정하는 데 문제가 있다면 다른 기관으로부터 당신이 원하는 서비스를 받을 수 있도록 옹호할 것입니다. 당신에게는 우리의 결정과 계획이 어떻게 전개되는지 확인하기 위해 정기적으로 나를 만날 뿐 아니라 우리가 결정한 다른 기관과의 연계 및 합의를 따를 책임이 있습니다. 저는 당신의 일자리를 구하는 것, 법적 분쟁을 다루는 것, 그리고 수면과 관련된 문제를 치료하는 것과 같은 특정 이슈와 관련된 상담자가 아님을 명확히 하겠습니다.

그러나 저는 이러한 이슈를 다루는 데 도움이 될 전문가를 연결할 수 있습니다. 우리가 함께 할 것들에 대한 당신의 기대가 충족되었을까요? 그렇다면 이제 우리가 해야 할 것들에 대한 생각을 시작할 수 있습니다.

전문가 역할을 수행할 때는 전문적 관계에서 합의한 목적과 무관한 클라이언트 삶의 영역을 침범해서는 안 되며 또 침범할 수 없다. 물론 전문적 관계의 목적과 개입의 성격이 달라지거나 변화할 수 있다. 그러나 그것은 그 문제에 관해 논의하고, 클라이언트가 새로운 혹은 수정된 목적과 계획에 동의한 이후에야 가능하다.

클라이언트의 다른 문제나 새로운 관심사가 클라이언트와 활동하는 과정에서 부각되거나 명확해질 수 있다. 그러나 새로운 문제에 시간과 관심을 기울이는 것이 사회복지사와 클라이언트가 합의했던 최우선순위 및 주요 목적을 방해한다면, 새로운 문제는 다른 사회복지사나 기관에 의뢰(항목 10. 4 참조)하는 방법을 고려해야 한다.

10.11 클라이언트와의 권력 차이를 다루기

전문적 관계의 본질상 사회복지사는 클라이언트와의 관계에서 권력을 갖는 위치에 있다. 때때로 이러한 권력 차이는 원조 과정에 거의 영향을 미치지 않기도 한다. 예를 들어 클라이언트가 완전히 자발적이거나, 사회복지사가 기관의 사명과 권한이 실천 맥락에서 중요 부분이 아닌 개업실천 현장에 있는 경우 그러하다. 그러나 많은 실천 현장에서 사회복지사와 조직 혹은 기관은 암묵적이거나 부여된 법적 권력, 권한을 갖는다. 클라이언트에 대한 이러한 권력은 교정 혹은 아동보호의 현장, 클라이언트가 서비스를 받는 데 비자발적이거나 위임된 경우(항목 10.7 참조) 가장 분명하게 드러난다. 이들 실천 상황에서 사회복지사는 상당한 권력을 가지며, 이를 사려 깊고 신중한 방식으로 사용해야 한다.

전문직의 사회학(sociology of profession)에 관한 요즘 견해에서는 전문가를 클라이언트가 경험하는 문제에 전문성을 갖추며 변화 과정을 이끌고 적절한 증거기반 개입을 사용하는 데 유능한 사람으로 기술한다. 어떤 실천 관점(예: 클라이언트의 권력을 반영한 페미니스트 관점)은 전문가와 클라이언트를 거의 사회적으로 동등한 존재로 간주한다. 그러나 대부분의 개입 모델은 전문가가 변화 과정을 어떻게 펼칠 것인가에 대해 통제 혹은 권한을 갖는다고 본다.

타인의 행동에 대한 통제권은 개인, 집단 혹은 제도적 구조에 의해 유지될 수 있다. 대부분의 사회복지실천에서 어느 정도의 권력과 권한이 사회복지사와 사회복지사의 기관에 부여된다. 대학에서 학점을 부여하는 권한이 교수에게 있듯, 사회복지사는 클라이언트가 이슈를 다루도록 동기화하는 것부터 진전에 대해 보상을 주거나 일탈 혹은 잘못된 조치에 꾸짖는 등의 다양한 방식으로 권한과 권력을 사용할 수 있다.

번디파졸리, 브라이어로슨, 그리고 하디먼 (Bundy-Fazioli, Briar-Lawson, & Hardiman, 2008)은 사회복지실천에서 권력의 연속체를 개념적으로 나타냈다. 연속체의 한쪽 끝은 위계적·불균형적 권력 관계이고, 중간에는 협의된 상호적 관계가 있으며, 다른 한쪽 끝은 공유된 균형적 권력 관계가 위치한다. 전문가에 대한 전통적 개념은 전문가-클라이언트 관계를 위계적·불균형적으로 보는 의료 모델에 기초한다. 이러한 관점에서는 환자 혹은 클라이언트의 참여나 주도가 상대적으로 거의 없는 상태에서 문제를 연구하고 진단을 내리고 치료한다. 점점 더 모든 원조 전문직은 원조 과정 내내 클라이언트가 더 많이 참여하고 의사를 결정하는 방향으로 변화하고 있다. 의료계조차 이러한 방향으로 기울고 있다. 현재 전문가-클라이언트 관계는 협의된 상호적 관계에 가까운 듯하다. 그러나 다양한 법적 위임, 기관의 규제, 법적 책임에 대한 우려로 대부분의 사회복지사와 다른 전문직은 진정으로 공유된 균형적 관계를 맺거나 달성하는 것을 제한한다.

제5장에서 제시된 몇몇 사회복지실천 원칙은 클라이언트가 의사 결정에 의미 있게 참여하는 것에 대한 중도 입장으로의 이동을 반영한다.

- 사회복지사는 클라이언트를 자기 삶의 전문가로 생각해야 한다.
- 사회복지사는 클라이언트의 참여를 극대화해야 한다.
- 사회복지사는 클라이언트의 자기 결정을 극대화해야 한다.
- 사회복지사는 자기 주도적 문제 해결 기술을

습득하도록 도와야 한다.
- 사회복지사는 클라이언트 임파워먼트를 극대화해야 한다.

클라이언트 임파워먼트(empowerment) 개념은 전문가-클라이언트 관계 영역을 문제의 원인을 사회적 차원에서 다루는 것, 원조 과정에서 클라이언트의 영향력과 통제를 확대하는 것까지 확장한다(항목 13. 18 참조).

사회복지사는 사회복지사-클라이언트 권력 역동과 관련된 다음 지침을 고려해야 한다.

(1) 사회복지사가 정당하게 갖는 권력 혹은 권한의 정도를 명확히 한다.

(2) 사례 상황에서 다루는 문제의 특성, 기관(혹은 의뢰기관)의 요구사항, 법적 체계의 요구 등에 따라 사회복지사에게 부여된 제약을 클라이언트가 이해하도록 돕는다.

(3) 클라이언트가 책임 있는 의사 결정 권한을 어느 정도 맡거나 공유할지를 결정한다.

(4) 적절한 경우, 의사 결정권 공유에 관해 클라이언트와 협의할 계획을 세운다.

Section B
간접적 실천을 위한 기법과 지침

간접적 실천에서 계획된 변화 과정은 주로 기존 프로그램을 더 잘 만들기 위한 활동에 사회복지사를 참여시키거나, 문제가 심화되는 것을 막거나, 클라이언트의 욕구를 충족하는 신규 프로그램을 만드는 데 사회복지사를 참여시키는 것이다. 예를 들어 사회복지사는 변화 노력을 위해 공식적으로 혹은 막후에서 리더십을 발휘할 수 있고 혹은 기관 행정가, 입법가 등을 적극적으로 옹호할 수도 있다. 대개 간접적 서비스 활동은 서비스를 더욱 효과적·효율적으로 제공하기 위해, 혹은 정책·프로그램·예산에서 필요한 변화를 달성하기 위한 전략 개발을 위해 모인 집단이나 위원회에서 이뤄진다.

많은 경우, 변화 노력에 참여하는 사람이 자기 시간과 재능, (때로는) 재정적 혹은 다른 자원을 변화 과정에 바치는 것이 중요하다. 참여자는 변화 과정 초기부터 참여해야 하고 변화가 이뤄짐에 따라 변화의 방향에 영향을 미칠 수 있는 기회를 가져야 한다.

준비 활동
조직 혹은 커뮤니티의 변화를 촉진하고자 하는 사회복지사는 자신의 '영역' 혹은 담당 구역을 알아야 한다. 신참 사회복지사의 경우에도 자신이 고용된 기관(항목 10. 12 참조)과 커뮤니티 역학관계(항목 10. 14 참조)를 사정할 수 있어야 한다. 이러한 토대는 기관 혹은 커뮤니티의 변화를 촉진하려는 노력에 필수적이다.

전통적으로 사회복지사의 활동에는 성공적으로 해결되지 않은 과거의 문제나 새로운 문제를 다루기 위해 커뮤니티 혹은 기관 내부로부터 사람들을 불러 모으는 것이 포함되었다. 이전의 노력, 현존하는 장애물, 관여된 사람 혹은 조직 등에 관한 정보를 수집하는 일이 사전조사에 필요하다. 간접적 서비스 제공에서 예비정보를 수집할 시간이 없는 응급 혹은 위기 상황에 처하는 경우는 거의 없다.

집단을 이끄는 경우, 사회복지사는 참여자를 주의 깊게 선발해 참여를 요청하여 모집해야 한다. 가능한 많은 참여자에게 편리한 모임 시간과 장소를 결정하고 상호작용을 촉진하도록 회의실을 배치한다. 그리고 참여자가 당면 이슈를 충분히 논의할 수 있도록 안건을 준비한다.

관여 활동

사회복지사가 기관 혹은 커뮤니티의 문제를 개인적으로 해결할 수 있는 힘이나 권한을 갖는 경우는 드물다. 이러한 문제를 다루기 위해서는 타인의 후원과 자원이 필요하다. 그래서 참여자가 자기 나름의 관점에서 문제와 이슈를 확인하고 상이한 관점을 표현할 수 있도록, 위원회와 집단의 첫 모임을 구조화하는 것이 중요하다. 또한 참여를 지속하는 수단으로서 참여자는 다음 모임에서 발표할 책임을 져야 한다.

접수 활동

집단 혹은 위원회의 첫 모임에서 문제를 다루기 위해서는 집단을 지속하는 것이 바람직한지, 이러한 주제를 이미 다루고 있는 다른 집단에 부탁하는 것이 바람직한지, 그 문제를 다루는 비슷한 모임에 합류하는 것이 바람직한지, 혹은 집단을 해체해야 하는지 등을 결정해야 한다. 집단의 주최자로서 사회복지사의 역할은 이러한 선택 가운데 결정하도록 돕는 것이다.

10.12 기관에 대해 배우기

대부분의 사회복지사는 민간 혹은 공공기관에 고용된다. **공공기관**(시, 카운티, 주, 연방정부 수준에 관계없이)은 선발된 공무원이 승인한 법에 근거해 건립되고 세금에서 재원을 조달한다. 대조적으로, 대부분의 **민간기관**은 주로 자발적 기부와 이용료, 교부금 혹은 계약 등에서 재원을 마련하는 **비영리조직**이거나, 투자자와 주식 보유자에게 수입을 산출하는 **영리법인**일 수도 있다. 어떤 민간기관은 공공기관과 서비스 구매 계약을 맺고 특정한 서비스를 제공하여 보상을 받는다. 그래서 이러한 민간기관은 부분적으로 세금에서 재원을 마련한다. **회원기관**은 회비로 재원의 상당 부분을 충당하는 민간기관(예: YMCA, YWCA)을 말한다. **종교기관**은 특정 종교단체의 후원을 받는 민간기관(예: 유태인 커뮤니티서비스, 가톨릭 사회서비스 등)을 말한다.

사회서비스와 프로그램을 효과적으로 전달하기 위해 사회복지사는 기관의 사명, 구조, 재원, 정책과 절차를 알아야 한다. 다음의 활동을 통해 사회복지사는 기관에 대해 배울 수 있다.

(1) 슈퍼바이저와 경험 많은 직원에게 기관의 목적, 정책과 운영을 알 수 있는 가장 좋은 방법에 관한 도움을 청한다. 기관의 조직체계를 검토하고 자신이 기관 구조의 어느 지점에 어떻게 있는지 확인한다.

(2) 기관이 공공기관이라면 기관의 설립이나 기관이 시행하는 특정 프로그램을 설명한 법(예: 주의 아동보호법)을 읽고, 관련된 주와 연방행정부의 규칙과 조례를 살펴본다. 민간기관이라면 기관의 목적, 이사회의 기능, 이사회 임원, 위원회, 이사회 운영 방식 등을 설명한 기관 내규를 읽어본다. 이 내규에는 행정책임자(CEO: 조직의 일상적 운영을 책임지는 사람)의 의무도 담겨 있다.

(3) 기관의 정책과 절차를 소개한 책자를 검토한다. 직원의 행동을 규정한 윤리적 지침에 특별한 주의를 기울인다. 예를 들어, 많은 기관은 다음과 같은 잠재적 이슈에 지침을 제공한다.

• 업무 시간에 개인적인 문제 혹인 사적인 일을 하는 것
• 개인적 혹은 사적인 일로 기관 자산(예: 전화, 팩스, 자동차, 복사기, 컴퓨터, 사무실 등)을 사용하는 것
• 클라이언트 및 다른 직원으로부터 선물을 받거나 외부 활동에 기관의 이름이나 사회복지사가 기관에 소속돼 있음을 이용하는 것
• 친구·가족에게 기관의 서비스를 제공하는 것
• 개인적 혹은 경제적 이익이 공식적 의무와 충돌하거나 충돌로 보이는 상황
• 재직 중 준비하고 개발한 정보 혹은 연구보고서를 출판, 배포하는 것
• 클라이언트 정보의 비밀 보장과 관련된 문제
• 비용 부담을 하는 클라이언트를 기관 직원으로부터 의뢰받는 사람

(4) 기관의 역사, 사명, 철학을 설명한 문서를 읽어 본다. 기관이 최근 몇 년 동안 어떻게 변화했는지, 그리고 기관에 중요한 영향을 미친 커뮤니티의 힘이나 혹은 정치적 힘은 무엇인지 찾아본다. 올해 기관의 목적과 목표, 향후 3~5년의 전략적 계획에 대한 정보를 찾아본다. 기관의 인사정책과 업무 성과를 평가하는 데 사용되는 도구 혹은 양식을 검토한다. 있다면, 노조협약도 읽어 본다.

(5) 기관이 국가인증조직(예: 미국아동복지연합, 재활시설 인증위원회 등)에서 제시한 기준을 따라야 한다면 자신이 제공할 서비스 영역에 적용되는 인증 기준을 검토한다.

(6) 기관의 예산을 검토한다. 수입원에 특별한 주의를 기울인다. 필요한 자원을 계속 확보하려면 기관은 이 수입원에 민감하게 반응해야 하기 때문이다. 또한 '서비스 구매' 협약, 기관 간 협약, 서비스와 기관 운영을 다른 기관 혹은 재원 제공처와 연결하는 규약을 검토한다. 교부금 혹은 계약으로 지원받는 사업을 진행 중이라면 관련 문서를 읽어 재원 제공처가 사업에 기대하는 바를 알아야 한다.

(7) 기관에 보관된 연보와 통계자료를 검토한다. 그리고 클라이언트, 소비자가 가장 많이 이용하거나 거의 이용하지 않은 프로그램·서비스가 무엇인지 알아본다. 또한 연령, 성, 사회경제적 지위, 인종, 민족, 종교 등과 관련해 기관이 서비스를 제공하는 사람에 대한 자료를 검토한다.

(8) 기관의 성과와 제공된 서비스의 질을 평가하기 위해 어떤 절차가 사용되었는지 알아본다. 또한 기관의 클라이언트와 소비자가 평가, 서비스·프로그램 계획에 어떻게 참여했는지 알아본다.

(9) 기관이 자주 접촉하는 기관과 조직을 확인한다. 어떤 주, 혹은 커뮤니티기관이 기관에 영향을 미치는지 알아본다. 그리고 기관이 제공한 프로그램과 서비스가 커뮤니티 내 타 기관과 어떻게 조정되는가도 확인한다.

(10) 기관의 사회복지 직원과 다른 분야의 직원, 전문가에게 부여된 특별한 역할, 과업, 활동을 확인한다. 또한 어떤 실천 준거틀에 따라 서비스가 전달되는가를 알아본다(제6장 참조).

(11) 소속된 기관이나 프로그램을 다른 사람이 어떻게 인식하는지 확인하기 위해 기관 밖의 커뮤니티 지도자, 전문가와 대화한다. 기관에 대한 대중적 이미지와 어떻게 해서 그런 평판을 받게 되었는지 알아본다.

10.13 신입 직원과 자원봉사자 선발 및 훈련

원조의 본질과 핵심은 서비스를 제공하는 사람에 달려 있다. 서비스 제공 전에 인간서비스기관은 유능한 전문 직원과 잘 훈련된 자원봉사자를 확보해야 한다. 그래서 대부분의 인간서비스기관에서 원조는 필요한 서비스를 제공하는 데 적절한 인력을 확보하는 것으로 시작한다.

전문 직원의 선발 및 훈련은 기관의 관리자가 수행한다. 그러나 실제 모든 사회복지사는 기관 운영에 관여하든 그렇지 않든 관계없이 다른 직원의 선발을 포함하는 탐색위원회(search committee)에 때때로 참여할 것이다. 그리고 일단 새로운 직원이 선발되면 경험이 풍부한 사회복지사는 신입 직원이 기관의 욕구에 더 잘 부합하는 능력을 개발하고 연마하도록 돕는 역할을 맡는다.

유능하고 헌신적인 자원봉사자를 확보하는 것도 대부분의 사회기관의 운영에 필수적이다. 미국 노동 통계국 보고에 의하면 2012년 미국 인구의 26.5%인 6,450만 명이 커뮤니티에서 자원봉사 활동을 했고, 또 많은 사람이 인간서비스기관에서 자원봉사를 했다. 그러나 자원봉사 프로그램이 성공적으로 유지되기 위해서는 자원봉사자와 필요한 서비스 간 원활한 연결, 주의 깊게 잘 계획된 활동, 보상, 그리고 자원봉사자의 기여에 대한 충분한 인정 등이 요구된다. 그래서 자원봉사자를 모집, 심사, 선발, 훈련, 슈퍼비전, 평가하는 일은 종종 사회복지사 업무의 일부로서 주요한 직원 기능이 된다.

직원과 자원봉사자를 효과적으로 활용하기

전에 자원봉사자가 가장 적절하게 수행할 수 있는 서비스 과업과 전문 지식을 요구하는 서비스 과업을 확인하는 것이 매우 중요하다. 사람의 능력에 맞게 적절한 과업을 부여하는 것은 사회복지사 혹은 자원봉사자의 직무 만족 달성의 전제조건이다.

1) 유능한 전문 직원을 확보하기

전문 직원(채용되어 보상받을 자격이 있는 특정한 전문적 준비를 갖춘 사람) 탐색위원회는 개별 지원자의 능력과 주어진 직무의 요구 조건을 주의해 맞춰야 한다. 능력에 대한 상세한 설명은 직무 기술서에서 가장 먼저 찾을 수 있다. 대부분의 기관은 이전의 탐색을 통해 이러한 직무 기술서를 갖추고 있지만, 과업 및 책임 목록을 검토, 최신화하고 과업을 수행하는 데 필요한 능력(지식과 기술)을 확인하는 것이 좋다.

자격을 지닌 다양한 지원자 집단의 관심을 끌기 위해 광범위하게 광고해야 한다. 기관의 웹사이트와 지역신문에 광고를 내야 한다. 최소한의 자격 요건(예: 노인과 활동한 경험, 사회복지학 석사 혹은 학사, 교부금 서류 작성 기술), 지원마감일, 지원 방법, 예상하는 발령 예정일을 밝혀야 한다. 전문 사회복지사가 필요한 경우, NASW 소식지에 광고하거나, 다른 인간서비스 기관에 전단을 보내거나, 사회복지 학교와 계약을 맺는 것 등이 자격 있는 사람의 지원을 더욱 촉진할 수 있다.

전통적으로 직원 심사 과정은 2단계로 진행된다. 즉, 지원자가 제출한 정보에 기초한 자격 심사와 지원자 중 그 직무를 맡을 준비가 가장 잘된 것으로 보이는 소수의 지원자에 대한 면접으로 이뤄진다. 자격 심사의 목적은 탐색위원회가 직무 기술서에 제시된 특성에 따라 지원자를 평가하기 위해 충분한 정보를 얻는 데 있다. 대부분의 경우 지원자는 이력서뿐만 아니라, 관심사와 그 직무에 대한 준비 상태 등에 관한 자기소개서를 제출해야 한다. 이러한 정보와 함께 탐색위원회는 지원서를 검토하고 지원자에 대한 각자의 독립적인 평가를 비교하면서 인식의 차이에 대해 논의한다. 마음에 들지 않는 후보자를 고려 대상에서 제외하고 면접에 부를 지원자 우선순위 명단을 작성한다.

직원 채용을 위한 면접 과정에는 일반적으로 탐색위원회 위원이 아닌 조직 구성원도 참여한다. 이러한 면접 과정은 첫째, 인사권자에게 추천할 최고 후보자를 지목할 기회를 제공하고, 둘째, 후보자가 그 기관, 직무에 대해 알고 자신에게 잘 맞는지 여부를 판단할 수 있는 기회를 제공하며, 셋째, 후보자가 기관과 직무에 대해 질문하도록 하며, 넷째, 직무가 제공될 경우 그 직무를 수락하도록 후보자를 설득하는 기회 등을 제공해야 한다. 탐색위원회는 종종 모든 후보자를 위한 질문 목록을 준비하거나 최종 선발 대상자를 비교하기 위해 토의할 짧은 사례 샘플을 개발한다. 다음과 같은 것을 질문할 수 있다.

- 당신은 이 기관에서 도움을 제공하는 대상 집단의 어떤 특성 때문에 이 직무에 관심을 갖게 되었습니까?
- 클라이언트와 활동할 때 쓸 수 있는 특별한 기

술은 무엇입니까?

- 현재의 직장을 왜 그만두려고 합니까? 이 직장이 당신에게 더욱 매력적으로 보이는 이유는 무엇입니까?
- 경력 개발의 관점에서 볼 때 이 직장이 당신의 미래 계획과 어떻게 일치한다고 생각합니까?
- 우리가 이 기관(혹은 커뮤니티)에 관해 무엇을 말해 주면 이 직무를 고려하는 데 도움이 되겠습니까?
- 이 일을 시작하는 데 어떤 지원, 훈련, 슈퍼비전, 혹은 전문성 개발 기회가 유용하다고 생각합니까?

면접에 참여하는 기관의 모든 사람은 지원자의 결혼 상태, 자녀 계획, 아동보호 방식, 성적 지향성 등 개인적 주제에 관해 부적절한 질문을 하지 않도록 주의해야 한다. 전문가는 개인적 삶을 적절히 살고 있다고 가정해야 한다. 만약 이런 질문을 받았다면, 후보자는 개인적 문제가 전문적 수행에 부정적인 영향을 미치지 않을 것에 대해 책임지겠다는 입장을 탐색위원회에 확약해야 한다.

추천하기 전에 탐색위원회는 첫째, 면접 과정에 참여했던 사람들로부터 피드백을 수집해야 하며(주요 요인에 대한 지속적인 피드백을 얻기 위해 일정한 양식을 개발할 수도 있음), 둘째, 최종 후보자의 추천인과 접촉(종종 전화로)해 추천서에 포함된 것보다 상세하고 솔직한 평가를 구해야 하며, 셋째, 수집된 모든 정보를 분석해야 하고, 넷째, 마음에 드는 사람과 그렇지 않은 사람을 표시하거나 후보자 순위를 매겨야 한다. 위

원회는 이러한 추천을 뒷받침할 수 있는 서류를 보관해야 하고 기관은 탈락한 지원자가 채용 과정의 공정성에 이의제기할 경우에 대비해 3년간 관련 정보를 보관해야 한다. 최종 결정자는 직무 제안, 근로 조건 협상, 신입 직원 채용 계획 등에서 책임을 진다.

모든 신입 직원은 기관에 관한 오리엔테이션을 받아야 한다. 오리엔테이션에는 기관 운영 방식에 대한 기본적 내용, 다양한 정보가 필요할 때 요청할 사람, 필요한 물품의 위치, 비밀 보장 절차 등이 포함된다. 또한 신입 직원은 대개 자신이 가진 일반적 기술을 기관의 독특한 요구에 맞추기 위한 일정한 훈련이 필요하다. 이를 위한 현직 훈련이나 전문가 워크숍 혹은 수련회에 기관 예산 지출이 필요할 수 있다. 기관에서 신입 직원을 받아들이는 것은 이들에 대해 적절한 훈련을 제공한 이후에야 완료된 것으로 볼 수 있다.

적어도 처음에는 신입 직원의 업무를 꼼꼼히 모니터해야 할 것이다. 신입 직원의 순조로운 출발을 돕는 데 중요한 역할을 하는 사람은 행정적 슈퍼비전(항목 16.8 참조)을 제공하는 사람이다. 모니터링 기능은 수행된 서비스 활동에 대한 면밀한 관찰을 통해 클라이언트와 기관 모두에게 보호를 제공한다. 필요한 경우, 신입 직원이 더 경험을 쌓을 때까지 오류 혹은 무능력으로부터 클라이언트를 보호하기 위해 행정권을 사용할 수 있다. 또한 기관의 다른 직원이 멘토(mentor: 신뢰할 수 있는 상담자 혹은 안내자)가 되어 신입 직원이 유능한 직원으로 발전할 수 있도록 지원(항목 16.9 참조)하는 것도 유용하다. 슈퍼바이저는 신입 직원의 업무를 모니터하고

기관의 이익을 보호할 책임이 있지만, 멘토는 신규 직원의 전문성 개발에 초점을 둔다.

2) 자원봉사자를 개발하기

자원봉사자를 성공적으로 찾기 위한 첫 번째 조치는 필요한 역량을 가능한 구체적으로 정하는 것이다. 누가 **자원봉사자**(보상 없이 서비스를 제공하는 사람)의 클라이언트가 될지, 자원봉사자가 어떤 서비스를 제공할지, 이러한 일을 수행하는 데 얼마만큼의 시간이 필요한지 등을 명확히 설명해 준다. 자원봉사자는 자신의 시간과 재능이 비효율적으로 사용되는 기관에 모집될 때 가장 크게 좌절한다.

자원봉사자 확보를 위한 두 번째 조치는 도움이 필요함을 알리는 것이다. 일반적으로 지역신문에서 널리 배포하는 광고와 기관의 웹사이트를 이용하는 것은 광고를 위한 최소한의 조치다. 시민집단, 종교조직 등의 현장을 돌면서 하는 강연도 종종 도움이 된다. 이러한 공식적 광고에는 자원봉사자가 수행할 과업, 소요 시간, 자원봉사자에게 필요한 기술 등을 담아야 한다. 자원봉사 직무에 가장 관심을 보일 것 같은 사람을 찾기 위해, 특정한 집단의 사람을 표적으로 모집 노력을 기울이는 것도 중요하다. 숙련된 자원봉사자에 의한 구전 모집도 신규 자원봉사자를 확보하는 가장 좋은 방법 중 하나이다.

잠재적 자원봉사자의 지원을 받으면 심사 과정이 시작된다. 자원봉사자에 대한 초기 심사는 보통 지원서에 제시된 정보를 검토하는 것으로 한정된다. 일반적으로 이러한 정보는 최소한 이

사람의 이력 중 함께 활동할 클라이언트를 위험에 빠지게 할 만한 요소가 있는지, 원조 과정에서 보일 강점 혹은 필요한 기술이 있는지 등을 결정하는 데 사용된다.

서류 심사에 이어 대면 면접이 이뤄진다. 자원봉사 지원자를 면접할 때는 그 사람의 동기, 헌신, 확인된 기관 혹은 클라이언트의 욕구를 다룰 수 있는 능력 등에 대한 평가에 그 목적을 두어야 한다. 다음과 같은 것을 질문해야 한다.

- 당신은 이 기관의 자원봉사자가 되는 데 왜 관심이 있습니까?
- 가장 관심 있는 활동은 무엇입니까? 다음은 당신이 수행해야 할 몇 개의 과업 혹은 활동입니다. 관심이 거의 없거나 전혀 없는 것이 있습니까?
- 클라이언트와의 직접적인 접촉을 원합니까? 그렇다면 어떤 클라이언트를 원합니까? 클라이언트와 어떤 유형의 상호작용을 원합니까?
- 자원봉사의 경험에서 개인적으로 무엇을 얻고 싶습니까?
- 다른 기관에서 자원봉사자로 활동한 적이 있습니까? 있다면, 그때의 경험에서 만족스러웠던 것은 무엇입니까? 불만족스러웠던 것은 무엇입니까?
- 얼마 동안 자원봉사자로 활동할 계획입니까? 매주 혹은 매달 얼마큼 시간을 쓸 수 있습니까?
- 어떤 특별한 기술과 경험이 있습니까? 기관에서의 당신 활동에 영향을 미칠 수 있는 신체적 혹은 정서적 제약이 있습니까?
- 기관에서 받길 원하는 훈련과 슈퍼비전은 어

떤 것입니까?

• 클라이언트 정보에 대한 비밀 보장의 중요성에 대해 어떻게 생각하십니까?

　자원봉사자의 최종 선발은 대개 자원봉사 조정자나 다른 직원(보통 사회복지사)에게 달려 있다. 유능한 자원봉사자가 확인되면 조정자는 자원봉사자의 재능과 기관의 욕구를 연결하고 기관에 대해 가르칠 책임이 있다. 모든 자원봉사자는 기관에 관해 철저한 오리엔테이션을 받아야 하고 특정한 과업 수행을 위한 훈련도 대개 필요하다. 이러한 훈련은 개인 차원에서 이뤄질 수도 있고 많은 신규 자원봉사자를 위해 집단적으로 이뤄질 수도 있다. 중요한 것은 오리엔테이션과 훈련이 이들이 수행할 과업에 따라 구체적이어야 한다는 것이다.

　신규 자원봉사자를 위한 지속적인 지원체계를 만드는 것 또한 중요하다. 직원은 신규 자원봉사자의 수행 과업을 이해하고 이러한 과업을 잘 수행할 방법을 찾도록 도와줄 책임이 있다.

10.14 커뮤니티에 대해 배우기

　커뮤니티라는 단어는 여러 방면에서 사용된다. 예를 들어 서로 유대를 느끼는 사람 혹은 소속감이나 정체성을 공유하는 사람(예: 사회복지 공동체, 아프리카계 미국인 공동체)을 종종 뜻한다. 커뮤니티의 다른 유형은 지리적 커뮤니티로, 이는 이웃, 도시 혹은 카운티와 같이 특정한 공통의 장소(*locality*: 지역성)를 의미한다. 이러한 지역성은 그곳에 사는 사람에게 특정한 기능을 수행하며 여러 사회기관과 프로그램의 맥락 혹은 더욱 광범위한 환경을 제공한다. 사회복지사는 새로운 일과 지역으로 들어갈 때 장차 자신의 클라이언트가 될 수 있는 사람을 커뮤니티가 어떻게 잘 돕고 지원할 수 있는가를 검토해야 한다. 지리적 커뮤니티의 기본적 혹은 전형적 기능은 다음과 같다.

• **재화와 필수 서비스 제공**: 물, 전기, 가스, 음식, 주택, 쓰레기 처리, 의료보호, 교육, 교통, 레크리에이션, 사회서비스, 정보 등

• **기업 활동과 고용**: 재화와 서비스를 사는 데 필요한 돈을 벌 수 있는 상업과 일자리

• **공공안전**: 화재, 홍수, 독성물질 같은 위험과 범죄로부터의 보호

• **사회화**: 가족체계가 제공하는 것을 넘어 정체성과 소속감 개발 및 타인과 소통하고 상호작용할 기회

• **상호지지**: 가족의 제공 이상의 유형의 원조와 사회적 지지

• **사회 통제**: 많은 사람을 통제하고 안내하는 데 필요한 규칙과 규범(예: 법, 경찰, 법원, 교통 통제, 건축 규정, 오염 통제 등)의 제정 및 시행

• **정치 조직과 참여**: 지역 문제, 공공 서비스와 관련된 거버넌스와 의사 결정(예: 거리, 하수구, 학교, 공공복지, 공중보건, 경제 개발, 사업 및 주택 지구 등)

　커뮤니티의 특성과 기능은 사회 프로그램의

활용 가능성 및 적절성과 직접 관련이 있으며, 따라서 이는 사회복지실천에도 영향을 미친다. 신입 사회복지사의 커뮤니티 사정은 다음 3가지 목적을 갖는다.

- 실천 맥락을 이해한다. 사회복지사는 집단 간 행동과 의사 결정에 영향을 미치는 커뮤니티의 역사 및 인구 통계, 경제적 토대, 정치 구조, 지배적 가치, 규범, 신화를 알아야 한다.
- 기존 인간서비스체계를 배운다. 심리사회적 문제로 인간서비스를 활용하는 사람에 대한 커뮤니티의 태도를 이해하고 어떤 서비스를 이용할 수 있는지 알 필요가 있다. 커뮤니티마다 인간 욕구에 집단적으로 반응하려는 의지가 서로 다르다. 또한 전문가와 기관이 얼마나 잘 협력하는가도 커뮤니티마다 다르다.
- 커뮤니티의 의사 결정 구조를 이해한다. 더욱 충분한 인간서비스를 향한 사회복지사의 열망은 특정 문제 혹은 욕구에 대한 커뮤니티의 반응을 변화시키기 위한 노력으로 이어져야 한다. 이러한 노력이 성공하기 위해 사회복지사는 커뮤니티의 권력 구조, 프로그램과 서비스 제공 및 후원을 결정하는 주요 인물과 지도자의 신념과 가치, 이러한 결정을 하는 데 사용되는 공식적·비공식적 과정을 이해해야 한다(항목 11. 25 참조).

커뮤니티와 그 기능을 설명하는 정보는 센서스 자료, 경제 예측, 공중보건 보고서, 커뮤니티 문제에 대한 이전 연구, 커뮤니티 계획에 관한 보고서, 보건과 인간서비스기관의 주소록 등

과 같은 문서로부터 얻을 수 있다. 도서관, 상공회의소, 공동모금회, 정부 부처에서도 유용한 정보를 얻을 수 있다. 보충 자료는 커뮤니티가 어떻게 성장·발전했는지 혹은 최근 문제에 어떻게 반응했는지에 관한 역사적 보고서를 읽거나, 지역에 오래 거주한 주민을 면접하거나, 지방신문에 보도된 현재 이슈와 논쟁을 면밀히 주시함으로써 얻을 수 있다.

사회복지사의 실천 영역에 따라 커뮤니티, 서비스체계의 특정 측면과 관련해 찾아야 할 정보의 깊이와 특성이 달라지지만, 어느 정도의 일반적인 정보가 필수적이다. 다음은 사회복지사가 일하는 커뮤니티의 개요 개발에 도움이 된다.

① 인구 통계
- 전체 인구
- 연령 분포, 교육 수준, 직업
- 소수집단이나 특정 인종집단 등 다양한 집단이 사용하는 언어

② 지형 및 커뮤니티에 대한 환경의 영향
- 기후, 산, 계곡, 호수 등이 지방교통 양상, 경제 발전, 인구 분포에 미치는 영향
- 운송 경로, 기타 수송 경로, 물리적 장애물이 이웃 양상, 사회적 상호작용, 기관 위치와 서비스 전달에 미치는 영향

③ 신념과 태도
- 주민 전체와 다양한 하위 집단이 갖는 지배적 가치, 종교적 신념과 태도
- 가치 있고 존경받으며 커뮤니티로부터 지

원, 우호적 평판, 후원을 받는 프로그램 및 인간서비스기관의 유형

④ 지방 정치
•지방정부 형태
•정당과 다양한 이익집단의 상대적 힘과 영향력
•지역 수준에서의 현재 정치적 논의, 논쟁, 이슈

⑤ 지역 경제 및 산업
•지역에서 활용할 수 있는 일자리 및 노동 유형(임금, 시간제 혹은 전일제, 계절 혹은 연중 계속되는 일)
•실업률(주 혹은 국가 전체 비율과 비교)

⑥ 소득 분포
•여성, 남성, 소수집단의 중위 소득
•공식적 빈곤선 아래의 사람, 가족 수
•식품 미보장 혹은 배고픔을 경험하는 사람, 가족 수

⑦ 주택
•가장 일반적인 주택 유형(예: 단독가구, 아파트, 공공주택)
•주택 비용과 입주 가능성
•과밀 혹은 기준 이하의 가구 비율

⑧ 교육시설과 프로그램
•학교 위치와 유형(공공, 사립, 근린, 대안학교 — 마그넷(magnet) 스쿨, 차터(charter) 스쿨 — 등)
•특별한 욕구를 가진 아동에 대한 학교 프로그램
•전체 학생의 중도 탈락률, 다양한 사회·경제적 집단과 소수집단 구성원의 탈락률

⑨ 건강과 복지체계
•보건서비스 제공자의 이름과 위치(응급서비스, 급성환자 보호, 가정보건 프로그램, 장기요양 보호, 공공·사립 병원, 공중보건 프로그램, 개인 의원 등)
•사회서비스와 인간서비스를 제공하는 기관의 이름과 위치(주택, 약물남용 치료, 아동복지, 아동학대와 가정폭력으로부터 보호, 재정지원 등)
•자조집단과 비공식적 원조망

⑩ 정보원과 여론
•현안에 대한 정보 및 관점을 제공하는 영향력 있는 TV, 라디오 방송, 신문
•인종, 민족, 종교집단을 포함해 커뮤니티의 다양한 분파의 대변인과 주요 지도자

⑪ 커뮤니티 이슈에 대한 사정 요약
•커뮤니티 내 주요 사회문제에 대한 사정(부적절한 주택, 노숙인, 불충분한 대중교통, 미흡한 법 집행, 일자리 부족, 청소년 폭력단, 빈곤, 물질 남용, 10대 임신, 가정폭력 등)
•현존 사회·보건·교육서비스의 주요 공백
•이러한 이슈를 다루기 위해 진행되는 노력, 이러한 노력에 나선 지도자

참고문헌

Allen, G. & Langford, D. (2007). *Effective Interviewing in Social Work and Social Care: A Practical Guide.* NY: Palgrave.

Bundy-Fazioli, K., Briar-Lawson, K., & Hardiman, E. R. (2009). "A qualitative examination of power between child welfare workers and parents". *British Journal of Social Work*, 39(8): 1447~1464.

Bundy-Fazioli, K., Quijano, L. M., & Bubar, R. (2013). "Graduate students' perceptions of professional power in social work practice". *Journal of Social Work Education*, 49(1): 108~121.

Burghardt, S. (2011). *Macro Practice in Social Work for the 21st Century: Bridging the Macro-Micro Divide.* CA: Sage.

Campbell, J. (2007). *Assessing Dangerousness: Violence by Sexual Offenders, Batterers, and Child Abusers.* NY: Springer.

Connors, T. D. (ed.) (2012). *The Volunteer Management Handbook: Leadership Strategies for Success* (2nd ed.). NJ: Wiley.

Cormier, S., Nurius, P., & Osborn, C. (2013). *Interviewing and Change Strategies for Helpers* (7th ed.). KY: Cengage.

Crimando, W. & Riggar, T. F. (2005). *Community Resources: A Guide for Human Service Workers* (2nd ed.). IL: Waveland.

De Jong, P. & Berg, K. I. (2013). *Interviewing for Solutions* (4th ed.). KY: Cengage.

DeSole, L. (2006). *Making Contact: The Therapist's Guide to Conducting a Successful First Interview.* NJ: Pearson.

Frankel, A. & Gelman, S. (2012). *Case Management: An Introduction to Concepts and Skills* (3rd ed.). IL: Lyceum.

Furman, R. & Gibelman, M. (2013). *Navigating Human Services Organizations* (3rd ed.). CA: Sage.

Harris, G. (1995). *Overcoming Resistance: Success in Counseling Men.* MD: American Correctional Association.

Hasenfeld, Y. (2010). *Human Services as Complex Organizations* (2nd ed.). CA: Sage.

Haski-Leventhal, D. & Cnaan, R. A. (2009). "Group processes and volunteering: Using groups to enhance volunteerism". *Administration in Social Work*, 33(1): 61~80.

Hepworth, D. H., Rooney, R. K., Rooney, G. D., & Strom-Gottfried, K. (2013). *Direct Practice Social Work: Theory and Skills* (9th ed.). KY: Brooks/Cole Cengage Learning.

Hill, C. (2009). *Helping Skills: Facilitating Exploration, Insight, and Action* (3rd ed.). Washington, DC: American Psychological Association.

Jones, D. (ed.) (2004). *Working with Dangerous People: The Psychotherapy of Violence.* CA: Radcliff Medical Press.

Kadushin, A. & Kadushin, G. (2013). *The Social Work Interview* (5th ed.). NY: Columbia University Press.

Kirst-Ashman, K. K. & Hull, G. H. Jr. (2012). *Generalist Practice with Organizations and Communities* (5th ed.). CA: Books/Cole Cengage.

Krager, D. & Krager, C. (2008). *HIPPA for Health Care Professionals.* NY: Thomson Delmar.

Lauffer, A. (2011). *Understanding Your Social Agency* (3rd ed.). CA: Sage.

Lieberman, D. (2009). *You Can Read Anyone: Never Be Fooled, Lied to, or Taken Advantage of Again*. NY: MJF Books.

Moore, E. (2009). *Case Management for Community Practice*. NY: Oxford University Press.

Morrison, J. (2008). *The First Interview* (3nd ed.). NY: Guildford.

Murphy, B. & Dillon, C. (2011). *Interviewing in Action in a Multicultural World* (4th ed.). KY : Cengage.

National Association of Social Workers (2004). *HIPAA Highlights for Social Workers*. www. naswdc. ord/hipaa/default. asp.

_____ (2011). *Client Confidentiality and Privileged Communication*. Washington, DC: NASW.

Newhill, C. E. (2003). *Client Violence in Social Work Practice: Prevention, Intervention and Research*. NY: Guilford.

O'Connor, M. K. & Netting, F. E. (2009). *Organization Practice: A Guide to Understanding Human Services* (2nd ed.). NJ: Wiley & Sons.

Parsons, R. & Zhang, N. (2013). *Becoming a Skilled Counselor*. CA: Sage.

Reamer, F. (2010). *Pocket Guide to Essential Human Services* (2nd ed.). Washington, DC: NASW.

Rooney, R. (2009). *Strategies for Work with Involuntary Clients* (2nd ed.). NY: Columbia University Press.

Samenow, S. (2004). *Inside the Criminal Mind*. NY: Crown.

Sherr, M. E. (2008). *Social Work with Volunteers*. IL: Lyceum.

Simon, G. (1996). *In Sheep's Clothing: Understanding and Dealing with Manipulative People*. AK: A. J. Chrisopher.

Stout, M. (2005). *The Sociopath Next Door: How to Recognize and Defeat the Ruthless in Everyday Life*. NY: Broadway Books.

Trotter, C. (2006). *Working with Involuntary Clients: A Guide to Practice* (2nd ed.). CA: Sage.

U. S. Bureau of Labor Statistics (2012). "Volunteering in the United States, 2012". Economic News Release. https://www. bls. gov/news. release/archives/volun_02222013. pdf.

Walters, S. (2000) *The Truth about Lying: How to Spot a Lie and Protect Yourself from Deception*. IL: Sourcebooks.

Weinger, S. (2001). *Security Risk: Preventing Client Violence against Social Workers*. Washington, DC: NASW.

Welo, B. (ed.) (2001). *Tough Customers: Counseling Unwilling Clients*. MD: American Correctional Association.

제 11 장

자료 수집과 사정

학습목표

- 사회적 역할, 사회적 지지, 개인적 강점, 자아 개념, 대처 전략, 정신 상태, 그리고 필요하다면 고용 가능성 등을 포함해 사회복지사가 사정해야 할 클라이언트의 사회적 기능 요소를 기술한다.
- 다양한 매핑 도구, 체크리스트, 질문지, 심리 검사, 그리고 DSM과 PIE 분류를 포함해 사회적 사정을 실시할 때 사용할 수 있는 도구를 안다.
- 아동의 발달지연과 같은 요인을 확인하거나 다양한 보호 수준 결정을 위한 가이드라인, 장애가 있는 사람 혹은 노인을 위해 활용 가능한 가이드라인에 대해 설명한다.
- 학대 의심을 보고하는 절차와 요구사항을 알 뿐만 아니라 아동 혹은 성인 학대, 방임 지표에 익숙하다.
- 가족 역동, 가족 기능, 가족의 인식 변화가 가족 사정 수행에 어떻게 도움이 되는지 설명한다.
- 소집단의 수행을 사정하는 데 사용되는 집단 역동, 집단 기능의 개념을 논한다.
- 인간서비스조직과 커뮤니티 기능의 효과성, 그리고 사회정책 및 프로그램 영향 평가를 위한 가이드라인을 기술한다.
- 사회복지 사정과 개입 접근의 선택에 영향을 미치는 증거기반 정보에 접근하는 능력이 있다.

계획된 변화 과정의 두 번째 단계에서 초점은 클라이언트 관심사와 현재 상황을 이해하고 사정 방법을 결정하는 데 필요한 정보를 수집하는 것이다. 필요한 자료의 종류, 자료 수집 방법, 자료 해석 방법 등을 포함해 대중이 보통 갖고 있는 않는 전문적 지식(기술)에 따라 이러한 활동을 수행한다.

자료 수집은 클라이언트, 다른 관련된 사람, 혹은 경우에 따라 의료 기록, 학교 기록, 보호관찰 기록, 커뮤니티 서베이 등과 같은 문서로부터 정보를 직접 수집하는 활동이다. 사회복지사는 사실 정보를 수집하는 데 특히 관심이 있다. 이에 덧붙여 사회복지사는 클라이언트, 가족 구성원, 클라이언트 환경 내에 있는 주요 인물, 그리고 의뢰기관(예: 법원, 학교) 등이 상황에 관해 갖는 주관적인 인식과 의견에도 주의를 기울인다.

자료 수집은 언제 완결되는가? 어느 정도는 새로운 자료가 항상 수집될 것이다. 그러나 사회복지사가 계획에 도달하기 전까지 클라이언트의 생활에 벌어지는 일에 대한 명확한 그림을 그려줄 충분한 정보를 초기에 확보하는 것은 확실히 매우 중요하다. 그러나 불필요하거나 너무 많은 자료를 수집함으로써 변화 과정이 지연되는 것을 피하는 일도 마찬가지로 중요하다.

사정은 잠정적인 결론과 작업가설에 도달하기 위해 정보 혹은 자료로부터 사회복지사가 추론하는 중요한 사고 과정이다. 사정 동안 클라이언트의 상황을 이해하고 행동 계획의 토대를 구축하기 위해 사용 가능한 정보가 조직화되고 분석된다. 사정은 다차원적이어야 한다. 다시 말해, 서로 다른 관점을 반영하는 수많은 자료에 기초해야 한다. 만약 클라이언트의 상황에 관여된 사회복지사, 클라이언트, 다른 사람들이 매우 다른 결론에 도달한다면, 합의 혹은 적어도 의견 차이를 좁히기 위해 추가 정보를 수집하고 심층 분석을 실시하는 것이 필요하다.

사회복지사는 무의식적으로 혹은 부주의함으로 인해 클라이언트의 상황이나 수집된 자료를 특정 이론, 모델 혹은 사전에 생각한 진단 범주에 맞추거나 따르려는 양상을 경계해야 한다. 사정에 부당한 영향을 미치는 이러한 사회복지사의 편향을 막는 방법 중 하나는 사정에서 관련된 정보를 확인하고 정보를 분류하는 데 클라이언트를 적극 참여시키는 것이다. 더 나아가 사회복지사는 결론에 도달했을 때도 이를 잠정적인 것으로 보아야 하고, 변화 과정의 다른 국면 동안 부가 정보가 수집됨에 따라 사정 내용을 변경하는 것에 개방적인 태도를 가져야 한다.

Section A
직접적 실천을 위한 기법과 지침

개인, 가족, 그리고 소집단과 직접적인 실천을 할 때 사회복지사가 수집한 자료와 사정은 **환경 속 개인**(*person-in-environment*)의 틀에 의해 이뤄져야 한다. 다시 말해 클라이언트가 기능해야 하는 맥락 혹은 환경으로부터 클라이언트에게 부여된 요구와 제약에 주의할 뿐 아니라, 고유하고 전체적인 인간(*whole person*)으로서 클라이언트에 주의를 기울여야 한다. 궁극적으로는 사회복지개입의 초점이 되는 사람과 환경 간 상호작용에서 적절한 조합을 찾고 이를 촉진하거나 협상하는 것이라 할 수 있다(제 13장 참조).

자료 수집 활동

사회복지의 사정은 **전체적 인간**(*whole person*)의 모든 차원 그리고 기능수행에 영향을 미치는 모든 관련 요소에 주의를 기울여야 한다. 예를 들면 다음과 같다.

- **의지**: 크건 작건 사람의 삶을 형성하는 개인적 선택과 결정. 이러한 결정이 자신과 타인에게 미치는 영향.

- **지성**: 경험을 해석하고 개념적 순서를 부여하는 능력. 이해하고 판단하고 결정하는 데 필요한 인지 과정. 자신과 타인 그리고 세계를 이해하는 데 사용되는 아이디어와 지식.

- **영성과 종교성**: 삶의 의미와 목적에 관한 개인의 가장 심오한 신념. 창조주와의 관계. 고통과 괴로움에 부여하는 의미. 종교적 정체성과 전통 및 실천.

- **도덕과 윤리**: 옳고 그름에 대한 개인의 기준. 도덕적 판단을 내리기 위해 사용하는 기준. 양심.

- **정서**: 기쁨, 사랑, 슬픔, 분노, 공포, 수줍음 등에 관한 감정이나 분위기. 어떤 상황에서 사람에 가까워지거나 멀어지려는 경향.

- **신체**: 에너지 수준. 이동할 수 있는 능력. 건강과 영양 상태(예: 질병, 장애, 고통, 필요한 돌봄과 치료).

- **성**(*sexuality*): 성적 정체성과 지향성. 리비도. 관계에서 성적 매력의 영향. 남성 혹은 여성에게 부여하는 의미. 성역할기대. 출산 의도와 가능성.

- **의사소통**: 욕구, 관심 혹은 의견을 알리기 위해 자신을 표현하는 능력(언어적, 비언어적, 서면).

- **가족**: 부모, 형제자매, 배우자, 파트너, 자녀 그리고 친척과의 관계. 가족 구성원에 대한 긍지와 책임성. 가족 역사와 전통.

- **사회적 요소**: 친구, 동료와의 상호작용. 사회적 지지망. 취미와 여가 활동.

- **커뮤니티**: 가족과 친구를 넘어서는 집단에 대한 소속감. 근린지역과 이웃에 대한 긍지와 책임감. 커뮤니티에서 차지하는 위치 혹은 지위. 개인과 가족의 욕구를 충족하기 위한 다양한 공식적, 비공식적 자원의 활용.

- **문화**: 민족성, 문화적 배경, 언어와 관련된 신념, 가치, 전통, 관습 그리고 창의성.

- **일과 직업**: 일의 성격 및 직무 기술. 소득원. 인생에서 일의 의미. 고용주와 직업에 대한 정체성 및 관계.

- **경제**: 재정적 근원. 재화 및 서비스 구입에 충분한 소득. 돈을 관리하고 예산을 세우는 능력.

- **법률**: 법에 명시된 권리, 책임, 보호 및 자격. 준법정신.

자료 수집에는 서로 다른 여러 방법이 있다. 각 자료 수집 방법은 한계가 있으므로 사회복지사는 가능한 한 언제든지 두 가지 이상의 방법을 활용해야 한다. 이를 통해 자료로부터 정확한 추론을 도출할 수 있다. 사회복지사가 사용할 수 있는 자료 수집 방법은 다음을 포함한다.

- 대면 면접과 같은 직접적인 구두 질문(제8장 참조)
- 문제 체크리스트나 질문지 같은 직접적인 서면 질문(항목 11.12 참조)
- 이야기 완성하기나 삽화 활용과 같이 간접적 혹은 투사적 검사 질문지(항목 11.12 참조)
- 문장 완성 같은 간접적 혹은 투사적 서면 질문
- 가정방문(항목 10.6 참조)과 같은 자연스러운 환경에서 클라이언트 관찰, 교실 등에서 아동 관찰
- 취업 면접 역할극 같은 기법처럼 실제 생활과 유사한 모의적인 실험 상황에서 클라이언트 관찰
- 일지, 체크리스트, 일기와 같은 기록 도구를 활용한 클라이언트 자기 모니터링과 자기 관찰
- 기관 기록, 학교 기록, 의사 소견서, 신문 등과 같은 기존 문서 활용

사정 활동

앞서 기술한 바와 같이 사정은 자료로부터 의미, 추론, 잠정적 결론을 끌어내는 활동이다. 사정 과정 동안(이보다 더 일찍 이뤄지기를 희망하지만) 누가 클라이언트이고 누가 개입의 표적이 될 것인지를 명확히 해야 한다. 즉, 사회복지사의 서비스 활동을 원하고 이로부터 이득을 얻는 사람(클라이언트체계)과 변화되어야 할 사람(표적체계)을 명확히 해야 한다. 이들이 항상 일치하지는 않는다. 예를 들어 어머니가 반항적인 딸에 관해 상담을 원하지만 딸은 상담하기 싫어 강제로 왔을 때, 누가 클라이언트인가? 이런 상황에서 사회복지사는 아마도 어머니가 클라이언트이고 딸은 개입의 표적이라고 할 수 있을 것이다.

특히, 클라이언트의 강점을 사정하는 데 주의를 기울여야 한다. 사회복지사와 클라이언트 모두 제시된 문제나 잘못된 것에만 몰두하는 경우가 있다. 이는 부적절한 개입 계획을 초래할 수 있다. 클라이언트의 강점에 주의를 기울이는 것은 희망을 키우고, 종종 클라이언트의 문제와 관심사를 다루는 데 필요한 부가적 자원의 발견을 돕는다.

물론, 가치 선호 역시 사정에 영향을 준다. 클라이언트와 사회복지사는 일이 어떻게 되어야 한다는 신념을 가지며, 이러한 관점은 문제가 규정되는 방식과 달성하고자 하는 결과에 영향을 준다. 가능한 한 이 가치와 신념은 명시적으로 표현돼야 하고 사정과 계획 동안 논의돼야 한다.

사정 도구는 해석을 돕는 점수 절차 양식과 자료 수집을 결합한다. 일반적으로 이 도구는 일련의 질문에 대한 클라이언트의 대답(예: 표준화된 사정 도구, 항목 14.3 참조)을 예를 들어 이 도구를 사용했던 대규모 집단의 응답과 비교한다. 수백 개의 도구가 출판되어 사회복지사가 활용 가능하다. 그러나 때때로 특정한 실천 현장 혹은 특별한 유형의 도전에 직면한 클라이언트라면, 함께 사용할 수 있는 맞춤형 도구를 개발하는 것이 유용하다(항목 14.2 참조). 클라

이언트의 진전에 관한 지속적인 평가를 위해 자료를 조직화하는 도구와 기법은 제 14장에 기술했다.

직접적 사회복지실천에서 사회복지사는 자료수집 및 사정 과정과 관련하여 진단이라는 개념과 접하지만, 이는 본질적으로 다른 개념이다. **진단**에서 클라이언트의 문제, 조건, 상황은 PIE (*person-in-environment*) 나 DSM (*diagnostic and statistical manual of mental disorders*) 과 같은 정해진 분류체계의 특정한 범주로 분류된다 (항목 11.15 참조). 진단 활동은 전문가 간 의사소통을 촉진하고 연구나 프로그램 운영, 보험 청구에 필요한 자료 수집을 지원하기 위해 클라이언트의 조건이나 상황을 표준화된 개념에 적용하는 것이다. 그러나 분류화나 진단명을 부여하는 것은 사회복지사의 개입 계획에 유용한 기여를 할수도 있고 그렇지 못할 수도 있다. 많은 경우, 동일 진단을 받은 클라이언트라도 치료와 개입에서 어느 정도 다른 접근이 필요할 수 있다.

11.1 클라이언트의 사회적 기능수행 사정하기

제 1장에서 설명한 바와 같이 사회복지 전문직의 기본적인 목적은 클라이언트의 사회적 기능과 만족스러운 삶을 살아갈 능력을 증진하고 사회적 기능수행상의 문제를 예방 및 수정하는 것이다. 사회복지사의 사정이 심리학자, 간호사 혹은 학교 상담자에 의해 수행되는 사정과 다른 점은 바로 클라이언트의 사회적 기능에 초점

을 둔다는 점에 있다.

개인에게 적용될 때 **사회적 기능수행** 개념은 기본적 욕구 충족을 위한, 그리고 부모·배우자·파트너·가족 구성원·피고용인·학생·시민 등과 같은 주요 사회적 역할 수행을 위한 동기, 능력, 기회로 생각될 수 있다. '**사회적**'이란 단어는 사람과 사람 사이, 사람과 중요한 사회환경체계 (예: 가족, 학교, 직장, 병원 등) 사이의 상호작용을 말한다. 사회복지사는 특히 클라이언트의 욕구와 그 욕구를 충족하기 위해 활용 가능한 자원 사이의 적합성 (혹은 적합성의 결핍) 에 관심을 둔다.

다음 몇 쪽의 내용은 클라이언트 사회적 기능수행의 다양한 차원을 사회복지사에게 알리기 위해 서술한 것이다. 클라이언트의 현재 관심사 혹은 문제에 따라 사회적 기능수행의 특정 측면이 다른 것보다 깊게 검토될 필요가 있다. 만약 클라이언트 개인의 현재 기능수행 혹은 상황이 제시된 기술과 유의미하게 다르다면, 클라이언트는 특별한 도전 혹은 문제에 직면하고 있는 것이다. 서술 대부분이 긍정적인 방식으로 서술되었으므로 이는 클라이언트의 가능한 강점 목록 (항목 11.6 참조) 이며, 서비스 합의 혹은 치료계획 (항목 12.4와 항목 12.5 참조) 에 포함되는 목적 및 목표를 작성할 때 출발점이 될 수 있다.

1) 성인의 독립적인 생활과 자기 보호

• 클라이언트는 식사, 음식 준비, 옷 입기, 목욕하기, 화장실 가기와 같은 기본적인 자기 보호 과업이 가능하다.

- 클라이언트는 새로운 정보를 파악하고 논리적 결정을 하며 역할과 책임을 수행하는 데 필요한 계획을 이행한다.
- 클라이언트는 신체적 운동성이 있고, 자신을 돌보고 일상적인 역할 및 책임을 수행하는 데 필요한 에너지 수준을 갖추고 있다.
- 클라이언트는 위험한 상황(예: 의료적 응급상황, 범죄 행위, 가스 누출)을 알아차리며 도움을 요청하는 방법을 알고 있다.
- 클라이언트는 타인과 상호작용하며 자신을 보호하기 위해 타인의 협조와 지원을 확보할 수 있다.
- 클라이언트는 쇼핑, 일하기, 학교 출석, 건강관리 받기, 원조 요청과 같은 활동에 필요한 언어를 말하고 읽고 쓸 수 있다.
- 클라이언트는 필요한 교통수단에 접근하고 이용할 수 있다.

2) 주거와 가정의 안전

- 클라이언트에게는 안전하며 충분한 공간이나, 사생활 침해 · 날씨 · 불법 침입자 등으로부터 보호를 제공하는 집이 있다.
- 클라이언트는 깨끗한 물과 음식을 안전하게 보관하는 방법을 알며, 위생적인 화장실을 이용한다.
- 클라이언트는 취사 지역을 깨끗하고 위생적으로 관리한다.
- 클라이언트는 질병을 유발하는 미생물, 바퀴벌레, 설치류로부터 집을 안전하게 유지하는 데 필요한 가정용 화학물질, 비누, 다양한 도구를 안전하게 사용할 수 있다.

3) 영양과 건강관리

- 클라이언트는 식비 예산에 맞춰 영양가 있는 음식을 준비한다.
- 클라이언트는 건강 증진 활동(예: 충분한 수면, 적절한 다이어트, 운동)을 하고 지나친 알코올, 불법 약물, 약물 오용을 피한다.
- 클라이언트는 필요한 건강 관리를 받으며 서비스 비용을 부담할 능력이 있다.
- 클라이언트는 상해를 초래할 수 있는 고위험 혹은 무모한 활동을 피한다.

4) 가족생활

- 배우자 혹은 파트너와의 관계는 서로 만족스럽고 친밀하며 동지애 욕구를 충족한다. 성적 활동은 착취적이지 않고 자신과 파트너에 만족스럽다.
- 클라이언트의 가족 구성원은 서로를 돌보며 서로에게 지지, 원조, 격려를 제공한다.
- 클라이언트는 아동을 양육, 지도, 보호, 격려하고 한계를 정한다.
- 클라이언트는 개인적 바람에 앞서 아동의 욕구를 우선시하고 가족과 아동을 위해 기꺼이 희생한다.
- 클라이언트는 아동의 한계를 정하고 훈육, 지도하는 데 공정하며 합리적이다.
- 클라이언트는 가족 구성원이 더 큰 발전을 위한 활동에 참여하고 가족 밖 사람과 건강한 관

계를 맺는 것을 장려한다.

5) 우정과 사회적 지지

- 클라이언트는 친척, 가족, 이웃과 유익한 관계를 맺고 유지한다.
- 클라이언트는 격려, 정보, 유형의 원조를 제공할 수 있는 사회적 지지망에 접근할 수 있다.
- 클라이언트는 수용과 격려를 제공하는 동료를 선택하고 조종, 착취하는 사람을 피한다.

6) 영성

- 클라이언트에게 인생의 의미, 목적, 방향을 제시하는 가치, 신념, 관점이 있다.
- 클라이언트는 결정과 선택에서 자신의 도덕적, 윤리적 원칙을 사용한다.
- 클라이언트는 수용, 격려, 지원 및 지도를 제공하는 종교나 믿음 공동체의 일원이 될 자유가 있다.
- 클라이언트는 자신이 선택한 종교 예배에 참석할 수 있다.

7) 커뮤니티와의 상호작용

- 클라이언트는 충분한 공공 안전과 보호(예: 경찰, 화재, 응급의료 대응)를 제공하는 커뮤니티에 살고 있다.
- 클라이언트는 지지적이며 도움을 제공하는 이웃과 커뮤니티에 소속감을 느끼고 받아들여진다고 느낀다.

- 클라이언트는 의미 있는 민족적 · 문화적 · 언어적 연계 및 유대를 유지할 수 있다.
- 클라이언트는 이웃 및 커뮤니티의 정치, 사회, 오락 활동에 참여한다.
- 클라이언트는 커뮤니티와 커뮤니티에 사는 사람들의 삶을 이롭게 하고 개선하는 활동에 기여한다.
- 클라이언트는 차별 혹은 억압으로부터 제약을 받지 않고 자유롭다.

8) 외모와 위생

- 클라이언트는 질병, 감염을 막고 사회적 수용을 유지하는 데 필요한 수준의 개인위생을 유지한다.
- 클라이언트는 적절한 외모를 유지하는 데 필요한 서비스와 물품(예: 머리 관리, 냄새 제거제, 샴푸, 세탁기)을 구하고 제공할 수 있다.
- 클라이언트는 상황에 맞고 외모와 사회적 수용을 증진하는 의복, 액세서리, 신체 장식을 선택한다.

9) 교육과 훈련

- 클라이언트는 학습을 방해하는 인지 혹은 지각의 어려움이 없거나 이러한 제약이 있더라도 효과적으로 이를 보완할 수 있다.
- 클라이언트는 도전적이며 새로운 관심과 능력을 발견하기 위해 새로운 학습 영역을 탐구한다.
- 클라이언트는 중요한 업무 기술을 유지하고

발전시키는 데 필요한 교육 및 훈련 유형을 알며 접근할 수 있다.

- 클라이언트는 자신의 학습 욕구를 평가하며 자신의 사회적 역할 수행 및 직장, 가정, 학교에서의 책임을 이행하는 데 필요한 훈련을 찾는다.
- 클라이언트는 다양한 교육 및 훈련 프로그램을 완수할 수 있는 자신의 능력을 현실적으로 이해하고 있다.

10) 취업과 직무 수행

- 클라이언트에게는 자신의 기술 및 경험 수준에 맞고 충분한 소득을 제공하는 만족스러운 일이 있다.
- 클라이언트의 근로 조건은 안전하고 지지적이다. 클라이언트에게 자녀가 있다면, 적절하고 경제적으로 부담할 수 있는 돌봄서비스 등에 접근할 수 있다.
- 클라이언트는 책임감 있는 피고용인이며 부과된 일을 수행할 수 있다. 그리고 고용과 관련된 정책과 절차를 이해한다.
- 클라이언트는 기회, 소득, 혜택, 직무 만족을 높일 수 있는 이직 혹은 승진을 준비한다.
- 클라이언트는 다양한 직업, 지원 및 면접 방법을 알고 있고 특정 직업이 자신의 기술, 소득 욕구에 맞는지 결정할 수 있다.

11) 소득과 돈 관리

- 클라이언트는 자신과 가족의 기본적 욕구를

충족하는 데 충분한 소득이 있다.

- 클라이언트는 재정 상황을 계획하고 감독하기 위해 예산을 세운다.
- 클라이언트는 필요한 것과 원하는 것의 차이를 이해하며 현명하지 않은 지출과 빚을 피하기 위한 수양이 되어 있다. 광고의 목적이 소비의 촉진임을 이해한다.
- 클라이언트는 이자, 빚, 외상 거래, 대출, 연체료와 같은 기본적인 돈 개념을 알고 있다.
- 클라이언트는 급여 공제, 소득세, FICA(연방보험기여법), 의료보험과 같은 일과 관련된 개념을 알고 있다.

12) 시민권과 법

- 클라이언트는 옳고 그름을 알고 공동선과 타인의 권리를 인정하는 기본적 도덕 원칙과 법을 준수한다.
- 클라이언트는 기본적 법적 권리와 책임, 정책, 법원, 법률가의 기능을 알고 있다.
- 클라이언트는 결혼, 부모자녀 관계, 계약, 보험, 임대차 계약, 대출, 세금, 자동차 운전, 알코올 및 약물 사용, 총기 등과 관련된 법을 알고 있다.
- 클라이언트는 옹호 단체에의 참여나 투표와 같은 활동을 통해 공공정책과 입법에 관한 견해를 표출한다.
- 클라이언트는 자신을 위험하거나 불법 행위로 끌어들이는 상황, 협회, 활동을 피한다.

13) 커뮤니티 자원 활용

- 클라이언트는 의료 관리, 정신건강서비스, 법률 상담, 소비자 상담, 취업서비스, 레크리에이션, 도서관서비스 등을 제공하는 커뮤니티 자원을 이용하는 방법을 안다.
- 클라이언트는 자신의 관심사, 욕구, 상황과 적절히 관련된 서비스를 제공하는 조직이나 자원을 안다.
- 클라이언트는 필요한 정보와 자원을 얻기 위해 커뮤니티서비스를 안내하는 전화번호나 인터넷 이용법을 안다.

14) 레크리에이션과 여가 활동

- 클라이언트는 일상적 역할과 책임으로부터 휴식을 제공하는 레크리에이션이나 여가 활동에 참여한다.
- 클라이언트는 신체 활동, 새로운 학습, 창의성, 새로운 우정을 위한 기회를 확장하는 활동에 참여한다.
- 클라이언트는 안전하고 유익하며, 또한 해로운 사회적 영향(예: 과음)이 없는 레크리에이션과 여가 활동을 선택한다.

15) 일상생활 문제에의 대처

- 클라이언트는 자신감과 긍정적인 자존감을 갖는다. 개인의 능력과 강점을 간과하지 않으며 현실적인 한계를 부정하거나 무시하지 않는다.

- 클라이언트는 현재의 어려움에 대처하고 도전에 맞서는 가장 좋은 방법을 결정하기 위해 과거 경험으로부터 얻은 지식을 사용한다.
- 클라이언트는 개인의 행동과 선택에 책임을 진다. 때로는 좌절을 가져오는 역할과 책임이라도 이를 수행한다. 클라이언트는 중요한 과업을 완수하기 위해 계속 노력한다.
- 클라이언트는 가족의 죽음, 실직 혹은 결별과 같은 속상한 사건 혹은 삶의 붕괴에서 초래된 불안, 우울, 정서적 혼란으로부터 회복된다.
- 클라이언트는 이혼, 별거 혹은 죽음에서 초래된 상실 이후 대안적 친밀 관계를 다시 만든다.
- 클라이언트는 자신의 정체성, 민족성, 성, 성적 지향성, 경제 상황, 그리고 삶의 환경을 편하게 여긴다.
- 클라이언트는 클라이언트의 시간과 에너지를 필요로 하는 타인의 요구에 합리적 제한을 둘 수 있다.

16) 정신건강 문제 혹은 중독에의 대처

- 클라이언트는 자기 문제와 문제가 초래한 결과의 본질을 인정하고 중요한 문제의 존재를 부인하지 않는다.
- 클라이언트는 효과적인 치료사, 약, 지지 집단을 활용한다.
- 클라이언트의 과거 문제 행동과 중독은 재발을 방지하기 위해 관리되고 점검되고 있다.
- 클라이언트는 재발 가능성을 증가하거나 정신건강 문제를 악화할 수 있는 관계, 활동을 피한다.

17) 신체장애에의 적응

- 클라이언트는 재활프로그램, 약, 보조공학 (예: 장애의 영향을 최소화하기 위한 통신 장치, 의수, 의족, 휠체어 등) 을 사용한다.
- 클라이언트는 쑥스러워하거나 미안해하지 않으면서 장애와 원조 욕구에 대해 얘기할 수 있다. 클라이언트는 자신이 할 수 있는 것과 없는 것을 알릴 수 있다.
- 클라이언트는 장애와 관련된 위험과 취약성을 인정하며 위험을 줄이고, 있을 수 있는 응급상황 혹은 사고를 다루는 방법을 계획한다.
- 클라이언트는 자신의 장애에 대해 표현하는 좌절감의 수준이 적절한 정도이다. 가족 구성원, 친구, 다른 원조자를 차단하거나 내치지 않는다.

18) 아동 혹은 청소년의 학교 수행

- 클라이언트는 관찰된 추론 능력, 문제 해결 활동, 표준화된 검사가 시사하는 능력과 일치하는 학교 수행을 보인다.
- 클라이언트는 교사, 학교 인력과 소통한다. 전문가와의 대화와 지도를 반기며 고마워한다.
- 클라이언트는 안전에 대한 우려 없이 학교에 출석할 수 있다.
- 클라이언트는 계획된 학교 관련 사회 활동 (예: 스포츠, 댄스, 클럽), 그리고 다른 학생 및 동료 집단이 참여하는 자발적 활동에 참여한다.
- 클라이언트는 나이에 맞게 다양한 직업 선택

및 교육 기회를 아는 데 관심이 있다.

19) 청년의 부모, 형제, 가족 관계

- 클라이언트는 보통 부모가 기대하는 것을 하며 나이에 맞는 잡일, 부과된 의무(예: 의복 관리, 방 청소, 어린 형제 돌보기) 를 수행한다.
- 클라이언트는 모임, 야유회 같은 가족의 오락, 사회, 영적 활동에 종종 참여한다.
- 클라이언트는 조부모, 숙모, 삼촌, 사촌과 같은 확대가족 구성원과 교류한다.

20) 아동 혹은 청소년의 성생활

- 클라이언트는 성에 대해 기본적인 지식이 있고 나이에 맞는 성생활을 편히 여긴다.
- 클라이언트는 성 문제와 관련된 감정, 생각, 의문을 부모 혹은 책임 있는 성인과 이야기한다.
- 클라이언트는 데이트 상황에서 상대방을 존중한다. 성적 활동은 자신과 상대방이 가진 도덕성 기준의 한계를 지킨다. 성적 활동이 강제적이지 않다. 클라이언트는 상대방에게 성적 활동 참여를 강요하지 않는다.

21) 아동기, 청소년기의 통상적 문제

- 클라이언트는 감정과 정서가 가정 및 학교 관계에 심각한 지장을 초래하지 않게 다룬다.
- 클라이언트는 양부모, 보호자 혹은 위탁부모와 같은 새로운 부모가 제공하는 지지와 지도

를 받아들인다.

- 클라이언트는 개인적 문제와 나쁜 행실을 인정하고 받아들인다. 클라이언트는 긍정적인 상호작용을 막는 문제, 그리고 문제의 영향을 강화하거나 확대하는 문제를 인정한다.
- 클라이언트는 과거 문제 행동의 재발을 방지하기 위해 조치를 취한다.

11.2 사회적 기능수행에서 일의 의미

성인 클라이언트는 직업을 가진 상태나 무직인 상태와 뒤얽힌 어려움을 종종 겪는다. 그래서 사회복지의 사정과 개입은 클라이언트의 일의 특성과 요구, 그리고 클라이언트의 직업이 결혼, 부모자녀 상호작용, 신체적 및 정신적 건강과 같은 클라이언트 삶의 여러 차원에 미치는 영향에 주의를 기울여야 한다. 사회정책 및 사회프로그램(제 10~14장의 Section B 참조) 개발에 관여하는 사회복지사는 개인, 가족과 전체 커뮤니티에 영향을 미칠 수 있는 경제 상황과 동향, 현재 및 미래의 노동 시장에 대해 알아야 한다. 다음은 클라이언트의 어려움과 문제를 다루고 이해하고자 할 때, 사회복지사가 명심해야 하는 고용 관련 지침이다.

(1) 급여는 중요하지만 이는 직업이 주는 혜택 중 하나이다. 일은 경제적 필수품 이상이며 성인의 심리·사회적 발달에 중요한 부분을 차지한다. 취업은 중요한 사회적 역할이며 성인 정체성의 핵심이고 자존감과 사회적 지위의 척도이다.

유급으로 취업할 가능성이 있는 성인은 직업을 가질 것이다. 일은 삶에 목적의식과 구조를 제공한다. 클라이언트의 직장은 상호작용, 의사소통, 학습, 창의성, 성취감과 같은 인간의 기본적 욕구를 충족시키는 사회적 환경이다.

(2) 생활 임금을 지급하는 취업 기회와 직업은 커뮤니티의 경제 보장과 사회 안정에 중요하다. 최근 수십 년간 경제 침체, 세계화, 기업 축소, 합병, 인수 등의 요인은 경제적 미래에 대한 사람들의 자신감을 무너뜨렸다. 미국 경제에서 제조업 분야의 쇠퇴는 많은 사람의 소득을 하락시켜 왔다. 또한 소득 분배에서의 불평등도 증가하고 있다. 다수는 낙오했지만 부자는 더 부유해졌다.

(3) 취업 시장은 계속 변화하며 매우 경쟁적이다. 얄궂게도 많은 사람이 직업을 찾지만 많은 사업체는 그들이 필요로 하는 숙련된 노동자를 찾을 수 없다. 대부분의 고임금 직업은 수학과 과학의 단단한 기초, 언어 및 구두 의사소통에서의 재능, 정보 기술 활용, 문제 해결 기술 등을 요구한다. 직업을 얻거나 회사에서 출세하는 데 성공하려는 사람은 빨리 배우고 새로운 기술에 적응하는 능력을 가져야 한다.

(4) 실업과 불완전고용은 사람의 자신감과 자존감에 치명적인 영향을 미칠 수 있다. 오랜 시간 동안 무직이었던 사람은 무능감, 희망 없음, 수치심으로 괴로워하며 자아 존중감이 떨어진다. 실업과 필요소득의 상실은 결혼, 가족 관계

의 긴장과 갈등을 낳고 의료 및 정신건강 문제를 악화시키며 약물과 알코올 남용을 초래할 수 있다. 개인 상담과 지지 집단은 실업의 결과로 발버둥을 치는 사람에게 중요한 서비스이다. 취업 시장과 경제의 변화를 고려할 때 사회는 해고되거나 업무 중에 부상당한 사람을 위한 효과적인 프로그램과 안전망(예: 실업보험, 노동자 보상, 재훈련 기회) 을 제공해야 한다.

(5) 사회 및 경제 정의의 원칙은 고용인과 피고용인 모두에게 일정한 기본적 권리와 책임이 있음을 인정한다. 고용인-피고용인 계약은 두 편 모두에게 공정해야 한다. 그러나 고용인과 피고용인 간의 상당한 긴장은 불가피하다. 회사 소유주는 자신의 사업체를 유지하고 확장하기 위해 적정 이윤을 낼 필요가 있다. 그래서 이들은 임금과 혜택을 포함한 비용을 낮추려고 한다. 동시에 피고용인은 당연히 높은 임금과 추가 혜택을 원한다. 피고용인은 자신의 기본 욕구를 충족하고 가족을 부양할 수 있는, 공정하고 합당한 급여를 요구할 권리가 있다. 이상적으로 고용 계약에는 피고용인과 부양가족의 건강보호 보장, 생명 및 장애보험, 실업보험, 퇴직 혹은 연금 계획, 유급휴가, 긴급휴가, 해고에 대한 합당한 보장과 같은 혜택이 담길 것이다. 고용인은 가능한 한 안전하고 만족스러운 노동 환경을 제공해야 한다.

(6) 피고용인은 항상 주어진 일을 최선을 다해 수행해야 하며 자신의 업무 수행을 향상하기 위해 건설적 비판과 지도를 수용해야 한다. 정시에 출근해야 하며 회사 장비와 물건을 조심스럽게 다뤄야 하고 휴가와 병가와 같은 기존 혜택을 남용하지 말아야 한다. 피고용인은 업무 중 피로를 막는 데 도움이 되는 휴식을 취할 권리가 있다. 작업 환경을 만드는 데 그리고 가능하다면 일이 수행돼야 하는 방식에 대한 결정에서도 발언권을 가져야 한다. 효율, 안전, 직무 만족을 향상시키는 방법을 제안하는 것도 권장된다. 피고용인에게는 갈등을 해결할 수 있는 고충 처리 절차에 참여할 자격이 주어지며 노동조합 혹은 유사한 단체를 만들거나 참여할 권리를 가져야 한다.

(7) 사회복지사는 자기 사업을 시작하고자 하는 클라이언트를 만날 것이다. 특출한 투지, 지식, 기술을 가진 개인은 사업을 시작하고 키울 수 있으며 타인을 위한 직업을 창출할 수 있다. 개인 사업이 갖는 개인적·재정적 보상은 상당할 수 있다. 성공적인 사업으로의 성장은 매우 힘들며 위험 감수를 수반한다. 이러한 주도성은 박수와 격려를 받아야 한다. 그러나 사업체를 운영해본 경험이 없거나 적은 사람에게는 사업 계획에 대해 전문적 검토를 받을 수 있도록 돕고 조언을 제공해야 한다. 순진하고 더 많은 돈을 벌기 위해 필사적인 사람은 현명하지 않은 판단과 투자를 할 수 있다. 또한 흔히 조종자나 신용 사기, 비현실적으로 일확천금을 꿈꾸는 계획에 걸려들기 쉽다.

(8) 가족 구성원이 많은 가구의 경우 빚지지 않기 위해 둘 이상의 소득원이 필요하다. 두말

할 것도 없이 추가 소득은 가계의 최종 결산에 도움이 된다. 그러나 가족의 모든 성인이 일할 때(예: 남편과 아내, 엄마와 아빠) 이들은 몇 가지 어려움에 직면한다. 적절하고 가격이 맞는 아동 돌봄을 확보하는 것이 중요한 문제이다. 많은 시간을 일하면서 보낼 때는 부모와 아동이 상호작용하면서 유익하게 보낼 수 있는 시간이 없다. 유사하게 요리, 장보기, 세탁, 청소, 집 보수 등과 같은 일상적 과업에 쓸 시간과 에너지도 부족하다. 너무나 자주 여성이 양육과 가사 일에서 불균형적으로 많은 부담을 진다. 이러한 요구뿐 아니라 많은 사람이 노인 돌봄의 책임을 지고 있다는 점도 인정해야 한다. 가족이 노인 돌봄의 대부분을 제공하며 그 대부분을 여성이 제공한다. 직업과 가족 책임을 동시에 곡예를 하듯 유지하는 데 내재된 어려움을 고려할 때, 클라이언트의 현재 관심사가 결혼 및 아동과 관련되어 있다면 가족 내의 적절한 노동 분업을 모색해야 한다.

(9) 어떤 사람은 일 혹은 직업에 전력을 소모하고 중독되기도 한다. 이들은 자신의 일과 경력에 모든 시간과 에너지를 바친다. 일이 삶의 다른 어떤 것보다 많은 만족과 성취를 가져다줄 때 이런 상황이 발생한다. 어떤 사람은 다른 어떤 관계나 활동보다 우선해 외골수로 돈, 권력, 승진, 지위만을 추구한다. 이러한 불균형과 왜곡은 결혼, 가족, 아동에게 그리고 자신의 신체 및 정신건강에도 부정적인 영향을 미친다.

(10) 안타깝게도 보고에 따르면 많은 사람이 자신의 직업을 싫어한다. 다른 선택이 없기 때문에 혐오하고 너무 지루하고 아주 힘들거나 위험한 직업에 매달린다. 생산, 할당, 손익 계산이 피고용인보다 더 중시될 때 작업 환경은 심리적으로 독이 될 수 있다. 이런 환경에서의 작업은 종종 정신건강에 해로우며 가족 관계에도 피해를 준다. 대부분의 사람에게 직업 만족은 도전의식 갖기, 기술과 재능을 활용하고 개발하기, 창의적인 사람이 되기, 동료와 즐거운 시간을 보내기, 인정받는다고 느끼기 등의 역할을 수행한다. 오로지 돈을 위해서만 일하는 사람은 결코 일을 즐기지 못한다.

(11) 빨리 돌아가는 사회에서 직업 관련 스트레스는 작업 환경 밖의 관계에까지 쉽게 영향을 미칠 수 있는 흔한 문제이다. 직업 관련 스트레스를 다루려는 모든 노력에는 충분한 수면, 좋은 영양, 운동이 기본이다. 교대제 근무, 특히 야간근무는 이를 수행하기 어렵다. 이러한 형태의 근무는 생물학적 리듬과 생체 시계를 파괴하고 일상적인 가족, 사회, 커뮤니티 활동에 참여하는 것을 제한하기 때문이다(항목 16.4 참조).

(12) 여러 이유로 음식, 주거, 건강관리와 같은 기본 욕구에 지출할 수 있을 만큼 버는 직업을 구하거나 유지할 수 없는 사람도 있다. 심각한 질병 혹은 장애가 있는 사람, 온종일 아동을 돌봐야 하는 부모 등이 그렇다. 이들은 조세로 지원되는 복지급여를 받을 수 있다. 많은 사람이 복지급여의 대가로 어느 정도 일을 해야 한다

고 믿는다. 일은 사회재이기 때문에 '복지를 위한 노동'(*work for welfare*)은 공정한 장치라고 생각한다. 그래서 종종 근로 요구가 재정 지원 프로그램의 자격 기준이 된다. 그런데 이 모든 것은 수급자가 일할 수 있을 때, 의미 있는 노동 경험이 가능할 때, 수급자에게 필요한 아동 돌봄이 제공될 때 타당하다. 복지를 위한 노동 요구의 목적이 수급자를 처벌하거나 가난한 사람의 필요한 복지 프로그램 이용을 단념하게 하는 것이라면, 이는 합리적이지도 공정하지도 않다.

대부분 복지급여 수급자는 재정 지원보다 실제 직업을 더 선호한다. 근무 활동이 직무 기술을 배우도록 돕고 이것이 실제 직업으로 이어진다면 복지급여를 위해 즐겁게 일할 것이다. '복지를 위한 노동' 프로그램은 '일자리 창출 활동'에 오가는 클라이언트에게 교통비를 지원한다는 점을 인정하고 다뤄야 한다. '복지를 위한 노동' 프로그램을 처리하고 감독하기 위해 유급 직원이 필요하다면 비용상 효과적이지 않을 수 있다. 복지급여를 위해 일해야 하는 부모의 아동에게 충분한 돌봄을 제공하는 것은 복잡한 사회정책 이슈이며 비용이 많이 드는 프로그램 요소이기도 하다(항목 15.1 참조).

11.3 사회적 사정 보고서

사회적 사정 보고서(보통 사회력이라 불림)는 직접적 실천 영역의 사회복지사가 주로 작성하는 특정 유형의 전문 보고서다. 여기에 클라이언트의 현재 기능수행과 상황이 기술되며 클라이언트가 과거의 위험에 어떻게 적응해 왔는지에 대한 선택된 배경정보가 담긴다. 과거 행동은 미래 행동을 가장 잘 예측하는 지표다. 잘 작성된 사회력 혹은 사회적 사정 보고서는 특정 클라이언트에게 가장 적합한 서비스나 프로그램의 유형에 관해 결정할 책임이 있는 전문가, 그리고 새로운 환경(예: 치료 프로그램, 위탁가정, 요양원)에 대해 클라이언트의 적응력을 촉진할 책임이 있는 전문가나 직원에게 특히 유용하다.

보고서의 내용은 누구를 대상으로 작성되는지, 예를 들어 다른 사회복지사, 의사, 판사, 심리학자, 학교 직원, 다학제 간 팀에 따라 어느 정도 다르다. 전형적인 사회적 사정 보고서는 다음과 같은 특성을 갖는다.

(1) 간결성과 적절성: 보고서를 준비할 때 대상으로 삼은 독자를 명심해야 한다. 독자가 알고자 하는 것을 제공한다. 보고서는 가능한 간결해야 한다. 전문용어와 진단명 사용을 피하고 클라이언트의 실제 행동과 수행에 대해 기술한다.

(2) 객관성: 가능한 한 사실을 담는다. 사실일 것 같은 의견이나 추정을 제시하지 않는다. 필요하면 해석 혹은 가설과 같은 이름을 붙인다. 객관성을 유지하는 가장 좋은 방법은 사회복지사의 결론, 추론을 이른바 '사회복지사의 소견과 사정'이라고 부르는 별개의 제목 아래 두는 것이다.

가능하다고 적절하다면, 클라이언트에게 보고서 초안을 검토해 추가와 수정을 제안하게 한

그림 11-1 사회적 사정 보고서의 예

그레이스톤 가족서비스기관			
개인정보	클라이언트 이름	셜리 매카시(Shirley McCarthy)	사례 기록번호	3456
	생년월일	1994년 7월 4일	연령	20세
	사회보장번호	505-67-8910	사회복지사	제인 그린(Jane Green, BSW)
	의뢰 일자	2014년 10월 8일	보고 완료 일자	2014년 10월 13일
	주소	2109 B Street, Greystone, Mt.09876	전화번호	555-0123

보고 이유

이 보고서는 기관의 정신치료 자문위원인 존스 박사의 자문과 동료 슈퍼비전의 목적으로 사용하기 위해 준비되었다(클라이언트는 이런 목적으로 보고서가 준비되었음을 안다).

사회복지 관여 이유

셜리는 시립병원의 응급실 내과 의사인 스미스 박사에 의해 이 기관에 의뢰되었다. 그녀는 그곳에서 명백한 자살 시도인 아스피린 과다 복용을 치료하고 있었다. 그녀는 원치 않은 임신으로 불안과 우울함에 빠져 있었다. 아이의 아버지는 예전에 사귀었던 남자친구다. 그녀는 자신의 임신 사실을 이전의 남자친구나 부모 모두 모르기를 바란다.

그녀는 낙태를 원치 않고 아이를 돌보는 것도 원치 않는다. 그녀는 입양을 생각해 보았지만, 어떤 사태가 초래될지에 관해서는 거의 모른다. 그녀는 이런 딜레마를 어떻게 다룰지 생각하기 위해 이 기관에 오는 것을 동의했다.

자료의 출처

이 보고서는 클라이언트와 1시간에 걸친 2차례 면담(10월 9일과 11일)과 스미스 박사와의 전화 통화를 기초로 작성되었다.

가족 배경과 상황

셜리는 세 남매 중 막내다. 오빠 존은 30세로, 화학 분야 기술자이며 텍사스 오스틴에 거주한다. 언니 마샤는 27세로, 약사이며 시애틀에 거주한다. 셜리는 남매들과 친밀감을 느끼지 못하며, 그들은 그녀의 임신을 전혀 모른다.

부모는 33년 전에 결혼했다. 그들은 워싱턴에 있는 스포캔에 거주한다. 아버지 토마스는 농기계 회사의 기술자다. 어머니 메리는 공인 간호사다. 셜리는 자신의 부모를 열심히 일하고, 옳고 그름에 관해 강한 의식을 가진 정직한 사람들이며 가족에 대해 헌신적인 분으로 묘사했다.

매카시 가족은 중산층이며 아일랜드의 전통을 따른다. 매카시 가족은 가톨릭 신자이다. 세 자녀는 가톨릭계 고등학교를 졸업했다.

셜리는 부모님이 자신의 임신을 안다면 "충격으로 돌아가실 것"이라 말했다. 그녀가 부모님이 임신을 모르기를 바라는 이유는 부모가 고통스러워하는 것을 원하지 않기 때문인 것 같다.

신체 기능과 건강

셜리의 키는 173㎝이고 몸무게는 70㎏이다. 대략 임신 3개월이다. 스미스 박사는 저체중이지만 건강한 편이라 보고했다. 스미스 박사는 그녀가 적절하게 태아를 보호할 의지가 있는지 관심이 있어 산부인과 의사인 존슨 박사에게 의뢰했지만, 셜리는 약속을 지키지 않았다.

셜리는 건강 상태가 양호하고 음식도 잘 먹으며 최소한 운동도 한다고 말했으며, 의료적인 문제는 없다고 보고했다. 복용 중인 약은 없다.

지적 기능

셜리는 워싱턴대학에서 2년간 학업을 마치고, 현재 몬태나대학에서 컴퓨터과학과 3학년에 재학 중이다. 성적이 대체로 평점 A-정도임에도, 자신을 '열등한 학생'으로 묘사한다. 그녀는 명확하게 옳고 그른 답이 있는 과목에 흥미를 느낀다. 철학과 같은 과목을 싫어하며 그녀에게는 '시시한' 학문처럼 보인다고 한다. 그녀는 논리적이고 정확한 사고방식, 즉 컴퓨터과학 분야와 같은 것에 가치를 부여하지만, 자신을 충동적으로 개인적인 결정을 내리는 경향이 있고, '결과를 고려하지 않고 뛰어드는' 무모한 스타일이라 말한다.

정서 기능

셜리는 자신을 '감정 기복이 심한' 사람으로 묘사한다. 임신 전에도 방에 혼자 앉아 한 번에 여러 시간 동안 우울을 겪었다고 한다. 그녀는 우울을 치료하고자 결코 노력해 보지 않았다. 그녀는 자신을 묘사하면서 아이처럼 유치하고 미성숙한 사람이라는 단어를 사용했고, 항상 그녀 또래의 다른 사람보다 어리다고 느껴 왔다. 그녀는 항상 분노와 슬픔을 느꼈지만, 자신의 감정을 나타내려고 하지 않았다. 이런 점에서 그녀는 아버지와 닮았다. 그녀의 아버지는 항상 마지막으로 '터뜨릴' 때까지는 감정을 나타내지 않는다. 그녀는 성취에도 불구하고 낮은 자아 존중감을 가진 것처럼 보이며, 강점보다는 한계점에 더욱 초점을 둔 것처럼 보인다.

그림 11-1 사회적 사정 보고서의 예(계속)

대인 관계, 사회적 관계

셜리는 '친한 친구들'이 없다. 그녀는 다른 사람과 상호작용하기가 힘들고, 더 좋은 사회적 기술을 갖추고 싶다고 말했다. 그녀는 고등학교와 대학교 때 다양한 시간제 직업을 경험했지만 동료들과는 최소한으로 어울렸다. 대학 다닐 때 그녀는 기숙사의 룸메이트와 함께 지내는 것에 어려움을 겪었고, 그래서 혼자 지내기 위해 아파트로 이사했다.

그녀는 술을 마실 때 더 외향적이고 우호적으로 변한다고 느낀다. 그러나 이런 사실은 친척 중 몇몇이 알코올 중독이었기 때문에 그녀를 더욱 두렵게 한다. 그녀는 과거 몇 년 동안 전혀 술을 마시지 않고 열심히 일했다. 아스피린을 복용했을 때는 술을 마시지 않았다.

그녀의 옛날 남자친구 밥(아이의 아버지)은 그녀가 몇 개월 이상 데이트했던 첫 번째 사람이다. 그 관계는 한 달 전에 끝났다. 밥 또한 학생이다.

종교와 영적 특성

셜리는 가톨릭 신자로 성장했고 아동기부터 많은 신념과 가치를 학습했다. 그녀는 자신이 영적인 존재이고, 꽤 자주 기도한다고 묘사했다. 그녀는 자신에게 옳고 그름에 관한 명확한 개념이 있고, 또한 그녀가 실제로 믿는 것을 결정할 삶의 단계에 있으며, 가치, 도덕, 그리고 윤리적 원칙과 체계를 세우는 과정에 있다고 느낀다.

강점과 문제 해결 능력

셜리가 자신의 강점을 최소화하는 경향이 있지만, 지적이고 열심히 일하는 능력이 있으며 친구를 사귀려는 욕구가 있다. 스스로 결정하길 원하면서도 가족에게 헌신적이며, 자신의 상황을 건설적으로 다루려는 동기가 있다. 어휘력이 좋고 분명한 태도로 자신을 표현한다.

그녀는 어려운 결정을 내리는 것을 피하려는 경향이 있고, 남은 유일한 선택을 어쩔 수 없이 따라야만 하는 상황이 발생할 때까지 모든 것을 그냥 내버려 둔다. 보통 그녀는 무엇을 '해야 하는지'에 대해서는 알지만 행동하지는 않는다. 그녀는 이러한 경향을 실수를 저지를 것에 대한 두려움 때문이라고 한다. 대인관계에서 갈등이 있을 때는 자신의 의견을 철회하는 경향이 있다.

경제, 주거, 교통

부모가 셜리의 교육비를 원조한다. 그녀는 베일러백화점에서 주당 30시간을 일해 최저임금를 받는다. 이 돈으로 임대료를 지불하고 8년 된 자동차 유지비를 충당한다. 그녀는 대학생 건강보험의 혜택을 받지 못해 의료보험 적용 대상이 아니다. 임신이 의료보험정책의 적용 범위에 포함되는지의 여부도 모른다. 그녀는 도심의 '위험한' 지역에 방 2개짜리 아파트에서 혼자 산다. 그녀는 해가 진 후 밖에 혼자 외출하는 것에 두려움을 느낀다.

커뮤니티 자원 활용

셜리가 사회기관과 접촉하기는 이번이 처음이다. 면담 회기 동안 그녀는 기관에 관해 많은 질문을 했고, 왜 그녀가 스미스 박사에 의해 이곳으로 의뢰되었는지에 관해 혼돈스러움을 표현했다. 그녀는 자신의 관심사에 관해 말하는 것을 어렵게 만드는 자신의 당황스러운 감정과 수치심을 인정했다.

소견과 사정

이 20세 여성은 원치 않는 임신으로 내적 갈등과 우울을 경험했다. 이 일로 그녀는 자살을 시도했다. 갈등을 피하려는 그녀의 경향 때문에 그녀는 임신을 다른 사람에게 말하지 않았다. 그러나 아이의 아버지(밥)는 그녀가 친권 포기에 관한 법적 절차를 선택할 경우 이에 관여되어야 하며, 그녀의 부모님은 재정적 지원을 위해 관여되어야 할 수 있다. 태아 보호가 필요하지만 그동안 이를 회피해 왔다. 낙태는 그녀가 수용할 수 없는 해결책이며, 그녀는 입양, 그리고 임신 기간 동안 자신의 생활을 어떻게 꾸려갈지에 관해 양가감정을 갖고 있다.

클라이언트와의 개입 활동의 목적

셜리가 임신을 다루는 데 필요한 결정을 내리도록 돕기 위해서, 그녀가 임신 선택 상담에 참여하길 바란다. 그녀의 우울과 자살 시도에 관해 추가적으로 사정하는 것, 의료적 보호를 확보하고 비용을 지불하는 것, 밥과 그의 부모에게 알릴지의 여부를 결정하는 것 등도 다뤄야 할 이슈이다. 그녀가 회피 경향을 극복하고 의사를 결정하고 필요한 행동을 취할 수 있도록 돕기 위해, 정서적 지원, 어느 정도의 구조화, 일을 하도록 온건하게 권유하는 것 등이 필요하다.

주: 이 사례의 이름은 가공이다.

다. 보고서는 클라이언트 기록의 일부이기 때문에 클라이언트가 읽기를 원할 수 있고 그렇게 할 권리가 있다는 점(항목 10.5 참조)을 알아야 한다. 판단하는 것처럼 보이는 단어나 구절의 사용은 피한다. 클라이언트에게 불쾌감을 줄 수 있는 관찰이 포함되어야 한다면, 가능한 클라이언트의 언어를 사용한다. 예를 들면 다음과 같다.

> 부적절한 경우: 제인은 연로한 아버지의 요구에 대처하는 데 미성숙하며 지나치게 자기중심적이고 적대적이며 아버지를 돌보지 않는 사람임이 명백하다.
>
> 수용 가능한 경우: 내가 제인과 이야기할 때, 그녀의 아버지가 물을 한 컵 요청했다. 그녀는 큰 목소리로 "지옥에나 가라, 이 어리석은 늙은이! 목이 말라 비틀어져 없어져 버렸으면 좋겠어!"라고 말했다.

(3) 클라이언트의 강점에 주목: 성공적인 개입은 클라이언트의 강점을 기초로 이뤄진다. 그래서 보고서는 클라이언트의 능력에 초점을 맞춰야 한다. 클라이언트의 한계, 결핍, 정신 병리에 주의를 기울이는 것을 피한다(항목 11.6 참조).

(4) 구성: 제목을 사용하여 범주별로 정보를 분류한다. 다음은 사회적 사정 보고서에서 일반적으로 사용하는 제목의 일부이다.

- 개인정보(이름, 생년월일 등)
- 사회복지사나 기관이 클라이언트에 관여한 이유
- 클라이언트의 문제나 관심사, 욕구에 관한 진술
- 가족 배경(원가족, 부모, 형제에 관한 자료)
- 현재 가족·가구 구성
- 클라이언트에게 의미 있는 타인(배우자, 아동, 친구)
- 민족성, 종교와 영성
- 신체적 기능, 건강 상태, 영양, 집의 안전, 질병, 장애, 의료 상태
- 지적 기능, 교육적 배경, 학업 성취
- 심리, 행동 패턴
- 강점, 대처 방식, 그리고 문제 해결 능력
- 고용, 소득, 근로 경험, 그리고 기술
- 주택, 근린 이웃, 그리고 교통수단
- 현재 이용하고 있는 커뮤니티 및 전문적 서비스
- 사회복지사의 소견과 사정
- 개입과 서비스 계획 제안

〈그림 11-1〉에서 제시한 사회적 사정 보고서의 예는 주제별 제목 활용의 실례를 보여준다.

11.4 클라이언트 상황을 매핑하기

사회복지사는 클라이언트 자료를 시각적 형태로 제시하기 위해 여러 유형의 다이어그램을 사용할 수 있다. 다이어그램을 사용함으로써 종종 여러 페이지에 달하는 서술적 설명이 한 페이지로 줄어들 수 있다. 가장 대중적인 다이

어그램은 가계도(가족 구조와 관계를 묘사하는 가족 나무와 유사), 문화 가계도(클라이언트의 문화 배경에 초점을 맞춘 가계도), 생태도(사회적 맥락 내에서 개인 혹은 가족을 묘사)이다. 다음과 같은 클라이언트 정보를 다이어그램으로 그릴 수 있다.

- 연령, 성, 결혼 상태, 가구 구성
- 친자식, 의붓자식, 부모 등과 같은 가족 구조와 관계
- 직업 상황, 고용, 그리고 책임성
- 사회 활동, 관심사, 취미, 레크리에이션
- 교회 참여, 서비스 클럽 회원 등과 같은 공식적 교류
- 사람 간, 사람과 커뮤니티체계 간 사회적 상호작용에서 발생하는 지지와 스트레스의 근원
- 전문가 및 커뮤니티 자원의 활용
- 비공식적 자원, 사회적 지지, 그리고 확대가족, 친척, 친구, 이웃 등과 같은 자연발생적 원조자

〈그림 11-2〉는 다이어그램에서 공통으로 사용되는 상징이다.

이에 덧붙여, 'm'(결혼), 'div'(이혼)와 같은 축약형과 기호를 설명을 위해 부가할 수 있다.

1) 가계도

〈그림 11-3〉은 재결합 가족(점선 경계로 둥글게 표시)의 가계도이다. 이 가족은 남자(45세), 그의 아내(33세), 그리고 3명의 자녀(3세, 1세,

10세)가 함께 동거한다. 10세 된 자녀는 그의 어머니의 이전 결혼에서 탄생했고, 그의 생부는 2008년에 사망했다. 45세인 남편은 이전의 부인(42세)과 2006년에 이혼했다. 또한 우리는 그가 전처에게서 2명의 딸(20세와 18세)을 두었고, 20세의 딸이 1세 된 딸을 낳아, 그가 조부가 되었음을 알 수 있다. 현재 전처는 44세의 다른 남자와 결혼했다. 다른 기호와 이름을 넣으면 상세함을 더할 수 있다. 가계도 샘플뿐 아니라 가계도 그리기를 돕는 소프트웨어 구입에 관한 정보는 관련 홈페이지(www.genogramandlytics.com)에서 찾을 수 있다.

2) 문화 가계도

문화 가계도는 정체성, 인생 경험, 가족체계 등을 형성하는 문화적·민족적 집단과 이들의 영향력을 묘사함으로써 클라이언트의 정체성을 더 잘 이해하기 위해 그린다. 이를 통해 가족 내의 문화적 갈등을 표면화할 수 있고, 문화에 기초한 정서, 가정과 고정관념을 드러낼 수 있다.

전통적 가계도에서 제공하는 매핑에 추가하여, 문화 가계도는 다양한 인종적, 민족적, 국적, 언어 배경과 영향력을 드러내기 위해 사람 상징에 음영 혹은 색을 사용한다. 클라이언트와 문화 가계도를 작성하는 것은 가족의 차별 경험, 집단 간 갈등의 역사, 종교적·영적 인식의 차이, 다양한 직업적 역할에 부여하는 가치, 자부심·수치 이슈 등을 구체화하는 데 도움이 된다. 문화 가계도는 대대로 이어지는 문화적 변화, 다문화가정 자녀에게 나타나는 상이한 문화

그림 11-2 생태도와 가계도의 상징

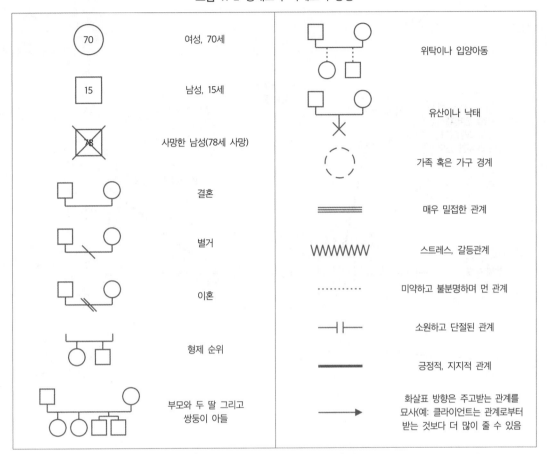

그림 11-3 재결합 가족의 간단한 가계도

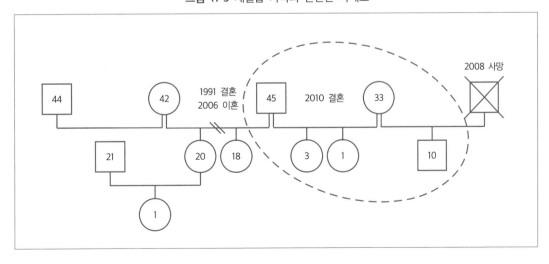

그림 11-4 생태도 보기

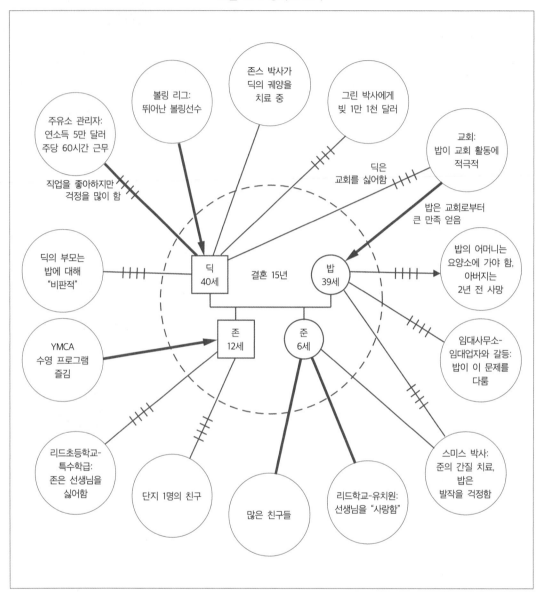

등도 묘사할 수 있다.

사회복지사와 함께 문화 가계도를 만들면 클라이언트는 다음과 같은 질문을 다루는 데 도움을 받는다.

- 나는 어떤 부분의 문화적 배경과 정체성을 수용 혹은 거부하는가?
- 가족과 문화적 배경으로부터 나에게 전해진 신념, 편견, 선입견은 무엇인가?
- 나의 문화적 배경은 무엇인가? 다른 문화와 특정 배경의 혼합이 내 주변 관계에 어떻게 영향을 미치는가? 나는 누구인가? 나는 내가 믿고 가치 있게 여기는 것에 대해 어떻게 느끼고 생각하는가?

3) 생태도

일반적으로 생태도는 클라이언트에게 영향을 미치고 클라이언트와 상호작용하는 의미 있는 타인, 조직 혹은 다른 요인을 표현하기 위해 원을 사용한다. 이 밖에도 상호작용의 본질을 확인하고 기술하기 위해 다양한 상징, 화살표, 짧은 구절을 사용한다.

〈그림 11-4〉는 딕과 밥 그리고 그들의 자녀인 존과 준의 생태도이다.

보통 가계도 혹은 생태도는 사회복지사와 클라이언트가 대면 면접 동안 함께 개발한다. 사회복지사가 이러한 다이어그램을 사용하는 것은 전문적 관계를 강화하고 클라이언트를 더 이해하고자 하는 바람을 표현하는 데 도움이 된다. 다이어그램을 그리고 묘사된 관계와 요인을 명확히 하며 토의하는 과정을 통해, 사회복지사와 클라이언트 모두 클라이언트 상황을 더 잘 이해할 수 있다. 사회복지사가 클라이언트 스스로 자신의 생태도를 작성할 수 있도록 매핑 도구 사용을 안내하는 것이 가장 좋다.

11.5 가능한 변화에 대한 클라이언트의 비전을 확장하기

사정 작업을 위한 대부분의 접근법에서는 클라이언트에게 문제나 관심사에 관해 자세히 묘사해줄 것을 요청한다. 이런 묘사는 임상적 진단 등과 같은 목적에서는 유용하다. 그러나 변화를 계획하거나 촉진하는 과정에 항상 도움이 되는 것은 아니다. 사실 클라이언트의 문제, 역기능, 병리, 클라이언트 삶과 상황에서 잘못되어 가는 것에 초점을 두는 것은 클라이언트에게 무력감과 절망을 느끼게 할 수 있다. 대안적 접근으로 **해결 중심적 치료**(*solution-focused therapy*)의 원칙이 있다(제6장 참조). 새롭고 다른 시각에서 자신이 처한 상황을 보도록 클라이언트를 이끄는 유형의 질문을 던진다. 특히 유용한 세 가지 기법, 즉 예외의 탐색, 척도 질문, 기적 질문을 소개한다.

예외의 탐색(*exploring exceptions*) 기법은 문제가 덜 분명하고 덜 빈번하거나 강도가 덜 할 때 혹은 그런 상황이 있다는 점을 클라이언트가 깨닫도록 도와주는 질문의 유형을 말한다. 클라이언트가 문제는 '항상', '어디서나' 존재한다고 느낄 때라도 예외를 찾아내는 것은 가능하다. 일단 이러한 예외가 규명되면, 사회복지사는 클라이언트가 왜 그러한 예외가 발생했는지, 바람직한 때와 상황을 연장하거나 다시 만들기 위해 무엇을 할 수 있는지를 생각해 보도록 격려할 수 있다. 다음은 예외를 탐색하고 발견하기 위한 질문 사례이다.

이건 분명히 심각한 문제입니다. 어떻게 해서 문제가 더 심각해지는 것을 막을 수 있었나요?

부모님과 문제가 언제나 있다고 하시는데, 부모님과 평소보다는 괜찮았던 지난 한두 주에 대해 이야기해 보세요. 어떻게 해서 이런 일이 일어난 거죠?

역사 과목을 제외하고 모든 과정에서 낙제를 했네요. 역사 과목을 패스하기 위해서는 무엇을 했나요?

이번 약속을 잡기 위해 전화했을 때보다 현재 상황은 조금 더 나아졌나요? (대답은 보통 '예'이다) 상황이 조금 더 나아졌다면, 상황을 낫게 만들기 위해 무엇을 했는지 말해 주세요.

보통 아침, 점심, 저녁 중 좀더 나은 때가 있나요? 이때는 혼자 있나요? 누구랑 함께 있나요? 누구랑 함께 있다면 그 사람은 상황을 좀더 원만하게 만들기 위해 어떤 말을 하고 무얼 하나요?

다음 주에 우리가 다시 만나기 전에 상황이 더

좋아졌을 때를 확인하고 문제가 덜한 때에는 무슨 일이 일어났는지 적어 오세요.

척도 질문(*scaling questions*) 기법은 문제의 영향과 심각성이 때에 따라 다양하다는 점, 그리고 변화는 여러 작은 단계를 차근히 밟아갈 때 일어난다는 점을 클라이언트가 깨닫도록 한다. 이 기법은 다음의 예와 같이 핵심적인 척도 질문과 여러 개의 후속 질문을 물어보는 것으로 구성된다.

사회복지사: 1은 당신의 문제가 가장 나쁜 상태이고 10은 문제가 해결되어 더 이상 신경 쓸 필요가 없는 상태라고 할 때, 1부터 10까지의 척도 중 오늘 당신 상태는 몇 점인가요?

클라이언트: 아! 오늘은 아마도 한 4점쯤…. 하지만 지난주에는 2점이었어요.

사회복지사: 좋아요! 조금 좋아졌다는 말을 들어 기쁘네요. 대답을 듣고 나니 두 가지 질문이 생깁니다. 첫째, 어떻게 해서 지난주 2점에서 오늘 4점으로 개선되었나요? 그리고 둘째, 4점에서 4.5점이나 5점이 되기 위해 다음 주에는 뭘 할 수 있다고 생각하세요?

클라이언트의 동기를 사정하기 위한 척도 질문도 있다.

사회복지사: 당신의 딜레마를 다루기 위해 할 수 있는 것을 이야기해 보았습니다. 1점

에서 10점까지에서 1점은 그 문제를 해결하기 위해 아무것도 하지 않는 것이고 10점은 해결책을 찾기 위해서는 무엇이든 노력할 용의가 있는 것이라면, 이 문제의 개선을 위해 얼마나 열심히 노력할 것인가요?

클라이언트: 한 9점 정도요.

사회복지사: 와! 대단합니다. 오늘 이 문제에 대해 그렇게 강하게 동기 부여가 된 까닭은 무엇일까요?

세 번째 해결 중심 기법은 **기적 질문**(*miracle question*)이다. 이 질문은 현재의 문제가 없다면 클라이언트 자신의 삶이 어떨지를 상상하도록 격려한다. 클라이언트는 질문에 답하며 자신에게 필요한 변화가 무엇인지를 더욱 명확히 알 수 있다. 기적 질문은 극적이기보다는 신중하게 이뤄져야 한다. 기적 질문의 표현은 다음과 같다.

자, 이제 좀 이상한 질문을 하나 해보려고 해요. 당신이 오늘 밤 자는 동안 진짜 기적이 일어난다고 가정하거나 상상해 보세요. 기적의 결과로 지금 걱정하는 문제가 완전히 해결되었답니다. 하지만 당신은 잠들어 있어서 기적이 일어난 걸 몰라요. 그러면 다음 날 아침에 일어났을 때 뭔가 달라졌다는 것을 어떻게 알 수 있을까요? 구체적으로 뭐가 달라질까요? 문제가 실제로 사라졌다는 것을 가족 구성원 중 누군가는 어떻게 알 수 있을까요?

사회복지사는 클라이언트가 바라는 변화를 더 상세하게 기술할 수 있도록 여러 가지 후속 질문을 한다. 다음의 예는 기혼 여성의 사례다.

당신 문제가 기적적으로 사라졌다는 것을 남편은 어떻게 알아차릴까요?

남편이 당신에게 긍정적 변화가 생긴 것을 알았을 때, 당신이 변화한 것에 대한 반응으로 남편은 어떻게 다르게 행동할까요?

남편이 당신에게 다르게 행동하면, 그 행동에 대한 반응으로 당신은 무엇을 할 것 같나요?

당신이 더 좋아지면, 집이나 직장에서의 관계가 지금과 어떻게 달라질까요?

클라이언트가 자신의 문제가 없는 일상생활을 진지하게 생각하고 상상하기 시작하면, 보통 문제에 더 잘 대처하기 위해 할 수 있는 행동을 실질적으로 생각하게 된다.

11.6 클라이언트 강점을 확인하기

클라이언트의 기능수행을 사정할 때 항상 클라이언트의 강점을 확인해야 한다. **강점**은 클라이언트가 하고 있고, 할 수 있고, 하기를 원하는 중요하고 긍정적인 어떤 것으로 정의할 수 있다. 이때 '중요한 것'은 행동, 상황에 대한 사고방식 혹은 태도일 수 있다. 이는 실제 문제를 간과하거나 무시하거나 극단적으로 낙관적인 접근을 뜻하지 않으며, 가장 역기능적이고 혼란스러운 경우에라도 강점을 찾기 위해 사회복지사가 노력해야 함을 의미한다. 이를 강조하는 이유는 간단하다. 왜냐하면 성공하기 위해 **개입은 클라이언트 강점에 기반을 두고 이뤄져야** 하기 때문이다. 만일 사회복지사가 오직 클라이언트 삶의 문제와 잘못된 점에만 초점을 둔다면, 클라이언트는 더 많이 좌절할 것이며 사회복지사의 능력이 도움이 될지를 의심할 것이다.

많은 원조 전문직의 경우 클라이언트의 강점에 초점을 두는 것은 패러다임의 이동, 즉 새로운 사고방식을 요구한다. 클라이언트의 문제와 병리에 필요 이상으로 주의를 기울이도록 하는 세력을 알아차리는 것이 중요하다. 다음 사항을 고려한다.

- **기관의 정책과 자금 조달**: 대부분의 인간서비스기관은 어떤 개인이나 가족의 문제, 병리적 문제, 결핍이나 역기능을 해결하거나 고치기 위한 목적으로 만들어졌다. 그래서 기관에 고용된 사람은 자신이 클라이언트의 문제에 주로 초점을 맞춰야 한다고 가정하기도 한다.
- **진단적 분류**: DSM 용어의 잦은 사용은 문제, 병리를 기대하고 찾고자 하는 경향을 낳는 부정적 사고방식을 만든다(항목 11. 15 참조).
- **기술의 부족**: 클라이언트의 문제를 확인하는 것은 기본적 기술이다. 대부분의 사람이 훈련이 거의 없어도 문제를 찾을 수 있다. 한편, 강점을 확인하는 것은 더 전문적이거나 높은 수준의 기술이다.
- **성격과 기질**: 많은 사람은 컵의 물이 "반이 남

았다"고 보기보다는 "반이 비었다"고 보곤 한다. 놓쳐 버린 것과 잘못된 것에만 초점을 두는 일은 자연스럽다. 일부 사회생물학자는 잘못되고 다르고 제자리에 있지 않은 것에 초점을 맞추는 인간의 능력이 인간과 동물의 생존가치라 믿는다. 진화는 우리의 감각과 인식과정을 '고정시켜서', 우리는 이상하고 잘못된 것을 빨리 알아챈다. 그렇게 함으로써 환경에 있는 위험을 감지하고 피하는 데 도움이 되기 때문이다.

사회복지사는 개인과 가족의 행동을 주의 깊게 관찰함으로써 강점을 확인할 수 있다. 예를 들면 다음과 같은 **개인적 강점**이 있다.

- 자신의 행동에 책임을 짐.
- 가족, 친구에 대한 충성, 그리고 이들을 돌봄.
- 연민, 인내, 관대함, 그리고 타인을 기꺼이 용서하려는 마음.
- 타인을 돕고 격려함. 그리고 해로움으로부터 이들을 보호함.
- 직장을 찾고 고용을 유지하며 책임 있는 피고용인이 되고 자신의 재정적 의무를 다함.
- 재능, 기술, 능력을 건설적으로 활용함.
- 스스로 조절하고 사려 깊게 결정하고 계획함. 무책임하거나 자기 파괴적인 행동을 피함.
- 필요한 변화를 위해 상당한 수준의 위험을 감수함.
- 다른 사람을 상대하는 데 신뢰할 만하고 공정하고 정직함.
- 적절한 슬픔과 죄책감을 경험함. 해를 당한

사람에 대해 보상을 제공함.
- 사람들 사이의 차이점을 수용하고 이해하고자 함.
- 어려움과 좌절에도 기꺼이 계속 노력함.
- 이웃, 커뮤니티 개선을 위한 조직에 참여함.
- 자신과 타인의 권리를 옹호함.

중요한 **가족의 강점**에는 다음과 같은 것들이 포함된다.

- 가족 구성원이 서로 신뢰하고, 존경하며 잘 어울림.
- 역사의식, 소속감, 정체성을 제공하는 전통, 의식, 그리고 이야기가 있음.
- 가족의 행동과 상호작용을 지배하는 명백하고 합리적인 규칙이 있음.
- 가족 구성원이 서로를 돕기 위해 공유하며, 개인적 희생을 감수함. 가족 구성원이 단결하며 서로를 지지함.
- 가족 구성원이 동의하지 않을지라도 상대방의 의견을 듣고 존중함.
- 전체 가족에게 영향을 미치는 결정을 내리기 전에 각 구성원의 생각, 선호, 욕구를 고려함.
- 갈등을 인정하고 협상하고 해결함.

강점은 클라이언트에게 다음과 같은 질문을 함으로써 확인할 수 있다.

- 당신 자신과 상황, 삶에서 바꾸고 싶지 않은 것은 무엇입니까?
- 삶에 대한 당신의 접근 중 다른 사람이 강점 혹은 이점으로 보는 것은 무엇인가요?
- 현재 문제에도 불구하고 삶의 어떤 부분이 꽤 잘 되어 가나요?
- 심각한 문제를 성공적으로 다루었을 때를 말해 주세요.
- 어려운 시기를 견뎌내는 용기는 어디에서 나오나요?
- 다른 사람은 당신의 어떤 점을 좋아하나요?

클라이언트 강점에 기반을 두는 것은 클라이언트의 문제를 다른 각도에서 바라볼 것을 요구한다. 예를 들면 비협조적이고 저항하는 사람으로 낙인찍힌 한 사람을 생각해 보자. 만일 이러한 행동을 다른 각도에서 본다면 스스로가 이해할 수 없는 것을 하지 않을 용기, 자기주장을 할 수 있는 능력이 강점이 될 수 있다. 다시 말해, 다른 관점에서 보면 그는 논리적이고 자기주장이 강한 사람이다. 이런 식으로 문제를 재구조화할 때 클라이언트와 소통하는 데 더욱 효과적인 방법 혹은 최소한 더 나은 방법을 찾을 수 있다(항목 13. 10 참조).

클라이언트의 강점을 인식하고 이에 기반을 두는 방향으로 접근하는 데 도움이 되는 또 다른 방법은 모든 사람에게 심리적 건강과 친사회적 행동에 대한 선천적인 성향이 있다고 가정하는 것이다. 인간의 신체를 지속적으로 회복하는 자연스러운 치유 과정이 있듯, 시간이 지나면서 심리적 손상, 파괴된 관계, 그리고 삶의 일부분인 많은 상처를 치유 및 회복하는 자연력이 있다. 이러한 신념은 사회복지사의 노력에 희망을 불어넣는다. 또한 이 신념은 클라이언트의 치유 과정이 작동할 수 있도록 조건과 환경을 만드는 것이 중요하다는 점을 강조한다.

사회복지사가 클라이언트의 강점을 확인하는 데 능숙할수록 원조관계를 맺고 클라이언트에게 유용한 개별화된 개입 계획을 세우는 것이 더 쉬워진다. 다음의 지침은 사회복지사가 클라이언트의 강점에 초점을 맞추는 것을 돕는다.

(1) 그렇지 않다고 뒤집을 만한 증거가 없는 한, 클라이언트를 정직하고 신뢰할 만한 사람이라고 믿는다. 많은 사람은 대부분 주어진 상황이나 여건 속에서 할 수 있는 한 최선을 다한다. 동시에 모든 사람은 지지, 격려, 안내와 자원이 제공되면 긍정적으로 변화할 수 있다고 가정한다.

(2) 클라이언트를 자신의 행동, 삶, 그리고 상황의 전문가로 인정하고, 치료 계획 혹은 변화 노력이 어떻게 작동할지 알 것이라 가정한다. 가능한 최대로 상황에 대한 클라이언트의 이해를 도모하며, 바람직한 변화를 초래하기 위해 해야 할 일에 클라이언트의 제안을 활용한다. 사정과 서비스 계획 과정을 협력적 활동으로 간주한다.

(3) 클라이언트의 가족, 사회적 관계망, 이웃, 커뮤니티 내 어딘가에 타인에 대한 원조를 기꺼이 제공할 수 있는 잠재적 원조자원의 오아시스가 있다고 기대한다.

(4) 비난하는 논의, 그리고 클라이언트나 다른 사람들이 이전에 해야만 했던 것이나 하지 말

았어야 하는 것에 대한 논의는 피한다. 일반적으로 사회적 기능수행상의 문제는 복잡하며, 수많은 개인적·상황적 요인이 얽혀 발생한다. 또한 사회적 문제를 다룰 때, 그 정확한 원인을 알아내려는 노력은 좀처럼 도움이 되지 않는다.

(5) 클라이언트의 기술, 능력, 동기 혹은 태도와 같은 강점을 보여 주는 모든 지표에 관심을 기울인다. 보통 클라이언트는 자신의 문제에 사로잡혀서 긍정적·효과적이며 원하는 효과를 내는 뭔가를 하는 것을 잊는다.

11.7 클라이언트의 사회적 지지 사정하기

사회적 지지는 타인에 의해 제공되며, 받는 사람이 바람직하고 유익한 것으로 인식하는 원조와 도움을 뜻한다. 흔히 가족, 친구 혹은 이웃이 사회적 지지원이지만 때때로 기관 종사자 혹은 자원봉사자가 매우 중요한 지지를 제공한다. 사회적 지지는 **구체적인 원조**(예: 진료 예약을 위해 차를 태워주는 것, 소액 현금 대출, 장보기를 도와주는 것, 무보수의 아동 돌봄), **지도와 교육**(예: 정보와 관점 제공, 친구의 어려운 결정을 돕는 것, 기술 교육), **돌봄과 위안**(예: 공감 담은 경청과 재보증), **동지애**(예: 우정과 사회 활동)와 같이 다양한 형태를 띤다. 사회적 지지의 활용 가능성과 접근성은 클라이언트의 신체적·정신적 건강, 그리고 질병 또는 상해로부터의 회복에 중요한 요인일 수 있다.

사회적 지지는 정기적으로 상호작용하는 모

든 개인, 집단으로 구성된 더 큰 **사회적 관계망**의 한 요소라는 점을 기억해야 한다. 사회적 관계망의 규모가 사회적 지지의 활용 가능성과 반드시 관련되는 것은 아니다. 어떤 사람은 가족도 많고 친구도 많지만 실제 사회적 지지는 적을 수 있다. 정의상 사회적 지지는 긍정적이고 유용한 영향이다. 그러나 클라이언트의 사회적 관계망의 어떤 측면은 해로울 수 있다. 예를 들어 반사회적 동료집단 혹은 범죄조직이 발휘하는 영향이 그러하다.

클라이언트가 사회적 지지를 적절히 활용하도록 돕기 위해서는 현재의 그리고 잠재적인 사회적 지지 원천에 관한 이야기를 나누는 것이 필요하다. 사정 과정을 도울 수 있는 일련의 질문은 다음과 같다.

- 당신에게 중요한 사람은 누구인가요? 이 질문에 대답하기 위해 가구 혹은 가족원, 친구와 이웃, 직장 및 학교 동료, 당신이 속한 종교 집단 및 조직의 회원 등을 생각해 보세요.
- 당신이 언급한 사람 중에서 특별히 지지적이고 도움이 되며, 삶에 긍정적인 영향을 미쳤다고 생각하는 사람, 당신에게 중요한 사람은 누구인가요? 이들 중에서 정기적으로 만나고 대화하고 편지하거나 이메일을 보내는 사람은 누구인가요?
- 결정을 내릴 때 종종 조언 혹은 도움을 구하는 사람이 있나요?
- 출근할 때나 식료품 가게에 갈 때 차를 태워 달라거나, 소액 대출을 편하게 부탁할 수 있는 사람이 있나요?

- 친척과 친구 중에서 당신의 상황을 알고 이해하는 사람은 누구인가요?
- 진실로 신뢰하며 개인적 문제 혹은 딜레마와 관련해 도움 혹은 조언을 구할 수 있는 사람이 있나요?
- 어떤 상황이든 관계없이 항상 도움을 구할 수 있는 사람은 누구인가요?

클라이언트가 사회적 지지가 될 가능성이 있는 개인 혹은 집단을 확인하면, 사회복지사는 이들의 도움을 구할지의 여부와 그 방법을 함께 상의한다. 이들이 실제적으로 도움을 제공할지는 이들에게 도움을 구하고 그 도움을 활용하려는 클라이언트의 의지에 달려 있다. 어떤 클라이언트에게는 잠재적 자원으로 활용하지 못할지라도 사회적 지지 사정이 도움이 될 수 있다. 활용할 수 있는 도움을 아는 것만으로도 클라이언트는 자신을 다시 믿게 되며, 스스로 가치 있는 존재라 느끼고, 보호받고 있다고 느낀다.

11.8 대처 전략과 방어기제를 사정하기

사정 단계에서 클라이언트가 필요한 변화를 위한 노력에 어떻게 반응할지를 예상하기 위해 클라이언트의 평상시 대처 전략과 방어기제를 확인하는 것이 필요하다. 어떤 전문직에서는 대처 전략과 방어기제 용어를 혼용하기도 한다. 그러나 의식적이고 자발적인 통제 아래 있는 반응 정도에 따라, 그리고 자기기만과 현실 왜곡이 포함되어 있는지의 여부에 따라 차이가 있다. **대처 전략**(*coping strategy*)은 문제를 해결하거나 개인적인 스트레스 상황을 다루는 데 꽤 신중하고 의식적인 노력을 하는 것이다. 반대로 **방어기제**(*ego defense*)는 습관적이거나 무의식적인 문제 회피적 전략이다.

대처 전략에는 두 가지 기능이 있다. 즉, **문제를 해결하는 것**(과제 중심 대처)과 **정서적 불편을 완화하는 것**(정서 중심 대처)이다. 매우 곤란한 상황이라면, 효과적으로 문제를 해결하기에 앞서 정서적 반응을 먼저 관리할 필요가 있다.

정서 중심 대처 전략은 사람마다 매우 다양하다. 예를 들면 곤란한 상황일 때 어떤 사람은 혼자 감정을 폭발시키는가 하면, 어떤 사람은 친구를 방문한다. 또 어떤 사람은 기도와 명상, 혹은 격렬한 신체 운동에 참여하기도 한다. 다른 대처 전략으로는 ― 어떤 것은 기능적이고 어떤 것은 역기능적이지만 ― 문제를 무시하거나, 잠을 더 자거나, 음식을 더 많이 먹거나 일에 몰두하는 것 등이 있다. 사람은 특정 전략을 습관적으로 사용하는 경향이 있기 때문에 사회복지사는 클라이언트에게 다른 불안한 상황에서 어떻게 반응하거나 대처하는지 질문함으로써 클라이언트가 사용하는 전략을 꽤 정확히 알수 있다.

사람들은 문화적인 차이에도 불구하고 다음과 같은 **정서 중심 대처 전략**을 사용하여 놀라운 사건이나 극심한 디스트레스에 반응한다.

- 울기: 울기는 긴장을 완화하는 흔한 수단이며 상실에 대한 일반적 반응이다. 울기는 성공적인 애도 작업에 필수적이다.

- 대화하기: 트라우마 경험이 있는 사람은 때때로 그 경험에 대해 반복적으로 묘사하고 이야기할 필요가 있다. 시간이 지나면서 점차 둔감해지며, 이러한 과정은 트라우마 경험과 관련된 감정의 강도를 줄여준다.

- 웃어넘기기: 농담하며 고통스러운 경험에 유머 감각을 활용하는 것은 긴장을 완화하고 그 문제를 다른 각도에서 보게 한다. 예를 들어 사랑하는 사람의 죽음에 적응해 가는 사람은 종종 울기와 웃기의 적절한 혼합을 보이며 성공적인 애도 과정을 겪는다.

- 사회적 지지를 찾기: 정서적 균형 상태와 안정감을 회복하는 수단으로 다른 사람으로부터 다시 지지를 보증받고 위안을 추구하는 일은 아동과 성인 모두에게 자연스러운 일이다.

- 꿈이나 악몽을 꾸기: 앞서 정의한 대처 전략(의식적이고 자발적인)에 맞지는 않지만 트라우마 경험에 대한 공통적인 반응이다. 되풀이되는 꿈은 그 경험과 의식적으로 싸우도록 개인을 끌어내는 효과가 있는 것으로 보인다.

클라이언트가 격렬한 감정으로 고통받는 것이 아니라면 사회복지사는 클라이언트가 **과제 중심 대처 전략**을 확인하고 활용하도록 돕는 것에 초점을 둘 것이다. 과제 중심 대처 전략은 계획적인 선택과 행동으로 기능수행, 환경, 혹은 양자 모두에 변화를 가져온다. 클라이언트가 의미 있는 변화를 만들어낼 수 있는 훌륭한 대처 기술이나 동기, 능력, 기회를 가졌는지 판단하기 위해 사회복지사는 클라이언트가 다음을 할 수 있는지 알아내야 한다.

- 현재의 가정과 신념에 맞지 않는 정보일지라도 질문하고 새로운 정보를 수집한다.
- 선택권이 있으며 노력해서 자신의 행동과 상황을 수정할 수 있다고 생각한다.
- 어떤 손실이든 줄이며, 건강하지 못하고 스트레스를 낳거나 바뀌지 않는 관계 혹은 상황으로부터 빠져나온다.
- 삶의 종교적이고 영적인 차원을 검토하고 통찰, 강점, 목표에 대한 자신의 핵심적 신념을 활용한다.
- 문제의 진행을 드러내는 초기 징후를 확인하고 문제가 심각해지기 전에 조치를 취할 수 있다.
- 문제 해결을 위해 긍정적이고 적절한 조치를 취한다. 이런 행동이 두려움과 불안의 근원이 될 때에도 그렇게 한다.
- 자신과 타인에게 해를 입히지 않는 방식으로 억눌린 감정을 완화한다.
- 바람직하지만 다소 오래 걸리는 계획을 지키기 위해 즉각적인 만족을 지연한다.
- 예측되는 어려움을 다루는 방법을 정신적으로 연습해 보기 위해 미래의 행동이나 사건에 대한 시각화를 활용한다.
- 부가적인 기술 훈련과 필요한 전문적 서비스를 찾아 활용한다.

만일 사정에서 클라이언트가 필요한 대처 전략이 부족하다고 드러나면 개입 계획은 클라이언트가 필요한 기술을 배우도록 돕는 데 초점을 두어야 한다. 예를 들면 학대 부모는 양육 기술을 배울 필요가 있고, 직업이 필요한 사람은 직업을 찾는 기술에 초점을 둘 필요가 있으며, 갈등상태에 있는 기혼 부부는 의사소통 기술이 필요하고, 위탁보호체계를 떠나는 청년은 독립생활 기술을 획득할 필요가 있다.

방어기제는 정서적 고통 혹은 위협으로부터 개인을 보호하는, 주로 무의식적인 심리 과정으로 종종 정의된다. 우리 모두는 일상적인 문제와 생활상의 스트레스에 대처할 때 어느 정도의 방어기제를 사용한다. 그러나 방어기제를 과도하게 혹은 엄격하게 사용하는 것은 현실적인 문제 해결을 방해하기 때문에 문제가 된다. 높은 수준의 방어와 현실 왜곡은 정신장애 성격의 특징이다.

부인의 방어기제를 사용하는 사람은 불쾌하고 원하지 않는 현실을 차단하며 이를 믿지 않거나 거부한다. 어느 정도의 부인은 사랑하는 사람의 갑작스러운 죽음을 처음 들었을 때 거의 보편적으로 보이는 반응이다. **합리화**는 부적절한 행동을 정당화하는 주장 제시를 포함한다. 합리화에 해당하는 행동은 첫째, 행동 혹은 신념을 정당화할 이유를 모색하는 것, 둘째, 자신의 '이야기'에서 모순을 인식하지 못하는 것, 셋째, 대안적 설명을 고려하려 하지 않고 자신의 논리가 의문시될 때 화를 내는 것을 포함한다. 합리화가 진실을 왜곡함에도, 이는 종종 무의식적 습관의 문제이며 사실을 날조하기 위해 의도적으로 노력하는 것은 아니기 때문에 거짓말과는 다르다. 부인과 합리화는 약물 혹은 알코올에 중독된 사람이 지배적으로 사용하는 방어기제다.

투사 방어기제는 자신의 결점이나 받아들여질 수 없는 생각 혹은 행동의 책임을 다른 사람에게 돌리는 것이다. 예를 들면 아동에게 음란한 짓을 한 사람은 아동 때문에 자신이 유혹당했으며 그래서 자신이 범법자이기보다는 희생자라고 자신을 설득한다.

주지화 방어기제는 곤란한 상황에서 자신을 정서적으로 분리하는 수단으로 관념, 사고를 사용한다. 예를 들면 인기 있는 직업에서 거절당한 사람은 자신이 취업하지 못한 것을 자유무역 경제와 변화하는 글로벌 시장에서 비롯된 것으로 설명함으로써 거부감과 실망감에 대처한다.

정서 고립(insulation)은 바람직하지만 있을 것 같지 않은 결과에 투자 혹은 애착을 억제하려는 책략이다. 이는 정서적 고통의 재발로부터 자신을 보호하는 방패를 만드는 것이다. 예를 들면 자주 위탁가정을 옮겨 다닌 아동은 잇따른 고통스러운 분리와 상실의 경험에 대한 방어기제로 새로운 위탁부모에 대해 모든 애착을 억제한다. 불행히도 아동의 이런 행동은 성인이 될 때까지도 이어지며, 결혼한 배우자나 자신의 자녀에 대해서도 정서적 애착을 개발할 수 없게 된다. 이 방어기제는 '**학습된 무기력**'의 개념과 밀접히 관련된다. 즉, 오랫동안 좌절을 겪은 어떤 사람은 쉽게 포기하며 비참함에서 벗어나려는 시도를 멈춘다. 이들은 삶에서 무슨 일이 일어나든 수동적으로 받아들이는 '낙담한' 사람들이다. 정서 고립은 극도로 박탈된 상태에서 성장한 사람에게서 공통적으로 발견된다.

환상을 방어기제로 사용하는 사람은 정서적 욕구를 충족하는 수단으로써 혹은 외로움, 무능함 같은 감정에 대한 보호막으로써 가상적인 상황에 빠지고 백일몽을 꾸는 데 많은 시간을 보낸다. 현실보다 환상을 선호할 때 심각한 문제가 발생한다. 환상과 현실을 구분하지 못하는 것은 흔히 심각한 정신질환의 증상이다.

억압은 극도로 위협적인 경험을 의식으로부터 무의식적으로 차단한다. 예를 들면 아동은 성학대 경험을 억압하고, 여러 해가 지난 후에도 이를 기억하지 못한다.

퇴행은 현재의 성숙 수준과 그에 따른 책임으로부터 요구사항이 더 적은 수준으로 후퇴하는 것이다. 예를 들면 만 5세 된 아이는 신생아가 태어났을 때 부모로부터 더 많은 관심을 받기 위해, 혹은 부모의 돌봄을 받지 못할 것에 대한 두려움으로 혼자 먹기를 거부하고 손가락을 빠는 것과 같은 유아적인 행동을 보인다. 어느 정도의 퇴행은 심각한 질병을 앓거나 엄청난 고통과 디스트레스를 경험하는 사람에게서 흔히 나타난다.

반동 형성을 사용하는 사람은 실제 원하지만 용납할 수는 없는 바람과 정반대로 행동한다. 예를 들면 자신이 아동에게 성적인 매력을 느낀다는 것을 깨달은 사람이 이에 대응해 아동 성학대 예방을 위한 프로그램을 만들기 위해 끊임없이 활동하는 경우이다.

대치는 적대감과 같은 다루기 힘든 정서 혹은 폭력과 같은 공격적 행동을 그 감정의 원인이 되는 사람이 아니라, 덜 위협적이고 힘이 없는 사람이나 사물에게 이동시키는 것을 말한다. 고전적인 예는 상사에게 화가 난 감정 때문에 개를 때리는 사람이다.

행동화(acting out)는 보통 충동적으로 행동함으로써 혹은 물리적으로 가격함으로써 좌절 혹은 내적 혼란에 대처하려는 시도다. 예를 들면 말로 자신의 감정을 표출할 수 없는 좌절한 청소년이 문제의 원천으로 간주된 사람을 공격하며 긴장을 발산할 수 있다. 공격을 기다리는 동안의 두려움과 스트레스를 더 이상 참을 수 없는 전쟁터의 군인이 자신의 안전지대인 참호를 떠나 무모하게 적을 공격한다는 것은 잘 알려져 있다.

사회복지사가 클라이언트의 방어기제를 사정하고 이에 반응하도록 돕기 위해 몇 가지 지침이 제공될 수 있다.

(1) '방어기제'란 용어를 사용할 때 몇 가지 조심할 점이 있다. 우리가 방어기제라고 부르는 행위는 사람들이 행동하는 방식에서 추론한 가설적 개념일 뿐이다. 기껏해야 행동과 내적 갈등을 설명하기 위해 만든 간편한 언어에 불과하다. 예를 들면 클라이언트의 행동을 투사나 합리화로 명명하는 것은 그 행동을 적절하게 설명하는 방법도 아니고 그 행동을 변화시키지도 못한다. 클라이언트를 방어기제에 의존하게 만드는 욕구 혹은 고통을 찾기 위해 표면적 고통의 이면을 살펴야 한다.

(2) 방어기제는 대부분 학습되며 습관적이기 때문에 개인은 과거에 사용했던 방어기제를 반복하는 경향이 있다. 예를 들면 과거에 부정과 합리화를 주로 사용했던 사람이 있다면, 그가 불안이나 갈등에 처했을 때 똑같은 방어기제를 사용할 것이라 예측할 수 있다.

(3) 사람들은 방어기제를 더욱 확고히 지속한다. 그들이 경험하는 불안 혹은 불안정성이 커질수록 방어기제를 더욱 많이 사용할 것이다. 보통 감정 이입, 온화함, 진심 등을 특징으로 하는 관계 속이라면, 사람들은 자신의 방어기제를 내려놓고 기저에 있는 고통을 검토할 만큼의 충분한 안전감을 느낄 수 있다.

11.9 클라이언트의 역할수행을 사정하기

항목 11. 1에서 설명한 바와 같이 사회복지 전문직은 주로 사람의 사회적 기능수행에 초점을 둔다. 클라이언트의 사회적 기능수행을 사정하기 위해 사회적 역할 개념, 그리고 그것의 역동을 이해해야 한다. **사회적 역할** 개념은 특정 지위를 부여받거나 사회 안에서 특정 위치를 차지한 사람에게 특정 행동, 태도, 규범이 기대된다는 관찰로부터 도출됐다. 예를 들면 부모(사회적 역할)가 되면 어린 자녀에게 음식, 안식처, 보호, 감독 등을 제공할 것이 기대된다. 학교 현장에서 교사(사회적 역할)는 가르칠 것이 기대되고, 학생(또 다른 사회적 역할)은 학교 규칙을 준수하고 공부하고 학습할 것이 기대된다. **역할**은 연극 세계에서 빌려온 단어다. 연극에는 배우가 있고, 배우의 역할을 지시하는 대본이 있으며, 배우의 연기를 경험하고 판단하는 청중이 있다. 현실 세계, 사회복지의 사회적 기능수행 개념 안에도 사람(예: 클라이언트)이 있고, 사람의 역할이 있고, 그 사람의 역할수행을 관찰하고 평가하는 사람(예: 가족, 커뮤니티, 사회)

이 있다. 역할에 관한 사고나 역할 이론은 인간 행동에 관한 심리적 관점과 사회적 관점을 연결하므로, 클라이언트 기능수행을 기술하고 사정할 때 유용하다. 사회기관과 사회프로그램의 기본 목적은 부모, 배우자, 피고용인, 학생, 이웃, 시민 등과 같은 사회적 역할의 수행을 증진하거나 향상하는 것이다.

역할기대라는 용어는 주어진 역할에 준거집단이나 전체 사회에서 수용되고 적절하다고 판단되는 행동이 있음을 의미한다. 즉, 준거집단 (예: 동료집단, 커뮤니티, 종교, 조직)은 개인이 어떤 방식으로 행동할 것을 기대하며, 이러한 기대에 대한 순응 여부에 따라 그 사람을 괜찮다고 생각하거나 못마땅하게 생각할 것이다. 역할기대는 수용할 수 있고 용인할 수 있는 행동의 한계를 규정한다.

역할개념은 특정한 역할에서 어떻게 행동해야겠다고 생각하는 가정, 신념을 뜻한다. 한 개인의 역할개념은 커뮤니티 혹은 더 넓은 사회에 의해 정의되는 역할기대를 따를 수도 있고 따르지 않을 수도 있다.

역할수행(역할이행)은 역할을 수행한 실제 행동을 말한다. 어떤 점에서 개인의 역할수행은 자기 자신의 역할개념에 조응할 수도 있지만, 타인의 역할기대에는 부응하지 못할 수도 있다. 예를 들어 한 아버지가 양육에 대해 자신만의 신념대로 행할 수도 있지만, 커뮤니티 혹은 법정에서는 아버지의 양육 행동을 아동방임으로 판단할 수 있다. 주어진 역할을 성공적으로 수행하기 위해서는 특정한 지식, 가치, 태도, 기술을 소유해야 한다. 이와 같은 꼭 필요한 능력들

을 흔히 **역할요구**(역할요건)라고 부른다.

역할수행상의 문제를 설명하기 위해 많은 용어가 사용된다. **상호 역할갈등**은 두 가지 혹은 그 이상의 역할이 양립할 수 없거나 충돌하는 것을 말한다. 예를 들면 어떤 여성은 어린 자녀의 부모 역할과 빈번한 사업상 출장, 긴 업무시간이 기대되는 회사원으로서의 역할 사이에서 갈등을 경험할 수 있다. **역할 내 갈등**은 한 가지 역할에 두 가지 이상의 기대가 부여되는 상황에 놓일 때 발생한다. 예를 들면 고등학생은 교사가 정의한 학생 역할과 숙제보다 파티를 선호하는 친구가 정의하는 학생 역할을 조화할 수 없기도 한다. **역할무능력**은 어떤 이유로 개인이 역할을 적절히 수행할 수 없을 때 나타난다. 그 이유에는 신체적이거나 정신적인 질병, 꼭 필요한 기술 부족, 약물 중독, 지적장애 등이 포함된다. **역할거부**는 개인이 역할수행을 거부할 때 발생한다. 극단적인 예는 부모가 자신의 아이를 버리는 경우이다.

역할모호성(역할혼돈)의 문제는 역할과 관련된 명백한 기대가 거의 없을 때 발생한다. 다시 말해 급속한 사회 변화가 발생하는 시기에 그런 상황이 발생할 가능성이 크다. 그 결과 개인은 기대되는 내용이 무엇인지를 확신하지 못하고 자신의 수행을 평가할 수 없다. **자기역할불일치**는 역할의 요구 사항과 개인의 성격이나 자아 개념이 맞지 않을 때 발생한다. 예를 들면 어떤 사람이 법정 변호사 역할을 맡았으나 다소 순종적이고 수동적인 기질로 그 역할을 불편하게 여길 수 있다. 또 다른 예는 자신의 가치, 윤리 혹은 생활 스타일이 역할기대와 맞지 않다는 것을 알

앉을 때이다. **역할과중**의 문제는 자신이 적절히 수행할 수 있는 역할보다 훨씬 많은 역할을 수행해야 할 때 발생한다. 실제로 대부분의 사람은 자신들의 다양한 역할과 관련된 모든 기대를 충족할 수 없으며 충족하려 하지 않는다. 그래서 대부분의 사람은 어느 정도 **역할긴장**을 안고 살아간다. 역할긴장은 타협과 협상, 우선순위 설정이 필요한 상황, 그리고 제한된 시간과 에너지에 맞추어 역할개념을 만족하기 위해 다양한 대처 전략 사용이 필요한 상황에 나타난다.

다음과 같은 질문은 사회복지사가 역할수행상의 문제를 분석하고 필요한 개입 유형에 관한 의사 결정을 내리는 것을 돕는다.

(1) 실제 역할수행과 역할기대상의 불일치의 본질과 정도는 어떠한가?

① 특정 역할에서 적절하거나 정상적이라고 고려되는 행동과 클라이언트의 행동은 어떻게 다른가?
② 어떤 관찰, 사건 혹은 경험 때문에 사회복지사와 클라이언트, 다른 사람이 불일치가 존재한다고 결론 내렸는가?
③ 사회복지사 혹은 클라이언트가 클라이언트의 역할수행 때문에 애를 먹거나 역할수행에 대해 걱정하는 이유는 무엇인가? 왜 이 역할이 중요한가? 클라이언트 역할수행상 변화가 일어나지 않는다면 어떤 일이 발생하는가?

(2) 이러한 불일치는 지식, 기술 혹은 동기의 부족 때문에 발생했는가?

① 클라이언트는 이 역할을 수행하는 데 필요한 지식이나 기술을 갖추었는가?
② 클라이언트가 하고자 한다면 역할을 성공적으로 수행할 수 있는가?

(3) 만일 수행과 기대 간의 불일치가 지식, 기술 때문이라면 이러한 제한을 어떻게 다뤄야 하는가?

① 클라이언트가 이 역할을 수행할 수 있었을 때는 언제였나? 만약 그렇다면 무엇 때문에 클라이언트는 이 역할을 수행할 능력 혹은 동기를 잃었는가?
② 클라이언트는 필수 지식과 기술을 배울 수 있는가?
③ 클라이언트가 이 역할을 수행하는 데 필요한 지식과 기술을 획득하도록 돕는 방법이나 기법은 무엇인가?

(4) 만일 불일치가 역할에 대한 거부나 관심 부족 때문에 발생했다면 그 문제를 어떻게 다뤄야 하는가?

① 이 역할은 실제로 클라이언트에게 중요한가?
② 클라이언트가 더 중요하다고 생각하는 역할이나 활동은 무엇인가?
③ 클라이언트는 이 역할의 수행에 어떤 혜택이 있다고 생각하는가?
④ 이 역할을 수행함으로써 클라이언트가 보상이나 강화를 받을 수 있는가? 만일 그렇지 않다면 보상을 어떻게 증진할 수 있는가?

⑤ 클라이언트가 이 역할수행 때문에 타인이나 사회체계로부터 처벌을 받는가? 이런 처벌을 피할 수 있는가?

11.10 클라이언트의 자기개념을 사정하기

자기(*self*) 란 용어는 '주체로서의 나'(*I*) 혹은 '객체로서의 나'(*me*)에 대한 가정, 인식, 사고의 사적·내적 세계를 말한다. 자기는 의식, 사고, 행동의 중심이다. 자기의식(*sense of self*)은 다음 질문, 즉 '나는 누구인가?' 그리고 '다른 사람이 나를 어떻게 생각하는지에 관계없이 진짜 나를 뭐라고 말할 수 있을까?' 등에 답한다. **자기개념**은 사람이 스스로에 대해 갖는 일련의 신념, 이미지를 뜻한다. 이러한 신념은 타인과 공유될 수도 있고 그렇지 않을 수도 있다. 더구나 자기개념은 상황, 환경에 따라 그리고 특정 역할과 과업을 얼마나 잘 수행하는가에 따라 어느 정도 달라진다. 자기개념의 토대는 아동기 동안 형성되지만, 평생의 경험을 통해 스스로에 대한 생각을 수정할 수 있다. 타인과 사건에 반응하는 방식, 그리고 사회적 역할을 수행하는 방식은 자신을 어떻게 생각하고 느끼는가에 의해 영향을 받기 때문에 자기개념은 사회적 역할 수행에 매우 중요하다.

자기의 여러 측면을 묘사하는 데 여러 개념이 도움이 된다. **자기정체성**은 자신을 규정하고 설명하는 것이며 다른 사람과 어떻게 구별 짓는지를 나타낸다. 물론 자기에 대해 생각하는 것과 다른 사람에게 제시하거나 보여 주려는 이미지는 서로 다를 수 있다. 그래서 우리는 사적인 자기와 공적인 자기를 갖고 있다.

자기 가치(자존감)는 인간으로서 자신의 가치에 대한 스스로의 평가를 말한다. 자기 가치는 대단히 주관적 평가이다. **이상적 자기**(혹은 자기기대)는 될 수 있고 되어야 하거나 되고 싶은 것에 대한 깊은 내적인 생각을 뜻한다. **신체이미지**는 몸과 신체 외모에 대한 인식과 평가를 말한다. **자기 수용**은 우리가 보기에 자질과 속성, 강점과 한계인 것에 만족하고 편히 받아들이는 정도이다. **자기 효능감**은 효과성, 인간으로서의 능력에 대해 갖는 신념과 관련된다.

클라이언트 자기개념의 특정 측면이 사정 과정에서 논의될 필요가 있는지 여부는 클라이언트의 관심사나 문제에 따라, 그리고 클라이언트와 전문가가 만난 이유에 따라 달라진다. 어떤 클라이언트는 개인적 정보를 나누는 것에 주저한다. 반면, 어떤 사람은 자신의 이야기를 하고 자신에 대한 가장 내밀한 생각을 공유하고 싶어 한다. 이런 종류의 정보를 끌어내기 위해 사회복지사는 삶의 5가지 공통 주제, 즉 사랑, 상실, 두려움, 상처받음, 상처 줌을 중심으로 구성된 질문을 던질 수 있다. 많은 클라이언트는 다음과 같은 질문에 비방어적으로 응답할 것이다.

• **누구를, 무엇을 사랑하는가?** 가장 중요한 것은 누구, 무엇인가? 그것을 위해 스스로를 희생하고 있는가? 어떤 이유로 자신의 시간과 돈을 쏟아붓는가? 원하는 대로 누군가를 사랑하

거나 돌볼 수 없는가?

- **상실한 사람은 누구이고, 무엇을 잃어버렸는가?** 부모, 자녀, 형제, 친한 친구와 헤어지거나 관계가 멀어지고 장애인이 되거나 사망한 적이 있는가? 삶의 의미와 목적 혹은 희망과 꿈을 잃어버린 적이 있는가? 연령, 질병 혹은 손상으로 인한 결과로 신체적 혹은 정신적 능력을 상실해본 적이 있는가? 학대, 착취, 폭력이나 전쟁 때문에 안정감과 안전을 잃어버린 적이 있는가? 고향 혹은 모국어와의 접촉이 끊긴 적 있는가? 의미 있는 종교적, 문화적 활동과의 연락이 끊긴 적이 있는가? 홍수, 화재, 혹은 자연재해 때문에 중요한 재산이나 집을 잃어버린 적이 있는가?

- **누구와 무엇을 무서워하는가?** 살면서 배고픔, 폭력, 질병, 고통, 장애나 사망에 대한 두려움을 가져본 적이 있는가? 자신을 실제로 돌볼 사람이 없다는 것이 두려운가? 존경과 지위 상실이 두려운가? 중요한 관계, 직업, 돈 혹은 집 상실이 두려운가?

- **살면서 어떤 상처를 받았는가?** 가족, 친구로부터 언제, 어떻게 상처(신체적, 정서적, 재정적 상처 등)를 받았는가? 이런 고통스러운 경험을 어떻게 설명하는가? 이런 과거의 상처가 다시 상처를 입을 것에 대한 두려움을 갖게 하거나 복수하고 싶은 바람을 갖게 한 적이 있나? 이런 경험이 자신과 다른 사람에 대해 생각하고 느끼는 방식에 어떻게 영향을 미쳤나?

- **누구에게 상처를 주었는가?** 언제, 어떻게 다른 사람에게 의도적으로 혹은 우연히 상처를 주었나? 이런 경험을 어떻게 설명할 것인가? 다른 사람에게 상처를 입힌 경험이 자신에 대해 느끼는 방식을 바꾸어 놓았는가? 자신 때문에 발생한 고통과 손상을 수정하거나 보상하기 위한 시도를 한 적이 있는가?

클라이언트의 자기의식을 탐색하기 위해 몇몇 형태로 다음과 같은 부가 질문을 사용하기도 한다.

- **가족 구성원:** 자신에게 가족(부족이나 문중)은 누구인가? 책임감을 느끼면서 돌보고 돕거나 보살펴야 할 의무가 있다고 생각하는 사람은 누구인가? 가족 구성원과 얼마나 자주 이야기하는가? 가족 구성원 중 특별히 가깝다고 느끼는 사람 혹은 멀게 느껴지는 사람은 누구인가? 가족과 있을 때 편안함을 느끼는가?

- **정체성:** 사람들을 묘사할 때 흔히 사용하는 범주나 명칭(예: 성, 결혼 상태, 직업, 국적, 민족성, 성적 지향성, 종교, 사회·경제적 계층, 정치적 성향)은 무엇이며 자신을 어떻게 정의하는가?

- **신체이미지:** 몸과 외모에 대해 만족하는가? 몸에서 어디를 가장 신경 쓰는가? 사람들이 자신의 몸을 볼 때 어디를 본다고 생각하는가?

- **자기 수용:** 다음과 같은 질문에 솔직히 답하는 데 어느 정도 편안함을 느끼는가? 즉, 나는 누구인가? 혼자 있을 때를 즐기는가? 혼자 있을 때 드는 가장 내밀한 생각과 감정에 만족하는가, 혹은 스트레스를 받는가? 매우 잘 아는 사람과 함께 있을 때 보통 편안한가, 아니면 긴장이 되는가? 나는 어떤 면에서 특별한

가? 자신에게 바꾸고 싶은 것이 있다면 그것은 무엇인가?

- **자기 가치**: 강점, 재능, 그리고 능력은 무엇인가? 타인의 가치 혹은 중요성을 판단할 때 사용하는 기준은 무엇인가? 똑같은 기준을 갖고 어떻게 측정하는가? 다른 사람보다 자신을 덜 가치 있다거나 덜 중요하다고 생각하게 하는 것이 있다면, 그것은 무엇인가?

- **이상적 자기**: 자신에 대해 기대하는 바를 어느 정도 수행했거나 달성했는가? 성공을 어떻게 규정하는가? 삶의 어떤 부분에서 성공적인가? 기대에 못 미친 영역은 무엇인가? 삶에서 달성하거나 성취하고 싶은 것은 무엇인가? 다른 사람, 가족 혹은 커뮤니티에 특별히 기여하고 싶은 것은 무엇인가? 죽은 후에 어떻게 기억되고 싶은가?

- **자기 효능감**: 자신의 삶을 통제한다고 느끼는가? 자신이 내린 결정 혹은 타인이 내린 결정 중 어느 것이 삶에 더 많은 영향을 미치는가? 미래에 대해 희망적인가, 혹은 비관적인가? 보통 기대와 열정으로 변화에 반응하는가, 혹은 걱정과 두려움으로 반응하는가?

- **영성**: 삶의 의미, 목적, 방향을 제시하는 어떤 경험이나 깊게 자리 잡은 믿음이 있는가? 자신이나 다른 사람이 삶에서 경험하는 고통, 괴로움, 절망을 어떻게 이해하는가? 관심사를 더 잘 이해하기 위해 타인이 알아야만 하는 특정한 영적 혹은 종교적 신념, 특정한 도덕 기준 등이 있는가?

- **과거의 자기와 미래의 자기**: 5년 전의 모습과 비슷하거나 다르다고 생각하는가? 10년 전과 비교하면 어떤가? 과거에 대해 후회나 죄책감이 있는가? 5년 후 자신이나 삶이 달라질 것이라 기대하는가? 달라질 거라 기대한다면 그것은 바람직한 변화일까, 아니면 바람직하지 않은 변화일까?

- **거주지에 대한 의식**: 가장 편안함, 만족, 행복을 느끼는 물리적 환경은 어디인가? 살고 있는 이웃과 커뮤니티에는 만족하는가? 살고 싶은 다른 장소가 있는가? 그곳은 어디이고 그 이유는 무엇인가?

11.11 클라이언트에게 필요한 돌봄 수준 사정하기

능력이 감퇴하는 노인이나 심각한 질병 혹은 신체적·정신적 장애를 가진 사람에게 서비스를 제공할 때 사회복지사는 당사자나 가족이 필요한 돌봄을 받을 수 있도록 종종 지원한다. 돌봄은 24시간 요양 홈 돌봄에서부터 가족 구성원 혹은 이웃의 정기적 가정방문과 모니터링에 이르기까지 다양하다.

적절한 수준의 돌봄을 제공하고 이러한 서비스에 필요한 자원을 확보하기에 앞서 사회복지사는 관련 정보를 수집해 어떤 유형의 돌봄이 필요한지 결정을 내려야 한다. 개인이 필요로 하는 돌봄 수준과 관련된 결정은 클라이언트와 가족의 참여, 그리고 의사, 간호사, 작업치료사, 정신건강 전문가, 사회복지사로 구성된 다학제간 팀의 참여로 이뤄지는 것이 이상적이다.

돌봄 수준을 권고할 때 고려해야 하는 요인은

수없이 많다. 하지만 가장 기본적인 두 가지는 첫째, 클라이언트에게 적절한 최소 규제 환경으로의 배치, 둘째, 클라이언트의 자기 결정과 품위 유지 극대화 등이다. 불행히도 아주 많은 경우에 클라이언트가 원하는 것(보통은 원래 살던 집에 사는 것을 원함)은 돌봄, 슈퍼비전, 안전의 측면에서 클라이언트에게 실제로 필요한 것이 아니다. 배치 권고에 앞서 클라이언트의 신체 및 정신 상태, 가족과 사회적 지지체계의 수용력, 커뮤니티기관에서 제공하는 가정 내 지원서비스 활용 가능성, 여러 수준의 시설 보호와 관련된 대안 및 비용 등에 대한 사정이 필요하다. 많은 개인과 가족에게 돌봄 비용은 중요한 고려 사항이다.

이러한 결정은 너무 자주 가족 위기 혹은 응급 상황에서 이뤄진다. 그래서 사회복지사는 위기 이전에 클라이언트에게 가장 적절하며 활용 가능한 자원을 연결하는 데 필요한 지식을 잘 갖추고 있어야 한다. 연결할 때는 다음의 요인을 고려해야 한다.

(1) **클라이언트의 신체 상태 및 가정환경:** 독립적인 몸치장, 위생, 옷 입기, 화장실 이용, 특별히 필요한 영양소, 이동성과 운동 능력, 투약 조건, 지속적인 치료 필요에 대한 예상, 가정환경의 안전성, 청소 상태, 집 유지 능력과 같은 개인적 신체 및 물리적 환경을 고려해 결정한다.

(2) **클라이언트의 심리적·지적 상태:** 추리, 문제 해결 능력, 판단, 기억, 의사소통 능력, 근심과 걱정, 우울, 약물·알코올 의존, 재정 관리 능력, 문화 행사 같은 심리적·지적 사항을 고려한다.

(3) **가족·사회적 지지:** 필요한 지원(예: 음식 준비, 개인 건강 및 위생, 교통, 사회적 상호작용)을 제공하는 가족 구성원, 이웃 혹은 자원봉사자의 관심과 능력을 고려한다.

(4) **커뮤니티의 원조 자원:** 클라이언트가 접근할 수 있는 가정 내 서비스는 커뮤니티마다 다르다. 그러나 대부분의 커뮤니티에는 사례관리, 가정봉사 서비스, 가정 간호 활동, 식사 배달, 회식, 식료품 등 쇼핑 서비스, 교통, 노인 동반자, 성인 주간 보호 등과 같은 서비스가 있다.

(5) **시설 돌봄 자원:** 일반적으로 커뮤니티에는 서로 확실히 구분되는 3가지 시설 돌봄 수준이 있다.

독립 주거(*independent living*)는 식사, 집안일 지원, 약속과 행사에 맞춘 교통편의 제공, 어느 정도의 모니터링과 슈퍼비전, 다양한 레크리에이션과 사회 활동을 제공하는 큰 시설의 일부인 보통 아파트이다.

지원 주거(*assisted living*)는 이보다 돌봄 수준이 높다. 이곳의 시설과 서비스는 개인이 자신의 공간, 약간의 소지품, 가구를 갖는 것을 제외하고 좀더 시설에 맞춰져 있다. 옷 입기, 목욕하기, 화장실 이용하기, 잠자리에 들고 일어나기, 투약 감독과 같은 과업에서 필요한 경우 즉각적으로 직원의 도움을 받을 수 있다. 지원 주거는 규칙적인 식사, 슈퍼비전과 함께 안전하고 안정된 환경을 제공한다.

요양 홈은 24시간 내내 직원의 주의를 요하는 심각한 신체적·정신적 제약을 가진 사람을 위해 설계됐다. 요양 홈은 병원과 같다. 요양 홈은 너무 병약해 집이나 다른 시설에서 생활할 수 없는 사람을 위한 영구 주거로서, 회복이나 재활 기간 동안 일시적으로 이러한 시설이 필요한 사람을 위해 대규모로 설계됐다.

클라이언트의 욕구, 능력도 굉장히 다르고 지역적으로 활용 가능한 자원도 상당한 차이가 있기 때문에, 특정한 클라이언트에게 적절한 돌봄 수준을 연결하는 일은 특히 복잡하다. 게다가 장기보호 중인 많은 사람이 활용하는 자원인 의료보호 프로그램, 다양한 시설 기준 및 자격 면허 요건 등은 주마다 다르다. 그래서 사회복지사는 클라이언트에게 가장 적절한 계획을 만들기 위해, 신중한 사정에서 도출된 정보와 이전 경험을 활용해야 한다.

11.12 질문지, 체크리스트, 삽화를 활용하기

사회복지사를 만날 때 어떤 클라이언트는 당황하거나 혼란스럽기 때문에 혹은 생각과 감정 표현의 어려움 때문에 자신의 문제 혹은 관심사를 말하기 힘들다. 이런 상황에서 특정 유형의 정보 수집 도구가 유용하다. 기관이 모든 클라이언트로부터 기본적 정보를 효율적인 방식으로 수집하고 싶을 때도 이런 도구를 사용한다.

문제 체크리스트로 알려진 자료 수집 도구는 클라이언트가 자신의 관심사를 명확히 하도록 돕기 위해 고안됐다. 이는 기본적으로 특정한 기관으로부터 서비스를 받는 클라이언트집단이 공통적으로 말하는 문제나 관심사에 대한 목록이다. 클라이언트가 자신의 관심사를 표현하는 데 어려워하면 이 목록을 제시하고 그 관심사와 유사한 문장을 확인하도록 요청한다.

병원에서 아이를 이제 막 낳았는데 하루 만에 병원을 나가야 하는 15세 여성의 사례를 생각해 보자. 이 경우 병원 사회복지사는 그 여성을 만나 빨리 사정을 하고 필요하다면 관련된 커뮤니티 자원에 의뢰하고 싶을 것이다. 이러한 사회복지사의 목적은 관계를 형성할 시간이 너무 짧아 달성하기 쉽지 않다. 〈그림 11-5〉는 이러한 상황에 사용할 수 있는 체크리스트이다. 여성이 자신의 관심사를 이야기하도록 돕는 것과 아울러, 클라이언트와 사회복지사가 매우 제한된 시간을 가장 잘 활용할 수 있도록 의사소통에 초점을 맞춘다.

클라이언트는 사회복지사가 제공할 수 있는 서비스를 잘 모르는 경우가 많다. 만약 사회복지사와 클라이언트가 함께 체크리스트의 각 문항을 살펴본다면 클라이언트는 사회복지사와 기관이 어떤 도움을 줄 수 있는지 이해할 수 있을 것이다. 이런 점에서 체크리스트는 교육적 도구로서도 의미가 있다. 체크리스트는 쉽게 산만해지는 클라이언트와의 면접을 구조화하는 데도 도움이 된다. 어떤 경우에는 다음 만남에 앞서 문제 체크리스트를 상세히 검토해올 것을 숙제로 부과할 수 있다(항목 13. 15 참조).

클라이언트로부터 정보를 모으는 데 유용한 또 다른 도구는 간단한 **질문지**이다. 〈그림 11-6〉은 만족스럽거나 골치 아픈 결혼 관계의 측면을 확인하도록 돕는 목적으로 개발된 질문지이다. 이 질문지는 간단하고 짧기 때문에 클라이언트는 몇 분 안에 작성할 수 있다. 다른 유형의 문제를 가진 클라이언트를 위해 문항 혹은 질문을 다른 것으로 교체하는 식으로 예시된 기본 형태를 쉽게 수정해 사용할 수 있다.

어떤 실천상황의 경우, 사회복지사는 구두 혹은 서면의 직접적인 질문으로는 쉽게 끌어낼 수 없는 정보가 필요할 때도 있다. 예를 들어 어떤 개인이 위탁부모로서 자격이 있는지 결정해야 하는 아동복지기관의 사회복지사를 생각해 보자. 무엇보다도 사회복지사는 훈육에 대한 부부의 신념과 태도를 파악할 필요가 있다. 사회복지사는 직접 질문을 던질 수도 있다. "잘못한 아이는 때려야 한다고 생각합니까?" 그러나 이런 질문은 사회복지사가 원한다고 생각하는 답변을 유도하기 쉽고, 개인의 내면에 깔린 양육에

그림 11-5 문제 체크리스트의 예

젊은 어머니의 걱정과 관심사: 체크리스트

아이의 출산은 행복하고 즐거운 일입니다. 그렇지만 이런 좋은 감정과 아울러, 앞에 놓인 생활방식의 변화나 책임에 대한 걱정 또한 있습니다. 어머니가 된 사람은 아이를 보살피는 것에 대한 책임 때문에 조금 두렵고 불안을 느끼곤 합니다. 우리가 귀하의 걱정이나 관심사에 관해 알 수 있다면, 그런 문제를 다루는 방법을 찾도록 도울 수 있을 것입니다.

다음은 병원에서 아이를 낳은 다른 사람들이 표현해 왔던 걱정과 관심사의 목록입니다. 이 리스트를 잘 읽고, 귀하가 지금 가지고 있는 걱정과 유사한 문장에 모두 체크 표시(✔)를 해주시기 바랍니다. 귀하의 응답은 철저히 비밀이 보장됩니다.

1. 병원의 진료비를 지불하는 것에 걱정이 있다.
2. 내 아이의 건강과 신체 상태에 걱정이 있다.
3. 내 자신의 건강과 신체 상태에 걱정이 있다.
4. 어떻게 아이를 돌보고 양육해야 할지 확신이 없다.
5. 아동양육에 관해 의문이 있을 때 어디에 문의해야 할지 확신이 없다.
6. 아이에 대해 준비되기 전에 또 임신할까 봐 두렵다.
7. 자녀를 양육할 만큼 충분히 돈을 벌 수 있을지 걱정이다.
8. 내가 학교를 마칠 수 있을지 걱정이다.
9. 돌보아야 할 아이가 있는데 직장을 유지하거나 가질 수 있을지 걱정이다.
10. 아이에게 분노가 치밀어 오를까 봐 걱정이다.
11. 나나 아이에게 약물이나 술의 영향이 있을까 봐 걱정이다.
12. 친구들이 나와 아이를 받아들일지 걱정이다.
13. 아이 아빠와의 관계가 걱정이다.
14. 아이를 사랑하지 않게 될까 봐 걱정이다.
15. 내 상황에 대해 우울하고 슬프다.
16. 부모님에게 짐이 될까 봐 걱정이다.
17. 아이와 혼자 살게 될 것이 걱정이다.
18. 부모님과 가족이 나와 아이를 받아들일지 걱정이다.
19. 나의 독립성과 자유를 잃을까 봐 걱정이다.
20. 체크리스트 목록에 없는 다른 걱정거리가 있다면 적어 주십시오.

이제 귀하가 체크한 목록을 다시 살펴보시고, 그중 가장 중요한 한두 가지에 원을 그려 주십시오. 병원 사회복지사와 이를 자유롭게 논의해 주시기 바랍니다.

그림 11-6 질문지의 예

남편-아내 관계에 대한 질문지

다음은 귀하와 배우자 간 관계에 귀하가 얼마나 만족하는가에 관한 질문입니다. 귀하의 대답은 귀하의 관심사를 분명히 이해하는 데 도움이 됩니다. 각 문장의 오른쪽에 대체로 만족하는지, 대체로 불만족하는지, 혹은 결혼 관계의 해당 측면에 관해 잘 모르겠거나 혼란스러운지 체크 표시(✔)를 해주시기 바랍니다. 귀하에게 해당이 없는 항목에 대해서는 항목 옆에 '해당 없음'이라고 표시해 주십시오.

	대체로 만족	대체로 불만족	잘 모르겠거나 혼란스러움
우리가 의사 결정하는 방식	( )	( )	( )
우리가 아동양육의 책임을 나누는 방식	( )	( )	( )
우리가 돈과 예산을 다루는 방식	( )	( )	( )
우리가 가사를 분담하는 방식	( )	( )	( )
우리가 아이들에게 이야기하는 방식	( )	( )	( )
우리가 버는 수입의 양	( )	( )	( )
우리가 갈등을 해결하는 방식	( )	( )	( )
우리가 아이들을 훈육하는 방식	( )	( )	( )
우리가 친척들과 지내는 방식	( )	( )	( )
우리가 여가를 보내는 방식	( )	( )	( )
우리가 서로 대화하는 방식	( )	( )	( )
우리가 우리의 가정을 돌보는 방식	( )	( )	( )
우리가 함께 지내는 시간의 정도	( )	( )	( )
우리가 서로 돕고 격려하는 방식	( )	( )	( )
우리의 사생활을 가지는 정도	( )	( )	( )
우리 관계에 술이나 약물이 미치는 영향	( )	( )	( )
우리의 피임 방식	( )	( )	( )
우리 관계에서의 성적인 부분	( )	( )	( )
우리가 미래를 설계하는 방식	( )	( )	( )
우리가 이웃과 지내는 방식	( )	( )	( )
우리가 종교적 도덕적 관심사를 다루는 방식	( )	( )	( )
우리가 분노와 좌절을 다루는 방식	( )	( )	( )

귀하의 부부생활에서 다른 관심사가 있으면 여기에 적어 주십시오.

귀하의 결혼에서 중요한 강점은 무엇이라고 생각합니까?

귀하의 결혼에서 중요한 한두 가지 문제는 무엇이라고 생각합니까?

그림 11-7 삽화의 예

패터슨 가족: 토론할 상황

패터슨 부부는 15세 된 샤론을 지난 6년간 위탁해 왔다. 패터슨 부부에게는 종교가 매우 중요하다. 이들은 교회에 예배를 보러 다니며, 다른 교회 활동에도 정기적으로 참여한다. 샤론은 다른 교파의 교회에서 자랐지만, 두 달 전까지 패터슨 부부가 다니는 교회에 함께 다녔다. 지금 샤론은 교회 가기를 거부한다. 그리고 그녀의 위탁부모에게 교회 다니는 것이 바보 같은 일이라 말했다. 패터슨 부부는 종교가 그들의 생활과 가족에게 매우 중요하기 때문에 샤론의 태도에 대해 걱정하고 혼란스러워한다.

    1. 이러한 상황은 왜 유발되었을까요?
    2. 패터슨 부부는 샤론에게 어떻게 반응해야 할까요?

알렌 가족: 토론할 상황

알렌 부부는 세 아이가 있다. 알렌 부인의 생일을 축하하기 위해 모든 가족이 레스토랑에 갔다. 식사를 하는 동안 6세 된 지미가 기질적인 짜증을 부렸고, 울고, 부모에게 음식을 던지기도 했다. 식당 안의 다른 사람들은 알렌 가족을 빤히 쳐다보았고 그들은 자신들이 보고 있는 상황을 탐탁스럽지 않아했다.

    1. 당신은 지미의 행동을 어떻게 평가합니까?
    2. 부모가 지미에게 어떻게 반응해야 할까요?

대한 핵심적 태도에 관해 많은 것을 알려 주지는 못할 것이다.

직접적인 질문에 대한 대안적인 접근은 사회복지사가 일련의 삽화를 준비하고 이를 토론과 탐색의 출발점으로 활용하는 것이다. 기본적으로 **삽화**(*vignette*)란 클라이언트가 답해야 하는 간략한 이야기다. 따라서 이 기법은 간접적이고 투사적인 질문법이라 할 수 있다. 〈그림 11-7〉은 위탁가정 조사를 위해 활용되는 삽화의 두 가지 사례다. 두말할 것도 없이 이 도구를 사용하는 사회복지사는 클라이언트를 이해하고 사정 과정에서 필요한 정보를 밝히는 삽화를 만들어야 한다.

일반적으로 사회복지사는 앞서 설명한 자료 수집 도구를 충분히 이용하지 않는다. 그러나 이러한 도구는 많은 실천 상황에서 유용하며 만들기가 어렵지 않다. 여기에 몇 가지 지침이 있다.

(1) 자료 수집 도구를 구성할 때 의도하는 목적, 찾고자 하는 정보 유형, 대상으로 하는 클라이언트와 상황을 명확히 해야 한다. 다목적 도구 하나를 개발하기보다 염두에 두고 있는 특정 목적 혹은 클라이언트집단에 맞는 여러 개의 자료 수집 도구를 설계하는 것이 더 낫다.

(2) 짧은 질문지는 긴 것보다 더 정확하게 작성된다. 단어는 명확하고 간결해야 하며 전문용어나 편견이 드러나는 표현, 그리고 거친 말투를 사용하지 않는다. 단어는 클라이언트가 쉽게 이해할 수 있어야 한다. 일반적으로 클라이언트는 교육 수준이나 동기가 높을수록 필기 자료 수집 도구를 더 잘 다룰 것이다. 상당수의 클라이언트가 기본적인 읽고 쓰는 능력이 제한돼 있음을 기억해야 한다.

(3) 자료 수집 도구에 포함될 문항을 작성할 때, 클라이언트가 보일 반응을 예측해야 한다. 예를 들어 클라이언트가 5개의 대답 중 하나를 선택한다면, 질문 설계자는 클라이언트가 선택할 것 같은 응답을 미리 알아야 한다. 응답의 범위를 예상하기 어려울 때는 클라이언트가 스스로 응답을 적을 수 있도록 개방형 질문을 사용하는 것이 필요하다. 하지만 서면 응답에서는 읽고 쓰기 어려운 경우가 종종 있으므로 개방형 질문은 조심해서 사용해야 한다. 너무 많은 개방형 질문이 포함된 질문지는 대면 면접 동안 말로 질문하는 것보다 장점이 거의 없다.

(4) 각 질문과 진술은 한 가지 생각에만 초점을 맞춰야 하며 특정한 대답을 유도해서는 안 된다. 가능하다면 일련의 질문에 속한 개별 질문의 표현은 비슷한 형식을 따라야 한다. 그래야 클라이언트가 한 문항에서 다른 문항으로 쉽게 이동할 수 있고, 클라이언트가 문항을 오해할 위험을 줄일 수 있다.

(5) 질문의 순서는 논리적이며 서서히 펼쳐지는 순서를 따라야 하고 일반적인 질문에서 시작해 구체적인 질문으로 끝나야 한다. 클라이언트가 가장 응답하기 쉬운 질문이 초반에 등장해야 한다. 반면, 개인적이거나 심층적인 질문은 보통 뒤쪽에 등장해야 한다.

(6) 사전 조사는 클라이언트가 자구와 질문을 이해하는지, 적당한 시간 안에 질문지를 완성할 수 있는지, 그리고 수집된 자료가 실천가에게 정말 유용한지 등을 확인하기 위해 사용돼야 한다.

(7) 질문지를 다른 언어로 번역하기 위해서 **번역·재번역 절차**를 따른다. 일단 질문지가 원어로 만족스러운 형태라면, 양쪽 언어를 모두 사용하는 사람이 그 질문지를 다른 언어로 번역한다. 양쪽 언어를 모두 사용하는 또 다른 사람이 그 질문지를 처음의 언어로 다시 번역한다. 원어로 쓰인 두 질문지를 비교함으로써 사회복지사는 언어 차이 때문에 발생할 수 있는 의미의 변화를 쉽게 확인할 수 있고, 모순을 피하기 위해 질문지를 바로잡을 수 있다.

11.13 어린 아동의 발달지연 확인하기

가족을 만나는 사회복지사는 종종 학령기 전의 아동을 관찰하며, 피상적 수준일지라도 그 아동의 신체적·정신적 발달에 사정을 수행할 위치에 있다. 영양이 안 좋거나 만성질환이 있는 아동, 학대를 경험하나 방임되는 많은 아동, 지적장애가 있는 아동, 그리고 감각적 혹은 신경적 문제를 가진 아동은 발달 표준에 뒤떨어진다. 하지만 일반적으로 아동의 성장과 발달에는 상당한 편차가 있다. 더욱이 특정한 어느 연령에서, 여러 발달 영역 간에 불균형이 발생하는 일도 드물지 않다. 예를 들어 걷기는 빠른 아동이 말은 느린 경우가 그러하다.

〈그림 11-8〉은 5세까지 아동의 발달적 진전을 판단하는 데 사용되는 여러 기준이다. 만약

그림 11-8 아동 발달의 기준

약 1개월까지
- 눈과 머리를 소리 나는 쪽으로 향한다
- 안아 올리거나 말을 걸면 울음을 멈춘다
- 엎드렸을 때 고개를 든다
- 눈으로 움직이는 빛을 따라간다
- 사지를 뻗고 손가락을 펴 흔든다
- 손전등 불빛에 동공 반응을 보인다

약 3개월까지
- 구구거리는 소리를 낸다
- 큰 소리에 반응한다
- 밝은색이나 불빛으로 고개를 돌린다
- 눈과 고개가 같은 방향으로 향한다
- 우윳병이나 젖을 인식한다
- 양손으로 주먹을 쥔다
- 딸랑이나 머리카락을 움켜쥔다
- 팔다리를 흔들거나 발로 찬다
- 엎드려 고개와 가슴을 든다
- 남들에게 웃는 반응을 보인다

약 6개월까지
- 지껄이며 말하듯 소리를 낸다
- 낯익은 얼굴을 인식한다
- 일반적인 소리 쪽을 향한다
- 머리가 고정된 상태에서 눈으로만 움직이는 물체를 쫓는다
- 발가락으로 논다
- 배에서 등으로 뒹군다
- 대상을 찾아 집어 든다
- 한 손에서 다른 손으로 물건을 옮긴다
- 먹을 동안 병을 잡는다
- 테이블 위로 수저를 탕 하고 친다
- 떨어지는 물체를 찾는다

약 12개월까지
- 5~6개 단어를 안다
- 도움 없이 앉는다
- 서는 자세로 스스로를 잡아당긴다
- 손과 무릎으로 긴다
- 컵으로 마신다
- 바이바이 하는 손짓을 한다
- 까꿍놀이와 짝짜꿍놀이를 즐긴다
- 옷 입을 때 팔다리를 쭉 뻗어 준다
- 물건을 보관함에 넣는다
- 두 개의 블록을 쌓는다

약 18개월까지
- 알고 있는 8~10개 단어를 사용한다
- 손가락으로 집어 먹는다
- 도움 없이 걷는다
- 물건을 잡아당기거나 밀거나 던진다
- 신발, 양말, 벙어리장갑을 벗는다
- 낮은 물체에서 내려 균형을 잡는다

- 간단한 지시사항("그거 줘")을 따른다
- 그림, 사진을 쳐다보는 것을 좋아한다
- 종이에 크레용으로 표시한다

2세까지
- 2~3개 어절의 문장을 사용한다
- 좋아하는 장난감의 이름을 말한다
- 익숙한 그림, 사진, 형체를 인식한다
- 걸으면서 물건을 옮긴다
- 수저로 먹는다
- 혼자 독립적으로 논다
- 한 번에 2~3페이지를 넘긴다
- 부모를 흉내 낸다
- 요구에 따라, 머리카락, 눈, 귀, 코를 가리킨다
- 4개 블록으로 탑을 쌓는다
- 다른 사람들에게 호의를 보인다

3세까지
- 3~5개 어절의 문장을 사용하고, 일반적인 리듬을 반복한다
- 계단을 올라가고 발돋움한다
- 뛰고 달리고 매달린다
- 세발자전거를 탄다
- 신발을 신는다
- 문을 연다
- 한 번에 한 페이지를 넘긴다
- 다른 아이들과 몇 분간 논다
- 적어도 한 가지 색의 이름을 정확히 안다
- 필요할 때 화장실을 사용한다

4세까지
- "무엇", "언제", "어디서" 질문을 한다
- 간단한 질문에 적합한 대답을 한다
- 성과 이름을 말한다
- 다양한 감정을 보인다
- "아니요"와 "싫어"를 정확히 표현한다
- 한 발로 4~8초간 균형을 잡는다
- 한 발로 뛰고 균형을 유지한다
- 거의 혼자서 옷을 입고 벗는다
- 가위로 똑바로 자른다
- 혼자서 손을 씻는다
- 간단한 집단놀이를 한다

5세까지
- 분명하게 말한다
- 몇 개의 글자를 쓴다
- 5~10개의 사물을 센다
- 발을 엇갈려 가며 깡충깡충 뛴다
- 큰 공을 잡는다
- 혼자서 목욕하고 옷을 입는다
- 적어도 다섯 부분의 신체를 그린다
- 친숙한 모양(사각형, 원, 삼각형 등)을 그대로 그린다

아동이 해당 연령에서의 운동적·정신적·언어적·사회적 기술과 과제 등을 수행하지 못한다면 심층 평가를 위해 전문가에게 의뢰해야 한다. 조기 진단과 개입은 발달 문제의 부정적 영향을 줄일 수 있다.

다음에 몇 가지 감각적 문제와 발달적 지체의 조기 경보 신호를 제시한다.

1) 청각적 문제의 지표

- 말하기와 언어 발달에 지체를 보인다.
- 6개월까지도 낯선 소리나 목소리 쪽으로 방향을 돌리지 않는다.
- 귀앓이나 귀에서 진물이 나오는 경우가 잦다.
- 너무 크거나 너무 작은 소리로 말한다.
- 다른 방에서 불렀을 때 반응하지 않는다.
- 들으려는 소리 쪽으로 한쪽 귀만 향한다.

2) 말하기의 발달에서 지체의 지표

- 1세까지 "엄마", "아빠" 등을 말하지 못한다.
- 2세까지 몇몇 사람이나 장난감의 이름을 말하지 못한다.
- 3세까지 일상적인 리듬 혹은 짧은 노래를 반복하지 못한다.
- 4세까지 문장을 말하지 못한다.
- 5세까지 가족 외의 사람이 아동의 말을 이해하지 못한다.

3) 동작 발달에서 지체의 지표

- 1세까지 기대지 않고는 앉지 못한다.
- 2세까지 도움 없이 걷지 못한다.
- 3세까지 오르내리는 동작을 못한다.
- 4세까지 짧은 시간 동안 한 발로 균형을 잡지 못한다.
- 5세까지 공을 어깨 위로 던지지 못하고 자신에게 굴러오는 큰 공을 못 잡는다.

4) 시각적 문제의 지표

- 사람이나 사물을 보려고 할 때 긴장되고 어색한 자세로 고개를 든다.
- 종종 손이 닿는 거리에 있는 작은 사물의 위치를 찾거나 잡지 못한다.
- 한쪽 혹은 양쪽 눈이 사시다.

5) 사회적, 정신적 발달에서 지체의 지표

- 1세까지 이름을 불러도 반응하지 못한다.
- 1세까지 까꿍놀이, 짝짜꿍놀이, 바이바이 손흔들기 등과 같은 게임을 하지 못한다.
- 2세까지 머리카락, 눈, 귀, 코, 입을 구별해 가리키지 못한다.
- 2~3세까지 부모가 반복하는 가사의 동작을 흉내 내지 않는다.
- 3세까지 듣거나 읽어준 간단한 이야기를 이해하지 못한다.
- 3세까지 장난감, 취사도구, 모래 등을 가지고 혼자 놀지 못한다.

- 4세까지 다른 아이들과 숨바꼭질 등과 같은 집단놀이를 하지 못한다.
- 4세까지 "졸릴 때는 어떻게 하니?", "배고플 때는 어떻게 하니?"와 같은 질문에 적당한 대답을 하지 못한다.
- 5세까지 오늘, 내일, 어제와 같은 단어의 의미를 이해하지 못하는 것으로 보인다.
- 5세까지 공유하거나 순서를 기다리는 것을 못한다.

아동 발달에 관심 있는 부모를 위해 정부 웹사이트(www.cdc.gov/ncbddd/autism/ActEarly/default.htm)가 특별히 마련되어 있다.

11.14 클라이언트의 정신적 상태 사정하기

사회복지사는 매우 특이한 행동을 보이거나 구조화되고 합리적인 사고 능력이 부족한 듯 보이는 클라이언트를 만났을 때 정신질환이나 신경질환 혹은 치매를 암시하는 증상을 발견하기 위해 간단한 정신적 상태 검사를 실시할 필요가 있다. 상태가 의심될 때는 클라이언트를 건강검진 혹은 심리학적 검사에 의뢰해야 한다. **정신적 상태 검사**는 시공간의 지남력, 지각의 정확성, 기억, 판단, 그리고 정서의 적절성 등을 측정하기 위한 질문과 면밀한 관찰로 이뤄진다. 가능한 한 대화의 일반적인 흐름에 따라 자연스럽게 질문해야 하며, 속사포처럼 잇따라 질문하지 않는다. 클라이언트에게 일어나서 잠들 때까지 전

형적인 하루의 일상을 묘사해 보라고 하면 구체적 질문을 할 수 있는 맥락이 나온다. 정신적 상태 검사에서 일반적으로 고려되는 정보 범주는 다음과 같다.

(1) **시간과 공간 지남력**은 클라이언트가 자신이 누구이고, 여기가 어디이고, 지금이 언제(연도, 달, 날짜, 요일 등)인지를 인식하느냐와 관련된다. 방향감각 상실, 정신착란은 정신장애의 중요 증상이다.

(2) **전반적 외모와 태도**는 클라이언트의 용모가 연령, 사회·경제적 지위에 부합하고 적절한가를 고려하는 것이다. 용모에서 눈에 띄는 부적절함이 있다면, 특히 이것이 짧은 기간 동안의 유의미한 변화와 관련된다면, 이는 정신적인 혼란과 관계될 수 있다. 클라이언트의 옷, 위생상태, 말, 표정, 동작과 활동 등은 자각 및 타인에 대한 자기 인식 정보를 제공한다.

(3) **지각적 왜곡**은 정신적으로 손상된 사람에게서 나타날 수 있다. 지각적 왜곡의 가장 두드러진 두 가지는 환각과 착각이다. **환각**(hallucination)은 외부 자극이 없는데도 지각적으로 경험(예: 다른 사람은 볼 수 없는 것을 보는 것, 소리를 듣는 것)하는 것이다. **착각**(illusion)은 실제의 자극에 대한 오해이다. 오해가 매우 특이하고 기이하거나 지속적이면(항목 15.12 참조) 정신장애 증상일 수 있다.

(4) **사고 내용**은 개인의 태도, 생각, 믿음의

일관성과 논리성을 말한다. 관련 증상으로는 **망상적 사고**(논리적 논쟁으로 수정되지 않는 잘못된 믿음)와 **강박**(클라이언트가 자신의 마음에서 지워 버리지 못하는 고정되고 반복되는 생각)이 있다. 뒤죽박죽 뒤섞이거나 앞뒤가 맞지 않거나 이해할 수 없는 말은 신경학적 문제를 암시한다.

(5) **행동의 적절성**은 면접 동안 보인 클라이언트 행동, 타인이 보고한 클라이언트 행동이 합리적이며 평범함 사회 규범을 따르고 있는지를 고려한다. 비합리적이고 이상한 행동, **강박행동**(클라이언트가 해야 한다고 느껴서 반복하는 행동)이나 **공포**(특정 물건 혹은 장소에 대한 근거 없는 두려움 혹은 회피)는 정신장애의 증상이다.

(6) **기억 상실**은 정신과적, 신경학적, 그리고 다른 의료 문제와 관련된다. 네 가지 유형의 기억이 사정될 수 있다.

① **즉각적 기억**은 무엇인가가 나타난 지 몇 초 후에 기억하는 능력을 말한다.
② **단기기억**은 일반적으로 지난 25분 동안 일어난 사건을 기억하는 것이다.
③ **최근 기억**은 면접 이전 몇 주간 일어난 최근의 사건이나 상황에 대한 클라이언트의 회상을 말한다.
④ **오래된 기억**은 수개월 혹은 수년 전의 결혼이나 첫 직장, 고등학교 졸업 등과 같은 중요한 인생사의 사건에 대한 기억을 말한다.

즉각적 그리고 단기기억은 "마지막 식사로 무엇을 먹었습니까?"와 같은 질문을 통해 사정할 수 있다. 혹은 클라이언트에게 숫자나 단어, 물건 등을 제시하고 나서 몇 분 후에 기억해 보도록 요청할 수 있다. 최근 기억은 "마지막으로 비가 왔을 때가 언제입니까?", "지난달 만난 치과의사 이름이 무엇입니까?"와 같은 질문으로 검사할 수 있다. 오래된 기억은 "어디서 태어났습니까?", "초등학교는 어디에서 다녔습니까?", "당신이 결혼할 당시 대통령은 누구였습니까?"와 같은 질문으로 검사할 수 있다.

(7) **감각**(*sensorium*)은 자신의 감각기관(시각, 청각, 촉각, 후각, 미각 등)에서 얻어진 자료를 이용할 수 있는 개인적 능력이며, 보다 일반적으로는 주위 상황에 대해 전반적인 주의력과 각성을 뜻한다. 클라이언트가 시각적 손상이 없는데도 시각적인 상징물 등을 이해하지 못하거나, 청력 손상이 없는데도 일상적인 대화를 이해할 수 없거나, 감각적 자극에 반응하지 못한다면 신경학적 장애일 수 있다.

(8) **지적 기능수행**은 클라이언트가 읽고, 쓰고, 간단한 지시를 따르고, 간단한 산술계산을 하며, 추상적인 사고(사과와 오렌지의 공통점이 무엇인가와 같은 질문에 대답)를 하는 능력을 평가함으로써 그리고 교육 수준에 맞는 일반상식을 갖추고 있는지를 검사함으로써 확인할 수 있다. 추상적 사고의 결핍뿐만 아니라 불충분한 이해력은 여러 정신장애의 증상이다. 교육의 부족으로 지적 기능수행 수준이 낮을 수 있으므로 클라이언트의 교육적 성취 정도를 확인하는 것

도 중요하다. 하지만 교육받은 사람에게서 지적 기능수행이 부족하게 나타나는 것은 기질적 질환의 증거일 수도 있다. 지적인 퇴보 증상은 두뇌 장애와 가장 많이 관련된다.

(9) **기분**(*mood*)**과 정서**(*affect*)는 면접 동안 일반적으로 나타나는 감정 상태나 감정의 범위를 말한다. 클라이언트의 감정(예: 슬픔, 의기양양, 분노, 불안, 무관심)이 비합리적이거나 이야기되는 주제 혹은 상황과 맞지 않을 때는 문제가 있는 것이다. 예를 들어 기분이 빨리 변하거나, 슬프고 비극적인 상황을 이야기하는데 미소를 짓고 웃는 것은 정신적 장애를 암시한다. **불안정 감정**(*labile emotions*) 증상은 뇌 장애와 관련되며 뇌졸중 경험이 있는 사람에게 흔하다.

(10) **병식**은 클라이언트가 자신이 특이한 행동을 하고 있다는 것, 혹은 가족 구성원, 사회복지사, 의사가 염려하는 증상을 갖고 있다는 것을 아는지, 그리고 왜 문제가 생겼는지 그 이유를 설명할 수 있는지 등을 판단하는 질문을 통해 평가할 수 있다. 아이러니하게도 정신장애가 심할수록 자신의 생각과 행동이 특이하다는 것을 더 인식하지 못한다.

(11) **판단**은 명백한 문제와 관련해 합리적으로 생각하는 능력을 말한다. 또한 클라이언트가 일상적인 결정, 특히 자가 보호와 관련된 결정을 내리는 정신적 능력을 의미한다.

11.15 정신질환 진단 및 통계편람과 환경 속 개인 사정 도구 사용하기

사회복지사는 정신질환 진단 및 통계편람(DSM)과 환경 속 개인(PIE)이라는 두 개의 분류체계를 알고 있어야 한다. 이들 분류체계는 실천가, 행정가, 연구자 간의 의사소통을 촉진하며 사정 과정을 체계화, 구체화하는 것을 목표로 한다.

가장 널리 사용되는 정신질환 진단 및 통계편람(DSM-5)에는 300개가 넘는 정신장애가 증상, 진단 기준, 발병 연령, 이환율(罹患率), 손상 정도 등으로 기술되어 있다. 장애는 신경발달장애, 정신분열 스펙트럼 및 기타 정신증적 장애, 우울장애, 불안장애, 강박 및 관련 장애, 외상 및 스트레스 사건 관련 장애, 해리장애, 신체 증상 및 관련 장애, 급식 및 섭식장애, 배설장애, 수면-각성장애, 성기능장애, 성불편증, 파괴적·충동 통제 및 품행장애, 물질 관련 및 중독장애, 신경인지장애, 성격장애, 성도착장애, 기타 정신장애, 약물 유발성 운동장애, 약물의 기타 작용, 그리고 마지막으로 임상적 개입의 초점이 되는 기타 조건 등과 같은 22개 대범주로 분류된다.

많은 사회복지사와 기관은 클라이언트에게 제공한 심리치료의 요금 원천으로 의료보호(*medicaid*), 의료보험(*medicare*), 민간건강보험회사를 고려하기 때문에 DSM을 숙지하는 것이 중요하다. 보험금 청구에 앞서 클라이언트는 DSM의 특정 진단 범주에 해당되어야 한다.

DSM 연구진은 임상가와 다른 민족적·문화

적 집단에 속한 사람의 행동을 사정하는 데 DSM-5 사용이 갖는 내재적인 어려움을 강조한다. 어떤 문화에서는 정상적이거나 수용 가능한 특정 행동이 다른 문화에서는 병리 혹은 일탈로 규정될 수 있다. 클라이언트 문화의 미묘한 차이에 익숙하지 않은 실천가는 문화적 차이를 정신병으로 잘못 해석할 위험이 있다.

DSM을 활용하는 사람은 DSM이 정신장애와 관련 질병을 기술한다는 점을 명심해야 한다. 즉, DSM은 심각한 개인 문제, 이상한 것, 심각한 문제, 결핍의 목록이다. DSM은 강점을 강조하지 않는다. 정신장애가 발병한 사람을 포함해 모든 사람에게는 사정 기간 동안 확인되고 특정 원조 노력에서 활용될 수 있는 수많은 강점과 자산이 있다(항목 11. 6 참조). DSM은 사람이 아니라 정신장애를 분류한 것임을 인식하는 것 또한 중요하다. 사람은 진단 꼬리표가 아니다. 그래서 '정신분열병'과 같은 개념이 '정신분열병을 가진 사람'과 같은 표현으로 활용되는 것을 피해야 한다.

환경 속 개인체계는 사회복지사를 위해 설계된 것으로서 사회복지의 두 가지 주요 개념, 즉 사회적 기능수행, 환경 맥락에서 사람을 보는 것을 기반으로 만들어졌다. PIE체계는 DSM의 대체물이 아니라 보충물로서 만들어졌다. PIE체계는 클라이언트의 문제를 네 가지 종류 혹은 **요소**(*factors*)로 분류한다. 사회적 기능수행 문제를 기술(요소 1)하고 환경적 문제를 기술(요소 2)하는 데 사용되는 개념은 사회복지실천에서 고유한 것이다. 정신건강문제인 요소 3은 DSM에서 사용하는 용어를 활용한다. 요소 4인

신체 건강 문제는 의사가 진단하거나 클라이언트 혹은 다른 사람에 의해 보고된 질병이나 건강문제를 기록한다. 요소 1과 요소 2의 범주와 하위범주에 대한 간략한 개요는 다음과 같다.

1) PIE 요소 1: 사회적 기능수행 문제

(1) 사회적 역할에서의 문제: 4개의 범주와 많은 하위범주

① 가족 역할: 부모, 부부, 아동, 형제자매, 다른 가족 구성원, 기타 중요한 타인
② 기타 대인관계 역할: 연인, 친구, 이웃, 회원, 기타
③ 직업적 역할: 유급노동자, 가사노동자, 자원봉사자, 학생, 기타
④ 특별한 생활상 역할: 소비자, 입원환자·클라이언트, 외래환자·클라이언트, 보호관찰 대상자·가석방된 자, 죄수, 법적 이민자, 미등록 이민자, 난민 이민자, 기타

(2) 사회적 역할에서 문제의 유형: 권력, 양가감정, 책임성, 의존성, 상실, 고립, 희생, 혼합, 기타 등 9가지 유형

(3) 문제의 심각성: 6점 척도로 평정

(4) 문제의 지속 기간: 6개 범주

(5) 문제에 대처하는 클라이언트의 능력: 6개 수준

2) PIE 요소 2: 환경적 문제

(1) 사회체계에서의 문제: 6개의 주요 체계와 많은 하위범주

① 경제적・기본적 욕구체계의 문제
② 교육과 훈련체계의 문제
③ 사법적・법적 체계의 문제
④ 건강, 안전, 사회서비스의 문제
⑤ 자발적 단체체계의 문제
⑥ 정서적 지지체계의 문제

(2) 각 사회체계 내, 특정 유형의 문제(71개 하위범주: 6개 사회체계별로 하위범주 숫자는 다름). 정기적인 음식 공급의 결핍, 쉼터 부재, 문화적으로 적절한 교육 부족, 경찰서비스 부족, 가정 내 위험 상황, 사회서비스에 대한 규제, 정서적 지지체계의 부재, 종교적 가치에 대한 커뮤니티의 수용도 부족 등이 그 예임.

(3) 문제의 심각성: 6점 척도로 평정

(4) 문제의 지속 기간: 6개 범주

11.16 아동의 보호욕구 사정하기

법에 따라 사회복지사는 학대나 방임이 의심되는 사례를 보고해야 한다. 몇 가지의 신체적 행동적 지표를 관찰함으로써 신체학대, 방임, 성학대 가능성을 알 수 있다.

1) 신체학대의 지표

- 원인 모를 상처나 매질 자국이 특히 얼굴과 몸, 혹은 등, 둔부 혹은 가슴에 있음.
- 아무는 정도가 서로 다른 상처가 있음. 지속적인 상해를 암시함.
- 도구 모양이 찍힌 상처(원형 자국, 선 자국, 일직선 혹은 평행한 자국, 주먹 자국), 혹은 한곳에 집중된 복합적 상처가 있음.
- 어른과 주말을 보내거나 특정한 장소를 방문했을 때마다 통상 상처가 생김.
- 목이나 어깨에 손이나 손가락 형태의 상처가 있음(예: 목 졸린 흔적).
- 담배로 인한 것과 같은 설명되지 않는 화상. 특히, 손바닥이나 발바닥, 등이나 둔부 등에 있을 경우.
- 뜨거운 물에 잠기거나 빠져서 손이나 발에 생긴 화상(예: 양말, 장갑을 착용한 채로의 화상). 엉덩이 주변 도넛 모양의 화상.
- 전기전열기, 난로, 다리미 등으로 인한 화상.
- 손목, 발목 혹은 입에 묶였던 자국이 있음.
- 혀 아래쪽이 찢어지거나 이가 깨진 것과 같이 입 안에 생긴 원인 모를 상처. 억지로 먹여서 생긴 듯한 상처.
- 아동의 몸에 사람, 특히 성인이 물었던 자국.
- 원인 모를 골절, 혹은 두개골 골절, 경뇌막 아래의 혈종과 같은 머리 상처.
- 폭력적인 휘두름으로 인한 망막 분리, 혹은 목에 있는 채찍 상처. 흔들린 아이 증후군(*shaken baby syndrome*) 의심.
- 아이를 때려서 생긴 신체 내부 손상.

- 마약, 알코올, 처방된 약, 가정용 화학약품 주입으로 인한 중독.
- 옷으로 상처를 감추려는 아동의 태도. 상처에 대해 과도하게 당황하고 수치심을 느끼며 상처에 대해 이야기하는 것을 꺼림(학대받지 않은 아동은 상처를 자랑하는 경향이 있음).
- 어른이 주변에 있을 때 과도하게 경계하고 무서워하고 방어함. 부모를 포함한 사람과의 신체적 접촉을 피함. 사람과의 접촉에서 두려움을 느낌.
- 부모의 욕구를 충족하기 위해 과도하게 순응하거나 고분고분 행동함. 아동은 부모를 돌보거나 안심시킴으로써 모든 것을 조용히 유지하고 학대를 불러올 상황을 피하고자 함.
- 다른 아동이 울거나 버릇없이 굴 때 불안해함. 우는 것이 매 맞는 고통이나 학대를 가져온다는 것을 배움.
- 어린 나이에 심각한 문제 행동을 보임(자살 시도, 자해, 가출, 폭력, 틀어박힘 등).

2) 방임의 지표

- 구걸, 도벽, 혹은 음식을 축적해 놓음, 체중 미달, 잘 자라지 못함, 장시간 침대에 방치되어 머리에 생긴 탈모 자국.
- 학교 출석률 저조. 방임하는 부모는 때로 외로움을 느낄 때 부모의 친구 역할을 위해 아동을 집에 두기도 함. 아동은 때로 동생을 보살피기 위해 집에 남겨지기도 함.
- 부모가 의료서비스를 감당할 능력이 있음에도 병원 진료, 치과 진료가 이뤄지지 않음.

- 식사나 용변 보는 행동이 사회화되지 못하고 발달되지 못함.
- 원인 모를 피로와 무관심. 아무 때나 잠듦.
- 학교나 공공장소, 남의 집에 늦게까지 남아 있음.
- 위생이 좋지 못하고 옷이 더러우며, 계절에 맞지 않는 옷차림을 함.
- 위험한 활동으로부터 보호되거나 감독되지 않음.

3) 성학대의 지표

- 질이나 항문 부위에 멍, 상처, 찢긴 상처가 있고 남근 부분이 상처 입었거나 부풀어 오름. 난폭한 애무나 자위행위로 야기됨.
- 아동의 속옷에 피가 묻음.
- 기저귀를 차지 않은 아동의 성기 부분 피부가 빨갛게 되거나 혹은 발진. 잦은 애무나 문지름으로 생김.
- 다리 윗부분이 빨갛게 되거나 찰과상이 있음. 성인의 자위행위로, 아동의 다리 사이에 성기를 마찰시켜 발생.
- 방광염의 잦은 재발. 항문과 성기에 대한 삽입으로 방광에서 성기로 박테리아가 전이.
- 어린아이의 임신 혹은 성병.
- 질, 직장 혹은 입에 묻은 정액.
- 아동이 충동적 혹은 강박적으로 자주 자위행위를 함.
- 인형이나 애완동물과 이상한 성적 놀이를 하거나 성행위를 보여줌.
- 아동이 다른 아동, 특히 더 어린 아동에게 공

격적이고 강제적인 성행동을 함.
- 성인과 성적 접촉, 성인을 상대로 성적으로 도발적이고 암시적인 행동을 함.
- 성행위에 대한 비정상적인 지식 정도(성행위, 냄새, 맛, 느낌을 묘사함).
- 성적 문제에 몰두하거나 성적인 것에 비정상적 공포를 느낌.
- 샤워, 욕실, 침실에 대해 비정상적인 공포.
- 체육 시간에 옷을 갈아입으려 하지 않거나, 몸을 드러내려고 하지 않음(신체에 대한 극도의 수치심 때문에).
- 특정한 성인(가해자)이 변명해 주거나 처리하는 학교 결석이 잦거나 결석에 일정한 패턴이 있음.
- 비정상적이고 이상하며 성적인 주제를 가진 그림.
- 옷을 겹겹이 겹쳐 입음(몸을 보호하기 위해).
- 대처기제로 심리적 해리(dissociation)가 자주 나타남.
- 비밀스럽거나 선정적인 성인과의 비정상적 친밀한 관계.
- 책임 있는 어른과 이야기하거나 가까이하는 것을 막는 등 어른의 지나친 아동보호.

특정 흔적과 증상을 통해 아동이 학대받거나 방임되고 있음을 알 수 있지만, 이를 통해 누구에게 학대 혹은 상해의 책임이 있는지는 확실히 알 수 없다.

많은 부모가 체벌을 훈육 수단으로 믿고 사용한다. 사회복지사는 보통의 엉덩이 때리기와 법이 규정한 신체적 학대를 구별할 수 있어야 한다. 이에 덧붙여 3가지 구별 기준을 제시한다.

(1) 체벌에서는 아동이 약간의 고통과 불쾌감을 경험한다. 학대에서는 피부 등 신체조직에 실제 상처가 있다.

(2) 체벌을 사용할 때 부모는 자신을 통제하며 아동이 어디를 얼마나 아프게 맞고 있는지 인식한다. 그러나 학대 상황에서는 부모가 자기감정에 대한 통제력을 상실하고 아동을 과도한 힘으로 때리거나 쉽게 다칠 수 있는 곳을 때린다.

(3) 체벌을 사용하며 드물게 심하게 때리기도 하는 부모는 무슨 일이 일어났는지 빨리 깨닫고 다시는 이런 일이 생기지 않도록 아동을 훈육하는 방식을 바꿀 수 있다. 하지만 학대 상황에서는 부모가 심하고 통제 불능의 처벌과 상해를 반복한다.

신체학대와 성학대가 언론의 주목을 받지만, 아동방임은 실제로 가장 빈번한 아동학대 유형이다. 미국에서 아동학대와 관련된 사망자의 대략 절반이 방임의 결과이며, 높은 비율의 방임 사례가 약물 혹은 알코올에 중독된 부모가 있는 가정에서 발생한다.

성학대를 당한 대부분의 아동은 무섭기도 하고 너무나 큰 수치심 때문에 아무에게도 이야기하지 못한다. 아동 성학대 사례의 대부분은 삽입은 아닌 애무나 자위 등이다. 구강, 질이나 항문에 대한 삽입이 있었다고 해도 대개의 경우 관찰할 수 있는 물리적 증거가 남지 않는다. 성적으로 학대당한 아동 대부분이 특별한 성적 행동을 보이지 않는다는 점을 알아야 한다. 그러나 성학대를 당한 아동은 그렇지 않은 아동보다 성인 같은 성적 행동을 보이는 경향이 있다.

사회복지사는 아동 성학대로 의심되는 사례를 보고해야만 한다(항목 11.17 참조). 그러나 거짓되고 잘못된 고발이 있을 수 있다는 사실에 주의해야 한다. 아동이나 성인 모두 남의 영향을 받기 쉽고 사실을 잘못 해석할 수 있다. 경우에 따라서는 누군가를 모함하는 수단으로 사실과는 다른 고발이 일어날 수도 있다. 아동이 잘못 고발하는 경우는 드물지만, 아동의 고발이 부모에 의해 고무되는 경우는 그 비율이 높다. 특히, 부모 간 아동양육권 분쟁 사례에서 그 비율이 더욱 높은 경향이 있다.

일단 학대나 방임의 사례가 확인되면 그 위험성을 사정해야 한다. 다시 말해, 아동이 심각한 상해의 위험에 처해 있는지, 그리고 즉각적인 보호의 필요가 있는지를 고려해야 한다. 다음으로, **위험 사정**에서 고려해야 할 요소와 위험 요인을 제시한다.

4) 아동 관련 위험 요인

- 아동이 어린 나이, 질병, 장애, 건강 문제 등 때문에 자신을 보호할 수 없거나 보호에 취약하다.
- 이전에 학대나 방임의 경험이 있다.
- 상처가 취약한 신체 부위(예: 머리, 얼굴, 성기 등)에 있거나 치료 혹은 입원이 필요하다.
- 용의자가 지금 아동에 접근 가능하다.

- 가정 내에서 다른 사람과의 관계가 긴장 상태거나 문제가 있다. 그래서 타인이 아동보호를 위해 개입할 기회가 적다.

5) 부모 혹은 양육자 관련 위험 요인

- 부모 혹은 양육자의 신체적 혹은 정신적 질병, 지적장애, 물질 남용 때문에 보호자의 아동보호 능력이 제한된다.
- 부모에게 가정폭력(예: 배우자 폭력) 혹은 다른 폭력 범죄 이력이 있다.
- 부모에게 다른 아동을 학대 혹은 방임했던 전력이 있다.
- 부모에게 기본적인 양육 기술과 지식이 없다.
- 부모에게 아동에 대한 높은 수준의 분노, 적대감 혹은 거부감이 있다.
- 아동의 행동 문제 혹은 특별한 욕구(예: 장애)가 부모에게 스트레스가 된다.
- 다른 심각한 가족 문제(예: 부부 갈등, 재정, 건강, 혼란스러운 생활 방식 등)가 부모의 스트레스를 가중한다.
- 부모가 아동에게 비현실적이고 비합리적인 기대를 한다.
- 부모가 문제를 부인하고 회피하며, 아동보호 서비스 제공자 혹은 다른 원조자에게 협력하지 않는다.
- 가족과 함께했던 이전의 노력을 부정하거나 예전 노력이 비효과적이었다.

6) 환경 위험 요인

● 집 안 상태가 아동에게 명백히 위험하다. 예를 들어 전깃줄이 노출되거나 가정용 화학약품이 방치되거나 위생시설이 부족하다.
● 가족이 사회적 혹은 물리적으로 고립되어 위급상황일 때 도움을 구할 사회적 자원이 부족하다.

아동이 위험하고 아동을 보호할 수 있는 덜 극단적인 방법이 없는 경우 **가정 외 배치**(*out of home placement*)가 필요할 수 있다. 이는 아동에게 너무 고통스럽고 가족에게도 파괴적인 경험이다. 만약 아동을 위탁가정에 배치해야 한다면 이유는 단 한 가지, 특정한 위해로부터 아동을 보호하기 위해서이다. 부모가 어떤 조치를 취하도록 강제하기 위해 아동을 배치하는 것은 비윤리적이다. 아동은 최소규제 대안의 원칙에 따라 배치되어야 한다. 가능하다면 부모는 아동의 분리와 배치 준비 과정에 참여해야 한다. 배치가 이뤄지는 동안 부모의 아동 방문은 장려돼야 한다. 또한 아동의 종교적 전통과 문화적 유산을 존중하고 유지하는 것도 중요하다. 미국 원주민 아동의 문화적 관련성을 유지하기 위한 특별한 규정은 〈인디언 아동복지법〉 등 연방법에서 찾을 수 있다.

11.17 학대와 방임 신고 의무

대부분의 나라에는 사회복지사와 다른 전문직의 아동학대 및 방임 신고를 의무화하는 법이 있다. 또한 많은 주에는 노인학대, 방임, 착취 신고를 의무화한 법도 있다. 특정 범주의 사람에게는 신고 의무가 있지만, 신고는 누구든 할 수 있다. 그러나 다양한 학대 유형 정의, 신고 절차는 지역마다 약간씩 차이가 있다.

1) 아동학대와 방임

아동보호서비스(*child protective service*: CPS) 기관 혹은 경찰에 신고할 수 있다. 대부분의 주에서 의심되는 학대 혹은 방임에 대한 신고는 주로 지역 혹은 주 소재 아동보호서비스기관으로 보내진다. 신고를 받으면 학대 혐의가 관련 법률 규정에 부합하는지, 조사가 정당한지, 현재 위험 수준에서 얼마나 빨리 대응해야 하는지, 법 집행을 통지할 필요가 있는지 등을 결정한다.

법에 따르면, 아동학대와 방임은 보통 아동의 부모 혹은 양육자가 아동의 위해 혹은 상해를 야기하고 위협하는 행동(학대) 혹은 필요한 행동을 하지 않는 것(방임)으로 정의된다. 이러한 위해에는 신체적, 정서적, 성적인 것이 있다. 아동 혹은 어떤 사람에 대해서든 의도적이고 심각한 상해는 범죄이다. 만약 상해가 심각하고 범죄 구성 요건(예: 신체적 폭력, 추행, 강간)에 부합한다면, CPS는 법 집행을 통지하고 경찰은 별도의 조사를 시작한다. 보호서비스의 역할은 가족 구성원 혹은 양육자에 의한 추가 위해로부터 희생자를 보호하는 것이다. 경찰의 역할은 혐의가 제기된 범죄를 조사하고 증거를 수집하는 것이다. 법 집행에 의해 수집된 증서는 범죄 혐의자의 기소 여부를 판단하는 검사 사무실로 보내진다. 그래서 어떤 경우에 경찰과 검사 조직이 동시에 관여하기도 한다. 범죄 혐의자가 부모 혹은 양육자가 아니라면 그 사건은 전적으로 경찰이 맡고 CPS는 관여하지 않는다.

전통적으로 주법에 의하면 아동학대와 방임은 민사 재판 절차에 따라 다뤄야 하는 민법(예: 〈가족법〉) 사안이다. 이와 반대로 범죄는 형법 절차를 밟는다. 예를 들어 경찰 혹은 범죄 수사는 **미란다 경고**(*Miranda warning*)의 집행이 필요하지만, 보통 CPS 조사는 그렇지 않다. 형법상 범인으로 유죄를 선고하기 위해 법원은 **합리적 의심을 넘어서는** 최고 수준의 증거가 있어야 한다. CPS 조사의 경우 민법 사안으로서, **증거 우위의 원칙**이든 **명백하고 확실한 증거**이든, 법원은 낮은 수준의 증거로도 결정(예: 추가 위해로부터 보호하기 위해 가정위탁에 아동을 배치하는 결정)을 내릴 수 있다.

아동학대와 방임의 사안은 희생자가 아동이고 범죄 혐의자는 아동의 부모 혹은 후견인이기 때문에 본질적으로 복잡하다. 아동은 가해자에게 의존하기 때문에 취약하며 위험에서 탈출할 수 없다. 더구나 아동은 가해자와 정서적 유대, 가족 유대를 맺고 있다. 범죄 가해자에게 아동을 훈육하고 통제할 친권(항목 15.4, 기본적 친권 목록 참조)이 있음을 인식해야 한다.

2) 노인학대, 방임, 착취

의심되는 노인학대와 착취에 대한 신고 대부분은 지역 혹은 주에 소재한 성인보호서비스(*adult protective service*: APS) 기관으로 보내진다. 그러나 의심되는 학대가 요양 홈과 같이 허가를 받은 보호시설에서 발생했다면 아마도 주에 있는 장기요양보호 옴부즈맨이 조사에 참여할 것이다. 만약 범죄가 저질러진 것으로 보인다면(예: 위조죄, 사기, 절도, 폭행), 경찰에 통지되고 이들은 각자 별개의 범죄 조사를 수행할 것이다.

CPS와 달리, APS는 상대적으로 조사권을 덜 갖고, 보호 조치에서 취할 수 있는 선택도 더 적다. 반대되는 명백한 증거가 없다면 APS는 노인, 즉 피해자가 결정권을 갖고 있으며 법적 능력이 있다고 간주한다. 그래서 조사가 얼마나 진행되느냐는 주로 피해자의 바람에 달려 있다. 학대 피해자가 조사에 협조하지 않거나 필요한 정보의 자발적 제공을 원하지 않을 이유는 수없이 많다. 만약 범죄 혐의자가 가족 구성원이라면 노인은 가족 갈등 혹은 창피함을 피하고 싶을 것이고 보복이 두려울 것이다. 노인은 현재의 거주 형태를 잃는 것에 대한 두려움 혹은 또 다른 시설로 옮겨야 하는 것에 대한 두려움을 느낄 것이다.

돌봄에서 타인 의존도가 매우 높거나, 허약하거나, 정신적으로 혼란스러운 노인은 학대와 착취에 특히 취약하다. 신체적, 성학대, 방임에 덧붙여 사기와 경제적 착취, 절도 혹은 재산 횡령, 약을 주지 않거나 오용하는 것, 협박, 굴욕,

유기 등도 학대에 속한다. APS가 주목하는 흔한 상황 중 하나는 **자기 방임**(*self neglect*)이다. 이는 종종 혼자 사는 노인이나 신체적 제약 혹은 인지 문제 때문에 더 이상 자신을 안전하게 돌볼 수 없는 노인에게 발생한다. 더 이상 자신을 돌볼 수 없고 결정을 내릴 수 없거나 돈을 관리할 수 없을 때, APS는 행위 무능력 판결, 그리고 법적 후견인 혹은 신탁 관리 개시를 법원에 신청할 수 있다(항목 15.5, 15.8 참조).

3) 학대 및 방임 신고 가이드라인

다음 지침은 여러 상황에 적용된다. 그러나 이 가이드라인은 일반적 상황에 적용되며, 법적 조언은 아니라는 점을 이해해야 한다. 사회복지사가 특히 복잡한 상황에 접했거나 어떻게 해야 할지 확실하지 않을 때, 사회복지사는 즉각 기관의 슈퍼바이저 혹은 변호사의 자문을 받아야 한다. 대부분 사회기관은 기관 절차 매뉴얼에 학대와 방임 신고 관련 부분을 두고 있다.

(1) 학대와 방임의 정의, 신고가 처리되는 방식은 법에 따라 정해지기 때문에 사회복지사는 자기 관할권과 관련된 법을 찾아보는 것이 중요하다. 이는 인터넷에서 찾을 수 있다.

(2) 사회복지사는 학대, 방임, 착취의 다양한 지표와 징후를 잘 알고 있어야 한다(항목 11.16, 15.5 참조). 복잡한 상황 혹은 의심스러운 징후나 지표를 어떻게 해석해야 할지 확실하지 않을 때 사회복지사는 아는 것이 많은 동료나 가능하

다면 전문가의 자문을 받아야 한다.

(3) 사회복지사는 학대와 방임을 알았거나 의심스러울 때 신고할 법적 책임이 있다. 적절한 신고는 아동 혹은 노인의 사망이나 심각한 상해를 예방할 수 있다. 신고 의무자가 신고를 하지 않는 것은 경범죄가 되기도 한다. 또한 신고하지 않는 것은 가능성은 희박하지만 다음의 상황, 즉 신고 의무자인 사회복지사가 태만했으며 법대로 신고했다면 피해자의 상해 혹은 죽음을 예방할 수 있었을 것이라 주장하며 가족 구성원이 소송을 제기하는 상황을 초래할 수도 있다.

(4) 사회복지사는 신고가 필요한 상황에 앞서 신고하는 방법을 알아야 한다. 준비를 위해 언제, 어떻게, 누구에게 신고해야 하는지, 보호기관에서 원하는 정보의 종류는 무엇인지, 신고자에게 어떤 질문을 하는지, 신고 이후에는 어떤 일이 벌어지는지, 법정에서 증언해야 하는지 등과 같은 구체적인 질문에 대한 답을 구하는 차원에서, 지역 CPS 및 APS 직원과 만나는 것이 좋다.

(5) 보호서비스 직원은 사실을 요구한다. 그래서 사회복지사가 보호서비스기관에 신고한다면 수많은 질문, 예컨대 이름, 주소, 피해자의 이름, 주소, 피해자 상해 혹은 학대의 특징, 피해자에게 즉각적인 의료 조치가 필요한지 여부, 피해자의 연령과 현재 소재지, 가정에 다른 아동 혹은 취약한 사람이 있는지 여부, 범죄 혐의자의 행방, 가해자 혹은 가정 내 타인에 의해 표

출된 위험 수준, 피해자 및 범죄 혐의자와 신고자의 관계 등에 관해 질문을 받을 것이다. 신고자가 관찰한 것, 학대 혹은 방임의 문제라고 의심한 이유 등도 상세히 이야기하라는 요구를 받을 것이다. CPS 혹은 APS 직원이 작성하는 보고서는 법 집행 통지 여부를 결정하기 위해 충분한 정보를 필요로 한다. 신고자는 법적 증거로 사용될 수 있는 진술서에 서명해 달라는 요청을 받을 수 있다. 주법에 따라서는 보호서비스기관이 증거의 **상당한 이유**를 우선 마련하고 심층 증거 혹은 보호적 개입에 앞서 법원의 명령을 받아야 하는 경우도 있다.

(6) 신고를 해야 하는 사회복지사 혹은 다른 전문직은 가족 혹은 범죄 혐의자에게 **통지**하지 않아야 한다. 이는 CPS 혹은 APS, 법 집행관의 책무이다. 범죄 혐의자에게 조사 가능성을 알리는 것은 아동 혹은 취약한 노인을 더 위험한 상황에 놓이게 할 수 있으며 증거 인멸의 가능성도 있다.

(7) 어떤 사회복지사, 특히 치료사 역할을 하는 사회복지사의 경우 신고가 치료적 관계를 깨뜨릴 수 있다는 두려움이나 사회복지사에게 부여된 전문적 · 윤리적 의무 때문에 신고를 망설이기도 한다. 신고할 때 신고를 담당하는 CPS 혹은 APS의 복지사에게 이러한 문제를 설명해야 한다. 어떤 경우(추가 상해의 위험이 낮은 경우), 전문가가 상황을 관찰하고 있고 학대 혹은 방임의 문제를 수정하기 위한 치료적 노력이 진행 중이라면 보호서비스기관은 조사 혹은 개입

을 미루거나 피할 수 있다.

범죄 혐의자가 클라이언트이고 이 클라이언트와의 치료적 관계가 보호서비스에 신고함으로써 파기될 가능성은 그 가능성을 클라이언트가 알고 있을 때 가장 최소화된다. 그래서 전문적 관계를 시작할 때 사회복지사는 알려지거나 의심이 가는 학대 혹은 방임을 신고할 법적 의무가 있다는 것, 그리고 비밀 보장은 특정 경우에 제한된다는 것을 모든 클라이언트에게 알리는 것이 바람직하다.

신고 의무가 있는 신고자가 학대 혹은 방임을 선의로 보고했을 때, 주법은 보통 '사회복지사-클라이언트' 혹은 '치료자-클라이언트' 관계 내에서 비밀 보장 요건을 철회하고 법적 책임으로부터의 면책권을 부여한다. 아동과 노인의 생명과 안전은 전문적 관계에서의 비밀 보장이나 사생활 보호보다 더 중요하다.

(8) 신고와 관련된 주법은 보호서비스기관이 신고자 이름을 공개하는 것을 금지한다. 그럼에도 신고자는 범죄 혐의자가 누가 신고했는지 알아낼 수 있음을 예상해야 한다. 보호서비스기관은 익명으로 신고를 접수한다. 그러나 출처가 익명인 경우 신고자가 자신을 드러낸 신고보다 신뢰성이 낮다.

11.18 심리학적 검사 의뢰하기

특정 상황에서 사회복지사는 검사를 위해 종종 아동 혹은 성인을 심리학자에게 의뢰한다.

심리학적 검사는 클라이언트의 지능, 불안 혹은 우울 수준, 대처 행동, 자기개념, 동기 유형, 전체적인 성격 등에 관한 정보를 제공해줄 수 있다. 클라이언트가 정신장애, 신경질환, 약물 유발성 장애를 가진 것처럼 보인다면 정신과 의사가 참여할 필요가 있을 것이다. 의뢰를 계획하거나 생각할 때 고려할 지침은 다음과 같다.

(1) 심리적 평가를 통해 알고 싶은 질문의 목록을 만든다. 심리학자(때로 정신과 의사)가 선택한 사정 도구와 절차는 얻고 싶은 정보, 클라이언트의 특성, 의문점에 따라 달라진다. 그러므로 클라이언트와의 작업, 사회복지사가 직면한 특정한 사례관리 결정에 가장 도움이 될 정보 유형을 심리학자에게 설명해야 한다.

(2) 심리학자에게 클라이언트의 연령, 교육 수준, 직업, 고용 상태, 민족성, 시각·청각, 운동, 서류를 읽고 이해하기 혹은 영어 사용에서의 문제와 같은 장애, 검사에 대한 유별난 두려움 등의 정보를 심리학자에게 제공한다. 가능하다면 검사 일자, 사용된 검사 이름을 포함해 이전 검사 보고서와 결과를 제공한다.

(3) 검사를 수행할 심리학자와 협의한 후, 검사에서 기대하는 것, 검사 진행 방법, 소요 시간에 관한 기본정보를 클라이언트에게 제공하며 클라이언트를 준비시킨다.

(4) 심리학적 검사에 현실적 기대를 갖는다. 대개의 경우 검사 결과는 클라이언트를 가까이에서 관찰하거나 작업해 왔던 사람들이 이미 갖고 있는 인상을 단지 확인하는 것이다. 중요한 사례관리 결정이 검사 결과에만 기초해서는 안 된다. 심리학자에게 검사 절차의 장점과 한계에 대한 설명, 검사 결과가 치료 혹은 서비스 계획 형성에 미치는 영향에 대한 토의를 요청한다.

11.19 가족 기능수행 사정하기

모든 사람은 다양한 가족에서 성장한다. 경험에서 볼 때 가족은 여러 형태를 띠고 기본적으로 복잡하다. 가족은 여러 개인으로 구성되며 각 개인은 모두 유일한 존재이다. 각 가족에는 고유한 역사가 있고 특정 문제와 도전에 직면한다. 가족에게 도움이 되기 위해 사회복지사는 가족 내부의 역동과 가족이 처한 사회적·경제적 맥락을 이해하고 인식해야 한다. 사회복지사가 사정 자료를 수집할 때, 가족과 가족 기능수행의 다음 차원을 명심해야 한다.

(1) **가족 기능**: 인간서비스를 계획하고, 사회 및 건강서비스 전달에서 가족 중심 접근을 유지하기 위해 가족을 정의하는 것이 유용하다. 가족은 생물학적 유대, 법적 관계, 그리고 장기적인 충성과 헌신에 대한 기대 등과 관련된 사람의 집단이다. 최소 2세대로 구성되고, 보통 한 가구로 거주한다. 더욱이 이 집단의 성인은 공통적으로 가족에게 다음의 기능과 활동의 모두 혹은 대부분을 수행할 의지와 능력을 갖추어야 한다.

① 아동의 양육과 사회화를 제공한다. 예를 들면 아동에게 성인기를 준비시키는 것, 특정 문화와 사회 내에서 기능하도록 아동을 준비시키는 것, 정직·책임감·협조·연민·신뢰·공유와 같은 기본적 가치와 도덕을 가르치고 모범을 보이는 것 등이다.

② 가족 구성원에게 친밀성과 소속감을 제공한다. 예를 들면 수용과 사랑 등이다.

③ 합의한 성인이 성적 표현을 할 수 있도록 사적이며 정서적으로 안정된 환경을 제공한다.

④ 가족 구성원에게 휴식 공간을 제공한다. 예를 들면 직업, 근로, 커뮤니티 등과 관련된 역할과 책임으로부터 휴식을 취한다.

⑤ 가족 구성원에게 법적·사회적 정체성을 제공한다. 법적인 상호작용을 위한 정체성과 지위를 부여한다.

⑥ 경제 단위로서 기여한다. 예를 들면 돈을 관리하고 상품과 서비스를 구매하며 미래를 위해 예산을 짜고 계획하고 소유물을 관리하는 것 등이다.

⑦ 취약한 가족 구성원을 보호하고 돌본다. 예를 들면 어린 아동, 허약한 노인, 아프거나 장애가 있는 사람을 보호하고 돌본다.

⑧ 커뮤니티 자원이 필요한 가족 구성원을 옹호한다. 예를 들면 아동의 건강관리를 원하는 부모, 아동의 적절한 교육을 보장하려는 부모 등이 해당된다.

이러한 기본적인 가족 기능을 고려할 때 사정 과정에서의 주요 질문은 '가족은 가족의 활동과 기능을 어느 정도 수행하고 있는가?'이다.

(2) **가족 구조와 구성원**: 사정에서 가족의 기본 구조와 구성원을 파악한다. 누가 가족에 속하는가? **생물학적 가족**의 구성원(예: 친부모, 그들의 자녀)은 누구인가? 결혼, 이혼, 입양, 합법적 동성결혼, 아동 양육권에 영향을 주는 법원 명령에 의해 정의되는 **법적 가족**의 구성원은 누구인가? 누가 **인식된 가족**(생물학적, 법적 유대와 관계없이, 가족이라고 간주되는 사람)에 속하는가? 그리고 마지막으로, 평생의 충성, 의무, 책임에 대한 기대로 정의되는 **장기적으로 헌신하는 가족**에 속하는 사람은 누구인가?

가족의 기본 구조는 여러 형태이다. **핵가족**(부모, 자녀), **확대가족**(부모, 자녀, 가까운 친척), **한부모가족**(한부모, 자녀), **혼합가족**(2명의 성인 및 이전 결혼 혹은 관계에서 태어난 자녀, 이들 부부 사이에서 태어난 자녀)과 같은 형태를 띤다. 결혼하지 않고 관계가 없는 2명 이상의 성인(이들의 자녀 포함)으로 구성된 **기능적 가족** 형태도 증가하고 있다. 또한 친부모가 수감되거나 중독 혹은 질병으로 장애가 있어 손자녀 양육 책임을 조부모, 즉 **두 번째 부모**가 맡는 가족도 증가하고 있다.

가족 구성원과 구조에 대한 정보를 수집하는 사회복지사의 일은 클라이언트가 자료 수집과 사정을 위한 면접에 가족사진 앨범, 가족 스크랩북을 가져올 때 쉬워진다. 이러한 소장품을 보면 클라이언트가 다양한 가족 구성원을 기술하고 관계를 설명하는 것도 쉬워진다.

(3) **환경의 영향**: 가족의 기능수행은 이웃, 커뮤니티의 특성에 의해 긍정적·부정적인 영향

을 받는다. 그래서 사정에서는 다음과 같은 질문을 고려한다. 가족은 어디에 사는가? 가족 구성원원은 이웃을 좋아하는가? 안전한 곳인가? 이웃은 서로를 돌보는가? 사람들은 직업, 적절한 수입, 충분한 건강 보호, 알맞은 가격의 주택을 갖고 있는가? 지역 학교는 특수아동에게 필요한 특별 프로그램을 제공하는가? 지역 식품점은 적절한 가격에 질 좋은 식품을 제공하는가? 경찰 보호, 위생시설, 교통시설, 도서관, 공원, 레크리에이션과 같은 공공 서비스는 충분한가?

(4) 가족 경계와 하위체계: 시간이 흐르면서 가족 내의 상호작용은 유형화되고 조직화된다. 즉, 하나의 사회체계가 만들어진다. 사회체계로서 가족은 환경으로부터 가족을 정확히 구별하는 경계를 갖는다. 가족 경계의 특성은 한 가족이 외부적 영향에 개방적인지 혹은 폐쇄적인지를 결정한다. 경계는 지속적으로 변화하는 사회·문화적 환경에 적응하는 데 필요한 정보와 생각을 통합하기 위해서는 충분히 개방적이며 투과성을 지녀야 한다. 그러나 경계가 너무 투과성이 높거나 경계가 너무 약한 경우 가족은 외부 영향에 무차별적으로 끌려갈 것이고 가족은 가족의 구조, 조직 혹은 '체계성'을 잃어버릴 것이다. 또 다른 극단적인 상황은 가족 경계가 외부 영향에 지나치게 융통성이 없거나 투과성이 낮은 경우로, 가족은 고립되고 소외되며 타인이나 커뮤니티로부터 분리될 것이다. 예를 들어 자녀가 이웃, 학교, 신문, TV, 컴퓨터에 노출되거나 이들과 접촉하는 것을 막는 부모가 있다. 이러한 가족의 자녀는 잠재적으로 해로울

수 있는 외부 영향으로부터 보호받을 수 있을지 모르지만 사회에서 제대로 기능을 수행하는 것에 대한 준비는 하지 못한다.

성인과 아동으로 구성된 가족에는 보통 4가지 **하위체계**가 있다. 즉, **부부 하위체계**(보통 성관계를 포함하는 2인의 성인), **부모 하위체계**(아동 양육에 책임을 지는 가족 구성원, 보통 성인), 한 개 혹은 그 이상의 **부모자녀 하위체계**(특정 부모와 자녀 사이의 특별한 관계), 그리고 **형제 하위체계**(형제자매 간의 관계)이다. 건강한 가족에서는 이들 하위체계를 정의하는 경계가 명확하며 사회적 규범을 준수한다. 대조적으로, 예를 들어 근친상간가족의 경우 아동은 부부 하위체계, 즉 부모와의 성적 관여에 끌려 들어간다. 유사한 방식으로 알코올 중독 혹은 약물 중독 부모와 사는 아동은 역할이 뒤바뀐 채 부모 하위체계로 진입하고 결국 자신의 부모를 보호하고 돌보게 된다.

(5) 가족 규칙과 역할: 가족 구조가 세워지면 특정한 구조가 문제가 될 때조차도 가족 구성원과 전체로서의 가족은 현재 상황을 유지하고자 하는 경향을 갖는다. 다양한 규칙과 역할, 기대는 현상 유지를 위해 변화에 저항하고 익숙한 것을 유지하도록 돕는다. **가족 규칙**은 가족 구성원의 행동을 규제하고 가족 구조와 조직을 유지하도록 하는 명시적·암시적 원칙이다. 이러한 규칙은 가족 식사 중 좌석 배치와 같이 간단하기도 하며 혹은 차에 주유를 담당하는 사람 등처럼 명확하기도 하다. 명시적 가족 규칙은 '목욕이 끝난 후 욕조를 항상 깨끗이 한다'와 같은 것이다.

대부분의 가족 규칙이 실용적이고 무해하며 때로는 우습기도 하지만(예: "속옷을 갈아입지 않고서는 차로 여행을 하지 않는다"), 어떤 것은 역기능적일 수 있다. 정서를 압도하고 무책임한 행동을 덮어 주며 부정직함을 조장하거나 수치심을 낳는 규칙은 특히 해롭다. 이러한 규칙은 예컨대 "아버지가 술을 마실 때는 절대 아버지의 형에 대해 말하지 않는다" 혹은 "아버지와 어머니가 싸우는 것은 못 본 체한다" 혹은 "부모에게 분노를 느끼는 사람은 악마와 같이 아주 나쁜 사람이다"와 같다. 알코올 중독이 있는 부모를 둔 자녀는 '그것에 대해 **말하지 않는다**'(음주나 다른 실제적인 이슈에 관해 언급하지 않는다) 혹은 '감정을 **느끼지 않는다**'(모든 감정을 억압한다), 그리고 '**믿지 않는다**'(항상 거리를 두고 사람을 대하고 경계한다) 등의 가족 규칙 속에서 성장하곤 한다. 가족 사정을 수행하는 사회복지사는 문제가 되는 가족 규칙이 있는지, 규칙이 깨질 때는 어떤 일이 발생하는지 등을 확인해야 한다.

가족은 또한 특정한 역할구조를 개발한다. 역할기대는 누가 아동을 돌보고 누가 차를 운전하고 누가 돈을 관리하고 누가 세탁을 하는지와 같은 수많은 일상 과업을 안내한다. 역할구조는 종종 가족 문화와 종교에 의해 형성된다(항목 8.8 참조).

아동기 동안 사람은 종종 가족 내에서 특정한 역할을 맡는다. 이런 역할에 대한 귀여운 표현으로는 '마마보이', '평화를 만드는 사람', '가족의 골칫거리', '훈육가', '외톨이', '메시지 전달자', '가족의 물주', '말썽꾼' 등이 있다. 가족치료 문헌에서는 '희생양', '영웅', '마스코트', '미

아', '구원자' 역할을 자주 언급한다.

경계, 하위체계, 규칙, 그리고 가족 내 역할은 주의 깊은 관찰을 통해 추론할 수 있다. 어떤 가족 구성원은 특정 규칙과 역할을 설명하기도 하지만, 대부분은 아주 뿌리 깊게 박혀서 물어보지 않아도 자연스럽게 느낄 수 있다. 성인은 새로운 가족을 만들 때 종종 원가족에서 배웠던 규칙 등을 재생산하거나 반복한다. 그래서 가족의 강점과 문제는 모두 한 세대에서 다음 세대로 전해질 수 있다.

(6) **따로 또 같이**: 인간은 친밀감의 욕구가 있지만 동시에 이에 대한 두려움도 있다. 인간은 타인이 자신의 드러난 약점을 이용할 것이라는 걱정 혹은 취약해지는 것에 대한 두려움 때문에 타인과 지나치게 가까워지는 것을 피하곤 한다. 가족 내 구성원은 가족 집단에 소속되고 싶은 욕구와 자율성의 욕구 사이에서 긴장을 경험한다. 연결되고 싶지만 통제를 받고 싶지는 않다. 가족이 잘 기능하면 가족 구성원은 자신의 내적 생각과 감정을 많이 드러낼 뿐 아니라 편안한 수준의 사생활 및 독립을 유지할 수 있다.

개인적 경계가 약하고 불명확할 때 가족 구성원은 다른 가족 구성원의 생활에 침입하고 과도하게 관여한다. 그런 가족 관계를 밀착된(en-meshed) 혹은 혼란하고 융합된 가족이라 한다. 그 반대는 가족 구성원 간 의미 있는 의사소통과 상호작용이 거의 일어나지 않는 경우이다. 그런 가족은 유리된(disengaged) 혹은 단절가족이라고 한다. 이러한 극단적인 가족은 같은 지붕 아래 사는 사람의 무리일 뿐이다.

문제가 있는 가족을 이해하기 위해 사회복지사는 가장 분명한 문제 너머 그 이면을 볼 수 있어야 하고, 왜 가족 구성원이 스트레스와 분열을 낳는 방식으로 행동하는지를 궁금해해야 한다. 가족 구성원의 행동을 관찰할 때는 '이러한 행동이 어떻게 구성원을 가깝게 만들고 소속감을 제공하는가?', '이런 행동이 어떻게 타인으로부터의 분리 혹은 보호를 위한 거리 두기를 낳는가?' 등을 고려한다.

(7) **개인차**: 체계적 관점에서 가족을 보는 것도 가치 있지만, 가족은 개인으로 이뤄진다는 점을 기억하는 것이 중요하다. 가족 구성원은 성격, 기질, 가치, 강점, 한계 등에서 서로 크게 다르다. 각자는 희망과 꿈, 관심, 영성과 관련해 유일한 존재이다. 어떤 사람은 사교적이며 어떤 사람은 내성적이고 내향적이다. 어떤 사람은 융통성이 있지만, 어떤 사람은 안정감과 예측 가능성을 선호한다. 어떤 사람은 잘 정리되어 있고 깔끔하며, 어떤 사람은 정리되지 않고 지저분하다. 어떤 사람은 조용하지만, 또 어떤 사람은 흥분을 잘한다. 가족의 기능수행을 관찰할 때 개인 구성원이 가족에 잘 어울리는지, 가능한 부조화는 없는지 등을 고려하는 것이 유용하다.

가족 갈등의 근본적 원인은 가족 구성원이 다른 구성원을 독특하며 자신과 다른 존재로 수용하지 않는 것에서 비롯된다. 차이와 불일치에 대응하는 기본 방식에는 네 가지가 있다. 이 중 세 가지는 ① 타인의 잘못을 찾아 **타인을 억누르기**(위협하기, 비난하기, 공격하기), ② 진짜 감정을 숨기고 순종하면서 **자신을 제거하기**, ③ 차이를 드러낼 수 있는 의사소통을 피하고 갈등의 존재를 부정함으로써 **갈등을 피하기** 등으로, 이는 다소 역기능적이다. 갈등과 차이를 다루는 가장 건강하고 기능적인 방법은 차이가 존재함을 인정하고 상호 존중의 태도로 차이를 이야기하며 해결책을 협의하는, **개방적이고 정직한 의사소통**이다.

다른 모든 사회체계처럼 가족은 변화, 특히 빠른 변화에 저항하는 경향이 있다. 가족 구성원은 현재의 상태 혹은 일상적인 습관을 유지하기 위해 여러 가지 노력을 한다. 극단적인 경우, 다른 방법이 잘 듣지 않을 때 실제의 혹은 가상의 위험으로부터 가족 전체의 이득을 지키기 위해 가족 내 한 구성원을 희생양으로 만듦으로써 가족을 보호하려고 한다. 말썽 피우는 10대를 위탁보호에 맡기려는 부모의 요청도 이러한 노력의 일환으로 볼 수 있다. 관련된 현상으로, **가족 구성원의 재구성**(re-peopling)은 새로운 구성원을 추가함으로써 안정감을 회복하려는 가족의 노력이다. 결혼 문제를 겪는 부부가 아이를 가지려는 것도 이러한 노력의 하나로 볼 수 있다.

(8) **가족 의사소통**: 둘 혹은 그 이상의 사람이 정기적으로 상호작용할 때는 언제든 의사소통 방식이 개발된다. 문서로 설명할 수 없는 특정한 규칙과 기대가 등장해 미묘하게 상호작용을 이끈다. 이를 해독하기 위해 사회복지사는 다음을 관찰해야 한다. 누가 누구에게 말을 하는가? 누가 먼저 말하는가? 누가 이에 대해 반응하는가? 누가 누구의 말을 주로 듣고 주의를 기울이

는가? 누가 가장 말을 많이 하는가? 누가 가장 적게 말하는가? 누가 마지막에 말하는가? 누가 누구 옆에 앉는가? 한 사람에게 향한 메시지가 실제로 다른 사람을 향하는 경우가 있는가? 말한 내용과 실제 의미하는 내용이 다른가? 가족 의사소통이 회피, 이중 메시지, 비난, 협박, 상처 주는 농담 혹은 말을 가로막음 등을 특징으로 하는가? 아니면 명확성, 존중, 개방성을 특징으로 하는가?

(9) **의사 결정**: 모든 가족은 의사 결정 방식을 개발한다. 어떤 가족은 모든 구성원이 의사 결정에 참여하지만 어떤 가족에서는 한 구성원이 모든 주요한 결정을 내린다. 사회복지사는 전체 가족과 함께 만나 가족 여행 계획과 같은 과업을 수행하도록 하고, 사회복지사는 그러한 의사 결정 과정을 관찰하며 가족이 의사를 결정하는 방식을 알 수 있다.

(10) **분위기**: 개인처럼 가족도 보편적인 분위기 혹은 성향이 있다. 가족이 따뜻하고 서로 돌보는가? 냉담하고 다정하지 않은가? 낙천적인가? 염세적인가? 신나는 분위기인가? 우울한가? 활달한가? 자발적인가? 통제적인가? 위축되었는가? 만족스러운가? 적대적인가?

(11) **도덕적 · 윤리적 기준**: 충성, 공정성, 의무, 희생, 책임성, 가족 내 권리와 같은 문제는 도덕적 · 윤리적 기준과 직접 관련된다. 수많은 가족 갈등은 가족 구성원에게 기대되는 행위와 도덕적 이슈를 둘러싸고 발생한다. 어떤 가족

행동은 신비롭고 몹시 중요하며 경탄할 만한 측면에 대한 가족의 인식을 앎으로써 이해할 수 있다. 결국 이는 삶 · 갈등 · 고통 · 죽음에 부여된 의미, 종교적 신념, 영성과 밀접히 관련된다.

(12) **시간과 활동**: 가족의 기능수행은 가족 구성원이 자신의 시간에 무엇을 하며 다른 가족 구원과 함께 보내는 시간은 어느 정도인지와 관련된다. 일과 학교에 매일 얼마만큼의 시간을 쓰는가? 통근 시간은 얼마나 걸리는가? 아동 양육에는? 요리에는? 청소와 세탁에는? 공부와 숙제에는? 쇼핑에는? 아프거나 장애가 있는 가족 구성원을 돌보는 데는? 독서에는? TV에는? 전화 통화에는? 컴퓨터에는? 종교 활동에는? 레크리에이션에는? 클럽과 사교 모임에는? 수면에는?

(13) **변화**: 대부분의 가족에서 어떤 구성원은 변화를 환영하고 원하지만, 다른 구성원은 변화에 반대한다. 변화에 대한 가족의 태도를 사정하기 위해, 사회복지사는 가족 구성원이 가상으로 변화의 영향에 대해 생각하도록 요청할 필요가 있다. 예를 들어 사회복지사는 다음과 같은 질문을 던질 수 있다. "다른 도시로 이사 가는 것은 가족 전체와 가족 구성원 각자에게 어떻게 영향을 미칠까요?", "누가 가장 속상해할까요?", "누가 변화를 좋아할까요?", "적응하기 위해 각 구성원은 무엇을 할까요?"

가족의 일상적 기능수행은 가족 구성원이나 그 역할, 구조를 바꾸는 다양한 사건에 대한 반응으로 변화한다. 예를 들어 자녀가 출산을 하거나 성인이 된 자녀가 직업 · 대학 · 군대를 위

해 집을 떠날 때 수정과 변화가 발생한다. 그리고 두말할 것 없이 가족의 일상적 기능수행은 가족 구성원의 질병, 상해, 장애, 실직 혹은 죽음과 같은 예기치 못한 사건에 의해 흔들리며, 구성원은 스트레스를 받을 수 있다. 가족 기능수행은 각 가족 구성원의 발달 단계(예: 유아기, 청소년기, 중년기, 노년기)에 맞춰져야 한다. 또한 가족 생활주기(항목 11. 20 참조)와 관련된 상황 변화에 적응해야 한다. 자녀가 어릴 때는 꽤 잘 기능했던 가족도 자녀가 사춘기에 진입하면서 심각한 문제를 경험할 수 있다.

11.20 가족 생활주기 이해하기

사회복지사가 가족을 사정할 때 가족의 강점과 문제를 더욱 명확히 이해하기 위해 가족 생활주기에서의 전형적인 발달 단계와 도전을 숙지하는 것이 유용하다. 다소 예측 가능한 인간의 신체적·심리적·사회적 발달과 비교할 때 가족 생활주기는 가족 유형에 따라 달라지는 수많은 과업·변화·이슈에 대한 직면과 협상을 포함한다. 사회제도로서 가족은 미국 사회 내에서 중요한 변화를 겪고 있다. 이에 따라 가족생활에 대한 묘사에는 중요하지 않은 예외는 무시하는 포괄적 일반화 방식을 고려해야 한다.

이러한 맥락에서 우리는 **가족**이라는 용어를 첫째, 대개 친밀한 관계 패턴을 가진, 결혼하지 않은 사람으로 이루어진 가구(household), 둘째, 결혼한 부부 혹은 합법적 동성결혼을 통해 결합한 부부(자녀가 있을 수도 있고 없을 수도 있음), 셋째, 해체 과정에 있거나 해체를 고려하는 별거가족, 넷째, 이혼가족, 다섯째, 재혼 혹은 혼합가족 등을 포함하여 포괄적으로 사용할 것이다. 비록 연방법과 주법에 따라 법적으로 인정되는 형태는 다양하지만, 이들 가족의 기본적인 과업과 이슈는 서로 유사하다.

1) 가구

젊은 성인의 첫 번째 결혼과 자녀 양육은 이전 세대의 경우보다 점차 늦게, 그리고 보통 동거 이후 시작된다. 그래서 많은 젊은 성인은 일정 기간(종종 수년 동안) 친구, 동거인, 연애 상대와 가구를 이루고 산다. 이러한 동거 형태에서 개인은 자신에게 익숙한 원가족의 규칙으로부터 협의된 관계로 전환해야 한다. 낭만적 유대에 기초하든 그렇지 않든 상관없이 공유된 동거 형태는 요리·청소와 같은 과업에서 노동 분업에 관한 합의, 가정 관리(공간, 화장실, 세탁시설 공유), 생활공간과 사생활 관련 갈등 해결, 의사소통과 상호작용에서 실행 가능한 규칙 등을 만든다. 덧붙여 이 시기는 고등교육 혹은 훈련 프로그램에 등록하는 시기, 새로운 직장에 적응하는 시기, 인생의 첫발을 내딛는 시기, 돈 관리를 배우는 시기이다.

2) 결혼한 부부·합법적 동성결혼 부부

법적으로 결합한 부부도 초기에는 가구에서 생활하는 사람과 같은 과업에 직면한다. 젊은 부부라면 더욱 깊은 헌신과 만족스러운 성적 관계를 형성하는 시기이다. 법적 관계를 형성하는 시기이며, 우정을 재구성하는 시기이자, 일과 가정의 양립을 이뤄야 하는 시기이다. 부부는 기대, 취미, 각자의 원가족으로부터 배웠던 행동과 태도 등에서의 차이를 해소하거나 차이를 인정하면서 사는 법을 배워야 한다. 가족 역기능은 종종 세대에서 세대로 이어진다. 그래서 문제가 있는 가정에서 성장한 사람은 결혼 혹은 헌신적 관계에 정착했을 때 같은 문제로 타인과 부딪힐 수 있다. 효과적으로 의사소통하고 돈을 관리하는 법을 배우는 것도 많은 부부에게 도전적인 일이다.

아동의 출생이나 입양, 아동이나 노인의 위탁보호, 이주 등을 통해 가족 구성원이 바뀔 때 추가 이슈가 발생한다. 자녀의 출생에 따라 부부의 관심은 서로로부터 아동의 욕구 쪽으로 이동한다. 가족 상호작용과 의사소통 패턴도 추가된 가족 구성원에 맞춰 조정돼야 한다. 아동 양육과 관련된 차이가 무엇이든 부부는 이를 해결해야 한다. 재정도 부담이 될 수 있다. 맞벌이라면 가족 상호작용 시간이 제한될 것이다. 확립된 역할, 가정의 의무, 의사 결정은 재조정돼야 한다.

아동이 성장하고 자신의 발달 단계를 통과해감에 따라 가족도 가족의 규칙과 절차를 수정해야 한다. 때때로 이 과정에서 조부모가 다양한 양육 과업을 맡을 수도 있다. 마침내 아동이 독립하고 자신의 생활 방식으로 이동하면, 가족은 아동과 정서적 유대를 지속하고, 아마도 가족 구성에 손자녀를 포함하면서 부부로서의 생활 방식을 재확립해야 한다. 부부가 나이를 들어감

에 따라 최소 한쪽은 심각한 질병 혹은 장애를 경험할 가능성이 증가한다. 오랫동안 함께한 배우자 혹은 파트너의 죽음으로 인한 상실은 생존자의 일상적 대처 및 생활 방식을 심각하게 파괴할 수 있는, 엄청나게 충격적인 정서 경험일 수 있다. 부부의 자녀는 허약한 부모를 돌봐야 하는 책임을 질 수 있다. 다가오는 노년기에는 지원 주거(assisted living) 혹은 요양 홈에 대한 수요가 실제로 나타나게 된다.

3) 별거가족

별거 중이거나 이혼을 숙고하는 과정에 있는 가족에게 서비스를 제공하는 것은 사회복지사에게 흔한 일이다. 지속적인 가족 관계를 양립할 수 없다거나 다른 파트너에 대한 헌신이 깨졌다고 믿는 부부는 상담을 위해 사회복지사 혹은 다른 전문가에게 의뢰되곤 한다. 배신, 물질 남용, 가정폭력, 정신질환, 돈 문제는 이혼을 낳는 가장 흔한 요인이다. 사회복지사는 부부가 갈등의 원인을 확인하도록 돕고, 가능하다면 부부를 문제 해결 쪽으로 인도할 것이다. 만약 이에 실패하면 사회복지사는 최종적으로 이혼 가능성을 두고 일시적인 가족 분리 혹은 별거 계획을 도울 수 있다. 이때는 아동 돌봄과 양육권 계획, 방문 일정, 주거, 재정적 원조, 정서 및 양육 관계 재구조화, 아동의 조부모와 같은 확대 가족 구성원과의 지속적인 관계 등의 요인을 고려해야 한다. 이혼할 가능성이 있다면 일반적으로 클라이언트의 죄책감, 후회, 상처, 실패감, 비난과 같은 이슈를 다뤄야 한다.

4) 이혼가족

법원 명령으로 이혼이 마무리되면 부부는 헤어졌다는 고통스러운 현실에 직면한다. 이혼이 이들의 미래에 광범위하게 미칠 영향을 더 이상 부인하거나 피할 수 없다. 자녀가 있다면 이혼은 부모 각자의 책임과 역할뿐 아니라 부모자녀 관계도 어느 정도 변화시킬 것이다. 이혼은 한부모가족(보통 두 개의 한부모가족)을 낳고 개인은 쉽게 빈곤으로 빠질 수 있다. 이혼 이후 아동을 돌보는 여성 대부분이 특히 그러하다.

5) 재혼 · 혼합가족

한쪽 혹은 양쪽 파트너가 모두 재혼을 선택하는 경우 또 다른 이슈가 발생하는데, 이때 사회복지사가 도움을 줄 수 있다. 결혼의 법적 및 정서적 의미, 그리고 각 파트너가 새로운 관계를 위해 기꺼이 제공하려는 헌신의 수준에 관한 논의가 필요하다. 종종 이전 결혼의 파탄을 초래한 요인에 대한 검토, 긍정적이든 부정적이든 이전 배우자 혹은 파트너와의 지속적인 정서 애착 등에 대한 논의도 포함한다. 새로운 역할과 책임이 정해져야 하고 경계도 확립돼야 한다. 만약 자녀가 있다면 양육 역할 및 책임의 공유 문제가 철저히 논의돼야 하고 이에 부모와 아동 모두 동의해야 한다.

혼합가족에는 두 파트너의 자녀(아마도 부모와 함께 온 자녀)가 있으므로 형제 관계가 신중하게 논의되어야 하고, 변화한 가족 맥락에서 불가피한 갈등을 해결하기 위한 절차가 확인돼야

한다. 더 나아가 혼합가족의 구성원이 이전 배우자의 확대가족과 어떻게 관계할 것인가에 대한 것도 고려돼야 한다.

11.21 소집단의 기능수행 사정하기

사회복지사는 위원회, 기관 간 기획집단, 치료집단, 그리고 자조집단을 포함한 여러 다양한 집단 내에서 혹은 이러한 집단과 함께 활동한다. 일반적으로 **잘 기능하는 집단**은 구성원이 집단의 목적을 명확히 알고 목적 달성을 위해 모두 함께 노력하는 집단이다. 이런 집단은 구성원에게 활기를 불어넣고, 이들의 창의성을 끌어내며, 집단의 목적도 달성한다. 한편, **역기능적인 집단**은 집단의 목적을 거의 달성하지 못하고 종종 구성원을 좌절시킨다.

사회복지사가 새로운 집단을 만드는 데 관여하는 경우, 토론과 숙의를 격려해 집단의 목적을 명확히 하고 수행해야 할 과업을 예견해야 한다. 사회복지사는 집단 형성에 참여하는 사람이 집단이 구조화되는 방법, 집단의 규모, 효과적인 리더십과 멤버십의 유형을 고려하도록 격려해야 한다. 사회복지사는 집단 기획에 참여하는 사람들을 도와 문제와 곤란한 일을 예상하고 이를 최소화할 조치를 취하도록 지원해야 한다. 집단과 관련된 흔한 문제는 저조한 출석, 리더십 부재, 의사 결정과 갈등 해결에서의 무능력, 파괴적 혹은 비효과적인 구성원, 집단에 필요한 자원 부족 등이다.

집단 내에서 혹은 집단과 활동할 때 사회복지

사는 집단의 효과성이나 효율성을 증진하는 데 자신이 할 수 있는 것을 결정하기 위해 집단의 기능수행을 지속적으로 관찰하고 사정해야 한다. 이를 위해 사회복지사는 내용과 과정 모두에 주목해야 한다. 기본적으로 **내용**은 관찰 가능한 행위와 활동을 뜻하는 반면, **과정**은 집단이 하는 것과 회피하는 것, 즉 눈에 덜 보이는 '방법과 이유'를 의미한다. 내용은 집단이 천명한 목적, 공식 구조, 공식적 의제에 의해 형성된다. 과정은 모임의 정서적 분위기, 구성원이 상호작용하는 방법, 구성원에게 영향을 미치는 사람, 의사 결정 방법, 구성원이 집단에 투자하는 정도에 의해 드러난다. 다음으로는, 소집단 기능수행의 여러 측면을 다루면서 효과성 향상을 위해 무엇을 해야 하는지 결정하고 집단의 기능수행을 검토할 때 고려할 질문을 제시한다.

1) 목적

집단의 목적에 대한 동의와 명확성이 가장 기본이다. 구성원이 같은 결과 혹은 목적을 향해 일하지 않으면 집단은 여러 방향으로 표류하며 갈등에 빠져 꼼짝 못하게 된다. 집단 목적의 명확성을 사정하는 데 다음 질문이 유용할 수 있다. 집단이 천명한 목적 혹은 공식적 목적은 무엇인가? 집단의 목적을 누가 선택하거나 만들었는가? 모든 집단 구성원이 목적에 동의했는가? 집단 구성원이 집단이 달성해야 할 목적에 동의하지 않는다면 그 이유는 무엇인가?

집단의 목적에 대한 동의가 부재할 때, 사회복지사는 집단이 이 문제에 관심을 갖고 구성원이 목적에 대해 토론하도록 격려해야 한다. 집단 구성원이 서로 다른 관점과 기대를 말할 때 갈등이 발생하겠지만 갈등은 명확성을 위해 필요하다.

2) 맥락

소집단은 조직과 커뮤니티 속에 존재한다. 이러한 외부 세력은 종종 집단의 목적과 구성에 대한 불일치 혹은 숨겨진 의제의 근원이 된다. 예를 들어 커뮤니티 내에서 영향력이 있는 사람은 소집단 리더와 구성원에게 압력을 행사해 특정한 방향으로 집단을 움직이거나 특정한 결정을 내리게 할 수 있다.

다음 질문에 대한 대답을 통해 외부 세력을 밝힐 수 있다. 어떤 조직이 집단(예: 위원회)을 후원, 주최 혹은 재정 지원하는가? 혹은 어떤 조직에서 집단이 만들어지길 원했는가? 이 조직이 집단으로부터 얻고자 하는 것은 무엇인가? 정치적 압력, 정책과 프로그램 요구 조건, 현재 커뮤니티의 논쟁은 집단에 어떤 식으로 영향을 주는가? 외부 세력이 집단에 부정적으로 혹은 부적절하게 영향을 미치는 것이 명확하다면, 집단에 이러한 사실을 어떻게 알리고 어떻게 해결할 것인가? 이러한 질문을 논의하는 것이 최선이다.

3) 리더십

효과적인 리더십은 집단을 목적을 향해 움직이고 인도하는 과정에 핵심적이다. 임명된 혹은 공식적 리더에게 리더십 기술이 부족한 경우,

집단은 허둥대거나 피할 수 없는 갈등이 폭발하여 결국에는 집단의 기능수행이 약화될 것이다. 다음 몇 개의 질문은 집단 내 리더십 차원을 사정하는 데 도움이 된다. 어떻게, 그리고 왜 그 리더가 선발되었는가? 리더는 집단 목적 달성에 도움이 되는 비전과 방향을 제시하는가? 리더는 아이디어를 명확히 하며, 시험해 보는가? 리더는 합의를 이루고 필요한 타협을 촉진하며 집단 내의 갈등을 해결하는가? 리더는 집단 구성원으로부터 기대하는 헌신과 행동을 보여 주는가? 리더는 집단 구성원을 신뢰하고 집단 구성원의 존경을 받는가? 집단 구성원은 공식적 리더가 아닌 다른 사람에게 리더십을 기대하는가? 리더를 약화시키거나 고의적으로 방해하는 구성원이 있는가?

집단의 작업이 효과적인 리더십의 부재로 방해받을 때 보통 변화가 필요하다. 서툰 리더십의 문제는 정기적으로 예정된 선거를 하거나 리더의 역할을 동의에 따라 돌아가면서 수행하는 등의 방법을 통해 최소화될 수 있다. 어떤 경우에는 집단 기능수행과 성과에 대한 개방적이고 비판적인 평가를 통해 리더십의 변화를 유도할 수 있다(항목 16.12참조).

4) 멤버십과 참여

소집단이 자신의 목적을 달성하기 위해 집단 구성원은 이를 위한 동기, 헌신, 기술, 권한을 가져야 한다. 의욕적이며 능숙한 구성원의 존재는 집단에 중요하다. 다른 한편, 부정적이고 동기가 없거나 파괴적인 구성원은 집단의 효과성

을 심각하게 제한할 수 있다.

집단의 구성과 참여 수준을 사정하기 위해 다음 질문에 대한 답을 찾아야 한다. 목적을 고려할 때 집단이 적당한 규모인가? 집단의 목적을 달성하는 데 필요한 사람으로 집단이 이뤄졌는가? 집단에 참여한 개별 구성원은 어떤 기술과 자질이 있는가? 집단이 처음 만들어진 이후 집단 구성원 혹은 참여 수준이 현저히 변화했는가? 그랬다면 왜인가? 구성원은 무엇 때문에 집단에 참여하고 또 집단에서 멀어지는가? 모임의 시간과 장소가 구성원에게 편리한가? 어떤 구성원이 가장 적극적인가? 어떤 구성원이 가장 소극적인가? 누군가 집단을 지배하는가? 어떤 구성원이 평가 절하되는가? 침묵하거나 주저하는 구성원의 참여가 자연스럽게 독려되는가? 구성원은 의견 차이를 표현하고, 갈등을 다루고, 위험을 감수하는 것이 자유롭다고 느끼는가? 정직하고 개방적인 의사소통을 기대하는가, 아니면 막는가? 각 구성원은 스스로 원해서 혹은 강제로 모임에 참석하는가?

일부 구성원이 동기나 필수 과업을 수행할 능력이 없어 집단 효과성이 저해된다면, 집단 규모 혹은 구성에서의 변화가 필수적이다. 누군가의 저조한 출석률이 문제라면 이것은 다른 사람이 없는 곳에서, 출석하지 않는 당사자와만 논의돼야 한다. 구성원이 출석에 대한 최소한의 기대도 충족하지 않는다면 구성원을 교체해야 한다. 파괴적인 구성원이 있다면 리더 혹은 영향력 있는 구성원이 사적으로 이야기하고 행동 변화를 요구해야 한다. 때로는 파괴적인 구성원을 배제하는 방법을 찾는 게 필요할 수도 있다.

사회복지사가 집단 구성원인 경우, 효과적인 집단 수행에 중요한 행동을 보여 주고 모범이 되기 위해 노력해야 한다.

5) 구조, 규범 그리고 규칙

시간의 흐름에 따라, 소집단은 집단 활동과 집단 구성원의 행동 방식을 형성하는 규범, 규칙뿐만 아니라 공식적·비공식적 구조를 개발한다. 집단의 규모, 목적, 역사에 따라 달라지지만 특정 구조는 어느 정도 효과적일 것이다. 일반적으로 규범과 규칙에는 명시적·암묵적 지침이 혼합돼 있다.

몇 개 질문에 대한 대답을 통해 집단 구조, 규범, 규칙의 적절성을 사정할 수 있다. 어떤 공식적·비공식적 구조, 그리고 규칙(예: 자리 배치, 서면 의제, 로버트 토의 절차●)이 이 집단을 통치하는가? 비공식적 권력 구조 혹은 지위 위계에 따라 누가 발언하고 누가 결정할지 정해지는가? 집단의 규칙과 규범은 모든 구성원의 참여를 독려하며 이들을 집단의 목적, 활동에 초점을 맞추도록 하는가? 특정 관점에 따른 논의가 격려되는가, 혹은 금지되는가? 모임의 빈도와 모임 시간은 집단의 목적 달성에 적절한 수준인가?

집단이 순조롭게 진행되는 데 필요한 구조와 규칙이 결여되어 집단의 목적이 달성되지 않는 경우, 집단은 이 문제를 검토해야 하며 일련의 합의된 절차를 만들어야 한다.

6) 의사 결정

효과적인 집단은 사려 깊고 시의적절한 결정을 내린다. 훌륭한 의사 결정은 정보통인 구성원, 그리고 다양한 관점을 제시하기에 충분하지만 끝없는 논쟁에는 빠지지 않을 정도의 다양한 구성원에 달려 있다. 의사 결정 과정은 다음 질문에 대한 답을 통해 검토할 수 있다. 모든 구성원이 집단의 결정에 기여하는가? 결정이 신중하고 사려 깊은가, 혹은 성급히 이뤄지거나 편파적이거나 이념적인가? 잘못된 결정은 하위집단 혹은 파벌이 자신의 의제를 밀어붙인 결과인가? 집단은 결정에 도달하기 위해 공식적인 절차(예: 로버트 토의 절차)를 사용하는가? 만약 그렇다면 모든 구성원이 이 절차를 이해하는가?

7) 자원

집단의 효과성은 물품, 사진, 소통에 필요한 자금, 그리고 충분한 모임 공간과 같은 필수적 자원에 접근하는 정도에 달려 있다. 이러한 문제는 다음 질문을 통해 사정할 수 있다. 모임 공간은 편안하고 참여를 촉진하는 방식으로 배치

● 〔역주〕로버트 토의 절차(*Robert's rules of order*)는 1천여 년에 걸쳐 영국과 미국의 의회에서 형성된 규칙을 헨리 마틴 로버트(Henry Martyn Robert)가 집대성한 것이며, 책의 제목이기도 하다. UN을 비롯한 각종 국제기구의 헌장과 회의 규칙, 모든 민주국가의 헌법, 법률과 회의 규칙 등 각종 사회단체의 정관, 회의 규칙이 모두 이를 골격으로 삼는다. 그래서 로버트 토의 절차는 만인의 회의 규칙이라 일컬어진다("국회법상의 일사부재의의 원칙", 〈법률신문〉, 2009. 11. 26(https://www.lawtimes.co.kr/Legal-Info/Cases-Commentary-View.aspx?serial=909) 참조).

되는가? 모든 구성원에게 의제 복사본, 이전 모임 회의록, 논의 중인 보고서 복사본, 유인물 등이 제공되는가? 수입이 매우 적은 구성원이 있을 경우 이동, 아동보호, 기타 비용 지출을 대신하는 것이 가능한가?

11.22 증거기반 정보에 접근하기

사회복지의 경우 증거기반 실천에 대한 요구에 일반적으로 긍정적 반응을 보이지만, 증거는 어디에서 찾아야 하는가? 실제로 도서관, 전자 초록집(*electronic collections of abstract*), 인터넷 등에서 찾을 수 있는 책, 학술지, 조사 보고서에는 수천 개의 연구가 있다. 이들 대부분은 검색 엔진을 제공하는데, 이를 통해 상당한 양의 자료를 추려 내어 사회복지사의 실천 욕구에 가장 적합한 정보를 찾을 수 있다. 그리고 이를 통해 증거기반 실천의 가능성은 높아진다(증거기반 실천에 대한 논의는 제 7장 참조).

좋은 증거를 찾기 위해 사회복지 문헌이 충분한 도서관을 찾아간다면, 쉽게 자료를 찾을 수 있을 뿐만 아니라 관련 주제에 관한 책을 이리저리 훑어보고 유용한 자료를 복사할 수 있다는 장점이 있다. 때때로 대규모의 인간서비스조직에서 운영하는 특별 도서관은 규모는 작지만 실천 초점과 관련된 책과 학술지가 집중적으로 모여 있다. 그러나 보통의 경우 책과 학술지를 모아놓은 가장 유용한 지역 도서관은 대학, 특히 사회복지 교육 프로그램이 있는 학교에서 운영한다. 물론 학생과 교직원이 우선 이용하지만 졸

업생과 실습지도자도 직접 방문하거나 온라인으로 이용할 수 있다. 대학 도서관은 인쇄본뿐만 아니라 관심 있는 주제와 관련된 출판물의 초록을 보여 주는 거대한 데이터베이스를 통해 효과적인 검색을 돕는 검색 엔진들과 계약을 맺고 있다. 어떤 경우에는 온라인 학술지를 구독하여 실천 결정에 영향을 미치는 관련성 높은 자료를 읽거나 다운로드할 수 있다.

특별히 유용한 데이터베이스는 다음과 같다.

- Google Scholar
- Social Work Abstract
- PsycINFO
- Social Services Abstracts
- Social Sciences Abstracts

미국 책을 최대로 소장한 곳은 국회 도서관이다. 여기서는 책 제목, 저자, 주제어 검색을 통해 유용한 자원을 쉽게 확인할 수 있다. 국회 도서관 이용을 위해 다음 단계를 거친다.

- 1단계: 국회 도서관 웹사이트(www. loc. gov)에 접속한다.
- 2단계: '기본 검색'(*basic search*)을 선택하면 선택 창이 보인다. 다른 선택으로 '제목 키워드'(*title keyword*), '주제 키워드'(*subject keyword*), '주제 둘러보기'(*subject browse*)가 있다. 예를 들어, '증거기반 사회복지' 주제로 찾고 싶으면 제시된 칸에 이 키워드를 입력하고 '검색하기'(*begin search*) 칸을 선택한다.
- 3단계: 그 주제에 관한 33개 이상의 책을 보

여 주는 목록이 나타난다. 링크를 클릭하면 책의 서지정보가 나타난다.

- 4단계: 예를 들어 그 분야에 관한 최신 책이 알고 싶다면, 목록 맨 앞에 보이는 가장 최근 책을 가지고 분류하는 것이 가능하다.
- 5단계: 찾으려는 증거를 제시하는 것 같은 제목을 발견하면, 제목을 클릭한다. 책의 복사본을 찾을지 여부를 결정하는 데 도움을 주는 정보를 얻기 위해 '전체 기록'(*full record*)을 선택한다.

'최선의 실천' 증거는 일반적으로 데이터베이스에 있는 엄격한 메타분석을 통해 찾을 수 있다. 메타분석은 특정 클라이언트에 대한 서비스 성과에 관한 수많은 연구를 평가한 것으로, 특정 실천 상황에서의 상대적 성공을 인도할 수 있다. 메타분석은 특정한 개입의 효과성을 경험적으로 평가한 연구들을 분석하기 때문에 메타분석으로 검색되는 논문의 수는 적다. 최종 심사를 통과해야 하는 논문 혹은 연구 보고서는 첫째, 개입에 관한 아이디어를 유지하는 방식으로 개입을 편성했는지, 둘째, 개입 접근이 반복 가능한지, 셋째, 사용된 성과 측정은 적절한지, 넷째, 개입이 적용될 수 있는 모집단에까지 그 개입의 통계적 유의미성이 검증되었는지, 다섯째, 클라이언트에 대한 개입 접근을 적용하는 방식에서 통제는 적절했는지 등과 같은 요인과 관련해, 증거의 질 측면에서 개별 연구를 평가하는 전문가 집단의 엄격한 심사 규칙을 거친다. 이러한 엄격한 평가를 거쳐 승인받은 연구들에서 최선의 실천을 확인할 수 있다.

전미 사회복지사 사회정책 협회(The National Association of Social Workers' Social Policy Institute)는 다음의 웹 주소(www. socialwork-ers. org/research/naswResearch/0108Evidence-Based/default. asp)에서 사회복지와 관련해 최선의 실천을 찾을 수 있는 출처를 제공한다.

다음 단계의 예시를 통해 이러한 정보 출처에 접근할 수 있다.

- 1단계: '탐색'(*research*), 그 다음 '증거기반 실천'(*evidence-based practice*)을 선택한다.
- 2단계: '증거기반 자료'(*evidence-based resour-ces*), 그 다음 '증거기반 등록물 및 데이터베이스'(*evidence-based registries and database*)를 선택한다.
- 3단계: 여러 개의 선택지 중에서 예를 들어 '캠벨 공동연구'(*Campbell Collaboration*)라면 이 선택지를 선택하고 홈페이지로 이동, '체계적 연구'(*systematic reviews*)를 선택한다.
- 4단계: 검색 칸에 키워드, 예를 들어 '친인척 보호'(*kinship*)를 입력한다. 학대 때문에 가정에서 분리된 아동에 관한 연구를 요약하기 위해 매우 정교한 절차를 사용한 친인척보호에 관한 논문(메타분석)을 볼 수 있다.
- 5단계: '다운로드'(*download review*)를 선택하면 실천에 사용할 수 있는 전체 연구에 바로 접근할 수 있다.

증거기반 실천 자료(*evidence-based practice resources*)와 유사한 것으로 '온라인 자료 및 연구'(*online resources and research*)가 있다. 이것을

선택하면 NASW에서 관리하는 여러 데이터베이스 웹사이트에 바로 접근할 수 있다. 사회복지 실천가에게 특별히 유용한 사이트는 Child Trend, Child Welfare Information Gateway, Evidence Behavioral Practice, Evidence-Based Group Work, National Alliance of Multi-Ethnic Behavioral Health Associations, National Institute of Mental Health, 그리고 VA Quality Enhancement Research Institute이다.

Section B
간접적 실천을 위한 기법과 지침

커다란 체계의 변화는 어렵고 시간이 많이 걸린다. 어느 한두 사람이 변화를 위한 결정을 내리고, 변화를 가져오기 위한 행동을 쉽게 수행하는 경우는 매우 드물다. 기관정책 및 프로그램에서의 의미 있는 변화를 달성하거나 큰 커뮤니티와 관련된 법률의 변화에 영향을 미치기 위해서는 수많은 개인과 집단의 참여, 신중한 기획과 교육, 협상, 그리고 인내가 필요하다.

자료 수집 활동
기관이나 커뮤니티의 변화를 준비하는 첫 번째 단계는 충분한 정보를 수집하는 것이다. 예를 들어 기관 혹은 커뮤니티의 의사 결정 구조의 여기저기 혹은 처음부터 끝까지를 다 변화시킬 필요가 있다고 하자. 이를 위해 사회복지사는 다양한 선택의 실행가능성, 현재의 상황을 바꾸는 데 필요한 비용(금액이나 인적 자원 지출), 관련된 타인 혹은 다른 체계에 미치는 긍정적·부정적 영향, 변화를 도모할 가장 효과적인 방법 등을 알아야 한다.

자료 수집에서 사회복지사는 상이한 관점으로부터 정보를 축적하고 획득된 정보를 정확하게 요약해야 한다. 자료 수집은 종종 특정한 조직의 관심사를 고려하기 위해 임명된 위원회 구성원으로부터 혹은 이사회나 직원회의에서 이뤄진다. 이와는 달리 한 주제에 대한 다양한 의견이 발표되도록 집중적인 언어적 상호작용이 활성화되는 **초점집단**이 구성되기도 한다. 자료 수집의 다른 형태로는 응답자의 의견이나 생각을 요약해 정리할 수 있도록, 일련의 질문으로 구성된 서면 질문지를 만드는 것도 있다. 마지막으로, 관련 보고서나 문서를 확보하는 것, 쉽게 분석될 수 있도록 자료를 정리한 보고서를 작성하는 것도 자료 수집에 해당된다.

사정 활동
일단 자료가 수집되고 요약되면 사회복지사는 그 자료의 의미를 해석하고 결론에 도달하는 데 필요한 도구를 갖고 있어야 한다. 조직 수준에서 작업할 때 보통 사회복지사는 인간서비스 기관에서 행하는 일의 구조화, 혹은 기관의 서비스 대상인 클라이언트의 문제와 욕구를 더 잘 이해하기 위한 대안적 방법의 이해와 같은 이슈에 관심을 갖는다.

커뮤니티 수준에서 사회복지사는 특정 커뮤니티 내의 의사 결정자에게 영향을 주는 요소를 사정할 수 있어야 한다. 또한 행동에 옮기기 전에 사회복지사는 현재의 사회정책을 정확히 사정하고 제안된 다양한 변화의 결과를 이해해야 한다. 커뮤니티 내의 자산을 사정하고 만들기 위한 도구를 갖는 것뿐만 아니라, 적어도 타당한 정책 분석의 요소를 전반적으로 이해하는 것은 모든 사회복지사에게 중요하다.

11.23 기관 구조 사정하기

한 기관의 조직 구조는 사회복지사가 효과적인 서비스를 제공하는 능력에 큰 영향을 미친다. 어떤 조직 유형이든지 수행되는 과제의 복잡성, 가장 중요한 의사 결정을 위해 보유한 권한의 양, 정책과 규칙 및 절차가 형식화되는 정도에 따라 그 구조가 다양할 수 있다. 예를 들면 수많은 성공적 산업조직은 관료적 모형에 기반을 둔다. 이 모형은 일이 매우 구체적인 작업 규칙이나 세밀한 구조 과정에 따라 조정되는, 비교적 단순한 과업 수행(조립라인의 제작 과정)을 요구할 때 가장 적합하다. 그러나 관료적 모형은 일이 복잡하고 클라이언트의 독특한 욕구에 맞추어야 하는 인간서비스기관에서는 그다지 효과적이지 않다. 인간서비스기관은 집중화된 통제나 형식화된 규칙, 절차가 쉽게 적용될 수 없는 전문가의 개별화된 판단을 요한다.

인간서비스기관에는 매우 관료화된 조직 운영에서부터 사회복지사의 상당한 자율성을 허용하는 구조에 이르기까지 아주 다양한 구조가 있다. 예를 들어 공공기관은 관료화되는 경향이 있고 정책 입안자와 프로그램 행정가가 기관

기능에 매우 많은 통제를 한다. 이와는 반대로, 비영리 민간기관은 규모가 상대적으로 작고, 더 적은 수의 프로그램을 제공하고, 권한이 분산되며, 규칙과 규정이 최소한의 수준이어서 기관의 구성원이 자신의 실천을 직접 통제할 수 있고 자신의 직무를 수행하는 방법에서 유연성을 갖는다.

모든 유형의 인간서비스조직에서 일하는 사회복지사는 관료화의 정도가 다양할 수 있다는 점을 이해해야 한다. 그리고 의사 결정에서의 사회복지사의 재량권과 감독을 수행하는 관리 책임, 이 양자 간의 실행 가능한 균형이 조정을 통해 이뤄진다는 점을 이해해야 한다. 기관 구조가 클라이언트에 대한 서비스를 가로막는다고 판단되면 사회복지사는 구조 변화를 옹호해야 한다. 이러한 옹호 노력에 영향을 미치기 위해 인간서비스기관에서 일반적으로 나타나는 몇 가지 구조 형식을 알아두는 것이 유용하다.

조직 구조의 연속선상에서 한쪽 끝은 **관료적 모형**이다. 순수한 형태의 관료제는 업무 활동을 명확히 규정해 전문 사회복지사에게 할당하는 식의 정교한 **노동 분화**의 모습을 취한다. 관리자, 슈퍼바이저, 일선 사회복지사 같은 여러 층의 **위계**가 발달한다. 일련의 공식화된, 매우 구체적인 **규칙과 규정**이 엄격하게 적용되고, 일은 개인적 독특성을 고려하지 않는 **비인격성의 정신**에 기반을 두고 수행된다. 관료제는 공평성과 동등한 대우라는 특징이 있지만 유연성과 개별화하는 능력이 없는 점이 단점이다. 안정적이고 일관성이 있지만 변화가 느리다.

조직 구조의 연속선상에서 다른 반대쪽 끝은

특별위원회(*adhocracy*) 모형이다(각 이슈에 따라 기관 구성원이 다양하게 모이는 형식으로, 각 사안별 내적 구조를 형성하는 조직). 이 특별위원회는 상당히 자율성이 높고 기관 전체에 적용되는 규칙과 규정이 거의 없는 형태로 운영된다. 이 조직은 모든 직원이 어느 정도 평등한 '수평적'(*flat*) 행정 구조를 갖는다. 특별위원회는 구조와 안정성에서 약점을 가지고 있다. 그러나 새로운 사안에 대응하고 변화를 신속하게 이루는 데 장점이 있다. 특히, 일의 성격이 역동적이고 유동적일 때 효과적이다.

실제 대부분의 인간서비스기관은 관료적 모형과 특별위원회 모형의 연속선상, 양극단 사이 어디엔가 위치한다. 소규모 조직은 한 명의 사무총장이 조직을 이끌고(예: 직원이 이사회를 대표하고 이사회가 직원을 대표함), 전문 직원이 어느 정도 동등한 지위에 있는, 상대적으로 수평적인 구조를 갖는 것이 가능하다. 기관이 커지고 더 복잡해지고 관리자가 감독해야 하는 직원의 수가 너무 많아 한 사람이 관리할 수 없으면 업무를 단위별로 쪼개야 한다. 이러한 상황에서는 기능적 모형이 기관에 잘 맞는다. **기능적 모형**에서는 두 번째 행정 단계의 관리자가 지도자에게 보고하며 또한 프로그램을 이끌거나 사회복지사를 감독한다. 예를 들어 가족복지기관에는 상담 단위, 주간치료 단위, 사회행동 단위, 행정 지원 단위가 있고, 단위별로 관리자를 둔다. 사무총장은 이 단위 간 조정을 촉진하고 단위별 관리자의 업무를 감독한다.

때때로 기관은 일시적으로 구조를 보완하는 **프로젝트팀 모형**을 하기도 한다. 이 모형은 제한된 시간 동안 특정한 과제를 위해 일단의 직원이 모이는 것이다. 이 모형은 중요한 업무를 위해 특별 단위 혹은 슈퍼바이저에 배정되는 것을 넘어, 특정 문제에 대처하기 위해 원래의 단위를 초월해 구성된 팀을 전일제 혹은 시간제로 일시적으로 배치할 수 있다. 예를 들어 가족기관의 임상적, 주간치료 단위의 직원은 배우자학대를 줄이기 위한 법적 옹호나 공공교육 전략을 계획하고 수행하기 위해 일시적으로 사회행동 단위의 직원과 결합할 수 있다.

11.24 인간서비스 욕구 사정하기

인간서비스기관은 특정한 사회적 상황과 인간의 욕구를 다루기 위해 설립된다. 종종 기관은 문제 혹은 욕구에 대한 과거의 이해가 정확하고 최신이냐는 중요한 질문을 받는다. 물론 조직 이사회와 직원의 관점은 조직의 목적과 서비스가 여전히 필요한지, 적절한지, 유의미한 것인지를 판단하는 데 중요한 정보원이다. 그러나 기관 서비스에 의뢰된 공식적 욕구 평가도 중요하다. 그래서 기관은 주기적으로 욕구 사정을 수행해야 한다. **욕구 사정**이란 커뮤니티 내의 특정한 상황의 발생, 확산, 본질을 확인하는 과정이다. 그 궁극적인 목적은 현존 서비스와 자원의 적절성 사정이다. 어떤 상황 혹은 문제가 적절하게 다뤄지지 않는 것은 다른 서비스나 자원의 필요를 나타낸다고 할 수 있다.

욕구 사정에 앞서 분석하는 쪽과 그 결과를 이용하는 쪽(기관 이사회, 시의회, 공동모금회 등)

은 두 가지를 판단해야 한다. 첫째, 무엇을 욕구로 볼 것인지 합의해야 한다. 둘째, 미충족 욕구가 확인되었을 때 정직한 의도로 조치를 취해야 한다. 욕구 사정에서 확인된 문제에 관해 시정 조치를 취할 생각이 없음이 사전에 알려졌는데도 욕구 사정을 수행하는 것은 자원 혹은 시간의 낭비이다.

욕구 사정을 수행할 때는 다음의 지침을 마음에 새겨 두어야 한다.

(1) 욕구 사정 실시에 관한 결정을 내리도록 촉구하는 정책 사안과 행정적 관심을 명확히 이해하는 것이 중요하다. 다시 말해, 의사 결정자는 욕구 사정을 통해 어떤 문제를 해결하려는가? 미충족 욕구 상황이 발생하는 이유는 다음과 같다.

• 커뮤니티 내에 사용 가능한 서비스가 충분하지 않다.
• 교통 문제나 수급 자격의 기준 등의 이유로 기존 서비스를 이용할 수 없다.
• 욕구가 있는 사람이 서비스의 존재를 모른다.
• 복합적 문제가 있는 개인과 가족에게 지속적으로 서비스를 제공하기 위해 기존 서비스가 통합·조정되어 있지 않다.
• 기존 프로그램에 양질의 서비스를 제공할 만한 적절한 자원이 없다.
• 기존 프로그램이 특정 커뮤니티의 거주자에게 받아들여지지 않는다. 예를 들어 이들은 프로그램이 모멸적이고 위협적이거나 기존의 민족적·종교적·문화적인 규범, 가치와 모

순된다고 생각할 수 있다.

(2) 자료 수집과 분석의 적절한 기법을 선정하기 전에 먼저 욕구 사정의 목적과 목표를 분명히 한다. 욕구 사정을 기획하는 사람은 새로운 서비스 기획이나 기존 서비스 수정에 유용한 자료 유형이 무엇인가를 명확히 하기 전에 너무 자주 면접할 사람에게 어떤 질문을 할 것인가의 문제로 서둘러 나가는 경향이 있다.

(3) 다른 커뮤니티나 기관이 그 과제에 접근했던 방법을 아는 것은 도움이 된다. 하지만 다른 곳의 목적이나 방법을 차용하는 것은 대개 잘못이다. 자료를 활용하는 위치에 있는 사람은 어떤 접근이 자신의 커뮤니티에서 유용하고 가장 잘 맞는지 결정해야 한다. 그러한 결정은 외부의 조언자나 그 사정이 어떤 결과를 낳는가에 이해관계가 있는 사람이나 기관에 의해 이뤄져서는 안 된다.

(4) 욕구 사정은 미충족 서비스 욕구를 확인할 뿐 아니라 기존 서비스의 양, 질, 방향도 밝혀야 한다. 예를 들면 다음과 같다.

① 양: 서비스 수준은 수요를 충족하는가? 이는 서비스를 제공하는 사람의 능력과 비교해 서비스 욕구가 있는 사람의 수를 사정하는 것을 포함한다.
② 질: 서비스는 효과적인가? 의도하는 것을 달성하는가? 제대로 작용하는가? 효율적이고 비용 효과적인가?

③ 방향: 서비스 전달에 사용된 접근이 적절한가, 아니면 클라이언트의 실제 욕구에 닿지 못하는가? 기존 프로그램을 일으킨 철학이 현재 그 분야의 전문가가 신봉하는, 일반적으로 받아들여지는 철학과 일치하는가?

11.25 커뮤니티 의사 결정 분석하기

사회복지사가 인간서비스의 질에 영향을 미치는 의사 결정에서 영향력을 행사하려 할 때 특정 행동 방침이 대안 중 가장 나은 선택이라는 점을 권위를 가진 사람들에게 납득시키는 전략을 개발해야만 한다. 이상적으로 결정은 제안의 장점에 기초해서 이뤄져야 한다. 하지만 실제 의사 결정자는 외부의 압력이나 여러 가지 개인적 고려 사항에 영향을 받곤 한다.

커뮤니티 의사 결정과 커뮤니티 권력 구조에 관한 연구 결과를 볼 때, 의사 결정을 이끌어 내는 세력에 관한 일관성 있는 상(像)이 있지는 않다. 그러나 어떤 커뮤니티에서는 의사 결정이 소수의 엘리트 집단에 집중되는 경향이 있는 반면, 다른 집단에서는 더욱 다원적이며 다양한 영역의 커뮤니티가 참여하는 이유를 부분적이나마 설명할 수 있는 논의가 있다. 다음의 사항을 고려한다.

(1) 규모: 큰 도시는 다원적인 경향이 있다. 도시가 성장함에 따라 더 분화되고 더 경쟁적이 되는 경향이 있고 더 넓은 범위의 사람과 이해집단이 의사 결정에 참여한다.

(2) 인구의 다양성: 다양한 사회·경제적, 민족적 집단으로 구성된 커뮤니티는 권력과 자원을 두고 경쟁하는 수많은 특정 이익집단이 더 발달한다. 결과적으로 다원주의가 확대되며, 하나의 엘리트집단이 커뮤니티 의사 결정의 성과에 영향을 주는 것은 더 어려워진다.

(3) 경제적 다양성: 고용시장의 다양한 근원, 높은 수준의 산업화, 부재자 소유 산업의 존재(그 지역 사람이 주요 산업을 소유하는 것의 반대)의 측면에서 더욱 분화된 커뮤니티일수록 더 다원적인 의사 결정이 이뤄지는 경향이 있다.

(4) 지방정부: 정치집단 간 경쟁과 균형이 크면 커뮤니티는 다원적인 의사 결정 구조를 가지게 될 것이다.

미국의 대부분의 커뮤니티는 다원적인 의사 결정 구조를 가지며, 작은 촌락 지역만이 엘리트적 권력 구조를 유지하는 경향이 있다. 결정에 영향을 미치기 위해서는 의사 결정 권한을 가진 사람을 주의 깊게 사정해야 한다. 예를 들어 사회복지사가 관심을 기울이는 이슈와 관련한 핵심적 의사 결정자는 기관 이사회 이사거나 선출직 임원일 것이다. 대부분 상대적으로 소수의 사람이 의사 결정에 참여하고 이들은 자기 이해가 걸린 특정한 이슈에 초점을 맞추는 경향(예: 부동산 업자나 은행 간부는 주택과 경제 이슈에 초점을 맞추고, 의사와 건강 전문가는 건강에 초점을 맞춤)이 있다.

커뮤니티 변화 과정에 참여하는 사회복지사

는 의사 결정자의 선택에 영향을 미칠 수 있는 세 가지 요소를 사정해야 한다. 첫째, 의사 결정자의 **개인적 특성**은 결정에 잠재적 영향을 미칠 것이다. 예를 들어 의사 결정자는 그 결정이 개인의 재무 상태에 미치는 파급 효과, 자신의 자아 존중감과 사회적 지위, 제안된 변화가 갖는 장점에 관한 판단, 다른 결정과의 상충 등과 같은 고려 사항에 영향을 받을 것이다. 둘째, 어떤 의사 결정자는 중요한 **조직 소속**(*organizational affiliations*)으로 세력을 얻는다. 전통적으로 금융 기관, 대규모 산업 종사자, 부동산 이익단체와 관련된 사람은 중요한 의사 결정 위치에 있다. 그래서 이들은 자신이 대표하는 조직을 지지하고 보상하는 결정을 할 것이다. 셋째, 사회복지사는 어떤 의사 결정자는 **커뮤니티 전체에 걸친 지지 기반**으로부터 지위를 얻고 있으며, 그래서 자신의 지위와 권력을 유지하기 위해 대중의 뜻에 반응해야 함을 알아야 한다. 이들은 대중매체, 정당, 다양한 이슈 기반 집단, 특수 이익집단을 대표할 수 있다. 의사 결정자의 영향력이 어디서 나오는지를 명확히 아는 것은 이들의 결정에 영향을 미치는 전략을 고안하기 위한 전제조건이다.

커뮤니티 이슈 혹은 사회 프로그램 결정과 관련된 개인, 조직, 커뮤니티집단의 상대적 세력을 분류하는 일은 복잡할 수 있다. 변화 과정 단계별로 세력 분석을 설명하는 두 가지 유용한 온라인 자료로 LCAT(National Latino Council on Alcohol and Tobacco Prevention), 프랙시스 프로젝트(Praxis Project, 인터넷 주소는 참고문헌 참조)가 있다.

11.26 사회정책 함의를 분석하기

사회복지사가 기존의 사회정책을 변화시키거나 새로운 정책을 도입하는 활동에 참여할 때는 그 정책을 세심하게 분석하는 것이 중요하다. 분석의 깊이는 분석에서의 사회복지사의 역할, 달성해야 하는 변화의 범위에 따라 달라진다.

모든 현실적인 사회정책은 타협임을 인식하는 것이 유용하며, 협상하기 위한 출발점으로 '최상의 성과'를 명확히 해야 한다. 타협으로 변화의 중요한 목적이 무효화되는 것을 막기 위해 모든 사회복지사는 최소한 정책 제안의 핵심적 요소를 분석할 수 있는 준비를 갖춰야 한다.

챔버스와 봉크(Chambers & Bonk, 2013)는 상대적으로 단순하고 수월한 정책 제안 분석에 대한 지침을 제공한다. 다음 각 범주의 질문은 성공적인 정책 변화 과정에의 참여를 충분히 이해하기 위해 사회복지사가 얻어야 할 정보의 유형을 제안한다.

(1) 사회문제 분석: 사회정책 혹은 프로그램 분석의 첫 단계는 무엇이 그러한 정책이 필요한 상황을 만들었는지를 명확히 이해하는 것이다. 이 사정을 위해 다음의 활동을 수행하는 것이 유용하다.

① **사회정책을 만든 문제 혹은 곤란한 상황을 규명한다.** 이 문제가 어떻게 기술 혹은 정의되는가? 더 적절할 것 혹은 더 정확한 정의가 있는가? 얼마나 많은 사람이 이 문제를 경험하는가? 이 문제를 가장 많이 경험할 것 같은 특

정 하위집단은 누구인가?

② **문제의 원인과 결과를 알아낸다.** 어떤 세력과 요인이 문제의 원인인가? 원인이 다양한가? 단일한 원인에서 다양한 결과가 나오는가?

③ **문제의 묘사에 내포된 이데올로기적 신념을 찾는다.** 문제의 정의는 "무엇을 해야 한다"는 당위에 대한 신념과 개인이 지닌 가치에 영향을 받는다. 문제의 심각성에 대해 의견 차이가 있는가? 서로 다른 집단이 문제의 원인과 본질에 대해 다양한 관점을 가지고 있는가?

④ **문제와 관련해 이득을 보는 사람과 손해를 본 사람을 확인한다.** 문제의 존재로 누가 이득을 보는가? 무슨 이득을 얼마나 보는가? 누가 손해를 보는가? 무슨 손해를 얼마나 보는가? 손해 본 사람의 생활에 미친 부정적 결과는 얼마나 심각한가?

(2) 사회정책과 프로그램 분석: 일단 문제가 이해되면 두 번째 단계로, 고려하고 있는 사회정책과 문제를 문제 피해자에 대한 원조 제공 혹은 문제 해결을 위한 수단으로 사정한다. 다음의 내용이 이 분석에 유용하다.

① **관련 프로그램과 정책의 역사를 조사한다.** 이는 새로운 문제인가? 시간이 흐름에 따라 조건, 가치, 인식이 바뀌었는가? 제안된 정책이나 프로그램이 그 문제를 다루기 위해 했던 과거의 노력과 어떻게 다른가?

② **제안된 정책 혹은 프로그램의 핵심 요소를 찾는다.** 제안의 목적과 목표는 무엇인가? 그 계획으로부터 수혜를 받을 자격을 얻는 사람은 누구인가? 제안이 승인되면 어떤 혜택이나 서비스가 전달되는가? 어떤 행정 구조가 요구되며 그것은 어떻게 작동할 것인가? 이 프로그램을 수행하기 위해 어떤 직원이 필요한가? 자금은 어떻게 조달되고 돈이 얼마나 필요한가? 돈의 출처는 어디가 될 것인가?

(3) 결론의 도출: 앞서 확인된 정보가 모이면 분석 중인 정책이나 프로그램의 이점을 판단할 필요가 있다. 궁극적으로, 사회 구성원의 삶의 질이 어떤 것이어야 한다는 믿음에 부합하는 증거의 중요도가 어떤 제안에 찬성, 반대 혹은 조정을 제시하는 근거가 된다.

프로그램이나 정책 제안에 관한 결론에 도달할 때 다음의 질문에 대한 대답을 고려한다.

① 제안된 해결책은 문제의 결과뿐만 아니라 원인도 적절하게 다루는가?
② 과거에 시도되었던 정책, 프로그램과 다른 성과를 낳는가?
③ 가능한 성과는 관련 비용을 정당화하는가?
④ 더 나은 해결책이 제안될 수 있는가?

사회정책을 제안할 때 정확한 자료를 사용하는 데 공을 들이는 것이 특히 중요하다. 반대의 이해관계에 있는 사람이 이 제안에 도전할 때, 결론을 지지하고 변화에 대한 제안을 뒷받침할 수 있는 정확하고 충분한 자료가 없다면 신뢰를 잃을 수 있다.

정책 혹은 프로그램 제안에 대한 견고한 분

석과 함께 사회복지사는 고려 중인 문제에 영향을 미칠 결정에 영향력을 행사하기 위해 준비해야 한다. 때때로 사회복지사는 이 결정에 영향을 미치는 위원회나 다른 집단에서 일할 수도 있다. 혹은 정책 결정자와 직접 접촉하고 제안에 관한 입장을 표현하는 것도 적절하다(항목 13. 38 참조).

11.27 커뮤니티 자원을 사정하기

이웃과 커뮤니티 수준에서 사회복지사는 적어도 모든 사람의 복지를 증진할 수 있도록 사회기관, 사회 프로그램, 커뮤니티 환경을 개선하는 데 노력해야 한다. 이를 위해 우선 커뮤니티 내의 현존 자원의 강점과 약점을 주의 깊게 분석하는 것이 필요하다. 그렇게 해야 비로소 필요한 변화를 초래할 실행 계획을 개발할 수 있다.

커뮤니티 사정에서 **커뮤니티 자원**(assets) **모델**은 주로 커뮤니티 자원 확인에 초점을 맞춘다. 자원은 이미 존재하고 있으며 삶의 질 향상의 기초가 될 수 있는 것으로, 이웃 혹은 커뮤니티가 갖는 강점 혹은 긍정적 요인이다. 자원 사정은 다학제 간 접근을 요구하지만, 사회복지 전문직은 이에 필적하는 강점 관점을 수용하고 있기 때문에(항목 11. 6 참조) 사회복지사가 선호하는 접근이다. 커뮤니티 생활의 한 가지 측면(예: 경제 개발, 직업능력 개발, 정신건강서비스)에 초점을 맞추는 수많은 사정 접근과 달리, 자원 사정은 더욱 포괄적이다. 자원 사정은 커뮤니티 내의 다양한 측면과 차원이 서로 관련되어 있다고 본다. 예를 들어 한 사람이 노동자가 될 기회는 커뮤니티의 경제 성장과 산업 분위기의 영향을 받으며, 유능한 노동력의 활용 가능성은 부분적으로 지역 학교의 질, 심지어 정신건강서비스의 적절성의 영향을 받는다. 그래서 사정팀에는 커뮤니티 삶 혹은 모든 주요 부분에서 뽑은 전문가가 필수적으로 포함되어야 한다.

사정에는 각 커뮤니티별로 커뮤니티를 대표하는 서로 다른 지방조직과 협회가 필요하다. 일반적으로 지방정부, 주요 산업체, 고용주, 학교, 경제 · 물리적 공간 관련 기획집단, 병원, 인간서비스기관이 참여해야 한다. 이들 조직에 대표를 보내 달라고 요청할 때, 그 대표는 자원 사정을 도울 뿐 아니라 사정 이후 도출된 권고를 추진할 준비가 되어 있어야 한다는 점을 시사하는 것이 유용하다.

자원 사정에서 **자본**(capital)은 자원에 대한 투자가 결과적으로 커뮤니티에 긍정적인 수익을 낳을 것으로 추정되는 가용 자원을 뜻한다. 다음은 자원 사정에서 살펴야 하는 커뮤니티 자원의 형태에 대한 개관이며, 사정 과정 시작을 위한 질문이다.

(1) 사회자본: 노력이 커뮤니티 행동(community action)을 낳기 위해서는 공유된 가치, 관계, 사람, 단체와 기능적 네트워크를 갖는 것이 필수적이다. 이러한 자원을 사정하는 데 유용한 질문은 다음과 같다. 사람과 조직이 어느 정도 타인에 의존하며 타인을 돌보는가? 커뮤니티 구성원은 긍정적인 사회적 관계를 유지하며 커뮤니티 소속감을 경험하는가? 사람들은 커뮤니티

를 개선하는 데 자신의 시간과 재능을 자발적으로 사용하는가? 전체 커뮤니티에 가장 최선의 성과를 달성하기 위해 사람과 조직은 경쟁하기보다는 협력하는가? 커뮤니티의 사회자본이 매우 적다면 다른 영역을 다루기 전에 우선 이 자원을 강화하기 위한 활동을 시작하는 것이 필요할 수 있다.

(2) **인적 자본**: 사람이 커뮤니티에 무엇을 가져오는가는 성공에 필수적이다. 질문을 시작할 때 다음의 질문을 사용할 수 있다. 커뮤니티 고용 욕구를 충족시키기 위해 어느 정도 수준의 교육 혹은 훈련이 필요한가? 사람들은 정신적, 신체적, 정서적으로 얼마나 건강한가? 시민의 예술적 재능(예: 연극, 춤, 시각 예술, 음악)을 표현할 기회가 있는가? 사람들은 건전한 레크리에이션 활동에 참여하는가?

(3) **물리적 자본**: 커뮤니티에는 사람들이 자신의 삶을 꾸려갈 공간을 제공하는 물리적(physical) 자본이 있어야 한다. 자원 사정에서는 다음의 내용을 질문한다. 사람들이 사는 주택의 양, 질, 그리고 임대료는 어떠한가? 사업체와 다른 조직이 운영될 수 있는 충분한 건물이 있는가? 도로, 다리, 조명, 물, 냉·난방과 같은 기반 시설이 충분한가? 미적으로 보기 좋은 공원, 녹지가 있는가?

(4) **금융자본**: 불황을 경험한 사람은 대출과 신용 거래의 이용 가능성이 변화하는 상황에 적응하는 커뮤니티의 능력에 중요하다는 것을 안다. 사람과 커뮤니티에 투자하는 금융기관의 능력과 의지는 중요하다. 이에 자원 사정에서 몇 가지 질문이 다뤄질 수 있다. 지방정부는 새로운 사업체를 유인할 만한 유인책을 어느 정도 제공하는가? 금융기관은 지방 사업체가 일시적인 현금 유동성의 문제를 다룰 수 있도록 신용 한도를 제공하는가? 새로운 사업이나 프로그램 확장을 위한 대출이 가능한가? 금융기관은 주택자금 융자를 제공하고 커뮤니티 주민을 위해 상환 일정 조정을 하는 데 융통성을 발휘하는가?

(5) **환경자본**: 커뮤니티의 천연자원이 적절히 개발되고 제대로 보호된다면 중요한 자원이 된다. 이들 자원과 관련된 초기 질문은 다음과 같다. 공기, 에너지, 상수도의 양과 질은 어떠한가? 관광업 혹은 다른 용도를 위해 개발할 수 있는 산림, 호수, 개울 혹은 다른 자원이 있는가? 지역에서 나고 자라고 생산된 식량은 커뮤니티를 지속하기에 충분한가?

(6) **문화자본**: 커뮤니티마다 역사가 있으며 거주민은 다양한 문화 요소를 낳는다. 역사를 인식하는 활동이나 커뮤니티 내에 혼합된 문화적 풍부함을 공개하는 활동은 커뮤니티에 대한 자부심을 만들고 상이한 문화의 기여를 인정하는 데 유용하다. 문화자본에 관한 자원 사정에 예시가 되는 질문은 다음과 같다. 지역 매체는 커뮤니티의 성장과 발전에 관한 역사적 정보를 제공하는가? 서로 다른 문화적 배경을 가진 집단이 커뮤니티에서 이룩한 기여를 인정하는가? 종교적, 영적 경험에 참여할 기회가 충분한가?

(7) 정치자본: 커뮤니티에 충분한 사회자본, 인적 자본, 금융자본, 환경자본, 문화자본이 있더라도 시민을 위한 더 나은 공간으로 커뮤니티를 만드는 데 이들 자원을 집중하고자 하는 정치적 의지와 능력이 없다면 커뮤니티는 자신의 잠재력을 실현할 수 없다. 이들 자원 사정에는 다음과 같은 질문이 포함된다. 지방선거에서 투표율은 어느 정도인가? 유권자는 커뮤니티의 삶을 개선할 프로젝트를 위해 세금 인상 혹은 채권 발행을 지지할 의향이 있는가? 공적 정보원(예: 신문, 라디오, TV 방송국)은 커뮤니티의 질을 향상시킬 프로젝트와 이슈에 충분한 관심을 기울이는가?

참고문헌

Abell, N., Springer, D. W., & Kamata, A. (2009). *Developing and Validating Rapid Assessment Instruments.* NY: Oxford University Press.

Allen, K. E. & Marotz, L. (2010). *Developmental Profiles: Pre-Birth through Twelve* (6th ed.). KY: Cengage.

Altilio, T. & Otis-Green, S. (eds.) (2011). *Oxford Textbook of Palliative Social Work.* NY: Oxford University Press.

American Psychiatric Association (2013). *Diagnostic and Statistical Manual of Mental Disorders* (5th ed.). Washington, DC: American Psychiatric Association.

Anderson, D. L. (ed.) (2012). *Cases and Exercises in Organization Development & Change.* CA: Sage.

Andrews, A. B. (2007). *Social History Assessment.* CA: Sage.

Austin, M. J., Brody, R. P., & Packard, T. (2009). *Managing the Challenges in Human Services Organizations: A Casebook.* CA: Sage.

Beresford, T. (2012). *Psychological Adaptive Mechanisms: Ego Defense Recognition in Practice and Research.* NY: Oxford University Press.

Berk, L. (2012). *Child Development* (9th ed.). NJ: Pearson.

Blackman, J. (2003). *101 Defenses: How the Mind Shields Itself.* NY: Routledge.

Bracken, B. (ed.) (1996). *Handbook of Self-Concept: Developmental, Social, and Clinical Considerations.* NJ: Wiley.

Bronson, D. E. & Davis, T. S. (2012). *Finding and Evaluating Evidence: Systematic Reviews and Evidence-Based Practice.* NY: Oxford University Press.

Carroll, D. W. (2013). *Families of Children with Development Disabilities: Understand Stress and Opportunities for Growth.* Washington, DC: American Psychological Association.

Chambers, D. E. & Bonk, J. F. (2013). *Social Policy and Social Programs: A Method for the Practical Social Policy Analyst* (6th ed.). NJ: Pearson.

Christensen, D., Todahl, J., & Barrett, W. (2007). *Solution-Based Casework: An Introduction to Clinical and Case Management Skills in Casework Practice.* NJ: Aldine Transaction.

Collins, D., Jordan, C., & Coleman, H. (2013). *An Introduction to Family Social Work* (4th ed.). KY: Cengage.

Corcoran, J. & Walsh, J. (2009). *Mental Health in Social Work: A Casebook on Diagnosis and Strengths-Based Assessment.* NJ: Pearson.

_____(2010). *Clinical Assessment and Diagnosis in Social Work Practice* (2nd ed.). NY: Oxford University Press.

Corey, M. Corey, G., & Corey, C. (2014). *Group: Process and Practice* (9th ed.). KY: Cengage.

Cramer, P. (2006). *Protecting the Self: Defense Mechanisms in Action.* NY: Guildford.

Crosson-Tower, C. (2010). *Understanding Child Abuse and Neglect* (8th ed.). NJ: Pearson.

DeGenova, M. K., Stinnett, N., & Sinnett, N. M. (2011). *Intimate Relationships, Marriages & Families* (8th ed.). NY: MacGraw-Hill.

De Jong, P. & Berg, K. I. (2013). *Interviewing for Solutions* (4th ed.). KY: Cengage.

Delgado, M. & Humm-Delgado, D. (2013). *Asset Assessments and Community Social Work Practice.* NY: Oxford University Press.

DeMaria, R., Weeks, G., & Hof, L. (1999). *Focused Genograms: Intergenerational Assessment of Individuals, Couples, and Families.* PA: Brunner/Mazel.

Dunlop, J. & Holosko, M. J. (eds.) (2006). *Information and Technology and Evidence-Based Social Work Practice.* NY: Haworth.

Green, G. P. & Haines, A. (2012). *Asset Building and Community Development* (3rd ed.). CA: Sage.

Elson, M. (1986). *Self Psychology in Clinical Social Work.* NY: Norton.

Emanuel, L. L. & Librach, S. L. (2011). *Palliative Care: Core Skills and Clinical Competencies* (2nd ed.). MO: Elseiver/Saunders.

Erich, S. & Kanenberg, H. (2011). *Skills for Group Practice: Responding to Diversity.* NJ: Pearson.

Frances, A. (2013). *Essentials of Psychiatric Diagnosis: Responding to the Challenge of DSM-5.* NY: Guildford.

_____(2013). *Saving Normal: An Insider's Revolt against Out-of-Control Psychiatric Diagnosis, DSM-5, Big Pharma, and the Medicalization of Ordinary Life.* NY: Harper Collins.

Giardino, A. & Alexander, R. (2006). *Child Abuse: Quick Reference for Healthcare, Social Service, and Law Enforcement Professionals* (2nd ed.). MO: G. W. Medical Publicarions.

Glicken, M. (2004). *Using the Strengths Perspective in Social Work Practice: A Positive Approach for the Helping Professions.* NJ: Pearson.

Goldberg, A. E. (2010). *Lesbian and Gay Parents and Their Children: Research and the Family Life Cycle.* Washington, DC: American Psychological Association.

Green, G. P. & Goetting, A. (eds.) (2010). *Mobilizing Communities: Asset Building as a Community Development Strategy.* PA: Temple University Press.

Greene, G. & Lee, M. Y. (2011). *Solution-Oriented Social Work Practice: An Integrative Approach to Working with Client Strengths.* NY: Oxford University Press.

Greene, R. R. (2008). *Social Work with the Aged and Their Families* (3rd ed.). NJ: Transaction Publishers.

Hardy, K. V. & Laszloffy, T. A. (1995). "The cultural genogram: Key to training culturally competent family therapists". *Journal of Marital and Family Therapy,* 21(3): 227~237.

Hogan, T. (2006). *Psychological Testing: A Practical Introduction* (2nd ed.). NJ: Wiley.

Holland, S. (2011). *Child & Family Assessment in Social Work Practice* (2nd ed.). CA: Sage.

Horejsi, C. (1996). *Assessment and Case Planning in Child Protection and Foster Care Services*. CA: American Human Association.

Jones-Smith, E. (2013). *Strengths-Based Therapy: Connecting Theory, Practice and Skills*. CA: Sage.

Kagle, J. & Kopels, S. (2008). *Social Work Records* (3rd ed.). IL: Waveland.

Karls, J. & O'Keefe, M. (2008). *Person-in-Environment System Manual* (2nd ed.). with Compu PIE (computer software). Washington, DC: NASW.

Kemp, S., Whittaker, J., & Tracy, E. (1997). *Person-Environment Practice: The Social Ecology of Interpersonal Helping*. NY: Aldine de Gruyter.

Kimberley, D. & Osmond, L. (2011). "Role theory and concepts applied to personal and social change in social work treatment". In Turner, F. (ed.), *Social Work Treatment* (5th ed.). NY: Oxford University Press.

Lau, K., Krase, K., & Morse, R. (2009). *Mandated Reporting of Abuse and Neglect: A Practical Guide for Social Workers*. NY: Springer.

Lauffer, A. (2011). *Understanding Your Social Agency* (3rd ed.). CA: Sage.

Leach, P. (2010). *Your Baby and Child: From Birth to Age Five* (5th ed.). NY: Knopf.

Mallory, H. (2003). *Concept of the Self: Implications of Social Work*. NY: MOBIZ Publishers.

Martin, R. *Social Work Assessment*. CA: Sage, 2010.

Minuchin, S., Nichols, M., & Lee, W. Y. (2007). *Assessment Families and Couples: From Symptom to System*. MA: Allyn and Bacon.

McGoldrick, M. (2011). *The Genogram Journey: Reconnecting with Your Family*. NY: Norton.

McGoldrick, M., Gerson, R. & Petry, S. (2008). *Genograms: Assessment and Intervention* (3rd ed.). NY: Norton.

McGoldrick, M., Carter, B., & Garcia-Preto, N. (eds.) (2011). *The Expanded Life Cycle: Individual, Family, and Social Perspectives* (4th ed.). NJ: Pearson.

Meenaghan, T. M., Kilty, K. M., Long, D. D., & McNutt, J. G. (2013). *Policy, Politics, and Ethics: A Critical Approach* (3rd ed.). IL: Lyceum.

Miller, E. A., Allen, S., & Mor, V. (2009). "Navigating the labyrinth of long-term care: Shoring-up informal caregiving in a home-community-based world". *Journal of Aging & Social Policy*, 21(1): 1~16.

Miller, M. (2009). *A Community Organizer's Tale: People and Power in San Francisco*. CA: Heyday Books.

Millon, T. & Bloom, C. (ed.) (2008). *The Millon Inventories: A Practitioner's Guide to Personalized Clinical Assessment* (2nd ed.). NY: Guildford.

Myers, J. (ed.) (2011). *The APSAC Handbook on Child Maltreatment* (3rd ed.). CA: Sage.

National Association of Social Workers (2013). *Social Workers and Child Abuse Reporting: A Review of State Mandatory Reporting Requirements*. Washington, DC: NASW.

National Latino Council on Alcohol and Tobacco Prevention (LCAT). "Take action, create change: A community organizing toolkit". http://www.healthwellnc.com/TUPCHERITAGETOOLKIT/September/

5General%20Information/LCAT%20Take%20Action%20Create%20Change%20%20Community%20Org anizing%20Toolkit. pdf.

Neukrug, E. & Fawcett, R. C. (2010). *The Essentials of Testing and Assessment: A Practical Guide for Counselors, Social Workers, and Psychologists* (2nd ed.). KY: Cengage.

O'Toole, J. & Lawler, E. (2006). *The New American Workplace: The Follow-Up to the Bestselling Work in America.* NY: Palgrave/Macmillan.

Oatway, J. (2012). *Mastering Story, Community, and Influence: How to Use Social Media to Become a Social Leader.* NJ: Wiley.

Palinkas, L. A. & Soydan, H. (2012). *Translation and Implementation of Evidence-Based Practice.* NY: Oxford University Press.

Patti, J. R. (ed.) (2009). *The Handbook of Human Services Management: Purpose, Practice, and Prospects in the 21st Century* (2nd ed.). CA: Sage.

Payne, B. K. (2011). *Crime and Elder Abuse: An Integrated Perspective* (3rd ed.). IL: Charles C. Thomas.

Ritter, J. A. (2013). *Social Work Policy Practice: Changing Our Community, Nation, and the World.* NJ: Pearson.

Richardson, V. E. & Barusch, A. S. (2006). *Gerontological Practice for the 21st Century: A Social Work Perspective.* NY: Columbia University Press.

Risman, B. J. (ed.) (2010). *Families as They Really Are.* NY: Norton.

Roy, R. (2011). *Social Support, Health, and Illness: A Complicated Relationship.* Canada: University of Toronto.

Royse, D., Staton-Tindall, M., Badger, K., & Webster, J. M. (2009). *Need Assessment.* NY: Oxford University Press.

Sadock, B. & Sadock, V. (2007). *Kaplan and Sadock Synopsis of Psychiatry: Behavioral Sciences/Clinical Psychiatry* (10th ed.). PA: Walter Kluwer/Lippincott.

Saleebey, D. (ed.) (2013). *The Strengths Perspective in Social Work Practice* (6th ed.). NJ: Pearson.

Schlecker, M. & Fleischer, F. (eds.) (2013). *Ethnographies of Social Support.* NY: Palgrave Macmillan.

Schmid, H. (ed.) (2004). *Organizational and Structural Dilemmas in Nonprofit Human Service Organizations.* NY: Haworth.

Schultz, D. & Schultz, S. (2010). *Psychology and Work Theory: An Introduction to Industrial and Organizational Psychology* (10th ed.). NJ: Prentice Hall.

Simmons, C. A. & Lehmann, P. (2013). *Tools for Strengths-Based Assessment and Evaluation.* NY: Springer.

Smith, M. J. (2010). *Handbook of Program Evaluation for Social Work and Health Professionals.* NY: Oxford University Press.

Sommers-Flanagan, J. & Sommers-Flanagan, R. (2013). *Clinical Interviewing* (5th ed.). NJ: Wiley.

Soriano, F. I. (2013). *Conducting Needs Assessments: A Multidisciplinary Approach* (2nd ed.). CA: Sage.

The Praxis Project. "Health care equity: Tool kit for a winning policy strategy". https://www. county-healthrankings. org/sites/default/files/resources/Health%20Care%20Equity_Tool%20Kit%20for%20a% 20Winning%20Policy%20Strategy. pdf.

Thomlison, B. (2010). *Family Assessment Handbook: An Introduction and Practical Guide to Family Assessment* (3rd ed.). KY: Cengage.

Toseland, R. & Rivas, R. (2012). *An Introduction to Group Work Practice*. (7th ed.). NJ: Pearson.

Van Ornum, B., Dunlap, L., & Shore, M. (2007). *Psychological Testing Across the Lifespan*. NJ: Pearson.

Walsh, F. (ed.) (2012). *Normal Family Processes: Growing Diversity and Complexity* (4th ed.). NY: Guildford.

Wodarski, J. S. & Hopson, L. M. (2012). *Research Methods for Evidence-Based Practice*. CA: Sage.

Zuckerman, E. (2005). *Clinician's Thesaurus: The Guide to Conducting Interviews and Writing Psychological Reports* (6th ed.). NY: Guildford.

제 12 장

계획과 계약

학습목표

- 문제 탐색과 문제 목록 활용을 포함해 클라이언트가 개입이 필요한 문제에 초점을 맞추도록 사회복지사를 돕는 유용한 기법을 기술한다.
- 개입의 분명한 목표를 확인하는 것의 중요성을 설명하고 서비스에 대한 암묵적 계약, 구두 및 서면 계약의 이점과 한계를 논의한다.
- 개입 계획의 일부로서 비공식적 자원을 끌어 모으는 것의 장점을 논의한다.
- 가족 집단회의로 알려진 접근을 기술하며, 소집단을 만들고 회의를 계획할 때 다뤄야 하는 문제를 확인한다.
- 인간서비스기관이 변화에 적응하고, 미래 변화를 위한 계획을 수립하며, 바람직하지 못한 변화를 미연에 방지하도록 돕는 데 사용될 수 있는 전략적 계획과 기타 과정을 확인한다.
- 사회적 변화 옹호 노력을 주도하는 경우, 그 효과성을 향상할 수 있는 계획 도구를 찾을 때 사회복지사가 고려해야 하는 요인을 알고 있다.
- 장기적인 사회 변화 노력의 성공은 변화로 영향을 받을 수 있는 사람을 포함하는 것에서부터 시작되어야 함을 인식한다.

클라이언트의 관심사와 상황에 대한 사정을 완료한 후, 사회복지사와 클라이언트는 변화 과정의 세 번째 단계인 계획과 계약에 주력한다. **계획**은 사정과 개입을 연결하는 가교이다. 직접적 실천의 어떤 사례에서는 클라이언트 관심사를 다루기 위해 해야 할 필요가 있는 사항에 관한 결정이 꽤 명백한 경우도 있다. 그러나 다른 경우 적절한 행동이라는 것이 명확하지 않아 세심한 안목이 필요하다. 조직과 커뮤니티 같은 복잡한 체계의 변화에서는 계획 단계의 기간이 개입을 위해 필요한 시간보다 길 때가 있다.

효과적인 계획에는 사회복지사의 창조성과 새로운 활동 대안을 찾고자 하는 클라이언트의 의지가 필요하다. 각 방안은 클라이언트나 다른 사람에게 이로운 영향을 미치는지 아니면 해로운 영향을 미치는지를 예측하고, 필요한 자원을 구체화하고, 수행하는 데 필요한 시간 계획을 판단하며 평가되어야만 한다. 덧붙여 사회복지사는 과정을 안내하는 데 가장 적절한 실천틀 — 관점, 이론, 모델 — 을 결정해야만 한다(제 6장 참조). 변화를 보증하는 일부 모델이 효과적이겠으나, 비윤리적인 요소를 발견한다면 **윤리강령**을 고려해야 한다. 이는 개입 전략을 계획할 때 중요한 여과 장치이기 때문이다(항목 9. 5 참조). 클라이언트와 미숙한 사회복지사는 때때로 계획 활동을 서두르거나 간단히 처리해 버리고 싶어 한다. 그러나 명확한 계획이 없는 행동은 혼돈과 실패를 초래한다. 계획에서 실패한다면 결국 실패를 계획한 것으로 볼 수 있다.

일단 잠정적 계획이 세워지면 사회복지사와 클라이언트는 그 계획에 명확하게 합의해야 한다. 즉, 합의 혹은 **계약**을 진행한다. 계약에서 다뤄야 하는 이슈는 개인, 가족, 집단, 조직, 커뮤니티 등 어느 수준에서 활동하든 기본적으로 동일하다. 합의에는 최소한 다음의 내용이 상세히 다뤄져야 한다.

- 다뤄야 할 문제나 관심사
- 개입의 목적과 목표
- 클라이언트가 취할 행동
- 사회복지사가 수행할 활동

- 예상되는 개입 기간(주 또는 개월)
- 회기 혹은 만남의 예상 장소 및 추정 횟수
- 참여가 예상되는 다른 사람, 기관, 조직, 그리고 변화 과정 내 명확한 역할

매우 주의 깊게 만들어진 계획조차 개입이 진행되면서 수정이 필요하다. 사회복지사와 클라이언트는 이를 인식하고, 계약의 재검토에 개방적이어야 한다.

Section A
직접적 실천을 위한 기법과 지침

계획과 계약 단계에서 개인, 가족, 집단과 활동할 때 사회복지사는 클라이언트의 참여 및 자기 결정을 극대화하기 위해 노력해야 한다. 결국 개입의 결과를 감수해야 하는 사람은 클라이언트이다. 다음의 클라이언트 권리는 존중돼야 한다.

- 개입 목적·목표, 활용할 접근과 관련해 결정하고 의견을 제시한다.
- 제안된 개입과 관련해 성공 가능성, 위험 혹은 부작용을 안다.
- 합의 목표에 도달하는 데 걸리는 시간을 안다.
- 어느 정도의 시간과 비용을 부담해야 하는지를 안다.
- 진전과 효과성이 어떻게 평가되는지를 안다.
- 기관이나 사회복지사의 충고를 받아들이지 않고 개입을 종료했을 때의 결과를 안다.

- 비밀 보장의 원칙이 적용되는지, 그리고 법원, 보호관찰관, 학교 관계자, 부모 등 그 밖의 어떤 사람이 클라이언트의 참여나 개입의 성과에 관한 정보에 접근할 수 있는지를 안다.
- 사회복지사나 기관이 내린 결정에 의문을 제기하기 위해 사용할 수 있는 항소 혹은 고충처리 절차를 안다.

계획 활동

사회복지사가 하는 가장 중요한 결정 가운데 몇 가지는 계획에서 이뤄진다. 어떤 결정은 클라이언트의 일생에 영향을 미친다. 예를 들면 아동을 학대하는 부모로부터 분리할지의 여부, 청소년을 보호관찰에 명할 것인지 혹은 수감할 것인지의 여부 등이 그렇다.

성공의 가능성이나 다양한 선택을 고려하지 않고 너무 빨리 개입해 선택하고 실행 단계로 이동하는 실수를 할 수도 있다. 이러한 실수는 사회복지사가 결정을 서두르거나 변화를 위한 전략을 너무 좁게 고려하기 때문에, 혹은 기관의 정책과 절차를 지나치게 융통성 없게 해석해 창의성과 지략을 억누르기 때문에 발생한다. 또한 이와 관련하여 클라이언트 문제의 본질, 원인, 해결책에 대한 사회복지사 혹은 클라이언트의 추정과 모순되는 정보를 먼저 고려하지 않고, 검증되지 않은 가정에 기초해 결정하는 실수를 할 수 있다. 마지막으로, 특정 실천 이론이나 모델의 무비판적 적용이 잘못된 결정을 유도할 수 있다. 특정한 준거틀에 지나치게 열성적인 사회복지사는 자신이 선호하는 접근 혹은 이론에 맞지 않는 정보를 무시하기도 한다.

계약 활동

계획은 중요하다. 그 계획에 대한 합의도 계획만큼이나 중요하다. 누가, 무엇을, 언제, 어디에서, 어떻게 할 것인가가 구체적일수록 관련된 사람은 개입 계획을 더 잘 이해하며 계획은 더 완전하게 수행될 것이다. 변화 과정의 단계를 처리해온 사회복지사는 아주 빈번하게, 클라이언트 또한 앞으로 전개될 일을 잘 알고 있으며 이미 특정한 행동 방침에 동의했다고 믿고 싶어한다. 이는 심각한 잘못이다. 계약을 주의 깊게 전개하고 논의하는 훈련은 사회복지사에게는 상투적으로 진행된 단계들을 다시 생각하도록 격려하며, 클라이언트에게는 종종 재확신을 제공한다.

암묵적, 구두, 서면 등 서비스 계약의 세 가지 유형 중 **암묵적 계약**은 덜 명확하여 오해에 취약하다. **구두 계약**은 이보다는 명확하지만, 구두 의사소통의 세부 내용은 쉽게 잊힐 수 있다. 개발하는 데 시간이 많이 걸리지만 **서면 계약**(항목 12.5 참조)은 클라이언트와 사회복지사 모두에게 가장 유용하다. 이것은 회기 사이에 참여자의 책임감을 상기하기 위해 검토될 수 있으며, 평가와 책무성을 위한 견고한 기초를 제공한다.

12.1 표적문제와 목적 선택하기

계획과 계약 단계에서 사회복지사와 클라이언트는 목적을 구체적으로 명시하고 이에 동의해야 한다. **목적**(goal)은 바라는 성과 혹은 추구하는 결과이다. 클라이언트의 욕구를 다루기 위해 필요한 행동이 분명하다면, 사회복지사와 클라이언트는 목적에 쉽게 동의할 수 있다. 그러나 대부분 사회복지사와 클라이언트는 상황을 다르게 보기에, 문제의 본질이나 문제에 대해 무엇을 할 수 있고 무엇을 해야 하는지에 관한 합의에 도달하기 위해 애써야 한다. 만약 클라이언트의 상황이 유난히 복잡해 사회복지사와 클라이언트 둘 다 무엇을 할 수 있고 해야 하는지 확신할 수 없다면 목적에 대한 합의에 더 심층적 사정이 필요할 수 있다. 때때로 최상의 계획은 사정과 계획 과정에 더 많은 시간을 투자해야 달성할 수 있다.

직접적 서비스 원조에서 개입의 목적은 다양한 형태를 띤다. 예를 들면 다음과 같다.

- 기술을 배우거나 필요한 지식을 습득한다(예: 취업을 위한 면접 방법, 시간 관리 방법, 의사 결정 방법, 대인갈등 해결 방법, 스트레스 관리 방법 등을 배우기).
- 중요한 결정을 한다(예: 대학 전공, 이혼 여부, 자녀 양육권 포기 여부, 정서적 문제에 대한 도움 요청 등에 관해 결정하기).
- 행동을 변화한다(예: 바람직한 행동을 배우기, 문제 행동 혹은 습관을 줄이거나 없애기).
- 자신이나 다른 사람에 대한 태도를 바꾼다.
- 특정 서비스와 프로그램의 이용 가능성에 대한 정보를 수집한다.
- 어떤 기관 혹은 전문가가 제공하는 프로그램이나 서비스에 등록하거나 연결된다.
- 손상된 관계를 회복한다(예: 사이가 멀어진 부모 혹은 자녀에게 관심 보이기, 부부 관계 개선

하기).
- 생활환경이나 사건을 인식하거나 해석하는 방식을 수정한다(예: 사건에 새로운 의미를 부여하고, 다른 각도에서 사물을 바라보는 방법을 배우기).
- 변화할 수 없는 환경이나 상황에 더 잘 적응한다(예: 만성질환, 영구장애, 연인의 죽음 등에 적응하기 위해 노력하기).
- 부정의를 해결하기 위해 옹호한다.

클라이언트에게 많은 문제와 어려움이 있다면 사회복지사와 클라이언트는 개입의 주요 초점과 문제를 다룰 순서를 결정하기 위한 우선순위 설정에 상당한 시간을 써야 한다. **클라이언트의 자기 결정**과 같은 가치 기반 원칙은 클라이언트에게 최대한의 결정권이 있음을 보여 준다. 사회복지사가 아닌 클라이언트가 표적문제와 개입 목적을 선택해야 하는 매우 실제적인 이유가 여기에 있다. 즉, 클라이언트가 중요하게 고려하지 않는 일을 클라이언트가 하도록 격려 혹은 동기화하는 것은 거의 불가능하다. 개입할 그 문제가 클라이언트에게 중요하지 않고 제안된 개입 방법과 목적이 적절하지 않다고 생각한다면, 클라이언트는 변화 과정에 자신의 노력을 쏟지 않을 것이다. 심지어 위임된 클라이언트라할지라도 가능한 한 많은 선택 사항을 주는 것이 중요하다(항목 10.7 참조).

클라이언트의 문제와 관심사는 거의 항상 중요한 타인(예: 배우자, 아동, 부모, 친구, 고용주)에게 영향을 주거나 이들을 연루시킨다는 점을 기억해야 한다. 문제의 일부이거나 문제 해

결의 일부가 되는 사람을 개입 계획에서 고려하지 않는다면, 이들은 변화 과정에서 알게 모르게 걸림돌이 될 수 있다.

연구와 실천 결과에 따르면 효과적인 개입을 위해 원조 과정에서 한 번에 하나, 둘 혹은 세 개의 문제에만 가능한 시간과 에너지를 집중해야 한다. 한 번에 너무 많은 문제를 다루려고 하면 원조 노력은 방향을 잃게 되며 클라이언트와 사회복지사 모두 좌절을 경험할 것이다. 다음의 단계는 클라이언트와 사회복지사가 **우선순위**를 정할 때 도움을 준다.

(1) 1단계: 클라이언트가 주의가 필요하다고 보는(클라이언트가 변화하기를 원하는) 문제나 관심사를 목록으로 작성해 명확히 한다.

(2) 2단계: 사회복지사가 추천하는 경우, 이 문제나 관심사를 고려해야 하는 이유를 설명한다. 사회복지사는 위임받은 문제 혹은 목적(합법적인 권위를 가진 법원, 보호관찰관, 아동보호기관 등이 클라이언트에게 부여한 목적)을 포함해 설명한다.

(3) 3단계: 문제와 관심사를 재검토하고 상호 관련성을 확인하기 위해 논리적 집단화 방식으로 분류한다. 클라이언트는 목록을 살피고, 가장 우선순위가 높은 2~3개 문제를 선택한다. 그러면 사회복지사도 자신이 생각하기에 우선순위가 높은 2~3개 항목을 선택한다.

(4) 4단계: 클라이언트와 사회복지사는 3단

계에서 확인한 관심사를 함께 논의하며 다음의 기준에 따라 검토한다.

① 클라이언트의 상황에서 가장 부담이 되는 문제는 무엇인가? 예를 들어 가장 큰 걱정과 불안을 야기하는 것은 어느 것인가?
② 만약 다뤄지거나 수정되지 않으면 클라이언트에게 가장 부정적이고 지대한 결과를 낳을 수 있는 문제는 무엇인가?
③ 만약 수정된다면 클라이언트에게 가장 긍정적인 결과를 낳을 수 있는 문제는 무엇인가?
④ 어느 정도의 시간, 에너지, 다른 자원을 투입했을 때 다룰 수 있거나 수정할 수 있는 관심사는 무엇인가?
⑤ 상대적으로 변화될 수 없거나 과도하게 많은 시간, 에너지, 자원을 필요로 하는 것은 무엇인가?

(5) 5단계: 이러한 기준을 검토한 뒤, 우선순위가 높은 3가지 문제를 선택한다. 앞서 언급한 것처럼 한 번에 3가지 문제 이상에 역점을 두는 것은 비생산적이다. 과제 중심적 실천가는 이러한 원칙을 가리켜 **3의 규칙**이라고 부른다.

12.2 문제 탐색

문제 탐색은 소계약(minicontract)이다. 또는 클라이언트에게 문제가 있는지, 그리고 있다면 어떤 유형의 전문적 혹은 기관 개입을 통해 다뤄져야 하는지를 결정하기 위해, 클라이언트 상황에 관한 논의에 약간의 시간을 투자하는 것을 두고 사회복지사와 클라이언트가 하는 합의라 할 수 있다. 문제 탐색은 첫째, 클라이언트가 권위 있는 기관(법원)이나 가족에 의해 의뢰되었지만 다른 사람이 정의한 문제를 인식하지 못하는 경우, 혹은 둘째, 클라이언트는 특정 기관의 서비스를 요구하지만 사회복지사의 의견으로는 클라이언트가 요구를 수정하거나 현존하는 문제를 재정의하도록 돕는 것이 바람직하다고 보는 경우에 활용된다. 두 번째의 상황에서 사회복지사는 클라이언트의 문제에 대한 정의가 부정확하거나 비현실적이며, 특정 서비스에 대한 요구로는 문제가 해결되지 않을 수 있음을 염두에 두고 신경 써야 한다. 예를 들어 아내와의 심각한 부부 문제 때문에 자녀의 위탁보호를 요청하는 아버지의 경우가 이에 해당한다.

문제 탐색에서는 클라이언트 상황을 탐구하기 위해 클라이언트가 1~2회기 정도 참여하는 것이 필요하다. 클라이언트가 심층적으로 문제를 탐구할 때까지 전문적 개입에 관한 판단을 유보하도록 클라이언트에게 요청한다. 이 기법을 사용할 때 사회복지사는 4단계를 거친다.

(1) 1단계: 클라이언트의 상황을 좀더 탐색해야 하는 이유를 설명한다.

당신이 보기에는 주목할 만한 문제가 없을 것 같지만, 해고에 관해 당신이 말하는 것을 들어보니 당신은 직장에서 잘 지내기 위해 노력하지만 상사와 종종 충돌이 있는 듯합니다. 우리가 2번 정도 만나서 당신의 직장 경험에 관한 이야기를 더 나눠도 되겠습니까? 2회의 회기 이후에도 우리가 상황을 향상시키기 위해 해야 할 일에 대해 알 수 없다면 그만 만나도록 합시다.

(2) 2단계: 제안에 대한 클라이언트의 생각과 반응(feedback)을 알아낸다.

당신이 직장에서 경험한 스트레스를 검토하고 논의하기 위해 2번 만나자는 제안에 당신은 어떻게 생각합니까?(만약 클라이언트가 싫다고 말한다면) 그래요. 저는 그 망설임을 이해할 수 있고 당신의 의견을 존중할 것입니다. 그러나 제게 이 제안이 좋은 생각인 이유를 설명할 수 있게 해주세요. …

(3) 3단계: 앞으로의 만남에 관한 계획을 세운다.

당신이 다시 만나는 것에 동의해서 기쁩니다. 앞서 말한 것처럼 우리는 2번 만날 것입니다. 도움이 된다면 참 좋겠습니다. 그러나 만약 두 번째 회기 이후에도 쓸모없다고 느끼면, 우리는 계속할 필요가 없습니다. 2주 동안 수요일 오후 4시에 만나는 것이 어떻습니까?

(4) 4단계: 논의할 주제 2~3개를 정한다.

다음에 만날 때는 당신이 좋아하는 직업과 그 이유에 대해 얘기해 봅시다. 그런 다음, 저는 당신이 직장에서 기대하는 지도 감독의 유형에 관해 얘기하고 싶습니다. 적절한 것 같습니까?

12.3 클라이언트 욕구 목록

욕구 목록은 특정 유형의 클라이언트와 관련된 사례관리 활동 계획에서 사용되는 도구이다. 이는 인간서비스기관에 많이 의존하는 클라이언트(예: 허약한 노인, 가정위탁 아동, 중증장애인)에게 대부분 사용된다. 이 도구는 책임을 명확히 하며 기관 간 조정을 촉진하고 팀 내 오해를 줄이는 것을 돕기 때문에, 다양한 기관 혹은 다학제 간 팀으로 사례-계획 활동을 수행할 때 특히 유용하다. 욕구 목록은 관련된 모든 사람에게 클라이언트 서비스 계획에서 다뤄야만 하는 관심사를 알려 준다. 계획 수립에 관련된 사람은 목록을 점검하고 클라이언트 욕구를 어떻게 다룰지, 어떤 서비스 제공자가 책임을 질지를 결정한다.

〈그림 12-1〉은 발달장애인이지만 반(半) 독립적인 생활이 가능한 성인과의 활동에서 사용된 욕구 목록의 예이다. 욕구 목록에 포함될 수 있는 클라이언트 기능수행의 특별 영역에 대한 아이디어는 항목 11. 1을 참조한다.

12.4 개입 목표 형성하기

개입 목적과 목표에 대한 동의가 없다면 원조과정은 방향성을 잃을 것이고 개입의 효과성을 측정할 수 없을 것이다. 목적(*goal*)과 목표(*objective*)가 종종 서로 바뀌며 사용되고 있지만, 이 두 가지가 같은 것을 의미하지는 않는다. **목적**은 '장애아동의 요구에 더욱 잘 대처하기'의 예에서와 같이 광범위하고 보다 전반적인 개념이다. 목적은 종종 해결책을 제안하는 방식으로 문제를 다시 서술한 것이다. 예를 들어 부모가 느끼는 스트레스가 아동학대를 터트린다면, 논리적 목적은 스트레스 감소가 된다.

목적과 비교해 **목표**는 더 구체적이며 측정과 평가를 가능하고 용이하게 하는 방식으로 서술된다. 목표는 누가 무엇을 언제, 어떤 상황에서 할 것인가를 기술한다. 예는 다음과 같다.

그림 12-1 욕구 목록의 예

독립적인 생활을 위한 욕구 목록

1. 클라이언트의 이동성과 신체적 한계에 맞는 적절한 주택(계단, 휠체어 접근 등)
2. 안전한 난방과 전기체계, 그리고 활용할 수 있는 화장실 시설
3. 가정 편의시설(의자, 탁자, TV, 라디오 등)
4. 침대, 담요, 시트 등
5. 사계절용 의복
6. 음식, 음식 저장시설, 난로
7. 전화 또는 도움을 요청할 수 있는 수단
8. 음식 준비에 필요한 것(가정용품, 주전자, 프라이팬 등)
9. 개인적 위생을 유지하기 위해 필요한 것(면도기, 비누, 냅킨 등)
10. 재정 자원, 금전 관리체계
11. 교통수단
12. 의료 · 치과 보호
13. 투약 및 필요한 경우 복용량 관리
14. 사회 접촉과 여가 활동
15. 가족 · 친구 · 이웃이 보여 주는 관심과 이해
16. 위험과 착취로부터의 보호
17. 지도감독의 적절한 수준
18. 훈련(직업 관련, 커뮤니티, 생존 기술 등)
19. 취업이나 일과 관련된 활동
20. 교정기구(안경, 보청기, 목발 등)
21. 각종 치료와 요법(물리치료, 언어치료 등)
22. 문화적 · 윤리적 유산 유지
23. 영적 · 종교적 활동에의 참여
24. 법률 조언

병원 사회복지사가 제시한 진술

목적: 새로운 의뢰에 대한 사회복지 직원의 반응성을 향상시킨다.

목표: 첫 환자나 가족 구성원의 80%를, 의사나 간호사의 의뢰 후 4시간 이내에 면접한다.

의형제 프로그램의 행정가가 제시한 진술

목적: 아동에게 더 많은 의형제(*big brother, big sister*)를 만들어 준다.

목표: 8월 1일 이전에 35명의 새로운 의형제를 모집해 훈련하고 연결한다.

아동복지 분야 사회복지사가 제시한 진술

목적: 부모자녀 관계를 증진한다.

목표: 부모 방문을 격려하고 촉진해 1월 15일까지 담당하고 있는 부모의 70% 이상이 적어도 한 달에 한 번 위탁보호 중인 자녀를 방문하게 한다.

목표 예시에서 보듯 목표는 행동을 묘사하는 동사를 활용한다. 목표에서 자주 사용되는 동사의 예는 출석하다, 방문하다, 배우다, 실천하다, 토의하다, 계획하다, 획득하다, 결정하다, 선택하다, 처리하다, 수행하다, 결정하다 등이다.

잘 만들어진 목표는 다음 기준을 충족시킨다.

• '… 하기 위해'로 시작하고, 행위 동사가 이어 나온다.

• 달성해야 할 단일한 성과를 명시한다.

• 목표 달성 마감일을 구체화한다.

• 가능한 한 양적이며 측정 가능하다.

• 클라이언트와 개입에 참여한 사람이 이해할 수 있다.

• 달성 가능하며 중요한 도전과 의미 있는 변화를 표현한다.

목표가 특히 복잡해 단일 문장으로 서술될 수 없을 때는 명확화를 위해 조건과 기준에 대한 진술을 첨부하는 것이 필요하다. **조건**(conditions)은 원하는 행동이나 행위가 발생할 상황 혹은 맥락을 기술한다. **기준**(criteria)은 기대하는 행동 혹은 행위가 수용 가능한 수준만큼 발생했는지를 결정하는 데 사용되는 규칙 혹은 정의이다.

목표를 개발할 때 **투입**(input)과 **성과**(outcome)를 혼동해서는 안 된다. 이와 관련해 흔한 실수의 예로는 "존이 상담을 받게 한다"와 같은 서술을 들 수 있다. 이것은 의도된 성과에 대한 언급 없이 투입(상담)만을 기술한다. 이 예에서 상담은 목적으로 제시되었지만, 사실은 목적을 위한 수단일 뿐이다. 상담에서 달성하고자 하는 것은 무엇인가? 따라서 이보다 좋은 서술은 "존이 그의 아들인 조니에게 가하는 신체적 학대에 초점을 둔 상담을 받게 하는데, 여기서 가혹하게 때리고 소리치는 훈육 방식에 대한 대안으로 긍정적인 강화 방식과 타임아웃의 사용을 배울 수 있게 한다"라고 하는 것이다. 이러한 서술에서는 존이 타임아웃과 긍정적인 강화 방식의 사용법을 실제로 배웠는지 측정할 수 있다.

목표를 행동 언어 — 빈도, 지속 기간, 강도 등으로 관찰 가능한 행동을 설명하는 용어 — 로

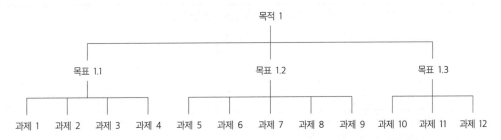

그림 12-2 목적, 목표, 과제 사이의 관계

목적 1

목표 1.1 목표 1.2 목표 1.3

과제 1 과제 2 과제 3 과제 4 과제 5 과제 6 과제 7 과제 8 과제 9 과제 10 과제 11 과제 12

작성하는 것이 중요하다. 클라이언트가 하지 말아야 할 것이 아니라, 할 것을 기술한다(예: "먹을 때는 난장판을 만들지 않는다"보다는 "식탁 예절을 배우고 따른다").

목표에서 **시간틀**은 중요하다. 예를 들어, 대인 관계 원조에서 목표를 달성하는 데 여러 주 혹은 한두 달이 걸려서는 안 된다. 따라서 여러 달 정도 걸려야 달성되는 야심 찬 목표라면 몇 개의 하위목표, 단계, 국면으로 세분화한다. 비록 작은 단계라 할지라도 목표를 달성하며 구체적인 성과물을 얻는다면 클라이언트는 계속하고 싶어질 것이다.

과제 중심적 접근을 선호하는 사회복지사가 활용하는 **과제**(task) 개념은 여기서 설명된 목표의 개념과 유사한 부분도 있고 다른 부분도 있다. 기본적으로 과제는 그것이 달성되었는지 혹은 완료되었는지를 평가할 수 있는 관찰 가능한 행위 혹은 조치이다. 과제는 목표 달성을 위해 완료되어야만 하는 여러 조치 중 하나로 볼 수 있다. 목표는 '부모훈련 프로그램을 통해 새로운 훈육 방식 배우기'와 같이 한두 달 후에 달성될 수 있는 것인 반면, 과제는 '부모훈련 프로그램에 참가할 교통편 마련을 위해 친구에게 전

화하기'와 같이 며칠 혹은 한두 주 만에 완수될 수 있는 것이다. 그래서 한 가지 목적을 향해 노력할 때 클라이언트는 여러 개의 목표를 달성할 필요가 있고, 특정 목표를 달성하기 위해 수많은 과제를 수행해야 한다. 목적, 목표, 과제 간의 관계는 〈그림 12-2〉와 같다.

목표는 원조 과정의 방향을 정해 주고 개입의 효과성 평가를 촉진한다. 그러나 서면 목표의 활용이 원조 과정에 핵심적인 개별화와 인간성(humanness)을 절대로 능가할 수는 없다. 변화하는 상황에 맞춰 목표를 기꺼이 수정하려는 마음은 효과적 원조에 중요하다.

12.5 서면 서비스 계약

사회복지사 혹은 기관이 제공하는 서비스에 대한 합의에 도달하는 것은 사회복지실천에서 중요한 단계이다. 많은 경우 그리고 많은 기관과 프로그램에서는 구두 동의로 충분하다. 그러나 많은 사회복지사 역시 서면 서비스 계약을 사용한다. 현장에 따라 이 서류는 **서비스 합의, 사례 계획, 치료 계획, 개입 계획** 혹은 **가족 지지 계**

그림 12-3 클라이언트-사회복지사 계약의 표본 양식

이 합의는 (클라이언트 이름)과 마운틴 가족서비스부에 종사하고 있는 (사회복지사 이름) 사이에 이뤄진 것이다.

이 합의의 목적은 다음과 같다.

_____
_____
_____

목적에 도달하기 위해 다음의 목표를 성취해야 한다.

1. _____ (완료일) _____
2. _____ (완료일) _____
3. _____ (완료일) _____

목표를 성취하기 위해 (클라이언트 이름)은 다음의 일자까지 혹은 다음 기간 동안 과제나 활동을 수행하거나 참여해야 한다.

1. _____ (완료일) _____
2. _____ (완료일) _____
3. _____ (완료일) _____

목표를 성취하기 위해 (사회복지사 이름)은 다음의 일자까지 혹은 다음 기간 동안 과제나 활동을 수행하거나 참여해야 한다.

1. _____ (완료일) _____
2. _____ (완료일) _____
3. _____ (완료일) _____

목표 달성 과정은 다음의 과정과 방법을 통해 검토하고 평가한다.

_____
_____
_____
_____

목표를 달성하지 못한 경우, 그 결과는 다음과 같다.

_____
_____
_____
_____

이 합의 기한을 재협상할 때 다음의 절차 혹은 활동이 필요하다.

_____
_____
_____
_____

서명 _____ 일자 _____
서명 _____ 일자 _____

획으로 불린다. 이들 용어는 자주 혼용돼 사용된다. **서면 서비스 계약**은 제공된 서비스의 바람직한 성과, 이러한 성과를 달성하기 위해 취해야 할 주요 행위, 이러한 노력에 포함되어야 하는 주요 역할과 책임, 관련된 시간 계획 등을 명시한 서류이다. 서명한 문서는 훗날 발생할 수 있는 오해나 다툼의 가능성을 감소시킨다. 결과적으로 잘못된 실천(*malpractice*)으로 인한 소송으로부터 보호를 제공한다.

법원 명령에 의해 계약을 맺는 사례를 제외하고, 서비스 계약은 법적 구속력이 없는 것으로 간주된다. 그러나 이는 상호 합의한 행동 방침에 대한 책무를 기술하고 입증하려는 시도이다. 〈그림 12-3〉에서 서비스 계약의 핵심 요소를 볼 수 있다.

서비스 계약을 행동 계약과 혼동해서는 안 된다(항목 13.5 참조). 행동 계약은 더욱 세분화되며 며칠이나 1~2주와 같이 비교적 짧은 기간 동안 이뤄진다. 서비스 계약은 대체적으로 3개월이나 6개월마다 재협상되고 재작성되며, 서비스 계약 기간은 몇 달이 될 수 있다.

서비스 계약은 다음 질문을 다뤄야 한다.

- 클라이언트에게 제공되는 서비스가 기대하는 성과는 무엇인가?
- 클라이언트가 해야 할 일은 무엇이며 언제까지 해야 하는가?
- 가족, 친구, 이웃 등과 같이 클라이언트의 중요한 타인이 해야 할 일은 무엇이며 언제까지 해야 하는가?
- 사회복지사와 다른 기관의 직원이 해야 할 일은 무엇이며 언제까지 해야 하는가?
- 다른 기관 혹은 서비스 공급자로부터 확보해야 할 추가 서비스는 무엇이며 어떻게, 언제까지 해야 하는가?
- 클라이언트의 상황에 관해 재사정하고 서비스 계약을 재조정할 사건은 무엇이겠는가?
- 서비스에서 부담해야 하는 비용은 얼마인가?
- 계획에서 의도하지 않은 결과가 있다면 무엇인가?

서면 서비스 계약을 사용할 때 다음의 지침을 따르도록 한다.

(1) 서면 서비스 계약과 관련된 기관 정책, 그리고 이러한 계약을 클라이언트에게 사용하는 것과 관련된 법적 요구사항 혹은 법적 해석 등을 알아야 한다. 서면 서비스 계약을 활용하는 장·단점을 이해한다. 주요 장점은 목적을 분명히 하고, 우선순위를 정하고, 역할과 책임을 설명하고, 계획에 대한 소유권을 향상하며, 경과를 측정하는 수단을 제공하고, 클라이언트와 사회복지사의 오해 소지를 줄인다는 것이다. 당연히 계약은 자발적이고 동기화된 클라이언트에게 가장 잘 작동한다. 또한 계약은 숨겨진 의도에 의해 함정에 빠졌거나 조종당하고 있다고 느끼는 클라이언트의 두려움을 감소시키며 명확하고 공명정대한 의사소통을 촉진하기 때문에, 망설이거나 비자발적인 클라이언트와 활동할 때도 특별히 도움이 된다.

서면 서비스 계약의 분명한 단점은 명확하고 이해하기 쉬운 계약을 준비하기 위해 상당한 시간이 필요하다는 점이다. 또한 내성적이거나 무기력함을 느끼는 클라이언트의 경우 서비스 공급자가 제안하는 것에 동의하지 않더라도 계약에 순응할 위험이 있다.

(2) 사회복지사와 클라이언트는 사회적 사정을 하면서 다뤄야 할 문제를 연구하고 합의한다. 그리고 계약은 철저한 사회적 사정이 이뤄진 후에 맺는다. 클라이언트 관점에서 계약에 명시된 목적과 목표는 현실적이며 달성할 만한 가치가 있어야 한다. 계약의 목적은 변화 촉진이기 때문에 계약은 실제로 변화될 수 있는 행동이나 상황에 초점을 둔다. 목표를 선택하고 구성할 때 논리적 순서에 따라 계획을 세운다. 몇몇 문제는 한 번에 한 단계씩 다뤄져야 하며 특정한 순서가 있다. 또한 새로운 행동은 특정한 절차에 따라 학습되어야 한다. 예를 들어 직장을 구하는 클라이언트는 구직 신청서 작성 방법을 먼저 배워야 한다.

(3) 정의에 따르면 계약은 클라이언트, 사회복지사, 기관이 해야 하는 것을 구체화한다. 계약은 절대 한쪽에 치우쳐서는 안 되며, 사회복지사나 기관이 클라이언트에게 기대하는 것만을 나열해서는 안 된다. 계약은 클라이언트의 능력, 사회복지사의 기술, 기관의 사명과 일치해야 한다.

(4) 계약은 의미하는 바를 클라이언트가 정확하게 알 수 있도록 단순하고 분명한 언어로 표현한다. 만약 클라이언트가 영어를 이해하는 능력이 부족하다면 클라이언트의 모국어(예: 스페인어)로 계약을 준비한다. 클라이언트가 문맹이라면 사회복지사는 서면 작성과 함께 합의 사항에 대한 오디오 녹음을 고려해야 한다.

(5) 계약은 의미를 희생하지 않으면서 성공할 수 있는 방식으로 개발되어야 한다. 중요하지만 어려운 목표를 피하면서 손쉬운 성공을 위해 사소한 성과에 초점을 맞춰서는 안 된다. 사회복지사가 보기에 클라이언트가 특정 계약을 이행할 수 없다는 생각이 든다면, 이는 목표가 너무 애매모호하거나 시간 계획이 너무 짧기 때문일 것이다.

(6) 계약은 변화하는 현실 상황에 따라 필요한 경우 수정되어야 한다. 이러한 융통성은 클라이언트와의 신뢰를 유지하는 데 중요하다.

12.6 비공식 자원 활용하기

클라이언트에게 적절하고 가능하다면 가족, 친구, 이웃, 교회 신도 등과 같이 클라이언트의 사회관계망 내에서 활용 가능한 비공식 자원의 개입 계획 작성을 고려해야 한다. 이러한 개인이나 집단은 필요한 정보, 격려, 정서적 지지, 물질적 원조(예: 주거, 소액대출), 신체 돌봄(예: 병 수발), 그리고 때때로 대인 갈등 중재 등을 클라이언트에게 제공할 수 있다. 어떤 클라이언트는 다른 사람이 자신의 어려움을 아는 것을 원하지 않기도 하지만, 또 어떤 사람은 비공식적 자원의 도움을 요청하기도 한다. 비공식적 자원은 비용 없이 24시간 도움이 필요한 클라이언트, 혹은 지속적 도움에 필요한 기관의 자격 기준 요건에 미달되거나 진단 혹은 범주에 해당되지 않는 클라이언트에게 좋다. 그리고 비공식적 원조는 전문적 원조 과정의 일부인 전문가 - 클라이언트 관계가 아닌 동등한 혹은 동료 관계를 보여 준다.

자조집단(혹은 상호 원조집단)은 보통 비공식적 자원으로 고려된다. 일부는 주 혹은 국가 차원의 조직에서 회원가입이 이뤄지기도 하며, 전문가를 조언자로 활용하기도 한다. 다른 중요한 비공식적 자원은 오랫동안 커뮤니티에 살았고 다른 사람을 돕는 능력이 있다고 알려진 **자연적 원조자**(natural helper)이다. 예로 아동에게 양육, 우정 등을 제공하는 이웃집 아주머니(neighborhood mom)를 들 수 있다. 이 외의 자연적 원조자로는 존경받는 연장자, 종교적 지도자, 치유자(healer) 등이 있다. 전문가가 간과하기 쉬운 또 다른 비공식 자원은 다른 기관의 클라이언트이다. 클라이언트는 서로를 도울 수 있다. 물론 어떤 경우에는 서로의 문제를 악화시킬 수도 있다.

비공식 자원이 원조 활동에서 가장 오래되고 보편적이라고 할지라도, 몇몇 전문가는 이러한 자원을 활용해 클라이언트를 돕거나 격려하는 것을 꺼린다. 이에 대한 이유는 다음과 같다.

- 전문가는 클라이언트의 문제나 상황에 상관없이 공식 자원이 본질적으로 비전문적인 것보다 더 효과적이라고 생각한다.

- 전문가는 클라이언트가 활용 가능한 비공식 원조관계망과 비공식 자원을 거의 모른다.
- 전문가는 클라이언트가 이 비공식 자원의 활용을 생각해 왔으나 어떤 이유로 이러한 생각을 거부하고 있다고 여긴다.
- 전문가는 비밀 보장에 관한 클라이언트의 권리를 보호하기 위해 비공식 자원의 가능성을 의심한다.

클라이언트를 원조하는 자원으로서 비공식 자원을 검토함이 적절한가를 고려할 때 사회복지사는 다음의 지침을 기억해야 한다.

(1) 사회복지실천의 근본적인 목적은 클라이언트의 사회적 기능을 향상하고자 도움을 주는 것이다. 공식적이든 비공식적이든 두 가지 경우 모두를 포함하든, 활용된 자원은 목적을 달성하기 위한 수단일 뿐이다. 공식, 비공식 자원 모두 중요하고 둘 다 필요할 수 있다. 전문가는 클라이언트가 비공식 자원을 선호하거나 사용하는 것에 위협을 느껴서는 안 된다. 비공식 자원은 많은 상황에서 유용하지만, 클라이언트에게 필요한 전문적 서비스에 대한 값싼 대안이나 만병통치약은 아니다.

(2) 클라이언트의 사회적 관계망은 항상 잠재적인 원조자원으로 간주되어야 한다. 일단 자원이 확인되면 이를 활용했을 때의 장·단점을 논의해야 한다. 그러나 최종 분석에서 자원에 접촉하고 원조 과정에 포함할 것인지는 클라이언트가 결정한다. 어떤 클라이언트의 경우 비공식

자원에 연락을 취할 방법, 상호성에 대한 기대를 다루는 방법에 대한 안내가 필요하다(항목 11.7 참조).

(3) 클라이언트의 비밀 보장과 관련된 윤리적, 법적 규정은 비공식 자원 활용에 장애가 되지 않는다. 거의 대부분의 상황에서 클라이언트가 가장 먼저 비공식 자원에 접근한다. 그래서 클라이언트가 무엇을 드러낼 것인지는 클라이언트에게 달려 있다. 사회복지사가 비공식 자원과 대화할 필요가 있는 경우, 사회복지사는 당연히 먼저 클라이언트의 허락을 받아야 한다.

(4) 어떤 클라이언트는 지지집단 혹은 자조집단에 접근하거나 참여하는 것을 꺼린다. 왜냐하면 자신에게 문제가 있음을 인정하기 원하지 않기 때문이다. 집단 참여를 다른 사람을 돕는 수단으로 간주할 때, 클라이언트는 이를 긍정적으로 생각할 것이다. 그래서 이런 집단과 클라이언트를 연결하려는 사회복지사는 클라이언트의 생활 경험이 집단 구성원을 인도하는 데 도움이 될 것이라 강조해야 한다.

(5) 사회복지사는 비공식 원조자원을 '전문화'하고 훈련하거나 지도하려고 해서는 안 된다. 일반적으로 이들은 최선의 판단에 따라 자발적으로 반응할 때 가장 효과적이다.

12.7 가족 집단회의

가족 집단회의(family group conferencing: FGC, 혹은 가족 집단의사 결정(family group decision making), 가족 화합모임(family unity meetings)]라는 기법은 부모에 의해 학대 혹은 방임을 겪은 아동에 대한 의사 결정 및 계획에 확대가족, 친척집단 구성원을 참여시키기 위해(이는 토착민에게 흔함) 뉴질랜드 아동복지 직원에 의해 1980년대 말 처음 개발됐다. 최근 FGC의 기본 형태는 여러 나라의 정신건강, 청소년 보호관찰, 노인 돌봄, 교육과 같은 실천 영역에 적용돼 왔다.

FGC는 상황과 관련된 사람을 모두 불러 모으고 아동의 안전을 유지하기 위한 계획 도출을 요구한다. 대부분의 경우 아동에 대한 계획에는 부모 역할을 계속하기 위해 부모가 변화하도록 돕는 계획과 의사 결정이 담긴다.

부모, 부모의 가족과 친척 이외에 FGC에 참여하는 사람에는 부모의 친한 친구, 성직자, 아동의 학교 직원 혹은 주간보호 제공자, 변호사, 위탁부모, 사회서비스·정신건강서비스 제공자, 그리고 아동과 부모에 관심 있고 어느 정도 관계가 있는 사람이 포함된다. 그러나 FGC에 참여하는 전문가 혹은 서비스 제공자는 해결책을 제안하거나 결정을 내리지 않고 단지 정보만을 제공한다.

일반적으로 FGC는 2~3시간 걸리며, 어떤 경우는 하루 종일 지속되기도 한다. 어린 아동은 참석하지 않지만 청소년은 초대되기도 한다. FGC 기법은 다음 가정, 가치, 신념에 기초한다.

- 아동의 장기적인 복지를 정말 깊이 걱정하고 헌신하는 사람은 필시 혈족이거나 가족과 매우 친한 친구이다.
- 가족 구성원은 서로의 강점, 한계, 그리고 문제뿐 아니라 역사도 안다.
- 가족 구성원, 친척, 그리고 믿을 수 있는 가족 친구에 의해 개발된 계획은 사회복지사, 사회기관 혹은 심지어 법원에서 개발한 계획보다 더 잘 수용되고 이해되며 실행될 수 있다.

FGC 접근은 많은 사회복지사에게 매력적이다. FGC 접근은 본래 문화에 민감하기 때문이다. 게다가 FGC는 가족 중심적이고 가족 강점에 기반을 둔다. FGC는 많은 사람이 특정 문제에 관심을 두고 있으며 도와주길 원한다는 것을 학대 혹은 방임하는 부모에게 입증하는 효과가 있다. 부모가 이 점을 깨달으면 저항이나 부인은 서서히 줄어들 것이다. FGC 기법을 경험해본 사람은 문제에 관한 실현 가능한 해결책을 도출하기 위해 애쓰는 과정에서 드러나는 참석자들의 창의성과 기지에 놀라움을 종종 표현한다. 가끔 부모의 가족 혹은 친척은 도움을 제공하고 부모의 문제를 다루는 데 필요한 가치 있는 자원을 제공하기도 한다. FGC는 화해를 제안하고 파열된 가족관계를 치유하는 부수적 효과도 있다.

FGC는 대부분의 가족에서 활용될 수 있다. 가장 도움이 되는 가족은 가족 구성원이 특정 아동의 욕구에 초점을 맞추고 정직하게 의사소통하며 의사 결정에서 합의를 얻기 위해 노력하는 가족이다. 아동복지에 초점을 맞춰 FGC를 사용할 때 필요한 몇 가지 지침이 있다.

(1) FGC는 부모가 사용에 동의할 때에만 사용해야 한다. 모임에 초대할 사람은 모두 우선 부모가 '지명'해야 한다. 그러나 현 상황을 진심으로 걱정하며 자원이 될 수 있는 모든 가족 구성원, 친척, 그리고 친구를 초대하도록(부모가 이들을 싫어하더라도) 클라이언트를 격려해야 한다. 만약 부모가 자신의 변호사가 참석하기를 원하는 경우 변호사가 자유로운 토론, 문제 해결에서 비대립적인 접근을 허용한다면 변호사도 초대될 수 있다(어떤 주의 경우 아동보호기관이 FGC에 부모 쪽 변호사를 초대하기도 한다).

회의에 누구를 초대할지 결정할 때 FGC 조정자와 부모는 안전 이슈를 고려해야 한다. 겁을 주고, 폭력적이며, 약물을 섭취하거나 술을 마신 상태에 있는 사람은 배제돼야 한다.

(2) FGC는 보통 다음 상황에서 사용된다. 첫째, 기관과 부모가 교착 상태에 빠졌을 때, 둘째, 아동의 가정 외 배치를 아동보호기관 혹은 법원이 고려할 때, 셋째, 변화를 향한 부모의 노력이 '고착되고' 가족이나 친구가 부모를 격려해 현재 문제의 해결을 위해 애쓰도록 할 필요가 있을 때 등이다(미국 대부분의 주에서 FGC 사용은 보호가 필요한 아동에 대한 계획을 마련하기 위한 법원 명령일 수 있다).

(3) FGC 조정자 혹은 촉진자(facilitator)는 부모에 대해 중립적인 태도를 가져야 하고 부모 혹은 가족과 과거 혹은 진행 중인 관계가 없어야 한다. 그래서 부모의 현재 담당 사회복지사, 사례관리자, 치료자, 서비스 제공자는 조정자 역

할을 맡아서는 안 된다.

(4) FGC가 성공하기 위해 모임의 조정자는 잠재적 참여자에 주의 깊게 대비해야 한다. 모임 준비 단계에서 FGC 조정자는 FGC 과정과 목적을 설명하기 위해, 잠재적 참여자의 질문에 답하기 위해, 참여를 격려하기 위해, 필요하다면 교통편과 아동보호 등을 준비하기 위해 개별 잠재적 참여자(부모가 지명한 사람)를 만나야 한다. 일반적으로 조정자는 한 번의 모임을 준비하는 데 30~40시간을 투자한다.

(5) FGC 회기 초반부에 모두가 알 수 있도록 특정한 기본 원칙이 제시되어야 한다. 예를 들면 다음과 같다.

① 조정자는 자신의 견해 혹은 아이디어를 집단에 강요하지 않고 집단 과정을 이끈다.
② 해결책을 찾는 데 초점을 맞춘다. 아동의 욕구, 아동의 최상의 이익에 맞춰 의사를 결정하고 계획을 세운다.
③ 과거에 일어났던 일보다는 미래에 할 수 있는 일에 대해 얘기한다.
④ 서로를 존중한다. 이름 부르기, 비난하기, 창피 주기, 위협하기 등을 하지 않는다. 어느 누구도 다른 사람을 겁줄 수 없고, 다른 사람이 말하는 것을 막을 수 없다.
⑤ 모든 사람이 자신의 생각, 제안을 얘기하는 것이 중요하다. 의견 차이는 괜찮지만 서로를 존중하는 방식으로 행동해야 한다.
⑥ 한 번에 한 사람만 말한다.

⑦ 모임 후, 논의됐던 것에 대한 비밀 보장을 반드시 지켜야 한다.

(6) 부모로부터 아동을 분리하는 것과 관련된 FGC의 전형적 회기는 다음과 같이 전개된다.

① 조정자는 참여자를 맞이하고 모임의 목적을 설명한다. 예를 들어 이렇게 말한다. "우리는 마거릿과 그의 아이들을 도울 수 있는 방법, 그리고 가족이 함께 살 수 있는 방법을 찾기 위해 여기에 모였습니다."
② 조정자는 모임의 기본 원칙(앞서 설명한 기법 참조)을 설명한다. 모임 초반부에 가족에게 의미 있는 의식이 토론의 분위기를 만들기 위해 사용될 수 있다. 예를 들어, 기도문 암송하기, 가족 전통 떠올리기 혹은 가족 역사의 특별한 시기를 떠올리기 등이 있다.
③ 참석한 모든 사람은 자신을 소개하고 부모 혹은 아동과의 관계를 간단히 설명한다.
④ 필요한 경우 부모에게 모임에서 자신이 원하는 목적, 바라는 결과를 얘기하도록 요청할 수 있다.
⑤ 조정자는 부모와 가족의 강점에 대한 논의를 이끈다.
⑥ 조정자는 아동보호 직원, 전문가, 가족 구성원이 발표하도록 한다. 이를 통해 현재 문제, 아동의 특별한 욕구, 그리고 문제가 해결되지 않을 경우 발생할 수 있는 법적 영향 혹은 법원의 조치 등이 기술되고 설명될 수 있다. 발표 후에는 전문가에게 집단에서 나가 달라고 요청할 수 있다.

⑦ 가족과 친구도 미래의 학대로부터 아동을 보호할 수 있는 방법, 부모가 필요한 변화를 이루도록 도울 수 있는 방법 등에 대한 각자의 생각을 제안하도록 한다. 아동이 부모로부터 떨어져 배치되어야 하는 경우 이 집단에서 아동이 살 장소를 결정한다(이러한 논의는 조정자 없이도 진행될 수 있다).

⑧ 조정자는 집단의 추천과 결정을 검토하고 사후 계획을 수립한다.

⑨ 모임을 휴회하고 종종 기념의식이나 음식 나누기 등이 뒤이어 이어진다.

(7) FGC를 사용한다고 해서 아동을 보호할 사회복지사, 기관, 법원의 책임이 폐기되는 것은 아니다. 필요하다면, 이들은 FGC에서 세운 계획에 반대할 수 있다. 그러나 만약 FGC에서 만들어진 계획이 아동을 안전하게 지킨다면 아동복지기관 혹은 법원은 이를 승인해야 한다.

(8) 모임 이후 조정자는 모임 기록을 엮고 동의한 계획을 서면 형태로 작성하며 이 보고서를 모든 참여자, 아동보호기관에 보낸다.

12.8 자원으로서 소집단

소집단은 클라이언트를 위한 가치 있는 원조 자원일 수 있기에 서비스 계획 과정에서 활용을 고려해야 한다. 소집단은 구성원에게 소속감, 격려, 새로운 기술 획득, 자기 이해 증진, 타인 원조 등의 기회를 제공한다. 많은 경우 사람들은 일대일 상담보다 집단 경험에서 더 많은 도움을 받는다. 클라이언트는 전문가보다 집단 내 구성원이 이야기하는 제안에 더 개방적이다. 예를 들어 청소년 클라이언트는 50세 사회복지사보다는 다른 청소년의 말을 더 쉽게 듣는다. 게다가 집단 구성원은 전문가보다 더 기꺼이 다른 구성원에 정면으로 맞선다. 예를 들어 사회복지사는 거짓말하는 것 같은 클라이언트에게 대면하기를 꺼리지만, 집단 구성원은 이러한 의심이 들면 재빨리 말해 버린다. 방어적이며 조종하는 클라이언트와 활동할 때 소집단 접근은 필수적이며 약물 남용, 성범죄, 가정폭력의 문제를 겪는 있는 클라이언트 사례에서도 종종 그러하다.

대부분의 경우 직접적 실천에서 활용되는 소집단은 **형성된 집단**(formed groups)이다. 이는 사회복지사에 의해 의도적으로 계획돼 만들어진 집단을 의미한다. 형성된 집단은 친구, 동년배, 이웃 등 자연 발생하는 **자연집단**(natural groups)과는 대조적이다. 그러나 사회복지사가 이웃, 학교, 시설 현장 등에서 자연적으로 발생한 집단과 활동하는 경우도 있다. 직접적 사회복지실천에서 집단을 활용하는 것은 교육, 여가, 사회화, 치료나 행동 변화, 상호 지지와 자조의 목적을 가진다. 집단 활동은 기본적으로, 소집단에서 배운 것을 집단 밖의 생활에 적용할 수 있다고 가정한다.

여러 사람이 정기적으로 만나면 이 집단은 일반적으로 5개의 **집단 발달 단계**, 즉 ① 제휴 이전(preaffiliation), ② 권력과 통제, ③ 친밀감, ④ 차별화, ⑤ 이별을 거쳐 변화한다. 첫 단계인 **제휴 이전 단계** 동안 구성원은 서로를 평가하고 공통점이 있는지 고려하고 집단 구성원이 될지 결정한다. 집단에서 편안함을 느끼지 못하고 집단이 왠지 도움이 될 것 같지 않다면, 이들은 물리적으로는 집단에 참여하더라도 의미 있는 참여를 하지 않을 것이다. 이 단계 동안 구성원은 집단의 방향과 구조와 관련해 임명된 리더에 의존하는 경향이 있다.

권력과 통제 단계 동안 구성원은 서로를 시험하고 집단 내에서 적합한 위치에 자리매김하려고 한다. 그들은 지위, 순위, 리더십을 두고 서로 경쟁할 수 있다. 또한 어떤 구성원은 임명된 리더에 도전하는 경향이 있다. 이때쯤 집단 내에서 허용되는 행동과 허용되지 않는 행동이 무엇인지에 관한 비공식적 규칙이 등장한다. 구성원이 서로를 알아감에 따라 차차 방어를 풀고 집단은 **친밀감의 단계**에 접어든다. 구성원은 서로 공통점을 가지고 있음을 알게 되고 이 가치를 인정한다. 다음으로, 집단은 **차별화의 단계**로 변화한다. 차이가 나타나지만 이러한 차이는 인정되고 존중된다. 구성원은 집단 밖에서 각자의 역할과 책임에 대해 더 많이 알기 시작한다. 집단 종료가 임박할수록 **이별의 단계**로 접어들고, 각 구성원은 의미 있는 관계의 상실에 대처해야 한다.

클라이언트가 집단 경험을 하길 바라는 사람은 다음의 지침을 고려한다.

(1) 집단을 계획하고 설계하기 전에 집단의 목적과 집단이 클라이언트에게 도움이 되는지를 분명히 한다. 집단의 목적은 교육, 레크리에이션, 사회화, 치료 혹은 행동 변화, 상호 원조 혹은 자조일 수 있다. 집단을 어떻게 구성하고 이끄는 것이 최선인가와 관련한 대부분의 질문에 대한 답은 집단의 목적 혹은 바람직한 결과와 직접적으로 관련될 것이다. 일반적으로 집단의 목적이 초점화되고 구체적일수록 집단은 구성원에게 더 많은 도움이 될 것이다. 모든 구성원이 유사한 관심사를 갖고 집단에 속한 이유가 유사하다면 이들은 자신을 더 많이 쏟아붓고 적극적으로 참여한다.

(2) 집단 경험에 참여할 클라이언트를 결정한다. 일부 집단 사회복지사는 여러 부류의 사람으로 집단을 구성하는 것이 도움이 된다고 믿는다. 즉, 조용하고 부끄러움이 많은 구성원을 자극하기 위해 사교적이고 수다스러운 구성원을 포함하곤 한다. 그리고 일부 사회복지사는 저항적이고 비협조적이라고 알려진 구성원을 제외하려 한다. 그러나 많은 실천 현장에서 사회복지사에게 세부적인 선택 기준을 사용할 만한 여유가 없으므로, 집단 경험에 대한 욕구가 있고, 의견 차이를 견딜 능력이 있으며, 관계를 형성할 수 있는 기본적 능력이 있는 사람을 구성원으로서 단순하게 선택해야 한다. 자신의 욕구 혹은 기대가 집단에서 충족되지 않는다고 느끼면 자발적으로 구성원이 된 사람도 자유롭게 중도 탈락할 수 있어야 한다.

잠재적인 구성원을 선정하거나 선택할 때 집단 사회복지사는 그 개인의 욕구와 다른 구성원의 안전, 욕구 사이를 적절히 조화시켜야 한다. 관찰과 안전을 제공할 수 있는 기관 환경 내에서 모임이 이뤄지는 것이 아니라면, 위험한 행동을 하는 사람은 집단 구성원에서 제외되어야 한다. 자살 위험이 있는 사람 또는 불법적인 약물을 사용하거나 판매하는 사람도 구성원으로 적합하지 않다.

집단 참여로 초대할 때는 집단이 어떻게 도움을 줄 수 있는지, 모임에서 어떤 일이 일어날지, 형성하고자 하는 집단 분위기(비공식적, 재미, 학습적, 공유 등)는 어떠한지 등을 설명할 준비를 갖춰야 한다. 이와 동시에 집단에 참여할 수 있도록 관심을 불러일으키고 두려움을 없앨 수 있는 정보를 제공한다.

(3) 개인이 집단 구성원으로서 어떻게 행동할지 정확히 예측하는 일은 종종 불가능하다. 그러나 일반적으로 형성된 집단에서의 행동은 다른 상황에서의 행동과 비슷하다. 예를 들어 만약 어떤 사람이 가족 구성원에게 감정을 표현하는 것을 어려워한다면 집단에서도 동일한 방식으로 행동할 것이다. 마찬가지로 직장에서 다른 사람을 통제하고 지배적인 사람은 집단을 지배하거나 통제하려고 할 것이다.

(4) 적절한 집단 크기를 결정한다. 크기는 클라이언트의 나이, 집단에서 다룰 관심사, 리더나 조정자로서의 사회복지사의 경험 등의 요인에 따라 달라진다. 집단은 모든 구성원이 소속감을 느끼고 참여할 기회를 가질 수 있을 정도로 작아야 한다. 그러나 다양한 의견을 표현하고 상호작용을 두려워하는 구성원에 대한 압력을 최소화할 정도로는 커야 한다. 그리고 구성원의 발달 능력도 고려한다. 사춘기 이전의 청소년이

라면 3~4명 정도의 집단이 활동적이다. 그 이후의 청소년에게는 6~8명의 집단이 적절하다. 성인은 8~10명의 집단에서 편안함을 느낀다. 또한 불참이나 중도 탈락 등 불가피한 문제도 예측해야만 한다. 일부 구성원이 불참하고 1~2명이 중도 탈락하더라도, 집단 기능을 계속할 수 있을 정도의 규모는 되어야 한다.

(5) 각 모임의 빈도와 회기별 시간을 결정한다. 대다수의 성인에게는 1시간 30분~2시간 정도 지속되는 모임이 적당하다. 아동이나 청소년은 집중 시간이 제한되어 있으므로 짧고 빈번한 모임을 가지는 것이 적합하다. 실천 현장이 모임 빈도를 결정하기도 한다. 시설에서는 매일 모임을 갖는 것이 가능하며 바람직하다. 그러나 구성원이 큰 커뮤니티에 분산되어 살고 있고 장거리 이동을 해야 한다면, 격주 또는 1달에 1번 이상 만나는 것이 쉽지 않을 수도 있다.

(6) 집단이 만나는 장소와 시간을 결정한다. 모임 공간은 조용하고, 비밀을 지킬 수 있고, 편안하고, 사람들이 돌아다니거나 의자를 원으로 배치할 수 있을 정도로 커야 한다. 모임 시간은 각 구성원의 업무 시간, 가족 책임, 개인적인 사정, 이동 시간 및 모임 장소 사용 가능성 등을 감안해 정한다.

(7) 집단이 만나는 횟수를 근사치로 결정한다. 물론 이는 목적에 따라 결정된다. 정보의 공유나 훈련 집단은 1회나 2회만 만나면 되지만 지지·치료집단은 몇 달이나 그 이상 매주 만나야

한다. 미리 정해 놓은 모임 기간이 끝날 무렵 모임을 계속할지 결정할 것을 감안하면서, 3, 5, 10회와 같이 모임의 횟수 제한을 고려한다. 이러한 방법을 사용하면 구성원이 종료할 때까지의 시간이 계획되어 있음을 알 수 있으므로 구성원의 참여를 유지하는 데 도움이 된다. 또한 더 이상 만날 필요가 없는데도 만남을 지속하는 일을 막는다.

(8) 집단을 새로운 구성원에게 개방할지 폐쇄할지 여부를 결정한다. 이는 집단이 종종 하는 결정이다. 이러한 결정은 1~2회의 모임을 통해 결정을 내릴 필요가 있다. 이미 기능하는 집단에 새로운 구성원이 합류하는 것은 집단 구성원이 중도 탈락한 경우에도 집단 크기를 유지한다는 장점이 있다. 또한 새로운 구성원이 신선한 관점을 제시할 수 있다. 그러나 새로운 구성원을 받아들이는 것은 집단 응집력을 향상하는 데 장애가 되며 친밀성 단계로 진입하는 것을 막을 수 있다.

(9) 자발적인 구성원을 대상으로 할지, 비자발적인 구성원을 대상으로 할지, 아니면 이들 모두를 대상으로 할지 결정한다. 참여하기를 원하는 사람만으로 구성원을 제한하는 것은 장점이 된다. 비자발적인 구성원이 법원 명령으로 참여할지라도 그들이 의미 있고 생산적인 방식으로 상호작용하도록 강요할 수는 없다. 그러나 교정·약물 의존(chemical dependency)에서의 집단 접근 활용이나 가정폭력 치료 프로그램은 비자발적인 클라이언트로 구성된 집단도 가능하며 효과적일 수 있음을 입증한다 (항목 10. 7, 10. 8 참조).

집단이 일정 기간 적절하게 기능하고 비자발적인 구성원도 최소한으로나마 협력한다면, 자발적인 집단에 비자발적 혹은 위임된 구성원이 참여하더라도 집단은 잘 기능할 것이다. 그러나 새로 만들어졌거나 잘 기능하지 못하는 집단에 위임된 구성원이나 저항이 큰 구성원이 들어오는 경우 종종 문제가 발생한다. 비자발적인 구성원을 새롭게 받아들이기 전에 집단이 친밀감의 단계에 도달할 때까지 기다리는 것이 최선이다. 권력과 통제 단계 동안에는 새로운 구성원, 특히 조종하거나 지배적인 구성원의 참여를 확실히 피해야 한다. 집단 구성원이 저항하고 조종적이라면 집단의 리더는 강하고 능숙해야 한다.

(10) 집단 구성원의 행동을 통제할 수 있는 규칙을 마련한다. 가능한 규칙은 다음과 같다.

- 구성원은 모든 모임에 출석한다.
- 구성원은 비밀 보장을 지킨다.
- 구성원은 모임 동안 담배나 약물을 사용해서는 안 된다.
- 알코올이나 약물을 사용한 구성원은 모임에 참여할 수 없다.
- 미성년자는 부모의 서면 동의를 받아야 참여할 수 있다.
- 구성원은 다른 구성원과 연애 관계를 피한다.
- 무기를 가져오거나 폭력적으로 위협하거나 성희롱하는 구성원은 참여할 수 없다.

(11) 집단이 일상적인 집단 발달 단계에 따라 진행되면, 각 집단 구성원의 행동과 기능수행을 살피는 것이 중요하다. 필요한 경우 문제와 관련된 다양한 기법을 활용한다(항목 8. 4, 11. 21, 13. 26 참조). 소집단(그리고 FGC)에서 흔히 발생하는 문제는 소수의 사람이 이야기를 독점한다는 것이다. 북미 원주민 문화에서 흔히 사용되는 토킹 스틱(*talking stick*) 기법을 통해 이러한 상황을 해결할 수 있다. 토킹 스틱은 이 사람에서 저 사람으로 전체 집단에 전해진다. 토킹 스틱을 잡은 사람만이 말할 기회가 주어지고 그동안 다른 사람은 침묵하며 말하는 사람에게 집중한다. 모든 사람이 말할 기회를 갖고, 이들의 메시지를 명확히 하며, 잘 듣기 위해 필요하다면 여러 차례 토킹 스틱을 돌릴 수 있다. FGC의 경우 토킹 스틱은 가족이 존중하는 물건(예: 가족사진, 종교적 상징)일 수 있다.

(12) 각 모임에서 소개, 부드러운 분위기 조성, 다과 마련, 구조화된 토론, 역할 연습, 연사 연설 등과 같은 활동(프로그램)을 선택한다. 이러한 활동은 집단의 전체적인 목적과 일관성이 있어야 하며 활동 유형은 집단의 발달 단계와 관련돼야 한다(항목 13. 22 참조).

(13) 모임 공간이 너무 춥거나 덥다든지 혹은 너무 크거나 작다든지 하는 경우, 구성원이 지각하는 경우, 구성원이 초대하지 않은 친구를 데리고 오는 경우, 흡연자와 비흡연자 사이에 갈등이 있는 경우, 다과를 준비하는 경우, 그리고 다과 준비를 위해 돈을 지불해야 하는 경우, 리더가 모임에 빠지는 경우 등과 같이 모임과 관련되는 수많은 실질적인 문제를 다룰 수 있는 방법을 모색한다.

Section B
간접적 실천을 위한 기법과 지침

간접적 서비스 활동에 참여하는 사회복지사는 변화 과정의 기획과 계약 단계에 세심한 주의를 기울여야 한다. 체계가 복잡해질수록 체계의 운영 방식을 의미 있게 변화시키는 일은 점점 더 어렵고 시간이 많이 걸린다. 사회복지사는 조직과 커뮤니티와 활동할 때 한 체계에서의 변화가 그 체계뿐만 아니라 관련된 체계로 반향을 불러일으킨다는 점을 지속적으로 인식하고 있어야만 한다. 따라서 변화 노력이 주의 깊게 계획되어야 하며 그 과정에서 개별 행위자의 책임이 명확히 명시되어야 한다.

기획 활동

조직과 커뮤니티 기획은 전문 교육과 훈련을 받은 사회복지사에 의해 전통적으로 수행되는 사회복지실천 유형이다. 여기서는 기획의 복잡한 과정을 다루기보다는 일선 사회복지사(때때로 간접 실천 활동을 하는 직접 실천 사회복지사)에게 유용한 지침을 제공하고자 한다. 조직과 커뮤니티에 관련된 일선 사회복지사의 기획 활동 대부분은 문제 개선을 위한 여러 대안 사정, 긍정적인 성과를 가져오는 최상의 대안 선택, 변화 과정을 가능한 한 효율적 · 효과적으로 만드는 데 필요한 과제와 활동의 시간 계획 수립 등을 포함한다.

계약 활동

조직과 커뮤니티 변화 계획이 일단 개발되면 연합 활동을 수행하기 위한 책임과 시간 계획에 대한 참여 당사자 사이의 명백한 합의가 있어야 한다. 예를 들어 커뮤니티 변화 노력에서는 우선 사정을 하고 계획이 개발되면, 계획을 수행하는 개인이나 위원회에게 부여되는 임무에 합의해야 한다. 일반적으로 일부는 성명서를 준비하고, 일부는 조치를 취할 이슈에 관심 있는 사람을 조직화하며, 일부는 대중매체에 관련 정보를 제공하고, 일부는 정책 결정자에게 로비하는 등의 활동을 한다. 이러한 활동은 시기적절한 방식으로 이뤄지도록 잘 조정되어야 한다. 이후의 일들은 이 과제들이 잘 완료되었는가에 달려 있기 때문이다.

12.9 조직의 설립과 변화

모든 사회기관은 어느 정도까지는 커뮤니티에서 다루게 될 문제 혹은 욕구와 관련해 자기주장을 펼쳐야 한다. 이를 위해 기관은 자신의 사명, 달성하려는 목적, 제공할 서비스, 준수해야 하는 정책과 절차 등을 분명하게 명시해야 한다. 기관의 특성이 대중에게 정확하게 알려지면 클라이언트는 기대할 수 있는 서비스에 관해 잘 알 수 있다. 또한 기관들 사이의 서비스 중복이나 예기치 않은 반복을 최소화할 수 있으며, 직

원은 자신의 일을 계획하고 조정할 수 있다.

효과적인 사회기관은 역동적이다. 그러므로 기관은 커뮤니티와 사회의 변화, 개인·사회문제의 특성에 대한 새로운 지식, 대중의 태도 변화, 계속적으로 변화하는 재정적·정치적 현실 등에 적응해야만 한다. 따라서 사회복지사는 기관의 목적, 구조, 운영 방식을 개선하려는 노력에 일정 정도 참여하도록 기대된다.

공공기관은 서비스와 관련된 주법과 연방법이 바뀌는 것에 특히 민감하다. 기관 내부의 정책과 절차는 이러한 변화에 반응해 짧은 시기 동안 중요한 변화를 경험한다.

민간기관도 마찬가지로 다양한 세력에 대응할 수 있어야 한다. 민간기관을 만들 때는 내규 (bylaws) 에 임무와 의사 결정 구조를 명시한다. 초기의 내규는 설립자의 의도를 반영할지라도, 변화하는 커뮤니티의 욕구와 새로운 서비스의 개념에 보조를 맞추기 위해 시간이 흐르면 규정도 달라져야 한다. 민간기관의 변화를 위해 필요한 리더십은 일차적으로 이사장과 직원에게 있으며, 이사회와 운영위원회는 필요한 변화를 반영해 내규를 개정하고 정책을 변경하는 등의 후속조치를 취한다.

비록 변화가 불가피하더라도 다른 모든 사회체계처럼 기관도 변화를 꺼릴 것이다. 사실 필요한 변화를 가져오기 위해서는 상당한 노력이 필요하다. 다음의 지침은 조직의 변화를 계획, 주도할 때 고려해야 할 요인이다.

(1) 필요한 변화와 그 이유를 가능한 한 상세히 기술하는 것부터 시작한다. 이렇게 한 다음

의도하는 변화와 관계되는 모든 자료를 확보하고 연구한다. 예를 들어, 연방·주의 법률과 규칙, 행정적 인사 지침서, 노조 협약, 인증 기준, 다른 기관과 관련되는 합의와 계약 등을 들 수 있다. 이러한 자료에서 도출된 정보를 통해 가능한 변화는 무엇인지, 변화 과정을 어떻게 진행할 것인지, 변화를 지지하거나 승인해야 하는 사람은 누구인지 등을 어느 정도 알 수 있다.

(2) 변화에 대한 조직의 준비 정도를 사정한다. 변화 개시 및 수용과 관련된 이전의 경험을 검토한다. 만약 이전의 변화 노력이 잘못됐거나 비효과적이거나 좌절되었다면 그 조직의 사람들은 변화에 저항할 것이다. 반면, 변화 노력을 이끌거나 촉구하는 사람을 신뢰하거나, 제안된 변화가 필요하고 가능하다고 믿거나, 제안이 자신들이 제기한 문제, 관심사, 변화에 대한 두려움을 다루고 있을 때는 변화를 수용할 것이다.

(3) 변화를 위한 욕구가 어떤 수준, 부서, 조직 단위에 걸쳐 공유되어야 하는지를 결정한다. 제안된 변화의 영향을 가장 직접적으로 받을 사람에게 특별한 관심을 갖는다. 변화를 기획할 때 제안된 변화가 하루하루의 기관 운영과 기관 클라이언트에게 어떠한 영향을 미치는지 가장 잘 알고 있는 사람인 일선 사회복지사와 사무직원의 의견을 간과해서는 안 된다.

(4) 변화가 기관의 사명, 전통, 기존 목적, 그리고 재정 자원과 양립 가능한지를 사정한다. 바람직한 변화의 정도와 상급관리자 및 이사장이 지지할 것 같은 변화의 정도를 확인한다.

(5) 변화를 선호할 것 같은 사람, 변화에 반대할 것 같은 사람, 그리고 조직 하위체계가 갖는 상대적 힘을 확인하고 사정한다. 제안된 변화로 이득을 보는 사람과 피해를 보는 사람을 알아낸다. 저항을 극복하기 위한 가장 그럴 듯한 전략은 ① 변화를 선호하는 기관 안에 있는 사람의 힘을 키우거나, ② 저항하는 사람에게 변화가 미칠 영향을 최소화하기 위해 혁신적인 프로그램을 도입하거나 새로운 자원을 투입하는 것, 둘 중의 하나이다.

(6) 변화가 영역, 권한, 자율성, 자금, 다른 자원을 증가시킨다면 기관이나 부서는 제안된 변화를 쉽게 채택할 것이다. 이와 달리 권력과 자원을 감소시키는 변화에는 저항할 것이다. 사람들은 자신의 일을 더 쉽게 만드는 변화를 선호하는 반면, 자신의 일을 복잡하게 만들거나 더 많은 시간을 요구하는 변화에는 저항한다.

(7) 조직의 구성원은 자신의 업무, 승진, 기관 내에서의 기회를 위협하는 것으로 보이는 변화에 강하게 저항한다. 그리고 다른 사람이 변화의 진짜 의도와 관계되는 정보를 공개하지 않는다고 의심하는 경우에는 언제든지 변화에 저항할 것이다.

(8) 다른 유사한 조직의 변화가 성공적이었음이 입증된다면 조직은 제안된 변화에 더 개방적일 것이다.

(9) 시험운영이나 조직 일부에서의 시범사업을 통해 변화의 혜택이 입증되면 조직은 변화를 아주 쉽게 받아들인다. 따라서 폭넓은 변화 노력에 도달하기 위한 첫 단계로서 제한된 범위의 문제나 특정 프로그램에 초점을 두고 시작하는 것이 바람직하다.

(10) 기존 관계와 패턴의 붕괴를 최소화하기 위해 변화는 가능한 한 기존 구조와 절차에 통합돼야 한다.

12.10 기관의 기획 과정

조직을 효과적이고 효율적인 방식으로 운영하고 조직으로서 성장·발전하기 위해 사회기관은 계속되는 활동과 의사 결정을 이끄는 장·단기 계획을 수립해야 한다. 흔히 장기 기획을 간과하여, 예견하거나 준비하지 못했던 상황이나 위기에 대해 성급한 결정을 내리고 급격히 변화해야 하는 경우가 있다.

이상적으로는, 기관의 기획 과정이 선제적이고 앞날을 내다볼 수 있어야 한다. 따라서 계획은 자원(직원의 시간, 돈, 지식, 기술 등)을 활용하는 방법, 강점과 기회를 이용하는 방법, 약점을 고치는 방법, 압도적인 서비스 수요·직원 감축·자금 삭감과 같이 원하지 않지만 일어날 수 있는 미래의 사건에 대처하는 방법 등을 포함해야 한다.

효과적인 기획 과정은 복잡하고 많은 시간이 걸린다. 모든 기획 결정은 앞으로 몇 달, 몇 년 내에 일어날 것에 대한 예견에 기초하기 때문에 특히 어렵다. 불행하게도, 기관 운영에 영향을 미치며 끊임없이 변화하는 정치적·경제적 대중의 영향을 정확히 예측하는 것은 어렵다. 이러한 불확실성 때문에 최상의 계획도 지속적으로 검토되고 수정되어야 한다.

대체로 기획 과정의 유형에는 문제 해결 기획, 운영 기획(operational planning), 전략 기획(strategic planning) 등 3가지가 있다. 이 유형은 걸리는 시한에 따라 주로 구분된다.

문제 해결 기획에는 60~90일 정도의 기간이 필요하다. 이 기획은 기관의 일상적인 활동에 역효과를 가져오는 몇몇의 특정 문제에 중점을 둔다. 이 과정에는 문제를 확인하고 검토하는 것, 수정 활동 혹은 조치를 선택하는 것, 조치의 실행을 기획하는 것, 효과를 점검하는 것 등이 포함된다. 기관이 운영 및 전략 기획에서 성공한다면 문제 해결 기획에 대한 요구는 최소화될 것이다.

운영 기획은 3~12개월 혹은 1번의 회계연도가 걸리는 단기 기획이다. 이 기획 과정 동안 목표나 세부적인 수행 기준을 수립하고 천명한 목표에 도달하기 위한 실천 방안을 준비한다.

전략 기획은 3~10년 정도의 기간이 걸린다. 전략 기획에서는 기본적으로 기관의 사명 혹은 장기 목적 달성을 위한 계획을 개발하고자 노력한다. 이러한 유형의 기획은 폭넓은 사회·경제적 경향에 대한 확인 및 분석, 기관이 앞으로 수년 안에 직면할 도전과 기회에 대한 예측, 그리고 기관 자원을 최대로 활용하는 방법에 대한 전향적 결정 등을 요구한다. 전략 기획은 비록 미래가 불확실할지라도 기관에 중요하게 영향을 미치는 확인 가능한 모든 조건과 요인을 고려한 계획이 중요하다는 믿음에 기초한다. 전략 기획은 추측과 불확실한 변수에 기초하기 때문에 지속적으로 검토되고 개정돼야 한다.

다음의 지침을 준수해 기획 과정을 향상할 수 있다.

(1) 기획 과정에 참여한 사람이 정확하고 적절한 자료를 쉽게 이용할 수 있도록 보장해야 한다. 이러한 자료에는 다음이 포함된다.

- 기관의 사명과 목적
- 현재 집행 중인 예산과 기관의 재정 상태에 대한 내력
- 제공되는 프로그램과 서비스, 각 프로그램이나 서비스 영역에 참여하고 있는 클라이언트·소비자의 수
- 나이, 수입, 인종, 종교 등과 같이 기관의 도움을 받는 사람의 특성
- 기관 직원에 대한 자료(교육, 훈련, 관심, 기술 등)
- 다른 지역, 주 혹은 전국 기관과의 관계
- 직원, 클라이언트, 소비자, 다른 기관, 커뮤니티 집단이 제시하는 요구와 관심사
- 경향과 예견(서비스 수요, 자금 모금 능력, 커뮤니티의 인구학적 변화)
- 기관이 직면한 특수한 문제

(2) 기획에 참여하는 사람은 다른 일상 업무의 책임과 압박을 가진 상태에서 참여하고 있으므로, 기획 과정은 가능한 간단하게 한다. 절대적으로 필요한 시간 이상을 요구하지 않는다. 모임 횟수와 문서 작업을 최소화한다.

(3) 제안된 변화나 결정의 영향을 받는 모든 사람을 토론 과정에 참여시키고 그들이 생각과 관심사를 표현할 수 있도록 격려한다. 상급 행정직원이 결정하고 기획하는 **상의하달식 접근**(top-down approach)을 피해야 한다. 의사 결정자와 결정의 영향을 받는 사람 간의 정보 소통을 촉진한다.

(4) 기관에 대한 SWOPA 분석을 수행하여 생각을 모으고 조직화하며 창의성을 촉진한다. SWOPA은 강점(strength), 약점(weakness), 기회(opportunity), 문제(problem), 행동(action)의 약어이다.

- **강점**: 질적 수준에서 전문적 기준을 충족하거나 이를 능가하는 현재 서비스, 프로그램, 활동을 확인한다.
- **약점**: 질적이거나 양적 측면에서 받아들일 수 있는 수준 이하로 떨어지는 서비스, 프로그램, 활동을 확인한다.
- **기회**: 늘어나는 수요, 이용 가능한 자금, 직원 관심 등으로 미래 발전이나 확대가 기대되는 서비스 혹은 프로그램을 확인한다.
- **문제**: 특히 문제가 되는 기관의 수행 영역을 확인한다.
- **행동**: 강점을 기반으로 두고, 약점의 영역을 다루고, 기회를 이용하며, 기관이 직면한 문

제를 더욱 잘 처리할 활동이나 변화를 확인한다.

(5) **경쟁 분석**(*competition analysis*)을 수행한다. 이것은 기획 과정에 참여하는 사람에게 타 기관·조직의 활동을 검토할 것을, 혹은 전문가 집단에게 타 기관이 현재 우리 기관의 프로그램, 서비스와 경쟁하는 방식을 밝힐 것을 요구한다. 예를 들어 다른 조직이 기관의 클라이언트나 직원이 관심을 가질 만한 서비스를 개발하고 있는가? 혹은 기관이 현재 사용하는 기금을 다른 기관이 요구하는가? 서비스 제공과 관련해 다른 기관과 공식 계약을 맺거나 협력할 가능성이 있는가?

(6) **이해 당사자 분석**(*stakeholder's analysis*)을 수행한다. 이때 이해 당사자는 기관에 특별한 관심 혹은 기득권을 갖는 개인, 집단, 조직을 가리킨다. 기관의 변화에 대한 그들의 신념, 가치, 가능한 반응을 주의 깊게 고려한다. 내부 이해 당사자의 예로는 클라이언트, 소비자, 기관 직원, 직원 대표인 노조, 이사회 구성원 등을 들 수 있다. 외부 이해 당사자의 예로는 전문가협회, 정치인, 다른 기관, 기업체, 지방신문, 시민단체, 납세자, 기부자, 예전 클라이언트 등을 들 수 있다.

(7) **위협 요소 분석**(*threat analysis*)을 수행한다. 위협은 앞으로 기관에 해를 입힐 수 있는 몇몇 행동이나 미래 상황을 지칭한다. 예로는 기관에 대한 소송, 피고용인의 파업, 자금 손실, 주요 직원 손실, 커뮤니티 인구 구성의 급격한 변화, 기관에 영향을 미치는 법이나 규칙의 중요한 변화, 이미지를 훼손하는 기사 등을 들 수 있다.

(8) 기획 과정에서 직면하는 많은 문제를 조정하고 잘 통합한다. 예를 들어 예산에 관한 결정, 직원 채용 방식, 수행 기준, 제공할 프로그램과 서비스 등은 모두 상호 관련된다. 특히, 재정 기획은 모든 다른 기획 영역에 포함돼야 한다. 기획 과정의 많은 구성 요소가 적절히 조정되고 통합되지 않으면 시간 낭비와 혼란이 발생하며, 기획 과정은 실패로 끝날 것이다.

12.11 옹호를 위한 변화 이슈 선택

사회복지사는 정책과 조치에 의해, 혹은 사업체, 대기업, 정부기관의 무대책에 의해 야기된 문제나 사회 부정의를 경험하는 많은 사람을 만난다. 이러한 문제는 종종 사회·경제적 계급, 인종, 민족성, 성, 연령, 성적 지향성, 장애 등에 따른 차별의 하나이다. 이런 문제가 많은 사람 심지어 전체 이웃 혹은 커뮤니티에 영향을 미칠 때, 이런 상황을 바로잡기 위해 사회행동(*social action*) 혹은 정치행동에 참여할 필요가 있다. 사회복지사는 이러한 문제의 영향을 받는 사람이 자신의 관심사를 명확히 표현할 수 있도록, 어떤 종류의 변화가 필요한지 결정할 수 있도록, 그리고 바람직한 변화를 위해 결집해 연합할 수 있도록 도울 수 있다.

막강한 조직 혹은 특별한 이익집단을 상대로 한 옹호 활동(예: 청원운동, 항의시위)은 항상 예측 불가능하며 원하지 않는 결과를 낳을 수 있다. 그래서 해결하고자 하는 이슈와 사용할 전략을 매우 신중히 선택해야 한다. 일반적으로 이슈 혹은 바람직한 변화가 수많은 사람의 삶과 정서에 감동을 줄 때, 사람들이 문제와 바람직한 변화를 상대적으로 쉽게 이해할 때, 이슈가 많은 사람을 동원하고 단결시킬 때, 그리고 관련된 사람이 성공 가능하다고 믿을 만한 이유를 가질 때 좋은 성과가 나올 가능성이 높다.

이슈를 다루기 위한 옹호를 기획할 때 중요한 또 다른 부분은 변화에 대한 커뮤니티의 준비 정도이다. 다음 질문은 변화 노력에 참여하는 커뮤니티의 능력을 점검할 때 유용하다.

• 이 이슈를 다루기 위한 노력, 프로그램 혹은 정책이 이미 준비됐는가?
• 커뮤니티 구성원이 이러한 노력과 효과성에 관해 얼마나 알고 있는가?
• 얼마나 많은 커뮤니티의 구성원이 문제의 규모나 문제가 커뮤니티 전체에 미치는 영향뿐 아니라 개인에게 미치는 결과 등에 대해 알고 있는가?
• 선출된 임원과 커뮤니티에 영향력이 있는 구성원이 이러한 이슈를 다루는 것을 지원하는가? 그렇지 않다면 그 이유는 무엇인가?
• 이 이슈에 대한 커뮤니티 내 우세한 태도는 어떠한가? 이 문제를 다루기 위한 책임을 기꺼이 떠맡겠다는 태도인가, 혹은 체념하고 감수하겠다는 태도인가?
• 이 상황에서 변화를 초래하기 위해 어느 정도의 사람이 시간과 자원을 쓸 것 같은가?

이상의 질문에서 제시된 것처럼 다뤄야 할 이슈를 선택하고 정의한 사람은 특정한 변화 노력이 실현 가능하고 현실적이고 성공할 것 같은지 등과 같은 근본적 질문에 맞서 싸워야 한다. 선택된 이슈는 사람들을 동기화시키고 변화 과정에 참여하도록 끌어들일 수 있어야 한다.

이슈가 선택되고 커뮤니티가 이슈를 다룰 준비가 되었음을 확인한 후, 그 다음의 중요한 단계는 회원 기반을 형성하는 것이다. 일반적으로 변화를 추구하는 노력은 소수의 매우 헌신적인 사람에 의해 주도된다. 그러나 회원이 상당한 수가 되지 않으면 성공할 가능성은 거의 없다. 정치적·경제적·사회적으로 영향력 있는 사람은 옹호집단의 힘이, 예를 들어 특정 회사 혹은 생산물을 구매 거부하거나 블록 투표●를 하거나 시위할 수 있는 수많은 회원으로부터 나올 때, 가장 큰 영향을 받는다. 옹호집단은 권력자가 영향을 받아 변화에 굴복할 것이라는 점을 일반 대중에게 설득할 수 있어야 한다.

공격적이거나 대립을 일삼는 전략은 그 성과가 보통 예측 불가능하며 옹호집단에 대한 비판적 반발을 초래할 수 있기 때문에, 협상하기, 성명서를 위한 자료 수집하고 분석하기, 대중 교

● 〔역주〕 대의원에게 그가 대표하는 사람 수만큼의 표수를 인정하는 투표 방식.

육 캠페인 수행하기, 이 책의 다음 장에서 기술할 다른 기법을 사용하기 등과 같이 분열을 덜 초래하는 접근을 우선 사용하는 것이 최선이다. 그러나 옹호집단이 행동을 위해 대규모의 사람을 동원할 능력을 갖추고 있다면, 이것은 갈등적이고 격렬한 상황이 만들어지기 전에 영향력 있는 사람의 관심을 얻고 이들이 해결책(아마도 양쪽으로부터 타협을 요구하는 해결책)을 고려하도록 하는 데 도움이 될 것이다(사회 변화와 옹호 관련 추가 정보는 항목 13. 32, 13. 37 참조).

12.12 프로젝트 기획과 평가

인간서비스기관은 역동적이다. 이들은 조직의 목적을 달성하기 위해 새로운 서비스, 프로그램, 프로젝트를 변화하는 욕구와 상황에 끊임없이 맞추어야 한다. 일상적 운영과 직원의 혼란을 최소화하면서 변화를 도입하는 것은 만만치 않다. 혁신을 지지하는 사람이 제안된 변화가 필요한 이유와 변화 도입을 조직하는 방법을 주의 깊게 고려할 때에만 변화가 가능하다.

1) 변화 기획

사회기관 강화를 기획할 때는 가능한 대안 중에서 목적 혹은 프로그램에 최선인 변화를 선택해야 한다. 의사 결정 책임을 맡은 사람은 고려중인 대안과 관련해 다음 질문을 던져야 한다.

- 변화가 기관의 전체적 사명, 그리고 목적과

일치하는가?
- 변화가 법적 혹은 윤리적 문제를 야기하는가?
- 변화가 문제 혹은 걱정거리를 제거하거나 줄이는 데 어느 정도 성공할 것 같은가?
- 변화는 기관 혹은 커뮤니티의 자원을 효율적으로 사용하는가?
- 변화가 긍정적 효과를 지속적으로 줄 것인가?
- 변화가 초래할 수 있는 부작용은 없는가?

새로운 서비스 혹은 특별한 프로젝트의 도입이 조심스럽게 계획되고 조직의 생애(life) 속으로 통합되지 않는다면 매우 파괴적일 수 있다. 새로운 활동에 대한 효율적인 기획에는 목표 달성을 위해 가장 효과적인 전략을 선택하는 것, 효율성을 최대화하기 위해 활동의 시간 계획을 세우는 것, 기관의 다른 부분에 피해를 주지 않기 위해 과제가 수행되는 방식을 주의 깊게 기획하는 것 등이 포함된다.

2) 시간 계획

기관에 새로운 유형의 프로그램을 도입하거나 프로그램 변화를 위한 시간 계획을 수립하는데 도움이 되는 다양한 기법 등이 개발됐다. 갠트 도표(Gantt chart)로 불리는 시간 계획 도구는 프로젝트에 요구되는 활동과 각각을 완수하기 위한 시간틀 사이의 관계를 설명하는 시각적 도구이다. 활동을 좌측 칸에 나열하고, 월 단위이나 주 단위로 도표화된 각 활동의 활동 기간을 페이지의 상단에 기입한다(〈그림 12-4〉 참조). 갠트 도표는 전체적인 프로젝트에 필요한 활동을 확인하고, 특정 활동의 완료 일자를 추적할 때 유용하다.

프로그램 평가와 검토 기법(*program evaluation and review technique*: PERT)은 유용한 시간 계획 도구이다. 이 도표는 적절한 사건의 연속성을 분류하고, 각 활동이나 사건의 완수에 필요한 시간의 양을 추정하는 데 특히 도움이 된다. PERT 차트를 개발할 때, **활동**은 완수에 요구되는 직원 시간으로 정의된다. 따라서 다양한 활동에 투입된 날 혹은 시간을 더해, 프로젝트 수행에 필요한 직원 시간으로 비용을 추정할 수 있다. **사건**은 프로젝트의 시간 계획에 영향을 미치는, 직원이 아닌 다른 사람의 행동이다. 다양한 사건이 완수될 일자를 먼저 확인하고 각 사건을 위해 준비해야 하는 활동을 도표화함으로써, 프로젝트 완료 일자에서 시작해 거꾸로 거슬러 가면서 PERT 차트를 작성하는 것이 가능하다. 〈그림 12-5〉는 기관 서비스의 효과성에 관한 클라이언트 대상 설문조사를 위해 개발된 PERT 차트 일부를 보여 준다.

그림 12-4 부모 효과성 훈련을 위한 갠트 도표의 예

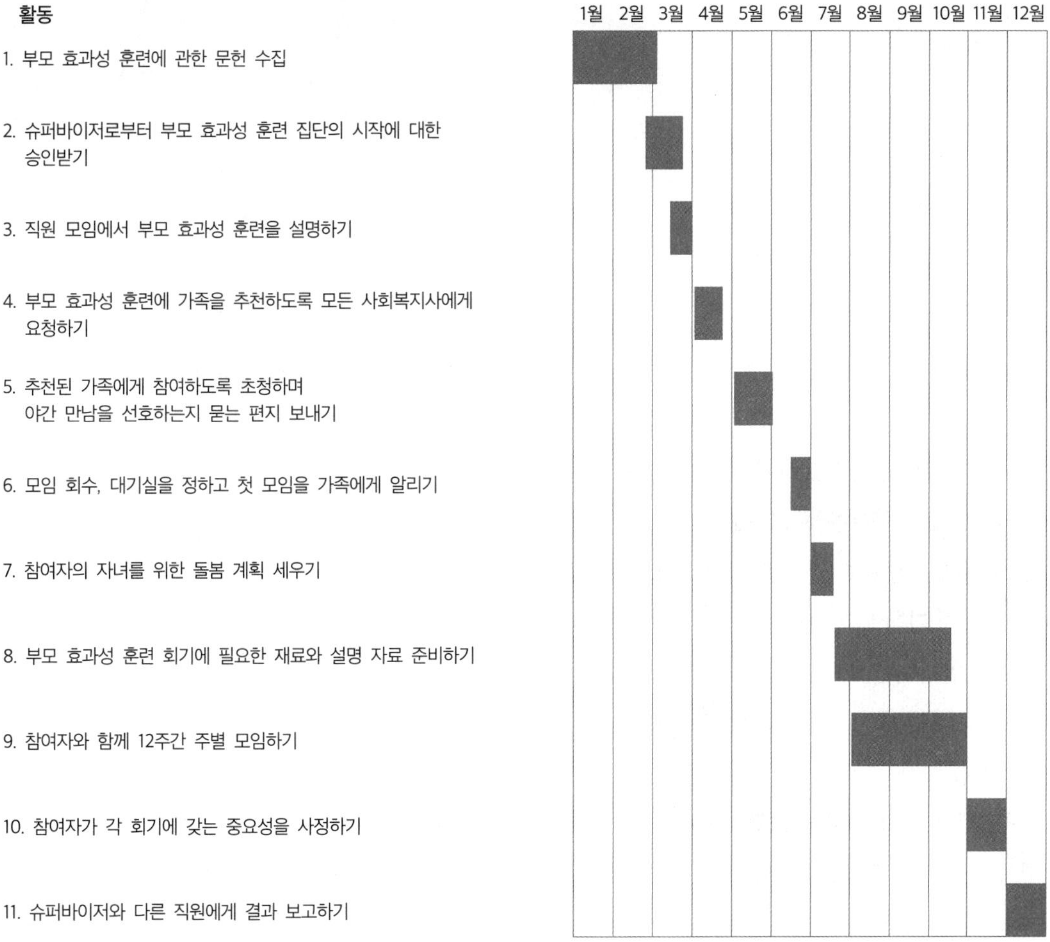
활동
1월 2월 3월 4월 5월 6월 7월 8월 9월 10월 11월 12월
1. 부모 효과성 훈련에 관한 문헌 수집
2. 슈퍼바이저로부터 부모 효과성 훈련 집단의 시작에 대한 승인받기
3. 직원 모임에서 부모 효과성 훈련을 설명하기
4. 부모 효과성 훈련에 가족을 추천하도록 모든 사회복지사에게 요청하기
5. 추천된 가족에게 참여하도록 초청하며 야간 만남을 선호하는지 묻는 편지 보내기
6. 모임 회수, 대기실을 정하고 첫 모임을 가족에게 알리기
7. 참여자의 자녀를 위한 돌봄 계획 세우기
8. 부모 효과성 훈련 회기에 필요한 재료와 설명 자료 준비하기
9. 참여자와 함께 12주간 주별 모임하기
10. 참여자가 각 회기에 갖는 중요성을 사정하기
11. 슈퍼바이저와 다른 직원에게 결과 보고하기

그림 12-5 클라이언트 대상 설문조사 제안서에 담긴 PERT 차트의 예

활동 슈퍼바이저와 설문조사에 대한 논의 (1시간) 4월 28일	**활동** 이사회에 제안할 수 있도록 대표·이사장의 동의 구함 (30분) 5월 5~6일	**활동** 이미 서비스를 받은 클라이언트 목록에서 표본 확정 (7시간) 5월 17~20일	**사건** 기타 등
활동 검토를 위해 완전한 제안서 준비 (16시간) 5월 1~3일	**사건** 설문조사 계획에 대한 이사회의 승인 5월 10일	**사건** 설문지 인쇄와 우편 발송 5월 23일	
활동 직원회의에서 설문조사 주제에 관한 브레인스토밍 (1시간) 4월 30일		**활동** 설문조사 도구 개발 (16시간) 5월 12~20일	**활동** 기타 등

→ 4월 (4번째 주) → 5월 (1번째 주) → 5월 (2번째 주) → 5월 (3번째 주) → 5월 (4번째 주) →

3) 과제 기획

특정 프로젝트를 완료하기 위한 최종 단계는 실행이 필요한 활동을 확인하고 수행하는 것이다. 여기에는 완료할 과제를 확인하기, 활동에 개입하는 근거를 명확히 하기, 언제까지 완료하고 누가 참여해야 하는지 명시하기, 그리고 과제를 완료하는 데 필요한 시간을 추정하기 등이 포함된다.

프로젝트 후원 자금을 조달하고자 하는 경우(항목 13. 36 참조) 〈그림 12-4〉와 〈그림 12-5〉에 제시된 신중한 기획의 예시와 같이, 제안된 프로젝트를 실행하기 위해 사려 깊고 실행 가능한 계획이 있음을 자금 주체에 입증할 수 있다.

12.13 1차 예방 프로그램 기획

대부분 사회 프로그램은 현존 문제에 대한 반응으로 만들어지며, 이러한 문제를 경험한 사람을 치료하거나 지원하기 위해 설계된다. 문제를 예방하기 위해서는 1차 예방 프로그램 역시 중요하다. 예방 노력은 타당하지만, 효과적인 예

방 프로그램 설계는 복잡하고 어렵다.

많은 사람이 예방은 개입과 다르다고 생각함에도, 개입의 한 유형으로 예방을 다루는 것이 유용하다. **1차 예방**은 변화되지 않는다면 중요한 문제가 발생하는 조건이나 상황에 개입하고 이를 수정하려는 일련의 활동으로 구성된다. 따라서 예방 노력 기획에 참여하는 사람은 문제를 초래하는 요인을 확인하고 이러한 요인을 통제하거나 제거할 일련의 활동 및 조치에 참여해야 한다. 1차 예방 프로그램은 위험(*risk*)과 유연성(*resilience*) 개념의 토대 위에 구축되고 있다. 예를 들어 아동·청소년과 관련된 다수의 연구는 가족, 이웃, 커뮤니티의 부정적 영향(위험 요인)과 비행, 약물·알코올 중독, 학교 중도 탈락, 정서적 질환, 범죄조직 활동, 10대 임신 등 사회문제 발생 사이에 높은 상관관계가 있음을 보여 준다. 이러한 문제를 야기하는 영향으로는 빈곤, 차별, 기회 부족, 가족 해체와 역기능, 낮은 자존감, 약물·알코올 접근 용이성, 낮은 학업성적 등을 들 수 있다. 잘 이해할 수 없지만 일부 청소년은 다른 청소년보다 이러한 영향에 더 '저항적'이다. 이들은 부정적 영향이 가득한 상황으로부터 자신을 보호하는 특정 보호 요인을 성격, 환경, 생활 경험 속에 갖추고 있다. 이들은 스트레스, 외상, 역경 등에 노출되었을 때조차도 이들이 심각한 문제를 야기하지 않기 때문에 유연성을 갖고 있다고 한다.

인간 성장과 발달에는 생활상의 스트레스 유발 인자와 외상을 보상하거나 이에 대항할 수 있는 보호 요인 혹은 자동 복원 기제가 있다. **보호 요인**으로는 자신감, 자아 존중감, 문제 해결 기술, 가족 구원성원과의 따뜻하고 지지적 관계, 학교·업무 환경에서 살펴 주는 사람의 존재, 민족·이웃·커뮤니티 속 지지적 상호작용 등이 있다. 이는 한 사람의 특정 발달 시점에서 일어난 일이 이후에 영향을 미치지 않음을 의미하지 않는다. 오히려 발달 단계와 중요한 사건의 영향은 종종 예상하는 것보다 더 유연하며, 유연한 사람은 삶에서 발생한 문제를 좀더 쉽게 극복할 가능성이 있음을 뜻한다.

문제 발생을 예방하기 위한 사회복지사의 노력은 유연하거나 유연하지 않은 사람 모두에게 도움이 된다. 1차 예방 프로그램의 설계 및 실행에 참여한 사람을 돕는 데 유용한 지침을 제시하면 다음과 같다.

(1) 조심하고 사려 깊게 초기 기획 단계를 시작하라. 기획 과정 초기에 표적문제를 다룬 문헌을 검토하고 예방 프로그램 설계에 경험이 있는 사람으로부터 자문을 구한다. 대부분의 문제는 그 원인이 복합적이며, 이러한 원인 요인을 통제하는 것은 항상 어렵고, 예방 노력의 영향을 상세히 측정하기도 어렵다는 점을 미리 알고 시작한다.

(2) 예방하고자 하는 문제나 조건을 명확하게 정의하고 기술한다. 표적문제에 대한 조작적 정의 없이 효과적인 예방 프로그램을 설계할 수 없다.

(3) 예방 노력의 영향을 추후 측정할 수 있도록 문제의 존재를 보여주는 지표 혹은 표시를 확

인한다. 성공을 측정하는 방법이 없다면 프로그램은 짧은 시범 기간 이상의 재원과 지지를 확보할 수 없다. 이러한 지표가 이해될 수 있고 측정 가능하며 예방 프로그램에서 다룰 문제를 정확히 반영하는지 확인한다. 기획 과정 초기에 프로그램 평가(항목 14.9 참조)에 유능한 사람이나 문헌으로부터 자문을 구한다.

(4) 문제 예방을 위한 계획은 어떤 개인 혹은 집단이 이 문제를 가장 많이 경험할 것인지에 대한 판단일 뿐만 아니라 이러한 문제가 왜, 언제, 어떻게 발생하는지에 관한 지식·믿음·가정에 기초함을 인식한다. 따라서 기획에서 예방할 문제의 특성과 원인에 대한 신념을 만들고 이를 분명히 하는 것은 중요하다. 그런데 이는 하나의 도전이다. 왜냐하면 사회·행동과학에서는 명확한 인과 관계를 거의 확인할 수 없기 때문이다. 사회문제는 복잡하고 상호 관련된 요인 전체가 문제의 발생에 영향을 미친다.

(5) 문제의 원인이 되는 요인이 규명되면 어떤 기여 요인(*contributing factor*)이 영향을 받아 변화될 수 있을지 결정하는 것이 필요하다. 예방하기를 원하는 문제에 관련된 구체적인 위험 요인, 보호 요인을 확인한다. **위험 요인**(*risk factor*)은 문제 발생 가능성을 증가시키는 조건, 상황, 일련의 환경이다. **보호 요인**(*protective factor*)은 문제 발생 가능성을 감소시키는 조건 혹은 상황이다. 예방 프로그램은 위험 요인을 약화하거나 감소시키고, 동시에 보호 요인을 강화하고 확대시키도록 계획돼야 한다. 일반적으로 문제를 경험할 위험이 가장 큰 사람을 표적으로 삼을 경우 예방 프로그램의 효과는 가장 클 것이다.

(6) 마지막으로, 필요한 변화를 가장 잘 달성할 방법을 결정한다. 많은 경우, 중요한 기여 요인(거시적 차원의 경제·사회적 요인)은 커뮤니티 기반 예방 프로그램의 범위를 넘어선다. 사회복지사는 주 또는 국가 수준의 변화를 위한 옹호를 대신 선택할 수 있다. 경우에 따라 지역 수준의 개입 혹은 지역, 국가 수준 모두에 대한 개입이 행동 계획에 필요하다.

12.14 참여적 실행 기획

인간서비스기관 혹은 커뮤니티는 갑자기 대중의 관심을 끈 특정 이슈나 문제를 다루기 위해 여러 권고를 하려는 의도로 기획 노력을 급히 시작할 때가 있다. 예를 들어, 정신건강병원의 치료 실패로 인한 살인, 인신매매, 커뮤니티 내 노숙 확산, 10대의 범죄조직 활동 및 약물 사용 증가, 학대 사망 사건 등이 언론에 노출되거나 특집기사로 다뤄질 때와 같다. 종종 이러한 이슈에 대한 대중의 관심은 문제에 대해 무언가를 하라는 갑작스러운 요구를 수반한다.

이럴 때 기관 등은 기획 과정을 상의하달식으로 보는 전통적 접근을 자주 취한다. 상의하달식 접근은 전문가협회, 시 기획 인력, 건강보호 제공자, 교육자, 경제개발 전문가, 인간서비스기관, 법 집행 공무원, 사업체나 회사 대표 등에서 정한 리더가 모여 문제를 토론하고 시정 조치 계획을 마련하는 방식이다. 변화 요구에 책임을 맡은 사람(보통 정치·시민 지도자)은 대안으로서 상황에 대한 자료를 수집하고, 문제를 기술하는 보고서를 작성하고, 해야 할 것을 권고하는 컨설턴트를 고용하는 방법 등을 활용할 수 있다. 또한, 관심 있는 사람이 커뮤니티 리더에게 자기 생각과 의견을 발표할 기회를 제공하기 위해 공청회 일정을 잡을 수도 있다. 커뮤니티 리더란 사안을 다루기 위해 프로그램을 계획할 필요가 있는지 결정하고 필요할 경우 프로그램을 설계하고 실행하는 사람이다.

대부분 경우 선의의 노력으로 만들어진 계획이 바람직한 성과에 미치지 못하고 성공적으로 실행되지 않는다. 계획이 문제로 인해 영향을 받는 사람, 즉 **이해 당사자**의 지지와 인정을 받지 못했기 때문이다. 이러한 실패는 권고들이 문제에 대한 완전한 이해를 반영하지 못했거나 이해 당사자의 관점을 수집하지 않았거나 이를 심각하게 고려하지 않았기 때문에 발생한다.

기획 노력을 선두에서 이끄는 커뮤니티 리더는 공청회에 참석하지 않거나 서면 의견을 제출하지 않은 사람의 관점을 찾는 데 많은 노력을 기울이지 않을 때가 많다. 따라서 예를 들어 대중 앞에서 의견 말하기를 두려워하는 사람, 일 때문에 시간을 낼 수 없는 사람, 교통수단 혹은 자녀 돌봄의 문제로 공청회에 참석할 수 없는 사람, 신체적으로 이동 제약이 있는 사람, 영어로 말하는 것이 불편한 사람, 문맹인 사람 등의 목소리는 종종 반영되지 못한다. 이해 당사자의 의견과 생각의 실제 단면을 확보하기 위해 문제

를 겪었거나 앞으로 겪을 위험이 있는 사람에게 적극적으로 다가가는 것이 필요하다. 이들의 가치 있는 통찰, 특정 이슈에 관한 권고를 얻기 위해 사전에 만나 조언을 촉진하는 것이 종종 필요하다.

문제 해결을 위한 계획 수립에서 보통의 접근이 갖는 한계를 고려할 때, 기획 과정에 참여하는 사회복지사는 더욱 참여적인 과정을 제안할 수 있다. 이슈의 영향을 받는 사람의 참여를 확보함으로써 사회복지사는 '클라이언트 참여 극대화', '자기 결정의 극대화', '클라이언트 임파워먼트 극대화'와 같은 사회복지의 핵심 원칙(제5장 참고)을 강화할 수 있다. 다만, 이 접근은 이슈의 영향을 가장 많이 받지만 개별적으로 혹은 특수 이익집단·옹호집단을 통해 자기 목소리를 내지 않는 사람을 찾아내고 진득하게 이들의 소리를 듣는 데 시간이 걸린다는 한계가 있다. 이런 포괄적 과정은 효율성은 낮지만 장기적으로는 더 효과적일 것이다.

조직 내 이슈를 다루기 위한 접근으로써 참여적 실행 기획(*participatory action planning*)은 건강보호 분야에서 시작됐다. **실행 연구**(*action research*)로 알려진 이 접근은 건강서비스를 제공하는 전문가를 모으고 서비스 성과를 평가하는 데 클라이언트 혹은 환자가 관여하도록 요청하는 것에 초점을 둔다. 클라이언트나 환자의 의견과 이슈, 이슈의 원인에 대한 다른 인식을 심사숙고함으로써 전달하는 서비스를 강화하기 위해 조치하고 개선을 위한 아이디어를 만들 수 있다. 결과적으로 실행 연구는 서비스를 주고받는 사람에 의해, 이들을 위해, 이들과 함께 개발

되는 프로그램 기획의 유형이다.

커뮤니티 기반 참여적 연구〔community-based participatory research, 혹은 커뮤니티 기반 협력적 실행 연구(community-based collaborative action research)〕는 커뮤니티 이슈를 다루기 위한 계획에 여러 가지 실행 연구 원칙을 적용한다. 이는 또한 이슈를 다룰 때 이해 당사자를 파트너로 참여시키는 것부터 시작하는 계획된 변화 모델(제7장에서 기술)을 따른다. 그다음에 계속해서 커뮤니티 구성원이 시행 조치에 참여하며, 무엇이 되고 무엇이 되지 않는지에 대한 지속적인 관찰과 평가를 한다.

요약하면, 커뮤니티 기반 참여적 연구는 성과에 영향을 받는 사람이 주요 참여자이며 이들의 인식에서 변화 과정을 시작한다는 점에서 역동적이다. 자료의 의미를 완전히 이해했다고 확신할 때까지 참여자 간 사려 깊은 의견 교환을 상당한 정도로 진행한 후, 성과를 측정할 사람뿐 아니라 다른 이해 당사자와도 정보를 공유한다. 그렇게 해야만 이슈를 다루기 위한 계획이 협상되고 실행된다. 마지막으로, 변화의 성과를 다양한 참여자에게 전달해야 한다. 이슈가 충분히 해결될 때까지 이 과정은 반복된다.

일반적으로 커뮤니티 변화 과정을 통제하는 전문가, 시민 지도자는 바쁘기 때문에 가능한 한 빨리 과정을 끝내고 싶어 한다. 또한 종종 모든 이해 당사자와 커뮤니티 구성원이 말하고 싶은 것을 말하도록 하고 이를 다 들을 만한 인내심도 없다. 그래서 사회복지사의 매우 중요한 역할은 이해 당사자의 조언이 갖는 장점을 의사결정자에게 확신시키는 일이며, 커뮤니티 구성원이 자신의 의견을 알리도록 격려하고 지원해야 한다. 성과에 의해 영향을 받을 가능성이 있는 사람을 지원해 사회복지사가 진행한 모임에서 구두로 혹은 서면으로 발표하도록 하는 것도 사회복지사의 역할에 포함된다. 커뮤니티 참여 확보는 생각 말하기를 망설이거나 참여를 꺼리는 사람과 관계 맺는 것도 포함한다. 사회복지 관점에서 볼 때, 커뮤니티 내에 가난하고 권리가 박탈된 사람에게 다가가는 일은 가장 취약한 사람을 돌보고 사회정의를 위해 노력하는 사회복지의 가치에 따라 강조되는 것이다.

참고문헌

Anderson, D. L. (2010). *Organization Development: The Process of Leading Organizational Change*. CA: Sage.

Bender, M. B. (2010). *A Manager's Guide to Project Management: Learn How to Apply Best Practices*. NJ: FT Press.

Bryson, J. (2011). *Strategic Planning for Public and Nonprofit Organization: A Guide to Strengthening and Sustaining Organizational Achievement* (4th ed.). CA: Jossey-Bass.

Burford, G. & Hudson, J. (eds.) (2000). *Family Group Conferencing: New Directions in Community-Centered Child and Family Practice*. NJ: Transaction Publishers.

Cohen, L., Chavez, V., & Chehimi, S. (eds.) (2010). *Prevention Is Primary: Strategies for Community*

Well-Being (2nd ed.). CA: Hossey-Bass.

Epstein, L. & Brown, L. (2002). *Brief Treatment and a New Look at the Task-Centered Approach* (4th ed.). MA: Allyn and Bacon.

Fallon, L. F., Begun, J., & Riley, W. (2013). *Managing Health Organizations for Quality and Performance.* MA: Jones & Bartlett Learning.

Fortune, A., Reid, W. J., & Reyome, D. P. (2008). "Task-centered practice". In Roberts, A. (ed.), *Social Workers' Desk Reference* (2nd ed.). NY: Oxford University Press.

Fortune, A. & Reid, W. (2011). "Task-centered practice social work". In Francis, T. (ed.), *Social Work Treatment: Interlocking Theoretical Approaches* (5th ed.). NY: Oxford University Press.

Frankel, A. & Gelman, S. (2012). *Case Management: An Introduction to Concepts and Skills* (3rd ed.). IL: Lyceum.

Gamble, D. N. (2013). "Participatory methods in community practice". In Weil, M., Reisch, M., & Ohmer, M. L. (eds.), *The Handbook of Community Practice* (2nd ed.), pp. 327~343. CA: Sage.

Gullotta, T. P., Blau, G. M., & Ramos, J. M. (eds.) (2008). *Handbook of Child Behavioral Issues: Evidence-Based Approaches to Prevention and Treatment.* NY: Routledge, Taylor & Francis.

Garvin, C., Gutierrez, L., & Galinsky, M. (2006). *Handbook of Social Work with Groups.* NY: Guildford.

Gitterman, A. & Salmon, R. (eds.) (2009). *Encyclopedia of Social Work with Groups.* NY: Routledge.

Gitterman, A. & Shulman, L. (eds.) (2005). *Mutual Aid Groups, Vulnerable and Resilient Populations, and the Life Cycle* (3rd ed.). NY: Columbia University Press.

Gronlund, N. & Brookhart, S. (2009). *Gronlund's Writing Instructional Objectives* (8th ed.). NJ: Pearson.

Horine, G. (2005). *Absolute Beginner's Guide to Project Management.* IN: Que.

Israel, B. A., Eng, E., Schultz, A. H., & Parker, E. A. (eds.) (2013). *Methods for Community-Based Participatory Research for Health* (2nd ed.). CA: Jossey-Bass.

Johnson, M. P. (2012). *Community-Based Operations Research: Decision Modeling for Local Impact and Diverse Populations.* NY: Springer.

Kahn, S. (1991). *Organizing: A Guide for Grassroots Leaders* (rev. ed.). Washington, DC: NASW.

Kapin, A. & Ward, A. S. (2013). *Social Change Anytime Everywhere: How to Implement Online Multichannel Strategies to Speak Advocacy, Raise Money, and Engage Your Community.* CA: Jossey-Bass.

Kettner, P. M., Moroney, R. M., & Martin, L. L. (2013). *Designing and Managing Programs: An Effectiveness-Based Approach* (4th ed.). CA: Sage.

Kurtz, L. (1997). *Self-Help and Support Groups: A Handbook for Practitioners.* CA: Sage.

Lewis, J. A., Packard, T. R., & Lewis, M. D. (2012). *Management of Human Services Programs* (5th ed.). KY: Cengage.

Lipsky, M. (2010). *Street-Level Bureaucracy: Dilemmas of the Individual Public Services* (30th anniversary expanded ed.). NY: Russell Sage Foundation.

Mager, R. (1997). *Goal Analysts: How to Clarify Your Goals So You Can Actually Achieve Them* (3rd ed.). GA: Center for Effective Performance.

_____ (1997). *Preparing Instructional Objectives: A Critical Tool in the Development of Effective Instruction* (3rd ed.). GA: Center for Effective Performance.

Marsh, P. & Doel, M. (2005). *The Task-Centred Book.* NY: Rountledge.

McNeil, L. (2013). *Street Practice: Changing the Lens on Poverty and Public Assistance.* VT: Ashgate.

Norcross, J. Santrock, J., Campbell, L., Smith, T., Sommer, R., & Zuckerman, E. (2003). *Authoritative Guide to Self-Help Resources in Mental Health* (rev. ed.). NY: Guilford.

Okamura, A. & Quinnett, E. (2000). *Family Group Decision-Making Models for Social Workers in Child Welfare Settings.* CA: University of California, California Social Work Education Center.

Pavlish, C. P. & Pharris, M. D. (2012). *Community-Based Collaborative Action Research: A Nursing Approach.* MA: Jones and Bartlett Learning.

Pennell, J. & Anderson, G. (eds.) (2005). *Widening the Circle: The Practice and Evaluation of Family Group Conferencing with Children, Youths, and Their Families.* Washington, DC: NASW.

Rothman, J. (1998). *Contracting in Clinical Social Work.* CA: Nelson-Hall.

Shore, A. S. & Carfora, J. M. (2011). *The Art of Funding and Implementing Ideas: A Guide to Proposal Development and Project Management.* CA: Sage.

Shulman, L. (2011). *The Dynamics and Skills of Group Counseling.* KY: Cengage.

Steinberg, D. (2004). *The Mutual Aid Approach to Working with Groups: Helping People Help One Another* (2nd ed.). NY: Haworth.

Summers, N. (2011). *Fundamentals of Case Management Practice* (4th ed.). KY: Cengage.

Toseland, R. W. & Rivas, R. (2012). *Introduction to Group Work Practice* (7th ed.). NJ: Pearson.

Wodarski, J. Rapp-Paglicci, L., Dulmus, C., & Jongsma, A. (2001). *The Social Work and Human Services Treatment Planner.* NY: Wiley & Sons.

Zastrow, C. (2012). *Social Work with Groups: A Comprehensive Workbook* (8th ed.). KY: Cengage.

개입과 점검

학습목표

- 클라이언트가 특정 행동을 수정하도록 돕는 데 사용할 수 있는 여러 기법을 논의한다.
- 클라이언트가 역할수행, 좋지 못한 자기개념, 낮은 자존감과 같은 이슈를 다루도록 도울 때 채택할 수 있는 여러 기법을 확인한다.
- 클라이언트가 어려운 결정, 개인적 위기, 재정적 위기, 갈등 해결, 돌봄 제공자 지지를 다룰 수 있도록 돕는 데 사용할 수 있는 도구와 특별한 고려 사항을 확인한다.
- 집단 활동에서 프로그래밍의 목적과 활용을 이해한다.
- 집단을 이끌기 위해 사회복지사에게 필요한 기술, 예컨대 효과적인 모임 계획 능력, 의회 운영 절차에 대한 이해, 그리고 집단이 관심사를 확인하고 취할 조치에 대해 합의에 이르도록 돕는 도구 등을 서술한다.
- 자원봉사자 훈련, 예산 수립, 마케팅 및 모금 참여, 기금 관련 서류 작성과 같이 사회복지사가 기관에 제공해야 하는 특별한 프로젝트용 지침에 대해 논의한다.
- 관심사를 다루기 위해 커뮤니티 사람을 함께 모으는 과정을 서술하고, 커뮤니티 의사 결정자에게 영향을 미치고자 할 때 지켜야 할 주의사항을 서술한다.

개입과 **점검**은 변화 과정에서 가장 뚜렷한 단계이다. 클라이언트, 사회복지사와 그 밖의 다른 사람이 바람직한 결과를 초래할 것으로 믿는 계획을 실행하는 시기이기 때문에, 때로는 **실행단계**(action phase)라고 불린다. 변화 과정의 각 단계는 이전의 단계에 기초하기 때문에, 개입의 성공은 클라이언트와 관계 맺기, 자료 수집과 사정, 기획과 같은 이전 단계에서 도달한 결과의 타당성에 달려 있다.

개입은 일반적으로 변화 과정에서 소요되는 시간과 에너지의 대부분을 차지하며 사회복지사의 구체적 행동이 개입의 중요 부분이기 때문에 직접적 및 간접적 실천에서 유용한 개입 기법이 많이 개발됐다. 개인, 가족, 집단조직과 커뮤니티에 개입하는 사회복지사가 종종 부딪히는 가장 큰 도전은 변화를 촉진하기 위한 가장 적절한 접근법과 기법을 선택하는 것이다.

개입 활동이 시작되면 무엇이 일어났는지 **점검**하고 무엇이 되고 무엇이 되지 않는지에 따라 개입을 계속할지, 수정할지, 철회할지, 또는 새로운 계획을 협상할지를 결정한다. 점검과 평가는 제14장에서 다시 한 번 논의되지만, 점검은 개입 진행 중에 이뤄지고 평가는 변화 과정의 마지막에 진행하며 회고 방식으로 전반적인 진행을 사정하고 측정한다는 점에서 다르다.

점검에서 흔히 간과되는 점은 전문적 관계를 완전히 종료하기 전까지 일정 기간, 클라이언트 상황에 대한 조사를 지속해야 한다는 것이다. 이는 변화가 일어날 때마다 다양한 체계가 붕괴되며 재발 혹은 이전 패턴으로 다시 회귀하는 경향이 있기에 중요하다. 그러므로 사회복지사는 관찰된 변화가 개입 활동에 대한 일시적인 순응인지를 판단해야 한다. 또한 변화와 개선이 클라이언트의 지속적인 기능수행의 일부로 확고히 자리 잡아 유지되는지를 확인해야 한다.

Section A
직접적 실천을 위한 기법과 지침

개인, 가족과 소집단에 개입할 때 사회복지사는 관련된 사람과 상황의 독특성에 맞춰야 하며, 필요한 변화를 만들기 위해 노력하는 클라이언트를 지지하기 위해 개입 접근을 조정해야 한다. 사회복지사는 또한 변화 과정에 대한 클라이언트의 반응을 지속적으로 점검해야 하고, 합의된 목표에 대한 진전을 정기적으로 사정해야 한다.

개입 활동

사회복지사는 클라이언트를 원조관계에 참여하게 하고 클라이언트가 변화 과정을 시작함에 따라 이러한 과정을 인도할 적절한 실천틀을 선택해야 한다(제6장 참조). 덧붙여, 원하는 변화를 촉진하고 지원할 수 있는 수많은 구체적인 기법과 지침을 선택해야 한다. 이 장의 Section A에서는 직접 서비스 기법과 지침을 제시했다. 이는 단지 참고자료일 뿐이다. 사회복지 문헌, 슈퍼바이저, 동료, 워크숍은 또 다른 자료원이다. 그러나 이들 기법이나 지침은 배려를 아끼지 않고 유능한 사회복지사가 사용하지 않는다면 아무런 효과가 없을 것이다.

점검 활동

점검은 변화 과정을 지속적으로 감독하는 것이다. 이를 위해 사회복지사는 정기적으로 사람들과 접촉하거나, 다양한 의사소통 형태로 클라이언트와 상호작용해야 한다. 사회복지사는 변화 활동이 클라이언트에게 어떻게 영향을 미치는지뿐만 아니라 다른 사람과 사회적 체계가 어떻게 영향을 받는지에 대해서도 민감해야 한다. 만약 합의된 목표를 향한 과정에 진전이 없다면 사회복지사는 개입 계획에 필요한 수정을 제안해야 하며, 다루고 있는 문제 혹은 이슈를 재검토하고 다른 해결책을 찾기 위해 이전 단계로 되돌아가는 것도 가능하다.

가능하다면 언제든지 사회복지사는 이러한 점검 결과를 클라이언트와 공유해야 한다. 변화가 긍정적이든 부정적이든 간에 일어나고 있는 변화를 클라이언트가 안다면, 이들은 변화 과정에 더 깊이 관여하고 개입 계획에 대한 유용한 수정안을 제안할 것이다. 대부분 점검 결과는 비공식적 방식으로 클라이언트에게 환류가 이루어진다. 그러나 클라이언트의 변화에 대한 임상적 자료를 수집하고, 제공된 서비스의 영향을 이해시키기 위해 클라이언트에게 정보를 제공하는 사회복지사가 점점 더 늘고 있다. 자료를 조직화하는 데 흔히 사용되는 도구는 제14장에 제시했다.

제7장과 이 책의 다른 부분에서 설명한 바와 같이 변화 과정은 어렵고 더디다. 클라이언트가 문제에 대해 빠른 해답을 찾지 못하거나 예전에 문제가 됐던 패턴 혹은 습관으로 되돌아갔을 때, 이들은 좌절하고 포기해 버리려고 한다. 변화는 클라이언트에게 다르게 행동하는 것, 어려운 결정을 내리는 것, 새로운 기술을 배우는 것, 다른 관점에서 자신의 상황을 바라보는 것 등을 요구하거나 클라이언트를 익숙하지 않은 사회환경에 두기 때문에 두려울 수 있다. 클라이언트가 앞을 향해 가는 것을 주저하거나 두려워할 때, "변화하지 않으면 변하는 것은 없다"는 것을 클라이언트에게 상기시키는 것이 좋다. 즉, 바람직한 변화를 달성하기 위해서는 새로운 것을 시도하려는 진정한 노력이 필요하다. 이러한 노력 없이는 어떤 변화도 가능하지 않다.

13.1 면접 준비하기

신참 사회복지사가 하는 가장 공통적인 실수 중 하나는 분명한 목적과 계획 없이 클라이언트와의 만남을 시작하는 것이다. 그러나 이런 계획은 예측할 수 없는 전개 혹은 새로운 클라이언트 관심사에 대응하기 위해 잠정적이어야 하고 융통성이 있어야 한다. 다음의 질문은 사회복지사의 면접 준비를 도와줄 수 있다.

- 클라이언트에 대한 개입의 전반적인 목적과 목표는 무엇인가? 다음 회기 혹은 접촉은 이러한 목적, 목표와 어떻게 관련되는가?
- 면접 혹은 모임 동안 달성될 필요가 있는 것은 무엇인가? 회기 동안 어떤 결정이 내려져야 하는가?
- 다음 접촉은 대면 면접으로 할 것인가? 아니면 전화 면접으로 할 것인가? 일대일 면담,

가족 상담, 집단 면담 중 어떤 형태로 진행할 것인가? 누가 참석할 필요가 있는가?

- 다른 전문가나 관련된 개인이 회기(예: 의료 현장에서의 가족회의)에 참석할 것인가? 그렇다면 이들이 회기에서 기대하는 것은 무엇인가?
- 면접이나 모임에 어느 정도의 시간을 써야 하는가? 클라이언트와 다른 사람은 회기에 어느 정도의 시간을 쓸 수 있는가?
- 언제, 어디서 면접할 것인가? 면접 전에 어떤 준비(예: 면접실 예약, 교통수단, 클라이언트의 자녀에 대한 아동보호 등)가 필요한가?
- 특정 과업을 달성하고 개입 목적과 목표를 향한 활동을 위해 회기 동안 어떤 기법을 사용할 것인가?
- 면접 혹은 모임을 준비할 때 클라이언트의 현재의 신체적 기능(예: 운동성, 고통, 불편함, 청력 문제, 약물 치료의 효과 등)과 관련된 어떤 요인을 고려해야 하는가?
- 회기를 준비할 때 클라이언트의 감정 상태 (예: 분노, 공포, 혼란, 우울 등)를 고려할 필요가 있는가?
- 회기를 준비할 때 클라이언트의 문화, 가치나 종교적 신념, 사회적·가족적 네트워크와 관련하여 어떤 요인을 고려해야 하는가?
- 이번 접촉에서는 기관 기록을 위해 어떤 문서가 필요한가?

회기마다 일정 시간을 두어 긍정적인 경험, 그리고 클라이언트가 스스로에 만족감을 느낄 수 있는 경험을 이야기해야 한다. 이는 상담, 사례관리, 문제 해결 회기가 대부분 '고칠' 필요가 있는 것, 잘못되고 있는 것에만 초점을 두는 경향이 있으므로 중요하다. 부정적인 것에 대한 관심을 상쇄하기 위해 사회복지사는 클라이언트가 자신의 성공과 강점을 인식하고 말로 표현할 기회를 만들어야 한다.

13.2 정보, 조언, 그리고 설득

변화는 어렵다. 클라이언트는 종종 변화에 필요한 조치를 취하는 것에 양가적이거나 두려움을 느낀다. 예를 들어 클라이언트는 매우 중요한 서비스나 프로그램이 단지 새로운 경험이라는 이유로 그 이용에 저항하기도 한다. 클라이언트의 행동을 격려하기 위해 사회복지사는 정보와 가능한 명확한 조언을 제공할 필요가 있고, 어떤 경우에는 클라이언트를 설득해 전진해 갈 필요도 있다.

여기서 사용하는 **정보 제공**은 클라이언트가 고지된 의사 결정이나 과제 수행을 할 수 있도록 특정 사실, 관찰, 서술 등을 제공하는 것을 말한다. 이 책에서 사용하는 **조언하기**는 특정 행동이나 결정을 추천하고 격려하는 사회복지사의 진술을 의미한다. 설득의 기술을 사용할 때 사회복지사는 도움이 되려면 특정 행동이 중요하다는 것을 클라이언트에게 확신시키기 위해 논리적으로 논쟁한다.

클라이언트에게 **정보를 제공**할 때 사회복지사는 다음 지침을 명심해야 한다.

(1) 주고자 하는 메시지를 클라이언트의 교육 배경, 지능, 언어 구사력 등에 맞춘다. 또한 클라이언트의 현재 마음 상태를 고려한다. 예를 들어 만약 클라이언트가 불안해하거나 당황해한다면 그는 사회복지사가 제공한 정보나 지침을 이해하거나 기억하지 못할 것이다. 사회복지사가 주는 메시지를 클라이언트가 이해할 수 없다면, 클라이언트의 동의를 구한 후 클라이언트의 정보 활용에 도움을 줄 수 있는 가족이나 믿을 만한 친구에게 정보를 제공한다.

(2) 메시지가 얼마나 쉽게 오해될 수 있는지를 제대로 인식해야 한다. 예를 들어 "그 양식을 작성하여 저쪽 책상에 있는 그 사람에게 그것을 가져다주세요"라는 말은 '양식', '저쪽', '사람', '그것'이 정확하게 무엇을 의미하는지 모르는 사람에게 혼란을 가져올 수 있다. 항상 충분히, 자세히 설명해 실수를 없애야 한다. 정보 제공 혹은 지시는 논리적·단계적으로 제공한다. 복잡한 지시(예: 다른 기관을 이용하는 방법)의 경우, 이름, 주소, 전화번호를 적어 줘야 한다.

(3) 말한 것에 대해 클라이언트가 생각할 시간을 주고 질문한다. 메시지를 이해했는지 확인한다. 다음과 같이 말한다. "이제 당신에게 말하고자 했던 것을 명확히 얘기했는지 확인해 보고 싶습니다. 당신이 듣기에 제가 무엇을 얘기했는지 말해 주시겠어요?" 단순하게 "이해하십니까?"라고 묻지 않는다. 사람들은 흔히 혼란스럽거나 확실하지 않을 때도 질문에 긍정적으로 답한다.

미숙한 사회복지사가 하는 흔한 실수 중 하나는 클라이언트가 요청하지도 않았는데 조언하는 일이다. 이것은 이해할 수 있는 실수이다. 왜냐하면 사회복지사는 다른 사람이 특정 문제를 어떻게 다루는지를 알고, 그래서 클라이언트가 이러한 경험으로부터 도움받기를 원하기 때문이다. 그러나 **조언** 제공에는 수많은 함정이 있으며 사회복지사는 이에 유의해야 한다. 관련된 지침은 다음과 같다.

(1) 클라이언트에게 조언을 제공하기 전, 누군가가 자신에게 조언했을 때 어떻게 느끼는지를 생각해 봐야 한다. 좋은 의도와 상관없이 우리는 종종 귀찮고 짜증이 난다. 그리고 조언을 요청했을 때조차도 우리는 자주 조언을 따르지 않는다. 우리가 조언을 따를 때는 잘 아는 사람, 전적으로 신뢰하는 사람이 조언하는 경우이다.

(2) 조언 제공의 적절성 여부는 클라이언트와 사회복지사가 상호작용하는 목적과 특징에 주로 달려 있다. 목적이 필요한 서비스를 확보하고, 의뢰하고, 클라이언트를 옹호하는 것이라면 정보 제공은 중요하고 필요하다. 사회복지사가 상담 혹은 치료를 제공하는 경우 조언은 적절치 않다.

(3) 클라이언트가 진정으로 조언을 원한다고 판단되지 않는 한 조언을 제공하지 않는다. 다음과 같이 질문해 봄으로써 클라이언트가 조언을 어떻게 받아들이는지 시험해 본다. "다른 사람에게 제안을 부탁한 적 있습니까?", "다른 사

람은 이런 상황에서 무엇을 하는지 당신에게 말한다면 도움이 될까요?"

(4) 조언을 해줄 때는 "저는 이렇게 했는데" 또는 "다른 사람은 이렇게 했는데"와 같이 표현한다. 제공하는 지침 이면에 담긴 논거를 설명해 준다. 조언을 수용할지 혹은 거절할지에 대한 책임은 클라이언트에게 둔다. 전문 영역을 벗어난 주제에 관한 조언은 절대 하지 않는다.

(5) 클라이언트에게 조언한 이후, 추천한 방법 때문에 클라이언트가 개인적·재정적으로 불리한 고통을 겪게 된다면 법적 책임성의 문제를 고려해야 한다. 예를 들어 다음과 같은 질문을 하는 클라이언트에게 조언하는 것은 매우 조심해야 한다. "당신은 제가 이혼해야 한다고 생각하십니까?", "당신은 내가 직장을 그만두고 다른 일을 찾아야 한다고 생각하십니까?", "당신은 내가 약을 중단해도 괜찮을 거라고 생각하십니까?" 등이다.

(6) 일이 잘 되지 않을 때 사회복지사에게 책임을 지우는 조종적인 클라이언트에게 조언할 때는 주의해야 한다. 예를 들어 "당신이 말한 대로 했는데 일이 잘 안됐어요. 그러니 이제 당신이 이 문제를 해결해야 해요"라고 말하는 클라이언트에 주의해야 한다. 또한, 자신의 결정과 행동에 책임을 질 수 있고 책임을 져야만 하는 클라이언트에게 의존심을 조장할 위험에 대해서도 유의해야 한다.

어떤 상황의 경우, 두려워하거나 주저하는 클라이언트를 격려해 중요한 조치를 취하도록 하기 위해 **설득** 기술이 필요하다. 사회복지사는 다음 지침을 따라야 한다.

(1) 클라이언트의 감정과 정서를 끌고 움직일 만한 개인적 이야기를 통해, 제안하는 행동 방침을 표현한다. 연령, 배경, 생활 경험에 따라 클라이언트가 쉽게 이해할 수 있는 이야기와 사례를 활용한다. 사람은 합리적 논쟁이나 통계를 통해서가 아니라, 종종 이야기와 경험에 대한 반응으로 마음을 바꾼다.

(2) 클라이언트에게 매력적일 수 있는 의견 혹은 입장을 먼저 확인한 후 행동 방침을 제안한다. 이러한 방법으로, 사회복지사는 클라이언트의 딜레마, 망설임 혹은 양가감정을 이해했음을 클라이언트에게 입증할 수 있다.

(3) 제안한 행동이 클라이언트의 핵심 가치 및 목적과 어떻게 양립 가능한지, 또한 이 행동을 하지 않는 것은 클라이언트의 목적 및 가치와 어떻게 불일치하는지를 설명한다.

(4) 제안한 행동의 이득과 위험에 대해 기술한다. 또한 제안한 행동을 하지 않았을 때 발생하는 부정적 결과를 함께 지적한다.

(5) 클라이언트가 제안된 행동 방침을 서서히 시도할 수 있도록, 조금씩 조심해서 앞으로 나아가도록 하는 접근 혹은 계획을 제공한다.

(6) 클라이언트가 믿고 존경하는 사람의 목록을 만든다. 그리고 이들에게 요청해 제안한 행동 쪽으로 클라이언트를 격려하도록 한다.

13.3 강화 및 관련 행동주의 기법

학습 이론으로부터 도출된 다양한 행동주의 기법은 클라이언트가 새로운 행동을 학습하거나 기존 행동을 바꾸도록 돕는 것이 개입 목표일 때 사회복지사가 활용할 수 있는 강력한 기법 가운데 하나다. 사회복지사는 흔히 표적행동을 강화(증가)하거나 약화(감소)하고자 할 때 행동주의 기법을 사용한다. **표적행동**이란 개입의 초점이 되는, 측정 가능하고 조작적으로 정의된 행동을 말한다.

강화는 표적행동을 증가 혹은 강화하는 행동이다. 강화에는 정적 강화와 부적 강화의 두 가지 형태가 있다. 이러한 맥락에서 **정적**은 증가를, **부적**은 제거 혹은 감소를 뜻한다. 정적·부적 강화물은 표적행동의 빈도, 강도, 지속 기간을 증가시킨다. **정적 강화**(positive reinforcement)는 관심, 가치 있는 물건, 특권과 같은 것을 클라이언트에게 주거나 추가하는 것이다. 정적 강화물은 주로 바람직하거나 유쾌한 것으로 간주되지만, 어떤 사람에게는 때때로 고통스러운 사건이 정적 강화 요인(예: 머리 부딪치기 등 자기 훼손)이 되기도 한다. 그러므로 강화물의 결과에 대한 주의 깊은 관찰을 통해 특정 개인에게 무엇이 강화 요인(reinforcer)이 되는지를 결정해야 한다. 이를 위해 개입 혹은 재강화를 시작하기에 앞서 표적행동에 대한 **기초선 측정**을 먼저 해야 한다.

정적 강화물에는 두 가지 종류, 즉 1차 강화 요인과 2차 강화 요인이 있다. **1차 강화 요인**은 음식물이나 물, 성(sex)과 같이 자체적으로 보상을 내포하고 있는, 거의 보편적인 강화물이다. **2차 강화 요인**은 1차 강화 요인과 관련된 결과로 학습되는 강화물로서, 예를 들어 돈과 특권이 포함된다. 칭찬이나 관심은 2차 강화 요인의 형태지만, 보편적인 강화 요인이라는 증거도 있다. 일반적으로 강화 요인은 무언가를 할 필요가 없을 때 하겠다고 선택하는 것(예: 여가 시간과 여유 자금을 사용하는 방법)이다.

부적 강화(negative reinforcement)는 클라이언트에게 불쾌하거나 혐오적인 조건 혹은 대상을 제거하거나 감소하는 것을 포함하며, 이는 표적행동을 증가 혹은 강화하는 효과를 갖는다. 불쾌하거나 아주 힘든 과제를 달성하도록 요건을 폐기하거나 해지하는 것이 그 예이다. 부적 강화는 흔히 처벌과 혼동되기도 하는데, 이 둘은 다르다. 처벌은 표적행동을 감소시키는 반면, 부적 강화는 표적행동을 강화한다.

행동 변화의 기법인 **처벌**은 표적행동의 강도를 감소하거나 표적행동을 억제하는 효과를 주며, 클라이언트에게 고통스럽고 불유쾌한 자극(사건 혹은 행동)을 제시하는 것이다. 윤리적·법적 이유 때문에 사회복지사는 언제나 처벌의 사용을 피해야 한다. 대부분의 기관이나 치료 프로그램도 다음과 같은 이유로 인해서 처벌의 사용을 금한다.

- 흔히 처벌의 결과는 단기적이다. 처벌의 위협이 사라지면 표적행동은 다시 반복된다.
- 전문가의 처벌 사용은 나쁜 행동 모델을 제시하며 클라이언트가 이를 모방할 수 있다.
- 분노에 차있거나 좌절을 겪는 사람이 처벌을 사용할 때는 처벌이 과도할 수 있다.
- 처벌은 때로 바람직한 행동을 저지하거나 클라이언트가 정상적, 기능적 방식으로 대응하는 것을 주저하게 한다.
- 신체적 처벌의 사용은 사회복지사에게 민사소송 혹은 형사처벌의 문제(예: 잘못된 실천, 학대, 폭행)를 야기할 수 있다.

시간이 흐르면서 강화되지 않은 행동은 빈도나 강도, 지속 기간 등이 감소하는 경향이 있다. **소거**는 원하지 않는 행동을 제거하거나 약화하기 위해 강화물을 의도적으로 철회하는 것을 뜻한다.

강화 스케줄에는 지속적 강화와 간헐적 강화, 두 가지가 있다. **지속적 강화**는 바람직한 표적행동이 일어났을 때마다 강화 요인을 제공하는 것이고, **간헐적 강화**는 표적행동에 대한 보상을 주기적으로 혹은 때때로 제공하는 것이다. 지속적 강화는 간헐적 강화보다 빠르게 학습시키기 때문에 새로운 행동을 가르치기 위해 설계된 프로그램의 초기 단계에 사용된다. 그러나 지속적으로 강화된 행동은 더 이상 강화되지 않으면 약화되거나 사라진다. 새롭게 배운 행동이 소거되지 않도록 하기 위해서는 지속적 강화를 간헐적 강화로 대치해야 한다. 빙고게임이나 낚시, 혹은 슬롯머신 등과 같이 **무작위 강화**에 의해 유지되

거나 개인적 위기, 감정이 고조된 시기에 학습된 행동은 쉽게 사라지지 않으며 변화가 대단히 어렵다.

또 다른 유용한 행동주의 기법은 양립 불가능한 바람직한 행동을 강화하면서 동시에 원하지 않는 표적행동을 무시하는 것이다. 이러한 기법을 **차별적 강화**라고 부른다.

어떤 행동이 다른 행동과 양립 불가능하다는 것은 한 사람이 동시에 두 가지 행위를 할 수 없음을 의미한다. 예를 들어 아동은 농구 경기와 TV 시청을 동시에 할 수 없다.

클라이언트가 새로운 행동을 배우도록 돕는 것이 목표인 경우, 행동 연쇄, 촉구, 소멸, 조성 등의 방법을 사용하는 것이 유용하다. 이 기법들은 흔히 지적장애아의 훈련 프로그램, 언어치료나 신체적 재활의 특정 측면에서 사용된다. **행동 연쇄**(*chaining*)는 옷 갈아입기와 같이 여러 단계를 거쳐야 하는 복잡한 행동을 몇 개의 분리된 단계나 요소로 나눠, 한 번에 한 단계씩만을 가르치는 절차를 뜻한다. 한 단계가 학습되면 이는 이미 학습된 것과 '연결'되거나 묶인다. 특정 행동을 가르치는 데 필요한 단계의 수는 클라이언트의 능력과 행동의 복잡성에 따라 달라진다. 행동 연쇄에는 전방 연쇄와 후방연쇄, 두 가지 종류가 있다.

전방 연쇄(*forward chaining*)는 첫 단계를 먼저 가르치는 것이다. 예를 들어 클라이언트에게 바지 입는 법을 가르칠 경우 클라이언트는 우선 바지를 집어 드는 것을 먼저 배우게 된다. 두 번째 단계는 왼쪽 다리를 바지 왼쪽에 넣는 것이다. 이후의 연결된 모든 단계는 사람들이 평상시에

어떻게 행동하는지(예: 바지 입기)에 대한 관찰을 통해 결정된, 보통의 혹은 자연스러운 순서에 따라 학습된다.

후방 연쇄(*backward chaining*)는 마지막 단계를 먼저 가르치는 것이다. 그러므로 클라이언트가 배울 한 가지 단계를 제외한 순서상의 모든 단계가 클라이언트에게 시행된다. 예를 들어 옷 갈아입는 훈련에서 클라이언트가 배우는 첫 단계는 바지를 허리까지 끌어올리는 것이다. 후방 연쇄의 장점은 연쇄의 마지막 단계가 항상 강화된다는 것이다. 그래서 클라이언트는 항상 행동 연쇄의 맨 끝에서(예: 바지 입기를 끝냈을 때) 강화되며, 클라이언트가 연속적인 전체 행동의 성공에 대한 보상을 받기 이전 단계에 고착되는 것을 방지한다.

촉구(*prompting*)는 클라이언트가 표적행동을 수행하도록 사회복지사가 주는 도움의 형태이다. 즉, 언어적 단서나 지시, 몸짓 혹은 비언어적 단서, 신체적 움직임, 행동을 통해 클라이언트를 지도하는 것이다. 이 방법은 반드시 필요할 때만 사용해야 한다.

소멸(*fading*)은 클라이언트가 바람직한 행동을 습득해 나감에 따라 강화의 빈도를 줄이거나 점차적으로 촉구를 철회하는 과정이다. 훈련 프로그램의 첫 단계에서 사회복지사는 클라이언트가 새로운 행동을 습득하도록 돕기 위해 지속적 강화와 빈번한 촉구를 사용한다. 이후 클라이언트가 표적행동을 수행하면 사회복지사는 강화나 촉구의 빈도를 줄여 간다.

조성(*shaping*)은 바람직한 대응 방법과 비슷한 것을 강화함으로써 새로운 행동을 구축하도록 하는 방법이다. 예를 들어 아동에게 '쿠키'라는 단어를 가르치는 언어치료사는 아동이 '고욱'이라고 발음했을 때 보상을 준다. 이후 '국-구', '구키'라고 말할 때도 강화를 제공한다. 바람직한 소리와 유사하게 발음하는 것을 몇 주간 강화하면, 마침내 아동은 '쿠키'라고 말할 수 있게 된다.

학습의 대부분, 특히 사회행동은 다른 사람을 관찰하고 그 행동을 모방함으로써 학습된다. 이 학습 과정을 **모델링**이라고 한다. 기능적 행동이나 역기능적 행동도 모두 모델링을 통해 학습된다. 그래서 어린 사람의 경우, 관찰의 결과로 긍정적이고 친사회적인 행동을 배울 수 있는 긍정적인 역할 모델을 갖는 것이 중요하다. 사회복지사는 다음의 여러 가지 원칙에 유념함으로써 기능적인 행동의 학습을 향상할 수 있다.

(1) A가 B를 가치 있는 위치(예: 권력이나 특권, 매력 등)에 있다고 보고 B의 행동이 보상받는 것을 관찰하면, B(모델)의 행동을 모방하려 할 것이다.

(2) 게다가 A는 어떤 식으로든 B와 동일시하고 유사함을 느껴야한다. 만약 A가 B를 완전히 다른 사람(예: 연령, 교육 수준, 사회・경제적 지위, 인종)이라고 간주하면 A는 실제로는 자신이 그 행동을 수행할 가능성이 없고 그로 인해 보상받을 가능성도 거의 없다는 결론을 내릴지 모른다.

(3) A가 B의 행동을 관찰한 후 곧바로 그 행동을 수행할 기회를 갖고, 그래서 그 행동에 대해 보상받는다면 A는 B의 행동을 배우게 될 것이다.

일반적 상황에서 병원, 치료센터, 그룹 홈에서 일하는 아동보호 직원과 자격을 갖춘 위탁부모는 어떠한 형태의 처벌도 해서는 안 된다. **타임아웃**(time out)은 신체적인 규율에 대한 대안이다. 테일러라는 7세 사내아이에게 사용할 타임아웃 기법을 배우는 중인 위탁부모를 위해 제시되는 일련의 지침을 살펴보자.

(1) 집 안에서 타임아웃으로 이용하기 좋은 공간을 찾는다. 만일 테일러가 물건을 발로 차거나 물건을 던지거나 짜증을 낸다면, 깨지거나 위험한 물건이 없는 공간을 선택한다. 환기가 잘되고 밝고 조용한 곳 또는 아동의 침실 등을 이용해도 된다.

(2) 타임아웃을 초래할, 바람직하지 못하거나 수용될 수 없는 행동을 분명히 한다(즉, 표적행동을 분명하게 규정한다). 예를 들어 테일러가 다른 아이를 때릴 때마다 타임아웃을 적용하는 것으로 정할 수 있다.

(3) 표적행동이 일어났을 때마다 타임아웃 절차를 즉시 사용한다. 테일러에게 다가서서 규칙을 어겼다는 것을 설명하고 지금부터 일어날 일을 말해 준다. 예를 들어 "테일러, 네가 동생을 때릴 때마다 너는 타임아웃을 받아야 해"라고 한

다. 아이를 타임아웃 장소로 데리고 간다. 그러나 가는 동안 아이를 쳐다보거나 이야기를 해서는 안 된다. 아이가 반항하면 가능한 빨리 그 장소로 데리고 간다.

(4) 미리 정한 시간 동안 타임아웃 공간에 테일러를 놓아둔다. 경험적으로는 아동 1세에 1분의 공식을 적용한다. 테일러가 잠잠해지고 행동이 좋아졌을 때, 혹은 시간이 다 돼 가면 문으로 가서 밖으로 나와 행동을 고칠지 묻는다. 예를 들어 테일러가 장난감을 던져 타임아웃을 경험했다면, "테일러, 나와서 네 장난감을 치울 거니?"라고 물어 본다.

만일 아동이 "예"라고 대답하면 아동을 데리고 나와 이전의 잘못된 행동을 고치게 한다. 칭찬을 통해 수정한 행동을 강화한다. 예를 들어 "나는 네가 장난감을 주우니까 좋구나"라고 말한다.

만일 아동이 "예"라고 대답하지 않거나 소리 지르고 울며 떼를 쓰거나 바람직하지 않은 행동을 한다면, 아동이 적절한 행동을 하고 조용해질 때까지 문에서 멀리 떨어져서 기다린다. 이후에 다시 되돌아가서 그 질문을 반복해 본다.

(5) 처음에는 테일러가 밖으로 나와 잘못된 행동을 고치기 전까지 수차례 테일러에게 질문해야 할 수도 있다. 좌절하지 말고 계속해서 이 규칙을 따라야 한다.

(6) 테일러가 타임아웃 장소에 가지 않아도 되는 날의 끝 무렵에는 아이에게 특별한 활동이

나 특전, 혹은 특별한 것을 준비해 두고 좋은 행동에 대한 보상이라고 말해 준다.

13.4 행동 시연

행동 시연(*behavioral rehearsal*)은 클라이언트에게 특정한 대인관계 혹은 상황을 다루는 방법을 가르치기 위해 설계된 기법이다. 본질적으로 이는 학습 도구로서, 모델링(*modeling*)과 코칭(*coaching*)을 사용하는 역할 연습의 한 형태이다. 역할 연습의 다른 형태와 같이, 행동 시연은 클라이언트가 안전하고 수용적인 환경 안에서 새로운 행동을 시도해 보는 기회를 제공한다. 예를 들면 클라이언트에게 취업 면접을 준비시키는 데 이 기술을 사용할 수 있다. 즉, 사회복지사가 고용주의 역할을 맡아 취업 모의면접을 실시한다. 일대일 면접이나 집단 면접에서 사용하더라도 단계는 기본적으로 동일하다.

- 1단계: 클라이언트가 도움받길 원하는 문제 상황을 명확히 한다. 그러한 상황에서 흔히 어떻게 행동하는지 보여 달라고 클라이언트에게 요청한다.
- 2단계: 사회복지사(혹은 집단 구성원)는 그 상황을 더욱 효과적으로 다루는 방법을 제안한다.
- 3단계: 클라이언트에게 문제나 관심사에 대한 추가 정보를 제공할 기회를 주고, 사회복지사(혹은 집단 구성원)도 자신의 제안에 대해 추가로 설명하도록 요청한다.

- 4단계: 역할 연습은 클라이언트에게 제안한 행동 변화의 시범을 보여주기 위해 사용된다. 시범을 보일 때 사회복지사(혹은 집단 구성원)는 일반적으로 클라이언트의 역할을 맡는다.
- 5단계: 시범을 보인 후 우선 사회복지사(혹은 집단 구성원)는 수행에서 긍정적인 측면을 밝히고, 이를 향상하기 위해 추가적인 제안을 한다. 필요하다면 바람직한 행동 방법을 찾을 때까지 역할 연습을 반복한다.
- 6단계: 클라이언트가 자신이 어떻게 행동해야 하는지 이해하거나 역할 연습을 할 준비가 되었을 때 행동 연습을 하고 클라이언트가 자신의 수행에 만족할 때까지 계속한다. 새로운 행동 연습을 위해 회기 밖 숙제를 사용할 수 있다.

행동 시연은 클라이언트가 사회복지사 앞에서는 행동을 성공적으로 배웠더라도 실제로 그 행동을 일반화할 수 없는 경우도 있다는 한계가 있다. 때때로 연습에서는 미처 예상하지 못한 문제가 실제 상황에서 나타나기도 한다.

13.5 행동 계약

기본적으로 **행동 계약**(*behavioral contract*)은 특정 행동 변화를 격려하기 위해 설계된 합의로서, 보통 서면 합의를 말한다. 이것은 보통 2명 이상의 사람 사이에서 일어나는 보상 혹은 정적 강화의 교환을 포함한다. 행동 계약에는 두 가지 형태가 있다. **조건부 행동 계약**(*contingency* contract)에서 한 사람(전문가)은 다른 사람(클라이언트)이 수행한 바람직한 표적행동에 따라 긍정적인 결과를 준비한다. 예를 들면 그룹 홈 관리인은 거주인에게 그들이 닷새 연속으로 방을 깨끗이 치운다면 영화를 보여 주겠다는 데 동의할 수 있다. 반대로 **상호적 행동 계약**은 한 쌍(예: 남편과 아내)의 구성원 간 합의를 말하며, 여기서 각자는 상대방의 바람직한 행동에 대해 보상하는 것에 동의한다. 예를 들어 남편은 아내가 자동차를 정비소에 갖다 준다면 아내가 보고 싶어 하는 영화를 보러 가겠다고 동의하고, 아내는 남편이 집을 청소한다면 남편이 좋아하는 요리를 하겠다고 동의한다.

그래서 행동 계약은 사회복지사와 클라이언트 간에도 협상될 수 있으며, 사회복지사는 2명 이상의 클라이언트(예: 남편과 아내, 부모와 아동)가 계약을 협상하도록 도울 수 있다. 행동이 명확히 기술되고 관찰될 수 있다면 어떤 행동이라도 계약의 초점이 될 수 있다. 부부 혹은 가족이 상호적 행동 계약을 맺도록 도울 때 다음 지침이 중요하다.

(1) 즉각적인 보상, 안도 혹은 부여된 과제 참여 및 달성을 통해 바라는 결과를 제공해줄 만한 표적행동이나 변화를 당사자들이 선택하도록 돕는다.

(2) 현재 가치 있고 가능한 일이라고 모두가 동의하는 과제 혹은 행동을 선택한다.

(3) 비슷한 것을 허용한다. 부분적인 성공,

과제를 성취하려는 진실한 노력을 인정하고 보상하는 것이 가능해야 한다.

(4) 수행, 보상 교환을 기록하기 위한 간단한 계획을 마련한다.

(5) 협상 면담을 끝내기 전에 참여자 각자가 수행하기로 동의한 과제와 계약을 기술, 설명하도록 한다. 오해가 없는지 확인한다.

흔히 **점수제도**(point system) 또는 **토큰경제**(token economies)로 불리는 조건부 행동 계약의 변형은 특정한 교육 현장이나 주거 치료시설에서 흔히 사용된다. 그러한 체계에서 클라이언트는 바람직한 행동(예: 숙제 완수하기, 방 청소하기)을 수행함으로써 점수나 토큰을 받고, 과자, 영화표 같은 물건 혹은 특권을 '구매'하는 데 이를 사용할 수 있다.

조건부 행동 계약을 사용할 때는 계약 불이행에 대한 반대의 결과와 함께 이행에 따른 강화(보상)를 명확히 기술해야 하며 모든 사람이 이해할 수 있어야 한다. 불이행이 클라이언트에게 심각한 결과를 초래할 경우 서면으로 계약을 작성한다. 그 밖의 상황은 구두 계약으로 충분하다.

13.6 역할 바꾸기

역할 바꾸기(role reversal)로 알려진 기법을 사용할 때 사회복지사는 사람들이 어떻게 느끼고 생각하는지 더 잘 이해하기 위해 타인의 관점 혹은 입장을 일시적으로 채택·실행하도록 클라이언트에게 요청한다. 이 기법은 자신의 태도와 메시지를 타인에 의해 해석되고 각색된 형태로 관찰하고 들을 수 있도록 한다. 이 기법은 결혼 및 가족 상담에서 특히 유용하다.

사회복지사는 "조와 케이코, 두 사람은 무언가를 시도해 보지 않으시겠어요? 관계에서 타인이 어떻게 느끼는지 알기 위해 역할을 바꿔 보았으면 합니다"라고 말함으로써 역할 바꾸기를 시작할 수 있다. 그리고 두 사람에게 의자를 서로 바꿀 것을 요청한다(의자를 바꾸지 않는다면, 자신이 하고 있는 역할에 대해 종종 혼동할 수 있다). 사회복지사는 "조, 이쪽 의자에서 당신은 당신 그대로이고, 저쪽 의자에서 당신은 케이코가 됩니다"라고 설명한다. 사회복지사는 반복적이거나 논란이 되는 대화의 특정한 부분에 초점을 둠으로써 역할 바꾸기 논의를 진행할 수 있다. 예를 들면 "조, 저는 당신이 이러한 갈등 상황에서 케이코의 역할을 맡는 것으로 시작해 주셨으면 합니다. '조, 당신은 나에게 관심이 없군요'라는 부분에서 시작해 주세요. 그리고 케이코, 당신은 조의 역할입니다. 이러한 말을 들으면 당신이 어떻게 느끼는지 말하면서 반응해 주셨으면 합니다"라고 진행한다. 얘기가 진행되는 동안 사회복지사는 그들이 상상하는 대로 상대방의 생각과 느낌을 표현하도록 격려하기 위해 다양한 면접 기술을 사용한다. 이 기법의 특성을 고려할 때 클라이언트가 편안한 마음과 유머를 갖고 역할 바꾸기를 하도록 지도한다. 그래야 이들이 자신의 상황과 스스로에 대해 희망을 품고 웃을 수 있다.

역할 바꾸기를 몇 분간 시행한 후, 각자 자신의 의자로 돌아갈 것을 요청한다. 갈등을 야기하는 이슈와 관련해 다른 사람이 왜, 어떻게 생각하고 느끼는지를 더 잘 이해하기 위해 역할 바꾸기에서 이야기되던 내용을 토의한다. 역할 바꾸기 기법은 예를 들어 다음 회기에 오기 전 가족 구성원 혹은 부부가 역할 바꾸기를 시도해볼 시간을 갖는 것 같은 숙제로도 사용될 수 있다.

13.7 자기 대화 관리하기

자기 대화(self-talk)란 자신과 상황에 대해 스스로에게 건네는 마음속 메시지를 말한다. 우리가 숙고하는 생각인 자기 대화는 경험에 대한 독특한 해석을 반영한다. 예를 들어 "다른 사람의 기대를 충족하지 못한다면 모두가 나를 거부할 것이고 나는 혼자가 될 것이다", "훌륭한 사람은 자신의 모든 일에 110퍼센트 노력을 기울인다", "50파운드(약 22kg)의 살을 빼지 않는다면 나는 행복할 수 없다"라고 실제로 믿는다면, 스스로에 대해 어떻게 느낄지 생각해 보자.

습관적으로 자신의 경험을 불합리하고 자기 제한적인 방식으로 여긴다면 많은 내부 동요와 대인관계에서의 문제를 낳을 것이다. 부정적인 자기 대화는 정서적 반응을 일으키며 이는 결국 자기 패배적인 행동으로 이끈다. 다음은 몇 가지 일반적인 왜곡 유형이다.

● 전부(全部) 아니면 전무(全無)라고 생각하기: 전적으로 옳거나 전적으로 그르다, 혹은

모두 나쁘거나 모두 좋다는 식으로 생각한다. 중간지대가 없다. 예를 들어 하나의 실수가 완전한 실패를 증명한다고 결론 내린다.

- 결론으로 건너뛰기: 증거 없이 결론을 내린다. 예를 들어 정보를 수집하기도 전에 판단한다.
- 선별적인 관심: 이미 믿거나 기대하는 것을 지지하는 사실에만 관심을 기울인다.
- 비극화(catastrophizing): 상황을 실제보다 최악으로 해석한다. 예를 들어 사회적으로 불편한 상황을 견딜 수 없거나 충격적인 것으로 경험한다.
- 실패의 과대화: 실패나 실수의 중요성을 과장한다. 예를 들어 10개를 성공하고 1개를 실패할 수 있는데, 단지 실패한 1개에만 관심을 쏟는다.
- 성공의 과소화: 긍정적 경험이나 성공의 중요성을 소홀히 여기고 경시한다. 예를 들어 성공을 운이 좋은 탓으로 돌린다.
- 자신, 타인, 세상에 대한 부정적인 믿음: 모든 사물이나 사람이 나쁘고 희망 없고 더 나빠질 것이라는 믿음을 고수한다.
- 개인화(personalization): 모든 문제가 자신의 부족함 혹은 실수 때문에 야기된다고 가정한다.
- 외적 통제소(external locus of control): 일어나는 일이 무엇이든지 외적 요인이나 자신의 영향을 벗어난 요인에 의해 야기된다고 믿는다.

사회복지사는 이런 왜곡된 인식을 더 비판적으로 검토하도록 원조함으로써 클라이언트에게

문제되는 감정을 통제하고 더욱 효과적으로 행동하도록 도울 수 있다. 물론 말처럼 쉽지는 않다. 사고방식은 습관이다. 쉽게 변하지 않으며 그 자체가 변화의 장애물이다. 다음의 5단계 접근은 왜곡을 수정하고 부정적 자기 대화로 향하는 경향을 통제하도록 클라이언트를 도울 수 있다. 클라이언트에게 다음과 같이 하도록 요구한다.

- 1단계: 논의하고 있는 그 문제에 관해 바로 지금 생각하고 느끼는 것이 무엇인지를 확인한다.
- 2단계: 자기 대화를 되뇌어 본다. '절대 아니다', '항상', '모든 사람', '완전히' 등과 같은 단어의 사용에서 찾아볼 수 있는 극단적 사고에 주의를 기울인다.
- 3단계: 자기 상황의 객관적인 현실이나 사실을 살펴본다. 사실이 확인되면 긴장을 풀고 숨을 깊게 쉰다. 그리고 사실을 3번 크게 되풀이한다.
- 4단계: 사실을 직시하며 부적절하거나 극단적인 용어 사용을 피할 때 다르게, 그리고 희망적으로 느끼게 된다는 것에 주목한다.
- 5단계: 문제 상황에 대한 사실을 명심하고 할 수 있는 일이 무엇인지 확인한다.

수학시험에서 유급한 사실을 방금 전에 알게 된 대학생과 사회복지사 간의 대화를 통해 이 5단계 방법을 설명하면 다음과 같다.

클라이언트: 제가 그렇게 바보 같다니 믿을 수

가 없어요. 수학에서 평균 B를 받아 왔는데 지난번 시험에서는 F를 받았어요. 학교를 그만두고 접시닦이 일을 찾는 편이 낫겠어요. 전 완전히 낙오자예요. 학교에 다닐 만한 가치가 없어요.

사회복지사: 잠깐! 스스로 비하하지 않는 방법을 배우고 싶다고 전에 말했지요. 한 번 해 봅시다. 제게 지금 당신이 생각하고 느끼는 것을 다시 한 번 이야기하는 것부터 시작할까요.

클라이언트: 저는 지금 수학시험을 통과할 수 없어요. 전 바보예요. 당황스럽고 제 자신이 미워요. 전 대학을 졸업할 수 없을 거예요. 이러한 사실을 알면 부모님이 절 죽이려고 할 겁니다. 제게 일어날 수 있는 가장 최악의 일이에요. 앞날이 깜깜해요. 모든 것이 두려워요.

사회복지사: 부정적 자기 대화를 살펴보도록 하지요. 스스로 말한 것을 확인해 보세요. 극단적인 언어를 사용했음을 알아야 합니다. 또 모든 것이 사실인지 살펴봅시다. 수학시험을 통과할 수 없다는 것이 맞습니까?

클라이언트: 글쎄, 아주 그렇지는 않아요. 이번 시험 전에는 모두 통과했으니까, 아직은 B학점이에요.

사회복지사: 부모님이 정말 당신을 죽이려고 할까요?

클라이언트: 글쎄요. 아니요. 그렇지만 부모님은 실망하실 거예요.

사회복지사: 시험에 실패하는 것이 당신에게 일어날 수 있는 최악인가요?

클라이언트: 글쎄, 아니요. 그렇지만 지금은 두려워요.

사회복지사: 정말로 이번 시험의 실패가 자신에게 앞날이 없다는 것을 의미합니까?

클라이언트: 글쎄요, 아직은 그렇지 않아요. 당신이 무슨 말을 하는지 알아요. 제가 과잉 반응한다는 것도 인정해요. 그러나 이런 생각과 감정을 어떻게 떨쳐 버릴 수 있는지 방법을 모르겠어요.

사회복지사: 이렇게 해보세요. 제가 하는 대로 당신이 처한 상황의 실제, 사실, 진실을 반복합시다. 나는 수학시험을 망쳤습니다. 부모님은 실망하실 겁니다. 나는 대학에서 평균 B학점을 받고 있습니다. 대학에는 남을 수 있어요. 나의 인생은 아직 끝난 것이 아닙니다.

클라이언트: (따라서 반복한다)

사회복지사: 자, 숨을 들이쉬고 긴장을 푸세요. 다시 한 번 크게 소리 내서 세 번 반복해 보세요.

클라이언트: (지시대로 따라한다)

사회복지사: 자기 대화를 바꿔 보니까, 어떻게 느껴지세요?

클라이언트: 글쎄요. 생각한 것만큼 나쁘지는 않은 것 같아요. 아까보다 훨씬 기분이 나아졌어요.

사회복지사: 우리의 감정은 스스로에게 말한 것에 반응합니다. 자기 대화가 왜곡되면 당신의 감정은 필요로 하는 것보다 더 극단적이고 부정적으로 변할 겁니다. 당신

감정이 통제를 벗어나고 마음이 나빠질 때 이 기법을 사용할 수 있습니다. 확실히 당신 스스로가 끔찍한 상황이라고 말한 만큼 나쁜 상황은 아닙니다. 그러나 다음 번 수학시험을 준비하는 방법에 대해 계획을 세워야 합니다. 이제부터 그 방법을 이야기해 봅시다.

클라이언트가 자신의 부적절한 자기 대화의 유형을 설명할 수 있다면, 자기 지시나 시각화, 일지 쓰기 같은 인지적 재구조화 기법이 유용하다. **긍정적인 자기 대화** 또는 **내적 이야기**(covert speech), **맞서기**(countering) 라고도 하는 **자기 지시**(self-instruction) 는 정기적으로 하루에 3번 정도, 특히 고통스러울 때 클라이언트가 반복하는 진술을 말한다. 흔히 거울 앞에서 큰 소리로 말하는 방법을 사용한다. 이러한 메시지는 사실적이며 클라이언트의 부정적인 자기 대화와 양립 불가능하다. 이는 역기능적인 유형에 대항해 자기 수용과 자기 확신을 키우는 것이다. 이 기법은 자신의 비합리적인 생각에 활발히 논박할 때 그러한 생각이 점점 약화된다는 관찰에 기반을 둔다.

이러한 기술을 맹목적으로 낙관적인 '긍정적 사고방식'과 혼동해서는 안 된다. 긍정적 사고방식은 중요한 진실을 적당히 얼버무리며 자기 기만에 빠질 수도 있다. 오히려 자기 지시는 클라이언트의 능력과 상황을 고려할 때 신뢰할 수 있고 현실적인 메시지를 요구한다. 또한 메시지는 가능한 구체적이어야 하며 직접적으로 클라이언트의 관심사와 관련되어야 한다. 자기 지시

는 효과적이지만 빨리 효과가 드러나지는 않는다. 중대하고 지속적인 변화를 위해 자기 지시를 1년 이상 지속적으로 자주 사용하는 것이 필요하다. "내가 직장에서 실수를 하면 사람들이 나를 바보라고 여기고 질책할 것이다"와 같은 역기능적 자기 대화 때문에 더 좋은 직업을 갖는 것을 두려워하는 클라이언트를 살펴보자. 이 클라이언트는 다음의 메시지를 반복하도록 배울 것이다. "내가 직장에서 실수할 때마다 나는 매우 중요한 것을 배운다. 누군가가 나를 비난한다면 그는 옳거나 그르거나 둘 중 하나일 것이다. 그 사람이 옳다면 나는 중요한 것을 배울 것이다. 그 사람이 옳지 않다면 무시해 버린다."

시각화(visualization) 기법을 사용할 때 클라이언트는 걱정을 야기하는 특정한 사건을 반복적으로 상상해 보고 이를 효과적으로 처리하는 데 필요한 단계를 마음속으로 연습해 봄으로써, 이러한 사건을 처리하도록 자신을 준비하는 방법을 배운다. 상상도 생생하고 구체적인 활동의 하나라는 점이 중요하다. 시각화는 많은 사람에게 사건에 대한 공포를 감소시키고, 해야만 하는 일을 할 수 있는 능력에 대한 확신을 심어 준다. 예를 들면 클라이언트는 어려운 질문을 받고 그에 대해 명확하고 적절한 대답을 하는 일을 시각화함으로써, 두려워하는 취업 면접을 준비할 수 있다. 그러한 시각화는 면접 전에 수십 번 연습할 필요가 있다.

일지 쓰기(journaling) 의 기법은 클라이언트에게 중요한 생각이나 감정을 일기로 쓰거나 기록하도록 요구하는 것이다. 글쓰기를 좋아하는 클라이언트에게 특히 유용하며, 종종 경험에 부

여한 의미에서 반복적으로 거론되는 주제나 유형을 인식하도록 돕는다. 이러한 과제를 구조화하는 방법으로, 다음과 같은 특정한 질문에 대해 글로 답하도록 클라이언트를 지도할 수도 있다. '나는 오늘 자신에 대해 무엇을 알게 됐는가?', '나는 어떤 감정과 기분을 경험했는가?', '어떤 생각이 이러한 감정을 유발하는가?', '오늘 일어난 가장 중요한 두 가지 사건은 무엇인가?', '이러한 사건과 관련해 어떤 감정을 느끼고 어떤 생각을 했는가?', '오늘 자신에 대해 어떤 개인적인 강점을 관찰했는가?', '문제가 되어 다뤄야만 하는 생각은 무엇인가?', '그렇게 하기 위한 나의 계획은 무엇인가?', '나의 강점에 기초해 계획을 어떻게 수립할 것인가?'

13.8 자아 존중감 형성하기

자신에 대한 생각은 느끼고 행동하는 방식에 광범위하게 영향을 미친다. 음식, 물, 주거지는 신체적 생존에 필수적이다. 그러나 심리적 · 정신적 생존은 스스로를 가치 있다고 느끼는지, 다시 말해 자아 존중감에 주로 달려 있다. 자신에게 가치를 부여하지 않거나 스스로를 존중하지 않는 사람은 자신에게 부여된 많은 한계와 씨름하며, 타인의 학대나 착취에 취약하다. 자아 존중감이 낮은 사람은 자기 확신이 부족하며 자기 패배적이고 자기 파괴적인 행동에 종종 관여한다. 이들은 자신이 어떻게 느끼는가에 종종 사로잡혀 있기 때문에 자기중심적이고 냉담해 보일 수 있다. 낮은 자아 존중감은 부끄러움, 사회적 고립, 지나친 환상이나 희망 사항으로 드러날 수 있다. 낮은 자아 존중감을 가진 어떤 사람은 자신의 중요도를 강화하기 위해 타인을 따돌리고 지배하고 통제하기도 한다. 다음의 몇 가지 지침을 따름으로써 사회복지사는 클라이언트의 자아 존중감 형성을 도울 수 있다.

(1) 자기 가치에 대한 느낌은 자신을 판단하는 방식, 타인과 자신을 비교하는 방식에서 비롯됨을 클라이언트가 이해하도록 돕는다. 이러한 자기 평가는 매우 주관적이며 항상 정확하지도 않고 우리를 아는 다른 사람의 판단이나 평가와 반드시 일치하지도 않는다. 결론적으로 폭력적이고 자기도취적이며 부정직한 사람 A가 높은 자아 존중감을 가질 수도 있는 반면, 다른 사람들이 아주 훌륭하다고 보는 사람 B는 자신에 대해 낮은 자아 존중감을 가질 수도 있다.

(2) 자아 존중감을 가르칠 수는 없지만 경험을 통해 배울 수는 있다. 특정 유형의 경험은 자신에 대한 믿음을 재평가하도록 만드는 학습 기회를 제공할 수 있다. 인지부조화를 창출하는 환경이나 상황에 클라이언트를 처하게 해서, 클라이언트가 긍정적 성과 혹은 경험을 탐색하고, 이를 자신에 대한 부정적 견해나 기대와 대조하도록 유도한다. 예를 들어, 어떤 사람이 지지집단, 성장집단 혹은 교회에 참여한다면 그는 타인에 의해 수용되고, 가치 있게 여겨지고, 존중받는 경험을 종종 겪는다. 그러면 이들은 자신에 대한 신념을 재검토하기 시작하며 자신이 정말로 인정받는 존재이고 가치 있다는 희망적 결

론을 내린다. 비슷한 맥락에서 취직하는 것, 직업을 변경하는 것, 학교로 돌아가는 것, 자원봉사자가 되는 것, 새 친구를 사귀는 것 등은 이러한 자기 탐색에 활기를 불어넣는다. 두말할 필요도 없이 낮은 자아 존중감을 가진 사람은 보통 새로운 경험을 시작하는 것을 두려워한다. 한 번도 가져보지 못한 것을 얻기 위해서는 한 번도 해본 적이 없는 일을 해야 한다고 이해시키고 격려할 필요가 있다.

(3) 낮은 자아 존중감을 가진 사람은 자신을 '그 분야의 1인자'와 비교하는 경향이 있다. 예를 들면 최고의 음악가, 우등생, 가장 매력적인 사람 등과 비교하는 것이다. 그러한 사고방식을 가지면 이들은 비교 때문에 항상 고통받으며, 자신이 다른 사람만큼 훌륭하고 가치 있지 않다는 믿음을 강화한다. 클라이언트가 자기 패배적인 사고 패턴을 인식하도록 돕는다. 모든 사람은 강점과 함께 약점이 있기 때문에 어떤 사람이 어느 특정한 분야에서는 뛰어날 수 있지만, 모든 분야에서 뛰어나지는 않다는 것을 인식하도록 돕는다. 자기 인식과 자기 수용은 자아 존중감의 구성 요소이다.

(4) 클라이언트가 자신에 대한 믿음과 가정을 검토하도록 돕는 방법으로, 자기 가치를 고양하는 구체적인 조건이나 상황(이런 조건 혹은 상황이 존재하는 경우)을 상상하도록 격려하는 방법이 있다. 그런 다음 그런 조건에 내포된 가치를 검토하고, 그런 가치가 정말로 한 사람의 가치를 측정하는 데 알맞은 기준인지 검토하도록 한

다. 예를 들면, 많은 사람은 매력적이거나 인기가 있거나 부자이거나 유명인이라면 행복하고 스스로를 긍정적으로 느낄 것이라 믿는다. 이러한 가정을 비판적으로 보면, 이것들은 신체 외모, 소유물, 자기과시에 강박적으로 사로잡힌, 얄팍한 사회적 가치라는 점을 알 수 있다. '모든 것을 가진' 것처럼 보여도 여전히 행복감, 만족감, 자기 가치, 그리고 인생의 목적의식 등이 결여된 사람이 많다. 관대함, 동정, 정직, 친절과 같은 가치가 인간의 가치를 나타내는 진정한 척도이다. 자신의 가치는 타인이 중요하다고 생각하는 것에 달려 있지 않다는 것을 클라이언트가 이해하도록 돕는다.

(5) 자아 존중감은 성공과 성취 경험으로부터 높아진다. 따라서 클라이언트가 자신에 대해 현실적이고 달성 가능한 목표를 세울 수 있도록 격려한다. 이러한 목적을 향해 나아가는 것을 돕고, 성공에 관심을 갖도록 한다.

(6) 목적의식, 의미, 건강한 영성 등을 개발하도록 클라이언트를 격려하고 돕는다. 자기 가치는 이상, 가치, 도덕적 기준과 부합하는 삶을 살고 있음을 인식하는 것으로부터 나온다. 이러한 이유로 클라이언트가 어려운 결정에 직면했을 때, 인간적 진실성을 유지하기 위해 자기 마음속에서 옳다고 여기는 것을 하도록 클라이언트를 격려해야 한다(항목 15.18 참조).

(7) 어떤 클라이언트에게 낮은 자아 존중감은 한두 번 이상의 중요한 분리·상실 경험과 관련

된다. 예를 들면 친가족과의 이별, 성학대로 인한 아동기의 상실, 소중한 사람으로부터의 존중의 상실 등이다. 이런 클라이언트의 상실을 인정하고 애도하도록 돕는다(항목 15. 17 참조).

13.9 도전과 직면

도전 혹은 **직면**(confrontation)은 클라이언트가 더 효과적인 기능수행에 방해가 되는 기만, 합리화 혹은 회피를 사용하고 있음을 인식하도록 돕는 정중하고 공손한 노력이다. 이 기법은 명백한 문제 인정, 문제 다루기의 거절과 같은 자기 패배적인 태도나 행동을 클라이언트가 주의 깊게 보도록 한다. 혹은 클라이언트가 천명한 도덕 원칙과 클라이언트가 실제로 행동하는 방식 간 차이를 지적하기도 한다. 예를 들면 다음과 같다.

> 클라이언트: 저는 아들 제이슨과 더 가까워져야 합니다. 제이슨의 어머니인 전처에 따르면, 제이슨이 내가 자신에게 관심이 없는 것처럼 느낀다고 하더군요. 그 얘기에 전 기분이 나빴죠. 하지만 전 시간이 없어요. 새로운 가정도 있고 업무상으로도 매우 바쁩니다.
>
> 사회복지사: 가까워진다는 건 무슨 뜻입니까?
>
> 클라이언트: 아시다시피 제가 제이슨과 함께 시간을 보냈어야 했다는 뜻입니다. 야구장에 데려가거나 하는 일이죠.
>
> 사회복지사: 전 당신이 지난 몇 주 동안 이런 식으로 여러 번 말했던 것을 기억합니다. 당신은 제이슨과 더 가까워져야 한다고 말하지만 해야 하는 일은 하지 않았죠. 전 당신이 현재 새로운 가정을 만들었고, 매우 훌륭하고 책임감 있는 직원이 되기를 원한다는 것을 알고 있습니다. 하지만 당신의 행동만으로 판단해 보면 당신은 아버지로서의 역할을 포기하고 시간을 다른 쪽에 쓰기로 결정한 것처럼 보입니다. 제가 방금 한 이야기에 대해, 당신의 솔직한 심정은 무엇입니까?

직면의 사용에는 항상 약간의 위험이 있다. 매우 방어적인 클라이언트는 더 합리화함으로써 직면 메시지를 종종 거부하거나 사회복지사를 언어적으로 공격하기도 한다. 우울하거나 자아 존중감이 낮은 클라이언트에게 사용하면 클라이언트가 비판받는다고 느껴 관계를 철회할 수도 있다. 이 기법을 사용할 때 고려할 필요가 있는 몇 가지 지침이 있다.

(1) 도전은 클라이언트가 신뢰하고 존경하는 사람에게서 나와야만 효과적이다. 더구나 클라이언트가 어느 정도 그 메시지를 듣고 고려할 정도로 개방적일 때 제공해야 한다. 도전 혹은 직면을 제공할 때 클라이언트가 그 메시지를 정확히 이해하고 메시지의 타당성을 고려하도록 돕는 것은 사회복지사의 책임이다.

(2) 클라이언트에게 화가 났거나 몹시 짜증이 났을 때는 직면 혹은 도전하지 않는다. 클라이

언트에 대한 진정한 걱정과 감정 이입이 없다면 직면은 어려운 클라이언트에 대한 사회복지사의 좌절을 표현하는 일일 뿐, 그 이상이 될 수 없다.

　(3) 메시지는 비심판적 방식으로 제시되어야 한다. 도전 내내 나 전달법을 활용한다(항목 8. 2 참조). 클라이언트에 관한 긍정적인 관찰과 직면 메시지를 연결한다. 다시 말해, 클라이언트의 강점을 인정하고 지지하는 맥락 안에서 메시지를 제공한다.

　(4) 메시지가 근거하는 사실 혹은 관찰을 제시한다. 사회복지사의 관찰과 이러한 관찰로부터 도출된 추론 사이의 차이를 클라이언트가 반드시 이해하도록 한다. 사실 혹은 관찰을 직접적 언급할 수도 있다. "저는 당신이 … 때리는 것을 보았습니다", "지난 금요일에 당신이 구체적으로 한 이야기는 … 입니다", 혹은 "저는 당신이 학교에서 싸웠다고 기술하는 보고서 4부를 받았습니다" 등이다. 추론은 잠정적으로 진술해야 한다. "제가 들은 이야기 때문에 전 … 라는 결론을 내리고 싶습니다", 혹은 "당신이 다른 설명을 하지 않는다면 전 … 라고 가정할 수밖에 없습니다" 등이다.

13.10 재구조화

　재구조화(*reframing*) 혹은 **재명명**(*relabeling*)은 클라이언트가 특정 사건, 행동 혹은 인생 경험에 부여하는 의미를 수정하도록 돕는 데 사용된다. 일반적으로 특정 사건이나 상황을 해석하는 방식은 사건 그 자체보다는 그 사람의 사고, 느낌, 행동에 더 큰 영향을 받는다. 다음은 사회복지사가 재구조화를 사용한 예이다.

위탁부모: 전 애나(위탁아동)가 못마땅합니다. 너무 자주 분통을 터트리고 제게 화를 내요. 그러나 전 애나를 화나게 할 어떤 일도 하지 않았답니다.

사회복지사: 당신이 얼마나 좌절하고 실망했을지 알 것 같습니다. 아시다시피 애나는 당신을 만나기 전에 경험했던 심각한 학대 때문에 화가 나 있는 아이거든요. 그렇지만 그것을 달리 보면 애나가 당신을 믿는 것이랍니다. 애나가 당신에게 호의를 보이고 있는 거죠. 당신 앞에서 화를 내는 행동은 당신과 함께 있으면서 안전감을 느낀다는 것을 증명하는 것이고요. 과거에 다른 사람들이 애나에게 했던 것과는 달리, 당신은 자신을 해치지 않으리라는 믿음이 있기 때문이죠. 애나가 안전하다고 느끼지 않는다면 당신 앞에서 화를 표현하는 것을 두려워했을 거예요.

　다음의 재구조화는 교통사고로 인한 장애로 신체적·정서적으로 고통스러운 삶을 경험한 35세 클라이언트의 또 다른 사례이다. 그는 아동기에 신체적·성적인 학대를 받았다.

　당신의 인생 경험에 대해 생각해 보았습니다.

당신이 겪은 모든 일에도 불구하고, 35세의 나이인 당신은 여전히 살아 있고 할 수 있는 한 최선을 다하려고 노력합니다. 인생의 배움터에서 당신은 값비싸고 매우 좋은 교육을 받았습니다. 이것은 예일이나 하버드와 같은 명문대에서도 제공할 수 없는 것입니다. 고통스러운 경험을 통해, 학교를 아무리 오래 다녀도 대부분의 사람은 결코 배울 수 없는 인생과 사람에 관해 배운 것입니다. 당신의 교육비는 인간적인 아픔과 고통의 형태로 지불된 것입니다. 그러나 그 대가로 당신은 높은 수준의 지혜를 얻었습니다.

사회복지사가 클라이언트에게 새롭거나 재구조화된 관점을 제공하는 또 다른 대안적 방법은 클라이언트가 몇 가지의 색다른 해석을 자유롭게 상상(brainstorming)하도록 촉진하는 것이다. 동일 경험에 관해 다섯 사람이 조금씩 다른 다섯 가지의 이야기를 할 것 같다는 점에 클라이언트는 보통 동의할 것이다. 그러한 동의를 기초로 활용하면서, 사회복지사는 논의하고 있는 인생 경험에 관한 부가적인 이야기(해석)를 생각해 내도록 클라이언트를 격려할 수 있다. 몇 가지의 대안적 인식을 생각해 보면 클라이언트는 보통 자신의 처지에 다소 위로를 받고, 적어도 상황을 해석하는 다른 방법이 정말 있을 수 있다는 사실을 인정할 것이다.

재구조화의 또 다른 방법은 클라이언트가 자신의 문제 행동을 기본적으로 긍정적인 동기가 극단으로 잘못 가버린 결과로 재정의하도록 돕는 것이다. 다른 말로 표현하면 그 문제를 통제

를 벗어난 강점으로 보는 것이다. 예를 들면 훈육으로 볼기를 심하게 때려 3세 아동을 다치게 한 젊은 어머니의 경우를 살펴보자. 이러한 학대 행동에 대한 논의는 어머니가 아이에게 적절한 행동을 가르치려고 했으나, 그 상황에서 좋은 어머니가 되려는 동기가 빗나갔거나 통제할 수 없게 되었다는 것을 먼저 인식하면서 접근한다. 사회복지사가 클라이언트의 문제를 좋은 의도가 잘못된 것으로 재정의할 때, 클라이언트는 공격과 비난을 덜 받고 희망이 있다고 느낀다. 클라이언트 관점에서 문제 행동을 제거하는 것보다 강점을 통제하거나 조율하는 시도가 쉬울 수 있다. 사회복지사가 사용하는 단어가 차이를 가져온다.

13.11 클라이언트의
어려운 의사 결정 돕기

의사 결정은 가능한 선택 혹은 대안 중 선택하는 과정이다. 의사 결정은 문제가 복합적이거나, 가족 · 친구의 충돌하는 조언 때문에 여러 방향으로 끌려 다니거나, 스트레스를 받는 클라이언트에게는 특히 어렵다. 너무 많은 클라이언트가 어려운 의사 결정을 회피하거나 각 대안의 가능한 영향 혹은 모든 선택을 고려하지 않은 채 충동적으로 결정을 내린다. 사회복지사는 클라이언트의 의사 결정을 촉진하기 위해 여러 원칙과 기법을 활용할 수 있다.

(1) 의사 결정 과정에서 가장 중요한 첫 단계

는 클라이언트가 내려야 하는 결정을 통해 성취하거나 달성하고자 하는 것을 가능한 한 명확하고 구체적으로 만드는 것이다. 즉, 결정을 내려 도달하고자 하는 목적은 무엇인가? 어떤 클라이언트의 경우 목적의 확인이 어려울 수 있겠지만 이는 필수적이다. 목표를 염두에 두고, 목표 달성에 도움이 되는지, 그리고 목표 달성하는 정도는 어떠한지의 관점에서 모든 가능한 선택 각각을 평가해야 한다.

(2) 평상시 결정을 내리는 방식을 기술하도록 한다. 이전에 했던 중요한 결정을 떠올리고 그 결정을 내릴 때 클라이언트가 했던 방식을 기술하도록 격려한다. 이들의 의사 결정 대부분은 논리와 추론에 기초하는가, 대부분 느낌에 기초하는가? 충동적으로 행동하는 경향이 있는가? 결정을 질질 끄는가? 자문을 구하는가? 타인의 충고를 따르는가, 혹은 저항하는가? 자신이 했던 결정을 종종 후회하는가? 상황 혹은 마감 기한(deadline) 때문에 결정해야만 할 때까지 이를 회피하는가? 또한 결정에 영향을 미칠 수 있는 성격 요인도 생각해 보도록 한다. 예를 들어, 실수에 대한 두려움이 클 수도 있고, 자신감이 부족할 수도 있고, 타인을 기쁘게 하려는 강한 바람이 있을 수도 있다. 클라이언트가 결정에 영향을 주는 요인을 어느 정도 자각하면, 강점을 이용하며 부정적 요인에 의해 이리저리 좌우되는 것을 피하는 방법을 고려하도록 격려한다.

(3) 느낌과 정서는 결정에 강한 영향을 발휘한다. 옳은 결정은 무엇인지에 대한 느낌은 현명하고 만족스러운 결정을 시사할 수도 있고 그렇지 않을 수도 있다. 많은 사람이 추론과 논리의 느낌을 잘못 판단하며, 어떤 사람은 타인이 원하거나 기대하는 것에 지나치게 좌우된다. 클라이언트가 고려하는 선택 각각에서 도출되는 느낌과 정서를 확인하도록 클라이언트를 돕는다. 또한 이러한 느낌의 가능한 원천을 확인하도록 돕는다. 예를 들면 이 느낌은 클라이언트 원가족의 가치와 신념에서 기원하는가? 종교적 배경, 문화 혹은 민족적 집단과 관련되는가? 이전 결정의 나쁜 성과와 관련되는가? 클라이언트가 특정 선택에 대해 특정한 방식으로 느끼는 이유를 더욱 정확히 자각할수록, 느낌 혹은 직감으로 부르는 것을 얼마나 중시해야 하는지 잘 결정할 수 있다.

(4) 어려운 결정에 직면했을 때 많은 사람은 목적에 도달하는 다양한 방식과 목적을 구분하지 못한다. 즉, 이들은 '**목적과 수단을 구분**'하지 못한다. 예를 들어 새로운 직장 출·퇴근 때문에 충분한 차량 구입비용을 궁리 중인 클라이언트를 생각해 보자. 이 경우 클라이언트의 문제는 차가 없다는 것이 아니라, 이동수단이 없다는 것이다. 자동차는 단지 이동수단 중 하나일 뿐이다. 다른 이동수단으로는 대중교통 이용하기, 걷기, 자전거 타기 혹은 직장까지 태워줄 다른 사람을 구하기 등이 있다.

(5) 바람직한 목적에 도달하는 다양한 방법을 단순히 나열하는 것도 이를 분리하는 데 도움이 될 수 있다. 일하는 동안 아동을 돌볼 수 없어,

그림 13-1 의사 결정표의 예

대안	비용	이익
존에게 돌아간다	a. 아마 학대가 계속될 것이다 b. 아이들이 공포에 떤다 c. 장래에 유사한 어려운 결정을 다시 해야 할 것이다 d. 심각한 상해를 입거나 죽을 수도 있다 e. 의료비용이 든다	a. 가족을 보존할 수 있다 b. 어려운 결정이 나중으로 미루어진다 c. 살 곳과 돈이 생긴다 d. 존은 자신이 나를 돌본다고 말한다
존을 떠나 결혼 생활을 정리한다	a. 장래에 대한 두려움이 든다(나는 누군가와 함께 있는 것이 필요하다) b. 나와 아이들이 이혼의 고통을 겪는다 c. 생활비가 부족하다 d. 법적 비용이 든다 e. 양육권 분쟁이 발생한다	a. 학대가 끝난다 b. 결정을 하고, 인생을 새롭게 시작할 수 있다 c. 아이들이 신경이 예민해지거나 놀라는 일이 줄어든다 d. 스스로 살아갈 수 있는지 발견할 수 있다 e. 새 출발의 기회가 된다

그림 13-2 의사 결정 활동지의 예

내 아이를 위한 계획

1. 아이 아버지와 나의 관계에 대한 질문
   A. 그에게 재정 지원을 기대할 수 있는가?
   B. 그에게 정서적 지원을 기대할 수 있는가?
   C. 임신한 이후 그와의 관계가 변화했는가? 등

2. 나의 부모와 나와의 관계에 대한 질문
   A. 부모는 내가 무엇을 하기를 원하는가?
   B. 나는 그들의 바람을 거역할 수 있는가?
   C. 나의 어머니가 아이를 돌보아 준다면, 아이는 '어머니의 아이'가 될 가능성이 있는가? 등

3. 아이를 갖게 된 후의 나의 삶에 대한 질문
   A. 내가 아이를 기른다면, 이것은 미래의 데이트, 결혼, 아이에게 어떻게 영향을 미칠 것인가?
   B. 내가 입양을 위해 아기를 포기한다면 이것은 미래의 데이트, 결혼, 아이에게 어떻게 영향을 미칠 것인가? 등

4. 백일몽 연습
   A. 내가 아이를 가질 이상적인 시기를 고를 수 있다면 언제가 될까? 어떤 장소가 될까? 아이의 아빠는 어떤 사람일까?
   B. 위의 이상적인 상황을 나의 실제 상황과 비교하면 어떤가? 등

5. 자신을 그리기
   A. 1년 전의 모습을 그린다. 그림 주변에 당시 중요했던 것을 말이나 그림으로 표시한다. 무슨 활동을 했고, 시간을 어떻게 사용했으며, 1년 전의 목표와 희망은 무엇이었나?
   B. 지금의 자신을 생각한다. 1년 전의 그림을 오늘의 상황에 맞게 변화시킨다. 지금은 더 이상 하지 않는 활동은 엑스 표시(✗)로 지운다. 변화된 목표와 희망은 무엇인가?
   C. 지금부터 1년 후의 모습을 그린다. 다시, 그림 주변에 앞으로 1년 동안 포함될 것을 기록한다. 시간을 어떻게 보낼 것인가? 1년 후의 목표와 희망은 무엇인가? 등

출처: Lutheran Social Services(no date). "Mimeographed item". pp.1~2, 4~5.

가족서비스기관을 찾아와 아동 위탁보호 배치를 요청한 어린 미혼모를 생각해 보자. 도움을 받아 그녀는 자격을 갖춘 주간보호 이용하기, 유급 베이비시터 고용하기, 친구와 비공식적으로 번갈아 가며 서로의 아이 돌보기, 직장 바꾸기, 근무시간 바꾸기 등 5가지 가능한 해결책을 찾을 수 있었다. 클라이언트가 제시한 문제를 위탁보호 배치 욕구가 아닌, 아동 돌봄의 욕구로 재정의하자 새로운 여러 대안이 등장했다.

(6) 의사 결정표는 클라이언트가 각 선택의 장·단점을 고려해 결정하도록 돕는다. 표에는 다음의 3가지 내용이 포함된다. 대안, 비용, 이익이다. 대안 칸에는 클라이언트가 고려하는 선택을 기입한다. 다음으로, 각 대안에 따른 결점(비용)과 이득(이익)을 기술한다. 모든 장·단점을 살펴보면 클라이언트는 최선의 선택을 더 잘 내릴 수 있다. 〈그림 13-1〉은 사회복지사와 구타당한 아내가 면접을 진행하며, 남편에게 돌아갈지 아니면 결혼 생활을 정리할지 결정하는 데 초점을 맞춰 작성한 예이다.

(7) 사회복지사가 특정 유형의 결정을 둘러싼 클라이언트의 공통적인 생각과 느낌, 주요 이슈를 잘 안다면, **의사 결정 활동지**를 만들어 클라이언트의 의사 결정을 촉진할 수 있다. 이 의사 결정 활동지는 고려해야 하는 주요 질문, 요인, 그리고 가능한 결과에 클라이언트가 관심을 맞추도록 한다. 〈그림 13-2〉는 아이를 포기하고 입양을 보내야 할지를 고려하는 10대의 임신한 미혼모가 활용하도록 고안된 의사 결정 활동지의

일부를 발췌한 내용이다. 이 예에서 볼 수 있듯 활동지는 질문을 던지며 클라이언트가 상황을 분석하도록 돕는 단순한 양식이다. 숙련된 면접도 분명히 같은 결과를 가져올 수 있지만, 활동지는 추가 구조를 제공하며 회기 사이의 숙제로 활용될 수 있다.

13.12 해로운 습관을 가진 클라이언트 돕기

기본적으로 **습관**은 학습되어 몸에 깊이 밴 행동이다. 습관은 생활의 자연스러운 일부이다. 사실, 의식적인 생각과 노력 없이 수많은 주요 과제(예: 키보드 작업, 악기 연주, 운전, 독서)를 수행하게 하는 습관을 개발할 능력이 우리에게 없다면 우리는 전혀 기능하지 못할 수 있다. 좋은 습관이든 나쁜 습관이든 몇 달, 몇 년에 걸쳐 천천히 만들어진다. 아동기에 많은 것을 배운다. 습관을 만드는 과정은 학습 이론이 잘 설명한다. 어떤 종류든 보상 혹은 강화를 끌어내는 행동은 반복될 가능성이 크다. 수차례 반복을 통해 행동은 몸에 배고, 우리는 무슨 일을 하는지 의식하지 않고도 그 행동을 쉽게 수행하게 된다.

고대 철학자들은 좋은 습관은 행복과 성공을 발견하도록 돕지만, 나쁜 습관은 좌절, 불행, 실패의 원인이 된다는 것을 잘 알고 있었다. 수많은 역사를 통해 좋은 습관은 미덕으로, 나쁜 습관은 악덕으로 불린다. 주요 종교가 가르치는 많은 영적 실천과 기법은 연민, 인내, 자기 이

해, 정직과 같은 좋은 습관을 배양하고 키우도록 돕는다. 예를 들어, 우리가 다른 사람을 연민으로 대하는 행동을 계속한다면, 우리는 점차 인정 넘치는 사람이 될 것이다. 이런 점에서 우리는 우리가 선택한 대로 된다.

나쁜 습관은 우리가 하고 싶은 것을 못하게 하고 우리가 되고 싶은 종류의 사람이 되는 것을 막는 것으로서, 우리가 평생 축적한 기생충적 존재로 묘사돼 왔다. 나쁜 습관은 건강, 관계, 경력, 재정 상태에 부정적인 영향을 준다. 나쁜 습관의 예로는 도박, 과식, 과도한 인터넷 이용 혹은 TV 시청, 아이에게 고함지르는 일, 미루기, 과소비, 손가락 꺾기, 손톱 물어뜯기, 토하기, 짜증 나는 식사 매너 등이 있다. 어떤 사람은 도벽, 포르노 보기, 난잡함이 습관이다.

어떤 점에서 나쁜 습관은 비화학성 중독 같다. 그러나 습관은 화학물질(항목 15. 11 참조) 중독과 관련된 내성, 금단, 갈망 같은 생리 현상이 나타나지 않는다. 통제력을 완전히 잃는 것은 심리적 강박 혹은 중독의 특징으로 정의되는 반면, 습관은 결단과 의지력으로 어느 정도 통제할 수 있다. 그러나 습관은 중독의 초기 단계일 수 있다. 예를 들어, 흡연은 초기에는 습관이지만 몸이 점차 니코틴에 익숙해지면서 니코틴을 갈망하는 중독으로 발전한다. 포르노 중독은 대부분 호기심 혹은 자극 추구로 시작하지만 시간이 지나면서 강박으로 발전한다.

나쁜 습관을 끊는 것은 쉬운 일이 아니다. 우리는 모두 개인 경험을 통해 이를 알고 있다. 우리 대부분은 새해마다 한 가지 이상 습관을 끊기 위한 해결책을 세운다. 여기, 해로운 습관을 끊기 원하는 클라이언트와 사회복지사가 공유할 수 있는 약간의 제안과 정보가 있다.

(1) 나쁜 습관을 끊기 위해 특별한 기법을 적용해야 한다는 것을 진심으로 믿지 않으면 나쁜 습관을 끊을 수 없다는 사실을 받아들인다. 습관을 끊는 것에는 동기, 인내, 계획, 노력이 필요하다.

(2) 습관을 분석한다. 다음 질문에 답을 써 본다. 이 습관은 얼마나 오래됐는가? 이 습관으로부터 받는 보상 혹은 강화(예: 즐거움, 긴장 완화, 자극, 집중)는 무엇인가? 어떤 상황에서 습관이 더욱 발생하는가? 그 행동에 선행하고, 그 행동과 동반하며, 행동 이후에 뒤따르는 분위기나 느낌은 무엇인가? 나쁜 습관을 제거하면 무엇을 잃거나 포기하게 되는가? 습관을 끊었을 때 얻는 것은 무엇인가? 잃는 것과 얻는 것을 고려할 때 이 나쁜 습관을 끊기를 원하는가?

(3) 습관을 유지하는 강화 요인 혹은 보상을 확인한다(항목 13. 3 참조). 습관에 관한 연구를 보면, 습관 발생에 선행하거나 습관을 낳는 **촉발 인자**(*trigger*)가 존재한다고 한다. 촉발 인자는 습관적 행동의 발생 가능성을 증가시키는 것으로서, 특정 환경, 생각, 분위기 혹은 의식의 형태를 취할 수 있다. 예를 들어 과식 습관이 있는 사람은 지루하거나 근심이 있거나 외로울 때 과식한다. 혹은 앉아서 TV를 볼 때 음식을 생각하기 시작한다. 이런 촉발 인자를 경계하고 피하는 일이 습관 통제를 도울 수 있다.

(4) 나쁜 습관을 제거하기 위한 서면 계획을 준비한다. 계획은 간단해야 하며 다른 일상생활과 책임에 맞추어야 한다. 예를 들어, '최소 30분, 일주일에 3회'라는 간단한 계획은 '월·수·금 4~5시에 운동하기, 월요일은 걷기, 수요일은 자전거 타기, 금요일은 근력 운동'과 같은 복잡한 계획보다 지키기 쉽고 성공할 가능성이 높다. 후자의 예는 너무 구체적이고 너무 엄격해 일상의 변화에 쉽게 중단될 수 있다.

(5) 습관 끊기를 시작하기 전, 최소 1주일 동안 얼마나 자주 습관에 관여하는지에 관한 상세한 서면 기록을 작성한다. 빈도 세기는 진전을 측정할 수 있는 기초선 기능을 수행할 것이다 (항목 14.1 참조). 어떤 경우에는 습관을 주의 깊게 모니터링하는 행동 그 자체가 빈도를 감소시킨다. 진전을 기록하고 성공할 경우 스스로 보상하는 방법을 찾는다.

(6) 나쁜 습관의 장점과 단점, 둘 다 기록한다. 이 연습은 습관대로 하고 싶을 때마다 장점과 단점 사이에서 선택하게 된다는 자각을 강화한다.

(7) 변화 노력을 강화하는 환경을 만든다. 예를 들어 친구에게 습관을 끊기 위해 노력하기 시작했음을 알리고, 습관을 관찰할 때마다 주의를 기울여 달라고 요청한다. 친구에게 수백 달러를 주고 습관을 끊는 데 성공하면 돈을 다시 돌려주고, 실패하면 그 돈을 가지라고 할 수도 있다. 손목에 고무밴드를 차고 습관대로 하고 싶을 때마다 딸깍 소리를 내는 것도 고려한다. 예를 들어 인터넷에 너무 많은 시간을 쓰는 나쁜 습관이 있다면 알람시계를 가지고 와서 할당된 시간이 끝날 때를 알리도록 설정한다. 간식을 너무 많이 먹는다면 먹고 싶다고 느낄 때마다 먹고 싶은 모든 것을 나열하고 일지에 기록한다.

(8) 나쁜 습관을 끊는 가장 효과적인 방법 중 하나는 끊고 싶은 습관과 양립 불가능한 습관으로 이를 대체하는 것이다. 예를 들어 TV를 보면서 먹는 습관이 있다면 그것은 TV 앞에서 종종 식사를 해서 식사와 TV를 연결하는 것으로 조건화됐기 때문일 수 있다. 이를 고치기 위해 TV 없이 식탁에서만 먹는 습관을 개발한다.

(9) 습관으로 고심할 때 흔히 자신의 나쁜 습관이 최종적으로 그리 나쁘지 않은 이유, 고칠 수 없는 이유, 고치려고 노력하는 것이 헛된 이유에 관해 합리화를 시도한다. 진전을 보이기 위해 자기 패배적인 자기 대화(항목 13.7 참조) 유형에 정직하게 직면하고 이를 주의 깊게 살필 필요가 있다.

(10) 습관을 끊으려고 시도한 첫 한 달 정도가 특히 어렵다. 왜냐하면 변화를 초래한 의지와 선택에 크게 의존해야 하기 때문이다. 몇 달 성공하면 새로운 패턴이 더 자연스럽게 느껴진다. 1년이 지나면 새로운 패턴이 꽤 확고히 확립될 것이다. 그러나 진전을 보일 때 과거 패턴으로 되돌아가기 쉬우므로 안일함을 경계한다.

13.13 재정적 문제가 있는 클라이언트 돕기

실직, 큰 의료비 지출, 이혼 등 다양한 요인이 재정적으로 책임감이 있는 사람마저 심각한 재정적 곤경 속으로 급속히 밀어 넣는다. 어떤 사람은 수입이 불충분한데 지출을 점검하거나 과소비를 통제하는 자제력이 부족하여 심각한 문제 상황으로 점차 빠져들기도 한다. 광고의 힘, 또래집단의 압력, 낮은 자아 존중감은 외상으로 물건을 구매하거나 필요 없는 물건을 구매하게 만든다. 원인에 상관없이, 재정적 어려움을 겪는 사람은 열심히 일해 적자 상태에서 벗어나야 하는 벅찬 과제에 직면한다(빈곤한 클라이언트에 관한 정보의 경우 항목 15. 1 참조). 재정적 문제로 고군분투하는 클라이언트와 일할 때 적용할 수 있는 정보와 제안은 다음과 같다.

(1) 모든 개인과 가족은 예산이 필요하지만 더 중요한 것은 예산을 따르려는 동기와 규율이다. **예산**은 식비, 주거비, 공공요금, 보험료, 교통비, 신용카드 및 대출과 관련된 부채, 의료비, 교양·오락비, 기부금, 통신비, 세금 등을 포함하는 계획이다. 예산은 또한 정기저축, 응급상황 대처에 대한 대비도 포함한다. 예산은 링 3개짜리 노트에 있는 몇 개의 열, 개별 항목 같이 단순할 수도 있고, 가정용 컴퓨터의 소프트웨어 패키지처럼 복잡할 수도 있다. 형태가 어떻든지 예산은 매일 혹은 매주 단위로 점검되어야 한다. 이를 통해 줄여야 할 항목과 해결해야 할 문제가 드러날 것이다.

클라이언트가 계산을 하지 못할 때, 예산은 특히 어렵다. **지출대 예산**(*envelope budgeting*)을 돈을 기록하는 가장 간단한 방법이 필요한 클라이언트에게 가르칠 수 있다. 클라이언트에게 단지 셀 수 있는 능력만 있다면 보통 이 접근을 사용할 수 있다. 클라이언트가 주요한 지출 항목(예: 식비, 집세)을 확인하도록 하는 것이 지출대 예산체계를 만드는 첫 단계이다. 다음 단계로, 2주일과 같은 지출 주기 동안 각 항목에 얼마나 많은 돈을 지출해야 하는지 결정한다. 봉투를 준비하고 각 항목에 이름을 붙인다. 예를 들면 '식품 봉투'에는 식비에 할당된 돈을 넣어 둔다. 모든 봉투는 상자 혹은 서류철에 함께 넣어 둔다. 돈을 봉투에서 꺼내 지출하면 클라이언트는 현금의 흐름을 구체적으로 측정하고 남아 있는 돈과 균형을 맞춘다. 클라이언트는 한 항목의 돈을 다른 항목의 비용으로 쓰려는 유혹을 물리치도록 격려받아야 하지만, 때로는 그래야만 할 때가 있다. 클라이언트에게 소득이 생기면, 그 현금은 새로운 지출 주기를 위해 봉투별로 다시 배분된다.

(2) 클라이언트가 상황을 분석하도록 돕는다. 이를 위해 페이지별로 4개의 열을 만든다. 첫 열에는 정기적으로 지출해야 하는 항목(예: 융자 상환금, 신용카드 대금, 공공요금, 집세, 보험)을 나열한다. 두 번째 열에는 첫 번째 열에 있는 항목별로 예상 지불 금액을 기록한다. 세 번째 열에는 항목별로 매달 실제 지불할 수 있는 금액을 기입한다. 네 번째 열에는 모든 항목별로 빚지고 있는 총액을 기입한다. 1열의 항목 중 이자가

붙는 모든 항목을 표시한다. 이는 가장 먼저 납부해야 하는 대상이다. 납부를 보류하거나 지불 금액을 줄여야 한다면, 이자나 연체료를 내지 않는 항목이어야 한다. 또한 부채 정도에 따라 이자 관련 항목의 우선순위를 매긴다. 한 고지서에 부과된 모든 융자를 없애면 다른 고지서를 위한 비용을 확보할 수 있으므로 부채 금액이 적은 항목을 상환하는 데 집중한다. 고지서 하나를 완전히 청산하는 것은 클라이언트가 나아지고 있음을 보여 준다. 더구나 이러한 채무 상환 기록은 클라이언트의 상환 능력을 입증하는 것으로 결제 연장 요청에 활용될 수 있다.

(3) 어떤 것에 대한 지불을 연기하고 다른 대금을 먼저 지불하는 일이 때때로 필요하다. 그러나 이는 신용 등급에 손상을 주며 법적 문제를 초래할 수도 있다. 클라이언트가 지불할 수 없거나 지불을 연기해야 한다면 돈을 빌린 채권자 혹은 사업체에 바로 연락하고 문제를 설명해야 한다. 지불을 진정으로 바란다는 점을 입증할 수 있다면, 채권자 혹은 사업체는 지불을 일시적으로 조정하거나 덜 힘든 지불 계획을 협상할 것이다.

만약 사업체에서 개인이 요금 고지서를 무시한다고 결론짓는다면 회사는 임금 압류와 같은 법적 조치를 하거나 미수금 처리 대행기관에 이 문제를 넘길 수 있다. 미수금 처리 대행기관은 사실 개인의 미래 지불 능력을 감소시킬 수 있는 대응이나 재산 압류를 원하지 않는다. 이들이 원하는 것은 지불이다. 만약 개인이 수금원을 피하고 지불을 처리하려는 노력을 보이지 않는 경우, 미수금 처리 대행기관은 빚진 돈을 회수하거나 이제까지 지불하지 않은 항목을 압류하기 위해 법적 조치를 취할 것이다. 미수금 처리 대행기관이 부당하거나 경우에 벗어난 것 같거나 모욕적인 경우 변호사 혹은 경찰과 상의해야 한다.

(4) 요금 고지서가 소득을 초과할 때, 클라이언트는 지출을 감소하거나, 소득을 증대하거나, 혹은 양자를 함께할 방법을 모색해야 한다. 대출 혹은 외상 구매는 단기적 응급 처치이며 장기적으로는 문제를 더 악화할 것이다. 신용카드는 편하지만 여러 사람에게 심각한 돈 문제를 야기한다. 아무도 계약서의 세세한 부분을 읽어 보지 않고 이자, 서비스 비용, 연체료 등을 이해하지 않은 채 신용카드사와 계약한다. 높은 이자율 지급은 계속 늘어나는 빚의 소용돌이를 만들어낼 수 있다. 과도한 신용카드의 사용이 재정 문제의 원인이라면 카드를 없애고 계좌를 닫아야 한다. 현금 지급이 가능하지 않아 신용카드를 사용해야 한다면 클라이언트는 이자 지급 혹은 다른 비용이 발생하기 전에 신용카드 요금을 내기 위해 노력해야 한다.

과도한 소비가 정서적 욕구, 자제력 부족에서 유발된다면 클라이언트가 이러한 이슈를 다루고 해로운 습관(항목 13.12 참조)을 수정할 수 있도록 돕는 것이 중요하다. 필요 이상으로 돈을 쓰는 사람은 원하는 것과 필요한 것을 구별하도록 돕는다. 우리 생에는 두 가지 선택이 있다. 원하는 것을 갖기 위해 노력하거나 뭔가를 갖기를 원해 노력하는 것이다. 익명의 채무

자들(Debtors Anonymous) 같은 자조집단은 충동적이고 무차별적으로 지출하는 경향이 있는 사람에게 유용하다는 사실이 입증됐다.

어떤 상황에서 클라이언트는 필수적이지 않은 소유물을 팔아 그 돈으로 부채를 갚을 필요가 있다. 예를 들어 직업과 관련된 교통수단으로 필요하지 않다면 차를 파는 것을 고려할 수 있다. 최종 할부상환 시기쯤 흔히 새 차로 바꾸기 때문에 자동차 할부대출은 부채의 악순환을 초래한다.

(5) 클라이언트를 **신용 상담**(credit counseling)에 의뢰할 것을 고려한다. 소비자 신용 상담 프로그램은 예산 작성, 자제력 개발, 가능한 파산 예방 등의 영역에서 클라이언트를 도울 수 있다. 그러나 비영리기관이 보통 제공하는, 저렴하거나 무료로 이용할 수 있는 신용 상담서비스와 비싼 수수료를 받고 부채 조정을 포함해 재무 상담을 해주는 영리업체를 혼동하지 않는다. 클라이언트를 신용 상담 프로그램에 의뢰하기 전에 이 프로그램을 주관하는 사람이 누구인지, 비용은 얼마인지, 정직성·효과성과 관련된 이 프로그램의 평판은 어떠한지 등을 알아봐야 한다.

(6) 극단적이지 않은 방법으로는 부채를 줄일 수 없을 때, **통합대출**(loan consolidation)을 고려할 수도 있다. 통합대출을 사용하면 다른 모든 대출과 연체 중인 채무를 상환하는 데 충분한 신규대출(새로운 법적 계약)을 받는다. 이 신규 대출금에 대한 상환액은 현재까지의 대출 상환액 총액보다 적도록 설계한다. 그러나 통합대출을 이용하면 상환 기간이 장기화된다. 클라이언트는 빚이 없어질 때까지 빚 모두를 여전히 다 갚아야 하고, 신규대출에 대해서도 평생 이자를 내야 한다. 통합대출의 또 다른 단점은 신규 상환액이 전보다 적은 것처럼 보인다는 점이다. 그래서 자기 빚이 얼마나 많은지를 잊어버리기 쉽고 불필요한 구매 유혹에 빠지기도 한다.

(7) 클라이언트가 부채에 압도되고 빚을 갚을 실질적 방법이 없을 때, 클라이언트는 변호사 자문을 받아 법원의 파산선고(bankruptcy)를 통해 필요한 법적 보호를 받을 수 있다. ● 개인이나 기혼자에게 미국의 〈연방파산법〉(Federal Bankruptcy Act)은 두 가지 유형의 **파산**, 즉 7장 파산〔완전 파산(straight bankruptcy), 혹은 청산 소송 절차〕이나 13장 파산(봉급생활자 채무 변제 계획)을 제시한다. 신청인의 부채 변제 능력을 평가하기 위해 사용되는 자산 조사는 두 종류의 파산 중 어떤 것이 적용될지를 결정한다. 일반적으로 신청인이 해당 주의 중위 소득보다 더 많이 번다면 13장 파산을 신청해야 한다. 파산보호를 신청한 사람은 신용 상담서비스를 이용해야 한다.

13장 파산은 모든 부채 혹은 부채 일부의 변

● 〔역주〕 우리나라에서도 지방자치단체에서 설립한 금융복지상담센터 등에서 파산과 회생 등 금융 관련의 공익상담활동이 이루어지고 있다. 점점 더 많은 클라이언트가 채무 등 금융의 문제로 고통받고 있기 때문에 사회복지사는 금융 관련 제도나 공익활동에 대해 기본적인 지식을 갖추어야 할 필요가 있다. 이 책의 내용은 미국의 법률체계에 따른 것이다.

제를 요구한다. 이 절차는 빚을 갚을 때까지 개인 소유물을 법원이 지정한 신탁관리자가 감독하는 할부 상환 계획 아래 둔다. 13장 파산은 보통 3~5년 정도의 정해진 기간 내에 부채를 갚는 계획이다. 판사가 이 계획을 승인하면 채권자는 모든 추심 노력을 멈추고 부채 대부분에 대한 연체료와 이자 부과를 중지해야 한다. 지급일마다 신청자의 임금 혹은 다른 수입에서 정해진 금액이 법원 신탁인에게 넘어가고, 신탁인은 이 돈을 채권자에게 지급한다.

7장 파산의 경우, 판사는 채권자에게 자신의 재산 손실에 대한 청구 소송을 제기하도록 하고, 소송을 제기한 개인을 증인으로 세울 것을 요청할 권리가 있음을 알린다. 채권자는 채무 면제에 대해 반대할 기회가 있다. 만일 채무 면제를 반대하지 않는다면, 판사는 파산 시점부터 모든 부채에 대한 법적 책임이 면해지는 파산 종료를 승인한다. 법에서 면제한 것을 제외한 모든 소유물은 신탁인에게 양도돼 매각된다. 이 매각 대금은 청구 소송을 제기한 채권자에게 배분된다. 남은 부채는 법적으로 소멸된다. 자녀 양육비, 이혼 위자료, 세금, 벌금과 같은 부채, 혹은 사기죄로 인한 부채는 면제되지 않는다.

파산은 여러 가지로 부정적 결과를 초래한다. 예를 들어, 파산은 공적 문서로 다뤄지므로 관련 정보를 찾는 사람에게 결코 숨길 수 없다. 또한 파산은 수년 동안 신용등급 보고서에 남아 대출 및 다른 신용을 받을 수 있는 능력에 영향을 미친다. 클라이언트가 파산을 고려할 처지에 있다면 변호사 자문을 구하고 이러한 법적 절차의 장점과 단점을 주의 깊게 비교해 봐야 한다.

13.14 위기에 처한 클라이언트 돕기

위기라는 단어는 광범위하게 사용되지만 정신건강 분야에서는 특별한 의미를 갖는다. 본질적으로 **위기**는 엄청나게 위협적인 사건이 초래한, 대처 능력 및 기능수행 능력의 갑작스럽고도 일시적인 와해이다. 위기를 촉발하는 상황에는 사랑하는 사람의 죽음, 삶을 위협하는 질병 진단, 실직, 집 화재, 강간, 변사 목격 등 끔찍한 사건이 해당된다. 이러한 경험은 너무 충격이라 사람들은 불안, 공황, 절망, 혼란, 해체를 겪는다.

위기는 **시간제한적**이며 보통 4~6주 사이에 적응과 기능수행의 안정 및 평정 상태를 회복하기 시작한다. 그러나 이 안정 상태는 위기 발생 이전의 기능수행 수준보다 더 좋을 수도 있고 더 나쁠 수도 있다. 그래서 위기는 위험과 기회의 시간이다. 위기가 건설적으로 해결되지 않으면 위험하며, 기능수행 악화와 만성적인 정서 문제를 낳는 악순환이 시작될 수 있다. 그러나 위기가 잘 다뤄진다면 새로운 대처 기술을 배우고 삶에 대한 관점을 재평가하며 전반적인 사회적 기능수행이 진정으로 고양되는 기회가 될 수 있다. 대부분 성과는 위기 동안 다른 사람이 어떻게 반응하는가에 달려 있다.

진정한 개인적 위기(단기간의 디스트레스와 재적응)와 수년간에 걸친 연속적 위기(행동 방식, 대처 방식 혹은 기능수행 방식에 실질적 변화는 없는 생활 스타일)는 구분되어야 한다. 위기에 빠진 상태에 젖은 사람은 생활이 롤러코스터를 타는 것 같다. 어떤 사람의 경우 지속적인 응급상황이 에너지를 공급하며 중독적이다.

위기라는 개념은 두 정신질환, 즉 급성 스트레스장애 및 외상 후 스트레스장애와 어느 정도 겹친다. **급성 스트레스장애**(*acute stress disorder*)의 중요한 특징은 극도로 충격적인 사건이 일어난 지 1달 이내에 특정 증상이 나타난다는 것이다. 이러한 증상에는 불안, 무심함(정서적인 반응의 부재), 주위에 대한 인식 부족, 삶이 비현실적이라는 느낌, 자신의 몸에서 분리된 듯한 느낌, 집중력 부재, 그리고 그 충격적인 사건의 중요한 세부 사항을 기억하지 못함 등이 있다. 만약 이 상태가 치료되지 않거나 충격적인 사건을 더 겪는다면 또 다른 질환인 외상 후 스트레스장애가 생길 가능성이 있다.

외상 후 스트레스장애(*post traumatic stress disorder*: PTSD)의 특징으로는 급성 스트레스장애와 같은 증상에 더해, 회상 장면의 재현(*flashback*), 사건에 대한 반복적인 악몽, 그리고 사건이 상기될 때마다 극도로 괴로워하는 반응이 있다. PTSD는 강간, 유괴, 고문, 교통사고, 전투, 충격적 죽음 혹은 타인의 상해 목격 등 격렬하게 감정적이거나 목숨을 위협하는 경험에 노출된 지 3달 이상의 시간이 지나 나타난다.

위기 동안(몇 주) 별다른 진전이 없거나, 급성 스트레스장애나 PTSD의 증상이 분명하다면 적절한 정신과 치료를 의뢰해야 한다.

위기에 처한 사람을 원조하고자 할 때 다음의 지침이 유용하다.

(1) 위기에 처한 사람은 촉발 사건과 공포, 불안에 사로잡혀 있다. 이들은 종종 매일의 일상 과제조차도 수행하거나 이에 대처할 수 없기 때문에 실패감을 느낀다. 이들은 집중을 유지하거나 명확히 생각할 수 없다. 클라이언트가 대안을 고려하고 의사를 결정하거나 문제 해결을 위한 방법을 계획하기에 앞서, 안전하고 수용되고 이해되고 있다고 느껴야 한다. 이들은 무슨 일이 있었는지를 이해하고 정리할 시간이 필요하다. 그래서 클라이언트가 준비될 때까지는 조치를 취하라는 식으로 재촉하면 안 된다. 위기에 처해 있는 클라이언트에게는 클라이언트의 미래에 지대한 영향을 미칠 중요한 결정(예: 주택 매매, 다른 도시로의 이사)을 가능하다면 미루라고 조언해야 한다. 클라이언트가 자신의 상황을 현실적으로 평가할 수 있도록 경청하며 논의를 이끈다. 힘들었던 경험을 단순히 인정하는 것에서부터 강한 재보증의 제공, 즉 "당신의 집을 떠나서 안전한 장소로 온 것은 잘한 일입니다"라고 말을 건네는 것에 이르기까지 다양한 정서적 지지를 제공한다.

(2) 원조 과정에 다른 사람을 참여시킨다. 위기에 처한 사람은 때때로 자신이 알고 신뢰하는 사람(예: 가족, 친구, 고용주, 성직자, 이웃)이 제공하는 원조, 조언, 지지에 대해 매우 호의적이다. 클라이언트가 다른 사람과 만나도록 격려하고, 클라이언트가 허락하면 이러한 의미 있는 다른 사람과 접촉해 클라이언트를 대신해 원조를 구한다.

(3) 위기에 처한 사람은 자신의 문제가 너무

나 거대해서 전혀 다룰 수 없는 것처럼 느낀다. 그래서 사회복지사는 부분화(partialization) 기법을 사용해 위협적인 상황을 수많은 구성 요소, 작은 단계와 결정으로 쪼갠다. 그러면 그 문제는 클라이언트가 보기에 다룰 수 있는 것처럼 보이고 한 번에 하나씩 해결해 나갈 수 있다. 클라이언트가 아주 작은 단계라도 시작한다면 자신의 가능성에 대한 자신감을 다시 얻기 시작할 것이다.

(4) 정서적 반응은 상황을 실제보다 더 나쁘게 느끼도록 한다. 오해와 오독은 위기를 악화시키고 정서적 반응을 강화한다. 그래서 사실 정보와 현실적 관점을 제공하고 오해를 수정하기 위해 정직한 피드백을 제공한다. 클라이언트가 다양한 선택의 장·단점을 따지고 자기 결정과 행동의 결과를 예상하도록 돕는다. 문제를 다루기 위해 무엇을 해야 하는지에 관한 매우 구체적인 지시와 지도 제공이 필수적일 수 있다.

(5) 희망적 태도는 위기에 처한 사람을 대할 때 중요한 요소이다. 도전을 해내고 통제력을 회복할 클라이언트의 능력에 대한 신뢰를 전달한다. 만약 당신이 클라이언트의 대처 능력에 대한 신뢰를 전한다면 클라이언트의 두려움과 자신감 부재는 줄어들 것이다. 다른 심각한 문제를 효과적으로 다루었던 때를 떠올리도록 돕는다. 클라이언트에게 분명한 행동 계획과 구조를 제공하는 수단으로 행동 계약(항목 13.5 참조) 활용을 검토한다. 이들 통해 클라이언트가 집중하고 내적 자원을 동원하도록 도울 수 있다.

(6) 여러 명 혹은 가족 전체가 동일한 충격적 사건 혹은 고통스러운 사건을 경험해 위기에 처했을 때는 집단 모임 혹은 가족치료 접근이 유용하다. 이런 모임에서는 모두가 자신의 경험과 느낌을 말하고 타인에게 자신의 관점, 지지, 상호 원조(항목 15. 23, 그리고 제6장 트라우마 관련 개입 참조)를 제공하도록 격려한다.

13.15 숙제 부여

숙제(homework)로 알려진 이 기법은 사회복지사가 회기 사이에 클라이언트가 수행하도록 요청한 다양한 형태의 활동을 말한다. 개입의 목표가 자연스러운 환경에서 실천할 필요가 있는 새로운 기술을 클라이언트에게 가르치는 것을 포함할 때 숙제가 흔히 사용된다. 예를 들면 낮은 자존감 문제나 다른 사람과 편하게 상호작용하는 능력이 부족한 문제를 가진 클라이언트에게는 버스를 타고 출·퇴근하는 동안 하루에 적어도 두 번의 대화를 시작하는 숙제를 부여할 수 있다.

이 기법은 클라이언트가 사회복지사의 지도를 수용할 의사가 있다고 추정한다. 숙제가 클라이언트의 특정한 문제 혹은 관심사를 다룰 때 숙제 부여가 가능하고 의미가 있을 것이다. 숙제 부여는 명확하고 자세한 설명과 함께, 그리고 종종 서면으로 제공돼야 한다. 예를 들어 지도는 다음과 같은 유형의 문장을 1개 이상 포함한다.

- **행동 문장**: '말하다', '읽다', '쓰다', '관찰하다', '세다', '얻다', '주다' 등과 같이 행동을 명시한 문장
- **양적 문장**: " … 하는 3명을 관찰하세요", " … 와 30분 동안 말하세요"와 같은 양적 문장
- **기록 문장**: "당신이 … 한 횟수를 기록하세요", " … 를 차트에 표시하세요" 같은 문장
- **회수 문장**: "다음 회기 때 … 의 목록을 가져오세요" 같은 문장
- **조건부 문장**(contingency statement): "성공하면, 그때는 … 로 스스로에게 상을 주세요" 그리고 "화가 나고 다른 사람이 미울 때마다 당신이 싫어하는 조직에 2달러를 기부하세요" 같은 문장

사회복지사는 클라이언트가 숙제를 완수할 것이라는 희망으로 숙제를 내지만, 숙제는 선택이며 완수하지 못한다 해서 사회복지사가 클라이언트를 판단하거나 꾸짖지 않을 것임을 알려야 한다. 만약 클라이언트가 숙제를 완수할 수 없다면 특별히 어려웠던 이유와 완수를 방해했던 이유를 논의하는 것이 유용할 수 있다.

13.16 감정 목록표

사회복지사가 만나는 많은 클라이언트가 자신의 감정을 부정하고 억누르도록 배운 역기능적 가정, 예를 들어 알코올 중독이나 학대가정 등에서 성장했다. 때로 그들은 감정을 표현하거나 '잘못된' 질문 혹은 '잘못된' 행동을 했다는 이

유로 벌을 받았다. 많은 사람은 표현한 감정을 무시하거나 무효화하는 아동 양육 방식으로 성장했다. 예를 들어 어머니가 매우 화가 난 자녀에게 "얘야, 너는 정말 화가 난 것이 아니라 다만 피곤한 것뿐이야"라고 말하는 식이다. 이런 가정에서 자란 사람은 감정과 느낌을 잘못 해석하거나 불신하는 경향이 있다. 이런 사람은 감정을 구분할 수 없으며, '슬퍼요', '화나요', '좋아요' 등과 같은 매우 막연한 표현만을 사용한다.

25~50개의 단어로 구성된 짧은 목록을 통해 클라이언트는 감정을 표현할 단어를 찾고 이러한 과정에서 자신을 더 이해하게 된다. 예를 들어 클라이언트가 개인적인 감정을 나타내려고 애쓸 때, 사회복지사는 감정 목록표를 제시하면서 클라이언트가 자신의 감정을 설명하는 단어를 찾아보도록 요청한다.

감정 목록표는 개인, 가족, 집단의 활동에 유용하다. 만약 감정 목록표를 활용하는 것이 클라이언트에게 도움이 된다고 확신한다면, 기관에 찾아오는 클라이언트에게 의미가 있을 목록표를 미리 준비한다. 목록을 작성할 때는 클라이언트의 나이, 인생 경험, 문화, 교육 수준을 고려한다. 목록에는 긍정적, 부정적 감정이 모두 포함돼야 한다. 긍정적 감정을 반영하는 단어는 '안전한', '안도하는', '자유로운', '가치 있는', '의존할 만한', '자신 있는', '희망적인', '구조된', '만족한', '즐거운', '용기 있는', '열정적인', '안심되는', '용서받은', '화해한', '고양된', '즐거운', '책임 있는', '기대하는', '자랑스러운' 등이다. 부정적인 감정을 반영하는 단어는 '배신당한', '함정에 빠진', '당혹스러운', '포기된',

'미워하는', '절망적인', '비통한', '역겨운', '불충실한', '오해받은', '통제된', '거부당한', '당황한', '부끄러운', '죄책감이 드는', '조종당한', '잃어버린', '취약한', '외로운', '자살 충동을 느끼는' 등이다(여러 감정 목록은 온라인 검색을 통해 찾을 수 있다).

감정과 느낌은 정상적인 인간의 경험임을 클라이언트가 이해하도록 도와야 한다. 어떤 감정은 유쾌하고 어떤 감정은 불유쾌하지만, 그 자체가 좋고 나쁜 것은 아니다. 문제는 감정에 반응하는 행동이 적절한지 아니면 부적절한지이다. 감정 자체는 도덕적으로 옳고 그른 것이 아니다(항목 8.6 참조).

13.17 클라이언트 옹호

사회복지사가 옹호자 역할을 맡으면, 사회복지사는 다른 사람을 위해 말하고 논쟁하며, 다른 사람을 대표해 협상하고 교섭한다. **클라이언트 옹호**(혹은 사례 옹호)에서 사회복지사는 개인의 이익을 대변한다.

계층 옹호(class advocacy)에서는 사회복지사가 전체 집단의 이익을 대변한다(항목 13.32 참조). 클라이언트 옹호는 받을 자격이 있는 서비스를 받지 못할 때, 또는 전문가나 기관, 사업체에 의해 차별이나 부당한 대우를 당했고 도움 없이는 이러한 상황에 효과적으로 대응하지 못할 때 필요하다. 사회복지사가 특정 클라이언트의 편에서 옹호의 필요성을 고려할 때는 다음 지침을 기억해야 한다.

(1) 사회복지사가 자신의 옹호자가 되기를 클라이언트가 원하는지 확인한다. 클라이언트의 명백한 동의가 없거나 클라이언트가 잠재적 이익과 위험 모두를 이해하지 못한다면 옹호를 사용하지 않는다. 가능하면, 수행하고자 하는 행동에 관한 모든 결정에 클라이언트를 포함시킨다.

(2) 클라이언트 옹호는 보통 직면과 도전을 포함한다. 사회복지사의 옹호가 다른 기관, 다른 서비스 프로그램 혹은 다른 전문가와의 관계를 손상하거나 긴장을 초래할 수 있다. 그리고 이렇게 손상된 관계는 추후 다른 클라이언트를 돕기 위해 그들의 협력이 필요할 때 문제가 될 수 있다. 클라이언트를 옹호하는 역할을 수행하고자 하는 사회복지사의 결정은 클라이언트를 돕고자 하는 순수한 동기에서 출발해야 한다. 다른 전문가나 기관을 곤란하게 만들거나 처벌하려는 의도여서는 결코 안 된다.

(3) 직면의 기술을 사용하기 전에 문제와 관련한 사실을 충분히 이해했는지 확인한다. 무엇이 왜 발생했는지에 대한 소문이나 다른 한편의 일방적인 상황 설명만으로 결정해서는 안 된다. 클라이언트는 때때로 사건과 설명을 잘못 표현하고, 오해하고, 잘못 해석하기도 한다. 주고받은 모든 편지, 작성한 서류, 이슈와 관련된 모든 다른 서류의 복사본을 확보해 검토한다. 만약 어떤 클라이언트가 서비스를 거절당했다면 다양한 자격 기준과 관련된 정보를 찾는다. 예를 들어 공공기관의 정책 매뉴얼, 자격 기준 등은 종종 인터넷에서 찾을 수 있다. 기준 검토를 통

해 클라이언트의 관심사 혹은 불만 사항을 명확히 할 수 있고 사례 옹호가 정말 적절한지 여부를 판단할 수 있다.

(4) 옹호 전술이 필요하다고 결정하면 적절한 기관이나 프로그램 대표와의 만남을 약속한다. 대면 만남은 전화, 이메일이나 서신보다 더 효과적이다. 그러나 클라이언트의 상황, 사회복지사의 관심사와 질문을 담은 개략적인 편지는 대면 면접을 위한 준비로 필요할 수 있다.

기관의 명령 계통을 존중한다. 예를 들어, 클라이언트와 만났던 피고용인과 말하기 전에 슈퍼바이저와 이야기 나누지 않는다. 또한 슈퍼바이저와 이야기 나누기 전에 기관 관리자와의 대화를 요청하지 않는다.

(5) 기관 대표와 이야기하기 전에 말하고자 하는 것과 질문하고자 하는 것을 정확하게 써 본다. 클라이언트가 원하는 서비스를 받을 수 없는 이유 혹은 특정한 방식으로 처우받은 이유에 대한 설명을 정중하게 요구하면서 대화를 시작한다. 관심사를 사실적이면서 존경하는 태도, 그러나 결의를 전달하는 어조로 전달한다. 이야기 나눴던 사람, 했던 질문과 그들의 답변 등에 대한 상세한 서면 기록을 관리한다.

(6) 문제가 됐던 기관 혹은 프로그램에서 클라이언트가 요청한 서비스를 제공하려 했지만 세부 조항이나 부당한 절차 때문에 못했다면, 서비스 거부 결정에 항소할 수 있는 방법에 관한 정보를 요청한다. 관리자, 이사, 입법가 등이

클라이언트가 직면한 어려움을 알고 있는지, 현재와 미래의 클라이언트를 위해 이 문제를 어떻게 다룰지에 관해 상의했는지를 물어본다.

(7) 추가 조치가 필요하다면, 고소하고 소송을 시작하는 방법에 대한 정보를 확보할 필요가 있다. 어떤 경우에는 진행하기 전에 법적 자문이 필요할 것이다. 공식적 항의 절차를 준비할 때는 무슨 일이 있었고 이 문제를 해결하기 위해 단계별로 어떤 시도를 했는지 등에 대한 상세한 기록이 필요할 것이다. 모든 관련 문서는 복사본, 이름, 날짜가 있어야 한다.

13.18 클라이언트 임파워먼트

직접적 서비스를 제공하는 기관의 사회복지사가 만나는 클라이언트 대부분이 억압, 가난, 학대, 해로운 인생 경험에 의해 억눌린 채 살아왔다. 그들은 더 나은 상황을 원하지만 무력감을 느낀다. 어떤 클라이언트는 실패감이 만연해 있고, 타인에게 거부당하고 무시당했다고 느낀다. 클라이언트의 부정적 감정, 자기 한계 인식에 도전하고 이를 수정하기 위해 사회복지사와 사회기관은 임파워먼트를 강조해야 한다.

임파워먼트(*empowerment*)는 문자 그대로 다른 사람에게 힘을 부여하거나 특정한 힘을 행사하도록 허용하거나 권한을 부여하는 것이다. 사회복지 전략으로써 임파워먼트는 클라이언트의 삶에 부정적 영향을 미치는 공공 정책이나 대중의 태도를 바꾸기 위해, 그리고 기능수행 향상

을 위해, 필요한 능력 및 힘을 획득하고 발휘하도록 돕는다. 이러한 접근을 적용하기 위해 사회복지사는 다음의 지침을 충실히 지켜야 한다.

(1) 임파워먼트 전략을 받아들이고자 하는 사회복지사와 기관은 이 전략이 요구하는 것이 무엇인지 깨달아야 한다. 임파워먼트 전략에서는 기본적으로 힘과 책임을 기꺼이 나누고자 해야 하며, 동시에 이를 나눌 수 있어야 한다. 임파워먼트 전략은 클라이언트의 자기 결정의 원칙을 인정하고 실천하는 것, 클라이언트와 진정한 파트너십 관계를 만드는 것을 요구한다. 클라이언트를 자기 삶 및 상황의 전문가로 보아야 한다. 그래서 사회복지사는 클라이언트에게 제안과 아이디어를 구하고 이를 기꺼이 수용해야 한다. 이때 사회복지사의 역할은 주로 교사, 훈련가 혹은 자문가이며 권위자, 전문가, 치료사가 아니다. 사회복지사는 문제를 해결하고 자원을 찾아 활용할 방법을 클라이언트에게 가르치기 위해 모든 기회를 찾고 잡아야 한다. 사회복지사는 클라이언트가 스스로 배워서 할 수 있다면 클라이언트를 위해 해결하는 것을 자제한다.

(2) 임파워먼트 전략을 선택한 사회복지사는 클라이언트(개인 혹은 집단)가 변화를 만들기 위해 선행해야 하는 능력을 배울 수 있으며, 이들이 겪는 현재의 어려움이 사회적 장벽과 필요한 자원의 부족에 의해 주로 발생한다고 가정한다. 이러한 가정이 해당 클라이언트에게 타당하지 않다면 임파워먼트 자체가 비효과적이거나 충분하지 않다.

(3) 각 개인은 타인에게 중요한 자원이며 사회적, 정치적 행동의 잠재적 참여자라는 점을 확신하는 것이 임파워먼트의 기본이다. 협력하고 책임을 공유하고 타인을 가르치고 타인으로부터 배움에 따라 사람들은 현 상황의 사회적, 경제적, 정치적 맥락을 이해한다. 사람들은 타인과 활동할 때 더 이상 외롭지 않으며 타인이 자신의 고통과 이상을 나눈다는 것을 깨닫는다. 협력을 통해 이웃과 커뮤니티에 필요한 변화를 만들 수 있다. 변화를 위해 활동함에 따라 의사소통 기술, 문제 해결 기술, 리더십, 비판적 사고, 설득, 주장, 협상의 기술을 배운다. 자신감이 커지면서 클라이언트는 삶을 향상할 수 있는 추가 조치를 하도록 동기 부여된다.

(4) 힘(power)이라는 용어는 정치가, 정부 관료, 기관 관리자 혹은 조직 내 이사회의 결정과 같이 타인의 행동에 영향을 미치는 개인 혹은 집단의 능력을 뜻한다. 인생 경험에서 배운 지식, 동기, 시간, 에너지, 이웃 혹은 커뮤니티에 관한 지식, 특정 문제에 대한 이해, 유머, 위험을 감수하고자 하는 의지, 투표권, 타인과의 연대 등과 같이, 클라이언트가 이미 갖고 있는 힘의 유형 목록을 만들도록 격려한다. 클라이언트가 자신이 특정 유형의 힘을 갖고 있음을 인식하면 사회복지사는 클라이언트가 개인적으로, 그리고 집단의 일원으로서 의사 결정에 참여하도록 격려함으로써 그 힘을 발휘하도록 돕는다. 또한 이러한 결정의 결과를 클라이언트가 경험하는 것이 중요하다. 결정을 내리고 결정의 결과를 관찰할 기회가 있어야만, 결정을 잘 내리는 방

법을 배울 수 있다.

(5) 클라이언트가 모임, 이벤트를 마련하며 주최하고 참석하도록 격려하고 돕는다. 이를 통해 클라이언트는 영향을 미치고 바꾸고자 하는 사람, 조직, 체계를 이해할 수 있다. 예를 들어 시 혹은 주의회 구성원과의 모임을 마련한다. 클라이언트가 정치인, 프로그램 관리자, 기타 의사 결정자과 일대일로 대면해 만난다면 어떤 변화가 가능한지를 더 잘 이해할 수 있으며, 또한 자신이 변화를 일으킬 수 있다는 생각을 더 확고히 할 수 있다.

(6) 클라이언트가 그들이 무력하지 않고 힘을 가지고 있음을 한번 인식하고 이해하면, 바람직하고 가능한 변화를 일으키기 위해 계획되고 훈련된 방법을 통해 이 힘을 사용하도록 원조한다. 그러나 이 단계에 함정이 있음을 명심해야 한다. 억압을 당해왔던 사람이 타인에게 영향을 미칠 수 있는 어떤 힘을 가졌음을 알게 되면, 그 힘을 가장 적절한 방법으로 사용하지 않을 수도 있다. 오랫동안 축적된 분노, 불평등에 대한 자각으로 공격적인 태도를 보이거나 싸우기도 할 수 있으며, 결국 잠재적 지지자가 떨어져 나가 목표에 대한 반대만 늘어날 수 있다. 클라이언트가 그들의 힘을 사용하도록 격려하는 반면, 또한 변화는 불만스러울 정도로 더디며 수많은 현실로 인해 의사 결정자가 그들의 요구에 재빠르게 반응하는 것에 한계가 있다는 점을 이해시켜야 한다. 예를 들어 기관은 정책이나 프로그램에서 즉각적이고 광범위한 변화를 만들

어 낼 수 없다. 예산의 한계와 기존 법, 그리고 그들이 봉사하는 타인으로부터의 요구가 있기 때문이다.

(7) 공공의 태도, 정책, 권력에 의해 클라이언트가 어떻게 억압받아 왔는지를 조사함에 따라, 클라이언트들은 때때로 분노에 휘말린다. 어떤 클라이언트는 이 시점에서 벗어나지 못한 채, 분노의 포로가 된다. 이러한 클라이언트가 자신의 느낌을 이해하고 표현하도록 원조하며, 이러한 감정에서 벗어나 고통을 넘어 앞으로 나아가도록 격려한다. 재구조화(항목 13.10 참조)를 자주 활용함으로써 이전의 학대와 불평등 경험을 다른 관점에서 볼 수 있도록 원조한다. 예를 들어 고통스런 과거를 통해 인생에서 무엇이 가장 중요하며 사람들이 왜, 무엇 때문에 그렇게 행동하는지에 대한 매우 귀중한 지혜를 터득했음을 발견하게 한다. 클라이언트가 계속 상처 받기보다 새로운 행동을 배우기로 선택한다면, 인간으로서 성장할 수 있는 수많은 기회를 얻게 될 것이라는 점을 알린다. 심지어 디스트레스 조차도 자신의 상황을 주의 깊게 재평가하게 하며, 고통과 불평을 야기한 문제를 변화시키기 위해 행동한다면 유익할 수 있음을 인식시킨다.

(8) 전반적인 철학으로써 임파워먼트는 대부분의 클라이언트와 현장에서 활용 가능하다. 그러나 사회복지사가 실제로 다른 사람을 임파워먼트하기 위해 할 수 있는 일은 실천 현장과 클라이언트의 유형에 따라 크게 달라질 것이다. 예를 들어 이 전략은 학대받은 여성이나 신체적

장애를 가진 사람에게는 활용성이 매우 높다. 그러나 요양원에서 정신적으로 혼란스러우며 허약한 생활인에게 직접적 실천을 할 경우 적용 가능성이 낮다. 교정시설 수용인은 법적 맥락과 안전의 문제 때문에 특정 의사 결정을 클라이언트에게 넘기는 것이 불가능하다.

13.19 상담과 조정을 통해 갈등을 해결하기

사회복지사는 클라이언트가 갈등을 해결하거나 최소화하도록 돕는 일에 종종 관련된다. 예를 들어 갈등은 이혼과 양육권을 둘러싼 배우자 혹은 파트너 사이에서, 부모와 자녀 사이에서, 임대인과 임차인 사이에서, 심지어 사회복지사 사이에서도 발생할 수 있다. 이러한 대인 간 갈등은 신념과 가치에서의 차이, 부정확하거나 불완전한 정보 혹은 사건을 이해하고 해석하는 방식의 차이 등에서 기인한다. 사회복지사는 상호 이해와 개선된 의사소통을 조성함으로써 이러한 유형의 갈등 해결을 도울 수 있다. 그러나 근본적인 의견 차이는 **조정**으로 알려진, 더욱 구조화된 개입을 필요로 한다. 모든 갈등을 해결할 수 있다고 생각하지 않아야 한다.

몇몇 사회복지사는 실천 전문 기술로서 갈등 해결을 다루기도 한다. 미국중재협회(American Arbitration Association: AAA), 갈등해결협회(Association for Conflict Resolution: ACR), 논쟁해결연구소(Institute for Advanced Dispute Resolution)는 갈등 상황을 다루는 데 필요한 지

식과 기술을 갖추고, 사회복지사와 다른 전문직에게 훈련 프로그램을 제공하여 자격증을 발급한다. 덧붙여 AAA, ARC는 미국변호사협회(American Bar Association)와 함께 "조정자를 위한 행동 강령"(2005)을 만들었다. 이 강령은 〈NASW 윤리강령〉과 마찬가지로 갈등 해결 개입에 관여하는 사람을 위한 지침을 제공한다.

1) 상담 전략

갈등 해결에는 사회복지의 기본적인 상담 및 촉진 기술이 필요하다. 그러나 클라이언트 옹호를 포함한 많은 사회복지 개입과 비교할 때, 갈등 해결 접근은 피해 당사자의 상황을 살피고 갈등에 기여하는 요인을 명확히 하며 대안적인 해결책을 고려할 때 중립적인 입장을 취한다. 갈등과 관련된 클라이언트나 사람을 상담할 때 명심해야 할 몇 가지 지침은 다음과 같다.

(1) 갈등을 해결하기 위한 만남 계획과 일정 조율의 일부로써 당사자가 다음의 질문을 고려하도록 권고한다. 이 갈등이 해결되기를 진정으로 원하는가? 혹은 이 문제와 관련한 다른 동기가 있는가? 이 문제와 관련해 진실이라고 말했던 것은 무엇인가? 혹은 부분적 진실을 과장하거나 제시했는가? 회기 동안 논의에 추가될 수 있는 관련 정보는 무엇인가? 이 문제 해결을 위한 건설적인 조치로 제안할 수 있는 것은 무엇인가?

(2) 회기를 시작할 때, 이슈를 논의하는 동안

상호 간 존중을 표명할 것, 서로 기꺼이 경청하려는 모습을 보일 것, 상황에 대한 상이한 관점을 이해하기 위해 정직한 노력을 기울일 것 등을 당사자에게 요청한다. 각자 터놓고 얘기할 수 있도록, 공정함이라는 기본 규칙을 집행하는 사람으로서 사회복지사를 지명하도록 한다.

(3) 가능한 정도까지 당사자들이 갈등의 근원을 확인하도록 격려한다. 예를 들어 갈등이 정보 부족 때문인가? 양쪽 당사자가 똑같은 사실과 정보를 갖고 있는가? 사실을 해석하는 방식에서 차이가 있는가? 사실에 대한 합의는 있는데 무엇이 가장 합리적이고 바람직한 결과 혹은 행동인지에 대해 의견 차이가 있는가?

(4) 각 당사자가 자신의 관점을 명확히 표현하고 설명할 수 있도록 돕기 위해 기본적인 원조기술(예: 명료화, 바꾸어 말하기, 재구조화, 요약하기 등)을 사용한다. 때로는 요점을 명확히 하고 다른 사람의 관점, 감정에 대한 공감 수준을 높이기 위해, 다른 사람이 말한 것을 각자들 대로 반복하도록 요구하는 것도 유용하다.

(5) 이슈를 충분히 이해한 것으로 보이면 갈등에 대한 여러 가지 가능한 해결책을 확인하기 위해 브레인스토밍을 사용한다(항목 13.31 참조). 이러한 과정 동안 공유된 이익이나 당사자들이 이미 동의한 것(예: 가치, 절충 내용, 결과에 의해 잠재적으로 영향받을 제 3자에 대한 걱정 등)을 당사자에게 알린다. 그리고 합의된 부분에 위배되지 않는 가능한 해결책을 구축한다.

2) 조정

갈등과 관련해 상담보다 더 구조화된 대안은 **촉진적 조정**이다. 이 방법은 갈등 상황에서 의사 결정 권한이 없는 중립적인 제 3자가 양 당사자가 논쟁 해결을 위한 조건에 동의하도록 활동할 때 사용한다. 참여자가 제 3자의 결정에 얽매이는 **중재**(arbitration)에 비해, 조정은 상호 동의한 해결책에 도달하며, 그래서 결국 모두에게 유리한 상황을 만드는 과정에 논쟁 당사자들이 적극적인 참여자로서 활동한다. 그래서 **조정**은 본질적으로 가치, 권한, 지위 혹은 자원에 대한 접근 등을 두고 갈등하는 당사자 간 대화이며, 그 속에서 사회복지사와 제 3자는 균형 있고 공평한 해결책을 찾도록 촉진한다.

무어(Moore, 2003: 64~65)는 분류체계를 개발하여 조정으로 다룰 수 있는 5가지 갈등 유형을 구분했다.

- **관계 갈등**: 강한 감정, 빈약한 의사소통, 오해, 그리고 부정적 혹은 적대적 행동과 같은 경험에서 야기된다. 이러한 유형의 갈등을 다룰 때는 참여자가 감정을 통제하고 분명히 하며 느낌과 감정을 표현하도록 촉진하면서 긍정적인 문제 해결 접근을 격려하도록 돕는다.
- **자료 갈등**: 정보 부족, 혹은 오보, 관련 정보가 무엇인지에 대한 경쟁적 관점 혹은 자료에 대한 상이한 해석에 기인한다. 이러한 갈등을 다룰 때는 어떤 자료가 중요하고 정확한지, 어떻게 추가 자료를 수집할 것인지 등을 정하고 자료 해석을 둘러싼 이슈를 해결하는 것이

필요하다.

- **이익 갈등**: 실질적인 이익 혹은 자원을 둘러싼 경쟁에 의해 발생한다. 따라서 이러한 갈등을 해결하도록 당사자들을 도울 때는 자기 입장 고수를 최소화할 것, 가능한 해결책 개발을 위한 객관적 기준을 찾을 것, 그리고 상호 합의한 해결책에 도달하기 위해 균형을 개발할 것 등이 요구된다.
- **구조적 갈등**: 파괴적인 행동 양식, 힘과 자원의 불균형, 협동을 방해하는 시간적·지리적 제약 때문에 발생한다. 아마 가장 조정하기 어려운 갈등이 구조적 갈등이다. 왜냐하면 구조적 갈등에 개입할 때는 종종 당사자가 파괴적 행동 양식을 수정할 것, 상호 합의된 의사 결정 과정을 확립할 것, 당사자에 대한 외압의 영향을 수정 혹은 무시할 것 등이 요구되기 때문이다.
- **가치 갈등**: 종종 당사자들이 서로 다른 가족 혹은 문화적 배경 출신이고 기본적으로 상이한 목적으로 상이한 종교적 관점 혹은 이데올로기에서 행동할 때 발생한다. 이런 갈등에 있는 당사자와 일할 때 조정자는 더욱 광범위하거나 더욱 중요한 목적에 대한 의견 일치를 구하도록 원조하고, 특정 이슈에 대한 의견 차이를 인정하거나 혹은 가치 갈등이 아닌 다른 방식으로 문제를 정의하도록 돕는다.

조정자는 힘이나 권한이 있는 자리에서 활동하는 것이 아니기 때문에 이들의 주요한 강점은 양 당사자와 신뢰 관계를 빨리 형성할 수 있는 능력, 그리고 기본적인 사회복지 원조기술(제8장 참조)을 효과적으로 사용할 수 있는 능력에 있다. 특히, 당사자들이 정말로 평등하고 적극적인 참여자임을 보장하면서 변화 과정(제7장 참조)을 이끄는 능력이 중요하다.

13.20 돌봄 제공자를 지지하기

클라이언트가 트라우마에서 회복되고 있는데 스스로를 돌보는 능력이 점차 감퇴되는 것을 경험하거나 회복 불능 상태를 직시할 때, 사회복지사는 클라이언트의 욕구에 맞는 돌봄 수준을 추천해야 하는 위치에 있는 경우가 있다(항목 11.11 참조).

종종 클라이언트에게 최선의 선택은 자기 집이나 돌봄을 제공하는 친구의 집 혹은 친척 집에 머무는 것이다. 환경이 안전하고 온화한지, 충분하고 영양가 있는 음식이 제공되는지, 신체적·정신적으로 클라이언트가 잘 보호받고 있는지를 확인할 책임이 사회복지사에게 있다. 돌봄 제공자가 유능하며 필요한 과업을 수행할 신체적·정신적 능력이 있는지를 확인할 책임 또한 있다.

대부분의 경우 **돌봄 제공자**는 배우자 혹은 성인 자녀지만, 때때로 친구 혹은 이웃일 수도 있다. 돌봄 제공은 힘든 상황을 견뎌낼 수 있도록 돕는다는 도덕적 의무 수행을 통해 만족감을 주거나 인생에서 중요한 친구 혹은 사랑하는 사람에게 기여한다는 만족감을 주기 때문에 보람된 활동일 수 있다. 그러나 수많은 돌봄 제공자에게 이 활동은 큰 스트레스를 제공하고 기진맥진하게 만드는 부담스러운 일이다. 자신의 일을 계속 수행하고 가족을 양육하며 외견상 일상적인 생활 방식을 유지하는 것으로도 일손이 부족한데, 여기에 추가 책임이 주어지는 것이다. 이와 함께 돌봄 제공자의 배우자와 자녀는 부족한 재정 내에서 추가로 자원이 지출되는 것, 돌봄이 필요한 사람에게 돌봄 제공자의 시간과 관심이 쏠리는 것뿐만 아니라 가족 내에 다른 사람이 침투하는 것에 분개하곤 한다. 돌봄 제공자는 자주 과부하, 좌절, 상충하는 책임 때문에 충분한 관심을 기울이지 못하는 것에 강한 죄책감 등을 경험한다.

돌봄 제공자를 지원할 때 사회복지사는 주기적으로 몇 가지 질문을 고려해야 한다.

- 돌봄 제공자는 사랑하는 사람의 상태를 어느 정도 알고 있는가?
- 돌봄 제공자는 클라이언트에게 최대로 도움이 되는 필수 기술을 개발하고 있는가?
- 돌봄 제공자는 혹시 힘든 역할수행에 대해 보상받지 못하고 완전히 압도됐다고 느끼는가?
- 돌봄 제공자는 돌봄 제공자로서의 책임과 나머지 다른 책임 간에 균형을 잡을 수 있는가?
- 돌봄 제공자가 없을 때 혹은 쉬고 싶을 때 일시적으로 돌봄을 제공할 수 있는 다른 가족 구성원, 친구, 이웃이 있는가?
- 돌봄 제공자는 휴식서비스 혹은 돌봄을 제공하는 성인 주간보호 같은 커뮤니티서비스를 알고 있는가?
- 돌봄 제공자는 '돌봄 제공자 지지집단'(커뮤니티 내)에 참여하고 있는가?

- 돌봄 제공자는 가정 내 돌봄이 더 이상 가능하지 않고 높은 수준의 돌봄을 제공하는 시설에 배치하는 것이 클라이언트에게 최선일 때가 언제인지 알고 있는가?

13.21 소집단에서 간접적으로 자신의 문제를 토론하기

소집단 기법은 집단 구성원이 일정한 정서적 거리를 유지한 채 자신만의 문제라는 인식 없이 이를 토론하고 토의하기 위해 만들어졌다. 이 기법은 망설이거나 조용한 집단 구성원을 토론에 참여시킬 때 효과적이다.

이 과정을 시작하기 위해 각 구성원은 3개의 3 × 5카드를 받게 된다. 각 카드에는 A, B, C의 표시가 있다. 구성원은 각 카드의 문장 완성형 질문에 답하거나 특정 질문에 답을 쓴다. 질문에는 질문 A, 질문 B, 그리고 질문 C가 붙어 있다. 응답을 쓰기 전, 사회복지사는 카드를 수거해서 섞은 후 토론을 위해 무작위로 다시 배분할 것임을 알려 준다. 각 구성원에게 자신의 정체를 드러내는 방법으로 응답을 쓰지 않도록 주의를 준다. 카드를 쓴 개인의 정체가 보호되기 때문에 각 구성원은 질문에 응답할 때 완전히 정직할 수 있다.

이 기법을 사용하는 사회복지사는 사전에 3개의 질문을 선택한다. 사회복지사가 3가지 중요한 혹은 문제되는 이슈의 존재를 알고 있거나 의심하는 상황이기에, 질문은 집단에서 논의되고 곰곰이 생각했으면 하는 것들이다. 다음은 신체적으로 아동을 학대한 부모의 집단모임에 사용된 미완성 문장의 예이다.

> 카드 A: (문장을 완성하시오.) 아이를 때리기 전, 나는 … 를 느낀다.
>
> 카드 B: (문장을 완성하시오.) 아이를 때린 후, 내가 가장 절실하게 느낀 것은 … 이다.
>
> 카드 C: (문장을 완성하시오.) 때리는 것을 막기 위해 내가 할 수 있는 한 가지 일은 … 이다.

이 기법은 또한 훈련 모임에도 유용하다. 다음은 위탁보호 중인 아동의 친부모와의 관계를 개선하는 데 관심을 두는, 위탁부모를 위한 훈련에 사용된 미완성 문장의 예이다.

> 카드 A: (문장을 완성하시오.) 친부모와의 관계에서 나는 … 가 가장 어렵다.
>
> 카드 B: (문장을 완성하시오.) 친부모에 대해 이러한 부정적인 감정을 가져서는 안 된다는 것을 알지만, 나는 … 를 느낀다.
>
> 카드 C: (문장을 완성하시오.) 친부모와의 활동을 개선하는 데 도움이 되는 일은 … 이다.

모든 구성원이 3개의 문장 완성하기를 끝내면 순서대로 카드를 모은다. 처음에는 카드 A, 다음에는 카드 B, 마지막으로 카드 C를 모은다. 각 카드를 묶음별로 각각 섞는다. 무작위로 모든 카드 A를 나누어 준다. 다음에는 카드 B, 카드 C순으로 나누어 준다. 각 구성원이 3개의 문장 완성 질문에 대한 답이 적힌 카드를 받았는지 확인한다. 이제 각 구성원에게는 3개의 카드가 있다.

그 다음 단계로, 3명 혹은 4명으로 이뤄진 소집단(큰 집단의 일부)을 만들고 그들이 받은 카드를 검토, 토론하도록 한다. 사회복지사는 각각의 소집단이 카드의 내용을 요약하고 공통 주제를 찾도록 요청할 수 있다. 예를 들면 위탁 부모에게 모든 카드를 검토하고 다음과 같은 것에 답하도록 요청할 수 있다.

- 아동의 친부모와 만났을 때 경험했던 어려움을 확인한다.
- 친부모와 만났을 때 어려움을 일으킨 원인을 확인한다.
- 친부모와의 관계를 향상시키는 방법을 확인한다.

일반적으로 참여자는 카드에서 자신의 답변과 유사한 생각, 관찰, 감정이 있음을 발견한다. 이것은 깨우침과 안심을 제공한다. 하위집단끼리 카드를 검토한 이후, 더 많은 자료를 얻기 위해 다른 하위집단과 카드를 교환한다.

이 기법은 15명 이상의 집단에 매우 유용하다. 그러나 소집단과 심지어 가족에게도 적용할 수 있다. 10명보다 적은 집단에 이 기법을 사용할 때는 사회복지사도 카드를 작성하고 제출해야 한다. 때때로 사회복지사는 토론을 활성화할 수 있는 응답을 기입함으로써 상황을 풀어 가거나 마중물 역할을 할 수 있다.

13.22 그룹워크 프로그램 만들기

그룹워크 프로그래밍(*programming*)은 집단 구성원에게 특정한 사회적 기술과 행동을 배우는 기회를 제공하기 위해, 그리고 바람직한 방향으로 집단 과정을 이끌기 위해 다양한 활동과 집단 연습을 의도적으로 활용하는 것을 뜻한다. 광범위한 활동, 예를 들어 드라마, 춤, 게임, 캠핑, 인형극, 스토리텔링, 동물 돌보기, 예술, 공예, 스포츠, 커뮤니티서비스 프로젝트 등이 프로그래밍에 사용될 수 있다.

예를 들어 게임이 사람의 행동과 태도에 어떻게 영향을 미치는지 살펴보자. 게임은 즐겁고 몰입하게 만든다. 때로는 창조와 환상을 제공하며, 규칙을 지키고 경계를 유지하는 것의 중요성을 가르친다. 또한 타인에 맞서 자신을 시험해 보는 도전을 하게 한다. 복잡한 게임이나 팀으로 이루어지는 게임은 자기통제, 문제 해결, 의사소통, 의사 결정, 기획, 협력, 리더십, 성공·실패, 권한과 관련된 감정을 다루는 방법 등과 같은 많은 중요한 기술을 가르칠 수 있다. 집단활동 중의 개인행동은 중요한 사정과 진단의 정보를 제공한다. 이를테면 게임을 하거나 동물을 돌보는 활동에서 아동이 보이는 상호작용 관찰을 통해, 종합 심리검사에서 구할 수 없는 아동의 행동에 대한 통찰을 얻을 수 있다.

선택하는 프로그래밍 유형은 개별 구성원, 구성원의 욕구와 강점, 집단의 목적, 집단의 기능 수준에 대한 사회복지사의 사정에 달려 있다. 지침은 다음과 같다.

(1) 특정 활동을 선택할 때 항상 "집단 내에서 어떤 행동, 태도, 기술을 권장하고 싶은가?"라는 질문을 항상 고려해야 한다. 이 활동은 집단 구성원의 친사회적, 기능적 행동을 끌어내고 강화해야 한다. 또한 집단의 목적 달성을 도와야 한다. 선택된 활동이 따돌림, 조롱, 괴롭힘, 부정직과 같은 문제 행동을 보상하거나 고무시켜서는 안 된다.

(2) 활동을 선택할 때 집단 구성원의 나이, 지적 능력, 신체적 능력, 운동 기술, 인내심, 주의력 지속 기간, 통제와 보호의 욕구, 사회적 기술 등과 같은 요인을 신중히 고려한다. 또한 구성원이 활동에 필요한 사전 기술 혹은 지식을 갖고 있는지 주의 깊게 고려한다. 예를 들어 활동이 쓰기, 읽기, 구두 의사소통, 협동, 경쟁, 주도성, 기억, 빠른 판단, 자기통제 혹은 상세한 지시를 따를 수 있는 능력 등을 요구하는가? 활동은 집단 구성원에게 약간의 도전이 돼야 하지만 과도한 좌절을 안겨 줘서는 안 된다.

(3) 집단 활동은 집단 구성원에게 호감을 주어야 하고 흥미로워야 한다. 예를 들어 청년은 종종 자동차 수리, 요리, 댄스, 음악, 농구, 목공 같은 활동에 흥미를 갖는다. 왜냐하면 이러한 활동이 나이에 적절하고, 유용한 기술 배우기와 사회적 상호작용과 결합되기 때문이다. 신체적으로 건강한 사람은 하이킹, 배구 혹은 수영을 즐길 수 있다. 노인은 빙고, 카드, 바느질과 같이 주로 앉아서 하는 활동을 선호한다. 음악이 친숙하면 춤을 즐길 수도 있다.

(4) 사회복지사에게 요구되는 활동은 무엇인지 주의 깊게 고려한다. 예들 들어 활동이 사회복지사에게 교사, 지도자, 규칙 집행자, 조언자, 기획가, 심판, 시간을 알리는 사람, 교통수단 혹은 음식 제공자와 같은 기능수행을 요구하는가? 여기서 또한 중요한 것은 집단의 규모이다. 사회복지사는 관리하고 감독하기 쉬운 작은 집단보다는 크고 다양한 집단에서 더 많은 도전을 받는다.

(5) 활동 규칙이 개별 구성원에게 어떤 영향을 미치는지를 고려한다. 예를 들어 게임 혹은 활동이 구성원을 선별하고, 순위를 매기거나 편을 가르고, 계속되는 경쟁으로부터 '실패자'를 제외하는 활동을 포함하는가? 낮은 자존감, 충동성 혹은 짧은 주의력 집중 기간을 가진 구성원이 규칙으로 인한 어떠한 좌절과 실망에도 대처할 수 있는가?

(6) 특정 활동의 적절성은 집단 발달 단계에 달려 있다. 예를 들어 친교를 맺거나 제휴 이전 단계인 경우 의사소통과 친근한 상호작용을 고무할 수 있는 활동을 선택한다. 그리고 경쟁을 내포한 활동이나 리더십 역할을 맡을 구성원이 필요한 활동은 피한다(항목 12.8 참조).

(7) 활동이 물리적 환경과 프로그램 일정에 적합한지 고려한다. 시간과 공간이 어느 정도 소요되고 필요한가? 안전한가? 소란스러운가?

Section B
간접적 실천을 위한 기법과 지침

조직이나 커뮤니티는 복잡하고 의사 결정에 다층적 구조를 가지고 있기 때문에 이 큰 체계를 변화시키는 활동에는 시간도 오래 걸리고 집중적 노력이 필요하다. 변화 활동에 참여하는 사회복지사는 복잡한 사회조직이 인간에 의해 만들어졌고 또 인간에 의해서 변화될 수 있다는 것을 인식해야 한다. 하지만 그 과정은 어려울 때도 있다. 경우에 따라서는 짧은 시간 동안의 집중적 프로젝트로 효과를 볼 수도 있지만, 거대한 체계의 변화는 대개 오랜 기간과 노력을 거쳐 이뤄진다. 성과의 성공 여부는 시기, 과거 성공했던 대체 프로그램에 대한 지식, 그리고 조직이나 커뮤니티의 주요 인물의 참여 같은 요인에 따라 달라진다.

개입 활동
모든 사회복지 실천과 마찬가지로 조직과 커뮤니티를 변화시키기 위한 사회복지사 활동의 성공은 부분적으로 관계에 기초한다. 클라이언트와의 관계가 핵심인 직접적 서비스 실천과 달리, 이들과의 관계는 행정가, 이사회, 대중매체, 선출직 관료, 그 밖에 의사 결정에 영향을 미치는 위치에 있는 사람과의 상호작용 형태를 띤다.

조직과 커뮤니티를 바꾸기 위한 대부분의 개입은 점진적 변화 과정을 포함한다. 그 활동의 대부분은 팀워크를 촉진하고, 기관 내 혹은 기관 간의 분쟁을 해결하고, 새롭고 혁신적인 서비스를 위한 아이디어를 창출하고, 프로그램을 위한 기금을 조성하거나 보조금 지원 신청을 하는 것이다. 이러한 형태의 개입 활동은 현재와 미래의 클라이언트에 대한 서비스 개선에 중요하다.

당면한 힘든 문제를 해결하려는 시도는 더욱 극적인 변화 활동이다. 이러한 활동은 기관 프로그램의 변화를 촉구하는 것, 이슈를 제기하기 위해 직원을 조직하는 것, 위원회를 주재하거나 문제 해결 집단을 이끄는 것, 새로운 프로그램을 설계하는 것, 대중매체가 대중에게 사회문제를 설명하도록 지원하는 것, 취약집단을 옹호하는 것, 주요 의사 결정자에게 로비 활동을 하는 것 등을 포함한다.

점검 활동

직접적 서비스와 유사하게 간접적 서비스 활동에서의 점검에서도 변화 노력이 이뤄지는 과정 동안 활동과 관련한 정보를 주거나(형성 평가) 활동이 종료된 후 활동 결과를 요약하기 위해(총괄 평가) 필요한 기법이 사용된다. 점검과 평가를 위한 도구는 제14장을 참조한다.

13.23 이사회 혹은 자문단과 활동하기

영리를 위한 인간서비스조직은 예외지만, 사회기관은 사람의 의지에 따라 운영된다. 커뮤니티 대표자로 구성된 이사회와 자문단은 기관이 제공할 프로그램과 정책 형성에 결정적 역할을 한다. 또한 이들은 커뮤니티와 직원 사이의 접점으로도 기능한다. 그래서 이들의 활동과 결정은 기관서비스 제공에 활용되는 자원(기금이나 자원봉사자 등)에 영향을 미친다. 사회복지사가 기관 이사회의 권한과 책임을 아는 것이 중요하다. 예를 들어 프로그램이 클라이언트의 욕구를 적절히 충족하지 못한다면, 이사회와 함께 변화 옹호를 준비해야 한다.

민간기관에서 **이사회**는 기관의 기능수행에 대한 최종 권한을 갖는다. 이사회는 필요한 자원 혹은 전문 지식을 끌어 모으고 제공할 뿐 아니라 커뮤니티를 대표해야 한다. 전부는 아니지만 어떤 기관은 주요 자금 동원자 혹은 후원자가 될 사람을 이사회 구성원으로 선발한다. 이사회가 기관의 사명과 서비스를 대중에게 알리는 것, 책임성 있는 자원 배분을 보장하는 것, 서비스를 지속해서 평가하는 것 등은 조직에 대한 대중의 신뢰를 만드는 데 필수적이다.

비영리 사회기관에서 이사회는 조직의 전반적인 운영에 법적 책임을 갖는다. 그러나 이사회 구성원은 기관의 활동을 관리하는 일상 업무에는 나설 수 없고 그래서도 안 된다. 그것은 최고행정 책임자(chief executive officer: CEO, 때로 사무총장 혹은 관리자로 불림)의 업무이다. 이사회는 최고행정 책임자와 권한을 공유한다. 최고행정 책임자는 서비스를 제공할 직원을 선발한다. 직원 배치에서 명령 계통을 명확히 함으로써 클라이언트에 대한 전문 직원의 서비스 제공을 방해하는 혼란이 없어야 한다.

요약하면 기관 이사회는 기관의 목적, 운영 방식, 프로그램 결정, 커뮤니티의 욕구와 기관 간 연계 기획, 조직 운영에 필요한 가용자원 확보를 위한 기금 조성, 유능한 최고행정 책임자 영입, 프로그램을 전달할 시설 제공, 대중에게 기관의 성공 전달, 조직 운영에 부여된 신뢰에 대한 책임성 보증을 위한 평가 수행 등의 책임을 맡는다.

공공기관의 경우 **자문단**(자문위원회로 불리기도 함)은 조직 운영에 어떤 법적 책임이나 권한을 갖지 않는다. 자문단은 조직의 운영을 책임지는 공무원이 시민의 참여를 원하거나 혹은 법전이나 기관 규칙에서 시민 참여 채널로서 자문기구를 요구하기 때문에 설립된다. 명칭이 함의하듯 자문단은 조언을 제공한다. 하지만 그 조언을 따르도록 강제할 수는 없다. 자문단은 다음과 같은 목적을 위해 존재한다.

• 커뮤니티의 욕구를 확인하고 새롭거나 수정된 프로그램을 추천한다.
• 기관 프로그램을 평가하고 기관 사업 운영을 위한 새로운 절차를 제안한다.
• 기관 활동을 위한 기금 조성, 그리고 기관 지원에 대한 옹호 등을 돕는다.

전형적으로, 이사회와 자문단 구성원 모두는 시간과 능력을 자발적으로 기관에 헌신하는 사람들이다. 구성원의 동기는 다른 사람을 돕고자 하는 것, 커뮤니티의 이익을 위해 특별한 지식을 사용하고자 하는 것, 개인적인 명성과 사회적 지위를 얻고자 하는 것 등에 이르기까지 다양하다. 그러므로 이들의 동기를 이해하고 기관에 도움이 되는 방식으로, 그리고 이사회 혹은 자문단 구성원 욕구를 충족하는 방식으로 이들 자

원을 활용하는 것이 중요하다.

13.24 효과적인 직원회의

사회기관의 성공적인 운영을 위한 중요한 요인은 직원 간 의사소통의 질로서, 직원회의는 기관 경영에 매우 중요한 도구이다. 직원회의가 적절히 이용되면 의사소통을 원활케 하고 부적절하고 부정확한 정보로 인한 문제를 미연에 방지할 수 있다. 직원회의가 비효과적으로 혹은 형편없이 진행될 경우 기관 입장에서는 경제적 손실이, 직원에게는 좌절이 될 수 있다. 예를 들어 8명의 직원이 참여하는 1시간 회의라면, 이는 한 사람의 하루 급여에 해당한다. 회의의 비용은 그 시간 동안 직원이 클라이언트에게 제공하는 서비스와 비교해 기관 목적 달성이라는 이득으로 정당화되어야 한다.

프로젝트팀이나 특별위원회의 회의, 사례 관련 회의 및 자문회의, 사례 배분을 위한 회의 등과 직원회의를 구분하는 것이 중요하다. 직원회의와 팀회의는 목적(예: 기관 관련 정보 교환, 또는 특별한 사례와 관련된 실천 기술 논의), 내용(예: 정책, 절차, 조직 유지에 관한 토론, 전문적 실천 이슈, 또는 사례 상황과 관련된 실천 활동의 특정 이슈), 형식(예: 공식적 의사 결정 구조), 구성원(예: 실천가, 지원 인력 포함), 크기(예: 일반적으로 직원회의가 팀회의보다 더 큼)에 따라 구분된다.

직원회의 시간은 메모나 이메일로도 충분히 전달될 수 있는, 일상적이고 이해하기 쉬운 정

보로 소모돼서는 안 된다. 구두 설명, 직원으로부터의 피드백, 직원 결정 등이 필요한 문제에 직원회의 시간이 잘 사용돼야 한다. 또한 직원 회의는 매주 혹은 매달 같은 시간에 열리고, 시작과 종료 시간이 정해져 있어야 하며, 1시간을 초과해서는 안 된다. 회의 참석은 의무적이어야 한다. 지도자는 회의에 앞서 미리 안건을 준비해 배부하며 논의가 진행되도록 할 책임을 진다. 그러나 직원회의가 오로지 경영 책임에 관련된 것만은 아니다. 모든 직원은 안건을 제안하고, 안건에 관한 토론도 미리 준비해야 하며, 관심을 기울여야 하는 안건을 수행할 책임을 진다. 만일 광범위한 토론이 요구되는 이슈라면 별도의 모임이 계획돼야 한다. 여러 상황에서 회의록을 준비하는 것이 정보를 전달하고 직원 결정을 제대로 기록하는 데 유용하다.

배러타허먼(Barretta-Herman, 1990: 145)은 인간서비스나 조직에서의 직원회의를 분석해 성공적인 회의에 필요한 세 가지 요소를 다음과 같이 밝혔다.

- 경영진과 실천가가 함께 참여해 목표를 달성한다.
- 적극적인 토론, 독창적인 문제 해결, 그리고 직원 참여를 위한 공개토론을 실시한다.
- 특정 주제에 관한 토론 결과는 실행에 옮길 책임을 분명하게 나타내야 한다.

13.25 전문가 간 팀워크와 협력을 구축하기

다양한 기관과 다학제 간 상호작용을 포함해 인간서비스의 복잡성을 고려할 때, 사회복지사는 팀의 구성원으로 일하는 데, 그리고 팀워크와 타인의 협력을 고취하는 데 능숙해야 한다. 다음은 이러한 상호작용을 강화할 때 유용한 지침이다.

(1) 일반적으로 개인과 조직은 협력이 이익이 될 때 서로 협력한다. 이익은 개인적, 전문적, 조직적, 정치적, 재정적인 것이 될 수 있다. 당사자들이 공통으로 가진 것은 무엇인가, 그들과 클라이언트는 협력으로부터 어떻게 이익을 볼 것인가를 강조함으로써 협력이 조성된다.

(2) 진정한 팀워크와 기관 간 협력은 우연히 생겨나지 않는다. 협력은 고무되고 조성돼야 한다. 감사의 표현, 칭찬, 인정, 팀 구성원에 대한 개인적 관심 등은 협조적인 태도를 강화하도록 돕는다. 부정적인 분위기는 협력적 행동을 약화하는 경향이 있기 때문에 타 전문가와 기관에 실례가 되는 어떤 논의도 중단한다.

(3) 팀워크와 협력은 클라이언트를 돕기 위해 자원을 결합하려는 공동 목적에서 생겨난다. 만약 클라이언트가 아니라 자신들의 이해관계로 결정이 내려지는 것 같다면 팀 구성원 혹은 기관 대표는 "우리가 클라이언트를 위해 무엇을 성취하고자 하는가?"라는 질문을 재고해야 한다.

(4) 집단 구성원이 존경하고, 타인에게 지지적이며, 방어적이지 않은 사람을 지도자나 의장으로 선출하도록 격려한다. 지도자는 적극적으로 행동하고 기꺼이 계획하며 팀회의를 신중히 준비하고 필요할 때 리더십 역할을 맡는다.

(5) 타 전문가나 기관과 긴밀히 함께 협력하지 못하는 중요한 이유 중의 하나는 클라이언트의 비밀 보장에 대한 염려 때문이다. 이 이슈는 종종 실제보다 과장되곤 한다. 타 기관 혹은 전문가가 협력하기를 원하는데 비밀 보장 때문에 주저된다면, 활용 가능한 절차에 대해 기관의 법률고문에게 자문을 구한다.

(6) 특정 서비스 제공에 대한 재정적 책임을 어느 기관이 부담하는가의 문제가 많은 기관 간 갈등 요인이라는 점을 유념해야 한다. 다시 말해, 서비스의 비용을 어느 기관의 예산에서 사용할 것인가의 문제에 대해 의견 차가 생긴다. 이러한 문제는 사안별로 해결하기보다는 이를 다룰 정책을 마련한다.

(7) 자신의 역할과 책임, 같이 일하는 동료의 역할과 책임을 이해한다. 모든 사람이 서로에게 기대할 수 있는 것과 그렇지 않은 것을 알고 있는지 확인한다. 계약서, 합의문, 진술서, 서비스 구매 협정 같은 문서를 만들어 기관 간 기대를 명확히 한다.

(8) 어렵고 가치가 부여된 결정을 하고자 할 때 팀워크는 특히 어려울 수 있다. 구성원은 팀의 노력을 분산시키는 갈등이나 숨은 의제를 개방적으로 직접 다루도록 권장되어야 한다. 견해에 대한 사려 깊은 차이에서 발생하는 갈등은 건강하다. 그러나 편견이나 과거 행동에 대한 무분별한 집착에서 생겨나는 갈등은 파괴적이다. 부인, 포기, 지배 등의 방법으로 갈등이나 의견의 중대한 차이를 억누르거나 회피하려는 시도는 결국 일을 더 악화시킨다. 견해의 차이를 나타낼 필요가 있다면 '나 전달법'을 사용하고, 분명하고 명료하며 비위협적인 방법으로 의견을 전달할 수 있는 의사소통 기술을 활용한다. 또한 합의에 도달하는 데 필요한 협상 기술도 사용한다.

(9) 함께 일해야 할 사람 중 누군가는 팀워크를 잘 이루지 못할 수도 있음을 이해한다. 분명한 경우, 협력의 필요성과 함께 클라이언트의 이익을 최우선으로 고려해야 함을 단호하면서도 요령껏 설명한다.

13.26 소규모회의 이끌기

집단 의사 결정은 인간서비스기관에서 점차 대중화되고 있다. 따라서 사회복지사는 집단, 기관 직원회의, 기관 간 팀회의, 그리고 여러 가지 다양한 커뮤니티 위원회 등에 참여하는 데 상당한 시간을 보낸다. 집단이 이슈에 대해 심사숙고한다면 아마도 더 나은 결정을 하게 될 것이다. 하지만 적절한 기획이나 방향이 없는 집단회의는 귀중한 시간을 낭비하고 실질적 변화 기회를 감소시킬 수 있다. 따라서 소집단의 지도자로서 사회복지사는 가능한 생산적이고 효율적인 회의를 만들 책임이 있다. 다음은 사회복지사가 소집단의 지도자 위치에 있을 때 수행해야 하는 원칙과 지침이다.

(1) 다음 활동을 하면서 회의를 준비한다.

① 회의의 목적을 분명하게 규정한다.
② 참석해야만 하는 구성원을 결정한다.
③ 회의의 목적을 정하고 참석자가 기대할 것과 해야 하는 것을 예상한다. 가능하다면 기획 단계에 참석자를 참여시킬 수도 있다.
④ 회의에 가장 적합한 시간과 장소를 결정하고 참석자에게 회의의 목적과 안건, 시작 시간 및 장소를 알릴 방법을 정한다.
⑤ 회의 소요 시간을 정하고 우선순위가 높은 항목을 먼저 다루면서 현실적으로 안건을 구성한다.
⑥ 어떤 물리적인 준비가 필요한지 결정한다(예: 회의실 예약, 좌석 배치, 음향시설, 휴게실 등).
⑦ 회의에서 있었던 일에 대한 서면 보고서가 필요할지, 그렇다면 누가 준비하고 어떻게 배포할지 정한다.
⑧ 후속회의가 필요한지 결정한다.

(2) 토론을 순조롭게 시작한다.

① 모든 구성원이 서로 소개한다. 구성원이 사전에 면식이 없는 경우 명찰을 패용한다.

② 참석자에게 토론의 목적과 관련 사항을 설명한다.
③ 토론에 필요한 자료를 나눠 준다(예: 사실 진술 기록, 개요, 사례).
④ 참석자가 가치 있고 인정받는다고 느끼도록, 또한 토론에 기여할 책임이 있음을 느끼도록 분위기를 조성한다.

(3) 모든 참석자에게 참여 기회를 제공한다.

① 개회사 때 집단 지도자의 역할은 주로 모든 참석자에게 동일한 발언 기회가 주어지도록 하는 조정자의 역할임을 설명한다.
② 특정 개인으로부터 구체적 정보가 필요한 것이 아니라면 집단 전체를 대상으로 질문하고 논평한다.
③ 매 1~2분마다 집단을 둘러본다. 대단히 조용하거나 토론으로 심란해 보이는 구성원이 있다면 덧붙이고 싶은 내용이 있는지 질문함으로써 토론에 참여하게 한다.
④ 토론을 좌지우지하는 구성원이 있다면 집단을 위해 통제한다. 이때 여러 기법을 사용할 수 있는데, 다소 미묘한 방법으로 시작하고 필요한 경우에만 지시한다. 그러한 구성원을 다루는 몇 가지 방법을 소개한다.
• 가능하다면 말을 많이 하는 구성원의 좌석을 다른 사람의 눈에 잘 띄지 않는 곳에 배정한다.
• 질문할 때 발언을 자주 하지 않는 구성원과 시선을 맞추며, 주도적인 발언자와는 시선 접촉을 피한다.

• 너무 자주 발언하는 구성원이 있다면 "나머지 분들은 그 생각에 대해 어떤 의견을 갖고 계십니까?"라고 질문해 적절하게 중단한다.
• 각 주제에 대해 각 구성원은 한 번의 발언 기회를 갖는다는 규칙을 적용한다.
• 사석을 통해, 과도하게 발언하는 사람에게 침묵하는 구성원이 이야기를 더 많이 하도록 도와 달라고 청한다.
• 예를 들어 "존과 메리의 의견은 많이 들었는데, 나머지 분들은 어떻게 생각하십니까?"라는 질문을 사용하는 방법으로 문제를 지적해 다른 구성원의 참여를 요청한다.

⑤ 논쟁이 되는 이슈에 관해 개인적인 의견을 요구받았을 때 구성원이 자신의 견해를 충분히 표현하지 못한다면, 되도록 집단 구성원에게 질문을 돌린다. "글쎄요, 이것에 관해 먼저 다른 사람이 어떻게 느끼는지 들어 볼까요?"라고 말한다. 개인적 견해를 밝혀야만 한다면, 그 주제에 관해 다른 사람이 말하는 것을 억제하지 않는 방식으로 견해를 밝힌다.

⑥ 각 구성원의 발언을 논평하지 않는다. 그렇게 하다 보면 지도자가 모든 의사소통의 중심과 초점이 되는 '방사형'(hub and spoke) 의사소통 패턴이 만들어지기 쉽다.

⑦ 구성원의 이야기에 판단하지 않고 반응한다. 오직 이해했다는 것과 조금 더 명확하게 말하도록 요구한다는 것만을 표현한다. 평가가 필요하다면 다음과 같은 질문을 던지며 다른 구성원이 참여하도록 한다. "이 이야기는 그 문제에 관한 당신의 생각과도 같은 것입니까?"

⑧ 비언어적 표현을 활용해 토론을 활성화한다. 고개를 끄덕이는 것과 몸짓은 특히 침묵하는 구성원을 참여하도록 고무하는 데 사용될 수 있다.

(4) 소집단에서 협력과 조화를 촉진한다.

① 역효과를 낳는 숨겨진 의제의 가능성을 주시하고, 필요하다면 그에 대한 집단의 관심을 요청한다. 목적이 상충하는 문제를 공개토론하는 경우 집단은 보통 그 문제를 해결할 수 있다.

② 아이디어와 경험을 서로 공유하는 것이 중요하고, 명확한 의사소통이 필요하다고 강조한다.

③ 집단의 목적 통일을 강조하기 위해 '우리'라는 단어를 종종 사용한다.

④ 갈등은 사실과 이슈로 제한한다. 개인에 대한 공격을 금지한다.

⑤ 토론이 너무 심각한 분위기로 흘러 구성원이 흥미를 상실하지 않도록 한다. 유머는 긴장을 감소시킬 수 있다. 효과적인 토론의 특징은 진지함과 즐거움을 적절하게 넘나드는 것이다.

(5) 주제에 주목하고 분석적인 사고를 격려하기 위해 질문 기법을 사용한다.

① 가능하다면 생각과 감정 표현을 격려하는 개방형 질문을 사용한다. 예를 들어 "… 의 장점을 뭐라고 보나요?"와 같다. 한두 단어로 대답할 수 있는 질문은 피한다.

② 모든 참석자가 질문을 이해할 수 있어야 한다. 애매모호한 질문은 구성원을 당황스럽게 한다.

③ 자연스러운 어조, 대화 어투로 질문한다.

④ 질문은 특정 개인이 아닌 집단 전체를 대상으로 해야 한다. 이를 통해 모든 사람이 생각하고 답하도록 동기화한다.

⑤ 때로는 토론에 집중하지 않는 구성원에게 질문한다. 이를 통해 개인과 전체 집단을 자극하여 주제에 다시 집중하도록 할 수 있다.

⑥ 구성원의 응답 능력에 대한 리더의 자신감을 보여 주는 방식으로 질문한다.

⑦ 질문은 토론 중인 주제에 맞춰 선별돼야 한다. 집단의 과제에서 벗어나거나 주제에 빗나가는 질문은 피한다.

⑧ 더 구체적이고 자세한 설명을 요구한다. 신념이나 의견 이면의 근거 또는 가정을 탐색한다. 의견을 제시한 사람을 도와서 방어적 태도 없이 자기 입장에 대한 증거를 내도록 한다.

⑨ 제시된 증거가 검증된 것인지, 액면 그대로 수용할 수 없는 것인지를 검토한다.

⑩ 집단 중 한두 명에게 다른 사람의 의견을 반박하거나 비판하는 임무를 부여함으로써 차이가 공개적으로 표출되도록 한다.

(6) 토론을 질서 있고 효율적이며 생산적인 것으로 만든다.

① 참석자가 회의의 목적과 목표에 초점을 두도록 유지한다. 예를 들어 "목표를 달성하기 위해 올바른 방향으로 나아가고 있습니까?"라는 질문을 종종 던진다.

② 주제로부터 지나치게 벗어나지 않도록 신경 쓴다. 만일 주제에서 멀어지고 있다면 이점을 참석자에게 환기한다. 주제와 다른 이야기를 하는 것이 목적에 대해 동의하지 않는다는 뜻인지, 혹은 집단이 다른 주제로 넘어가고 싶은 것인지를 질문한다.

③ 토론에서 반복이 너무 많이 발생하면 당면한 주제에 대해 더 이상의 의견이 없는지 묻고, 만일 그렇다면 새로운 주제를 시작하도록 돕는다.

④ 시간을 지키는 사람(timekeeper)의 역할을 맡아야 한다. 제한시간을 알려 우선순위가 높은 주제에 주목할 수 있게 한다.

⑤ 토론이 결론에 이르도록 한다. 그러기 위해서는 다음 내용이 포함돼야 한다.

• 집단이 이룩한 진전 요약
• 다른 회의를 위한 기획 및 준비에 관한 논평
• 후속 조치 및 실행을 위한 과제
• 적절한 시기의 칭찬
• 다음 회의 개선을 위한 회의 평가 요청

13.27 위험 기법

때로 위원회(특히, 직원위원회)는 인식한 위험이나 위협과 관련된 걱정이나 두려움 등을 말할 필요가 있다. 예를 들어 이사회가 새로운 정책을 채택했거나 사회프로그램에 영향을 미칠 법안이 통과되었을 때, 혹은 행정가가 일상에 변화를 일으킬 때, 그 상황에서의 이슈와 사실을 확인하고 명료화하면서 소문이나 과장된 결과를 해소하는 것이 중요하다. 이러한 상황에서 위험 기법의 사용이 유용할 수 있다.

이러한 기법을 사용하기 위해 지도자는 비방어적인 태도를 취하고, 구성원이 두려움, 이슈, 관심사, 불만, 예상되는 문제를 표현하는 데 중심을 두는 의사소통을 해야 한다. 이런 접근을 사용해 리더는 집단 구성원이 그들의 견해를 표현하고 다른 구성원의 두려움을 경청하며 이해하도록 격려한다.

예를 들어 어떤 사회기관에 제안된 변화가 사회복지사의 24시간 대기 일수를 2배로 늘린다는 것이었다고 가정해 보자. 이러한 제안과 관련된 문제를 다루기 위해 슈퍼바이저는 다음의 단계를 따라 위험 기법을 사용할 수 있다.

• 1단계: 리더는 기관의 모든 사회복지사와의 회의를 계획하며, 기관 인사 정책의 '대기 근무' 부분에서 제안된 변화에 관한 상세한 설명 자료를 배포한다.

• 2단계: 리더는 제안된 변화에 대한 사회복지사의 걱정을 확인하기 위해 위험 기법을 사용할 것임을 설명한다.

• 3단계: 리더는 제안된 변화와 관련해 사회복지사가 느끼는 어떤 혹은 모든 두려움, 걱정, 우려를 표현하도록 요구하면서 시작한다. 이 '위험'은 걱정을 제시한 사람이 받아들일 수 있는 단어를 사용해 모든 사람이 볼 수 있도록 인쇄용지에 적는다. 이때에는 각 항목에 대해 토론하지 않는다(이때까지의 위험 기법은 브레인스토밍과 유사하다. 항목 13.31 참조).

• 4단계: 리더는 제안된 변화에 대한 추가적인 걱정을 표현하도록 사회복지사를 계속해 격려한다. 가장 혼란스럽고 위협적인 걱정은 토의가 끝날 때까지 표면화되지 않는 경우가 많기 때문에, 이 회기에 충분한 시간을 배분하는 것이 중요하다.

• 5단계: 이 시점에서 초기 모임을 끝내고, 리더는 3~7일 이후로 두 번째 회의 일정을 정한다. 그동안 모든 사회복지사는 이번 회의에서 확인한 위험이 적힌 서면 목록을 받는다.

• 6단계: 두 번째 회의에서 리더는 사회복지사가 첫 회의 이후 생각했던 추가 위험에 대해 말하거나 위험 진술의 표현을 바꾸도록 격려한다. 각각의 위험 항목에 관해 토론하고 대응하도록 요청한다. 그리고 그것이 정말로 심각하고 실질적인 걱정 혹은 이슈인지를 결정하도록 요청한다. 경미하거나 걱정 없는 것으로 생각되는 위험은 위험 목록에서 삭제한다. 남은 위험을 계속 토론하고 명확히 한다. 확인된 위험이 이제는 위험을 먼저 제시한 사람이 아니라 집단 전체의 위험으로 정의된다는 것을 이해하면서 두 번째 회의를 끝낸다.

• 7단계: 리더는 집단이 확인한 위험(두 번째 회의에서 도출한 최종 목록)을 사회복지사와 관리자 간 회의 안건으로 상정한다.

13.28 명목집단 기법

합의 접근법(*consensus approach*)에 의존하는 위원회는 결정에 이르는 과정에서 교착 상태에 빠질 때가 있다. 이슈를 공개하고 집단이 합의에 이르도록 하는 한 가지 기법이 바로 **명목집단 기법**(*nominal group technique*: NGT)이다. 이 기법은 특히 6~9명 집단에 적합하다. 더 큰 규모의 집단에서 사용할 때는 여러 개의 하위집단으로 나눠야 한다. 다루는 문제의 범위나 복잡성에 따라, 과정을 마치는 데 한 시간이나 한 시간 반 혹은 그 이상이 걸릴 수도 있다.

NGT 과정의 네 가지 주요 요소는 다음과 같다.

- 참가자는 문서로 의견을 낸다.
- 개별 집단 구성원은 자신의 아이디어를 플립차트(*flip chart*)에 간결한 문구 형태로 기록할 기회를 갖는다.
- 각각의 기록된 아이디어를 명확히 하고 평가하기 위해 집단토론을 실시한다.
- 가장 중요한 아이디어에 대한 투표를 실시하고, 순위를 통해 수학적으로 집단 결정의 우선순위를 정한다.

다음의 지침은 사회복지사가 NGT 회기를 구조화할 때 도움이 된다.

(1) 의장은 촉진자 역할을 하며 투표하지 않는다.

(2) 플립차트에 이슈 혹은 관심사를 간단히 기술한다.

(3) 10분 동안 찬반양론에 대해 자유롭게 토론한다.

(4) 침묵한 채 종이 1장에 아이디어 혹은 해결책을 쓸 시간을 개인당 5~15분 정도 제공한다.

(5) 아이디어와 해결책을 차트에 붙이고 번호를 매긴다. 의장은 각 구성원이 또 다른 아이디어 혹은 해결책을 등록하게 하며 목록이 다 나올 때까지 이 과정을 반복한다.

(6) 입장에 대한 방어가 아니라 제안된 아이디어나 해결책을 명확히 하기 위해 추가 10분을 더 허용한다.

(7) 모든 구성원은 비밀투표로 상위 5가지 선택의 1~5순위를 정한다. 아이디어나 해결책별로 점수를 합산하며, 가장 낮은 점수가 가장 선호도가 높은 아이디어가 된다.

(8) 가장 낮은 점수를 받은 몇 개의 항목에 대한 토론을 실시한다. 각 항목을 비판적으로 검토하고 반대 의견도 경청하며, 각 항목을 신중하게 분석한다.

(9) 만일 분명한 합의에 도달하지 못한다면 재투표하고 다시 토론한다. 이것은 의견에 대한 합의가 이뤄지거나 한 의견에 대해 명백한 지지가 있을 때까지 반복할 수 있다.

NGT는 모든 참석자가 자신의 아이디어를 생

각하고 기록하는 과정을 통해 이들의 적극적 참여를 권장한다. 다른 일반적인 집단 과정에서는 몇몇 구성원은 활발하게 토론을 하지만, 다른 구성원은 이슈에 관해 자신의 관점을 가지고 적극적, 창조적으로 생각하지 않는다. NGT 과정에서는 이슈에 대한 대화식 발표를 통해 모든 위원회 구성원은 자신의 의견을 표현할 기회, 발표를 자주 하는 구성원이나 자주 하지 않는 구성원 모두의 아이디어에 반응할 기회를 갖는다.

13.29 공식적 위원회에서
의장 역할 수행하기

위원회는 사회복지사가 리더십 임무를 맡는 특정한 유형의 소집단이다. 집단 과정이 집단 구성원에 미치는 영향을 가장 중요한 성과로 보는 다른 집단과 달리, 위원회의 성과는 결정 혹은 권고에 초점을 맞춘다. **상임위원회**는 위원회의 한 유형으로, 특정 영역을 연구하며 변화를 제안할 책임을 계속 진다. 예를 들어 기관에는 동료 평가 과정을 책임지는 상임위원회가 있다. 과제를 완수한 후에 해체되는 **임시위원회**도 위원회의 다른 유형이다. 신규 조직에서 직원 직위에 관한 직무 기술서를 개발하는 것이 과제의 예가 될 수 있다. 이 두 위원회의 경우, 최종 결과는 특정 사안에 대한 위원회의 판단을 나타내는 결정이다. 그래서 의장의 지도와 집단 과정을 통해 위원회가 집단 사고를 반영하는 결론에 도달하도록 촉진해야 한다.

위원회 의장을 맡은 사회복지사는 소집단 활동을 위한 지침을 활용해야 한다(항목 13.26 참조). 또한 집단 의사 결정의 가치와 지혜를 믿어야 한다. 소집단 의사 결정은 개인 혼자 내린 결정과 비교할 때 완전한 정보에 기초하며 많은 요소를 고려하기에 흠이 더욱 없을 것 같다. 그렇다고 해서 위원회가 잘못된 결정을 하지 않는다는 것을 의미하지는 않는다. 위원회도 잘못된 결정을 한다. 다만, 개인이 단독으로 결정을 내렸을 때보다 판단에서 심각한 실수나 잘못된 결정을 하는 경우가 줄어들 것이다.

리더는 영향력 있는 구성원이 특정 이슈에 대해 강경한 태도를 취할 경우, 나머지 구성원이 상반된 관점에서 논쟁하기보다는 단순히 수긍해 버리는 잘못된 동의나 그릇된 합의의 상황, 즉 '집단 사고'(group think)의 발생 위험을 알고 있어야 한다. 이렇게 도달한 결론은 충분히 숙고되지 않은 것이다. 결정을 내리기 전 모든 관점이 표현되고 논의돼야 함을 의장이 확실히 한다면, 문제를 불완전하게 고려하는 상황을 막을 수 있다.

위원회 참여는 보통 자발적이다. 위원회의 활동이 실제적이고 긍정적인 변화를 가져올 수 있고 그들의 시간이 효율적으로 사용될 것이라 믿는다면 사람들은 위원회 활동에 기꺼이 참여할 것이다. 반면, 많은 사람이 위원회 활동을 기피하고 싫어하는 데는 다음과 같은 이유가 있다.

● 분명한 목적이 없다. 예를 들어 구성원은 그들이 왜 모였는지, 달성하고자 하는 것이 무엇인지에 확신이 없다.
● 의장의 리더십과 지시가 부족하다. 예를 들어

의장이 집단 구성원을 이끌지 못하거나 초점을 유지하지 못한다. 또한 진짜 이슈를 다루지 않거나 어려운 결정을 피한다.

• 특정 개인 혹은 하위집단이 위원회 논의를 통제하거나 주도한다.

• 회의 준비가 부족하다. 예를 들어 안건이 없거나 필요한 정보를 활용할 수 없다.

• 후속 조치가 부족하다. 이를테면 구성원이나 의장이 어떤 일을 할 것을 약속하였으나 이행하지 않는다.

• 의장 혹은 구성원이 안건을 숨기고 있다. 예를 들어 몇몇 구성원은 다른 속셈을 갖고 있거나 다수의 의견을 무시한 채 오로지 한 가지 결과만 받아들인다.

위원회는 구성원을 목적 설정 및 위원회 운영 절차 설정에 참여시키거나, 목표와 운영 방식을 주기적으로 검토하고 재협상하는 방법을 통해 비생산적인 회의로 귀결되는 실수를 피할 수 있다. 이를 통해 구성원은 문제에 대한 자신의 견해를 표출할 수 있고, 자기 생각을 조정하며, 일에 대한 노력을 재개할 수 있다. 다이어와 연구진(Dyer et al., 2013)은 생산적인 위원회를 만들기 위해 따라야 할 몇 가지 단계를 제시했다.

• 1단계: 현실적인 우선순위를 정한다. 구성원에게 위원회에서 일하는 이유에 관해 토론할 기회를 주는 것, 전체 책임의 맥락에서 이 일의 상대적 중요성을 분명히 할 기회를 주는 것, 그리고 이 활동에 투여해야 할 시간의 양을 알려 주는 것이 중요하다. 이러한 사항에 대한 공유를 통해 위원회 운영의 진행 속도를 정할 수 있고, 의장은 주요한 책임을 수행하는 데 시간과 관심이 있는 사람을 확인할 수 있다.

• 2단계: 기대를 공유한다. 위원회 활동과 관련해 구성원 각자의 최대 관심사를 확인하도록 요청한다. 또한 위원회가 어떻게 기능하고 있다고 보는지, 긍정적인 결과를 만드는 데 필요한 활동은 무엇인지 등을 확인하도록 요청한다.

• 3단계: 목적을 분명히 한다. 위원회 구성원은 다 함께 토론하며 집단의 핵심 사명을 나타내는 성명서를 작성해야 한다. 하위목적은 목적을 달성하는 데 필요한 중간 혹은 단기목표를 반영하여 개발한다.

• 4단계: 운영 지침을 만든다. 위원회 구성원이 운영 절차를 만들어야 한다. 다음의 질문에 대한 답을 통해 의장은 지침을 얻고, 구성원은 진행을 어떻게 해야 하는지 알 수 있다.

① 의사 결정을 어떻게 할 것인가?
② 집단 활동의 기본적인 방법은 무엇인가?
③ 어떻게 모든 구성원이 이슈에 대해 논의하거나 관심을 표명할 기회를 갖게 할 것인가?
④ 차이를 어떻게 풀어갈 것인가?
⑤ 어떻게 활동을 완수하고 기한을 지키도록 할 것인가?
⑥ 결과를 만들어 내지 못하는 방법은 어떻게 변화시킬 것인가?

위원회가 운영되는 형식은 위원회의 크기, 구

성원 간 기존 관계, 일을 완수하는 데 필요한 속도에 따라 달라진다. 그러나 대부분 최종 결론을 만들기 위해 따라야 할 일련의 절차로 **로버트 토의 절차**를 채택한다. 로버트 토의 절차는 매우 단순한 위원회 일부터 매우 복잡한 입법 행위에 이르기까지 의회 의사 결정을 위해 설계되었기 때문에 쉽지 않을 수 있다. 대부분의 상황에서 사회복지사는 다음의 단순한 절차에 따라 회의를 주재한다.

(1) 위원회 의제로 올라온 항목에 대한 토론을 시작한다.

(2) 토론의 어느 지점에서 개인 혹은 위원회는 그 사안과 관련한 행동을 제안하기 위해 '발의'(motion)를 도입한다. 위원회의 다른 구성원은 발의에 '재청'하고 그러면 도론은 발의된 것에 제한된다.

(3) 토론 중에 구성원이 발의한 것을 바꾸고 싶을 때 애초의 발의를 '수정'할 수 있다. 수정 발의에 '재청'이 있으면 의장은 그 수정안에 한정해 토론하고 그것에 대해 가부 투표한다. 다른 수정안도 차례로 나올 수 있다. 어느 순간 발의한 것이 '상정'될 수도 있고 혹은 다음 회의까지 토론이 중단될 수 있다.

(4) 사안에 대한 토론이 완전히 이뤄지면 의장은 발의된 것에 대한 투표를 요청한다. 동의가 이뤄지지 않으면, 2분의 1보다 한 표라도 더 많은 '과반수'로 결정을 내린다. 애초의 발의에

대한 수정안이 채택됐다면 수정된 발의에 대해 가부 투표를 하며, 사안이 해결되면 의장은 다음 안건으로 넘어간다.

로버트 토의 절차를 다루는 공식 웹사이트(www.robertsrules.org)는 이에 대한 오리엔테이션을 제공하며 회의를 주재할 때 사용할 수 있는 유용한 도표(다운로드 가능)도 있다.

13.30 큰 집단의 문제 해결하기

때로 사회복지사는 큰 집단에서도 문제 해결 활동에 착수할 필요가 있다. 여기에 제시된 기법은 30명 이상 참여하는 집단에서도 모든 구성원으로부터 아이디어를 끌어내고 모두에게 참여 기회를 제공하는 것을 목표로 한다.

이 기법은 집단 지도자가 모임의 목적, 예를 들어 "우리는 도시 내 기관들로부터 원조를 요청하는 노숙인 수의 경향에 관한 정보를 수집할 방법을 정해야 합니다"와 같은 목적을 설명하는 것부터 시작한다. 다음 단계를 따라야 한다.

- 1단계: 각 개인에게 문제와 가능한 해결책에 대해 개별적으로 생각하도록 한다. 구성원에게 그들의 생각을 기록하도록 한다.
- 2단계: 2인 1조를 구성한다. 한 쌍의 개인 각자는 자신의 파트너를 면접하고, 문제와 제시된 해결책에 대한 상대의 관점을 이해하고자 한다. 시간은 10분이 할당된다.
- 3단계: 4인으로 조를 구성한다. 15분간, 4명은 문제와 가능한 해결책에 관해 토론한다.

각 조는 토론한 내용의 핵심을 큰 종이에 적어서 모든 사람이 볼 수 있도록 벽에 붙여 둔다.

- 4단계: 각 구성원은 10분 동안 앞선 내용을 검토한다.
- 5단계: 전체 집단이 모두 모여서 문제점과 제안된 해결책에 대해 분석한 내용을 공유한다. 이 마지막 단계에서는 더 심도 있게 검토해야 할 해결책의 우선순위 설정을 준비한다.

13.31 브레인스토밍

문제 해결에는 모든 가능한 대안이나 해결책을 확인해 가는 중요한 단계가 포함된다. 그러나 잠재적인 해결책이 고정된 선입견이나 기대 때문에 자주 간과되곤 한다. 사고에 대한 경직성과 낡은 관습은 문제 해결 과정에서의 독창성을 제한한다. **브레인스토밍** 기술은 이러한 한계점을 극복하고 '새로운 사고'를 격려하기 위해 고안됐다. 브레인스토밍은 해결책이 다양한 어떤 문제에도 적용할 수 있다. 브레인스토밍의 목적은 특정 문제에 대한 창의적 해결책을 만들기 위해 타인의 비판이나 자기비판으로부터 일시적으로 벗어나는 것이다. 브레인스토밍은 위원회나 집단에서 가장 자주 사용된다. 하지만 많은 사회복지사는 일대일 상담에서도 이 원리를 적용한다.

브레인스토밍을 이끄는 사회복지사는 첫 단계로, 문제를 명확히 정의하고 모든 참여자가 그 문제를 알도록 해야 한다. 그 다음 단계의 초점은 몇 마디로 표현될 수 있는 가능한 해결책을

자발적으로, 그리고 무제한으로 만드는 것에 있다. 많은 아이디어가 비현실적일 수 있다. 그러나 일단 가능한 모든 대안을 확인한 후에야 실현 가능한 해결책을 찾아 제안된 해결책을 평가할 수 있다. 브레인스토밍을 계획하는 사회복지사는 다음의 지침을 활용해야 한다.

(1) 참여자가 수많은 해결책을 개발하도록 고무한다. 목적은 해결책의 양을 늘리기 위한 것이며 해결책의 질적인 부분은 이후에 정한다.

(2) 참여자가 자유롭게 사고할 수 있도록 한다. 심지어 터무니없는 아이디어일지라도 환영하고 비판 없이 수용한다.

(3) 참여자가 제시된 해결책을 조합하고 정교화하도록 권고한다.

(4) 참여자가 다른 사람이 제시한 의견을 비판하고 평가하지 않도록 한다.

브레인스토밍 동안 기록자는 가능한 한 빨리 떠오르는 모든 아이디어를 기록한다. 아이디어를 칠판 혹은 플립차트에 기록해 이러한 시각적 기록이 추가 아이디어를 자극하도록 한다. 리더는 언어적 암시나 비언어적 몸짓, 어조, 혹은 그 어떤 것이든 아이디어에 대한 비판을 속히 멈춰야 한다. 또한 리더는 참여자가 고려 중인 문제에만 집중하도록 해야 한다.

제안된 해결책 혹은 아이디어를 모두 듣고 기록했다면 두 번째 단계, 즉 아이디어 각각을 비

판적으로 검토하는 단계로 이동한다. 드 보노 (De Bono, 1999)는 이 평가 단계에 유용하게 적용되는 여섯 가지 질문과 사고 유형을 제안했다. 사고의 6가지 범주는 각각 다른 색을 지닌 '모자'라고 불린다. 예를 들어 리더가 집단 구성원에게 "빨간 모자를 쓰십시오"라고 말하면 집단은 제안된 해결책을 예감, 직관, 직감으로 평가하도록 요구받는다. 또한 "검은 모자를 쓰십시오"라고 한다면 집단은 해결책을 매우 비판적이고 비관적인 방식으로 검토한다.

각각의 아이디어에 적용하는 6가지 사고 모자는 다음과 같다.

• 흰색 모자: 자료와 객관성에 초점을 둔다. 우리는 어떤 정보를 갖고 있는가? 이 정보를 얼마나 신뢰할 수 있는가? 필요한 추가 정보는 무엇인가?

• 빨간 모자: 예감과 직관에 초점을 둔다. 제시된 해결책에 대한 우리의 직감은 무엇인가? 옳다고 "느껴지는가?", 우리의 본능을 믿어 보자.

• 검은 모자: 위험과 신중함에 초점을 둔다. 우리가 직면한 법적, 정치적, 정책적, 그리고 재원 문제는 무엇인가? 이것은 무엇 때문에 실행될 수 없고 잘 안 되는가?

• 노란 모자: 낙관적인 면에 초점을 둔다. 일단 해 볼 필요가 있으면 시도해 보자. 예전에 한 번도 행해지지 않았다고 해도 무슨 상관이 있는가? 무언가 다른 것을 시도해 보자. 우리가 정말로 하기를 원한다면 될 것이다.

• 초록 모자: 창조성, 아이디어 결합에 초점을

둔다. 이것에 관해 여전히 다른 식으로 생각할 수 있을까? 여러 가지 다른 제안에서 가장 뛰어난 부분을 결합할 수 있을까?

• 파란 모자: 큰 그림과 종합적 사고에 초점을 둔다. 이 아이디어는 이 이슈에 대해 우리가 알고 있는 다른 것과 조화를 이룰 수 있는가? 우리는 중요한 무언가를 놓치고 있지는 않은가? 지금까지 도달한 결론과 결정을 요약해 보자. 이 이슈를 토론하고 접근하는 우리의 방식이 효과적인가? 우리는 결정 혹은 해결책을 향해 나아가고 있는가?

브레인스토밍에는 충분한 시간이 주어져야 한다. 많은 아이디어가 한 회기 내에서 만들어질 수 있고 제안된 각각의 해결책을 평가하는 데 시간이 필요하다는 점을 감안할 때, 브레인스토밍은 보통 한 시간 이상이 걸린다.

13.32 계층 옹호

계층 옹호(class advocacy)라는 용어는 전체 집단 혹은 계층을 위해 취하는 행동을 말한다. 이 용어는 특정한 개인 혹은 가족을 옹호하는 클라이언트 옹호(항목 13.17 참조)와는 대조된다. 계층 옹호는 지역이나 주, 국가 수준에서 법이나 공공정책의 변화를 추구하기 때문에 고위 행정가와 선출된 관리의 의사 결정에 영향을 미치는 것을 목적으로 하는 정치적 과정이다. 이 행동에는 사회적 이슈에 관해 유사한 관심을 공유하는 기관이나 조직과의 연합 구축이 필요하다.

이때 사회복지사는 일반적으로(항상 그런 것은 아니지만) 독립된 실천가라기보다는 조직의 대표로서 참여한다.

옹호의 목적이 현 상태의 변화 초래이기 때문에 어느 정도의 반대나 '반발'을 예상할 수 있다. 따라서 이런 종류의 옹호에서 발생하는 대인 갈등, 조직 간 갈등에 대해 모든 사람이 마음 편히 여기는 것은 아니다. 더욱이 각 조직은 옹호 역할수행의 찬반을 점검해야 하며, 이러한 역할수행이 조직의 목적에 적합한지 여부를 결정해야 한다.

계층 옹호에 관여하기로 선택한 사람의 경우 다음의 지침을 활용한다면, 성공의 가능성을 높일 수 있다.

(1) 옹호가 법이나 정치, 프로그램에 필요한 변화를 일으키고자 하는 것이라는 점을 이해한다. 변화 발생은 더디고 어렵지만 불가능한 것은 아니다.

(2) 혼자서는 할 수 없다는 것을 명심한다. 사회복지사 개인은 다른 사람과 행동을 함께하는 것이 필요하다. 집단은 개인보다 강력한 힘을 갖는다. 함께 일하는 여러 조직이 단독으로 일하는 하나의 조직보다는 더 큰 힘을 갖는다. 다른 조직과 협력한다는 것은 자신의 조직이 자원을 공유하고, 타협하고, 무언가 다르게 해야 한다는 것을 의미한다. 그러나 장기적으로 본다면 단독으로 일할 때보다 연합의 한 부분일 때 더 많은 것을 성취할 수 있다.

(3) 인간서비스체계에는 개선돼야 할 점이 많다. 그러나 해야 할 일을 모두 할 수는 없기 때문에 어떤 문제의 우선순위가 높은지 결정해야 한다. 한꺼번에 많은 것을 얻으려 하면 얄팍하고 실익이 없는 것만을 가지게 될 수도 있다. 여러 영역에서 최소한의 것만을 얻거나 혹은 완전히 실패하는 것보다는, 한 영역에서라도 확실하게 얻어내는 것이 더 좋다.

(4) 성공 가능한 명분을 선택하는 것도 중요하다. 이성적으로 판단한다. 실패한 것에 에너지와 시간을 낭비해선 안 된다. 성공의 경험은 다른 성공도 가능하다는 희망과 긍정적 감정을 낳는다. 참여자가 작은 성공이라도 경험한다면 장래 옹호를 위해 아낌없는 투자를 할 것이다.

(5) 성공적인 옹호는 신중한 분석과 기획의 기초 위에서 만들어진다. 무엇을 할지 결정하기 전에 문제를 분명히 정의하고 주의 깊게 연구하는 것이 중요하다. 변화돼야 할 것은 무엇인지, 왜 변화돼야 하는지, 그 변화를 만들어 내기 위해 어떤 노력이 필요한지를 정확히 알기 전까지는 어떠한 변화 노력도 시작하지 않는다.

(6) 행동을 취하기 이전에 목적 달성에 필요한 시간, 에너지, 자금, 기타 자원을 세심히 사정한다. 자원을 갖고 있는가? 만약 그렇지 않다면 목표를 낮추거나 더 체계화되고 목적을 달성할 능력을 갖출 때까지 기다리는 것이 최선이다.

(7) 반대 세력을 이해하려고 한다. 변화에는

항상 저항이 따르기 마련이다. 그 상황에 대한 분석은 저항 이유에 대한 이해가 포함돼야 한다. 옹호자는 반대자의 입장이 될 수 있어야 한다. 즉, 감정 이입을 해야 한다. 변화에 반대하는 이유는 항상 있다. 그 이유에 동의하지 않을 수 있지만 그 저항을 성공적으로 극복하는 방법을 알고자 한다면 그들을 이해해야 한다.

(8) 성공적인 옹호에는 자기 규율이 있어야 한다. 옹호 활동이 빚는 가장 심각한 오류 중 하나가 바로 충동적 행동이다. 이러한 행동이 발생하면, 연대를 형성했던 조직이나 연합체는 이 무모함이 초래할 손실을 우려해 철수하거나 협력을 꺼리게 된다. 또한 사회복지사가 충동적으로 행동하면 사회복지사에게 반대하는 사람은 불신이 더 깊어지게 된다.

(9) 옹호는 힘의 사용을 포함한다. 기본적으로 힘은 다른 사람이 자기가 원하는 방법으로 행동하게끔 만드는 능력이다. 힘을 특정한 목적을 위해 사용할 수 있는 자원으로 생각해 보자. 다양한 종류의 힘이 존재한다(항목 11.25 참조). 어떤 유형의 힘을 소유하고 있는지 발견하기 위해 조직과 구성원을 살펴보는 것이 중요하다.

사회복지사가 소유한 힘은 지식과 전문성에서 비롯되기도 한다. 예를 들어 사회복지사가 아동을 대신해 옹호하는 경우, 아동 및 문제가 많은 가족의 걱정, 일상생활에 관해 상세한 정보를 가져야 하고 체계가 어떻게 작동하는지, 어떻게 작동하지 않는지를 알고 있어야 한다.

신중하게 수집되고 드러난 정보는 의회 의원, 기관 행정가, 그리고 대중에게 강력한 영향을 미칠 수 있다.

아마도 조직 구성원 중 누군가는 커뮤니티에서 힘의 일종인 많은 존경이나 신뢰를 받을 것이다. 존중받는 사람은 의회 의원과 행정가에게 중요한 영향력을 미칠 수 있다. 이들이 이슈를 적극적으로 옹호할 수 있도록 격려하고 도와야 한다.

개인적 헌신이나 시간, 에너지 등도 힘의 일종임을 기억한다. 많은 목표가 과제를 고수하고 끝까지 지켜 나감으로써 이뤄질 수 있다. 조직 연대 또한 힘의 일종이다. 만일 의회 의원이나 의사 결정자가 조직 구성원이 조직을 굳건히 지지하고 있음을 안다면, 그 조직의 리더가 주장하는 것에 주의를 기울일 것이다.

조직 내에 타고난 리더, 즉 카리스마가 있고 언변이 뛰어나 사람들을 고무시키고 명분을 위해 협력하게 만들 능력이 있는 사람이 있을 수도 있다. 카리스마는 아주 흔하지는 않지만 힘의 일종이다. 조직 안에 카리스마가 있는 사람을 파악하고 그들이 대의명분을 대변할 수 있게 한다.

옹호에는 소송이 따르기도 한다. 많은 변화와 개혁은 소송과 법원의 판결 없이는 불가능하다고 할 수 있다. 예를 들어 정신보건과 지적장애 분야에서 대부분의 개혁은 법적 행동을 통해 이뤄졌다. 옹호를 수행하는 조직은 때때로 필요한 변화 창출 가능성이 있는 소송을 장려하고 자금을 댈 필요가 있다.

대부분의 미국 사람은 텔레비전과 신문, 인터

넷에 의지해 정보를 얻는다. 만일 대중이 명분을 이해하고 지지하기를 원한다면, 대중의 관심을 받고 여론에 영향을 주어 이를 동원하는 방식으로 메시지를 전달하는 방법을 아는 것이 중요하다. 광고 혹은 미디어에서 일하는 사람을 찾아가 이들의 재능을 통한, 명분에 대한 지지를 요청한다. 혹은 광고조직이나 언론 대학원을 찾아 공익캠페인 기획을 요청한다.

13.33 교육과 훈련

사회복지사는 교육을 많이 한다. 사회복지사는 자주 자녀 양육, 대인 간 의사소통, 스트레스 관리, 구직, 독립생활 등에 관한 기술을 가르친다. 클라이언트, 자원봉사자, 동료 혹은 관심 있는 시민을 대상으로 교육하기도 한다. 교육은 공식적인 교육 상황 혹은 워크숍 및 일대일 관계를 통해 이뤄지기도 한다. 몇 가지 지침을 통해 사회복지사는 교사로서의 효과성을 증진할 수 있다.

(1) "배워서 습득될 때까지는 가르침을 받은 것이 아니다"라는 격언은 가르치는 것과 배우는 것의 차이를 강조한다. 가르치는 활동은 교사에 의해 계획되고 통제되지만, 배우는 것은 그렇지 않다. 학습은 학습자 내부에서 일어나며 동기, 능력, 준비 같은 요소와 결합된다. 교사의 임무는 학습자가 학습할 내용을 검토하고, 그것에 관해 사고할 수 있도록 학습자를 몰입시키고 동기화하는 방법을 찾는 것이다.

(2) 우리가 가르치고 배우는 것은 3개의 큰 범주 안에 있다. 즉, 지식, 신념·가치, 기술이다. 이 세 가지 중에서 지식은 사실, 개념, 이론, 설명 등에서 합의된 언어가 있기 때문에 가장 가르치기 쉽다. 그러나 가치나 태도는 그렇지 않다. 가치와 태도는 교사가 기술하고 모범을 보일 수 있지만 학습자의 신념체계에 따라 채택 여부가 달라진다. 기술도 가치·태도와 마찬가지로 모델링과 시범을 통해 가장 잘 가르치고 배울 수 있다.

(3) 배우는 법을 배운 사람이야말로 제대로 교육받은 사람이라는 말이 있다. 우리가 배우는 방법은 감각의 선호(듣기, 보기, 운동 등), 구조와 방향에 대한 욕구나 저항, 협동이나 경쟁의 욕구, 추상적인 것에서 일반적인 것으로 움직이는 경향 또는 그 반대의 경향, 개념을 만들거나 쪼개는 경향, 배움을 위한 읽기 및 쓰기 욕구, 연대 혹은 집단 학습에 대한 선호 등과 같은 요인에 따라 다르다. 가르침의 중요한 첫 단계는 사람들의 학습법 차이를 고려해 계획하는 것이다. 효과적인 교사라면 한 주제를 가르칠 때 여러 가지 다른 방법을 사용할 준비를 갖춰야 한다.

(4) 필수적인 용어와 개념부터 먼저 설명하고 가르친다. 전문 단어를 습득하는 것은 새로운 학습의 기본 단계이다. 그러나 너무 많은 정보는 학습자에게 지나친 부담을 줄 수 있다. 예를 들어 사회복지사의 업무를 익히고자 하는 사람은 우선 직업의 가치와 역할, 원리, 실천 이론과

관련된 기초 개념과 전문 용어를 익혀야 한다. 그러나 교사는 학습자가 '정보 과다'로 학습을 멈춰 버리는 것을 막기 위해, 새로운 개념을 소개할 때 속도 조절을 세심하게 해야 한다.

(5) 기본적으로 기술과 기법에는 행동적 요소가 있기 때문에 시범과 모델링 방식을 사용해 가르쳐야 한다. 학습자는 기술을 관찰하며 교사의 슈퍼비전과 코칭을 받으면서 이 기술을 실제 혹은 모의상황에서 실행·예행연습을 해야 한다. 기술을 가르칠 때는 '관찰하고, 실행하며, 가르친다'로 알려진 교수법을 활용한다. 우선 다른 사람이 기술 활동을 수행하는 것을 학습자가 관찰하게 하고, 그다음 그것을 직접 행하게 하고, 마지막으로 그 방법을 다른 사람에게 가르쳐 보게 한다.

(6) 학습이나 훈련을 기획할 때는 먼저 발달단계, 학력, 과거 경험 등 학습자의 특징을 분석한다. 그리고 구성원이 학습하기를 원하는 지식이나 기술, 가치 등에 대해서도 미리 확인해 둔다. 그런 후 학습자가 학습 목표에 참여하고 목표를 향해 나아가도록 할 것 같은 가장 적절한 방법을 선택한다.

(7) 가능하면 학습자의 신체와 정신이 모두 관여하는 기법을 가르친다. 예를 들어 역할극, 시뮬레이션 연습, 토론, 논의 등이 그러하다. 공식적 설명에 소요되는 시간을 최소한으로 줄여야 한다. 강의는 가장 비효과적인 방법이다. 가르치기 위해서는 학습자의 사고, 감정, 행동에 유의해야 한다.

(8) 배운 기술이나 지식, 정보를 바로 사용해 볼 것을 강조한다. 인간서비스 분야에서 학습하는 가장 중요한 이유는 배운 것을 가지고 무언가를 해보기 위함이다. 따라서 학습자가 "나는 왜 이 주제에 흥미를 느끼는가? 이것으로 내가 할 수 있는 것은 무엇인가? 이것을 어떻게 적용할 수 있는가? 다른 문제에 대한 답을 찾거나 문제를 해결하는 데 이것이 어떻게 도움이 될 것인가?" 등을 질문하도록 격려한다.

(9) 자신의 교수법을 비판적으로 평가한다. 교사로서의 효과성을 사정하는 네 가지 수준은 다음과 같다.

• 수준 1: 수업이 좋았는지를 학습자에게 단순하게 질문해 본다. 이것은 교수법을 평가하는 데 가장 흔히 사용되는 방법이다. 그러나 문제는 강의나 워크숍을 좋아함에도 거의 혹은 아무것도 배우지 않을 수 있다는 것이다. 학습은 항상 즐거운 경험만은 아니기 때문이다.
• 수준 2: 학습자가 실제로 새로운 것을 배웠는지를 검토한다. 그들이 이전에는 몰랐던 지식이나 기술을 교육을 통해 익혔는가? 교육을 이 수준으로 사정하기 위해서는 사전·사후 평가가 필요하다.
• 수준 3: 새로운 학습이 일어났다고 가정하고 교육 이후에 새로운 지식과 기술을 사용했는지 질문한다. 이 수준으로 사정하기 위해서는 훈련 이후의 학습자 행동을 점검하는 사후 관

리체계가 필요하다.

•	수준 4: 마지막으로 학습자의 새로운 지식이나 기술의 적용이 그들의 실제 삶이나 일에 긍정적인 영향을 미쳤는지를 알아본다. 만일 실제적이고 긍정적인 영향을 미치지 못했다면 아무리 즐거웠고 많은 내용을 학습했을지라도 그 교육은 가치가 별로 없다.

13.34 예산 편성하기

예산은 1년 혹은 2년의 정해진 기간에 예상되는 기관의 수입과 지출을 목록화하는 중요한 기획 도구이다. 일반적으로 예산은 사용 중인 기간에도 여러 번 수정되곤 한다. **임시 예산**(*preliminary budget*)은 지출을 추정하기 위해 사용되며 자금 확보를 위한 기초로 활용된다. 이 예산은 자금처에 의해 확약이 이뤄질 때 수정된다. 공공기관의 경우 입법부가, 민간기관의 경우 이사회가 **경상 예산**(*operating budget*)을 승인하면, 각 예상 항목에 작성된 양을 지출하는 것은 기관 CEO 혹은 행정책임자의 권한이다. 그러나 예산 회기의 과정에서 한 가지 혹은 그 이상의 수입 항목에서 적자가 발생하거나, 지출 항목에서 예상치 못한 비용이 발생하거나, 다급한 이유로 다른 항목의 돈을 빌려 사용해야 하는 경우가 발생한다. 서비스 수요에서의 상대적 유동성을 감안한다면, 기관은 예산 회기 동안 프로그래밍이나 직원 채용에서의 변화를 감당할 능력을 갖춰야 한다.

예산 수립에서 여러 가지를 질문하고 답할 수 있어야 한다.

•	예산 회기 동안 기관의 어떤 목적과 목표를 강조할 것인가?

•	기관의 프로그램을 수행하는 데 어떤 유형, 얼마나 많은 수의 직원이 필요한가? 유능한 직원을 끌어들이고 유지하는 데 필요한 임금과 수당은 얼마인가? 문제가 발생했을 때 직원과 기관을 보호하기 위해 어떤 책임보험과 과실보험이 필요한가? 직원과 자원봉사자를 위해 필요한 지속적 훈련은 무엇인가? 훈련 비용은 얼마인가?

•	프로그램 활동의 변화가 다양한 능력을 갖춘 직원의 수, 훈련 비용, 운송 수단, 장비, 자문 등의 예산에 어떤 영향을 미치는가?

•	중앙 사무실 공간이나 외부 장소가 필요한가? 공간이 깨끗하고, 잘 유지되고, 안전하기 위해 필요한 것은 무엇인가? 대여 비용, 공공요금, 보험료, 경비 비용 등은 얼마인가?

•	복사, 출판, 우편물, 홍보물, 회계 감사 등과 같이 기관에 대한 커뮤니티의 지지를 개발하고 유지하는 데 필요한 것은 무엇인가?

•	수입처(예: 기관의 모금 활동, 공동모금회, 정부 예산 책정액, 서비스 이용료, 보조금, 계약, 유산)는 무엇인가? 이 각각은 지원 기반으로서 얼마나 신뢰할 만한가?

•	만일 나중에 예산을 줄여야만 한다면 기관의 사명 수행 능력에 미칠 손상을 최소화하기 위해 어디를 줄여야 하는가?

안정된 조직에서는 과거 경험을 기초로 수입

이나 지출에서 예상되는 변화와 새로운 프로그램 계획을 감안해 예산을 세운다. 대부분 인간서비스기관은 노동 집약적이기 때문에 어떤 중요한 변화를 예상할 때 가장 중요한 것은 예산의 인력 측면이다. 게다가 **효율성**(서비스 단위당 비용)과 **효과성**(서비스 목표를 달성하는 능력) 간의 지속적인 갈등은 예산 과정의 일부로 다뤄져야 한다.

인간서비스기관에서 공통적으로 나타나는 예산 유형은 세 가지이다. 각각은 일 처리 비용에 대한 상이한 정보를 산출한다.

1) 품목명 예산

품목명(*line-item*) 예산은 사회기관에서 가장 흔하게 사용되는 유형이다. 이것은 다양한 수입과 지출 항목을 확인하고 각 항목마다 배정된 돈의 양을 명시한다. 기관의 회계체계는 이들 항목으로 구성되며, 이 예산을 통해 수입과 지출 내역을 알 수 있다. 이는 장래 기획안의 기초가 된다. 임시 예산은 기획안이기 때문에 효력이 발생하는 해에 앞서 편성돼야 한다. 다시 말하자면 다음 해의 예산은 이번 해 예산을 통해 수입과 지출을 얼마나 잘 추정했는가에 관한 불완전 정보에 기초한다. 그러므로 임시 품목명 예산은 각각의 예산 항목이 올해의 남은 기간 동안 얼마나 잘 운영되며, 다음 해 동안에 어떻게 변할 것인가에 대한 경험에서 우러난 추측을 반영한다.

일반적으로 품목명 예산에 포함되는 수입 항목(세입)은 이전 연도 이월비(플러스 혹은 마이너스), 계약금 혹은 보조금, 서비스 이용료를 포함한다. 비영리 민간기관의 경우 회비, 기부·기증품·유산이 포함된다. 공공기관의 세입은 기본적으로 주의회, 주지사와 같은 선출직 관료에 의해 승인돼 배분된 것이다. 이 예산에서는 인건비가 가장 큰 부분을 차지하며 월급, 보험, 퇴직 적립금, 사회보장세와 같은 수당, 자문료 및 직원 개발비 등이 포함된다. 운영비는 사무실 공간, 사무용품, 장비, 전화, 정보기술 지원, 클라이언트에게 제공될 유형 상품(예: 음식, 옷), 업무용 차량 등을 유지하고 대여하는 것과 관련된다.

품목명 예산은 작년의 실제 수입과 지출을 증명하며 다른 자산, 기부금의 양을 목록화해야 한다. 또한 경상 예산에서 제외된 보유 자금을 편성한 회계감사 보고서를 통해 자세히 설명돼야 한다.

2) 증분 예산

증분(*incremental*) 예산은 세입에서의 증가 혹은 감소 추정에 기초한 것으로, 일련의 예산 기획이 현재 품목명 예산을 기반으로 편성될 수 있다. 즉, '만일 … 한다면?' 방법을 활용해서 2~5% 수입 감소, 세입 변화 없음, 혹은 2~5% 세입 증가 등을 반영하여 지출 항목을 개발한다. 증분 예산은 세입 증가·감소의 영향뿐 아니라 월급과 공공요금의 점진적 인상이 미치는 영향을 반영할 때 특히 유용하다. 이 예산은 새로운 서비스를 제공하기 위해 현행 프로그램을 수정하는 비용을 사정하는 데도 유용하다.

3) 프로그램 예산 혹은 기능 예산

사회기관에서 사용되는 예산의 마지막 유형은 프로그램 예산 혹은 기능 예산이다. 이는 품목명 예산에 기초하며, 기관 운영의 다양한 요소 혹은 기능에 수입과 지출 각 항목이 총비용에 기여한 비율을 추가한다. 이 방법을 통해 기관의 특정 기능과 관련된 수입과 지출을 추정할 수 있으며, 그 기능의 비용-효과성을 알 수 있다.

프로그램 예산 편성은 기관의 다양한 프로그램(예: 입양, 가정위탁, 가족 상담 등) 각각의 기여에 따라 수입(예: 이용료, 기부금)과 지출 항목(예: 급여, 운영비)의 배분량을 추정하는 것을 포함한다.

13.35 인간서비스 마케팅과 모금

대부분의 사회복지사는 그들의 서비스를 광고되고 전시되며 매매되는 생산물로 생각하는 것에 익숙하지 않다. 일단 기관 혹은 서비스에 관한 명성이 높아지면 이 명성은 클라이언트를 끌어들이거나 새로운 직원과 자원봉사자를 모집(항목 10.13 참조)할 수 있으며 기관이 추가로 서비스를 개발할 때 필요한, 재정적 기반 확장을 위한 모금으로 전환될 수도 있다.

1) 마케팅

이러한 맥락에서 **마케팅**은 표적 대상(이해 당사자)과 일반 대중에게 인간서비스기관(혹은 사회복지사의 개업실천)의 업적과 능력을 알리기 위해 계획된 접근이다. 마케팅 계획을 개발할 때 다음과 같은 마케팅 전략의 중요한 특징을 고려해야 한다.

(1) 서비스 질에 자신감을 갖는다. 성공적인 판매원은 자신의 상품에 대한 열정이 있다. 인간서비스를 마케팅할 때 가장 중요한 첫 번째 조치는 사회복지사 혹은 기관이 제공하는 서비스가 클라이언트의 삶을 향상할 것이라고 진정으로 믿는 것이다.

(2) 서비스의 강점과 약점을 분석한다. 서비스를 마케팅하는 사람은 최소한 쉬운 말로 서비스의 장점을 설명할 수 있어야 하며, 독립적 평가로부터 도출된 자료를 통해 이러한 장점에 대한 믿음을 뒷받침할 준비가 되어 있어야 한다.

(3) 서비스에 관심을 갖는 이유를 분석한다. 무엇이 클라이언트와 지지자를 기관, 서비스로 끌어들이는지 이해해야 한다. 다음과 같은 질문을 던질 수 있다.

- 서비스를 이용하는 사람의 특징은 무엇인가?
- 기관의 성공에 가장 관심이 많은 커뮤니티 구성원은 누구인가?
- 전문가와 서비스 보조 직원은 기관에 얼마나 열성적인가?

(4) 이해 당사자를 확인한다. 일반 대중을 대상으로 마케팅하기에 덧붙여, 특정 프로그램에

가장 관심이 있을 것 같은 하위집단과 이들에 대한 마케팅 표적을 정하는 것이 유용하다. 인간 서비스기관의 마케팅 전략에서는 일반적으로 다뤄야 할 여러 이해 당사자가 있다. 이사회 혹은 자문위원회 위원, 의회 의원, 자원봉사자, 클라이언트, 이전 클라이언트, 클라이언트의 가족, 커뮤니티 영향력 행사자(influencer), 기관의 기부자 및 기타 지원자 등이 그러하다.

(5) **브랜드를 만든다.** 시각적으로 기관을 대표하는 상징 혹은 이미지(예: 사진, 그림, 로고)를 개발하고, 기관이 하는 일에 대한 긍정적 느낌을 창출한다. 핵심적 기관의 사명을 담은 '태그라인'(tag line, 예를 들어 "홈리스의 삶을 바꾸자"와 같은)을 넣을 수도 있다.

(6) **이해 당사자에 대한 보상을 명확히 한다.** 인간서비스 성공의 가장 중요한 지표는 서비스를 지원하거나 사용한 사람이 얻는 보상이다. 기부자 혹은 자원봉사자가 자신의 돈과 시간을 제공하면, 그 돈과 시간을 다른 가치가 있는 사람에게는 줄 수 없다. 따라서 이들에게 자신의 기증이 가치가 있으며 다른 사람의 삶에 실질적 변화를 가져올 것이라 알릴 필요가 있다. 클라이언트에게 보상이란 모든 직원으로부터 존중받는 것, 그리고 클라이언트가 기관에 시간, 돈을 쓰고 정서적 투자를 한 행위가 정당화될 정도로 양질의 서비스를 받는 것이다.

(7) **메시지를 알린다.** 마케팅 전략의 마지막 부분은 마케팅 메시지를 이해 당사자와 일반 대중에게 알리는 것이다. 이때의 목적은 사람들이 기관 서비스를 알게 되는 것이다. 이는 다양한 커뮤니티 시민, 사회 및 종교집단에게 연설하는 것, 그리고 TV와 신문에 기사를 내는 것으로 달성될 수 있다.

(8) **메시지를 현재 상태로 유지한다.** 현재 기관 혹은 프로그램을 알고자 하는 사람 대부분은 제일 먼저 기관이 관리하는 트위터 혹은 페이스북과 같은 소셜미디어 채널이나 혹은 기관의 웹페이지를 방문한다. 마케팅 전략에서는 모든 인쇄물에 참고로 달리는 웹페이지를 정기적으로 관리하여 양질 상태로 유지하는 것이 가장 중요하다. 웹페이지는 제공되는 프로그램과 서비스에 관한 설명, 잠재적 클라이언트가 서비스를 신청하는 방법, 돈을 기부하거나 자원봉사를 하는 방법, 성공적 서비스에 관한 간략한 사례 요약, 이사회와 직원에 관한 정보(예: '기관 소개' 메뉴), 가장 최근의 연간 보고서 등을 포함해야 한다. 클라이언트와 기타 이해 당사자에게 웹페이지의 검토 및 비평을 요청하는 방식으로 웹페이지를 주기적으로 테스트한다. 그리고 이에 따라 웹페이지 자료를 수정하고 게재한다.

2) 모금

모금 계획 개발은 마케팅과 밀접히 관련된다. 비영리 인간서비스기관이 생존하고 프로그램을 개발하기 위해서는 안정적이고 광범위한 자금의 기반이 있어야 한다. 최종적으로 취약한 사람들이 내는 비용으로는 양질의 서비스 전달 비용을 충당할 수 없고, 따라서 재정 지원은 기관에 자신의 돈을 기부하고자 하는 사람들의 의지에 달려 있다. 모금 계획의 일부 혹은 어느 정도를 차지하는 '우애 개발'(friend-raising)은 기관의 가치를 진정으로 신뢰하고 매년 기관 서비스를 재정적으로 지원하리라 기대되는 사람 혹은 기관에 유산을 제공하거나 유언장에 이러한 내용을 포함할 가능성이 있는 사람 등을 확인하고 양성하는 것을 뜻한다.

기관은 또한 사회복지사가 이끄는 작은 이벤트를 통해 모금 프로그램을 실행한다. 지역 이벤트에는 식료품 판매, 입찰식 경매, 지역 레스토랑에서 주최하는 만찬 행사, 온라인 모금, 자전거 혹은 달리기 경주, 과자 판매 혹은 케이크 경매, 지역 음악 혹은 연극단체의 특별 공연 등이 있다. 이러한 이벤트를 잘 수행하기 위해서는 상당한 기획이 요구되며 기관 목적에 헌신하는 자원봉사자의 지원이 필요하다.

때때로 주요 모금 캠페인은 새로운 프로그램의 시작 혹은 시설 설립을 위한 자금을 요청하기 위해 기획된다. 캠페인에는 모금에 대한 매우 다른 접근이 요구되며, 따라서 경험이 없는 사람은 캠페인에서 해야 하는 일이나 그 복잡성에 대해 대비를 거의 하지 못한다. 캠페인을 성공적으로 시작하기 위해서는 시간, 에너지, 노하우가 필요하다. 더욱이 이런 캠페인은 미국 공동모금회 혹은 미국 적십자와 같이 유명하고 경험이 있으며 수준 높은 모금 기관이 수행해야 한다.

중요한 모금 캠페인을 시도하기 전에 다음의 질문을 고려해야 한다.

- 클라이언트에 대한 서비스에 손상을 주지 않으면서 충분한 수의 직원이 모금 활동 감독에 시간을 쓰는 것이 가능한가?
- 기관의 마케팅 노력과 다른 모금 활동은 자금 캠페인의 견고한 기초를 제공했는가?
- 캠페인에 대한 신중한 기획에 충분한 시간과 전문적 지식이 투입됐는가?
- 커뮤니티의 주요 리더는 캠페인에 기꺼이 기부할 뿐만 아니라 다른 사람에게 기부 참여를 개인적으로 요청하는가?
- 캠페인 비용을 충당할 충분한 자금이 기관 예산에 포함되어 있는가? 소수의 선택된 기부자로부터 초기 재정 투입이 충분하게 이뤄질 가능성이 있는가?
- 캠페인 활동을 위해 전문적인 모금 자문의 채택을 진지하게 고려하는가?

캠페인을 성공적으로 개시하기 위해, 기관은 참여 인원과 모금액의 현실적인 목적 설정하기, 캠페인을 이끌 존경받는 커뮤니티 리더 선발하기, 캠페인 직원의 모집 및 선발·자료 준비·기부 요청과 같은 수많은 일을 수행하기 위한 전반적 계획과 일정을 간략히 설명하기, 정확한 기록 유지하기 등을 시작해야 한다.

캠페인을 기획할 때는 모금의 전부라고도 할 수 있는 재정적 지원 요청을 많은 사람이 망설인다는 것을 기억해야 한다. 타인에게 돈을 요청하기 전에 이미 받았다면 최선이다. 적은 돈은 우편, 이메일, 전화 캠페인으로 모금할 수 있지만 큰돈은 기부자와의 대면 접촉을 통해 모금된다. 친구나 존경받는 사람으로부터 기부를 요청받는다면 돈을 기부할 가능성이 높아진다. 일반적으로 고액 기부자는 이유나 프로그램보다는 요청한 사람을 위해 기부한다. 적임자가 타인에게 돈을 요청하는 것, 그리고 그 요구가 올바른 방식으로, 올바른 목적을 위해, 적시에 이뤄지는 것 또한 매우 중요하다.

13.36 보조금 신청하기●

사회기관이 이용할 수 있는 자원은 대개 운영 중인 기존 프로그램에 완전히 활용된다. 매년 발생하는 자금 증가분은 임금 상승과 인플레이션에 의해 통상 소비된다. 프로그램 개혁을 입증 혹은 시험하며 기관 프로그램의 특정 측면을 조사할 기회는 보조금(grant)이 없다면 불가능하다. 가능성 있는 보조금을 찾을 줄 아는 사회복지사, 주요 직원의 업무를 도와 보조금 신청에 포함해야 할 정보와 아이디어를 확인할 수 있는 사회복지사, 보조금 신청 준비에 유능한 사회복지사는 해당 기관의 유용한 자산이다.

사회복지사가 보조금 사용문서 작성(grant-writing)을 시작하기 전에 세 가지 선행조건이 충족되어야만 한다. 첫째, 증명하거나 연구하고자 하는 프로그램 개혁 혹은 아이디어는 바르고 세심히 계획돼야 한다. 둘째, 기관의 관리자와 이사회는 이 아이디어에 헌신적이어야 한다.

마지막으로, 제안된 활동을 수행할 직원과 기관의 가능성 및 능력에 대한 평가를 통해 이 일이 성공적으로 수행될 수 있음을 보여 주어야 한다. 보조금 개발에 참여하는 사람 혹은 팀은 보조금 신청을 준비하는 데 상당한 시간과 노력을 투자할 각오를 해야 한다. 이것은 진행 중인 업무와 함께 자주 이뤄진다. 그러나 보조금 기금의 확보는 종종 서비스를 유의미하게 개선할 수 있는 유일한 방법이다.

1) 보조금 출처

다양한 재원이 고려되어야 한다. 때로 지역 사업체는 관심이 있는 프로젝트에 비용 부담을 할 것이다. 예를 들어 컴퓨터 회사는 전산화된 기관 간 의뢰관계망의 가상 효과성을 보여줄 수 있는 장비를 기부할 수도 있다. 혹은 특정 프로젝트에 관심이 있는 사람이 이 프로젝트를 돕기 위해 자금 조성 활동을 맡을 수도 있다. 그러나 특정 프로젝트의 주요 재원은 정부기관이나 민간재단으로부터의 보조금이다.

(1) 정부 보조금: 주정부도 자금을 할당하지만, 가장 큰 액수의 보조금은 연방정부의 기관을 통해 가능하다. 대부분의 정부 보조금은 후원기관이 우선순위를 반영해 정한 지역과 관련된다. 제안서 요청(request for proposals: RFP)

● 〔역주〕 우리나라의 많은 사회기관은 공공이 설립하여 민간이 위탁운영하거나 혹은 공공으로부터 경상운영비와 인건비를 지원받고 있다. 여기서의 "보조금 신청하기"는 공공으로부터 해마다 지원받는 운영 예산이 아니라, 공공과 민간의 다양한 지원조직(지방자치단체, 공동모금회, 기업재단 등)에 제안을 통해 지원받는 재원을 의미한다.

이나 지원 요청(request for applications: RFA)을 통해 활용 가능한 자금을 알 수 있다. 보조금 신청은 전문가 패널의 심사를 거치며, 경쟁에 기초해 지급된다. 보조금 지급기관의 기존 우선순위와 상관없이, 혁신적 프로그램 아이디어에 약간의 재량적 자금이 배정되기도 한다. 제안서 작성에 많은 시간과 에너지를 투자하기 전, 관심 있는 분야, 즉 노인, 아동복지, 후천 면역결핍 증후군(AIDS) 등의 자금을 담당하는 정부 관계 기관의 직원과 그 아이디어에 관해 이야기를 나누는 것이 유용하다. 이들은 제안서와 기관의 관심사가 맞는지 평가하도록 돕고, 신청 과정에 관한 유용한 정보를 제공할 수 있다.

연방정부에 신청하는 경우, 출판된 두 개의 자료가 보조금 가능성과 관련해 특히 유용하다. '가족에 대한 연방 지원 카탈로그'(catalog of federal domestic assistance)에는 연방 프로그램에 관한 광범위한 목록과 설명이 담겨 있다. 프로그램은 기능별(예: 주거, 건강, 복지), 주제별(예: 약물 남용, 경제 개발), 그리고 그 프로그램을 관리하는 연방 기관별로 상호 참조돼 있다. 각 프로그램에 대한 설명에는 자금 사용에서의 제약, 지원 자격 요건, 신청 및 지급 과정과 같은 정보가 있다. 두 번째 자료는 '연방 정부의 공보'(federal register)이다. 여기에는 모든 정부 부처의 근무 시간이 실려 있고, 공지사항, 규칙 및 규정, 지침, 그리고 모든 연방 보조금 지급 기관에 제안하는 규칙, 규정이 담겨 있다. 이 두 가지 자료는 많은 도서관과 인터넷을 통해 구할 수 있다.

(2) 민간 재단: 소액 보조금을 더 쉽게 받을 수 있는 곳은 민간 재단이다. 대부분 재단은 특별한 관심 영역을 개발하며, 특정 지역에 위치한 프로그램만이 활용할 수 있는 자금을 둔다. 이와 관련해 아마 미국에서 가장 유용한 자료는 재단 명부(foundation directory)일 것이다. 이 명부의 1부에는 매년 20만 달러 이상을 기부하는 재단이 포함되어 있고, 2부에서는 보다 소액을 기부하는 재단이 담겨 있다. 재단센터는 또한 정기적으로 아동, 청년, 가족, 노화, 경제적으로 소외된 사람, 보건, 여성과 소녀 같은 특정 영역에 초점을 맞춘 특화된 보조금 명부를 발간한다. 또 다른 명부로 '기업과 재단 기부자의 명부'(directory of corporate and foundation givers)가 있다. 이것은 민간 영역에서 가능성 있는 자금원에 대한 참고 자료를 제공한다. 지역 도서관과 대학은 이러한 출판물 복사본을 소장하고 있을 것이다. 일단, 관심사와 잘 맞을 것 같은 재단을 확인하면 선발 기준과 지원 과정에 관한 상당히 많은 정보가 있는 재단 웹사이트를 방문한다.

2) 제안서 개발

제안서의 기획과 준비는 노동집약적 과정이다. 필요한 시간과 동기가 있는지 확인한다. 급하게 작성된 제안서, 혹은 많은 자금 출처에 무차별적으로 보내는, 이른바 다목적 제안서는 성공 가능성이 희박하다. 특정 보조금 신청에서 몇 가지 지침이 중요하다.

(1) 철저히 준비한다. 제안서 제출을 결정하기 전에 잠재적 자금 출처(재단이나 정부기관)를 철저히 연구한다. 공개된 기금 우선순위, 이전에 기금이 지급된 역사, 수급 자격, 지역적 제한 여부, 이용 가능한 보조금의 유형과 규모, 기금 주기, 선발 과정 등에 특히 주의를 기울인다. 질문이 있을 때 접촉할 사람의 이름, 주소, 전화번호를 확보한다.

(2) 비공식 문의를 한다. 아이디어가 관심을 끌 수 있을지 비공식적으로 문의함으로써 기금 기관이나 자신을 위해 시간을 절약한다. 그러나 문의를 받는 사람이 바쁘고 회의적이며, 문제에 특별한 관심이 없고, 기금은 말할 것도 없이 꼼꼼히 평가할 수 있는 것보다 더 많은 요청을 받고 있다는 점을 인정해야 한다. 능률적으로 일을 처리한다. 제안서를 1~2페이지 분량으로 혹은 전화상 5분 정도로 분명하고 간략하게 설명하도록 준비한다. 지원하겠다고 생각했으면 지원 신청서 자료집과 관련 설명서를 요청한다.

(3) 제안서를 쓴다. 기금기관의 지침에 있는 설명을 연구하며 모든 부분 혹은 질문을 다루면서 정확히 그대로 따른다. 최소한 다음과 같은 질문을 예상해야 한다.

- 원하는 것은 무엇이며, 어느 정도의 비용과 시간이 소요되는가?
- 제안된 프로젝트가 기금기관의 관심이나 우선순위와 어떻게 관련되는가?
- 제안한 것과 유사한 다른 프로젝트를 알고 있는가? 당신의 프로젝트와 얼마나 유사하거나 다른가? (충분한 문헌 고찰 필요)
- 프로젝트를 어떻게 수행할 계획인가? 직원은 필요한 훈련과 경험을 받았는가? 이 프로젝트를 수행하는 데 다른 사람보다 특별히 잘 준비된 이유는 무엇인가?
- 제안된 프로젝트로 혜택을 보는 사람은 누구인가? 프로젝트는 기관, 클라이언트, 커뮤니티, 주 혹은 국가에 어떤 영향력을 미치는가? 어떻게 영향력을 측정하고, 평가하며, 보고할 것인가?
- 성공할 경우, 보조금 지원이 중단된 이후에는 그 일을 어떻게 계속할 것인가?

서면 제안서는 다양한 지출 비용의 타당성을 구체적으로 기술하는 것에 덧붙여 매우 명확하게 잘 구성돼야 한다. 제안서는 정해진 페이지를 초과할 수 없고 확실한 마감일이 있다. 통상 마감일은 소인이 찍힌 날짜를 기준으로 한다. 그러나 때때로는 제안서를 마감일까지 물리적 혹은 전산상으로 보조금 기관에 직접 제출해야 한다. 또한 팀으로 제안서를 작성한다면, 서류를 일관성 있는 문서로 편집하는 데 최종 권한을 갖는 한 사람을 임명한다.

(4) 프로젝트를 위한 훌륭한 판매원이 된다. 서면 제안서나 구두 발표에는 지식, 열정, 헌신을 반영해야 한다. 제안서가 기금 제공자의 목적에 잘 부합한다는 점, 그리고 지원받을 경우 클라이언트를 도울 방법이나 기존 프로그램을 넘어 인간서비스 제공을 개선하는 방법이 있다

는 점 등에 초점을 맞춘다. 무력하고 형편이 어려운 것으로 보이면(예: "우리는 진짜 돈이 필요합니다") 지원을 못 받을 가능성이 꽤 높다. 제안서를 선정하는 사람 입장에서는 프로그램에 관련된 사람이 유능하고 책임감 있다고 여겨지면 그 제안서를 지원할 방법을 찾는 데 특별한 노력을 기울인다. 커뮤니티 내의 주요 인사 혹은 관련 기관으로부터 지지 편지(추천사)를 받는다면 제안서를 납득시키는 데 도움이 될 수 있다. 지지자에게 제안서의 특정 영역(예: 욕구, 기관을 건실하게 운영해온 역사, 프로젝트를 수행할 직원의 능력, 이 프로그램에 대한 커뮤니티의 지원)을 언급해 달라고 요청한다.

(5) 책임을 진다. 만일 신청한 보조금을 받는다면 서면 계획과 제출한 예산에 따라 프로젝트를 실행하도록 준비한다. 보조금 수령에는 돈을 적절히 관리할 것, 정기적으로 과정 보고서를 제출할 것, 프로젝트 결과를 보고할 것, 기금 출처에 적절한 신뢰를 줄 것 등과 같은 책임을 수반한다. 보조금 기금에 대한 철저한 관리가 매우 중요하며, 이는 미래에 보조금 지원을 다시 신청하는 경우 다시 지원을 받으려면 필수적이다.

3) 제안서 내용

과거에는 왜 이런 일을 할 수 없었는지를 강조하기보다는 보조금 지원으로 할 수 있는 일의 중요성을 강조한다. 제안서는 제한된 보조금 자원을 두고 경쟁을 벌이며 지침에서 정한 기준에 따라 평가된다는 점을 명심한다. 일반적으로 다음의 요소가 포함된다.

- 겉표지: 프로젝트의 제목, 책임 연구자, 기관명, 프로젝트 활동 일자, 신청 총예산, 지원 신청을 승인하는 기관 공식 담당자의 서명 등을 포함한다.
- 요약: 목표와 사용될 절차, 평가 방법, 결과를 보급할 계획 등에 대한 간략한 진술을 준비한다.
- 문제와 목표의 진술: 이 프로젝트의 논리적 근거를 제시하고 측정 가능한 용어로 목표를 명확히 기술한다.
- 방법론, 절차, 활동: 프로젝트의 설계와 관점을 기술하고 누가 도움을 받는지를 밝힌다. 그리고 프로젝트를 위한 행정 구조를 설명한다. 각 활동의 날짜와 단계를 담은 명확한 행동계획을 설계한다. 갠트 도표와 PERT 차트(항목 12. 12 참조)를 사용해 심사자에게 과정과 추진 일정을 명확히 할 수 있다.
- 평가 방법: 활동의 결과나 성과를 어떻게 사정할지 설명한다. 만약 평가자가 기관과 직접 관계가 없거나 프로젝트의 성과에 개인적으로 투자한 사람이 아니라면, 지원 신청이 더욱 유리할 것이다.
- 결과 보급: 이 활동으로 얻은 지식으로부터 다른 사람이 혜택을 볼 수 있도록 프로젝트 결과를 어떻게 보급할지 제시한다.
- 인력과 시설: 프로젝트 수행에 필요한 직원을 설명한다. 이 활동에 책임을 맡을 주요 직원의 이력서를 포함한다. 그리고 신규 직원을

어떻게 선발할지도 제시한다. 또한 어떤 특별 장비가 필요한지도 기술하며 프로젝트 활동을 수용할 공간의 확보 방안도 제시한다.

- 예산 타당성: 프로젝트 예상 비용의 세부 예산, 그리고 이들 지출에 대한 설명 혹은 타당성을 제시한다. 자금 출처에 요구하는 것이 무엇인지, 그리고 기관 혹은 다른 자원은 무엇을 기여할지 밝힌다. 많은 자금 출처는 자금 제공의 조건으로 지역의 배합자금(matching funds)을 찾도록 요구한다. 어떤 경우에는 현금 배합이 요구되지만 다른 경우에는 현물(예: 직원 시간, 사무 공간) 기부도 허용된다. 예산은 보통 직원 인건비(부가수당 포함), 외부 자문가 혹은 프로젝트 평가자, 소모품(물품, 복사, 우편 등), 장비, 여행, 간접비용 등으로 구성된다. 간접비용은 쉽게 기록될 수 없지만 프로젝트 직원이 사용하는 공간, 난방, 전기 등과 같은 기관의 실질 비용을 포함한다. 일부 공공기관은 간접비용을 프로젝트 경비의 8% 내지 15%로 제한한다. 어떤 재단은 간접비용 부과를 허용하지 않기도 한다. 또한 재정 지원 기간이 끝난 후에는 프로젝트를 어떻게 할지에 대한 설명도 준비한다.

13.37 이웃과 커뮤니티 조직하기

최근 우파 정치는 사회행동(social activism)과 커뮤니티 조직화를 반미(反美), 그리고 사회의 적절한 질서에 위협이 되는 것으로 낙인찍으려 노력해 왔다. 그러나 실제로 이러한 활동은 가장 민주적이다. 이웃과 커뮤니티 조직화는 사람들을 모아 그들의 목소리가 들리도록 만들고 필요한 변화를 초래하도록 한다. 커뮤니티 조직화는 가난한 사람들, 소외된 사람들, 투표권이 박탈된 사람들을 도와 선출 공무원과 다른 의사 결정자에게 이들의 관심사를 알리는 데 특히 중요하다.

우리 이웃과 커뮤니티 사회 구조의 점진적 변화를 촉진하기 위해 사회복지사는 **활동가**(activist)가 되어야 한다. 다시 말해 사람들을 조직하여 특정 문제나 어려움의 원인 혹은 근원을 확인 및 다루도록 하는 데, 그리고 문제에 대처하고 바로잡기 위해 전략적 변화 노력을 시작하도록 하는 데는 기술이 필요하다. 현 상태의 변화에는 분명 반대가 있다. 따라서 활동가는 갈등을 처리하고 해결하는데 능숙해야 한다.

사회 구조와 문화에 깊게 내재된 이슈와 문제는 **운동**(movement)으로 가장 잘 묘사되는, 매우 광범위한 사회 변화 노력을 통해서만 다뤄질 수 있다. 이러한 노력에는 성패가 달린 이슈에 대한 대중의 기본 생각 및 이해를 바꾸려고 시도하는, 전국 혹은 주 차원 조직 관련 기술이 필요하다. 사회복지사가 특히 관심을 갖는 사례로는 시민 평등권 운동(civil rights movement), 여성 운동(women's movement), 커뮤니티 정신건강 운동(community mental health movement), 그리고 남성 동성애자 권익수호 운동(gay rights movement) 등이 있다. 어떤 사회복지사는 이들 운동과 연대한 지역 조직화 노력의 일부였을 수 있다. 그러나 이러한 운동의 전반적 행동을 조직하는 역할을 맡지는 않았을 것이다.

보다 일반적으로 사회복지사는 지역 차원의 사회 변화를 초래하기 위해 이웃과 커뮤니티 변화 노력에 관여한다. 세계의 다른 곳과 달리, 미국에는 이웃 혹은 커뮤니티에 주로 초점을 맞추는 업무를 맡은 사회복지사가 상대적으로 거의 없다. 미국 사회복지사는 주로 개인, 가족, 집단, 때때로 조직에 관심을 갖는다. 그러나 사회복지사가 유사한 이슈를 경험하는 수많은 사람에게 서비스를 제공할 때, 개인의 특성 혹은 선택을 넘어서는 무엇인가가 이슈의 근원에 있다는 것이 명백해진다. 예를 들어, 왜 그렇게 많은 아프리카계 미국인 남성이 감옥에 있는가? 게이 혹은 레즈비언에 대한 폭력 이면에는 무엇이 있는가? 왜 많은 사람이 노숙인이 되는가? 왜 그렇게 많은 히스패닉계 고등학교 졸업생이 대학에 입학할 자금을 마련하지 못하는가?

커뮤니티와 이웃의 변화에 영향을 미치기 위한 사회복지사의 노력은 두 가지 형태의 조직화로 구분된다. 첫 번째 형태는 **커뮤니티 조직화**(*community organization*)로 불린다. 이는 이웃 혹은 커뮤니티 전체 차원의 서비스 전달체계를 강화하기 위한, 대개 기관 간에 이루어지는 작업 혹은 노력이다. 사람을 돕는 원조 전문직 가운데 사회복지사의 독특한 초점은 커뮤니티 내 자원을 활용하는 데 있기 때문에 사회복지사는 단지 충분한 자원이 없어 서비스가 부족한 상황을 알아차리는 것뿐 아니라, 클라이언트가 서비스 접근에서 겪는 어려움도 절감한다. 그래서 이러한 변화 노력은 주로 기관 간 작업이다. 이 일을 하는 데 필요한 기술은 소규모회의를 이끌

기(항목 13.26 참조), 때때로는 위원회 의장 역할 수행하기(항목 13.29 참조), 관심 있는 사람들의 집단을 도와 이슈에 관한 문제 해결하기(항목 13.30 참조), 커뮤니티 옹호에 관여하기(항목 13.32 참조) 등이다.

더욱 기초적인 단계에서, 사회복지사는 이슈를 경험하는 사람들을 하나로 합쳐 원인을 더 잘 이해하고 이슈의 영향을 최소한으로 감소시키거나 치유하기 위한 전략을 더 잘 개발하도록 촉진할 수 있다. 이러한 형태의 조직화는 지역 주민의 사회정의 증진을 목적으로 하는 **이웃 · 커뮤니티 개발**(*neighborhood or community development*)로 알려져 있다. 이슈에 따라 이것은 이웃(예: 이동주택 주차장, 빈민가 혹은 스페인어 사용 구역)에 사는 사람들의 삶에 활기를 불어넣는 것을 포함한다. 또는 특정한 사회문제(예: 다양한 차별, 공공 자원에 대한 접근 제약 혹은 빈곤)에 관심 있는 사람들이 커뮤니티 전역에서 참여하는 것이 필요하다. 이러한 접근의 사회복지실천은 **임파워먼트**(제5장 참조) 원칙에 크게 의지하며 사회복지사는 이슈에 의해 가장 많이 영향을 받는 사람들의 변화 지향적 활동을 촉진한다.

이웃 · 커뮤니티 개발 활동에는 두 가지 두드러진 목적, 즉 첫째, 개인이 자신의 리더십 기술을 인식하고 개발하도록 돕는 것, 둘째, 자신에게 영향을 미치는 이슈와 문제를 다루도록 돕는 것 등이 있다. 사회복지사에게 이것은 기본적으로 막후 활동이다. 이 활동에서 사회복지사 대부분은 리더십 역할을 맡은 사람에게 정보를 모아 주고 안내를 제공한다. 단, 이것은 조언이 필요한 때로 제한된다. 이 역할에서 중요한 기술

은 비판적 사고, 사람의 강점과 재능 개발, 제8장에서 다룬 기본적 의사소통 기술 등이다. 일반적으로 이러한 유형의 사회복지실천은 이슈가 해결된 이후 해체될 집단을 만드는 것부터 시작한다. 어떤 경우에는 초기 성공이 지역 커뮤니티에 중요한 다른 이슈를 다루기 위한 공식조직 구성을 낳기도 한다.

13.38 입법자와 다른 의사 결정자에게 영향력 행사하기

선출된 대표와 다른 공무원이 지역, 주, 국가적 차원에서 만드는 결정은 인간서비스에 중요한 영향을 미친다. 사회복지사는 공공 사회정책이 어떻게 사회의 가장 취약한 구성원을 원조하기도 하고 힘들게도 하는지를 살필 수 있는 독특한 위치에 있기 때문에 그러한 관점을 입법자나 커뮤니티의 다른 의사 결정자에게 분명히 설명하여 이들이 클라이언트의 욕구, 관심사를 간과하지 않도록 해야 한다.

의사 결정자에게 영향력을 행사하고자 기획할 때 사회복지사가 명심해야 할 몇 개의 지침은 다음과 같다. 첫째, 의사 결정자와 기존 관계가 있다면 결정에 영향을 미치기가 더 쉽다. 물론 이러한 관계를 맺는 데 시간과 상당한 노력이 요구되지만, 사회복지사는 특정한 결정에 영향을 미치고자 시도하기 전에 이런 관계를 애써 구축해야 한다. 둘째, 사회복지사가 신뢰할 수 있는 정보를 제시한다면 의사 결정자는 그로부터 영향을 더 많이 받을 것이다. 사회복지사는 의사

결정자에게 영향을 미치고자 시도하기 전에 이슈를 면밀하게 분석해야 한다(항목 11. 26 참조). 절대로 사실을 왜곡하거나 불충분한 정보를 제공하지 않아야 하며, 그 사안에 관해 이야기할 준비를 완벽히 갖춘 후 접촉을 시도한다. 마지막으로 사회복지사는 의사 결정자에게 제시할 이슈를 선택해야 한다. 너무 많은 이슈를 다루면 의사 결정자로부터 받는 신뢰가 줄어들 수 있다. 요컨대 의사 결정자에게 접근할 때 박식하고 유능하며 호감이 가고 진심으로 이슈에 헌신하는 이미지의 사람에게 의사 결정자가 더 잘 설득된다는 점을 사회복지사가 기억해야 한다.

어떤 경우에는 사회복지사가 의사 결정자에게 영향을 미치기 더 쉬운 다른 사람을 통해야 할 때도 있다. 하지만 반대로 사회복지사 스스로가 직접 개인적 접촉이나 서면방법 등을 통해 의사 결정자와 의사소통해야 할 때도 있다.

1) 정책 입안자를 방문하기

많은 입법자와 주요 의사 결정자는 어느 정도 제한된 환경에서 시간을 보낸다. 이들은 주로 직원, 로비스트, 동료와 이야기를 나눈다. 이런 이유로 이들은 자신이 결정해야 하는 이슈에 관한 직접적 지식을 가진 사람의 입장을 들어볼 기회를 반긴다. 이러한 대화는 입법자가 주최하는 공개 포럼 혹은 타운 미팅(town meeting)에 참여하거나 의사 결정자와의 개별적인 대화를 통해 이뤄진다. 의사 결정자를 직접 만나는 일정을 잡기 어려운 경우 때때로 의사 결정자의 측근이나 고문과 의사소통하는 것도 효과적일 수 있다.

다음 지침은 의사 결정자(혹은 이들의 고문)를 효과적으로 방문하기 위해 도움이 될 만하다.

(1) 시간을 효율적으로 사용한다. 의사 결정자에게 시간은 소중하다. 상대방의 관심을 끌고 정보를 전달하는 데 우호적인 분위기를 만들고자 한다면, 자신이 능률적이어야 한다. 개별적 만남을 기획할 때 사전에 약속을 잡고 어느 정도의 시간을 할애할 수 있는지 질문한다. 입법자가 당신을 만나기 전에 다른 책무를 완수해야 해서 기다리게 되더라도 시간 약속을 지킨다. 또한 요점을 빠르게 말한다. 단시간에 많은 정보를 처리하기 위해 발표 준비를 한다.

(2) 긍정적인 태도를 보인다. 먼저 친근한 말로 시작한다. (적절하다면) 이전 만남과 관련해 취해진 조치에 대해 의사 결정자를 칭찬할 만한 이유를 찾고, 이 사안에 관한 입장을 듣고자 시간을 내준 것에 감사를 표한다.

(3) 신념을 표현한다. 사회복지사로서 이 결정의 함의를 알 수 있는 독특한 위치에 있다는 것을 의사 결정자에게 알린다. 제안에 대한 스스로의 믿음에 관해 입법자가 조금도 의심하지 않도록 한다. 사실과 예를 들어 관점을 설명한다. 만일 정보가 너무 상세하다면 의사 결정자나 배석한 사람에게 나눠줄 유인물을 준비한다.

(4) 구체적으로 접근한다. 의사 결정자가 무엇을 해주기 원하는지 분명히 한다. 예를 들어 의사 결정자가 상황을 더 잘 이해하기를 원하

는가? 법률의 한 부분을 개정하기를 원하는가? 특정 법안에 찬성 혹은 반대표를 던지기를 원하는가?

(5) 문서로 사후 관리한다. 입장을 반영하고, 만남에서 제시한 사실을 담은 진술서를 보내거나 남겨 둔다. 이 문서는 그 주제에 관한 입법자의 서류가 될 자료를 제공하기 위한 것이며 입법자가 조치를 취할 때 사회복지사의 입장을 기억하도록 하기 위한 것이다. 이름, 주소, 전화번호를 자료에 남겨 두었는지 확인한다. 그래서 관련 사안에 관한 정보를 제공하거나 요점을 명확히 해야 할 때 연락할 수 있도록 한다.

2) 정책 결정자에게 편지 혹은 이메일 쓰기

대면 접촉이 의사 결정자에게 영향력을 행사하는 데 가장 효과적인 방법이지만 시간, 거리, 자원과 의사 결정자의 사정 등으로 인해 불가능한 경우가 많다. 시기가 적절하다면 편지나 팩스, 이메일, 전화는 의사 결정에 영향을 미치는 데 효과적이다. 공무원의 우편 주소, 이메일 주소, 전화번호는 보통 신문에 실리거나 인터넷 검색을 통해 찾을 수 있다. 다른 임원의 정보는 추가 검색이 필요할 수 있다.

의사 결정자에게 편지를 보낼 때의 지침은 다음과 같다.

(1) 정확히 표현한다. 사람의 이름이나 적절한 직함, 주소 등의 철자를 정확히 썼는지 확인한다. 의사 결정자가 그 연락에 반응할 것에 대

비해 자신에 대한 정확한 정보를 제공한다.

(2) 간단명료해야 한다. 서신은 한 페이지로 제한한다. 오직 한 가지 이슈 혹은 한 개의 법안에만 초점을 맞춘다. 만일 여러 사안에 관심이 있다면, 각기 다른 서신을 보내서 그러한 사안에 관한 자료가 정리·보관되도록 한다.

(3) 관심 이슈나 법안을 명확히 한다. 법안 번호, 이름, 날짜와 같은 식별 정보를 제공한다. 그래야 쓰고자 하는 것이 무엇인지를 두고 오해가 생기지 않는다.

(4) 간결하고 명료하게 쓴다. 그 자료를 읽을 사람은 매우 바쁘며 매일 수많은 서신을 받는다는 것을 기억한다. 요점을 쉽게 이해하도록 한다.

(5) 긍정적인 방식으로 시작한다. 정중한 태도로 의사 결정자에게 보낼 서신을 시작하고, 적절한 호칭을 사용한다. 가능하다면 이번 사안을 입법자가 지지하는 다른 입장과 관련짓는다.

(6) 입장을 지지하는 사실과 인물을 제시한다. 결정의 영향력과 얼마나 많은 사람이 관심을 두고 있는지를 설명한다. 짧은 사례는 어떻게 이 이슈가 사람들에게 영향을 미치는지 입법자가 이해하도록 돕는 데 종종 효과적이다.

(7) 원하는 행동이 무엇인지 분명히 한다. 무슨 일이 일어나길 원하는지를 읽는 사람이 알아야 한다(예: "HR 254안에 찬성표를 부탁드립니다", "SB 1543 의사 진행 방해를 반대합니다").

(8) 시기에 관심을 기울인다. 주제에 관한 표결에 앞서 의견을 전달할 시기를 정한다. 일반적으로 입법자는 청문회 과정 초기에, 그리고 최종 투표 훨씬 이전에 마음을 정한다.

(9) 후속 조치를 한다. 의사 결정과 투표가 끝난 후 다시 편지를 쓴다. 만일 그가 요구 사항에 대한 행동을 취했다면 입장을 고려해준 것에 대하여 사의를 표한다. 만일 그렇지 않았다면 그에 대해 유감을 표현한다. 후속 조치를 통해 그 이슈에 진정으로 관심을 가지고 있음을, 그리고 이 사안과 관련해 지속적으로 의사 결정자의 행동을 주시할 것임을 알릴 수 있다.

참고문헌

Adair, J. (2010). *Decision Making and Problem Solving Strategies* (2nd ed.). PA: Kogan Page.

Adams, R. (2008). *Empowerment, Participation, and Social Work* (4th ed.). NY: Palgrave Macmillan.

American Arbitration Association, American Bar Association, & Association of Conflict Resolution (2005). "Model standards of conduct for mediators". http://www.adr.org/aaa/ShowProperty?nodeID=%2FU-CM%2FADRSTG_010409&revision=latestreleased.

Andreasen, A. R. & Kotler, P. (2008). *Strategic Marketing for Nonprofit Organizations* (7th ed.). NJ: Pearson/Prentice-Hall.

Barretta-Herman, A. (1990). "The effective social service staff meeting". In Slegioo, F. (ed), *Business Communication: New Zealand Perspective*, pp. 136~147. New Zealand: Software Technology.

Baumeister, R. & Tierney, J. (2012). *Willpower: Rediscovering the Greatest Human Strength*. NY: Penguin.

Beebe, S., Mottet, T., & Roach, K. D. (2013). *Training and Development: Communicating for Success*. NJ: Pearson.

Benson, J. (2010). *Working More Creatively with Groups* (3rd ed.). NJ: Routledge.

Berlin, S. (2002). *Clinical Social Work Practice: A Cognitive-Interactive Perspective*. NY: Oxford University Press.

Black, C. (2009). *Deceived: Facing Sexual Betrayal, Lies, and Secrets*. MN: Hazelden.

Board Source (2012). *The Nonprofit Board Answer Book: A Practical Guide for Board Members and Chief Executives* (3rd ed.). CA: Jossey-Bass.

Bray, I. (2013). *Effective Fundraising for Nonprofits: Real-World Strategies that Work* (4th ed.). CA: Nolo.

Brock, G. & Barnard, C. (2009). *Procedures in Marriage and Family Therapy* (4th ed.). NJ: Pearson.

Brody, R. (2005). *Effectively Managing Human Service Organizations* (3rd ed.). CA: Sage.

Carrell, S. (2010). *Group Exercises for Adolescents: A Manual for Therapists, School Counselors, and Spiritual Leaders* (3rd ed.). CA: Sage.

Carter, R. & Golant, S. K. (2013). *Helping Yourself Help Others: A Book for Caregivers* (rev. ed.). NY: Public Affairs Press.

"Catalog of federal domestic assistance". www.cfda.gov.

Cheung, M. (2006). *Therapeutic Games and Guided Imagery: Tools for Mental Health and School Professionals Working with Children, Adolescents, and Their Families*. IL: Lyceum.

Cialdini, R. (2008). *Influence: Science and Practice* (5th ed.). NJ: Pearson.

Ciardiello, S. (2003). *Activities for Group Work with School Age Children*. PA: Marco Products.

Claiborn, J. & Pedrick, C. R. N. (2001). *The Habit Change Workbook: How to Break Bad Habits and Form Good Ones*. CA: New Harbinger.

Coley, S. & Scheinberg, C. (2013). *Proposal Writing: Effective Grantsmanship* (4th ed.). NY: Springer.

Cooper, J. Heron, T., & Heward, W. (2007). *Applied Behavioral Analysis* (2nd ed.). NJ: Pearson.

Corcoran, J. (2006). *Cognitive Behavioral Methods for Social Workers: A Workbook*. MA: Allyn and Bacon.

_____ (2011). *Helping Skills for Social Work Direct Practice*. NY: Oxford University Press.

Cormier, S., Nurius, P., & Osborn, C. (2013). *Interviewing and Change Strategies for Helpers* (7th ed.). KY: Cengage.

Davis, J. M. & Smith, M. (2012). *Working in Multi-Professional Contexts: A Practical Guide for Professionals in Children's Services*. CA: Sage.

De Bono, E. (1999). *Six Thinking Hats* (rev. ed.). MA: Back Bay Books.

DeFilippis, J., Fisher, R., & Shragge, E. (2010). *Contesting Community: The Limits and Potential of Local Organizing*. NJ: Rutgers University Press.

De Jong, P. & Berg, K. I. (2013). *Interviewing for Solutions* (4th ed.). KY: Cengage.

De Wals, S. & Meszaros, K. (2011). *Handbook of Psychology of Self-Esteem*. NY: Nova Science Publications.

Durham, S. (2010). *Brandraising: How Nonprofits Raise Visibility and Money through Smart Communications*. CA: Jossey-Bass.

Dyer, W. G. Jr., Dyer, J. H., & Dyer, W. G. (2013). *Team Building: Proven Strategies for Improving Team Performance* (5th ed.). CA: Jossey-Bass.

Eadie, D. C. (2009). *Extraordinary Board Leadership: The Keys to High-Impact Governing* (2nd ed.). MA: Jones and Bartlett.

Eamon, M. (2008). *Empowering Vulnerable Populations: Cognitive-Behavioral Interventions*. IL: Lyceum.

Egan, G. (2007). *The Skilled Helper* (8th ed.). CA: Brooks-Cole.

Emery, R. E. (2012). *Renegotiating Family Relationships: Divorce, Child Custody, and Mediation* (2nd ed.). NY: Guildford.

Erford, B., Eaves, S., Bryant, E., & Young, K. (2010). *Thirty-Five Techniques Every Counselor Should Know*. NJ: Pearson.

Erich, S. & Kanenberg, H. (2011). *Skills for Group Practice: Responding to Diversity*. NJ: Pearson.

Ezell, M. (2001). *Advocacy in the Human Services*. KY: Cengage.

Faruqi, S. (2011). *Best Practices in Grant Seeking: Beyond the Proposal*. MA: Jones and Bartlett.

"Federal register". www.gpoaccess.gov/fr/index.html.

Finkler, S. A., Calabrese, T., Purtell, R., & Smith, D. L. (2013). *Financial Management for Public, Health, and Not-for-Profit Organizations* (4th ed.). NJ: Pearson.

Furman, R., Rowan, D., & Bender, K. (2009). *An Experiential Approach to Group Work*. IL: Lyceum.

Galanes, G. J. & Adams, K. (2013). *Effective Group Discussion: Theory and Practice* (14th ed.). NY: McGraw-Hill.

Gallop, L. & Hafford-Letchfield, T. (2012). *How to Become a Better Manager in Social Work and Social Care: Essential Skills for Managing Care*. PA: Jessica Kingsley.

Gambrill, E. (2012). *Social Work Practice: A Critical Thinker's Guide* (3rd ed.). NY: Oxford University Press.

Geever, J. C. (2012). *The Foundation Center's Guide to Proposal Writing* (6th ed.). NY: The Foundation Center.

Gitterman, A. & Salmon, R. (eds.) (2009). *Encyclopedia of Social Work with Groups*. NY: Routledge.

Goldberg, S. (2012). *Leaning Into Sharp Points: Practical Guidance and Nurturing Support for Caregivers*. CA: New World Library.

Hammond, J., Keeney, R. L., & Raiffa, H. (2002). *Smart Choices: Practical Guide to Making Better Decisions*. NY: Random House.

Hansen, T. (2013). *The Generalist Approach to Conflict Resolution: A Guidebook*. MD: Lexington Books.

Hardina, D. (2013). *Interpersonal Social Work Skills for Community Practice*. NY: Springer.

Haslett, D. (2005). *Group Work Activities in Generalist Practice*. KY: Cengage, 2005.

Haynes, K. & Mickelson, J. (2010). *Affecting Change: Social Workers in the Political Arena* (7th ed.). NJ: Pearson.

Heacox, D. (2012). *Differentiating Instruction in the Regular Classroom: How to Reach and Teach All Learners* (updated ed.). MN: Free Sprit.

Hepworth, D. H., Rooney, G., Rooney, D., & Strom-Gottfried, K. (2013). *Direct Social Work Practice: Theory and Skills* (9th ed.). KY: Cengage.

Hersen, M. (ed.) (2005). *Encyclopedia of Behavior Modification and Cognitive Behavior Therapy*. three volumes. CA: Sage.

Hoefer, R. (2012). *Advocacy Practice for Social Justice* (2nd ed.). IL: Lyceum.

Homan, M. (2011). *Promoting Community Change: Making It Happen in the Real World* (5th ed.). KY: Cengage.

Huebner, D. (2009). *What to Do When Bad Habits Take Hold: A Kid's Guide to Overcoming Nail Biting and More*. Washington, DC: Magination Press.

Iyengar, S. (2010). *The Art of Choosing*. NY: Hachette Book Group.

Jackson-Cherry, L. & Erford, B. (2014). *Crisis Assessment, Intervention, and Prevention* (2nd ed.). NJ: Pearson.

Jacobs, B. (2006). *The Emotional Survival Guide for Caregivers: Looking After Yourself and Your Family While Helping Aging Parents*. NY: Guildford.

James, R. & Gilliland, B. (2013). *Crisis Intervention Strategies* (7th ed.). KY: Cengage.

Jansson, B. (2014). *Becoming and Effective Policy Advocate: From Policy Practice to Social Justice* (7th ed.). KY: Cengage.

Jennings, C. A. (2012). *Robert's Rules for Dummies* (2nd ed.). IN: Wiley.

Jongsma, A. (2006). *Complete Adult Psychotherapy Homework Planner* (4th ed.). NJ: Wiley.

Jongsma, A., Peterson, L. M., & McInnis, W. (2014). *Adolescent Psychotherapy Homework Planner* (5th ed.). NJ: Wiley.

Kahneman, D. (2011). *Thinking, Fast and Slow*. NY: Farra, Straus, and Giroux.

Kahn, S. (2010). *Creative Community Organization: A Guide for Rabble-Rousers, Activists, and Quiet Lovers of Justice*. CA: Berrett Koehler.

Kanel, K. (2012). *A Guide to Crisis Intervention* (4th ed.). KY: Cengage.

Katz, M. (2005). *Don't Look for Logic: An Advocate's Manual for Negotiating the SSI and SSDI Programs*. MT: University of Montana Rural Institute on Disabilities.

Kemp, J. M. (2008). *Moving Out of the Box: Tools for Team Decision Making*. CN: Praeger.

Kernis, M. (2006). *Self-Esteem Issues and Answers: A Sourcebook on Current Perspectives*. NY: Psychology Press.

Klein, K. (2009). *Reliable Fundraising in Unreliable Times: What Good Causes Need to Know to Survive and Thrive*. CA: Jossey-Bass.

Knapp, S. (2013). *School Counseling and School Social Work Homework Planner* (2nd ed.). NJ: Wiley.

Kotter, J. (2008). *A Brief Primer of Helping Skills*. CA: Sage.

Kraybill, R. & Wright, E. (2006). *The Little Book of Cool Tools for Hot Topics*: *Group Tools to Facilitate Meetings When Things Are Hot*. PA: Good Books.

Ladouceur, R. & Lachance, S. (2006). *Overcoming Pathological Gambling*: *Therapist Guide*. NY: Oxford University Press.

Larson, J. R. Jr. (2010). *In Search of Synergy in Small Group Performance*. NY: Psychology Press.

Lawrence, J. (2011). *The Budget Kit* (6th ed.). NY: Kaplan.

Lee, J. (2001). *The Empowerment Approach to Social Work Practice*: *Building the Beloved Community* (2nd ed.). NY: Columbia University Press.

Leonard, R. & Reiter, M. (2011). *Credit Repair* (10th ed.). CA: Nolo.

Linhorst, D. (2006). *Empowering People with Severe Mental Illness*: *A Practical Guide*. NY: Oxford University Press.

Lustig, S. L. (ed.) (2012). *Advocacy Strategies for Health and Mental Professionals*: *From Patients to Policies*. NY: Springer.

Madia, S. A. (2011). *The Social Media Survival Guide for Nonprofits and Charitable Organizations*: *How to Build Your Base of Support and Fast-Track Your Fundraising Effects Using Social Media*. NJ: Full Court Press.

Martin, G. & Pear, J. (2011). *Behavior Modification*: *What It Is and How to Do It* (9th ed.). NJ: Pearson.

Mayer, B. S. (2012). *The Dynamics of Conflict*: *A Guide to Engagement and Intervention* (2nd ed.). CA: Jossey-Bass.

McClam, T. & Woodside, M. (2010). *Initial Interviewing*: *What Students Want to Know*. KY: Cengage.

McGinnis, E. (2012). *Skillstreaming the Adolescent*: *Student Manual*. IL: Research Press.

McKay, M., Fanning, P., Honeychurch, C., & Sutker, C. (2005). *Self-Esteem Companion*: *Simple Exercises to Help You Challenge Your Inner Critic and Celebrate Your Personal Strengths*. CA: New Harbinger.

Miltenberger, R. (2008). *Behavior Modification*: *Principles and Procedures* (4th ed.). CA: Thomson Wadsworth.

Moore, C. W. (2003). *The Mediation Process*: *Practical Strategies for Resolving Conflict* (3rd rev. ed.). CA: Jossey-Bass.

Mosser, G. & Begun, J. W. (2013). *Understanding Teamwork in Health Care*. NY: McGraw-Hill.

Mruk, C. (2013). *Self-Esteem and Positive Psychology*: *Research, Theory, and Practice* (4th ed.). NY: Springer.

Mulholland, J. & Turnock, C. (2013). *Learning in the Workplace*: *A Toolkit for Facilitating Learning and Assessment in Health and Social Care Settings* (2nd ed.). NY: Rountledge.

Murphy, B. & Dillon, C. (2011). *Interviewing in Action in a Multicultural World* (4th ed.). KY: Cengage.

Netting, F. E., Kettner, P. M., & McMurtry, S. L. (2012). *Social Work Macro Practice* (5th ed.). NJ: Pearson.

O'Connor, A. & Stracey, D. (2011). *Ottawa Personal Decision Guide*. Canada: University of Ottawa Hospital and Research Institute.

O'Hare, T. (2009). *Essential Skills of Social Work Practice*: *Assessment, Intervention, Evaluation*. IL: Lyceum.

O'Neal-McElrath, T. (2013). *Winning Grants Step-by-Step*: *The Complete Workbook for Planning, Developing, and Writing Successful Proposal* (4th ed.). CA: Jossey-Bass.

Petz, J. (2011). *Boring Meetings Suck*: *Get More Out of Your Meetings, or Get Out of More Meetings*. NJ: Wiley.

Porter, E. (1986). *Treating the Young Male Victim of Sexual Assault.* NY: Safer Society Press.

Rice, R. E. & Atkin, C. K. (eds.) (2013). *Public Communication Campaigns* (4th ed.). CA: Sage.

Richan, W. C. (2006). *Lobbying for Social Change* (3rd ed.). NY: Haworth.

Roberts, A. & Yeager, K. (2009). *Pocket Guide to Crisis Intervention.* NY: Oxford University Press.

Ronen, T. & Freeman, A. (eds.) (2006). *Cognitive Behavior Therapy in Clinical Social Work Practice.* NY: Springer.

Rosen, R. A. (2012). *Money for the Cause: A Complete Guide to Event Fundraising.* TX: Texas A&M University Press.

Rosenberg, M. (2007). *Nonviolent Communication: A Language of Life* (2nd ed.). NM: Center for Nonviolent Communication.

Rosenthal, H. (2010). *Favorite Counseling and Therapy Homework Assignment* (2nd ed.). PA: Rountledge.

Scannell, M. & Mulvihill, M. (2012). *The Big Book of Brainstorming Games: Quick, Effective Activities that Encourage Out-of-the-Box Thinking, Improve Collaboration, and Spark Great Ideas!.* NY: McGraw-Hill.

Schneider, R. & Lester, L. (2001). *Social Work Advocacy: A New Framework for Action.* KY: Cengage.

Schollander, W. & Schollander, W. (2009). *The Personal Bankruptcy Answer Book: Practical Answers to More Than 175 Questions on Bankruptcy.* IL: Sphinx.

Schultheis, G., O'Hanlon, S., & O'Hanlon, B. (2010). *Couples Therapy Homework Planner: Practice Planners* (2nd ed.). NJ: Wiley.

Shulman, L. (2009). *The Skills of Helping Individuals, Families, Groups, and Communities* (6th ed.). KY: Cengage.

Spiegler, M. & Guevremont, D. (2010). *Contemporary Behavior Therapy* (5th ed.). KY: Cengage.

Stouffer, T. (2012). *The Only Budgeting Book You'll Ever Need: How to Save Money and Manage Your Finances with a Personal Budget Plan That Works for You.* MA: Adams Media.

Sundel, M. & Sundel, S. S. (2005). *Behavior Change in the Human Services: An Introduction to Principles and Applications* (5th ed.). CA: Sage.

Taft Group (1998). *Directory of Corporate and Foundation Givers* (most recent ed.). Washington, DC: Taft Group.

Tague, N. (2005). *The Quality Toolbox* (2nd ed.). WI: ASQ Quality Press.

Thistlethwaite, J. E. (2012). *Values-Based Interprofessional Collaborative Practice: Working Together in Health Care.* UK: Cambridge University Press.

Toseland, R. W. & Rivas, R. F. (2012). *An Introduction to Group Work Practice* (7th ed.). NJ: Pearson.

Tropman, J. E. (2003). *Making Meetings Work: Achieving High Quality Group Decisions* (2nd ed.). CA: Sage.

Trower, C. A. (2010). *Govern More, Manage Less: Harnessing the Power of Your Nonprofit* (2nd ed.). Washington, DC: Board Source.

Warwick, M. & Overman. E. *How to Write Successful Fund-Raising Appeals.* 3rd ed. CA: Jossry-Bass, 2013.

Watson, D. & Tharp, R. (2007). *Self-Directed Behavior: Self Modification for Personal Adjustment* (9th ed.). KY: Cengage.

Weikart, L. A., Chen, G. G., & Sermier, E. (2013). *Budgeting and Financial Management for Nonprofit*

Organizations: Using Money to Drive Mission Success. CA: Sage.

Weil, M. Reisch, M. S., & Ohmer, M. L. (eds.) (2013). *The Handbook of Community Practice* (2nd ed.). CA: Sage.

Wheelan, S. A. (2013). *Creating Effective Teams: A Guide for Members and Leaders* (4th ed.). CA: Sage.

Wilks, T. (2012). *Advocacy and Social Work Practice*. NY: McGraw-Hill International.

Wise, J. (2005). *Empowerment Practice with Families in Distress*. NY: Columbia University Press.

Zastrow, C. (2012). *Social Work with Groups* (8th ed.). KY: Cengage.

Zucker, E. (2013). *Being a Caregiver in a Home Setting*. NJ: Pearson.

제 14 장

평가와 종결

학습목표

• 개입 동안 클라이언트의 변화를 측정하기 위해 타당한 수치 데이터를 선택하고, 평가 척도를 만들며, 표준화된 측정 도구를 사용할 수 있음을 증명한다.

• 사회복지 개입의 효과를 평가할 때, 그리고 서비스 계획 성과 체크리스트, 과제 달성 척도, 목적 달성 척도, 혹은 단일 사례 설계 등과 같은 사정 도구를 사용할 때, 이와 관련된 장점과 이슈를 논의한다.

• 신중하게 전문적 관계를 종결하는 것의 중요성을 인식하고 종결이 클라이언트와 다른 관련된 사람에게 미치는 영향에 주의를 기울인다.

• 프로그램을 업데이트하기 위해, 그리고 지속적으로 변화하는 서비스 수요에 반응하기 위해, 프로그램 평가 도구를 활용하는 기관의 욕구를 이해한다.

• 사회복지사 및 기관 서비스의 과거와 현재 클라이언트로부터 정기적인 평가 정보를 수집하는 데 매진한다.

모든 원조관계에는 종결이 있다. 개인과 가족에 대한 서비스를 끝내야 하며, 위원회나 집단도 결국 해산돼야 한다. 더구나 책임 있는 사회복지실천은 개입의 성공과 실패에 대한 최종 평가로 마무리된다.

종결은 클라이언트 원조에서 중요한 최종 단계로, 이때 사회복지사는 관계 종결을 둘러싼 이슈에 민감하게 반응하면서 종결 활동을 이끌어야 한다. 클라이언트와 사회복지사 사이에 의미 있는 관계가 형성됐다면(성공적 원조의 핵심), 종결 단계에서 사회복지사와 클라이언트 모두는 자연스럽게 복합적인 감정을 경험한다. 공통적인 반응 중 하나는 클라이언트와 사회복지사가 일을 함께 끝마친 것을 기뻐하는 것이다.

결과적으로 클라이언트는 변화 과정에 시간과 자원, 정서적 에너지를 더 이상 소모하지 않아도 되며 사회복지사는 새로운 책임으로 이동할 수 있다. 하지만 이와 대비되는 상실감도 나타난다. 클라이언트는 관계가 끝날 때 종종 분노나 거부, 슬픔이나 불안감 등을 느낀다. 따라서 사회복지사는 클라이언트가 감정과 걱정거리를 표현할 기회를 주어야 하며, 필요하다면 미래의 서비스 재개를 위한 토대를 마련해야 한다.

때때로 사회복지사와 클라이언트가 애초에 계획했거나 예측했던 상황이 아닐 때 서비스가 갑자기 종결되기도 한다. 예를 들어 다음과 같은 상황에서 뜻밖의 종결이 나타날 수 있다.

- 개인적 혹은 금전적 이유로 클라이언트가 참여 중단을 결정한 경우
- 사회복지사가 다른 곳에 취업 혹은 기관 내 다른 위치로 이동한 경우
- 원조 과정이 사회복지사-클라이언트 관계에서의 문제 혹은 갈등으로 막혀, 다른 사회복지사에게 의뢰가 필요한 경우
- 다른 사회복지사나 전문가, 기관이 가장 잘 제공하는 전문적 서비스가 필요한 경우

만약 종결이 사회복지사나 기관에 의해 촉발되었다면 사회복지사는 어떤 이유로 무슨 일이 일어났는지 명확히 설명해야 한다. 그리고 만약 클라이언트가 참여를 중단한 것이라면 사회복지사는 마지막 만남을 우호적 종결로 이끌기 위해 노력해야 한다.

또한 변화 과정을 종결할 때 **최종 평가**가 이뤄져야 한다. 이때 사회복지사는 클라이언트 변화 정도를 측정하고 개입의 성공을 사정해야 한다. 클라이언트, 기관, 커뮤니티에 대한 책임성이 이미 서로 맞물리며 중요한 의무가 되었고, 다양한 자금 원천이 사회복지실천에 미치는 영향이 증가했으므로, 사회복지사는 자신의 실천을 능숙하게 평가할 필요가 있다. 원조 과정 중에서의 지속적 점검(monitoring)과 달리 최종 평가는 종결 과정이나 종결 후 이뤄진다.

사회복지사는 두 가지 유형의 평가에 주로 관심이 있다. **직접적 실천 평가**는 사회복지사의 개입과 개인, 가족, 소집단 등 특정한 클라이언트에 대한 개입의 영향을 사정하는 것이다. 이 평가에는 두 가지 목적이 있다. 하나는 **형성 평가**로, 개입과 관련한 지속적인 실천 결정을 이끌고 정보를 제공하는 데 사용된다. 또한 필요할 경우 계획한 개입을 점검·변경하는 도구이다. 또한 직접적 실천 평가는 총괄 평가로 사용될 수도 있는데, 이는 최종 결과물을 사정하고 성공 혹은 실패와 관련된 요인을 알아내는 것이다. 그리고 대부분은 의뢰 기관 혹은 자금원에 제출하는 최종 보고서의 기초로 쓰인다.

두 번째 유형인 **프로그램 평가**는 수많은 클라이언트 혹은 전체 커뮤니티에 제공되는 프로그램의 효과성과 효율성을 평가하고자 한다. 프로그램 평가 역시 형성적일 수도 있고 총괄적일 수도 있다. 평가가 클라이언트나 커뮤니티에 더 좋은 서비스를 제공하기 위해 프로그램을 사정하며 프로그램의 기능 영역을 바꾸기 위해 사용된다면, 이는 형성 평가이다. 그렇지만 예를 들어 이사회 혹은 자금원에게 시범적 프로그램

의 결과를 보고하기 위해 사용된다면 총괄 평가이다.

평가 기획은 개입 목적과 접근이 선택될 때부터 시작돼야 한다. 변화 과정의 초기에 원하는 성과가 구체화되고 측정되지 않으면 사회복지사는 발생한 어떤 변화도 적절히 판단할 수 없을 것이다. 또한 사회복지사는 개입 과정 동안 변화를 기대하는 변수(예: 클라이언트의 행동 개선, 추가 기관 서비스 비용)를 측정할 기준을 명시해야 한다.

여기에는 사회복지실천에서 변화 — 클라이언트 변화를 원조하는 것, 환경이 변화도록 원조하는 것, 기관이나 커뮤니티가 변화하도록 원조하는 것 — 가 최고이자 전부라는 관점이 반영되어 있다. 사회복지실천 평가 이면에는 실천 개입 동안에 발생한 변화를 다음 논리에 기초해 측정할 수 있다는 철학이 담겨 있다.

- 사회문제나 부정적인 사회적 상황이 존재하지 않는다면 개입할 필요가 없다.
- 문제나 부정적인 상황이 존재한다면 그것이 일정량(예: 빈도, 강도 혹은 기간) 있을 것이기에 기술하거나 측정할 수 있다.
- 만약 측정할 수 있다면 시간에 따른 변화의 정도를 측정 혹은 기록할 수 있다.

즉, 모든 사회복지실천의 성과는 평가될 수 있다. 클라이언트의 상황을 측정하고 발생한 변화량을 결정할 방법을 찾아내는 것은 어려운 도전이다.

클라이언트 기능수행 변화를 측정할 방법을 정할 때, 사회복지사는 다음 요인과 질문을 고려해야 한다.

- **타당성**: 측정 절차는 측정한다고 믿거나 가정한 것을 실제로 측정하는가?
- **신뢰성**: 측정 절차는 유사한 조건 아래에 반복 측정했을 때 비슷한 결과를 낳는가?
- **적용의 용이성**: 측정 절차는 간단하고, 이용하기 쉬우며, 전문가가 아니더라도 이해할 수 있는가?
- **민감성**: 측정 절차는 상대적으로 작은 변화와 차이를 알아낼 수 있는가?
- **비반응성**: 측정 절차는 측정되고 있는 현상에 영향을 미치거나 그것을 바꾸지 않으면서 차이를 발견할 수 있는가?

표준화된 측정 도구를 선정할 때는 도구를 적절히 사용하는 방법, 도구의 강점과 한계, 심리 측정의 속성 등에 대한 설명을 얻기 위해 도구 개발에 관해 출판된 논문 혹은 도구에 딸린 매뉴얼을 검토해야 한다. 만약 이러한 정보를 구할 수 없고 비슷한 도구를 찾을 수 없다면, 사회복지사는 그 도구에 기초한 판단에 신중해야 하고 그 판단은 잠정적이어야 한다.

이 장에서 설명하는 측정 기법은 실천의 점검과 개입 활동에 대해 포괄적이고 최종적인 사정 모두를 위해 사용될 수 있다. 그러므로 이 기법은 이 책의 제13장과 제14장 어디에든 위치할 수 있다. 하지만 제13장에는 많은 개입 기법을 설명하고 있어, 이들 측정 기법이 보기 더 편하도록 제14장에 배치했다.

Section A
직접적 실천을 위한 기법과 지침

사회복지사는 제공된 서비스의 질을 설명할 윤리적 책임이 있다. 〈NASW 윤리강령〉에는 "사회복지사는 실천 개입을 점검하고 평가해야 한다"(5조 2a항)라고 적시되어 있다. 덧붙여, 가능한 경우 개입 점검에 클라이언트가 참여하는 것, 그들의 관점에서 성공과 유용성 여부를 판단하도록 하는 것, 그리고 사회복지사의 수행에 관한 클라이언트의 생각을 표현하도록 하는 것도 중요하다. 이런 정보를 통해 사회복지사는 자신이 수행한 실천의 강점과 한계점을 정확히 사정할 수 있고, 적절한 경우 향후 실천의 질을 높이기 위해 자문이나 훈련을 받을 수 있다.

평가 활동

사회복지사는 실천가이자 과학자가 돼야 한다고 제안하는, 사회복지실천에 대한 자료 기반 혹은 경험적 평가의 필요성이 점점 강조되고 있다. 이에 대해 논란이 없는 것은 아니다. 다음의 주제가 특히 논란이 되곤 한다.

- 사회복지실천은 기본적으로 사람을 돌보는 행위이고, 총체적인 사람은 별개의 요소로 분해될 수 없으며, 이들 요소는 상호 의존적이기 때문에 의미 있는 방식으로 측정될 수 없다는 입장이 있다. 하지만 직접적 실천 평가를 옹호하는 측에서는 사람들이 사회복지사에게 올 때는 특정한 문제나 상황에 대한 도움이 필요하기 때문이며, 클라이언트 상황의 변화가 개입의 효과성 여부를 결정한다고 주장한다.

- 경험적 평가를 반대하는 사람은 척도의 선택 혹은 구성, 자료 수집과 분석, 해석 등에 시간이 낭비되며, 클라이언트와의 상호작용으로부터 가치 있는 시간을 뺏는다고 주장한다. 그러나 이 반대 측면에서는 평가 목적에 필요한 자료는 보통 사정과 점검 목적에서 이미 수집된다고 주장한다. 체계적 분석이 가능하도록 자료를 구조화하는 데만 추가로 시간이 더 필요하다는 입장이다. 사회복지사가 일단 기술을 개발하면, 개입에 대한 경험적 평가에 추가 시간이 거의 들지 않는다. 더구나, 평가 과정에 보통 클라이언트가 적극적으로 참여하기 때문에, 변화 과정에 대한 클라이언트의 참여와 동기를 높이는 데 도움이 될 수 있다.

- 경험적 실천 평가에 반대하는 사람은 이러한 유형의 평가를 수행하는 데 필요한 기술을 가진 사회복지사나 기관 행정가가 상대적으로 적다는 점을 제시한다. 하지만 찬성하는 사람은 전문가라면 미래 세대의 사회복지사가 평가 기법 활용에 관해 훈련받는 것을 앉아서 기다릴 수만은 없다고 주장한다. 관리의료회사나 일반 대중이 사회복지 개입의 효과성에 대한 증거를 요구하는 상황을 고려한다면, 체계적 평가를 정기적 실천 요소로 신속히 채택해야 한다.

- 평가를 반대하는 사람은 또한 체계적 자료 수집과 평가는 아직 일반적 활동으로 여겨지거나 클라이언트가 보통 기대하지 않기 때문에 클라이언트도 이러한 실천에 저항할 것이라

주장한다. 그러나 평가를 지지하는 사람은 자료 수집에 반대하는 사람이 보통 클라이언트가 아니라 사회복지사라고 주장한다. 클라이언트 대부분은 의사가 체온, 혈압, 체중, 심지어는 수량화되기 어렵지만 통증을 1~10점으로 응답하도록 묻는 등의 측정을 하고 변화를 기록하는 것에 익숙하다. 클라이언트 입장에서는 의사가 체온 혹은 혈압의 변화를 기록하는 것과 예를 들어, 사회복지사가 기록을 위해 지난 1주 동안 분노가 폭발한 횟수를 질문하거나 부부 갈등 수준을 측정하는 질문지를 작성하는 것 사이에는 큰 차이가 없다.

- 어떤 사회과학자는 사회복지 개입 평가에 사용되는 방법으로는 명확한 인과관계를 도출할 수 없다는 점도 제기한다. 이들은 첫째, 외생변수에 대한 통제가 거의 이뤄지지 않는다는 점, 둘째, 평가 설계와 절차가 클라이언트의 독특한 상황에 맞춰 조정되어야 한다는 점(그래서 결과를 다른 사례에 일반화하기 어렵다는 점), 셋째, 설계의 범위가 폭넓은 사회복지실천을 수용하기에는 너무 제한적이라는 점, 넷째, 실천가이자 과학자로서의 사회복지사는 충분히 객관적이지 않기 때문에 결론이 의심스럽다는 점을 지적한다. 찬성론자는 이에 동의하지 않는다. 이런 종류의 평가는 전통적 조사 연구와 같은 유형의 정보를 도출하는 것을 목적으로 하지 않으며, 결과를 다른 클라이언트에게 일반화할 필요가 없다고 반박한다. 오히려 이러한 방법은 주로 한 명의 클라이언트(혹은 클라이언트집단)에 대한 한 명의 사회복지사 개입을 사정하는 것을 돕

고자 하는 것이다. 또한, 그들은 단지 이러한 측정만으로 개입 자체가 클라이언트 태도나 행동, 혹은 행위 변화의 원인임을 입증할 만한 충분한 증거를 제공한다고 결론 내릴 때 주의해야 한다는 데는 동의한다. 진정한 인과관계 결론에 도달하기 위해서는 부가적인 정보가 더 필요하다. 그러나 경험적 평가를 지지하는 사람은 예를 들어 클라이언트나 상황의 변화, 특정 개입을 도입한 이후 발생한 변화, 클라이언트 조건이 개선되고 시간이 지난 이후 변화의 유지 등을 입증하기 위해 경험적 평가를 측정하는 것만으로도 가치가 있다고 주장한다.

사회복지실천의 경험적 평가에 대한 이러한 기본적 비판은 사회복지사가 성과 예측에서 경험적 평가 자료의 힘을 과대평가하지 않도록 주의해야 함을 시사한다. 그 자료는 다른 효과성 지표를 대신하기보다는 보충해야 한다. 사회복지사는 경험적 평가 자료가 자신의 실천에 대한 관찰, 클라이언트의 자기 보고와 인식, 그리고 가족 성원 혹은 다른 전문가와 같은 2차 자원이나 관찰자의 견해와 일치할 때, 클라이언트 변화에 대해 가장 자신할 수 있다. 적어도 3개의 인식이 양립 가능할 때(삼각화) 사회복지사는 그 결과에 비교적 확신할 수 있다.

직접적 서비스 개입의 평가에 사용할 자료를 수집할 때 사회복지사는 다음의 지침을 지켜야 한다.

(1) **클라이언트에게 고지된 동의를 구한다.** 클

라이언트는 자료가 어떻게 수집되고 사용될지에 대해 충분한 정보를 제공받고, 평가 과정 참여에 동의해야 한다(NASW, 1996: 5조 2e항). 클라이언트는 수집된 자료가 법원이나 학교 혹은 가족 구성원에 의해 자신에게 불리하게 사용될지 걱정할 수 있으며, 정보 제공을 거절할 권리가 있다. 클라이언트 허락 없이 정보를 수집하고 관리하는 것은 명백한 윤리적 문제이며, 클라이언트의 적극적 참여와 의지 없이는 유용한 자료를 얻을 수 없을 것이다.

(2) 실천 요건을 자료 수집보다 우선시해야 한다. 평가에 필요한 자료 수집을 쉽게 하는 방식으로 서비스 전달을 구조화하고 조작하려는 유혹이 있을 수 있다. 그러나 평가 목적을 위해 클라이언트 서비스를 수정하는 것(예: 기초선 자료 수집을 위해 개입을 늦추는 것, 추가 자료 수집을 위해 클라이언트 욕구 이상으로 서비스를 연장하는 것)은 클라이언트의 최선의 이익을 위한 일이 아니다. 따라서 이 같은 일은 없어야 한다.

(3) 실천 평가를 통해 해답을 찾아야 하는 연구 문제를 가변적인 것으로 간주해야 한다. 전통적인 연구 과정은 연구 문제 혹은 가설을 확인하고, 자료 수집 방법을 선택하고, 자료를 제공할 응답자를 선택하는 표집 과정을 결정하는 것 등으로 시작된다. 일단 과정이 시작되면 융통성이 별로 없다. 이와는 대조적으로, 직접적 실천 평가는 한 명의 개인, 집단, 가족 등의 클라이언트에 대한 서비스 계획을 개발하는 것으로 시작되며, 그 이후에 연구 문제 설정, 측정 도구 선정, 평가 설계 채택 등이 이뤄진다. 해답을 찾기 위한 연구 문제 범위는 다음 사항에 관한 변화를 측정하는 것과 연관될 수 있다.

① 클라이언트: 실천을 점검하고 평가하는 근본적 목적은 클라이언트가 필요한 혹은 원하는 변화에서 실제적으로 도움을 받았는지를 알기 위함이다. 예를 들어 원하는 방향으로 변화가 나타났는가? 가족이나 집단은 긍정적 변화를 보였는가? 그렇다면 어느 구성원이 긍정적 변화를 보였는가? 클라이언트는 합의된 과제를 달성했는가? 클라이언트는 목적을 어느 정도 달성했는가? 한 가지 이상의 클라이언트 상황을 다룬 경우 다른 모든 상황에서도 유사한 변화가 있었는가? 모든 종결 이후에도 변화가 지속되는가?

② 개입: 사용한 특정 개입의 효과성을 연구하고 싶을 때가 있다. 다음과 같은 질문을 해 볼 수 있다. 개입은 원하는 변화를 얼마나 낳았는가? 여러 개입 혹은 서비스에 참여한 클라이언트의 경우 어떤 개입이 다른 것보다 더 효과적인가? 개입을 단독으로 사용할 때 효과적인가, 아니면 다른 개입과 함께 사용할 때 효과적인가? 특정 개입은 어떤 클라이언트 혹은 어떤 상황에서 효과적 혹은 비효과적인가?

③ 사회복지사: 사회복지사가 전달하는 서비스의 성공 여부 혹은 사회복지사 자신에 대한 질문의 응답으로서 실천 평가를 사용할 때도 있다. 예를 들어 클라이언트는 어느 정도 자신의 목적을 달성했는가? 다른 사람보다 더

성공적으로 서비스를 제공했는가? 사회복지 실천에서 개선이 필요한 부분은 무엇인가?

또한 전통적 연구는 달리, 해답을 찾고자 하는 질문은 실천이 전개되면서 변할 수도 있다. 예를 들어 서비스 계획이 처음에는 특정 개입 기법이 클라이언트를 위한 최선의 방법이라는 전제로 출발했지만, 클라이언트의 진전을 점검하면서 다른 접근이 시도되어야 한다는 것이 명확해질 수 있다. 측정 자료 수집이 계속되기 때문에 직접 서비스 평가 질문은 서비스 계획이 조정됨에 따라 바뀔 수 있다.

(4) 평가 설계는 변화 가능하다. 평가를 통해 답해야 하는 질문이 만들어지면 사회복지사는 종속변수(클라이언트의 활동, 정서, 행동)의 변화를 측정할 수 있는 가장 적절한 방법을 선택해야 하며, 측정이 이뤄지고 조직화되고 분석될 과정을 마련해야 한다.

어떤 평가든 가장 핵심적인 것은 개입을 통해 변화시키고자 하는 클라이언트 삶의 요인 혹은 변수를 정하고 이를 정확히 측정하는 것이다. 측정의 한 형태로 학교 출석이나 폭력적 행동, 가족 언쟁 등의 횟수(항목 14. 1 참조)과 같이 숫자 자료(*numerical data*)를 세고 기록하는 것이 있다. 측정의 두 번째 형태는 특정 클라이언트가 직면한 이슈 혹은 문제에 특별히 맞춘 도구 혹은 개별화된 척도(항목 14. 2 참조)를 개발하는 것이다. 마지막으로, 어떤 경우에는 고려 중인 클라이언트 요인에 딱 맞는 척도가 이미 존재

할 수도 있다(항목 14. 3 참조). 이 표준화된 척도는 초기 사정이나 클라이언트 상황의 변화를 정기적으로 측정하기 위해 사용될 수 있다.

클라이언트의 변화를 측정하기 위해 어떤 도구를 선택할 것인가에 대한 지침에서 다음 질문을 고려한다.

- 정확한 자료를 얻고자 하는가?
- 자료의 회귀를 확인하기 위해 자료가 최소한 순서(혹은 서열) 수준이어야 하는가?
- 측정 과정에 클라이언트가 의미 있게 참여할 수 있는가?
- 측정 도구의 사용이 현실적으로 가능한가? (예: 비용, 시간, 기관 승인, 언어)
- 측정 도구가 클라이언트 혹은 모집단(예: 문화 민감성, 연령, 발달 단계, 읽기 능력)에 적용되는가?
- 측정 도구 사용에 윤리적 이슈가 있는가?
- 측정은 타당하고 신뢰할 만한 정보를 낳는가?

측정 자료를 통해 사회복지사는 실천 평가 연구 질문에 해답을 찾는 방식으로 정보를 조직화할 수 있다. 그리고 성공의 정도에 대한 결론을 도출할 수 있다. 항목 14. 4부터 14. 7까지가 이러한 평가를 수행하기 위해 사용될 수 있는 도구의 예이다.

종결 활동

종결은 계획된 변화에서 핵심적 요소로 인식되지만 놀랍게도 사회복지실천 문헌에서는 거의 주목받지 못했다. 관리의료 및 후원처가 사

회복지사와 클라이언트가 만나는 회기 횟수에 제한을 점차 많이 두면서, 종결은 피상적이거나 때로는 불충분한 상황에서 이뤄지곤 한다. 하지만 종결은 원조 과정의 적절한 때에 논의되어야 한다. 그리고 클라이언트가 긍정적인 감정을 가진 채 그리고 서비스 기간 동안 얻은 것을 개선할 능력을 가진 채로 마무리할 수 있는 방법으로 이뤄져야 한다. 항목 14.8에서 사회복지사가 사례를 종결하고 전문적 관계를 끝내는 지침을 제공한다.

사회복지사는 또한 〈NASW 윤리강령〉(1996: 1조 16항)에서 종결은 클라이언트의 욕구와 함께 중요하게 고려해 계획되어야 한다고 밝혔음을 기억해야 한다. 변화 과정이 끝나기 전에 종결이 필요하다면 다른 원조자원으로의 적절한 의뢰가 모색돼야 한다.

14.1 빈도 세기로 변화 측정하기

사회복지사가 클라이언트의 다양한 조건 혹은 상황을 측정해야 하는 이유는 많다. 예를 들어 클라이언트 문제의 지속 기간, 강도, 빈도, 심각성 등을 아는 것은 응급 상황인지, 클라이언트 혹은 다른 사람이 위험 상황에 있는지, 혹은 의뢰가 이뤄져야 하는지(항목 11.16, 11.17 참조)를 결정하는 데 필수 전제조건이다. 이러한 측정을 통해 사회복지사와 클라이언트는 원조 과정 동안 발생한 변화 방향과 변화량을 파악할 수 있으며, 현재의 서비스 계획 혹은 접근이 수정돼야 하는지를 결정할 수 있다. 서비스 기

간 혹은 개입의 시작과 끝에서 이뤄진 측정의 비교를 통해, 원하는 변화가 실제로 일어났는지를 밝힐 수 있다. 또한 사회복지사는 많은 클라이언트와의 작업에서 도출된 평가 자료를 상세히 조사하여 원조자로서의 자신의 강점과 약점을 알 수 있고, 능력을 강화하기 위한 전문성 개발 계획을 마련할 수 있다. 많은 사회복지사로부터 도출된 자료는 기관의 전반적인 직원 개발 계획 설계를 돕기도 한다.

요컨대 정확한 측정은 클라이언트, 사회복지사, 기관 모두에게 도움이 된다. 그러나 인간 행동, 태도, 감정, 상호작용에 대한 측정이 완벽하게 정확할 수 없다는 점을 알아야 한다. 적절한 지표의 주의 깊은 선택, 엄격한 자료 수집 과정을 통한다면, 측정하려는 요인에 대한 꽤 좋은 근사치를 얻을 수 있다.

클라이언트의 변화와 관련해 유용하지만 종종 간과되는 정보원은 사건이 발생한 횟수(빈도 세기)에 대한 간단한 기록이다. 때때로 이런 자료는 이미 기록되지만, 변화가 사정될 수 있는 형태로 구조화되지 않는다. 예를 들어 학교는 결석이나 교장실로의 징계 회부를 기록하며, 병원은 환자 상태를 관찰하고 수많은 요인을 기록한다. 사회복지사가 사건을 기록(예: 면담 동안의 부정적인 자기 대화 혹은 노인의 건망증 사례)하는 것, 혹은 클라이언트가 발생한 사건(예: 배우자와의 언쟁 혹은 자녀가 집안일을 끝내지 못한 것)을 달력에 기록하도록 계획을 세우는 것은 상대적으로 간단하다. 덧붙여 학생의 수업 방해 혹은 과제 미제출에 대한 교사의 기록과 같이, 다른 사람이 사건을 기록하고 분석을 위해 이를

사회복지사에게 알릴 수 있다.

자료는 명확히 식별되는 유형의 구체적인 사건 혹은 행동에 기초하며, 기존 기록으로부터 회고적으로 정리된다는 이점이 있다. 자료가 지속적으로 기록되기만 하면 빈도 세기는 변화를 정확히 드러내거나 클라이언트 기능수행 관련 측면의 변화를 대표할 수 있다. 예를 들어 사회복지사는 요양원 환자의 잦은 고함이 불안의 지표라는 것을 안다. 클라이언트 주변의 다양한 배경 음악(예: 클래식, 컨트리, 뮤지컬, 1950년대 팝)과 함께 5분 동안 고함의 수를 기록함으로써, 사회복지사는 클래식 음악이 환자가 느끼는 불안감의 감소와 관련됨을 발견할 수 있다.

클라이언트 상태를 드러내기 위해 숫자 세기를 사용할 때는 자료가 지속적으로 기록되지 않는 것, 자료가 다뤄야 할 클라이언트 상태를 정확히 대표하지 않는 것, 혹은 클라이언트가 바람직한 성과를 얻기 위해 자료를 조작하려고 시도하는 것 등에 유의해야 한다. 마지막 유의점과 관련해, 사회복지사가 클라이언트와 신뢰관계를 개발하는 것, 그리고 클라이언트가 정확한 정보 기록의 중요성을 충분히 알고 있는 것 등이 매우 중요하다.

14.2 개별화된 척도로 변화 측정하기

빈도 세기에 덧붙여 또 다른 측정 방법은 클라이언트의 독특한 상황에 맞춰 개발 혹은 조정한 개별화된 척도를 구성하는 것이다. (사회복지사가) '직접 만드는' 이 척도는 클라이언트가 척도 개발 과정에 참여할 경우 특히 더 유용하다. 클라이언트가 자신이 이루고자 하는 변화를 측정할 척도 설계에 공을 들이면, 원하는 변화를 위해 해야 할 일, 그리고 자신의 상황이 명료해진다. 이러한 과정에서 모호한 생각과 감정은 무엇을 바꿔야 하는지에 관한 구체적 설명으로 변환된다. 그래서 개별화된 척도 개발은 원조 과정의 소중한 일부이다. 더구나 척도가 변수에 대한 응답자 자신의 설명을 반영할 때 척도의 액면 타당도는 높아지며 반복 측정은 클라이언트 경험에 대해 상대적으로 정확한 지표가 될 수 있다. 마지막으로, 개별화된 척도는 표준화된 서술에서 묘사하기 어려운 특정 사안을 다룰 수 있다. 예를 들어 슬픈 감정, 부부의 경청 수준, 변화 동기 등을 어떻게 표준화할 수 있는가? 개별화된 척도를 통해 '클라이언트가 서 있는 자리에서 출발'할 수 있고 클라이언트의 관점에서 상이한 변화 정도를 측정할 수 있다.

개별화된 척도를 구성할 때는 다음의 단계를 따라야 한다.

(1) 1단계: **클라이언트가 행동, 태도, 감정을 측정하는 것의 가치를 인식하도록 돕는다.** 클라이언트가 자신의 상황을 측정하는 데 투자하지 않으면 측정 결과는 별 도움이 안 될 것이다. 그러나 이런 측정은 대부분의 클라이언트에게 익숙한 경험이 되어야 한다. 다른 전문직에서 환자의 신체적 건강지표를 일상적으로 활용하듯, 사회복지사도 클라이언트의 심리·사회적 건강 혹은 사회적 기능수행에 관한 지표가 필요하다.

많은 클라이언트는 이러한 지표에 대한 세심한 고려를 기꺼이 받아들일 것이며, 측정의 결과가 자신에 대한 관찰을 더 확실히 해준다는 것을 알게 될 것이다.

(2) 2단계: **측정 대상을 주의 깊게 확인한다.** 많은 경우 다뤄야 할 문제 혹은 관심사가 곧장 측정되기 어렵다. 간접적으로 측정한다면, 측정을 위해 선정된 문항은 다뤄야 할 문제에 대한 타당하거나 논리적인 지표가 돼야 한다. 예를 들어 열이 오르는 것이 감염의 지표가 되듯, 언쟁의 회수는 부부 불화의 지표가 될 수 있다. 또한 하나의 지표는 클라이언트 기능수행의 어느 한 가지 차원만을 측정하도록 설계돼야 한다. 하나 이상의 차원이 포함된다면 각 차원에 대한 별개의 척도를 개발해야 한다. 더욱이 단일 차원에 대한 복합 지표가 있다면, 여러 지표를 사용하는 것은 한 가지 지표를 사용했을 때의 결과에 대한 경계심을 높이거나 결과를 확인하도록 돕는다.

(3) 3단계: **부정적인 기능수행에서부터 긍정적인 기능수행까지의 연속선에 클라이언트의 상황을 표시할 수 있는 척도를 개발한다.** 척도를 만들 때는 가장 좋은 것에서부터 가장 나쁜 것까지의 연속선에 몇 개의 점을 둘지 결정해야 한다. '예' 혹은 '아니요', '많음' 혹은 '적음' 등과 같이 2점 뿐인 척도도 있겠으나 변량이 매우 적기 때문에 가능한 한 피해야 한다. 더 유익한 척도는 일반적으로 3점이나 10점 분포이다. 일반적인 지침에 따르면 클라이언트가 명확히 구별할 수 있는

만큼 대개 5점에서 7점 정도로 점수를 부여한다. 점수를 짝수 혹은 홀수로 할지는 측정하는 문항에 따라 다르다. 어떤 문항의 경우 중간점이 있는 것이 적절하지만, 응답자가 특징이 없는 중간 입장을 단순히 취해서 정보를 거의 제공하지 못하는 상황이 발생할 수도 있다. 대조적으로 짝수 척도의 경우 응답자는 어쨌든 어느 한쪽 방향으로 치우치게 된다.

척도상의 점수 개수가 정해지면 척도상의 숫자를 묘사하는 기준점(anchor point) 혹은 설명 붙이기가 이뤄져야 한다. 한 가지 방법은 척도의 가장 부정적인 점(예: 나는 매일 최소 1회 이상 화를 낸다)을 묘사하고 그 다음에 가장 긍정적인 점(예: 나는 지난주 내내 한 번도 화를 내지 않았다)을 정의하는 것이다. 연속선의 양극단이 결정되면 그 사이의 모든 점 혹은 일부의 점을 묘사할 수 있다. 클라이언트가 점수 간 증가의 차이를 알아차릴 수 있도록 유의한다. 기준점을 만드는 또 다른 방법은 클라이언트의 현재 기능을 우선 기술하고 이를 중간점으로 하는 것이다. 그리고 악화되는 상황(최악의 상황)에 대한 묘사를 부정적인 끝점에 배치하고 중간점으로 가는 진전 수준을 표시한다. 이러한 과정을 긍정적인 측면에서도 반복한다.

기준점으로 클라이언트의 말(예: "나는 용기가 난다", "나는 몹시 화가 난다", "내 생각이 불분명하다" 등)을 이용할 때, 이 척도를 **자기 보고식 척도**(self-anchored scale)라 부르며, 이 경우 액면 타당도가 높다. 다른 경우에는 점진적 척도 값을 반영하여, 일반적으로 받아들여지는 기준점, 다른 척도에서 활용되는 기준점 등을 사용

그림 14-1

하는 것도 유용하다. 척도에 숫자 범주를 배치할 때 숫자 사이에 중복이나 공백이 없어야 한다(상호 배타적 범주). 척도에는 모든 가능한 응답을 두어야 하며, 둘 이상의 범주에 해당하는 응답은 없어야 한다. 일반적으로 부정적 끝은 페이지 왼쪽에 두며, 점진적 단계(기준점으로 구분)는 왼쪽에서 오른쪽으로 이어지게 한다. 어린 아동 혹은 인지 능력이 제한된 사람의 경우 미소 짓는 얼굴, 감정 표현이 없는 얼굴, 찡그린 얼굴로 진전 상태를 표시할 수 있다(〈그림 14-1〉 참조). 자주 사용되는 응답 범주는 다음과 같다.

① 빈도
• 거의 → 별로 → 조금 → 자주 → 항상
• 전혀 → 한두 번 → 3~5회 → 6~7회 →
  7회 이상
• 전혀 → 거의 → 조금 → 종종 → 자주 →
  항상

② 지속 기간
• 0~20% → 21~40% → 41~60% →
  61~80% → 81~100%
• 전혀 → 약간 → 대부분 → 거의 늘

③ 강도
• 강하게 반대 → 반대 → 동의 →
  강하게 동의

• 전혀 → 약간 → 보통 → 매우 → 강하게

④ 양에서의 변화
• 매우 감소 → 약간 감소 → 변화 없음 →
  약간 증가 → 매우 증가

(4) 4단계: **자료 수집 방법을 정한다.** 다음 단계는 척도 작성 과정을 정하는 것이다. 누가(예: 클라이언트, 사회복지사, 교사, 친척) 평정할 것인가? 언제 평정할 것인가? 예를 들어 각 상담 회기 전에 척도를 평정할 수도 있고 매일 아침, 일요일 저녁 등에도 가능하다. 클라이언트가 잘 생각해서 응답할 곳은 어디(예: 집, 대기실, 사회복지사가 배석한 사회복지사의 사무실)인가? 중요한 일반적 지침은 평정이 이뤄지는 상황과 관련해 일관성 확보를 위해 노력해야 한다는 것이다.

(5) 5단계: **명확한 해석이 가능한 형태로 자료를 제시한다.** 그래프에 다른 색깔로 점수를 기록하는 것도 종종 변화의 시각적 증거로 충분하다. 그러나 시간에 따른 변화를 반영하기 위해, 혹은 두 개 이상 변수에서의 변화를 비교하기 위해 일련의 측정을 한 경우, 진전 상태를 추적하기 위해 간단한 선 그래프를 만드는 것이 유용하다. 이러한 자료 조직화는 변화 혹은 변화 없음에 대해 클라이언트와 논의할 때 유용한 기초 자료가 될 수 있다.

14.3 표준화된 척도로 변화 측정하기

많은 경우 사회복지사는 사전에 개발된 수백 개의 측정 도구 중 하나를 사용해 클라이언트의 사회적 기능수행을 측정할 수 있다. **표준화된 척도**(*standardized rating scales*)는 행동, 태도, 감정 등의 지표이다. 표준화된 척도는 우울, 자존감, 결혼 만족도와 같이 명확히 정의된 구성체를 측정하는 일련의 질문으로 구성된다. 특정 개인 클라이언트나 집단에 사용하기 위해 고안된 개별화된 척도(항목 14.2 참조)와 달리, 표준화된 척도는 다양한 클라이언트의 경험을 측정하는 데 사용될 수 있다. 일반적으로 이런 척도에는 저작권이 있고 종종 구입해야 한다.

심리 측정(*psychometrics*)으로 알려진 잘 설계된 조사 방법이 표준화된 도구 개발의 토대가 된다. 척도 개발 과정에서 측정하고자 하는 구성체의 의미를 반영(타당도)할 뿐 아니라 측정할 때마다 매번 거의 동일한 결과를 낳는지(신뢰도)를 확인하기 위해 척도를 검사한다. 개발 단계에서 수많은 응답자에게 사용되며 그 응답은 통계적으로 분석된다. 이 결과는 다른 지표와 비교될 수 있다. 그런 뒤 그 척도는 타당한 측정을 위한 기준을 충족할 때까지 수정되고 조정된다.

표준화된 척도를 사용하면 3가지 장점이 있다. 첫째, 표준화된 척도는 이미 검사를 거쳤기 때문에 바로 사용할 수 있다. 그래서 클라이언트 문제 혹은 상황의 심각성을 빨리 사정할 필요가 있을 때 진단적 목적으로 활용 가능하다. 둘째, 표준화된 척도를 주기적으로 사용하면 시간에 다른 변화를 추적할 수 있고, 이를 통해 개입 계획을 유지하는 것이 바람직한지 혹은 바꾸는 것이 바람직한지에 관한 실천적 판단이 가능하다. 셋째, 사회복지사가 한 클라이언트에 대한 개입의 결과 혹은 성과를 종합적으로 요약(개입 전과 서비스 종료 이후의 척도 점수 비교)하는 데도 척도가 쓰일 수 있다. 덧붙여, 표준화된 측정 도구를 사용하여 실천 성과를 경험적으로 분석하는 것에 대한 후원 기관의 요구가 점차 증가하고 있다.

표준화된 자기 보고 척도의 길이는 다양하지만, 대부분은 15개 내지 30개의 문장으로, 각각 클라이언트가 3~7점으로 응답하게끔 되어 있다. 그래서 짧은 시간 안에 이 척도를 작성할 수 있다. 여러 WALMYR 사정 척도(WALMYR Assessment Scales)는 사회복지실천에 적용 가능한 구성체를 측정하는 데 사용되는 전형적 예이다. 예를 들어 WALMYR 척도 중 하나는 클라이언트의 자아 존중감 문제 정도를 측정하기 위해 설계됐다. 자아 존중감 지수(*index of self-esteem*) 25개 문항 중 5개 문항은 다음과 같다.

1. 나는 사람들이 나를 잘 알게 되면 나를 좋아하지 않을 것이라 느낀다.
4. 내가 다른 사람과 있을 때 내가 함께 있어 그들도 기쁠 것이라고 느낀다.
14. 내 친구가 나에게 흥미 있어 할 것이라 생각한다.
16. 나는 낯선 사람과 있을 때 스스로를 매우 의식한다.
24. 다른 사람에게 바보같이 보일까 봐 두렵다.

- Corcoran, K. & Fischer, J.(2009). *Measures for Clinical Practice and Research: A Source Book*(4th ed.). NY: Oxford University Press.
  두 권으로 된 책으로, 사회복지실천에 적합한 300개 이상의 표준화된 척도를 묘사한다. 1권은 아동, 커플, 가족을 위한 척도를, 그리고 2권은 성인에 대한 측정 도구를 담고 있다. 각 척도에 간단한 소개와 심리 측정 특성을 제시했고 척도 사용 허가를 받을 수 있는 곳(유료 혹은 무료)이 포함되어 있다.

- Hudson, W. W. *WALMYR Assessment Scales Scoring Manual*. FL: WALMYR Publishing Co. Available online: www.walmyr.com. E-mail: walmyr@walmyr.com.
  약 30개에 달하는, 짧은 자기 보고 척도의 모음이다. 이 척도에는 개인 적응 측정, 배우자와 파트너 문제, 가족 관계 문제, 조직 성과 측정이 포함되어 있다. 심리 측정 특성과 각 척도가 측정하는 구성체에 대한 설명도 함께 포함되어 있다.

- Rush, A. J., First, M. B., & Blacker, D.(eds.)(2008). *Handbook of Psychiatric Measures*(2nd ed.). Washington, DC: American Psychiatric Association.
  다양한 정신 상태 측정을 위해 신중하게 선택된 230개의 도구를 담고 있다. 각 측정에서 측정 도구의 목적(무엇을 측정하는가), 검사 관리의 실천적 이슈, 사용상의 용이성, 검사 도구 비용, 심리 측정 특성 보고, 그리고 임상적 유용성 등을 명시하고 있다.

- Sajatovic, M., & Ramirez, L.(2012). *Rating Scales in Mental Health*(3rd ed.). MD: Johns Hoplins University Press.
  주로 정신과 의사를 위해 쓰인 이 책은 100개 이상의 척도에 관한 정보를 제공한다. 사회복지사에게 특히 유용한 척도로 불안, 우울, 사회직·가족 기능수행, 클라이언트 만족도, 물질 남용, 자살 위험, 식이장애, 노인병 이슈 등이 있다.

주: * [역자] 표준화된 척도는 우리나라에서도 2000년대 이후 여러 권의 책자가 출판되었다. 우리나라에서 출판된 자료를 통해 내부분의 표준화된 척도가 활용가능하다.

클라이언트는 각 문항을 7점 척도— 전혀 그렇지 않다(1점), 아주 드물게 그렇다(2점), 약간 그렇다(3점), 보통이다(4점), 상당히 자주 그렇다(5점), 대부분 그렇다(6점), 항상 그렇다(7점) —로 평정한다. 응답자가 각 문항을 주의 깊게 읽고 생각할 수 있도록 어떤 문항은 긍정적으로, 다른 문항은 부정적으로 작성한다. 이 경우 응답은 역점수가 돼야 한다. 앞선 예에서 1번 문항에 '대부분 그렇다'고 응답한 것은 클라이언트 자아 존중감에 부정적인 진술인 반면, 4번 문항에 '대부분 그렇다'고 응답한 것은 긍정적 태도이다. 척도와 함께 역점수 부여에 대한 명확한 지침이 제공돼야 한다.

표준화된 척도에 딸린 사용자 지침과 설명서를 통해 사회복지사는 척도의 적절한 사용법을 알 수 있으며, 많은 경우 척도의 타당도와 신뢰도에 관한 공개 자료를 구할 수도 있다. 엄밀한 지침이 있는 것은 아니지만 일반적으로 인간서비스 분야에서 척도의 타당도를 판단할 때는 다른 지표와 비교하여 상관관계 계수가 .60 이상이면 받아들일 만하다. 신뢰도의 경우 알파 계수가 .80 이상이면 충분하다. 어떤 척도는 그 척도를 사용할 사람의 연령이나 독해 능력을 명시하기도 한다. 마지막으로, 사회복지사는 특정 실천 상황에서 그 척도의 사용이 가능한지 판단해야 한다. 예를 들어 사회복지사는 측정이 클라이언트의 문화나 연령대에 적절한지, 실천 상황에서 사용하기에 적절한지, 실천이 관심을 두는 이슈에 민감한지, 그리고 비용이 과다하게 들거나 작성에 시간이 지나치게 많이 걸리지는 않는지 등을 고려해야 한다.

다른 척도의 형태로, **절단점**(*cutting scores*)이

설정된 것이 있다. 절단점은 클라이언트가 매우 심각한 상태임을 반영하는 척도상의 점수를 가리키거나 혹은 반대로 전문적 개입이 필요한 심각한 문제가 없는 상태를 의미한다. 예를 들어, WALMYR 척도 중 많은 것은 0점(낮은 심각성 혹은 강도)에서 100점(극단적으로 높은 수준)으로 문제의 심각성을 측정한다. 어떤 표준화된 척도의 70점이라는 절단점은 클라이언트가 자신이나 타인에게 높은 위험을 나타내기 시작했음을 의미한다. 이와 유사하게 30점 이하는 임상적 개입이 필요하지 않음을 나타낸다.

마지막으로, 잘 설계된 표준화된 척도라도 최고로 정확하고 타당한 측정이 이뤄지지 않을 수 있음을 알아야 한다. 측정의 표준오차(standard error of measurement: SEM)는 양방향에서 의미 있게 고려될 수 있는 변화량을 나타낸다. 예를 들어 WALMYR의 자아 존중감 지수는 SEM이 3.7이다. 이것은 반복 측정에서 3.7보다 작은 점수의 변화는 자아 존중감 측정을 위한 검사가 불가능하며 클라이언트 상황의 실질적 변화로 간주하면 안 된다는 것을 의미한다.

표준화된 척도는 사회복지나 심리학 문헌 여기저기에 보고되어 때로는 찾기가 어렵다. 표준화된 척도를 모아 놓은 몇몇 자료원을 〈그림 14-2〉에 제시했다.

14.4 서비스 계획 성과 체크리스트

서비스 계획 성과 체크리스트(service plan out-come checklist: SPOC)는 명시된 목적 달성에서 의 진전에 관한 클라이언트의 인식을 측정하며, 서비스 성과와 관련하여 클라이언트의 선호에 대한 자료를 수집하는 도구이다. SPOC는 다른 점검 도구와는 달리 개별 클라이언트뿐 아니라, 다수의 클라이언트를 위해 개발 및 사용될 수 있다(예: 집단 혹은 사회복지사의 사례).

SPOC는 상대적으로 구성이 간편하고, 어떤 점에서는 클라이언트 문제 체크리스트(항목 11.12 참조)의 확장이라 할 수 있다. SPOC의 핵심은 기관이나 사회복지사 측에서 클라이언트가 다루도록 돕는 성과 목적의 '메뉴'이다. SPOC는 서비스 계획의 성과에만 초점을 두지 않는다. SPOC는 얼마나 많이 배웠는지, 기술이 얼마나 발전했는지, 클라이언트가 개입에 얼마나 만족했는지 등에도 초점을 맞춘다. 달성 평정 척도(항목 14.2 참조)를 사정할 변화에 맞춰 수정하는 것도 중요하다. 집단 세션을 통해 달성했던 것을 사정할 뿐 아니라 집단 세션 동안 다루길 원하는 내용, 집단 경험 계획에 도움이 되는 정보를 확인하는 데도 유용하다. SPOC의 형식은 표준화되어 있지만 메뉴에 포함된 성과 목록은 제공되는 서비스마다 고유하다. 성과 목록은 클라이언트 면접, 클라이언트 자료 분석, 기관 매뉴얼 검토, 숙련된 사회복지사와의 면접 등을 통해 얻을 수 있다. 〈그림 14-3〉에 나오는 성과 메뉴는 지역 노화 관련 기관(area agency on aging: AAA)의 보호 제공자 지지집단 클라이언트를 위해 만들어진 것이다.

SPOC 사용의 첫 단계는 서비스를 시작할 때 클라이언트에게 원하는 성과 목록(〈그림 14-3〉의 왼쪽 칸)을 검토하고, 달성하고자 하는 각 목적에 체크 표시(✔) 하도록 요청하는 것이다. 이 선택은 클라이언트 혼자 독립적으로 혹은 사회복지사의 도움을 통해 이뤄질 수 있다. SPOC 항목에 대한 논의를 통해 유용한 정보가 생산되며, 초기 면접에 초점을 맞추는 방법을 얻거나 클라이언트의 관심사에 맞춰 집단의 내용 혹은 활동 계획을 수정할 수 있다. 서비스의 우선순위 결정을 위해 응답자가 가장 중요하게 고려하는 항목 2~3개를 확인(동그라미 표시)해야 한다.

만약 긴 시간 동안 만난 클라이언트에 대해 SPOC를 사용하는 경우 개입 효과 진전을 사정하기 위해 변화 과정 중간지점에서 달성에 대한 클라이언트의 인식을 살펴볼 수 있다.

최소한 종결 시점에서 가능한 성과 메뉴의 모

그림 14-3 서비스 계획 성과 체크리스트: 지역 노화 관련 기관

※프로그램 시작 2주 이내에 1~2단계를 작성해야 합니다.

1단계	제일 왼쪽 칸에 있는 기대하는 모든 성과에 체크 표시(✔)하세요. 만약 기대하는 성과가 메뉴에 없으면, 설문지 끝 여백에 추가로 항목을 작성하세요.
2단계	1단계에서 체크한 항목을 검토하고 이 집단에서 다뤄야 할 가장 우선순위가 높은 두세 가지 성과에 동그라미 표시하세요.

서비스가 종결되었을 때 3단계(음영 처리된 부분)를 완성하세요.

3단계 체크한 항목에 대해, 그 날짜까지 이룬 진전을 가장 잘 나타내는 점수를 1점에서 5점까지 동그라미 표시하는 식으로 "진전 없음"에서 "완전히 달성"까지를 평정하세요.

		당신이 생각하는 진전 정도에 동그라미 하세요. (프로그램 종결 시점에서)				
		진전 없음		절반 정도 성취	전적으로 성취	
	1. 스트레스 관리에서 도움을 받기	1	2	3	④	5
	2. 가족과 친구를 위해 시간 내기	1	②	3	4	5
✔	3. 자신을 위해 시간 내기	1	2	③	4	5
	4. 보호 제공자로서 죄책감을 없애기	1	②	3	4	5
✔	5. 병을 앓고 있는 사람으로서 사랑하는 사람에 대한 분노를 없애기	1	②	3	4	5
✔	⑥. 내가 사랑하는 사람을 더 많이 이해하기	1	2	3	4	⑤
✔	⑦. 부양 기술을 더 배우기	1	2	3	4	⑤
	8. 보호 제공자로서 유능감 느끼기	1	2	③	4	5
	9. 부양과 내 삶의 균형에 대해 배우기	1	2	3	④	5
✔	⑩. 커뮤니티 내 자원에 대해 배우기	1	2	③	4	5
	11. 도움 요청을 더 잘하기	1	2	3	④	5
✔	12. 경계를 더 잘 설정하고 유지하기	1	2	③	4	5
✔	13. 부양 종결에 대비한 장기 계획 개발에 대해 배우기	1	2	3	④	5
	14. 부양 이후의 인생 계획하기	1	2	③	4	5
	15. 다루었으면 하는 추가 성과: *상실 경험 때문에 평온함을 잃지 않기*	1	2	3	4	5

출처: Adapted and modified from evaluation conducted by Michelle Embroski, Colorado State University.

든 항목이 평정돼야 한다(〈그림 14-3〉에서 음영 처리된 부분). 이 최종 평가의 부산물은 클라이언트가 다뤘던 다른 성과뿐 아니라 클라이언트 자신이 초기에 선택한 성과 목적을 재논의하도록, 그리고 실제 달성한 것을 되돌아보도록 돕는다. SPOC가 개인 클라이언트에 적용될 때, 성과 달성 수준에 대한 클라이언트 견해는 개입 성공의 한 가지 지표가 된다.

SPOC를 클라이언트집단에 적용할 때 SPOC는 사회복지사가 다양한 메뉴 항목별로 달성 수준과 중요도를 확인하도록 돕는다. 〈그림 14-3〉의 메뉴는 노인 클라이언트 보호 제공자의 집단 경험을 설계하고 실행할 때, 사회복지사가 다루는 항목과 관련해 개발됐다.●

집단 세션을 시작하기 전, 사회복지사는 보호 제공자의 스트레스에 관한 문헌을 참고해 일반적으로 보호 제공자가 걱정하는 항목을 작성하고, 보호 제공자 대상 서비스를 제공했던 직원을 면접하고, 이전의 보호 제공자 지지집단(항목 13. 20 참조)에 참여했던 사람과 메뉴 초안을 검토한다. 이런 방법을 통해 메뉴의 항목 목록(왼쪽 칸)을 구성한다. 집단토의를 위해 확인된 14개 항목이 담긴 SPOC를 현재 집단 구성원에게 나눠 주고, 집단에서 다뤘으면 하는 것을 항목별로 체크하고 가장 중요한 우선순위를 갖는 항목 2~3개에 동그라미 표시를 하도록 요청한다. 덧붙여 마지막 항목은 개방형 질문으로서, 이를 통해 클라이언트는 메뉴에서 빠진 주제를

확인할 기회를 갖는다. 최종 집단 세션에서 사회복지사는 SPOC를 다시 집단 구성원에게 나눠 주고 5점 척도로 항목별 달성 수준을 평정하도록 요청한다.

집단 구성원에게 각 항목이 갖는 중요성을 밝히기 위해 〈그림 14-4〉의 2단부터 5단에서 보이듯, 집단 구성원의 반응을 요약했다. 이 과정은 다음과 같다.

- 1단계: 사회복지사는 2단에 그 항목을 선택한 집단 구성원의 수를 기록하고 백분율을 계산한다(예: 12번 항목 "경계를 더 잘 설정하고 유지하기"의 경우 7명 중 7명, 100%가 선택함).
- 2단계: 사회복지사는 3단에 앞서와 같이 우선적으로 다뤄야 할 이슈로 집단 구성원이 선택한 2~3개 중 항목별로 선택한 사람의 수와 백분율을 계산한다. 12번 항목의 경우, 7명 중 5명(71.4%)이 "경계를 더 잘 설정하고 유지하기"를 우선적 항목으로 표시했다.
- 3단계: 항목에 표시한 관심과 우선순위는 각 구성원에게 그 항목이 얼마나 중요한지를 드러내는 타당한 지표임을 감안해, 2단과 3단을 더한 '중요도 지수'를 4단에 작성한다. 12번 항목의 경우, 중요도 지수는 171. 4이다. 이는 백분율이 아니라 지수임에 유의한다.
- 4단계: 종결 시점에서 집단 구성원은 SPOC 형식의 음영 처리된 5점 척도 칸(〈그림 14-3〉 참조)에 자신의 달성 정도를 평정한다. 사

● 이 책의 이전 판에는 아동 및 가족서비스기관(4판), 커뮤니티 정신건강센터(5판), 호스피스 완화집단(6판), 의료 트라우마센터(7판), 통증 관리집단(8판), 그리고 중독 회복집단(9판)의 성과 메뉴를 담았다.

회복지사는 각 클라이언트의 점수를 기록하고 각 항목의 평균 달성점수를 계산한다. 이를 5단에 적는다.

- 5단계: 마지막으로, 사회복지사는 컴퓨터 프로그램을 활용해 첫 번째 정렬로 5단을 기준으로 항목을 정렬(내림차순) 한다(컴퓨터 프로그램에서 이러한 계산을 수행할 때는 도표에 있는 모든 단과 모든 항목을 선택해야 한다). 이런 식으로 중요도 지수 순서로 항목별 목록도 만든다(가장 중요도가 높은 항목이 도표 맨 위에 위치). 집단 구성원의 평균 달성점수는 항목

별 중요도 점수와 유사하다.

계산이 끝나면, 사회복지사는 4단과 5단을 시각적으로 비교해 성공에 대한 집단 구성원의 인식을 해석한다. 예를 들어 〈그림 14-4〉에서 12번 항목은 171.4의 중요도 지수를 보이고 달성점수는 5점 만점에 3.14로, 집단 구성원이 이 이슈를 다루는 데 중간 정도 성공적이었다고 생각함을 보여 준다. 그러나 7번 항목의 경우, 중간 정도의 중요도 지수(114.3)인데, 달성 평균은 2.0이다. 이 자료에 따르면 두 번째로 중요하

그림 14-4 서비스 계획 성과 체크리스트: 지역 노화 관련 기관의 보호 제공자 지지집단 요약

	1단	2단		3단		4단	5단
항목	선택된 성과	선택한 구성원의 수와 백분율 (N= 7)		우선순위로 선택한 구성원의 수와 백분율		중요도 지수	평균 달성점수 (점수 범위 = 1.00~5.00)
12	경계를 더 잘 설정하고 유지하기	7	100.0	5	71.4	171.4	3.14
9	부양과 내 삶의 균형에 대해 배우기	5	71.4	3	42.9	114.3	3.43
7	부양 기술을 더 배우기	6	85.7	2	28.6	114.3	2.00
6	내가 사랑하는 사람을 더 많이 이해하기	6	85.7	2	28.6	114.3	4.64
10	커뮤니티 내 자원에 대해 배우기	5	71.4	1	14.3	85.7	2.86
1	스트레스 관리에서 도움을 받기	5	71.4	1	14.3	85.7	3.71
11	도움 요청을 더 잘하기	6	85.7	0	0.0	85.7	3.57
13	부양 종결에 대비한 장기 계획 개발에 대해 배우기	3	42.9	2	28.6	71.4	3.57
5	병을 앓고 있는 사람으로서 사랑하는 사람에 대한 분노를 없애기	4	57.1	1	14.3	71.4	2.74
3	자신을 위해 시간 내기	3	42.9	2	28.6	71.4	3.29
8	보호 제공자로서 유능감 느끼기	3	42.9	1	14.3	57.1	3.00
4	보호 제공자로서 죄책감을 없애기	4	57.1	0	0.0	57.1	3.14
14	부양 이후의 인생 계획하기	3	42.9	0	0.0	42.9	3.00
2	가족과 친구를 위해 시간 내기	3	42.9	0	0.0	42.9	2.86
15	기타: 상실 경험 때문에 평온함을 잃지 않기	점수 없음		점수 없음		점수 없음	점수 없음
	집단 평균 달성점수	-		-		-	3.17

출처: Adapted and modified from evaluation conducted by Michelle Embroski, Colorado State University.

게 고려했던 항목 "부양 기술을 더 배우기"에서 집단 구성원이 기술을 더 배우는 데 집단이 성공적이지 않았음을 드러낸다. 이를 통해 집단 구성원이 사랑하는 사람을 돌보는 기술을 개발하도록 어떻게 도울 것인지에 관한 사회복지사의 추가 훈련과 지식이 필요함을 시사한다. 집단 구성원이 추가한 '기타' 항목인 15번 항목, "상실 경험 때문에 평온함을 잃지 않기"는 다음번 SPOC를 사용할 때 메뉴에 추가돼야 함을 드러낸다. 또한 '기타' 항목은 집단 구성원 모두가 이 항목을 평가할 기회가 없었기 때문에, 요약 자료에서 빠졌고 점수도 없다는 점에 유의한다.

어느 영역에서 사회복지사의 추가적인 지식이나 기술 확보가 있을 때 클라이언트가 이득을 볼지를 확인하기 위해 〈그림 14-4〉에서 보듯 점수 계산을 할 수 있다. 또한 기관의 특정 부서의 슈퍼바이저는 부서의 전반적인 성과를 판단하기 위해, 그리고 특정 성과에서 가장 유능한 사회복지사를 특정 욕구를 가진 클라이언트에게 배정하기 위해, 표본 클라이언트에게 부서 서비스 메뉴가 적힌 SPOC를 전달할 수 있다.

14.5 과제 달성 척도

과제 달성 척도(*task achievement scaling*: TAS)는 과제 중심 실천(제6장 참조)에 사용하기 위해 개발됐다. 과제 중심 실천은 클라이언트의 목적 및 목표를 향한 작업을 여러 개의 작고 구체적인 과제 혹은 단계로 세분화한 후 순서대로 착수한다. **과제**는 원하는 성과에 도달하는 데

필요한 클라이언트와 사회복지사의 행동이며 대개 며칠 내, 길어야 몇 주 내에 달성될 수 있어야 한다. 클라이언트 대부분은 목표를 향한 작업을 단계 혹은 과제로 세분화하는 과정을 통해 작업을 감당할 수 있다고 여기며, 달성할 수 있다는 자신감이 고양된다. 대개 한꺼번에 3~4개 이상의 과제를 수행하지 않는다. 클라이언트와의 각 세션은 보통 지난 세션 동안 선정된 과제의 진전에 대한 검토로 시작되며, 다음 세션 전까지 수행해야 할 과제 확인으로 끝난다. TAS는 시도된 과제별로 달성률을 보고하기 때문에 어떤 과제는 완성된 것, 더 이상 필요 없는 것, 혹은 계속 수행해야 하는 것으로 구분된다. 새로운 과제는 어느 지점에서나 추가될 수 있다. 결합 과제의 달성률은 실천 목표를 향한 전반적인 진전을 드러낸다.

자녀에 대한 공동친권 관련 이슈가 있는 이혼 커플의 공동양육 사례에 관한 사회복지사 서비스를 예로 TAS 사용을 살펴보자. 부모가 문제를 해결할 수 없을 때 중재자가 결정을 내리는 중재(항목 13. 19 참조)와 달리, 공동양육에서는 부모가 협력해 원만한 합의에 도달하도록 돕기 위해 노력한다. 공동양육 개입을 시작하기 위해 사회복지사는 부모 각각을 개별적으로 만나고, 부모는 세션 중에 도달한 합의를 상대방이 따르지 않을 것이라는 느낌, 과정에 대한 불확실성을 표현한다. 그러나 둘 다 세 자녀를 몹시 아끼고 있어 4주 동안 '한번 해 보기'에 동의했다.

존과 카알라 커플은 2년 전 이혼했다. 이혼 당시 가정법원에서 친권 합의가 있었지만 그 합의는 카알라 남자친구가 자신이 돌보는 자녀에

그림 14-5 공동양육 계획을 위한 과제 달성 척도

- 전체적 목적: 가정법원에 제출할 공동양육 계획 개발
- 클라이언트: 존과 카알라(이혼가정)
- 사회복지사: 니콜 오드먼
- 첫 번째 세션, 5월 20일

달성	1번 과제: 훈육 계획 개발	2번 과제: 자녀 돌봄 시간 일정 개발	3번 과제: 자녀 건강보호에 대한 책임 계획
진전 없음(0)	부모가 과제를 다루지 않음	부모가 과제를 다루지 않음	부모가 과제를 다루지 않음(✔)
최소한 달성(1)	부모가 훈육 이슈에 대한 일반적 논의를 시작(✔)	이전 법원 계획과 현재 선호하는 계획 간 차이에 관한 논의(✔)	진료 약속과 병원비 지급 책임 관련 이슈에 대한 일반적 논의
부분적 달성(2)	각 부모는 일치 혹은 불일치 부분에 대한 서면 진술 작성	선호하는 계획과 관련된 부모 각자의 이슈 확인	부모 각자는 진료 약속과 병원비 지급 책임에 대한 제안서 제출
상당히 달성(3)	불일치를 다룰 가능한 타협안 확인	가능한 타협과 아동에게 미치는 함의에 관한 논의	가능한 타협이나 해결책 논의
완전히 달성(4)	가정법원에 제출할 계획에 대한 합의	가정법원에 제출할 계획에 대한 합의	가정법원에 제출할 계획에 대한 합의
변화 점수	1	1	0
가능한 변화	4	4	4
달성 백분율	25%	25%	0%
세 가지 과제의 변화 비율(12개 가능한 단계에서 2단계 변화) = 16.7%			

출처: Adapted and modified from evaluation conducted by Nikole Ordway, Colorado State University.

대한 아동학대 협의를 받으면서 깨지기 시작했다. 존은 카알라의 가장 친한 친구와 재혼하면서 부모 간 대화가 원활하지 않게 됐다. 존은 자신의 새 배우자가 공동양육 계획의 구성원이 돼야 한다고 주장했지만 카알라는 예전에 가장 친했던 친구에게 배신감을 느꼈고 그녀와의 어떠한 상호작용도 원하지 않았다. 생물학적 부모만이 공동양육 세션에 참여하는 것으로 결정되었다.

개입으로 해결 중심과 과제 중심을 결합한 사회복지사는 가정법원 판사에게 제출할 공동양육 계획의 마감일에 앞서 달성해야 할 세 가지 초기 과제를 부모가 정하도록 도왔다. 과제에는 누가, 언제, 어떻게 자녀를 훈육할 것인지(1번 과제), 각 부모가 자녀를 책임지는 시간 일정을 어떻게 할 것인지(2번 과제), 셋째, 자녀의 의료 및 치과 치료에 대한 비용 지불 및 병원 진료 약속을 누가 맡을 것인지(3번 과제) 등에서 도달할 합의가 포함된다. 첫 세션에서 사회복지사와 부모는 세 가지 과제 각각에 대해 논의하고 과제별 진전을 반영하는 4개의 점진적 단계에 합의했다. 각 단계에는 진전 없음, 최소한 달성, 부분적 달성, 상당히 달성, 완전히 달성을 나타내는 5개의 달성 수준에 0점에서 4점의 수치가 부여됐다. TAS 양식에 따라 〈그림 14-5〉는 판사에게 제출할 공동양육 계획 개발에서의 진전을 무엇으로 나타낼 것인가에 관해 부모가 도달한 합의를 보여 준다.

〈그림 14-5〉는 첫 세션 동안 3가지 과제에서 이뤄진 초기 진전을 반영한다. 달성 백분율은

실제 변화 수준을 가능한 변화 수준으로 나눠 계산한다. 예를 들어, 1번 과제의 변화 수준(최소한 달성)은 1점이고 가능한 변화 수준(완전히 달성)은 4점이다. 그래서 1 ÷ 4 = 0.25, 즉 25%이다. 2번 과제의 경우 25% 달성이고, 3번 과제는 이번 세션에서 다뤄지지 않아 0% 달성이다. 3가지 과제의 달성을 결합하면(가능한 변화점수 12점에서 2점 변화) 이번 주의 전반적인 과제 달성점수가 계산된다(2 ÷ 12 = 0.167, 즉 16.7%). 세션을 마무리할 때 달성할 필요가 있는 것을 명확히 계획하고, 부모 각자의 책임을 확인했으며, 이미 어느 정도 진전이 있었다는 것 등에서 격려를 제공한다. 3회의 후속 세션 이후 전반적 달성점수는 33.3%, 58.3%, 83.3%로 증가했다. 이 시기에 가정법원에 계획을 제출하는 것(4주간의 TAS 도표도 판사에게 제출)에 관한 충분한 합의가 있다고 결론을 내렸다. 이 사례의 경우에는 과제가 변하지 않았지만, 과제가 달성되거나 혹은 새로운 과제에 공들여 노력할 필요가 분명한 경우라면 하나 이상의 과제를 교체할 수 있다.

클라이언트의 과제 달성 수준을 추적하는 데 유용한 방법은 〈그림 14-7〉에서 설명할 시계열 차트에 매주 점수를 제시하는 것이다. 매일 혹은 매주 과제 달성 백분율을 그래프로 그리면 클라이언트가 이룬 긍정적 변화를 확인하고 강화하는 데 유용하다. 시계열 형식을 사용함으로써 "과제 달성의 수준은 클라이언트의 스트레스 수준과 어느 정도 관련되는가?"와 같은 실천 질문에 답하기 위해 다른 변수와 과제 달성 백분율을 시각적으로 비교하는 것이 가능하다.

14.6 목적 달성 척도

목적 달성 척도(goal attainment scaling: GAS)는 개입에서 발생한 목적 달성 정도를 계산하는 절차이다. 단기 과제와 달리 목적은 클라이언트(개인 혹은 가족)에 대한 사회복지사의 개입에서 기대하는 성과이다. GAS의 기본 형식은 모든 클라이언트에게 동일하지만, 선택하는 목표의 수에 맞추어 약간의 수정이 이뤄진다. 이는 합의된 목적을 나타내기 위해 특정 클라이언트에게 개별화된 여러 개(보통 2~4개)의 5점 척도로 구성된다. 목적을 향한 진전의 측정은 빈도 세기, 개별화된 척도에서의 다양한 수행 수준, 표준화된 사정 도구의 점수 혹은 이런 것들의 조합의 형태를 취할 수 있다. GAS를 구성하는 단계를 제시하면 다음과 같다.

(1) 1단계: **2~4개의 목적을 확인하고 각각에 5점 척도를 개발한다.** GAS를 설정하기 위해 사회복지사와 클라이언트는 개입 이전의 클라이언트 상황이나 조건을 몇 단어로 기술한다. 이러한 과정을 확인한 목적별로 진행한다. 이상적으로 이 진술은 5점 척도에서 두 번째로 낮은 점수인 2점(기대했던 성공보다 낮은 수준)에 해당한다. 가장 낮은 점수인 1점은 퇴보를 나타내는 것으로 진술한다. 다음으로, 합리적으로 기대할 수 있는 가장 좋은 성과를 기술하고 5점을 할당한다. 현재 상황과 가능한 가장 좋은 시나리오 사이에 두 단계의 진전을 확인하고 이에 3점과 4점을 할당한다. 그 결과, 사회복지사와 클라이언트가 5개의 수준으로 명확히 기술(기준점)한

개별 목적에 대해 서열화된 5점 척도가 만들어진다.

〈그림 14-6〉은 정신건강센터의 사회복지사가 작성한 GAS이다. 스탠리 B는 스스로 찾아온 독신 47세 남자로, 우울감, 고립감, 그리고 과체중으로 인한 낮은 자기 이미지 등을 토로했다. 스탠리는 수년 동안 치료를 위해 정신건강센터를 들락거렸고 매우 둔한 정서 상태, 눈 맞춤 어려움, 사회적으로 적절한 행동에 관여하기 어려움 등과 같은 아스퍼거 증후군 증상을 보였다. 개입이 시작되었을 때 스탠리는 실직 중이었고 '재미'로 직장에 소형 폭탄을 가져간 일로 유죄 판결을 받았기 때문에 일자리 찾기가 어려웠다.

스탠리는 과거에 경험했던 결핍중심적 치료 접근에 관심이 없다고 했다. 사회복지사는 동기화 면접(제6장 참조)와 함께 강점 기반 접근을 제시했다. 스탠리와 사회복지사는 몇 가지 목적을 확인하고 목적 달성을 위한 계획을 개발했다. 스탠리는 문제를 비판적으로 검토하고 이해하는 자신의 지능, 가족으로부터 받는 정서적·재정적 지원, 그리고 교통, 주거, 음식, 의복 등의 충분한 활용과 같은 강점과 자원을 확인했다. 첫 번째, 두 번째 세션 이후 다음과 같은 목적이 선택됐다. 1번 목적, 임상적 개입이 필요하지 않는 수준까지 우울을 줄인다. 2번 목적, 체중을 222파운드(약 100kg)에서 200파운드(약 90kg) 이하로 줄인다. 3번 목적, 전일제 정규직 취업을 한다. 〈그림 14-6〉에서 보듯, 사회복지사와 스탠리는 3가지 목적에서의 성공(혹은 실패) 단계를 측정하기 위해 5점 척도를 개발했다.

목적별로 '가장 좋지 않음'에서 '가장 좋음'에 이르기까지 5가지 변화 수준을 확인했다.

(2) 2단계: **다른 목적과 비교해 중요도에 따라 가중치를 부여한다.** 목적에 부여된 100점 중 비중은 특정 목적의 상대적 중요도를 반영한다. 〈그림 14-6〉에서 사회복지사와 스탠리는 스탠리가 안정적 취업을 못하는 것이 독립심 부족을 야기하며 이후 우울의 증가로 이어진다고 보았다. 또한 그 결과로 바쁘지 않은데 과식하여 체중 문제로 이어진다고 보았다. 그래서 3번 목적에 50의 가중치를, 2번 목적에 25의 가중치를, 1번 목적에 25의 가중치를 부여했다. 각 목적에 가중치를 부여함으로써 개별 목적에서의 진전을 확인할 뿐 아니라, 전반적인 목적 달성(각 목적은 상호 연관되기 때문)에 대한 지수를 계산할 수 있다.

(3) 3단계: **개입이 시작될 때 클라이언트의 상황을 가장 잘 나타내는 칸에 체크 표시(✔)를 한다.** 대개 이는 2점 칸, 즉 '기대했던 성공보다 낮은 수준'이 될 것이다. 이 수준에 남아 있다는 것이 진전 없음을 드러내기 때문이다. 때때로는 5가지 변화 수준을 확인하기 어려워 서로 다른 달성 수준에 체크 표시될 것이다. 체크 표시는 기초선 혹은 GAS에서의 '사전' 측정이 된다.

(4) 4단계: **개입이나 서비스가 종결되었을 때 그 당시 클라이언트 상황을 가장 잘 묘사한 칸에 엑스 표시(✘)를 한다.** 엑스 표시는 '사후' 측정을 나타내며 처음 측정(체크 표시)과의 차이는 서

비스 시간 동안 발생한 변화 단계를 반영한다. 장기 서비스의 경우, 이는 변화 과정을 점검하는 방법으로서 중간 달성 수준을 확인하는 데 유용하다.

(5) 5단계: **목적별로 가중치가 고려된 변화점수를 정한다.** 종결 점수(엑스 표시)에서 초기 점수(체크 표시)를 빼고, 여기에 그 목적에 해당하는 가중치를 곱하여 변화점수를 계산한다. 〈그림 14-6〉의 2번 목적, '체중 감소'의 경우, 스탠리의 목적 달성은 달성 수준 2점에서 달성 수준 4

점으로 두 수준의 변화가 있었다. 변화 점수는 여기에 25(2번 목적의 가중치)를 곱해 계산되고, 가중치가 고려된 변화점수는 50점이 된다.

(6) 6단계: **척도별로 가능한 변화의 백분율을 계산한다.** 척도별로 클라이언트가 목적을 완전히 달성했을 때(5점의 달성 수준), 초기 점수(체크 표시)로부터 발생할 수 있는 최고 점수를 정하고 그 점수를 기록한다. 모든 척도가 동일 수준에서 시작하지 않았기 때문에 시작점에서 진전 수준을 기록하는 것이 필요하다. 그리고 이

그림 14-6 스탠리 B의 목적 달성 척도, 2020년 9월 27일 및 2020년 12월 15일

• 클라이언트: 스탠리 B
• 사회복지사: 라이언 더글러스

체크 표시(✔) = 초기 수준 엑스 표시(✘) = 종결 수준	1번 목적: 일반적 만족 척도*상 비임상적 수준까지 우울 감소	2번 목적: 200파운드 미만까지 체중 감소	3번 목적: 전일제 정규직 취업 달성
달성 수준	가중치: 25%	가중치: 25%	가중치: 50%
(1) 생각할 수 있는 가장 좋지 않은 성과	GCS 점수 70점 이상	체중 230파운드 이상	실직 중, 부모의 재정적 지원 중단
(2) 기대했던 성공보다 낮은 수준	GCS 점수 57~69점 (GCS 61점) ✔	체중 220~229파운드 (체중 = 222파운드) ✔	실직 중, 부모의 지속적인 재정 지원 ✔
(3) 기대했던 성공	GCS 점수 44~56점 (GCS 48점) ✘	체중 210~219파운드	안정적인 파트타임 취업 ✘
(4) 기대했던 성공 이상	GCS 점수 31~43점	체중 200~209파운드 (체중 = 207파운드) ✘	전일제, 안정적인 임시직 취업
(5) 기대할 수 있는 최선의 성공	GCS 점수 30점 미만	체중 200파운드 미만	전일제, 안정적인 정규직 취업
요약	1번 목적	2번 목적	3번 목적
가중치	25	25	50
변화점수	1	2	1
가중치가 고려된 변화점수	25	50	50
가중치가 고려된 가능한 변화점수	75	75	150
달성 백분율	33.3	66.7	33.3

가중치가 고려된 변화점수 합산(125) ÷ 가중치가 고려된 가능한 변화점수 합산(300) = 41.7%

주: * generalized contentment scale: GCS.
출처: Adapted and modified from evaluation conducted by Ryan Douglas, Colorado State University.

가능한 변화점수로 가중치가 고려된 변화점수를 나눈다. 예를 들어 〈그림 14-6〉의 2번 목적의 경우, 50을 75로 나누면 이 목적에 66.7%라는 변화점수가 산출된다.

(7) 7단계: 전체적인 목적 달성점수를 계산한다. GAS에서 얻을 수 있는 가장 가치 있는 정보는 클라이언트의 목적 달성 정도를 전반적으로 알 수 있는 결합점수이다. 이 점수를 산출하기 위해 목적별로 계산된 가중치가 고려된 가능한 변화점수를 더하고, 그것으로 가중치가 고려된 실제 변화점수 총합을 나눈다. 〈그림 14-6〉에서 전체적인 변화의 백분율은 도표 아래쪽에 표시됐다(가중치가 고려된 전체 점수 125를 가중치가 고려된 가능한 변화점수 300으로 나누면, 41.7%의 변화점수가 산출된다). 요약하면 이번 개입은 체중 감소와 관련해서는 어느 정도 진전 보였지만, 전일제로 취업하고 우울을 다루기 위해서는 더 많은 시간이 필요하다.

만약 기관에서 목적 달성 척도를 광범위하게 사용한다면 GAS로 얻은 자료는 프로그램 평가에 유용할 것이다. 예를 들어 다음 관련 자료가 축적될 수 있다.

• 개입 표적으로 선택된 목적 유형, 목적별 목적 달성 백분율과 빈도
• 특정 사회복지사가 도운 클라이언트가 특정 목적에서 달성한 진전의 양
• 특정한 클라이언트집단(예: 연령, 민족성, 성별)에서 보인 목적 달성에서의 상대적 성공

14.7 단일 사례 설계

직접적 실천에 대한 평가에서 가장 잘 알려진 것이 단일 사례 설계(*single-subject design*: SSD)이다. 이는 단일 체계, 단일 대상, N = 1, 시계열 설계 등으로도 알려져 있다. 사전·사후 조사 혹은 실험집단과 통제집단을 활용해 복수의 응답자로부터 자료를 축적하는 전통적 조사 형태와 비교해, 단일 사례 설계는 일정 기간 동안 단일한 사례(개인, 커플, 가족, 혹은 집단)로부터 반복 측정한 것을 비교한다.

SSD에는 두 가지 근본적인 가정이 있다. 첫째, 내버려둘 경우 클라이언트의 상황이나 문제는 비슷하거나 더 나빠질 것이라 가정한다. 둘째, 반대 증거가 없다면 개입을 시작한 이후 변화가 나타났을 때, 그 개입이 변화의 중요한 원인 제공자라고 조심스럽게 결론 내릴 수 있다고 가정한다. 따라서 개입을 시작하기 전에 클라이언트의 행동, 태도, 기능수행을 명확히 구체화해야(기초선 측정), 서비스 제공 기간 동안 발생한 변화를 개입에 의한 것이라고 추정할 수 있다. 그러나 개입이 변화의 원인이라고 결론지을 수는 없어도, 사회복지사의 개입과 클라이언트 상황의 변화 간에 상관성 유무는 말할 수 있다.

SSD에는 한 가지 형태만 있는 것이 아니다. 사실, 이 방법의 강점 중 하나는 융통성이다. SSD는 실천에서 일어나는 일을 관찰하기 때문에 변화하는 실천 상황에 따라 변통성이 있어야 한다. 전통적인 사회과학조사와 달리, 클라이언트와 활동하는 동안 SSD의 수정도 가능하다. 예를 들어 개입 접근 교체 결정이 이뤄지면, 평

가 설계 또한 조정돼야 한다.

다음은 SSD를 수행하는 과정을 보여 준다.

(1) 1단계: 일정 기간 동안 **여러 차례 측정이 가능한 사례 상황을 선택한다.** 클라이언트의 행동이나 감정 동향을 나타내는 자료가 이 설계의 기초를 제공하므로 반복 측정이 이뤄져야 한다. 측정은 개입 전, 개입 도중, 심지어는 개입이 종료된 후에도 일어날 수 있다. 측정의 빈도는 사례의 상황에 달려 있고 일 단위, 주 단위, 월 단위가 있을 수 있다.

(2) 2단계: **표적행동 · 태도 · 신념을 선택하고 측정 방법을 결정한다.** 변화 과정의 사정 및 기획 단계에서 변화의 표적이 된 요소, 상황, 패턴 등을 확인하고 변화를 점검하기 위해 타당하고 관련성이 높은 방식으로 수치적 측정이 이뤄져야만 한다. 이는 빈도 세기(어떤 일이 얼마나 자주 일어났는지) 또는 표준화된 혹은 개별화된 척도에서의 점수(항목 14.1, 14.2, 14.3 참조)일 수도 있다. 사회복지사와 클라이언트는 유사한 상황에 대한 일관된 측정 계획을 세워야 한다. 변수를 하나 이상 측정한다면 척도를 교대로 사용하는 것(예: 척도를 번갈아 사용해 모든 세션에서 한 가지 척도만 사용하는 식)이 유용할 수 있다.

(3) 3단계: **SSD를 선택하고 과정 국면을 차트에 표시한다.** SSD 자료를 조직화하는 특징적 방법으로, y축에 독립변수(예: 클라이언트 행동, 태도), x축에 일 혹은 주 단위의 시간 단위를 묘사하는 그래프가 있다.

엑셀 혹은 유사한 프로그램을 조금만 연습하면 자료를 차트로 만드는 것이 어렵지 않다. 〈그림 14-7〉에서 보듯, 서로 다른 과정 국면(예: 기초선 국면, 개입 국면 등)은 그래프 위에서 각 국면을 분리하는 세로의 점선으로 표시된다. A는 기초선 기간 혹은 개입이 시작되기 전의 변수 상황을 나타낸다. 대개 기초선 측정은 변화 과정의 기획이나 사정 단계의 일부로 진행되지만, 어떤 경우에는 클라이언트 기록(회고적 자료)에서 사전에 수집된 자료가 기초선 일부로 사용될 수 있다. B, C, D 등(M, F-U 제외)은 클라이언트에게 상이한 개입 접근을 사용한다는 것을 나타낸다. 복수의 개입이 동시에 나타난다면, 각 개입을 나타내는 문자에 대해 사선으로 표시(예: B/C)한다. 개입의 빈도나 강도에서 변화가 있다면(세션이 짧아지거나 약물 양을 늘리는 등) 이는 위 첨자와 같은 형태로 표시한다(예: B^1). M은 사례가 종결되기 전, 서비스가 유지돼야 할 최소한의 기간 수준(*maintenance phase*)을 나타내고, F-U는 서비스가 종결된 후의 후속 조치(*follow-up*) 측정을 나타낸다. 차트 위에 있는 텍스트 상자에 설명어(예: B는 가족치료, C는 개별적 지지 상담)를 넣음으로써 과정 단계에서 사용한 개입을 명확히 할 수 있다.

SSD는 실천 상황, 사회복지사의 창의성, 사회복지사가 답하고자 하는 질문에 따라 형태가 다양해진다. 가장 기본적인 SSD는 B 설계 혹은 사례 연구로, 이는 기초선이나 후속 조치 국면이 없고 서비스가 제공되는 동안 사회복지사가 변수와 관련해 어떤 일이 발생하는지를 확인하

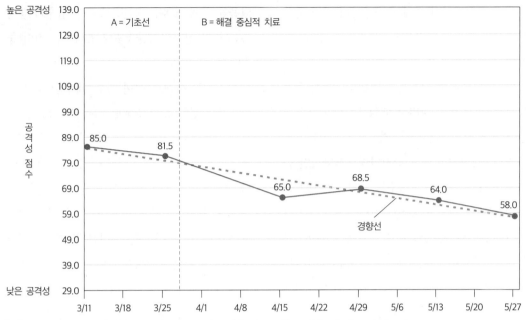

그림 14-7 단일 사례 설계: 크리스 B의 공격성 설문지 점수

출처: Adapted and modified from evaluation conducted by Aaron Shea, Colorado State University.

는 것뿐이다. 이러한 설계는 실천 접근을 조정하기 위해 혹은 필요하다면 미래의 실천 결정에 영향을 주기 위해 개입 중의 변화를 사회복지사가 기록할 수 있게 한다. 만약 개입이 바뀐다면 이 경우는 BC 설계가 된다.

SSD 중 가장 보편적인 형태는 사회복지사와 클라이언트가 기초선 시기부터 개입 국면 동안의 측정을 비교할 수 있는 AB 설계이다. 이 조사 형태는 개별 접근 혹은 여러 접근의 조합의 상대적 효과를 사정하기 위해 서로 다른 개입을 도입(ABC 설계)하거나, 이미 진행 중인 개별 상담에 집단치료 같은 개입을 추가(ABB/C 설계)함으로써 클라이언트 관련 변수에서의 변화를 살필 수 있다.

〈그림 14-7〉에 반영된 사례는 중대한 정서,

행동 문제가 있는 9~18세 아동을 위한 주간 치료 프로그램에서 사회복지사가 수행한 것이다. 이 프로그램의 목적은 개별 아동의 이슈를 다뤄 아동이 공립학교로 돌아가거나 어른 세계의 책임 있는 삶을 준비하도록 돕는 것이다. 이 사례의 클라이언트인 크리스 B, 17세 남성은 망상사고 패턴, 약물·알코올 사용과 관련된 문제가 있으며, 또래의 다른 남자를 가격해 폭행죄로 기소당한 경력이 있다. 크리스는 자신의 주요 문제로 여동생과의 격론, 어머니와의 열띤 논쟁을 포함해 주간 치료센터 밖에서 일어나는 사건에 대한 분노와 좌절을 꼽았다. 사회복지사와의 작업에서 클라이언트의 주된 목적은 자신의 분노 통제를 배우는 것이다. 이러한 상황에 적합한 증거기반 실천을 찾은 결과(항목 11. 22 참조), 해결 중심 치료가 채택됐다.

이런 상황에서의 변화를 사정하기 위해 사회복지사는 버스와 페리(Buss & Perry, 1992)가 개발한 표준화된 척도인 공격성 질문지(aggression questionnaire: AQ)를 선택했다. 29개의 질문으로, 공격성이 나타날 때의 특징을 보여 주는 신체적 공격, 언어적 공격, 분노, 적대감 등 공격성의 4가지 측면을 측정한다. 전반적인 공격성을 보여 주는 요약점수는 클라이언트의 공격성 행동의 주요 예측 인자다. 응답자는 각 문항에 1점(나와는 전혀 관련 없는 특징)에서 5점(나에게 전적으로 해당되는 특징)으로 평정하는데, 가능한 점수 분포는 29점(낮은 공격성)에서 145점(높은 공격성)까지이다.

(4) 4단계: **요인별로 기초선, 개입, 유지와 후속 자료를 수집하고 기록한다.** 이상적으로는 기초선 측정은 변수가 안정된 값을 나타낼 때까지 반복돼야 한다. 그러나 사회복지실천의 실제에서는 많은 측정을 반복하고 있을 여유가 없다. 가능하다면 (개입이 시작되기 전) 2~3회 기초선 측정이 이뤄져야 하지만, 크리스 B의 사례처럼 개입이 시작되기 전 단 2회의 기초선 점수도 가능하다.

변수별로 점수가 구해지면 클라이언트 그래프에 점수를 표시해야 한다. 차트는 시간에 따른 일련의 연속적인 점수를 반영하기 때문에 〈그림 14-7〉처럼 선 그래프가 가장 선호된다. 구한 자료는 실선으로 연결한다. 자료가 정기적으로 수집되는 중간에 결측치(缺測値)가 있다면 알고 있는 두 점을 점선으로 연결한다. 이를

통해 알고 있는 점 사이의 선 어딘가에 결측치가 있음을 알 수 있다. 요인별로 높은 점수가 긍정 혹은 부정 성과인가를 y축에 표시하는 것이 중요하다.

크리스의 사례로 돌아가서, 매주 공격성 질문지를 작성하고 그 결과를 시계열 차트(〈그림 14-7〉 참조)에 표시한다. 첫 번째 기초선(A) 점수는 85.0점이고 두 번째는 81.5점이다. 둘 다 상대적으로 높은 공격성 점수이며, 평균 기초선 점수는 83.25점이다. 해결 중심 개입이 시작되고 2주 지나 측정이 시작되었고, 크리스의 공격성 총점은 65.0점으로 떨어졌다. 2주 후에 68.5점으로 증가했다가, 64.0점으로 감소, 58.0점으로 끝났다. 평균 기초선 점수에서 종결 점수까지 전반적으로 25.25점 개선이 이뤄졌다.

(5) 5단계: **자료를 해석하고 경험적 증거를 다른 실천에서의 관찰과 비교한다.** 자료가 차트에 표시되면 자료를 검토해 개입 성공에 관한 판단을 내릴 수 있다. SSD 자료를 해석할 때 몇 가지 유의사항이 있다. 첫째, ABB/C와 같이 연속적인 개입을 평가하는 경우, 한 국면에서 이뤄진 변화가 다음 국면에 영향을 미치는 **이월 효과**(carryover effect)가 나타날 수 있다. 모든 개입을 철회하는 것(두 번째 기초선으로 돌아가는 것 등)이 일련의 개입으로부터 누적된 영향이 있었는지를 밝혀주는 데 도움이 될 수 있다. 또한, 다양한 **개입 전략의 도입 순서**(order of presentation)가 특정 개입의 효과에 영향을 미칠 수 있다. 연속적인 실천 상황에서 이 문제는 다양한 개입 전

표 14-1 크리스 B의 공격성 점수

	공격성 총점	신체적 공격	언어적 공격	분노	적대감
기초선	83.25	28.50	16.75	20.50	17.50
최종 점수	58.00	22.50	9.50	15.00	11.00

략의 도입 순서를 바꿈으로써 다룰 수 있다. 만약 어떤 개입 전략이 도입 순서에 상관없이 가장 효과적이라면 사회복지사는 유사한 실천 상황에서 그 전략을 사용하는 것에 더 강한 확신을 가질 수 있다. 마지막으로, SSD는 **불완전하고 부정확한 자료**(*incomplete and inaccurate data*)로 인해 어려움을 겪을 수 있다. 실천의 실제 상황에서 클라이언트가 결석하기도 하고, 자료 수집 도구가 온전히 작성되지 않기도 하며, 클라이언트가 부정확한 정보를 주기도 한다. 그러나 이러한 문제는 직접적 실천 평가 수행의 근거를 약화시킬 수 없으며, 대신 결과 해석에서 주의가 필요하고 삼각화(*triangulation*)가 중요함을 강조한다.

긍정 혹은 부정의 변화 패턴에 관한 시각적 검토는 클라이언트 상황에 대한 명확한 이해를 돕는다. 하지만 자료가 불규칙하면 경향을 추적하기 어려울 수 있다. 이런 경우 가장 전형적인 반응을 확인하기 위해 평균이나 중앙값을 계산하는 것이 도움이 된다. 과정의 각 국면마다 집중경향치(*central tendency*)를 반영하는 수평선을 그릴 수 있다. 조금 더 복잡한 자료 분석 방법으로는 경향선(*trend lines* 또는 *celeration lines*) 방법이 있는데, 이는 측정된 요인에 대한 클라이언트 수행의 미래 방향을 나타낸다. 엑셀과 같은 컴퓨터 프로그램을 통해 경향선을 계산한다

(〈그림 14-7〉 참조). 더 나아가 충분한 자료가 있다면 변화가 **통계적으로 유의**(*statistically significant*)한지를 결정할 수도 있다. 개입이 시작되기 전과 후, 경향선 위아래 쪽 관찰 빈도와 비율에 기초해 통계적 유의도를 보여주는 표를 만들 수 있다. 그러나 정교한 통계적 작업을 사용해야 함을 유의해야 한다. 여기에는 SSD 방법론이 허용하는 것보다 더욱 엄격하게 통제된 자료 수집이 요구되기 때문이다. 자칫하면 통계적 유의성에 들이는 노력이 클라이언트 변화의 중요성 같은 실천적 유의성(*practical significance*)에 들이는 노력보다 과도할 수도 있다.

클라이언트 중요 특성에서의 변화 측정에 덧붙여, 표준화된 척도 중 일부는 특성 내에 포함된 개별적 요소에 대한 점수를 제공한다. 예를 들어 크리스의 경우, 공격성의 각 요소가 공격성 질문지로 측정되어 〈그림 14-7〉에서 보듯 공격성 총점으로 기록될 수 있다. 대안적으로는 〈표 14-1〉처럼 단순한 표를 통해 크리스의 공격성의 각 측면이 공격성 총점에서의 전반적인 개선에 기여하는 정도를 평가할 수 있다.

이 자료를 사용해 개입 종결 단계에서 사회복지사는 크리스가 이룩한 상당한 개선을 축하하고, 신체적 공격성과 분노를 더 감소하기 위해 해야 할 일에 관한 논의를 촉진할 수 있다.

클라이언트집단에 개입하는 다른 실천 상황

에서, 주기적 측정을 통해 도출된 집단 평균점수는 전체 집단이 경험한 변화에 관한 정보를 제공할 수 있다. 그러나 집단 접근은 대부분의 집단 성원에게 도움이 될 수 있지만, 어떤 사람에게는 해가 되기도 한다. 이런 가능성을 다루기 위해 집단 평균점수와 함께 개별 성원의 점수도 그래프에 기록하면, 개인 변화와 집단 변화를 비교할 수 있다.

요컨대 SSD의 기본 원리를 완전히 익힌다면 사회복지사의 창의성에 의해 실천에 도움이 되는 매우 다양한 설계를 개발할 가능성이 있다. 예를 들어, 변화를 시각화하도록 돕는 SSD의 변형에는 클라이언트 자기 평정 척도(client self-rating scale: CSRS)가 있다. 이는 세션별 변화를 추적하는 데 사용될 수 있다.

14.8 서비스 종결

종결, 즉 사회복지사와 클라이언트 간의 관계를 공식적으로 끝내는 과정은 원조 과정에서 계획된 구성 요소로 봐야 한다. 이상적으로 종결은 서비스 목표가 달성되었을 때, 그리고 함께 이룬 성과에 대해 사회복지사와 클라이언트가 만족할 때 이뤄지는 상호 간 결정이다. 많은 경우 사회복지사와 클라이언트는 서비스가 시간 제한적이라는 것을 시작할 때부터 알고 있다. 그렇지 않은 경우 사회복지사와 클라이언트는 종결의 적절한 시기를 결정해야 한다. 다음 요인을 고려해야 한다.

- 클라이언트가 기관을 찾게 된 문제 혹은 상황이 충분히 해결되어 이제 만족스러운 수준에서 기능할 수 있는가? 만약 그렇다면, 달성된 목적을 유지하기 위한 계획이 있는가?
- 클라이언트나 사회복지사가 더 이상의 접촉으로 기대할 만한 이득이 없다고 생각하는 지점에 도달했는가?
- 사회복지사나 기관이 적절한 양의 시간, 에너지, 기술을 투여했는데, 충분한 결과가 없었는가? 만약 그렇다면 클라이언트에게 도움이 될 수 있는 타 기관이나 전문가가 제공하는 대안적 서비스를 확인했는가?
- 클라이언트가 사회복지사나 기관에 부적절하게 의존해 왔는가? 만약 그렇다면 적절한 의뢰(항목 10. 4 참조)를 할 수 있는가?

어떤 상황에서는 기관 내 다른 사회복지사에게 클라이언트를 의뢰하는 것이 필요하다. 이런 유형의 종결 혹은 기관 내 의뢰는 다음 경우에 필요할 수 있다.

- 사회복지사가 더 이상 클라이언트를 도울 수 없다(예: 사회복지사의 이직, 인턴십의 종료).
- 클라이언트가 기관의 다른 직원에게 더 좋은 서비스를 받을 수 있다.
- 사회복지사와 클라이언트 사이의 갈등이 해결되지 않아, 이것이 클라이언트의 진전을 방해한다.
- 어떤 이유로든 사회복지사가 클라이언트에게 필요한 감정 이입, 온화함을 개발할 수 없다.
- 가치, 종교적 신념, 언어, 문화적 배경 등의

차이로 상호 이해와 의사소통에서 심각하고 극복할 수 없는 간극이 있다.

유감스럽게도 목표에 도달하기 전에 클라이언트가 관계를 끝내기로 결정하거나 때로는 상황에 의해 사회복지사가 일방적으로 종료하는 등 미리 계획하지 않은 종결도 있다. 후자의 경우, 다음과 같은 때에 발생한다.

- 클라이언트가 사회복지사에게 신체적 위험을 가하거나 지속적으로 괴롭힌다.
- 클라이언트가 사회복지사나 기관을 상대로 소송 혹은 공식적 불만을 제기한다.
- 클라이언트가 적절한 이유 없이 서비스에 대한 요금 지급과 관련한 재정적 합의를 위반한다.
- 클라이언트가 개입에 더 이상 시간과 노력을 쏟지 않는다.

사회복지사는 종결 시기를 둘러싸고 어떤 경우에 법적 문제가 발생하는지, 그것을 어떻게 다루어야 하는지를 알아야 한다. 예를 들어 상담 혹은 치료 관계를 종결하자마자 클라이언트가 자살한 경우, 클라이언트 가족은 전문가의 과실이나 클라이언트에게 필요한 서비스의 포기를 주장하는 소송을 제기할 수 있다. 사회복지사는 서비스 최종 종결의 원인이 된 상황 혹은 사건을 잘 기록해 두어야 한다. 종결을 정당화하거나 설명할 증거로 필요할 수 있기 때문이다. 기관 내에서의 의뢰나 사회복지사에 의한 일방적 종결의 경우 클라이언트에게 문서로, 혹은

가능하다면 대면적인 만남을 통해 통지해야 한다. 의뢰나 종결과 관련된 이유나 상황을 사례 기록에 명확히 기록해야 한다.

사회복지사는 가능한 한 종결이나 의뢰가 긍정적인 경험이 되도록 할 의무가 있다. 몇 가지의 지침이 이 과정에 도움이 될 수 있다.

(1) 사회복지사는 갑자기 그리고 예상치 못한 종결이 일어나지 않도록 가능한 모든 노력을 기울여야 한다. 종결은 원조 과정의 계획이나 계약 단계에서 논의돼야 한다. 클라이언트는 처음부터 개입이 목적 지향적이고 시간제한적임을 알아야 한다. 개입 동안 진전에 대한 지속적 점검이 이뤄진다면, 클라이언트는 종결을 서서히 준비해야 한다.

(2) 성인 클라이언트가 종결을 원하지만 사회복지사는 계속해야 할 필요가 있다고 생각할 때, 사회복지사는 클라이언트에게 종결로 인한 가능한 결과를 설명해야만 한다. 그래도 클라이언트가 종결을 원한다면 그 결정은 존중되어야 한다. 보통 아동이나 청소년 클라이언트는 서비스의 종결을 결정할 권한을 가지고 있지 않다. 미성년의 경우 그 부모나 보호자가 결정해야 한다.

(3) 기관 내 사회복지사의 지위가 바뀌거나 제3자 지불인(예: 보험회사, 의료보험)의 재정 지원 만료로 클라이언트에 대한 서비스를 수정하거나 서비스를 줄이는 등, 기관의 행정적 결정으로 종결되는 경우라면 특별한 주의가 필요하다. 클라이언트에게 계속 서비스가 필요한 경

우에는 사회복지사는 클라이언트가 서비스를 받을 수 있도록 클라이언트를 위해 옹호(항목 13.17 참조)할 의무가 있다. 법원의 명령으로 제공되는 서비스 종결의 경우에는 명령 내용이 충족됐는지에 대한 부가적 주의가 필요하다. 종결을 결정할 때 사회복지사는 〈NASW 윤리강령〉(1999)의 1조 16항을 참고해 지침으로 삼아야 한다.

(4) 사회복지사는 종결이 클라이언트 가족 내의 다른 구성원이나 사회적 관계망에 어떤 영향을 미칠지 예측해야 한다. 종결이 클라이언트나 다른 사람을 위험하게 할 수 있다면 다른 사람에게도 종결을 알려주는 것이 적절할 것이다. 물론 이러한 통지는 비밀 보장과 관련한 법이나 윤리에 일치하는 방식으로 이뤄져야만 한다.

(5) 어떤 경우, 사회복지사 자신의 심리적 욕구로 인해 종료가 어려울 수 있다. 접촉을 계속할 전문적 이유가 없는데도 자신이 도움이 되고 환영받는다는 느낌을 원하기 때문에 클라이언트와의 정기적 접촉을 유지하고자 하는 경우가 있다. 클라이언트에게 필요한 사람이 되고 싶다는 욕구가 계속 발생한다면, 사회복지사 혹은 슈퍼바이저는 반드시 이 문제를 다뤄야 한다(항목 16.3 참조).

(6) 종결이 가까워지면 점차적으로 접촉의 빈도를 줄이는 것이 바람직하다. 클라이언트가 사회복지사에게 의존적이라면, 접촉을 약화하는 과정에서 클라이언트의 이웃이나 사회적 관계망 내 자연적인 원조자와 비공식적 자원을 발굴해 연결해 주는 일을 동시에 수행하는 것이 좋다.

(7) 종결에 수반되는 상실감 혹은 유기감과 같은 느낌은 클라이언트가 언급하지 않더라도 사회복지사가 다뤄야만 한다. 후속 면접이나 전화 접촉〔지지 회기(booster session)〕을 공식적 종결 후 몇 주간 이뤄지도록 일정을 잡아, 이별을 두려워하는 클라이언트를 안심시킬 수 있다. 또한 클라이언트에게 욕구가 다시 생기면 기관에 돌아올 수 있음을 알려 주어야 한다.

(8) 의미 있는 전문적 관계의 종결에는 전환(transition)을 기념하는 특정 형태의 의식을 활용해야 한다. 포천(Fortune, 2009)은 그러한 의식으로 포옹하거나 손을 흔드는 등 문화적 방식의 적절한 인사가 있으며, 지지집단이나 치료집단의 종결에는 작은 선물의 교환, 간단한 소찬, 참여자가 집단 경험의 핵심적 부분을 회고하는 축하의식 등이 있다고 했다. 그러한 종결의식은 특히 아동과의 작업에서 중요하다.

Section B
간접적 실천을 위한 기법과 지침

이 장의 section A에서 나타났던 종결과 평가에 관한 많은 지침이 간접적 실천(조직, 커뮤니티와의 작업)에도 적용된다. 그러나 평가의 초점이 개별 클라이언트가 아니고, 보통은 전문적 관계 종결이 그다지 강력하지 않으며, 일반적으로 많은 수의 참여자 혹은 이해 당사자가 관여하기 때문에 수정이 필요하다.

종결 활동

조직과 커뮤니티는 쉽게 변하지 않는다. 커뮤니티 혹은 사회정책 변화에 초점을 둔 기관 혹은 행정 관리직에 고용된 사회복지사의 경우, 프로젝트가 종결되면 새로운 프로젝트가 뒤이어 시작된다. 또한, 대부분의 사회복지사에게 더 큰 체계의 변화는 대개 이들의 직무 기술서에 없다. 오히려 사회복지사는 이미 짜인 일정에 간접적 서비스 실천을 비집고 밀어 넣거나 여기에 개인 시간을 투자한다. 이러한 노력은 바람직한 변화를 가져오기 위해 일하는 커뮤니티 특별위원회 혹은 팀으로 이뤄진다. 조직 혹은 커뮤니티 변화 노력이 성공한 경우 마무리는 축하 시간이 되지만, 성공하지 못할 경우 비평 시간, 노력의 중요성을 재인식하는 시간이 된다. 회의실에서 다과를 즐기는 것, 저녁식사를 하러 밖에 함께 나가는 것, 누군가의 집에서 모이는 것, 혹은 다른 상징적 승인 등은 그 과정을 종결하는 중요한 마무리 활동일 수 있다.

평가 활동

커뮤니티 혹은 정책 변화와 관련해 행정가 혹은 전문가인 사회복지사가 활용할 수 있는 수많은 기법이 있다. 사회복지사 대부분에게 간접적 서비스 평가 활동은 클라이언트가 받은 서비스 질에 대해 클라이언트의 피드백을 받는 것, 프로그램 평가에 관여하는 것, 때때로 전체 기관 서비스를 평가하는 것, 혹은 커뮤니티 변화 활동의 결과를 사정하는 것 등이다.

인간서비스기관에서 일하는 행정관리자 혹은 슈퍼바이저의 경우 불가피하게 직원 기량 평가, 직원의 지식과 기술 향상을 위한 피드백 제공 등을 한다. 이것은 또한 임금 인상과 승진 결정의 자료로도 사용된다. 그래서 인력 평가에 관한 기술이 필요하다. 이때 사용할 수 있는 두 가지 접근으로 사회복지사 수행 평가(worker performance evaluation)와 동료 평가(peer review)가 있다. **사회복지사 수행 평가**는 사회복지사가 자기 지위에서 요구된 것을 달성한 정도를 평가하기 위해 설계된 것이다. **동료 평가**는 기관에서 종종 사용하는 형식으로, 동료는 교대로 다른 사람의 일을 비평하고 슈퍼바이저는 직원 역량의 강점과 한계를 확인하기 위해 이 동료의 비평을 검토한다.

14.9 프로그램 평가

기관 프로그램은 클라이언트 혹은 사회의 바람직한 변화를 달성하기 위해 계획된 여러 가지 활동의 집합이기 때문에 변화 달성에서의 성공은 변화 욕구, 관심사, 그리고 상황에 대응하는 능력에 의해 일부 결정된다. 프로그램이 정기적으로 평가되지 않는다면 프로그램은 금방 클라이언트의 욕구를 다루지 못하고 커뮤니티 지지를 잃어버릴 수 있다. **프로그램 평가**(program evaluation)는 프로그램이 목적과 목표를 달성한 정도를 확인하기 위해 이뤄지는 프로그램에 대한 체계적인 조사이다. 프로그램이 목적에 효과적으로 기여하고 후원처의 지지를 받기 위해서는 타당한 평가, 확인된 결함에 대한 수정이 필수적이다.

프로그램 평가를 고려할 때 다음의 지침을 따라야 한다.

(1) **평가 자료와 보고서의 사용자**(예: 행정관리자, 실천가, 보조금 원천, 입법가, 재정모금자)**를 명확히 한다.** 그들은 이 평가에서 진정으로 무엇을 원하고 필요로 하는가? 그들은 어떠한 유형의 정보를 이해하고 사용할 수 있는가? 평가 결과가 프로그램의 지속·조정·종결에 영향을 줄 것이라는 믿음이 합리적인가? 프로그램 평가의 결과가 프로그램의 운영이나 제공되는 서비스에 실제적인 차이를 줄 수 없다면, 프로그램 평가에 시간과 돈을 쓸 필요가 없다.

(2) **평가가 가능한지 결정한다.** 평가에 필요한 시간, 자금, 기술이 사용 가능한가? 만약 그렇지 않다면 자문을 얻기 위해 프로그램 평가 전문가에게 접근할 수 있는가? 필요한 자료를 손쉽게 구할 수 있는가? 모든 주요 직원이 평가의 아이디어, 그리고 평가 결과의 건설적 활용에 전념하는가? 의미 있는 평가가 이뤄질 만큼 프로그램이 안정적인가?

(3) **프로그램의 목표와 목적을 진술한다.** 프로그램의 목적과 목표에 대한 명확한 진술이 있는가? 프로그램이 무엇을 달성하려는지 정확히 알지 못하면 평가할 수 없다. 보통 목적 명료화는

이해 당사자를 프로그램 평가에 참여시키는 첫 단계이다.

(4) **평가될 프로그램의 활동을 서술한다.** 개입 활동은 프로그램의 목적, 목표와 논리적으로 관련되어야 하고 프로그램이 통제하는 요소나 세력에 초점을 두어야 한다. 또한 개입이나 서비스의 단위를 명확히 기술한다. 예를 들어 언제 개입 활동이 일어나는가를 기술하기 위해 다음을 질문할 수 있다. 언제 시작하고 끝나는가? 누가 — 사회복지사, 클라이언트, 그 밖의 다른 사람 — 개입을 가장 잘 설명하는가? 개입과 그 외의 클라이언트-직원 상호작용을 명확히 구별할 수 있는가? 클라이언트 혹은 소비자가 충분한 개입을 받았다고 판단할 서비스 기간을 정할 수 있는가? (예: 클라이언트가 5회로 일정이 잡힌 양육 학습에 2회만 참석했다면, 그는 양육 훈련을 받은 것인가?)

(5) **변화에 대한 측정 가능한 지표를 선정한다.** 일단 프로그램에서 변화시키고자 하는 특정한 태도, 행동, 조건을 명확하게 알고, 이 변화를 유발하는 데 사용될 개입에 관해서도 명확히 안다면 발견하고 측정할 수 있는 변화 지표를 선정해야 한다. 이 지표는 논리적으로 프로그램 개입으로 인한 것이어야 한다. 또한 개입으로 인한 바람직한 결과가 개입 기간 내에 일어난 것으로 생각하는 것이 합리적인지를 결정한다. 장기간의 효과를 측정한 결과를 기다릴 수 없다면, 보다 즉각적인 변화를 반영하는 지표를 선택해야 한다.

(6) 적절하고 사용 가능한 자료 수집과 측정 도구를 선택한다. 타당성 있고 신뢰성 있는 도구를 개발하는 것은 복잡하고 시간이 오래 걸리며 비용이 드는 과정이다. 그러므로 이용 가능한 도구를 사용하도록 노력해야 한다. 비슷한 프로그램에서 사용한 평가를 검토하고 다른 사람이 유용한 것으로 인정한 도구를 사용한다.

(7) 자료를 어떻게 수집하고 도표화하고 분석할지 계획한다. 사용하고 관리할 수 있는 것 이상의 자료를 모으지 말아야 한다. 원하는 자료는 실제로 사용 가능한 것이어야 한다. 예를 들어 사례 파일에서 자료를 모으려고 한다면, 파일이 필요한 정보를 담고 있는지 확실해야 한다. 자료가 컴퓨터 시스템 안에 저장되어 있다면 이에 접근할 수 있는가? 원하는 정보를 클라이언트의 양해 없이 얻을 수 있는가? 평가 설계가 예전 서비스 소비자와 접촉하는 내용을 포함한다면 이를 찾을 수 있는가?

(8) 평가 결과를 해석한다. 평가 노력의 마지막 산물은 평가에 투자한 다양한 이해 당사자에게 그 결과를 보고하는 것이다. 자료에 반영된 다른 요인이 프로그램의 성공이나 실패를 설명할 수 있으므로 자료 해석에 유의해야 한다. 예를 들어 잘 고안된 프로그램일지라도 직원의 낮은 사기로 인해 나쁜 결과를 낳을 수도 있다. 이러한 결과를 삼각화하기 위해 노력해야 한다. 즉, 프로그램 평가 결과를 부정하거나 지지하는 또 다른 프로그램 성공 지표를 찾는다.

프로그램 평가에 유용한 도구 중 하나는 **논리 모델**(*logic model*)이다. 이 모델은 평가에 적절한 구조를 만드는 것, 프로그램의 각 측면에 대한 엄격하고 논리적인 사정을 보장하는 것이 핵심이다. 논리 모델에 따르면 다음 항목이 프로그램 평가 수행에서 고려되어야 한다.

- **프로그램에서 설정된 우선순위**(*priority*) : 프로그램 평가의 근본 기준은 기관 사명, 비전의 '개괄적 진술', 누구에게 서비스를 제공하고 어떻게 서비스할지에 대한 명시, 공공으로부터의 위임 등에서 드러난다. 따라서 프로그램이 만들어질 당시 표현된 진술의 검토, 그리고 존재할 수 있는 강조점의 변화 등을 반영해 이러한 진술을 최신화하는 것이 프로그램 평가의 첫 단계이다.

- **프로그램에 대한 투입**(*input*) : 투입은 프로그램을 위해 기관이 투자한 자원, 예를 들면 직원, 자원봉사 인력, 비용, 장비, 정보, 기술, 기타 일상적 프로그램 등 활동을 수행하기 위해 필요한 요소이다. 각각의 자원이 얼마나 필요한가? 얼마나 많이 사용되는가? 각각의 비용은 얼마인가?

- **프로그램에서의 산출**(*output*) : 산출은 프로그램이 실제로 한 것 혹은 수행한 것이다. 평가는 프로그램의 작동에 대한 적절한 측정을 개발하기 위해 산출을 확인해야 한다. 어떤 인간서비스 프로그램은 실행된 개인·가족·집단 세션에 초점을 맞춰 평가할 수 있고 자원봉사자에게 제공된 훈련으로 평가할 수도 있으며, 제공된 대중 교육, 수행한 조사 연구의

수로 평가될 수 있다. 산출은 또한 서비스를 받은 클라이언트의 수, 중개된 집단의 수, 보호 제공일 수, 혹은 커뮤니티 교육 모임 참여자 수로 나타낼 수 있다.

• **성과**(*outcome*), **영향**(*impact*), **결과**(*result*) : 기관 활동의 결과 혹은 영향은 여러 형태를 띤다. 예를 들어 사회적 이슈에 대한 지식과 통찰을 얻은 사람, 개인적 문제를 다룸에 있어 클라이언트의 성공, 혹은 사회복지사가 클라이언트를 도울 수 있는 더 나은 기술 개발 등이다.

논리 모델은 프로그램 평가를 수행할 때, 그리고 결과를 요약할 때 고려해야 하는 요소를 명시한 도구를 제시한다. 논리 모델에 적용할 수 있는 수많은 서식을 검색을 통해(www. bing. com/images/search?q=logic+model&qpvt=logic+model&FORM=IGRE) 찾을 수 있다.

14.10 클라이언트 만족도 설문

클라이언트 혹은 과거 클라이언트의 투입은 프로그램 평가(항목 14.9 참조), 기관 평가(항목 14. 11 참조)의 요소이다. **클라이언트 만족도 설문**(*client satisfaction questionnaire*: CSQ)은 클라이언트가 받는 서비스에 대해 클라이언트로부터 정보를 요청한다. 기관의 분위기, 서비스 제공할 당시 기관의 효율성, 개입의 성공 여부, 직원의 역량 등과 같이 원조 과정의 여러 측면에서 클라이언트가 경험한 것을 평가해 달라고 클라이언트에게 요청한다. 일반적으로 설문지 혹은 자료 수집의 다른 형태는 종결 시점 혹은 종결 후 얼마 지나지 않아 이뤄진다. 즉각적으로 다뤄야 할 이슈 확인을 위해 3~5회의 면접 이후 혹은 주기적으로 CSQ를 실시하는 기관도 있다.

〈그림 14-8〉은 CSQ의 전형적 예이다. CSQ는 매우 다양한 길이를 갖출 수 있지만 클라이언트가 완성하기 쉬워야 한다. 따라서 상대적으로 간단해야 하며 너무 세부적인 정보를 요구해서는 안 된다. 만약 CSQ를 통해 더 상세히 탐색할 필요가 있는 문제를 밝혀낸다면, 심층 면접이나 현재와 과거의 클라이언트로 구성된 초점집단 면접을 추가로 진행할 수도 있다.

CSQ 형식의 주요한 제한점은 종결 시점에서 개입의 결과로 나타난 것에 대한 클라이언트 인식(이들의 인식이 시간에 따라 변함에도 불구하고)만을 기록한다는 점이다. 또한 만족하는 클라이언트가 불만족한 클라이언트보다 설문지에 더 잘 응답하고 회수하는 경향이 있고(특히, 우편 설문의 경우) 이에 따라 긍정적 응답의 편향이 나타날 수 있다.

CSQ를 실행하는 과정은 다음과 같다.

• **1단계: 어떤 클라이언트집단을 표본으로 할 것인지 결정한다.** 표본은 기관의 일반적인 클라이언트를 대표할 수도 있고, 특정 서비스를 받은 클라이언트를 대표할 수도 있고, 특정 인구학적 집단(60세 이상 등)을 구성하는 클라이언트를 대표할 수도 있다. 표적집단의 모든 구성원을 조사하는 것이 아니라면, 대표적 표본을 뽑기 위해 표본 추출에 관한 기본 지식

그림 14-8 클라이언트 만족도 설문지의 예

ABC 기관에서의 경험 평가

우리 기관에서 받은 서비스를 평가하기 위해 시간을 내주셔서 감사합니다. 이 질문에 대한 응답은 서비스를 향상시키는 데 도움이 될 것입니다. 덧붙일 말씀이 있으시면, 여백이나 뒷면을 사용하여 의견을 자유롭게 적어 주십시오.

작성 요령: 아래 질문별로 해당되는 것에 체크 표시(✔)를 해주세요.

A. 접수 담당자의 접수 방법은 어떠했습니까?
  __ (1) 불만족스럽다
  __ (3) 아무 느낌 없다
  __ (5) 만족스럽다
  코멘트:

B. 기관으로부터 서비스를 받기까지
  기다린 시간은 어떠했습니까?
  __ (1) 기분 나쁘고 불만족스럽다
  __ (3) 아무 느낌 없다
  __ (5) 기분 좋고 만족스럽다
  코멘트:

C. 기관에 오실 때 기대하신 바를 이루셨습니까?
  __ (5) 완전히 이루었다
  __ (4) 대부분 이루었다
  __ (3) 어느 정도 이루었다
  __ (2) 이루지 못했다
  __ (1) 전보다 상황이 더 나빠졌다
  코멘트:

D. 우리 기관에 오고 나서 상황이나 문제에
  변화가 있었습니까?
  __ (1) 더욱 나빠졌다
  __ (2) 약간 나빠졌다
  __ (3) 변화 없다
  __ (4) 다소 나아졌다
  __ (5) 매우 나아졌다
  코멘트:

E. 귀하의 상황과 문제에 대해
  기관의 서비스가 어떠했다고 느끼십니까?
  __ (1) 상황이 악화되었다
  __ (2) 상황이 약간 악화되었다
  __ (3) 변화가 없다
  __ (4) 상황을 다소 호전시켰다
  __ (5) 상황을 매우 호전시켰다
  코멘트:

F. 귀하의 상황과 문제를 다룬 사회복지사에 대해서는
  어떻게 느끼셨습니까?
  __ (5) 매우 유능하다
  __ (4) 약간 유능하다
  __ (2) 약간 무능하다
  __ (1) 매우 무능하다
  코멘트:

G. 친구가 우리와 같은 기관의 도움을 필요로 한다면,
  우리 기관을 추천하시겠습니까?
  __ (1) 절대로 안 할 것이다
  __ (2) 아마도 안 할 것이다
  __ (4) 아마 그렇게 할 것이다
  __ (5) 반드시 그렇게 할 것이다.
  코멘트:

H. 전반적으로, 우리 기관에서의 경험에 대해
  어떻게 느끼십니까?
  __ (1) 매우 불만족스럽다
  __ (2) 불만족스럽다
  __ (4) 만족스럽다
  __ (5) 매우 만족스럽다
  코멘트:

이 설문을 작성해주신 분에 대해 알면 도움이 될 것입니다.

__ 클라이언트   __ 남   클라이언트의 연령
__ 클라이언트의 부모   __ 여   __ 21세 이하   __ 51~65세
__ 클라이언트의 배우자   __ 21~50세   __ 65세 이상

이 필요하다. CSQ 배포의 기준은 평가의 목적, 통계 요건, 행정적 편의성 등과 관련된다.

- 2단계: **설문지를 설계한다.** 가능한 한 간단하고 단순해야 하며, 전문적 용어의 사용은 피해야 한다. 기관은 클라이언트의 민족, 연령, 사회·경제적 지위 등과 같은 요인이 서비스에 대한 만족이나 불만족과 관련되는지 알아보기 위해 특정 클라이언트나 인구학적 정보를 모으기를 원할 수 있다. 그러나 그러한 정보는 익명성을 보장하지 못하게 하는 경향이 있다.

- 3단계: **설문을 수행한다.** 이 단계는 사무직원, 자원봉사자, 사회서비스 보조원 등에 의해 수행되곤 한다. 설문을 수행하는 사람은 신뢰도를 높이고 비밀 보장을 지키기 위해 CSQ 사용에 관한 훈련을 받아야 한다. 우편으로 발송되는 CSQ는 익명성을 높이지만, 그 클라이언트가 문맹자가 아니라는 전제가 필요하다. 만약 기관이 파일에 연락처를 갖고 있다면 설문은 우편이나 이메일, 전화로 수행될 수 있다. 기관과 정기적으로 접촉하는 클라이언트라면 설문은 접수 담당자에 의해 실시될 수 있다. 설문 시행과 관련해 가장 많은 일은 설문에 응답하지 않은 사람에 대해 후속 조치를 하는 것이다. 납득할 만한 수준으로 설문지의 회수율을 달성하기 위해 반송하지 않는 클라이언트에게 개별적으로 전화를 걸거나 편지를 보낸다. 응답이 익명이라면 이러한 후속 작업에서 문제가 있으므로 익명성을 보장하지는 않지만, 비밀을 보장하는 방법이 더 좋을 수 있다. 설문지에 회신한 사람과 나중에 독촉을 받고서야 설문을 회신한 사람 간에 유의미한 차이가 있는지를 통계적 기법으로 분석할 수 있다.

- 4단계: **설문자료를 정리하고 분석한다.** 짧은 설문지일 경우에는 손으로 도표화하고 정리하는 것이 가능하다. 그러나 설문지가 길거나 많은 양의 설문지를 정리해야 할 경우에는 컴퓨터 처리가 바람직하다.

- 5단계: **결과를 활용한다.** 자료는 수집하지만 잘 사용하지 않거나 처리되지 않는 경우가 매우 많다. 시작할 때부터 직원은 클라이언트 견해를 주의 깊게 고려하며 필요한 경우 클라이언트 관심사를 다루기 위해 서비스를 조정할 준비를 갖춰야 한다.

14.11 기관 평가

사회기관은 서비스의 제공에서 효과적이고 효율적일 것으로 기대된다. 기관 이사, 입법부, 기타의 재원 공급자는 기관이 그들의 기능수행을 검토하고 그 평가 결과를 보고하기를 정기적으로 요구한다. 개별적인 사회복지사 또한 제공되는 서비스의 질을 개선하기 위해 필요한 조직 변화를 자극할 수 있는 수행 성과 지표에 관심이 있다. 그러므로 사회복지사는 기관의 수행 검토에서 전형적으로 사용되는 지표에 대해 알아야 한다.

평가는 목적에 대한 명확한 진술로 시작된다. 기관 평가의 첫 번째 과제는 이사회나 다른 정책 결정자가 조직의 현재 목적과 목표를 설명하는 것이다. 이 정보가 있어야 적절한 수행 성과 지표를 선정할 수 있고 자료 수집 방법을 명확히 할 수 있다.

기관 평가는 프로그램이 커뮤니티 욕구에 반응하는 정도, 제공되는 서비스의 질, 클라이언트의 만족도(항목 14. 10 참조), 자원 이용의 효율성 등을 다뤄야 한다. 다음은 고려해야 할 몇 가지 영역이다.

- **반응성**(*responsiveness*): 기관과 기관의 프로그램은 커뮤니티의 욕구와 문제에 어느 정도 반응하는가? 기관의 목적과 프로그램은 커뮤니티의 가치를 반영하고 지지하는가?
- **관련성**(*relevance*): 후원자, 선거구민, 소비자는 자신이 다루고자 하는 문제 혹은 욕구에 기관의 프로그램이 적절하다고 보는가?
- **이용 가능성**(*availability*): 커뮤니티의 욕구를 충족하는 데 충분한 양과 유형의 서비스가 제공되고 있는가?
- **접근성**(*accessibility*): 서비스 제공 장소, 비용, 시간, 날짜는 기관의 클라이언트에게 적절한가? 접근성 문제로 서비스를 받지 못하는 집단이 있는가?
- **질**(*quality*): 서비스는 클라이언트 만족도, 전문가 의견 혹은 인증기관이 판단하는 바와 같이 기대되는 서비스의 질적 기준을 충족하는가?
- **인식**(*awareness*): 서비스를 필요로 하는 사람이 서비스를 받는 방법을 알고 있다고 다른 서비스 제공자뿐만 아니라 일반 인구층도 모두 인식하고 있는가?
- **생산성**(*productivity*): 프로그램은 기관의 목적을 달성하기 위해 자원을 효율적으로 사용하고 있는가?

자료를 수집할 때 응답할 질문을 명확히 하면 기관의 성공 정도를 측정하고 표시된 대로 기능수행 개선을 가져올 수 있는 **수행 성과 지표**(*performance indicator*)의 선정이 가능해진다. 적절한 지표를 선정하고 지표와 관련된 정확한 자료를 찾는 것은 복잡한 과제이다. 다음 지표는 기관 성공을 측정할 때 포함되는 몇 개의 필수 영역이다.

- **인사 관련 요인**: 이직률, 결근율, 공석률, 자원봉사자의 기여 시간, 현직 훈련 빈도 등
- **접수 과정**: 의뢰처와 의뢰 건수에 관한 자료, 전화 혹은 이메일 접촉 건수, 대기 명부에 있는 사람 수, 첫 접촉에서 서비스 개시까지 걸리는 평균 시간 등
- **서비스 관련 요인**: 매달 새로 시작되는 사례 수, 사례당 서비스의 평균 길이, 서비스를 받는 클라이언트의 수, 다른 곳으로 의뢰되는 사례의 수와 유형, 서비스를 다시 받는 이전 클라이언트의 수, 클라이언트당 평균 비용, 서비스에 대한 클라이언트 만족도 등
- **직원 생산성**: 사회복지사당 할당된 사례의 유형과 수, 매일 제공된 상담 세션 수, 사례당 쓰이는 시간 수, 한 달 동안 기관 간 접촉의 수, 매주 일과 관련돼 출장을 간 거리 등
- **서비스 제공 비용**: 사례당 근무 시간 평균 비용, 서비스 비용을 내는 클라이언트의 수, 비

용 지급처(예: 개인 부담, 보험, 제 3자), 사례 당 평균 출장 비용, 사례 기록과 간접적 서비스에 쓴 평균 시간, 주당 자원봉사활동 시간의 가치 환산 등

이러한 자료가 모이면 신중하게 분석해야 한다. 일정 시간 동안 수집된 자료를 갖고 기관 내 경향 분석을 할 수 있으며, 기관의 효율성, 효과성을 개선하기 위한 적응에 대응할 수 있다. 또한 이 자료는 유사 기관의 자료와 비교될 수 있으며 이를 통해 기관 기능수행의 상대적인 모습을 알 수 있다.

참고문헌

Abell, N., Kamata, A., & Springer, D. W. (2009). *Developing and Validating Rapid Assessment Instruments.* NY: Oxford University Press.

Bloom, M. & Britner, P. A. (2012). *Client-Centered Evaluation: New Models for Helping Professionals.* MA: Allyn and Bacon.

Bloom, M., Fischer, J., & Orme, J. G. (2009). *Evaluating Practice: Guidelines for the Accountable Professional* (6th ed.). MA: Allyn and Bacon.

Buss, A. H. & Perry, M. (1992). "The aggression questionnaire". *Journal of Personality and Social Psychology*, 63(3): 452~459.

Coady, N. & Lehmann, P. (eds.) (2008). *Theoretical Perspectives for Direct Social Work Practice: A Generalist-Eclectic Approach* (2nd ed.). NY: Springer.

Dudley, J. R. (2009). *Social Work Evaluation: Enhancing What We Do.* IL: Lyceum.

Fortune, A. E. (2009). "Terminating with clients". In Roberts, A. R. (ed.), *Social Workers' Desk Reference* (2nd ed.), pp. 627~631. NY: Oxford University Press.

Fortune, A. E., McCallion, P., & Briar-Lawson, K. (eds.) (2010). *Social Work Practice Research for the twenty-first Century.* NY: Columbia University Press.

Grinnell, R. M., Jr., Gabor, P. A., & Unrau, Y. A. (2012). *Program Evaluation for Social Workers: Foundations of Evidence-Based Programs* (6th ed.). NY: Oxford University Press.

Horejsi, C. (1996). *Assessment and Case Planning in Child Protection and Foster Care Services.* CO: American Humane Association.

Jordan, C. & Franklin, C. (2011). *Clinical Assessment for Social Workers: Qualitative and Quantitative Methods* (3rd ed.). IL: Lyceum.

Kiresuk, T. J., Smith, A., & Cardillo, H. E. (1994). *Goal Attainment Scaling: Applications, Theory, and Measurement.* NJ: Erlbaum.

Knapp, S. A. & Anderson, G. R. (2010). *Agency-Based Program Evaluation: Lessons from Practice.* CA: Sage.

Knowlton, L. W. & Phillips, C. C. (2013). *The Logic Model Guidebook: Better Strategies for Great Results* (2nd ed.). CA: Sage.

Krysik, J. L. & Finn, J. (2013). *Research for Effective Social Work Practice* (3rd ed.). NY: Routledge.

Martin, L. & Kettner, P. M. (1996). *Measuring the Performance of Human Service Programs.* CA: Sage.

Mertens, D. M. & Wilson, A. T. (2012). *Program Evaluation Theory and Practice: A Comprehensive Guide.* NY: Guildford.

National Association of Social Workers (1996). *Code of Ethics.* Washington, DC: NASW.

Posavac, E. J. & Carey, R. G. (2007). *Program Evaluation: Methods and Case Studies.* NJ: R. G. Carey and Associates.

Reamer, F. G. (2003). *Social Work Malpractice and Liability: Strategies for Prevention* (2nd ed.). NY: Columbia University Press.

Sheafor, B. W. (2011). "Measuring effectiveness in direct social work practice". *Social Work Review*, 10(1): 25~33.

Sue, V. & Ritter, L. A. (2007). *Conducting Online Surveys.* CA: Sage.

Thyer, B. & Myers, L. (2007). *A Social Worker's Guide to Evaluating Practice Outcomes.* VA: Council on Social Work Education.

Walsh, J. (2007). *Endings in Clinical Practice: Effective Closure in Diverse Settings* (2nd ed.). IL: Lyceum, 2007.

Weinbach, R. W. & Grinnell, R. M. Jr. (2010). *Statistics for Social Workers* (8th ed.). MA: Allyn and Bacon.

제 5 부

사회복지실천을 위한 특화된 기법과 지침

이 책의 앞부분에서 다룬 기법과 지침은 실천 현장에 관계없이 거의 모든 사회복지사가 사용할 수 있다. 사회복지사 업무를 위한 일반적 도구에 덧붙여, 일부 실천 상황과 활동의 경우 특화된 지식과 기술이 필요하다. 5부는 사회복지의 특화된 영역에 관한 두 장으로, 이 책의 마지막이다.

일부 클라이언트집단은 사회복지사의 특별한 민감성과 이해를 요구한다. 예를 들어 막대한 빈곤으로부터 영향을 받는 클라이언트를 원조하거나 배우자에게 학대받는 클라이언트, 자살을 시도할 위험이 있는 클라이언트를 원조하기 위해서는 독특한 통찰이 필요하다. 또한 다른 성적 지향성을 가진 클라이언트, 상이한 연령 집단의 사람도 특별한 민감성을 요구한다. 아동이나 청소년과 일하기 위해서는 발달 요인, 그리고 젊은 세대와 연결할 수 있는 의사소통 기술에 관한 지식이 필요하다. 다른 연령 극단에 있는 노인의 경우, 파악해야 할 독특한 욕구가 있다. 클라이언트가 신체장애, 뇌손상, 지적장애, 약물 의존, 정신질환, 식이장애를 갖고 있거나 이주민일 경우에도 특화된 지식과 기술이 필요하다. 제 15장은 이러한 클라이언트와 일하는 데 필요한 지침을 보여 준다.

또 다른 특화된 지침은 사회복지사가 만족스럽고 생산적인 경력을 가질 수 있도록 돕는 지침이다. 제 16장은 취업하기, 면허증·자격증 시험 준비하기, 업무 관련 스트레스 다루기, 법정에서 증언하기, 실천상 과실 관련 소송 피하기, 성희롱 문제 다루기 등에 관한 지침을 제시한다. 마지막으로, 사회복지사의 전문적 책무 수행을 지원하기 위해 이 장은 슈퍼비전을 제공하고 활용하는 방법, 사회복지 지식을 소비하고 지식에 기여하는 방법, 사회복지 이미지를 향상시키는 방법, 인간서비스 내에서 리더십 역할을 수행하는 방법 등에 관한 지침도 제공한다.

제 15 장

취약한 클라이언트집단과 일하기 위한 지침

학습목표

- 빈곤한 사람과 가족이 경험하는 특별한 어려움에 대해 설명한다.
- 사회복지사의 클라이언트가 어린 아동, 청소년, 아동 양육자 혹은 노인 등과 같은 특정 연령층일 때 실천에서 특별히 고려해야 할 것을 서술한다.
- 가정폭력 혹은 자살 가능성과 같이 폭력이 잠재된 실천 상황에 대응하는 지침에 대해 논의한다.
- 지적장애, 뇌손상 혹은 심각한 신체적 장애를 경험하는 클라이언트와 일할 때 사회복지실천 지침을 확인한다.
- 약물 의존, 심각한 정신질환, 성격장애 혹은 정신과 약물 복용 중인 클라이언트와 일할 때 사회복지 실천 지침을 서술한다.
- 클라이언트가 게이, 레즈비언, 양성애자 혹은 트랜스젠더인 경우 이들에 대한 서비스 제공을 안내하는 기본적 원칙을 요약한다.
- 종교 혹은 영성과 관련된 문제 혹은 슬픔을 경험하는 클라이언트를 돕는 지침을 서술한다.
- 형사사법제도, 전쟁, 아동 입양, 이민, 혹은 홍수, 산불, 토네이도 같은 광범위한 재해 등과 관련된 문제를 경험하는 클라이언트와 일할 때 사회복지사가 다뤄야 하는 특별한 고려 사항을 확인한다.

사회복지사는 다양한 실천 환경에서 일하기 때문에 결과적으로 다양한 관심사, 문제, 요구를 지닌 다양한 클라이언트와 만난다. 특정 프로그램을 받는 클라이언트의 표출된 문제는 꽤 유사하더라도, 개별 클라이언트는 자신의 상황과 사회복지사에 대해 독특한 방식으로 반응할 것이다. 그래서 사회복지사는 언제나 클라이언트의 특별한 욕구, 특징, 그리고 상황에 맞춰 접근하고 기법을 적용해야 한다.

이 장에서는 여러 상이한 클라이언트집단에 대한 정보와 지침을 제공함으로써, 사회복지사가 클라이언트에 맞춰 자신의 접근법을 조정하는 방법을 설명한다. 다양한 클라이언트집단을 위한 접근법을 비교함으로써, 프로그램을 설계하고 관리하는 사람뿐 아니라 직접적 서비스 실천가 역시 항상 클라이언트의 독특성을 고려해야 하는 이유를 더욱 깊이 이해할 수 있을 것이다. 덧붙여, 한 집단에게는 적절한 접근법이 다른 집단에게는 왜 맞지 않는지 명확히 이해하게 될 것이다.

15.1 빈곤한 클라이언트

사회복지실천에서 만나는 수많은 개인과 가족은 빈곤하다. 이들의 수입은 충분한 음식, 적절하고 안전한 주거, 기본적 건강보호를 보장하는 데 충분하지 않다. 빈곤의 원인이 무엇이든, 미국과 같은 부유한 사회에서 누구도 빈곤하게 살아서는 안 된다. 그 누구도 인간성이 말살되거나 안전하지 않으며, 건강하지 않은 상황에서 살아서는 안 된다. 사회복지사는 자신의 실천 현장이나 직책이 어떠하든 관계없이 빈곤의 발생을 예방하거나 줄이는 사회·경제적 정책 및 프로그램을 진행하기 위해 다른 사람과 협력할 책임이 있다.

빈곤은 개인과 가족, 그리고 커뮤니티에 파괴적인 결과를 가져온다. 빈곤은 가정 해체, 폭력, 범죄, 약물 남용, 자살, 그리고 질병 같은 수많은 문제에 영향을 미치는 요인이다. 빈곤을 경험하는 아동은 나쁜 영향 상태, 질병, 불안정한 가정, 사회적 불안정의 영향에 특히 더 취약하다.

빈곤의 특성과 정도는 선진국 빈곤 혹은 개발도상국 빈곤인지에 따라 크게 다르지만, 광범위하고 지속적인 빈곤의 원인은 그 사회의 경제체계, 그리고 누구에 의해, 누구를 위해, 무엇을 어떻게 생산하는가와 관련된 정치·경제적 결정에서 찾을 수 있다. 다시 말해, 빈곤은 근본적으로 사회정의 혹은 경제정의의 문제다. 유감스럽게도 정의의 문제에 관한 한, 완전히 공정한 경제체제는 없다. 자유시장경제, 계획경제 혹은 혼합경제, 그 어느 것도 해당 이론이 약속하는 모든 것을 내놓지는 못한다.

경기 불황 혹은 침체, 전쟁은 수많은 사람을 순식간에 빈곤으로 밀어 넣는다. 지리·지역 단위의 집단적 빈곤은 홍수, 지진과 같은 자연재해 그리고 철강, 섬유 혹은 목재 같은 산업의 손실에 기인한다. 사회복지실천에서 만나는 개인과 가족이 겪는 빈곤의 더욱 즉각적 혹은 상황적 원인은 보통 해고, 생활임금을 보장받는 안정적 일자리를 얻지 못하는 것, 취업을 막는 질병 혹은 부상 등이다.

경기가 호황일 때에도 빈곤에 빠지는 고위험 집단이 있다. 이는 특히 교육 및 상품성 있는 직업 기술이 부족한 사람, 그리고 지적 한계, 정신 질환, 중독, 건강 약화 문제를 겪는 사람의 경우에 해당된다. 사망 혹은 수감으로 인한 가장의 부재, 집 화재, 심각한 건강 문제 등이 발생하면 개인과 가족은 곧 빈곤에 빠진다. 노인같이 고정 수입으로 사는 사람은 높은 인플레이션으로 식비·주거비·공공요금, 그리고 건강관리 비용 등이 빨리 오를 때 위험하다. 인종차별, 성차별 등의 차별은 다양한 인구층이 이용할 수 있는 경제 기회를 제한한다.

미국의 많은 빈민은 근로빈민(*working poor*)으로 불린다. 그들은 두세 개의 임시직에서 일하나 충분한 수입이 없고, 건강보험, 퇴직금 같은 중요한 혜택도 받지 못한다. 빈민 중 많은 수는 대개 여성과 그들의 자녀이다. 젊은 여성이 가구주로 있는 가정은 빈곤 고위험군이다. 이혼 후 자녀를 키우는 어머니는 많은 아버지가 아동 양육에 충분한 돈을 지급하지 않거나 지급할 수 없기 때문에 먹고살기도 어렵다. 충분한 교육을 받지 못한 여성은 다른 걸림돌에 부딪힌다. 그들에게 열려 있는 대부분의 직업은 임금이 낮아 근무 시간에 탁아에 드는 비용이 더 높다. 또한 근무 시간이 교통이 불편한 밤이나 주말이기도 하다.

빈곤한 개인이나 가족과 직접 일하는 사회복지사에게 다음의 추가 정보와 안내가 유용할 것이다.

(1) 빈곤한 클라이언트를 위한 접근법을 채택하거나 설계할 때, 한 개인이 한번 가난해지면 빈곤을 지속시키는 수많은 저해 요인과 압력에 부딪힌다는 점을 인식한다. 예를 들어 직업을 얻으려면 적절한 옷차림과 교통수단, 최근의 직업 경력, 전화, 고정 주소, 이메일 주소, 컴퓨터, 프린터 및 인터넷 활용 능력 — 많은 빈민이 갖지 못한 것 — 이 있어야 한다. 일하고 싶은 부모는 최저임금 직업에서 받은 급료 중 큰 부분이 탁아 비용으로 나간다는 것을 발견할지도 모른다. 가난을 벗어나기 위해서는 동기나 능력만이 필요한 것이 아니라 기회도 주어져야 한다. 빈곤에서 벗어나는 것은 계획, 그리고 여러 작은 단계의 체계적 수행이 필요한 더딘 과정(항목 13.13 참조)이다. 한 개인의 삶의 환경을 바꾸는 일은 누구에게나 어렵지만, 빈민의 경우 빈곤이 사기를 저하시키고 극도로 지치게 만들기 때문에 특히 더 어렵다.

(2) 사회복지사는 재정 지원과 직업 훈련을 제공하는 다양한 정부 프로그램, 민간기관에 관한 실용적 지식이 있어야 한다. 가장 효과적 프로그램은 재정적 문제뿐만 아니라 개인 및 가족의 욕구나 관심사를 다룬다. 교육과 기술 훈련을 제공하는 것은 건강하고 가능성 있는 사람이 겪는 빈곤을 다룰 때 비용상 가장 효과적인 접근이다. 그러나 교육과 직업 훈련 프로그램은 그 자체로 대개 충분하지 않다. 교육 혹은 훈련 프로그램의 이수는 다른 개인적 문제와 가족 책임에 압도된 사람, 가정폭력, 아동학대와 방임, 사랑하는 사람의 죽음, 정신적 외상이 매우 큰

사건으로 고통받는 사람에게는 특히 어렵다. 그래서 상담, 아동 돌봄, 교통, 기타 지지적 서비스는 성인 교육, 직업 훈련, 취업 프로그램의 성공에 필수적 요소다.

일자리를 구해 경제적으로 자활하는 것은 많은 가난한 사람의 현실적 목적이다. 하지만 근로 연령대라고 해도 정신질환, 지적장애, 뇌손상, 약물 중독과 같이 노동 능력이 심하게, 혹은 만성적으로 손상된 사람에게는 비현실적인 목표이다.

(3) 복잡한 복지정책, 규칙, 그리고 지원을 받기 위한 자격 요건 등을 해석하는 방식의 차이가 정부 지원과 서비스가 절실히 필요한 사람에게 걸림돌이 될 수 있다. 사회복지사에 의한 클라이언트 혹은 사례 옹호는 자격 있는 복지 지원을 확보하도록 돕는 데 필요하다. 계층 옹호도 사람들의 욕구에 더 반응적인 체계를 만드는 데 필수적이다(항목 13.17과 13.32 참조).

(4) 빈곤에 대한 클라이언트의 견해와 신념은 현재 상황에 대한 반응에 영향을 미치기 때문에 중요하다. 빈곤한 사람에게는 빈곤에 대한 다양한 신념, 태도, 감정이 있다. 예를 들어 항상 빈곤했던 사람은 빈곤해지기 전 오랫동안 적절한 수입으로 생활했던 개인과 비교할 때, 빈곤 생활을 꽤 다르게 생각한다. 또한 다수가 빈곤한 커뮤니티에서 사는 사람은 빈곤한 사람이 소수인 커뮤니티에 사는 사람과 비교할 때 자신의 상황을 다르게 인식한다. 정부 기준이나 다른 객관적 기준으로 볼 때 가난한 사람이 정작 자신이 빈곤하지 않다고 생각할 수도 있다. 현재 상황에 대한 클라이언트의 반응을 더 잘 이해하기 위해 다음과 같은 질문을 기억해 두어야 한다.

• 클라이언트의 경제적 문제에 영향을 주는 개인·가족 특성, 상황 요인, 그리고 경제 요인은 무엇인가?
• 클라이언트는 가난한 이가 많은 커뮤니티에서 자랐는가? 그렇다면 클라이언트는 빈곤하게 사는 것을 어떻게 생각하는가?
• 클라이언트에게 가난한 가족이나 가까운 친척이 있는가? 아니면 가족이나 친척과는 경제적으로 다른 상태에 있는가?
• 클라이언트는 경제적으로 더 나은 형편에 있는 가족이나 친척, 친구로부터 버림받거나 거절당한 적이 있는가? 그렇다면 정신질환이나 약물 중독, 범죄 같은 문제가 이러한 배척을 낳았는가?
• 클라이언트는 누구에게서 사회적 지원이나 일상적인 도움을 받는가? 도움을 주는 이들 또한 빈곤한가?
• 클라이언트에게 빈곤 속에서 살아가며 부딪히는 어려움에 대처하는 데 필요한 어떤 강점 혹은 유연성 요인이 있는가?

(5) 빈곤한 삶은 엄청난 스트레스로 가득 차 있다. 삶의 많은 측면이 걱정스럽고 예측할 수 없기 때문이다. 결과적으로 가난한 사람의 몇몇은 쉽게 화를 내며, 어떤 식으로든 자신의 삶을 더 어렵게 만드는 사람에게 분개하기도 한다. 어떤 이는 절망감을 느끼며, 자기 상황과 서비

스 제공자에게 수동적이고 감정적으로 의존하는 모습을 보인다.

미국의 주류문화는 일, 돈, 물질적 소유, 자립을 중히 여기기 때문에 가난한 사람은 열등감과 수치심을 느낄 수 있다. 그들은 스스로를 부적절하며 버림받았고 소외됐다고 느낀다. 특히, 어린 자녀가 이런 삶의 환경 때문에 해를 입는다고 인식하는 부모라면, 가난에 대해 죄책감을 품을 수 있다. 어떤 사람은 통상적인 사회적 관계를 철회하는 것으로 고통을 달래려 한다. 또 다른 이들은 빈민을 돕기 위한 프로그램에서 일하는 사람을 포함해 타인의 일이나 노력을 비난하고 깎아내리는 것으로 자신의 수치심과 분노를 표출한다.

길거리나 노숙인을 위한 쉼터에서 사는 사람은 특히 어려운 클라이언트이다. 이들 중 어떤 사람은 하루 벌어 하루를 먹고 사는 생활 방식에 너무 빠져들어 있어, 모든 관계를 의심하고 계산하는 방식으로 대한다. 어떤 이는 적대적이고 공격적이다. 또 어떤 사람은 수동적이고 의존적이다. 클라이언트의 좌절, 절망감, 예측할 수 없는 삶의 방식은 클라이언트에게서 협력, 일정 준수, 계획 완수를 기대하는 전문가나 인간서비스 프로그램의 효과적 활용을 막는 요소가 된다.

(6) 사회복지사와 클라이언트 사이의 사회적 거리와 힘의 차이를 줄이도록 노력해야 한다. 관심사, 취미, 인생의 특별한 순간 등 매우 일상적인 삶의 측면에 대해 클라이언트와 이야기할 기회를 만든다. 클라이언트를 초대해 음악이나 미술, 기타 창의적인 기술을 함께 나눈다. 가능하다면 가정방문을 활용하고, 실천 현장이 적절하다면 클라이언트와 함께 식사한다(항목 10.6, 10.11 참조). 무엇보다도 클라이언트의 인간다움, 독특성, 가치, 존엄성을 인정한다.

(7) 클라이언트가 자신의 빈곤 대처 지식과 기술을 나눌 기회를 확인하고 마련한다. 예를 들어 많은 수의 가난한 사람은 검소하고 알뜰하게 장을 보는 법과 제한된 자원을 최대한 이용하는 법을 안다. 많은 이는 다른 사람이 간과하는 커뮤니티 자원을 발견·활용할 줄 안다. 그뿐만 아니라 여러 개인 혹은 가족이 서로 대처하도록 돕고, 적게 가진 것도 나누도록 합의하는 데 매우 창의적인 모습을 보인다. 어떤 이들은 인간 조건에 대해 심도 있는 이해에 도달해 있고 진정한 영성을 지녔다. 이는 모두 인정해야 할, 그리고 클라이언트가 원한다면 유사한 문제로 고군분투하는 다른 많은 이와 공유해야 할 중요한 강점이다.

(8) 임파워먼트 전략에 맞춰 기관 이사회 혹은 옹호집단의 일원으로 참여함으로써, 혹은 입법부 청문회에서 증언함으로써 클라이언트가 활용할 수 있는 프로그램을 만들 기회를 클라이언트에게 제공한다. 많은 클라이언트는 자신이 받은 도움에 감사하며, 어떤 식으로든 보답하고 싶어 한다. 만약 이것이 특정 클라이언트에게 중요하다면, 관련 프로그램 혹은 기관에 비금전적으로 기여할 기회를 마련한다. 예를 들어 클라이언트는 기관이 다른 클라이언트를 돕는 것

을 어떻게든 지원하거나 자원봉사자로 활동하고 싶어 할 수 있다. 그러나 불행히도 보험이나 법적 책임성 등의 문제 때문에 클라이언트의 상호 호혜를 위한 적절한 기회 마련이 어려울 수 있다(항목 13. 17, 13. 18, 13. 32, 13. 38 참조).

(9) 사회복지사는 클라이언트의 수입 증가 혹은 지출 감소를 돕는 기관의 다른 사람과 함께 행동할 기회를 찾아야 한다. 지역조합(협동조합)과 소액대출 프로그램이 그 예이다. 조합은 대규모 구매력을 통해 모든 회원에게 저축한 것을 나눠주는 회원제 조직이다. 일반적으로 회원은 적은 회비를 내거나 그 조직에서 자원봉사자로 일한다. 예를 들어, 식품 협동조합은 좋은 질의 식료품을 대량으로 구매하고 이를 소매점보다 낮은 가격에 조합 회원에게 판다. 어떤 조합은 채소를 키울 정원을 일구고 공유하는 것에 초점을 맞춘다. 어떤 사람은 자동차 정비와 수리에 필요한 가게 공간과 장비 대여를 공유하는 데 초점을 맞출 수 있다. 아동 돌봄 협동조합은 일하는 부모의 아동양육 비용을 줄일 수 있다. 가까운 이웃은 자동차, 잔디 깎는 기계, 눈 치우는 기계 혹은 집의 수리 및 관리에 필요한 도구와 사다리 등의 사용과 소유를 공유할 수 있다.

소액대출 프로그램은 기본적으로 소득이 발생하는 사업체를 시작하는 데 소액의 돈이 필요한 책임 있는 개인에게, 소액, 무담보, 단기 대출을 하는 커뮤니티 지향 은행이다. 창문 닦기 서비스를 운영할 계획이 있는데, 도구와 재료 구매에 450달러가 필요한 개인이 그 예가 될 수 있다.

(10) 자포자기와 절망은 불합리하고 경솔한 결정을 내리도록 만든다. 예를 들어, 돈이 없는 엄마가 돈을 물 쓰듯 쓰고 자녀에게 값비싼 신발을 사줄 수 있다. 돈 부족에 대한 두려움과 근심 걱정은 범법 행위를 저지르거나 양심에 어긋나는 행동을 하도록 유도할 수 있다. 예를 들면, 자포자기한 사람이 돈을 벌기 위해 마약을 거래하거나 절도, 매춘을 할 수 있다. 클라이언트의 선택이 상황을 악화시키기 때문에, 전문가로서 사회복지사는 아마도 실망감을 느끼거나 화가 날 것이다. 불법 행위를 묵인할 수는 없지만, 클라이언트가 왜 이런 선택을 했는지 이해하고 클라이언트 입장에서 세상을 보려고 노력해야 한다. 심판자가 되거나 도덕주의자처럼 굴지 않는다. 그러한 태도가 클라이언트와 이후 활동을 막는 저해 요인이 될 수 있기 때문이다.

(11) 많은 전문가(예: 사회복지사, 의사, 간호사, 심리학자)는 경제적으로 매우 절망적인 상황인 사람과 직접적으로 일할 때 어느 정도 불편함을 느낀다는 것을 인정해야 한다. 이 불편한 감정은 부분적으로는 클라이언트는 거의 가진 것이 없는 데 비해 전문가는 더 많이 갖고 있다는 사실에서 기인한다. 이에 덧붙여, 전문가는 자신이 이 빈민이 당면한 경제적 근심을 최소한 몇 시간이나 며칠 정도는 덜어줄 수 있는 능력(예: 돈)이 있다는 사실을 깨닫는다. 이러한 자각으로 전문가적 양심과 근원적 정의감이 강하게 일어난다. 다른 유형의 문제가 있는 클라이언트와 일할 때 전문가는 즉각적 변화를 가져올 능력이 없다는 것을 안다. 가난한 클라

이언트와 일할 때 전문가는 다음 질문과 싸워야 한다. 나에게 능력이 있는 경우 나에게 책임이 있는가? (제2장 "도움이 필요한 클라이언트에 대한 개인적 반응" 참조)

15.2 아동 클라이언트

아동은 성인의 축소판이 아니기 때문에 성인에게는 효과적인 많은 기법이 아동에게는 그렇지 않을 수 있다. 클라이언트가 아동일 때 사회복지사는 놀이 활용과 같은 새로운 기술을 기술 기법 목록에 추가해야 한다. 다음은 12세 이하 아동을 원조할 때 수반되는 과업에 관한 지침을 제공한다.

1) 면접 계획하기

(1) 아동과 왜 만나는지, 그리고 면접 동안 무엇을 얻기 원하는지를 분명히 한다. 목적을 달성하기 위해 몇 개의 대안적인 계획을 세운다. 일이 잘 안될 수도 있음을 염두에 둔다. 예를 들어 아동이 말하지 않으려 하거나 울 수도 있으며, 부모와 떨어지지 않으려고 할 경우 그런 곤란한 상황을 어떻게 다룰 것인지를 고려한다. 아동에게 친숙하고 편안한 방에서 면접한다. 만약 불가능하다면 공원이나 운동장 같은 개방공간을 고려한다. 어린 아동에 대해서는 비밀 보장이 매우 제한적이라는 점을 인식해야 한다. 부모는 대개 아동 기록에 접근할 수 있다.

(2) 어린 아동을 편안하게 하고 의사소통을 촉진하기 위해 몇 가지 놀이 형식의 활용을 고려한다. 면접 전에 장난감을 조립하는 것이 도움이 될 수 있다. 어린 아동의 경우 가족 구성원과 상황을 표현할 수 있는 도구(예: 인형, 꼭두각시, 인형 집, 장난감 동물)뿐만 아니라, 미술 도구(예: 핑거 페인트, 찰흙, 블록) 등을 제공한다. 좀 더 큰 아동에게는 간단한 카드나 보드게임, 장난감 전화기, 퍼즐, 혹은 전자오락 게임을 고려한다.

2) 사회복지사 자신을 소개하고 시작하기

(1) 신체적으로 아동의 수준에 맞춘다. 즉, 사회복지사가 아동보다 높은 위치에 있지 않도록 앉거나 웅크리는 자세를 취한다. 자신을 소개할 때 어떻게 불리기 원하는지를 알리고, 역할에 관해 간략히 묘사한다. 이를테면 "내 이름은 론 호프먼이란다. 나를 론이라고 부르렴. 내가 하는 일은 가정에서 어려움이 있는 아이를 돕는 것이란다"라고 한다. 아동과 이야기하길 원하는 이유에 관해 간단하고 진실한 설명을 준비한다. 아동에게 문제가 있는 것이 아니라는 점, 면접이 처벌이 아니라는 점을 확신시킬 필요도 있다. 만약 6~7세 정도의 아동이라면 면접의 목적에 관해 어떻게 들었는지 질문한다. 이는 아동이 무엇을 예상하는가를 나타낸다. 다른 사람(예: 부모)이 면접 동안에 어떻게 말하고 행동하라고 말한 적이 있는지를 질문할 수도 있다.

(2) 아동의 옷차림이나 장신구에 대해 관심을

보이거나 학교생활, 좋아하는 게임, TV쇼 등에 관해 질문하면서 친근한 대화로 상호작용을 시작할 수 있다. 만일 아동이 면접을 두려워하면 "내가 어렸을 때에도 처음 보는 사람과 이야기하는 것이 매우 두려웠단다"라고 말하면서 이런 상황이 정상적인 반응이라는 점을 설명한다. 아동이 다른 사람의 보복이 두려워 말하는 것을 주저하는 경우, 아동의 안전을 위해 준비한 조치를 설명할 필요도 있다. 그러나 지킬 수 없는 약속은 하지 않는다.

만일 아동이 대화나 상호작용을 거절하면 아동을 **평행 활동**(*parallel activity*)에 참여시키고 점차적으로 그 활동과 관련된 대화를 시작한다. 예를 들면 아동이 이야기를 하지 않고 인형을 갖고 놀기 시작한다면, 다른 인형을 집어 들고 유사한 놀이에 참여한다. 때로 이러한 행동이 상호작용과 대화 기회를 낳을 수 있다.

두려워하거나 움츠러든 어린 아동은 사회복지사가 익살을 부리기 시작하면 때때로 안심하고 긴장을 푼다. 그러나 이때 일부러 우스꽝스럽게 군다는 사실을 아동이 알 수 있게끔 해야 한다. 예를 들어 광대의 빨간 코를 사용한다면, 아동은 그 의도를 이해할 것이다. 다른 기법으로 예상치 않은 것을 하는 방법도 있다. 예를 들어 "브라이언, 우리는 말하는 동안 목이 마를 것 같구나. 지금 주스를 마실까, 아니면 나중까지 기다릴까?"라고 물을 수 있다.

3) 아동으로부터 정보 수집하기

(1) 어린 아동은 구두로 설명하는 능력이 부족하다. 정보 수집의 많은 부분은 놀이나 사회적 상호작용 동안 아동의 비언어적 행동을 관찰하는 것을 통해 이뤄진다. 하지만 아동의 성격 혹은 행동 패턴을 올바르게 추론하기 위해서는 아동을 여러 차례 서로 다른 상황에서 관찰해야 한다. 한 번의 관찰로 결론을 내려서는 곤란하다.

(2) 어린 아동은 자신의 관심사를 놀이 속에서 행동으로 옮긴다. 자신의 관심사와 감정을 구성한 이야기나 그림, 작품 등에 투사하곤 한다. 그러므로 탐색하고자 하는 주제에 적합한 가상 상황을 만들기 위해, 다음 활동의 활용을 고려한다. 예를 들어 아동에게 인형을 주고 인형을 행복하게 혹은 두렵게 만드는 이야기를 만들어 보라고 요청한다. 혹은 가족이나 학교의 어떤 아이에 대해 그림을 그리도록 하고, 그림 속 사람들에 대한 이야기를 해보라고 요청할 수도 있다. 아동이 망설인다면 인형 혹은 그림에 대한 스토리텔링을 먼저 주도할 수도 있다. 그러나 일단 아동이 집중하면 아동이 이야기를 이어가도록 한다.

어린 아동이 자신의 생각이나 느낌, 경험을 놀이나 이야기, 그림에 포함하기는 하지만, 때로는 TV 프로그램이나 책, 혹은 친구들이 말한 사건에서 끌어낸 이야기를 담기도 한다. 그래서 아동의 놀이 혹은 이야기에 나타난 주제의 원천을 정확히 찾아내기 어려우며, 따라서 관찰한 것을 해석할 때는 유의해야 한다. 일반적인 아동의 놀이에서 폭력에 대한 주제는 꽤 공통적이라는 점을 기억하는 것이 중요하다. 따라서 폭력과 연관된 이야기나 놀이(특히, 남자 아동의 경우) 그 자체로는 아동이 폭력을 경험했거나 폭력을 관찰했다는 지표가 아니다.

(3) 3~6세의 아동은 대개 어른을 기쁘게 하려는 경향이 강하다. 이들은 또한 남의 영향을 받기 쉽다. 특히, 유도 질문을 받았을 때 그러하다. 이 연령의 아동은 어른이 듣길 원한다고 믿는 것에 맞추기 위해 자신의 이야기를 수정하기도 한다. 어린 아동은 쉽게 산만해지며 하나의 주제 혹은 활동에서 다른 주제나 활동으로 갑자기 확 바꾼다. 결과적으로 특정 관심사에 대해 생각하거나 느끼는 것을 단 한 번 표현하기도 한다. 아동에게 한 주제에 대해서만 집중적으로 질문하는 것은 별로 성공적이지 않다. 고통스럽거나 예민한 주제에 초점을 맞춘다는 중압감이 들면 아동은 거부하거나 침묵할 수 있다. 어른에 대해 반감을 느낀 아동은 종종 이야기를 멈춘다.

(4) 대략 6세 이상의 대부분 아동은 간단하고 연령에 맞는 질문에 답할 수 있다. 하지만 상황이나 사건을 충분히 설명하기 위해서는 도움이 필요할 수도 있다. 예를 들어 "그다음 무슨 일이 일어났니?", "그런 후에 넌 무엇을 했니?", "이 일이 일어났을 때 넌 어디에 있었지?", "네 옆에 누가 있었니?" 등과 같이 대답을 상기시키는 질문을 사용할 수 있다. 일반적으로 아동은 자신의 동기를 설명하는 것이 어렵기 때문에 "왜" 질문은 피한다.

(5) 이야기 완성하기, 인형 놀이, 그림 그리기 등의 특별한 기법은 7~9세 사이의 아동에게 여전히 필요하고 유용한 면접 기술이다. 그러나 이 연령대 이상의 아동은 복잡하지 않은 질문에 사려 깊은 반응을 할 것이다. 9세 혹은 10세쯤 되면 단어의 의미와 함의에 주의를 기울이며 종종 허위 혹은 진실하지 못한 메시지를 알아낼 수 있다. 다른 사람의 말과 행동이 일치하지 않으면 의심한다.

이 연령층의 아동은 많은 집중이 필요하지 않은 단순한 카드게임이나 보드게임 같이 힘들지 않은 활동에 참여하는 동안 자신의 개인적인 문제를 더 쉽게 이야기한다. 장난감 전화 혹은 손인형을 사용해 말을 주고받는 것을 통해 의사소통을 촉진할 수 있다. 큰 아동에게는 문장 완성이 유용하기도 하다. 예를 들어 "내가 집에 있을 때 나는 … 이 두렵다", "내가 커서 자녀를 갖게 되면, 나는 항상 … 할 것이다" 등이다.

(6) 특정한 주제를 탐색할 때 "뜨겁다 혹은 차갑다"(hot or cold) 놀이가 유용할 수 있다. 예를 들어 아동이 걱정거리를 말로 표현하는 데 어려움을 느낀다면 다음과 비슷한 말을 해줄 수 있다. "미카엘, 무엇이 네 마음에 걸리는지 한번 알아맞혀 볼게. 만약 내 추측이 너를 괴롭히는 것에 점점 가까워지면 내가 점점 뜨거워진다고 말해 주렴. 만약 내 추측이 틀리면 내가 점점 차가워진다고 말해줘."

4) 아동의 사고방식

(1) 약 3~6세의 아동은 사고가 구체적이고 자아 중심적이다. 예를 들면 그들은 자기를 행복하게 해주는 사건 혹은 활동이 다른 모든 사람에게도 동일한 영향을 끼친다고 믿는다. 그들의 사고방식은 "전부 혹은 전무"(all or nothing)의 방식으로, 복잡한 감정 혹은 애매함을 이해할 수 없다. 아동은 어떤 사람을 심술궂다고 묘사했다가도 단 몇 분 후에는 같은 사람을 친절하거나 재미있다고 묘사하기도 한다. 이러한 극단적이고 절대적인 생각으로 자신과 다른 사람을 착하거나 나쁘고, 똑똑하거나 어리석은 등으로 범주화한다. 이 연령의 아동은 자신과 다른 사람을 외양적 특성(예: 나이, 머리 색, 학년)으로 설명한다. "그녀는 행복하다" 혹은 "그는 나쁜 사람이다" 식으로 포괄적 용어를 사용하는 경우를 제외하면, 성격 특성에 대해서는 거의 말하지 않는다.

(2) 6세가 되면 아동의 사고는 좀더 객관적이며 논리적이다. 점차 다른 사람의 상황을 상상하는 능력(감정 이입), 다른 사람은 다른 감정과 경험을 갖는다는 것을 이해하는 능력이 생긴다. 그러나 7세가 되더라도 여전히 다른 사람, 특히 부모가 느끼고 행동하는 완전한 이유가 자기 때문이라고 생각한다. 9세나 10세가 되면 자신이 관찰하는 타인의 행동과 감정의 이유가 모두 자신에 의한 것이 아님을 이해한다.

(3) 약 10세의 아동은 특성과 능력의 혼합체

(예: 어떤 것은 잘하지만 다른 것은 못하는, 때때로 착하고 때때로 나쁜)로 자신을 볼 수 있다. 이 연령의 아동은 상반되는 생각이나 감정을 동시에 가질 수 있다는 것을 깨닫는다. 즉, 사랑하는 사람에게 화가 날 수도 있다는 것을 안다. 아동은 이제 다른 사람이 특정한 상황에서 어떻게 행동할지 혹은 특정 정보에 어떻게 반응할지를 예상할 수 있다. 그래서 다른 사람이 반응하는 것에 영향을 끼치기 위해 말이나 정보를 조작할 수도 있다.

5) 아동 진술의 진실성 사정하기

(1) 학대와 방임을 조사하고, 아동 양육권에 대한 평가 업무를 하는 사회복지사는 자주 아동이 진실을 말하고 있는지에 대해 판단을 내려야만 한다. 일반적으로는 아동이 어릴수록 거짓을 만들어낼 능력도 없고, 거짓말을 잘 하지도 않는다. 하지만 아동도 성인과 마찬가지로 자신의 경험을 잘못 해석하거나 오해하는 일도 있고, 원하는 것을 얻거나 처벌을 피하기 위해 거짓말을 하기도 한다.

(2) 때로 부모나 다른 성인이 사회복지사에게 거짓을 말하도록 아동에게 압력을 가하기도 한다. 이혼한 배우자에게 상처를 주기 위해서 혹은 문제가 되거나 범죄적인 행동을 은폐하기 위해서이다. 성인이 아동에게 어떻게 말하라고 지시한 경우, 아동은 성인의 용어, 문장 등을 사용하거나 표정이나 몸짓을 거의 사용하지 않으며 솔직하거나 적절한 감정 없이 말한다. 더욱이 이야

기의 주요 요소와 관련해 일관성이 없거나, 특정 지점에서 극단적으로 일관적인데 세부 사항을 뒷받침하거나 연결하는 묘사를 하지 못한다.

(3) 아동 성학대로 지목된 사례의 경우 아동 진술의 진실성 여부를 사정하는 것은 특히 어렵다. 일반적으로 성학대를 경험한 아동은 학대에 대해 말하기를 주저하며 말하기를 원하지 않는다. 아동이 성학대에 대해 자기 보고를 하는 경우, 그 사안에 대해 거짓말하는 경우는 거의 드물다. 의도적인 허위 보고(즉, 아동의 거짓말)는 12세 미만 아동에게서는 매우 드물고 10대에도 별로 없다. 그럼에도 아동의 거짓말, 상황에 대한 잘못된 해석, 이름이 틀려서 다른 사람이 혐의를 받는 것 등의 가능성을 항상 염두에 두고 있어야 한다. 속임수와 허위 보고 가능성은 아동이 양육권 혹은 방문권 분쟁의 초점일 때 증가한다. 이런 상황에서 한쪽 부모는 아동을 시켜 다른 쪽 부모에 대해 범법 행위의 혐의를 제기하도록 하기도 한다. 아동의 속임수 혹은 부모의 이중성을 예측하게 하는 지표는 다음과 같다.

- 아동이 그 사건에 대해 너무 쉽게 이야기하고 사실을 밝힌다. 다시 말해, 무슨 일이 일어났는지에 대해 다른 사람에게 이야기하는 것을 두려워하거나 주저하지 않는다.
- 일어난 일을 묘사하면서 예상되는 감정 혹은 진짜 감정을 보이지 않는다. 예를 들어 울거나 스트레스를 표현하거나 당황하거나 두려움, 분노 등을 보이지 않는다.
- 성적 활동을 표현하면서 성인의 어투를 사용

한다. 마치 성인에 의해 지도되고 연습을 한 것 같다.

- 아동이 성적 행동을 시각적으로만 묘사하고 청각, 후각, 촉각, 미각 등에서 나오는 정보를 기술하지 않는다.
- 혐의자를 두려워하지 않는 것처럼 보인다. 예를 들어 혐의자를 만날 가능성이 언급되었을 때도 만나는 것을 주저하지 않는 것 같다.
- 가해자가 아닌 부모가 있는 상황에서 성학대에 대해 이야기하는 것을 주저하지 않는다. 대개의 아동은 구체적 사항을 부모에게 숨기려고 한다.
- 성학대 경험에 관해 이야기하지만 아동 성학대와 관련된 다른 행동적 징후나 증상을 보이지는 않는다(항목 11. 16 참조).
- 아동이 성학대를 보고하도록 촉구하는 동안, 아동의 부모가 그러한 상황에서 기대되는 정서를 보이지 않는다. 예를 들어 충격을 받거나, 놀라거나, 화를 내거나, 불안해하거나, 걱정하거나 혹은 두려워하는 등의 반응을 보이지 않는다. 부모가 혐의자에게 화를 낼지도 모르지만 아동에게 일어난 것으로 보이는 일에 대해서는 진심으로 고통스러워하지 않는다.

(4) 4~6세의 아동은 자주 과장하거나 이야기를 꾸민다. 그러나 "그것이 진짜인가, 혹은 상상인가?" 혹은 "그것이 정말로, 정말로 사실인가?"를 물으면 진실과 가공의 이야기 간의 차이를 인정한다. 일어났던 것을 묘사하고자 할 때 이들은 주요 인물 혹은 중심 사건은 기억해 내지만,

그와 관련된 세부적인 것, 즉 사건의 전과 후에 무슨 일이 일어났으며 어쩌다 일이 그렇게 되었는지를 생각하지 못한다. 식사시간 혹은 생일파티와 같은 일상생활의 특별한 시간이나 의식은 기억하지만, 일상적이고 익숙한 활동이 아닌 일은 정확히 기억하지 못한다. 이들은 처벌받지 않기 위해 단순한 거짓말을 하지만 여러 개의 상호 관련된 요소, 행동 혹은 행위자가 있는 이야기를 꾸며내는 데 필요한 인지 능력은 없다.

(5) 학령 전 아동은 시간 개념을 이해하지 못해 사건이 일어난 시간을 정확히 묘사하는 경우가 거의 드물다. 이들은 시간을 재기 위해 시계 혹은 달력을 사용하지 않는다. 1~2학년 학생도 여전히 시간을 표시하는 개념으로 낮잠시간, 점심시간, 크리스마스, 개학, 기타 사건 등을 사용한다. 이런 시간 단위를 언급하는 것은 시간 범위를 정하는 데 도움을 준다.

(6) 7~11세의 아동은 공정성과 정직을 매우 가치 있게 여긴다. 게임에서 속이기 혹은 규칙 위반을 빨리 알아차린다. 그러나 흥미진진한 이야기를 위해 사실을 꾸미기도 한다. 이 연령의 아동은 정보를 선택적으로 사용하거나 단순한 속임수를 사용해 다른 사람을 의도적으로 호도하는 인지 능력이 있다. 9~11세의 아동은 어른을 기쁘게 하기 위해 애쓰며, 어른이 듣기 원한다고 생각하는 것을 말하는 경향이 있다. 주요 인물과 사건을 잘 기억해 면접자가 조금만 심층 질문을 던지면 관련된 구체적인 것을 기억해낼 수 있다.

6) 추가 제안

(1) 아동은 다양한 상황에서, 그리고 다른 사람과 있을 때 달리 행동한다. 그래서 면접 동안에 사회복지사가 보는 아동의 행동은 단지 한 예일 뿐이다. 아동이 일상의 사회적·가정적 맥락에서 멀리 벗어나 있을수록 아동 행동에 관해 결론을 내릴 때 더 많이 유의해야 한다. 사무실 면접에서 두려워하고 위축돼 보이는 아동은 단순히 낯선 환경이 두려워 그러한 행동을 보일 수 있다는 것이다. 아동 기능수행에 대한 정말로 신뢰할 수 있는 사정을 위해서는 아동에 대한 다양한 면접이나 가정방문 면접이 필요하다.

(2) 아동에게 선물하거나 대접할 때 유의해야 한다. 이것이 성인과 아동 사이의 평범한 상호작용의 연장이고 관계를 형성하는 데 도움을 준다고 하더라도, 아동과 부모는 이를 쉽게 오해할 수 있다. 아동에 대한 선물이 아동의 부모와 경쟁하는 것처럼 보이지 않도록 해야 한다.

(3) 어린 아동은 성인의 비언어적 의사소통에 매우 민감하므로 중요한 메시지를 보낼 때 표정, 몸짓을 의도적으로 사용하는 것이 도움이 된다. 가벼운 신체적 접촉은 적절할 수 있지만 아동을 안거나 어루만지지 않는다. 이는 아동을 불편하게 하고 부적절한 성적 접촉으로 오해받을 수 있다. 접촉은 신체적 혹은 성적 학대 피해 아동에게 특히 혼란스럽고 심지어 위협적으로 느껴질 수 있다.

(4) 면접 동안 아동에게 가능한 한 많은 선택권을 준다. 그러나 사회복지사가 수용할 수 있는 선택권을 제공해야 한다. 이 부분에 대한 예는 다음 진술에 있다.

잘못된 경우: 글쎄, 엘렌, 무엇을 하고 싶니? 네가 원하는 것이면 무엇이든지 할 수 있단다.

올바른 경우: 엘렌, 오늘 핑거 페인트 혹은 크레용을 사용할 수 있단다. 어느 것을 사용하고 싶니?

(5) 면접 동안 행동 통제 규칙이 필요한 경우, 규칙과 위반했을 때의 결과를 설명한다. 예를 들어 "네가 날 때리는 것은 허락되지 않아. 만일 네가 나를 때리면 장난감을 치울 거야"라고 설명한다.

(6) 아동은 부모에 대해 보호적이다. 심지어 학대부모라도 대개 부모를 보호하고자 한다. 부모의 행동에 대해 말할 때는 객관적이며 비심판적이어야 한다. 예를 들면 "네 아버지는 알코올 문제를 가지고 있단다. 술을 마시면 나쁜 말과 행동을 해. 이것이 네 부모님이 이혼한 이유란다"와 같이, 아동이 자기 부모를 비난한다고 해석할 수 있는 말을 피한다.

(7) 아동의 질문에 정직하고 직접적으로(예: "학기가 끝날 때까지는 네가 위탁보호에 있어야 할 것이 확실해") 대답한다. 완곡한 표현을 사용하지 않는다. 자세하거나 복잡한 설명을 피한다.

아동에게 중요한 정보를 제공할 때는 가능한 단순하고 조금씩 제시한다.

7) 가정 외 보호에 있는 아동

(1) 사회복지사가 직업상 알게 되는 대부분의 아동은 가정 외 배치(예: 위탁가정 보호, 그룹홈, 시설보호 등)된 아동이다. 이러한 많은 아동이 학대나 방임에 노출되어 왔다. 배치된 이유는 여러 가지지만, 부모나 가족과의 분리는 아동에게 대개 파괴적이며, 정서적 외상이 큰 경험이다. 아동은 자신이 가정 외 배치된 이유에 대해 혼란스러워한다. 아동은 배치를 부른 가족 문제에 대해 자신을 비난하기도 하며, 가족으로부터의 분리를 실제의 혹은 상상한 자신의 잘못에 대한 벌로서 받아들이기도 한다. 가족으로부터 분리된 많은 아동이 집에 아직 남아 있는 부모와 형제자매의 안전, 안녕을 걱정한다. 아동이 자신의 과거, 현재, 미래에 대해 많은 의문을 가지고 있다고 가정해야 한다. 아동이 가능한 한 편히 질문할 수 있도록 한다.

배치된 아동과 그의 부모, 형제자매, 친척이 서로 접촉이나 방문을 자주 할 수 있도록 가능한 모든 일을 한다. 방문이 속상할지라도 장기적으로는 방문이 아동에게 도움이 된다. 예를 들어 아동의 모친이 약물 중독이고 무책임하게 행동한다면, 아동이 이를 보고 부모가 돌봐줄 수 있는 상황이 아니라는 점을 인식하는 것이 중요하다. 만약 아동이 가족과 접촉이 전혀 없다면 버려졌다는 느낌에 대처하도록 돕는 환상이나 가상의 이야기를 만들어낼 것이다. 아동에게는 불행한 현실과 싸우는 편이 행복한 환상 속에서 사는 것보다 낫다.

(2) 아동에게 관계의 상실, 특히 연속적 상실은 매우 오랫동안 부정적인 영향을 끼친다. 그러므로 아동이 경험하는 분리와 배치 횟수를 최소화하는 것이 대단히 중요하다. 만일 아동을 정서적인 애착 대상과 분리해야 한다면, 가능하면 점진적으로 이뤄질 수 있도록 하여 아동이 적응할 기회를 준다. 송별파티와 같은 의식은 아동이 상징적으로 관계를 끝내며 다른 사람과의 관계를 시작하는 전환기를 마련해 준다. 이런 의식이 없다면 아동은 마치 자신이 버려지거나 거부당한 것과 같은 감정을 느낄 것이다. 전환의식은 아동이 하나의 관계를 끝내고 새로운 관계를 맺도록 해준다. 물리적인 분리 후에 아동이 예전 가정에 간헐적으로 방문할 수 있게 돕는 것이 중요하다.

(3) 위탁아동은 너무 많은 변화와 불확실성을 경험하기 때문에 아동의 사회복지사는 아동 인생에서 의지할 수 있고 안정적인 인물이 될 준비를 갖춰야 한다. 위탁아동은 특히 거부의 암시에 매우 민감하게 반응한다. 아동과의 접촉은 정기적이며 예측 가능해야 한다. 만일 약속을 지키지 못한다면 아동에게 직접 이유를 설명한다.

(4) 아동은 종종 위탁보호 중인 것에 대해 수치스러워하거나 당황한다. 이는 결과적으로 자신의 상황을 설명하기 위해 이야기를 꾸미게 만든다. 교사 혹은 학교 친구가 꾸며낸 이야기임을 알게 되면 아동은 허풍쟁이나 거짓말쟁이라는 평판을 얻게 된다. 그래서 아동이 자신의 현재 상황을 교사, 친구, 타인에게 좀더 편안히 말할 수 있도록, 가정 외 배치 이유를 진실하지만 간략하게 설명할 수 있게 도와야 한다.

(5) 위탁부모, 입양부모, 그룹 홈 직원에게 아동의 행동, 상황, 과거를 사실대로 말한다. 다른 사람이 아동을 이해하거나 수용하지 않을 것에 대한 두려움으로 아동의 배경을 숨기거나 가장하는 것은 거의 항상 역효과를 낳는다.

15.3 청소년 클라이언트

청소년기로 알려진 12~18세의 발달 시기는 급격한 신체적 및 심리적 변화, 성적 욕망의 자각 시기이다. 자율성과 통제 이슈를 두고 청소년과 부모 사이에는 종종 갈등, 긴장이 나타난다. 일반적으로 부모는 청소년 자녀가 약물 복용, 무책임한 성생활, 무모함으로 인한 상해 등에 연루되지 않을까 염려한다.

사회복지사가 가장 주의를 기울여야 하는 청소년기 문제에는 가족 갈등, 알코올과 약물, 가정 밖(가출), 학교에서의 행동 문제, 폭력, 비행, 임신, 자살 위협, 그리고 위탁보호나 치료시설에 대한 욕구 등이 있다. 다음의 배경 정보와 지침은 청소년을 원조할 때 유용하다.

(1) 청소년은 일반적으로 이상적이며, 고통스

러워하면서도 자의식이 강하고, 권위 이슈와 싸우며, 외모와 성적 매력에 열중하며, 또래집단 내의 조화와 인기를 추구하고, 가족과 분리된 자아 정체감을 발달시키고자 필사적으로 노력한다. 청소년은 성인기를 준비하는 데 긍정적인 성인 역할 모델과 멘토를 원하고 필요로 하지만, 부모의 영향에는 자주 저항한다. 이들에게는 성취감과 유능감을 제공해줄 기술(운동, 학문, 음악 혹은 직업 기술에 상관없이)을 배울 기회가 필요하다.

(2) 사회복지실천에서 만나는 많은 청소년은 부모, 학교 관계자, 소년법원 판사 혹은 보호 관찰관이 사회복지사나 사회기관에 보낸 위임된 혹은 비자발적인 클라이언트이다. 청소년기 특유의 권위에 반항하려는 경향 때문에 이 같은 상황은 청소년에게는 매우 불편하고 어색하다. 청소년은 침묵, 비협조, 무례함 혹은 폭언으로 반응하기도 한다. 이런 상황에서 사회복지사의 인내와 자기통제는 가혹한 시험대에 오를 수 있다. 덧붙여 사회복지사의 해결되지 않은 부모자녀 이슈, 권위 이슈가 떠올라 전문적 관계를 방해할 수 있다.

이런 어려움에도 불구하고 청소년은 탄력적이며 성장하고 변화하려는 무한한 가능성을 가지고 있다. 이 발달 단계 동안의 효과적인 사회복지 개입이 일생에 긍정적인 영향을 줄 수 있다. 청소년은 대개 생동감 있고 호기심이 많기 때문에 청소년과의 활동은 활기를 주며 흥미진진하고 정말 보람이 있다.

(3) 청소년은 예측 가능하며, 구조적이고, 경계나 한계가 있는 환경을 원한다. 그룹 홈이나 치료센터와 같은 대부분의 실천 현장에서 사회복지사는 이 같은 환경을 만들고 어떤 규칙이 필요한지를 결정할 책임이 있다. 청소년은 보통 어른이 정한 규칙이나 제약을 시험하고자 할 것이다. 따라서 새로운 규칙을 만들기 전에 그것이 정말 필요하며 실행될 것이라는 점, 지킬 가치가 있다는 점을 확실히 해둬야 한다. 일단 특정한 규칙이 필요하다고 결정되면, 청소년에게 그 규칙과 규칙 위반의 결과를 알린다. 규칙을 집행할 때 공정하고 일관성을 지키는 것이 대단히 중요하다. 청소년의 경우 행동 계약(항목 13.5 참조)이 꽤 효과가 있다.

(4) 또래집단은 청소년 시기에 매우 중요하기 때문에 집단 접근, 예를 들어 집단 토의, 사이코드라마, 집단 상담 등이 특히 유용할 수 있다. 대부분 청소년은 일대일 상담보다는 집단과 관련된 개입을 더 잘 수용한다. 가정 외 배치가 필요한 청소년은 보통 위탁가정 보호보다는 그룹 홈 상황에서 더 잘 지낸다.

(5) 청소년은 에너지 수준이 높으므로 움직임과 신체 활동에 맞춰 모임 혹은 면접을 계획해야 한다. 가능하다면 사무실 면접을 피하고, 대신 걷고, 농구공을 던지며, 체육관에서 운동하거나 차를 타고 가면서 청소년 클라이언트와 이야기를 하고자 노력한다. 움직이는 활동이 청소년으로 하여금 상호작용하고, 대화하고, 감정을 표현하는 것을 쉽게 만드는 듯하다.

(6) 청소년은 비록 자신은 다른 사람인 것처럼 가장할지라도 다른 사람의 인위성에 대해서는 매우 민감하다. 그러므로 사회복지사가 진실하게 대하는 것이 중요하다. 청소년처럼 말하거나 행동하려고 노력하지 않아도 된다. 최신 유행, 음악, 속어 등을 계속해서 따라잡기는 거의 불가능하다. 사회복지사가 청소년의 말투를 모방하는 것은 어리석게 보이기 쉽다.

(7) 청소년은 '지금-여기'에 충실하다. 의사 결정에서 다소 충동적인 경향이 있고, 선택의 결과를 예측하지 않기도 한다. 물론 이 때문에 자신이나 타인에게 해를 끼치는 나쁜 결정을 하기도 한다. 의사 결정으로 힘들어하는 청소년을 상담할 때, 목적과 미래에 대한 희망적 관점에서 대안을 검토하도록 부드럽게 격려한다. 이들의 사고가 명백히 비현실적일 경우, 그렇게 생각하는 이유와 함께 비현실적이라고 이야기하는 것이 대개 최선이다.

(8) 청소년은 자신의 이야기를 들어주기를 바라는 강한 욕구가 있다. 다른 사람이 주의를 기울여 주고 심각하게 여겨 주기를 바란다. 주의해서 듣고 그들이 말하는 이면의 의미에 주의를 기울여야 한다. 이들을 격려하여 관점과 경험을 나누도록 한다. 희망, 꿈, 가치, 중요한 삶의 경험, 중요한 것을 배운 시기 등에 대해 질문한다. 그리고 이들의 삶, 관심사, 도전에 대해 어른들이 이해하지 못하는 것이 무엇인지 묻는다.

(9) 청소년이 뚱하고 말하기를 거부할 때는 쪽지 보내기 기법이 교착 상태를 깰 수 있다. 사회복지사는 말하기를 멈추고 종이와 연필을 가져와 침묵하면서 신중한 태도로 클라이언트에게 쪽지를 작성한다. 사회복지사의 언어로, 쪽지에는 다음과 같은 것이 담길 수 있다.

• 말하고 싶지 않을 때가 있다. 괜찮다.
• 개인적 질문을 받았을 때 거슬릴 수 있다.
• 때때로 조용히 있으면 기분이 좋아진다.
• 내 말에 불쾌한 것이 있었다면 사과한다.
• 하고 싶다면, 답장해 달라.

다 작성한 후 '쪽지를 썼고 여기에 있다'고 알린다. 클라이언트 대부분은 메시지에 일종의 비판이 담겼을 것이라 생각한다. 특히, 긍정적이고 공감을 표현하는 사람의 경우 개별적인 쪽지를 받았을 때 많이 놀라는데, 이것이 클라이언트의 자세를 바꾸고 사회복지사와의 상호작용을 촉발한다.

(10) 이혼한 부모 간의 갈등과 별거, 그리고 높은 미혼모 발생 비율 등으로 많은 아동·청소년이 그들의 생물학적 아버지와 의미 있는 관계를 갖지 못한다. 예를 들어, 미국 내 40%의 소년은 그들의 생물학적 아버지와 분리돼 양육되거나 접촉이 거의 없다는 점에서 '아버지 부재' 상황에 있다. 관심 가져 주고 돌봐 주는 아버지가 없는 상황은 소년에게 특히 눈에 띄는 영향을 미친다. 이러한 영향의 결과로, 낮은 학교 성적, 학교 중퇴, 비행, 약물 사용, 폭력, 범죄조직 가입 등이 있다. 소년의 고등학생 시기 성공

혹은 실패를 예측할 때, 소년의 인생에서 책임감 있고 긍정적인 성인 남자 역할 모델과 멘토가 있었는지가 가장 신뢰할 수 있는 요인 중 하나다. 소년과 소녀 모두 건강한 성인 역할 모델을 필요로 한다. 이상적으로는 부모가 이 역할 모델이 되면 좋지만 그렇지 못한 경우에는 염려하는 친척이나, 가족의 친구, 의형제(*big brother, big sister*) 등 다른 성인의 모델링과 멘토링이 특히 중요하다.

(11) 일부 청소년은 범죄조직에 휩쓸리기도 한다. 청소년은 여러 이유로 범죄조직에 합류하는데, 보통 범죄조직이 청소년이 필요로 하는 정체감, 소속감, 자존감과 자부심, 인정, 동지애를 충족하기 때문이다. 어떤 청소년의 경우 위험한 이웃으로부터 보호받기 위해 범죄조직에 가담하기도 한다. 많은 청소년에게 범죄조직의 부족적 특성이 가족을 대신하는 기능을 한다. 과거 청년 범죄조직의 불법 행위는 대부분 절도였다. 현재 많은 청년 범죄조직에는 성인 리더가 있으며, 더욱 폭력적인 경향이 있다. 이들은 마약 판매, 갈취, 살인과 같은 매우 심각한 범죄 행위에 관여한다.

15.4 부모 · 조부모 클라이언트

양육(*parenting*)은 즐거움과 근심이 혼재된 어렵고도 힘든 일이다. 부모가 성실하고 능숙하더라도 결과는 알 수 없다. 부모의 행동 이외에 많은 요인이 아동의 행동, 가치, 선택에 영향을 미친다. 아동 기질, 유전적 구성, 생리적·사회문화적 환경과 같은 수많은 아동 발달 요인이 부모의 영향권 밖에 있다. 훌륭한 양육과 지지적 환경에서도 어떤 아동은 자기 회의, 불안, 자신감과 의지 부족을 보이는 개인으로 자란다. 그리고 때때로 잘못 판단하거나 자해와 타해를 하는 개인으로 성장하기도 한다. 이것이 인간사이다.

사회복지실천의 클라이언트 중 많은 사람이 부모다. 그리고 사회복지사를 고용하는 많은 기관은 부모 역할이나 부모자녀 관계 문제에 초점을 둔 서비스를 제공한다. 또한 아동의 부모가 무력할 때, 군 복무 중일 때 혹은 기타 이유로 부재 혹은 소용에 닿지 않을 때, 상당히 많은 수의 조부모가 손자녀에게 종일 돌봄을 제공한다. 사회복지사가 부모나 조부모와 직접 접촉해 일하거나 혹은 아동과 가족에게 영향을 주는 프로그램을 설계·운영하며 그들을 위해 일하려고 할 때는 다음의 사항을 염두에 둬야 한다.

(1) 사회복지사는 늘 부모의 법적 권리와 책임을 인식하고 있어야 한다. 판례에 의하면 기본적 친권이 잘 확립돼 있다. 부모는 미성년 아동을 양육하고 키울 권리, 학교와 종교를 선택할 권리, 아동이 받을 의료적 보호를 결정할 권리가 있다. 훈육하고 처벌할 권리가 있지만, 학대가 되는 상해를 입혀서는 안 된다. 부모는 미성년 자녀의 수입이나 재산을 통제하고 관리할 권리를 가진다. 그리고 아동을 대신하거나 아동을 상대로 한 조치에 대해 적절한 법적 고지를 받을 권리가 있다. 매우 특별한 상황 혹은 아동 생명

이 위험에 처할 경우, 법원은 기본적 친권과 부모의 결정을 기각한다. 부모는 미성년 아동의 군 복무, 결혼에 동의할 권리가 있고 아동에게 필요한 의료적 절차와 수술에 동의할 권리가 있다. 하지만 특정 법률에서는 성숙한 미성년이 부모 동의 없이 특정한 건강보호(예: 정신건강 상담, 피임, 성병 치료, 낙태)를 받는 것을 허용한다. 그런 법률은 주마다 다르다.

또한 부모는 법적 책임이 있다. 아동에게 의식주와 같이 생존을 위한 요소를 제공할 책임이 있고 기본적인 건강 보호, 위해로부터의 감독과 보호, 기본적 교육 등이 이뤄지도록 해야 할 책임이 있다. 이러한 책임을 이행하지 못하면 아동방임(항목 11. 16 참조)이 될 수 있다.

(2) 연구를 통해 건강하고 건전한 아동 발달에 기여하는 수많은 양육 행동이 밝혀지고 있다. 여기에는 아동의 생각, 느낌, 동기를 이해하기 위한 경청, 아동에 대한 민감성과 존중, 편안함과 애정, 애정 어린 돌봄과 양육 제공, 아동의 노력과 성취에 대한 보상으로서의 칭찬과 격려, 명확하고 합리적인 규칙과 기대를 담은 구조 제공, 나쁜 행실에 대한 일관성 있고 합리적이며 비폭력적인 결과 활용, 아동과 놀고 책 읽고 함께하는 시간, 부모와 자녀 간의 애착과 유대를 증진하는 활동, 문제를 예상하고 문제의 영향을 최소화하기 위한 사전 대책 강구 등이 포함된다.

(3) 부모자녀 관계는 항상 쌍방향으로 상호작용한다. 부모의 행동은 아동에게 영향을 미치고, 아동의 행동도 부모에게 영향을 미친다. 이런 관계는 두 개의 독특한 성격 간 상호작용이다. 게다가 가족 내 형제자매라도 성격, 기질이 꽤 다르며 결과적으로 가족 내 한 자녀에게 잘 맞는 훈육 혹은 지도 방식이 다른 자녀에게는 꽤 다른 결과를 가져올 수도 있다. 부모와 자녀가 기질, 지적 능력 혹은 관심사에서 상당히 다르다면 특별한 어려움과 갈등이 생겨날 수 있다. 예를 들면 사교적이고 외향적인 부모는 자녀가 기질적으로 부끄럼이 많고 내향적이라면 자신이 서툴다고 느끼고 좌절감을 맛볼 것이다. 혹은 운동선수 아버지는 운동에 관심이 없는 아들에 대해 남몰래 분개할 수 있다.

부모는 특정 발달 단계에서는 자녀와 충분히 잘 지낼 수 있지만 자녀가 다른 발달 단계로 이행할 때 문제가 생기기도 한다. 예를 들면 부모 대부분은 자녀가 사춘기에 들어설 때 심각한 시험에 든다. 부모는 장애가 없는 자녀와는 잘 지낼 수 있지만, 정신 혹은 신체장애가 있는 자녀를 양육할 때 괴로움에 휩싸이고 압도될 수 있다.

(4) 자녀를 양육하면서 부모는 자신이 양육받은 방식으로 아이를 키우는 경향이 있다. 운 좋게 부모와의 관계에서 사랑과 돌봄을 받으며 자랐다면, 이러한 경향은 도움이 된다. 그러나 부모의 양육 모델에 문제가 있거나 역기능적이라면 이러한 경향은 심각한 문제를 야기할 수 있다. 자기 부모의 잘못을 반복하지 않겠다고 다짐하며 부모가 되지만, 나중에 자신도 다음 세대에게 똑같은 방식으로 행동하고 있음을 발견하곤 한다(혹은 더 나쁜 상황으로, 이를 알아채지

못하기도 한다). 이 같은 상황은 특히 부모가 스트레스를 받고 어찌할지 모르는 상황에 놓였을 때 발생할 것이다. 많은 부모는 자신이 어렸을 때 부모에게서 듣기 싫었던 말을 자기 자녀에게 말하고 있음을 알았을 때 충격을 받는다. 두말할 것도 없이 모든 부모가 자신의 부모가 했던 실수 혹은 역기능을 반복하는 것은 아니다. 하지만 이 악순환 고리를 끊는 것은 자기 인식이 있고, 의식적인 노력을 하고, 종종 부모교육 훈련과 상담을 통해 이뤄진다.

(5) 부모가 자녀 양육 경험이 풍부한 사람을 쉽게 만날 수 없을 때, 외로움과 불확실성을 느끼며 힘들어한다. 다른 부모나 아동과의 접촉이 없는 부모는 자기 자녀에 대해 비현실적 기대를 만들 수 있다. 스트레스와 사회적 고립은 부모의 아동학대와 방임 문제에 영향을 미친다. 사회복지사는 부모 간의 사회적 지지 관계망을 만들고, 우애 관계를 육성할 기회를 찾아야 하며, 이를 통해 부모가 되는 것에 대한 새로운 관점과 지식을 얻도록 부모를 도와야 한다.

부모에게는 자신을 아낌없이 주며 감정을 관리할 정도의 정서적·심리적 성숙함이 있어야 한다. 두려움에 빠져 있고 감당할 수 없거나 자신에게만 관심이 있는 부모는 자녀에게 주의를 기울이거나 적절히 반응하기 어렵고, 충동적으로 행동하거나 양육에서 나쁜 결정을 하기 쉽다. 개인적 문제(중독, 정신질환, 가정폭력)가 심각한 부모나, 이러한 문제가 심각한 가정에서 자란 부모는 거의 항상 양육 역할에서 특별한 어려움을 맞닥뜨린다. 너무 어리고 미성숙한 부모

나 인지적으로 지체된 부모의 경우 양육 상황이 특히 어렵다. 바쁘고 산만하며 무질서한 부모는 충분한 수면, 좋은 영양, 예측 가능한 일과에 대한 아동의 욕구를 간과하기도 한다. 이런 것들의 부족이 행동 문제, 잦은 화 표현, 낮은 학교 성적 등을 야기할 수 있다. 부모가 부모 역할을 효과적으로 하도록 돕기 위해 부모의 개인적 관심사와 문제를 다뤄야 한다.

부모는 자신이 갖지 않은 것을 줄 수 없다. 예를 들어 어머니가 물리적으로 안전하다고 느끼지 않으면, 자녀가 안전함과 안정감을 느끼도록 하는 것이 어렵다. 아버지가 자존감이 낮을 경우, 자녀가 건강한 자아 존중감을 개발하도록 돕는 것이 어려울 것이다.

(6) 부모 대부분은 규칙을 만들고 시행하는 데 어려움을 겪는다. 훈육이 효과적이려면 우선 자녀와 진심으로 사랑하고 신뢰하고 돌봐 주는 관계를 만들어야 한다. 이런 긍정적 관계의 맥락 속에서 부모는 아동이 발달 단계상 미숙하고 경험이 없어 초래한 행동과 합리적 규칙을 알고서도 의도적으로 어기거나 실제로 반항적인 태도를 보이는 것을 구분할 수 있어야 한다. 미숙한 행동에는 한계와 보호로 대응해야 한다. 실제로 반항적인 행동에 대해서는 폭력적이지 않지만 실질적이고 현실적인 효과를 나타낼 수 있는 방법으로 단호히 대처해야 한다.

(7) 손자녀를 키우는 조부모의 일부는 양육 책임에 대해 양가적이다. 한편으로는 아이들에 대한 사랑에서 보호를 제공하고 싶지만, 다른

한편으로는 손자녀에 대한 돌봄이 재정적으로 어렵게 만들고 은퇴에 대한 희망을 깨버리기도 한다. 조부모가 건강 문제를 경험하는 시기와 어린 아동 혹은 10대를 돌보는 데 필요한 에너지가 부족한 시기가 겹치기 때문에 양육 책임이 부담스러울 수 있다. 사회기관에서 조부모의 어려움을 다룰 프로그램을 개발하는 것이 중요하다.

(8) 부모 대부분은 부모 훈련, 부모 지지집단, 부모자녀 관계에 초점을 둔 상담을 통해 도움을 받을 수 있다. 첫 아이 출산 후나 자녀가 10대가 되었을 때와 같이 특별히 어려운 시기에 부모에게 아웃리치하기 위해 노력하는 프로그램은 가장 효과적이다. 또한, 성공적인 프로그램은 특정한 부모집단이 부딪히는 독특한 도전을 알고 있다. 예들 들어 위탁부모, 입양부모, 장애아를 가진 부모는 부모 되기와 관련해 독특한 관심과 의문을 가지기 마련이다. 한부모는 한 명이 모든 책임을 지기 때문에 본질적으로 스트레스가 심하다. 사회적 태도와 편견 때문에, 동성부모나 인종이 다른 부모 또한 특별한 도전에 직면한다.

성공적인 양육 프로그램은 부모의 강점에 기초한다. 이런 프로그램은 부모 대부분이 스스로 최선을 다하지만 가끔 지식이나 기술이 부족하거나 다른 개인적, 가족적, 사회·경제적 문제에 압도되어 어려움을 겪는다는 가정 아래 작동한다. 이들 프로그램은 부모 역할과 직접 관련이 없더라도, 부모가 우선순위를 두는 관심사 혹은 문제를 다룬다. 성공적 프로그램은 부모에게 부정적으로 영향을 미치는 상황적·맥락적 요인을 다룬다. 효과적인 부모 훈련 프로그램은 다른 기관과 협력하며 부모를 필요한 자원(예: 건강보호, 재정적 지원, 주거, 상담, 직업 훈련)에 연결한다.

일반적으로 아버지는 어머니보다 자녀 양육에 덜 관여하며, 양육 기술을 배울 기회에도 덜 참여한다. 그래서 전문가와 기관은 아버지에게도 적극적으로 다가서야 하며, 남성이 생각하고 느끼는 방식이 반영된 프로그램을 설계해야 한다. 가능하다면 남성을 위한 양육교실은 남성이 가르쳐야 한다.

대부분 부모 훈련 프로그램은 부모가 읽고 쓸 능력이 있다고 가정해 서면 자료나 워크북 과제 등을 활용한다. 하지만 불행히도 문맹인 부모도 많다. 이들 부모를 찾고 대안적 교수법이 활용되도록 특히 노력해야 한다.

아이러니하게도 이미 적절하게 행동하고 있는 부모가 부모 훈련이나 다른 양육 자원을 잘 활용하는 경향이 있다. 실제로 이것이 필요한 부모는 이 프로그램을 잘 찾지 않는다. 이런 부모를 끌어들이기 위해 프로그램은 마음을 끄는 요소, 적극적인 아웃리치 요소를 담고 있어야 한다.

(9) 대부분 기관은 부모 훈련 프로그램을 소집단의 맥락으로 실행한다. 소집단 환경은 부모에게 서로 배울 수 있는 기회를 주고, 자기 혼자만 걱정과 좌절, 자기 의심과 의문을 가진 것이 아님을 보증해 주기 때문이다. 전형적인 부모교육 집단은 일주일에 한 번씩, 약 8주간 이뤄진다. 한 세션은 한 시간에서 한 시간 반 정도 걸린

다. 적절한 집단의 크기는 8명에서 16명 사이이다. 집단이 교육 중심이면 조금 더 커질 수 있고, 역할극이나 토론 기법을 활용하면 더 작아질 수 있다. 대개 부모 모두(예: 어머니와 아버지)의 참여를 선호한다. 부모는 모든 세션에 참여할 것으로 기대한다. 집단이 구성된 후에는 구성원이 추가되지 않아야 한다. 이상적으로는 집단에는 남성과 여성, 두 명의 리더 혹은 훈련자를 둔다. 청소년 자녀를 둔 부모의 관심사는 어린 자녀를 둔 부모의 관심사와 상당히 다르므로, 집단을 분리하는 것이 최선이다.

집단에 참여할 수 없거나 참여하려고 하지 않는 부모의 경우 가정방문이나 부모 대 부모 접근이 도움이 되는 대안일 수 있다. 가정방문 프로그램에서 부모 훈련자 혹은 '도움을 주는 어머니'(resource mom)는 해당 부모의 집에 찾아가 부모를 만난다. 대단히 개별화된 이 접근은 사실상 개인 지도이며, 논의의 초점은 그 부모의 자녀, 독특한 문제와 상황에 있다.

(10) 사회복지사는 때때로 부모가 자녀에게 안전하고 적절한 보호를 제공할 능력이 있는지 평가해야 한다. 예를 들어 아동보호기관에 고용된 사회복지사는 아동을 방임한 어머니가 현재 위탁보호 중인 자녀에 대한 보호를 재개할 수 있는지에 관한 법원 제출용 보고서 혹은 추천서 작성을 요청받기도 한다. 이런 평가에서 사회복지사는 항상 옳은 단 한 가지 양육 방식은 없다는 것, 그리고 모든 부모가 실수한다는 것을 기억해야 한다. 아동에게 필요한 부모는 완벽한 부모가 아니며, 적어도 최소한 허용 가능한 보호 수준을 제공할 수 있는 부모이다.

부모 역할 수행 및 부모 능력을 사정하기 위해 부모와 자녀의 상호작용을 여러 상이한 상황과 사회적 맥락에서 관찰하는 것이 필수적이다. 부모가 자기 부모와 타협하는 방식, 오랫동안 골칫거리인 경험뿐 아니라, 부모의 가치, 태도, 지식 등에 대한 정보를 수집하는 것이 중요하다. 부모의 능력이 중독, 정신질환 등과 같은 문제로 손상되지는 않았는지 판단하는 것도 물론 중요하다.

위협적이지 않은 면접의 맥락에서 사회복지사는 여러 간단한 질문을 통해 양육에 대한 논의를 시작할 수 있다. 이는 다음과 같다.

당신의 자녀 마티나에 대해 이야기해 주실래요? 마티나는 어떤 점에서 또래 아이와 비슷한가요? 어떤 점에서 마티나는 다른 아이와 다르죠? 마티나의 성격과 기질은 당신과 비슷한가요? 아니면 다른가요? 당신의 어릴 때 경험과 마티나의 경험은 어떤 점에서 비슷한가요? 아니면 다른가요? 부모가 되어 가장 좋은 점은 무엇인가요? 부모인 것이 당신에게 즐거운가요? 부모가 돼서 가장 어려운 점은 무엇인가요? 마티나가 자라면서, 부모인 것이 얼마쯤 부담이 되었나요? 당신 부모의 양육 능력을 어떻게 평가하시나요? 많은 사람이 자기 부모보다 나은 부모가 되고 싶다고 하는데, 당신도 그런 생각을 하나요? 다시 시작한다면, 부모가 되는 것에서 지금과는 좀 다르게 하고 싶은 것이 있나요? 아이를 다룰 때 큰 실수를 한 적이 있나요? 마티나에게 당신과 같은 부모가 있는 것이 어떨 것 같다고 생각하세요?

사회복지사는 아동의 편을 들어 부모에게 손해가 될 가능성에 유의해야 한다. 아동은 성인보다 취약하기에 아동에 유의해야 하며 부모보다 아동을 중시하는 것은 당연하다. 특히, 부모가 무책임하거나 아동에게 해가 되는 경우 더욱 그러하다. 이는 매우 인간적 성향이지만 부모 입장에서는 부당하거나 편파적인 사정과 치료로 여겨질 수 있다.

15.5 노인 클라이언트

선진국 대부분에서 가장 비율이 늘어나고 있는 인구층은 고령층이다. 이런 경향을 반영해 사회복지사와 인간서비스 프로그램은 70∼90대 노인의 관심사에 더 많은 주의를 기울여야 한다. 다음의 배경 정보와 지침은 노인 클라이언트를 돕는 사회복지사에게 도움이 될 것이다.

(1) 사람은 나이가 들면서 많은 상실(예: 사랑하는 사람과 친구의 죽음, 건강과 기동성의 상실)을 경험한다. 종종 취약하다고 느끼며, 스스로를 돌볼 수 없을까 봐, 그리고 자녀나 다른 가족 구성원에게 짐이 될까 봐 걱정하기 시작한다. 이러한 두려움 때문에 아직 보유하고 있는 독립성에 융통성 없게 매달린다. 도움 혹은 서비스 제공이 자신의 자유와 선택을 제한한다고 생각하면 이에 저항하곤 한다. 그래서 노인 클라이언트와 일할 때는 가능한 최대로 자기 삶에 대한

통제력을 갖고 선택하도록 한다.

(2) 노인 대부분은 우호적이고 외향적인 사회복지사를 선호한다. 그러나 어떤 노인은 너무 격식을 차리지 않거나 편한 전문가에 대해 부정적으로 반응한다. 노인 클라이언트를 대할 때는 자기 이름으로 불러도 좋다고 할 때까지 '선생님'(미스터, 미시즈, 미스)과 같은 경칭을 사용한다. 노인은 자신이 보기에 파격적인 옷차림, 특이한 머리 모양이나 이상한 장신구, 타투 혹은 피어싱을 전문가 혹은 다른 서비스 제공자가 하고 있다면 이에 감정이 상하기도 한다.

(3) 노인은 신체적·심리적 이유로 인해 사무실보다는 가정에서 전문가 면접과 만남을 갖길 선호한다. 클라이언트의 집 혹은 방에서 어색함을 없애고 대화를 시작하는 좋은 방법은 가족 사진, 수·공예물품 혹은 장식에 관심을 보이는 것이다. 교통, 의료보호, 사회적 활동처럼 분명하고 구체적인 클라이언트의 관심사와 욕구에 우선 초점을 맞춰 전문적 관계를 시작한다. 긍정적인 신뢰 관계가 형성되면 노인 클라이언트는 가족 갈등, 돈 문제, 비탄, 고립감 등과 같이 좀더 개인적인 관심사를 편하게 이야기할 것이다.

많은 노인 클라이언트는 서비스의 비용과 자신의 지불 능력에 대해 걱정한다. 어떤 노인은 '혜택 받기'와 공공 프로그램 이용을 굴욕적으로 여기고 당혹해한다. 어떤 노인은 지불 능력을 드러내기보다 서비스를 단순히 거부한다.

(4) 노인 대부분은 시력과 청각, 에너지, 기동성 손실을 경험한다. 필요한 경우 메시지를 명확히 말하고 반복하는 것이 중요하다. 비언어적 커뮤니케이션은 청각장애가 있는 클라이언트의 이해를 돕는 중요한 수단이다. 면접 속도를 늦출 필요가 있으며, 노인의 체력 약화는 면접 혹은 만남 시간을 제한하기도 한다.

(5) 사람은 늙어감에 따라 자주 죽음, 죽는 것, 영성에 대해 많이 생각한다. 자녀나 손자녀와의 관계를 매우 중시한다. 가족이나 오랜 친구와의 접촉 중요성은 더 증가한다. 어떤 노인은 자신이 입혔던 피해를 바로잡기 위해 사람을 찾으려고 한다. 많은 경우 죽음 그 자체를 두려워하지는 않지만, 대부분 질병, 장애, 의존, 죽음에 앞선 고통을 두려워한다.

죽음이 다가올 때는 노인과 가족 구성원이 자기 생각과 감정을 표현해 지난날의 상처와 갈등을 치유하는 것이 중요하다. 죽어가는 사람을 돌보는 전문가는 "용서해 주세요", "당신을 용서합니다", "고맙습니다", "사랑합니다"와 같은 특별한 말을 발견하곤 한다. 가능한 사회복지사는 세대 간 가족 의사소통과 화해를 도와야 한다.

(6) 노인 클라이언트가 추억에 잠기도록 허용하고 격려한다. 과거에 대해 생각하고 이야기를 하는 것은 노인에게 정상적인 활동이지 정신적인 능력의 악화 징후가 아니다. 회상하는 이야기를 주의 깊게 경청한다. 이러한 이야기는 노인 자신의 가치, 감정, 관심사에 관한 많은 것을 알려 준다. 개방형 질문을 통해 노인 클라이언트가 의미 있는 인생 경험을 이야기하도록 격려한다. 예를 들어 다음과 같다.

선생님이 자랄 때의 세상은 어땠나요? 어릴 때 가장 중요했던 사건은 무엇인가요? 배우자는 어떻게 만났나요? 인생에서 가장 행복했던 때는 언제인가요? 선생님이 이룬 가장 중요한 성취는 무엇인가요? 인생에서 가장 후회되는 것 혹은 실망스러운 것은 무엇인가요? 가장 감사하는 일은 무엇인가요? 살아 보니, 실제로 중요하고 가치 있는 것은 무엇이던가요? 젊은 세대가 인생에 대해 알았으면 하고 바라는 것은 무엇인가요? 인생에서 가장 놀라운 것은 무엇이었나요?

(7) 인종주의, 차별, 선입관 등이 미치는 고통을 고려할 때, 인종적 혹은 민족적으로 소수였던 노인과 상호작용한다면 특히 민감해야 한다. 일반적으로 그들은 사회기관을 다소 경계하며 사회서비스를 신청하고 이용하는 것을 망설인다. 특정한 민족집단의 공통 가치는 노인의 생활을 다소 어렵게 한다. 예를 들어 중국계 미국인이나 미국 원주민의 집단에서 노인은 가족 내 영향력을 행사하는 존경의 대상이다. 다른 한편, 생산성과 근면을 중시하는 민족집단(예: 슬라브계 미국인)의 경우 일하지 않는 노인은 무가치하고 쓸모없는 존재로 여겨진다.

(8) 노인학대와 방임, 특히 자기 방임의 지표에 유의한다. 즉, 심상치 않은 멍, 베인 상처, 화상, 치료하지 않는 상처가 있는데 설명이 모

호하고 방어적인 태도를 보이거나, 날씨에 맞지 않는 옷차림을 하거나, 일상적이지 않은 시간에 배회하거나, 우유와 신문을 수거하지 않거나, 충분한 돈이 있는데도 미지불 청구서가 있거나, 수도·전기 등이 차단된 상황 등에 유의한다. 또한 매우 이상하거나 낯선 행동을 보이거나, 위생 불량 혹은 비위생적인 살림살이와 관련된 불쾌한 냄새가 나거나, 지인을 알아보지 못하거나, 혼란스러워하고 지남력이 떨어지는 것 등은 학대, 자기 방임 혹은 의식 저하의 지표이다. 심각한 스트레스를 받고 있고 약물 중독 상황이거나 정신질환이 있는 보호 제공자에 의존적인 노인의 경우 특히 위험하다.

(9) 허약하거나 혼란스러운 노인은 그의 돈, 은행 계좌, 소유물 혹은 약에 접근할 수 있는 개인에 의한 착취, 절도에 취약하다. 어떤 노인은 조종을 당해 자기 의지를 바꾸기도 하고 물건을 사기도 하며, 집수리를 하며, 필요하지 않은 보험에 가입하기도 한다. 자기 이해에 반대되는 결정을 내리기도 하고 집 혹은 재산 소유권을 양도하는 서명을 하기도 한다. 어떤 경우 취약한 노인은 자신이 가족에게 심각한 재정적 혹은 정서적 부담이 된다고 느끼기도 하고 이에 자살로 이끌리기도 한다.

(10) 노인을 돕는 사람은 기억, 판단, 자기 보호 능력과 같은 정신 능력의 불가역적 상실을 뜻하는 치매의 증상 혹은 지표에 민감해야 한다. 치매는 몇 달, 몇 년에 걸쳐 암암리에 온다는 점에서 우울 혹은 섬망과 다르다. 치매의 주요 4가

지 유형은 알츠하이머 질환, 루이소체 치매 (*Lewy body dementia*), 전두측두엽 치매 (*frontal temporal dementia*), 혈관성 치매 (*vascular dementia*) 등이다. 미국에서는 알츠하이머 질환이 모든 치매 사례의 대략 65%를 차지한다.

치매 초기 단계에 당사자의 가족과 보호 제공자는 당사자가 점점 잘 잊고 혼란스러워한다는 것을 알아차린다. 예를 들어 전화번호를 자주 잊어버리며, 수입과 지출을 맞추거나 요금을 납부하는 능력을 잃는다. 그리고 일상적 문제를 해결하거나 결정을 내리는 것이 특히 어렵다. 시간이 흐르면서 다른 증상이 뚜렷해진다. 예를 들면 반복적인 행동과 말을 하고 판단력이 떨어지고 시간과 장소에 대한 지남력을 잊어버리고 일반적 활동을 수행하지 못한다. 또한 외모와 위생을 방치하며, 시각적 이미지나 공간에 대한 이해가 어렵고 말하거나 쓰는 단어에서도 문제가 생기며 성격도 변한다. 이런 증상이 나타날 때는 의학적 평가가 필요하다.

알츠하이머 같은 치매가 후기 단계로 진행되면 뭔가가 심각하게 잘못되었으며 당사자에게 24시간 감독이 필요하다는 점이 명확해진다. 말기 단계에서 당사자는 읽기, 덧셈과 뺄셈을 못하고 가족 구성원을 알아보지 못한다. 말하는 능력을 잃어버리고 배회하고 호전적인 태도를 보이며, 기타 부적절한 행동을 한다.

두말할 것도 없이 가족 구성원은 사랑하는 사람이 나빠지는 것을 볼 때 고통스러운 슬픔을 경험한다. 의료 사회복지사는 치매를 앓는 당사자에 대한 계획 및 돌봄과 관련해 가족에게도 지침을 제공한다. 또한 가족을 전문 요양 홈 케

어, 법적 자문, 가족 지지집단 같은 자원에 연
결한다.

(11) 노인과 가족은 일반적으로 수많은 법적
이슈, 법적 결정에 직면한다. 여기에는 유언 작
성, 부동산 계획, 임종 선택과 관련된 사전의사
결정서(advance directives), 법정 후견인, 위임
장, 장기요양 보험 등이 포함된다. 이런 문제에
부닥쳤을 때 사회복지사는 클라이언트와 가족
을 유능한 변호사에게 의뢰해야 한다.

15.6 가정폭력을 경험한 클라이언트

여기서 사용하는 가정폭력(혹은 가정학대)은
성인이 배우자 혹은 친밀한 파트너로부터 신체
적, 성적, 그리고(혹은) 정서적으로 학대를 당
하는 상황을 뜻한다. 미국에서 여성은 낯선 사
람 혹은 폭행범보다는 자신의 남성 파트너로부
터 폭행을 당하거나 상해를 입거나 강간을 당하
거나 살해당할 위험이 더 높다. 대부분 가해자
는 남성이며, 학대는 이성애자 관계에서 가장
자주 나타난다. 그러나 학대는 게이와 레즈비언
관계에서도 일어날 수 있다(여성이 가정폭력을
저지르기도 하지만, 여기서는 더 쉬운 설명을 위해
가해자를 남성으로, 피해자를 여성으로 지칭할 것
이다).

학대는 여러 가지 형태로 나타나지만 모두 여
성에 대한 지배를 목적으로 한다. 예를 들면 다
음과 같다.

- 신체적인 상해 혹은 상해의 위험: 목 조르기,
  주먹으로 때리기, 두들겨 패기, 성관계 강요,
  여성이나 그녀의 자녀를 해치겠다는 위협 등
- 정서적 학대: 모욕, 여성을 모욕적인 농담거
  리로 삼는 것, 비난, 여성의 자신감을 깎아내
  리는 것, 여성이 미쳤다고 매도하는 것, 여성
  이 벌을 받아 마땅하다고 주장하는 것, 여성
  에게 의사 결정을 할 기회를 주지 않는 것 등
- 고립: 누구와 대화할지, 어디를 가는지 감시
  하고 제한하는 것 등
- 경제적 조종: 여성이 돈에 손을 대지 못하게
  하는 것, 여성이 쓸 수 있는 돈에 한도를 정하
  는 것, 여성의 취업을 막는 것, 여성의 소유
  물을 모두 빼앗아 빈털터리로 남겨 두겠다고
  위협하는 것 등
- 위협: 흉기를 보여 주는 것, 애완동물을 학대
  하는 것, 여성의 소유물을 파괴하는 것, 자신
  의 마음대로 행동하지 않으면 자살하겠다고
  협박하는 것 등
- 아동을 이용하는 것: 자녀를 데려가겠다고 위
  협하는 것, 여성을 아동학대 혐의로 신고하겠
  다고 위협하는 것 등

일반적으로 가정폭력 혹은 배우자 학대에서
는 주기가 발견된다. 주기는 며칠 정도로 짧기
도 하고 혹은 여러 달에 걸쳐 전개되기도 한다.
주기의 주요 3단계는 다음과 같다.

- 1단계, **긴장 고조**: 두 사람 사이의 긴장이 높
  아지기 시작한다. 가끔 폭발할 때도 있지만,
  둘 다 이 긴장을 최소화하고 합리화한다. 여

성은 순종하고 고분고분 따르며 분노를 표현하지 않는 방식으로 상황에 대한 통제를 유지하고 자신을 보호하고자 한다.

- 2단계, **폭발**: 학대자가 마침내 폭발한다. 극도의 언어 학대, 신체적 폭력, 강간 등으로 분노를 표출한다.

- 3단계, **피해 복구**(신혼여행): 폭발 이후 곧장 학대자는 자신이 저지른 행동에 대해 슬픔을 표현한다. 그는 매우 배려하고 다정하며 사려 깊은 사람이 된다. 이러한 다정한 행동이 학대행동과 불일치하기 때문에 여성은 혼란스러워하며 심지어 자신의 지각과 정신 상태를 의심한다. 여성은 학대 사건은 우연이며, 다시는 일어나지 않을 것이라 믿고 싶어 한다. 그녀는 자신에게 학대의 책임이 있다고 결론 짓고 "만약 내가 제대로 행동했다면 그는 화 내지 않았을 거야" 하고 생각한다. 이 시기 학대자의 착한 행실은 마침내 끝이 나고, 주기는 다시 시작된다.

여성을 학대하는 남성은 전형적으로 다음과 같은 몇 가지 특성이 있다.

- 여성을 향한 극단적이고 비이성적인 질투와 소유욕이 있다. 이는 종종 여성이 다른 남성에게 관심이 있을 거라는 근거 없는 믿음과 함께 나타나곤 한다.

- 여성을 통제하고 그녀를 친구와 가족으로부터 떼어 놓으려는 욕구가 있다. "우리 둘만 있으면 돼. 다른 사람은 필요 없어"와 같은 말을 사용한다.

- 화를 내기 쉬우며 욱하는 성질이 있다.

- 기분과 행동이 친절하고 부드러운 것과 폭력적이고 비열한 것 사이에서 변화한다.

- 자신의 '폭발'과 가학적인 행동을 부정하거나 합리화한다. 무엇이든 잘못되는 것이 있으면 타인, 특히 여성을 탓한다.

- 아동이었을 때 학대당했거나 가정폭력을 지켜본 경험이 있다.

- 폭력과 관련된 위법의 경험이 있다.

학대받은 여성이 학대적인 관계를 끝내지 못하거나 잠깐 동안의 이별 후 결국 돌아가는 데는 여러 가지 이유가 있다.

- 복수나 더 심한 폭력에 대한 두려움

- 돈, 교통, 그리고 살기 적당한 주거의 부재

- 자녀, 집, 그리고 경제적 안정을 잃을 것에 대한 두려움

- 자신에 대한 의심, 낮은 자존감, 수치심 혹은 타인에 대한 불신

- 다른 이들이 자신을 믿어 주지 않을 것이라는 공포, 그리고 자신이 학대의 원인이라고 사람들이 탓할 것에 대한 두려움

- 결혼 유지를 강조하는 종교적 믿음

- 자녀를 위해 가정을 유지하려는 욕구

- 학대가 멈출 것이라고 믿고 싶은 욕구나 학대의 심각성을 부정하거나 축소하려는 경향

- 애정을 복종 및 의존과 동일시

빈번하거나 심한 폭력 양식이 나타나거나 학대자와 학대받는 여성이 약물이나 알코올을 사

용하는 경우, 여성이나 자녀가 목숨에 위협을 받았을 경우, 학대자가 치명적인 흉기를 쓸 수 있는 경우, 학대자나 희생자가 정신적인 결함이 있는 경우, 학대자에게 범죄 전과가 있는 경우, 학대가 강요된 성관계로 나타나는 경우, 학대자가 자살하겠다고 위협한 경우, 학대자가 극단적인 행동을 할 수 있다는 것을 보여 주기 위해 동물을 고문하거나 죽인 경우, 그리고 여성이 자살 위협을 하거나 시도한 경우, 학대 상황이 특히 위험하다고 봐야 한다.

학대받은 여성에게 서비스를 제공하는 사회복지사와 프로그램은 다음 목표를 달성하기 위해 노력해야 한다.

- 여성과 자녀에게 안전하고 보호받는다는 확신을 준다.
- 여성에게 학대의 주기와 성격을 이해시키고, 자신과 자녀를 안전하게 지킬 방법이 있음을 알려 준다.
- 여성이 결정을 내리고 계획을 세우도록, 그리고 안전을 위해 필요한 서비스를 받도록 돕는다.
- 여성과 여성의 자녀가 학대의 심리적 영향에서 치유되도록 돕고 개인적 경계 의식 (sense of personal boundaries) 을 재설정할 수 있게 해 준다.

학대받은 여성과 직접 일하는 이는 다음의 지침을 기억해야 한다.

(1) 신체적 안전 이슈, 그리고 음식, 주거, 건

강보호, 교통, 자녀 돌봄, 법적 상담 등과 같은 기본적 욕구에 즉각적인 주의를 기울여야 한다. 처음 클라이언트를 만나는 경우, 학대를 당한 여성이 이성적 관계에 있을 거라고 바로 가정하지 않는다. 가해자의 성 (性) 을 알게 될 때까지 학대자를 "파트너"로 지칭한다.

(2) 여성의 강점에 초점을 두고 그 강점에 주목할 수 있도록 한다. 강점은 도움을 요청해야겠다는 결정일 수도 있고 자녀를 보호하기 위한 노력일 수도 있으며 여성을 살아 있게 한 결정과 행동일 수도 있다. 여성이 자신의 생존 기술을 확인하도록 도와 자기 의심이나 무력감에 대처할 수 있게 한다.

(3) 여성이 학대자와 있겠다거나 돌아가겠다고 결정하면, 탈출 계획 (안전 계획) 을 세우도록 도와 여성이 다시 위협을 받았을 때 바로 대응할 수 있도록 한다. 이 계획에는 돈, 옷가지, 개인물품, 그리고 여성과 자녀가 학대자와 떨어져 사는 데 필요한 법적 서류 등이 담긴 가방을 준비하고, 학대자 모르게 숨기는 것을 포함한다.

(4) 여성의 감정이 심하게 동요하고 관계를 끝내는 데 양가감정을 가질 것임을 예측한다. 여성이 특히 불안정하고 혼란스러워할 때는 학대자와 대화하지 않도록 한다. 이럴 때 여성은 학대자의 조종에 취약하며 위험을 고려하지 않은 채 그에게로 돌아갈 수 있다.

(5) 학대받은 여성의 근본적인 심리적 욕구

혹은 문제 때문에 이들이 학대 관계를 시작하거나 학대 관계를 유지할 것이라 가정하지 않는다. 그러나 지속적인 학대에 대한 반응으로 알코올이나 약물 남용, 우울, 불안, 외상 후 스트레스장애 같은 문제가 실제로 나타날 수 있다.

(6) 학대자가 치료 및 훈련 프로그램에 참여하지 않는 이상 학대는 끝나지 않을 것임을 여성이 확신할 때까지, 여성이 학대자에게 여러 번 돌아갔다가 떠나는 과정을 반복한다는 것을 이해한다. 두 당사자가 동시에 참여하는 커플 상담은 보통 적절한 개입 방법이 아니다. 학대받는 여성은 가해자 앞에서 솔직하게 말하는 것을 두려워할 수 있고, 가해자는 일반적으로 여성이 과장하거나 거짓말을 한다고 여성을 비난한다.

(7) 학대 관계를 끝내고 상담도 종결한 후 학대를 당한 여성이 정서적으로 회복되고 두려움, 불안, 우울을 덜 느끼는 데는 2년에서 4년 정도가 걸릴 수 있다. 어머니가 얻어맞고 협박당하는 장면을 목격한 아동도 이와 같다.

15.7 자살 위험이 있는 클라이언트

10대, 청년, 노인의 자살률이 높다는 점을 고려해볼 때 사회복지사는 자살 위험이 있는 클라이언트를 만나게 될 것이다. 자살 경고 신호에는 극심한 우울, 절망, 죽음과 고통에 대한 집착, 아끼는 소유물을 나누어 주는 것, 설명할 수 없는 행동 변화, 약물과 알코올 사용의 급격한 증가, 충동적 혹은 무모한 행동 등이 있다. 자살한 모든 사람이 임상적으로 우울한 것은 아니지만, 연구에 의하면 우울이 자살자 사이에서 자주 나타난다. 우울 증상에는 구석구석 배어 있는 슬픔, 절망감, 평소에 즐겼던 활동에 대한 무관심, 집중력 저하, 자살 생각, 이유 없는 욱신거림과 고통, 피로감과 안절부절못함, 식욕의 변화, 타인으로부터 철회, 잠에서 일찍 깨거나 규칙적이지 못한 수면 패턴, 쉽게 화를 내는 것, 그리고 이유 없이 우는 것 등이 있다. 성인의 우울은 보통 활동 감소로 나타나는 데 비해 아동과 청소년의 우울은 종종 불안이나 동요(agitation)로 표출된다.

법적으로나 윤리적으로나 사회복지사는 클라이언트의 자살을 막기 위해 모든 합리적인 방법을 동원해야 한다. 상담을 제공하거나 제공하기 위해 노력하는 것, 위험할 때 클라이언트와 함께 있는 것, 그리고 필요하다면 경찰을 부르는 것 등이다. 미국의 주법에는 경찰이 자살하려는 사람을 억류할 수 있는 경우, 비자발적 입원이 필요할 때가 명시되어 있다. 그러나 자살하기로 완전히 결심을 굳힌 사람을 막기가 불가능한 상황도 있다는 점을 염두에 두어야 한다. 정말로 죽으려는 사람은 아마 수단과 기회를 찾을 것이다.

다음 지침은 사회복지사가 클라이언트의 자살 가능성을 사정하고 자살 위험이 있는 클라이언트에 대응할 때 도움이 될 것이다.

(1) 자살에 대한 모든 메시지를 심각하게 받아들인다. 사람이 좌절과 불행을 다른 방식으로

표현하기보다 자해에 대해 말하는 것은 항상 특별한 의미가 있다. 자살을 언급하는 사람이 자살하지 않는다는 것은 잘못된 미신이다. 불행히도 이들의 메시지는 포착하기 어려울 수 있으며, 어떤 경우에는 사망한 후에야 그 의미가 명확하게 드러나기도 한다. 자살 가운데 10~20%는 죽음에 앞서 뚜렷한 경고가 없다.

(2) 미묘하고 간접적으로 자살을 암시하는 말, 예컨대 "나는 여기에 오래 있지 않을 거예요", "이제 더 이상 살아야 할 이유가 없어요", "이 고통을 더 이상 참을 수 없어요" 등을 귀담아 듣는다. 클라이언트가 최근에 중요한 관계의 상실, 지위 상실, 가정폭력을 경험했거나 혹은 만성적 고통, 치명적인 병 혹은 심각한 신체장애를 치료 중인 경우 특히 더 이런 말에 주의를 기울여야 한다.

(3) 만약 클라이언트가 자살할 위험이 있다고 판단되면, 다른 전문가와 어떻게 하는 것이 최선일지 논의한다. 완벽하게 사생활을 보장해 주어야 한다는 약속에 얽매이지 말아야 한다. 죽음을 막기 위해서는 일반적인 비밀 보장의 법칙을 깰 수 있다.

(4) 자살을 생각 중인 사람은 보통 양가감정, 즉 살고자 하는 욕구와 죽음을 통해서라도 고통에서 도망치고자 하는 욕구를 동시에 강하게 겪는다. 근본적으로 개인은 죽고 싶지 않지만 고통을 다룰 다른 방법이 없다고 생각한다. 삶을 붙잡고 있는 그 사람의 일부를 지지하고 격려한다.

대부분 자살 위험 클라이언트는 '터널 시야'를 갖고 있어 자신의 고통과 좌절에 대해서만 생각한다. 상황에 대처할 다른 방안을 찾고 고려하도록 돕는 것이 중요하다. '클라이언트는 과거에 어떻게 역경을 헤쳐 왔는가?', '그때의 방법 중 어떤 것이 현재 상황에서도 통할 것인가?' 등을 질문한다.

(5) 클라이언트가 자살을 생각하는지 물어 보는 것을 겁내서는 안 된다. 자살에 대해 개방적으로 이야기하는 것이 자살 위험성을 높이지는 않는다. 직접적인 질문을 통해 클라이언트를 걱정하며 솔직한 대화를 두려워하지 않는다는 뜻을 전할 수 있다. 질문의 예는 다음과 같다. "당신은 자살에 대해 생각하고 있습니까?", "왜 자살을 해답이라고 생각하는지 말씀해 주시겠습니까?", "당신이 자살을 생각한다는 것을 아는 사람은 또 누가 있습니까?", "요즘 자살을 점점 더 많이 생각하게 만든 일이 무엇입니까?", "왜 상황이 개선되지 않거나 달라지지 않을 것이라고 생각합니까?", "몇 주 혹은 몇 달 후에 당신 상황이 어떻게 달라질까요?", "예전에도 자살을 시도한 적이 있습니까?", "과거에 자살을 생각했다면, 무엇이 당신 생각을 바꾸게 했습니까?"

(6) 클라이언트가 자살 계획을 실행할지 여부를 알아본다. 다음과 같은 질문을 해본다. "자살할 계획이 있습니까?", "당신이 사용하려는 총은 어떻게 구할 생각입니까?", "어디서 자살을 하려고 하십니까?", "언제 자살하려고 합니까?"

계획이 자세하고 구체적일수록 자살 위험이 높을 것이다. 많은 자살 위험 클라이언트들이 자살에 대해 생각하지만 대부분 대안적 계획(플랜 B)을 생각하지 않는다. 그래서 사회복지사가 자살 계획의 가장 중요한 부분을 훼방 놓는다면 그것으로도 종종 자살을 저지할 수 있다.

(7) 자살 방법을 선택하고 그 방법에 접근한 사람은 고위험 상황이다. 선택한 방법이 치명적일수록 위험이 커지고 자살 시도가 사망을 초래할 가능성이 커진다. 매우 치명적인 방법에는 총 쏘기, 투신, 목매달기, 익사, 일산화탄소 중독, 교통사고, 바르비투르산염(진정제)이나 수면제, 아스피린의 과다 복용이 있다. 덜 치명적인 방법에는 손목 긋기, 가스 열어 두기, 진정제나 처방전 없이도 살 수 있는 약(아스피린과 타이레놀은 제외)이 있다. 자살하려는 사람의 가족, 친구에게 알려서 약을 안전한 곳에 치우고 집에서 총을 없애고 자살 수단에 가까이 하지 않도록 기타 조치를 취한다.

(8) 자살을 시도하는 많은 사람은 외로움을 느끼거나 무시를 당했다고 느끼거나 고립감을 느낀다. 자살의 위험은 배우자를 잃었거나, 이혼했거나, 헤어졌을 때 증가한다. 의미 있는 타인이 자살하려는 사람을 돕도록 촉구한다.

(9) 클라이언트에게 자살은 일시적인 문제에 대한 영구적 해결책이라는 사실을 일깨워 준다. 클라이언트가 겪는 고통을 해결할 수 있는 다른 가능한 답을 찾는다. 필요하다면 클라이언트에게 일정 기간(예: 2주) 동안 자살을 하지 않겠다는 조건에 동의하게 하거나, 사회복지사와 대화를 한 번 더 나누기 전에는 자살하지 않겠다는 약속을 받는다. 수신자 부담 자살예방 전화 1-800-273-TALK(8255)에 전화하도록 설득한다. 상담을 위한 의뢰 절차가 끝나면 의뢰를 맡은 사회복지사나 다른 사람이 첫 번째 상담에 클라이언트를 데리고 가야 한다. 클라이언트가 서비스를 잘 이용하는지 확인하게 위해 사후관리도 필요하다.

(10) 아무 방법도 소용없는 극단적인 상황이라면, 클라이언트와 시체가 발견된 후에 무슨 일이 일어날지를 함께 논의해 본다. 가끔은 이 방법이 클라이언트를 동요시켜 자살의 실제 결과에 대해 더 명료하게 생각해볼 수 있도록 해준다. 예를 들어 다음과 같은 질문을 할 수 있다. "누가 당신을 발견할 것 같습니까?", "누구에게 당신의 죽음을 알려야 합니까?", "알려야 하는 사람 중에 특정 방식으로 말하거나 접촉해야 하는 사람이 있습니까?", "누가 가장 속상해할 것 같습니까?", "그들 중에 아이도 있습니까?", "아이에게는 당신 죽음에 대해 어떻게 말해야 할까요?", "그들은 당신에 대해 어떤 질문을 할까요?", "장례식에 참석할 수 있도록 당신의 죽음을 알려야 하는 사람의 명단을 만들 수 있습니까?", "어떤 종류의 장례서비스를 원합니까?", "매장 혹은 화장을 원합니까?", "부고에 뭐라고 쓰이기를 바랍니까?" 등이다.

(11) 적극적으로 자살하려는 사람을 다룰 때

자살하려는 사람이 자살하는 과정에서 다른 사람을 주저하지 않고 해칠 수도 있다는 점을 기억해야 한다. 예를 들어 총으로 자살하려는 사람에게서 총을 빼앗으려고 한다면 그 사람을 쏠 수도 있다.

15.8 지적장애가 있는 클라이언트

지적장애와 정신지체는 동의어이다. '지체'라는 단어에 딸린 낙인 때문에 부모와 전문가는 대안적 용어를 찾아 왔다. 점차 지적장애라는 용어가 수용됐고 가장 최신 DSM (항목 11. 15 참조)에도 사용됐다. 그러나 정신지체라는 용어는 의학 문헌에 종종 등장하며, 의학과 교육 분야 전문가는 여전히 일반적으로 이 용어를 사용한다.

지적장애는 세 가지 특징으로 정의된다. 첫째, IQ가 70 미만이다. 둘째, 의사소통, 자기 보호, 기억, 문제 해결, 사회적 상호작용, 학업 기술과 같은 적응적 행동에 중대한 제약이 있다. 셋째, 이러한 손상 혹은 제약이 18세 이전에 나타난다. 전문가는 심각도 수준을 경도(IQ 50~70), 중등도(IQ 35~55), 중도(IQ 20~40), 최중도(IQ 20 미만) 등 4가지로 구분한다. IQ 70 미만이라는 것 자체는 지적장애를 진단하는 충분한 기준이 되지 않는다는 점에 유의해야 하며, 부가적 요인 또한 고려해야 한다. 지적장애는 신진대사의 선천적 결함, 염색체 변이, 두부 손상, 영양실조, 바이러스 감염, 독소 섭취 같은 수십 개의 조건과 사건에 의해 발생할 수 있다.

전체 인구의 약 3%가 지적장애가 있다. 물론 그중의 약 80%는 경도 수준이고, 약 10%는 중등도 수준이다. 경도와 중등도(moderate) 수준의 장애가 있는 사람은 최소한의 초등학교 교육 수준을 종종 달성하고, 성인으로서 미숙련 혹은 반(半)숙련 직업을 가질 수 있다. 손상이 중도(severe)인 사람은 단순 셈하기를 배울 수 있고 쓰면 글자를 어느 정도 알아볼 수 있다. 이들에게는 많은 원조와 면밀한 슈퍼비전이 필요하다. 최중도 손상은 1~2%이며, 심각한 신경질환이 있고 기타 복합적인 의료 문제가 있다. 이들 대부분은 24시간 돌봄이 필요하다.

발달장애는 법적, 프로그램 범주이다. 정의는 주마다 조금씩 다르지만 발달장애는 인간 발달에 제약이 되는 신체적 혹은 정신적인 손상으로 야기된 심각한 장애로서, 18세(혹은 22세) 이전에 나타나며 평생 지속된다. 또한 이는 자기 보호, 학습, 자기 지시(self direction), 언어, 독립적 생활, 이동성, 경제적 자립 등의 기능에 영향을 미친다. 발달장애에는 정신지체, 뇌성마비, 자폐, 난독증(難讀症), 간질 등이 있다. 이들 가운데 정신지체(지적장애)가 가장 많이 진단된다. 지적장애가 있는 사람은 모두 발달장애를 갖지만, 발달장애가 있는 모든 사람이 보통 이하의 지적장애를 갖는 것은 아니다. 조기 진단과 의료적·교육적 개입은 이들 상황이 미치는 영향을 최소화하는 데 대단히 중요하다(항목 11. 13, 11. 18 참조).

다음 지침은 심각한 지적장애가 있는 성인을 원조하는 사회복지사에게 도움이 될 것이다.

(1) 역사적으로 대부분의 사회에서 지적장애를 가진 사람은 무시를 당해 왔고, 이들의 부모는 종종 죄책감, 수치심, 당혹감 등으로 고통을 받았다. 최근 들어 이러한 상황은 상당히 개선되었으나 이들에 대한 부정적 태도는 여전히 남아 있다. 사회복지사와 다른 전문가는 자신의 태도를 점검해야 하며, 광범위한 사회에서 사로잡혔을 수 있는 부정적 선입견 혹은 스테레오타입을 벗어던져야 한다. 무엇보다 정신 능력에 관계없이 모든 사람의 가치와 존엄성을 인정해야 하며 지적장애가 있는 사람도 다른 사람과 같은 인간의 기본적 욕구(신체적, 정서적, 사회적, 성적, 영적 욕구)가 있음을 이해해야 한다.

(2) 특정 질병과 행동 패턴은 일부 지적장애 유형과 관련된다. 이들 중 몇몇은 신경 문제가 있으며 시각, 청각, 협응, 이동성, 신체적 강점 등의 영역에서 기능수행 감소가 있다. 이러한 의학적 상태를 잘 아는 것은 의학, 심리학, 물리치료, 작업치료, 언어치료, 특수교육, 직업 재활과 같은 타 전문직과 팀의 일원으로 일할 때, 그리고 사정 및 사례 계획에서 매우 중요하다.

(3) 지적장애인 대부분은 언어 능력에 제한이 있고 읽기, 쓰기 영역에서 가장 기초적 기술이 있을 뿐이다. 결론적으로 사회복지사가 일반적으로 사용하는 원조기술과 언어 상담을 적용하는 데 제약이 있을 것이다. 따라서 대안적 기술과 기법이 필요하다. 여기는 행동주의 기법, 모델링, 시연, 특수교육 방법론, 비언어적 집단 활동, 창의적 예술 활동 등이 있다.

클라이언트가 집중할 수 있는 시간이 짧기 때문에 면접 시간을 적절히 조정해야 한다. 클라이언트의 기억력이 제한되므로 각각의 계약을 이전 대화의 연장보다는 별개의 사건으로서 계획돼야 한다. 의사소통 방법과 단어는 클라이언트의 이해 수준에 맞춰야 한다. 의사소통은 간결하고 단순해야 하며, 결코 아랫사람 대하듯 해서는 안 된다.

(4) 개입 혹은 원조 전략을 수립할 때 제약보다는 할 수 있는 것, 클라이언트의 능력에 초점을 맞추고 능력에 기반을 두어야 한다. 가능한 한 클라이언트는 자신의 상황에 영향을 미치는 결정에 참여해야 한다. 그러나 장애가 심하다면 이러한 참여는 상당히 제한될 수 있다. 클라이언트의 상황은 일반적으로 다른 사람(예: 가족, 법정 후견인, 그룹 홈 관리자)에 의해 영향을 받고 지도 감독을 받거나 통제되기 때문에, 서비스를 계획할 때 이들을 항상 참여시켜야 한다. 이들 클라이언트와 일할 때는 클라이언트 옹호자, 사례관리자, 중개자 등의 실천 역할이 특히 중요하다(제 4장 및 항목 13. 7 참조). 팀워크 기술도 심각한 장애가 있는 사람을 위해 서비스를 계획하고 제공할 때 필수적이다.

(5) 지적장애인은 우호적이며 사람을 잘 믿고 순진무구하다. 그래서 비양심적인 사람에 의해 조종, 착취, 학대를 당하기 쉽다. 이들은 종종 좌절과 사회적 거절을 경험하기 때문에 특이하고 부적절한 행동 패턴, 정서 문제를 보일 위험에 노출돼 있다. 부정적 주의를 끄는 부적절한

사회적 행동이나 태도를 강화하거나 보상해서는 안 된다. 예를 들면 포옹은 친한 친구가 아닌 성인 간의 일반적인 인사법이 아니다. 그래서 사회복지사는 부적절하게 클라이언트를 포옹하기보다는 악수 사용의 본보기가 돼야 한다.

(6) 지적장애인의 학습과 사회화를 촉진하고 낙인찍힐 가능성을 줄이기 위해, 정상화 및 사회 통합의 원칙이 사회서비스 설계 및 전달, 그리고 사례 계획 혹은 재활 계획 수립의 지침이 되어야 한다. **통합**(integration)은 장애가 있는 사람이 가족, 커뮤니티, 사회의 일상적이고 보통의 활동에 가능한 최대한 참여할 때 이뤄진다. **정상화**(normalization)는 문화적으로 규범적인 원조 접근 및 이용을 강조하는 서비스 기획 및 전달의 철학이다. 문화적으로 규범적이라는 표현은 커뮤니티 내에서 전형적이고 일상적이고 지극히 평범한 것을 뜻한다.

정상화라는 단어를 '정상'이거나 '정상이 되는 것'으로 오해해서는 안 된다. 오히려 이것은 분리를 감소시키며 이상하다는 인식(즉, 사회적으로 만들어진 차이)을 줄이기 위한 노력이다. 게다가 정상화 원칙은 평균적인 사람에게 일반적인 상황이라는 이유로 특이한 좌절 혹은 불가능한 경쟁을 야기하는 상황에 장애인이 있어야 함을 요구하지 않는다. 그러나 정상화는 불필요한 과보호의 제거를 요구하며, 어느 정도의 위험과 실패의 가능성을 내포한 학습과 삶을 인정한다.

(7) 사회복지사가 **후견인 자격**(guardianship)과 **관리인 자격**(conservatorship)으로 알려진 법

적 절차를 수행해야 할 때는 클라이언트가 심각한 장애를 가지고 있는 경우이다. 후견인 자격을 정하려면 법원은 클라이언트가 나이가 어리거나 혹은 정신적·신체적인 불능으로 인해 법적인 능력이 없다고 판단해야 한다. 그리고 법원은 다른 사람(후견인)에게 무능력한 사람의 돈과 재산을 관리하고 건강보호 같은 것을 결정할 권한을 부여한다. 관리인 자격에서는 자산을 관리하기에 무능한 사람의 재산 관리라는, 더욱 제한된 법적 목적으로 다른 사람(관리인)을 지정한다. 이들 법적 절차를 **위임권**(power of attorney)과 혼동돼서는 안 된다. 위임권은 법적인 무능력을 판결하는 것이 아니라, 간단히 공증 문서를 사용하는 것을 뜻한다. 법적 능력을 갖춘 개인은 공증 문서를 통해 재산을 사고 파는 것, 은행의 입·출금 혹은 어음 변제와 같은 특정한 행동을 할 법적 권한을 다른 사람에게 자발적으로 부여한다.

15.9 뇌손상을 입은 클라이언트

인간의 뇌는 믿을 수 없을 만큼 복잡하다. 뇌는 모든 신체, 감각 및 정신 활동을 통제한다. 뇌는 1천억 개의 신경세포(뉴런)로 구성된다. 각 뉴런은 미세구조(시냅스), 전기 자극, 신경전달물질로 알려진 다양한 화학물질을 거쳐 서로 연결되고 신호를 주고받는다. 매 순간순간 뇌는 수십억 개의 활동을 수행한다. 뇌 대부분은 물리적으로 매우 부드럽고 연약한 젤리와 유사하다. 뇌손상은 중대하고 종종 치명적인 결과

를 초래한다.

두개골 바로 밑, 대뇌피질로 알려진 머리 앞쪽은 뇌에서 가장 크고 가장 복잡한 부분이다. 크기와 위치 때문에 타격과 같은 외상에 특히 취약하다. 대뇌피질은 두 부분(반구)으로 나뉜다. 서로 별개지만 반구는 서로 소통하고 협업한다. 왼쪽 반구는 몸의 오른쪽을 통제하고, 오른쪽 반구는 몸의 왼쪽을 통제한다.

뇌손상의 가장 일반적 원인은 뇌졸중, 외상, 중독, 감염, 그리고 치매 같은 퇴행성 질환이다. 의료 기술의 발전으로 이런 손상을 당한 사람도 종종 목숨을 구할 수 있게 되었지만, 이들 모두는 경도부터 매우 심각한 수준에 이르는 후유증을 갖는다. 뇌손상의 후유증은 각성도, 집중, 자아 및 신체 인식, 지각, 기억, 학습, 추론, 기획, 의사 결정, 문제 해결, 말하기, 언어, 정서, 운동성, 균형과 협응, 피로, 현기증, 발작, 배변 조절, 강직 등의 영역에서 발생한다.

뇌손상으로부터 발생하는 손상 유형은 뇌의 어느 부위에, 어느 정도 손상을 입었는가에 따라 달라진다. 예를 들어 뇌졸중(뇌혈관 사고, *cerebral vascular accident*: CVA)은 혈액순환이 막혀 뇌의 특정 부위에 손상을 일으키는 것이다. 이런 이유 때문에 뇌졸중의 손상 부위는 어느 정도 알려져 있고, 어느 정도 정확하게 후유증도 예측할 수 있다. 반대로 교통사고와 같은 외상적 뇌손상의 후유증은 뇌조직의 전단 및 박리가 뇌의 여러 부위에 걸쳐 일어나기 때문에 예측하기가 어렵다.

뇌손상의 후유증에 대처하고 적응하는 것은 상해로 고통을 받는 사람과 가족, 사랑하는 사람, 친구 모두에게 매우 큰 도전이다. 예를 들어 심각한 뇌손상, 특히 외상으로 인한 뇌손상이 있는 개인은 자주 경직된 사고방식을 보인다. 그들은 미묘한 차이를 인식하거나 말뜻의 뉘앙스를 이해하는 데 어려움을 겪기 때문에 자기 생각과 믿음을 강하게 고수하는 경향이 있고 복잡성과 모호함에 쉽게 좌절한다. 그들은 이슈나 입장을 전적으로 옳거나 전적으로 틀리다고 간주하는 경향이 있다. 또한 중도를 받아들이지 못하고 제안의 이익과 불이익을 함께 검토하거나 고려하지 못한다. 이 흑백논리 사고방식 때문에 좋은 결정을 하기 어렵고, 타인은 그들을 완고하고 거칠고 독선적이며 속이 좁은 사람이라고 여기게 된다.

1) 뇌졸중

일반적으로 뇌졸중(*stroke*, CVA)의 가장 두드러진 증상은 신체 한쪽 마비다. 좌뇌에 손상을 입으면 신체 우측에 마비가 일어나고 말과 언어에 문제(실어증, *aphasia*)가 발생한다. 덧붙여, 낯선 환경을 접할 때 느려지고 주저하며 혼란스러워 하는 경향을 보인다.

우뇌의 손상은 신체 좌측의 마비를 가져오고, 인지에 어려움을 발생시킨다. 심한 뇌졸중을 앓는 사람은 강박적이고 판단력이 떨어지며 자신의 한계를 간과하는 경향을 보인다. 이런 사람은 해야 할 일을 설명할 수는 있지만, 직접 할 수는 없다. 감정을 표현하는 것과 다른 사람의 감정 표현을 인지하는 데 어려움을 겪는다.

뇌졸중을 앓는 많은 사람은 이른바 편측 무시

(one-sided neglect) 를 겪는다. 즉, 신체 한 부분에 대한 감각 신호 혹은 시각 영역 일부 상실을 의미한다. 예를 들면 마비된 팔이 뜨거운 난로 옆에서 흔들거릴 때 이를 모를 수 있다. 또 다른 예로, 침대에 누워 자기 다리를 보면서도 다른 사람이 자신의 침대 옆에 누워 있다고 생각해 매우 당황할 수 있다. 이러한 지각 문제를 가진 사람은 여행을 하거나 돌아다닐 때 쉽게 혼란을 느낀다.

뇌졸중과 관련돼 공통적으로 나타나는 다른 문제는 다음과 같다. 첫째, 몸치장이나 외모에 관심이 없고 방치함, 둘째, 기억 보존 기간 상실 (한번에 집중하고 보존할 수 있는 범위 감소), 셋째, 단기기억 능력이 감퇴돼 새로운 것을 학습하기 어려움, 넷째, 일반화(한 상황에서 배운 것을 다른 상황에 적용)의 어려움, 다섯째, 정서 불안정(아무 이유 없이 웃거나 우는 것)과 같은 불규칙한 정서, 여섯째, 감각 상실(맛보고, 듣고, 보고, 만져서 인식하는 능력 상실), 일곱째, 피로 등이다.

2) 외상성 뇌손상

뇌 외상은 마비, 그리고 발작, 힘과 조정력의 감소 등과 같은 다른 신체적인 증상을 야기한다. 외상성 뇌손상을 앓는 사람은 신체적으로는 정상적으로 보이지만, 수많은 중대한 인지적・행동적・정서적 문제를 겪는 경우가 꽤 있다. 기억, 판단, 집중, 인지, 충동 통제 등의 어려움은 사회적 상호작용이나 직장 업무 등에서 주요한 문제를 일으킨다. 외상성 뇌손상 원인의 대략 50%는 교통사고다.

뇌졸중이나 외상성 뇌손상을 가진 클라이언트를 만나는 사회복지사에게는 다음의 지침이 중요하다.

(1) 성격 변화, 기억 문제, 잘못된 판단, 그리고 충동성을 포함하는 증상을 보일 때 뇌손상 가능성에 주의를 기울여야 한다. 뇌진탕, 혼수상태, 뇌졸중, 척추 손상, 혹은 교통사고・스포츠 상해・폭력으로 야기된 뇌손상 등의 이력이 있는지 알아본다. 만약 뇌손상이 의심된다면 재활 전문가, 신경 전문의, 신경심리학자에게 자문을 구해, 더욱 심도 깊은 평가를 의뢰해야 할지 결정한다. 신체적 재활과 뇌졸중 및 뇌손상 후유증 치료를 전공한 의사를 재활의학 전문의(physiatrist)라고 한다. 이 의료 전문직은 재활의학(physiatry)으로, 정신의학과 혼동해서는 안 된다.

(2) 재활 프로그램은 환자에게 뇌손상의 결함을 어떻게 보완할지를 가르친다는 점에서 성공적일 수 있다. 대부분은, 가능하다면 뇌손상이 일어난 직후에 재활을 시작하는 것이 가장 도움이 된다. 뇌손상을 입은 사람은 판단 및 의사 결정 능력에 손상이 있기 때문에 가족 혹은 사회복지사는 이들이 매우 힘들고 고단한 재활 프로그램을 계속하도록 지속적으로 격려해야 한다. 사회적 서비스를 주선하는 것과 같은 사례관리자의 일상적 역할, 심리교육(제6장 참조) 참여 등에 덧붙여 사회복지사는 정신적 혹은 신체적 손상을 보완하고 대처하는 다양한 방법을 환자에게 가르치는 데 참여할 수 있다. 예를 들면 기

억, 기획, 의사 결정에서 어려움을 겪는 사람을 돕는 다양한 기법을 가르칠 수 있다.

(3) 심각한 뇌손상을 입은 사람은 자기 문제, 능력, 현재 기능수행에 관한 믿을 만한 정보원이 되지 못하는 경우가 있다. 예를 들면 이들은 자신의 기억력의 결핍, 학습의 어려움, 읽고 쓰는 기술의 상실을 감추고자 한다. 신념은 자신이 갖고 있는 해체된 정보 조각과 혼란스러운 경험을 이해하도록 돕기 때문에 잘못된 신념을 꽉 붙잡기도 한다. 이들 가족은 뇌손상을 입은 사람이 명백히 잘못된 주장을 사실이라고 고집 피울 때, 스트레스를 받고 좌절한다.

(4) 뇌손상을 입은 사람의 가족은 자신이 직면한 여러 고통스러운 변화에 대처하는 방법을 배울 때 정보, 안내, 지지를 필요로 한다. 뇌손상과 관련된 성격 변화는 사랑하는 사람이 이제 다른 사람처럼 보이게도 한다. 결혼 관계, 자녀 관계에도 심각한 부담을 지운다. 뇌손상이 있는 사람이 비논리적인 결정을 내리는 경우, 가족 혹은 배우자를 격려해 관련 법적 문서, 계약서, 유언, 재정 동의서 등과 같은 것을 검토하고 이들의 충동적 결정, 잘못된 판단에 맞서 법적 보호를 마련하도록 해야 한다. 미국 뇌손상협회 (Brain Injury Association of America) 와 미국 뇌졸중협회 (American Stroke Association) 와 같은 조직은 뇌졸중과 뇌손상을 입은 개인이나 가족을 지지하고 관련 정보를 제공한다.

(5) 주정부의 직업재활부에는 뇌손상으로 야기된 인지적 손상이 있는 사람을 위한 특별 고용 프로그램이 있다. 이러한 서비스는 직업 지도 (job coaching) 나 광범위하고 지지적인 고용 프로그램을 포함한다. 경쟁적인 고용이 불가능할 정도로 심각한 인지적 손상을 가진 장애인은 장애인 소득보장제도(social security disability income benefits) 의 대상이 된다(항목 15.10 참조).

15.10 심각한 신체장애가 있는 클라이언트

많은 사람은 하나 혹은 그 이상의 신체손상을 갖고 살아간다. 이때 **손상** (impairment) 은 질병, 상해, 고령으로 인해 발생하는 장기간 혹은 영구적인 신체적, 감각적 제약을 의미한다. 만약 이런 제약이 개인의 중요한 사회적 역할이나 일상적인 활동(예: 자기 보호, 이동성, 취업)을 심각하게 방해한다면 이는 **장애** (disability) 가 된다. 특정한 손상이 장애인지 아닌지는 심각도, 보조 기술이 이러한 제약을 보완할 수 있는지 여부, 그리고 물리적·사회적 장벽이 인접환경 내에 존재하는지 등에 달려 있다. 물리적 장벽의 예는 휠체어를 타는 사람에게 계단이다. 사회적 장벽의 예는 걷는 능력을 필요로 하지 않고 자격만 있으면 되는 직업인데도 휠체어를 타는 사람이 편견과 차별로 인해 일자리를 구하지 못하는 것을 들 수 있다. 물리적·사회적 장벽을 제거하고 보조공학과 장비를 활용하는 것은 손상이 장애 상태로 바뀌는 것을 막는 데 도움이 될 수 있다.

신체장애가 있는 사람과 일할 때 도움이 되는 정보와 지침은 다음과 같다.

(1) 심각한 장애를 가진 사람과 일할 때의 핵심 원칙은 장애가 아닌 개인의 능력에 주로 초점을 맞추는 것이다. 사람은 신체 이상으로, 정신과 영혼이 있다. 제 기능을 발휘하지 못하는 신경, 근육에도 불구하고, 또한 자신을 돌보는 일상이 고통스럽고 피곤함에도 불구하고, 심각한 장애를 가진 사람도 어렵고 책임져야 하는 일을 맡거나 커뮤니티에 적극적으로 참여하며 생산적이고 표현적인 예술 활동에 관여할 수 있다. 자신의 한계에 정면으로 직면해온 사람은 깊은 자기 인식, 진정한 연민, 확실한 영성을 종종 개발한다. 대조적으로 '정상적'인 많은 사람이 다소 피상적이며 자신의 한계와 불완전함을 부인하곤 한다.

(2) 젊음, 신체적 외모, 명성에 사로잡힌 사회에서 심각한 신체장애를 가진 사람은 종종 무시당하고 주변화된다. 이들 클라이언트집단과 일할 때 강점 관점, 자기 결정 최대화, 임파워먼트, 그리고 옹호가 특히 중요하다. 그래서 사회복지사는 클라이언트 삶의 가능한 많은 부분을 정상화하기 위해, 또한 사회적 고립을 막기 위해 노력해야 한다. 클라이언트를 돕고 격려해 사람을 만나게 하고, 친구를 사귀게 하며, 취미를 찾고 새로운 기회를 탐색하며, 커뮤니티 활동에 참여하도록 한다. 고용을 보장하거나 유지하는 것은 수많은 클라이언트에게 우선적인 것이다. 그러나 취업은 복합적 의료 상황과 욕구를 가진 사람에게는 불가능할 수 있다.

(3) 최근 수십 년간 미국에서는, 1973년의 〈재활법〉(Rehabilitation Act), 1975년의 〈장애아동 교육법〉(Education for All Handicapped Children Act), 그리고 1990년의 〈미국 장애인법〉(Americans with Disabilities Act)과 같은 연방법이 장애가 있는 사람에게 많은 도움을 주었다. 학교, 초등 및 고등교육은 장애 학생에게 교육적 지원을 제공하고 이들에 맞춰 조정될 필요가 있다. 〈미국 장애인법〉은 장애인에 대한 장벽과 차별을 제거하기 위한 국가 명령과 법적 장치를 제시한다. 특히, 고용, 공공서비스와 대중교통 접근, 시장 재화와 용역에 대한 접근, 원거리통신에 대한 접근 등의 영역이 강조됐다. 〈미국 장애인법〉은 장애를 가진 사람을 위한 사회복지 옹호의 견고한 기초이다.

(4) 사회복지사는 장애를 가진 클라이언트에게 필요한 프로그램과 서비스를 잘 알아야 한다. 가장 중요한 연방 프로그램 두 가지는 업무로 인한 상해에서 회복 중인 사람을 경제적으로 지원해 주는 산재보상이다. 다른 하나는 보충적 소득보장(supplemental security income: SSI), 사회보장장해보험(social security disability insurance: SSDI) 등을 포함하는, 〈사회보장법〉 아래의 프로그램이다. 또한, 대부분의 커뮤니티에는 뇌성마비, 관절염, 다발성 경화증, 척수손상, 시각장애와 같은 특정 장애 상황에 초점을 맞춘 수많은 조직과 민간기관, 주정부 프로그램(예: 직업재활)이 있다.

(5) 독립생활과 기능수행을 극대화할 수 있는 의료 평가, 치료, 재활서비스, 훈련, 보조공학을 받을 수 있도록 클라이언트를 격려하고 원조한다. 이런 서비스와 장비는 비싸고 클라이언트가 사는 곳에 따라 이용이 어려울 수 있다. 그래서 사회복지사는 경제적 지원, 교통수단 등을 제공할 수 있는 서비스 조직 및 다양한 프로그램을 연결하며 이들과의 협력관계를 구축해야 한다. 사회복지사는 클라이언트가 필요한 서비스를 받지 못할 때 사례 옹호에 참여할 준비를 갖춰야 한다.

상황에 따라 사회복지사는 보험이나 인간서비스 프로그램으로 충당이 안 되는 비용을 마련하기 위해 모금 활동 구성을 돕기도 한다. 모금행사 혹은 모금을 위한 자선행사를 법적으로 준비하는 방법에 주목하는 것이 중요하다. 이는 특정 정부 프로그램에 대한 자격 요건에 영향을 줄 수 있기 때문이다. 제대로 준비하지 않으면, 모금된 돈 때문에 자산 조사를 거쳐 받는 서비스와 급여 자격을 잃을 수 있다. 모금 활동을 시작하기 전에 이러한 문제를 알고 있는 사람의 자문을 구해야 한다.

(6) 작업치료사, 물리치료사, 기타 재활 전문가는 특정 클라이언트에게 도움이 될 수 있는 보조공학 선택에 관한 지침을 제공할 수 있다. 이러한 장비는 정기적으로 관리되고 조정되어야 한다는 것에 유의한다. 예를 들면 치아교정기나 휠체어는 사람에게 딱 맞지 않으면 불편함을 초래하고 의료 문제를 야기할 수도 있다. 아동의 성장, 체중 증가, 의료 상황의 변화는 장비를 즉각적으로 조종해야 하는 여러 이유 중 일부이다.

(7) 심각한 장애가 있는 사람은 가족 혹은 유급 돌봄 제공자가 제공하는 보호에 의존적이므로, 이러한 직접적인 보호 인력이 클라이언트를 위한 서비스 계획에 참여해야 한다. 돌봄은 매우 어렵고 때때로 지치는 일이다. 보호 제공자가 적절한 사회적·정서적 지지를 받고 충분히 쉬고 휴식시간(respite)을 갖도록 보장하는 것이 중요하다(항목 13. 20 참조).

15.11 약물 의존적인 클라이언트

사회기관과 사회복지사로부터 서비스를 받는 많은 개인과 가족은 알코올이나 약물 관련 문제의 직·간접적인 영향을 받는다. 약물 및 알코올 사용 및 남용은 가정불화, 가정폭력, 아동학대, 낮은 업무 성과, 경제적 어려움, 범죄 등과 같은 개인·가족·사회의 광범위한 문제를 야기하는 요인이다. 음주운전은 많은 교통사고의 원인이며, 약물 남용은 약물·알코올의 탈억제 효과와 관련된 무차별적인 성행위, 정맥주사에 의한 AIDS의 확산을 가져왔다. 임산부의 알코올, 약물 사용은 태아에게 손상을 가져와 다양한 선천적 결손, 신경 및 발달상의 문제를 초래한다. 심각하고 장기적인 알코올 혹은 특정 약물사용은 뇌손상(항목 15. 9 참조)을 비롯해 다양한 건강 문제를 초래하거나 악화한다.

알코올 혹은 약물 문제가 있는 사람은 매우 어

렵고 힘이 드는 클라이언트다. 그 이유는 부인, 합리화, 자기기만이 의존 혹은 중독의 핵심 특성이기 때문이다. 일반적으로 이들은 매우 심각한 위기를 겪거나 법원 명령이나 가족, 친구의 치료 강요가 있은 후에야 12단계 프로그램에 참여하거나 전문적 도움을 구한다. 이런 클라이언트에 대한 사회복지사의 대응은 특별한 치료와 지속적 노력 없이는 중독 극복이 불가능하다는 인식, 그리고 약물 및 알코올이 정신과 신체에 미치는 영향에 대한 이해에 기반을 두어야 한다.

많은 중독 약물은 신체의 신경화학, 생리학적 변화를 가져와 내성, 갈망, 금단을 낳는다. **내성**은 원하는 기분전환 효과를 위해 약물의 양을 계속해서 증가해야 하는 것을 뜻한다. **갈망**은 약물에 대한 고통스럽고 강렬한 열망을 뜻한다. 갈망을 경험하는 사람은 약물 구하는 데 사로잡혀 다른 것은 거의 생각하지 못한다. 중독된 약물을 빼앗겼을 때는 종종 **금단증상**(즉, 약물을 사용하지 못하면 불안이나 발작적 행동, 신체적 통증이 나타남)을 보인다. 고통스러운 금단증상을 피하고 약물을 구하기 위해 무모하고 극단적 행동(예: 절도, 폭력, 사기)을 하기도 한다.

약물 의존, 중독의 초기 단계는 학습 과정에 기원한다. 기분전환 약물이 사용자에게 이완, 자기 확신, 도취감 같은 원하는 결과를 제공할 때마다 약물 사용은 보상을 받거나 강화된다. 그래서 약물을 다시 사용할 가능성이 증가한다. 기분장애(예: 우울, 양극성 장애, 불안)를 겪는 사람은 약물 의존에 특히 취약하다. 자존감이 낮고, 무력하고, 외롭고, 혹은 기타 정서적 고통을 겪는 사람은 특정 약물의 기분전환 효과 혹

은 마비 효과에 빠져든다.

알코올이나 약물 문제를 가진 사람은 전형적으로 다음과 같은 행동이나 패턴을 보인다.

- 약물 사용이 개인적, 가족적 문제나 건강 그리고 직업 관련 문제를 야기함에도 약물을 계속 사용한다.
- 물질에 대한 내성이 증가한다.
- 금단증상을 경험하며, 관련된 불편한 경험을 줄이기 위해 약물을 사용한다.
- 의도했던 것보다 약물을 더 많이, 더 자주, 혹은 더 오래 사용하다가 가족 행사와 직업 관련 약속에 늦거나 참석하지 못한다.
- 음주나 약물을 선호하기 때문에 이전에 중요했던 활동이나 관계를 그만둔다.
- 약물을 그만하겠다고 말하지만 이를 통제하려는 노력에 실패한다.
- 외모나 몸단장, 위생을 신경 쓰지 않는다.
- 신체적 체력, 집중하고 논리적으로 생각하는 능력 등과 같은 신체적, 지적 능력의 감퇴를 경험한다.
- 약물을 얻기 위해 불법적이고 무모한 활동에 참여한다.

여기에 제시된 정보는 기본적이고 일반적이라는 점에 유의해야 한다. 다양한 약물 관련 장애 유형을 진단할 때, 그리고 내성과 금단증상의 존재를 확인할 때, 사용하는 서술과 기준을 DSM-5에서 찾아봐야 한다(항목 11. 15 참조).

일반적으로 가장 수요가 많은 약물은 빠른 효과를 보이는 것들이다. 약물 효과 발현(*onset of*

effect)은 약물 특성, 사용량, 사용 방법, 사용자의 성격 특성과 관련된다. 또한 심리·사회적 환경도 약물에 대한 개인의 반응에 영향을 준다.

지방과 지역에 따라 유행하는 약물, 선호하는 약물 사용 방법이 다르다. 거리에서 사용하는 불법 물질을 일컫는 말은 계속 변화하고 새로운 화학적 결합물도 자주 등장한다. 자주 남용되고 의존 문제를 유발하는 합법적 혹은 불법적 물질을 간단히 설명하면 다음과 같다.

1) 니코틴

담배에서 발견되는 니코틴은 각성제이며 대단히 중독성이 높다. 담배 사용은 광범위하며 심장, 폐 질환뿐 아니라 암 발병에 영향을 미친다. 담배는 거리의 합성된 불법 약물보다 더 심각한 질병과 죽음을 가져올 수 있다. 보통 연기로 흡입되지만 어떤 사람은 씹거나 코로 흡입하는 형태(코담배)의 연기 없는 담배 제품 혹은 껌과 비슷한 것을 선호한다. 흡연을 중단하면 신체적 금단증상과 갈망이 나타난다. 이 불편함은 다시 담배를 피우면 거의 즉각적으로 완화될 수 있다. 이 때문에 담배를 끊는 것이 매우 어렵다.

2) 알코올

영향을 받는 개인과 가족의 수, 음주운전으로 발생하는 상해와 사망의 수, 음주로 촉발되거나 야기된 건강 문제의 수를 고려할 때 알코올(합법 약물) 남용은 미국 사회에서 가장 심각한 약물 문제이다. 미국 의료협회, 미국 알코올중독협의회와 미국 중독성약품협회는 알코올 중독을 점진적이며 치명적인 만성질환으로 정의했다. 알코올은 중추신경체계(CNS)를 약화하기 때문에 중추신경체계를 약화하는 다른 약물, 약품과 함께 사용될 때 매우 위험할 수 있다. 유전적, 심리·사회적, 문화적 요인이 알코올 중독의 전개와 발현에 영향을 끼친다. 알코올 중독은 치료법이 없고 완전한 금주를 통해서만 통제될 수 있다. 전문가는 일단 알코올 중독자가 되면 사회적으로 용인될 만한 음주가(즉, 사교적 음주가)가 되는 것은 불가능하다고 말한다. 중독자가 술을 적당히 마시려 하더라도, 금방 통제할 수 없는 문제 음주 패턴이 항상 다시 나타난다.

초기 단계의 증상은 아주 미세하며, 중독자의 음주 행동은 가끔 과음하지만 중독은 아닌 사람과 잘 구분되지 않기 때문에 알코올 중독을 발견하기 어렵다. 종종 초기 중독자는 어떤 결과를 보이지는 않으면서 많은 양의 술을 소비할 수 있다. 그래서 친구들은 이를 '술을 마셔도 흐트러지지 않는 사람'으로 묘사하기도 한다. 이러한 생리적이거나 신진대사 현상은 원천적으로 유전일 수 있다. 점차 의존적으로 변해 가는 사람은 다른 사람보다 더 많이 더 자주 마시며, 음주가 그 사람의 사회 및 여가 활동의 대부분을 차지한다. 그러나 초기 단계의 알코올 소비는 일, 가족 기능을 심각하게 방해하지는 않는다.

중간 단계에서 알코올 의존적인 사람은 신체적으로 중독된다. 혈중 알코올 수치가 낮아질 때 혈압과 혈당의 심한 동요뿐만 아니라 불안, 초조, 떨림, 발한과 같은 금단증상을 경험한다. 점점 더 술 마실 때 있었던 일을 잘 기억하지 못한다. 이러한 현상을 블랙아웃(black out)이라 한다. 더 많이 마시고 더 오래 술을 마시게 된다. 그 결과 가족 관계와 직업 기능수행은 부정적 영향을 받게 된다. 가족과 친구는 술을 끊도록 요청한다. 처음에는 몇 주 정도 금주를 하기도 하지만 다시 마시기 시작한다. 짧은 기간의 금주 경험을 통해 의존자는 언제든지 마음만 먹으면 금주를 할 수 있다고 생각하며, 따라서 음주는 큰 문제가 아니라고 여긴다. 걱정하는 가족 구성원이 전문가의 도움을 구하기도 하지만 알코올 중독자는 통상적으로 문제가 있다는 것을 부인한다.

후기 단계에서는 알코올 중독자 본인을 제외한 모든 사람에게 문제의 심각성이 명확해진다. 이 단계에서 가족과 직장을 잃고, 술과 관련된 건강 문제가 나타나기도 한다. 하지만 부인과 자기기만이 계속되고 아주 중요한 개인적 혹은 건강 위기가 닥쳤을 때 현실에 직면한다.

이른바 CAGE로 불리는 4가지 질문에 대한 클라이언트의 답을 통해 알코올 문제를 확인할 수 있다.

- 술을 끊어야겠다(cut)고 생각한 적 있습니까?
- 누군가 음주를 비판하여 화가 난(annoyed) 적 있습니까?
- 음주로 죄책감(guilty)을 느낀 적 있습니까?
- 숙취를 해소하거나 긴장을 가라앉히기 위해 아침에 일어나자마자 술을 마신〔잠을 깨우는 한잔(eye opener)〕적 있습니까?

한 개 이상의 질문에 "예"라고 응답한 경우 사회복지사는 알코올 의존 문제의 존재 가능성을 추가로 탐색해야 한다.

3) 암페타민

모든 암페타민은 중추신경체계 각성제이다. 덱세드린(dexedrine) 같은 물질은 발작성 수면, 뇌의 역기능, 비만 치료에 사용되는 처방 약물이다. 애더럴(Adderall)와 리탈린(Ritalin)은 주의력 결핍을 치료할 때 사용된다. 기타 형태〔즉, 메스암페타민(methamphetamine)〕는 강한 효과와 낮은 가격 때문에 불법으로 제조되고 널리 남용된다. '마약 제조소'(meth lab)에서 메스암페타민을 만들 때 사용하는 화학약품에는 가성 에페그린을 포함한 감기 및 알레르기 치료제, 아세톤, 에테르, 황산, 소독용 알코올, 브레이크 세척제, 암염, 농업 비료, 잿물, 성냥의 붉은 인, 조명탄, 리튬 등이 포함된다. 이 중 몇몇 화학약품은 매우 독성이 심하고 가연성이 강하다. 화학약품에 노출되는 것도 질병을 야기할 수 있다. 마약 제조소는 지하실, 욕실, 부엌, 창고, 호텔방 등에서 발견된다.

다양한 형태의 메스암페타민 가운데는 '크랭크'(crank)와 같은 메스암페타민 황산염(sulfate), '크리스털 메스'(crystal meth)와 같은 메스암페타민 염산염(hydrochloride), '아이스'(ice)와 같은 덱스트로 메스암페타민 등이 있다. 이들은 매우 중독성이 높은 약물로서 자신감과 강력하고 오래 지속되는 희열을 가져다준다. 형태에 따라 코로 흡입하거나 삼키거나 연기로 흡입하거나 주사를 사용한다.

이들 각성제 사용자는 약물이 가져다주는 강력한 쾌락 혹은 도취감을 추구한다. 이들 각성제 남용은 과잉행동, 안절부절, 불안, 동공 팽창, 초조, 자거나 먹지 않고 오래 버티는 것 등을 통해 확인된다. 어떤 사용자는 입이 마르고 땀을 흘리며 두통, 침침한 시야, 어지러움, 불면 등을 경험한다. 극도로 많은 양을 사용하면 빠르고 불규칙적인 심장박동, 떨림, 협응력 감소, 실신을 야기한다. 장기간 사용은 영양실조, 피부장애, 궤양, 체중 감소, 신장 손상, 치아 문제, 우울, 언어·사고장애가 발생한다. 메스암페타민의 주사는 뇌졸중 혹은 심부전을 촉발할 수 있는 갑작스러운 혈압 상승을 가져온다.

암페타민을 다량으로 사용하면 환각(존재하지 않는 것을 보고 듣고 느끼는 것), 망상(비합리적 사고 혹은 신념을 갖는 것), 편집병(타인에 대한 극도의 근거 없는 두려움과 불신)을 포함한 정신병이 생길 수 있다. 이런 상태에서는 이상하고 때로는 폭력적인 행동을 보이기도 한다. 메스암페타민 사용은 종종 심각한 아동학대, 가정폭력, 다른 유형의 폭력을 일으키는 주요 요인이다. 이 약물의 금단증상〔보통 '추락'(crashing)으로 불림〕은 극도로 고통스러우며 피로, 악몽, 불면, 우울, 식욕의 급격한 변화 등의 특징이 있다.

4) 코카인

코카인은 중추신경체계 각성제로, 남미 지역의 고산지대 코카나무에서 얻는다. 코카인은 미세하고 희고 투명한 분말 형태로(코카인 염산염) 미국에 밀수된다. 이 분말은 희석되거나 크기를 증가시키고 판매 공급을 늘리기 위해 쪼개진다.

가장 보편적인 사용 방법은 희석된 분말을 코로 흡입하는 것이다. 코로 흡입하면 몇 분 내에 도취 효과가 시작돼 15~20분에 정점에 이르고 약 45분 내에 사라진다. 짧은 기간 동안 사용자는 자신감이 생기고, 힘이 넘치며, 말이 많아지고, 무엇이든 할 수 있다고 느낀다.

분말 코카인에서 다른 첨가물로부터 순수한 코카인을 분리하거나 제거하기 위해 화학적 절차가 사용될 수 있다. '순화 코카인'(freebasing)을 만드는 과정은 분말 형태의 코카인에 암모니아와 에틸렌을 추가하고 코카인 '염기'를 정제하기 위해 이를 태우는 등의 위험한 절차를 포함한다. 이를 통해 뇌로 화학물질을 더욱 직접적으로 그리고 더 빨리 보내는 방식인 연기로 마실 수 있는 순화 코카인이 만들어진다. 순화 코카인은 물에 녹기 때문에 주사로 맞을 수도 있다. 주사는 즉각적이고 강렬한 도취함을 낳기 때문에 정맥주사 사용은 중독성이 매우 강하다.

연기로 흡입할 수 있는 '크랙'(crack), '록 코카인'(rock cocaine)은 분말 코카인에 베이킹소다와 물을 섞고 작은 '돌멩이'(rocks) 형태를 만들기 위해 그 액체를 태우는 방식으로 만들어진다. 만드는 과정에서 나는 따닥따닥 소리 때문에 '크랙'이라고 불린다. '크랙'을 흡입하는 것은 짧지만 매우 강력한 '고조'를 낳는다.

코카인 상습 사용자는 종종 안절부절, 초조, 불안, 불면을 보인다. 코카인은 암페타민과 유사하게 신체적, 정신적 손상을 낳는다. 오랫동안 다량 복용하면 촉각, 시각, 미각, 후각 등에서 환각 증상을 보이는 정신병을 촉발할 수 있다. 코카인은 신체와 신경체계를 자극하기 때문에 일정 기간 사용 후에 정신적 우울과 신체적 '와해' 상태를 흔히 경험한다. 이 우울과 정서적 동요는 심신을 약화시키며, 몇 시간 혹은 몇 주간 지속된다. 수많은 코카인 사용자의 모든 걱정거리는 금단으로 인한 불편한 심리적, 생리적 결과이다.

5) 마리화나

마리화나는 칸나비스 사티바 식물로부터 만들어진 말린 잎 유형 약물의 통상적인 이름이다. 마리화나의 주요한 향정신성 성분은 THC(delta-9-tetrahydrocannabinol)이다. 마리화나의 THC 양은 그것이 사용자에 미치는 영향력을 결정한다. 해시시(hashish)는 식물 잎과 꽃의 송진을 덩어리로 눌러 만들며, 여기에는 THC가 더 많다. 마리화나와 해시시는 보통 연기로 흡입되지만 입으로 먹기도 한다. 마리화나 사용자는 걱정 없는 상태, 도취감에 젖은 휴식을 좋는다.

마리화나는 신체적 중독성이 없고 상대적으로 해롭지 않으며, 화학요법, 만성 통증, 다른 특정 질병에서 오는 불편함을 완화할 수 있기 때문에 마리화나 사용을 처벌 대상에서 제외해야 한다는 대중적 지지가 있다. 미국의 몇 개 주에서는 마리화나 사용을 합법화했지만 연방법은 마리화나를 불법 약물로 분류한다.

연구와 약물치료 프로그램의 임상적 경험에 따르면 몇몇 상반된 결과가 확인된다. 어떤 사람은 심리적으로 중독되고 다량 사용자는 대단히 소극적이고 몸이 무거워지는 느낌을 보고한다. 마리화나 사용자는 생리적 금단증상을 경험하지 않지만, 보통 갈망을 포함한 심리적 금단을 보고한다. 많은 양의 마리화나와 해시시를 사용한 사람은 동공이 확대되고 평상시보다 말을 빨리하고 크게 한다. 어떤 사람은 감각(sensory) 왜곡을 경험한다. 장기간 많은 양을 사용하면 단기기억이 손상되며, 차를 운전하거나 기계를 움직이는 것과 같이 집중과 빠른 반응을 요구하는 일을 할 수 있는 능력이 감소한다.

식물에 근거를 둔 마리화나와 합성마약 제조인이 '향신료'라고 부르는 합성(synthetic) 마리화나를 혼돈해서는 안 된다. 합성 마리화나는 일반 마리화나의 긴장 완화 효과를 모방하지만 화학적 구성이 다르다. 합성 마리화나의 신체적·심리적 결과에 관해서는 많이 연구되지 않았지만 이를 장기간 많은 양을 사용하면 일반 마리화나와는 다른 부정적 영향, 즉 불안, 금단 증상, 경련, 심장 문제가 있을 것이라는 징후가 있다.

6) PCP

PCP(phencyclidine)는 마취제로 개발되었지만, 때때로 환각을 야기하여 이후 일반판매가 금지됐다. 가축용 약품으로는 계속 사용된다. PCP는 쉽게 대량 생산되고 다양한 형태(수정 같은 분말, 알약, 캡슐 등)로 활용할 수 있다. 마시거나 연기를 맡거나 코로 흡입하거나 주사를 놓아 투약된다. PCP 분말은 때로 '천사의 연기'(angel dust)라 불리면서 마리화나에 뿌려 연기로 흡입되기도 한다.

PCP의 효과는 도취감이다. 어떤 사람에게는 적은 양도 각성제가 된다. 많은 경우, 자신의 신체와 주변 사물을 인식하는 방식을 변화시킨다. PCP는 움직임과 시간이 느려지는 것 같이 느끼게 한다. PCP의 효과는 예측할 수 없고 이 때문에 많은 '실험자'는 이를 사용하지 않는다. 불행하게도 어떤 사람은 이 약물에 의존한다.

PCP의 부정적 영향은 심장박동 및 혈압의 증가, 얼굴 붉어짐, 고열, 현기증, 마비 등이다. 편집증, 두려움, 불안을 보이기도 한다. 상습 사용은 기억, 지각, 집중과 판단에 부정적 영향을 미친다. 많은 양을 사용하면 졸음, 발작, 혼수상태, 때때로 죽음의 결과를 낳는다. PCP는 난폭하거나 이상한 행동을 야기하기도 한다. 약물의 영향으로 어떤 사람은 공격적인 태도를 보이기도 하고 또 어떤 사람은 위축돼 의사소통에 어려움을 겪기도 한다. PCP로 야기된 정신병 증상은 며칠 혹은 몇 주 동안 지속된다.

7) 환각제

환각제 혹은 사이키델릭(psychedelics)은 지각, 감각, 사고, 자기 인식, 감정에 영향을 미치는 약물이다. 환각제는 LSD, 메스칼린, 실로시빈 같은 약물을 포함한다. LSD는 곡물에서 자라는 균류에서 발견되는 리세르그산으로부터 생산된다. LSD는 거리에서 알약, 캡슐, 때로는 액체 형태로 팔린다. 보통 입으로 복용한다. 메스칼린은 페이오티 선인장에서 추출되며, LSD만큼 강력하지는 않지만 효과는 유사하다. 메스칼린은 연기로 흡입되거나 알약 혹은 캡슐 형태로 먹는다. 실로시빈은 특정 버섯으로부터 나온다. 알약 혹은 캡슐 형태로 팔리거나 버섯 자체를 먹기도 한다.

환각제의 효과는 예측할 수 없으며 사용자의 성격, 기분, 기대, 주위 환경뿐만 아니라 사용량에 따라 달라진다. 동시에 여러 감정을 경험하기도 하고 감정 변화도 경험한다. 색(色)을 듣고 소리를 보는 것 같이 감각(sensation)이 뒤섞이고 '교차'한다. 시간과 자아 관념이 변화한다. 어떤 사용자에게 이런 감각 변화는 흥미롭고 즐거운 경험이다. 다른 사용자에게 이런 낯선 감각은 놀라움과 두려움을 야기하며, 몇 분 혹은 몇 시간 지속되고 혼란, 의심, 불안, 무기력감, 통제력 상실을 포함하는 '무서운 환각 체험'을 일으킨다. 동공 팽창, 체온 상승, 심장박동 및 혈압 증가, 땀 흘림, 불규칙적인 호흡, 떨림과 같은 신체적 영향도 있다. 어떤 사용자는 인사불성 상태에 빠지며 어떤 사용자는 안절부절못하는 상태가 되기도 한다.

MDMA 또는 '엑스터시'로 알려진 제조된 환각제는 캡슐이나 알약 형태로 섭취할 수 있다. 이 환각제는 약한 인지 왜곡을 일으키며 기분을 차분하게 가라앉혀 주고, 많은 경우 타인과 공감하게 만든다. 엑스터시는 다른 환각제가 흔히 야기하는 시각적인 환상은 일으키지 않는다. 신체적 의존은 일어나지 않으나 많은 사용자에게서 심리적 의존이 나타난다. MDMA를 자주, 다량 섭취할 경우 뇌가 손상된다는 증거가 점점 더 많이 나타나고 있다.

환각제 사용은 정신적 혹은 감정적 문제를 드러낸다. 어떤 사용자는 약 복용 후 며칠, 심지어 수 주일이 지난 후에도 강렬하고 침투적인 기억과 정서를 보이는 '환각 재현'(flashback)을 경험한다. 다량 사용자는 때로 기억 손상, 주의집중의 상실, 혼란, 추상적 사고의 어려움을 보인다.

8) 흡입제

이 약물은 흡입되는 반(半) 독성 증기이다〔현실에서는 때때로 '숨을 헉헉거림'(huffing)으로 불린다〕. 흡입제는 네 종류로 구분된다. 첫째, 휘발성 용제(아교, 가솔린, 페인트 시너, 매니큐어 리무버, 맑은 액체), 둘째, 에어로졸(스프레이 페인트), 셋째, 마취제(클로로포름, 아질산), 넷째, 아밀과 부틸 질산염이다. 흡입제의 태반은 신체기능을 떨어뜨린다. 적은 양일 경우 사용자는 약간 자극받으며, 부틸 질산염 같은 물질은 몇 초 혹은 몇 분간 지속되는 '쾌감'과 '고조' 현상을 낳는다. 이들 약물은 구하기 쉽고 싸기 때문에 젊은이가 남용하기 쉽다.

흡입제는 메스꺼움, 재채기, 기침, 코피, 피로, 호흡 곤란, 협응력 결여, 식욕 상실 같은 부정적 결과를 가져온다. 휘발성 용제와 에어로졸은 심장박동 및 호흡을 감소시키고 판단에 영향을 미친다. 이들 증기를 깊이 마시면 자기통제 상실, 난폭한 행동, 무의식을 겪는다. 흡입제는 폐 속의 산소를 대체하고 숨을 멈추게 하는 정도까지 중추신경체계를 약화시키므로 질식으로 인한 사망을 야기할 수 있다. 중간 정도의 장기간 사용은 뇌, 간, 신장, 피, 정강이뼈를 손상시킨다.

9) 아편제

아편제 혹은 마취제(narcotics)로 알려진 약물은 고통을 줄이기 위해 의학적으로 사용된다. 이 물질은 중독을 야기하거나 습관성이 될 가능성이 있다. 일부 아편제(아편, 모르핀, 헤로인, 코데인)는 아시아의 양귀비로부터 나온다. 메페리딘(meperidine, 혹은 데메롤) 같은 것은 제조된다.

아편제는 먹거나 코로 흡입하거나 연기를 맡아 복용한다. 정맥주사를 사용하기도 한다. 초기 황홀감을 야기한 후, 아편제는 사용자를 이완되도록 만든다. 아편제 남용은 팔의 바늘 자국, 검은 손, 졸림, 빈번한 생채기, 충혈되거나 촉촉한 눈, 코 흘리기, 전반적 식욕 감퇴에도 설탕이나 사탕에는 끌리는 것 등을 통해 알 수 있다. 대개의 다른 남용 약물은 동공을 팽창시키지만 아편제는 축소시킨다. 아편제에 의존하는 사람이 약물을 중단하면 4~6시간 내에 금단증상이 시작된다. 금단증상으로는 불안, 설사, 복부 경련, 오한, 땀 흘림, 메스꺼움, 콧물·눈물 흘림 등이 있다. 금단증상의 강도는 복용량, 빈도, 복용 기간에 따라 다르다. 금단증상은 증상이 시작된 후 24~72시간 동안 가장 심하고 7~10일 내에 가라앉는다.

아편제 남용으로 인한 신체적 위험의 대부분은 과다 복용, 소독하지 않은 바늘 사용, 다른 화학물질에 의한 혼합 혹은 다른 약물과의 결합 때문에 발생한다. 아편제를 장기간 사용하면 심장 내부 감염, 피부 종기, 폐울혈 등이 나타나기도 한다.

10) 진정 최면제와 기타 처방약품

특정 처방약을 잘못 사용하거나 과다 사용하면 약물 의존을 일으키거나 최악의 경우 사망에 이를 수 있다. 이들 약은 의사 처방으로만 구할 수 있지만, 사용하지 않은 알약이 가족 약상자에서 발견되곤 한다. 대부분의 경우 사람들은 고통, 불안 혹은 불면 등의 증상을 거짓으로 보고하거나 처방전을 위조해 의사 처방을 받을 수 있다. 일부는 가택 침입 혹은 약국 강도를 통해 약을 구하기도 한다. 약을 가진 사람은 이를 친구와 교환하거나 거리에서 판매한다.

의사가 처방했기 때문에 "이것은 약이고 안전하다"라는 식의 잘 알지 못하는 태도가 처방약품 중독과 관련된 문제에 영향을 미친다. 약을 거래하거나, 동시에 여러 다른 약을 먹거나, 알코올과 함께 약을 섭취하는 것은 현재의 위험을 증가시킨다. 처방의 남용 문제도 커지고 있다.

가장 많이 남용되는 처방약품은 옥시콘틴(Oxycontin), 로탭(Lortab), 로셋(Lorcet), 다르본(Darvon), 퍼코댄(Percodan), 퍼코셋(Percocet), 비코딘(Vicodin), 코데인(Codeine), 메타돈(Methadone), 모르핀 같은 진통제이다. 사용자가 원하는 결과는 매우 편안한 평온 상태이다. 이 같은 진통제는 중독성이 있고 많은 양을 사용하면 매우 위험하다. 가장 많이 남용되는 약품, 특히 10대와 대학생이 많이 남용하는 약품은 애더럴과 같이 주의력 결핍을 치료하기 위해 사용되는 각성제이다. 각성제를 사용하는 사람은 에너지가 넘치고 집중력이 생기기를 바란다.

수면 진정제(*sedative hypnotics*)로 알려진 약품은 잠자는 약, 진정제, 정신안정제이다. 두 가지 대표적 범주는 바르비투르산(*barbiturate*)과 벤조디아제핀(*benzodiazepine*)이다. 이는 발륨(Valium), 리브리움(Librium), 앰비엔(Ambien), 아티반(Ativan) 등을 포함한다. 이들 약품은 중추신경체계를 약화시키기 때문에, 마음을 가라앉히고 잠을 촉진하는 효과가 있다. 조제된 양보다 많이 먹을 경우 술 취한 것 같은 모습(비틀거림, 불분명한 말, 졸림 등)을 보이기도 하지만, 술 냄새는 나지 않는다. 술(혹은 억제제)과 함께 먹었을 때 의식 불명과 죽음을 야기할 수 있다.

수면 진정제를 장기간 사용하면 신체적, 심리적 의존이 발생할 수 있다. 사용자가 약을 중단하면 초조, 불면, 불안으로부터 발작, 죽음까지 이르는 금단증상을 보일 수 있다.

약물 의존적인 클라이언트를 다루기 위한 지침

약물에 의존하는 클라이언트 및 그들 가족과 관계를 맺고 개입하는 동안 사회복지사는 다음의 지침을 주의 깊게 고려해야 한다.

(1) 알코올과 약물 남용은 사회에 만연한 문제이기 때문에 클라이언트와 가족이 언급하지 않을 때라도 이 문제가 존재할 가능성을 고려해야 한다. 개인이나 가족에 대한 사정에서는 언제나 알코올이나 약물 사용에 관한 내용을 물어보아야 한다. 하지만 의존자는 약물 사용에 관해 정확히 말하려고 하지 않는다. 보통 약물 의존자는 개인적 문제와 약물이나 알코올 사용 간의 관계에 대해 완고하게 부정하곤 한다. 많은 경우,

사회복지사가 동기화 면접(항목 8.5과 11.5 참조)을 적용함으로써 의존 혹은 중독의 문제를 인식하고 다루려는 클라이언트의 의지를 증가시킬 수 있다.

(2) 알코올과 약물의 심리적 효과를 과소평가하지 않는다. 의존이나 중독은 기분전환 약물과 병리적 관계에 있다. 이 관계의 역동성은 신경학적 애정 관계와 유사하다. 다만 이 경우에는 애정의 대상이 약물이다. 약물 의존 혹은 중독은 친절하고 정직한 사람을 약물을 계속 사용하기 위해 거짓말하고 사기를 치며 심지어 사랑하는 사람에게 상처를 입히는 자기중심적인 사람으로 변화시킨다.

(3) 전문적 실천 중에 혹은 기관에서 중독된 사람을 만나면 약물 과다 복용 혹은 섬망으로 생명이 위태로울 수 있는 위험 가능성, 그리고 공공안전 이슈에 경계해야 한다. 법적·윤리적 의무를 고려해 예측되는 상해나 죽음, 비극적 사건을 예방하기 위한 합리적 노력을 기울여야 한다. 예를 들어 중독된 클라이언트가 운전을 하려는 것을 알았다면 사회복지사에게는 운전을 하지 못하도록 막아야 할 의무가 있고, 필요하다면 자동차 사고를 막기 위해 법 집행을 알려야 한다.

(4) 클라이언트가 약물에 취한 상태로 면담에 온다면 정확한 정보를 수집하고, 이 과정에 클라이언트의 완전한 집중이 필요하다는 점을 정중하지만 단호한 태도로 설명한다. 그런 후 술이나 약물에 취하지 않은 시간으로 다시 약속을 잡아야 한다. 클라이언트가 언쟁하고 화를 내겠지만 평정을 유지하고 결정을 고수한다.

(5) 클라이언트의 약물 사용을 돕는 체계의 한 부분이 되지 않도록 한다. 예를 들어 돈을 빌려주지 않는다. 그리고 무책임한 행동을 '감싸거나' 양해를 구하는 전화를 하거나 편지를 쓰지 않는다.

(6) 약물 의존자와 오랫동안 생활한 결과로 배우자나 주변 인물에게 형성된 **공동의존**(co-dependency) 행동방식에 대해 알아야 한다. 일반적으로 공동의존자는 약물을 사용하고 남용하는 사람을 위해 변명하고 약물 사용자를 보호한다. 자신의 욕구에는 무관심한 반면, 다른 사람(알코올 중독자 등)의 행동에 대해 책임을 진다. 그들은 자신이 사랑하는 사람에 의해 취급당한 방식 때문에 적대적이며, 통제할 수 없는 상황의 경험 때문에 지배적인 성향을 띤다. 그리고 조종이 뭔가를 얻어 내는 유일한 방법이기 때문에 조종적이다. 정직함을 유지할 수 없는 관계 혹은 가족체계에서 생활하기 때문에 의사소통에서 모호하다.

(7) 약물 의존적인 사람은 치료 프로그램의 도움 없이는 약물 복용을 멈추지 못하므로 치료에 의뢰하는 것이 필요하다. 하지만 의뢰를 시도하기 전 클라이언트에게 어떻게 접근하는 것이 최선인지, 그리고 치료 시작에 대한 저항과 부인을 어떻게 다뤄야 하는지 등에 관해 치료 전

문가와 의논하는 것이 좋다. 치료 보장을 위한 활용 가능한 방안으로 클라이언트의 건강보험 혹은 적용 가능한 세금 지원 프로그램과의 연계를 살피고 계획할 필요도 있다.

어떤 경우에는 생리적 금단(해독)을 위해 입원이 필요하다. 의학적인 감독 아래에서의 해독을 거친 후 필요한 경우 입원, 외래, 주간치료 등의 치료 프로그램을 받는다. 매주 혹은 격주의 외래상담 세션은 보통 6개월에서 1년 혹은 그 이상 지속될 수 있다.

많은 회복 단계의 중독자가 12단계 프로그램〔익명의 알코올 중독자들(Alcoholics Anonymous), 익명의 코카인 중독자들(Cocaine Anonymous), 익명의 마약 중독자들(Narcotics Anonymous) 등〕에 참여한다. 여기서는 클라이언트를 격려하고 하루하루의 일상에 대처하는 방법을 가르쳐 준다. 이들 프로그램은 스토리텔링, 공유, 상호 지지를 활용해 개인이 알코올과 약물이 없는 생활 방식을 개발하도록 돕고, 영성 — '불완전함의 영성'(spirituality of imperfection)으로 불리는 영성 — 의 중요성을 강조한다.

(8) 클라이언트를 치료 프로그램에 의뢰하는 데는 가족, 친구의 도움과 지원이 필요하다. 그래서 이들을 만나 사정, 계획, 원조 과정에 참여시키는 것이 중요하다. 그러나 이들 또한 약물 문제가 있으며, 도와주기와 공동의존 행동으로 클라이언트 문제를 악화시킬 수도 있는 가능성에 유의한다.

(9) 가족 구성원이 COA(children of alcohol-ics), ACOA, ACA(adult children of alcoholics) 같은 자원과 함께, 알아논(Al-Anon), 알아틴(Alateen) 집단, 그리고 공동의존 문제를 다루는 프로그램을 활용하도록 격려한다. 공개 모임에 참여해 12단계 회복 프로그램을 배운다. 이들 집단의 구성원은 약물 남용 문제를 가진 클라이언트가 보이는 수많은 도전을 다루는 효과적 방법이나 회복 과정에 대해 알고자, 전문가 등과 열정적으로 협의한다.

(10) 클라이언트가 약물 사용을 중단하면 재발 방지를 위한 계획에 주의를 기울여야 한다. 알코올과 약물 사용을 재개할 위험성이 높은 상황과 시기에 대처할 수 있는 계획을 개발하도록 돕는다. 중독자가 일단 자신이 사용했던 약물을 끊었을 때도 또 다른 약물에 중독될 취약성은 여전히 남아 있다. 중독으로부터 회복 중인 경우 처방 약이나 일반의약품 사용과 관련해 특히 바짝 경계해야 한다. 회복 중인 중독자는 약물 중독, 의존과 관련된 자신의 과거 문제를 항상 의사에게 알려야 한다.

15.12 심각한 정신질환 클라이언트

가장 대표적인 세 가지 정신질환은 조현병, 양극성 장애, 우울이다. 이 세 가지 모두 뇌에서의 생화학적 이상 때문에 주로 발생한다. 각각은 간헐적일 수 있으며, 개인의 기능수행을 손상시키는 정도와 강도가 다양하다. 지속적인 질병은 특히 가족관계와 직업 역할을 파괴한다.

이들 질병을 앓는 사람 중 일부는 정신병자가 되고 현실감을 상실한다.

조현병은 사람을 좌절시키며 허약하게 하는 질병이다. 인구의 약 1%가 이 질병으로 고통받는다. 발병 나이는 15~25세로, 뇌의 전두엽이 성숙하는 시기이다. 많은 전문가는 스트레스 상황, 바이러스 감염, 다른 생리적인 조건이 유전적으로 이미 잠재적인 이 질병의 발병을 유발한다고 본다. 조현병을 가진 사람은 다음의 몇 가지 증상을 보인다.

- 망상: 사실에 전혀 기초하지 않은 잘못된 신념을 고수한다.
- 환상: 목소리를 듣는 것이 가장 흔한 환상이다. 존재하지 않은 것을 보는 시각적 환상은 상대적으로 드물지만, 약물을 남용하는 경우 자주 나타날 수 있다. 후각적·감각적 환상 등도 드물지만 가능하다.
- 사고장애: 사고를 느슨하거나 비논리적으로 연결한다. 사실이나 논리와 전혀 관련 없는 결론에 도달한다. 다른 사람에게는 아무런 의미가 없는 단어, 소리를 사용하거나 새로운 말을 만들어 낸다. 한 주제에서 다른 주제로 빠르게 전환한다.
- 둔화된 혹은 부적절한 정서: 정서적 반응의 범위가 협소해진다. 상황에 맞지 않는 감정과 느낌을 표현하며 단조로운 목소리로 말한다.
- 극단적인 철회: 일상적인 삶의 경험이나 사회적 상호관계로부터 철회한다. 업무나 학업 수행이 더 악화된다. 외모나 자기 보호에 무관심하다.

조현병 증상을 가진 사람의 약 4분의 1이 회복되고, 다시 발병하지는 않는다. 어떤 사람은 가끔 재발한다. 20~30%는 평생 지속되는 증상을 갖는다.

정신질환의 다른 두 가지 형태는 우울증과 양극성 장애이다. 이는 **기분장애** 혹은 **정서장애**로도 알려져 있다. **우울증**을 경험하는 개인은 지속적으로 슬픔과 우울한 느낌을 경험한다. 자주 눈물을 흘리고, 신경이 예민하고, 뚜렷한 이유 없이 공격적이다. 우울증에 공통적으로 나타나는 증상은 다음과 같다.

- 무가치함, 절망감 혹은 죄책감을 강하게 느낌
- 불안, 그리고 문제와 상황에 대한 반추
- 생각하고 집중하고 결정하는 능력 감퇴
- 친구, 가족, 일상 활동에 대한 관심 상실
- 죽음과 자살에 대한 습관적 사고
- 식욕 감퇴와 체중 감소 혹은 지나치게 식욕이 왕성하고 몸무게가 늘어남
- 수면 패턴 변화(너무 많이 자거나 아니면 자지 않음)
- 과도한 피로, 에너지 상실, 성욕 감소
- 일상적 활동 수준의 변화(증가 혹은 감소)

인구의 약 1%가 **양극성 장애**로 고통을 받는데 양극성 장애는 우울증과 조증(躁症)의 기간을 오간다는 특징이 있다. 조증―과다 활동 상태―은 주로 다음과 같은 특성을 가진다.

- 과장되거나 강렬하거나 신경 과민한 기분
- 수면 욕구의 감소

- 지나치게 고양된 자신감과 과장된 사고
- 에너지와 활동의 증가: 일, 놀이 활동, 성생활의 과도한 수준의 참여
- 지나친 낙관주의, 낮은 판단력, 충동적인 의사 결정
- 빠르고 억눌린 말투, 급속 사고(racing thought)
- 주의 산만

대부분 조증 국면 다음에 우울 국면이 따라온다. 때때로 두 가지 국면 사이에 거의 정상적인 기능의 기간이 있기도 하다. 이들 기간은 며칠 혹은 몇 달 동안 오고 가며 지속된다. 치료하지 않으면 증상의 심각도와 빈도가 심해진다.

어떤 사람들은 양극성 장애를 대부분 우울 에피소드로 경험하거나 대부분 조증 에피소드로 경험한다. 때로 개인의 정신병력을 통해 양극성 장애가 미래에 어떻게 나타날지 예측할 수 있다. 예를 들어 가을에 우울을 경험한 병력을 가진 개인은 해마다 같은 달에 더욱 심각한 증상을 경험하는 경우가 많다. 이러한 장애가 유전적 기초를 가진다는 증거도 있다.

심각한 정신질환을 겪는 클라이언트와 활동할 때 사회복지사는 다음의 몇 가지 지침을 따라야 한다.

(1) 클라이언트가 정신질환이 있다고 의심되면 적절한 진단과 치료를 위해 유능한 의사, 가급적이면 정신과 의사에게 의뢰해야 한다. 많은 경우 임상심리학자의 평가가 진단 과정을 보완한다. 심각한 정신질환이 있는 사람 대부분에게 약물과 심리치료의 특정 조합이 치료법으로서 선호된다. 약을 먹는 경우 약의 효과, 신체기능과 다른 질병에 미치는 영향(항목 15.14 참조)을 모니터할 수 있는 의사의 치료를 받아야 한다.

(2) 우울은 절망감을 초래하기 때문에 자살 위험성을 항상 고려해야 한다. 조현병 환자 가운데 4분의 1이 자살을 시도하며, 10분의 1이 자살로 죽는다. 조현병을 가진 사람의 자살사고 혹은 자해사고는 매우 위험하다(항목 15.7 참조).

(3) 망상은 조현병의 공통적인 증상이다. **망상**은 명백한 증가가 있음에도 그 반대로 고착된 사고와 신념이다. 망상은 정신적 혹은 인지적인 혼란을 어느 정도 이해하는 데 도움을 주기 때문에 이를 고수하게 된다. 망상에 반응하는 방식에 유의해야 한다. 망상을 주의 깊게 경청하고 망상이 기반하고 있는 가정을 이해하고자 노력한다. 그 사람과 맺은 관계가 깨질 수 있기 때문에 망상적 사고를 비판하거나 이의를 제기하거나 직면하지 않는다. 망상에 직면한다면, 직면한 사람을 망상적 사고체계의 일부로 만들어 적으로 간주하거나 음모·모의에 관여한 것으로 볼 위험이 증가한다.

(4) 정신병자의 극소수는 **명령환각**(command hallucinations)을 경험한다. 즉, 자해하거나 다른 사람을 해치라고 말하는 목소리를 듣는다. 예를 들어 다리에서 뛰어내리거나 시장을 살해하라는 목소리를 듣는다. 이런 명령환각은 드물지만 매우 위험하다. 만약 이 증상이 약물치료로 통제될 수 없다면 입원해야 한다.

(5) 심각하고 지속적인 정신질환을 가진 사람은 대개 평범한 일상생활을 관리하는 데 어려움을 겪는다. 이런 이유로 사례관리자 역할을 담당하는 사회복지사가 제공하는 원조가 필요하다. 사례관리자의 격려, 도전, 상담, 지도는 클라이언트가 정신(심리) 치료서비스나 의료서비스를 받고 조정하며, 약의 효과를 관찰하며, 적당한 주거와 고용을 확보하며, 예산 설계, 요금 납부, 보험 관리 등의 과업을 처리하도록 도울 수 있다. 사례관리자는 클라이언트가 가족, 친구, 지지집단과 관계를 유지하도록 노력해야 한다.

또래 지지, 수용, 의미 있는 일, 사회적 활동, 기타 서비스를 제공하는 **클럽하우스 모델**은 만성 정신질환이 있는 사람에게 특히 유용하고 중요하다.

(6) 정신질환은 가족과 친한 친구에게 심각하고 고통스러운 영향을 미친다. 사회복지사는 다음과 같은 활동을 통해 가족의 관심사를 다뤄야 한다.

① 정신질환과 치료법에 관한 실질적인 정보를 제공한다. 신체적 상해에 대한 있을 수 있는 두려움과 정신질환자의 무책임한 재정적 결정에 대한 걱정 등에 관해 질문한다.
② 가족 구성원이 미국 정신질환자를 위한 연합회(National Alliance for the Mentally Ill)와 같은 지지집단이나 자조집단에 참여하도록 격려한다.
③ 부모와 형제가 정신질환자 가족 구성원에

대해 느끼는 극심한 괴로움과 걱정에서 벗어나 인생과 자신의 욕구를 인식하도록 돕는다.
④ 가족 구성원에게 사례관리, 그리고 돌봄 책임과 스트레스를 완화하는 데 도움이 되며 휴식과 재충전의 기회를 제공하는 휴식서비스 등을 받을 수 있도록 원조한다(항목 13. 20 참조).
⑤ 비자발적 입원, 사랑하는 사람의 재정 관리, 위험한 행동, 약물 오용, 치료 거부 등과 같이 가족에게 있을 수 있는 문제와 걱정거리를 다루는 방법에 관한 법적 안내를 받도록 격려한다.
⑥ 정신질환 때문에 변해서 낯선 사람처럼 보이는, 사랑하는 사람의 상실에 대해 가족이 슬퍼할 수 있게 돕는다.
⑦ 가족에게 접근 가능한 상태를 유지한다. 특히, 파괴적 행동 에피소드로 촉발될 수 있는 가족 위기 동안에 더욱 그러하다.
⑧ 적절하다면, 믿을 수 있는 가족 구성원에게 의료와 치료 관련 비밀정보를 공개하는 것을 클라이언트가 승인하도록 한다. 그래야 가족 구성원이 클라이언트 상황을 이해하고 필요한 서비스를 이용하도록 도울 수 있다.

(7) 정신질환의 치료와 관리는 다른 심각한 문제의 출현, 즉 약물 남용, 성격장애, 뇌손상 혹은 발달장애(항목 15. 8, 15. 9, 15. 11, 15. 13 참조)와 같은 문제에 의해 더욱 복잡해질 수 있음을 명심해야만 한다. **이중진단**(*dual diagnosis*)이라는 용어는 이러한 상황에 적용되는 말이다.

15.13 성격장애 클라이언트

대부분의 실천 현장에서 사회복지사는 정신 건강 전문가에게 성격장애로 알려진 사고와 행동 패턴을 보이는 사람을 만날 것이다. 성격장애(personality disorder: PD)에는 몇 가지 유형이 있다. 그러나 일반적으로는 타인 및 삶을 인지하고 생각하고 관계하는 방식이 오랫동안 융통성 없으며, 부적응적이라는 특징을 갖는다. 이런 뿌리 깊은 패턴이 이들의 상호작용과 역할의 모든 것을 형성하며, 심각한 수준의 기능 손상을 낳는다. 일반적으로 이러한 패턴은 청소년기에 눈에 띈다.

일반적으로 성격장애가 있는 사람은 자신의 행동을 특별하다고 여기지 않으며 살면서 부딪치는 어려움에 대해 보통 타인을 비난한다. 그래서 거의 치료받으려 하지 않으며, 자신이 기능하는 방식을 바꿀 필요를 느끼지 않는다.

DSM-5(항목 11.15 참조)는 10개의 성격장애를 3개의 군 혹은 하위그룹으로 나눠 기술했다. A군에는 편집성 성격장애(paranoid PD), 조현성 성격장애(schizoid PD), 조현형 성격장애(schizotypal PD)가 속한다. 이 세 가지 성격장애 중 하나를 가진 사람의 주변 사람은 그를 냉담하고 이상하고 특이하거나 기이하다고 표현한다. B군에는 4개의 성격장애, 즉 반사회성 성격장애(antisocial PD), 경계성 성격장애(borderline PD), 연극성 성격장애(histrionic PD), 자기애성 성격장애(narcissistic PD)가 속한다. 이 군에 속하는 개인은 지나치게 과장되고, 매우 감정적이고 에로틱하며 예측할 수 없

거나 신뢰할 수 없는 존재로 묘사된다. 세 번째 군, C군은 회피성 성격장애(avoidant PD), 의존성 성격장애(dependent PD), 강박성 성격장애(obsessive-compulsive PD)로 구성된다. 여기 속하는 사람은 두려움, 불안함, 엄격함을 보인다.

성격장애의 특성을 이해하기 위해 성격은 행동, 사고, 감정의 상대적으로 일관된, 안정적인 패턴을 뜻함을 기억하는 것이 유용하다. 성격성향(personality trait)과 성격장애(personality disorder)를 구분하는 것이 중요하다. 성향은 개인에게 꽤 전형적인 행동 혹은 태도이지만 반드시 기능수행을 손상시키지는 않는다. 그러나 성향 혹은 성향 무리가 극단적 형태로 존재하고 기능수행을 심각하게 손상한다면, 이를 성격장애로 볼 수 있다. 예를 들어 우리는 모두 곤란함과 불편함을 야기하는 상황을 피하고자 하는 경향이 있다. 그런데 이 회피 행동이 극단적 형태를 띠고 정상적인 기능수행을 방해한다면 이는 회피성 성격장애로 불릴 수 있다. 다른 예로, 타인의 관심을 받고자 하는 욕망은 당연하지만, 그 욕망이 극단적이고 관심 대상이 되기 위해 기이하고 부적절한 행동을 지속적으로 한다면 이것은 연극성 성격장애를 시사한다.

성격장애 진단은 생활 내내 반복되며 광범위하게 퍼진 행동 및 사고, 감정 패턴이고, 그것이 기능수행의 중대한 손상 원인이 되는 경우에 내려진다는 점을 이해하는 것이 대단히 중요하다. 성격장애는 우리에게 있는 기이한 점 혹은 특이함과는 상당히 다르다. 우리가 "까다롭다" 혹은 "약간 이상하다"라고 묘사하는 사람 대부분은 성

격장애가 아니다. 우리가 싫어하거나 우리를 짜증 나게 하는 사람의 대부분도 아마 성격장애가 아닐 것이다. 성격장애를 구성하는 유형과 특성은 연속선상의 극단에 위치한다.

다음에서 성격장애가 있는 클라이언트에게 다가가 상호작용하는 최선의 방법을 안내하고 네 가지 성격장애에 대해 간단히 기술한다. 이러한 정보를 통해 초보 사회복지사는 자신의 클라이언트에게 성격장애가 있을 때 직면하는 특별한 도전에 대한 인식을 높일 수 있다.

(1) 성격장애 진단은 클라이언트 행동의 역사를 오랜 세월에 걸쳐 살피는 것에 전적으로 달려 있다. 그래서 사회복지사가 작성한 사회력 혹은 사회적 사정 보고서(항목 11. 3 참조)가 진단 과정에 매우 유용하다. 사회적 사정 보고서는 클라이언트의 고질적인 행동과 문제가 정말로 오래되고 단단히 자리를 잡아 모든 관계에 영향을 주는지, 아니면 최근에 발생했고 단지 특정 관계와 상황에서만 나타나는지에 관한 주요 의문에 답을 줄 수 있다.

(2) 클라이언트의 과거 및 현재 행동에 대한 상세한 기술이 있다면, 경험 있는 임상가는 성격장애가 있는지의 여부에는 보통 합의한다. 그러나 클라이언트가 어떤 유형의 성격장애인지에 관해서는 종종 의견 불일치가 있다. 성격장애 중 어떤 것은 유사하거나 중복되는 특징이 있기 때문이다.

(3) 성격장애, 특히 경계성 성격장애 진단 빈

도가 증가하고 있다. 이유는 불명확하다. 아마도 전문가들이 이제 이 장애에 관해 더 많이 알게 되었기 때문일 것이다. 그러나 일부 전문가는 이러한 유형의 정신장애 출현 증가가 가족 기능과 아동 양육 패턴에 미치는 사회·문화적 변화의 영향을 반영한다고 말한다.

(4) 성격장애는 뿌리 깊은 패턴이기 때문에 변화가 지극히 어렵다. 전통적 형태의 상담과 심리치료는 거의 효과가 없다. 게다가 성격장애가 있는 사람은 전문적 도움을 거의 구하지 않는다. 설사 그렇더라도 변화에 영향을 미칠 만큼 오랜 기간 치료를 받지 않는다. 이들은 원조관계에 참여하기 어려우며, 치료사의 아주 작은 실수나 오해가 클라이언트로 하여금 소외감을 느끼게 만들거나 화나게 하거나 불안하게 만들 수 있다.

성격장애를 치료하고 변화시키는 것은 매우 어렵기 때문에 클라이언트와 이들의 사회적 환경, 상황 간 적합도 향상에 초점을 두는 것이 더 실제적이며 효율적이다. 그래서 사회복지사는 성격장애가 이들 자신과 타인에게 미치는 부정적 영향을 최소화할 수 있는 직업, 일자리, 업무 현장, 주거 환경을 찾도록 도와야 한다.

(5) 성격장애는 가족과 직장, 커뮤니티에서 오래된 갈등 및 단절 관계가 나타난다는 주요 특징이 있다. 성격장애가 있는 사람의 부모와 형제자매는 보통 좌절하며 당혹스러워하고 걱정하고 조종당한다고 느끼고 화가 난다. 이들은 돕고 싶지만 어떤 것도 도움이 될 것 같지 않다

고 느낀다. 가족 구성원에게 성격장애의 특성을 설명하고 골치 아픈 가족 구성원과 상호작용하는 방법에 관해 실제적 조언을 제공하는 지지집단이나 심리교육 프로그램(제6장 참조)에 참여하도록 돕는 것이 도움이 될 것이다.

(6) DSM-5에 기술된 10개의 성격장애 가운데 경계성 성격장애가 가장 흔하게 진단된다. 아마 인구의 5~6%가 경계성 성격장애일 것이다. 이 장애가 있는 사람은 종종 공허감을 느끼고 삶에 불만족하며 빠르고 잦은 기분 변화를 경험한다. 예를 들어 어느 날은 자신감이 넘쳐 세상을 다 얻은 기분이지만 다음 날은 우울하고 불안하며 짜증을 내고 심지어 자살 충동을 느낀다. 마음 깊은 곳에 다른 사람이 자신을 버리지 않을까 하는 강한 두려움을 갖고 있다. 개인적 경계를 거의 인식하지 못하며, 자신의 감정과 타인의 감정 구분을 어려워한다. 방금 만났거나 거의 알지 못하는 사람과 정서적으로 강렬하고 과중한, 낭만적 관계를 맺는다. 일반적으로 이러한 관계는 짧게 유지된다. '반드시 해야 하는' 방식으로 타인이 반응하지 않으면, 경계성 성격장애가 있는 사람은 화를 내고 격노하며 우울해하거나 불안감을 느낄 수 있다. 어느 날은 어떤 지인이 최고의 친구이지만 다음 날에는 같은 사람이 최악의 적으로 인식된다. 이 장애가 있는 사람은 깨진 관계, 갈등적 관계의 흔적만을 남긴다. 내적인 따분함과 불만족이 난잡함, 무분별한 과소비, 약물 남용, 절도, 자해와 같은 활동으로 흥분과 자극을 충동적으로 추구하게 한다. 이들은 문제가 생길 때마다 타인이 문제를

일으켰다고 여긴다.

이 장애는 생물학적 요인과 사회·환경적 요인의 조합으로 발생한다고 알려져 있다. 생물학적 요인은 고(高) 반응적인 기질 혹은 감정적 성질(emotional makeup)이다. 감정을 매우 맹렬히 느끼며, 한번 흥분한 후 침착하고 차분한 상태로 천천히 돌아간다. 덧붙여, 경계성 성격장애가 있는 많은 사람이 병약하고 정서적으로 혼란스러운 사회적·가족적 환경에서 성장했다. 예컨대 이들은 자신의 감정을 표현했을 때 처벌을 받거나 무시를 당했고, 결과적으로 자신이 실제 느끼는 것에 대해 혼란스러운 상태로 성장했으며, 감정을 관리하거나 해석하는 법을 배우지 못했다.

경계성 성격장애가 있는 클라이언트와 일하는 일은 좌절감을 주고 예측할 수 없으며 진을 빼고 때때로는 무서운 경험일 수도 있다. 원조관계는 도전과 위험으로 가득할 것이다. 정서적으로 강렬하면서도 불안정한 관계를 형성할 가능성이 있기 때문에 이들은 원조관계의 본질과 목적을 쉽게 왜곡한다. 어떤 순간에 이들은 부적절하게 의존적이고 매달리며, 어떤 순간에는 전문가에게 맹렬히 화를 내고 크게 실망한다. 이들은 종종 전문가가 성적 이끌림을 만들었다고 추정한다. 상담 혹은 치료적 노력에서 매우 중요한 것은 목적, 클라이언트에 대한 기대, 실천가의 역할을 상세히 설명한, 아주 명확하고 자세한 치료 계획 혹은 서비스 합의서를 작성하는 것이다. 덧붙여, 전문가를 접촉할 수 있는 때와 방법, 접촉할 수 없는 때와 방법, 그리고 치료 세션을 위한 특정 시간과 장소도 합의서에 상

세히 열거한다.

이들 클라이언트에게 치료서비스를 통해 변화를 이루는 것은 매우 어렵지만, 변증법적 행동 치료로 알려진 접근이 다른 모델보다 더 성공 가능성이 있다. 이는 인지 행동 치료로부터 나온 기법으로서, 인간관계를 이해하는 새로운 방식을 클라이언트에게 제공하며 마음챙김 실천에 관한 훈련을 결합한 것이다. 변증법적 행동 치료는 느낌과 감정을 완전히 차단하거나 과장하지 않으면서 이를 경험하도록 클라이언트를 가르친다(제6장, 변증법적 행동 치료 참조).

(7) 반사회성 성격장애가 있는 사람은 사이코패스 혹은 소시오패스로 묘사되기도 한다. 이들은 수많은 특성, 즉 죄책감, 회한 혹은 타인을 해치는 것에 대한 수치감이 부족하며, 공감이 부족하고, 경험을 통해 배우지 못하고, 자기 행동에 책임지려 하지 않아 피상적인 말뿐이며, 자기 가치를 과대하게 여기고, 거짓말하고 속이고 조종하려는 경향이 있으며, 좋지 못한 판단을 내리고, 강한 충동성이 있다. 이들은 자기 행동의 결과를 생각하지 않는 경향이 있다. 반사회성 성격장애가 있는 사람은 말만 번드르르하게 하는 사람, 매력적이고 부정직한 사람이라는 평을 얻는다. 미숙한 사회복지사와 상담자는 이들에게 쉽게 속임과 조종을 당할 수 있다(항목 10.8 참조).

전문가는 인구의 2% 정도가 반사회성 성격장애일 것이라 본다. 놀랄 것도 없이 이들 중 많은 수가 법적 어려움에 처한다. 그러나 모든 범법자가 반사회성 성격장애는 아니며, 반사회성 성격장애가 있는 사람 모두가 범죄를 저지르는 것도 아니다. 감옥에 수감된 사람 중 60~80%가 반사회성 성격장애가 있는 것으로 추정된다. 극단적인 경우, 망설임 혹은 죄의식이 없이 살인, 강간 혹은 아동학대를 저지르기도 한다.

반사회성 성격장애가 있는 사람은 자해 혹은 타해를 진실로 믿고 이해할 때까지 그 행동을 변화하려고 하지 않는다. 이들과 일할 때는 클라이언트의 책무성과 책임을 강조하는 강력한 교육적 요소를 포함해야 한다. 이들 클라이언트는 대개 노련한 조종자이기 때문에 집단치료가 특히 중요하다. 집단 내 모든 사람을 속이거나 조종할 수는 없기 때문이다. 결과적으로 집단 내 누군가, 특히 다른 조종자가 거짓말을 알아차릴 것이고 미수에 그친 거짓말을 간파할 것이다. 또한 동료로부터의 피드백과 직면이 전문가보다 보통 더 큰 영향력이 있다.

(8) 의존성 성격장애가 있는 사람은 타인으로부터의 보살핌을 극단적으로 원한다는 특징이 있다. 회피성 성격장애는 사람과 떨어져 있는 반면, 의존성 성격장애가 있는 사람은 관계를 필사적으로 추구하고 타인에게 매달리며 순종적이고 수동적이다. 또한, 어떤 형태의 비판 혹은 분리도 크게 두려워한다. 이들은 무력감을 느끼고 결정을 내릴 수 없다고 생각한다. 이들은 옷과 음식과 같은 사안에 대해서도 타인(예: 사회복지사)이 특정한 지시를 제공하길 바란다. 자신감이 극도로 부족하고 보살핌과 인도를 강력히 원하기 때문에 이들은 조종자의 착취에 취약하다.

이런 상태에 있는 클라이언트는 더욱 독립적이고 자신감을 갖게 도울 수 있다. 인지 행동적 접근이 가장 효과적이다. 클라이언트에게 자기 판단, 결정을 신뢰하며 독립적 조치를 취하는 방법에 관한 구조와 훈련을 제시하는 것이 중요하다. 클라이언트는 거절하지 못하고 대개 실천가의 지시를 따르는 경향이 있기 때문에, 다른 성격장애 유형에 비해 치료관계에 더 잘 머물 가능성이 있다. 그러나 사회복지사는 권위적인 사람이 되어서는 안 되고, 클라이언트가 부적절하게 의존하도록 두어서도 안 된다.

(9) 사회복지사가 사례관리자, 사례 옹호자 혹은 서비스 중개자 역할을 할 때, 클라이언트가 상호작용해야 하는 사람에게 클라이언트의 행동을 설명할 방법을 찾고 성격장애가 있는 사람과 소통하는 방법을 알려 주는 것이 필요하다. 예를 들어 편집성 성격장애가 있는 클라이언트를 생각해 보자. 그는 구체적 업무에서는 귀중하고 숙련된 직원일 것이다. 그러나 상사와 동료는 그를 과민하고 융통성이 없거나, 사기 혹은 조종을 당하리라 생각하여 항상 의심하고 경계하며, 조직 내의 힘ㆍ서열ㆍ권한을 대단히 의식하는 사람으로 볼 것이다. 이런 상황에서 사례관리자는 클라이언트와 같이 일하는 동료가 클라이언트의 기술을 인정하고, 그의 특이하고 거슬리는 행동을 이해하고 수용하며, 비난과 직면이 담긴 의사소통을 하지 않기 위해 애쓰도록 도울 기회를 모색할 수 있다.

15.14 향정신성 약물을 복용하는 클라이언트

사회복지사는 정신과 증상을 통제하기 위해 약물치료가 필요하거나 약물치료 중인 클라이언트를 많이 만날 것이다. 약물은 몇 개의 주요 범주로 나뉜다. 우울, 불안, 양극성 장애, 정신 이상에 대한 약, 그리고 불면증에 대한 약 등이 있다. 각 약물은 화학적인 이름이나 일반적인 이름, 등록된 상표명을 가지고 있다. 각 약물은 목적 혹은 표적 증상, 효과성, 발생 가능한 부작용, 추천 용량, 비용 등에서 다르다. 특정한 약을 선택할 때는 환자의 병력과 신체검사 결과, 실험실 테스트, 기타 처방 약이나 알코올, 마약과 같은 다른 약물과의 상호작용 가능성, 치료 중인 장애 혹은 증상 등을 고려해야 한다. 특히, 복합 사례의 경우 의사는 임상 약사의 자문을 통해 특정 약물 사용의 장ㆍ단점, 그리고 환자가 복용 중인 다른 약물과의 상호작용 방식 이해의 장ㆍ단점을 더 잘 평가할 수 있다.

향정신성 약물은 고혈압, 간 질환, 간질, 녹내장 같은 질병을 악화시킬 수 있다. 특정 향정신성 약물의 부작용으로는 입 마름, 체중 증가, 졸음, 햇빛에 대한 과민성, 생리 주기의 교란, 눈ㆍ얼굴ㆍ목ㆍ등 근육의 경련, 희미한 시야, 비틀거리는 걸음걸이, 떨림 등이 나타날 수 있다. 아동과 노인은 부작용을 경험할 가능성이 더 높다. 어른에게 효과적인 약물이 아동에게는 같은 방식으로 작동하지 않을 수 있고, 예상치 못한 다른 반응을 낳을 수도 있다. 아동의 뇌는 여전히 발달 중이고 청소년은 중요한 생물학적 변화를 거치고 있기 때문에 의사는 약물을 이들에게 처방할 때 더 많이 알아야 하고 조심해야 한다. 아동에게 미치는 향정신성 약물의 영향과 위험은 잘 확인되지 않았다.

이런 부작용에도 불구하고 정신질환자에게는 증상 조절이 대단히 중요하다. 일반적으로 의사는 바람직한 효과가 있는 최소한의 복용량을 처방하면서, 문제가 되는 약물을 끊고 다른 것을 시도하면서, 유사한 효과가 있는 두 가지 약물의 동시 사용을 피하면서, 그리고 가능하면 한번에 한 가지 증상만을 치료하면서, 부작용을 줄이고자 한다.

어떤 처방약은 정신과 증상을 야기할 수도 있는데 그 인과관계를 찾기는 어렵다. 약물치료 동안 발생하는 예상치 못한 증상 발현은 잠재된 질병, 이전에 몰랐던 정신병리, 약물에 대한 독특한 반응 혹은 특정 심리 · 사회적 요인 때문일 수 있다. 어떤 경우에는 처방약을 빨리 끊는 것이 불안, 정신병, 섬망, 초조, 우울을 야기할 수 있다.

개인이 입원하거나 장애 증상을 경험하면, 효과가 빠른 약부터 시작하거나 꽤 많은 분량의 약물이 주어지기도 한다. 퇴원 후 환자 대부분은 동일 용량을 복용할 필요가 없다. 증상이 가라앉으면 의사는 용량을 줄이거나 효과는 더디지만 다른 장점이 있는 약으로 바꾸기도 한다. 의사는 대개 최소한의 효과 수준까지 용량을 줄일 것이다. 복용량을 점차적으로 줄이는 것이 가장 좋으며, 그 과정은 몇 주 혹은 몇 달이 소요된다. 일정한 양을 유지하는 동안 어떤 환자는 증상이 때때로 악화된다고 여긴다. 그러나 이는 스트레스, 생화학적 변화 혹은 그 밖의 다른 요인 때문일 수 있다.

일부 환자는 의사가 약을 줄일 것을 제안할 때 다시 과거의 증상으로 돌아갈 것을 두려워하기 때문에 당황한다. 한편으로 부작용에 대한 두려움 때문에 약물 복용을 통제력 상실 혹은 자존심에 대한 손상으로 인식해 약 복용을 꺼리는 경우도 있다.

향정신성 약물을 복용하는 클라이언트를 원조할 때 다음과 같은 지침을 염두에 둬야 한다.

(1) 약의 처방은 오직 의사, 특히 정신과 의사에 의해 결정되는 복잡한 의학적 판단이다. 사회복지사는 절대로 의사의 지침 없이 클라이언트에게 약과 관련된 지시를 해서는 안 된다.

(2) 클라이언트가 의사를 정기적으로 만나도록 고무한다. 이를 통해 약물의 효과를 점검할 수 있다. 만일 이상한 혹은 예상하지 못한 부작용을 관찰했다면 클라이언트를 건강 진단에 의뢰해야 한다. 만약 클라이언트가 의사를 찾아가려고 하지 않을 경우에는 약의 이름과 복용량을 알아서 의사에게 어떻게 하는 것이 좋을지 자문을 구한다.

(3) 클라이언트가 약을 복용하는 동안 알코올과 마약을 사용하는 것에 대한 위험성, 그리고 처방한 용량을 수정하거나 약을 바꾸는 것에 대한 위험성에 대해 환기한다. 만일 클라이언트가 한 가지 이상의 약을 복용하는 경우 역기능적인 약물 상호작용이 발생할 수 있다. 두 가지 이상

을 한꺼번에 복용하면, 각각을 복용할 때와는 다른 효과가 나타난다. 부작용은 향정신성 약물과 감기약처럼 처방하지 않은 약물을 함께 복용할 때도 나타난다. 어떤 음식(예: 오래된 치즈)의 경우 특정한 약물과 함께 먹었을 때 부정적 반응이 일어나기도 한다.

(4) 다른 의학적 치료처럼 성인은 향정신성 약물치료를 거부할 권리가 있다. 하지만 법정에서 개인이 의사 결정을 할 수 있는 법적 능력이 없다고 선고했을 때, 그리고 클라이언트가 자신과 다른 사람에게 즉각적인 해를 끼칠 수 있는 행동을 계속할 때는 예외다. 필요한 약물치료를 거부하면 증상이 반복해 나타날 때 심각한 결과를 초래할 수 있으므로 사회복지사는 환자와 가족, 가까운 친구에게 예상되는 결과에 대한 모든 정보를 알려 줘야 한다. 그러나 최종적으로 법적 능력이 있는 성인의 결정은 존중돼야 한다.

15.15 게이, 레즈비언, 양성애자, 성전환자 클라이언트

대부분의 실천 현장에서 사회복지사는 레즈비언, 게이, 양성애자 혹은 성전환자 클라이언트(lesbian, gay, bisexual, transgender: LGBT)를 만날 것이다. 사람은 해부학 및 생식기에 근거해 태어날 때부터 남성 혹은 여성으로 구분되고 명명된다. 그러나 우리의 성적 지향성과 성적 정체성은 그렇게 분명하지 않다. 현실에서 인간의 성적 측면은 다양한 지향성과 정체성을 포함한다.

성적 지향성(sexual orientation)이라는 용어는 연애감정과 성적 매력의 본질을 의미한다. 성적 지향성은 이성애자에서부터 동성애자까지, 그리고 가끔 성적 매력을 느끼는 것에서 배타적인 성적 매력을 느끼는 것까지 연속선상에 위치한다. 연구자는 왜 어떤 사람은 이성에 이끌리고, 어떤 사람은 동성에 이끌리거나 양성 모두에 이끌리는지 설명하지 못하고 있다. 그러나 개인의 성적 지향성은 주로 태어나기 전에 발달하며, 대부분의 경우 청소년기에 확립된다는 증거가 늘어나고 있다. 그러므로 동성애나 이성애를 성적 '선호'(preference)나 '선택'(choice)이라고 말하는 것은 부정확하다. 환경은 성적 지향성 형성에 작은 역할만 담당할 가능성이 있다. 이제까지 연구들은 동성애자 부모 아래의 성장이 자녀의 성적 지향성에 영향을 미치지 않음을 시사한다.

압도적 다수는 이성애자이다. 동성애는 왼손잡이와 같다. 동성애는 통계적 다수 혹은 주류에서 벗어나지만 그 외에는 정상적 상태이다.

여러 조사에 의하면 미국 인구의 대략 5%가 자신을 LGBT라고 인식했다. 약 1.7%는 자신을 게이라고 말하고, 1.7%는 레즈비언이라고 말하고, 약 1.8%(대부분 여성)가 양성애자라고 말한다. 약 0.3%는 자신이 성전환자라고 인정했다. LGBT인 사람이 몇 명인지를 정확히 밝히는 것은 어렵다. 왜냐하면 이런 통계는 자기보고에 의존하는데, 자신의 진짜 성적 지향성을 감추고 싶은 사람이 있기 때문이다. 이런 수치상의 불확실함에 덧붙여 성적 지향성 혹은 정체성을 자기 보고하는 사람은 설문조사 질문에 답하는 것과는 어느 정도 다른 정의를 생각하고 있다(성과 젠더 개념에 관한 부가 정보는 제6장, 페미니스트 관점 참조).

성전환[성별 위화감(gender dysphoria)]에 관한 이해는 빈약한 수준이다. 보통 성적 지향성보다는 성적 정체성의 문제로 묘사한다. 젠더는 성적(sexual) 매력이나 성적 지향성보다 미묘하고 복잡한 것이다. 이것은 자기 내부의 남자라는 느낌 혹은 여자라는 느낌과 관련된다. 근본적 차원에서 성전환자는 자신의 신체적 혹은 '주어진 성'(assigned sex)이 불편하거나 마음이 편치 않다. 기본적으로 이들은 다른 성에 동일시한다. 예를 들어 성전환 남성은 그가 여성의 몸을 가진다면 더 진짜가 됐다고 느낄 것이다. 성전환자는 신체적 성에 전형적으로 맞춰진 옷을 입는 것을 부적절하거나 어색하게 느낄 것이다. 또한 전통적으로 다른 성에 관련된 활동에 참여하는 것을 더 선호할 것이다. 드물게는 다른 성에 더 가까운 몸을 얻기 위해 성전환 수술을 받으려고 할 것이다. 성인 인구의 약 0.3%(1% 인구의 절반 미만)는 자신을 성전환자로 인식한다. 이들은 이성애자일 수도 있고, 동성애자 혹은 양성애자일 수도 있다.

2천 명당 한 명 꼴로 애매하고 비정상적인 생식기관과 생식기를 가진 아이가 태어난다. 종종 남성과 여성 성기가 혼합된 경우다. 이 경우 아동의 생식기를 검사해 아동의 성을 확실히 밝히는 것은 불가능하다. 이러한 상황은 종종 비정상적인 염색체 패턴과 관련된다. 간성(intersex) 상태로 출생한 아이에 대해서는 부모와 의사의 고통스러운 결정이 따른다. 외과 의사는 이 아이를 여성 혹은 남성으로 '만들어야' 하는가?(여성 성기를 만드는 것이 남성 성기를 만드는 것보다 보통 더 쉬운 수술이다) 과거에는 성 배정 수술을 유아기에 시행했다. 그러나 현재 대부분의 의사와 아동발달 전문가는 특정한 성적 지향성이 분명하게 나타나는 후기 아동기까지 가능한 한 수술을 미루라고 말한다. 간성 상태에 있는 사람은 다양한 심리·사회적 문제, 특히 자아 개념, 신체 이미지와 관련된 문제에 취약하다(항목 11.10 참조).

미국이나 다른 많은 사회에서 LGBT는 비방을 받곤 한다. 동성애 공포증(혐오증, homophobia)은 동성애와 성적 다양성에 대한 부당한 공포와 혐오를 뜻한다. 이는 고용, 주택, 건강보호, 사회적 서비스, 기타의 영역에서 차별로 귀결된다. 때때로 동성애 공포증은 LGBT로 알려지거나 의심되는 사람을 향한 폭력을 조장한다.

자신의 가족과 친구를 보호하려는 욕구와 거부, 차별, 폭력에 대한 두려움 때문에 LGBT는 자신의 성적 지향성과 성적 정체성을 부정하거나 숨기려고 한다. 성적 취향처럼 기본적인 것을 인정하지 못하고 그래서 평온하지 않은 상태는 정서적 혼란을 유발할 수 있다. 게이와 레즈비언임을 '커밍아웃' 하고 동등한 권리, 정의, 사회적 수용을 요구하는 사람이 증가하고 있다.

다음의 지침은 LGBT 클라이언트와 일할 때 유용할 것이다.

(1) LGBT에 대한 편견, 선입견, 차별 징후가

자신의 태도, 도덕 기준에 있지 않은지 주의 깊게 검토한다. 예를 들어 다음 사항을 고려한다.

- 성적 정체성과 성적 지향성에서의 차이를 병리적이라고 믿는지, 아니면 성적 취향에서의 정상적 차이라고 믿는지의 구분
- 동성 사이의 애정과 성적 활동을 들을 때 편안한 정도
- 게이나 레즈비언, 양성애자, 성전환자 부모의 육아, 동성결혼에 대한 믿음과 태도

(2) 이해 부족을 인정하는 것을 두려워하지 않고 자신의 편견에 도전해야 한다. 또한 성적 지향성과 젠더 인식에 대한 무지는 원조 전문가, 이성애자 클라이언트, 그리고 심지어는 LGBT 클라이언트 사이에도 존재함을 깨닫는다. LGBT 클라이언트의 관심사에 대해 배우기 위해 노력한다. LGBT 커뮤니티 안의 지지집단이나 리더와 친분을 쌓고 LGBT 클라이언트와 일할 때 어떻게 하는 것이 최선인지 모를 때 이들의 자문을 구한다.

LGBT 관련 커뮤니티 및 옹호집단의 대표자와 건강 및 사회서비스 설계와 전달에 관한 자문을 구해야 한다. 이러한 자문을 통해 서비스가 LGBT에게 접근성과 수용성이 더 높아지도록 할 수 있다. 건강과 인간서비스 프로그램에서 일하는 전문가는 이들의 실천과 접근에서 성적 지향성과 성적 정체성의 차이를 어떻게 잘 담아낼지에 민감해야 한다.

(3) 동성애자, 양성애자, 성전환자는 자신의 진정한 성적 지향성과 성적 정체성을 인정하고 받아들일 때까지 오랜 시간 동안 혼란과 불확실성을 겪어 왔다. 예를 들어 이들은 자신의 성적 매력을 억압했을 것이다. 그들은 자신이 이성애자이고 '정상'임을 자신과 가족에게 보여 주기 위해 결혼을 하거나 이성에 성적으로 적극적이었을 수 있다. 이런 혼동과 혼란은 특히 청소년에게 힘들며 자살을 생각하게 할 수도 있다.

(4) 최근 들어 LGBT에 관한 사회 태도에 눈에 띄는 변화가 보인다. 동성애 공포증과 편견이 감소하고 있다. 인구 중 일부는 동성결혼을 찬성하고, 동성결혼을 인정하는 주도 증가하고 있다. 그럼에도 무지와 편견은 여전히 존재하며, 이런 이유 때문에 잘 모르는 전문가로부터 서비스를 구할 때는 유의해야 한다. 자신의 성적 지향성과 성적 정체성을 공개적으로 이야기하는 LGBT도 있지만 그렇지 않은 경우도 있다.

(5) LGBT가 건강보호, 사회서비스, 혹은 상담을 찾을 때 이들의 성적 지향성 혹은 성적 정체성 그 자체는 거의 관련 문제가 아니다. 그래서 일반적으로 클라이언트의 성적 취향이 그의 관심사나 요구 사항과 관련되지 않는 한, 사회복지사나 원조 전문가는 클라이언트의 성적 취향에 대해 논의하거나 질문할 필요가 없다.

전문가가 클라이언트의 성적 취향과 성적 활동에 대해 알 필요가 있는 실천 상황(예: 공공보건, 상담 등)이라면 사회복지사는 다음과 같이 말하면서 이 주제에 접근할 수 있다. "개별화되고 적절한 서비스를 제공하기 위해 나는 모든

클라이언트에게 성적 취향에 관해 질문합니다. 이런 이야기를 나누는 게 불편하지는 않으신가요?"

LGBT 클라이언트는 사회복지사가 편견을 갖고 있지 않다는 확신이 들 때까지 자신의 성적 취향을 숨길 수 있다. 그 자신이 LGBT인 사회복지사가 LGBT인 클라이언트를 만나면, 사회복지사는 클라이언트의 걱정을 덜어 주기 위해 자신의 성적 정체성을 공개하기도 한다. 사회복지사는 개인적인 이야기를 하면서 스테레오타입이나 편견이 서서히 미치는 영향을 이해하고 있으며, 클라이언트를 수용하고 이해할 능력이 있음을 보여줄 수 있다.

(6) 동성애자 커플과 일할 때, 이들의 관계 문제는 이성애자 커플의 문제와 유사하다고 예상한다. 예를 들어 그들의 갈등은 돈 관리나 불륜, 가정학대, 약물 남용, 일과 가정 책임의 균형, 육아, 불만족스러운 성생활 등과 관련될 것이다. 대부분 주●에서 동성애자 커플은 결혼에 따른 법적 지위와 보호를 보장받지 못한다. 법적으로 인정된 결혼 혹은 합법적 동성결혼이 아닌 상황에서 배우자를 위한 건강보험 가입, 유족급여 배분, 유산, 친권, 입양, 문병과 같은 일상적 관심사가 특히 복잡하고 어려울 수 있다. 그래서 이런 문제를 다루고 특별한 법적 준비를 하는 데 필요한 법적 지원을 찾도록 돕는 것이 중요하다.

(7) 성인 LGBT가 '커밍아웃'을 고려하는 경우, 그렇게 했을 때의 장·단점을 잘 따져 보도록 돕는다. 표면상으로는 자신의 진짜 성적 지향성과 정체성을 공개하는 것이 단순히 정직해지는 것, 그리고 해방 및 치료적 행위로 보일 수 있다. 그러나 커밍아웃을 한 누군가는 값비싼 대가를 치를 수 있다. 안타깝게도 무지, 적대감, 차별이 여전히 존재하며 타인보다는 오히려 특정 커뮤니티나 직업에서 더 문제가 될 수 있다. 개인이 이런 결정을 숙고할 때, 커밍아웃이 가져올 수 있는 부정적 영향을 무시하거나 최소화해서는 안 된다. 커밍아웃으로 가족으로부터 소외되거나 집이나 직업을 잃을 수 있다.

(8) 집단적으로 게이 남성은 인간 면역결핍 바이러스(HIV)에 의해 야기되는, 잠재적으로 생명을 위협하는 AIDS의 타격을 많이 받았다. 많은 게이 남성은 AIDS로 친구나 연인을 잃은 경험이 있으며 감염의 공포 속에서 산다. 일반적으로 AIDS 증상은 감염된 후 수년이 지나도록 잘 나타나지 않는다. HIV는 주로 질, 항문, 감염자(남성 혹은 여성)와의 구강성교를 통해, 그리고 약물 주입에 쓰는 주사기 바늘을 감염자와 공유하는 것을 통해 퍼진다. 바이러스는 임신 중이나 출산 도중, 그리고 드물게는 수유를 통해 감염된 어머니로부터 아기에게 전염될 수도 있다. 동성애든 이성애든, 성적 문란은 감염 위험을 증가시킨다. AIDS를 통제할 수 있는 새로운 약물이 있기 때문에 어떤 사람은 성적 행동에서 무사안일

● 〔역주〕 2015년, 미국 대법원은 모든 주에서 동성결혼을 인정해야 한다는 판결을 내렸다.

주의에 빠지고 부주의하다. 콘돔을 사용하거나 다른 안전한 성적 방법을 통해, 혹은 HIV 검사를 통해 이 질병의 확산을 줄일 수 있다.

15.16 식이장애가 있는 클라이언트

사회복지사는 때때로 식이장애 클라이언트를 돕는다. **식이장애**는 음식과 사람과의 관계에 관련된 여러 가지 문제를 총칭하는 단어다. 가장 일반적인 식이장애에는 신경성 무식욕증, 신경성 폭식증, 비만 등 세 가지가 있다. 한 극단은 자발적 기아에 있는 사람이고 다른 극단은 과도하게 먹는 사람이다.

음식이나 영양과 관련해 잠재적으로 혹은 실질적으로 위험한 행동에는 여러 가지가 있다. 예를 들어 남성 운동선수가 일부러 음식을 많이 먹어 체중을 늘리거나(예: 미식축구의 공격수) 체중을 줄이려고 하는 경우(예: 특정 체급에 들어가기 위해 노력하는 레슬링 선수)는 드물지 않다. 또한 노인은 외롭고 '혼자만을 위해 요리하기'가 너무 힘들어서 음식 섭취가 충분하지 않을 때, 혹은 양로원 음식이 입에 맞지 않을 때 음식 관련 문제를 자주 경험한다. 일시적으로 유행하는 다이어트와 잘못된 단식은 몸의 화학 작용을 방해하고 건강 문제를 야기한다.

1) 신경성 무식욕증

신경성 무식욕증은 체중을 정상보다 의도적으로 훨씬 가볍게 유지(즉, 정상보다 15~25% 이하) 하려는 상태다. 이 장애는 중산층이나 상류층의 청소년 사이에서 가장 흔하게 발견되며, 증상은 보통 12세에서 18세 사이에 시작된다. 신경성 무식욕증의 정확한 원인은 알려지지 않았으나 높은 스트레스와 문화적 집단의 압력, 식이장애를 지닌 가족 구성원의 존재와 관련된다. 생물학적 소인도 중요한 역할을 한다.

신경성 무식욕증에 대한 심리적 지표에는 자신의 신체 사이즈, 몸무게, 몸매에 대한 왜곡된 시각, 체중이 늘어나는 것에 대한 심한 공포, 완벽주의나 자기에게 거는 높은 기대 등이 있다. 신체 증상에는 과도하게 낮은 체중, 불규칙하거나 사라진 생리 주기, 메마른 피부, 탈모, 정상적인 양의 음식을 먹지 않으려 하는 것, 식사에 대한 불안, 자생적 혹은 유도된 구토 등이 있다.

클라이언트가 신체적 건강, 의학적으로 안전한 체중을 회복할 수 있도록 개입하는 것이 우선이다. 그런 다음 재발 방지를 위한 다양한 심리적 개입을 시행한다. 클라이언트가 말 그대로 아사할 지경이라면 사회 · 심리적 요인보다는 신체 상태를 먼저 다뤄야 한다. 치료는 일정 기간의 입원과 약물치료로 이뤄지기도 한다.

신경성 무식욕증(또한 신경성 폭식증) 클라이언트에게 개입할 때는 클라이언트의 파괴적인 행동과 그 행동의 결과에 대해 매우 직설적이어야 하며, 신뢰를 얻어 클라이언트를 돕거나 클라이언트가 자존감을 회복할 수 있는 기반을 마련해야 한다. 구체적인 심리 · 사회적 개입에는 개인과 가족치료, 개인에 대한 지속적인 지지 치료, 인지 치료, 행동 수정 기법, 그리고 자조 집단 참여 등이 있다. 신경성 무식욕증에서 회복하려면 전문가팀, 가족, 그리고 클라이언트에게 중요한 여러 사람을 포함한 다각적인 곳에서의 활동이 필요하다. 신경성 무식욕증 환자가 적당한 양의 영양가 있는 음식을 섭취하는 것은 주변 사람의 상당한 격려와 강화 없이는 힘들다. 신경성 무식욕증으로 진단받고 치료받는 환자 중 2분의 1 정도가 2년에서 5년 사이에 완쾌하는 것으로 알려져 있다. 그러나 18%는 회복하지 못하며, 이들의 경우 자살로 죽을 가능성 혹은 쇠약해진 신체 조건으로 인해 건강상의 문제가 발생할 가능성이 상당히 높다.

2) 신경성 폭식증

신경성 폭식증의 특징은 살이 찌는 것에 대한 심각한 공포다. 신경성 폭식증에 걸린 사람은 보통 정상 체중의 10% 이내를 유지하지만, 섭식 행동에 대한 통제력 부족을 경험한다. 스트레스를 받으면 음식을 피하는 신경성 무식욕증과 달리, 폭식증 환자는 음식으로 스트레스를 풀려고 한다. 신경성 폭식증 환자는 주기적으로 (즉, 최소한 1달에 3번 이상), 음식에 대한 엄청난 갈망과 폭식을 경험한다. 그리고 체중 증가를 막기 위해 인위적인 구토와 관장제 사용, 심한 다이어트, 과다한 운동, 단식이 그 뒤를 따른다. 이런 폭식 사이클은 체중 증가를 피하기 위한 노력과 죄책감을 수반하는 주기적인 광분의 식사, 그래서 뚱뚱해지는 것에 대한 강화된 두려움과 함께 자발적 기아로 이어지는 과체중에 대한 공포로 이해할 수 있다. 그리고 이 사이클은 지속된다.

신경성 폭식증의 원인은 알려지지 않았다. 보통 증상은 청소년기나 성인기 초기에 나타난다. 전형적인 신경성 폭식증 환자는 20대 중후반의 성공한 백인 여성으로 생각된다. 이러한 스테레오타입 때문에 신경성 폭식증은 '여성의 병'으로 여겨지고, 남성은 자신이 이런 장애를 경험한다는 사실을 부정하거나 숨기는 경향이 있다. 폭식증을 겪는 젊은 여성의 추산된 숫자는 15%에서 20% 정도까지 올라가지만, 젊은 남성도 5%에서 10% 비율로 폭식증을 경험한다. 폭식 및 구토 사이클은 과로, 발작, 근육통을 비롯해 식도나 치아, 골밀도에 미치는 장기적인 악영향 등 끔찍한 신체적 결과를 부른다.

신경성 무식욕증에서 보이는 체중 감소나 여윈 외모 등의 명확한 신체적 증상이 없기 때문에 클라이언트가 신경성 폭식증을 앓는지 밝히기는 어렵다. 그러나 주기적으로 많은 양의 음식을 홀로 또는 비밀리에 먹는 것, 음식과 체중에 대한 집착, 과도한 운동이나 단식, 식사 뒤에 화장실로 향하는 것, 성적 흥미의 상실(때때로), 우울 혹은 자기혐오 등이 단서가 된다.

신경성 무식욕증 환자에 비해 신경성 폭식증 환자는 스스로 치료를 찾고 받으려 하지만, 강한 완벽주의 때문에 즉각적인 치료법이 없다는 것을 알면 좌절할 수 있다. 개입은 클라이언트가 인생의 실패와 불완전함을 더 많이 수용하도록 하는 것, 영양 상태를 개선하는 것, 만약 우울증이 있다면 이를 다루기 위해 약물을 사용하도록 돕는 것에 초점을 맞춘다. 폭식을 중단하고, 정상적인 섭식 패턴을 확립하도록 돕고, 또한 음식과 신체 이미지에 대한 클라이언트의 왜곡된 시선을 교정하도록 돕는 데 인지 행동 치료가 가장 자주 쓰인다. 클라이언트는 자신의 문제를 가족과 자신의 삶에서 중요한 사람에게 밝히고, 그들의 도움을 받아 균형 잡힌 식사를 해야 한다. 마지막으로, 집단치료는 신경성 폭식증 환자가 자신의 문제를 공개적으로 토의하여 죄책감을 줄이는 것, 섭식 행동을 자율 점검하고 영양 정보를 얻으며 폭식이 아닌 대안적 방법으로 스트레스를 다루는 이완 기법을 익히는 것, 체중과 관련해 경험하는 문화적 압력을 다루는 것 등을 돕는 데 성공적이다.

3) 과식과 비만

과식과 비만은 많은 사람의 문제다. 사람들은 자신이 너무 많이 먹거나 잘못된 유형의 음식을 먹는다는 것을 알지만, 먹는 즐거움, 음식 산업에서 음식이 제작되는 방식, 사회적 환경, 광고 등에 의해 과식 패턴으로 끌려 들어간다. 체중 증가는 신체적 활동으로 소비하는 이상의 에너지(칼로리로 측정됨)를 섭취할 때 나타난다. 약 3,500칼로리 이상의 소비되지 않은 에너지는 1파운드(약 450g)의 체중 증가를 가져온다.

장기간에 걸친 체중 증가는 **비만**으로 알려진 상태로 귀결된다. 나이, 성, 키에 부합하는 정상 체중을 20%에서 100%까지 초과할 때 경증 비만(moderate obesity)이라 부르며 100% 이상 초과할 때는 병적 비만(morbid obesity)이라고 한다. 비만은 미국에서 유행이며 다른 선진국에서도 점점 부각되는 문제다. 지나치게 과체중인 사람은 고혈압, 심장병, 뇌졸중, 당뇨, 관절 문제, 임신 시 합병증과 같은 수많은 건강 문제가 발생할 위험이 크다.

다양한 생물학적·심리적·사회적 요인이 음식이 풍족한 부유한 사회에 사는 사람의 과체중 및 비만 문제의 증가와 관련된다. 심리적 요인에는 지루함, 불행, 우울증, 고통스러운 생활 등에 대한 보상책으로서의 과식이 있다. 연구에 따르면 비만과 유전 구조 사이에 연관이 있으며, 특히 인슐린 분비와 관련된 호르몬 불균형의 결과와도 관련된다고 한다. 가족과 문화에 일반적인 섭식 방식이나 음식 유형 또한 체중 증가, 그리고 과체중에 대한 사회적 인식에 영향을 미친다. 많은 가공 및 정제식품과 가게에서 산 식사 혹은 즐거움을 주는 음식에는 설탕, 탄수화물, 지방, 소금이 가득하며, 생산자는 구매를 돕우고 이에 거부하기 어렵게 만들기 위해 이러한 음식을 의도적으로 기획하거나 혼합한다. 저소득 인구는 칼로리가 높은 저렴한 가공식품을 자주 구매하기 때문에 체중이 늘기 쉽다. 과일과 채소와 같이 건강식품은 더 비싼 경향이 있다.

체중을 줄이기 위해서는 매일의 열량 섭취를 상당히 줄이고(예: 1,200~1,500칼로리) 신체적 활동을 늘리는 것이 필요하다. 많은 사람이 처방된 다이어트를 통해 체중을 줄이려 하지만, 구조화된 다이어트를 끝낸 이후 다시 체중이 늘어난다. 체중이 줄면 몸은 굶주림이 일어난 것처럼 반응하고 식욕도 실제로 증가한다. 식사 습관과 생활 방식의 영구적 변화는 체중 감소를 유지하는 데 필수적이다.

사회복지사 개입에서는 일반적으로 비만 클라이언트의 음식 섭취를 조절하고, 식사 습관에 긍정적인 영향을 미치는 환경 조건(예: 가족, 친구)을 형성하고, 적절한 운동 프로그램에 참여하도록 촉진하고, 지지집단을 연결한다. 지지집단에서는 고립감과 당혹감이 감소할 것이다. 그리고 사회복지사는 보증된 개인 및 집단치료 서비스를 클라이언트에게 제공한다.

사회복지사는 때때로 영양 교육을 지도하거나 합리적 가격으로 균형 잡힌 식단을 구성할 수 있는 음식을 알려 주기도 한다. 대부분의 클라이언트는 식습관 변화, 그리고 체중 감소 계획의 실행에 대한 보상을 위해 설계된 행동 수정 기법의 적용을 배움으로써 도움을 받는다. 개인 상담과 치료는 외모를 부끄러워하고 자의식이 높은 클라이언트에게 도움이 된다. 집단 상담과 지지집단은 자신의 문제를 이야기할 수 있는 성인에게 도움이 된다. 집단 접근은 과체중 아동과 일할 때 특히 유용할 수 있다. 오로지 의학적 혹은 약물 요법만으로는 대부분 비만 사례에서 성공하지 못했다. 음식 섭취를 제한하기 위한 비만 대사 수술(*bariatric surgery*)은 체중은 줄이지만 여러 위험성이 있어 보통 비만과 관련된 다른 건강 문제가 심각하고 병적으로 비만인 사람에게만 추천된다.

15.17 상실을 겪거나 비탄에 빠진 클라이언트

비탄(*grief*)의 경험은 인류만큼이나 오래되었다. 비탄은 깊이 사랑하는 사람이나 대상과의 이별 혹은 상실이 가져온 심각한 정서적 고통이다. 사랑하는 사람의 갑작스럽고 예측할 수 없던 죽음은 깊은 비탄의 가장 흔한 촉진제다. 그러나 여러 유형의 상실도 비탄 반응을 초래한다. 예를 들어 이혼, 실직, 계획된 혹은 자연유산, 위탁가정으로의 자녀 배치, 친권 종료 혹은 포기, 신체적 이동성 상실, 파산으로 인한 거주지 상실, 애완동물 상실, 화재 혹은 자연재해로 인한 소유물 파손 등이 있다.

사랑하는 이의 죽음에 대한 비탄 반응, 그리고 상실에 대한 애도는 보통 4가지 단계를 거친다.

- 1단계, 망연자실: 충격을 받고 넋을 놓고 혼란에 빠지며 압도된다. 신체적 증상에는 구역질, 가슴과 목에 무언가가 얹힌 듯한 느낌, 숨 가쁨, 수면 방해, 식욕 상실, 두통 등이 있다. 이 단계는 며칠에서 몇 달까지 걸린다.
- 2단계, 그리움: 비탄에 빠진 사람은 정신이 팔려 있고 틀어박혀 지내고 죽은 사람을 찾아다니는 것처럼 떠돌아다니기도 한다. 심지어 죽은 사람을 보았거나 그와 함께 있었다고 말하기도 한다. 심한 울음과 분노, 자책감, 불안, 좌절 등의 감정이 주로 나타난다.
- 3단계, 절망과 혼란: 상실의 현실을 받아들이면서 무력감, 절망, 우울증, 극도의 피로를 경험한다.
- 4단계, 회복과 재건: 여러 달 혹은 여러 해가 지나면서 개인은 직장과 가정에서 평소의 생활로 점차 돌아간다. 개인은 덜 우울해하고 잠을 더 잘 자고 전보다는 에너지가 있다. 사회적 활동에서 더 정상적인 패턴을 보인다.

그러나 상실감은 여생에서 여전히 남는다.

극심한 비탄(acute grief)은 교통사고로 자식을 잃었을 때 부모의 즉각적인 반응처럼 상실의 시점에서 보이는 반응을 가리킬 때 쓰이는 용어다. 극심한 비탄은 보통 갑작스럽고 예측할 수 없었던 상실에 대한 반응이다. **예견된 비탄**(anticipatory grief)은 심각한 상실이 가까운 미래에 일어날 것이라는 깨달음에서 온다. 불치병 선고 등이 이런 종류의 비탄을 촉발할 수 있다. **기념적 반응**(anniversary reaction)은 자녀나 배우자의 죽음이 일어난 달마다 돌아오는 슬픔처럼, 이전의 상실을 기억함으로써 일어나는 비탄을 가리킨다.

클라이언트가 슬픔으로 극심한 고통에 빠져 있을 때, 사회복지사는 다음의 지침을 명심해야 한다.

(1) 비탄의 강도는 잃어버린 사람이나 대상과의 관계 특성, 상실과 관련된 이전 경험, 문화·민족적 배경, 성, 연령, 죽음 혹은 상실을 둘러싼 상황, 사회적 지지에 대한 접근 가능성, 평상시 대처 방식 등에 영향을 받는다. 모든 사람은 자기 방식으로 슬퍼한다.

(2) 비탄에서 회복되기 위해서는 사람 혹은 대상이 영원히 사라졌다는 현실을 수용하고 직면하고 경험하기, 상실과 관련된 감정과 갈등을 받아들이기, 사랑하는 사람 혹은 대상이 없는 인생을 설계하기, 다른 관계나 활동에 감정 에너지를 다시 쏟기, 잃어버린 사람 혹은 대상에 대한 기억을 추모하기 등과 같은 특정 과업 혹은 단계를 헤쳐 나가야 한다. 물론 이들 과업은 겹쳐 나타나며, 만족스러운 적응 상태에 도달하기까지 같은 단계를 수차례 반복한다.

(3) 초기의 가장 심한 슬픔은 보통 6달에서 1년 후에는 감소하나, 일정 수준의 비탄은 3년에서 5년, 심지어는 더 오래 지속될 수 있다. 시간은 가장 뛰어난 치유자다. 시간, 그리고 가족, 친구의 지지를 받아 대부분의 사람은 전문가의 도움 없이 상실에 대처할 수 있다.

흔히 비탄에 성공적으로 대응함으로써 중요한 개인적 성장이 일어난다. 예를 들면 예전에 몰랐던 강점을 발견하고, 자신감과 유능감이 커지고, 새로운 관심사를 발견하며, 새롭고 보람 있는 관계를 만들 수 있다. 경험이 최고의 스승이라는 말이 있다. 경험은 도움이 되는 스승이지만 경험이 좋은 스승이라고 할 수는 없다. 좋은 스승은 교훈을 주기 전에 절대 시험에 들게 하지 않는다.

(4) 지지집단은 비탄으로 발버둥 치는 사람에게 도움이 될 수 있다. 이 집단은 재정 문제 처리나 새로운 집안일을 맡는 것처럼 일상의 과제에 관해 충고해 주고, 비탄에 빠진 사람이 자신의 상실에 관해 이야기할 수 있는 안전한 장소와 정서적 지지를 제공하며, 고통스러운 경험이 정상적인 애도 과정의 일부임을 알려 준다. 또한 슬픔에 빠진 많은 사람은 영성, 종교, 믿음 공동체 안에서 편안함과 강점을 발견한다.

(5) 때로는 정상적인 애도와 치유 과정이 지연되고 역기능적인 행동을 하거나 우울에 빠지는 경우가 있다. 이런 상황에서는 임상적 개입이 적절하다. 보통 **지지적 상담**부터 시작한다. 이는 적극적으로 경청하기, 클라이언트가 자신의 감정을 이야기하도록 격려하기, 애도 과정에 관한 정보를 제공하기, 중요한 생활 과업(예: 법적 문제 다루기, 보험 청구하기) 수행을 돕기, 그리고 집안 관리, 복직, 예산 짜기, 요금 납부 등의 역할과 책임을 재개하도록 안내하고 격려하기 등을 포함한다.

클라이언트가 상실을 어느 정도 수용하고 일상 활동을 재개하면 사회복지사는 상실 이전의 긍정적인 추억을 회상하게 할 수 있다. 예를 들어 부인이 죽은 남편을 애도하는 경우, 사회복지사는 사진을 보면서 이야기하거나 남편에게 특별했던 장소를 방문함으로써 같이 있어 좋았던 시절을 회상하고 감사하도록 도울 수 있다. 어떤 사람은 자기감정을 만나고 잃어버린 사람을 추모하기 위한 수단으로 그림, 이야기, 시(詩)나 음악을 사용한다. **애도 안내**(*guided mourning*)는 인지 행동 접근으로서, 클라이언트가 상실의 경험을 자세히 회상하고, 의례와 일기 쓰기를 통해 이별하는 적절한 방법을 찾도록 한다.

(6) 매우 심각하고 복합적인 슬픔 반응이 심각한 심리적 문제를 야기하거나 결혼 혹은 가족에게 영향을 미칠 때 **개인, 부부치료**나 **가족치료** 혹은 의료적 개입이 필요하다. 어떤 사람은 슬픔을 억압하거나, 숨기거나, 상실의 고통을 부인한다. 애도 과정을 통해 서서히 나아지지 않

는다면 상실 이후 수년 동안 정신건강에 부정적인 영향을 받을 수 있다. 이런 상황에서 애도 과정을 다시 시작하거나 활성화하기 위해, 그리고 상실 경험에 직면하고 해결하도록 돕기 위해, **재비탄치료**(*regrief therapy*)를 사용할 수 있다.

15.18 영성이나 종교 관련 관심사를 가진 클라이언트

여러 조사 결과를 보면 미국 성인의 약 90%가 신을 믿으며, 대부분에게 영성과 종교는 어떻게 살 것인가에 중요하다. 종교를 갖고 있지 않거나 신을 믿지 않는 많은 다른 사람도 자신의 영성을 개발하기 위해 노력한다. 사회복지사가 다양한 클라이언트와 일할 때, 종교와 영성은 클라이언트의 대부분에게 매우 중요한 문제일 것이다. 하지만 많은 사회복지사와 기타 전문적 원조자는 클라이언트와 이 사안에 대해 논의할 준비가 덜 되었다고 느낀다.

사회복지사, 심리학자, 기타 전문적 원조자는 클라이언트와 종교 문제에 관한 토론을 피하라고 배우기도 한다. 상식적으로도 종교(그리고 정치)에 대해 친구와 이야기하는 것이 종종 관계에 부담을 주는 논의로 변하기도 하기에 이를 피하라는 경고를 듣기도 한다. 그렇다면 사회복지사는 종교, 영성, 신념과 관련된 클라이언트 문제에 어떻게 반응해야 하는가? 한편, 영성과 종교는 많은 클라이언트에게 중요하며 원조 과정에 소중한 잠재적 자원이 될 것이다. 또 다른 한편, 클라이언트의 인생과 관련해 종교나 영성에

관해 이야기하는 것이 개종시키려는 인상을 주거나 클라이언트를 소외시킬 위험도 있다. 이러한 딜레마를 다루기 위해서는 민감성과 지식이 필요하다.

세상에 있는 사람 대부분은 아마 자신의 종교와 분리된 영성을 말하지 않을 것이다. 그러나 미국에서는 이를 구분하는 것이 꽤 일반적이며 때로 유용하다. 왜냐하면 어떤 사람은 거의 종교적 행위에 관여하지 않으면서도 영성 생활을 적극적으로 할 수 있기 때문이다. 어떤 사람은 깊은 영성은 없는 것처럼 보이는데 종교 활동에는 정기적으로 참여하기도 한다.

영성은 사람마다 대단히 개인적이고 독특하므로 이를 정의하거나 기술하기 어렵다. 두 사람이 같은 종교를 갖더라도 영성은 다를 것이다. **영성**이라는 단어는 보이지 않는 바람 혹은 '신의 숨결'이라는 이미지에 기원을 둔다. 많은 경우 영성은 신으로 불리는 수많은 능력자 혹은 형언할 수 없는 존재와의 연결이다. 이는 인간의 삶과 우주에 내재한 신비로움과 아름다움, 그리고 경이로움에 대한 의식 혹은 마음챙김을 포함한다. 영성은 내적 성찰, 신성하고 거룩한 열망, 의미에 대한 동경, 지속적이고 핵심적인 가치, 인간의 본질, 삶을 살아가는 방식, 인간의 내적 불안과 욕망을 총괄하고 지시하는 방식, 신비한 삶에 대한 생생한 경험, 삶에 생기를 불어넣는 것으로 다양하게 묘사돼 왔다. 영성을 설명하려 할 때 **신비로움**(mystery)은 공통적인 주제다. 이런 맥락에서 신비로움은 실재한다는 것은 알지만 이해하거나 설명할 수 있는 수준을 넘어서는 경험과 의식의 차원을 뜻한다.

영성은 종교의 뿌리다. **종교**란 사람을 공동체로 묶는 일련의 신념, 전통, 이야기, 의례, 행위다. 종교는 인생에 대한 끊임없는 질문에 답을 제공하고 영적 성장을 지원하고 지속한다. 그러한 질문에는 '나는 과연 누구인가?', '내 인생의 목적은 무엇인가?', '나는 어떻게 살아야 하는가?', '우주는 선한 곳인가?', '악은 왜 존재하는가?', '신이 존재하는 이유는 무엇인가?', '죽음 이후에는 무엇이 있는가?', '나의 신과 어떻게 기도하거나 소통할 것인가?' 등이 있다.

개인의 삶에서 종교적 믿음이 차지하는 위치를 잘 이해하는 것은 대부분의 사람이 어떤 유형의 믿음을 갖고 그 믿음으로 살아가는지 이해하는 데 도움을 준다. 즉, 우리는 행복, 충만감, 안정감을 제공한다고 믿거나 바라는 '무언가'를 신뢰 혹은 확신한다. 사람들에게 '무언가'는 종교 혹은 영성이지만 돈, 사회적 지위, 학문적 혹은 사업적 성공, 대중의 인정, 아름다움, 섹스, 체력, 정치적 이데올로기 등을 믿는 사람도 있을 수 있다.

우리는 영성, 종교, 믿음에 이끌린다. 왜냐하면 우리는 왜 그런지는 모르지만 방황하며 불완전하거나 총체성(wholeness)이 부족하다는 것을 내면에서 자각하고 있기 때문이다. 우리는 불확실한 가운데서 안정감을 제공할 토대 혹은 정신적 지주를 추구한다. 많은 사람에게 종교 혹은 영성은 의미, 방향, 희망, 도덕적 잣대를 제공한다. 종교는 죽음, 고통, 슬픔, 절망, 그리고 인생의 잔악함과 부정의에 대한 격노 등과 같이 괴로운 현실에 대처하도록 돕는다. 그러나 다른 사람에게는 종교나 영성과 관련된 경험이 내적 혼란, 가족 갈등, 수치감, 죄의식의 원인이 되기도 한다. 최상의 경우 종교는 공동체 의식을 형성하고 사람들의 삶을 더 낫게 바꾸어 놓는다. 최악의 경우 종교는 인류 진보를 방해하고 편협함, 옹졸함, 심지어 전쟁을 낳는다. 대체로 말하면 영성에 초점을 둔 논의가 사람 간의 유사성을 드러내기도 하지만 나누거나 분리하는 차이를 드러내기도 한다.

제시하는 관심사 혹은 문제가 영성, 종교와 관련이 있는 클라이언트를 상대하는 초심 실천가를 위한 몇 가지 참고 자료와 지침은 다음과 같다.

(1) 종교와 영성에 대한 자신의 태도, 경험을 검토해 보아야 한다. 다른 종교나 영성을 가진 클라이언트를 돕는 능력을 제약할 수 있는 편견, 추정을 경계한다. 효과적인 사회복지사는 종교적 믿음이 전혀 없는 클라이언트뿐 아니라 믿음이 강한 사람도 존중하고 수용할 능력이 있다. 종교 및 영성과 관련된 이슈와 관심사를 다룰 때 사회복지사는 높은 수준의 자기 이해 및 자기 훈련을 갖춰야 한다(항목 16.3 참조).

(2) 클라이언트의 문화와 관련된 문제에 접근할 때처럼(항목 8.8 참조) 이들 문제를 다룬다. 개인에게 종교는 클라이언트가 자신의 생활 경험을 바라보고 이해하며 해석하는 '렌즈'라는 점에서 문화와 같다. 이는 옳고 그른 것에 관한 도덕적 기준과 정의를 만든다. 게다가 무엇이 문제인지, 그 원인과 해결책은 무엇인지를 클라이언트가 규정하는 데 클라이언트의 영성과 종교가 영향을 미칠 수 있다. 종교는 문화처럼 그 종교에 빠진 사람에게는 합리이고 '상식'이다.

(3) 클라이언트의 종교 혹은 영성과 관련된 특이하거나 특히 복잡한 이슈를 다룰 최상의 방법에 관해 자문을 구하기 위해 현지 성직자, 신앙 공동체 지도자, 훈련받은 영성 지도자와 협력관계를 구축하는 것이 중요하다. 클라이언트의 관심사가 종교, 신앙, 영성의 영역에 해당하여 사회복지 전문성 외부에 있다면 사회복지사는 클라이언트를 적절한 종교적 혹은 영적 상담자나 성직자에게 의뢰해야 한다.

(4) 클라이언트가 자신의 관심사 혹은 문제와 관련된 영적 및 종교적 사안에 관해 이야기하고자 할 경우 사회복지사는 이야기할 준비가 됐음을, 그리고 그 주제가 편하다는 것을 보여 줘야 한다. 이 개방성이 명확하지 않다면 클라이언트는 자신의 믿음과 행위가 오해받거나 상관없는 것으로 일축될 것이라는 두려움 때문에 중요한 정보를 숨길 것이다. 사회복지사는 수용과 비심판적 태도를 보여야 하지만, 클라이언트의 신념이 대단히 특이하거나 해로운 경우 이런 태도를 취하는 것이 도전일 수 있다. 사회복지사는 클라이언트의 순전히 영적 혹은 종교적으로 힘든 일, 관심사를 오로지 심리적 이슈 혹은 문제로만 규정해서는 안 된다.

(5) 자료 수집과 사정 국면에서 사회복지사는 클라이언트의 영적·종교적 신념과 행위에 관해 최소한 피상적 수준의 탐색이라도 해야 한

다. 이를 통해 사회복지사는 클라이언트의 현재 문제가 영성 혹은 종교와 관련돼 있는지를 알 수 있고, 클라이언트의 강점과 원조 자원을 파악할 수 있다. 보통 단순하고 직접적인 질문으로도 충분하다. 예를 들면, '당신에게 정말로 중요한 것이 무엇인지 더 잘 이해하려면 당신의 가치나 믿음을 알아야 할까요?', '어려울 때 어떻게 힘과 용기를 얻습니까?', '종교나 영성이 당신 생활의 일부입니까?', '교회, 유대교 회당, 사원, 절 혹은 신앙 공동체의 일원입니까?' 등과 같다. 이런 탐색적 질문에 대한 클라이언트 대답을 통해 더 깊은 탐색과 사정이 필요하고 적절한지 알 수 있다.

어떤 상황에는 더 깊은 탐색이 필요할 수 있다. 상담이나 사례관리처럼 직접적 실천을 하는 사회복지사라면 클라이언트가 죄의식이나 비탄, 절망, 무의미함과 같은 생각에 고통스러워하거나 도덕적 딜레마로 힘들어할 때 클라이언트의 영성이나 종교적 신념 혹은 그 배경에 대해 구체적 질문을 할 수도 있다. 다음과 같은 클라이언트의 언급이 이런 상황에 해당할 수 있다. "내 아이들이 교회에 가지 않아서 부모로서 실패한 것 같아요", "나는 너무 많은 사람에게 상처를 줬어요. 내가 지은 죄에 대해 회개가 필요해요", "내 삶은 공허하고 무의미해요", "내게 믿음이 있었으면 좋겠어요. 하지만 어떻게 해야 할지 모르겠어요", "12단계 프로그램을 같이 하는 사람들은 자신의 능력자(신)에 관해 이야기해요. 하지만 난 그런 게 있는지도 모르겠어요", "나는 내 병이 고쳐졌으면 하고 자주 기도해요. 하지만 병세는 계속 나빠지고 있어요",

"죽음에 가까워지면서 사후에 또 다른 세상이 있는지 궁금해요. 당신은 그런 게 있다고 생각하나요?", "내 딸은 사악한 힘에 붙잡혀 있는 것 같아요", "나는 아버지가 한 일을 용서하고 싶어요. 하지만 나는 고통에 사로잡혔고 분노로 지쳐 버렸어요".

커뮤니티 조직, 기관 행정, 프로그램 관리와 같은 간접적 실천에 종사하는 사회복지사는 이웃과 커뮤니티에 퍼져 있거나 공통적인 종교적 신념, 전통, 행위를 이해해야 한다. 이런 지식은 기관의 프로그램을 이용할 사람에게 적절하고 존중을 표하는 프로그램, 정책을 개발하는 데 필요하다.

(6) 신(혹은 다른 신성한 이름)이라 불리는 수많은 신비로움 혹은 힘은 말로 묘사할 수 없으며 정의상으로, 인간 정신으로는 이해할 수 없다. 그럼에도 사람들은 신에 대해 말하고 생각할 때 단어를 사용하고 심상을 만든다. 심지어 신을 믿지 않는 사람도 허구라고 거부하는 신의 개념을 갖고 있다. 신에 대한 사람들의 이미지와 생각은 매우 다양하다.

클라이언트가 실제로 신을 믿는 것이 혼란스럽다고 말한다면, 신의 이미지를 검토하고 언제 어떻게 그런 이미지를 갖게 됐는지 고려하도록 하는 것이 유용하다. 클라이언트는 특정 이미지를 통해 신과 연결되기 때문에 이 방법이 중요하다. 신을 인식하거나 이미지화하는 방식에 따라 클라이언트가 사랑받거나 거절당하고 있다고 느끼는 것, 안전하거나 두렵다고 느끼는 것, 포용적 혹은 편협하다고 느끼는 것에 영향을 줄 수 있다. 일반적으로 신에 대한 다양한 이미지와 생각은 내재 혹은 초월을 강조하는 경향이 있다. 내재는 신이 우리 내부, 주위에 있다는 것을 뜻하고, 초월은 신이 우리가 알고 있는 세계 밖에, 분리된 것으로 생각하는 것이다. 어떤 사람은 신을 사랑하는 존재와 같이 매우 개인적 용어로 그리지만 또 다른 사람은 신을 인간 외적인 것, 원격의 힘 혹은 에너지로 인식한다. 그래서 신에 대한 사람의 이미지는 아버지로서의 신, 어머니로서의 신, 조부모로서의 신에서부터 신성한 존재, 궁극의 실재, 원초적 정신, 존재의 근거와 같은 추상적 사고에 이르기까지 다양하다.

(7) 영성을 좀더 배양하고 더 잘 살아갈 방법을 찾아야겠다고 생각하는 시기는 개인적 위기 혹은 고통스러운 자기 탐색의 시간 동안이다. 만약 클라이언트가 약물 남용 문제나 다른 중독을 다루기 위해 12단계 프로그램에 참여하고 있는 경우, 이 클라이언트는 다른 집단 구성원이 영성에 대해 말하는 것을 듣게 될 것이다. 이런 새로운 경험으로 클라이언트는 사회복지사에게 영성의 본질이나 영성을 발전시키는 방법에 대해 질문할 수도 있다.

더욱 의미 있는 영적 생활을 원하는 클라이언트와 일할 때는 영적 탐색(spiritual search)과 영적 여정(spiritual journey)을 구별해 설명해 주는 것이 도움이 될 수 있다. 탐색하는 사람은 항상 새로운 것을 보고 새로운 가능성을 모색한다. 이와 대조적으로, 여정에 있는 사람은 특정한 길을 선택했고 그 길을 따르기 위해 노력한다.

탐색은 필요하고 중요하지만, 지속적인 탐색은 동요와 불만족을 야기한다. 영적 성장은 특정한 길을 향해 방향을 잡고 헌신할 때 비로소 이뤄진다. 사람들 대부분은 대답 없는 수없이 많은 질문과 의심에도 다이빙 보드에서 뛰어내리면서 결국 "이것은 내 선택이다, 이것이 내 길이다, 나는 내 삶을 이렇게 살기로 했다"고 말하는 시기가 있다. 철학자 키르케고르는 이러한 선택을 '믿음의 도약'(leap of faith)이라고 불렀다.

영적 여정의 은유는 영적 성장이 직선이 아님을 의미한다. 오히려 나선형이며, 중간중간 힘겨운 투쟁이 있고, 인생의 질문은 몇 번이고 되풀이해서 재고되고 맞닥뜨리게 된다. 클라이언트가 선택한 길은 클라이언트 자신의 진정한 자아와 일치해야 한다. 선택한 길에 관계없이 차분한 성찰, 고독, 기도 혹은 명상의 시간을 정기적으로 마련하는 것이 필요하다. 영적 성장은 또한 타인에 대한 봉사를 요구한다. 타인에 대한 봉사와 돌봄이 없는 영성은 바로 자기도취나 이기주의(egoism)가 된다. 영적 성장은 자아 내부로 더 깊이 들어가는 것이며, 거기서 발견한 것에 진실하고 정직해지는 것이다. 많은 사람은 자신에 대해 알게 되는 것이 두려워 이러한 자기 탐색을 거부한다. 기도와 명상으로부터 나오는 자기 이해는 실제로 불편함을 야기할 수 있다. 여전히 어떤 사람은 영적 성장을 추구하는 데 양가적이다. 왜냐하면 깊은 영성이 준비되지 않았는데 생활양식이나 우선순위의 변화를 요구할 것이라는 두려움 때문이다. 여러모로 영적 성장은 관점을 변화시키는 과정이며, 다른 식으로 보게 하는 과정이다. 그리고 통제, 권력, 소유물, 특권의 욕구에서 손을 떼는 과정이다. 버리는 것에 대한 두려움이 영적 성장의 가장 큰 방애물이다.

사회복지사는 영성이 선택과 관련된다는 점, 중요한 것과 중요하지 않고 허무한 것의 연속을 구별하는 것과 관련된다는 점, 수단과 목적의 구분과 관련된다는 점을 이해하도록 도와야 한다. 다른 선택은 다른 결과를 낳는다. 선택의 중요성은 북미 원주민의 우화에서 찾을 수 있다.

할아버지는 손자에게 사는 방법에 관한 중요한 교훈을 가르치고자 한다. 할아버지는 자신의 이야기를 열심히 듣는 손자에게 말했다. 모든 사람은 마음속에 두 마리의 늑대가 있는데 두 마리 늑대는 서로 지배하기 위해 계속해서 싸우고 있다. 한 마리 늑대는 관용, 정직, 연민, 만족과 정의이고 다른 늑대는 이기심, 거짓, 혐오, 탐욕이다. "어떤 늑대가 이길까?" 손자에게 물었다. 할아버지는 "어느 쪽이든 우리가 먹이를 준 늑대란다"라고 답했다.

이 이야기는 우리가 매일 하는 작은 선택조차도 결과가 있으며, 우리 삶을 한 방향 혹은 다른 방향으로 이끄는 데 누적적인 영향을 준다는 것을 알려 준다. 예를 들어 우리가 자기중심적인 경향에 '먹이를 준다'면 우리는 점차 이기적인 사람이 될 것이다. 한편, 우리가 정직하고 자애로워지려는 욕망에 '먹이를 준다'면 우리는 이런 종류의 사람이 될 것이다. 우리의 영성은 우리의 선택과 우리가 살아가는 방식으로 표현된다. 지적인 정직함과 도덕적 청렴함에 대한 추구

는 진실한 영성을 개발하는 데 전제조건이다. 클라이언트는 자신의 양심을 지키고 참되고 옳다고 믿는 것을 지키도록 격려받아야 한다. 자신의 도덕률을 어기는 것은 만족감과 총체성 달성을 가로막으며 죄책감, 수치심, 회한을 낳고 자존감 상실을 가져올 것이다.

영성 개발은 일생의 과정이며, 개인 문제에 대한 미봉책이 아니라는 점을 클라이언트가 이해하도록 도와야 한다. 이는 연대 활동이 아니다. 오히려 심오한 질문과 개인적 고행이 타인과의 대화를 통해 솔직히 검토될 수 있다는 점에서 주로 공동체적이다. 자기반성에는 타인, 특히 영적인 생활에 대한 경험이 있는 사람으로부터의 지지와 지도가 필요하다. 왜냐하면 이들은 초심자의 낙담, 자기도취, 자기기만, 영적 오만을 피하도록 돕기 때문이다.

영적 성장은 삶이 우리에게 주는 것이 무엇이든 감사와 고마움을 길러 준다. 감사함을 느끼는 사람은 역설적으로 종종 큰 도전과 어려움에 직면한 사람이다. 왜냐하면 감사는 자신의 약점과 한계에 대한 이해와 수용을 포함하기 때문이다. 할 수 있다는 문화나 자립에 대한 가르침의 가정과는 반대로, 긍정적으로 생각하고 열심히 한다고 모든 일이 가능하지는 않다. 우리는 연령, 지능, 기질, 신체적 능력 등에 의해 만들어진 실제 한계가 있다. 우리는 자신에게 솔직하고, 자신의 강점과 약점을 인정하며, 통제력을 벗어나는 상황과 조건 내에서 될 수 있는 모든 것이 되려고 노력할 필요가 있다.

영적 성장을 키우기 위한 다양한 종교시설이 있다. 이끄는 사람도, 구성원도 인간이기에 약

점이 있지만 종교조직은 세대 간 영적 지혜를 전승하는 중요한 수단이므로 귀중한 자원이다. 또한 종교조직은 영성과 종교 문제로 몹시 괴로운 클라이언트를 적절히 의뢰할 곳으로 고려돼야 한다. 만약 클라이언트가 종교 대표자를 만나고 성직자 혹은 영적 지도자에게 이야기하는 것을 순순히 받아들인다면 그렇게 하도록 해야 한다.

(8) 인종·문화적으로 소수집단에 속하는 사람처럼 신앙을 따르는 많은 사람은 '두 세계'에서 살기 위해, 그리고 이들의 삶의 방식에 매정하거나 심지어 적대적인 환경 내에서 사회·경제적으로 협상하기 위해 애써야 한다. 사람들은 자신이 소중하게 여기는 가치, 믿음, 행위가 위협받는다고 느끼면 그 위협에 대항해 싸운다. 혹은 자신의 가치를 위협한다고 여기는 사회, 학교, 커뮤니티 활동에 참여를 거부하기도 한다. 특히, 부모는 자녀의 영적 안녕을 파괴한다고 간주하는 사회적 영향력으로부터 자녀를 보호하려 할 것이다.

그래서 사회복지사는 깊은 영성적·종교적 지향을 가진 사람이 그들의 가치와 믿음에 반하는 사회적 환경에서 살아가고, 일하고, 가족을 양육하면서 경험하는 딜레마를 이해해야 한다. 미국 사회의 가장 지배적인 가치는 물질만능주의, 소비주의, 탐욕, 경쟁, 개인주의다. 대조적으로 종교나 영성은 정직, 정의, 겸허, 겸손, 연민, 용서, 타인에 대한 봉사와 같은 전혀 다른 가치와 미덕을 강조한다.

(9) 직접적 사회복지실천에서 흔히 겪는 어려움은 클라이언트가 제기한 문제가 자신의 양심 혹은 도덕률, 정부의 형법 사이의 충돌을 포함할 때 더 심각해진다. 예를 들어 어떤 사람의 행동은 합법적이지만 비도덕적(예: 전쟁, 낙태, 수혈)일 수 있고, 다른 경우 도덕적으로는 옳지만 불법(예: 전쟁에 소요되는 세금 납부 거부)일 수 있다. 클라이언트가 자신의 도덕원칙과 법 사이의 갈등에 대해 숙고하고 이를 다루도록 돕기 위해 클라이언트의 도덕적 사고를 심층적으로 이해할 종교 혹은 영성 지도자의 자문, 어떤 경우에는 변호사의 조언을 요청할 수 있다.

(10) 클라이언트의 종교적·영적 신념과 행위가 건전하지 않거나 클라이언트 혹은 타인을 해칠 수 있는 내용일 때, 사회복지사는 어려운 상황에 직면한다. 이런 상황에서 사회복지사는 적어도 이 같은 신념과 행동의 관찰 가능한 결과나 영향을 검토해 보도록 도움을 줄 수 있다. 그러나 핵심신념에 엄격한 사람은 다른 사람(심지어 때때로 자신조차도)이 합리적이고 논리적이라고 생각하는 것에 의해 쉽게 흔들리지 않는다는 점을 인식해야 한다.

건전한 종교나 영성에서는 인간이 수많은 차원(육체적, 영적, 심리적, 정서적, 지적, 성적, 사회적 차원)으로 상호 연결돼 복잡하다는 점을 인정한다. 단지 영적인 차원만이 아니라 인간의 모든 차원은 소중하다. 사회복지에서도 전체로서의 인간, 그리고 총체성, 통합, 연결성을 강조한다.

이와 대조적으로 건전하지 못한 영성이나 종교는 불균형적이며 분열됐거나 편파적이다. 이는 사람의 몸, 정신건강, 사회적 관계, 커뮤니티에 해로울 수 있다. 가족이나 친구관계를 분열시키거나 편협함, 폭력 혹은 억압의 씨를 뿌릴 수 있다. 특정 영성 혹은 종교가 건전한지 그렇지 않은지에 대한 클라이언트의 결정을 도울 때는 다음 질문을 고려해야 한다. '만족 혹은 두려움, 희망 혹은 절망, 자부심 혹은 수치심, 개방성 혹은 엄격성, 자유 혹은 통제, 평화 혹은 갈등, 지적 정직함 혹은 거짓을 만드는가?', '개인을 격려, 고양, 지지하는가? 혹은 사람을 끌어내리는가?', '신념으로 도움을 받는가? 혹은 신념에 시달리는가?'

(11) 클라이언트가 교회나 유대교 회당, 사원 같은 신앙 공동체의 적극적 구성원일 때 그 공동체는 원조 과정에서 잠재적 자원, 지지가 될 수 있다. 클라이언트의 관심사나 욕구에 따라 이 자원의 활용 가능성을 탐색한다. 그러나 어떤 사람은 종교와 미약한 관계만을 가지고 있으면서도 자신을 특정 종교 혹은 신앙 공동체에 소속되었다고 이야기하기도 한다는 점을 이해하는 것이 중요하다. 따라서 클라이언트가 어떤 종교적 일원으로 스스로 인식한다 해도 그것만으로는 비공식적 사회적 지지망, 혹은 적극적인 구성원이 보통 갖는 다른 자원을 이용할 수 있음을 반드시 의미하지는 않는다.

사회복지사는 클라이언트가 어떤 종교에 속해 있는지를 확인했다고 해서, 그 클라이언트의 종교적 신념과 행위를 알고 있다고 가정해서는 안 된다. 종교 내에는 여러 측면에서 서로 다른 다양한 하위집단 혹은 분파가 있다. 예를 들어 기독교 내부에도 보수적인 것부터 진보적인 것에 이르기까지 다양한 교파가 있다. 특정 종교 혹은 신앙 공동체의 신념, 실천, 전통이 특정 국가, 문화 혹은 민족적 집단과 중첩될 때 상황은 더 복잡해진다.

(12) 클라이언트가 사회복지사의 종교나 영성에 관해 물었을 때 이에 대응할 준비가 되어 있어야 한다. 클라이언트가 사회복지사의 종교와 영성을 묻는 데는 몇 가지 동기가 있다. 일반적으로 사람은 자신과 유사한 신념과 가치, 생활 경험을 가진 사람과 있을 때 가장 편하다. 그래서 클라이언트는 사회복지사가 자신의 종교적, 영적 신념, 행위를 이해해줄 수 있는지, 그리고 사회복지사가 수용적인지 혹은 거부적인지를 알고 싶어 한다. 어떤 클라이언트는 단지 사회복지사가 인생의 의미 있는 질문에 어떻게 접근하는지 궁금해 사회복지사의 종교를 묻기도 한다. 다른 클라이언트는 사회복지사가 가족 갈등에서 자기편을 들어주도록 조종하려고 시도할 수도 있다. 사회복지사가 종교적 질문에 대응하는 방법은 클라이언트가 질문한 이유, 그리고 다양한 응답이 전문적 관계와 향후 지속적인 협력 과정에 어떤 영향을 미칠지에 달려 있다(항목 8.4에서 제시된, 사적인 질문에 대응하는 방법 부분을 참조).

15.19 형사사법제도의 영향을 받은 클라이언트

모든 실천 현장에서 사회복지사는 범죄로 삶이 변하고 파괴된 사람을 만날 것이다. 어떤 사람은 피해자이고 어떤 사람은 가해자이며, 어떤 사람은 교정 프로그램에서 형(刑)을 사는 아동, 배우자, 부모 혹은 친구이다. 보호관찰, 소년법원, 출소 전 센터(pre-release center), 중간의 집(halfway house), 전환 프로그램(diversion program), 교도소 등에 고용된 사회복지사가 증가하고 있다. 사회복지사는 이러한 현장에서 형사사법제도 내의 문제와 그 복잡성을 직접 체험하면서 배운다.

미국은 범죄 문제가 심각하며, 매우 높은 수감률을 보인다. 세계 인구의 약 5% 인구를 가진 미국이 세계 수감자의 거의 25%를 차지한다. 때때로 성인 100명당 1명이 감옥에 있으며, 많은 사람이 보호관찰 중이다. 수감된 사람 대부분은 남성이고 경제적으로 취약하며, 많은 사람이 인종적 혹은 민족적 소수자다. 감옥에 있는 사람 대부분은 신분 혹은 교육 수준이 낮고 직업기술이 거의 없다. 분명 모두는 아니지만 많은 사람이 해체되거나 역기능적인 가족에서 성장했다. 감옥에 들어간 사람 중 약 2분의 1은 18~27세이다. 많은 경우 비폭력 마약 사범이다. 많은 경우 정신질환을 앓고 있다.

1) 피해자

사회복지사가 알고 있는 많은 클라이언트가 폭행, 강간, 살인, 강도, 사기, 음주운전, 신원도용, 갈취와 같은 범죄로 신체적, 정신적, 경제적 피해를 받는다. 이웃과 커뮤니티 전체가 범죄의 영향을 받기도 한다. 예를 들어 범죄가 많이 발생하는 지역에 사는 사람은 친구 방문을 위해, 쇼핑을 위해, 등교를 위해 집을 나서는 것에 자주 두려움을 느낀다. 공공기물 파손, 강도, 갈취로 인한 사회적 비용이 증가할 때 지역 경제는 계속 작동하기 어렵다. 범죄 피해자는 형사사법제도의 운영, 그리고 이 제도에서 일하는 사람들의 결정과 행동에 매우 큰 관심을 보인다. 일반적으로 이들은 경찰 보호의 증가, 더 엄격한 법, 더 강력한 법정을 원하며 가해자가 타인을 해칠 수 없도록 유죄 판결을 받아 수감되길 원한다.

범죄로 상해를 입거나 정신적 외상을 입은 클라이언트와 일할 때, 사회복지사는 피해자 보상 프로그램이 대부분의 주에 있다는 것을 알고 있어야 한다. 자격만 충족되면 이들 프로그램은 의료비, 정신건강 상담, 수입 상실, 장례식 혹은 매장에 드는 비용을 지원한다. 범죄로 정신적 외상을 입은 사람은 대개 상담, 치료, 자조집단 혹은 지지집단의 도움을 받을 수 있다.

법 위반에만 초점을 두기보다는 범죄로 발생한 해로움에 초점을 두는 회복적 사법 프로그램이 점차 발전하고 있다. 이들 프로그램은 피해자가 가해자에게 어떻게 피해를 봤는지를 말하고 설명할 기회를 피해자에게 제공하기 위해 마런됐다. 이 프로그램은 가해자에게 자신의 범죄로 인한 결과에 대해 배우고 책임을 지고 배상하고 사과할 기회를 제공한다. 회복적 사법 프로그램은 피해자, 가해자 모두의 치유를 촉진한다. 이 프로그램은 통상적인 법원 활동을 대체하는 것이 아니라 보완한다.

2) 범죄자

범죄는 다양한 유형의 사람, 다양한 동기에 의해 저질러진다. 범죄 중 상당수는 직·간접적으로 약물 및 알코올 사용, 불법 약물의 유통과 관련된다. 어떤 범죄는 매우 의도적이며 계산적인 행위다. 또 다른 것은 경솔하며 충동적이다. 아주 작은 범죄라도 죄를 지은 사람은 강한 죄책감과 후회를 경험한다. 다른 극단적인 경우, 죄책감이 전혀 없고 체포된 것만 애석해하는 사람도 있다. 끔찍한 범죄를 저지른 사람도 근본은 선하고 진실하며 동정심이 있는 사람으로 보이기도 한다. 반면, 지속적으로 부정직, 폭력, 심지어 잔인함을 보이는 사람도 있다.

교정 현장에서 일하는 사회복지사, 또는 개업 실천가는 때때로 체포돼 형사사법제도로 끌려온 클라이언트를 만난다. 사회복지사의 클라이언트(예: 사회복지사로부터 상담을 받은 적이 있는 사람)가 체포되었을 때, 사회복지사는 클라이언트가 유능한 법적 대리를 받을 수 있도록 할 수 있는 일을 해야 한다. 피고인이 감옥에 있다면 방문해 이야기를 나누면서 지금 상황에 더 잘 대처하고 앞으로 진행될 일에 바른 결정을 할 수 있도록 돕는다.

빈곤한 사람은 사법체제에서 명백한 약자이다. 이들은 피고 측 개인변호사를 쓸 수 없어 일이 많은 국선변호인에게 의지해야 한다. 보석금을 내고 풀려날 기회가 있어도 빈곤한 사람은 보석금을 낼 돈을 모을 수 없고, 결과적으로 재판일 혹은 형량 조정 합의를 기다리면서 감옥에서 몇 달을 보내야 할 수도 있다.

죄를 지어 기소된 사람 대부분이 재판까지 가지 않음을 기억해야 한다. 오히려 대부분 검사와 피고 측 변호사가 형량 조정을 협상한다. 일반적으로 피고인은 최소 판결의 대가로 유죄 인정에 동의하거나 덜 심각한 처벌을 수반하는 더 작은 범죄에 대한 유죄를 인정한다. 판사는 협상한 형량 조정 조건을 승인한다. 형량 조정은 사법체계가 기능하는 데 필수적이다. 사법체계에는 모든 피고인의 재판에 필요한 인력, 시간 혹은 자금이 없다. 죄가 있다고 피소된 사람 가운데 몇몇은 무죄임에도 불구하고, 판사가 유죄 판결을 내리고 형량 조정에서 제시한 것보다 더 심한 처벌을 받게 될 것에 대한 두려움 때문에 형량 조정을 수용하기도 한다.

3) 분류

교정체계에 온 사람 모두는 일정한 유형의 사정과 **분류**(classification) 심사를 받는다. 예를 들어 한쪽 극단은 상황적 범죄자이다. 이들은 예상치 못하게 자신답지 않은 범죄 행동을 저지른 사람이다. 다른 극단은 상습적 범죄자 혹은 전문 범죄인(career criminal)으로, 범죄 행동의 오랜 이력이 있는 사람들이다. 전문 범죄인은 감옥에 있는 시간을 단지 '사업 비용'으로 간주하기도 한다. 상황적 범죄자는 아마도 재활에 잘 맞는 사람일 수 있지만, 상습적 범죄자는 그렇지 않을 것이다.

교정체계를 관리하는 사람은 프로그램과 재소자를 관리하기 위해 분류 혹은 범주를 사용하는 것 외에 선택이 없다. 그러나 사람이 특정 범주 혹은 분류로 배치되고 다뤄지는 순간 개별화는 희생된다. 교정 프로그램에는 불충분한 교육, 직업 기술의 부족, 읽기 능력과 언어 기술의 부족, 약물 남용, 학습장애, 정신장애 등과 같은 문제를 적절히 다룰 능력 혹은 자원이 거의 없다.

4) 보호관찰부 집행유예와 가석방 후 보호관찰

보호관찰부 집행유예(probation) 혹은 가석방 후 보호관찰(parole)에 배치되면, 보호관찰관과 정기적으로 접촉해야 한다. 또한 보호관찰관에게 주거 상황과 고용 상태를 알리는 것, 보호관찰관의 재량에 따라 약물 검사, 몸수색, 가택수색에 응하는 것, 알려진 흉악범과의 접촉을 피하는 것, 술을 팔거나 포르노를 보여 주는 장소에 가지 않는 것, 중독 혹은 정신건강 문제에 대한 치료를 받는 것, 범죄 피해자에게 접촉하지 않는 것, 통금시간을 지키는 것 등과 같은 일련의 규칙과 조건을 따라야 한다. 이런 규칙을 어기면 추가 형량이 부과되거나 감옥으로 돌아갈 수 있다.

5) 교도소 환경

교도소의 물리·사회적 환경은 최소 경비 상태의 개방 교도소인지, 경비가 가장 삼엄한 교도소인지, 혹은 그 둘 사이 어디쯤의 수준인지에 따라 크게 달라진다. 경비가 가장 삼엄한 교도소에 들어가면 무시무시하고 혼란스러운 환경과 마주친다. 이러한 교도소는 폭력, 위협, 조종이 생활 방식인 사람을 감금하기 위해 설계됐다. 이런 시설에서는 재소자 사이의 지위 위계, 행동강령, 그리고 재화, 서비스와 기회의 배분을 관리하는 경제체계가 발견된다. 다른 사람과 마찬가지로 재소자도 존중받고 진지하게 받아들여지길 바라지만, 진정한 존중보다는 타인을 두려워해야 하는 모멸적인 환경이 보통이다. 새로운 재소자는 형기를 살고 혼자 남길 원한다. 그러나 이런 일은 거의 없다. 새로운 재소자는 일반적으로 시험과 검문을 받고, 보통 자기방어집단에 합류할 필요가 있다. 재소자집단은 인종과 민족에 따라 혹은 폭력조직별로 나뉜다.

이와 대조해, 최소 경비 상태의 개방 교도소 시설은 일반적으로 분위기가 크게 다르다. 재소자는 꽤 안전하다고 느끼며 교도소 내에서 더 많은 사생활 보호, 자유, 선택권을 갖는다. 친구나 가족도 방문할 수 있다.

6) 구속의 영향

교정시설로 보내진 사람 대부분은 형기를 마치면 석방된다. 이들은 커뮤니티로, 가족이 있다면 가족의 품으로 돌아간다. 이상적으로 투옥 기간은 긍정적 변화와 재활을 위한 시간, 매우 어려운 상황에서 최선을 다한 시간, 출소 이후의 삶을 준비하는 시간이다. 이렇게 되기 위해서는 두 가지 요소가 있어야 한다. 첫째, 교정시설에서 다양한 교육, 훈련, 치료 프로그램을 제공해야 한다. 둘째, 재소자에게 이들 프로그램을 활용할 동기와 능력이 있어야 한다.

하지만 교도소에서 보낸 시간이 범죄사고 (criminal thinking) 와 행위를 재강화하고 굳히는 부정적이고 해로운 경험이 되는 경우가 너무나 잦다. 교도소는 사람들이 적대감과 분노를 느끼게 한다. 많은 재소자는 같은 죄를 저지르고도 더 적은 형량을 받은 사람의 이야기를 들을 때 부당한 처우를 받았다고 믿기 시작한다.

교도소에서 보낸 시간은 이미 허약한 가족과의 유대를 약화시킨다. 마침내 석방되고 커뮤니티로 돌아왔을 때 '전과자'는 보통 직업시장에 참여할 준비를 갖추지 못하며 평범한 시민은 이들을 두려워하고 피한다. 범죄 기록 때문에 괜찮은 일자리를 찾고, 집을 구하고, 긍정적이고 유익한 사회적 관계망에 진입하기 어렵다.

자신의 행동 패턴과 습관적 사고방식(다음 제목 참고) 을 점검하고 이해할 수 있도록, 개인적 목표를 명확히 할 수 있도록, 선택과 결정에 활용되는 도덕 및 윤리적 원칙의 틀을 만들도록 돕는 재활 프로그램이 대단히 중요하다. 생활방식과 사회적 관계망에서 중대한 변화를 만드는 것은 수많은 재소자에게 상습적 범행의 기회를 감소시킨다. 일단 석방되면 안내, 격려, 지원을 제공하는, 건강하고 친사회적인 친구관계를 만들고 유지할 필요가 있다.

어떤 재소자에게는 신앙에 기반을 둔 프로그램이 매력적이고 유익할 수 있다. 이런 프로그램은 재소자에게 새로운 가치, 삶을 이해하는 새로운 방식, 목적의식, 희망, 정체성을 제공할 수 있다. 석방되었을 때 이들 프로그램은 귀중한 사회적 지지와 격려를 제공하며, 직장, 집, 상담할 곳을 찾는 데 도움을 줄 수 있다.

7) 범죄사고

상습 범죄자와 전문 범죄인은 상황적 범죄자와 법을 준수하는 시민과는 상당히 다른 사고방식과 삶에 대한 전망을 갖는다. 이런 인지 방식의 존재를 통해 왜 이들이 계속 범죄 행위를 하는지 그 이유를 설명할 수 있다. 기본적으로 범죄사고는 일련의 잘못된 신념, 왜곡된 가치이다. 범죄사고의 중요한 요소는 다음과 같다.

- 범죄의 심각성을 경시하거나 외면하고 자신의 범죄 행위에 대해 타인 혹은 상황을 탓한다.
- 피해자에 대한 공감과 연민이 부족하다. 타인에게 입힌 해로움에 대해 죄책감, 후회가 거의 없다.
- 피해자는 순진하고 어리석으며 유약하므로 피해를 받을 만했다고 믿는다.
- 법은 어리석고 불평등하기 때문에, 그리고 필요하다면 속임수나 무력을 통해 인생에서 좋은 것을 차지할 권리가 자신에게 있기 때문에, 법을 위반할 수 있고 자신이 법 위에 있다고 계속 믿는다.

- 원하는 것을 얻기 위해 거짓말, 사기, 조종, 협박을 자주 사용한다. 원하는 것을 얻고 목적에 도움이 된다면 사람을 이용하고 학대하고 버리는 것을 망설이지 않는다.
- 영향력과 통제를 발휘하는 데 필요한 신뢰를 얻고 정서적 영향력(emotional leverage)을 확보하기 위해 자신을 관대하고 유용한 사람으로 보여 주며, 그러기에 이들의 조종은 매력적이고 사랑스러운 모습을 종종 취한다.
- 타인에게 힘과 통제를 발휘하려는 욕망이 강하다. 통제할 수 없을 때 긴장하고 지치며 좌절한다. 대인 간 갈등을 정중한 토론이나 타협이 아닌 위협이나 고함으로 해결한다.
- 충동적으로 의사를 결정한다. 일어날 결과를 예상하거나 평가하지 않고 행동한다. 근원적인 도덕이나 윤리적 원칙에 기초해 결정하지 않고, 현재 상황과 기회에 반응해 결정한다. 많은 경우 이런 의사 결정 스타일은 추론하고 비판적으로 생각하는 기술이 실제로 부족하기 때문이다.
- 자신이 말했던 약속과 책무를 완수하고 계획대로 하는 데 어려움이 있다. 현재 혹은 당면한 상황에 쉽게 영향을 받고 흔들린다.
- 처벌을 면할 수 있으며 너무 똑똑해서 붙잡히지 않는다고 생각한다. 시간이 흐르면서 자만하며 끄떡없다고 느낀다. 자신감이 약해지기 시작할 때 용기를 끌어 올리거나 두려움을 감추기 위해 종종 마약, 술을 사용한다.

이러한 범죄사고가 바뀌지 않으면 재활 가능성은 상당히 낮다. 왜곡된 사고방식, 조종적이고 위험한 사람에 관한 정보는 항목 10. 8, 10. 9, 13. 7을 참고한다.

8) 범죄자의 가족과 아동

유죄 선고를 받고 교정 프로그램 혹은 교도소에 보내지면 이들의 가족은 보통 정서적 혼란과 경제적 어려움을 경험한다. 좌절감, 슬픔, 상실감, 수치심, 당혹감, 분노, 죄의식, 자책, 후회 등이 공통적이다. 어떤 가족 구성원은 곤경에 처한 것 때문에 범죄자에게 화를 낼 수도 있고, 어떤 가족은 곤경에서 범죄자를 벗어나게 할 수 없기 때문에 혹은 체포로부터 보호해 주지 못해서 죄책감을 느끼기도 한다. 많은 가족 구성원은 범죄자의 안전, 정신건강을 걱정한다. 특히, 이들이 경비가 가장 삼엄한 교도소에 있다면 더욱 그렇다.

투옥으로 인한 분리는 결혼 혹은 파트너 관계에 매우 큰 긴장을 야기한다. 남겨진 배우자 혹은 파트너는 이혼하고 관계를 끝낼 것인지 결정하는 데 전문적 도움을 구할 수 있다. 배우자 혹은 파트너는 살기에 덜 비싼 곳을 찾고, 건강보호를 받고, 가족 예산을 조정하고, 아동보호를 구하고, 일을 찾는 등과 같은 실질적 문제에서 도움을 필요로 할 수도 있다.

아동은 부모의 투옥에 다양한 방식으로 반응한다. 대부분의 경우 이는 혼란스럽고 어려운 경험이다. 그러나 부모로부터 학대를 받아온 아동에게는 부모가 사라진 것이 안전감을 제공한다. 투옥된 부모와 아동의 관계, 친밀감, 분리 당시 연령, 기질과 성격, 예전의 분리 경험, 분리된 기간, 가족의 강점, 다른 부모와 가족 구성원의 반응, 부모가 저지른 범죄의 성격, 커뮤니티가 범죄에 보이는 반응 등과 같은 다양한 요인이 아동이 받을 영향을 결정한다. 이들 아동은 굴욕감, 다른 아이의 괴롭힘, 사회적 고립, 학교에서의 어려움, 그리고 감정 기복, 발달지연 및 퇴행, 우울, 분노 폭발, 폭력 등과 같은 다른 문제도 경험한다. 연구에 의하면 부모가 투옥된 아동은 낮은 학교 성적, 학교 중퇴, 약물 남용, 조기 임신, 범죄조직 참여 등의 위험이 증가한다고 한다. 아동을 만나는 사회복지사는 이들이 적절한 상담을 받도록 해야 한다. 멘토링 프로그램, 의형제 프로그램이 아동에게 중요하다.

9) 가족의 재소자 방문

사회복지사가 재소자 가족에게 서비스를 제공하는 경우, 사회복지사는 가족의 재소자 방문과 관련된 몇 가지 이슈에 주목해야 한다. 가족과 친구의 방문은 재소자가 외로움이나 감금 스트레스에 대처하는 것, 그리고 외관상 가족의 유대와 의사소통을 유지하는 것을 돕는다. 만약 최종적으로 가석방 후 보호관찰이 가능하다면 가족의 격려는 퇴소 이후의 인생에 대한 준비로써 교육 및 훈련 프로그램을 활용하도록 재소자의 동기를 증진한다. 방문을 통해 가족 구성원은 그들이 걱정했던 사람이 기대할 수 있는 만큼은 지내고 있다는 것에 안심할 수 있다. 또한 방문은 무슨 일이 왜 일어났는가와 관련된 복잡한 생각과 감정을 끝내도록 돕는다. 방문

과 정기적 의사소통은 재무와 관련된 사항을 가족이 안 상태에서 결정 내리도록 자녀와의 상호작용을 돕는다. 방문을 통해 가족 구성원은 재소자가 퇴소했을 때 그들 앞에 놓일 도전을 예상하고 가시화할 수 있다.

교도소에 있는 부모를 방문하는 것이 아동에게 미치는 영향에 관해서는 연구가 별로 없다. 두말할 것도 없이 교도소의 물리적 구조와 보안 절차는 아동에게 위협적일 수 있다. 이런 환경에서 부모를 보는 일은 충격적이다. 그러나 많은 아동복지 전문가는 아동 방문이 보통 유익하다고 제안한다. 왜냐하면 아동이 현실 상황을 인식하고 이해하고 점차 수용하는 데 방문이 도움을 주기 때문이다. 아동이 고통스러운 현실(예: 아버지가 다른 사람을 해쳐서 교도소에 있다)과 싸우면서 적응하는 것이 환상이나 속은 채로 살아가는 것(예: 아버지는 군인으로 외국에 살고 있다)보다 더 낫다. 방문은 아동 자신이 부모로부터 버림받은 것이 아니며, 부모가 집을 떠난 것에 아동의 책임이 없다는 것을 알려 주므로, 안심시킬 수 있다. 교도소에 있는 부모를 방문할 수 있는지 확실하지 않을 경우 교도소 직원(예: 교도소 심리학자, 교도소 사회복지사), 아동발달 전문가의 지도를 요청한다.

모든 방문객과 같이 아동 방문객도 승인된 방문객 명단에 있어야 한다. 아동을 교도소에 데려갈 부모나 위탁부모와 같은 성인은 아동을 데려가기 전에 1~2회 정도 재소자를 먼저 방문해야 한다. 그래야만 무엇을 기대해야 할지, 아동에게 무엇을 준비시켜야 할지 등을 알 수 있다.

기본적으로 방문에는 두 가지 유형이 있다.

비접촉 방문에서 방문객과 재소자는 유리창 혹은 철망으로 분리된다. 접촉 방문의 경우 재소자와 방문객은 같은 공간을 공유하고 간단한 포옹과 접촉이 가능하다. 재소자를 방문하고자 하는 사람이 가족, 친구, 사회복지사 누구든지, 방문 신청서를 교도관에게 필수로 제출해야 한다. 승인된 방문객 명단에 있는 사람만 방문 공간에 들어갈 수 있다. 범죄 기록이 있는 사람은 방문 허가를 받지 못할 수 있다. 대부분의 시설은 특정한 날, 특정한 시간에만 방문을 허용한다. 방문 규칙은 교도소 웹사이트를 통해 혹은 우편으로 구할 수 있다. 방문객은 교도소에 도착하기 전에 이를 숙지해야 한다. 경비가 가장 삼엄한 교도소의 방문 규칙은 대단히 엄격하다. 예를 들면 다음과 같다.

- 사전에 승인된 방문객 명단에 있는 사람만 방문 가능하다. 방문 신청서의 허위 기록은 방문 보류를 낳는다.
- 방문객은 금속 탐지기를 통과해야 한다. 금속이 달린 신발, 보석, 와이어가 있는 브래지어에 경보기가 울릴 것이며, 방문 전에 벗어야 할 수도 있다.
- 방문객 자신, 소지품, 차량은 검색 대상이다.
- 방문객은 음식, 카메라, 핸드폰, 기타 전자 장비를 방문 공간에 가져갈 수 없다.
- 방문객과 재소자는 방문 동안 반드시 착석해야 한다.
- 방문객은 재소자 화장실에 접근할 수 없다.
- 불법 밀수품으로 걸린 방문객은 방문이 보류되고 형사 고소될 수 있다.

- 부적절하고 상스러운 말 혹은 폭언을 하는 사람은 방문 공간에서 쫓겨날 것이다.
- 성적 도발 행동, 그리고 애무, 긴 키스, 신체 접촉과 같은 성적 접촉은 금지된다.
- 방문객은 정장을 입고 단추와 지퍼는 채워야 한다. 여성 방문객은 브래지어와 속옷을 입어야 한다.
- 아동 방문객은 방문부모 혹은 다른 승인된 어른의 감독 없이 화장실을 사용할 수 없다.

교도관은 방문을 권리가 아닌 특혜로 인식한다는 점을 이해해야 한다. 더구나, 교도관은 보통 방문에 양가적이다. 긍정적 측면으로, 방문은 재소자의 사기를 높이고 더 나은 교도소 환경을 만들 수 있다. 부정적 측면으로 방문 프로그램은 관리가 어렵고 방문객은 교도소에 들어오는 약물, 무기 같은 밀수품의 주요 공급원이다. 방문객은 실망할 수 있고 매우 감정적일 수 있다. 때때로 재소자가 기대했는데 방문객이 나타나지 않기도 한다. 때때로는 재소자가 방문객의 만남을 거절하기도 한다. 가족 말다툼이 일어나기도 한다. 재소자가 방에 있는 다른 방문객을 조롱하거나 굴욕감을 줄 수도 있다. 막판에 보안 문제로 예정된 방문이 취소되기도 한다.

교도관은 어떤 재소자가 '단지 돕고 싶어 하는' 자원봉사자, 교도소 성직자, 순진하고 잘 속아 넘어가는 펜팔 친구를 찾아 조종적 관계를 맺지 않을까 걱정한다. 어떤 재소자는 호의적인 방문객을 설득해 약물과 돈을 가져다 달라거나 메시지를 전해 달라고 한다. 어떤 방문객은 알게 모르게 재소자가 범죄 사업체를 계속 운영하도록 돕는다.

재소자를 방문하려는 사람은 방문 전에 정신적으로, 감정적으로 스스로 준비해야 한다. 예를 들어 가족 구성원 혹은 사랑하는 사람이 쇠고랑을 차고 유리창, 창살, 철망 뒤에 있는 것을 보는 것은 속상한 일이다. 가족 구성원이 울거나 감정이 폭발할 경우, 재소자는 지금까지 그랬던 것보다 더 속상할 수 있다. 방문 때 이용할 수 있는 공간은 교도소마다 다르다. 방문객의 사생활 보호는 없으며 교도소 직원의 감시를 받아야 함을 예상해야 한다.

10) 사회복지 기록, 비밀 보장과 관련된 이슈

사회복지사의 클라이언트(혹은 예전 클라이언트)가 유죄 선고를 받는다면, 법원 공무원(예: 보호관찰관)이 사회복지사를 만나 양형 자료 조사 보고서 작성에 필요한 정보를 요청할 수 있다. 덧붙여 피고인에게 더 관대한 판결을 받아내는 데 도움이 되는 정보를 피고 측 변호사가 사회복지사에게 요청할 수 있다. 사회복지사는 어떻게 대응해야 할까?

이런 상황에서는 일상적인 클라이언트 비밀 보장 규칙(항목 10.5 참조)을 적용한다. 클라이언트가 정보를 적절히 공개하는 데 서명하거나 공식적인 법원 명령으로 사회복지사에게 정보 공개를 요청하는 경우가 아니라면, 클라이언트 자료를 공개해서는 안 된다. 양형 자료 조사를 위한 판사의 일상적 자료 요구의 경우, 그 자체가 법원 공무원에게 클라이언트 정보를 공개할 이유는 되지 않는다.

나중에 교정 프로그램 직원이 사회복지사를 사례회의(예전에 사회복지사의 클라이언트였지만 이제는 교정 프로그램에 참여하고 있는 클라이언트의 재활 혹은 치료 목적을 수립하기 위한 사례회의)에 초대하는 경우에도 클라이언트의 기록과 정보 처리에 동일한 원칙이 적용된다.

15.20 전쟁 피해를 본 클라이언트 혹은 가족

미국이 2차 세계대전에 가담한 1941년 이후로 현재까지의 기간 중, 55% 이상의 기간 동안 미국은 전쟁 중이었다. 전쟁 중일 때는 거의 모든 사람과 모든 사회제도가 어떤 식으로든 영향을 받는다. 거시적 수준에서 미국 문화는 증세, 그리고 빈곤과 건강보호와 같은 인간 욕구 대신 전쟁 물자 지원에 대한 자원 배분, 혹은 세계인의 눈에 비친 미국의 국제적 지위 약화 등에 의해 영향을 받았다. 미시적 수준에서, 70년 이상이 흐르는 동안 50만 명의 미국 군인(육군, 해군, 해병대, 공군, 해안 경비대)이 전쟁터에서 사망했고, 거의 100만 명의 남성과 여성이 심각한 부상을 당한 것으로 추정된다. 전사하거나 부상을 당한 가족과 친구는 확실히 심각한 영향을 받는다. 셀 수 없이 많은 개인은 수년 혹은 평생 동안 고통, 슬픔, 디스트레스의 시기를 경험한다. 전사자, 부상자, 이들의 가족, 미국 사회 전체가 피해자다.

군대에서 일하는 사회복지사뿐 아니라, 사실상 거의 모든 인간서비스기관에 고용된 사회복지사는 전쟁의 피해자를 돕는 역할을 한다. 이 이슈를 효과적으로 다루기 위해 사회복지사는 전쟁이 군인에게 남긴 스트레스, 그리고 가족, 친구와 사랑하는 사람의 희생에 대해 이해해야 한다. 이들에 대한 전문적 실천을 지원하기 위해 NASW는 관련 정보와 자료를 담은 웹페이지 (www. socialworkers. org/military. asp)를 만들었다.

1) 개인과 가족이 받는 군 복무 관련 스트레스

전쟁 중일 때 군인은 전통적인 도덕관념에 도전하는 행동 ─ 다른 상황에서 시민이 저지르면 범죄와 비도덕적인 것으로 간주되는 행동 ─ 을 하도록 명령을 받는다. 사회복지사는 이 모순이 군인에게 미치는 감정적 고갈(emotional drain)이 상당하다는 점을 이해해야 한다. 또한 전쟁의 참상을 경험한 사람은 다른 참전용사를 제외하고는 이에 관해 말하고 싶어 하지 않는다는 점을 인식해야 한다. 나라를 위해 봉사했다는 것에 당연히 자부심을 갖지만, 내면에서는 나라에 봉사하기 위해 자신이 해야만 했던 일이 자랑스럽지 않을 수 있다. 때때로 이들은 자신이 했던 것과 하지 못했던 것에 대한 죄책감과 함께 보고 듣고 냄새 맡고 맛보고 느꼈던 것에 대한 생생하고 충격적인 기억을 소환한다.

엄청난 스트레스와 혼란 상태인 전쟁에서 군인은 자신에 대해 많은 것을 발견한다. 예를 들어 굉장한 압박 아래 의무를 수행했고 전우에게 대단히 헌신적이고 충성을 다했다는 점을 발견한다. 한편, 두려움에 움직일 수 없었고 극도로 잔인하고 스스로 부끄러운 행동을 했다는 점도 알게 된다. 종종 이들은 자신들이 생각하기에 해야만 했는데 하지 못한 것에 대해 일정 정도의 죄책감, 후회, 회한을 느낀다. 이런 느낌은 전우의 죽음 혹은 부상에 자신이 어느 정도 책임이 있다고 느낄 때 특히 심하다.

가족과 친구는 전역한 군인이 변했으며 군 복무를 하기 전의 사람과 같은 사람이 아니라고 말하곤 한다. 참전군인은 멀리 떨어져 무심한 듯하며 정신이 팔린 것처럼 보인다. 혹은 과음하며 우울하고 화가 나 있고 무모하게 보이기도 한다. 전쟁 후 집으로 돌아온 사람은 가족과 친구의 이해와 지지를 필요로 하지만, 이들 가족과 친구는 참전군인이 실제로 경험했던 것을 결코 완전히 이해할 수 없으며 상황을 더 좋게 만들기 위해 무엇을 해야 하거나 하지 말아야 하는지를 모른다. 참전군인과 이들의 가족은 좌절하고 혼란스러울 수 있다. 다시 보통의 삶을 살 수 있을지 걱정하고 염려한다.

2) 사회복지사가 제공하는 서비스

사회복지사 대부분은 몇몇 참전군인과 이들의 가족을 클라이언트로 만난다. 군대의 일원이거나 재향군인회에 고용된 사회복지사라면 그 클라이언트집단에 정기적으로 서비스를 제공할 것이다. 의뢰, 사례관리, 상담, 위기 개입, 옹호, 지지집단의 생성 및 촉진, 프로그램 개발, 커뮤니티 조직 등의 사회복지 기술이 클라이언트를 돕는 데 특히 유용하다.

군대와 재향군인회에서 개발한 증거기반 실

천 연구와 지침은 사회복지사에게 없어서는 안 될 자원이다. 이들 사회복지사는 다음 프로그램과 지침을 명심해야 한다.

(1) 예방: 군 복무를 마치고 집으로 돌아왔을 때 군인이 직면할 적응과 도전에 대해 군인 자신과 가족이 예측할 수 있도록 돕는 활동이 점차 증가하고 있다. 예를 들어 휴가로 집에 오거나 제대한 군인의 경우, 가족이나 호기심 가득한 친구가 전쟁 경험에 관해 물었을 때 어떻게 해야 하는지에 대해 신중히 생각하도록 도와야 한다. 회상이 해롭다면 "전쟁에 대해 말하고 싶지 않습니다. 그런 질문은 하지 말아 주세요"와 같이 간단하게 대답하도록 격려한다. 가족 구성원은 그런 질문을 피해야 하며 군인이 먼저 이야기하지 않는 한 다른 사람이 이 사안에 대해 말하지 않도록 요청해야 한다. 그러나 참전군인이 이 사안에 대해 말할 수 있는 안전한 장소(예: 지지집단, 개별 치료)가 없다면 정서 문제가 발생할 위험이 클 것이다.

군 복무로 인한 군인의 부재에 대비해 가족 구성원을 준비시키는 것 또한 매우 중요한 전문적 개입 영역이다. 만약 오랜 시간 동안 아버지 혹은 어머니가 집을 떠나 있어야 한다면 양육과 아동보호, 가정 관리, 가족의 재정 관리 등과 같은 가족 역할수행에 관한 계획을 짜고 지원해야 한다. 군인이 돌아왔을 때는 이들 역할에 대해 다시 협상해야 한다. 이런 사안에 참여하지 못하는 것이 군인가족이 경험하는 높은 이혼율의 한 원인이다. 군대에 배치된 사람의 배우자 혹은 파트너를 격려해 군 복무 중인 다른 가족과 지지

적 접촉을 유지하고 공식적 지지집단에 참여하도록 해야 한다.

기술 진보로, 군 복무 중인 군인은 집에 있는 사랑하는 사람과 더 긴밀한 접촉을 유지할 수 있게 됐다. 이를 통해 예상치 못했던 관계의 끝을 알리는 "존/제인에게"와 같은 엄청나게 충격적인 편지의 수를 줄일 수 있다. 그럼에도 사회복지사는 군 복무로 인한 껄끄러운 관계의 유지, 파경을 둘 다 다뤄야 한다.

(2) 가족 붕괴: 군인가족은 군인이 군 복무로 떠나 있는 동안 수많은 변화와 혼란을 경험한다. 이별에 적응하는 이슈를 다뤄야 할 뿐 아니라 가족 구성원은 군인, 특히 작전지대에 배치된 경우 이들의 안전을 걱정할 것이다. 그러나 가족은 비슷한 관심사를 가진 다른 가족과의 교제를 통해 편안함을 얻고 안심할 수 있다. 경험 있고 자애로운 사회복지사는 이러한 교제를 마련하고 촉진할 수 있다. 큰 자녀를 포함해 가족에게 지지집단 참여를 격려한다. 지지집단은 자신의 걱정이 혼자만의 것이 아니라는 사실을 일깨워 주기 때문이다.

군대 배치가 다가올 때 부모는 앞으로 일어날 일을 자녀에게 설명하고 군 복무로 떠나야 하지만 아이들을 사랑하고 있음을 알려 줘야 한다. 특히, 어린 자녀는 부모의 불안을 느낄 수 있으며 스스로도 불안해하거나 부모가 떠나는 이유를 오해해서 버려졌다고 느낄 수 있다. 무슨 일이 있었으며 부모가 떠나는 것이 아동을 사랑하지 않아서가 아니라는 점을 아동의 이해 수준에 맞춰 설명하도록 아동의 상대편 부모 혹은 양육

자를 도와야 한다.

군인가족은 양육 및 가족생활에 기여가 어려울 뿐 아니라 군 복무 중에 높은 수준의 걱정, 스트레스를 경험한다. 이들 스트레스 지표 중 하나는 아동학대의 발생이다. 남편이 배치돼지 않았을 때보다 배치된 동안, 군인 아내에게서 아동학대가 3배 정도 더 높다는 결과가 있다(Savitsky, Illingworth, & DuLaney, 2009). 수입 감소도 또 다른 스트레스 요인이다. 예비군 혹은 비군사적 업무를 맡은 주방위군의 가족은 상당한 수입 감소를 겪으며, 이에 가족의 생활방식이 크게 영향을 받을 수 있다. 예를 들어 가족에게 법적으로 지급 의무가 있는 담보 대출금 혹은 차 할부금을 낼 수 있는 충분한 수입이 없을 수 있다.

(3) 사망: 애석하게도 군인은 전쟁 중에 혹은 군 복무와 관련한 사고로 사망한다. 질병이나 자살로 죽기도 한다. 배우자, 파트너, 자녀, 부모, 그리고 다른 사랑하는 사람은 수년 동안, 아마 남은 인생 동안, 고통스러운 상실을 경험할 것이다. 실천 현장에 따라 다르지만 사회복지사는 현재의 위기, 슬픔 반응, 최종적 적응, 관련된 정신건강 문제에 이들이 대처하도록 돕는 데 중요한 역할을 할 수 있다(항목 13. 14, 15. 17 참조).

자살은 군인 사망의 중요한 원인이다. 특히, 전투 중에 있었고 여러 곳에 배치된 경험이 있는 군인은 더욱 그러하다. 참전군인의 자살은 비참전군인보다 2배 더 많다고 추정된다. 자살 방법은 대개 총격이다. 이러한 무기는 군대에 있는 동안 이들의 친밀한 일부였다. 항목 15. 17에서 기술했던 자살 위험 요인에 덧붙여, 참전군인에게서만 발견되는 어떤 경고 신호가 있다. 무기를 닦거나 만지는 빈도가 증가하는 것, 집을 '지키기' 위해 밤을 새우는 것, 집의 보안 조치에 집착하는 것, 군 공동묘지를 자주 방문하는 것, 군복을 입거나 일상생활 중에 군복 일부를 입는 것, 에둘러 작별을 고하기 위해 예전 군대 친구를 만나는 것, 병역의 명예에 대해 자주 말하는 것, 새로운 전쟁 보도에 강박관념을 보이는 것, 자녀를 과보호하는 것 등이다.

(4) 신체적 부상: 현대 전투에서 사용되는 전략과 무기는 이전 전쟁에서보다 전장에서의 죽음을 줄였다. 동시에 전쟁터에서는 살아남았지만 심각한 장애를 가진 사람의 수는 크게 증가했다. 참전군인 병원에서 일하는 사회복지사는 고통스럽고 좌절감을 주는 장기간의 재활 시기 동안 참전군인과 함께 일하는 팀의 일원이다. 외모 손상, 절단, 보철물 사용, 그리고 자기 이미지 변화에 적응하는 것은 항상 심각한 도전이다. 참전군인이 사랑하는 사람 또한 같은 문제를 수용하고 이에 적응하기 위해 애쓸 것이다(항목 15. 10 참조).

많은 참전군인은 외상성 뇌손상을 경험한다(항목 15. 9 참조). 상해 부위에 따라 다르지만 융통성 없는 흑백사고 패턴이 나타나기도 하고, 발작과 기억장애를 보이기도 하며, 기타 인지기능의 문제를 겪기도 한다. 재활 프로그램은 외상성 뇌손상을 경험하는 사람에게 유용하다. 사회복지사는 이들을 재활 프로그램에 연계할 준비를 갖춰야 한다.

(5) **심리적 상해:** 전투에 익숙해지는 일은 없다. 더 오래, 더 강렬하게 노출될수록 그 영향은 더 심각하다. 어떤 참전군인은 다음과 같이 말한다. "나는 전쟁터에 있었지만, 그것이 나에게 영향을 주지는 않았어요." 이러한 신념과 관련된 감정은 "나는 강하다. 나는 헤쳐 나갈 수 있다. 나는 참고 견딜 수 있다. 나는 징징대는 사람이 아니다"이다. 사실상 누구도 전쟁의 영향에서 진짜 벗어날 수는 없다. 이는 '그러하냐' 혹은 '그렇지 않느냐'의 문제가 아니라, 심각한 스트레스와 외상의 영향이 언제 표면화되는가의 문제이다. 어떤 참전군인의 경우 그 영향이 지연되고 몇 년 후까지 나타나지 않는다.

사회복지사는 외상 후 스트레스장애(PTSD)를 보이는 증상에 유의해야 한다. 전쟁 관련 PTSD 유형에는 수면장애, 침투적 사고, 플래시백(flashback), 악몽, 식은 땀, 놀람 반응(startle reaction), 생존자의 죄책감, 감정 마비, 혼자 있고 싶어 함, 노여움 폭발 혹은 두려움, 고립감, 집중하지 못함, 불안, 우울, 성 기능 장애 등이 있다. 이들 증상을 다루기 위해 PTSD 환자 중 많은 사람이 알코올 혹은 약물로 자신을 치료하려고 한다. PTSD의 증상과 심각도는 개인마다 다르다. PTSD를 가진 사랑하는 사람과 사는 것은 엄청난 스트레스다.

플래시백은 전투 스트레스에 대한 여러 지연 반응 중 하나다. 이는 매우 무서운 경험이다. 플래시백을 겪는 참전군인과 일할 때는 플래시백이 끝나기만을 기다려야 한다. 시간이 지나면

이들은 플래시백에서 빠져나오지만, 그 이후 화를 내거나 겁에 질리거나 일어났던 일에 당황할 수 있다. 플래시백 증상을 PTSD를 치료하지 않아 주기적으로 터지는 감염된 상처와 같은 것으로 생각하도록 격려하는 것이 도움이 될 수 있다. 이런 감염은 적절한 치료 이전에 깨끗이 씻어 내야 한다. 트라우마에 대해 이야기하는 것은 고통스럽지만 필요한, 씻어내는 과정이다.

수면장애(sleep disturbance)와 악몽은 PTSD의 또 다른 증상이다. 어떤 참전군인은 재현되는 악몽에서 벗어나기 위해 수면을 피하기도 한다. 밤새 깨어 있거나, 야간전투 경험이 특히 더 무섭기 때문에 낮에만 잘 수도 있다. 장기간의 수면 부족은 신체적·정신적 건강에 악영향을 미치고 PTSD 증상을 악화시킨다.

PTSD인 줄 모르고 치료하지 않으면 PTSD는 삶과 기능수행에 장기간 부정적 영향을 미친다. PTSD를 가진 사람은 약물을 남용하고 가정폭력을 저지르고 자살 위험이 증가한다. 이 장애에 대한 치료로서 인지, 행동 수정 기법, 향정신성 약물 사용, 각성·불안 관리, 스트레스 감소 기법 혹은 **노출치료**(exposure therapy)를 적용한다. 노출치료의 경우, 특별한 훈련을 받은 사회복지사 혹은 다른 치료사는 클라이언트가 자신의 외상 경험에 대해 반복적으로 이야기하도록, 그리고 피하고 싶은 감정과 생각에 직면하도록 격려하고 지지한다. 이 치료의 목적은 불안을 야기하는 생각을 점차 통제하고, 이들 기억을 두려워할 필요가 없다는 것을 알게 하는 것이다. 참전군인으로 구성된 지지집단은 이들의 경험을 끝내고 민간인의 삶으로 성공적으로 전환

하도록 돕는 데 효과적인 방법이다.

이 밖에 사회복지사가 경계해야 할 상태는 강력한 정서적 요소를 지닌 만성 고통, 성적 트라우마 등이다.

(6) 군인에서 민간인으로 이행: 군에서 제대한 이후 참전군인의 적응 문제를 이해하기 위해 이런 분리를 상실 경험으로 여기는 것이 도움이 된다. 자발적으로 군대를 떠난 사람이라도 양가감정을 느낄 수 있다. 이들은 위험을 피하는 것이 즐겁고 가족을 다시 만나는 것이 행복할 수 있지만 정체감, 목적, 구조, 그리고 군대 내 동료애를 포기하는 것임을 알게 된다. 항상 함께했고 보호를 제공했던 무기를 포기하는 것도 작은 문제는 아니다.

군대 경험이 있는 사람은 일반적으로 강한 직업윤리, 양질의 자기 훈련, 목표 지향성을 발전시켜 왔다. 결과적으로 민간 일자리에서도 가치 있는 피고용인이 될 것이다. 그러나 군인에서 민간고용 부문으로의 이행은 어렵다. 예를 들어 군대식 태도와 직무 기술은 민간 영역으로 쉽게 전환되지 않는다. 군대는 대단히 규율이 엄격하고 상급자의 명령에 따라 일이 부여되지만, 일반 사회생활에는 업무 할당에 융통성이 있고 심지어 협상의 여지도 있다. 사회복지사는 참전군인이 업무 환경에서의 기대 차이를 예상하고, 이해하고, 이에 적응하도록 도와야 한다.

현재 미국은 전부 모병제다. 반대로 징집은 2차 세계대전, 한국전쟁, 베트남전쟁 당시 있었다. 오늘날 군인은 국가에 이바지하는 것을 신중히 고려하며, 경력 개발, 민간 분야 일자리를 위한 훈련장소 혹은 고등교육을 받기 위한 지원 방법 등을 고려하면서 입대한다. 그래서 부상으로 군에서 제대하면 이들의 경력 계획, 정체성, 소속감이 깨지게 된다. 참전군인의 배우자, 자녀에게도 제대는 군인가족 간 존재했던 공동체 의식, 상호 지지를 잃는 것을 의미한다. 이러한 사회적, 정서적 상실도 참전군인의 신체적 혹은 심리적 상해와 관련된 위기, 적응 문제를 증가시킨다.

군대에서 입은 정서적 상처는 참전군인이 개인 생활에서 잘 기능하는 것을 어렵게 만든다. 예를 들어 미국의 성인 노숙인의 3분의 1은 2차 세계대전까지 올라가는 전쟁의 참전군인으로 추정된다. 군인가족에서 가정폭력 비율이 높다.

3) 의뢰

참전군인은 다양한 서비스를 받을 필요가 있다. 미국 재향군인관리국(VA)은 50개 이상의 병원, 900개의 지역 거점을 포함해, 다양한 서비스를 제공한다. 기술 발전으로 이런 문제가 줄어들고 있지만, 농촌 지역의 서비스는 드물다. 참전군인 관련 서비스 자격은 매우 복잡하게 결정되며 군 복무 시기와 장소, 임무 관련 위험도, 참전군인이 정규군이었는지, 주방위군이었는지 혹은 예비군이었는지 등에 따라 다르다. 프로그램마다 자격 조건이 다르기 때문에 참전군인이 필요한 서비스를 확인하고 등록하는 과정이 오래 걸린다. 사회복지사는 참전군인이 필요한 정보를 찾고, 복잡하고 때로는 좌절감을 주는 체계와 협상하도록 도와야 한다. 이 같은 서비스에 접근하는 좋은 방법 중 하나는 미국 재향군인관리국 전화(1-800-827-1000)이다. 또 다른 방법은 주보훈처 사무실 혹은 지방에 있는 참전군인 서비스조직〔예: 미국 재향군인회(American Legion), 해외 참전용사(Veterans of Foreign Wars), 참전군인센터(Vet Center)〕에 연락하는 것이다.

군인가족 또한 이들의 관심사를 잘 알고 이에 대응하는 서비스와 프로그램을 활용해야 한다. 예를 들어 여기에는 군 기지에 있는 가족지원센터, 군 배치 지원단(deployment support groups), 가족 옹호 프로그램, 군인 의료 진료소, 군인 건강서비스, 군 소속 목사 등이 해당한다.

15.21 입양을 경험한 클라이언트 혹은 가족

입양을 촉진하고 입양아동과 입양가족을 지원하는 전문직은 아마 사회복지사가 대표적일 것이다. **입양**은 새로운 가족에게 아동에 대한 법적 책임을 이전하는 것으로, 아동과 가족 모두에게 중대한 영향을 미친다. 그래서 입양 이전, 입양 중, 입양 이후의 입양아동과 입양가족이 경험하는 공통 이슈에 대해 잘 아는 것이 사회복지사에게 중요한 지식이 된다.

1) 입양에서 고려할 법적 사항

법적 관점에서 입양은 친권과 부모의 책임을 한 사람에게서 다른 사람에게로(보통 친생부모

혹은 생물학적 부모로부터 입양부모에게로) 이전하는 법적 명령이다. 사회복지 관점에서 입양은 입양과 함께 종결되는 사건이 아니라, 독특한 도전을 수반하는 특정 형태의 가족을 형성하고 지원하는 과정이다.

입양에 앞서 친생부모의 친권과 책임이 상실돼야 한다. 상실에는 자발적 상실과 비자발적 상실이 있다. 자발적 상실의 경우, 아동의 부모가 법적 권리와 책임의 양도를 선택한 것이다. 비자발적 상실은 아동학대, 방임, 유기로 인해 혹은 부모가 아동에게 적절한 도움을 제공하도록 돕는 합리적 노력이 실패했기 때문에 법원이 친권과 책임의 양도를 명령한 것이다.

법적으로 입양은 위탁보호와 다르다. 위탁보호는 법원 혹은 아동복지기관(법원에 의해 아동 후견인으로 지정된 기관)에 의해 친생부모의 권리와 책임이 유지된다. 위탁부모는 아동의 양육자지만 법적 부모는 아니다(기본적 친권과 책임 목록은 항목 15.4 참조).

입양에도 두 가지 유형, 공개입양과 비밀입양이 있다. 공개입양에서는 아동의 생물학적 부모와 입양부모가 입양이 법적으로 종료된 이후에도 지속적으로 접촉하고 소통하는 데 동의한다. 합의에 따라 아동은 자신의 생물학적 부모에 대해 알고 생물학적 부모는 최소한 일정 정도 아동의 삶에 참여한다. 비밀입양에서는 입양인과 친생부모 사이에 접촉이 없다. 공개입양이 점차 일반적이며, 특히 자발적 상실의 경우 더욱 그러하다. 법원 명령에 의한 비자발적 상실 상황에서는 공개입양이 드물다.

2) 입양 아동과 부모를 위한 서비스

대체로 사회복지사가 제공하는 입양 관련 서비스는 세 시기, 즉 입양 이전, 배치, 입양 이후로 나뉜다.

(1) 입양 이전 시기: 입양 이전에 사회복지사는 예비 입양부모(*prospective adoptive parent*)가 입양에 대한 자신의 관심을 심층적으로 탐색하도록 돕고 입양이 이들에게 좋은 선택인지에 관해 잘 살핀 후 결정하도록 돕는다. 어떤 경우 양육 역할을 맡거나 확대하고자 하는 이유에 대해 토의한다. 다른 경우 불임을 다루는 방법과 애도하는 방식에 초점을 맞춘다. 또한 이 시기에 연장아동 혹은 특별한 욕구가 있는 아동(예: 정신장애 혹은 신체장애 아동)의 입양이 선택사항인지에 대한 질문도 탐색한다. 덧붙여 예비 입양부모에게 입양의 과정, 입양아동과 입양가족이 일반적으로 경험하는 특별한 이슈에 대한 정보도 제공한다. 입양 가능성이 있는 부모(*potential adoptive parent*)에게는 경험 있는 입양부모, 연장입양인, 한때 아동을 입양시키려고 친권을 포기한 생물학적 부모를 만나고 이들로부터 배울 기회를 제공하기도 한다.

(2) 배치 시기: 배치 시기에 제공되는 서비스는 주로 가족 내 초기 적응, 그리고 입양을 완결 짓는 법원의 명령부터 입양 판결문(*decree of adoption*)을 발부하도록 하는 데까지 이르는 법적 절차에 초점을 맞춘다. 주법에 따르면 아동은 판사가 판결문을 발부하기 전, 6~12개월 동안 입양 가능성이 있는 부모와 함께 살아야 한다.

아동과 입양가족이 합류하는 초기 시기 동안 사회복지사와 가족은 몇 가지 요인을 다뤄야 한다. 다른 환경으로 이동하는 것은 모든 아동, 심지어 유아에게도 스트레스가 된다. 아동은 입양되는 이유와 관계없이 자신의 부모와 최소한의 생물학적 연결을 계속 유지해야 하며, 유전적 연계를 단절할 경우 손실이 상당히 크다. 보통 위탁보호에 임시 배치되며, 여기에서 정서적 연결이 시작되고 입양되면 끝난다. 국가 간 입양 혹은 유아 동안 경험했던 언어가 아닌 다른 언어를 사용하는 가족에 입양되는 경우, 아동은 추가로 스트레스를 경험한다. 사회복지사는 이러한 경험이 아동의 신체 및 정서 발달에 영향을 미칠 수 있다는 것을 알아야 한다.

이 시기 입양부모는 아동의 삶에서 예측 가능한 어른이 돼야 한다. 사회복지사의 주된 목적은 아동과 입양부모 각자와의 관계가 점차 깊어지도록 격려하고 지지하는 것이다. 만족스러운 부모자녀 관계 지표 중 하나는 부모와 아동 간의 높은 수준의 애착과 유대에서 찾을 수 있다. **애착**이란 아동이 입양부모, 그리고 아동의 인접환경 내의 다른 사람과 지속적인 애정 관계를 형성하는 상태이다. 문헌에서 일관성 없이 사용되기는 하지만, **유대**는 부모가 아동에게 주는 사랑을 의미한다. 이를 구분하는 중요성은 아동에서 부모 쪽으로의 깊은 정서적 연결, 그리고 부모에서 아동 쪽으로의 깊은 정서적 연결을 포함하는 쌍방향 관계를 강조하는 데 있다.

애착 문제는 두 가지 형태를 띤다. 첫 번째 형태는 아동이 입양부모의 헌신과 양육 의지를 시험하고자(아동 행동이 화를 돋우고 짜증 나게 할 때에도 어찌하는지 시험), 관심을 끄는 행동을 계속하면서 안전하고 안심할 수 있는 환경을 만들려고 하는 것이다. 애착 문제의 두 번째 유형은 있을 수 있는 거절의 고통이 두려워 상호작용으로부터 철회할 때 발생한다. 양극단의 어느 지점뿐만 아니라 양극단이 모두 발생하는 경우도 있으며 이때 입양부모는 아동과의 적절한 유대 형성에서 도전에 직면한다.

간단히 말해 애착과 유대는 저절로 발생하지 않는다. 건강한 수준의 애착과 유대를 성공적으로 달성하기 위해서는 시간, 유연성, 사려 깊은 노력이 필요하다. 초기 젖먹이 때 부모는 수유, 기저귀 교환, 꼭 안아 주기와 같은 필수적 과업을 수행하면서 아동 삶에서 매우 중요한 사람이 될 필요가 있다. 큰 아동의 경우에는 식사 제공, 옷 세탁, 책 읽기 혹은 숙제 도와주기, 놀이하기, 바싹 파고들 수 있게 낮잠과 취침시간에 옆에 있어 주기 등을 통해 부모는 자신이 안전하며 배려심이 많고 아동의 삶에서 예측 가능한 인물이라는 것을 보여 줘야 한다. 가족, 친구, 친척과 같은 다른 사람은 애착·유대가 명확해진 이후에 이런 과업을 수행할 수 있다. 그러나 초기에는 입양부모가 아동의 주된 양육자가 분명히 되어야 한다. 여러 달 이후에도 애착·유대의 조짐이 보이지 않으면, 애착을 다루기 위한 특수치료 훈련을 받고 이와 관련해 전문적 지식(기술)이 있는 전문가에게 부모와 아동을 의뢰하는 것을 고려해야 한다.

(3) 입양 이후 시기: 입양 이후에 제공되는 서비스는 입양가족 내에서 발생하는 질문, 문제와 관련된 안내 및 상담의 형태를 띤다. 수많은 아동 배치기관은 입양부모가 이러한 이슈를 예견하고 다루는 것을 돕기 위해 지지집단, 부모 훈련을 제공한다.

입양 관련 문제가 표면화될 때, 그리고 입양부모가 아동 나이에 맞는 정보를 아동에게 제공하도록 도울 필요가 있을 때가 있다. 예를 들어, 학령기쯤 아동은 아이가 어떻게 태어나는지에 관심을 보이고 자신의 탄생에 대한 정보를 요구하기 시작한다. 아동이 입양되었다는 사실에 명확하고 당당한 태도를 보이는 것이 이 시기에 매우 중요하다. 비밀로 해야 한다는 편견에는 부정적 영향이 있다. 아동은 입양에서 뭔가 틀림없이 잘못되었기 때문에 입양이 비밀이어야 한다고 느낄 수 있다. 그럼에도 어떤 부모는 입양 사실을 비밀로 해야 한다고 생각할 수 있음을 사회복지사는 인정해야 한다. 이런 상황에서 아동은 수치심을 느끼며, 약해진 자기 이미지를 만들어 내는 경향이 있다. 사회복지사는 부모가 입양을 단순히 가족을 만드는 한 가지 방법으로 해석하도록 도와야 한다. 입양가족 지지집단은 부모에게 자신의 느낌과 걱정거리를 이야기할 수 있고 입양과 관련된 공통된 도전에 대해 다른 입양부모가 대처하는 방식을 배울 수 있는 안전한 공간을 제공한다.

입양아동이 자신의 뿌리, 그리고 친생부모, 위탁부모와의 연관성을 더 잘 이해하도록 돕는 데 효과적인 한 가지 방법은 입양부모가 아동 삶에서 중요한 부분이었던 모든 사람에 대한 정보를 담은 앨범 혹은 스크랩북을 만드는 것이다.

이야기체 접근 모델(제6장 참조)에 따르면 이런 기록물을 만드는 것은 아동 삶에 대한 전체 이야기를 하는 데 도움을 준다.

초등학교에 입학할 때쯤 입양아동은 자신의 친생부모와 입양 이유에 대해 더 궁금해하기 시작한다. 처음으로 아동은 자신의 출생 장소, 이름, 부모, 형제자매에 대한 수많은 질문에 직면한다. 이때 아동은 입양되지 않은 대부분의 학교 친구와 자신이 왠지 "다르다"는 것을 깨닫는다. 그러면서 친생부모와 입양을 둘러싼 상황에 대해 새로운 궁금증을 품는다. 예를 들어 "내가 왠지 흠이 있나?" 혹은 "내가 뭔가 잘못했나? 그렇다면 입양부모도 언젠가는 나를 파양하고 싶지 않을까?" 등을 궁금해한다.

시간이 흐르면서 입양부모도 아동의 친생부모에 관해 새로운 궁금증, 즉 이들의 동기, 행동, 생활환경 등에 관해 궁금증을 갖게 된다. 사회복지사는 입양부모가 대답할 수 없는 질문을 감수하고, 특히 친생부모를 판단하지 않는 관점을 유지하도록 돕는다. 적절한 경우 사회복지사와 입양부모가 사용할 수 있는 한 가지 설명은 친생부모가 아동에게 필요한 도움을 제공하지 못할 때 다른 가정에 아동을 배치하는 선택을 한 것에 관해 친생부모를 칭찬하는 것이다.

다른 중요한 시기는 입양아동이 청소년기에 있을 때이다. 이때는 부모자녀 관계에 흔히 갈등 혹은 긴장이 있고 청소년이 가족 외에 개인적 정체감을 형성하려고 몸부림치는 시기다. 이런 과업이 입양아동에게는 특히 복잡하다. 왜냐하면 이 과업이 친생부모와 입양부모, 이 두 부모로부터의 심리적 분리를 포함하기 때문이다. 입양아동의 경우 이 단계에서 "나는 누구인가?" 같은 질문에 대한 답을 찾는 과정이 친생부모에 의해 거부당하거나 버려졌다는 느낌을 재점화할 수 있다. 그로 인해 명확한 정체성 개발 과정이 더 복잡해질 수 있다. 입양부모 또한 아동이 자신을 버리고 양육의 근원인 친생부모(아동 마음에 이상화되어 존재하는)에게 돌아가고자 할 것이라는 두려움을 경험하면서, 특히 스트레스를 받을 수 있다. 성에 눈뜨면서 10대 입양아동은 친생부모의 성 행동에 대해 대답할 수 없는 새로운 의문을 갖고, 이런 의문에 대한 답을 찾기 위해 친생부모를 찾는 데 큰 관심을 가질 수 있다.

초기 성인기는 입양과 관련된 이슈가 어느 정도 강렬하게 발생하는 또 다른 시기이다. 입양인이 결혼하고 아이를 가질 나이가 되었을 때, 자신이 친생부모나 다른 친척에 대해 거의 아는 것이 없다는 점을 상기하게 된다. 중요한 건강 관련 정보 혹은 유전 정보가 없음을 인식하며, 처음으로 부모가 되었을 때는 자기 자녀에게 느끼는 애착과 사랑에 경이로워한다. 상황에 상관없이 어떤 부모가 어떻게 아동과 헤어질 수 있는지, 친생부모가 극단적 조치를 하도록 이끈 것은 무엇인지 등에 대한 새로운 의문을 갖는다. 그래서 어떤 성인 입양인은 친생부모의 정체를 알기 위해 찾기 과정을 시작한다.

많은 입양기관과 사회복지사는 개인적 정체감에서 느끼는 간극을 메우고자 하는 입양인, 그리고 유전적 배경과 병력에 관해 정보를 찾고자 하는 입양인을 지원한다. 입양인 대부분은 친권이 상실돼 입양가정에 배치된 상황에 대해 특히 알고 싶어 한다. 기관이 친생부모를 찾아 접촉할 수 있는 경우, 친생부모에게 입양인이 연락하고 싶어 한다는 것을 알려야 한다. 정보를 교환하고 물리적 만남이 이뤄지기 전에 입양인과 친생부모 모두 동의해야 한다. 실제 재회와 관련된 성과는 복합적이다. 어떤 경우 재회는 입양인과 친생부모 모두에게 정보 제공, 치유의 측면에서 효과적이다. 다른 경우 재회는 한쪽 혹은 양쪽 모두에게 속상한 일이다. 그럼에도 대부분의 성인 입양인은 친생부모를 만난 이후 더 크게 만족하며 힘든 일을 마무리했다고 말한다. 또한 출생의 역사와 상황에 대해 더 많이 알게 되었다고 말한다. 많은 친생부모는 아동이 안전하게 잘 자라서 다행이고 안심하게 되었다고 보고한다.

3) 특별한 입양 상황

어떤 입양도 일상적이지 않지만, 사회복지사와 입양부모가 부가적 이슈를 다뤄야 하는 상황이 있다.

(1) **연장아동**: 아동이 입양가정에 배치되는 나이가 많을 때(예: 학령기 아동) 입양 배치는 특히 복잡하고 어렵다. 이는 생물학적 부모의 심각하고 장기간의 학대 혹은 방임에 대한 법원의 비자발적 친권 상실 판결로 입양이 법적으로 성사됐음을 가리킨다. 게다가 연장아동은 법원의 결정 이전, 입양 배치 이전에 1회 이상의 위탁가정 배치를 아마 경험했을 것이다. 이와 같은 아동 삶의 붕괴는 성공적 애착, 유대 형성을 더 어렵게 만든다.

(2) **특별한 욕구가 있는 아동**: 특별한 욕구가 있는 아동(예: 정신질환 혹은 심각한 행동 문제가 있는 아동, 팔다리가 없는 아동)을 입양하는 일은 입양부모에게 특별한 어려움을 안긴다. 특히, 양육 기술 영역에서, 그리고 아동에게 필요한 교육서비스뿐 아니라 의료 및 치료를 이용하고 비용을 지불하는 것에서 특히 그러하다.

(3) **위탁아동**: 아동복지 및 아동발달 전문가는 아동이 한 가정에서 다른 가정으로 이동하는 것이 미치는 해로운 영향을 입증해 왔다. 확실히 다수 배치(*multiple placement*)는 피해야 하지만, 여러 가지 이유로 항상 가능하지는 않다. 위탁입양 배치(*foster adopt placement*)는 법원이 친권 종결을 최종적으로 결정해 입양이 자유로워졌을 때 이 아동을 법적으로 입양할 위탁부모에게 아동을 배치하는 것을 뜻한다. 위탁입양 배치는 입양 이전에 다수 배치를 예방할 수 있다는 장점이 있다. 그러나 이 경우에 법원이 아동 입양을 허용하는 판결을 할지 불확실할 수 있다. 판사가 아동을 친생부모에게 돌려보내거나 다른 친척에게 보내는 결정을 할 수도 있다.

대부분의 주에서 위탁보호체계에서 아동을 입양하는 입양부모에게 입양보조금을 지급한다. 이 보조금은 직접적인 재정 지원, 저소득 의료보장 자격 부여, 휴식서비스(*respite care*), 주거 변경, 법률 지원 등의 형태를 띤다.

(4) **북미 원주민 아동**: 입양과 관련해 북미 원주민 가족과 일할 때 사회복지사는 〈인디언 아동복지법〉의 독특한 조항에 대해 알아야 한다.

이 법은 북미 원주민 아동에 대한 입양 및 배치 결정에서 부족의 역할을 부여함으로써 북미 원주민 문화를 보호하자는 의도에서 제정됐다. 보통 아동을 아동의 부족 구성원에게 배치하는 것이 인디언이 아닌 가족에 배치하는 것보다 우선시된다.

(5) 국가 간 입양: 미국에 있는 북미 원주민 아동에 대한 부족 내 입양을 선호하는 것과 유사하게, 대부분의 나라에서는 국내 입양을 원한다. 아동 삶의 질 향상의 가능성에 맞서 아동의 문화 내에서 아동을 데리고 있으려는 바람은 균형을 유지해야 한다. 해외 입양을 목적으로 친권을 단절하는 법은 나라마다 상당히 다르고 어떤 나라에서는 해마다 다르다. 국가 간 입양을 고려할 때, 각 나라의 특별법과 규칙을 신중히 검토해야 한다.

요약하면 입양 경험은 뚜렷이 다른 가족 형태를 만들며, 아동과 부모는 특별한 도전에 직면한다. 새로운 가족 유형으로 확실히 자리 잡기까지 정서적 애착의 재조정이 협의되고 시험대에 오를 것이다. 사회복지사는 입양부모가 이러한 도전을 예견하도록 돕는 데, 그리고 이러한 도전이 생겼을 때 이에 대처할 계획을 수립하도록 돕는 데 중요한 역할을 담당해야 한다.

15.22 이민 혹은 난민 클라이언트

보건이나 인간서비스가 필요한 사람의 상당수는 이민자 혹은 난민이다. 그래서 사회복지사는 이민자 혹은 난민이 직면하는 문제, 그리고 그들의 독특한 지위가 인간서비스 이용과 수급 자격에 어떤 영향을 미치는지에 대한 기본 지식을 가지고 있어야 한다.

미국은 이민자와 난민의 나라로 묘사되어 왔다. 미국 시민의 가계는 대부분 다른 나라나 다른 문화권으로 거슬러 올라간다. 이 책을 읽는 독자도 다른 나라에서 태어난 부모, 조부모나 조상이 있을 것이다. 미국의 역사를 살펴볼 때, 미국은 자유와 기회가 좀더 제약된 다른 나라에서 이민 온 사람들의 목적지였다. 미국은 정치적·종교적 억압과 부당함으로부터 탈출한 사람들의 피난처였다.

이민자나 난민으로 미국에 온 사람 다수는 실제로 많은 도전에 직면한다. 유럽, 아프리카, 아시아, 서반구 등 어디에서 왔든지 새로운 문화에의 적응에 따른 어려움, 언어 능력의 부족, 미국 경제에 부합하는 직업 기술의 부재 등 때문에 이들은 공통적으로 개인적·사회적·경제적 문제를 경험한다. 많은 이민자가 빈곤하게 생활한다. 게다가 사회 일각에서는 새로 온 사람을 직장, 주택, 추가 세금 부담 등의 측면에서 기존 상태에 대한 위협과 파괴로 여기기 때문에, 이민자나 난민은 갈수록 더 적대감에 직면하기도 한다. 사회복지사는 특별한 문제에 직면해 교육, 건강, 사회 프로그램이 필요한 이민자와 난민, 그리고 이들에 대한 서비스를 거부하고 싶어 하거나 마지못해 하는 대중 사이에서 딜레마에 빠지곤 한다.

1) 이민자·난민 인구

미국 통계청의 인구 조사 결과(U.S. Bureau of Census, 2012: 2, 5)를 보면 미국 내 외국에서 태어난 사람의 수는 2010년 4,020만 명에 이른다. 이 중에서 1,490만 명은 귀화 시민이고, 1,240만 명은 현재 영주권이 있는 사람이며, 170만 명은 단기 방문자다. 덧붙여 1,120만 명은 미등록 이민자다. 이 중에 어떤 사람은 위조 서류로 입국했거나 비밀리에 입국했으며, 또 다른 사람은 비자 기간을 넘겨 체류하고 있다. 외국에서 태어난 사람 가운데 53.1%는 라틴아메리카, 카리브해 지역(멕시코 출신 29%, 다른 라틴아메리카 출신 24.1%)에서 왔고, 28.2%는 아시아 출신이며, 12.1%는 유럽에서, 4%는 아프리카에서, 5%는 기타 지역에서 왔다. 이 인구의 절반 이상이 캘리포니아, 뉴욕, 텍사스, 플로리다에 살고 있다.

사회복지사는 특히 외국에서 태어난 사람이 미국 토박이와 다르게 경험하는 다양한 사회적 요인에 관심을 가져야 한다. 미국 통계청 조사(U.S. Bureau of Census, 2012: 16~21)에 따르면 외국에서 태어난 사람의 노동 참여 정도는 높고, 특히 서비스나 블루칼라 업종에서 많이 일하며, 공식 교육을 덜 받고, 중위소득 이하에서 생활하고, 건강보험의 혜택을 받지 못하고, 높은 빈곤율을 보이는 것으로 나타났다.

이민자(*immigrant*)라는 개념은 영구히 거주할 목적으로 한 나라에서 다른 나라로 자발적으로 옮겨온 사람을 의미한다. 하지만 이민자에게 자원이 할당되는 것을 통제하려는 노력으로, 다양한 법과 규정에 부가적 차별과 정의가 담겨 있다. 예를 들어 어떤 이민자는 현 구조를 통해 합법적으로 입국하는 사람을 인정하는 수단으로 **합법적 영주권자**(*legal permanent residents*)로 신고된다. 의회는 나라별 이민자 수의 최대치를 설정한 쿼터제를 만들었고, 특정한 직업 기술을 가진 사람의 입국 혹은 이미 미국에 사는 가족 구성원과의 밀접한 관계를 촉진하기도 한다. 합법적 영주권자는 일정한 시간이 지나 미국 법과 문화에 대한 지식을 갖고 있음을 증명하면 귀화 시민이 된다. 합법적 영주권자의 평균 가족 소득은 미국 토착 가족과 견줄 만하다. 18세에서 24세 사이의 연령에서 대학에 가는 비율은 조금 더 높다(Pew, 2005). 이들 이민자집단의 경우 미국 내 다른 거주자에 비해 인간서비스 수요가 더 클 것 같지는 않다.

어떤 사람은 유학이나 특정한 직업적 이유로 미국에 일시적으로 입국할 수 있는 허가를 받는다. 이들을 **합법적 단기 거주자**(*temporary legal residents*)라고 하는데, 이민자가 아니며 비자가 만료되면 고국으로 돌아가야 한다. 일반적으로 이런 사람들은 매우 제한된 소득과 적은 복지 혜택으로 살아간다. 사회복지사는 병원, 진료소, 정신건강센터, 학교, 아동복지기관 등에서 이런 집단의 사람들을 만날 수 있다(Garrett & Herman, 2006).

이민 기준을 충족하지 않은 채 불법으로 미국에 들어와 있는 사람도 있다. 이들은 더 나쁜 상태에서 지낸다. 이 **미등록 이민자**(*unauthorized immigrants*)는 나이가 어리고, 교육 수준이 낮으며, 과밀한 주거환경에 살고, 농장이나 청소, 건축, 취사 등의 일자리에서 많이 일한다. 이 가족들은 소득이 낮고(1년에 2만 7,400달러), 39.9%의 아동이 빈곤 속에서 생활하고, 53%가 건강보험이 적용되지 않는다(Pew, 2005). 급료에서 세금이 나가고 소비세도 부담하지만, 미등록 이민자는 정부의 엄중한 관리망 아래에 산다. 미국 공공부조(*temporary assistance for needy families*: TANF)와 다른 정부 프로그램의 자격이 없으며, 법적 권리가 거의 없고, 언제든 국외 추방의 위험에 있다(매년 40만 명이 추방된다). 사회복지사가 이들을 돕기는 어렵다. 일반적인 건강보장 및 복지 프로그램은 이들의 법적 지위 때문에 이용할 수 없다. 더구나 미등록 이민자는 그들의 상황이 발각될까 봐 서비스 요청을 망설인다.

1996년 제정된 〈개인 책임과 노동 기회 조정법〉(*Personal Responsibility and Work Opportunity and Reconciliation Act*: PRWORA)은 미등록 이민자에 대한 대부분의 공공 급여를 인정하지 않았다. 특히, 연방법은 이민자 대부분에게 푸드 스탬프(*food stamps*)와 보충적 소득보장을 금지했고 미국에 도착한 후 5년 동안 TANF, 저소득층 의료보장, 아동 건강보험 프로그램(*child health insurance program*: CHIP)을 포함한 '연방 자산조사 급여' 이용도 막았다.

덧붙여 PRWORA는 1996년 8월 22일 이전에 미국에 도착해 사회보장 포괄보조금 아래의 서비스와 TANF, 저소득층 의료보장을 받던 이민자에 대해서도 주정부가 지급을 거부할 수 있는 선택권을 부여했다. 또한 이 법은 1996년 8월 22일 이후에 미국에 도착한 이민자에 대해서는 이후 5년 동안 의무적인 금지를 포함해 TANF, 저소득층 의료보장 제공을 금지할 권리를 개별 주정부에게 주었다. 결과적으로 이 연방법은 미등록 이민자가 연방정부의 모든 공공 급여를 이용하지 못하도록 했으며 연방, 주, 지역의 재정 지원으로 이뤄지는 사회적 서비스의 제한적 자격 기준을 통해 이들을 차별한 법적 권리를 주정부에 부여했다.

난민(*refugee*)은 일련의 다른 상황에서 미국에 들어왔다. 그들은 본국의 억압적 조건의 희생자이며, 보통 합법적 이민 지위를 획득할 시간이나 재정 자원과 재산을 처분하고 이전할 계획을 세울 시간도 없이 박해로부터 도망쳐 왔다. 종종 온 가족이 함께 탈출할 수 없으며, 최종 목적지에 도달할 때까지 1개 이상의 나라에서 임시로 생활하기도 한다. 난민 지위는 미국에 들어올 수 있는 일시적인 합법적 수단이며, 이후 합법적 이민자를 향한 첫 단계일 수 있다. 난민에 대한 사회복지실천에서는 상호 관련된 두 가지 차원, 즉 첫째, 문화, 가치, '민족적 현실'(*ethnic reality*)에 따른 개인의 인식과 해석에서 발생하는 이슈, 둘째, 개인의 이민 여정과 수용국의 반응이 남긴 여파 등에서 클라이언트의 문제를 탐색해야 한다.

1980년 〈난민법〉과 같은 연방법에 따라 난민 대부분은 현금, 의료 지원, 사회서비스, 예방적 보건서비스 등을 포함한 공공보건과 인간서비스 프로그램의 수급 자격이 있다. 사회복지사는 난민과 일하는 사회기관이나 다른 조직이 난민의 문화적 배경과 독특한 이민자로서의 지위를 이해하지 못할 가능성, 혹은 난민에 대한 서비스를 부지불식간에 거절하는 정책·절차가 있을 가능성 등에 유의해야 한다(항목 8.8 참조). 이런 상황에서 기관 간 협상이나 클라이언트 옹호, 혹은 계층 옹호가 필요할 수도 있다(항목 13.17, 13.32 참조). 난민과 일할 때 사회복지사는 클라이언트의 민족성, 종교, 국적, 법적 이민 지위, 연령, 젠더, 가족 배경, 성격, 교육, 경제 상황, 커뮤니티의 수용 등과 같은 요인의 상호작용에 특히 민감해야 한다(Puig, 2001).

2) 이민자와 난민에 대한 원조 지침

사회복지사의 직업적 책임성과 기관 맥락에 따라 사회복지사는 이민을 계획하거나, 난민으로서 다른 나라로 탈출하고자 하는 개인과 가족을 돕는 역할을 맡을 수도 있다. 또는 이 나라에 입국한 사람들이 미국에 성공적으로 재정착하고 적응하도록 도울 수 있다.

(1) 이민: 클라이언트가 이민을 계획할 때 사회복지사는 그들이 몇 가지 관심사에 초점을 맞추도록 도와야 한다. 예를 들어 이민이 이후에 남는 가족 구성원뿐 아니라 떠나는 가족 구성원에게 미칠 경제·사회적 영향에 대해 클라이언트가 검토하도록 도와야 한다. 소득 상실이 있는가? 이별과 외로움에 대한 정서적 고통에 대처할 수 있는가? 낯선 문화와 새로운 환경에 잘 적응할 수 있는가? 언어적 장벽을 잘 넘길 수 있는가? 이민 여정은 안전한가? 가족 및 친구들과 어떻게 연락을 유지할 수 있는가? 난민캠프에 억류될 수 있는가? 외국 정부의 공식적인 결정을 기다려야 하는가? 기다려야 한다면 얼마나 오래 기다려야 하는가? 또한, 기다리는 동안 재정적 지원이나 다른 어떤 자원이 필요한가? 입국이 거부되면 어떻게 할 것인가?

(2) 재정착: 클라이언트가 이 나라에 처음일 때 사회복지사는 클라이언트가 새로운 환경에 적응하고 고용, 주택, 보건, 사회적 관계 등을 보장받는 방법을 배우도록 지원해야 한다. 또한, **문화 변용**(acculturation: 수용국의 신념체계에 맞춰 신념을 바꾸는 것), **동화**(assimilation: 그 사회의 지배적인 가치, 규범, 행동을 받아들이는 정도), **적응**(adaptation: 새로운 나라에 자신의 삶의 방식을 맞추는 능력)과 같은 이슈를 클라이언트가 검토하도록 해야 한다. 더 구체적으로는 기대와 실제의 불일치, 이민 경험에서 겪게 되는 스트레스의 정도, 남겨둔 연인과 친구가 받은 영향 등을 클라이언트가 검토하게 해야 한다. 이 밖에도 다음 내용을 포함해 새로운 문화에 대한 클라이언트의 성공적 적응을 위한 지원 혹은 가능한 장애물을 고려하도록 도와야 한다.

- 언어 문제와 두 언어를 사용할 수 있는 능력
- 두 문화 사이에서 예측되는 주택 혹은 거주 환경의 차이
- 고용주의 기대와 일하는 방식에서의 차이
- 과거의 가치와 사회적 규범, 그리고 현재의 문화와 사회 간의 공통성 정도

- 새로운 정착자를 위한 문화 중재자 혹은 교사의 활용 가능성
- 적응을 돕는 데 필요한 긍정적·부정적인 교정적 환류(corrective feedback)
- 고유문화의 중요한 부분을 고수하는 것과 새로운 환경에 적응하는 것 사이의 긴장
- 신체적 외모에서, 문화 내의 주요 인구집단과의 유사성과 상이성 정도

(3) 귀화로의 경로 안내: 합법적 영주권자와 난민은 귀화를 위해 사회복지사의 도움이 필요할 수 있다. 일반적으로, 사회복지사는 귀화 과정을 달성하는 데 도움이 되는 자원을 연계하고 귀화 과정을 알려줌으로써 도울 수 있다. **귀화**(naturalization: 출생 당시 시민권 취득이 아니라, 출생 후 나중에 미국 시민권을 부여하는 과정) 자격은 다음과 같다.

- 최소 18세의 연령
- 미국에서 최소 5년 이상 지속적 거주(미국 시민인 배우자와의 3년)
- 범죄 행위로 인한 유죄 판결 없이 좋은 도덕적 품성을 보임
- 공통적으로 사용되는 영어 단어와 구절을 이해할 수 있을 정도로 충분히 잘 읽고, 쓰고, 말할 수 있는 능력이 있음
- 미국정부와 역사에 대한 시민권 시험을 통과할 수 있는 능력

15.23 응급상황이나 재난을 경험한 커뮤니티와 클라이언트

자연재해나 큰 재난은 많은 사람에게 사망, 부상, 트라우마, 재정적 파탄 등을 유발하고 전체 커뮤니티를 파괴하는 힘을 가지고 있다. 지진, 홍수, 허리케인, 토네이도, 산불, 항공 사고, 테러, 유해 화학물질 유출, 전쟁 관련 침투와 폭격 등이 그 예이다.

재난은 많은 사람에게 동시에 영향을 미치며, 재난의 규모는 정부 및 민간조직의 고도로 조직화되고 잘 통솔된 응급 대응을 요한다. 재난 현장에서 사회복지사의 역할과 활동은 조직적인 구조 및 응급 대응에 부합해야 한다. 이때 의사결정과 협력 구조는 군대식 특징을 갖는다. 응급 대응조직의 리더에게는 어떤 유형의 인간서비스가 가장 필요한지, 그리고 언제, 어디서, 누구에게 제공할지를 결정할 우선순위와 목표가 있다. 재난의 즉각적 여파 속에서, 최고 우선순위는 다음과 같다.

- 위험에 빠진 사람을 구조하고 대피시킨다. 부상자를 치료한다. 사망자를 적절히 처우한다. 백신 접종을 통해 전염병 발생을 막는다.
- 쉼터와 물, 음식, 담요, 야전침대, 화장실 등을 제공해 생존자의 즉각적인 신체적 욕구에 대응한다.
- 극심한 공포, 약탈, 반란을 막기 위해 공공질서를 유지한다(경찰 혹은 군부대가 필요).

일단 이러한 우선순위를 처리한 후, 응급 대

응조직은 정신건강, 사회서비스, 목회자를 파견해 생존자의 심리적·사회적·영적 욕구를 다뤄야 한다.

1) 개인과 가족의 반응

개인이 재난에 대응하는 방식은 부분적으로 재난의 성격과 이에 대비할 시간이 있었는지와 관련된다. 예를 들어 홍수, 허리케인이나 산불로 집을 잃은 사람은 보통 재난에 하루 이틀 정도 앞서 사전 경보를 받으며, 탈출을 계획하고, 소지품을 챙기고, 가족 및 친구와 두려움을 나눌 약간의 기회가 있다. 반면, 지진, 테러, 폭발, 혹은 항공기 추락사고 등은 완전히 놀랍고 훨씬 더 혼란스럽다. 재해 혹은 큰 재난에 노출된 사람은 다음을 경험한다.

- 충격, 두려움, 공포, 슬픔에 압도됨
- 사람들이 죽어가거나 심하게 다치거나 혹은 시체와 같은 모습이나 소리에 압도됨
- 사랑하는 사람, 집, 중요한 서류, 애완동물, 기타 소유물 등을 잃은 것에 사로잡힘
- 앞으로 정상적인 삶을 살지 못하거나 재정적으로 회복될 수 없을 거라는 두려움과 걱정
- 죽은 사람의 대가로 살아났다는 느낌(즉, 생존자의 죄의식)
- 무력감, 그리고 신뢰, 자기 확신 혹은 통제력의 상실

재난에 대한 사람의 반응은 세 국면으로 전개된다. 급성 충격, 반동, 외상 후 국면이다. 첫 번째 국면인 **급성 충격**(*acute impact*) **국면** 동안 사람들은 단지 발생한 일의 현실을 받아들인다. 이 국면은 보통 한두 시간 정도 지속된다. 특히, 몇몇은 여전히 위험한 상황일 수 있으며, 사람들은 다양한 방식으로 반응한다. 소수의 생존자는 놀랍도록 침착하며 이성적으로 의사 결정을 하고 자신과 다른 사람을 돌본다. 그러나 대부분은 정서적인 충격으로 혼란스러운 상태에 빠진다. 이들은 극심한 두려움, 공포를 경험하고 땀을 흘리거나 떨림, 복통과 같은 신체 증상을 보인다. 하지만 이러한 사람도 의사소통이 가능하며 응급 인력의 지시를 따를 수 있다. 재난에 휩쓸린 사람 중 두려움으로 히스테리 발작을 일으켜, 이성적 선택을 못하고 자신과 타인에게 위험한 방식으로 행동하는 사람은 소수다.

두 번째 국면인 **반동**(*recoil*) **국면**에서 생존자는 자신이 겪은 일을 명확히 의식한다. 이 국면은 전형적으로 재난 발생 이후 몇 시간 후에 시작하는데, 이 동안 많은 생존자가 정서적 소진 상태에 놓이며 감정을 주체하지 못하고 운다. 대부분은 자신의 경험을 이야기할 필요를 강렬히 느낀다. 깨끗한 물, 음식, 쉼터, 잠자리 마련에 대한 즉각적 욕구를 충족하는 데 주의를 기울여야 한다. 걱정하는 친척, 친구와 접촉할 수 있게 의사소통 네트워크에 접근하도록 도와야 한다. 그리고 처방약, 안경과 같은 필수 품목을 대체해주고, 기본적 개인위생에 필요한 물품을 받도록 돕는다. 이 국면에서 정신건강 상담이나 위기 개입 실천이 시작돼야 한다(항목 13. 14 참조).

재해 혹은 큰 재난에 대한 세 번째 적응 국면은 **외상 후**(*post-trauma*) **국면**이다. 개인과 가족이

직면하는 주요한 도전은 상실에 대한 슬픔, 삶의 재건, 일상적이고 예측 가능한 삶의 패턴 재확립 등이다. 이 국면은 부분적으로는 위기 개입서비스의 적절성 정도에 따라 수개월 혹은 수년, 혹은 여생 동안 계속된다(항목 15. 17 참조).

2) 커뮤니티의 반응

재난 이후 전체 커뮤니티는 일반적으로 네 가지 예측 가능한 국면을 거친다. 영웅, 신혼여행, 각성, 재건이 그것이다. **영웅**(*heroism*) **국면**은 재난이 발생한 직후 시작된다. 이때 커뮤니티의 사람들은 유대를 가지고 상호 지지와 협동적 행동을 나타낸다. 이전의 사회적·경제적 계층이나 인종·민족적 차이는 무시된다. 이 국면 동안 사람들은 종종 커뮤니티에 대한 긍정적 느낌과 소속감을 경험한다. 서로 어떻게 도움이 되었는지와 어떻게 협동적으로 일했는지에 대해 자부심을 느낀다.

두 번째 국면인 **신혼여행**(*honeymoon*) **국면**에서 커뮤니티는 회복할 수 있고 그렇게 될 것이라는 희망과 자신감을 느끼며 오히려 이전보다 더 강해졌다고 여긴다. 커뮤니티 내에 있었던 이전의 갈등, 긴장, 정치적 논쟁, 권력 다툼은 일시적으로 잊힌다.

신혼여행 국면은 점차 **각성**(*disillusionment*) **국면**이라고 알려진 실망감에 자리를 내준다. 이때 커뮤니티의 사람들은 재건의 복잡함과 엄청난 규모를 깨닫게 된다. 일반적으로 커뮤니티가 사용할 수 있는 응급 구호 프로그램은 시간제한적이고, 사람들이 필요하거나 기대한 것보다 적다. 이 제한성과 관련된 수급 자격 규칙은 종종 분노와 불공평하다는 인식을 끌어낸다. 이 기간 동안 이전의 커뮤니티 갈등과 분열이 다시 표면화되며, 사람들도 경쟁집단으로 분열된다. 소문과 오해가 이 국면에서 특히 문제가 된다. 그래서 정확한 정보를 유포하는 커뮤니티 모임이 대단히 중요하다.

최종적으로, 커뮤니티는 각성의 단계를 넘어 **재건**(*reconstruction*) **국면**이라는 어렵고 긴 국면에 접어든다. 어떤 커뮤니티는 재난 이후 재건에 성공하지만, 어떤 커뮤니티는 완전히 회복하지 못한다. 커뮤니티의 재건 능력에 영향을 주는 요인에는 파괴 정도, 커뮤니티의 경제적 기반, 재난 이전의 커뮤니티 응집력 수준, 필요한 자원의 활용 가능성, 리더십 등이 있다.

3) 재난 대응 지침

다음의 지침은 사회복지사가 재해 혹은 큰 재난으로 발생한 인간 욕구와 문제에 대응하는 데 도움을 준다.

(1) NASW와 같은 인간서비스기관과 사회복지조직의 대표체는 지역과 주 차원의 재난 계획 활동에 참여해야 한다. 재난 발생 시 적절한 서비스를 제공하기 위해, 사회복지사와 사회기관은 응급·재난 구호조직이 대응하고 기능하는 방식을 알아야 한다. 재난이 발생하기 오래전부터 각 기관에는 어떻게 대응할 수 있는지, 어떻게 대응할 것인지, 그리고 미국 적십자와 같은 재난 구호조직, 응급 대응조직에 맞춰 어떻게

업무를 조정할 것인지에 관한 계획이 수립되어 있어야 한다. 재난 현장에서 일할 것으로 예견되는 사회복지사는 먼저 응급 대응을 지시하고 조정하는 사람으로부터 적절한 권한을 받아야 한다.

(2) 재난 후의 첫 시간이나 첫날 동안 정확한 정보를 수집하는 것은 구조 활동과 응급 대응에 매우 중요하다. 실종자나 사망자, 부상자를 확인하는 것이 중요하다. 또한 각 생존자가 어디에 있는지(응급쉼터에 있는지, 병원으로 이송되었는지 등)를 기록하는 것도 중요하다. 정확하고 완전한 정보를 획득하는 것은 혼란을 줄이고 생존자 간 그리고 걱정하는 친지나 친구 간 연락을 촉진하며, 가족 재결합을 가능하게 한다.

(3) 부상을 당하지 않았더라도 특정 개인에게는 특별한 관심을 기울여야 한다. 어린 아동, 노인, 신체 혹은 정신질환자, 장애가 있는 사람, 활용할 가족 혹은 사회적 지지망이 없는 사람이 이에 해당한다. 아동은 특히 소동 혹은 사회 혼란에 취약하기 때문에 위기 시 가족으로부터 분리되면 안 된다. 가능하다면 가족을 함께 대피시켜야 하며, 응급쉼터에서도 함께 지내야 한다.

(4) 정보와 의뢰서비스는 재난 후 몇 개월간 중요하다. 생존자와 접촉하는 사회복지사는 현금 지원, 저금리 대출, 임시 주거, 기타 자원을 제공하는 주정부나 연방정부의 재난 지원 프로그램, 기관에 대해 알아야 한다. 재난 피해자와 정기적으로 만나 정보를 제공하고, 해가 되는 소문을 막고, 이들이 재난 구호조직의 최근 계획과 행동을 잘 챙겨서 알아 두도록 도울 수 있다.

(5) 사람들이 재난으로 사망하면 수백 명의 생존자는 재산과 소유물 상실, 일터 파괴로 인한 일자리 상실, 일상적인 생활방식의 근본적 붕괴뿐만 아니라 사랑하는 사람의 상실에 직면해야 한다. 재난에서 살아남은 사람들은 몇 개월 혹은 향후 몇 년간 적응 문제와 심리적 증상을 경험한다. 어떤 사람은 외상 후 스트레스장애를 겪는다(항목 13.14 참조). 재정 문제가 증가하고 우울과 불안, 자살과 살인, 가정폭력, 음주와 약물사용 문제, 신체증상장애(psycho-somatic illness), 낮은 직무 수행 등이 예상된다. 따라서 정신건강 및 사회서비스기관은 서비스 욕구 증가에 대처할 계획을 수립하고 도움이 필요한 사람에 대한 적극적인 아웃리치, 사례 발견에 참여해야 한다.

(6) 가능하다면, 엄청난 재산상의 손해를 끼친 재난에서 살아남은 생존자가 정화 및 재건 노력에 직접 참여해야 한다. 이들이 다른 생존자와 직접 접촉하여 정서적·사회적 지지를 제공하는 매개체가 될 수 있다. 덧붙여 정화 노력은 때때로 일자리와 소득을 제공하고 통제감 및 자신감을 회복하도록 돕는다.

(7) 전문가 혹은 응급 인력에게 **대리 외상**(vicarious trauma)이 나타날 가능성에 유의해야 한다. 심각한 외상을 경험한 사람을 반복적으로 접하면서 사회복지사와 다른 원조자도 침투적

사고와 이미지, 불면, 생존자로서의 죄책감, 취약함, 무력감, 자기 의심, 분노와 같은 외상 증상을 보일 수 있다. 심각한 정서적 외상을 경험한 적이 있는 사회복지사나 재난 관련 업무의 경험이 없는 사회복지사의 경우 이런 증상이 나타나기 쉽다. 재난 관련 업무 스트레스에 대처하도록 돕기 위해서는 각자의 경험과 감정을 이야기할 수 있는 기회, 그리고 다른 전문가로부터 지지와 재보증을 받을 기회를 포함해 지속적인 자기 보호가 매우 중요하다.

참고문헌

Abbott, A. (ed.) (2010). *Alcohol, Tobacco, and Other Drugs: Challenging Myths, Assessing Theories, Individualizing Interventions* (2nd ed.). Washington, DC: NASW.

Albert, R. & Skolnik, L. (2006). *Social Welfare Programs: Narratives from Hard Times.* KY: Cengage.

Adler, F., Mueller, G., & Laufer, W. (2012). *Criminal Justice: An Introduction* (6th ed.). NY: McGraw-Hill.

Alexander, J., Waldron, H., Robbins, M., & Neeb, A. (2013). *Functional Family Therapy for Adolescent Behavior Problems.* Washington, DC: America Psychological Association.

American Bar Association (2008). *Complete Personal Legal Guide: The Essential Reference for Every Household* (4th ed.). NY: Random House.

Alderson, K. (2012). *Counseling LGBTI Clients.* CA: Sage.

Applegate, J. & Shapiro, J. (2005). *Neurobiology for Clinical Social Work: Theory and Practice.* NY: Norton.

Babiak, P. & Hare, R. (2006). *Snakes in Suits: When Psychopaths Go to Work.* NY: Harper Collins.

Balgopal, P. (ed.) (2000). *Social Work Practice with Immigrants and Refugee.* NY: Columbia University Press.

Beck, A. & Alford, B. (2009). *Depression: Causes and Treatment* (2nd ed.). PA: University of Pennsylvania.

Beck, A., Freeman, A., & Davis, D. (2004). *Cognitive Therapy of Personality Disorders* (2nd ed.). NY: Guildford.

Beirne-Smith, M., Patton, J., & Kim, S. (2006). *Mental Retardation: An Introduction to Intellectual Disability* (7th ed.). NJ: Pearson.

Bent-Goodley, T. (2011). *The Ultimate Betrayal: A Renewed Look and Intimate Partner Violence.* Washington, DC: NASW Press.

Bentley, K. & Walsh, J. (2014). *The Social Worker and Psychotropic Medication: Toward Effective Collaboration with Clients, Families, and Providers* (4th ed.). KY: Cengage.

Bieschke, K., Perez, R., & DeBord, K. (2007). *Handbook of Counseling and Psychotherapy with Lesbian, Gay, Bisexual, and Transgender Clients* (2nd ed.). Washington, DC: American Psychological Association.

Bigner, J. & Gerhardt, C. (2014). *Parent-Child Relations: An Introduction to Parenting* (9th ed.). NJ: Pearson.

Bongar, B. & Sullivan, G. (2013). *The Suicidal Patient: Clinical and Legal Standards of Care* (3rd ed.). Washington, DC: American Psychological Association.

Briesmeister, J. & Schaefer, C. (eds.) (2007). *Handbook of Parent Training: Parents As Co-Therapists for*

Children's Behavior Problems (3rd ed.). NJ: Wiley.

Brooks, J. (2013). *The Process of Parenting* (9th ed.). NY: McGraw-Hill.

Camilleri, V. (ed.) (2007). *Healing the Inner City Child Creative Arts Therapies with At-Risk Youth.* PA: Jessica Kingsley.

Canda, E. & Furman, L. (2009). *Spiritual Diversity in Social Work Practice: The Heart of Helping* (2nd ed.). NY: Oxford.

Clancy, J. E. & Sheafor, B. W. (2012). "Social work with U.S casualties of the middle east wars". In Sheafor, B. W., Morales, A. T., & Scott, M. E. (eds.), *Social Work: A Profession of Many Faces* (12th rev. ed.), pp. 185~198. NJ: Pearson.

Coggins, K. & Fresquez, J. E. (2007). *Working with Clients in Correctional Settings. : A Guide for Social Workers and Corrections Professionals.* IA: Eddie Bowers.

Crawford, K. & Walker, J. (2008). *Social Work with Older People* (2nd ed.). CA: Sage.

Cunningham, M. (2012). *Integrating Spirituality in Clinical Social Work Practice: Walking the Labyrinth.* NJ: Pearson.

Derezotes, D. (2006). *Spiritually Oriented Social Work Practice.* NJ: Pearson.

Dore, M. (ed.) (2006). *The Post-Adoption Experience: Adoptive Families' Service Need and Service Outcomes.* Washington, DC: Child Welfare League of America.

Drew, C. & Hardman, M. (2007). *Intellectual Disabilities Across the Lifespan* (9th ed.). NJ: Pearson.

Dziegielewski, S. (2010). *Social Work Practice and Psychopharmacology: A Person-in-Environment Approach* (2nd ed.). NY: Springer.

Eitzen, D. S. & Smith, K. (2009). *Experiencing Poverty: Voices from the Bottom* (2nd ed.). NJ: Pearson.

Farmer, R. (2009). *Neuroscience and Social Work Practice: The Missing Link.* CA: Sage.

Fisher, G. & Harrisons, T. (2013). *Substance Abuse: Information for School Counselors, Social Workers, Therapists, and Counselors* (5th ed.). NJ: Pearson.

Freundlich, M. (2000). *Adoption Ethics, Volume 3: The Impact of Adoption on Members of the Triad.* Washington, DC: Child Welfare League of America.

Garrett, K. J., Herman, W. R. (2006). "Foreign-born students in baccalaureate social work programs: Meeting the challenges". *The Journal of Baccalaureate Social Wok*, 12(1): 24~38.

Geldard, K. & Geldard, D. (2010). *Counseling Adolescents: The Proactive Approach for Young People* (3rd ed.). CA: Sage.

Gibbons, J. L. & Rotabi, K. S. (2012). *Intercountry Adoption: Policies, Practices, and Outcomes.* VT: Ashgate.

Granello, D. & Granello, P. (2007). *Suicide: An Essential Guides for Helping Professionals and Educators.* NJ: Pearson.

Gray, S. & Zide, M. (2013). *Psychopathology: A Competency-Based Assessment Model for Social Workers* (3rd ed.). KY: Cengage.

Gunderson, J. (2008). *Borderline Personality Disorder: A Clinical Guide.* Washington, DC: American Psychiatric Association.

Hart, A. & Luckock, B. (2004). *Developing Adoption Support and Therapy: New Approaches for Practice.* PA: Jessica Kingsley.

Hart, C. & Ksir, C. (2013). *Drugs, Society, and Human Behavior* (15th ed.). NY: McGraw-Hill.

Hilarski, C. (2008). "Best practices in parenting techniques". In Roberts, A. (ed.), *Social Worker's Desk Reference* (2nd ed.). NY: Oxford University Press.

Holland, D. (2011). *The Essential Guide to Grief and Grieving.* NY: Penguin.

Hooyman, N. & Kramer, B. (2008). *Living Through Loss: Interventions across the Life Span.* NY: Columbia University Press.

Hughes, D. (1997). *Facilitating Developmental Attachment: The Road to Emotional Recovery and Behavioral Change in Foster and Adopted Children.* England: Rowman and Littlefield.

Iceland, J. (2013). *Poverty in America: A Handbook.* 3rd ed. CA: University of California Press.

Javier, R. A., Baden, A. L., Biafora, F. A., & Camacho-Gingerich, A. (2007). *The Handbook for Adoption: Implications for Researchers, Practitioners, and Families.* CA: Sage.

Judd, S. (ed.) (2012). *Eating Disorders Sourcebook* (3rd ed.). MI: Omnigraphics.

Julie, L. & Nicotera, N. (2011). *Working with Adolescents: A Guide for Practitioners.* NY: Guildford.

Kessler, D. (2009). *The End of Overeating: Taking Control of the Insatiable American Appetite.* NY: Rodale.

Kreger, R. (2008). *The Essential Family Guide to Borderline Personality Disorder: New Tools and Techniques to Stop Walking on Eggshells.* MN: Hazelden.

Kurtz, E. & Ketcham, K. (2002). *The Spirituality of Imperfection: Storytelling and the Search for Meaning.* NY: Bantam Books.

Lask, B. & Bryant-Waugh, R. (eds.) (2012). *Eating Disorders in Childhood and Adolescence* (4th ed.). NY: Routledge.

Lefley, H. (2009). *Family Psychoeducation for Serious Mental Illness.* NY: Oxford University Press.

Linhorst, D. (2005). *Empowering People with Severe Mental Illness: A Practical Guide.* NY: Oxford University Press.

Longhofer, J., Kubek, P., & Floersch, J. (2010). *On Being and Having a Case Manager: A Relational Approach to Recovery in Mental Health.* NY: Columbia University Press.

Halpern, J. & Tramontin, M. (2007). *Disaster Mental Health: Theory and Practice.* KY: Cengage.

Mackelprang, R. & Salsgiver, R. (2009). *Disability: A Diversity Model Approach in Human Service Practice* (2nd ed.). IL: Lyceum.

MacLeod, J. & Macrae, S. (eds.) (2007). *Adoption Parenting: Creating a Toolbox, Building Connections.* NJ: EMK Press.

Mallon, G. (ed.) (2008). *Social Work Practice with Lesbian, Gay, Bisexual, and Transgender People* (2nd ed.). NY: Haworth.

May, G. & Raske, M. (2005). *Ending Disability Discrimination: Strategies for Social Workers.* NJ: Pearson.

McClennen, J. (2010). *Social Work and Family Violence: Theories, Assessment, and Intervention.* NY: Springer.

McInnis-Dittrich, K. (2014). *Social Work with Older Adults: A Biopsychosocial Approach to Assessment and Intervention* (4th ed.). NJ: Pearson.

McNeece, C. A. & DiNitto, D. (2012). *Chemical Dependency: A Systems Approach* (4th ed.). NJ: Pearson.

McWhirter, J. J., McWhirter, B., McWhirter, E., & McWhirter, R. (2013). *At Risk Youth: For Counselors, Teachers, Psychologists, and Human Service Professionals* (5th ed.). KY: Cengage.

Midgley, J. & Conley, A. (eds.) (2010). *Social Work and Social Development: Theories and Skills for Developmental Social Work.* NY: Oxford University Press.

Miller, J. (2012). *Psychosocial Capacity Building in Response to Disaster.* NY: Columbia University Press.

Miller, W., Forcehimes, A., & Zweben, A. (2011). *Treating Addictions: A Guide for Professional.* NY: Guildford.

Minuchin, P., Colapinto, J., & Minuchin, S. (2007). *Working with Families of the Poor* (2nd ed.). NY: Guildfor.

Moore, C. & Jones, K. (2012). *Social Work and Dementia.* CA: Sage.

Morrow, D. & Messinger, L. (eds.) (2006). *Sexual Orientation and Gender Expression in Social Work Practice: Working with Gay, Lesbian, Bisexual, and Transgender people.* NY: Columbia University.

Natenshon, A. (2009). *Doing What Works: An Integrative System for Treating Eating Disorders.* Washington, DC: NASW Press.

Odom, S., Horner, R., Snell, M., & Blacher, J. (2007). *Handbook of Developmental Disabilities.* NY: Guildford.

Oliver, M., Sapey, B., & Thomas, P. (2012). *Social Work with Disabled People* (4th ed.). NY: Palgrave Macmillan.

Parker, J. (2006). *Good Practice in Brain Injury Case Management.* PA: J. Kingsley.

Payne, R., DeVol, P., & Smith, T. (2006). *Bridges Out of Poverty: Strategies for Professionals and Communities.* TX: Aha! Process Inc.

Petrocelli, A. (2012). *Prejudice to Pride: Moving from Homophobia to Acceptance.* Washington, DC: NASW.

Pew Hispanic Center (2005. 6. 14). "Unauthorized migrants: Numbers and characteristics". www.pew-hispanic. org/files/reports/46. pdf.

Pomeroy, E. & Garcia, R. B. (2009). *The Grief Assessment and Intervention Workbook: A Strengths Perspective.* KY: Cengage.

Poole, D. & Lamb, M. (1998). *Investigative Interviews of Children.* Washington, DC: American Psychological Association.

Porr, V. (2010). *Overcoming Borderline Disorder: A Family Guide for Healing and Change.* NY: Oxford University Press.

Preston, J., O'Neal, J., & Talaga, M. (2013). *Handbook of Clinical Psychopharmacology for Therapists* (7th ed.). CA: New Harbinger.

Priwer, S. & Phillips, C. (2006). *Gay Parenting: Complete Guide for Same-Sex Families.* NJ: New Horizon.

Puig, M. (2001). "Organizations and community intervention skills with Hispanic Americans". In Fong, R. & Furuto, S. (eds.), *Culturally Competent Practice: Skills, Interventions, and Evaluations,* pp. 269~284. MA: Allyn and Bacon.

Quinett, P. (2004). *Suicide: The Forever Decision.* NY: Crossroad.

Ritchie, E., Watson, P., & Friedman, M. (eds.) (2006). *Interventions Following Mass Violence and Disasters: Strategies for Mental Health Practice.* NY: Guildford.

Roberts, A. (ed.) (2007). *Battered Women and Their Families* (3rd ed.). NY: Springer.

Rosenfeld, L., Caye, J., Lahad, M., & Gurwitch, R. (2010). *When Their World Falls Apart: Helping Families and Children Manage the Effects of Disasters* (2nd ed.). Washington, DC: NASW.

Rubin, A., Springer, D., & Trawver, K. (eds.) (2010). *Psychosocial Treatment of Schizophrenia: Clinician's Guide to Evidence-Based Practice.* NJ: Wiley.

Rubin, A., Weiss, E. L., & Coll, J. E. (eds.) (2013). *Handbook of Military Social Work.* NJ: Wiley & Sons.

Savitsky, L., Illingworth, M., & DuLaney, M. (2009). "Civilian social work: Serving the military and veteran populations". *Social Work*, 54(4): 327~339.

Schaefer, C. & Drewes, A. (2014). *The Therapeutic Powers of Play: 20 Core Agents of Change.* NJ: Wiley.

Schalock, R. L., Borthwick-Duffy, S. A., Buntinx, W. H. E., Coulter, D. L., & Craig, E. M. (2012). *Intellectual Disability: Definition, Classification, and Systems of Support* (12th ed.). Washington, DC: American Association of Intellectual and Developmental Disabilities.

Schouten, R. & Silver, J. (2012). *Almost a Psychopath: Do I (or Does Someone I Know) Have a Problem with Manipulation and Lack of Empathy?.* MN: Hazelden.

Senelick, R. (2010). *Living with Stroke: A Guide for Families* (4th ed.). AL: Health South Press.

Sharp, B. (2010). *Changing Criminal Thinking: A Treatment Program* (2nd ed.). VA: American Correctional Association.

Shipler, D. (2005). *The Working Poor: Invisible in America.* NY: Vintage Press.

Simon, G. (2011). *Character Disturbance: The Phenomenon of Our Age.* AK: Parkhurst Brothers.

Smith, E. & Meyers, R. (2007). *Motivating Substance Abusers to Enter Treatment: Working with Family Members.* NY: Guildford.

Snyder, D. K. & Monson, C. M. (eds.) (2012). *Couple-Based Interventions for Military and Veteran Families: A Practitioner's Guide.* NY: Guilford.

Soniat, B. & Micklos, M. (2010). *Empowering Social Workers for Practice with Vulnerable Older Adults.* Washington, DC: NASW.

Steele, R., Elkin, D., & Roberts, M. (eds.) (2008). *Handbook of Evidence-Based Therapies for Children and Adolescents: Bridging Science and Practice.* NY: Springer.

Stoler, D. & Hill, B. (2013). *Coping with Concussion and Mild Traumatic Brain Injury: A Guide to Living with the Challenges Associated with Post Concussion Syndrome and Brain Trauma.* NY: Avery.

Tartakovsky, E. (ed.) (2013). *Immigration: Policies, Challenges, and Impact.* NY: Nova.

Timberlake, E. & Cutler, M. (2001). *Developmental Play Therapy in Clinical Social Work.* MA: Allyn and Bacon.

U.S. Bureau of Census (2012). "Foreign-Born population in the United States". http://www.census.gov/prod/2012pubs/acs-19.pdf.

United States Department of Veterans Affairs National Center for PTSD (2004. 6). *Iraq War Clinician Guide: National Center for Post-Traumatic Stress Disorder* (2nd ed.). http://www.ptsd.va.gov/professional/

manuals/manual-pdg/iwcg/iraq_clinician_guide_v2. pdf.

Van Dijk, S. (2012). *DBT Made Simple: A Step-by-Step Guide to Dialectical Behavior Therapy*. CA: New Harbinger.

Van Hook, M. , Hugen, B. , & Aguilar, M. (2002). *Spirituality within Religious Traditions in Social Work*. KY: Cengage.

Van Wormer, K. & Davis, D. (2013). *Addiction Treatment: A Strengths Perspective* (3rd ed.). KY: Cengage.

Wacker, R. & Roberto, K. (2013). *Community Resources for Older Adults: Programs and Services in an Era of Change* (4th ed.). CA: Sage.

Walker, L. (2009). *The Battered Woman Syndrome* (3rd ed.). NY: Springer.

Walsh, A. & Stohr, M. (2010). *Correctional Assessment, Casework, and Counseling* (5th ed.). VA: American Correctional Association.

Walsh-Burke, K. (2012). *Grief and Loss: Theories and Skills for the Helping Professions* (2nd ed.). NJ: Pearson.

Webb, N. (2011). *Social Work Practice with Children*. NY: Guildford.

Webber, J. & Mascari, J. B. (2010). *Terrorism, Trauma, and Tragedies: A Counselor's Guide to Preparing and Responding* (3rd ed.). VA: American Counseling Association.

Wexler, D. (2013). *The Stop Domestic Violence: Innovative Skills, Techniques, Options, and Plans for Better Relationships* (3rd ed.). NY: Norton.

Whealin, J. M. , DeCarvalho, L. T. , & Vega, E. M. (2008). *Clinician's Guide to Treating Stress after War: Education and Coping Interventions for Veterans*. NJ: Wiley & Sons.

Wilson, C. & Powell, M. (eds.) (2001). *A Guide to Interviewing Children: Essential Skills for Counsellors, Police, Lawyers and Social Workers*. NY: Brunner-Routledge.

Worchel, D. & Gearing, R. (2010). *Suicide Assessment and Treatment: Empirical and Evidence-Based Practice*. NY: Springer.

Worden, J. W. (2008). *Grief Counseling and Grief Therapy: A Handbook for the Mental Health Practitioner* (4th ed.). NY: Springer.

Wright, L. & Seymour, C. (2000). *Working with Children and Families Separated by Incarceration: A Handbook for Child Welfare Agencies*. Washington, DC: Child Welfare League of America.

Yager, J. & Powers, P. (eds.) (2007). *Clinical Manual of Eating Disorders*. VA: American Psychiatric Association.

Yuen, F. , Cohen, C. , & Tower, K. (2007). *Disability and Social Work Education: Practice and Policy Issues*. NY: Haworth, 2007.

Yunus, M. (2007). *Banker to the Poor: Micro-Lending and the Battle against World Poverty*. NY: Public Affairs Press.

_____ (2011). *Building Social Businesses: The New Kind of Capitalism That Serves Humanity's Most Pressing Needs*. NY: Public Affairs Press.

Zimmermann, W. & Tumlin, K. C. (1999). *Patchwork Policies: State Assistance for Immigrants under Welfare Reform*. Washington, DC: Urban Institute, 1999.

제 16 장

사회복지실천을 지속하기 위한 기술

학습목표

- 경쟁력 있는 취업 지원자가 되는 데 필요한 요건을 아는 것뿐만 아니라, 능력 시험과 자격증 시험을 잘 보려는 사회복지사의 요구에 대해 논의한다.
- 개인적 가치, 소진 혹은 연민피로 경험, 클라이언트와의 불평등한 힘의 관계에 대한 민감성을 포함해 사회복지사의 실천에 영향을 미치는 요인에 관해 정확한 자기 인식을 보인다.
- 법정에서 전문가 증언이나 일반적 증언을 하는 데 필요한 지침뿐 아니라, 실천상의 과실 혹은 부주의 관련 법적 소송을 예방하거나 다루기 위해 사회복지사가 조심해야 할 것을 인식한다.
- 사회복지 직장 생활 동안 경력 있는 사회복지사의 멘토링을 활용하고 탄탄한 슈퍼비전을 받는 것의 중요성에 대해 논의한다.
- 전문적 사회복지사는 사회복지 지식의 좋은 소비자이면서 또 기여자가 되어야 하고, 이 두 가지 활동에 필요한 기술을 가져야 함을 인식한다.
- 대중이 인식하는 사회복지 이미지를 좋게 할 뿐만 아니라, 사회조건을 개선하고 높은 수준의 사회정의를 달성하기 위해 지도자 역할을 하는 사회복지사의 도전에 대해 서술한다.

사회복지는 부담이 크지만, 보람이 있는 직업이다. 그러나 그 보람은 대개 내재적이다. 사회복지를 직업으로 선택함으로써 사실상 부나 특권을 획득할 수 없음은 확실하다. 사회복지는 돌봄, 나눔, 사회적 책임에 관한 것으로, 이는 개인주의, 경쟁, 재화 취득을 강조하는 경제체계가 보상하는 가치가 아니다.

초창기부터 사회복지 전문직은 힘없고 낙인찍히고 평가 절하된 사람—다른 사람이 피하거나 무시하는 경향이 있는 사람—에 대해 특별한 관심을 가져 왔다. 사회복지사는 도움이 절실히 필요한 사람들을 만나기 때문에 활용할 수 있는 전문적 기관, 사회적 자원의 불충분함을 직접 볼 수 있다. 사회복지사는 얼마나 열심히 일하는지와 관계없이 사람들이 필요로 하고 받을 자격이 있는 서비스를 받지 못한다는 사실에 번뇌를 자주 경험한다. 이것이 좌절이며, 사회복지사는 이 좌절을 감수하는 법을 배워야 한다.

많은 클라이언트가 경제적으로 가난하기 때문에 대부분의 사회복지 일자리는 몇 개 유형의 인간서비스조직에 있다. 이 장에서는 이들 조직에서 업무 관련 과업을 다루는 데 필요한 기술 개발에 관한 지침을 제공한다. 이 장에서는 사회복지 직업을 찾기, 자격시험 보기, 업무 관련 스트레스를 다루기, 전문적 문헌을 활용하고 기여하기, 발표하기, 지도자 역할 수행하기 등에 대한 참고 자료를 제공한다. 덧붙여 이 장에서는 법정에서 증언하기, 실천상의 과실(*malpractice*) 소송을 피하기, 성적인 부정행위를 처리하기, 멘토링 관계를 개발하기 등에 관한 지침을 제공한다.

16.1 사회복지 직업을 얻기

전문적 교육을 마친 사회복지사의 다음 과업은 안정적 취업이다. 인간서비스기관은 클라이언트에게 서비스를 제공할 직원을 선발하는 데 주의를 기울이기 때문에 취업을 위해서는 시간과 노력이 필요하다(기관의 관점에서 이 과정을 검토하려면 항목 10.13 참조).

취업의 첫 단계는 취업 공고를 확인하는 것이다. 대부분의 커뮤니티에서 몇 가지 정보원을 검토할 수 있다. 일반적으로 기관은 채용 공고를 낼 것이다. 따라서 직장을 찾는 사람은 정기적으로 지역신문의 광고란을 읽고, 기관 웹사이트를 방문하고, 게시판에 나는 채용 공고를 기다려야 한다. 대부분의 커뮤니티에서 전문적 관계망을 개발하는 좋은 방법은 지역의 사회복지사협회(미국의 경우 NASW) 모임에 참석하는 것이다.

일자리를 발견하면 지원 서류를 준비한다. 때때로는 원서를 작성해야 할 때도 있지만 지원 서류는 일반적으로 자기소개서와 전문 이력서, 두 부분으로 이뤄진다. **자기소개서**(*cover letter*)에는 지원하는 특정 업무에 초점을 두고, 그 자리에 맞는 지원자의 자질을 강조해야 한다. 약 1페이지 분량으로 오자, 구두점, 문법적 오류 없이 주의 깊게 작성해야 한다. 자기소개서에서 지원 의사를 분명히 밝히고, 지원자가 그 일에 관심이 있는 이유를 쓰고, 그 일자리에 대한 지원자의 자격을 말해야 한다. 자기소개서에 기대하는 보수 혹은 과거에 직업을 그만둔 이유를 쓸 필요는 없다. 원할 경우, 추천인 목록을 제출할 것임을 밝힌다(취업 공고에서 지원할 때 추천인을 요구하지 않은 경우). 추천인으로부터 사전 허락을 받아 둔다. 자기소개서는 지원하는 일자리에 대해 낙관적이고 긍정적이어야 한다.

이력서는 자기소개서보다 더 일반적이며, 같은 이력서를 여러 일자리에 지원할 때 사용할 수 있다. 이력서는 자신의 전문적 자격과 경험에 관한 체계적 요약이다. 이력서의 목적은 고용주가 지원자를 면접할 마음이 생기도록 지원자의 배경을 제시하는 것이다. 이력서는 사전에 규정된 스타일 혹은 형식이 없다. 다만 많은 지원서 가운데 최종적으로 몇 개를 뽑는 심사위원의 주의를 끌기 위해 창의적 접근을 사용하는 것이 좋다. 그러나 유치하거나 영악해 보이지 않도록 한다. 종종 복사가게에서는 이력서 구성에 관한 자문을 제공하고, 양질의 프린터 이용이 가능하며, 읽기 쉬운 글씨체를 추천하기도 하므로 상대적으로 저렴한 비용으로 매력적인 이력서를 준비할 수 있다. 덧붙여 많은 대학에는 취업을 준비하는 학생에게 자문과 워크숍을 제공하는 부서가 있다.

이력서에는 최소한 다음 정보가 포함돼야 한다. 다른 항목은 자신의 재량으로 첨가할 수 있다.

- **개인 신상 자료**: 이름, 주소, 이메일 주소, 그리고 면접 일정을 잡기 위해 쉽게 연락할 수 있는 전화번호를 쓴다.
- **학력**: 학위 이름, 전공, 출신 대학, 졸업일을 쓴다. 출신 학교를 모두 역순으로 적고 평점, 포상, 특별한 프로젝트, 혹은 사회복지 업무와 관련될 수 있는 훈련 혹은 특별한 기술(예: 컴퓨터 기술, 외국어 능력)을 추가한다.
- **경력**: 직책, 조직 이름, 취업일, 직무를 포함해 현재 혹은 가장 최근의 직업부터 역순으로 기록한다. 사회복지 능력에 보탬이 될 수 있는 실습과 자원봉사 경험을 기록하는 것도 도움이 된다.
- **활동과 관심**: 사회복지뿐만 아니라 다른 분야에 대한 전문적 관심을 밝힌다. 전문가조직의 회원임을 기록하고, 다양한 클럽 혹은 조직에의 참여, 일했던 곳, 취미 혹은 특별한 관심을 밝힌다.
- **추천인**: "원할 경우, 추천인 가능함"과 같은 표현을 기록하는 것이 가장 좋다. 만약 취업 공고에서 추천인을 요구한다면, 자기소개서에 이를 기록해야 한다. 이러한 융통성에 따라 각 일자리에 가장 적합한 추천인을 선택할 수 있다. 일반적으로 추천인은 지원자의 기술에 관해 얘기할 수 있어야 하며 교수, 실습 지도자, 직업 슈퍼바이저 혹은 자원봉사 경험을 지도했던 사람이 포함될 수 있다. 많은 경우 기관에서는 추천인에게 직접 연락하는 것을 선호하므로 추천인의 전화번호와 이메일 주소를 적어야 한다.
- **기타 정보**: 출판, 특이한 경험(예: 평화봉사단)과 같이 사회복지사로서 지원자의 능력을 높일 수 있는 기타 정보를 추가하는 것은 바람직하다.

지원이 성공적이라면 지원자는 **면접**을 받게 될 것이다. 일대일 토의도 가능하지만, 일반적으로 면접 과정은 여러 명의 면접자 앞에서 이뤄진다. 많은 면접위원이 가상 상황 혹은 짧은 사례를 지원자에게 제시한 후, 어떻게 그 상황을 다룰지 질문할 것이다. 정부기관의 면접 절차는 대단히 구조화돼 있고, 많은 경우 구두면접에 추가해 필기시험을 요구한다(항목 16.2 참조).

준비는 매우 중요하다. 먼저 기관을 철저히 조사한다. 기관이 제공하는 서비스, 표적 클라이언트, 기관의 구조와 목적을 알아 두어야 한다. 정보를 얻기 위해 사전에 기관을 방문하고, 인터넷 홈페이지를 찾아보고, 커뮤니티 내 다른 사회복지사와 그 기관에 대해 토의함으로써 필요한 정보를 얻을 수 있다. 둘째, 직업인으로서의 복장을 갖추고 면접 과정 동안 가능한 여유를 갖도록 한다. 셋째, 특정 업무에 대한 준비뿐만 아니라 개인적 혹은 전문적 관심에 대한 질문에도 준비해야 한다.

다음은 면접에서 흔히 묻는 질문의 예이다.

- 이 일에 적합한 당신의 능력은 무엇입니까?
- 당신의 강점은 무엇입니까? 당신의 약점은 무엇입니까?
- 왜 당신은 이 일을 원합니까?
- 당신의 직업 목적은 무엇입니까?
- 왜 당신을 고용해야 합니까?
- 이 기관에 고용된 사회복지사로서 다음 상황을 어떻게 다루겠습니까? (예: 클라이언트가 당신에게 자살 계획을 말합니다. 어떻게 하시겠습니까?)

또한 기관과 일에 대해 질문할 것도 준비한다. 면접은 양방향에서 이뤄진다. 즉, 지원자와 기관, 양자는 면접을 통해 업무 자격 요건과 지원자의 기술·관심이 잘 맞는지 결정한다.

일자리가 제공되면 월급이나 다른 복지 혜택을 협상한다. 새로운 일자리를 수락하기 전에 업무 기술서를 이해해야 한다. 또한 초봉, 의무, 기타 관련 정보가 담긴 임용 서류를 받아야 하고, 근로 조건과 받게 될 혜택에 대해 확실히 알기 위해 기관의 인사 지침서를 검토해야 한다.

16.2 사회복지 능력시험 준비하기

학사 혹은 석사 학위를 받을 때까지 시험이 끝나지 않는다. 경력의 어떤 시점에서 사회복지사 대부분은 능력시험(competency examination)을 끝마쳐야 할 것이다. 시험 통과는 일자리 지원의 조건일 수 있고, 사회복지실천을 위한 주자격증을 따거나 개업(독립) 실천가가 되는 것과 같이 수요가 많은 자격증을 따기 위한 한 단계일 수도 있다. 때때로 구직 과정에서 구두시험이 사용되기도 하지만 주자격시험은 일반적으로 지필 혹은 컴퓨터 테스트로서, 선다형 문제로 구성된다. ●

기관이나 주 차원에서 만든 시험은 일반적으로 특정 업무와 관련된 지식과 기술에 초점을 맞춘다. 예를 들어 주에 있는 기관의 시험이 아동보호복지사(child protection worker)로서 일자리를 얻기 위한 채용 과정의 일부라면, 시험 질문은 관련 주법정에서 증언하기, 학대 및 방임 징후, 아동 발달에 대한 이해, 아동을 학대하고

● 〔역주〕 우리나라에서는 사회복지사 1급 국가고시가 있어, 8개 분야의 3과목으로 5지선다형 시험을 실시한다. 정규 대학에서 사회복지학을 전공하며 관련 과목을 이수하거나, 현장 실무경험을 쌓은 후 1급 사회복지사 시험에 응시할 수 있다. 1급 사회복지사 국가자격을 획득해야 경쟁력 있는 사회복지 일자리에 지원하기가 용이해진다.

표 16-1 미국 사회복지사 자격시험의 내용 비중

시험에 테스트된 내용의 비중(%)	학사	석사	고급 일반주의 실천	임상
환경 속 개인 발달과 행동	14	18	10	22
다양성 이슈	7	7	5	6
사정과 진단	20	11	24	16
직접적, 간접적 실천	21	22	16	
정신병리와 임상				16
의사소통	10	7	7	8
전문적 관계, 임상: 치료적 관계	5	5	5	7
전문적 가치와 윤리	13	11	12	10
슈퍼비전 · 행정 · 정책	3	8	6	
임상: 슈퍼비전, 자문, 직원 개발				4
실천 평가와 조사 활용	2	2	4	1
서비스 전달	5	9	11	5
임상적 실천과 관리	-	-	-	5

방임하는 부모와 협력하는 방법 등에 초점을 맞출 것이다. 이와 달리, 전미사회복지연합위원회(Association of Social Work Boards: ASWB)에서 만든 시험과 같이 주 전체 혹은 미국 전체 차원에서 이뤄지는 자격시험은 실천 현장과 관계없이 사회복지사가 일반적으로 수행하는 광범위한 활동 범위에 초점을 맞출 것이다. 4가지 종류의 ASWB 시험, 즉 학사시험(BSW), 석사시험(MSW), 석사 출신 고급 일반주의 실천시험(Advanced Generalist MSW), 석사 출신 임상시험(Clinical MSW)을 볼 수 있다.

주 혹은 기관 차원에서 개발한 시험의 합격률을 다룬 자료를 구할 수는 없지만, 2012년 ASWB의 미국 전체 차원의 자격시험에 응시한 사람의 합격률은 다음과 같다. 학사 수준은 77.1%, 석사 수준은 83.6%, 고급 일반주의 실천은 63.3%, 임상시험은 76.3%이다(ASWB, 2013). 시험에 떨어지면 취업 자격을 얻지 못하기 때문에, 법원은 치르는 시험의 전문적 수준에 따라 시험 질문이 전형적 업무에서 요구하는 것을 대표해야 한다고 결정했다. 관련 있는 질문을 만들고 시험을 공정하게 구성하기 위해, 사회복지사가 수행한 과업의 빈도와 그 중요성을 확인하는 공식적 연구 노력이 주기적으로 이루어졌다. 과업 분석은 각 시험을 위한 "청사진"을 제공하며, 특정 주제 혹은 내용에 초점을 맞춘 시험 질문의 비율을 결정한다. 각 시험별로 더 상세한 내용 목록은 ASWB 웹사이트(www. aswb.org)에서 볼 수 있다. 〈표 16-1〉의 가중치는 각 시험의 내용을 반영한다(각 영역을 비교할 수 있게 수치를 약간 조정함).

시험을 준비할 때 각 내용 영역에서 기대되는 질문의 수의 비율에 따라 시간과 노력을 배분해야 한다. 예를 들어, 〈표 16-1〉의 비율에 따르면 학사 시험이 150문제라고 했을 때, 환경 속 개인 발달과 행동에 관련된 21문제 ($0.14 \times 150 = 21$) 가 출제될 것이고, 이는 개인, 가족, 집단, 조직, 커뮤니티와 관련되어 인간 발달 행동의 생물학적, 심리적, 사회적 측면에 초점이 두어질 것이다. 4시간에 170문제를 풀어야 하는데, 20문제는 이후 시험을 위한 사전 시험용으로 점수로 계산되지 않는다는 점에 주의한다.

시험 질문은 3개 영역으로 나뉘는데 기억, 적용, 문제 해결이다. 기억 수준(예: "가정폭력에 대한 가장 정확한 정의는 다음 중 무엇인가?" 혹은 "인간 발달의 8단계에 대해 말한 저자는 누구인가?") 에서 응답자는 주제와 관련된 정보를 기억해 내야 한다. 그러나 적용 수준의 질문(예: 학교 사회복지사로서 아동이 학대를 당한 것으로 의심될 때 취해야 할 첫 번째 행동은 … 이다" 혹은 "전문적 회의에 수치 자료를 제시할 때 가장 효과적인 기법은 다음 중 무엇인가?") 에서는 응답자가 정보를 알고, 실천 결정에 영향을 미치기 위해 정보를 활용할 것을 기대한다. 문제 해결 질문(예: "저소득자와 빈곤자를 가장 잘 구별하는 기준은 다음 중 무엇인가?" 혹은 "… 을 경험하는 이민자 가족과 일할 때 가장 당장 적용할 수 있는 문화적 유능성은 다음 중 어느 것인지 선택하라") 에서는 정답에 지식, 실천 경험, 비판적 사고가 모두 요구된다. 일반적으로 요구되는 교육 수준이 가장 낮은 시험의 경우 기억 문제가 더 많고 임상시험의 경우 문제 해결 질문이 더 많다.

질문에 답할 때 질문에 사용된 언어와 개념을 이해하는 것이 유익하다. 질문을 만들 때 질문 작성자는 질문이 다루고자 하는 내용 영역을 확인하는 것부터 시작한다. 다음으로, 줄기 혹은 답을 유도하는 것(즉, 모두진술) 을 준비한다. 이 줄기는 정답을 위한 초점을 제공하기 때문에 질문에 답할 때는 줄기를 매우 주의해서 읽고 생각하는 것이 중요하다. 질문이 기대하는 것을 강조하며, 정답 선택에서 빈도, 순서, 우선순위를 고심할 때 단서가 되는 '가장', '처음', '최선' 등의 단어를 찾는다. 정답은 '해답지'(key) 에 따른다. 질문을 사전 테스트했을 때 해답지는 전반적인 테스트에서 점수가 좋은 사람이 가장 자주 선택하는 것이어야 한다. 그렇지 않으면 그 질문은 시험 질문으로 사용되지 않는다. 마지막으로, 질문 작성자는 3가지 오답지를 준비한다. 오답지는 시험 응시자가 그 주제에 대해 추측하거나 정확히 알지 못할 때 그럴듯하게 보이는 답으로, 분명 정답만큼 좋은 답이 아니다. 시험을 칠 때는 줄기와 답 'A'를 같이 읽고 다음에 줄기와 답 'B'를 읽는다. 다른 몇 개 답도 같은 방식으로 읽는다. 그 시점이 되면 줄기와 질문의 의도에 완전히 익숙해지며, 분명히 가장 좋은 답이 아닌 답들을 제외할 수 있다. 일반적으로 1~2개의 답이 남을 것이다. 이때 최종 선택으로 답을 알아내기 위해, 비판적 사고 기술(제7장 참조) 을 적용해야 한다.

이런 시험을 치는 이상적 시기와 관련해 두 가지 관점이 있다. 하나는 사회복지 학위 프로그램을 마친 후, 가능한 빨리 시험을 쳐야 한다는 것이다. 이때는 교육 내용이 여전히 생생하며 시험 치는 것이 익숙한 시기다. 학사와 석사 시험을 준비할 때는 이 관점이 특히 맞다. 왜냐하면 이들 시험은 회상과 적용 항목이 많은 비중을 차지하기 때문이다. 또 다른 관점은 사회복지사가 더 많은 경험을 할 때까지 기다릴 것을 제안한다. 1~2년의 실천 경험으로 사람이나 기관과 일할 때 다양한 개념이 어떻게 발생하는지 많이 배울 수 있다. 그래서 더 경력이 있는 사회복지사는 정답을 찾을 때 비판적 사고를 더 잘 적용할 수 있다.

NASW 소식지는 자격시험 준비를 위한 문서 자료, 워크숍, 학습용 카드(*flash card*), 기타 도구를 제공하는 사회복지대학 혹은 회사의 광고를 보도한다. 대부분의 광고와 마찬가지로 이들이 내놓은 것의 장점을 판단하기 어렵고, 때때로 꽤 비싸다. 유용하지만 비싸지 않은 준비를 위한 자료는 ASWB 웹사이트에서 찾을 수 있다. 웹사이트에서는 연구 자료와 실천 자료를 구할 수 있으며 정답지가 정답인 이유, 오답지가 최선의 답이 아닌 이유를 제공한다. 또한 ASWB는 수준별 자격시험을 준비할 때 찾아볼 추천서 목록(보통 교과서)을 관리한다.

16.3 자기 인식을 개발하기

전문 사회복지사는 다른 사람을 효과적으로 돕기 위해 자기 통찰, 자기 이해의 개발 필요성을 강조한다. **자기 인식**은 자신의 신념, 태도, 습관, 그리고 이들이 사회복지사의 결정과 실천 행동에 미치는 영향에 대해 정확하게 인식하는 것을 의미한다. 자기 인식을 개발하려는 노력은 강점과 한계 모두를 명확히 하는 것에 초점을 두어야 한다. 사회복지실천에서 중요한

여러 강점은 이 책의 다른 부분에서 다루었다. 예를 들어 제 3장에서는 용기, 연민, 희망, 감정 이입, 진실성, 온화함, 창의성, 상상력, 융통성, 에너지, 바른 판단, 지식 등을 서술했다(제 2장과 8장도 참조). 사회복지사는 다음과 같은 활동을 통해 자기 인식을 증진할 수 있다.

- 일기나 일지를 쓴다. 이를 통해 성공하거나 성공하지 못한 실천 활동, 그리고 특히 속상하고 힘들었던 실천 상황을 정리하고 생각할 수 있다.
- 건설적인 비판을 요청한다. 수행한 일, 책임, 기관 현장을 잘 알고 있으면서 믿을 수 있고 경험 있는 동료의 피드백과 평가를 요구한다.
- 진행한 면접, 집단 회기, 기타 업무 관련 모임을 오디오 혹은 비디오로 녹음하고, 이를 면밀히 검토한다(주의: 녹음을 하기 전에 타인의 허락을 받아야 한다. 클라이언트가 서면으로 서명해야 한다).
- 특별히 어려운 상황을 실연하거나 이에 초점을 맞춘 모의 역할연습 세션에서 연습해 보고 수행을 평가한다.

인생에서 경험한 문제들을 통해 특별한 이해력과 타인의 문제에 대한 민감성이 높아진다고 믿기 때문에 많은 사람이 원조 전문직에 모인다. 실제로 인생의 문제들은 강력한 교사가 될 수 있고 타인이 갖지 못하는 상당한 정도의 감정 이입을 제공할 수 있다. 그러나 이는 경험을 정직하게 검토하고 관련된 잔존 감정이나 관련 정서적 폐기물을 성공적으로 정리한 이후에나 가

능하다.

클라이언트에 대한 서비스 제공 능력을 방해하는 개인적 특성 혹은 한계를 알게 되었다면, 사회복지사는 이 문제를 교정해야 한다. 만약 변화가 불가능하다면 이 요소가 클라이언트에게 부정적인 영향을 미치지 않는 현장을 찾아야 한다. 다음은 전문적 원조관계 형성과 클라이언트 서비스를 방해할 수 있는 요소이다.

(1) 개인적 문제: 인생과 인간에 대한 핵심적 신념, 태도는 아동기와 가족 경험에 의해 상당 부분 형성된다. 대부분의 사람은 일정한 양의 감정적 '짐' ─ 해결되지 않은 부모자녀 갈등, 편견, 정신적 충격이 큰 사건의 후유증 등 ─ 을 성인기까지 가져간다. 때때로 이런 짐이 직장까지 옮겨 와서 클라이언트와 업무수행에 부정적 영향을 미치기도 한다. 예를 들면 다음과 같다.

- 개인적 문제에 사로잡혀 클라이언트에게 완전히 집중하지 못하는 결과 초래
- 감정적으로 긴장된 상황 혹은 사회복지실천과 관련해 일상적인 압박을 받는 상황에서 자신의 반응을 통제하거나 자기 규율을 행사할 수 없음
- 기관이 돌보는 클라이언트에게 온화함, 공감, 진정한 돌봄을 표현하지 못함
- 권위를 가진 자리에 있는 사람(예: 판사, 의사, 행정가, 슈퍼바이저 등)과 협력해 일할 수 없음
- 개인적 경험(예: 아동학대 희생자, 알코올 중독자 부모 아래서의 성장 등)을 클라이언트의 문제 및 관심과 분리하는 것이 어려움
- 특정 클라이언트 혹은 어려운 과업을 피함
- 클라이언트의 분노와 좌절을 개인화함(즉, 적절한 수준의 객관성을 유지하지 못함)
- 자신의 가치, 정치적·종교적 신념, 생활방식을 클라이언트에게 강요함
- 클라이언트의 종교적 신념과 문화적 가치를 존중하지 못함
- 알코올 혹은 약물 남용
- 자신의 권한 혹은 지위 남용 혹은 오용(항목 10.11 참조)
- 지나치게 부끄러워하거나 비주장적이어서 의견을 표현하지 못하거나 클라이언트 활동에 대한 의견 교환, 동료 슈퍼비전, 집단 의사결정에 참여하지 못함

(2) 외모, 복장, 차림새: 많은 사람이 신체적 외모에 근거해 ─ 특히, 강렬한 첫인상 ─ 타인에 대한 인상을 형성한다. 그래서 사회복지사는 복장과 차림새에 주의해야 하는데 그 이유는 복장 등이 클라이언트에게 중요하며 기관서비스 활용과 사회복지사에 대한 반응에 영향을 미치기 때문이다. 물론, 어떤 클라이언트에게 기분 나쁜 것이 다른 사람에겐 수용될 수 있고, 어떤 기관 현장에서는 적절한 옷차림이 다른 곳에서는 부적절할 수 있다. 특별한 현장의 직원은 무엇이 적절한지에 관한 결정을 내려야 한다. 많은 기관과 병원은 직원에게 지침을 제공하기 위해 복장 규칙을 마련한다. 외모와 그것이 클라이언트에게 미치는 영향을 살필 때 다음의 지침을 기억해야 한다.

- 어떤 복장, 머리 모양, 향수, 화장, 신체 장식 혹은 보석의 선택이 기관에서 돌보는 클라이언트를 불쾌하게 하거나 주위를 산만하게 할 수 있다.
- 차림새 및 개인 위생상의 결점이 클라이언트를 불쾌하게 할 수 있다.
- 노출된 감염, 피부염증, 잦은 기침, 이와 유사한 상태가 클라이언트를 산만하게 만들거나 걱정과 불안을 일으킬 수 있다.

(3) **타인을 무시하거나 낮추는 행동**: 사회복지 가치로서, 모든 클라이언트를 품위와 존중으로 대해야 한다. 사회복지사는 다음과 같은 무시하는 행동을 피해야만 한다.

- 클라이언트와 직원을 불쾌하게 하거나 천한 느낌을 주는 말, 어구, 몸짓 사용(예: 악담, 성적 뉘앙스 등)
- 성차별적 혹은 인종 관련 농담
- 특정 클라이언트집단을 차별하거나 편견을 보이는 것
- 클라이언트에 대해 빈정거리거나 모욕적이고 잔혹하며 경멸적인 언급을 하는 것

(4) **주의를 산만하게 하는 개인적 습관**: 대부분의 사람에게는 친구와 가족이 용인하는 바람직하지 못한 태도와 습관이 있다. 그러나 사회복지사는 클라이언트를 불쾌하게 할 다음과 같은 습관을 기꺼이 고쳐야 한다.

- 꼼지락거리기, 손가락 관절 소리 내기, 손톱

물어뜯기 등
- 머리를 긁거나 머리카락을 당기거나 꼬기
- 껌이나 담배를 씹거나 흡연하기
- 비웃는 것으로 보일 수 있는 표정 혹은 매섭게 쳐다보기, 눈살 찌푸리기
- 지나치게 신경질적인 웃음, 자주 목청을 가다듬기, 그 밖에 주의를 산만하게 하는 태도

(5) **인지 기능수행에서의 어려움**: 사회복지사는 정보를 빨리 받아들이고 복잡한 원칙을 적용해야 한다. 추상적 사고 능력은 필수적이다. 다음 예는 불충분한 인지 기능을 설명한다.

- 주의력, 기억, 판단을 방해하는 인지적 결함
- 판단, 결론, 또는 결정 이면의 이유를 설명하지 못함
- 새로운 정보를 처리하고 논리적 추론을 이끌고 문제를 해결하는 데 어려움
- 기록과 보고서, 기관 정책, 그리고 전문 서적과 학술지를 이해하는 데 필요한 신속한 독해 능력이나 이해력의 부족

(6) **언어적 의사 전달의 어려움**: 사회복지사의 언어적 의사 전달은 클라이언트와 다른 전문가에게 이해될 수 있어야 한다. 다음 문제는 클라이언트와의 활동을 방해할 수 있다.

- 말 더듬기, 알아들을 수 없게 말하기, 크거나 날카로운 목소리, 머뭇거리거나 망설이는 말, 빠른 말
- 클라이언트가 이해할 수 없거나 불쾌하게 하

는 속어의 잦은 사용
- 클라이언트를 혼란스럽게 하는 문법 오류 및 어색한 문장 구성
- 클라이언트 연령 혹은 교육적 수준에 맞춰 단어를 사용할 수 없음
- 교정되지 않은 시력 혹은 청력 문제

(7) **서면 의사 전달의 문제**: 타 전문직과의 정보 교환이 클라이언트에 대한 사회복지사의 서비스 가운데 많은 부분을 차지하므로 사회복지사는 서면으로 의사를 전달할 수 있어야 한다. 편지, 보고서, 이메일, 기관 기록이 무성의하게 쓰이고 이해하기 어렵다면 이를 읽는 사람은 좌절할 것이다. 그리고 사회복지사가 무능력하거나 분명한 의사 전달에 신경 쓰지 않는다고 결론 내릴 것이다. 클라이언트 혹은 타 전문가로부터 이러한 부정적 인상을 받으면 사회복지사의 평판과 효과성이 심각하게 손상된다. 다음과 같은 심각한 쓰기의 문제는 교정이 이루어져야 한다.

- 클라이언트, 기관 직원 그리고 타 전문가가 이해할 수 있는 편지, 보고서, 기록을 작성하지 못함(제 9장 참조)
- 철자, 문법, 문장의 오류를 인식하고 바로잡지 못함
- 생각을 적절히 표현할 단어 선택의 어려움
- 요구된 서류 작업을 감당하기에 충분한 속도로 빨리 쓰지 못함

(8) **무능한 업무 습관**: 무능한 업무 습관은 기관이 돌보는 클라이언트에게 직·간접적인 영향을 미친다. 몇 가지 예는 다음과 같다.

- 클라이언트와의 약속, 팀회의, 사례회의, 다른 약속된 일 등에 지각
- 클라이언트, 클라이언트에 봉사하는 기관, 전문가에게 중요한 서면 보고서의 마감일을 지키지 못함
- 불충분하고 엉성한 기록
- 클라이언트 및 타 전문직과의 모임에서 준비 부족
- 과제 혹은 과업대로 따르지 않음
- 다른 직원을 산만하게 하거나 업무를 방해함
- 슈퍼바이저의 지도를 요청하지 않거나 이를 따르려 하지 않음
- 자신의 비효과성에 대해 클라이언트 혹은 타인을 비방하고, 실수 혹은 지식과 기술의 한계를 인식하지 않거나 할 수 없음
- 기관 정책과 절차를 따르려고 하지 않음
- 업무 시간 외에 발생한, 부정적 관심을 유발한 행동, 그리고 그 결과로 클라이언트와 대중이 사회기관과 사회복지사에 대해 갖는 존경심이 감소함

자기 인식을 증진하기 위해 우리는 우리의 가치, 신념, 가정, 행동 양식을 살펴야 한다. 그러나 자기 인식에서의 가장 중요한 발전은 자기반성이 아니라 타인이 주는 '선물' — 클라이언트의 비평, 슈퍼바이저, 전문가 동료, 그리고 사회복지사가 하는 일과 사회복지사에게 관심이 있는 사람이 제공하는 건설적 비판 — 에서 나온다는 것을 기억해야 한다.

16.4 스트레스 관리와 연민피로에 대처하기

업무와 관련된 **스트레스**는 3가지로부터 발생한다. 첫째, 스트레스가 특정 업무의 일부인 경우이다. 높은 스트레스를 야기하는 업무에 종사하는 사람은 스트레스를 느낄 것이다. 스트레스가 업무 그 자체에서 발생한다. 둘째, 일하는 데 필요한 기술 부족으로 야기되는 스트레스이다. 예를 들어 특정한 일이 대부분의 사람에게는 스트레스가 아니지만, 필요한 지식과 기술이 없는 사람에게는 스트레스가 될 수 있다. 셋째, 어떤 사람은 비현실적인 기대를 하거나 지나치게 많은 책임을 지기 때문에 스스로 스트레스를 만든다.

모든 사회복지사는 독특한 방식으로 직업적 요구에 반응한다. 어떤 사람은 감정적으로 고갈되는 반면, 또 다른 사람은 풍부해진다. 직무 스트레스에 특히 부적응적인 반응은 연민피로와 소진이다. **연민피로**(compassion fatigue)는 2차적 외상 혹은 대리 외상으로도 알려져 있는데, 대지진이나 열차 사고, 테러에 의한 폭발 등의 극단적인 외상 사건을 막 경험한 사람을 전문가가 도울 때 나타나는 일련의 반응이다. 원조자에게 고통받고 상처 입은 피해자의 모습이 재현되고, 이들에게 도움이 되지 못했다는 죄책감이나 자기 의심, 업무에 대한 두려움, 불안, 분노, 수면장애, 우울, 지나친 경계 등의 증상이 나타난다. 증상의 시작은 상대적으로 빠르며, 특정한 사건이나 경험과 분명히 관련된다. 이를 다루기 위한 노력에는 스트레스가 많거나 무서운

사건에 대해 같은 경험을 한 사람끼리 자세히 이야기할 기회를 만드는 것, 연민피로 현상에 대해 교육하는 것, 정서적 지지와 재보증, 개인 상담(항목 15. 23 참조) 등이 있다.

소진이란 용어는 업무와 관련된 스트레스에 적절히 대처하지 못함으로써 야기되는 신체적·정신적·감정적 고갈 상태를 의미한다. 소진을 경험하는 전문가는 정서적으로 고립돼 있거나 마비된 것처럼 느끼고, 일에 대해 흥미를 잃고, 일하러 가는 것을 싫어하고 냉소적이 된다. 클라이언트에게 무감각하게 기계적으로 대한다. 소진은 보통 수년에 걸쳐 서서히 나타난다. 소진의 영향을 받은 전문가는 자신의 직무 수행이나 클라이언트에 대한 태도에서 뭔가가 잘못됐다고 느낄 수 있지만, 보통은 문제를 깨닫거나 인식하지 못한다. 상담이나 혹은 직무 변화가 소진 현상을 뒤바꾸기 위해 필요할 수 있다. 소진은 피할 수 있다. 전문가가 자신을 돌보는 데 헌신하고 스트레스 관리 전략을 개발한다면 예방할 수 있다. 다음 지침은 직무와 관련된 스트레스를 다루는 방법이다.

(1) 부정적인 스트레스 반응을 예방하는 방법은 직업 세계에서 자신에게 적합한 분야를 찾는 것이다. 인간으로서의 자신과 일이 요구하는 것 사이에는 적합성 혹은 조화가 있어야 한다. 사회복지사로서 선택한 직업을 긍정적으로 느끼고 하는 일에 효과적이라고 느껴야 한다. 스트레스 반응을 문제 상황으로 연구하기 이전, 한 무명작가가 현명하게 말했다.

사람이 자신의 일에 행복하기 위해서는 3가지가 필요하다. 자신이 일에 적합해야 하고, 일을 너무 많이 하지 말아야 하고, 일에서 성취감을 가져야 한다.

(2) 직업과 가치 간의 적합성을 살핀다. 중요하다고 여기는 활동에 시간과 에너지를 쓰는가? 예를 들어 가족과 친구를 소중하게 생각한다면 그들과 함께 있기를 선택하고 있는가? 반대로 일을 가족생활보다 더 재미있고 중요하다고 생각한다면 그것에도 정직하게 직면해야 한다. 일반적으로 사람들은 정말로 하고 싶은 일과 진심으로 소중하게 여기는 것을 위해 시간을 낸다. 스트레스 관리의 일부는 소중하게 여기는 것을 명확히 하는 것이다.

(3) 인생의 스트레스를 정직하게 인정한다. 생각하는 것보다 더 심한 스트레스 상황에 놓여 있다는 단서가 되는, 당신을 걱정하는 사람이 하는 말(예: "집에 돌아왔을 때 너무나 심술궂다", "네가 예전처럼 재미있지 않다", "더 이상 어디든 가려고 하지 않는다", "지쳐 보인다")에 귀 기울인다. 스트레스가 위험 수위에 있음을 보여주는 또 다른 신호로는 잦은 감기, 아픈 목, 피부 발진, 근육과 관절의 지속적인 통증, 약하지만 지속적인 두통, 긴장을 풀지 못하거나 잠을 못 자는 것, 날마다 계속되는 피로와 동작 둔화, 잦은 소화 불량, 체중 감소, 설사 혹은 변비, 신경이 곤두서는 것, 우울, 안절부절, 설명할 수 없는 업무수행 수준의 저하, 재미있고 즐거웠던 취미나 활동에 관심이 없어지는 것 등이 있다.

(4) 규칙적 운동, 양질의 영양 섭취, 적절한 수면을 통해 스트레스를 줄이고 스트레스의 해로운 영향에 대한 생체 방어(natural defense)를 만들 수 있다. 근무 시간에 간단한 몇 가지 운동을 한다(예: 점심시간에 걷기, 약간의 등척 운동, 계단 오르내리기). 알코올, 니코틴, 카페인 등 다른 약물 사용을 줄이거나 끊는다. 정기 검진을 받는다. 개인 혹은 가족 문제가 있는 경우 믿을 만한 친구나 전문가의 도움을 구한다.

(5) 직무나 책임이 과중하고, 이 상황을 통제할 수 없다는 느낌은 스트레스의 주요 원인이다. 그러한 상황에서는 변화를 시도해야 한다. 그렇지 않으면 상황은 더욱 나빠질 것이다. 시간 관리를 배우는 것은 매우 중요하다. 결과적으로 시간 관리가 스트레스 관리이다. 시간을 현명하게 사용할 때 더 많이 성취하고 더 효과적일 수 있다. 이는 만족감과 성취감에도 영향을 미친다(항목 9.6 참조). 자기 업무량을 효과적으로 관리하고 일을 즐거워하는 것처럼 보이는, 경험이 풍부한 동료에게 자문을 구한다. 장거리 선수처럼, 지치지 않고 일할 수 있는 속도를 설정한다. 매일 적어도 한 가지는 실제로 중요한 일을 달성할 수 있도록 업무 활동을 배치한다. 이는 놀랄 만한 직무 만족을 가져다줄 것이다. 너무 많은 일을 어설프게 수행하는 것보다는 적은 일을 잘하는 것이 더 만족스러운 법이다.

(6) 업무와 관련된 대부분의 과업이 완벽할 수 없다는 것을 인식한다. 자신과 타인에 대해 비현실적으로 높은 기대를 갖지 말아야 한다.

또한 일의 부정적 측면이나 모자란 점에만 주목하지 말아야 한다. 개인적 생활이나 직업적 측면 모두에서 긍정적 측면을 찾고 즐기는 데 시간을 투자해야 한다. 이전의 성공을 회상하고 실망에 대해 현실적 관점을 유지함으로써 좌절로부터 회복할 수 있다.

(7) 좌절을 공유할 수 있는 동료 혹은 친구로 지지집단을 만든다. 함께 시간을 보낼 즐거운 방법(하이킹, 박물관 방문, 외식, 영화 보기, 여행 등)을 찾는다. 또한, 외부 관심과 취미를 개발하여 일과는 매우 다른 활동에 참여한다. 무언가 새롭고 다른 일을 하는 것은 작은 휴가와 같다.

(8) 클라이언트에게 적용하는 기법을 사회복지사 자신에게도 적용해야 한다. 예를 들어 스트레스를 주는 대인과업의 상황에서, 불안을 줄이고 확신을 높여 주는 행동연습을 사용할 수 있다(항목 13. 4 참조). 두려움을 다루는 기법으로 이를 비현실적으로 과장할 수도 있다. 두려움이 비현실적으로 과장되면 웃어넘길 수 있게 된다.

(9) 대부분의 업무 환경에서 공통적인 스트레스 원인, 즉 열악한 근무 조건, 비합리적인 마감시간, 과중한 업무량, 방해, 동료 및 슈퍼바이저와의 문제 등에 문제 해결 및 조직 변화 기법을 적용한다. 심각한 문제는 주의 깊은 분석과 개입을 요구한다. 뭔가 하지 않으면 스트레스의 원인이 사라지지 않는다.

(10) 미국을 방문하는 사람들이 보는 미국인 생활 방식의 특징은 빠른 속도, 경쟁, 물질주의, 인간관계에서의 냉정함 혹은 정서적 거리감이다. 이러한 특징이 스트레스를 야기하지만 보통 미국인 자신은 그러한 영향을 인식하지 못한다. 속도를 늦추고 생활을 단순화하는 방법을 찾는다. 예를 들어 옷장과 음식을 단순화하면 무엇을 입고 어디에 가서 무엇을 먹을지에 대한 결정이 줄어들 것이다. 신경 써야 하고 시간과 돈을 소비하지만 기쁨과 여유는 거의 제공하지 않는 불필요한 소지품이나 활동은 포기한다. 인생에서 불쾌한 것들을 가족 및 친구와의 의미 있고 긍정적 관계로 대체한다.

16.5 성적 부당행위 다루기

전문적 관계의 구조는 본래부터 불평등하여 클라이언트는 착취에 취약하다. 클라이언트는 유능한 전문가로부터 도움을 받기 위해 관계를 시작하고 사회복지사가 그들의 욕구와 이익을 최우선으로 다뤄줄 것이라 믿는다. 전문가는 이러한 신뢰를 남용하지 않고 클라이언트를 어떤 식으로든(예: 재정적, 성적 혹은 개인적 이익을 위해) 이기적으로 이용하지 않을 것이라 기대된다. 사회복지사와 클라이언트의 상호작용에 덧붙여 전문적 책임에 의하면 권력의 자리에 있는 사회복지사는 업무 상황의 어떤 관계에서도 개인적 이득을 취해서는 안 된다. 예를 들어 슈퍼바이저는 슈퍼바이지로부터 이득을 취해서는 안 되고, 관리자는 사회복지사를 이용해서는 안

된다. 교사와 실습지도자는 학생을 착취하면 안 된다.

성적 부당행위(sexual misconduct)는 이성 혹은 동성이든, 달갑지 않은 성적 접근, 성적 호의 혹은 언어적, 신체적 성적 행위 요구이다. 인간서비스 내 성적 착취 가능성이 높다는 것에 대한 인식이 있다. 그 결과, 전문직은 성적 부당행위가 발생했을 때 확고한 처벌 조치를 취한다. 〈NASW 윤리강령〉(1999)의 1조 9항은 과거에 성적 관계에 있었던 사람에 대한 서비스 제공뿐만 아니라 클라이언트, 클라이언트의 친척, 예전의 클라이언트와의 성적 접촉을 명백히 금지한다. 덧붙여 〈NASW 윤리강령〉의 2조 7항은 직장 내 취약한 위치에 있는 동료를 성적으로 착취하는 것을 분명하게 금지한다.

인간서비스기관에 인턴십 학생을 배치한 기관과 대학은 클라이언트, 예전 클라이언트와 학생 간 상호작용에 성적 부당행위와 관련한 명확한 규칙과 지침을 갖추고 있어야 한다. 나아가 클라이언트, 클라이언트 가족, 다른 전문가는 윤리강령 위반으로 NASW에 성적 부당행위를 고소할 수 있으며, 이것이 사회복지사 혹은 학생에 대한 징계로 이어질 수 있다.

직장 내 성적 부당행위는 성희롱(sexual harassment)으로 불린다. 연방법은 두 가지 종류의 성희롱을 인정한다. 하나는 대가성 성희롱(quid pro quo harassment)으로, 이것은 직원이 일자리를 얻거나 고용을 유지하기 위해 혹은 업무 혜택, 임금 인상 혹은 승진을 위해 성희롱을 감내하도록 요구받을 때 발생한다. 단일 사건에 대해 고소가 이뤄질 수 있지만, 보통 지속적인 성

희롱 패턴을 문서화한 경우 처리 결과가 좋다.

직장 내 성희롱의 두 번째 패턴은 적대적 환경에 의한 성희롱(hostile work environment harassment)이다. 이것은 부당하게 피고용인의 업무 성과를 방해하거나 적대적, 학대적 혹은 공격적 업무 환경을 만드는 성희롱을 말한다. 이들 고소는 먼저 조직 내에서 다뤄져야 한다. 주법에 따라 고소를 제기한 사람이 불만족하면 적절한 주 소재 기관 혹은 연방 고용기회평등위원회(Equal Employment Opportunity Commission)에 고소하는 것으로 절차가 진행될 수 있다.

성적 부당행위를 예방하고 처리하기 위한 전략은 다음과 같다.

조직적 차원에서 성희롱을 명확히 금지하는 기관 정책을 만들고 불만을 제시할 수 있는 절차를 명시하는 것이 중요하다. 이러한 정책은 기관의 인사 매뉴얼에 포함돼야 하고 기관장은 이를 정기적으로 게시하거나 회람해야 한다. 정기 훈련도 이러한 문제에 대해 모든 직원이 민감해지도록 하고 성희롱 예방에 도움이 된다.

개인적 차원에서, 만약 성희롱을 당했다고 생각되면 먼저 희롱한 사람에게 모욕적 행위를 그만두라고 직접 말해야 한다. 만약 직접 직면할 수 없다면 성희롱 사건의 특성과 언제 발생했고 어떻게 희롱을 당했으며 앞으로 그 행동이 어떻게 달라져야 하는지에 대한 편지를 구체적으로 작성해 보내는 것이 효과적이다. 만약 성희롱이 계속된다면 다른 사회복지사에게 자문을 청하고 슈퍼바이저 혹은 관리자에게 알려 기관 절차를 이용해 도움을 요청하는 것뿐만 아니라 사건 일지와 증인 목록을 작성하는 것이 현명하다(주

의: 어떤 고용주는 사건 발생 30~60일 이내에 공식적 불만을 제기할 것을 요구하기도 한다). 만약 상황이 기관 내에서 해결되지 않는다면 변호사의 자문을 구한다. 주인권위원회 혹은 미국 고용기회평등위원회(EEOC)를 찾는 것도 방법이다. 연방법은 사건 발생 180일 이내에 공식적 불만을 제기할 것을 요구한다. 만약 고소를 제기한다면, 희롱자와 조직 내의 다른 사람이 보일 수 있는 부정적인 반응에 준비해야 한다.

16.6 실천상의 과실로 인한 소송을 피하기

대부분 사회복지사는 자신의 법적 취약성을 과소평가한다. 그러나 실제로 **과실**(*malpractice*) 혹은 직업적 태만에 대한 소송은 증가하고 있다. 대체로 사회복지사는 클라이언트에게 피해 혹은 상해를 초래할 수 있는 행위를 했는지 혹은 해야 할 일을 게을리했는지 등과 관련해 책임을 질 수 있다.

이러한 유형의 소송에서 소송을 제기하고 과실 혹은 직업적 태만을 주장하는 사람은 **원고**다. 과실 혹은 태만으로 고소를 당하는 사람은 **피고**가 된다. 소송에서 이기기 위해 원고는 다음 4가지를 입증해야 한다.

- 피고(예: 사회복지사)는 특별한 수준의 보호 혹은 전문적 행동을 원고에게 제공할 책임이 있다.
- 사회복지사가 결과를 예측할 수 있는 작위 혹

은 부작위로 의무를 위반했기 때문에 직무 태만이다.
- 클라이언트가 상해 혹은 피해(신체적, 재정적, 정서적 등)를 입었다.
- 사회복지사의 행동이 클라이언트 상해 혹은 피해의 직접적 혹은 주요 원인이다.

공표된 실천 기준, 기관 정책, 유사 현장에서 일하는 사회복지사들의 업무 수행에 비춰, 원고가 주장하는 해로운 작위 혹은 부작위를 측정함으로써 의무 위반 여부를 결정한다. 클라이언트가 입은 피해는 사회복지사가 태만하지 않았다면 발생하지 않았을 것이어야 한다. 전통적으로 **주원인**(*proximate cause*)이 요구되지만, 점차 과실 없는 책임을 인정하는 추세다(즉, 비록 서비스 태만이 피해의 주원인이 아닐지라도, 서비스 제공자의 태만을 인정한다).

다음의 직업적 의무를 위반할 경우, 사회복지사와 사회기관은 법적 책임을 지는 막중한 위기 상황에 처할 수 있다.

- 성적 부당행위를 피할 의무
- 클라이언트가 타인에게 해를 입힐 의도를 드러냈을 때, 타인에게 주의를 줄 의무
- 클라이언트의 자살을 막을 의무
- 클라이언트를 적절히 사정하고 진단하며 치료할 의무
- 사회복지사 혹은 기관의 보호 아래 클라이언트에 대한 지속적 서비스를 보장할 의무
- 비밀을 유지하고 보호할 의무
- 전문적으로 정확한 기록, 그리고 비용 지급과

변제에 관해 법적으로 적절한 회계 기준을 유지할 의무

앞서 살펴본 의무에 따른 부당행위 혐의 주장에 덧붙여 소송을 일으킬 수 있는 다른 경우도 있다.

- 의심되는 학대 혹은 방임을 적절히 조사하거나 보고하지 않는 경우
- 시설 혹은 위탁가정에 클라이언트를 배치하거나 배치에 기여했는데, 결과적으로 클라이언트가 학대, 방임, 상해를 당한 경우(즉, 배치할 곳을 적절히 선택하거나 감독하지 않은 경우)
- 위탁보호, 시설, 병원 혹은 교도소에 아동 혹은 성인을 부적절하게 배치한 경우
- 위탁보호, 병원, 시설, 혹은 기타 보호현장으로부터 부적절하게 혹은 너무 일찍 클라이언트를 내보낸 경우
- 기관 프로그램에 참여하고 있는 정신 혹은 신체장애 아동, 성인을 감독하지 못한 경우
- 자원봉사자와 학생의 업무를 포함해 다른 사람의 활동을 감독하지 않은 경우
- 클라이언트에게 교통편을 제공하거나 배치했는데 교통사고가 발생해 클라이언트가 신체적 상해를 입은 경우
- 약물 혹은 알코올 사용으로 건강이 손상된 상태에서 실천하거나, 클라이언트의 건강에 해가 됨을 동료에게 알리지 않는 경우
- 클라이언트가 비용을 부담하지 않아도 되는 혹은 경제적 어려움을 피할 수 있는 자격 요건 관련 규칙 혹은 규제를 클라이언트에게 알리지 않은 경우
- 클라이언트를 전문가에게 의뢰하거나 전문가의 자문을 구하지 않은 경우
- 명확한 의료적 문제를 인식하지 못하고 의사에게 의뢰하지 않은 경우
- 면허 없이 의술을 행한 경우(예: 클라이언트가 사용하는 약을 바꾸도록 제안하는 경우)
- 전문적 훈련 혹은 자격을 허위 진술한 경우
- 급진적 혹은 검증되지 않은 접근, 기법, 절차를 사용한 경우
- 클라이언트에게 부적절한 정보 혹은 충고를 제공한 경우
- 부모 동의 없이 미성년자에게 피임 정보 혹은 낙태 상담을 제공한 경우
- 입양가정을 선택하거나 위탁보호, 아동보호시설 등을 허가할 때 편견을 갖고 행동한 경우
- 필요할 때 클라이언트가 서비스를 이용하지 못한 경우(예: 사회복지사 휴가 기간에 전문적 보호를 제공하지 못한 경우)
- 치료관계를 부적절하게 혹은 너무 일찍 종결하는 경우
- 부모자녀 혹은 남편아내 사이의 소원함을 초래한 경우

물론, 소송에서 원고가 태만을 주장하는 것과 실제로 판사가 태만을 확인하는 것 사이에는 큰 차이가 있다. 그러나 결론적으로 소송이 증거 부족으로 취하되거나 무산되더라도 사회복지사와 기관은 법적 비용을 물게 되며, 고소와 소송이 진행되는 동안 정서적 혼란을 경험한다. 과

실 소송은 대개 재판까지 가지 않고 법정 밖에서 해결된다.

기관은 직원에 의해 야기된 피해에 대해 간접적인 책임을 지기 때문에 대부분의 소송에서 사회복지사와 고용기관 모두가 피고인이 된다. 업무 규정 내에서 행동하고, 기관 정책을 따르고, 형법상 문제가 되는 일을 하지 않았다면 예외가 되겠지만, 기관에 고용된 사회복지사가 개인적으로 책임을 질 수도 있다.

어떤 경우 사회복지사는 슈퍼비전을 받는 사람(예: 다른 사회복지사, 자원봉사자 혹은 학생)에 의해 발생한 피해에 대해서도 책임을 진다. 또한 사회복지사는 다른 전문가에 의해 발생한 피해에 어느 정도 기여한 경우에도 책임을 진다. 사회복지사가 무능한 전문가에게 클라이언트를 의뢰했을 때, 혹은 사회복지사가 정신과 의사에게 사회적 사정 보고서를 제공했는데 정신과 의사가 이 보고서를 기반으로 잘못된 결정을 내렸을 때가 이런 예이다.

과실 소송에 휩싸인 사회복지사는 즉각 변호사(사회복지사의 기관이 법정 대리인을 제공하기도 한다)와 접촉하고 슈퍼바이저, 기관 관리자, 보험사에 알린다. 사회복지사는 법률 상담을 받기 전에 원고 측 주장에 대해 다른 사람과 얘기를 나눠서는 안 된다. 사회복지사는 소송 사례와 관련한 문서 혹은 사례 기록을 결코 변경해서는 안 된다. 이런 변경 시도는 쉽게 발견되며 법률에 위반되는 죄가 된다. 기록을 바꾸려는 시도는 증거를 없애고 잘못한 것을 감추려는 것으로 보일 수 있다.

법률 전문가에 따르면, 과실로 인한 소송을 피하기 위해서는 합리적이며 정상적으로, 그리고 신중하게 실천해야 한다. 원고 측 주장에 대항해 자신을 변호하기 위해 사회복지사는 자신의 행동이 정말 공정했으며, 비슷한 상황에서 적절히 훈련받은 다른 전문가가 행동하는 방법과 일치한다는 것을 보여야 한다. 가장 좋은 변호 중 하나는 클라이언트가 전문가의 개입에 대해 알고 동의했음을 보여 주는 것이다. 클라이언트가 문제 확인, 사정, 사례 계획에 참여한 것을 문서화하는 것이 필요하다. 서비스에 대한 서면 동의도 중요하다(항목 12.5 참조).

여러 가지 추가 지침을 따름으로써 사회복지사는 과실로 인한 소송을 피하거나 적어도 손해를 최소화할 수 있다.

(1) 실천 영역과 관련된 〈NASW 윤리강령〉과 NASW 전문적 실천 기준(standards of professional practice), 그리고 NASW의 법률 구조 기금(legal defense fund, www.socialworkers.org/ldf)의 안내를 따른다. 또한 기관 프로그램과 서비스에 영향을 미치는 주법, 연방법뿐만 아니라 기관의 정책과 절차도 준수한다.

(2) 이중적 관계를 만들지 않는다. **이중적 관계**는 또 다른 의무 혹은 기대가 사회복지사와 클라이언트 관계에 만들어지는 것이다. 클라이언트와 데이트하는 것, 클라이언트로부터 아파트를 빌리거나 빌려주는 것, 돈을 빌리거나 빌려주는 것, 어떤 서비스를 수행하기 위해 클라이언트를 고용하는 것(예: 사회복지사의 자동차 수리), 클라이언트에게 물건을 파는 것 등이 예이

다. 이중적 관계는 슈퍼바이저와 사회복지사, 교수와 학생 사이에도 피해야 한다.

(3) 클라이언트와 성적 혹은 연애관계에 휩쓸리지 않는다. 클라이언트에 대한 성적 부당행위는 사회복지에서 과실 소송을 초래하는 가장 일반적인 원고 측 주장 가운데 하나다. 클라이언트와 성적으로 연루되는 것은 〈NASW 윤리강령〉 위반, 〈전문가 면허법〉 위반, 그리고 어떤 주에서는 형법 위반이다. 원고 측이 성적 부당행위라고 주장할 수 있거나 성적 부적절함으로 오해를 살 수 있는 상황을 피한다. 예를 들어, 남성 사회복지사가 여성 클라이언트의 집을 방문할 때는 매우 주의해야 한다. 남성 사회복지사가 여성 성인 혹은 아동과 면접할 때는 소리를 들을 수 있는 거리에 제 3자(잠재적 증인)가 있어야 한다.

(4) 아동 혹은 청소년에게 서비스를 제공하기 전에 프로그램 혹은 기관이 부모 혹은 후견인으로부터 권한 위임을 적절히 받았는지, 미성년자 당사자에게 서비스를 제공하는 것이 합법적인지를 확인해야 한다. 부모는 일반적으로 자신의 미성년자 아동에게 제공된 전문적 서비스, 의료적 보호를 감독하고 이에 동의할 법적 권리를 갖는다. 그러나 대부분의 주법에서는 이러한 원칙에 예외를 인정한다. 예를 들어 임신, 성적으로 전염된 병, 정신질환, 약물 남용과 같은 특정한 상황과 관련해 클라이언트가 자신의 의료적 보호에 동의할 수 있다. 확신이 없다면 기관 변호사의 자문을 구한다.

(5) 사회복지사는 자신의 기술 수준을 알고 이러한 한계 내에서 실천해야 한다. 일과 관련된 과업과 활동을 책임 있게 수행하는 데 필요한 훈련과 슈퍼비전을 받는다. 사회복지사의 '뜨거운 쟁점', 개인적 이슈를 건드리거나 객관성을 감소시키는 상황 혹은 클라이언트 유형을 이해한다. 어떤 클라이언트가 특별히 어려울 때는 슈퍼비전을 구하거나 자문을 구한다. 어려운 윤리적 혹은 법적 이슈에 직면했을 때 동료, 슈퍼바이저, 변호사와 상의한다.

(6) 법적 위험성이 매우 큰 상황을 다룰 때 특별히 주의해야 한다. 자살을 시도하는 클라이언트, 폭력적이고 타인을 위협하는 클라이언트, 과거에 소송을 제기한 적이 있는 클라이언트, 매우 조종적인 클라이언트, 타인의 행동에서 항상 나쁜 의도 혹은 잘못을 찾는 클라이언트가 그 예이다. 클라이언트의 건강 혹은 재정에 영향을 미칠 수 있는 조언을 줄 때 유의해야 한다(특히, 이혼에 관한 조언, 투자 제안, 클라이언트의 신체 증상이 중요하지 않다는 발언 등).

(7) 전문적으로 확인된 이론 혹은 모델에 기반을 두고 행동한다. 결정, 계획, 개입과 관련된 위험을 클라이언트에게 모두 알려 준다. 사회복지사가 할 수 있는 것에 대해 클라이언트가 잘못된 희망을 갖지 않도록 유의한다. 사회복지사와 기관서비스가 달성할 수 있는 사실적 모습을 전달한다. 클라이언트에게 중대한 영향을 미칠 수 있는 사건 혹은 상황, 행동, 결정을 문서화한 기록을 유지한다.

(8) 비밀 유지에 영향을 미칠 수 있는 상황을 클라이언트에게 알려 준다. 의심되는 학대 혹은 방임을 보고하기 위해, 타인을 해치려는 의도에 대해 위험을 경고하기 위해, 자살하려는 클라이언트의 의도에 관해 타인을 경계시키기 위해서라면 비밀 유지가 깨질 수 있다.

(9) 사회복지사의 행동에 화가 난 클라이언트를 찾아가 관계를 재구축하기 위해 시도한다. 그리고 클라이언트의 불만을 다룬다. 많은 과실 소송은 사회복지사 혹은 기관이 클라이언트의 불만을 철저히 추적한다면 막을 수 있다. 만약 서비스 이용료를 받는 기관에서 일한다면, 보험료 수금 및 비용과 관련된 오해 가능성을 최소화하기 위해 재정 협의를 사무적으로 처리한다.

(10) 클라이언트 기록의 공개에 대한 소환장을 받으면 바로 슈퍼바이저 혹은 변호사와 상의한다. 소환장에는 반응해야 하지만 변호사가 취할 수 있는 가능한 반응에 비밀 유지 주장하기, 기록 공개 요구에 이의 제기하기 등도 있다는 점을 알아야 한다. 요구에 대해 이의를 제기하면 청문회가 열리고 판사는 그 주장이 타당한지 혹은 기록을 정말 제출해야 하는지를 결정할 것이다(항목 9.4, 10.5 참조).

(11) 클라이언트가 선물을 줄 때마다 기관 정책을 고수한다. 일반적으로 음식과 얼마 이상으로 값이 나가지 않는 저렴한 선물은 당연한 예의로 수용될 수 있지만, 비싼 선물은 슈퍼바이저와 상의하기 전에는 받지 않는다. 기관의 절차

와 맞지 않고 자동차 보험회사의 방침에서 허용하지 않는 경우, 사회복지사의 개인 자동차로 클라이언트를 이동시키려고 태우지 않는다.

(12) 먼저 사회복지사의 슈퍼바이저 혹은 변호사와 상의하기 전에 다른 조사자 혹은 과실 전문 변호사와의 면담에 절대 동의하지 않는다(사회복지사 자신이 소송 대상이 되었음을 알기도 전에, 상대 변호사가 보통 정보 혹은 진술을 확보하기 위해 면담을 시도한다).

(13) 사회복지사는 배상책임보험을 확보해야 한다. NASW나 특정 보험회사를 통해 가입할 수 있다. 구직 승낙에 앞서, 소송에 휘말린 피고용인을 위해 법적 구조를 제공하는지 기관 정책을 확인한다.

16.7 법정에서 증언하기

아동보호, 보호관찰 또는 가석방 현장에서 일하는 사회복지사는 법원에 출석해야 하는 경우가 많다. 점차 사회복지사 대부분이 법정 증언 요청을 받을 것이다. 몇 가지 지침은 사회복지사가 증언을 효과적으로 수행하는 데 도움이 될 것이다.

(1) 법원 출두를 준비한다. 사회복지사를 증인으로 요청한 변호사와 협의해 반대 심문할 상대편 변호사가 질문할 내용뿐 아니라, 사회복지사 측 변호사의 예상 질문도 파악한다.

(2) 사회복지사를 지지하는 측의 변호사에게 증언 과정에서 드러날 수 있는 정보의 불확실성, 불일치, 차이 등을 미리 알려 주어야 한다. 변호사는 사회복지사가 증언대에 서기 전에 관련 문제를 미리 알아야 한다. 변호사는 자신이 답을 모르는 질문은 증인에게 하지 말라고 배운다.

(3) 사회복지사의 증언은 다음 세 가지 범주, 즉 개인적 관찰, 클라이언트 사례 파일 읽기, 전문가 증언 중 하나일 것이다. 개인적 관찰에 따라 증언한다면, 노트를 거의 참고하지 않고 증언할 수 있도록 준비한다. 증언할 관찰이 오랜 시간에 걸쳐 이뤄진 것이라면, 기억을 되살리고 체계적으로 정리하기 위해 날짜순으로 정리된 표나 사건의 목록을 준비한다. 반대 측 변호사나 판사가 목록을 보더라도 그 내용이 구두 진술과 다르지 않다면 통상 증거로 제출하도록 요구받지는 않을 것이다. 그리고 사실을 기억하되 암송한다는 느낌을 주지 않도록 해야 한다.

클라이언트의 사례 기록 혹은 편지나 보고서와 같은 다른 기관의 기록 일부가 증거로 채택될 수 있으며 사회복지사는 작성한 부분을 큰 소리로 읽어야 할 수도 있다. 기록에 특정 단어를 사용한 이유를 설명할 수 있어야 한다. 기록의 내용과 구조를 철저히 파악하고 있어야 한다. 또한 사무실에서 사례 파일 혹은 문서를 만들고 복사하고 저장하는 방법을 설명할 수 있어야 한다. 어떤 경우, 사회복지사가 전문가 증언을 해야 할 수도 있다. 판사가 전문가 증인(expert witness)으로 지명한 사람은 사실과 관찰 내용의 의미, 중요성에 관한 의견을 개진할 수 있다. 그러나 전문가가 아닌 증인은 사실과 관찰 내용에 근거한 증언만을 할 수 있다. 상대편 변호사는 종종 증인으로 채택된 사람이 전문가로서의 자격이 있는지 이의를 제기할 수 있다. 변호사가 사회복지사를 전문가 증인으로 요청한다면 다음의 내용을 설명할 수 있게 준비한다.

- 전문가로서의 자격(예: 학위, 면허, 자격, 경력, 특별훈련, 출판)
- 의견을 제시할 때 사용하는 이론이나 원칙
- 실천 방법, 그리고 그 방법이 실천 분야 혹은 전문가 영역에 속한 다른 사회복지사 또는 다른 전문가의 실천 방법과 유사한 점과 차이점

(4) 선서했음을 기억한다. 항상 진실만을 말한다. 거짓을 말하는 것은 위증죄가 된다. 진실을 말하지 않고 피하려는 시도는 발각될 것이고 증인으로서의 신뢰는 훼손될 것이다.

(5) 외모나 태도가 대단히 중요하다. 법정의 엄숙성과 어울리도록 복장을 단정히 한다. 증인석에 앉을 때는 조심스럽고 정중해야 하며 항상 신중해야 한다.

(6) 질문을 주의 깊게 경청한다. 질문의 내용을 이해하지 못하는 경우 다시 말해 주거나 설명해 달라고 요청한다. 질문에 대한 답을 모른다면 모른다고 이야기해야 한다. 추측하지 말아야 한다. 질문에만 답변한다. 공손하고 자신 있게 답변한다. "내 느낌으로는" 또는 "내 추측으로는"

같은 말은 증언의 효과를 약화한다. 명료하게 이야기하며 은어나 전문 용어의 사용을 피한다.

(7) 증언 과정에 이의 신청이 제기되면 증언을 즉각 중단한다. 판사가 이의 신청을 기각하면 질문에 답하도록 요청을 받을 것이다. 이의 신청이 받아들여지면 답변해서는 안 되며, 새로운 질문이 행해질 것이다.

(8) 상대편 변호사가 반대 심문할 경우, 그 변호사는 친구가 아니라는 사실을 명심한다. 우호적인 반대 심문자일지라도, 증언의 신빙성을 떨어뜨리기 위한 방법을 찾으려 할 수 있다. 요청하지 않은 정보를 자진해서 말하지 않는다. 질문을 받지 않았다면 어떤 사실을 알게 된 이유를 말하지 않는다. 마지막으로, 사회복지사를 증인으로 신청한 변호사는 상대편 변호사의 심문 후 필요한 후속 조치를 취하거나 추가 질문을 할 것임을 기억한다. 이러한 조치는 앞선 증언의 어떤 문제를 설명하는 데 도움을 줄 것이다.

(9) 반대 심문을 받을 때 질문이 무례하거나 모욕적일지라도 화를 내지 않는다. 스스로를 통제하고 자제해야 한다. 냉정을 유지하면 당황하지 않고 증언의 일관성을 갖출 수 있다. 심문의 내용이 부적절하다면 사회복지사 측 변호사가 이의를 신청할 것이다. 유도심문에 대해서는 이의 신청이 이뤄질 수 있도록 잠시 기다렸다 답변한다. 다행히 판사는 일부 변호사의 과장된 행동에 익숙하며 이에 쉽게 현혹되지 않는다.

(10) "예" 또는 "아니요"의 덫에 빠지지 않는다. 상대편 변호사가 '예, 아니요로 답변하라'고 했어도 그러한 답변이 오해를 부를 소지가 있다고 판단된다면 그에 따를 의무는 없다. 대신, 예컨대 "이는 설명이 필요합니다만"이라는 말로 답변을 시작한다. 그러면 변호사가 다시 "예", "아니요"로 답변하도록 강요하거나 판사도 변호사의 요청대로 하도록 요구할 수 있다. 그러나 판사와 배심원은 질문을 받은 사람의 딜레마를 최소한 이해할 것이며, 사회복지사 측 변호사가 다시 심문해 상황이 명확해지길 기대할 것이다.

(11) 대부분의 경우 반대 심문자는 복잡한 질문을 한다. 복잡한 질문에 답변할 때는 질문을 몇 개의 항목으로 구분하고 항목별로 답한다. 상대편 변호사가 말을 중단시키거나 답변을 끝마치지 못하도록 함으로써 증인의 행동이나 믿음에 관해 잘못된 인상을 줄 수 있으므로, 부분적으로 사실이 아닌 진술이라면 동의 혹은 부정을 하지 말아야 한다.

(12) 종종 증인은 소송의 원고 및 피고 중 누구를 지지하는지에 관한 질문을 받을 수 있다. 그러한 경우 정직하게 답변한다. "제 정보에 따르면, 저는 … 을 믿습니다"와 같이 답변하는 편이 낫다. 개인적 견해를 사려 깊게, 진정성 있게 인정하는 것이 증언의 신뢰성을 떨어뜨리지 않는다. 판사와 변호사는 모든 증언이 믿음직하고 가치가 있다고 생각하며 누구도 완전히 편파적이지는 않다.

16.8 슈퍼비전을 주고받기

사회복지 역사의 대부분을 통해, 사회복지 전문직은 슈퍼비전을 서비스 전달의 질을 통제하는 수단으로뿐만 아니라 신입 실천가를 준비시키는 데 중요한 것으로 간주해 왔다. 서비스 전달에서 개업실천이 지배적이었던 전문직과 달리, 사회복지는 사회복지사를 훈련시키는 기간 이외에도 슈퍼비전을 사용한다. 주로 기관에 기초한 다른 전문직과 마찬가지로, 사회복지는 신입 사회복지사에 대한 훈련을 계속하고 지속적인 전문적 지도를 제공하기 위한 기관의 행정 구조 단계로서 슈퍼비전에 의존한다. 사회복지사는 자신의 전문성 발전을 위해 슈퍼비전 과정을 이용하는 방법을 배워야 한다.

슈퍼바이저는 2가지 역할을 수행한다. 첫째, **행정적 슈퍼비전**은 슈퍼바이지의 업무가 기관 기준을 충족하는지를 확인하기 위해 그들의 업무를 모니터링하는 것이 포함된다. 그래서 슈퍼바이저는 기관의 중간관리팀의 일원이고, 기관 정책, 프로그램, 인사 결정에 중요한 역할을 차지한다. 슈퍼비전의 두 번째 역할은 **지지적 슈퍼비전**이다. 이 입장에서는 슈퍼바이저가 사회복지사(슈퍼바이지)의 업무 만족, 사기, 업무 관련 기술, 가치와 기술 개발에 관심을 갖는다. 신입 사회복지사는 종종 다른 직원이나 자원봉사자를 감독하는 역할을 다소 이른 시점에 수행하게 된다. 이것이 가능한 것은 신입 사회복지사가 사회복지교육에서 배운 기본적 원조기술이 슈퍼바이저에 의해 실천에서 필요한 기술로 전환되기 때문이다.

슈퍼비전 과정에는 양측, 즉 공급자와 이용자, 혹은 슈퍼바이저와 슈퍼바이지가 있다. 학생, 신입 사회복지사로서 사회복지사는 슈퍼비전을 잘 활용하는 법을 알 필요가 있다. 경력을 더 쌓은 후 이들도 다른 사람의 전문성 개발을 돕기 위한 슈퍼비전 제공에 능숙해야 한다.

슈퍼바이저와 슈퍼바이지는 슈퍼비전을 신중하게 계획해야 하고 그 과정은 슈퍼바이저와 슈퍼바이지의 개별적 상황에 맞게 조정되어야 함을 인식해야 한다. 슈퍼비전을 주고받을 수 있는 가장 전형적 방법은 다음과 같다.

- **개별 슈퍼비전**: 슈퍼바이저와 슈퍼바이지가 일대일로 만나는 형태가 가장 일반적이다. 모든 슈퍼바이저는 슈퍼바이지와 비공개로 만나는 시간을 정기적으로 계획해야 하며, 또 이를 받을 권리가 있다. 이 시간 동안 실천의 성공과 실패를 다루기 위해, 정서적으로 충분히 안정된 상태에서 사회복지사의 업무 수행을 숨김없이 검토한다.

- **집단 슈퍼비전**: 슈퍼바이저와 몇 사람의 슈퍼바이지 사이에서 이뤄지는 정기적이고 사전 계획된 만남으로서 이를 통해 신입 사회복지사와 자원봉사자는 클라이언트 관련 경험을 처리하고 정보와 인식을 공유할 수 있는, 시간적으로 효율적인 기회를 갖는다. 또한 이를 통해 서비스 제공에 필요한 지식과 기술을 얻고 기관의 기대를 충족할 수 있다.

- **임시 슈퍼비전**: 간단하며 계획되지 않은 만남으로서 일상적인 실천 활동 중 발생한 이슈와 문제를 다루기 위해 마련된다. 가장 잘 배울

수 있는 순간을 포착하고 문제를 예방하는 데 특히 유용하다.

- **공식적 사례 발표**: 정기적으로 계획된 자리에서, 한두 명의 슈퍼바이지가 특별한 사례와 프로젝트에서 자신이 했던 활동을 심층적으로 설명한다. 그러고 나면 슈퍼바이저와 다른 참석자가 발표자의 실행과 클라이언트 서비스에 대해 개선 방안을 조언, 충고한다.

1) 슈퍼비전 활용 지침

슈퍼비전을 적절하게 효과적으로 사용하기 위해 다음 지침을 기억해야 한다.

(1) 슈퍼바이저가 슈퍼바이지에게 다음을 기대한다는 것을 분명히 파악한다.

- 기관의 정책, 절차, 특별한 지침을 따른다.
- 업무에 대해 자세히 배우고자 하는 열의를 보이고, 더욱 효과적·효율적인 태도를 갖추며, 업무의 질 개선에 관한 건설적인 비판과 제안을 수용한다.
- 해야 할 일에 책임을 지고 주도권을 갖는다.
- 어떻게 진행될지 확실치 않을 때, 혹은 행동 과정에서 뜻밖의 이슈가 발생하거나 예상치 못한 문제에 직면했을 때 슈퍼바이저에게 자문을 구한다.
- 기관 혹은 클라이언트에게 해가 되거나 공식적 불만이 야기될 수 있는 윤리적, 법적, 절차상 위반이 발생했을 때, 바로 슈퍼바이저에게 알린다.

- 동료와 협력하고 존중한다. 그리고 직원의 사기를 향상하는 행동에 참여한다.
- 클라이언트에 대해 정확하고 최신의 기록을 유지한다.

(2) 슈퍼바이지는 슈퍼바이저가 다음과 같은 일을 할 것으로 예측한다.

- 정기적으로 업무 수행을 평가하고, 개선 방법에 관해 구체적인 조언을 제공한다.
- 필요한 현직 훈련(on-the-job training: OJT)을 제공한다.
- 업무가 특별히 어려워 좌절했을 때 격려하고 지지한다.
- 기관의 정책 혹은 절차의 변화를 알려 준다.
- 업무 수행이 수준 이하일 때, 명확한 주의를 준다.

(3) 슈퍼바이저와 정기적으로 만나는 시간을 계획한다. 적어도 일주일에 한 번 정도는 만난다. 업무 및 관련 문제를 토의할 충분한 시간을 마련하는 것이 특히 중요하다.

(4) 업무 수행에서의 강점과 약점에 기초해 개별화된 전문성 개발 계획을 만들 때 슈퍼바이저의 도움을 구한다. 이러한 계획은 서면으로 작성해야 한다. 6~12개월에 거쳐 달성할 구체적 과업과 목표를 명확히 하고, 목표 달성에 도움이 되는 구체적인 학습 활동(읽기, 스터디, 회의, 워크숍 등) 목록을 작성한다.

(5) 슈퍼바이저가 승진 혹은 이직에 슈퍼바이지를 추천하는 경우, 슈퍼바이저가 기대하고 중요하게 여기는 어떤 무형의 역량이 있음을 인식해야 한다. 예컨대 슈퍼바이저는 업무의 양과 질, 기관과 수행한 일에 대한 이해, 실현 가능한 계획을 수립하고 수행하는 능력, 리더십 기술, 타인의 존경을 얻는 능력, 시간 관리 기술, 변화를 배우고 적응하는 능력, 주도성과 기꺼이 책임지려는 자세, 감정적 안정성과 신뢰성에 특히 주의할 것이다.

2) 사회복지학과 학생을 위한 지침

호레이시와 가트웨이트(Horejsi & Garthwait, 2002: 12~13)에 의하면 사회복지학과 학생은 실습 기관에 특별한 책임을 져야 한다.

- 정기적으로(적어도 매주) 실습 지도자(현장 지도자)를 만난다.
- 실습 지도자와 만나는 모든 모임을 준비하고 다음 모임에서 논의할 필요가 있는 주제를 실습 지도자에게 알린다.
- 학생과 실습 지도자가 합의한 날짜, 시간에 기관에 출석한다. 출석할 수 없다면 근무일 이전이나 근무일 당일 시작 전에 기관에 알린다.
- 부과된 의무를 이해하고, 수행할 책임을 지고, 마감 시간을 지키며, 필요할 때 지도를 청하는 전문적 태도로 행동한다.
- 기관과 관련된 과제, 과업, 책임을 기관 정책, 절차와 일치하는 방식으로 수행한다. 그리고 규정된 양식에 따라 기록하고 보고서를 작성한다.
- 학습 욕구를 확인하고, 필요하다면 학습 목표와 활동을 담은 서면 협약서를 만든다.
- 기관과 학교에서 요구하는 실습 모니터링과 평가 양식, 보고서(예: 시간별 기록일지)를 작성한다.
- 실습 경험과 관련된 중대한 불일치, 불만족 혹은 혼란에 대해, 학교 실습 조정자, 실습 지도자와 상의한다.

3) 슈퍼비전 제공 지침

다른 사회복지사나 자원봉사자를 감독하는 역할을 맡는 것은 사회복지사의 경력에 중요한 단계다. 슈퍼바이지는 자신의 발전을 이끌어줄 슈퍼바이저를 신뢰하기 때문에, 그리고 슈퍼바이지(사회복지사)의 도움을 받는 클라이언트도 자신의 서비스가 적절히 점검되고 이익이 보호될 것이라 믿기 때문에, 슈퍼비전은 매우 중요하다. 다음 지침을 통해 신규 슈퍼바이저는 자신에게 주어진 책임을 수행하는 데 도움을 받을 수 있다.

(1) 슈퍼바이저 역할을 맡은 사회복지사는 특별한 윤리적 의무를 갖는다. 예를 들어 슈퍼비전을 제공할 준비를 잘 갖추어야 한다. 이는 적절한 경계를 설정하고, 문화적으로 민감하며, 슈퍼바이지의 수행을 공정하고 편파적이지 않게 평가하는 것을 의미한다.

(2) 훌륭한 수행을 보상한다. 인간서비스기

관의 슈퍼바이저는 물질적 보상을 거의 제공할 수 없으므로 인정받으며 호감이 가고 활기를 제공하는 업무 제공, 특별한 특권과 같은 보상 방법을 창의적으로 활용해야 한다.

(3) 슈퍼바이지가 스스로 자기 수행에 대해 책임을 지도록 한다. 슈퍼바이지를 징계해야 할 때는 잘못이 드러난 직후에 비공개적으로 행한다. 징계 조치는 공정하고 단호해야 하고 매우 분명하며 사실에 기초를 두어야 한다. 징계 조치에서는 슈퍼바이지가 앞으로 무엇을 해야 하는지, 수행이 개선되지 않는다면 어떤 결과가 발생할지를 정확히 알려야 한다. 해고와 관련된 소송이 있을 경우, 슈퍼바이지에 대한 지시와 경고는 서면으로 이뤄졌어야 한다. 슈퍼바이지가 자신의 수행에 책임을 지지 않는다면 다른 직원의 사기가 떨어지고 좌절할 것이다. 또한 슈퍼바이지의 시간과 에너지만 지나치게 소비했다는 인사 문제가 야기될 것이다.

(4) 본보기가 최고의 선생이라는 것을 기억한다. 슈퍼바이저는 슈퍼바이지에게 기대하는 가치, 태도, 행동에 대해 계속해서 모범을 보여야 한다.

(5) 슈퍼바이지의 지식, 기술, 경험 수준에 맞는 명확한 업무를 부여한다. 슈퍼바이지가 높은 수준의 수행에 필요한 훈련을 받고 업무 관련 기술을 배울 수 있도록 도와야 한다. 슈퍼바이지의 능력과 업무 책임성 수준에 따라 슈퍼비전 과정의 빈도와 강도를 조절해야 한다.

(6) 직원을 해고할 수 있지만, 슈퍼바이저는 기관의 인사 지침서에 명시된 관련 절차를 알고 엄격히 지켜야 한다. 이러한 절차는 고용인과 피고용인 관계에 관한 연방법과 주법을 반영해야 한다. 일반적으로, 해고 가능성에 대한 서면 경고, 용인할 수 없는 수행에 대한 서면 기술, 해고 이전에 수행 향상을 위한 합리적 기회 제공 등의 절차가 필요하다. 해고하려고 할 때 슈퍼바이저는 해고당하는 직원이 소송을 제기할 수도 있고, 해고에 대해 법정에서 설명하거나 이를 정당화할 필요가 있다는 가정을 하고 결정해야 한다. 바로 해고해야 할 만큼 심각한 행동도 있다. 이들 행동에는 다음과 같은 것이 있다.

• 〈NASW 윤리강령〉에 대한 명백하고 중대한 위반(예: 클라이언트와의 성적 관계, 클라이언트 언어적 학대, 직원에 대한 성희롱)
• 기관의 돈, 설비 혹은 자산 절도
• 기관 구내에 마약을 감추고 복용하거나 판매한 경우
• 직원 혹은 클라이언트에게 심각한 피해를 초래하는 무모하고 위협적인 행동
• 기관과 프로그램의 명성과 진실성을 유지하기 위해, 그리고 클라이언트를 적절히 돌보기 위해 알 필요가 있는 정보를 슈퍼바이저 혹은 다른 직원에게 고의적으로 알리지 않은 경우
• 기관 기록과 보고서에 대한 고의적 위조
• 특혜의 대가로 클라이언트로부터 선물 혹은 대접을 유도하거나 받은 경우
• 명백하고 반복되는 불복종

16.9 멘토링 관계를 만들고 유지하기

멘토링 관계에서 숙련된 전문가나 경험 많은 직원은 경험이 적은 동료에게 실천 현장을 성공적으로 다루는 법을 알려 주고 전문가로 성장하고 발전하기 위해 해야 할 일을 가르친다. 경험이 많은 동료를 흔히 **멘토**(mentor), 경험이 적은 쪽을 제자(protege) 혹은 **멘티**(mentee)라 부른다.

멘토링 요소는 슈퍼바이저와 슈퍼바이지 관계(항목 16.8 참조)에서도 보인다. 하지만 실제 멘토링 관계에서 멘토는 멘티의 행정적 슈퍼바이저가 아니다. 멘티에게 업무를 부여하거나 일상 업무 활동을 감독하거나 혹은 멘티의 업무를 공식적으로 평가하는 것도 아니다. 멘토링 관계의 특징은 명령 계통보다 우정, 신뢰에 있다.

1) 멘티를 위한 멘토링의 이점

멘티의 입장에서 긍정적인 멘토링 관계는 다섯 가지의 이점이 있다.

- **지지와 이해**: 새 일을 시작하는 것 그리고 새로운 책임을 맡는 것은 불안정하고, 자기 의심이 들고, 혼란스러운 시간일 수 있다. 이러한 시기 동안 현명하고 숙련된 직원이나 전문가는 신참이나 경험이 적은 직원에게 상당한 도움이 될 수 있다. 멘토의 지지, 감정 이입, 조언, 격려는 멘티의 자기 확신을 높이고 불안과 두려움을 줄일 수 있다.
- **기관에 대한 오리엔테이션과 동화**: 멘토는 멘티가 전문적 활동의 환경으로서 기관과 실천 현장을 이해하도록 도울 수 있다. 멘토는 멘티가 '사무실의 정치적 역동'을 이해하고 정치적 함정에 빠지지 않도록 도울 뿐만 아니라 조직의 문화와 전통에 관한 오리엔테이션을 줄 수 있다. 멘토링을 받는 직원은 일을 더 빨리 배우고, 조직에 더 잘 사회화될 수 있다. 그리고 성공할 가능성이 더 높다.
- **중요한 '내부자' 정보에 대한 접근**: 멘토는 멘티의 입장에서는 쉽게 얻을 수 없는 내부 정보의 원천이 될 수 있다. 조직을 형성한 중요한 사건, 명문화된 매뉴얼에 드러나지 않는 비공식적 정책과 절차, 다른 직원의 개인적 특성, 조직 내의 현재 진행 중인 대인갈등 요소 등이 이에 해당할 수 있다. 멘티는 비밀 유지의 기대, 정보 공유에 내재된 믿음을 존중해야 한다. 그리고 이러한 정보 활용에 분별력 있고 신중해야 한다.
- **경력 지도**: 멘토는 멘티의 경력 계획, 목표 설정, 경력과 전문성 향상에 필요한 기술을 개발을 돕는다. 또한 멘토는 멘티가 전문적 조직과 연결하고 전문적 학습 경험을 선택하고 커뮤니티집단에 참여하도록 도울 수 있다.
- **역할 모델링**: 멘토링에서 중요한 무형의 장점은 바로 멘토가 멘티에게 역할 모델이 된다는 점이다. 멘티의 학습과 발전 중 많은 부분은 멘토를 관찰하고 모방하면서 이뤄진다.

2) 멘토를 위한 멘토링의 이점

멘토링은 양방향의 상호작용이다. 멘토는 멘토링 관계를 통해 적어도 다음과 같은 이득을 볼 수 있다.

- **전문적 자극**: 사회복지실천은 반복적인 일이 아니다. 하지만 기관에는 일정한 양의 일상 업무가 있고 사회복지사는 이에 기초해 관성 적으로 실천하기 쉽다. 멘티의 신선한 관점과 통찰은 멘토에게도 다른 관점을 제공해 자신의 실천을 재검토하도록 할 수 있다. 결국 멘토의 전문적 성장을 자극하는 기회가 될 수 있다.
- **지식의 최신화**: 멘티는 멘토가 실천 분야에서의 새로운 발전 사항을 배우고 뒤떨어지지 않도록 도와줄 수 있다. 멘티로 인해 멘토는 오래된 실천 가정을 재검토하고, 구식의 지식과 기술을 최신화하도록 동기화된다.
- **기관 정보**: 멘토는 다른 직원이 선임 직원에게 잘 이야기하지 않는 조직 내 인사, 문제, 이슈 등에 관한 정보를 종종 멘티를 통해 얻을 수 있다.
- **전문적 기여**: 사회복지사가 이 직업을 선택한 주된 이유는 잠재력을 최대한 활용하도록 다른 사람을 돕기 위함이다. 멘티가 성장하고 유능해짐에 따라 멘토는 동료의 성장과 발전에 기여했다는 만족감을 얻는다. 또한 멘티가 달성한 성공을 기반으로, 조직 내 타인은 멘토를 더 존경하고 소중히 여길 것이다.

3) 멘토와 멘티의 부합성

대부분 조직에서 멘토는 특정한 사람의 전문적 발달에 관심이 있고 이를 육성하기 위해 자발적으로 멘토링 역할을 맡는다. 하지만 어떤 조직에서는 정책에 의해 멘토링이 장려되고, 이런 경우 새로운 신입 직원과 선임 직원 간의 공식적 멘토링 할당이 이뤄진다. 조직의 특정 역할수행에 독특한 어려움을 겪는 직원, 혹은 역할 모델이 부족한 영역의 직원을 돕기 위해 조직이 멘토링 관계를 만드는 일은 흔하다.

이성 간 혹은 게이·레즈비언 멘토링 조합의 경우 몇 가지 잠재적 문제를 고려해야 한다. 예를 들면 조직 내 사람들은 멘토링 관계를 연애관계로 인식할 수 있다. 멘토와 멘티, 전체로서의 조직은 여러 복잡성을 고려해야 하고 멘토링이 전문적 발전과 향상을 방해하는 것이 아니라 촉진하도록 해야 한다.

4) 멘토링 관계에서의 지침

멘토를 찾거나 멘토와 멘티의 연결을 담당하는 사회복지사는 다음의 지침을 새겨야 한다.

(1) 멘토를 주의 깊게 선정해야 한다. 기관과 실천 현장 내에서 유능하고 효과적이라는 평판을 받는 멘토를 찾아야 한다. 멘토는 멘티가 배우고 싶어 하는 지식과 기술을 가지고 있어야만 한다.

(2) 멘토링 관계는 편안하고 안전해야 한다.

멘토링 관계는 개방적인 토론과 상호 신뢰가 있는 환경에서 이뤄져야 한다. 조언과 건설적인 비판을 멘티가 자유롭게 수용하거나 거절할 수 있는 분위기를 유지한다.

(3) 멘토와 멘티는 멘토링 관계에 충분한 시간과 에너지를 써야 한다. 어떤 멘토링 관계는 정기적으로 스케줄이 잡힌 상황에서 잘 작동되고, 또 다른 경우에는 필요할 때 호출하고 만나는 방식에서 잘 이뤄진다. 상호작용이 어떤 방식으로 일어나는지에 대한 예측이 관계 초기에 분명히 설정돼야 한다.

멘토링이나 멘티 지도에 관심이 있는 사회복지사는 다음을 염두에 두어야 한다.

(1) 멘티를 주의 깊게 선정한다. 멘티는 멘토가 진심으로 돌봐 주는 사람이어야 하고, 기관과 전문직 생활에서 발전해 나가는 것을 지켜보고 싶은 사람이어야 한다.

(2) 무엇보다도 멘토의 목표와 가치를 멘티의 것과 기꺼이 구별할 수 있어야 한다. 멘티는 독특한 개인이며, 개인적 차이를 존중할 수 있어야 한다. 멘토링 관계에서 멘토의 복제품을 만드는 것을 기대해서는 안 된다.

(3) 멘티의 질문과 관심사를 잘 들어야 한다. 전문성 발달 단계의 특정 시점에서 멘토가 가졌던 것과 같은 관심사를 멘티가 가질 것이라 가정하지 않는다. 전문직의 젊은 세대는 다른 시간대를 살아왔고, 다소 상이한 유형의 전문적 교육을 받아 왔고, 멘토와는 많이 다른 개인적 혹은 가족적 관심사를 가지고 있을 수 있다.

16.10 전문적 지식을 소비하고 기여하기

전문 사회복지사는 증거기반 실천을 수행해야 한다. 활용 가능한 지식을 소비할 때, 사회복지사는 독특한 클라이언트와 실천 상황에 따라 지식을 주의 깊게 선택하고 적용해야 한다. 그래서 사회복지사는 실천가의 자원으로서 여러 문헌이 필요하며, 실천가는 그러한 문헌을 가려내고 필요한 것을 얻어낼 수 있는 능력을 갖춰야 한다. 동시에 사회복지사는 저술을 통해, 그리고 다른 전문가 동료에게 자신의 통찰을 발표하는 것을 통해, 지식으로 다른 사회복지사에게 기여할 의무가 있다.

1) 문헌 소비하기

사회복지사는 관련성이 높은 문헌을 찾고 클라이언트와의 활동에서 가장 유용한 사실과 생각을 얻기 위해 그 내용을 주의 깊게 살펴봐야 한다. 시간 소모가 크고 많은 사례량, 읽고 연구할 시간의 부족 때문에 많은 사회복지사에게 이는 매우 어려운 일이다. 더구나 많은 사회복지사는 최신식 도서관에 접근하기도 어렵다.

다행히 많은 양의 유용한 정보를 온라인에서 얻을 수 있고, 개인 컴퓨터에서 논문을 쉽게 구하고 다운로드할 수 있다. 일단 관련 논문과 연구 보고서를 확인하면 사회복지사는 그 정보가 실천 결정을 위한 기초로 사용할 만큼 신뢰할 수 있는지 결정해야 한다. 온라인 초록에는 최종적 결정의 근거가 될 수 있는 정보가 부족할 수 있다. 하지만 대개 이 초록을 통해 이 논문 혹은 보고서의 전문을 확보해야 하는지 여부를 결정할 수 있다.

출판된 논문을 검토할 때, 기본적인 연구 설계를 확인하는 것이 중요하다. 어떤 연구는 질적·양적 접근을 혼합한 경우도 있지만, 대부분은 양적 혹은 질적 방법 중 어느 하나를 사용한 것으로 볼 수 있다. 대체로 **양적 연구**는 대표적인 응답자 표본으로부터 많은 양의 정보를 수집한다. 이 자료를 요약하고 정리해 일반화하기 위해 그리고 자료 간 관계를 확인하기 위해 통계분석을 사용한다. 반대로 **질적 연구**는 규모가 작은 응답자집단의 사고, 가치, 경험에 대해 심층적 이해를 제공한다. 질적 연구는 연구되는 현상의 기본적 특성이 모호하거나 완전히 밝혀지지 않았을 때 가장 적합하다.

질적 연구 문헌의 독자는 다음과 같은 질적 연구의 특성에 대해 알아야 한다.

- 자료 수집은 대단히 상호적인 과정이다. 연구자는 응답자를 면접, 표적집단 면접(*focus group interview*), 기타 상호작용 과정에 참여시킨다. 이러한 과정에 대한 응답자의 참여를 격려한다. 질문과 명료화 노력을 통해 현상에 대한 이해가 깊어질 수 있다.
- 연구자의 편견이 자료에 영향을 미치는 것을 막기 위해 자료가 수집될 때까지 심층적 문헌 검토를 늦춘다. 전형적으로 연구자는 자료가 수집된 다음에야 발견 사항과 문헌 내용을 연결 짓는다.
- 응답자와 상호작용하며 질문하고 수집된 정보를 해석하는 방식에서 치우칠 수 있기 때문에, 연구자는 연구 주제에 대한 자신의 관점을 인식해야 한다. 그렇게 함으로써 연구자는 연구 과정에서 개입됐을 수도 있는 자신의 선입견에 대한 단서를 연구 소비자에게 제공할 수 있다.
- 질적 연구에서는 표본 크기를 중요하게 고려하지 않는다. 응답자는 해당 주제에 관심이 있는 모집단을 대표해야 하지만 질적 연구의 목적은 대규모 집단으로부터 일반적인 정보를 얻기보다는 소수의 응답자로부터 심층적인 정보를 얻는 데 있다. 질적 연구에서는 보통 5명에서 10명의 응답자를 충분한 표본 크기로 본다.
- 질적 연구에 사용되는 방법에는 첫째, 면접과 표적집단을 통해 응답자로부터 직접 정보 수집, 둘째, 사례 관찰로부터 주제와 패턴을 전개하는 사례 연구 분석, 셋째, 응답자의 관점과 경험을 심층적으로 이해하기 위해 연구자가 응답자의 신체적·사회적·문화적 업무 환경에 몰입하는 문화기술지 연구 등이 있다.
- 수집된 정보를 가능한 완전히 기록한다. 이를 보통 **상세한 기록**(*thick documentation*) 방법이라고 부른다. 그리고 나서 자료를 분류, 체계화, 재체계화하는 과정에서 나타나는 주제와 하위주제를 범주화한다. 이를 통해 연구될 현상을 더 잘 이해할 수 있다. 여러 가지 소프트

웨어 프로그램을 사용해 자료 처리를 수월하
게 할 수 있다.

- 질적 자료의 해석과 분석에서 중심개념은 **삼
  각화**(*triangulation*), 즉 같은 자료에 대해 다
  양한 정보 수집 방법, 다양한 관찰자 혹은 연
  구자, 다양한 관점을 적용하는 것이다. 이들
  결과가 일치한다면 정보의 타당성에 대한 신
  뢰가 커질 수 있다.

질적 연구를 이용할 때 사회복지사는 특히 연
구자의 편견이 도출된 결론에 어떠한 영향을 미
쳤는지에 관심을 기울여야 한다. 앞서 언급한
바와 같이 연구자는 대개 응답자와 상호작용하
기 때문에 자료와 자료가 의미하는 것에 대한 해
석에서 편향이 생기기 쉽다.

서구사회에서 양적 연구는 지식 개발과 검증
을 위한 전통적 형태다. 이는 자연과학에서 사
용하는 과학적 방법을 본떠 만들어졌다. 예를
들어 개입의 성공을 연구할 때 연구자는 다음과
같은 활동에 참여한다.

- 문헌을 검토하고 개입과 관련된 지식의 현재
  상태를 확인한다.
- 개입의 영향에 대한 가설을 설정한다.
- 가설을 검증하기 위해 검토해야 하는 다양한
  요인·요소를 확인하고 정의하고 분리한다.
- 연구될 모집단으로부터 통계적으로 타당한
  표본을 선택한다.
- 외생 요인의 지속적인 영향을 억제하기 위해
  통제집단을 활용한다.
- 실험집단에 대해 개입을 실시한다.

- 자료를 수집하고 적절한 통계분석을 실시한다.
- 결론을 도출한다.

이러한 과학적 과정은 수많은 변수가 통제될
수 있는 실험실 상황에서 잘 작동하기 때문에 사
람과의 활동에 적용할 때 훨씬 더 어렵다(때때로
부적절하다). 예를 들어 가정폭력 개입에 대한
연구에서 통제집단을 구성하기 위해 학대가정
에 남아 있도록 요구하는 것이 윤리적인가? 그
러나 자연적인 실험집단과 통제집단을 연구하
는 것은 가능하다(예: 특정한 개입을 받은 클라이
언트와 받지 않은 클라이언트). 이 경우에 개입의
장점에 대해 어떤 결론을 내릴 수 있다.

양적 사회과학 연구의 가장 큰 장점은 자료에
대한 통계분석에 있다. **통계**는 연구자가 연구를
위해 선택한 사람의 일반적 특징, 사회복지의
경우에는 개별 사례의 특징을 수량적으로 나타
낸다. 연구를 위해 선택된 사례집단은 표본(즉,
모집단의 일부)이거나 모집단(즉, 연구자가 결과
를 일반화하려는 전체 사례집단)이다. 연구 결과
를 타당한 것으로 간주하기 위해서는 표본이 모
집단을 정말로 대표한다는 것에 대한 확신이 있
어야 한다.

또한 연구를 이용하는 사람은 통계분석이 엄
격하고 적절하다고 확신해야 한다. 통계분석에
는 판단을 내리기 위해 수량적 자료를 조합, 분
석, 요약, 해석하는 것이 포함된다. 사회복지사
는 다음의 3가지 질문을 통해 양적 연구에서 수
행한 통계분석의 타당성을 살펴볼 수 있다.

(1) **통계 절차의 목적은 무엇인가?** 어떤 통계는

단지 자료를 단일한 수치로 줄이는 데 도움이 된다. 이런 **기술통계**에는 빈도 분포, 백분율, 집중 경향치(평균, 중앙값, 최빈치와 같이 가장 전형적인 반응을 반영함), 변이성(*variability*) 측정(범위, 표준편차와 같이 자료의 흩어짐을 기술함)이 포함된다.

조금 더 복잡한 통계 도구는 **추리통계**다. 이를 통해 연구자는 표본이 모집단과 다른 정도에 관한 결론을 표본에서 도출할 수 있다. 추리통계에서 차이의 측정은 그 차이가 우연에 의한 것이 아니라, 개입 혹은 다른 요인 때문에 발생했을 가능성을 보여준다. 예를 들어, 사회과학에서 결론을 유의미한 것으로 수용하는 전형적 기준은 $p < 0.05$인데, 이것은 결과가 우연에 의해 발생할 확률이 100분의 5 미만이라는 것을 의미한다.

추리통계의 또 다른 유형으로, 두 개 이상의 변수 사이의 관계를 확인하는 상관도 측정(*measures of association*)이 있다. 사회조사에서 원인과 결과를 확증하는 것은 거의 불가능하지만, 변수 간 상호작용 패턴을 확인할 수는 있다. 두 변수 간의 관계가 완전히 무작위적 혹은 제로(0.00) 관계라면, 그 변수들은 서로 관계가 없는 것으로 간주된다. 그러나 만약 한 변수가 증가할 때 다른 변수도 증가한다면(즉, 정적 관계), 상관관계 계수는 +0.01과 +1.00 사이에 있을 것이다. 한 변수가 감소할 때 다른 변수는 증가하는 부적 관계가 존재할 때, 상관관계 계수는 -0.01과 -1.00 사이에 있을 것이다. 상관성 측정을 해석할 때, 상관관계 계수가 ±0.30보다 작으면 미약한 관계로, ±0.30에서 ±0.70 사이에 있으면 보통 관계로, ±0.70 이상이면 강한 관계로 간주한다. 또 다른 통계적 검증은 두 개 이상의 변수들 간의 관계를 반영한다. 이것은 다원적 통계 절차로서 여기에는 다중회귀분석, 변량분석(ANOVA), 집락분석, 요인분석 등이 있다.

(2) 통계적 검증이 측정 수준에 적합한가? 어떤 통계검증 방법을 사용할지는 분석되는 자료의 수준에 따라 다르다. 세 가지 수준은 명목, 서열, 그리고 등간 혹은 비율이다. 가장 기초적 수준은 **명목자료**로, 상호 배타적인 범주를 만드는 것이다. 성, 인종 그리고 다양한 '예' 혹은 '아니요' 질문(예: 부모 유무)이 예이다. 한 범주가 다른 범주보다 더 크거나 작은 값을 갖지 않으며, 단지 다르다는 것만 고려한다. **서열자료**는 낮은 것에서 높은 순으로 서열화될 수 있는 정보를 나타낸다. 그러나 이 경우, 각 범주 간의 차이가 똑같다고 가정하지 않는다. 예를 들어 사회복지 문헌에서 사용되는 많은 척도는 3점 혹은 5점(예: 자주, 종종, 거의 없음)으로 점수를 매기는데, 점수 간 등간에 대한 가정은 없고, 단지 많고 적음 혹은 높고 낮음만을 나타낸다. 즉, 클라이언트 A가 클라이언트 B보다 높은 자아 존중감을 가졌다는 것을 지적하기 위해 평가척도(*rating scale*)를 사용할 수는 있다. 하지만 자아 존중감 같은 변수의 측정에서 클라이언트 A가 B보다 3배 높은 자아 존중감을 가졌다고 말할 수는 없다. **등간자료** 혹은 **비율자료**는 가장 정교한 측정 수준으로, 범주들이 똑같은 단위로 나뉘어 더 정확한 측정이 가능하다. 클라이언트

표 16-2 사회복지 논문에서 자주 사용되는 통계기호

ANOVA	**변량분석.** 결과가 우연히 발생했을 가능성을 판단하기 위해 2개 이상의 독립변수(혹은 예측변수)의 평균 변화를 검토한다. 이 모수검증에서 독립변수는 명목 혹은 서열자료지만, 종속변수는 등간자료로 측정되어야 한다. ANOVA는 t 검증과 유사하지만 비교되는 자료집단이 세 개 이상일 때에도 적용될 수 있다. *F* 분포표를 살핌으로써 우연히 발생할 분포의 확률(예를 들어, $p < 0.05$)을 추정할 수 있다.
d	**효과크기 지수.** 효과크기는 조사에서 3가지로 사용된다. 첫째, 독립변수와 종속변수 간의 관계 강도를 나타낸다. 통계적 유의도는 단지 두 변수 간의 관계를 가리키기 때문에, 복잡한 연구를 기술할 때 효과크기 지수가 특히 중요하다. 둘째, 여러 논문을 메타분석으로 결합한 경우 요약 통계치로 사용된다. 마지막으로, 효과크기는 연구 수행 전에 통계력을 계산하는 과정의 일부이다. 대부분의 경우, 잘못된 영가설을 기각하기 위해 필요한 표본 크기를 결정할 때 사용된다. *d*값을 해석할 때, 사회과학의 일반적 규칙에서는 0.2 이하는 종속 변수에 미약한 영향을, 0.5는 중간 정도의 경향을, 0.8 이상은 큰 영향을 미치는 것으로 본다. 피어슨 적률 상관관계 계수(*r*)도 유사하다. *r*은 독립변수가 종속변수에 미치는 영향에서 0.1이하는 미약한 영향, 0.3은 중간 정도의 영향, 0.5 이상은 강한 영향으로 해석이 조정된다.
DF	**자유도.** 자료 묶음에서 자유롭게 변화할 수 있는 셀의 수를 나타낸다. 변화의 자유는 결과가 우연히 발생할 확률을 추정하는 데 중요한 요인이다. DF는 (행 - 1) × (열 - 1)로 계산된다. 그래서 2 × 3 표의 DF는 2이고 3 × 4 표는 DF가 6이다. DF는 조사자가 다른 통계적 검사를 위해 확률표를 해석할 때 필요한 숫자이다.
f	**빈도.** *f*는 보통 표로 제시되고, 단순히 각 범주에 포함된 응답의 수를 나타낸다.
F 비율	보통 변량분석 혹은 다중회귀분석에 기초하며, 이와 같은 모수적 유의도 검증은 등간 혹은 비율자료를 요구하는 변이성 측정이다. 두 변수 혹은 표본의 표준편차 간 차이를 검증한다. *F* 비율은 표본 간 분산추정치와 표본 내 분산을 비교한다. 만약 집단 간 분산이 집단 내 분산보다 크다면 그 분산이 우연히 발생한 것이 아니라는 가능성이 증가하면서 *F* 비율이 커질 것이다. *F*값은 우연히 발생하는 분포의 확률을 나타내는 표에 사용될 경우만 의미를 갖는다.
Mdn	**중앙값.** 서열 혹은 등간자료에서 사용되는 집중 경향치이다. 분포의 중간값(즉, 사례의 50%가 위치하는 바로 윗값, 바로 아랫값)이다.
Mo	**최빈치.** 모든 수준의 자료에 사용될 수 있는 집중 경향치이다. 분포상 가장 많은 사례를 포함하는 범주를 표시하며, 그래서 명목자료에도 적용될 수 있다. 어떤 분포에서는 한 범주 이상이 같은 수의 사례를 가질 수 있는데, 이것이 이봉(*bimodal*) 혹은 다봉(*multimodal*)분포이다.
N	**사례 수.** 통계 절차에서 고려하는 전체 사례 수를 나타낸다. 불완전한 반응 혹은 어떤 사례를 제외시켜야 하는 검증 조건에 따라 분석마다 다르다.
%	**백분율.** 전체를 100으로 할 때, 한 범주에 포함된 사례의 지분을 나타낸다. 한 범주의 빈도(*f*)를 전체 사례 수(*N*)로 나눈 후, 100을 곱해서 계산한다.
p	**확률.** 정규분포를 가정할 때 특정 분포가 우연히 발생할 가능성을 나타낸다. 그래서 분포가 우연히 발생할 가능성이 낮을수록 검증된 변수가 결과에 영향을 미친다는 가정을 더 신뢰할 수 있다.
r	**피어슨 적률 상관관계 계수**(*Pearson product-moment correlation coefficient*). 두 변수 간 관련성을 나타내는 상관관계 계수이다. 한 변수의 높거나 낮은 점수가 다른 변수의 높거나 낮은 점수와 일정한 관계를 맺는 경향을 나타낸다. 그래서 상대 점수를 알면 관련된 점수의 값을 예측할 수 있다. *r*값이 +1 혹은 -1에 가까워짐에 따라, 범주가 함께 변화할(즉, 범주가 서로 관련을 맺을) 가능성이 점차 커진다. *r*은 등간자료를 요구하는 모수검증이다[주의: 스피어만 순위서열 상관관계 계수(*Spearman rank-order correlation coefficient: rs*)는 서열자료에 적용될 수 있는 비모수검증이다. 이것은 변수짝 간의 관련성을 검토하며 상대적으로 적은 수의 짝(30개 이하)에서 계산된다].
Range	**범위.** 표본에 있는 사례의 가장 높은 점수와 가장 낮은 점수 간의 폭을 나타내는 변이성 측정이다. 범위를 계산하려면 자료는 적어도 서열 이상이어야 한다.
SD	**표준편차.** 연구되는 표본 혹은 모집단 점수가 평균으로부터 퍼져 있는 정도를 나타낸다. 점수가 평균으로부터 많이 흩어져 있을수록 표준편차 점수는 커진다. 연구의 한 부분으로 표본 혹은 집단을 비교할 때 가장 큰 SD값을 갖는 표본(집단)은 분포에서 가장 큰 변이성을 갖는다. 반면 작은 SD값을 갖는 표본은 평균과 거의 같고 그래서 더욱 동질적이다. 정규분포에서 모든 사례의 68%는 평균으로부터 1단위 표준편차 내(평균 위로 34%, 평균 아래로 34%)에 위치하고, 95%는 2단위 표준편차 내에 위치한다.

표 16-2 사회복지 논문에서 자주 사용되는 통계기호(계속)

t 검증	스튜던트의 t(Student's t). 두 표본(혹은 한 표본과 표본이 도출된 모집단)평균의 유의미한 차이에 대한 모수검증이다. 때때로 두 개의 상관관계 계수 간의 차이가 유의미한지를 검증하기 위해 사용되기도 한다. 만약 평균이 크게 다르다면(즉, 높은 점수), 그 차이는 표집오차 혹은 우연에 의한 차이가 아닐 것이다. 차이는 조사 중인 요인들의 실제 변화와 관련된다고 가정하는 것이 맞다. t 표는 결과가 우연에 의해 발생할 확률의 통계적 추정치를 제공한다(예를 들어 $p < 0.05$).
$\overline{X}$	평균. 산술 평균은 등간 혹은 비율자료를 요구하는 집중 경향치이다. 변수값의 합을 사례 수(N)로 나눈 것이다.
χ^2	카이제곱(Chi square). 명목자료에 적용될 수 있는 비모수적 유의도 검증이다. 본질적으로, 발견된 차이가 우연으로 설명될 수 있는지를 결정하기 위해 한 변수의 기대 빈도와 관찰 빈도를 비교한다. 카이제곱은 젠더와 정당 가입과 같이, 두 명목변수 간의 관계를 검증할 때도 사용된다. 카이제곱값은 확률점수(예를 들어, $p < 0.05$)로 전환될 때, 비로소 의미를 갖는다.

의 연령, 평방마일당 인구 밀도, 접종이 이뤄진 학생 수 등이 예이다. 조사 보고서 혹은 논문의 이용자로서, 선택된 통계 절차가 연구에 수집된 자료 수준에 적절한지를 확인하는 것이 중요하다. 그렇지 않으면 통계는 결과를 잘못 제시할 수 있다.

(3) 표본의 유형이 사용된 통계적 검증과 맞는가? 표본의 유형(측정 수준과 함께)은 통계 절차가 적절히 사용될 수 있는지를 결정한다. 가장 강력한(즉, 수학적으로 엄격한) 통계 검증은 **모수검증**이다. 이는 독립적 혹은 무작위 표본, 적어도 한 변수 이상은 등간 혹은 비율자료일 것을 요구한다. 표본이 모수검증의 표집 기준을 충족시키려면, 비교되는 상이한 사례가 집단에 독립적으로 배치되거나 무작위로 선택돼야 한다. 또한 표본이 도출된 모집단이 정규분포를 갖는다고 가정한다. 대조적으로, **비모수통계**는 덜 강력한 예측 인자로서 명목, 서열자료에 적용된다. 또한 관찰 결과와 응답자로부터의 기대결과를 비교하기 때문에 정규분포를 가정하지 않는다. 비모수통계는 거의 모든 조사 상황에 적합

하고 사회복지조사에서 자주 사용된다.

외국어로 의사소통하는 능력과 마찬가지로 사회복지사의 통계 능력도 이를 정기적으로 사용하지 않는다면 빠르게 감소한다. 그래서 통계를 자주 사용하지 않는 사회복지사의 경우 통계 자료를 바르게 적용하고 해석하는 것은 종종 난처한 일이다. 이러한 사회복지사를 돕기 위해 〈표 16-2〉에서 양적 연구 문헌을 검토할 때 사용할 수 있는 '자습서'를 제시했다. 사회복지 문헌에서 공통적으로 사용되는 통계 절차를 기호로 표시하고, 그 목적을 짤막하게 기술했다.

2) 전문적 지식에 기여하기

사회복지사는 단지 전문적 문헌의 소비자만이 아니며, 〈NASW 윤리강령〉에 따라 지식 기반을 형성하고 이를 다른 사회복지사가 이용할 수 있도록 해야 할 의무가 있다(NASW, 1999). 이러한 지식은 회의 발표나 아니면 온라인이나 출판된 학술지 논문으로 활용 가능한 서면 자료 작성을 통해 가능하다. 자신의 지식을 다른 전문가 동료에게 전하는 최선의 방법은 소통되는

표 16-3 전문적 지식을 공유하는 방법 비교

발표자·저자의 관점	회의 발표	학술지 논문
청중·독자가 정보를 소비하는 방식을 정하는 능력	발표자가 완전한 통제를 행사한다. 청중은 회의장을 떠날 수 있지만 그렇지 않다면 발표자의 구조를 수용해야 한다. 발표자는 청중이 정보를 소비할 수 있다고 예상한다.	독자가 완전한 통제를 행사한다. 독자는 훑어보거나, 자료 순서를 바꾸거나, 다른 논문으로 옮겨갈 수 있다. 저자는 그 주제에서 독자의 관심을 끌어야 한다.
정보를 받는 사람과의 관계	발표자는 청중과 대면하고 청중의 언어적, 비언어적 반응에 따라 발표를 조율한다.	저자는 독자와 개인적으로 상호작용하지 않는다. 독자가 그 주제에 대한 기초 지식이 있고 더 깊은 관심을 갖기를 기대한다.
수량적 혹은 상세한 정보 전달	파워포인트와 오버헤드 프로젝터 슬라이드를 통해 청중이 발표의 구성을 따르고 상세한 정보를 살피도록 할 수 있다. 유인물을 배포하여 정보를 집으로 가져가게 할 수도 있다.	독자는 자신의 학습 스타일에 따라 제시 순서를 바꿀 수 있다. 논문에 포함된 모든 정보는 독자가 자유자재로 검토할 수 있게 이야기식으로 구성되며 이와 관련된 숫자여야 한다.
청중·독자의 수	청중의 규모는 회의장 수용 규모의 제한을 받는다. 일반적으로 크기가 작다.	사회복지 학술지 정기 구독은 *Social Work*의 경우 16만 명 정도이다. 얼마나 많은 논문이 실제로 읽히는지는 알 수 없다.
선발 과정	회의 공고를 통해 초록을 모으고 적격 심사위원회를 구성하여 발표자를 선택한다. 완전한 발표 원고는 선정된 이후 완성된다. 회의는 선발 이후 4~6개월 내에 열린다.	논문 완성 후 적절한 학술지에 투고한다. 위원회와 편집자는 출판 논문을 선택한다. 투고율은 학술지마다 다르다. 대략 투고된 논문의 15~20% 정도가 출판된다. 선택되면 출판까지 1~2년이 걸린다.

정보의 특성, 독자와 소통하길 원하는 상호작용의 특성, 지식을 전하고 싶은 전문가의 수에 따라 다르다. 〈표 16-3〉은 지식 전달의 다양한 형태를 비교한다.

구두 발표하기

사회복지사는 회의 발표뿐 아니라 옹호 활동으로서 커뮤니티 집단과 입법자 앞에서도 연설해야 하기 때문에 연설 기술을 개발하는 것이 중요하다. 발표의 특성은 상당히 다르다. 극단적인 한 방법은 '즉흥적' 발표이고, 그 반대는 준비된 자료를 읽는 발표이다. 대개 그 어느 것도 효과적이지 않다. 카리스마 있는 연설가가 아니라면 전자의 경우 발표를 따라가기 어렵고, 후자의 경우 쉽게 지루해져서 청중이 잠들 수 있다. 양극단에 치우치지 않는 것이 효과적인 구두 발

표를 위한 비법이다.

발표자는 의도한 메시지가 청중에게 정확히 전달될 수 있도록 연설을 잘 계획해야 한다. 청중이 이해하지 못한 부분을 다시 읽을 기회가 없다는 것을 항상 기억해야 한다. 그래서 명확성이 특히 중요하며, 요점을 반복하는 것도 필요하다. 성공적 연설을 계획할 때 다음 지침이 도움이 될 수 있다.

(1) 1단계, **내용을 알고 청중과 친해지기**: 회의에서 발표할 때 청중은 한 번에 여러 개의 발표를 선택할 기회가 있다. 주제를 반영하면서도 약간의 흥미를 보여 주는 프로그램 제목을 통해 청중의 주의를 끌 수 있다. 회의 참석자가 한 세션을 선택했을 때, 이들은 발표자가 이 주제에 대해 완전히 알고 있으며, 중요 정보를 흥미 있

게 전달할 것이라 기대한다.

(2) 2단계, **청중에 맞춰 내용을 선택하고 조정하기**: 예를 들어 개입 동안의 클라이언트 변화 측정에 관한 발표의 경우, 사회복지실천가 집단 앞에서 발표하는 것과 지역 로타리클럽 앞에서 발표하는 것은 다를 것이다. 청중으로 참여할 것 같은 사람을 예상하고 그 앞에서 연설하는 것처럼 준비하는 것이 유용하다.

(3) 3단계, **정보의 흐름을 주의 깊게 구성하기**: 개괄적으로 말해 연설은 세 가지 주요 구성 요소, 즉 주제에 대한 개괄적 설명, 연설의 본론, 주제에 도달한 결론 요약으로 구성된다. 청중이 발표의 흐름에 따라갈 수 있도록 파워포인트 같은 시각자료를 준비하고, 노트 작성의 필요를 최소화하기 위해 상세한 정보를 담은 유인물을 배포한다. 발표가 끝났을 때 청중이 결론 혹은 요약을 이해하도록 돕기 위해 충분한 배경정보를 제시하는 자료를 만든다.

(4) 4단계, **발표를 재미있게 하는 창의적 방식을 선택하기**: 주제에 대한 열정, 결론에 대한 자신감은 청중의 관심을 유지하는 데 도움이 된다. 덧붙여 사례 예시를 통해 청중이 이런 정보를 적용하는 방법을 이해하도록 도울 수 있다. 물론 이런 사례 예시에서 클라이언트 비밀 보장에 유의해야 한다. 이슈의 두 가지 측면을 대조해서 보여 주는 형식을 통해 청중은 서로 다른 관점에서 주제를 고려할 수 있다.

(5) 5단계, **계획한 대로 발표하기 위해 짧은 노트 준비하기**: 강조할 주요 단어와 함께 말할 내용이 적힌 대본으로, 노트 혹은 노트 카드 목록을 준비할 수 있다. 어떤 경우 말하고 싶은 것 그리고 말해야 할 때를 기억하기 위해 노트를 참고할 수 있다. 순서가 흩어졌을 때를 대비해 대본과 노트에는 페이지가 있어야 한다.

(6) 6단계, **발표할 때 가능한 한 여유를 갖고 편안해하기**: 세심한 준비는 발표 자신감을 키우기 위한 전제 조건이다. 불안감을 줄이기 위해 세션에 앞서 15분에서 20분 먼저 도착해 오디오·비디오 장비가 잘 작동하는지, 발표에 적합한 방식으로 회의장이 배치돼 있는지(예: 의자 원형 배치, 노트를 놓을 수 있는 탁자)를 확인한다. 일찍 도착한 몇 명의 청중에게 자신을 소개하고 이번 세션에서 얻고자 하는 것이 무엇인지를 질문한다. 청중 중에 익숙하고 반응을 잘 보이는 사람이 있으면 발표자의 편안함 수준이 증가한다.

(7) 7단계, **연설 중의 버릇을 살피기**: '아시다시피', '음'과 같은 단어와 어구의 사용은 청중을 짜증나게 하고 주의를 산만하게 한다. 발표하는 동안의 지나친 몸짓이나 과도하게 왔다 갔다 하는 신체적 버릇도 마찬가지다. 발표에 주어진 시간을 의식하면서(연설에 걸리는 시간은 종종 과소평가된다), 거울 앞에서 연설을 연습한다. 또한 모임의 성격에 맞춰 적절한 복장을 한다. 장소에 어울리지 않는 복장은 청중을 혼란스럽게 할 수 있다.

(8) 8단계, **토의 시간 남기기**: 발표 일정상 주제에 관한 이야기를 완전히 전개하는 데 필요한 시간이 발표자에게 없다. 그리고 발표자는 발표하는 데 모든 시간을 다 쓰는 경향이 있다. 그러나 회의 현장은 학술지 논문 등 서면 자료와는 달리 청중과 상호작용을 할 수 있다는 장점이 있다. 청중에게 명확화를 위해 질문할 기회, 좀더 상세히 토론하고 싶은 영역을 밝히는 시간, 그 주제에 관한 자신의 의견을 밝힐 시간을 제공한다. 이런 방식은 청중과 발표자에게 모두 학습 기회가 될 수 있다.

학술지 논문 혹은 다른 서면 작업 준비하기

서면 자료를 준비할 때는 자료가 온라인으로 혹은 학술지 인쇄본으로 활용 가능한지에 따라 독자가 그 자료를 어쨌든 읽을 것인지, 그렇다면 어떻게 접근할 것인지를 궁극적으로 정한다는 것을 기억해야 한다. 많은 독자는 계속 읽을지를 처음 결정할 때 제목을 고려하며 스스로 질문한다. "이 자료를 읽는 데 내 시간을 쓸 만큼 이것이 흥미로운가?" 어떤 독자는 첫 문장을 읽고 저자가 자료에 제시한 각 단어를 읽는다. 어떤 사람은 전체 논문을 훑어보고 관심 있는 부분으로 돌아가 자세히 읽는다. 어떤 독자는 서론과 결론을 읽고 재미가 없으면 다른 자료로 옮겨 간다. 이러한 점을 알고, 저자는 독자의 논문 읽기 관련 결정을 도와야 한다.

다음은 서면 자료를 준비할 때 따라야 하는 단계이다.

(1) 1단계, **명확하고 중요한 메시지 갖기**: 논문이 기존 아이디어와 자료에 근거하더라도 기존 정보를 최신화하고 확장한다. 그리고 독특한 방식으로 이용 가능한 정보를 통합 혹은 결합하고, 이미 알려진 것을 더욱 이해하기 쉬운 형태로 표현한다. 논문의 길이가 제한(보통 15~20장, 줄 간격 2배)되기 때문에 논문의 범위가 너무 광범위하거나 내용이 복잡해서는 안 된다. 범위를 테스트하는 좋은 방법은 중심 아이디어가 한 문장으로 진술될 수 있는지를 확인하는 것이다. 논문이 이렇게 간결하지 않으면 주제가 너무 넓어질 것이다. 그럴 경우 주제를 하위 부분으로 나누고 하나 이상의 논문으로 발표한다.

(2) 2단계, **적절한 학술지를 선택하기**: 많은 학술지가 사회복지사의 관심사를 다룬다. 어떤 학술지는 광범위한 주제에 걸쳐 논문을 발간하지만, 대부분은 전문화돼 있다. 《NASW의 저자를 위한 사회복지 학술지 안내서》(*NASW's Author's Guide to Social Work Journals*, 2010)에는 200개 이상의 학술지에서 요구하는 출판 조건과 관련한 정보가 담겨 있다. 각 학술지는 고유한 초점을 갖고 특정한 독자를 끌어들인다.

글을 쓰기 전, 논문 내용에 가장 적절한 학술지 몇 권을 검토하고 예상되는 독자, 출판된 논문의 유형, 논문의 전형적 형태(예: 조사 기반, 이론 개발, 사례 적용)를 평가한다. 학술지 매 호 혹은 학술지 웹사이트에는 출판 조건이 적혀 있고, 선호하는 주제, 길이, 투고 절차(인쇄본 혹은 파일 제출)에 대한 정보가 있다. 사회복지 학술지는 일반적으로 APA(*Publication Manual of the American Psychological Association*, 2010) 스타일을 많이 사용한다. 같은 논문을 한 번에 여러 학술지에 투고하는 것은 비윤리적이다.

(3) 3단계, **독자를 상상하기**: 특정한 사람에게 글을 쓴다고 상상하는 것이 때론 유용하다. 논문을 읽을 것 같은 사람을 선택하고, 그 사람에게 글을 쓴다. 아이디어를 분명하게 전달할 언어를 사용하고 그 사람에게 익숙한 개념을 사용한다.

(4) 4단계, **초록 준비하기**: 대부분 학술지는 논문과 함께 75~100개 단어 정도의 초록을 요구한다. 논문을 완성한 이후 초록을 쓰는 것이 더욱 쉽지만, 논문을 쓰기 전 먼저 초안을 준비함으로써 가장 중요한 요점에 초점을 맞출 수 있다. 최종 초록은 잠재적 독자가 특정 정보를 찾는 데이터베이스에 최종적으로 올라가기 때문에 명확하고 간결하며 사실적이어야 한다.

(5) 5단계, **개요 만들기**: 독자가 논문의 정보를 이해하는 능력은 논문이 얼마나 잘 구성되었는가에 따라 달라진다. 포함된 요소 간의 논리적 연결을 여러모로 생각한다. 개요를 작성함으로써, 논문의 여러 부분을 연결하는 방법이 일관된 방식으로, 매끄럽고 납득 가능하게 이뤄질 수 있다.

(6) 6단계, **서론 쓰기**: 처음 2~3개 문단에서 논문의 내용을 얘기하고 논문이 중요한 이유를 설명하며 사회복지사가 특히 관심을 가져야 함을 제안한다. 주제를 현재 이슈에 연결하거나 주제와 관련된 짧은 사례를 포함함으로써 논문 전체를 읽었을 때 얻을 수 있는 이익을 독자에게 알릴 수 있다. 많은 저자에게 시작은 글쓰기에서 가장 어려운 부분이다. 서론에서의 좌절이 글 쓰는 과정을 방해하지 않도록 한다. 경우에 따라 나중에 완전히 다시 쓸 의도를 갖고 대략적인 서론을 작성하는 것도 도움이 된다.

(7) 7단계, **맥락 혹은 배경 설정하기**: 논문이 사회복지의 어떤 부분(예: 실천 이론, 실천 기법, 사회복지정책 이슈 등)에 해당하는지 알려 주는 것이 중요하다. 독자는 이 논문이 위치하는 이론적 맥락을 알 필요가 있다. 주제와 관련해 알려진 것 혹은 알려지지 않은 것을 요약하는 문헌 고찰을 통해, 독자는 이 주제에 대한 저자의 현재 의견을 알 수 있다. 또한 문헌 고찰을 통해 독자는 이 논문이 해당 주제에 기여하는 중요성을 판단할 정보를 얻는다. 논문의 최대 길이 제한이 있으므로 문헌 고찰은 너무 광범위해서는 안 되고 논문 주제와 가장 관련된 문헌에만 명확히 초점을 맞춰야 한다.

(8) 8단계, **논문 준비하기**: 논문에서 중심이 되는 사실과 관찰을 간결하게 보고한다. 정보를 제시하는 대안적 방법(예: 차트, 그림, 도표, 목록 등)으로 서술적 자료를 보충하는 것이 유용하다. 사례를 사용한다면, 독자가 그 사례를 다른 상황에 일반화하는 것을 돕는 방식으로 제공한다.

독자가 사고와 정보의 흐름을 쉽게 따라올 수 있도록 제목과 하위제목을 사용한다. 명확히 초점화된 내용을 짧은 단락으로 표현할 때 논문을 읽기가 가장 쉽다. 간단명료하게 쓰고 사회복지 전문 용어를 피한다. 젠더 편향적 언어, 그리고 인종, 민족, 젠더, 연령, 장애 상태, 혹은 성적 성향에 기반을 둔 고정관념이나 편견을 반영하는 용어를 제외한다.

(9) 9단계, **요약과 결론 준비하기**: 요점을 정리하는 짧은 말로 논문을 끝맺고, 자료로부터 도출될 수 있는 결론을 제시한다. 적절한 경우 그 주제를 더욱 발전시키기 위해 필요한 후속 연구를 제안한다.

(10) 10단계, **참고문헌을 수집하고 작성하기**: 선택한 학술지에 맞는 형태로, 제시된 정보와 아이디어를 뒷받침하는 참고문헌을 작성한다.

(11) 11단계, **다시 쓰고, 다시 쓰고, 다시 쓰기**: 논문을 완성하기 전에 여러 번 교정하고 다시 쓴다. 구조, 내용, 언어를 가다듬는 시간은 훌륭한 서면 의사소통에 필수적이다. 때때로 원고를 소리 내어 읽어 보고, 다른 사람에게는 어떻게 들릴지 생각해 보고, 간과된 실수가 있는지 검토해 보는 것이 유용하다.

(12) 12단계, **냉각기 갖기**: 논문을 출력하자마자 학술지에 보내지 않는다. 며칠 혹은 몇 주 동안 논문으로부터 떨어져 있음으로써 신선한 관점을 얻을 수 있으며 내용을 서술하거나 아이디어를 표현하는 방식을 강화하는 대안적 생각을 떠올릴 수 있다. 냉각기 동안 동료에게 검토

와 논평을 요구하는 것이 유용하다. 그러나 이 논문은 자신의 논문이고, 최종 결과는 자신의 몫이라는 것을 명심한다. 타인이 제안한 모든 변화를 받아들여야 한다고 생각하지 않는다. 또한 냉각기가 논문을 미루기 위한 변명이 되어서는 안 된다. 글에 완전히 만족할 수는 없다. 어느 순간에 가다듬기를 끝내야만 한다.

(13) 13단계, **게재 혹은 게재 불가에 대처하기**: 일반적으로 학술지 편집자는 3~4명의 심사위원에게 원고를 보낼 것이다. 심사를 마치고 논문을 다음 호에 실을지를 편집자가 결정하는 데 6개월 이상이 걸린다. 온라인 학술지의 경우 보통 일정이 더 짧다. 심사위원은 '게재 불가', '특정한 방식으로 수정 후 게재', '큰 수정 없는 게재' 등으로 결론을 내린다. 논문이 게재 불가를 받은 경우, 어떤 학술지는 요청하면 심사위원의 논평을 보내 준다. 그럴 경우 논평을 진지하게 고려해 논문을 수정하여 재투고하거나, 다른 학술지에 투고하거나, 그 논문의 출판 계획을 포기한다.

(14) 14단계, **원고 마무리하기**: 만약 게재 판정을 받으면 논문 표현을 보강하기 위해 여러 제안을 하는 전문 편집자와 함께 작업한다. 편집이 내용을 왜곡하거나 잘못 전달하지는 않는지 확인해야 한다. 덧붙여 게재 판정을 받았을 때 저자는 그 논문에 대한 법적 권리를 편집자에게 양도할 것을 요구받는다. 이는 이후에 편집자가 논문 재판(再版), 혹은 저자 자신의 책·논문을 포함해 다른 책·논문에 그 논문을 광범위하게

인용하는 것을 허가하는 데 필요하다.

16.11 사회복지에 대한 이미지를 개선하기

일반 시민은 사회복지사가 실제로 하는 일을 거의 모른다. TV, 영화에서 사회복지사는 심판적이고 무심한 사람으로, 혹은 충분한 이유 없이 아동을 가족으로부터 분리해 가족을 해체하는 사람으로 묘사된다. 사회복지사를 언급하는 신문이나 잡지 기사는 기관 혹은 사회복지사의 작위(作爲) 혹은 부작위(不作爲)가 어떻게 클라이언트에게 피해 혹은 고통을 야기하는가를 기술한다. 더구나 매체가 사회복지사라는 용어를 지나치게 포괄적으로 사용하고, 이를 인간서비스 분야에서 일하거나 자원봉사를 제공하는 아무에게나 적용할 때 이미지 문제가 추가로 발생한다.

사회 개선에 최대한 기여하고자 한다면 사회복지사는 더욱 긍정적 이미지를 만들기 위해 적극적으로 노력해야 한다. 사회복지사는 그들이 하는 일에서 진정한 전문가이며 사회복지사가 아닌 사람으로는 견줄 만한 결과를 가져올 수 없다는 사실이 대중에게 분명해질 때, 이미지는 긍정적 방향으로 변화하기 시작할 것이다. 특정한 다른 전문직(예: 의학, 치의학)과 마찬가지로, 경제적 보상이나 사회적 지위는 권유를 통해 얻을 수 있는 것이 아니다. 이는 오랜 기간의 어렵고 힘든 훈련을 마쳤고, 명확하고 확인 가능한 전문성을 획득했으며, 이들의 결정 · 행동

의 결과와 관련해 클라이언트를 법적으로 보호하는 법을 제정했기 때문에 발생한다.

대중이 사회복지사를 더욱 잘 이해할 수 있도록, 사회복지사는 다음 지침을 지켜야 한다.

(1) 전문직 이미지 개선에 책임을 진다. 세 가지 행동이 필수적이다. 첫째, 모든 클라이언트에게 가능한 최상의 질 높은 서비스를 제공한다. 둘째, 클라이언트와 일반 대중을 다룰 때 전문적이고 완전히 책임을 지는 자세로 행동한다. 셋째, 업무 수행을 지켜보는 사람에게 당신이 사회복지사임을 알려 준다.

(2) **사회복지사** 명칭을 사용한다. 역할을 명확히 하기 위해 **상담자** 혹은 **심리치료사** 같은 말을 사용해야 한다면, "나는 사회복지사이고, 어려움을 겪는 청소년에게 심리치료를 제공한다", "나는 AIDS를 앓는 사람을 위해 서비스 개발과 계획을 전공한 사회복지사이다", "나는 가족 지원 프로그램을 관리하는 사회복지사이다", "나는 대학에서 가르치는 사회복지사이다" 등과 같이 자신을 설명한다.

(3) 뉴스와 인터뷰할 때는 기자에게 자신이 사회복지사이며 사회복지 학위를 갖고 있음을 알린다. 이 직업을 위해 받았던 특별한 훈련을 설명한다. 기자나 대부분의 국민은 사회복지를 틀림없는 전문직으로 생각하는 경우가 거의 없다는 가정 아래 항상 행동한다. 그렇지 않으면 아마 **사회학자**, **복지 직원**, **상담자** 혹은 **기관 종사자**로 불릴 것이다.

(4) 자신의 직업을 존중하는 태도로 말한다. 하는 일에 진심으로 가치를 둔다면, 타인도 당신과 당신 일에 긍정적 태도를 가질 것이다. 신뢰와 믿음을 손상하거나 전문성을 떨어뜨리는 행동을 피한다.

(5) 대중에게 사회복지와 사회복지사를 알리기 위한 커뮤니티 내 미디어 캠페인과 여론 캠페인을 기획하고 실행하기 위해, 다른 사회복지사(아마, 지역 NASW 지부를 통해)와 협력한다. 미국에서는 3월이 '사회복지의 달'로 지정되었지만, 강력한 지역 캠페인이 1년 내내 진행돼야 한다.

(6) 뉴스에서 사회복지 혹은 사회복지사 용어를 잘못 사용했을 때 신문, 잡지, TV, 라디오 방송국 등에 잘못되었음을 알리는 편지를 보낸다. 또한 사회복지 활동과 직업의 특성을 설명하는 정보 자료도 보낸다.

16.12 지도자 되기

사회복지사는 자신이 속한 사회나 커뮤니티에서 사회적·경제적으로 정의롭지 못한 상황을 많이 접한다. 이러한 상황은 관심과 변화를 요구한다. 정책, 프로그램, 실천의 변화가 필요한 이러한 부정의는 사회복지사의 기관에서도, 커뮤니티에서도, 더 큰 사회에서도 발생한다. 이들 상황을 변화시키기 위해 사회복지사는 한 발 앞으로 나서 리더십 역할과 책임을 기꺼이 맡아야 할 것이다. 원하는 변화는 우연히 일어나지 않는다. 오히려 그것은 지도라는 어려운 일을 떠맡고 자신을 주장하고 신념을 명료하게 표현하는 등의 행동을 통해 이뤄진다.

리더십에 대한 여러 정의에 의하면, 이는 사람을 행동 방침을 통해 특정 목적으로 이끌기 위해 권한과 대인관계의 영향력을 사용하는 과정이다. 집단과 조직이 바람직한 목적을 향해 나가도록 태도나 분위기를 조성하기 위해, 효과적인 지도자는 소명감에 의지한다. 리더십은 항상 여러 힘이 서로 경쟁하고 갈등하는 맥락에서 발생한다.

리더십은 행정이나 조직 관리와는 다르다. 리더십은 익숙한 것을 떠나 새로운 비전 혹은 소명을 수용하도록 사람들을 고무시킴으로써 중요한 변화를 초래하는 과정이다. 반대로, 관리 과정은 기획, 예산 편성, 직원 조정과 같은 행정적 도구와 절차를 사용해 조직 내 질서와 일관성을 추구한다. 관리직에 있는 사람 모두가 효과적인 리더는 아니며, 모든 리더가 효과적인 관리자는 아니다.

지능, 의지할 수 있는 신뢰성, 언어 능력, 적응성, 키, 매력과 같은 특성과 특징이 리더십과 관련된 것처럼 보이지만, 이런 특성만으로는 누가 리더가 될지 예측할 수 없다. 특정 사람이 '타고난 지도자'라는 믿음을 지지하는 연구는 없다. 다른 종류의 기술 개발과 마찬가지로, 효과적인 지도자가 되기 위해서는 자신의 강점을 토대로 리더십 기술을 배우고 실천해야 한다. 지도자가 되려는 사람은 리더십과 관련된 사고 과정, 태도, 대인관계 기술뿐 아니라 관련 자질을 의식적으로 개발해야 한다. 다음 지침을 고려한다.

(1) 달성하고자 하는 목표에 대한 명확한 **비전**을 갖는다. 리더는 과거와 현재를 넘어서야 하며, 할 수 있는 것의 비전을 명료하게 표현해야 한다. 리더의 비전은 어려운 결정뿐만 아니라 결정에 따라 행동하려는 변화 노력에 자신감을 불어넣으며, 매우 중요한 목적의식과 방향을 제공한다. 그러나 리더십은 좋은 아이디어 그 이상이다. 실제로 효과적인 리더는 가장 창의적이거나 혁신적인 사상가가 아니다. 근본적으로 아이디어와 이론에 사로잡힌 사람은 훌륭한 리더가 될 수 없다. 이들은 종종 너무 빨리 움직이고, 변화가 더딘 것을 참을 수 없어 하며, 지도하고자 하는 사람들의 한계와 주저함에 좌절하기 때문이다.

(2) 추종자를 위해 비전을 명확히 표현한다. 비전은 현재의 정치적·경제적·문화적 환경 내에서 실현 가능한 계획으로서, 달성 가능한 목표로, 명확한 언어로 바뀌어야 한다.

(3) 귀감이 된다. 리더 자신도 하고 싶지 않은 일을 다른 사람이 하도록 요구해서는 안 된다. 추종자는 효과적인 리더의 결심, 용기, 힘든 일, 희생의 영향을 받고 고무된다. 리더는 추종자에게서 보고 싶은 행동이나 태도를 스스로 보여야 한다.

(4) 추종자 집단을 키운다. 추종자를 끌어들이고 계속 유지하기 위해, 리더는 사람들의 소망, 가치, 능력을 존중하고 이에 진정한 관심을 보여야 한다. 리더는 너무 빠르거나 너무 앞서서 나가지 않기 위해, 본인의 소망 일부를 줄일 수 있고 기꺼이 줄여야 한다.

(5) 추종자와 명확하고 지속적인 소통을 유지한다. 목적을 향한 활동에 시간, 에너지, 돈을 투자하는 데 따른 양가감정, 두려움, 걱정 등에 주의를 기울이는 한편, 의사소통을 통해 추종자가 바람직한 목적에 집중하도록 해야 한다.

(6) 어려운 결정에 대비한다. 사회적·정치적·경제적 그리고 조직 환경은 계속 변화한다. 리더는 계산된 위험을 기꺼이 감수하고 불확실성에 대처하며 본래부터 예측할 수 없는 상황을 관리해야 한다. 조치가 반드시 필요할 때 우유부단하고 무능력하면 지도력은 아주 빨리 소멸될 것이다. "어려운 결정을 내릴 수 없는 사람으로 비춰지는 것보다, 잘못된 결정이라도 하는 것이 더 낫다"는 말이 있다.

(7) 인간으로서, 전문가로서 긍정적 평판을 만들고 유지한다. 지도력은 조직 혹은 커뮤니티 내의 우호적 평판, 사람들을 끌어들였던 이슈에 대한 특별한 지식과 경험, 그리고 잘 개발된 개인적·전문적 관계망과 종종 관련된다.

(8) 합의하고 연합하는 기술을 개발한다. 리더는 개인, 조직 간 관계망을 개발하고 이들의 협력과 합작을 촉진해야 한다. 이러한 협력에 대해 보상하고, 의견이 다른 사람과도 신뢰를

나눈다. 리더는 목적 달성에 필요하다면 기꺼이 타협할 수 있어야 한다.

(9) 추종자의 다양한 동기를 확인하고 이해하기 위해 노력한다. 리더는 추종자 사이의 의견 불일치 가능성을 예상해야 한다. 그리고 추종자가 목표 달성에서 빗나가고 분열되기 전에 갈등을 예방하거나 해결하기 위한 조치를 적절히 취해야 한다. 동시에 불필요한 갈등이나 목적 달성의 장애물을 만드는 사람·집단의 영향력을 줄이거나 이에 대항한다.

(10) 사려 깊고 신중한 방식으로 영향력을 사용한다. 지도하는 집단 혹은 조직의 유형에 따라 리더가 활용할 수 있는 힘과 영향력의 종류가 다르다. 대부분의 상황에서 리더십을 발휘하는 사회복지사는 개인적 카리스마, 매력, 지식 혹은 전문가 자질 때문에 존경을 받으며 지지자를 끌어들이는 사람에게서 나오는 영향력을 소유한다. 리더가 공식 조직 내에서 관리직 직위(예: 행정 관리자, 고위 관리자, 선출직 공무원)를 차지하고 있다면 직위와 관련된 권한과 정당성을 소유하게 된다. 행정적 권한을 소유한 리더는 다른 사람의 행동을 보상하거나 처벌할 힘이 있으며, 제안된 변화를 위해 주도적으로 협력 수준을 높이거나 저항 수준을 낮출 수 있다. 그러나 이런 리더는 이후 변화 과정에서 지금은 유효한 합의나 권한이 힘을 잃게 될 것에 유의해야 한다.

(11) 자기 인식 수준을 높인다. 리더는 자신의 강점과 한계를 이해하고 동기와 행동을 계속 점검해야 한다. 사람들을 이끌 때 초점은 리더가 아닌 목적에 있어야 한다. 리더가 대중의 인정과 존경을 받으려는 욕구로 결정을 내리고 행동한다면 리더의 지도력은 사라질 것이다.

효과적인 리더십에 중요한 것으로 알려진 자질과 특성은 다음과 같다.

- 리더 자신의 결정, 계획, 행동을 포함해 다양한 아이디어와 제안을 비판적으로 평가할 수 있는 능력
- 비전과 목적을 사람들이 이해할 수 있는 방식으로 표현하기 위해 명확히 말하고 글을 쓰는 능력
- 실망과 비판에도 잘 참고 견디는 능력
- 권한을 위임하고 리더만큼 잘 수행하도록 다른 사람을 가르치고 역량을 강화하는 능력
- 자신의 결정과 행동에 기꺼이 책임지는 마음
- 다양한 능력과 배경을 가진 사람을 수용하고 새로운 아이디어에 대해 개방적 태도를 가지는 능력
- 추종자 간 동지애와 공동체 의식을 개발하는 능력
- 주어진 시간과 조건을 효과적으로 활용하는 능력

참고문헌

American Psychological Association (2010). *Publication Manual of the American Psychological Association* (6th ed.). Washington, DC: APA.

Association of Social Work Boards. http://www.aswb.org.

Atkinson, J. M. (2005). *Lend Me Your Ears: All You Need to Know about Making Speeches and Presentations.* NY: Oxford University Press.

Barsky, A. E. (2012). *Clinicians in Court: A Guide to subpoenas, Depositions, Testifying, and Everything Else You Need to Know* (2nd ed.). NY: Guildford.

Bryman, A. (ed.) (2011). *The SAGE Handbook of Leadership.* CA: Sage.

Burghardt, S. & Tolliver, W. (2010). *Stories of Transformative Leadership in the Human Services: Why the Glass Is Always Full.* CA: Sage.

Cox, K. & Steiner, S. (2013). *Self-Care in Social Work: A Guide for Practitioners, Supervisors, and Administrators.* Washington, DC: NASW.

DeAngelis, D. (2008). "Licensing". In Mizrahi, T. & Davis, L. E. (eds), *Encyclopedia of Social Work* (20th ed.). NY: Oxford University Press.

DeAngelis, D. (2009). "Social work licensing examinations in the United States and Canada: Development and administration". In Roberts, A. R. (ed.), *Social Workers' Desk Reference* (2nd ed.). NY: Oxford University Press.

Doelling, C. (2005). *Social Work Career Development: A Handbook for Job Hunting and Career Planning* (2nd ed.). Washington, DC: NASW.

Edelson, M. (2010). *Values-Based Coaching: A Guide for Social Workers and Other Human Service Professionals.* Washington, DC: NASW.

Equal Employment Opportunity Commission. (1980. 4. 11). "Guidelines on discrimination because of sex". Title VII, Section 703. *Federal Register,* 45: 2505.

Fox, R. (2013). *Elements for the Helping Process: A Guide for Clinicians* (3rd ed.). NY: Rountledge.

Furman, R. (2007). *Practical Tips for Publishing Scholarly Articles: Writing and Publishing in the Helping Professions.* IL: Lyceum.

Gardella, L. G. & Haynes, K. S. (2004). *A Dream and a Plan: A Woman's Path to Leadership in Human Services.* Washington, DC: NASW.

Gutheil, T. G. & Brodsky, A. (2008). *Preventing Boundary Violations in Clinical Practice.* NY: Guildford.

Gutheil, T. G. & Drogin, E. Y. (2012). *The Mental Health Professional in Court: A Survival Guide.* Washington, DC: American Psychiatric Publications.

Hallman, P. J. (2012). *Creating Positive Personal Images for Professional Success* (2nd ed.). MD: Rowman & Littlefield Education.

Horejsi, C. & Garthwait, C. G. (2002). *The Social Work Practicum: A Guide and Workbook for Students* (2nd ed.). MA: Allyn and Bacon.

Houston-Vega, M. K., Nuehring, E., & Daguio, E. (1996). *Prudent Practice: A Guide for Managing Malpractice Risks.* Washington, DC: NASW.

Hurley, J. & Linsley, P. (eds.) (2012). *Emotional Intelligence in Health and Social Care: A Guide for Improving Human Relationships*. NY: Radcliffe.

Ledlow, G. R. & Coppola, M. N. (2014). *Leadership for Health Professionals: Theory, Skills, and Applications* (2nd ed.). MA: Jones and Bartlett Learning.

Lindemann, B. T. & Kadue, D. D. (2012). *Workplace Harassment Law* (2nd ed.). VA: BNA Books.

Mathieu, F. (2011). *The Compassion Fatigue Workbook: Creative Tools for Transforming Compassion Fatigue and Vicarious Traumatization*. NY: Routledge.

Meisinger, S. E. (2009). *Stories of Pain, Trauma, and Survival: A Social Worker's Experiences and Insights from the Field*. Washington, DC: NASW.

National Association of Social Workers (1999). *Code of Ethics*. Washington, DC: NASW.

_____ (2009). *The Results Are In: What Social Workers Say about Social Work*. Washington, DC: NASW.

_____ (2010). *Author's Guide to Social Work Journals* (5th ed.). Washington, DC: NASW.

_____ (2011). *Social Workers and Subpoenas*. Washington, DC: NASW.

Reamer, F. (2003). *Social Work Malpractice and Liability: Strategies for Prevention* (2nd ed.). NY: Columbia University Press.

_____ (2008). "Risk management in social work". In Roberts, A. (ed.), *Social Workers' Desk Reference* (2nd ed.). NY: Oxford University Press.

Rothschild, B. (2006). *Help for the Helper: The psychophysiology of Compassion Fatigue and Vicarious Trauma*. NY: Norton.

Breshears, E. M. & Volker, R. D. (2013). *Facilitative Leadership in Social Work Practice*. NY: Springer.

Shulman, L. (2010). *Interactional Supervision* (3rd ed.). Washington, DC: NASW.

Sidell, N. & Smiley, D. (2008). *Professional Communication Skills in Social Work*. MA: Allyn and Bacon.

Slater, L. & Finck, K. (2011). *Social Work Practice and the Law*. NY: Springer.

Summers, N. (2010). *Managing Social Service Staff for Excellence: Five Key to Exceptional Supervision*. NY: Wiley.

Szuchman, L. T. & Thomlison, B. (2004). *Writing with Style: APA Style for Social Work* (2nd ed.). CA: Brooks-Cole.

Taibbi, R. (2013). *Clinical Social Work Supervision: Practice and Process*. NJ: Pearson.

Thyer, B. A. (2008). *Preparing Research Articles*. NY: Oxford University Press.

Whitaker, T. (2008). "Who wants to be a social worker?: Career influences and timing". Washington, DC: National Association of Social Workers (NASW Center for Workforce Studies). http://workforce.socialworkers.org/studies/BeaSocialWorker.pdf.

Wilson, P. P., Valentine, D., & Pereira, A. (2002). "Perceptions of new social work faculty about mentoring experiences". *Journal of Social Work Education*, 38(2): 317~333.

인간행동과 사회환경

인간과 환경의 원리를 다룬 사회복지학의 필독서

1995년 초판 발행 이후 20여 년 동안 사회복지학을 넘어 인접 학문 분야에서도 큰 사랑을 받아온 《인간행동과 사회환경》의 개정3판. 사회의 변화에 따라 지금-여기의 인간과 환경의 원리를 읽을 수 있도록 다듬었다. 인간의 발달단계를 세심하게 구분했고 정신장애의 분류체계도 시대에 맞게 보완했다. 특히, 사회환경과 관련해 대표적 사회이론을 추가로 소개했으며, 사이버환경을 새로 다뤘다. 인간의 다양한 문제를 해결해 만족스러운 삶을 영위하도록 돕고자 하는 사회복지의 목적을 성취하는 데 인간행동과 사회환경에 대한 이해는 필수적이다. 이 책은 '환경 속의 인간'이라는 사회복지실천의 주요 관점을 확립하는 데 가장 명료한 지침을 제공한다.

이인정(덕성여대) · 최해경(충남대)
신국판 | 680쪽 | 27,000원

사회복지개론

가장 널리 쓰이는 사회복지학 입문서

누구나 쉽게 사회복지학의 기본지식을 쌓을 수 있도록 안내해 주는 사회복지학 입문서. 사회복지학 관련 학술용어의 개념과 기초적이고 보편적인 이론 등을 중점으로 했다. 특히, 사회복지를 처음 접하는 사람이라도 금방 이해할 수 있도록 명료한 설명과 함께 난해하지 않도록 서술한 점이 특징이다. 특히, 개정4판에는 제11장 '사회복지와 노후 소득보장' 부분을 추가하여 고령 · 초고령사회로 나아가는 한국의 상황을 담았다. 사회복지의 필요성과 특성, 그 가치, 구성요소와 역사 및 전문성을 다룬 기초지식부터 빈곤, 인적자본, 노후, 인권 등 세부 분야를 다루는 응용지식을 충실히 아우른다. 사회복지에 관심 있는 사람이라면 반드시 읽어보아야 할 입문서이다.

조흥식 · 김상균 · 최일섭 · 최성재 · 김혜란 · 이봉주 · 구인회 · 홍백의
강상경 · 안상훈(서울대)
크라운판 | 560쪽 | 24,000원

사회복지실천론

20년간 꾸준히 사랑받아온 사회복지학 핵심 교재

국가시험과목인 사회복지실천을 대비할 수 있으며 실제 사회
복지실천 현장의 변화발전상도 담겨 있어 학생 및 현장의 사
회복지사 모두에게 많은 지지와 성원을 받아온 책. 개정5판은
임파워먼트를 중심으로 책의 전체 내용을 재구성하였다. 사회
복지실천 개관부터 임파워먼트 중심의 통합적 실천까지를 포
괄적으로 다룬다.

양옥경(이화여대) · 김정진(나사렛대) · 서미경(경상대) · 김미옥(전북대)
김소희(대진대)
신국판 | 580쪽 | 26,000원

인간행동과 사회환경

사회복지학의 뼈대, 인간행동과 사회환경

인간과 사회의 상호작용을 정신분석이론, 갈등론, 생태체계론
등 다양한 이론을 통해 탐구한 책이다. 사회환경 속에서 인간
행동을 입체적으로 고찰할 수 있도록 다양한 도표, 요약, 토론
과제 등을 제시하여 독자의 이해를 돕는다.

강상경(서울대)
크라운판 변형 | 564쪽 | 26,000원

사회복지행정론

최근 제도변화를 반영한 사회복지행정학의 스테디셀러

1993년 초판 출간 이후 꾸준히 사랑받고 있는 사회복지행정학
교재. 개정3판은 개정2판의 틀을 유지하되, 우리 사회 전반과
제도의 변화에 따라 일부 구성을 변경하고 내용을 수정·보완
하였다. 사회복지를 가능하게 하는 행정을 쉽게 이해할 수 있
도록 구성하여 많은 독자의 찬사를 받아 왔다.

최성재(서울대 명예교수) · 남기민(청주대 명예교수)
신국판 | 612쪽 | 24,000원